PROPYLÄEN WELTGESCHICHTE

EINE UNIVERSALGESCHICHTE

Herausgegeben von Golo Mann
und Alfred Heuß

Dritter Band

IM PROPYLÄEN VERLAG
BERLIN · FRANKFURT AM MAIN

Der Text dieser Sonderausgabe ist identisch mit der 1960 bis 1964 in zehn Bänden erschienenen,
von Golo Mann, Alfred Heuß und August Nitschke herausgegebenen
PROPYLÄEN WELTGESCHICHTE

Einband: Theodor Bayer-Eynck
unter Verwendung von:
Griechischer Held. Bronzeplastik aus dem Fund von Riace, 5. Jahrhundert v. Chr.
Foto: Liberto Perugi

Druck und Bindung: Franz Spiegel Buch GmbH, Ulm

Printed in Germany 1986
ISBN für das Gesamtwerk: 3 549 05731 8

BAND I
Vorgeschichte · Frühe Hochkulturen

BAND II
Hochkulturen des mittleren und östlichen Asiens

BAND III
Griechenland · Die hellenistische Welt

BAND IV
Rom · Die römische Welt

BAND V
Islam · Die Entstehung Europas

BAND VI
Weltkulturen · Renaissance in Europa

BAND VII
Von der Reformation zur Revolution

BAND VIII
Das neunzehnte Jahrhundert

BAND IX
Das zwanzigste Jahrhundert

BAND X
Die Welt von heute

DRITTER BAND

GRIECHENLAND

DIE HELLENISTISCHE WELT

Die Mitarbeiter

FRITZ SCHACHERMEYR
Dr. phil., Professor für Griechische Geschichte, Altertumskunde und Epigraphik
an der Universität Wien

ALFRED HEUSS
Dr. phil., Dr. jur., Professor für Alte Geschichte
an der Universität Göttingen

C. BRADFORD WELLES
Dr. phil., Professor für Alte Geschichte
an der Yale University

OLOF GIGON
Dr. phil., Professor für Klassische Philologie
an der Universität Bern

INHALTSVERZEICHNIS

Textredaktion: *Dr. Ernst Wilhelm Graf Lynar*

Bildredaktion: *Dr. Karl Danz, Wolfram Mitte*

Der Beitrag von *C. Bradford Welles* ist von *Dr. A. R. L. Gurland,* Frankfurt a. M., in die deutsche Sprache übertragen worden. Die Abhandlung »Die Kretisch-Mykenische Schrift« hat *Professor Ernst Grumach,* Berlin, verfaßt.

Alfred Heuß

EINLEITUNG

Unsere Weltgeschichte wird es mit diesem und dem folgenden Band leichter haben als bisher, sich einem dem Leser von vornherein vertrauten Vorstellungsraum einzuordnen. Sowohl »griechische« wie »römische« Geschichte bezeichnen eine geschichtliche Thematik, die als ausgesprochen traditionell gelten darf. Unseren Vätern und Großvätern war sie bekannt, und dasselbe konnten diese von den ihrigen sagen. Die Herausgeber sind sich dieses Sachverhalts durchaus bewußt und verfahren nicht von ungefähr »konservativ«. Sie meinen, hier liege gar wohl »Überlieferung« vor, sehen jedoch in diesem Umstand keinen Einwand. Wir haben es bei unserer Weltgeschichte, so »modern« sie sein möchte, schließlich auch mit »Geschichte« zu tun, und Geschichte ist nun einmal, zumindest unter anderem, ein Gewebe, das wir immer schon in Händen halten, ehe wir es in seine Fäden auflösen und mit ihnen neu zu arbeiten beginnen. Es hat seinen guten Sinn, mitunter zu alten Gefäßen mit alten Aufschriften zu greifen. Wir geben damit zu verstehen, daß unser Inventar, auch das geistige, eine gewisse »Wertbeständigkeit« besitzt, und es dürfte nicht unbedingt abwegig sein, in einer so flüchtigen Zeit den Eindruck des Beharrenden zu erwecken. Natürlich muß es damit auch seine Richtigkeit haben. Aber die Überzeugung davon läßt sich vertreten und begründen.

Der Leser braucht freilich nicht zu befürchten, daß ihm jetzt eine eingehende Erörterung dieser Frage zugemutet wird. Es müßten hierfür wissenschaftsgeschichtliche Voraussetzungen bemüht werden, welche kaum den Anspruch auf allgemeines Interesse erheben können. Nur ein Hinweis mag hier Platz finden. Die Einheit einer griechischen oder römischen Geschichte wurde um die Jahrhundertwende gerade von der deutschen Forschung in Frage gestellt, und zwar unter Berufung auf einen spezifisch »universalhistorischen« Altertumsbegriff. Es war besonders der große Eduard Meyer, der mit seiner »Geschichte des Altertums« in dieser Hinsicht Epoche machte. Da unsere Weltgeschichte eine Universalgeschichte sein will, kann ihr jener Standpunkt nicht ganz gleichgültig sein. Eduard Meyer (nebst der Generation, die ihm folgte) verstand unter »Universalgeschichte« zweierlei. Einmal – und hierauf lag der Nachdruck – sollte das Altertum nicht mehr hellenozentrisch oder romanozentrisch gesehen werden und mußte damit seine »Klassizität« verlieren. Der Begriff des »klassischen« Altertums wurde als ungeschichtliche Größe enthüllt.

Es mag dahingestellt bleiben, ob mit einer solchen Polemik eine wirkliche Gegenposition getroffen war, denn niemals ist das Altertum mit der griechischen und römischen Geschichte identifiziert worden; auch unsere Weltgeschichte, welche zwei ganze Bände den frühen außereuropäischen Hochkulturen widmet, dürfte gegen einen solchen Vorwurf gefeit sein.

Gewichtiger ist deshalb für uns die andere Seite der »universalhistorischen« Sehweise. Sie setzt nämlich mit ihrem Anspruch auf eigene Begriffsbildung stillschweigend voraus, daß es »das« Altertum im Sinne der Einheit einer geschichtlichen Epoche gibt, womit so viel gesagt ist, daß sich die verschiedenen historischen Erscheinungen in einem einzigen kontinuierlichen Wirkungszusammenhang finden. Nun weiß aber der Leser unserer Weltgeschichte längst, daß eben dies nicht zutrifft, daß der Begriff des »Altertums« geradezu eine Pluralität individueller, voneinander unabhängiger Größen in sich birgt. Sogar der Vordere Orient war eher nach dieser Art angelegt, als im Sinne eines homogenen geschichtlichen Körpers. Der Historiker vermag dessen Geschichte nicht als die eines geschlossenen Ganzen zu erzählen, sondern muß sich auf ägyptische, babylonische, hethitische Geschichte einlassen. Immerhin wurden im Laufe der Zeit die verschiedenen Stränge pragmatisch verknüpft, aber trotz des persischen Weltreiches wurde selbst in einem vorgerückten Stadium keine zivilisatorische Einheit daraus.

Schon danach besteht wenig Veranlassung, von vornherein mit einer inneren Kohärenz der Dinge außerhalb Asiens zu rechnen oder gleich zu Anfang einen Grundriß einzusetzen, der sowohl das vorderasiatische wie das europäische Geschehen erfaßt. Man brächte sich im Gegenteil geradezu um die Aufmerksamkeit für den sonderbaren Gang der Geschichte, die auf höchst eigenartigen Umwegen dazu führte, daß für ein paar Jahrhunderte der gesamte Mittelmeerraum einschließlich seiner asiatischen Randgebiete ein und dasselbe zivilisatorische Gepräge gewann. Und daß es hierzu kam, ist eben alles andere als selbstverständlich. Aber gerade diese Feststellung sollte der Ausgangspunkt geschichtlicher Erkenntnis sein. Eine Art von geopolitischer Präformierung der Geschichte in der »Einheit des Mittelmeerraumes« zu bemühen, wie es heute dann und wann geschieht, ist ausgesprochen kurzschlüssig. Jeder historisch halbwegs Orientierte weiß, daß die Rechnung schon bei ganz oberflächlichem Überschlag nicht aufgeht und daß das Mittelmeer durch mehr als ein Jahrtausend eher scharfe Grenzen als Verbindungen aufwies.

In der Tat mußte denn eine solche falsch verstandene universalhistorische Konzeption unfähig sein, das zu leisten, was sie leisten wollte. Statt eines geschlossenen Panoramas vermochte sie nur isoliert nebeneinanderstehende Fakten, also eine Addition geschichtlicher Kreise zu geben, die sich nur hin und wieder einmal berührten, im übrigen aber völlig autonom ihren eigenen Wachstumsgesetzen folgten. Im besten Fall kam ein äußerlicher Synchronismus heraus, mit dem über den bloßen chronologischen Zahlenwert hinaus wenig anzufangen war – zu bemerken auch oder besser, gerade bei einem so monumentalen Werk wie der »Geschichte des Altertums« von Eduard Meyer –; dagegen war ein unangenehmer Nachteil in Kauf zu nehmen. Zum Nutzen jenes Synchronismus, der im Grunde ohne Aussagewert blieb, wurde das Ganze da, wo es eine Wirklichkeit darstellte, nämlich im zeitlichen Verlauf, zerstückelt. Auf diese Weise wurde entweder die griechische zugunsten der römischen Geschichte oder die römische zugunsten der griechischen (dies bei Eduard

Meyer) vergewaltigt. Die Voraussetzungen für eine sachgemäße gegenseitige Zuordnung der beiden Geschichten fehlen eben, und die historisch relevanten Einschnitte liegen jeweils verschieden, ganz abgesehen von der bei beiden völlig anderen inneren Zentrierung. Vielleicht war der Versuch, eine Einheit des Altertums *ab ovo* zugrunde zu legen, als Experiment berechtigt. Nachdem er aber eine Generation lang immer wieder unternommen worden war und, wie man sich ehrlicherweise eingestehen sollte, im Sinne der Intention mißlang, erscheint es heute angezeigt, dieser Sachlage Rechnung zu tragen.

Jedenfalls ist unsere Weltgeschichte vom Standpunkt dieser negativen Erfahrung aus disponiert und gibt deshalb dem Leser innerhalb eines weitgespannten universalen Rahmens eine relativ geschlossene Griechische (und später Römische) Geschichte an die Hand. Sowohl die griechische wie die römische Geschichte hat einen legitimen Anspruch darauf, in Verfolg ihres jeweiligen Wurzelstrangs als ein Gefüge eigenen Gepräges dargestellt zu werden. Der Vorgang ihres Zusammenwachsens im späten Hellenismus wird auf diese Weise auch als das sichtbar, was er in Wirklichkeit war, nämlich als ambivalentes Phänomen, das ebenso für Griechenland wie für Rom ein eigenes Gesicht hat. Diese Doppelseitigkeit der Perspektive wird dem Leser jeweils an ihrem Ort zugänglich gemacht. Indem er zuerst das Phänomen auf der griechischen Seite kennenlernt, wird er zunächst mit der »genetisch« früheren Sicht vertraut und hält so die richtige Reihenfolge ein. Die Geschichte des römischen Imperialismus setzt dann ihrerseits diejenige des Hellenismus voraus. Deshalb wird der Leser eine verhältnismäßig ausführliche Schilderung der Ereignisse bereits im Hellenismus-Kapitel unseres Bandes vorfinden; und er wächst in den weltgeschichtlichen Zusammenhang von einem Ansatz hinein, in dem auch dessen erste gedankliche Bewältigung ihren Platz hat: in der Darstellung der »Verflechtung« der römischen und griechischen Geschichte gewann der Grieche Polybios seine säkulare Bedeutung als Historiker. Nur im Fortschreiten von dieser Primärstufe aus läßt sich die Einseitigkeit einer von Rom allein ausgehenden Betrachtung vermeiden, und der Leser wird gerüstet sein, das für die Antike so überaus wichtige Ereignis der Unterwerfung des griechischen Ostens durch Rom adäquat zu erfassen.

Das innere Verständnis geschichtlicher Vorgänge wird nun einmal weniger von äußerer Systematik als von einer das Geschehen nachvollziehenden Sehweise gefördert; und wenn diese durch zwei gleichwertige Partner repräsentiert wird, hat der Historiker unvermeidlich das Geschehen mit den Augen sowohl des einen wie des anderen zu betrachten.

Man kann die Überlegung auch einfacher anstellen und hätte sich hierbei lediglich vor Augen zu halten, daß Griechenland und Rom nun einmal die Säulen sind, auf denen die Antike ruht (unbeschadet der Einflüsse, welche beide woandersher, vor allem vom Vorderen Orient erfuhren). Eine derartig säkulare Position, die sowohl die eine wie die andere Größe über die Bedingungen einer bloßen Volksgeschichte hinaushebt, macht eben eine Betrachtung zur Notwendigkeit, die jedes Phänomen von seiner Eigenwüchsigkeit her zu erfassen sucht; nicht weil eine solche Einstellung auch für die universalhistorische Betrachtung Raum läßt, sondern umgekehrt, weil man des universalhistorischen Gehalts nur auf diesem Wege habhaft wird. Dieser liegt aber in der außerordentlichen Potenz, welche diesen beiden großen geschichtlichen Individualitäten jeweils für sich eignet, und erschließt sich nur dem, der sie dort aufsucht, wo sie als originäre Kraft zum Vorschein kommt: bei der Ausbildung ihres eigenen Wesens im eigenen Kreis.

Unsere Weltgeschichte wartet also nicht ohne Grund mit zwei geschlossenen Bänden auf, von denen der eine als eine selbständige Griechische, der andere als entsprechende Römische Geschichte gelten kann. Mehr als sonst war deshalb der Darstellung die Aufgabe erteilt, der Gefahr einer Zersplitterung durch eine Vielzahl von Beiträgen zu begegnen. Achtsamkeit dieser Art dürfte gerade im Hinblick auf das gegenwärtige Bewußtsein angezeigt sein, dem die griechische Geschichte nicht mehr ohne weiteres vertraut ist. Hält der Leser sich in der Gegenwart oder in ihrer näheren oder weiteren Umgebung auf, so wird er sich viel eher imstande fühlen, den Zusammenhang des Ganzen herzustellen, das heißt er wird das Ganze sowenig als problematisch ansehen, daß ihm eine analytische Detailbetrachtung keinerlei Schwierigkeiten bereitet. Das ist bei einem Gegenstand wie der griechischen Geschichte selbstverständlich ganz anders. Ein Historiker, der sich seiner Beziehung zum Publikum bewußt ist und sich nicht lediglich in dem fragwürdigen Binnenraum der Geschichtswissenschaft aufhält, wird deshalb in erster Linie die Verpflichtung verspüren, für deutliche Umrisse des Ganzen zu sorgen und von ihm eine plastische Gestalt zu zeichnen, ein Unterfangen, das nur bei Preisgabe der heute üblichen Spezialisierung möglich ist. Deshalb ruht das Gerüst des Bandes mit der eigentlichen griechischen Geschichte auf nur zwei Autoren, und ihre Beiträge sind jeweils mit der Thematik bezeichnet, welche dem ganzen Band als Überschrift dient: Hellas und Hellenistische Welt.

Sie haben Dinge zu berichten, die schon oft erzählt wurden. Beide Autoren wissen wohl, daß ein solches Geschäft nicht unbedingt originell sein kann und es auch nicht sein darf. Der Historiker soll Dinge vermitteln, die nicht sein Eigentum sind. Er hat es mit Tatsachen zu tun und genießt im allgemeinen nicht das Privileg, ihnen zum ersten Male zu begegnen. Trotzdem wird der Leser hoffentlich nicht den Eindruck des Konventionellen und Abgegriffenen haben und wird wenigstens spüren, daß ein Zeitgenosse zu ihm spricht, der mit ihm gewisse Grunderfahrungen der Geschichte als gemeinsames Besitztum teilt.

Der Verfasser des hellenistischen Teils, C. Bradford Welles, vermag dazu noch den Vorzug für sich zu verbuchen, daß er Schüler des zweifellos größten Althistorikers der unmittelbar vorangegangenen Generation ist. Von seinem Lehrer Michael Rostovtzeff übernahm er den Hellenismus als sein spezifisches Arbeitsgebiet und kann heute als einer seiner besten Kenner gelten. Er assistierte Rostovtzeff nicht nur bei dessen großen wissenschaftlichen Unternehmungen, die dieser im letzten Drittel seines Lebens der Erforschung des Hellenismus widmete, etwa den Ausgrabungen in Dura-Europos, er hatte auch Gelegenheit, in dem großen Gelehrten einem Mann von sehr präzisen Gegenwartskenntnissen nahe zu sein und unmittelbar zu erleben, wie das aktuelle Erfahren unserer Tage sich in eine spezifische Dimensionierung des geschichtlichen Auffassungsvermögens umsetzt. Rostovtzeff war russischer Emigrant und dadurch mit einem geschärften Blick für soziale Tatbestände und revolutionäre Komplikationen begabt. Sein wirklichkeitsnahes Sensorium hatte ihn unmittelbar nach dem Ersten Weltkrieg zum Verfasser der bis heute besten Analyse der Römischen Kaiserzeit werden lassen. Er übertrug die hierbei meisterhaft ausgebildete Methode auf den Hellenismus, dessen modernste und umfangreichste sozialpolitische Darstellung er nach langen Vorarbeiten während des Zweiten Weltkrieges zu Ende brachte. Der Laie wird dem Beitrag von Welles die Unmittelbarkeit des Zupackens, ein Charakteristikum auch von Rostovtzeff, anmerken, und der Fachmann wird mit Interesse notieren, wie selbständig das Urteil unseres Autors ist und wie wenig er die Schablone allmählich verbrauchter Kategorien verrät.

In dem ersten, einführenden Kapitel über Troia, Kreta und Mykene knüpft unsere griechische Geschichte an den prähistorischen Untergrund an und gerät damit von selbst in den Bereich einer universalhistorischen Thematik. Gerade diesem Themenkreis hat unser Gewährsmann Fritz Schachermeyr ein intensives, umfangreiches und in zahlreichen Arbeiten vorwärtsgetriebenes Studium gewidmet. Schachermeyr verschaffte sich mit ihnen auch im Kreise der Prähistoriker Gehör. Die Übergangsphase vom vorderasiatischen Neolithikum zur beginnenden historischen Zeit hat Schachermeyr mit wichtigen Theorien beleuchtet. Es ist schön, daß diese Kennerschaft auch in unserem Beitrag zum Ausdruck kommt und dadurch der frühgeschichtliche Horizont der griechischen Geschichte eine Eigenständigkeit erhält, welche jeden Verdacht beseitigt, es könne sich bei ihm nur um eine unvermeidliche Kulisse handeln. Indem das vorgeschichtliche Vakuum sich bei Schachermeyr mit geschichtlicher Realität füllt, findet die griechische Geschichte eine konkrete Ausgangsbasis und vermag so aus wirklich historischem Erdreich herauszuwachsen.

Eine besondere Stellung nimmt das Schlußkapitel unseres Bandes ein. Der klassische Philologe Olof Gigon, der sich als Kenner und Erforscher der griechischen Philosophie einen Namen gemacht hat, unternimmt es hier, unter einem besonderen Blickwinkel vom griechischen Geist und seinen Objektivationen zu handeln. Das große und wichtige Thema ist so eingestellt, daß der Leser aus dem geschichtlichen Fluß, der ihn bis dahin trug, gleichsam heraustritt und von seinem gegenwärtigen Standort aus auf die Leistungen blickt, die sich einer Entwicklung von etwa tausend Jahren entbanden. Er soll an Hand dieses Beitrages in den Stand gesetzt werden, die Summe dessen zu ziehen, was in einer der fruchtbarsten Phasen der Menschheitsgeschichte herauskam. Bei diese Betrachtung liegt also der Nachdruck mehr auf dem Ergebnis als auf den äußeren Umständen, die es zeitigten. Man wird das vielleicht eine unhistorische Fragestellung nennen und sich wundern, weshalb sie gerade in einem Geschichtsbuch wie unserer Weltgeschichte Eingang erhält.

Das manchem gewiß eigentümlich erscheinende Verfahren hat jedoch verschiedene Gründe, unter anderem auch einen praktischen. Eine ausgeführte, nach den Gesetzen genetischer Folge verlaufende griechische Geistesgeschichte wäre ein Unterfangen gewesen, das die Maße unseres Bandes unvermeidlich gesprengt hätte. Man kann ein solches Thema, ohne oberflächlich zu werden, unmöglich auf rund hundert Seiten abhandeln. Schon deshalb war ein anderer Ansatz geboten. Und da stellte sich der schließlich hier gewählte nicht von ungefähr ein. Er ist von einem Umstand bestimmt, der für ein rein historisches Verfahren, also eine Beschreibung gemäß dem Wechsel der Erscheinungen, gar nicht sichtbar wird und gar nicht sichtbar werden kann. Gemeint ist die Fruchtbarkeit der griechischen Leistung für die Zukunft, über die Begrenzung ihres geschichtlichen Trägers hinaus. Dem griechischen Geist eignet nun einmal ein doppeltes Schicksal; neben der Erfüllung in sich selbst steht seine Wirkungsfähigkeit innerhalb einer ihm fremden geschichtlichen

Umwelt. Zweifellos gehört dieses Vermögen ihm als spezifische Eigentümlichkeit zu und verdient schon deshalb eine entsprechende Exposition.

Aber das ist es nicht allein. Wir können nämlich gar nicht an der Frage vorbeisehen, wer durch diese Fernwirkungen der Griechen betroffen wurde, denn die Antwort weist bekanntlich uns selbst als die »Erben« der griechischen Überlassenschaft aus. Die Griechen stehen zu uns im Verhältnis der Gebenden und transzendierten ihre Vergänglichkeit, indem sie in unsere Gegenwart eingingen. Dabei ist »Gegenwart« selbstverständlich nicht in dem engen Sinn chronologischer Beschränkung zu verstehen, sondern als Inbegriff des in langer Zeit auseinandergelegten europäischen Wesens. Unsere Weltgeschichte nimmt ja ihre Standortgebundenheit nicht als unvermeidliche Notwendigkeit hin, sondern bejaht sie vielmehr ausdrücklich und versucht, gerade aus ihr das ihr eigentümliche Vorstellungsvermögen zu gewinnen. Der »humanistische« Gesichtspunkt, wie man im freien Gebrauch des Terminus die hier obwaltende Betrachtungsweise nennen könnte, erfährt also gerade von der Konzeption dieser Weltgeschichte aus eine ganz selbstverständliche Rechtfertigung.

Unser Gewährsmann Gigon beschränkt sich freilich nicht auf die »humanistische« Blickwendung. Ihm ist es nicht nur um die Tatsache des »Erbes« zu tun, sondern er möchte auch Klarheit über den Erblasser vermitteln, nach der überzeugenden Logik, daß das, was einer zu vermachen hat, sich nach seinem Sein und seiner Art bestimmt. So erhält denn der Leser in den einleitenden Kapiteln des Beitrages gleichsam eine Zugabe. Man könnte sie als den Versuch einer Strukturanalyse des griechischen Menschen bezeichnen, wenigstens soweit er als »Urheber« der griechischen Kultur in Betracht kommt. Natürlich geht so etwas nicht ohne Hypostasen und ein gewisses Maß von Typisierung ab, denn den »griechischen Menschen« hat es selbstverständlich nie gegeben. Wir haben es immer nur mit bestimmten griechischen Menschen in bestimmten Situationen zu tun, und aus dieser Vielfalt eine allgemeine Größe zu bilden setzt im Grunde eine begriffliche Induktion voraus, die erst jenseits unserer eingängigen historischen Erfahrung beginnt. Die Methode hat indessen einen berühmten Kronzeugen: Jacob Burckhardt hat sie mit der Meisterschaft seiner Kulturgeschichtsschreibung legitimiert oder zumindest bewiesen, daß sich auf diese Art immerhin bedeutende Erkenntnisse gewinnen lassen. Es ist nicht ohne Reiz, daß in unsere Weltgeschichte auch von dieser Seite ein Strahl einfällt und sie damit zeigt, daß sie mit den verschiedensten Sehweisen unserer Historiographie verknüpft ist.

Allerdings wollen wir ehrlicherweise nicht verschweigen, daß unsere Weltgeschichte natürlich nicht mehr geben kann, als die Wissenschaft heute an Möglichkeiten gewährt. Obgleich die klassische Philologie während der vergangenen vierzig Jahre in intensiver Bemühung wichtige Einblicke vermittelt hat, sind wir heute noch weit davon entfernt, klipp und klar angeben zu können, was es eigentlich mit dem griechischen Geist für eine Bewandtnis hat. Die Erkenntnissituation ist deshalb so verzweifelt kompliziert, weil wir bei den Griechen fast stets meinen, es mit unserem eigenen Fleisch und Blut zu tun zu haben, diese Rechnung aber bei näherem Zusehen in den meisten Fällen doch nicht aufgeht. In der Regel kommt irgendein schwer feststellbarer Unterschied ins Spiel, und unsere Kategorien erweisen sich als ungenügend. Die adäquate Erfassung des »Ähnlichen« scheint schwieriger zu sein als die des völlig Andersartigen. Wir tun uns schwerer, eine Abweichung von etwas uns Geläufigem positiv zu bestimmen, als dem völlig Fremden in seinem Eigentümlichen und seinen schon nach außen hervortretenden Wesenszügen nahezukommen. Die Bewältigung des griechischen Geistes als eines geschichtlichen Phänomens befindet sich deshalb noch immer in einem fragmentarischen Zustand, und die Zukunft bedarf noch erheblicher wissenschaftlicher Genialität, um die wichtigen Ansätze der vergangenen Generation weiterzuführen.

Der Leser wird sich wahrscheinlich wundern, warum er hier mit einer Frage bekannt gemacht wird, die in Wahrheit weniger ihn als ein wissenschaftliches Forum angeht. Das wäre schon insofern nicht ganz unrichtig, als hier tatsächlich kaum der Platz ist, das Problem wirklich zu erörtern. Aber leider besteht es nicht für sich, sondern gehört ganz allgemein zu den Grundfragen einer Griechischen Geschichte, und so dürfen wir nicht einfach daran vorbeigehen.

Geschichte hat es primär mit Geschehen zu tun, und Geschehen vollzieht sich in erster Linie im Handeln. Deshalb ist der Kern jeder Geschichte die Politik. Sie ist die Form, in der politisch gehandelt und gelitten wird. Entscheidungen eines auf äußeres Handeln gerichteten Willens gibt es nur in der Politik. Mit gutem Grund hat sich deshalb dieser Begriff der Geschichte eingeführt, und mit gutem Grund hat er sich bis jetzt gegen alle Anfeindungen und Zweifel gehalten.

Die Kategorie des »Geschichtlichen« in diesem Sinn schließt natürlich nicht aus, daß das Feld der »Entscheidungen« nicht auf eine enge Pragmatik beschränkt wird. Viele Elemente gehören zum »Handeln«, auch wenn sie sich nicht in unmittelbare Aktion ausmünzen, sondern mehr als Bedingungen und Voraussetzungen figurieren. So schließt sich der Bereich der sozialen und wirtschaftlichen Wirklichkeit eng an den Brennpunkt des Handelns an, und jeder Kundige weiß, daß nicht eben selten die Entscheidungen sogar in ihm fallen. In ähnlicher Weise, je nach den Umständen, gehört selbstverständlich auch der Raum des »Geistes« in all seinen verschiedenen Ausfächerungen zum Aktionsfeld der Geschichte, ob nun in ihm die Wurzeln praktischen Verhaltens liegen oder er das Objekt politischen Zielens ist. Handeln ohne Bewußtsein gibt es nicht, bei jeder Entscheidung wird in irgendeiner Weise mitgedacht. Trotz dieser notwendigen Interferenz gibt sich der Geist freilich in solcher (aktiven oder passiven) Aktionsbereitschaft auch nicht wieder aus, so daß die geschichtliche Welt sowohl in einer Art Doppelgängerschaft von Handeln und Denken sich darbietet als auch die Wirkungseinheit beider Kräfte kennt.

Wir können deshalb niemals von *einem* Ansatzpunkt des ungeschmälerten Ganzen habhaft werden und werden, wenn wir Geschichte in eigener Sache betreiben, stets die Fülle des objektivierten Geistes mit seiner eigenen strukturellen Gesetzmäßigkeit draußen lassen müssen, und umgekehrt: vom Geist aus erschließt sich niemals der ganze Bereich des Handelns und Leidens. Die Aporie, daß die menschliche Existenz sich nicht aus einer Wurzel allein ableiten läßt, sondern nur von zwei Seiten her angegangen werden kann, ist nicht zu beseitigen. Jede ehrliche Geschichtsschreibung kennt diese Grenzen ihres Vermögens, und gerade unser Griechenband dürfte der richtige Ort sein, dieses Geständnis auszusprechen. Bei keinem geschichtlichen Thema stellt sich nämlich die Verlegenheit, in der wir uns befinden, mit gleicher Peinlichkeit ein. Was sind schließlich die Griechen ohne ihre »Werke«, und hätten wir überhaupt Veranlassung, von jenen Notiz zu nehmen, wenn diese nicht wären? Vermag, um das Problem noch weiter zuzuspitzen, die griechische Politik (selbst in weitestem Umfang genommen) mit ihren vielen Zusammenbrüchen und Diskontinuitäten auch nur im entferntesten einen gleichwertigen Partner zum Gang des griechischen Geistes abzugeben? Das Dilemma enthält Grund genug zu wirklich schwerwiegenden Skrupeln, und es wäre nicht ohne Sinn, wenn einem hier gewisse Zweifel kämen an der Berechtigung der geschichtlichen Logik. Der junge Nietzsche meinte einmal, der griechische Staat und die griechische Gesellschaft hätten allein den Sinn gehabt, den griechischen Genius freizusetzen. Selbst wenn man von der Schopenhauerschen Prämisse dieser These abstrahiert, ist mit ihr offenbar doch etwas Richtiges empfunden. In der Tat wäre zu überlegen, ob man griechische Geschichte nicht vom »griechischen Geist« her betreiben sollte und ob nicht ihre Propyläen weniger die Axiome der Praxis als die des »idealen Seins« (um diesen Begriff mit allem Vorbehalt zu bemühen) wären.

Eine solche griechische Geschichte würde recht anders aussehen als das, was bis jetzt unter dieser Flagge segelte und auch in diesem Bande vorgelegt wird. Die Führung hätten in ihr die geistigen Unternehmungen, welche die Griechen in Gang setzten, durchführten, fallenließen und wiederaufnahmen. Natürlich würde sich das Schauspiel nicht freischwebend im Raum abspielen, aber die Geschichte des politischen Handelns wäre für sie nur Horizont und faktische Voraussetzung. Interessant wäre es auch zu bedenken, wieviel politisches Handeln einzubeziehen wäre und was davon eine echte tragende Funktion hätte. Die Auswahl etwa würde sich wahrscheinlich in manchem von dem unterscheiden, was durch den Filter der politischen Kategorien läuft. Vor allem ergäben sich wohl nur sehr wenige Schwerpunkte, und viele flüchtige Erscheinungen, die für das Verständnis eines geschlossenen Handlungsablaufs unentbehrlich sind, würden unter die Aufmerksamkeitsschwelle sinken.

Auch eine andere Frage, gewiß nicht erst hierdurch ausgelöst, würde sich energisch zu Wort melden: man hätte nämlich zu überlegen, wo denn bei dem unsteten Wechsel der politischen Szenerie eigentlich die stabilen Grundlagen des geistigen Lebens der alten Griechen zu suchen wären, und die Antwort müßte wahrscheinlich lauten: die griechische Gesellschaft, das heißt die Sozialstruktur der griechischen Welt, besaß trotz einer oszillierenden Oberfläche eine eminente Konsistenz und ruhte durch Jahrhunderte ungeachtet aller politischen Umstürze fest in sich selbst. Dagegen brachte es die griechische Politik in ihrer gesamten Geschichte niemals zu einer verbindlichen äußeren Organisation, alle Staatlichkeit äußerte sich stets in einem vielfältigen Pluralismus. So kommt der griechischen Gesellschaft überhaupt, die offenbar diese Atomisierung überspielte, eine größere Bedeutung zu, als wir bis heute ahnen. Ebenso wäre das Problem der Überlegung wert, inwiefern der ökonomisch-soziale Unterbau spezifische Bedeutung hat für den Reichtum an geistigem Inventar, mit dem die Griechen ihr Dasein ausfüllten.

Daß wir hier mehr einen Komplex abzustecken als präzise Angaben zu machen imstande sind, hat einen recht handfesten Grund, der gerade einem nachdenklichen Leser unserer Weltgeschichte nicht verschwiegen werden darf. Im Hinblick auf die Fülle des griechischen Lebens in allen seinen Ausprägungen ist seine auf uns gekommene Hinterlassenschaft dem

Umfang nach von erstaunlicher Dürftigkeit. Das meiste ist, so darf man unbedenklich sagen, einfach verloren, und die Aussicht, daß sich durch neue Funde an diesem Tatbestand etwas wesentlich ändert, ist so gut wie hinfällig. Nicht nur ist bloß ein geringfügiger Bruchteil der ungeheuren griechischen Literatur, der poetischen, philosophischen und wissenschaftlichen, erhalten, sondern – und dies fällt gerade für die historische Analyse ins Gewicht – es fehlen auch so gut wie alle Angaben über die Verzahnung der individuellen Existenz der Intellektuellen mit der sozialen Ordnung. Kaum eine erschöpfende Biographie eines Philosophen oder Dichters gibt uns über seine Stellung in der Gesellschaft und über seine wirtschaftliche Basis Auskunft. Auch von daher ist es nicht verwunderlich, daß unser Klassizismus die Griechen fast gänzlich entkörperlichte und in einer reinen Sphäre schweben ließ. Selbstverständlich ist dieses Fehlurteil von der Wissenschaft prinzipiell längst revidiert worden, aber eine plastische Gegenzeichnung zu geben, war sie einfach mangels notwendiger Erkenntnisquellen nicht imstande, sosehr sich auch die realistische und bewußt sich historisch gebende Altertumswissenschaft des 19. Jahrhunderts darum bemühte.

Die Mißlichkeit unserer Quellenlage macht sich besonders auf dem Gebiet der Wirtschafts-, Sozial- und Verwaltungsgeschichte bemerkbar. Das griechische Ägypten mit seinen vielen Papyri ist eine absolute Ausnahmeerscheinung. Leider ist es das auch insofern, als es wegen seiner besonderen historischen Stellung in keiner Weise für die übrige griechisch-römische Antike als repräsentativ gelten darf. Wichtige Forschungsaufgaben, und darunter schließlich auch die angeführte »Umkehrung« der griechischen Geschichte, stoßen deshalb auf unüberwindliche Hindernisse; und so ist es ziemlich müßig, Erwägungen darüber anzustellen, wie es besser sein würde oder müßte. Wir haben uns an das zu halten, was unser Material hergibt, und seine Auskunft lautet eindeutig, daß das Privileg, welches die Griechen in der Historiographie möglicherweise beanspruchen könnten, mit den uns zur Verfügung stehenden Mitteln nicht zu verwirklichen ist und wir uns deshalb auch im Rahmen unserer Universalgeschichte auf den Boden einer am politischen Schicksal der Griechen orientierten Geschichtsschreibung zu stellen haben.

Soweit nach diesem Muster ohne Verletzung der inneren Proportionen die bedeutenden Fakten des griechischen Geistes in dem schmalen Ausschnitt, den eine politische Optik erlaubt, anzubringen sind, geschieht es selbstverständlich, je nach dem Vermögen des Autors und schließlich auch im Rahmen der Anlage, die er seinem Beitrag gibt. Für den Hellenismus kam diese Sachlage etwas günstiger heraus als für das unter dem Thema »Hellas« stehende Kernstück. Dafür hat es dieser Beitrag mit einigen für die geschichtliche Bewußtseinslage zentralen »literarischen« Gestalten zu tun (etwa Hesiod und Solon), die infolgedessen mit besonderem Nachdruck ins Blickfeld gerückt werden konnten, eine Konstellation, die sich nur in einer Periode des allgemeinen Werdens, wie es die Archaik nun einmal war, einzustellen vermag.

Unsere griechische Geschichte steht ferner, wie das nicht anders sein kann, in einer bestimmten wissenschaftsgeschichtlichen Tradition und erhält von daher ihre Maße und Möglichkeiten. Neuland zu betreten ist uns heute in der geschichtlichen Forschung zumeist versagt, nachdem der moderne Geist sich gerade der Geschichte wie kaum eines anderen menschlichen Bereiches mit einer eigentümlichen Intensität bemächtigt hat.

Aus bestimmten, hier nicht zu erörternden Gründen reicht die Erforschung der griechischen Geschichte kaum über das 18. Jahrhundert zurück. Ihre Wiege stand in England, bei den Landsleuten und Zeitgenossen Gibbons, des größten Historikers der Aufklärung, und sie blieb in englischen Händen, bis in der Mitte des 19. Jahrhunderts diese Entwicklung in George Grote mit ihrem Ende zugleich ihren Höhepunkt erreichte. Seine monumentale »History of Greece« (1846–1856) wurde das bislang bedeutendste und umfangreichste Buch über griechische Geschichte und behauptete diese Stellung etwa ein Menschenalter lang. Daß sein Verfasser von Haus aus kein Gelehrter war, sondern ein in Politik und Wirtschaft tätiger Mann, sah man dem zwölfbändigen, in stetem Umgang mit den Quellen erwachsenen Werk nicht unmittelbar an. Dagegen verriet sich in der Selbständigkeit des politischen Urteils und in der unabhängigen Sachkritik Art und Wesen des Verfassers: sein realistisches Vorstellungsvermögen und der Blick für historisch-politische Probleme. Die fortwährende Diskussion, in der er sich, inmitten der Darstellung, äußerte, erinnern ebenso wie seine Vertrautheit mit praktischen Staatsgeschäften an Barthold Georg Niebuhr, der ein Menschenalter früher mit seiner berühmten Römischen Geschichte hervorgetreten war. Freilich war Grote nicht die Schlüsselposition Niebuhrs in der Wissenschaftsgeschichte beschieden. Am Griechentum war die Wissenschaft schon des längeren tätig, nur war es nicht die Geschichte, sondern die Philologie, welche vorangegangen war.

Hier führt nun der Weg zurück zu den deutschen Voraussetzungen, in erster Linie zu Winckelmann und seiner Wirkung. Unsere Klassik beruht bekanntlich auf ihr, wenn sie das Griechentum als ein Bildungserlebnis erfuhr und deshalb zu einer Norm erheben konnte. Die klassisch-philologischen Studien erhielten von daher den Hintergrund einer brennenden Aktualität und wurden in ihrer Arbeit beflügelt, aber für die Geschichte sah vorerst wenig dabei heraus. Das wurde erst anders mit August Böckh und seinem »Staatshaushalt der Athener« (1817). Obgleich Böckh sein Geschäft als besondere Spielart der Philologie, als »Sachphilologie«, verstand, war das Thema wenigstens doch eminent geschichtlich; und es geht zweifellos auf seinen Anstoß zurück, wenn die klassische Philologie sich immer mehr solchen Arbeiten widmete und für sie ganze Sonderdisziplinen begründete, wie es in der zweiten Hälfte des 19. Jahrhunderts geschah.

Es ist deshalb nicht verwunderlich, daß schon in der ersten Jahrhunderthälfte in zwei Schülern Böckhs der Umschlag von Philologie in Geschichte sich in höchst eindrucksvoller Weise vollzog: Otfried Müller unternahm nichts Geringeres, als eine Geschichte des griechischen Volkes auf der Grundlage seiner Stammesgliederung zu schreiben, und Johann Gustav Droysen wurde mit seinem »Alexander« und dessen Fortsetzung zum Entdecker einer welthistorischen Periode: Begriff und Name des »Hellenismus« sind seine Schöpfung. Trotzdem blieben beide Einzelgänger. O. Müller wurde durch einen frühen Tod um die Wirkung seiner Arbeit gebracht, und Droysens Saat ging erst ein halbes Jahrhundert später in der Wissenschaft auf, als er selbst längst als der Historiker Preußens den Griechen den Rücken gekehrt und die Welt möglicherweise um die Chance gebracht hatte, ein Mommsen der griechischen Geschichte zu werden. Statt dessen fand ein ganz anderer Mann Beifall beim gebildeten Bürgertum: der Philologe Ernst Curtius mit seiner »Griechischen Geschichte« (1857–1867), einem durch und durch unpolitischen Buch, obgleich es als Pendant zu Mommsens Römischer Geschichte erschien und auch vom selben Verleger angeregt war. Aber während Mommsens Römische Geschichte als ein von Grund auf »modernes« Werk den Geist des Umbruchs atmete, der sich in der Jahrhundertmitte vollzog, glich Curtius eher einem epigonenhaften Nachzügler der letzten Goethegeneration, und so wurde seiner Griechischen Geschichte nicht mit Unrecht ein ausgesprochen »klassizistischer« Beigeschmack nachgesagt.

Immerhin zeigte Curtius, daß von der damaligen Philologie allein die geschichtliche Durchdringung des Griechentums nicht zu leisten war. Es bedurfte einer inneren Verbindung des historisch-politischen Sinnes, wie er sich in Grote manifestierte, mit dem philologischen Sachwissen, das in immer größerem Umfang von der zweiten Jahrhunderthälfte bereitgestellt wurde. Dieser Prozeß und damit der Abbau »klassizistischer Vorurteile«, auf den man sich vielleicht ein bißchen mehr einbildete als gerechtfertigt war, vollzog sich in der Tat und erhielt eine besondere Durchschlagskraft durch den ungewöhnlichen Umstand, daß drei überragende Gelehrte dieser Aufgabe ihre ganze Kraft widmeten: für die Philologie Ulrich von Wilamowitz-Moellendorf, für die Geschichte Karl Julius Beloch und Eduard Meyer. Noch heute beruhen unsere historischen Kenntnisse im wesentlichen auf ihren und ihrer Zeitgenossen Bemühungen.

Die Rekonstruktion der elementaren Sachverhalte kann seitdem für die griechische Geschichte als gesichert gelten. »Überraschungen« könnten nur völlig neue Quellen bringen; daß sich aber solche einstellen, ist nach allen Erfahrungen, so wünschenswert es auch wäre, nicht eben sehr wahrscheinlich. Ändern kann sich nur die Auffassung des Tatsachenzusammenhanges, seine Interpretation im Prinzipiellen und das Verständnis des Ganzen. Hierin unterstehen wir natürlich der Herrschaft des eigenen Urteils; so manches, was von der Generation Belochs und Eduard Meyers an eine bestimmte Stelle gerückt ist, mag sich durchaus von dort wegbewegen. Aber das wären alles nur Modifikationen, welche keineswegs die Wiederholung des einmal vollzogenen Erkenntnisganges in toto nötig machten. Die späteren griechischen Geschichten konnten sich deshalb, wenigstens bei uns in Deutschland, auf einem bedeutend schmaleren Grundriß erheben. Auch die unsrige genießt diesen Vorteil und darf überdies den Vorzug in Anspruch nehmen, ihnen im äußeren Umfang nicht eigentlich nachzustehen. Sie gehorcht ganz dem Gesetz, das die wissenschaftliche Entwicklung nun einmal diktiert.

Ein Geschichtswerk stellt sich zunächst mit der Durchsichtigkeit seiner Gliederung vor, das heißt gemeinhin, mit der von ihm vorgenommenen Einteilung in Epochen. Dies ist stets ein Stück der Gesamtkonzeption, aber ebenso gehorcht sie Gesichtspunkten praktischer Verständigung. Unsere Geschichte richtet sich nicht zuletzt mit Rücksicht auf den Leserkreis nach diesem Motiv. Sie ist sich dabei bewußt, daß »Epoche« dem Wortsinn nach lediglich »Einschnitt« bedeutet und es »Einschnitte« in der Geschichte in ziemlicher Anzahl gibt. Dann kommt es darauf an, welchen von den verschiedenen man eine gewisse Dominanz über die anderen denkbaren zumißt und ob sich eine solche Entscheidung einigermaßen plausibel machen läßt. Andererseits empfiehlt es sich unbedingt, mit dieser Markierung möglichst sparsam zu verfahren, um einer weniger orientierten Leserschaft nicht durch ein Gewirr von Wegzeichen den Zugang zu versperren.

Der erste Abschnitt ist in dieser Hinsicht glücklicherweise ganz unproblematisch. Er betrifft dasjenige Stück der griechischen Geschichte, welches noch im prähistorischen und im altorientalischen Horizont steht. Diese Periode ist uns gänzlich erst durch die moderne Forschung, und zwar ausschließlich durch die Archäologie geschenkt worden. Vorher, und das gilt noch für die Mitte des 19. Jahrhunderts, war man gezwungen, um jenen Raum auszufüllen, die griechischen Sagen und was die griechischen Historiker an Konstruktionen daraus für Geschichte ausgaben, in ihm anzusiedeln. Erst als man in der Nachfolge von Niebuhr gelernt hatte, diese Gespinste aufzulösen, war die Freiheit gegenüber der apokryphen Tradition gewonnen. Aber deswegen hatte man noch nichts, es an deren Stelle zu setzen.

Schliemann war noch gutgläubig und suchte in Mykene den Palast des Agamemnon. Sein Irrtum wies aber den Weg zum Licht, denn seine auf Grund der Heldensage unternommenen Ausgrabungen eröffneten den Zugang zur Kenntnis der Welt von Troia und Mykene. Nachdem wir die Resultate der Ausgrabungen unbefangen zu deuten gelernt haben, also ohne Zuhilfenahme der Schliemannschen Prämissen, die zum Teil noch die seines Nachfahren Dörpfeld waren, können wir die Welt geschichtlich einordnen. Nun hat die Entzifferung von Linear B dem Bild noch ein paar neue Farben hinzugefügt. Der Leser wird bei dem Interesse, das in unseren Tagen gerade diese Entdeckung bei der weiteren Öffentlichkeit findet, den speziellen Beitrag über diese Schrift begrüßen.

Die Dorische oder, wie wir uns seit ein paar Jahrzehnten angewöhnt haben zu sagen, die Ägäische oder Große Wanderung ist als Einschnitt so unmißverständlich, daß mit ihr Abschluß und Neubeginn zu bezeichnen nicht schwer fällt. Aber was beginnt neu, und bis zu welchem Punkte läßt man das Neue reichen? Unsere Weltgeschichte macht den nächsten Einschnitt erst bei den Perserkriegen und faßt damit die rund fünfhundert Jahre davor als eine Einheit, als die archaische Zeit. Was hier den Einschnitt selbst betrifft, so ist er nicht weiter kontrovers. Jede griechische Geschichte rechnet mit ihm. Aber die Zusammenfassung des vorangehenden halben Jahrtausends unter dem einen Zeichen der Archaik steht weniger im Einklang mit vertrauten Konventionen. Man ist im allgemeinen eher geneigt, den Begriff des Archaischen auf die ein bis zwei Jahrhunderte vor den Perserkriegen zu beschränken. Doch damit stößt man auf die Frage, welches Thema denn vorausgehe, und gerät leicht in die Verlegenheit, einen mehr oder weniger leeren Terminus, wie etwa »Übergangszeit«, bemühen zu müssen und überhaupt die verhältnismäßig klare Tektonik der griechischen Geschichte zu gefährden.

Die »Einheit« einer historischen Periode ist eine relative Größe und läßt sich niemals in einem totalen Sinne verifizieren. Man vermag sich nur nach einzelnen Themen zu richten, die keinerlei Ausschließlichkeitsanspruch erheben können, sondern lediglich den Vorteil besitzen, besser als andere eine durchgehende Bezifferung zu bezeichnen. Eine solche scheint sich nun für den angegebenen Zeitraum in der Tat in dem Umstand anzubieten, daß sich der griechische Volkskörper noch immer in Bewegung, das heißt im Prozeß seiner Formung befand. Man liest das ohne Mühe den im einzelnen wenig sichtbaren Vorgängen nach der Wanderung ab; aber ebenso gehört die griechische Kolonisation hierher, und sie läuft denn auch gerade zu Beginn des griechisch-persischen Gegensatzes aus. Der Perserkrieg knüpft dann seinerseits – beinahe folgerichtig – daran an, wenn er, in bescheidenem Umfang, aber späterhin nie mehr übertroffen, diesen Volksbegriff politisierte. Natürlich kann das nicht heißen, daß es sonst nichts an Aufgaben und Problemen in der griechischen Geschichte dieses halben Jahrtausends gegeben hätte. Der aufmerksame Leser wird sich leicht eines Besseren versichern können. Aber als die Jahrhunderte überdauernde Konstante ist diese besondere Thematik konkurrenzlos.

Sie ist es auch insofern, als sie noch am ehesten den wichtigen Tatbestand zum Ausdruck bringt, daß dieser Geschichtsabschnitt im Zeichen des Werdens steht, daß in ihm auch sonst das Griechentum zu seiner Gestalt heranwächst und diejenigen Elemente aus sich entläßt, welche es zu seiner welthistorischen Rolle befähigten. Das gilt sowohl für die Ausbildung des sozialen und politischen Körpers – der griechische Stadtstaat erhielt damals seinen Grundriß und vor allem die Dominanz gegenüber anderen Organisationsformen – wie für die Entwicklung des geistigen Organons. Der Leser wird darum verstehen, warum gerade diese Phase der griechischen Geschichte ihm mit einigem Nachdruck vorgestellt wird und er von ihr vielleicht mehr erfährt, als in anderen Griechischen Geschichten des etwa gleichen Umfangs. Auf den Terminus »Archaik« kommt übrigens nicht viel an. Er hat selbst eine gewisse Geschichte, die hier nicht mitgeteilt werden kann, besitzt aber immerhin trotz seiner Allgemeinheit genug Bedeutungsgehalt, um das »Werden«, die »Genesis« des später voll Sichtbaren in sich aufzufangen.

Zusammengefaßt wird im folgenden dann der Zeitraum von den Perserkriegen bis zu Alexander dem Großen. Daß dieser einen mit nichts vergleichbaren »Einschnitt« und das einzig legitime Tor zum Hellenismus darstellt, sollte unter Kundigen nicht zweifelhaft sein (ist es aber leider immer noch). Der Zeitraum von etwa hundertfünfzig Jahren ist, mit der Uhr gemessen, nicht eben groß und könnte schon deshalb bedenkenlos als Einheit gelten. Er tut es freilich nicht. Durch ihn geht der Bruch des Peloponnesischen Krieges. Trotzdem ist dieser Bruch nicht von der Art, daß er die Periodik geradezu sprengte. Man könnte ebenso sagen, der Peloponnesische Krieg, der das 4. Jahrhundert aus sich entläßt, zieht es auch wieder an das 5. heran: er ist sowohl Trennung wie Verbindung. Das 4. Jahrhundert ruht nicht in sich, sondern steht im Widerschein des 5. Jahrhunderts. Unsere Darstellung sucht diesem eigenartigen Phänomen Rechnung zu tragen, ist allerdings aus Raumgründen gezwungen, das vielfältige Geschehen der zwei Generationen nach dem Peloponnesischen Krieg in starker Kürzung nur abzubilden und lediglich die bestimmenden Linien hervortreten zu lassen. Diese Benachteiligung darf jedoch als legitim gelten, da sie zugunsten des 5. Jahrhunderts ausfällt. Bei diesem kann nun einmal der Leser den Anspruch erheben, eingehend über den äußeren und inneren Hergang der Dinge informiert zu werden. Eine Griechische Geschichte, die ihm keine präzise Information über Marathon und Salamis, über Perikles und die attische Demokratie bietet, hätte ihren Zweck verfehlt.

Mit dem Begriff des »Klassischen«, der – in Ermangelung eines besseren – verwandt wird, gehe man lieber nicht so streng ins Gericht. Im Grunde ist er ja »unhistorisch«, denn die Geschichte kennt keine »normativen« Perioden. Der Verfasser gehört auch nicht zu denen, die an die Idealität der griechischen Polis glauben, und meint Bescheid zu wissen, in welche Schwierigkeiten man sich damit hineinmanövriert. Wohl aber sind das 5. und

4.Jahrhundert die Zeit, in der Griechenland auf der Grundlage des Stadtstaates »große Politik« machte. Das gab es weder vorher noch nachher, vorher nicht, weil es, wie schon Thukydides wußte, »große Politik« bei den Griechen überhaupt nicht gab, späterhin nicht, weil sie von anderen Instanzen und nicht mehr von den Stadtstaaten betrieben wurde. So verstanden, könnte man auch von einem Zeitalter des griechischen Stadtstaates sprechen, aber dabei wären Mißverständnissen Tür und Tor geöffnet. Da ist es doch schon besser, sich den Glanz, welcher nur schwer in der politischen Geschichte dieser ganzen Zeit zu finden ist, vom griechischen Geist zu entlehnen und einfach mit dem Begriff des »Klassischen« darauf hinzuweisen, daß diese Periode die klangvollsten und folgenschwersten Größen des Griechentums in sich birgt – etwa in den großen Tragikern, in Sokrates, Platon und Aristoteles, ganz zu schweigen von der bildenden Kunst.

Der Hellenismus ist, seitdem Droysen den Begriff aus der Taufe gehoben hat, seinen äußeren Konturen nach glücklicherweise viel weniger umstritten. Er ist, um es ganz einfach zu sagen, das letzte Kapitel der griechischen Geschichte, welches mit Alexander dem Großen beginnt. Bis zu Droysen (und noch eine Weile danach) waren die Historiker ziemlich hilflos und vermochten allenfalls in recht umständlicher Weise von der Geschichte der griechischen und makedonischen Staaten zu sprechen. Die inhaltliche Definition Droysens (Synthesis von Ost und West) wird zwar heute allgemein mit gutem Grund nicht mehr akzeptiert. Den Zeilen unseres Beitrages und den Hinweisen im vorangehenden Kapitel wird der aufmerksame Leser jedoch entnehmen, daß beide Autoren sich auch den hegelschen »Evolutionismus« Droysens, der im Gegensatz zur inhaltlichen Bestimmung des Hellenismus noch heute in der Wissenschaft unbestrittene Geltung hat und der dieser Epoche hinsichtlich ihrer Entstehung eine historische Zwangsläufigkeit zumißt, nicht ohne weiteres zu eigen machen. Es bedarf schon einer recht handfesten Geschichtsmetaphysik, um ein so außerordentliches Phänomen wie Alexander und die Zertrümmerung des Persischen Weltreiches aus einer vorgegebenen Disposition abzuleiten. Der Historiker sollte lieber das Erstaunliche stehen lassen und sich damit begnügen, das Ergebnis zu registrieren. Die anschauliche Schilderung von Welles, die sich streng an die erkennbaren Daten hält, wird dem Leser gerade hierbei gute Dienste leisten, und er wird spüren, daß der Hellenismus unter der Decke sehr vergänglicher Machtkonstruktionen einer Kraft des Hellenentums freien Auslauf gab, welche des längeren schon vorhanden, jetzt erst eigentlich den Kulminationspunkt erreichte. Der Hellenismus ist das Zeitalter der Entfaltung einer griechischen Zivilisation als einer weit über ihr Ursprungsgebiet ausstrahlenden Lebensform. Eben in dieser Eigenschaft besaß er die Fähigkeit, sich der römischen Geschichte zu substituieren und die Antike zu einer europäischen Kulturpotenz zu erheben.

Fritz Schachermeyr

URSPRUNG UND HINTERGRUND DER GRIECHISCHEN GESCHICHTE

Die griechische Halbinsel zeigt sich auf das engste mit dem Ägäischen Meere verbunden. Ihm wendet sie sich zu, nach Osten und Süden sich öffnend, während sie sich nach Westen hin verschließt. Schon durch diese Lage fiel Griechenland ein bedeutender Anteil an der Aufgabe zu, welche die Ägäis als Mittlerin zwischen Asien und Ägypten einerseits und Europa anderseits in der Weltgeschichte immer wieder übernommen hat. Asiatische und ägyptische Kulturwerte, die es aus erster Hand erhielt, wurden für Griechenland so entscheidend wie die Zuwanderungen aus Europa. Aber Hellas beharrte nicht in dieser bevorzugten Rolle des Empfangenden. Es wurde zum Gebenden, sobald es zu seiner eigenen Sendung herangereift war.

Die ältesten Kulturen des ägäischen Raumes

Wenn wir heute von einer »Urzeit« sprechen, so beschwören wir dabei Schatten einer weit älteren Vergangenheit herauf, als sie uns vor kurzem noch zugänglich war. Erst neueste Untersuchungen stellten in Thessalien am Flusse Peneios eine paläolithische Fischer- und Jägerkultur fest. Steinwerkzeuge ähnlicher Wildbeuter fand man in einer Höhle Boiotiens, und vereinzelt konnten Geräte der gleichen Art auch auf den Inseln nachgewiesen werden. Das ist alles, was wir über diese Urbevölkerung wissen. Man darf aber annehmen, daß sie, geformt durch ihre Umwelt, schon eine primitive Art des mittelmeerischen Menschen dargestellt hat.

Nicht aus eigenem, sondern dem Ansporn vorderasiatischer Kultureinflüsse folgend, haben Griechenland und Südosteuropa die Schwelle überschritten, die vom Wildbeutertum der *food gatherer* zu der höheren Stufe der *food producer* führte. Es war zugleich die Schwelle vom Mesolithikum zum Neolithikum (Jüngere Steinzeit).

In Vorderasien hat man zuallererst mit dem Anbau von Getreide, mit der Haltung von Weidevieh und mit seiner allmählichen Domestizierung begonnen. Sofern man freilich weiterhin unstet mit den Herden umherzog, konnte kein grundlegender Wandel eintreten.

Erst als man sich zum Ackerbau entschloß – anfangs suchte man noch immer nach jungfräulichem Boden – und den Boden immer wieder aufzufrischen lernte, wurde das Land zu dauerndem Besitz und Wertobjekt. Man blieb auf demselben Platz, legte feste, ja befestigte Siedlungen an und baute bald regelrechte Städte. Nun war man in der Lage, Reserven anzulegen und Reichtümer zu sammeln; es bildete sich der Bauer in den Dörfern und der Grundbesitzer in den Städten heraus. Diese Siedlungen bedurften nun der schützenden Hand einer Obrigkeit, die Boden und Stammesgebiet verteidigte, die über eine gerechte Wasserzuteilung wachte und göttlichen Schutz zusicherte. So entwickelte sich der Territorialstaat, dem von Gottes Gnaden Fürsten und Priester vorstanden. Es war ein hierarchisches System absoluter Autoritäten, das sich überall dort anbahnte, wo der Reichtum des Bodens die agrarische Wirtschaftsform begünstigte.

Die Anfänge solchen Ackerbaus mit einer bald zum Städtischen neigenden Seßhaftigkeit finden wir in Palästina, wo uns Jericho und Abu Gosch die besten Zeugnisse bieten, wir finden sie in Syrien, in Mesopotamien (Hauptfundort Qalat Jarmo), auf Cypern und im östlichen wie mittleren Kleinasien (Fundort Hacilar). Die weite Ausdehnung dieses primären Agrargebietes erklärt sich aus der expansiven Neigung der ältesten Ackerbauern, die sich noch nicht auf die Verbesserung des Bodens verstanden. In religiöser Hinsicht führte die Hochschätzung der Fruchtbarkeit zu einer kultischen Verehrung des Mütterlich-Weiblichen. Man formte schon Idole der »Großen Göttin« aus ungebranntem Ton, bevor man noch die Herstellung gebrannter Tongefäße kannte. Aus Jericho und dem zentralanatolischen Hacilar kennen wir auch einen merkwürdigen Totenschädel-Kult. Keramik gab es noch nicht, wohl aber gut gearbeitete Steinschalen, nach denen diese Entwicklungsstufe als »Steinschalenkultur« bezeichnet wurde.

Schon in der Zeit des frühesten Ackerbaues, als man den Boden noch nicht aufzufrischen vermochte, scheinen Trecks landsuchender Bauern aus Kleinasien nach der Ägäis und auch nach Griechenland gelangt zu sein. Sie ließen sich überall dort nieder, wo sich fette Ackerböden anboten, so vor allem in Thessalien. Auch auf manchen Inseln richteten sie Niederlassungen ein, um den Verkehr über die Ägäis hinweg zu erleichtern. Nun finden wir auch in Hellas die ersten festen Siedlungen, Anzeichen von Ackerbau und einer systematischen Viehzucht. Jene weltgeschichtlich so bedeutsame Bewegung, die wir als »Vorderasiatische Kulturtrift« bezeichnen, hatte damit ihren Anfang genommen. Es handelte sich um Wanderungen von bäuerlichen Landsuchern und mit ihnen von Kulturgütern, von Menschen also und Waren, von Kenntnissen und Ideen, immer in der gleichen Richtung von Vorderasien nach Europa strömend, eine Bewegung, die vielleicht schon im sechsten, mindestens aber im fünften Jahrtausend begann und bis zum Beginn des dritten andauerte, eine Bewegung, die der Überlegenheit der vorderasiatischen Kultur entsprungen war.

Ein wichtiger Fortschritt bahnte sich an, als man in Vorderasien zur Herstellung von Gefäßen aus gebranntem Ton überging. Damit stellt sich für uns ein Fundmaterial von großer Bedeutung ein, da solche Gefäße durch die Art ihrer Herstellung, durch Form und Dekoration in einem Maße zeitgebunden zu sein pflegen, daß mit ihrer Hilfe jede Fundstelle unschwer datiert werden kann. Freilich erhielten sich ganze Vasen in der Regel nur in Gräbern, Scherben aber hat jede Kultur hinterlassen. Vielfach fanden sich mehrere Kulturschichten übereinander, deren Zeitgrenzen an Hand des in ihnen angetroffenen Scherbengutes bestimmt werden können.

Mit dem Beginn des Töpfergewerbes treten wir in die Stufe des voll ausgebildeten Neolithikums ein, für die geschliffene – also nicht mehr geschlagene – Steinwerkzeuge und das Auftreten keramischer Produkte charakteristisch sind. Mit Hilfe der Tongefäße wie auch mancher anderen Funde lassen sich in Vorderasien und seiner Umgebung eine Reihe von Kulturprovinzen abgrenzen. Eine solche Provinz wird in Syrien und Mesopotamien angenommen, wo sich die »Tell-Halaf-Kultur« entfaltete, eine andere Kulturprovinz bildete Palästina, eine dritte Ägypten, eine vierte haben wir in Iran zu erblicken, die sich dann auch über Vorderindien ausbreitete (Kulturen von Harappa und Mohenjo-daro), eine fünfte stellt sich uns schließlich in Anatolien dar; sie wirkte von dort aus durch die Vorderasiatische Kulturtrift nach dem Westen hinüber.

Auch nach der Erfindung des Töpfergewerbes blieb die aus dem Osten kommende Strömung weiter in Bewegung. Hatte sie zuerst Ackerbau, geordnete Viehzucht und Seßhaftigkeit gebracht, so folgten nun das Töpfergewerbe, die Verzierung der Vasen durch Ritzung oder Bemalung und die Verwendung von Stempelsiegeln, besonders aber auch die weitere Ausgestaltung des Kultes der Großen Muttergottheit und ihre bildliche Darstellung durch Idole und auf Vasen.

Diese Kulturströmung griff über den ägäischen Raum noch weiter nach Westen und Nordwesten aus, einerseits nach Italien, andererseits nach dem Balkan und dem Donaubereich bis nach Mitteleuropa hin. Dabei zeigt die besonders expansive anatolische Kulturprovinz von Anfang an eine gewisse Selbständigkeit gegenüber der benachbarten von Syrien und Mesopotamien, weil sich in Kleinasien ein Sprachtypus des Altmediterranen zu einer bedeutsamen Kultursprache entwickelte, während in Syrien und Mesopotamien anscheinend andere Idiome, so vor allem das Sumerische und das Semitische, vorherrschend wurden. Von semitischer Seite wurde auch Palästina sicherlich schon früh geprägt, und in Ägypten begann der entscheidende Kulturanstieg erst seit der Vermischung der dortigen Hamiten mit semitischen Zuwanderern.

Der in Kleinasien heimische anatolische Sprachtypus breitete sich mit der Vorderasiatischen Kulturtrift nach dem ägäischen Bereich, nach Italien, dem Balkan und dem Donauland aus. Er führte dort überall zur Bildung von Ortsnamen, die sich bis in jüngste Zeiten erhalten haben. Charakteristisch sind vor allem die mit *nt* und *ss* gebildeten Endsilben. Ihre Grenzen lassen sich etwa durch Naissos, das heutige Nisch, Carnuntum bei Wien, Karantanien (Kärnten), das Pustertal (einst Pustrissa), Tarentum in Italien und Krimis(s)os in Sizilien abstecken.

Da das anatolische Sprachgut sich rund um das Ägäische Meer ausbreitete, haben wir uns daran gewöhnt, es als »ägäisch« zu bezeichnen. Zu dieser ägäischen Sprach- und Völkergruppe gehörten also wohl alle die Auswanderer, die von Kleinasien nach Griechenland, dem Balkan, dem Donaubereich und nach Italien gelangten.

Die Zentren der anatolischen Kulturausstrahlung lagen in Kilikien, wo Mersin und Tarsos uns die archäologischen Belege liefern, weiter in Ostanatolien, wo 1961 von James Mellaart grundlegende Untersuchungen zu Tschat al Hüyük durchgeführt wurden, und in Zentralkleinasien, wo die Grabungen von demselben Forscher in Hacilar reiches Material an Keramik und Kleinplastik erschlossen haben.

Der ägäische Raum hat Anregungen zur Entfaltung einer höheren Gesittung aber nicht nur aus der Vorderasiatischen Kulturtrift empfangen. Auch von Ägypten und Nordafrika her machten sich über das Mittelmeer hinweg Einflüsse geltend, so daß wir von einer zweiten, einer »Nordafrikanischen Kulturtrift« sprechen können. Freilich nahm sie ihre Wege mehr nach Westen: nach Spanien, der Bretagne, den Britischen Inseln und Nordeuropa, auch nach Malta, Sardinien und Korsika. Immerhin wurde Kreta von ihr berührt und somit auch der ägäische Raum. Die afrikanischen Einflüsse brachten vor allem ein mehr »megalithisches« Bauen in Form von Rund- und Kuppelgräbern, Steinkreisen und Menhiren, wie auch das mittelmeerische »Höhlengefühl«, das die Geborgenheit in unterirdischen Räumen für die Kulte liebte. Nach Kreta sind mit dieser zweiten Kulturtrift manche Einflüsse in der Keramik und Steinbearbeitung und später vor allem der Typus des Kuppelgrabes gelangt, das für Kreta und Mykene so bedeutsam werden sollte.

Die Gesittung, die durch die Vorderasiatische Kulturtrift das griechische Festland erreichte, pflegen wir nach einem in Thessalien gelegenen Fundort mit dem Namen »Sesklo-Kultur« zu bezeichnen. Es handelt sich dabei um eine bäuerliche Kultur mit zahlreichen Dörfern und einigen mehr städtischen Zentren. Sie war über ganz Griechenland verbreitet, verband sich im fruchtbaren Thessalien und Boiotien mit beträchtlichem Wohlstand, betrieb aber auch Schiffahrt und Handel. So sehr die Sesklo-Kultur von der Gesittung Kleinasiens abhängig war, vollzog sich im ägäischen Raum doch eine gewisse Klärung dieser Einflüsse. Hier vereinfachte man die Dekoration der schön bemalten, aber eher ungezügelt wirkenden anatolischen Keramik in ein vielfältig variiertes Auf-und-ab-Schema. Besonderes Gewicht legte man auf eine harmonische Gestaltung der Gefäßformen. Die anatolische Kleinplastik mit ihrem Reichtum an mannigfachen Darstellungsarten der Großen Muttergöttin wurde im ägäischen Bereich auf den Typus der stehenden, sitzenden oder kauernden Göttin eingeschränkt, wobei man alle Schematisierung vermied und jedem Stück seine besondere Form und Anmut gab. Auf dem Gebiet der Architektur kündigen sich bereits Frühformen des Megarons an, im übrigen baute man quadratische Häuser mit Zungenmauern nach innen gerichtet, um das Einstürzen der Gebäude bei Erdbeben zu verhindern.

Da auf Kreta auch ägyptisch-nordafrikanische Einflüsse stärker wirksam wurden, nahm die Insel gegenüber dem festländischen Sesklo eine Sonderstellung ein. Kreta scheint im Neolithikum ziemlich dicht besiedelt gewesen zu sein, wobei man die Gebirge für Viehzucht bereits in einer Art von Almenwirtschaft zu nutzen wußte. Eine besonders ausgedehnte Siedlung war Knossos. In der Keramik verzichtete man unter nordafrikanischen Einflüssen auf die Bemalung der Gefäße und bevorzugte weiß inkrustierte Ritzverzierung. Auch bei der Herstellung von Steingefäßen hielt man sich an ägyptische Vorbilder. In der Plastik begegnen wir überraschenderweise im frühesten Neolithikum auch einer männlichen Statuette mit einer Art von Schamtasche, was auf Zuwanderung von Libyern hindeutet. Im übrigen setzte sich aber die vorderasiatische Große Muttergöttin auch in der Statuettenplastik von Kreta durch.

Allerdings konnten sich die auf der Insel erzeugten Idole an Anmut und künstlerischer Reife nicht mit denen des Festlandes messen. Dagegen treffen wir auf eine hervorragende Tierplastik, in der auch genrehafte Züge zur Geltung gelangen. Ähnlich wie auf dem Festland finden wir auf Kreta zu Anfang einen naiven Frührealismus, der auf bloßen Eindrücken von den Gegenständen beruht. Das steht in Gegensatz zu den Anfängen der späteren hellenischen Kunst, die von begrifflichen Vorstellungen und damit gleichsam von Ideen ihren Ausgang nahm.

Die Große Muttergöttin scheint sich im ägäischen Raum allmählich in einzelne lokale Gestalten aufgegliedert zu haben. Verschiedentlich stand ihr der sterbliche Frühlings- und Vegetationsgott in gleicher Weise als Partner zur Seite wie in Kleinasien Attis, in Syrien Adonis und in Mesopotamien Tammuz.

Ein neuer Zug gesellte sich im ägäischen Bereich zu den vom Orient übernommenen Vorstellungen: das Erschauern vor den chthonischen Gewalten der Unterwelt trat in den Vordergrund. Das ist zweifellos auf Auswirkungen der Umwelt zurückzuführen, vor allem auf die in Griechenland so häufigen Erdbeben und auf die von uns als »Karstphänomene« bezeichneten Erscheinungen (Höhlenbildungen, unterirdische Flüsse und dergleichen). Waren es im vorderasiatischen Bereich vielfach Götter des Gewitters, die man als Gewalttäter besonders fürchtete, so wurde an der Ägäis die »Große Göttin« als Herrin der Erde und der Unterwelt zur höchsten Machthaberin.

Im Laufe des Neolithikums bahnte sich allmählich ein wichtiger Fortschritt an, als man Kupfer, Gold und Silber zu gewinnen lernte. Wiederum war Kleinasien führend, wo es reiche Lagerstätten, vor allem an Kupfer und Silber, gab. Metall wurde zuerst nur für Schmuckzwecke in Gestalt von Draht und Nadeln verwendet; später erzeugte man aus Kupfer auch mancherlei Werkzeuge und Waffen und bevorzugte schon bald – der größeren Härte wegen – Legierungen mit anderen Buntmetallen. Auch Gefäße wurden schließlich hergestellt, die zuerst gegossen und gehämmert, dann aber aus verlöteten Blechen gearbeitet wurden. All das trat in Anatolien nicht allzu rasch in Erscheinung und wirkte sich auch auf Griechenland nur allmählich aus. So währte es lange, bis dadurch der Lebensstil eine wesentliche Änderung erfuhr. Wir sprechen daher für Asien von einer dem Neolithikum seit dem vierten Jahrtausend folgenden »Kupfersteinzeit« (Chalkolithikum), behalten aber für Griechenland die Bezeichnung Neolithikum (Jungsteinzeit) bei. Immerhin wurde das Töpferhandwerk mehr und mehr von der Konkurrenz der Metallvasen bedroht und suchte diese in ihrer Formgebung wie in dem dunklen Glanz der Gefäßwände nachzuahmen. Das führte zu einem Verzicht auf farbige Bemalung, womit sich der gleitende Übergang zur »Metallzeit« ankündigte.

In der Vorderasiatischen Kulturtrift waren die entscheidenden Anregungen zu einem qualifizierteren Ackerbau, zur Seßhaftigkeit und schließlich zur Entstehung eines Töpferhandwerks auch nach Mitteleuropa gelangt. Dort trafen sie auf Völkerschaften, die sich seit Urzeiten zur Verzierung ihres Hausrates der Spirale und des Mäanders bedient zu haben scheinen, Schmuckmotive, die den mediterranen Kulturen bis dahin im wesentlichen fremd geblieben waren. Da man im mitteleuropäischen Bereich diese Verzierungsarten auch auf die Erzeugnisse der neuen Töpferkunst übertrug, bildete sich in den weiten Räumen von

Belgien bis Polen, Ungarn und Rumänien die Kultur der »Bandkeramik« aus. Leider ist uns dabei völlig unbekannt, zu welcher Sprach- oder Völkergruppe diese »Bandkeramiker« gehörten.

In der ersten Hälfte des dritten Jahrtausends scheint dieser Kulturkreis im Zeichen expansiver Neigungen gestanden zu haben. Wir können das für Osteuropa und auch im Hinblick auf Italien feststellen; die Auswanderungsströme zielten vor allem aber nach der Balkanhalbinsel und schließlich nach Griechenland. Dort scheinen in der Zeit zwischen 2700 und 2500 v. Chr. verschiedene bandkeramische Scharen – zum Teil aus Ungarn, zum Teil auch aus Rumänien – eingewandert zu sein. Einem solchen Schwarm ist wohl die Gründung der thessalischen Herrscherburg von Dimini zuzuschreiben, weshalb wir diese Bewegungen auch als »Dimini-Wanderungen« bezeichnen. Das Ziel der Eindringlinge war besonders das reiche Thessalien, doch gelangten einige Schwärme auch auf die Peloponnes, andere auf die Kykladen. Im Nordosten erreichten die Zuwanderer wohl die thrakische Küste der Ägäis, Kleinasien aber höchstens in einigen versprengten Splittern. Ihrer Zahl nach waren diese Eindringlinge, auch die in Thessalien eingebrochenen Schwärme, zu schwach, um auf die Dauer ihre Art und ihre Sprache behaupten zu können. Sie assimilierten sich in ähnlicher Weise an die einheimische Bevölkerung, wie später die Normannen in der Normandie oder die Langobarden in Italien. Was erhalten blieb, war die Spirale als Schmuckmotiv, das in späteren Zeiten vor allem für Kreta und Mykene von großer Bedeutung werden sollte. Universalgeschichtlich betrachtet setzten diese Wanderungen der Vorderasiatischen Kulturtrift insofern eine Grenze, als statt des einseitigen Abströmens geschichtlicher Kräfte und kultureller Werte von Asien nach Europa nun eine Gegenströmung einsetzte. Europa griff zum erstenmal mit eigenen Kulturelementen und in Auswanderungen auf den Südosten über. Seitdem stand Griechenland unter der doppelten Einwirkung von Kleinasien und vom Balkan her, es wurde zur Spannungszone der Expansion zweier Kontinente.

Wenn die Bedrohung durch die Bandkeramiker schließlich abebbte, so hängt das damit zusammen, daß diese Gruppen ihrerseits in der zweiten Hälfte des dritten Jahrtausends von neuen Einwanderern bedrängt und schließlich aufgelöst wurden. Indoeuropäische Scharen ergriffen von Südosteuropa Besitz und lösten die Ära der Bandkeramiker ab. Als Eroberer erschienen sie auch an den Küsten der Ägäis. Da sie aber keinerlei wesentliches materielles Kulturgut mitbrachten, ist ihr erstes Auftreten in diesem Raum archäologisch kaum faßbar. Wir sind deshalb nicht sicher, wann die ersten indoeuropäischen Scharen in Griechenland oder in Kleinasien eingedrungen sind. Ihre frühesten Vorstöße dürften das kulturelle Antlitz der beiden Bereiche noch nicht gewandelt haben. Doch könnte in Anatolien das »Luvische« als eine ägäisch-indoeuropäische Mischsprache schon damals entstanden sein. Im übrigen bildete sich aber in der zweiten Hälfte des dritten Jahrtausends in Anatolien, auf den Inseln einschließlich Kretas, auf dem griechischen Festland und in Makedonien ein Kulturkreis heraus, der sich von dem schon stärker indoeuropäisierten Binneneuropa wie auch von dem semitischen Syrien und dem sumerisch-semitischen Mesopotamien scharf abhob. Dieser Kulturkreis, obwohl weitgehend noch in neolithischen Traditionen wurzelnd und ethnisch im wesentlichen vom alten ägäischen Volkstum bestimmt, war im

Reste eines Rundgrabes bei Hagia Triada in der südkretischen Ebene Mesara, um 2600 v. Chr.

Sitzender Harfenspieler
Marmorstatuette von den Kykladen, 2500–2000 v. Chr. Karlsruhe, Badisches Landesmuseum

Sprachlichen, soweit es sich etwa um Luvier handelte, schon einigen indoeuropäischen Einflüssen ausgesetzt. Eine neuerliche anatolische Kulturexpansion erfolgte im Zeichen der kleinasiatischen Metallurgie. Auch scheinen abermals kleinasiatische Volkselemente abgeströmt zu sein. Ob sich darunter luvisierte Elemente befanden, ist noch ganz ungewiß.

Mit der endgültigen Vorherrschaft eines metallurgisch bestimmten Lebensstils beginnt in Kleinasien und auf Kreta etwa um 2600, auf dem griechischen Festland etwa um 2500 v. Chr., die Metallzeit, und zwar die »Frühbronzezeit«. Freilich stand damals das zu Legierungszwecken so wichtige Zinn noch nicht in hinreichendem Maße zur Verfügung. Wir haben es also in der Frühbronzezeit mehr noch mit einer vom Kupfer bestimmten Kulturphase zu tun. Aus praktischen Gründen wird aber schon zu Beginn der Metallzeit von »Bronzezeit« gesprochen.

Wir teilen sie in die drei Unterperioden der Frühen, Mittleren und Späten Bronzezeit ein, wobei die Zwischengrenzen etwa um 2000 und 1600 liegen und die Spätstufe um 1200 zu Ende geht. Dann folgt die Eisenzeit. Im Raum der Ägäis zerfällt der Kulturkreis der Frühbronzeperiode in die Sonderbereiche Kleinasien, Kreta, griechisches Festland, Kykladen und Makedonien. Kreta wurde von Arthur Evans, dem Entdecker des minoischen Kretas, nach dem Sagenkönig Minos als der »minoische« Bereich bezeichnet. Die Bronzezeit des griechischen Festlandes benannten die Forscher Wace und Blegen als »helladisch«, für die kleinasiatische Bronzeperiode schlug Machteld Mellink die Bezeichnung »anatolisch« vor. Im Rahmen der Frühen, Mittleren und Späten Bronzezeit spricht man demnach von einer frühminoischen, mittelminoischen und spätminoischen Zeit, desgleichen von einer frühhelladischen, mittelhelladischen und späthelladischen; und man könnte die nämlichen Stufungen in der anatolischen, der kykladischen und der makedonischen Stufenfolge vornehmen.

Während im Neolithikum und Chalkolithikum Ost- und Mittelkleinasien maßgeblich waren, verlagert sich im Früh-Anatolikum das Schwergewicht der geschichtlichen Bedeutsamkeit nach dem Westen der Halbinsel. Hier entstehen nun zahlreiche neue Siedlungen, Dörfer und kleine Städte, die Städte vielfach als Residenzen von Fürstenhäusern. Als bekanntester Herrschersitz solcher Art gilt Troia (Ilion), das uns durch die Grabungen von Heinrich Schliemann, Wilhelm Dörpfeld und später auch einer amerikanischen Expedition besonders gut bekannt ist. Schon Schliemann hat die zur Frühbronzezeit gehörenden Schichten in fünf Unterstufen, Troia I bis V, unterteilt, die aber nach Feststellung der Amerikaner jeweils wieder in eine Reihe von kürzer währenden Bauhorizonten gegliedert werden mußten.

Troia war eine von einer starken Mauer bewehrte Stadt, in deren Mitte sich der Fürstensitz befand. Die Bauten, in denen der Herrscher wohnte und waltete, besaßen den Charakter eines Megarons – eines Langhauses mit Eingang an der einen Schmalseite, mit Vorhalle, Hauptraum und mitunter noch einem Hinterraum. In der Stufe Troia II, als die Stadt ihre besten Zeiten erlebte, befanden sich in ihrem Zentrum mehrere, monumental anmutende Megaronanlagen. Sie waren durch eine eigene Mauer und ein Peristyl – eine der Mauer an der Innenseite folgende Säulenreihung – von den Quartieren der Untertanen abgesondert. Die wuchtige, die Gesamtsiedlung umgürtende Stadtmauer wurde mit ihren Türmen und Toren im Laufe der Periode Troia II mehrmals umgebaut und erweitert. Unter den Funden in diesem frühbronzezeitlichen Troia haben wir vor allem die Keramik hervorzuheben, die einige besonders charakteristische Formen zeigt, so das sogenannte *depas amphikypellon* (ein doppelhenkeliges Spitzgefäß) und Amphoren, die an der Gefäßwand oder auf dem Deckel die Reliefnachbildung des Gesichtes oder auch der Brüste der Großen Muttergottheit tragen. Besondere Berühmtheit erlangten aber die Schatzfunde, die Schliemann vergönnt waren. Es handelt sich um Depots, welche die Bewohner von Troia II anlegten, als die Eroberung ihrer Stadt durch irgendwelche Feinde unmittelbar bevorstand. Diese Schatzlager enthielten vor allem Gegenstände aus Gold oder Silber, so Gefäße und kostbaren Schmuck, der in feinsten Herstellungstechniken, in Granulation und Filigran, gearbeitet war. Auch Steinwaffen nach Art der »Streitäxte« wurden zutage gefördert.

Eng mit der Kultur von Troia war die Gesittung der benachbarten Inseln verwandt. Auf Lesbos lag die – wenigstens zeitweise – ummauerte Siedlung von Thermos und auf Lemnos die von den Italienern (zuletzt von Bernabo Brea) ausgegrabene, stark befestigte Stadt von Poliochni. Merkwürdigerweise wurden an diesen Plätzen aber keine Residenzgebäude gefunden. Zahlreiche private Hausanlagen enthielten wiederum Megaronanlagen als wichtigsten Bauteil.

Auch die Kultur des übrigen Kleinasiens stimmte mit der von Troia überein, doch bildeten sich im einzelnen von Landschaft zu Landschaft lokale Abwandlungen heraus. Ein wichtiges Zentrum war Beycesultan am oberen Mäander, wo man tempelartige Heiligtümer fand. Neben anderem Kultgerät enthielten sie »Kulthörner«, denen wir auch auf Kreta begegnen werden. Weiter im Osten wurden von türkischen, amerikanischen und englischen Expeditionen mancherlei Plätze ausgegraben, wobei sich zu Aladscha Hüyük und Horoztepe reichausgestattete Königsgräber fanden. Sie enthielten unter anderem vorzüglich gearbeitete Metallgefäße und die kultisch so bedeutsamen »Standarten« in Durchbruchsarbeit, aus Bronze gefertigt. Der Goldschmuck von Aladscha kann sich freilich an metallurgischer Kunstfertigkeit nicht mit dem von Troia messen.

Auf Kreta setzten sich die älteren Kulturtraditionen fort, doch fehlte es nicht an Einflüssen aus Nordafrika und Vorderasien. Aus Nordafrika übernahm man die megalithischen Rundgräber und manche Typen der Kleinplastik, aus Vorderasien aber die Idee des als Prisma ausgebildeten Stempelsiegels. Von Kleinasien kam nicht nur das Metall, sondern auch eine Anzahl von Metallgefäßen, deren Formen die kretischen Töpfer in Ton nachahmten. Zuwanderer aus Kleinasien dürften es auch gewesen sein, die die kultische Doppelaxt, die »Kulthörner« und die sogenannten *Kernoi* – mehrere kleine Opfernäpfe, durch Stege miteinander verbunden – nach Kreta brachten.

Unabhängig von fremden Einflüssen aber erwies sich Kreta im Hausbau und in der Herstellung von Steingefäßen. Die Baukunst blieb den lokalen neolithischen Traditionen treu und lehnte das auf dem Festland so beliebte Megaron ab. In der Herstellung feiner Steingefäße aber erreichte man eine seltene Kunstfertigkeit; die in den Königsgräbern des ostkretischen Mochlos gefundenen Gefäße sind unvergleichliche Meisterwerke. In denselben Gräbern lag auch Goldschmuck, der mit seinen mehr naturalistischen Zügen eher an den der Königsnekropole im mesopotamischen Ur als an Troia und Aladscha erinnert. Reiche Funde machte man in den Rundgräbern, vor allem in der südkretischen Ebene der Mesara, aber auch in anderen Teilen der Insel. Soweit es sich um Anlagen von mäßiger Größe handelte, waren sie durch vorkragende Mauerung in Form einer Kuppel *(tholos)* überwölbt. Rundgräber mit größerem Durchmesser dürften dagegen mit Holzdächern versehen gewesen sein.

Die Bewohner der Kykladen beherrschten zur Frühbronzezeit das Ägäische Meer mit ihren vielrudrigen Schiffen. Sie waren die Vermittler zwischen Anatolien und dem griechischen Festland, sie entdeckten auch die Seewege nach dem Westen, nach Unteritalien und Sizilien, nach Malta, Südfrankreich und Spanien. Sie brachten aber nicht nur als Händler das kleinasiatische Metall nach diesen Ländern, sondern zeichneten sich auch durch eigene Erzeugung und Gewerbefleiß aus. Marmorstatuetten von nackten weiblichen Gestalten und von männlichen Musikanten, wie sie sie auf den Inseln den Toten in das Grab legten, wurden von ihnen verbreitet.

Von der hohen Kunst der neolithischen Plastik ist freilich nicht mehr viel zu verspüren; die Statuetten wurden in einer Art von Serienfabrikation hergestellt, fanden aber nicht nur auf den eigenen Inseln, sondern auch auf dem griechischen Festland und auf Kreta ihre Abnehmer. Vorzügliche Arbeit zeigen Dosen aus Grünstein, die mit einem Netz von plastischen Spiralen überzogen sind. Auch Stempelsiegel mit Spiraldekorationen wurden zuerst auf den Kykladen erzeugt. Später ahmte man sie auf Kreta und schließlich sogar in Ostkleinasien nach. Durch Fleiß und Tüchtigkeit gelangten die Inseln zu einem derartigen Wohlstand, daß ihre damalige Siedlungsdichte ein Vielfaches der heutigen ausmachte. Attika, Euboia und zeitweise sogar Kreta scheinen unter kykladischem Einfluß gestanden zu haben. Anderseits übernahm man von Kreta den ursprünglich nordafrikanischen Typus des Rundgrabes, brachte es aber nur zu recht bescheidenen Nachahmungen. Leider sind unsere Kenntnisse gerade über die Kykladen recht unzureichend, da die dort vorhandenen ummauerten Städte noch nicht ausgegraben wurden.

Wie auf Kreta und auf den Kykladen gab es auch auf dem griechischen Festland in der frühhelladischen Periode eine große Zahl von Kleinstädten und lokalen Residenzen. Eine Art von Regierungsgebäude wurde von dem amerikanischen Archäologen J. Caskey zu Lerna in der Argolis ausgegraben. Die Städte waren vielfach ummauert. Innerhalb solcher Mauerringe standen die Häuser eng aneinandergereiht und ließen nur wenig Platz für schmale Straßen. Ganz allgemein gewinnt man auch hier den Eindruck einer beträchtlichen Betriebsamkeit, besonders in den Hafenstädten, wie beispielsweise an der Ostküste von Attika, wo das aus Kleinasien importierte Kupfer verarbeitet wurde.

Weitere städtische Siedlungen waren Athen, Mykene, Tiryns und das bereits erwähnte Lerna; die Zahl der Dörfer war groß, vielleicht sogar größer als heute. Zum allgemeinen Aufschwung scheinen Zuwanderer beigetragen zu haben, die im Verlauf des Frühhelladikums von Kleinasien nach Hellas gelangten und dort die urbane Note der herrschenden Gesittung noch verstärkten. Wie auf den Kykladen ist auch hier ein gewisser Rückgang im künstlerischen Schaffen festzustellen. Die im Neolithikum entwickelte Kleinplastik ist so gut wie abgestorben, die Töpferkunst, die sich vorwiegend auf eine Nachahmung von Metallgefäßen beschränkte, verzichtete durch geraume Zeit auf jede Dekoration.

Von Kreta gelangte der megalithische Grabtypus nach dem griechischen Festland, in Attika fand man die ärmlichen Gräber kykladischer Art, auf Leukas aber Rundgräber in Form eines Tumulus mit gemauerter Basis und auf dem Stadthügel von Tiryns einen gemauerten Rundbau, der wohl richtiger als monumentales Grab und nicht als Herrensitz anzusehen ist. Auch zu Lerna scheint es übrigens im Stadtzentrum zeitweise einen mächtigen Tumulus gegeben zu haben.

Nachdem in der Frühbronzezeit indoeuropäische Gruppen nach Makedonien und vielleicht auch nach Griechenland und Kleinasien vorgedrungen waren, kam es um die Jahrtausendwende, genauer um etwa 1950 v. Chr., in Griechenland zu einem gewaltigen Einbruch von Fremdvölkern. Ein großer Teil der bisherigen Siedlungen wurde zerstört, die Hafenstädte an der Ostküste fielen alle der Vernichtung anheim: die frühhelladische Kultur fand, soweit archäologisch nachweisbares Material vorliegt, ihr gewaltsames Ende. Das häufige Vorkommen von Streitäxten scheint auf schwere Kämpfe und auf brutale Eroberer hinzuweisen. Nur wenige Plätze, wie zum Beispiel Lerna, blieben offenbar von der Zerstörung verschont.

Nach der Katastrophe dürften sich Eroberer und Besiegte allmählich zu einem neuen Mischvolk vereinigt haben. Man baute einen Teil der Siedlungen wieder auf, zog nun allerdings die Plätze im Inland der unmittelbaren Küstennähe vor. In kultureller Hinsicht scheint es ebenfalls zu einer Vereinigung der beiderseitigen Traditionen gekommen zu sein.

Als sicher kann angenommen werden, daß die Einwanderer Stämmen angehörten, die bereits eine Art von urtümlichem »Protogriechisch« sprachen. Andere Zweige dieser Protogriechen blieben als Viehzüchter in den Gebirgsgegenden um Olympos und Pindos, in Epirus und in Teilen Makedoniens zurück. So spaltete sich dieses Protogriechentum. Die Eroberer von Hellas wurden als Erben der Frühhelladiker zu Agrariern und vielfach zu Stadtbewohnern, die im Gebirge Zurückbleibenden aber verharrten in der vorwiegend auf Viehzucht mit sommerlichem Almenauftrieb basierenden Wirtschaftsform.

Trotzdem wurden diese protogriechischen Gruppen durch die gemeinsame Sprache, die gemeinsame indoeuropäische Abstammung und durch ihre Herkunft aus Osteuropa zusammengehalten. Zu den Traditionen, die diese Einwanderer nach Griechenland mitbrachten, gehörten vor allem Wirtschaftsformen, die dem urzeitlichen Indoeuropäertum eigen waren, nämlich Viehzucht mit nur gelegentlichem, recht primitivem Ackerbau. Die Eindringlinge waren an ein unstetes Leben gewöhnt, dem das Territorium wenig, der Stammesverband alles bedeutete. Sie lebten in einer mehr vaterrechtlichen Gesellschaftsform, wie das bei Viehzüchtern die Regel ist. Alle diese Eigenheiten blieben als Tradition bei den Eroberern auch dann noch erhalten, als sie auf griechischem Boden zu Bauern und Städtern geworden waren und sich mit den ausschließlich agrarisch geprägten Einheimischen vermischt hatten.

Speicher der ältesten Palastanlage von Phaistos auf Kreta, 2000–1700 v. Chr.

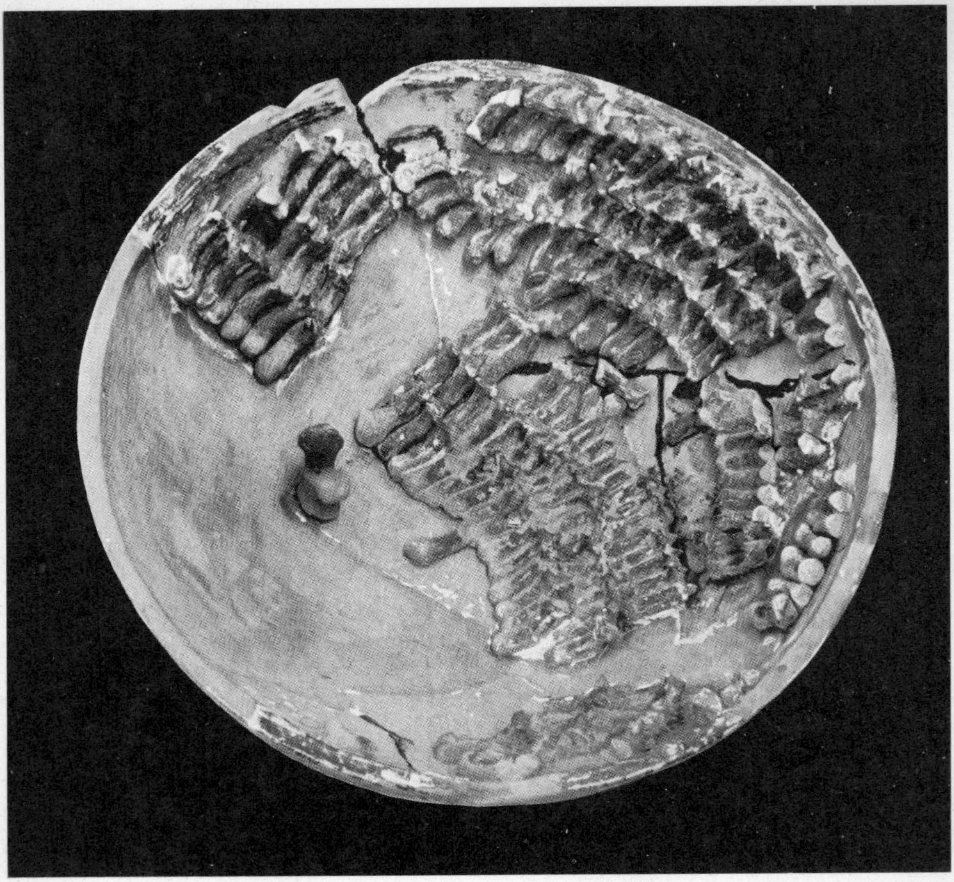

Hirt und Herde
Relief in einer Tonschale aus Palaikastro / Ostkreta, 2000–1800 v. Chr.
Herakleion / Kreta, Archäologisches Museum

Die Zahl der Eindringlinge in Hellas muß sehr groß gewesen sein, da sich deren Sprache bei der Vermischung mit den Unterworfenen gegen das bodenständige ägäische Idiom durchzusetzen vermochte. Nur die geographischen Namen von Siedlungen, Bergen, Flüssen, wie auch viele Bezeichnungen für die im ägäischen Bereich heimischen Tiere und Pflanzen und schließlich eine Reihe von Kulturwörtern, blieben erhalten und wurden aus der materiell so weit überlegenen frühhelladischen Gesittung in die sich nun bildende griechische Sprache übernommen.

Die minoische Kultur von Kreta

Die Unterwerfung des griechischen Festlandes durch starke Gruppen der Protogriechen stellt nur eine Phase in einer ganzen Reihe indoeuropäischer Eroberungen dar. Bisher hatten Völkerschaften, die in südlichen Breiten beheimatet waren, die Geschichte dieses Kulturraumes bestimmt, so die Sumerer, Semiten, Hamiten, Ägäer und manche andere. Durch das Ausgreifen indoeuropäischer Scharen gewannen nun Fremdlinge die Oberhand, die härtere Lebensbedingungen gewohnt waren und sich durch brutalere Lebensart auszeichneten; den Erfolg verdankten diese Angreifer ihrer stärkeren Kampfkraft. Zwar hatten Protogriechen, Luvier und Hethiter als Waffe zuerst nur die Streitaxt, dennoch unterlagen Griechenland und Kleinasien ihrer Angriffswut.

In Vorderasien traten nun aber Schwärme von südöstlichen, als »Arier« bezeichneten Indoeuropäern auf, die sich stärkerer Waffen bedienten. Wahrscheinlich im Bereich des Kaukasus hatten sie sich auf die Zucht edler Rosse verlegt und sich von ihren churritischen Untertanen leichte Rennwagen zimmern lassen. Den schnellen Streitwagen entwickelten sie zu einem überlegenen Kampfmittel und konnten damit auch zahlenmäßig überlegene Feinde überwinden. Voll Stolz auf ihre neue Waffe gewöhnten sie sich daran, ein ritterliches Dasein zu führen und besondere Vorrechte daraus abzuleiten.

Diesen arischen Streitwagenrittern gelang es etwa am Ausgang des 18. Jahrhunderts v. Chr., über Armenien vorstoßend, Syrien und Mesopotamien zu erobern und die Hethiter Kleinasiens zeitweise unter Kontrolle zu halten. Im ganzen Bereich von Palästina, Syrien und Obermesopotamien bildeten sich arische Feudalherrschaften, die den arischen Oberkönigen von Churri oder Mitanni unterstanden. In Babylonien gelangten die Kassiten zur Macht, die ebenfalls von arischen Geschlechtern geführt wurden. In Ägypten unterlag die letzte Dynastie des Mittleren Reiches gleichfalls Fremdlingen, die von Asien aus einbrachen: den Hyksos. Die Masse dieser Eroberer bestand zweifellos aus Wüstensöhnen semitischer Herkunft, doch scheint auch hier der arische Streitwagen-Adel eine führende Rolle gespielt zu haben. Mit den Hyksos kam jedenfalls der Streitwagen nach Ägypten, und sie schätzten edle Rosse so hoch, daß sie für sie sogar besondere Gräber anlegten.

Einzig Kreta hat in dieser Zeit dank seiner Insellage seine Selbständigkeit bewahrt. Es ist zwar nicht ausgeschlossen, daß auch dort mancherlei indoeuropäische Einflüsse ethnischer oder sprachlicher Natur, etwa über Kleinasien, Zugang fanden, doch wurde auf

Kreta alles Fremde rasch assimiliert, so daß die bodenständige Gesittung in ihrer mittelmeerisch-mutterrechtlichen Eigenart ungemindert erhalten blieb.

In dieser durch die Fremdeinwanderungen in den ägäischen Raum so bedrohlichen Lage begnügte man sich auf Kreta nicht damit, das Bestehende zu bewahren. Noch um 2100 v.Chr. war die Insel nicht mehr als ein beliebiger Teil Griechenlands oder Kleinasiens. Nun gab sie auf die Herausforderung einer feindlichen Umwelt ihre großartige Antwort: eine bislang unerhörte Schöpferkraft schuf die kretischen Paläste.

Fürstensitze hat es schon seit frühesten Zeiten gegeben, doch waren sie im Vergleich zu den Häusern der Privatleute nichts anderes als *primi inter pares*. Das gilt auch für die Megaronbauten der Herrscher von Dimini oder von Troia, die noch inmitten der Häuser ihrer Untertanen standen. Der Palast hingegen war baulich und gesellschaftlich eine Welt für sich und rückte in seiner übergeordneten Würde neben den Tempel.

Das zweite Jahrtausend v. Chr. wurde allenthalben zum Zeitalter der großen Paläste. Wir finden sie in Mesopotamien und Syrien, in Kleinasien und auf Kreta. In Ägypten erhoben sich die Paläste der Pharaonen, daneben riesige Tempel, die gleichsam als Paläste der Götter und Priester gelten können. Was verlieh diesen Palästen ihre Eigenart und Bedeutung? Gewiß spielte dabei das enge Verhältnis von König und Göttern, das »Gottesgnadentum« der Fürsten und die absolute Macht der Territorialherren eine besondere Rolle. Aber es dürften darüber hinaus auch wirtschaftliche Faktoren entscheidend gewesen sein. Die Aufgliederung des Gewerbes in vielerlei Sparten des Kunsthandwerks und anderer Berufe, wie sie bei höherem Kulturanstieg notwendigerweise eintritt, erschwerte je länger desto mehr eine unmittelbare Honorierung der Spezialleistungen. Wohl gab es schon Edelmetall, das man gelegentlich zuwog, doch fehlte das gemünzte Geld; noch herrschte der Tauschverkehr. Nicht immer konnte zum Beispiel der Meister feiner Elfenbeinarbeiten für seine Erzeugnisse Eier oder Fische in unmittelbarem Tauschweg erhalten.

Was man also dringend brauchte, war eine Art von Tauschzentrale, die Produktion und Nachfrage auf dem Wege der Verteilung aufeinander abstimmte. So wird man zwar nicht für jeden Einzelnen, wohl aber für gewisse Berufsgruppen gleichsam Konto und Verrechnung geführt haben. Diese Funktion haben offenbar bereits im dritten Jahrtausend die Paläste und großen Tempel in Mesopotamien und Ägypten übernommen, und im zweiten Jahrtausend die Paläste und manche Tempel in Kleinasien und Syrien und ebenso auch die Herrschersitze von Kreta. Von Palast zu Palast wird auch der Fernhandel durchgeführt worden sein. Begreiflich auch, wenn sich jetzt die Künstler am liebsten im Palast ansiedelten, denn dort waren sie der Honorierung mit den ihnen erwünschten Waren am nächsten. Sie mußten ja in den Fürsten und ihrem Hofstaat ihre vorzüglichsten Auftraggeber erblicken.

Natürlich bedurfte man für eine solche Tauschvermittlung der Schrift und der Buchhaltung, wahrscheinlich hat sogar die für den Tauschhandel notwendige Buchführung in besonderem Maße zur Übernahme und Verbreitung der Schrift beigetragen. Daher überall die Archive mit ihren zahlreichen »Wirtschaftstexten«, die meistens nichts anderes sind als Listen über empfangene oder abgegebene Güter. Beziehen wir diese Texte auf Transaktionen des Tauschhandels, so werden sie uns sogleich verständlich.

Die Vorteile, welche die Untertanen aus dieser Mittlerschaft der Paläste zogen, waren beträchtlich, zumal da die Höfe es anscheinend nie darauf anlegten, das private Unternehmertum zu unterdrücken. Die Vorteile der Paläste aber waren noch beträchtlicher, da ihnen alle Waren bevorzugt zum Kauf zur Verfügung standen. Und noch etwas können wir nun weit besser erklären: den engen Kontakt der Paläste des zweiten Jahrtausends zu der Stadtgesellschaft, wie er nach den Texten zu schließen bestanden hat; die Paläste bildeten zugleich die kommerziellen Zentren der Städte.

Vergegenwärtigen wir uns die Bedeutung dieser Zusammenhänge, dann wird uns verständlich, warum auf Kreta eine großartige Hofkultur entstehen konnte, ohne die Verbindung mit dem »Volk« zu verlieren, und warum sie die Bevölkerung nicht nur in der Hauptstadt, sondern auf der ganzen Insel an dem kulturellen Aufschwung teilnehmen ließ.

Die erste weiträumige Anlage eines Herrschersitzes wurde zu Vasiliki in Ostkreta gefunden. Dieser Palast gehört in die Mitte der frühminoischen Periode. An ihrem Ausgang muß es auch zu Knossos ein größeres Herrscherhaus gegeben haben, dessen zwei gewaltige Hypogäen (unterirdische Räume) Evans aufdeckte. Es mag sich entweder um Gräber oder um Quellhäuser gehandelt haben, die man in den Felsen eintiefte. Leider sind die dazugehörigen Baulichkeiten der Planierung zum Opfer gefallen, die in Mittelminoisch I für den Bau des ersten großen Palastes ausgeführt werden mußte.

Etwa mit dem Beginn dieser Arbeiten kam es auch auf dem Gebiet der Kunst zu folgenschweren Neuerungen. Immer schon hatte es auf den benachbarten Kykladen Spiralmuster gegeben. Man ritzte sie dort auf Siegeln und Vasen ein, setzte sie gelegentlich auch plastisch auf Steindosen. Die Kreter übernahmen im Frühminoikum die Spiralen höchstens für ihre Siegel. Mit dem Beginn der Palastzeit begann sich aber das minoische Töpferhandwerk mit Eifer dieses Schmuckmotives zu bemächtigen. Auch balkanische Motive, wie Wirbel und Torsion, treten nun plötzlich in Kreta auf. Wir wissen nicht, wie diese Erscheinungen geschichtlich zu deuten sind. Jedenfalls trugen sie in hohem Maße dazu bei, im minoischen Kunstgewerbe neue und ungeahnte Kräfte zu erwecken. Politisch-soziologische Impulse einer Steigerung der Königsmacht trafen hier mit rein künstlerischen Neuerungen zusammen. Unter dieser günstigen Konstellation begann die Ära der minoischen Paläste.

Die sogenannten »Älteren« Anlagen gehören vor allem der Zeit zwischen 2000 und 1700 v. Chr. an. Wir befinden uns in den Stufen Mittelminoisch I (zweite Hälfte) und Mittelminoisch II.

Im Laufe von Mittelminoisch I wurde der gesamte Palastbereich von Knossos planiert. Auf der so gewonnenen Fläche errichtete man eine Reihe von Trakten, die einen großen rechteckigen Innenhof umgaben. Zu Anfang scheint man noch einiges Gewicht auf Befestigungsanlagen gelegt zu haben, schon bald verzichtete man aber auf sie. Die erwähnten Trakte wurden im Laufe der Zeit zu einem einzigen Baukörper von gewaltiger Größe verbunden, der den großen quadratischen Innenhof in der Mitte beibehielt. Im Palast gab es Speicher, Werkstätten, Kapellen für Kultzwecke, Wohnräume für das Gefolge und prächtig ausgestattete Gemächer mit Säulenterrassen für die Herrschaft. Repräsentative Säle für Empfänge und Gastmahle werden nicht gefehlt haben, doch sind sie uns leider nirgends erhalten. Was wir an Resten des Älteren Palastes besitzen, beschränkt sich im wesentlichen auf Magazine und Kellerräume.

Ähnlich wie in Knossos verhält es sich auch mit Phaistos. Auch hier konnte nur das unterste Geschoß aufgedeckt werden, dieses aber in drei verschiedenen Baustufen, die alle einem der in Kreta so häufigen Erdbeben zum Opfer gefallen sind. Nach der Katastrophe räumte man die Ruinen nicht weg, sondern füllte sie mit Schutt aus und legte die neuen Fußböden darüber. So blieb der jeweils ältere Bau in seinem Untergeschoß mit oft übermannshoch aufstrebenden Mauern erhalten, und es fanden sich darin neben einer Fülle von zwar meist zerbrochener, aber leicht zusammensetzbarer Palastkeramik mancherlei anderes Gerät, Siegel und Siegelabdrücke sowie einige Schriftdenkmäler. Auch in Phaistos hat es zu Anfang eine »Bastion« beim Haupteingang gegeben, die den Eindruck einer Befestigung erweckt, doch scheint man auch hier schon früh auf solche Schutzmaßnahmen verzichtet zu haben. Im übrigen glich die Anlage von Phaistos in allen Hauptzügen derjenigen von Knossos. Wiederum gruppierte sich der Palast um einen großen quadratischen Mittelhof. Auch zu Mallia erbaute man einen Palast ähnlicher Art, gleichfalls um einen Innenhof angelegt und aus einer Vielzahl von Räumen bestehend. Nur ist von ihm nicht allzuviel erhalten. Für seinen Reichtum zeugt am ehesten noch der fürstliche Grabbau von Chrysolakkos, wo die Gesellschaft des damaligen Palastes ihre letzte Ruhe fand.

Es fällt auf, daß alle drei Paläste nach dem nämlichen Schema angelegt waren. Überall treffen wir auf den gleichen, nordsüdlich orientierten Mittelhof, überall gab es außerdem noch einen gepflasterten Westhof, verfügte man über Magazine mit großen Vorratsgefäßen *(pithoi)*, über Kapellen und Wohnräume, wobei die vornehmeren Trakte mit Pfeilern und Säulen ausgestattet waren. Auch das Vorhandensein von mehreren Geschossen übereinander läßt sich allenthalben nachweisen. Korridore und Treppen spielten bei der verwirrenden Zahl von Räumen eine wesentliche Rolle.

Alle drei Paläste waren von Städten umgeben, von denen freilich nur wenig ausgegraben ist. Auch im übrigen Mittel- und Ostkreta fand man mancherlei Bauten, die wohl zu kleineren Städten oder zu Dörfern gehört haben mögen.

Gern wüßten wir über die politischen Verhältnisse der Älteren Palastzeit besser Bescheid, doch läßt sich leider nur wenig ermitteln. Auffallend ist, daß in Westkreta nur ganz wenige Funde zutage gefördert wurden. Zum Teil liegt das wohl an der dort so spärlichen Ausgrabungstätigkeit. Immerhin scheint sich dieser Teil der Insel kulturell in einem gewissen Rückstand befunden zu haben. Die Folgerung, daß den drei Palästen in Mittelkreta drei Dynastien entsprachen, liegt nahe. Sie scheinen freundschaftlich verbunden gewesen zu sein, weshalb sie auch auf Befestigungen alsbald verzichteten. Möglicherweise stand schon damals das Herrscherhaus von Knossos den beiden anderen voran, und auch der Palast von Knossos scheint für Phaistos und Mallia das Vorbild gewesen zu sein. In den Kleinstädten mag es noch weitere Dynastien von geringerer Bedeutung gegeben haben, die vielleicht von den Palastherrschern abhängig waren. Der Friede von Kreta wurde aber nicht nur durch die Eintracht der Herrscher, sondern auch durch eine starke minoische Flotte gewährleistet.

In der Frühbronzezeit hatte die kykladische Flotte das Meer beherrscht. Nun übernahm Kretas Flotte diese Rolle. Der gewaltige wirtschaftliche Aufschwung der Insel und der Reichtum der Paläste erklärt sich nicht zum wenigsten aus diesem Wandel der »Thalassokratie«. Kreta nahm den Überseehandel in die eigene Hand, gewann Einfluß auf die kleineren griechischen Inseln und sandte seine Kauffahrer bis nach Ägypten, Cypern und Syrien. Im Land der Pharaonen und in den syrischen Häfen tritt nun minoische Keramik als Handelsware auf. Das Motiv der Spirale wird von orientalischen Herrschern zur Ausschmückung ihrer Paläste herangezogen und findet sich mit Vorliebe auf ägyptischen Skarabäen. Nach Ägypten kamen auch minoische Facharbeiter, um bei der Errichtung von Pyramiden mitzuwirken. Weltgeschichtlich ist dabei besonders bedeutsam, daß die Epoche der Älteren Paläste zeitlich mit dem »Mittleren Reich« Ägyptens und mit der Blüte der ägyptischen Kultur zusammenfiel.

Etwa um 1700 v. Chr. erlitten alle uns bekannten Paläste schwere Zerstörungen, die, nach unserer Terminologie, die Ära der Älteren Paläste zum Abschluß brachten. Archäologisch besonders eindrucksvoll tritt uns dabei die Zerstörung von Knossos vor Augen, weniger wissen wir über Mallia. In Phaistos haben wir nach Doro Levi für diese Katastrophe mit einem etwas späteren Datum zu rechnen. Ungewiß bleibt, ob Erdbeben im Spiele waren oder ob es sich um ein Werk feindlicher Eindringlinge handelte und sich damit ein Zusammenhang mit den großen Invasionen in Vorderasien herstellt.

Die Jüngeren Paläste, die nun entstanden, eröffnen die letzte Blüte der minoischen Kultur. Das große Werk des Wiederaufbaus erfüllte die Künstler mit neuen Impulsen. Geniale Meister verhalfen nun einer mehr naturalistischen Figural- und Szenenkunst zum Durchbruch. Zu Beginn steht – für uns – wieder der Palast von Knossos im Vordergrund. Wir können diese Stufe als Mittelminoisch III bezeichnen. Weniger ist uns von Phaistos und Mallia bekannt. Doch blühten auch zahlreiche ländliche Siedlungen in Mittel- und Ostkreta.

Ungefähr um 1600 v. Chr. kam es in Knossos und auch sonst an der Nordküste der Insel zu neuerlichen Zerstörungen durch Erdbeben. In Knossos scheinen damals feindliche Eindringlinge geplündert zu haben. Vielleicht war die bisher so überlegene minoische Flotte durch eine seismische Flutwelle vernichtet worden.

Etwa gleichzeitig zeigt die griechische Fürstenmacht auf dem Festland einen weiteren Anstieg. Sie griff, wenn auch nur vorübergehend, nach Kreta und nach Ägypten aus. Griechische Scharen waren es vielleicht, die Knossos plünderten. Jedenfalls treffen wir von nun an kretische Werkmeister in Mykene. Mykenische Griechen halfen wahrscheinlich den Ägyptern bei der Vertreibung der Hyksos.

Noch einmal überwand Knossos den Rückschlag; jetzt erreichte die minoische Kultur ihren Gipfel, ihre schönste, freilich auch letzte Blüte. Die Forschung bezeichnet diese glückliche Zeit – von etwa 1560 bis 1470 v. Chr. – als Spätminoisch I. Wir lernen nun die Paläste und viele örtliche Zentren mit kleineren Herrschaftssitzen und vornehmen Villen in allen Einzelheiten kennen, da keine spätere Bautätigkeit mehr zur Abtragung ihrer Ruinen führte. So vermögen wir diese letzte Stufe der minoischen Architektur eingehend zu studieren und darzustellen.

Die großen Paläste waren auch jetzt wieder um einen geräumigen quadratischen Innenhof angeordnet, der an seinen Wänden mit Säulenstellungen, Loggien und dergleichen geschmückt war. Rings um den Hof türmte sich in mehreren Stockwerken ein wahres Labyrinth von Räumen, Korridoren, Treppen, Luftschächten und Terrassen. In den Kellern befanden sich reihenweise angeordnete Magazine, in denen Öl, Wein, Getreide, Hülsenfrüchte und vielerlei andere Tauschwaren gelagert waren. Ebenfalls im Untergeschoß lagen die Werkstätten der Töpfer, Vasenmaler, Steinschneider, der Elfenbeinschnitzer und der Meister der Fayence-Kunst. Ölpressen waren hier untergebracht, aber auch manch verschwiegene Kapelle der stets mit ihren Erdbeben drohenden Großen Erdgöttin. Das Obergeschoß war im allgemeinen der Repräsentation vorbehalten, wahrscheinlich mit größeren Sälen, die jedoch beim Zusammenbruch der Paläste in die Tiefe der unteren Geschosse gestürzt sind. In den höheren Stockwerken, und zwar auf der Seite, die die schönste Aussicht bot und dem Getriebe des Tauschverkehrs am fernsten lag, wohnten die fürstlichen Familien. Hier gab es prächtig verzierte Boudoirs, Terrassen mit verstellbaren Seitenwänden, Badezimmer und allen zeitgemäßen Komfort.

Die Zugänge zu dem Palast von Knossos führten zwischen den Palastquartieren durch enge Straßen und Korridore vor allem zum Innenhof. So ließen sich Handel und Wandel genau kontrollieren. Schautreppen für festliche Spiele lagen am Westhof. Ähnlich war es in Phaistos, wo eine prachtvolle Freitreppe zu den Empfangsräumen emporführte; seitlich davon, mit ihr verbunden, waren abgestufte Zuschauerreihen angeordnet, die Festspiele aus gleichsam amphitheatralischer Sicht für die Zuschauer ermöglichten.

Mit Fresken war nur der Palast von Knossos reichlicher ausgeschmückt. Die Wände der zu den Empfangsräumen führenden Korridore waren mit bildlichen Darstellungen von Festzügen und Geschenkbringern bedeckt. Manche Wände trugen Bilder des beliebten »Stierspringens« oder anderer Festlichkeiten. Häufig treffen wir auch auf Szenen aus dem Tierleben und auf Darstellungen von Gärten.

Nach außen hin bildeten die Paläste keine geschlossenen Fronten. Man baute und erweiterte beliebig von innen nach außen, suchte imponierende Wirkungen aber nur bei einzelnen Bauteilen – bei einem Tor oder einer Treppe – zu erzielen. So entstand an Stelle einer architektonischen Gesamtgestaltung ein zufälliges Nebeneinander einzelner Baukörper; man kann sich die Paläste vielleicht als »City« im Rahmen der städtischen Gesamtanlage vorstellen. Sie näherten sich gelegentlich bis auf wenige Meter den nächsten Häusern im Umkreis, ohne daß etwa daran gedacht wäre, diese zu beseitigen. Privatbesitz wurde demnach geachtet, und auf Respektabstand legte man keinerlei Gewicht. Im Westen der Paläste gab es freilich große gepflasterte Plätze. Vor den Wohnräumen der Fürsten scheint es – so besonders in Knossos und Phaistos – Gärten gegeben zu haben, über die der Blick in die Weite schweifen konnte.

Die Fürsten von Phaistos scheinen übrigens ihren ausgedehnten Palast nur wenig für Wohnzwecke benutzt zu haben. Dafür bevorzugten sie ihre schöne Villa, die eine Wegstunde weiter im Westen lag und jetzt mit dem Namen der dort stehenden kleinen Kirche Hagia Triada bezeichnet wird. Beide Residenzen lagen auf luftigen Höhen. Man hatte von ihnen einen herrlichen Blick auf die reiche Ebene in der Tiefe. Zu Hagia Triada beglückte aber auch noch die Aussicht auf das offene Meer und der von der See her wehende kühle Wind.

Volkreich und ausgedehnt waren die Städte, die zu den Palästen gehörten. In Knossos standen rings um den Palast die Villen der Vornehmen, an die sich die Quartiere des Volkes anschlossen. Am Stadtrand lagen die Gräber. In Phaistos thronte der Palast auf hoher Hügelterrasse, an deren Fuß sich die Häuser der Städter ungeordnet drängten. Zu Mallia war der Palast von freien Plätzen und Privatquartieren umgeben, die Gräber lagen im Küstenkliff, der Hafen befand sich am benachbarten Sandstrand.

Wie die Privatquartiere einer minoischen Stadt beschaffen waren, erfahren wir am anschaulichsten in Gournia, einer Stadt in Ostkreta, von der amerikanische Archäologen ungefähr die Hälfte ausgegraben haben. Enge winkelige Straßen führen hier durch ein Wirrsal von kleinen, aber meist mit einem Oberstock versehenen Häusern. Fayence- und Elfenbeintäfelchen von Knossos, die derartige Anlagen darstellen, zeigen uns, wie solche Wohnbauten im Aufriß ausgesehen haben. Auch Gournia hatte übrigens in seinem Zentrum einen großen viereckigen Platz. Doch wurde er hier von dem bescheidenen »Palast« nicht vollständig umschlossen, sondern nur an seiner Nordseite begrenzt.

Aus dieser Zeit sind uns auch zahlreiche andere Siedlungen bekannt, so kleinere Städte vor allem im Osten, in der Umgebung von Knossos aber mancherlei mit Fresken verzierte Herrenhäuser. Eine große Anlage fand man neuerdings zu Vathypetron. Es scheint sich um einen Palast zu handeln, der unvollendet blieb und daher nur für Wirtschaftszwecke verwendet wurde.

Verschiedentlich fand man Reste von technischen Zweckbauten, so von Brücken, Kanalisationen, Straßen und Quellhäusern, niemals aber von Befestigungen. Demnach fühlte man sich in der Periode von Spätminoisch I wiederum sicher, sie war von Ruhe und Frieden erfüllt. Auch zu dieser Zeit wird das Priesterkönigtum von Knossos an der Spitze der kretischen Dynastien gestanden haben. Die unumschränkte Herrschaft über die Meere blieb aber verloren. Man mußte sich damit abfinden, die nun so mächtig gewordenen Fürsten von Mykene zu Nachbarn zu haben, und danach trachten, ein verträgliches Verhältnis mit ihnen zu wahren. Die Beziehungen zwischen den Höfen Kretas und Mykenes scheinen zeitweise recht freundlich gewesen zu sein.

Immerhin gelang es den Fürsten von Knossos, die alten Beziehungen mit Ägypten wiederaufzunehmen. Unter Hatschepsut und Thutmosis III., den beiden großen Herrschern der achtzehnten Dynastie, tauschte man Gesandtschaften und Geschenke aus. Die ägyptischen Würdenträger bildeten die minoischen Gesandten in ihren Gräbern allerdings als »Tributbringer« ab, was uns aber nicht darüber hinwegtäuschen darf, daß man einfach Tauschhandel trieb.

Schon vor den Aufdeckungen durch die Archäologie standen uns die minoischen Eigennamen und Kulturwörter zur Verfügung, wie sie die Griechen in ihre eigene Sprache übernahmen. Die Bezeichnung des Bades als *asaminthos*, die Namen gewisser Pflanzen als *Terebinthos*, *Hyakinthos* oder *Narkissos*, eines mythischen Herrschers *Rhadamanthys*, des knossischen Palastes als *labyrinthos* und der kretischen Städte Tylissos, Knossos, Rhetymnos bezeugen schon durch ihre Suffixe, daß das Minoische wesentlich dem Kreis der ägäischen Sprache angehörte. Natürlich können dazu auch noch manche anderen sprachlichen Komponenten, vor allem von Ägypten her, eingeflossen sein.

Zu diesen Eigennamen und Kulturwörtern haben sich in neuerer Zeit andere Sprachdenkmäler gesellt. Wie wir durch die Ausgrabungen der letzten Jahre wissen, hat man auf Kreta wenigstens seit dem Beginn der Älteren Paläste über eine Schrift verfügt, vielleicht gehen deren Anfänge aber noch bis in die Frühbronzezeit zurück. Ob man die Anregungen hierzu von Ägypten oder, was wahrscheinlicher ist, von Kleinasien übernahm, bleibt vorläufig ungewiß. Es handelt sich um eine Bilderschrift, deren Bilder gelegentlich zwar als Wortzeichen (Ideogramme) dienten, die aber, je länger, desto mehr, als Silbenzeichen für Vokale und offene Silben (Konsonant und Vokal) verwendet wurden.

Schon während der Zeit der Älteren Paläste hat man im praktischen Gebrauch dieser Schrift für Tauschhandelsregistrierungen und dergleichen die Bilderzeichen zu »linearen« Formen abgeschliffen, zu Zeichen also, denen man das Bildliche und Dinghafte bald nicht mehr ansah und die mit wenigen Strichen aufgemalt oder eingeritzt werden konnten. Das Schriftsystem solcher abgeschliffenen Zeichen bezeichnen wir als »Linear A«. So bestanden nun auf Kreta piktographische und Linearschrift nebeneinander. Die einzelnen Hofhaltungen hatten ihre eigenen Schreiberschulen, die sich in der Verwendung der piktographischen Zeichen nicht unwesentlich voneinander unterschieden. Jetzt gab es auch schon Stempelsiegel, um piktographische Zeichen der Reihe nach in weichen Ton zu drücken. Mit diesem ersten Druckverfahren in der Geschichte der Menschheit wurde der Text des berühmten Diskos von Phaistos hergestellt. Die Vermutung, daß dieses ehrwürdige Schriftdenkmal aus Kleinasien stamme, entspricht also nicht den Tatsachen.

Im 17. Jahrhundert v. Chr. wurde der Gebrauch der piktographischen Systeme immer seltener, so daß seit dem 16. Jahrhundert die Linearschrift auf Kreta allein herrschte. Während aber das übrige Kreta bei Linear A verblieb, scheint man in Knossos – wir wissen nicht genau, wann – Schriftreformen vorgenommen zu haben. Die meisten Zeichen, und zwar gerade die häufigsten, blieben bestehen und mögen auch den gleichen Lautwert behalten haben. Etliche Zeichen aber schaffte man ab und führte dafür mancherlei neue ein. So entstand jenes System, das wir als »Linear B« bezeichnen. Es wurde später von den mykenischen Griechen übernommen und ist im Jahre 1952 von Michael Ventris entziffert worden.

Da die Annahme berechtigt ist, daß auch die Griechen, als sie Linear B übernahmen, an den Lautwerten der Zeichen nichts Wesentliches änderten, führt eine Brücke von diesen Lautwerten der griechischen Linear-B-Schrift zu denen der minoischen Linear B und weiter zur Linear A. Was uns fehlt, sind allerdings die Lautwerte derjenigen Linear-A-Zeichen, die in Linear B nicht vorhanden sind. Doch sucht sie jetzt Arne Furumark mit Hilfe einer logisch-formalistischen Durcharbeitung aller Linear-A-Inschriften zu ermitteln.

Leider sind wir aber nicht in der Lage, die Texte auch zu verstehen, da wir die minoische Sprache nicht beherrschen. Daß sie mit dem Griechischen, auch mit der in Mykene gesprochenen Frühstufe dieses Griechischen, nichts zu tun hat, zeigen uns die Texte mit aller Deutlichkeit.

Der Königin-Trakt des Palastes von Knossos auf Kreta, 1560–1470 v. Chr.

Reste des Palastes von Hagia Triada bei Phaistos auf Kreta, 1560–1470 v. Chr.

Bei manchen Völkerschaften läßt sich beobachten, daß die Frau und besonders die Mutter in der Familie wie im öffentlichen Leben eine bevorzugte Stellung einnimmt. Man legt zum Beispiel auf die mütterliche Abkunft besonderes Gewicht und richtet die Stammbäume nach ihr aus. Auch bei der Gattenwahl und im Erbgang gewährt man der Frau besondere Vorrechte, und das geistige Klima wird mehr von weiblichen Gefühlen und vom weiblichen Geschmack bestimmt. Mütterlichkeit und Fruchtbarkeit prägen entscheidend die Vorstellungen, die man sich von den Göttern bildet.

Wo solche Tendenzen in einem mehr oder weniger geschlossenen gesellschaftlichen System in Erscheinung treten, sprechen wir von »Matriarchat« (Mütterherrschaft) oder von »Mutterrecht«. Beide Ausdrücke sind durchaus unbefriedigend, wurden aber noch nicht durch bessere ersetzt. Immerhin muß man sich darüber im klaren sein, daß auch in einer matriarchalischen Gesellschaft in der Regel nicht Mütter herrschen, sondern männliche Fürsten, und daß es sich nur um eine graduelle Verschiebung des gesellschaftlichen Lebens zugunsten des weiblichen Prinzips handelt. Von einer grundsätzlichen Entmachtung des männlichen Elements in der irdischen Sphäre kann also keine Rede sein. Nur in der Welt der Götter und Mythen verlagert sich unter Umständen das Machtmoment mit größerem Nachdruck auf das weibliche Geschlecht.

Die Ursachen und Antriebe, die zu matriarchalischen Gesellschaftsordnungen führten, sind noch nicht ganz geklärt. Immerhin lehrt die Erfahrung, daß primitive Ackerbaukulturen mehr zu einer Hochschätzung der Fruchtbarkeit und damit des weiblichen oder mütterlichen Prinzips neigen. Das steht im Gegensatz zur primitiven Wirtschaftsform der wandernden Viehzüchter und Hirtenkrieger, die vaterrechtliche Anschauungen bevorzugen.

Da Vorderasien die Heimat des ältesten Ackerbaues war, kam es dort am frühesten zur Ausbildung matriarchalischer Anschauungen. Durch häufige Zuwanderung aus den Kreisen der dem Kulturland benachbarten Hirtenkrieger wurden aber die Kulturen Mesopotamiens, Syriens und Ägyptens immer mehr im vaterrechtlichen Sinne umgebildet. Kreta hingegen empfing vom Morgenland wohl den Ackerbau, nicht aber nomadische Zuwanderung. So blieb dort das Mutterrechtliche weit besser erhalten.

Leider fehlt uns die Kenntnis des minoischen Rechtslebens. Wir wissen also auch nicht, welche Rechte die Frau zum Beispiel im Erbgang besaß. Wir können nur festhalten, was uns die Darstellungen auf Fresken, Reliefs und geschnittenen Steinen zeigen. Ihnen kann man entnehmen, daß die höfische Frau bei öffentlichen Festen eine begünstigte Rolle spielte. Wir finden die Frau – niemals aber Männer – in der Menge der Zuschauer auf bevorzugten Plätzen. Ebenso bevorzugt erscheint sie als Priesterin im Dienste der Gottheiten. Die Begünstigung des weiblichen Prinzips geht so weit, daß sogar Männer bei manchen Kulthandlungen Frauenkleider anlegten, um der Großen Göttin näher zu sein. Auch unter den Göttern stand diese weibliche Erd-, Mutter- und Fruchtbarkeitsgottheit durchaus im Vordergrund.

Was an der minoischen Palastkultur aber besonders auffällt, ist die Vorherrschaft des weiblichen Geschmacks. Das gilt einmal schon in der Mode, welche die Reize des weiblichen Geschlechts zur Schau stellte und die Verwendung von vielerlei Schmuck anregte. Sogar die Männer gaben dem willig nach und behängten sich mit Ketten und Ringen, trugen schier weibliche Frisuren und huldigten gleich den Frauen der Wespentaille. Aber auch die lyrischen, verträumten Stimmungen der minoischen Bildkunst weisen in die gleiche Richtung. Weiblichen Neigungen entspricht es, wenn man mehr Freude an schön verzierten kleinen Gebrauchsgegenständen als an großartigen Palastfassaden besaß, wenn man das Zarte und Zärtliche liebte und einem Hang zur Verspieltheit nachgab.

Die Religion der Minoer war in hohem Maße von der Hochschätzung der Fruchtbarkeit, von dem Wandel der Jahreszeiten und von den Naturgewalten in den Erdbeben bestimmt. Die Elementargestalt der Großen Erdmutter erscheint auf Kreta in verschiedenen lokalen Einzelgestalten, denen besondere Eigenheiten zugesprochen wurden. Deshalb trug sie verschiedene Namen; als Rhea war sie die Gebärerin des jugendlichen Gottes, als Eileithyia stand sie den Wöchnerinnen zur Seite, als Athena schützte sie Paläste und Fürsten, als Diktynna wurde sie vor allem in einer bestimmten Höhle verehrt. Viele andere Gestalten und Namen dürften der Vergessenheit anheimgefallen sein und sind uns unbekannt geblieben.

In den frühesten Darstellungen ist die Göttin nackt, meistens stehend, mit den Händen die Brüste berührend oder pressend, häufig steatopyg und mit betonten Geschlechtsmerkmalen. Auch Statuetten einer kauernden oder gebärenden Göttin wurden gefunden. Wenn die stehende Gottheit die Arme hob und die Innenflächen der Hände den Gläubigen zuwandte, spendete sie ihren Segen. Im Lauf der Zeit wurde der Unterkörper der Göttin mit einem Rock bekleidet. Dann erhielt sie ein Jäckchen, das aber immer noch die Brüste frei ließ. Verschiedener Art war der Kopfschmuck, häufig waren ihr Schlangen oder Tauben beigeordnet, desgleichen Mohn und Lilien, vor allem aber das Zeichen der höchsten Macht, die Doppelaxt *(labrys)*.

Vergleichen wir die Große Gottheit von Kreta mit der Anatoliens, so fällt uns bei aller Verwandtschaft auf, daß ihr in Vorderasien vielfach ein Gewittergott übergeordnet war und daß dieser, niemals aber die Göttin, die Doppelaxt trug. Kreta dagegen kannte überhaupt keinen Gewittergott, die Große Göttin stand hier ohne Einschränkung an der Spitze des Pantheons. Zweifellos hing das mit der Bedrohung durch Erdbeben zusammen. Was man von der Erdgöttin erflehte, war nicht nur Fruchtbarkeit, sondern vor allem Schutz vor seismischen Katastrophen. In diesen Zusammenhang ist auch der Stierkult zu rücken.

In Ackerbaukulturen wurde der Stier zu allen Zeiten der Erdgöttin zugeordnet, und gleiches scheint für Kreta zu gelten. Nur daß er hier wohl auch bei der Abwendung der Erdbeben von Bedeutung war. Das »Stierspringen« mag also eine Art von Gegenzauber gegen seismische Gefahren gewesen sein. Von der Vorstellung des Stieres zweigten sich schon sehr früh in Kleinasien und dann auch auf Kreta die Stierhörner als das Symbol besonderer Heiligkeit ab. Solche Kulthörner stellte man in Reihen auf die Dächer minoischer Häuser, wohl um sie vor Erdbeben zu bewahren. Mit Vorliebe pflanzte man auch eine Doppelaxt zwischen die Stierhörner.

Von besonderer Bedeutung war die Große Göttin in ihrer Eigenschaft als Herrin der Tiere, nicht nur des Stieres, sondern auch des Löwen, der Wildziege oder irgendwelcher Fabelwesen. Gelegentlich trat sie als Jägerin auf. Als Erdgöttin war sie zugleich die Herrin der Unterwelt, weshalb wir sie oft von Schlangen begleitet sehen. Auch Totenvögel mögen ihr neben der Taube zu eigen gewesen sein. So zeigt die Große Göttin einen gleichsam universellen Charakter. Alle männliche Göttlichkeit mußte davor zurücktreten.

Eine nicht geringe Rolle spielte in der minoischen Religion der Strauch- und Baumkultus. Sträucher pflanzte man gern zwischen die heiligen Stierhörner, Zweige wurden von Priesterinnen bei Kultakten herniedergebeugt. Für den Totenkult scheinen heilige Bäume bedeutsam gewesen zu sein. Noch zu hellenischer Zeit gab es auf Kreta Göttinnen, die in Sträuchern oder in Baumkronen hausten.

Es mangelte dem altkretischen Götterglauben auch nicht an astralen Aspekten. Die Große Göttin scheint gelegentlich mit dem Mond identifiziert worden zu sein, während man den Stier als ihren Partner mit der Sonne zusammenbrachte. Möglicherweise spielten bei derartigen Auffassungen ägyptische oder nordafrikanische Einflüsse eine gewisse Rolle. Noch aus den griechischen Sagen erahnen wir den alten Mythos eines Beilagers des Stieres mit Europa und Pasiphae. Die Hellenen haben das freilich nicht mehr begriffen und entstellt.

Als Partner der Erd- und Muttergöttin galt aber nicht nur der Stier, sondern weit mehr noch der sterbliche Vegetationsgott. Ihn hatte sie alljährlich im Frühling zum Geliebten. Im Sommer starb er dahin, doch brachte die Erdmutter stets einen neuen Sohn zur Welt, den Ammen und Gespielen aufzogen, bis er im kommenden Frühjahr zum neuen Geliebten herangewachsen war. Wir finden diesen Mythos in vielerlei Variationen in Mesopotamien, Syrien, Anatolien und auch auf Kreta. In Ägypten wurde er durch Isis, Osiris und Horus repräsentiert, dort lagen aber die Verhältnisse infolge der Nilüberschwemmungen etwas anders.

In Kreta wurden besonders das neugeborene Kind und die heilige Hochzeit alljährlich durch Feste gefeiert, der Tod des Geliebten aber durch kultische Begehungen schmerzlich betrauert. Andere Mythen kannten sterbliche Frühjahrsgottheiten weiblichen Geschlechts. Eine solche mag ursprünglich Ariadne gewesen sein.

Keine geringe Rolle spielten in der religiösen Phantasie der Minoer die Fabelwesen. Ein solcher Typus war aus Ägypten entlehnt und stellte eine Kombination von Krokodil und Nilpferd, aber mit menschlichen Armen und Beinen, dar. Allem Anschein nach haben auf Kreta bei gewissen Anlässen Priester entsprechende Verkleidung angelegt. Der ägyptische Name für dieses Fabelwesen lautete *Taurt.* Was die Kreter veranlaßte, diesen Typus zu übernehmen, bleibt dunkel. Bemerkenswerterweise haben ihn auch die Phöniker bei sich eingeführt. Ein anderes Mischprodukt bildeten stierköpfige Menschen, wie sie uns vor allem auf kretischen Siegeln entgegentreten. Auch hier könnte es eine derartige Kulttracht gegeben haben; möglicherweise leitet sich davon die Sage vom Minotauros ab. Als Wächter galt in der minoischen Phantasie der Greif, bestehend aus Löwenkörper, Vogelkopf und Vogelkrallen, mitunter auch mit Flügeln ausgestattet. Er steht zusammen mit Löwe und Stier in der Reihe der Tiere, die zugleich die fürstliche Macht symbolisierten. Mitunter finden wir in der kretischen Kunst »Tierüberfälle«, bei denen das eine Tier das andere verfolgt und niederreißt. Auch sie könnten symbolische Bedeutungen gehabt haben, doch bleibt uns ihr Symbolgehalt noch dunkel.

Der Kult scheint sich von Anfang an besonders in Höhlen und auf Bergeshöhen abgespielt zu haben. Auf den Bergesgipfeln errichtete man gelegentlich kleine Kultbauten; dort wurden Weihestatuetten und Modelle menschlicher Glieder in großer Zahl gefunden. In den Höhlen wurden teils Gefäße (mit einem entsprechenden Inhalt?), teils aber auch Doppeläxte, Schwerter und andere Waffen gespendet.

Zur Zeit der Paläste gab es in diesen selbst verschiedene Kulträume, manche im Keller und an den Pfeilern, welche die oberen Stockwerke trugen. Sie dienten sicherlich der Bitte um Hilfe bei Erdbeben. Auf Siegeln und Fresken werden aber auch Kulissen von freistehenden Heiligtümern dargestellt, ohne daß wir bisher solche als gesonderte Bauten feststellen konnten. Nur eingebaut in Paläste sind sie mitunter in den Ruinen erkennbar. In derartigen Kapellen gab es Kultbänke, auf denen Statuetten von Göttinnen, Doppeläxte, Kulthörner und Gefäße mit Weihegaben ihren Platz fanden; die Götter rief man durch das Blasen von durchlöcherten Tritonmuscheln herbei. Röhrenartige Gefäße mit wellenförmig angeordneten Außenleisten dienten dem Aufenthalt der heiligen Schlangen. Möglicherweise hat es mitunter auch größere Kultbilder gegeben. Ein solches, aus Ton geformt und einen jungen Gott darstellend, wurde kürzlich in Südkreta gefunden. Eine gewisse Rolle scheinen bei den Opferhandlungen auch tragbare Altäre und Steintafeln gespielt zu haben.

Besonders charakteristisch für die religiösen Vorstellungen der Minoer waren die Erscheinungen (Epiphanien) des göttlichen Kindes. Man sehnte sie mit leidenschaftlicher Erwartung herbei und erlebte sie dann, wohl unter dem Einfluß von Rauschgiften, als tatsächliches Ereignis. Solche Visionen wurden mit Vorliebe auf Siegeln dargestellt, wobei das göttliche Kind sowohl männlichen wie weiblichen Geschlechtes sein kann.

Zu den Zeremonien und Begehungen des Kultus gehörten vor allem die Darbringung von Weihegaben, von Blumen und Kultkleidern, des heiligen Brotes und mancher Trankopfer. An Festtagen wurden Prozessionen veranstaltet, und Frauen führten im heiligen Hain kultische Tänze auf. Am Ende des Frühjahrs beklagte man das Hinscheiden des Vegetationsgottes durch Trauerriten und Lamentationen.

Als absonderlichsten der minoischen Bräuche müssen wir das »Stierspringen« näher betrachten. Ursprünglich mag es sich dabei, wie gesagt, um einen Gegenzauber zur Abwehr von Erdbeben gehandelt haben, um eine verkappte Art von Menschenopfern. Im Laufe der Zeit scheint aber das Moment des Artistischen und Sensationellen immer mehr das Übergewicht gewonnen zu haben. Jünglinge und Mädchen, die sich auf ihre lebensgefährliche Aufgabe vorbereitet hatten, warteten den heranstürmenden Stier ab, faßten nach seinen Hörnern und ließen sich, wenn er den Kopf emporwarf, über seinen Rücken hinweg in den Sand schleudern. Das gelungene Wagnis wurde zweifellos mit Begeisterung aufgenommen, doch dürfte die Mehrzahl der Kühnen ihr Unterfangen mit dem Tode bezahlt haben. Auch eine andere, leichtere Art des Stierspringens scheint mitunter geübt worden zu sein, bei der man seitlich über den Rücken des Tieres setzte.

Fraglich bleibt, ob sich für diese so gefährlichen Spiele stets genügend Freiwillige fanden. Möglicherweise wendete man daher auch Gewalt an, denn die Abhaltung des Stierspringens mag wegen der Erdbebengefahr auch späterhin noch als eine Notwendigkeit empfunden worden sein. Kreta scheint in Zeiten, da es noch eine Art Vorherrschaft in der Ägäis ausübte, von den Griechen des benachbarten Festlandes Jugendliche als Tribut gefordert zu haben, die man dann zum Stierspringen zwang. Das könnte vor allem in der Periode der Älteren Paläste oder vielleicht noch im 17. Jahrhundert geschehen sein, als die minoische Flotte die See beherrschte. Hiervon leitete sich dann die bekannte Sage vom Tribut an Jugendlichen her, den Minos, der legendäre Herrscher in Knossos, von Athen forderte, um sie dem Minotauros vorzuwerfen.

Über die Art der minoischen Beisetzungssitten wissen wir einigermaßen Bescheid, um so rätselhafter bleiben uns die Vorstellungen vom Jenseits und der damit verbundene Totenkult. Von Anfang an setzte man die Verstorbenen mit Vorliebe in natürlichen Höhlungen bei. Später schuf man solche Höhlen auch künstlich, doch bemühte man sich in der Regel nicht um eine sorgfältige Ausarbeitung der Räume. Die einzelnen Leichname barg man in große Gefäße oder Wannen aus Ton. Schon früh baute man unter nordafrikanischen Einflüssen statt der Höhlen Rund- oder Kuppelgräber, in denen die Toten in größerer Zahl – Mitglieder einer Familie, mitunter auch die Bewohner einer ganzen Ortschaft – die letzte Ruhestätte fanden. Die kleineren Rundgräber und die von mittlerer Größe waren mit einer gemauerten Kuppel *(tholos)* überdacht. Man ließ dafür die Steinreihen des Mauerrunds je höher, desto mehr nach innen vorkragen. Besonders große Rundgräber dürften aber von Holzdächern verdeckt worden sein. An die Rund- oder Kuppelgräber schloß man vielfach noch viereckige Vorräume an, die anfangs wohl dem Totenkult, später auch der Bestattung der Toten dienten. Solche Gräber waren über den ganzen mittleren und östlichen Teil der Insel verbreitet.

Als Beigaben sind in den Gräbern der Privatleute vor allem Tongeschirr (wohl zur Aufnahme von Lebensmitteln), weiter persönlicher Schmuck, auch Siegel aus Stein oder Elfenbein, Dolche und Messer, aber nur selten Stücke von höherem Werte festgestellt worden. In einem Kuppelgrab bei Hagia Triada fand man jüngst einige besonders interessante Miniaturszenen des Totenkultes aus Ton. Sie zeigen uns einen Reigentanz, das Backen des heiligen Brotes und eine merkwürdige Opferzeremonie, bei der vier sitzenden Gestalten (Göttern oder heroisierten Toten) von zwei knienden Männern Opferbrote dargebracht werden.

Reicher an Beigaben werden wohl regelmäßig die Königsgräber gewesen sein. So fand man in den Gräbern zu Mochlos schönen Goldschmuck. Gleiches gilt für das repräsentative Begräbnishaus, das sich die Könige von Mallia errichteten. Noch heute wird dessen Ruine als *Chrysolakkos*, »Goldgrube«, bezeichnet. Das Fürstengrab von Knossos war, als Evans es auffand, der ursprünglichen Beisetzungen und Beigaben bereits beraubt, zeichnete sich aber allein schon durch seine bauliche Anlage aus. Über der eigentlichen, in den Boden versenkten Grabanlage befand sich nämlich in einer höheren Etage ein dazugehöriger Tempel, gewiß ein eindeutiges Zeichen für einen einstmals dort vollzogenen Totenkult.

Aus der Zeit, da die minoische Kultur bereits im Niedergang war, stammt schließlich der berühmte Sarkophag von Hagia Triada, auf dessen Längswänden Szenen dieses Totenkultes dargestellt sind: ein Stier wird geschlachtet und sein Blut der Unterwelt dargebracht; auch andere Tiere und Lebensmittel, sogar ein Schiffsmodell, wohl zum Befahren jenseitiger Gewässer, dienen als Opfergaben; Kultgesänge werden von Musikinstrumenten begleitet.

Die Handlungen werden vor allem von Priesterinnen vollzogen; die männlichen Priester tragen zum Teil Frauenkleider, zum Teil aber Tierfelle (ägyptischer Einfluß?). Als Gegenstand der Begehung ist der aufrechte Schemen des Toten abgebildet. Handelt es sich um seinen Leichnam, seine Mumie, oder um eine vom Stierblut ins Diesseits zurückgerufene Erscheinung? Diese Frage bleibt ebenso unbeantwortet wie die andere, ob die an den Schmalseiten des Sarkophags dargestellten phantastischen Gespanne nur Totengötter tragen oder ob hier die Seele des Abgeschiedenen an der Fahrt teilhat. So eindrucksvoll diese Darstellungen sind, ihre Erklärung ist heute im Grund noch unmöglich.

Dafür findet sich in den griechischen Sagen mancherlei Widerhall von minoischen Jenseitsvorstellungen. So wurde Rhadamanthys, und nachher auch Minos, als Totenrichter und Herrscher der Unterwelt angesehen. Den Rhadamanthys versetzte man auch nach dem Elysium und zu den Inseln der Seligen, was gleichfalls auf minoische Vorstellungen zurückging.

Die minoische Religion enthält für uns noch eine große Zahl von ungelösten Problemen. Fest aber steht, daß auf Kreta das Religiöse eine so große Rolle spielte wie nur bei wenigen anderen Gesittungen und daß das gesamte öffentliche wie private Leben in dieses religiöse Denken und Fühlen mit eingeschlossen war.

Da es sich auf Kreta um eine völlig unkriegerische Gesittung handelte, diente alles kulturelle Bemühen friedlichen Zielen. Dabei bildete das Gedeihen der Wirtschaft die wichtigste Voraussetzung. Man konnte sich einer geordneten Landwirtschaft rühmen, verfügte über gewaltige Viehbestände, über treffliche Erzeugnisse der Gartenbetriebe. Man erzeugte und exportierte Wein, Öl und Parfüme, führte nach Ägypten sicherlich auch Holz aus. Einer der wichtigsten Aktivposten der minoischen Handelsbilanz waren aber die kunstgewerblichen Arbeiten. Wohl mußte man das dafür benötigte Gold und Elfenbein einführen, auch waren die ägyptischen Erzeugnisse in der Feinheit ihrer Goldschmiede- und Einlegearbeiten unerreichbar. Aber an Originalität seiner Gefäße aus Ton, Fayence, Steatit und Edelmetall, seiner Tierstatuetten und Holzschnitzereien, an Meisterschaft seiner Glyptik mit ihren Gemmen und Siegeln, auch in der Herstellung seiner langen Schwerter mit prächtigen Griffen überbot Kreta alle übrige Welt.

Diese Gewerbe wurden teils in den Palästen, teils in privaten Arbeitsräumen betrieben. Der Geschäftsverkehr bediente sich der Paläste als Zentren des Tauschhandels, wurde aber von ihnen nicht erdrückt. Es gediehen auch manche Unternehmungen in der Provinz, gute Erträge brachte die Fischerei, der auch die Gewinnung von Purpurschnecken und Schwämmen oblag, ebenso das Gewerbe der Weber und Färber, die Arbeit der Ölpressen und die Erzeugung von Parfümen.

Irrig ist die oft vertretene Meinung, Kreta wäre im Technischen hinter Mykene im Rückstand geblieben. In Wahrheit waren die Minoer auch in den technischen Neuerungen die eigentlichen Inauguratoren. Als erste im ägäischen Bereich bauten sie Wasserleitungen und Quellhäuser, legten in den Palästen Klosette, Badezimmer und Abwässerkanäle an, sie waren Meister des Straßen- und Brückenbaues. Ihre von Segeln und Ruderkraft getriebenen Schiffe gehörten zu den besten der damaligen Zeit. Sie verstanden sich auf die Mauerung mit konzentrischer wie linearer Vorkragung und nützten ihre Kenntnis vom Gesetz der kommunizierenden Röhren sogar zur Anlage von Springbrunnen. Nur in der Befestigungsbaukunst standen sie zurück, da sie keiner Verteidigungsmauern zu bedürfen glaubten.

Aber so sehr sich die Minoer im allgemeinen um die Förderung von Wirtschaft und Technik bemühten, so gelangten sie doch in mancher Hinsicht zu keinem durchschlagenden Erfolg. Schuld daran dürfte ein durch ihr Wesen bedingtes Versagen oder besser Sich-Versagen gewesen sein: sie waren als Arbeiter allzu lässig und scheuten vor jedem Auslandsaufenthalt zurück. Nur auf ihrer Insel fühlten sie sich glücklich, es mangelte ihnen der Pioniergeist und der Drang in die Ferne. So fehlte dem minoischen Überseehandel der Schwung, und die minoische Thalassokratie wurde nie zu einem Seereich ausgebaut. Ihre technischen Interessen aber erschöpften sich im Nächstliegenden, sie verzichteten auf geduldige, entsagungsvolle Forschungen, auf alle langwierige Entwicklungsarbeit. Der Minoer war gesellig, er hatte Freude am Getriebe, am Zuschauen, an Festen. Im privaten Kreis gab er sich mit Vorliebe dem Brettspiel oder dem Würfeln hin. So waren es die Neigungen, sich zu verspielen und der mangelnde Wille zum Durchhalten in der Richtung auf ferne Ziele, weshalb manche aussichtsreichen Ansätze nicht zu weiterer Entfaltung gelangten.

Alle Kunstfertigkeit hätte nicht vermocht, die kretischen Erzeugnisse so anziehend zu gestalten, wären sie nicht schöpferischen Ideen eigentümlich minoischer Art entsprungen. Mit anderen Worten: hätte Kreta sich damit begnügen müssen, überwiegend künstlerisches Lehnsgut aus der Fremde zu verwenden, wäre sein Schaffen kaum origineller geworden als beispielsweise das der Phöniker oder der Etrusker. In der Frühzeit schien es auf der Insel noch an eigenen Impulsen zu mangeln. Da ließ man sich von Nordafrika, von Vorderasien, von Anatolien, von Griechenland und dem Balkan beeinflussen und beschränkte sich auf eine Kombination des Entlehnten. Doch mit der Begründung der Älteren Paläste regten sich die eigenen Gestaltungskräfte. In dem neuen geistigen Klima gewann man die Eigenart eines spezifisch kretischen Kunstgewerbes, ja, einer ganz elementaren eigenen Kunst.

Anlaß hierzu gab nicht zum wenigsten die Übernahme der Spirale und des Wirbels von den Kykladen und dem Balkan. Was Kreta aus diesen Anregungen machte, wurde aber etwas durchaus Eigenes, nämlich die Idee der Bewegung und einer Bewegungskunst schlechthin. Alles künftige minoische Schaffen stand nun im Zeichen dieser Idee.

Während der Zeit der Älteren Paläste war es vorwiegend die kurvolineare Dekoration, der das Interesse galt. Man verwertete sie für Textilien, die mit Mustern nach Art des unendlichen Rapports ausgeschmückt wurden. Im Vordergrund aber stand das keramische Kunstschaffen. Man ließ die dekorativen Elemente rund um die Gefäßwand kreisen, man schuf hier wahre Planetensysteme von Kreisen, Ellipsen, Spiralen, von Wirbeln und Gegenwirbeln, die man nach außen und nach innen schwingen und rotieren ließ. Nie wieder hat es einen ähnlichen Reichtum, eine ähnliche Vielfalt des Ornamentalen gegeben, unterstützt von einer ebensolchen Vielfalt harmonisch zusammenwirkender Farben.

Zur Zeit der Älteren Paläste lag also das Schwergewicht des Kunstschaffens auf ornamentalen Konzeptionen. Dabei ließ man gern die ornamentalen Gebilde wachsen und wuchern, als handelte es sich bei den Spiralen um Zweige oder Blätter, und verband so in berückender Weise die Prinzipien des Geometrischen und des Vegetabilischen.

Daneben pflegte man gleichsam nur am Rande auch die Kunst des Figürlichen. Noch war die Freskenmalerei nicht entwickelt; und da sich die Töpferkunst zurückhielt, gab es nur Statuetten von Göttern, Anbetenden oder Tieren als kultische Weihungen, dazu geschnittene Steine. Hier, in der Glyptik, hatte allerdings die Szenenkunst schon ausgiebigen Spielraum. Da wurden der Alte unter dem Palmbaum vor seinem Spielbrett sitzend dargestellt, Weiber sich streitend oder ein Durstiger, wie er aus einem Gefäße trinkt. Auch Tiere gab man mit Vorliebe wieder und bemühte sich, sie in Bewegung, galoppierend, darzustellen. So finden wir Löwen, Stiere, Wildziegen, Greife und auch Tierüberfälle. Für die Bedeutung der Seefahrt spricht die Abbildung von Schiffen. Daneben kommt häufig auch Ornamentales vor, Spiralgebilde, Wirbel, Rosetten und Sterne. Auch Siegel begegnen uns, wenn auch nur selten, in denen der Name des Besitzers mit piktographischen Silbenzeichen wiedergegeben ist. Ausnahmsweise treffen wir auch in der Vasenmalerei auf Figurales, so auf einen Fries von Fischen, auf einen Baum oder auf eine Göttin, die von Priesterinnen umtanzt wird. Doch wirken solche Versuche immer noch stark ornamental.

Als es nach der Katastrophe der Älteren Paläste zu dem allgemeinen Wiederaufbau kam und die »Neue Ära« begann, brachte die veränderte Situation auch der minoischen Kunst entscheidende neue Impulse. Vorherrschend wurde nun die Figuralkunst. Die Namen der Künstler sind uns unbekannt, doch zeugen ihre Werke dafür, daß sie geniale Meister waren. Sie schufen nun auch eine figurale Freskenmalerei und die Reliefkunst der Steatitbecher. Zu höchster Vollendung entwickelte sich aber die Kleinkunst der geschnittenen Steine (Glyptik).

Reich ist die Fülle der Motive und Szenen. Da finden wir Miniaturfresken mit der Darstellung von großen Menschenansammlungen, von Festen und Tänzen, da werden die Empfangskorridore mit monumental wirkenden Reihen von Geschenkbringern geschmückt, ein Steatitbecher läßt uns einen Erntefestzug miterleben. Häufig sind Darstellungen des so beliebten Stierspringens, auch Wettkämpfe von Ringern und Boxern kommen gelegentlich vor. Ganz selten aber sind Kämpfe mit Waffen, Kämpfe ernsthafter Natur. Nur auf Siegeln treten sie in Erscheinung, dann aber mit starker dynamischer Kraft und Formenschönheit.

Sehr zahlreich sind Szenen kultischen Inhalts, die Darbringung von Opfern oder die Anbetung. Auf Gemmen werden sie gern mit der Epiphanie des göttlichen Kindes verbunden. Auf Siegelbildern wird gelegentlich auch die Trauer um den verstorbenen Frühlingsgott, werden die Niederbeugung heiliger Bäume und Zweige, das Stieropfer, das geschäftige Treiben der Taurt-Priester dargestellt. Das Fragment eines kürzlich gefundenen Steatitbechers zeigt die Darbringung des heiligen Brotes auf einem Höhenheiligtum.

Auch Gottheiten werden abgebildet, aber nur auf Siegelzylindern und als Statuetten, nie in Fresken oder auf Steatitbechern. Als Statuetten haben die Schlangengöttinnen aus Fayence, in Knossos aufgefunden, berechtigte Berühmtheit erlangt. Auf Siegeln erblicken wir die Große Göttin auf dem Berge stehend, zwischen Löwen und anderen Tieren, mit der Doppelaxt versehen, aber auch sitzend unter dem heiligen Baum oder auf den Stufen ihres Heiligtums. Gelegentlich tritt uns ein jugendlicher Gott entgegen, in der Regel in Begleitung von Tieren. Daß es auch eine Großplastik gegeben hat, ist keineswegs so unwahrscheinlich, wie manche Forscher behaupten.

Fassaden minoischer Stadthäuser
Fayencetäfelchen aus Knossos, um 1650 v. Chr. Herakleion/Kreta, Archäologisches Museum

Zuschauer kultischer Spiele vor dem Palastheiligtum
Aus einem ergänzten Miniaturfresko aus Knossos, um 1600 v. Chr. Herakleion/Kreta, Archäologisches Museum

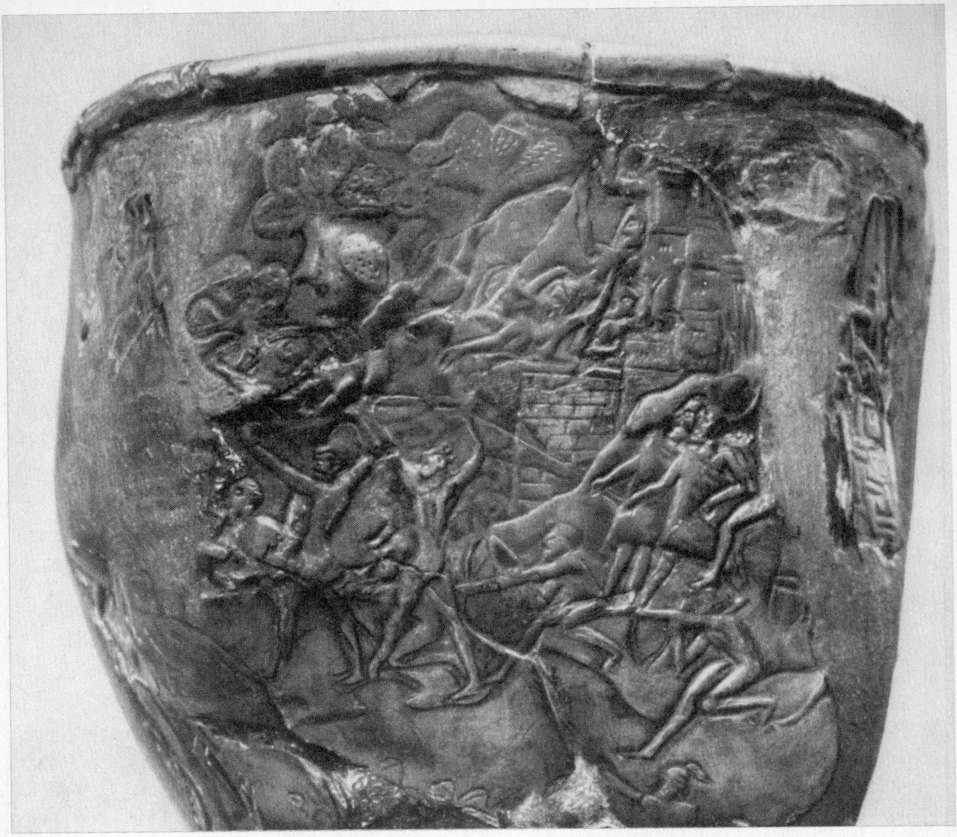

Angriff mykenischer Krieger auf eine feindliche Stadt
Relief auf dem oberen Teil eines silbernen Rhytons aus dem IV. Schachtgrab von Mykene, um 1560 v. Chr.
Athen, Nationalmuseum

Aus der menschlichen Sphäre erscheinen, von den Kultszenen abgesehen, auch noch Darstellungen plaudernder Damen, eines lustwandelnden Prinzen, von Offizieren mit ihren Soldaten. Besonders beliebt waren aber in der Freskenkunst die Gartenszenen. Kaum jemals wieder ist es menschlicher Kunst gelungen, den Zauber von Blüten und Blumen, von Zweigen und Sträuchern, von Sonne durchleuchtet und leicht vom Windhauch bewegt, zu einer solchen Märchenstimmung zu verweben. Da streichen Katzen durch das Gestrüpp und belauern einen ahnungslosen Paradiesvogel, da bewegen sich Affen zwischen hell leuchtenden Blumen, da gibt es Rebhühner und Wasservögel zwischen den Sträuchern.

Doch verdient noch der folgende »primitive« Zug Beachtung: es gibt in der minoischen Kunst keine Perspektive, ja vielfach keinen festen Beobachtungspunkt des Beschauers und gelegentlich auch keine Grundlinie. Wohl werden Personen in der Regel von der Seite dargestellt, die Augen aber doch so gezeichnet, daß sie wie von vorn gesehen erscheinen. Das umgebende Terrain mit seinen Felsen, Sträuchern, Blumen wird wie von »oben« betrachtet, so daß die dargestellte Szene auf allen Seiten, somit auch auf jener, die wir als oben empfinden, von diesem Terrain umgeben ist. Züge ähnlicher Art finden wir übrigens, wenn auch nicht in so krasser Weise, auch in der ägyptischen Kunst.

Eine berückende Wirkung geht in der minoischen Freskenkunst von der Farbgebung aus. Naturalistisches vereint sich auch hier wieder mit allerlei Phantastischem. Bei Pflanzen und Blumen hielt man sich mitunter an die natürlichen Farben. Doch die Männer werden alle mit roter, die Frauen mit heller Farbe (wie bei den Ägyptern) dargestellt. Affen erhalten blaue Farbe, so auch manchmal Bäume und Vögel. Als Hintergrund wird nicht nur Gelb, Rot oder Blau bevorzugt, sondern es kommen Kompositionen aller drei Farben vor, die in wellenlinienartigen Feldern den Hintergrund beleben.

Im ganzen gesehen, erscheint die minoische Kunst durch ihre Linienführung, ihre Farbgebung und ihre Szenenkomposition in eigener Schönheit. Auch ihre innere Spannung und dichte Stimmung nimmt uns gefangen. Sie entrückt wohl manches in traumhafte Sphären, gestaltet das Unwirkliche aber um so wirksamer.

Das mykenische Griechentum

Nach der Einwanderung griechisch sprechender Eroberer in das frühhelladische Kulturland von Hellas fand bald eine Annäherung und Vermischung beider Elemente, der Sieger und der Besiegten, statt. So bildete sich ein neues Volk, dem ein Ausgleich der religiösen Anschauungen und der übrigen kulturellen Traditionen gelang; das Griechische wurde von den Unterworfenen übernommen, und die Eindringlinge paßten sich vielfach einer mehr agrarischen oder städtischen Lebensweise an. Nur diejenigen Stämme der Zuwanderer, die nicht bis in den frühhelladischen Bereich vorgedrungen waren, nahmen an diesem Prozeß nicht teil. Sie blieben »Protogriechen« und einer mehr barbarischen Lebensweise verhaftet.

Die angedeutete Konsolidierung nahm die Kräfte des neuen Griechentums im einst frühhelladischen Raum durch längere Zeit völlig in Anspruch. Die nun entstehende

»mittelhelladische« Kultur macht daher in der Zeit zwischen 1950 und 1700 v. Chr. einen durchaus schlichten und verhaltenen Eindruck. Die Siedlungen wurden wieder aufgebaut und behielten die alten Namen. Doch zeigte man sich geneigt, die Zentren eher von der Meeresküste weg in das Innere zu verlegen. In Megaron-Häusern herrschten Kleinkönige auch jetzt wieder über die einzelnen Staaten, und manche Residenz wurde mit einem festen Mauerring umgeben. Mit Kreta trieb man anfangs wenig Handel, doch bleibt nicht ausgeschlossen, daß einzelne griechische Landschaften den Königen von Knossos tributpflichtig waren, zum Beispiel durch Abgabe von Jugendlichen für das Stierspringen. Die Südhälfte der Ägäis wurde zu dieser Zeit zweifellos von der minoischen Flotte kontrolliert. Enger waren die griechischen Beziehungen zur Chalkidike und zu Kleinasien. Von Anatolien ließ man sich bei der Neuschaffung von Gefäßformen durch die »minysche Keramik« beeinflussen. Auch die mit farbigen Mustern bemalte Topfware bildete häufig Zeichnungen der anatolischen Textilien nach.

In religiöser Hinsicht wurde bei der Vereinigung beider Komponenten von indoeuropäischer Seite die Hochschätzung der Jungfräulichkeit beigesteuert. So wurde Athene, die ägäische Palastherrin und Förderin allen Fortschritts, zur Jungfrau. Gleiches gilt von Artemis, der Herrin der Tiere, die nur vereinzelt noch, so zu Ephesos, die Charakterzüge einer Fruchtbarkeitsgöttin beibehielt. Der indoeuropäische Lichtgott Zeus übernahm nun auch die Funktion verschiedener ägäischer Gipfelgottheiten. Der rossegestaltige Totengott der Indoeuropäer vereinigte sich als Poseidon mit der ägäischen Erdmutter zu einem Paar der Unterweltsgötter. Ein ägäischer Vegetationsgott fand auf der Peloponnes weiterhin seine Verehrung als Hyakinthos. Auch Eileithyia wurde übernommen, der Erdmutter *Da* aber das indoeuropäische *mater* angefügt, wodurch *Damater*, Demeter entstand.

Alles in allem erwies sich die Vereinigung der beiden Elemente als durchaus günstig. Dieses neue Griechentum konnte nach erfolgreicher Konsolidierung und Ansammlung hinreichender Kräfte eine bedeutsame Rolle in der Ägäis spielen.

Die Katastrophen, die um 1700 auf Kreta zu der Zerstörung der Älteren Paläste geführt hatten, scheinen für das Prestige der minoischen Macht nicht ohne Folgen geblieben zu sein. Wohl wurden die Residenzen wieder aufgebaut, doch erkennen wir, wie nun allenthalben auf dem Festland Zuversicht und Selbstvertrauen wuchsen; der Wohlstand scheint stetig zugenommen zu haben. So gab man vielfach die schlichten Steinplattengräber auf, in denen man bisher die einzelnen Toten fast ohne Beigaben bestattet hatte. An Stelle der barbarischen Beisetzung in Form »liegender Hocker« trat die Bestattung gestreckter Leichen in ausgemauerten Schachtanlagen, in denen mehrere Mitglieder derselben Familie Platz fanden. Während man bisher einzelne Leichen auch in große Tongefäße barg, um sie an verschiedenen Stellen eines gemeinsamen Tumulus zu bestatten, richtete man nun – vor allem in Messenien – in solchen Tumuli mehrere kleine Kuppelgräber ein.

Eine eindrucksvolle Anlage wurde kürzlich von Papadimitriu in Mykene aufgedeckt. Es handelt sich um einen Kreis aus Steinen, der eine größere Zahl von Schachtgräbern umschloß. Darüber wölbten sich kleine Tumuli, auf denen gelegentlich Stelen mit skulpierten Spiralmustern oder Jagdszenen angebracht waren. Auf dem Grund der Schächte lagen die Toten, meist schon in Strecklage, mitunter mehrere in einem Schacht. Einer von ihnen trug, wohl über dem Gesicht, eine Totenmaske aus Elektron. Die Gräber waren nicht geplündert worden und zeigten beträchtlichen, aber keineswegs übermäßigen Reichtum an Beigaben. Jeder Mann hatte, soweit es sich um fürstliche Krieger handelte, seinen Trinkbecher aus Gold bei sich, seine Schwerter und Dolche, vielfach mit Gold verziert. Auch fanden sich goldbeschlagene Köcher für Pfeile und eine größere Zahl von Tongefäßen, die wohl Lebensmittel, Parfüme und andere Beigaben enthielten. Den Frauen wurde ihr Schmuck und eine Reihe von Vasen beigegeben. Aus der Bemalung der Tongefäße erkennen wir, daß sie der Endstufe der mittelhelladischen Periode, etwa seit 1650, angehören, da sie in matter Bemalung die Imitation naturalistischer Pflanzenbilder auf kretischen Vasen zeigen. Nur einige Beisetzungen stammen aus einer späteren, der mykenischen Zeit. Aber schon an den noch mittelhelladischen Beisetzungen erkennen wir, daß die Macht der mykenischen Könige damals in raschem Ansteigen war.

Etwa um 1600 v. Chr. scheint die über der Ägäis lastende kretische Seeherrschaft stark beeinträchtigt worden zu sein. Das hing möglicherweise mit den Erdbeben zusammen, die damals den Palast von Knossos zerstörten. Vielleicht hat eine diese Erderschütterungen begleitende Flutwelle die minoischen Häfen verwüstet und die Flotte vernichtet. Sicher ist, daß in diesen Zeiten in Knossos mancherlei Plünderungen erfolgten.

Vom Festland aus gesehen stellt sich diese Periode als die Epoche eines plötzlich gewonnenen, ungeheuren Reichtums in Mykene dar. Dafür zeugen die letzten Beisetzungen der jüngst aufgedeckten Schachtgräber, weit mehr aber noch das andere Schachtgräberrund, das schon 1876 von Heinrich Schliemann ausgegraben wurde. Aus ihm ersehen wir, daß nun kretische Werkmeister gezwungen waren, in Mykene für dessen Fürsten Kunstgegenstände nach deren Wünschen zu schaffen. So entstand eine Unmenge prächtiger Waffen, die sich in diesen Grüften fanden, weiter Goldsiegel mit Jagd- oder Kampfszenen, auch ein kleines Porträtsiegel von erstaunlicher Feinheit, den Kopf eines Fürsten darstellend. Auch kretische Originale kommen nun in den Gräbern vor, ferner eine Fülle von etwas gröberem Goldschmuck und eine Unzahl kleiner Goldblättchen mit Spiralverzierung, die vielleicht als Zahlungsmittel gedacht waren.

Diese Gräber zeugen aber auch von einem Ausgreifen der mykenischen Könige bis nach Ägypten, wo zu der Zeit die Hyksos vertrieben wurden, und es wäre durchaus möglich, daß dabei griechische Hilfskontingente mitwirkten. Auf ägyptisches Beispiel dürfte es zurückgehen, daß man die Schachtgräber nun so überreich ausstattete. Auch fand man in ihnen in Gold gefaßte nordafrikanische Straußeneier. Bei einer Leiche ließ sich sogar eine Art von Mumifizierung feststellen. Vor allem scheint aber der Streitwagen als neues Kampfmittel über Ägypten in Mykene eingeführt worden zu sein.

Die Ägypter selbst hatten Pferd und Streitwagen wohl erst von den Hyksos kennengelernt und wandten das neue Kriegsmittel erfolgreich zur Vertreibung der Eindringlinge an. Als mykenische Griechen in diese Kämpfe eingriffen, lernten auch sie, die Wagen zu lenken und edle Rosse zu züchten. Mit wahrer Leidenschaft gaben sie sich nun zu Sport und Kampf der Führung des bespannten zweirädrigen Wagens hin. Sie wurden dabei zwar noch nicht zu Reitern, wohl aber zu reisigen Streitwagenfahrern und damit zu Rittern. Ihr Dasein gewann einen völlig anderen Lebensstil. Als Sportsleute und ritterliche Kämpfer bildeten sie eine besondere Klasse, die nicht nur die Schlachten entschied, die auch der Knappen und Gefolgsleute, der entsprechenden Bedienung der Pferde und der Stallungen bedurfte. Bald entwickelte sich ein eigener Kastengeist; die Streitwagenritter stellten besondere Ansprüche im gesellschaftlichen Leben, sie bildeten einen eigenen, feudalen Stand.

Führend in der Benutzung der neuen Waffe und tonangebend in der neuen Lebensweise wurden die Herrscher selbst. Darum ließen sie sich auf den Stelen der Schliemannschen Schachtgräber als Streitwagenkämpfer darstellen, daher erfreuten sie sich an Goldringen, welche die Jagd vom Streitwagen aus abbildeten. Dergleichen hatte es auf den Stelen der älteren Gräber, wo alle Jagd noch zu Fuß stattfand, noch nicht gegeben. Der König bedurfte in der Feldschlacht aber nicht nur weniger Wagen, sondern bereits eines größeren Geschwaders: er bedurfte eines reisigen Gefolges. So ließ er Streitwagenkämpfer in größerer Zahl ausbilden, die ihm – wie im Mittelalter die »Ministerialen« ihrem Fürsten – zu Gebote standen. Auch das Lehenswesen scheint, ähnlich wie im Mittelalter und in allen ritterlichen Lebenssphären, in Griechenland Eingang gefunden zu haben.

Aber noch blieben alte Traditionen vielfach in Geltung. Die Toten der Schachtgräber lagen wie in alter Zeit auf den mit Kies bestreuten Böden, als Keramik gebrauchte man neben der neuartigen, von Kreta entlehnten Art mit Spiralen, Doppeläxten und vegetabilischen Mustern in Firnismalerei noch immer das mittelhelladische Geschirr, und mancherlei Schmuck zeugt von der alten schlichten Art. Goldmasken finden sich auch in den Schliemannschen Schachtgräbern wieder, ebenso krönten sie die erwähnten Stelen. Deren Spiraldekoration war die gleiche wie die der älteren Schachtgräber, nur die Streitwagenszenen bilden nun das Neue. Die Männer blieben den mittelhelladischen Traditionen der Kleidung und Barttracht treu, die Frauen aber eiferten minoischen Moden nach. In Baukunst, Kultus und feinerer Sitte mag man vieles aus Kreta übernommen haben, so vor allem technische Neuerungen in Kanalisation, Straßen- und Brückenbau. Dagegen verharrte man bei der mittelhelladischen Auffassung, daß der Repräsentationsraum des Königs ein Megaron sein müsse.

So bildet sich um 1600 v. Chr. vor unseren Augen eine neue Mischkultur, in der sich das altererbte Mittelhelladische mit der aus dem Orient übernommenen Streitwagenhaltung und mit einer Fülle von minoischem Kulturgut vereinigte. Als Träger dieser Gesittung kommen nur die Griechen der mittelhelladischen Zeit in Betracht. Die Übergänge in die neue ritterliche Ära sind völlig gleitende. Von einem Bruch der Tradition oder von sonstigen gewaltsamen fremden Eingriffen kann nicht gesprochen werden. Das hier so reichlich vorliegende archäologische Material läßt es nicht zu, die Einwanderung der griechisch sprechenden Scharen erst um 1600 und nicht schon um 1950 v. Chr. anzusetzen. Von einer Einwanderung größeren Stils um 1600 kann nicht die Rede sein.

Wir haben uns daran gewöhnt, die neue Gesittung als die »Mykenische Kultur« zu bezeichnen; und in der Tat scheint der Fürstensitz von Mykene bei ihrer Begründung eine führende Rolle gespielt zu haben. Nur dort finden wir einen so gewaltigen Reichtum an Beigaben, der allein durch überseeische Unternehmungen, durch die Plünderungen auf Kreta erklärt und auf das Beispiel des ägyptischen Gräberprunkes zurückgeführt werden kann. Nur dort läßt sich das Auftreten minoischer Meister der Glyptik und Goldschmiede-

Rüstung eines mykenischen Ritters
Bronzefunde in einem Kammergrab bei Dendra in der Argolis, 1450–1400 v. Chr.

Reste eines Kuppelgrabes in Orchomenos/Boiotien, um 1300 v. Chr.
Links: Eingang zur Grabkammer

Der heilige Bezirk von Mykene mit der äußeren Burgmauer, 13. Jahrhundert v. Chr.
Blick über die Innenseite des Löwentores in die Argolis

Kasematte in der Ostbastion der Burg von Tiryns in der Argolis, 13. Jahrhundert v. Chr.

kunst ganz unmittelbar feststellen; nur für Mykene haben wir auch die ältesten Zeugnisse der Streitwagenhaltung.

Die neue Gesittung breitete sich ungemein rasch auf die anderen Residenzen Griechenlands aus, vor allem nach Messenien, wo man, zum Teil wohl in unmittelbarem Kontakt mit Kreta, gleichfalls die neue Firniskeramik einführte. Schachtgräber freilich wurden dort nicht angelegt, aber man begann, vielleicht durch kretische Beispiele noch besonders ermutigt, mit dem Bau größerer Kuppelgräber. Ein Kuppelgrab von gewaltigen Dimensionen wurde 1960 an der Grenze von Messenien und Elis gefunden. Im Schutt seines Dromos traf man nur mittelhelladische und frühmykenische Topfscherben an. Der Westen der Peloponnes scheint damals überhaupt eine Zeit besonderer kultureller Entfaltung erlebt zu haben. Auch im Inneren der Halbinsel bekannte man sich bald zur neuen, feudalen Art der Hofhaltung und errichtete Kuppelgräber. Sogar in Mykene setzte sich diese Grabform alsbald durch und verdrängte das Schachtgrab. Die Gefolgsleute wurden nun allenthalben in Kammergräbern mit langem Zugang und sorgfältig gearbeiteten Türen beigesetzt; diese Gräber waren aber nicht gemauert, sondern – wahrscheinlich nach ägyptischen Vorbildern – in den Felsen gebrochen.

Auch in Mittelgriechenland und in Thessalien breitete sich der mykenische Fürsten- und Feudalstil aus. Einer der wichtigsten Plätze scheint Iolkos gewesen zu sein. Überall wurde die mittelhelladische Gesittung allmählich von der mykenischen abgelöst. Auf dem flachen Land setzte sich die mykenische Keramik aber teilweise erst sehr spät durch.

Wir bezeichnen diese Periode der Ausbreitung der mykenischen Kultur, der Schachtgräber und der frühesten Kuppelgräber als »frühmykenisch«. Sie währte etwa von 1580 bis 1480 v. Chr. Auf Kreta hatten damals nach Überwindung der Katastrophen von Knossos die Jüngeren Paläste ihre letzte große Zeit. Zwischen den minoischen und den mykenischen Fürsten mag ein freundschaftliches Verhältnis bestanden haben, vielleicht fanden sogar Heiraten zwischen den Dynastien statt. In die Seefahrt scheinen sich beide Partner geteilt zu haben. Mit der Anlage von Stützpunkten in der südlichen Ägäis sowie im Ägyptenhandel stand Kreta aber zunächst noch voran.

Die letzte Stufe der knossischen Palastzeit auf Kreta währte von etwa 1470 bis 1400. Sie wird als Spätminoisch II bezeichnet und fällt ungefähr in dieselbe Zeit wie die mittelmykenische Ära des griechischen Festlands (etwa 1480-1400). Es gab schon immer zu denken, daß diese letzte knossische Palaststufe in ihrem Kunststil eine merkwürdige Starrheit zeigt. Man kann das an der sogenannten Palaststilkeramik und auch an dem Greifen-Fresko des knossischen Thronsaales erkennen. Und seit langem hat man vermerkt, daß diese Palaststilkeramik in ganz gleicher Ausführung auch allenthalben auf dem Festland nachzuweisen ist, in den übrigen Teilen von Kreta aber fehlte. Offenbar war für Knossos nun nicht mehr die Insel, sondern der mykenische Bereich maßgebend.

Auf dem griechischen Festland standen damals alle Residenzen in voller Entfaltung. Das gilt sowohl für Mykene und die im Umkreis ansässigen Vasallen wie auch für die lakonischen und die westpeloponnesischen Dynastien. In Attika gab es zahlreiche Kleinfürstentümer, in Boiotien die großen Paläste von Theben und Orchomenos, in Thessalien Iolkos und Neleia. Im Bereich von Mykene wurde die schöne Ephyräische Keramik erzeugt.

Auch Knossos wollte sie nachahmen, doch ist das nur schlecht gelungen. So steht außer Zweifel, daß das Festland bereits führend und auch für Knossos beispielgebend geworden war.

Damit stimmt vollauf überein, daß in den letzten Jahren bei Knossos eine Reihe von Gräbern mykenischer Ritter gefunden wurde. Schon die Art, wie diese Kammern im Felsen angelegt waren, weist auf festländische Herkunft hin, und gleiches gilt von der Bewaffnung mit Helm, Schwert, Speer und Dolchen wie auch von einem goldenen Trinkbecher als Beigabe. Die dort begrabenen Krieger haben sich jedenfalls in angesehener Stellung befunden, zumal ihr mehr der statischen Bildkunst zuneigender Geschmack auch für die damalige Freskenmalerei bestimmend gewesen zu sein scheint. Ob es sich nun um mykenische Krieger handelte, die zunächst noch Söldner waren oder gleich zu Anfang eine Herrenschicht bildeten, bleibt ungewiß. Vielleicht hatten Söldnerführer in Knossos die Herrschaft errungen, wie später die Normannenfürsten in Unteritalien, oder griechische Fürsten waren durch Heirat auf den Thron gekommen, wie das den Hohenstaufen in Sizilien gelang. Jedenfalls haben kaum ernstere Kämpfe und Zerstörungen bei diesem Herrschaftswechsel stattgefunden.

Am Ende dieser Periode gab es zu Knossos sicherlich griechische Herrscher und auch eine griechische Buchführung. Von Knossos aus übten die neuen Herren augenscheinlich eine Oberherrschaft über die gesamte Insel aus. Die Paläste von Phaistos und Mallia, desgleichen auch die Villa von Hagia Triada hörten nun auf, als Residenzen zu dienen. Auch die ursprünglich minoischen Stützpunkte von Melos, Thera, Ialysos auf Rhodos, Kos und Milet kamen in die Hände der Griechen. Über Knossos aber brach um 1400 v. Chr. ein neuerliches Erdbeben herein, das den Palast, nun zum letzten Male, zerstörte.

Der Palast von Knossos wurde nicht wieder aufgebaut, vielleicht weil die Fürsten von Mykene einem solchen Gegenüber abhold waren. Wohl gelangten nun zahlreiche griechische Zuwanderer auf die Insel, sie ließen sich vor allem in Westkreta, aber auch in Knossos und Hagia Triada nieder. Doch zur Ausbildung einer besonderen Palastkultur kam es nirgends mehr. Die Zuwanderer blieben Kolonisten mit einer rationalen Kolonistenmentalität.

Auf dem griechischen Festland rückte in dieser spätmykenischen Zeit (1400–1200 v. Chr.) die Residenz von Mykene immer mehr in eine führende Stellung. Rund um den Burghügel wurde ein monumentaler Mauerring erbaut; nach einer grandiosen Erweiterung dieser Befestigung wurde auch der alte Begräbnisplatz der Schliemannschen Schachtgräber miteinbezogen. Über den alten Grüften legte man eine hohe Aufschüttung an und errichtete auf diesem neuen Niveau die ehrwürdigen Stelen. Eingeschlossen wurde diese Gedenkstätte von dem sogenannten Plattenring. Der Zugang zur Burg und zum Plattenring führte jetzt durch das Löwentor. Auf dem Gipfel erhob sich ein stattlicher Palast mit geräumigem Megaron. An den Hängen standen zahlreiche Häuser von Rittern und Priestern. Außerhalb des Mauerringes wohnten in verschiedenen Häusergruppen vor allem Kaufleute. Auch hier gab es mehrere Kuppelgräber, meistens unter großen Erdhügeln geborgen. Deren größtes wurde später als »Schatzhaus des Atreus« bezeichnet. Der Tumulus des zu

Unrecht Klytaimnestra zugeschriebenen Kuppelgrabes bedeckte den Kreis der früheren Schachtgräber. Die dort begrabenen Toten wurden somit nicht in gleichen Ehren gehalten wie die des anderen Schachtgräberbezirkes. Das Gefolge wurde in Felskammergräbern beigesetzt.

Eine zweite Residenz, sicherlich der gleichen Dynastie wie Mykene gehörend, erhob sich zu Tiryns. Dort lagen der Hafen und die große Stadt, dort residierten die Herrscher Mykenes vermutlich während des Winters. Ebenso wie in Mykene war der Palast zu einer mächtigen Burg ausgebaut und mit allen Errungenschaften der damaligen Befestigungskunst ausgestattet. Sein Zentrum bildete wiederum ein großes Megaron, das sich auf einen geräumigen Hof hin öffnete.

Rundum in der Argolis regierten in kleineren Städten und Burgen die Dynastien der Vasallenfürsten, so zu Prosymna, Berbati, Midea, Asine und Larisa. Manche von ihnen legten Kuppelgräber an. In einem Kammergrab bei Midea fand man jüngst einen Toten in voller Rüstung mit Helm, Panzer, Beinschienen, Schwert, Dolch und Lanze. Das starke Machtaufgebot, das uns die Argolis vor Augen führt, legt die Annahme nahe, daß die Könige von Mykene nicht nur über diese Landschaft herrschten, sondern darüber hinaus eine Hegemonie über weite Teile der Peloponnes, ja, zeitweise wohl über ganz Griechenland ausgeübt haben.

Auf der Peloponnes gab es noch zwei weitere große Paläste. Der eine stand in Lakonien, ist aber noch nicht gefunden worden, der andere wurde von amerikanischen Forschern zu Ano Englianos, dem Pylos der Sage, ausgegraben. Auch den Herrschern von Pylos unterstand eine Anzahl Vasallenfürsten, deren Residenzen und Kuppelgräber in den letzten Jahren ausgegraben wurden. In Attika trat seit der mittelmykenischen Zeit Athen immer mehr in den Vordergrund, in Boiotien wurde der Palast von Theben verhältnismäßig früh zerstört, in Thessalien herrschten immer noch Iolkos und Neleia, doch gewannen dort nun auch andere Fürstensitze einen gewissen Einfluß.

Große geschichtliche Bedeutung sollte das Ausgreifen mykenischer Fürsten und Ritter nach überseeischen Bereichen erlangen. Teils unter der Führung von Mykene, teils auf eigene Faust fuhren die Helden mit ihren Schiffen in die Ferne und gründeten feste Plätze, ließen sich als Händler nieder, verdingten sich als Streitwagenkämpfer oder lebten einfach von Seeraub und Plünderung.

So wurde im Jahre 1960 an der Küste von Epirus eine mykenische Stadt mit Kuppelgrab entdeckt. Weitere mykenische Stationen gab es im Bereich des unteritalienischen Tarent, im östlichen Sizilien, auf den Liparischen Inseln und auf Ischia. Auch die Insel Malta wurde von griechischen Seefahrern angelaufen. Im östlichen Mittelmeer wurden Ägypten, Palästina und Syrien zu den wichtigsten Exportmärkten für mykenisches Öl, das man in sogenannten Bügelkannen abzufüllen pflegte. Auf Cypern ließen sich zahlreiche mykenische Händler und Werkmeister nieder. Sie stellten dort mykenische Keramik her und machten so den mutterländischen Werkstätten schwere Konkurrenz.

Auf der Halbinsel Kyrene spielten mykenische Ritter zeitweise als Streitwagenkämpfer eine Rolle. Sie organisierten dort die Streitwagengeschwader der libyschen Fürsten bei ihren Angriffen auf Ägypten. Und wenn in hethitischen Keilschrifttexten von Leuten oder von einem König des Landes *Achiawa* die Rede ist, dürften damit mykenische Ritter und Fürsten gemeint sein, die sich ja als »Achaier« bezeichneten. Bei Briefen des Hethiterkönigs an den »Herrscher von Achiawa« handelt es sich vielleicht sogar um Schreiben an den Hegemon zu Mykene.

Aber nicht nur in Syrien und an der Südküste Kleinasiens, auch in Westkleinasien kamen mykenische Interessen mit denen des hethitischen Großkönigtums in Berührung. Hier scheint Milet (hethitisch wohl *Milawata*) zeitweise sogar eine Art von mykenisch-hethitischem Condominium dargestellt zu haben. Die deutschen Ausgrabungen legten dort eine mykenische Stadt mit starker Befestigung frei.

Natürlich gab es nun auch auf den verschiedenen ägäischen Inseln mykenische Stationen; ein mykenischer Palast wurde bisher aber nur auf Melos festgestellt. Mykenische Keramik fand man überall auf der Chalkidike und in ganz Makedonien bis in die westlichen Gebirgsgaue. Am Marmarameer und im Bereich des Schwarzen Meeres dagegen ist noch nichts unbezweifelbar Mykenisches aufgefunden worden. Vielleicht hat hier Troia den mykenischen Handel zeitweise behindert.

Troia war, wie in der älteren Bronzezeit, auch noch während des älteren Teils der mykenischen Ära eine stark befestigte Residenz, die bis nach Cypern Handel trieb. Die Stadt befand sich damals in der als »Troia VI« bezeichneten Baustufe. Um etwa 1300 wurde sie von einem Erdbeben zerstört, aber bald wieder (als Troia VIIa), wenn auch nur in bescheidenerem Umfang, neu besiedelt. Die Belagerung durch die Griechen, die uns in der Sage berichtet wird, dürfte wohl noch Troia VI gegolten haben.

Hellas bestand also noch immer aus Einzelstaaten, doch lassen sich gewisse Stufungen erkennen. Pylos beherrschte ein Territorium von der Größe Messeniens mit zahlreichen kleinen Vasallendynastien. Mykene gebot nicht nur über die Argolis mitsamt der argivischen Halbinsel, sondern zugleich über die Korinthia, auch ihm standen eine Anzahl Vasallen zur Seite. In Attika scheint es zu einem Synoikismus gekommen zu sein, der diese Landschaft machtmäßig auf Athen ausrichtete. Auch Theben, Orchomenos und Iolkos mögen zeitweise über kleinere Vasallen geboten haben. Alles das läßt erkennen, daß wir es hier mit einer politischen Ordnung feudaler Art zu tun haben. Die Hegemonie über ganz Griechenland hat Mykene angestrebt, und es scheint darin zeitweise auch wirklich anerkannt worden zu sein. Die frühe Zerstörung des Palastes von Theben mag auf eine Rivalität zwischen Theben und Mykene zurückzuführen sein.

Daß die Nation der mykenischen Griechen trotz einer gewissen machtmäßigen Aufgliederung eine geschlossene Einheit bildete, lehren uns die Ausgrabungen mit aller Deutlichkeit. Die Architektur der Paläste, die Anlagen der Kuppelgräber, die Keramik, alles das ist von einer erstaunlichen Einheitlichkeit und ist weit uniformer als etwa das griechische Kulturgut des späteren 7. oder 6. Jahrhunderts v. Chr. Daher können wir mit Sicherheit annehmen, daß diese Nation sich auch mit einem eigenen Namen bezeichnete, und zwar mit dem der »Achaier«, den wir bei Homer noch finden. So könnte man die mykenische Kultur auch als die »achaiische« bezeichnen, wenn das nicht zu Mißdeutungen Anlaß gäbe, da dieser Name in späteren Zeiten eine ganz andere Bedeutung trug.

Der Charakter der spätmykenischen Kultur wurde von der ritterlichen Oberschicht und den fürstlichen Burgen bestimmt. Krieg und Wettrennen, Jagd und Weingelage scheinen diese Kreise mit Vorliebe getrieben zu haben. Szenen von Streitwagenkämpfen und Eberjagden schmückten die Wände der Paläste; in den Palastbezirken wurden mitunter Hunderte von Bechern gefunden, in Pylos fand sich ein großes Weindepot. An den Ausfahrten nahmen auch die Damen teil, nun aber nicht mehr minoisch, sondern mykenisch gekleidet; sie lenkten ihre Wagen selbst. Neben der Freude an Kampf und Gefahr scheint aber in den oberen Schichten das Interesse an Erwerb und Besitz sehr lebhaft gewesen zu sein. In den auswärtigen Unternehmungen verband sich oft beides, nicht anders wie später bei dem hellenischen Adel des 7. und 6. Jahrhunderts. Öl und Parfüme, Wein und Keramik wurden in großen Mengen gehandelt und verschifft. Auch Gewürze, Möbel mit feinen Elfenbeinbeschlägen und Fayencen waren beliebte Handelsgüter.

Von einer genuin mykenischen Kunst können wir nur mit Einschränkungen sprechen. Freskenmalerei, Reliefplastik und Glyptik hielten sich weitgehend in minoischen Bahnen, bevorzugten aber neben den üblichen Darstellungen von Prozessionen und Kulthandlungen vor allem Kampf- und Jagdszenen. Wo Bewegungen wiedergegeben wurden, muten sie merkwürdig steif an. Weit mehr entsprach dem mykenischen Geschmack die Darstellung unbewegter Gestalten, von Rossen mit ihren Knappen, von schützenden Greifen oder auch eines Sängers mit seiner Leier.

In der Vasenmalerei löste man sich seit 1400 v. Chr. immer entschiedener vom Dinglichen und wandte sich ornamentalen Dekorationen zu. An Stelle der minoischen Bewegung trat nun allenthalben die Statik. Man erkennt dabei deutlich, wie sehr mit der Zerstörung des letzten minoischen Palastes zu Knossos die Traditionen des kretischen Kunstgewerbes ihren Einfluß verloren haben. Auch das Töpfergewerbe stellte nur noch Massenprodukte her, die technisch-qualitativ zwar allen Ansprüchen genügten, in der Bemalung aber völlig im Zeichen der Serienherstellung standen. Sorgfältiger waren die eingelegten Schwerter und Dolche gearbeitet, die polychrome Abbildungen von Tieren und anderem in Gold, Silber und Niello zeigten. Sehr schöne Leistungen vollbrachte man auch in der Elfenbeinkunst, die Reliefeinlagen für Prunkmöbel lieferte. In der Bautechnik behielten Megaron und Kuppelgrab uralte ägäische Traditionen bei. Die Art und Weise, wie man nun Paläste, Burgen und Gräber baute, war vielfach von großartiger Monumentalität, verbunden mit einer oft geradezu ergreifenden Schlichtheit. Hier kündigt sich ein Charakterzug an, der in der späteren Hellenenkunst eine entscheidende Rolle spielen sollte und der die minoische Architektur bei weitem übertraf. In der minoischen Kunst verstand man sich meisterhaft auf das Kleine, auf die spielerische Bewältigung von Aufgaben *en miniature*. In der mykenischen Baukunst aber kündigt sich die erhabene Größe hellenischer Baugedanken an; das gilt vor allem vom Löwentor, gilt aber auch vom »Schatzhaus des Atreus«, das an gegliederter Wucht und Ausgewogenheit der Dimensionen alle minoischen Vorbilder in den Schatten stellte. Diese zwei mykenischen Baudenkmäler gehören zu den eindrucksvollsten aller Zeiten.

In der Bau- und Befestigungstechnik zeigt sich in der mykenischen Welt eine hohe technische Begabung. Sturmsichere Tor- und Treppenanlagen, Quellhäuser und Brücken fanden vorzügliche Lösungen durch mykenische Baumeister. Vielleicht hat man sich sogar an dem Bau von Talsperren versucht.

Baukunst und Gewerbe beweisen, wie sehr die spätmykenische Zeit bereits vom Rationalismus beherrscht war. Wohl war die Romantik ritterlichen Heldentums noch nicht erloschen, doch suchte man Abenteuer lieber in der Fremde, denn die Paläste wurden schon mehr vom Schreibstift als vom Schwert regiert. Der Handel bedurfte der Buchführung, und die Paläste dienten auch hier als Registraturen des Tauschhandels. In Pylos hat man viele Hunderte von beschrifteten Tontäfelchen gefunden, die nichts anderes als Buchungsbelege darstellen. Auch der Besitz an Grund und Boden, die Zahl der Sklaven und vieles andere wurde gewissenhaft registriert. Diese Buchführung entsprach weitgehend derjenigen, die, nach den Tontafelfunden von Evans, auch in Knossos bestanden haben muß. Wenn wir über all das heute besser Bescheid wissen, so verdanken wir das der genialen Entdeckerleistung von Michael Ventris, dem Entzifferer von Linear B.

Von der Schrift Linear B, die, wie dargelegt, durch eine Reform von Linear A in Knossos entstanden ist, fand dort schon Evans in den drei Jahrzehnten nach 1900 mehrere tausend Texte. 1939 und seit 1952 fand dann Blegen auch zu Pylos Hunderte von solchen Tafeln, einige Dutzend kamen zu Mykene in den außerhalb und innerhalb der Burg liegenden Privathäusern zutage. So ist der uns vorliegende Bestand nicht gering, und doch könnte er weitaus größer sein, wenn man in mykenischer Zeit, wie im Alten Orient, die Tontexte gebrannt und damit dauerhaft gemacht hätte. Die Achaier aber schrieben wie die Minoer vor allem auf Papyrus oder auf Palmblättern. In Ton ritzten sie nur die weniger wichtigen Notizen ein, vor allem Buchungsbelege, die nur für kurze Zeit aufbewahrt werden mußten. Darum brannte man die Tontexte nicht, sondern ließ sie nur an der Luft trocknen. Sobald sie ihren Zweck erfüllt hatten, warf man sie fort; beim nächsten Zutritt von Feuchtigkeit wurden sie wieder zu amorphem Lehm. Nur in einer Brandkatastrophe wurden manche Tafeln gehärtet. Wo dieser Zufall ausblieb, sind die mykenischen Siedlungen für uns ohne Schriftdenkmäler.

Da von den vorhandenen Texten bis 1952 weder Schrift noch Sprache bekannt war, bestand wenig Aussicht auf ihre Entzifferung und Übersetzung. Der einzige Lichtblick war, daß die Zeichen, im ganzen ungefähr siebzig, durch diese ihre Zahl nahelegten, daß es sich um eine Silbenschrift mit offenen Silben (Konsonant plus Vokal) handelte und daß die einzelnen Zeichengruppen, welche die Wörter bildeten, jeweils durch Worttrenner voneinander geschieden waren. Dennoch beschritt man zu Anfang den Irrweg, die Zeichen, die vom Piktographischen her noch als Bilder zu erkennen waren, auch wenn sie innerhalb von Worttrennern standen, nach diesen Bildinhalten zu interpretieren und sie nicht als Silbenzeichen aufzufassen. So mißglückten durch viele Jahre alle Versuche.

Das erstrebte Ziel wäre noch lange nicht erreicht worden, wenn nicht der junge Architekt Michael Ventris, ein vorzüglicher Denker und Sprachforscher, eine logisch-formale Durcharbeitung der Texte bis in letzte und feinste Konsequenzen ausgeführt hätte. Immer noch fehlte ihm aber die Kenntnis der Sprache der Texte. Zwar hatten die Forschungen von Alice Kober und Emmett Bennet nahegelegt, daß die uns vorliegenden Linear-B-Texte eine andere Sprache enthielten als die von Linear A, doch glaubte Ventris, ein dem Etruskischen nahestehendes Idiom postulieren zu müssen. Nachdem er aber 1952 durch eine bewundernswerte Kombination die Namen der kretischen Städte Knossos, Amnisos und Tylissos entziffert hatte und er die so gewonnenen Lautwerte auch auf andere Wörter übertrug, stellte sich zu seiner eigenen Überraschung heraus, daß die hier zugrunde liegende Sprache ein hochaltertümliches Griechisch sei.

Nun schritt die Entzifferung rascher fort, schon am Ende des Jahres konnte sie im wesentlichen als abgeschlossen gelten. Ein glücklicher Zufall fügte es, daß 1953 eine von Blegen in Pylos gefundene Tafel bekannt wurde, auf die man bei der Inventarisierung von Dreifüßen und Gefäßen neben den entsprechenden Wörtern auch die Bilder dieser Gegenstände eingeritzt hatte. Diese bestätigten ohne Ausnahme die von Ventris vorgeschlagenen Lesungen der Silbenzeichen. Ventris konnte noch, unterstützt von dem inzwischen für die Weiterarbeit gewonnenen John Chadwick, im Jahre 1956 sein großes, die Entzifferung im einzelnen belegendes Werk herausbringen, doch fiel er noch im selben Jahre einem Autounfall zum Opfer.

Obgleich die Forschung hier wahre Wunder vollbracht hat, stehen wir immer noch vor großen Schwierigkeiten, sobald es gilt, die Texte entsprechend auszuwerten. Einmal war das Griechische der mykenischen Zeit ein halbes Jahrtausend älter als das Homers; es zeigt auch vor allem im Lautbestand eine ganz frühe, uns fremdartig anmutende Stufe. Weiter ist die Orthographie von einer für unsere Bemühungen denkbar unglücklichen Art. Linear B war wohl für das Minoische geeignet, wurde aber, als es die Achaier übernahmen, dem Griechischen nicht genügend angepaßt. Eigentlich war es eine Art von Kurzschrift, die Konsonanten am Silben- und Wortende vielfach unterschlug. Schließlich liegen meistens nur Buchungsbelege vor, also einzelne Posten und Buchungszeilen. Sie enthalten nichts anderes als den Namen des Lieferanten oder Abnehmers, mitunter einen Ortsnamen, die Bezeichnung der Ware und deren Menge. Da gibt es also nicht viel Übersetzbares. Nur selten werden die Texte etwas ausführlicher, so bei Inventaren von Einrichtungsgegenständen oder von Streitwagen, bei Opferlisten oder Mobilisierungsbefehlen. Hierdurch fallen gelegentlich Schlaglichter auf Religiöses, die soziale Gliederung, die Agrarwirtschaft, bisweilen auch auf Geschichtliches. Nur Königsnamen fehlen, da die Schreiber ohnehin wußten, wie der jeweilige König mit Namen hieß. Wie sehr wir der Tücke des Zufalls ausgeliefert sind, zeigen die Texte von Mykene. Hatten wir auf eine Erwähnung von Agamemnon oder Orestes gehofft, so brachten sie statt dessen Detailabrechnungen von Drogen und Gemüsen. In ihrer Gesamtheit bedeuten die Texte also eine Enttäuschung, zumal Literarisches, Juristisches, selbst Briefe völlig fehlen. Doch gewinnen wir durch sie einen interessanten Einblick in das damalige Wirtschaftsleben und damit gerade in die Sparten der mykenischen Gesittung, die uns von der romantisierenden griechischen Heldensage verschwiegen wurden.

Schon in der spätmykenischen Zeit mag es Sagen und Heldengesang gegeben haben, die von berufsmäßigen Sängern vor allem an Fürstenhöfen vorgetragen wurden. Vielleicht stammen Sagenstoffe wie der von der Fahrt der Argonauten und von der Brechung der minoischen Zinsknechtschaft aus dieser frühen Zeit und beziehen sich auf Ereignisse der mittelhelladischen Periode.

Mit dem im 12. Jahrhundert erfolgenden Zusammenbruch der mykenischen Staatenwelt und Kultur ging die Mehrzahl solcher alten Sagen wohl zugrunde. Die nun einwandernden Dorier hatten daran vielleicht nur wenig Interesse. So erhielt sich der Stoff der Befreiung vom minoischen Joch nur in Attika, und die Argonautensage behauptete sich nur dank dem mehr zeitlosen Charakter ihres Motivs. Anderseits wirkten nun Tatbestände sagenbildend, die in der ausgehenden mykenischen Zeit noch echte Geschichte waren. Die Nachfahren der alten Achaier, die sich jetzt vor allem an der Westküste Kleinasiens ansiedelten, bemühten sich darum, gerade diese letzte Glanzzeit des mykenischen Altertums als eine Art von besserer Welt, ja, von verlorenem Paradies in Erinnerung zu halten. Das galt für die Fürstenhöfe zu Mykene, Pylos, Theben, Orchomenos und Iolkos und für die Hegemonie Mykenes, das galt ebenso für mancherlei grausige Vorgänge am Atridenhof, für die Kämpfe zwischen Mykene und Theben, vor allem aber für die Unternehmungen gegen feindliche Städte an der Küste Kleinasiens. So entstanden die Sagenkreise um Atreus, Agamemnon und Orestes, um Kadmos und Oidipus, um Nestor, vom Kampf der »Sieben« gegen Theben und vom Troianischen Krieg.

Die Kämpfe um Troia bildeten je länger, desto mehr den Ideal- und Modellfall für alle Unternehmungen ähnlicher Art, so daß sie zuletzt ausschließlich die mykenische Übersee-Expansion verkörperten. Bedeutsam sind dabei die Wandlungen, die dieser Stoff im Lauf der Zeit erfahren hat.

Unserer Auffassung nach spielte sich dieser Vorgang folgendermaßen ab: Troia VI wurde ursprünglich von den Achaiern wohl befehdet, aber keineswegs erobert. Es fiel einem Erdbeben zum Opfer, was den mykenischen Griechen einen leichten Triumph einbrachte. Für die Zeitgenossen war der Urheber dieser Katastrophe natürlich der Erdbebengott Poseidon, den man sich damals in Rossegestalt vorstellte. In späteren, rationaler denkenden Generationen wurde diese Version säkularisiert und das Poseidon-Roß in ein »Troianisches Pferd«, aus Holz gezimmert, umgewandelt. Hiermit verband man das Wandermotiv von der Einschmuggelung der Angreifer in die belagerte Stadt, das in Ägypten bereits zur Zeit der achtzehnten und neunzehnten Dynastie verwendet wurde.

Wir erkennen aus dieser Wandlung, wie frei die späteren Sänger mit ihren Stoffen umgingen, erkennen aber auch, daß so manche alten »Kerne« vorhanden waren und auch ermittelt werden können, sobald wir die Sagen mit den Ausgrabungen konfrontieren. So findet die hegemoniale Stellung Agamemnons, wie sie bei Homer erscheint, in der überragenden Rolle der argivischen Residenzen ihre Entsprechung. Auch wurden in den sagenumwobenen Fürstensitzen eines Nestor, eines Oidipus, eines Neleus, eines Jason und in der Stadt der Minyer wirklich mykenische Paläste gefunden oder wenigstens repräsentative Kuppelgräber, die auf das einstige Vorhandensein von solchen Palästen schließen lassen. Auch die ursprünglich so überragende Stellung Kretas, seine Thalassokratie, seine kulturelle Überlegenheit und doch so erschreckende Fremdartigkeit wurden von der griechischen Sage treffend gezeichnet. Was freilich an den uns vorliegenden Gesängen und Versionen alt ist und was erst spätere Hinzudichtung, läßt sich immer erst mit Hilfe der Archäologie entscheiden, doch liefern uns die Ausgrabungen in steigendem Maße wertvolles Material.

Freilich darf man nicht in den Fehler verfallen, alles, was bei Homer überliefert wird, für bare Münze zu nehmen. Auch Listen, wie zum Beispiel der berühmte Schiffskatalog, sollten in der Form, in der sie uns vorliegen, keinesfalls als Tatsachenberichte angesehen werden, mögen ihnen auch irgendwelche Tatsachen zugrunde liegen. Überall haben wir mit weitgehenden Überarbeitungen durch jüngere Sängergenerationen zu rechnen.

Was die Persönlichkeiten und Namen der Heldensage betrifft, so glauben wir, daß es sich bei Agamemnon, Atreus, Nestor, Neleus und manchen anderen um Namen historischer Persönlichkeiten handelt, ähnlich wie später bei Etzel und Dietrich von Bern. Völlig unverwendbar sind aber die von Homer mitgeteilten Stammbäume. Die mykenische Zeit hatte eine Dauer von etwa zwölf Generationen, die griechische Sage erinnerte sich aber nur an die wichtigsten Gestalten und machte sie kurzerhand zu Vätern, Söhnen und Enkeln, auch wenn ursprünglich eine oder mehrere Generationen dazwischenstanden.

Die historischen Daten gewinnt die moderne Forschung mit Hilfe der Chronologie Ägyptens, die wir genau kennen. Von dort führen mancherlei Beziehungen nach der Ägäis. Sie ermöglichen es uns, den Anfang der mykenischen Ära auf etwa 1580, ihr Ende auf 1200 v. Chr. zu datieren. Der Zeitpunkt des Falles von Troia läßt sich innerhalb dieses Zeitraumes nur mit Hilfe der dort gefundenen mykenischen Importkeramik einigermaßen abschätzen. Ich möchte dafür 1300 v. Chr. annehmen. Eratosthenes (um 275-195 v. Chr.) datierte ihn auf 1184/1183, was also um etwa ein Jahrhundert zu spät erscheint.

Noch zur Blütezeit der mykenischen Kultur brach etwa 1240 v. Chr. über manche Landschaften eine Katastrophe herein, die auf das Eindringen barbarischer Scharen zurückgeführt werden kann. Zu Tiryns ging der Palast in Flammen auf, in Mykene wurden die Kaufmannshäuser außerhalb der Burg verbrannt, Siedlungen wie Prosymna und Zyguries fanden ihr Ende. Wohl baute man die Residenz von Tiryns wieder auf, manches Zerstörte blieb aber Ruine. Man empfand das Geschehnis als eine ernste Warnung und zeigte sich allenthalben bemüht, die Fürstensitze zu verstärken und sich gegen neue Einfälle zu sichern. So errichtete man zu Tiryns eine große Fluchtburg, um die Bevölkerung der Stadt in Zeiten der Gefahr zu bergen, auch sicherte man die zu einer Quelle führende Westtreppe der Burg durch eine besondere Bastion. In Mykene machte man gleichfalls Anstrengungen zugunsten der Wasserversorgung, am Isthmos arbeitete man an einer großen Sperrmauer gegen Einfälle aus dem Norden, die Befestigungen der Akropolis wurden verstärkt, auf der Insel Gla (Arne) legte man eine stark befestigte Residenz an.

Alle diese Vorkehrungen waren aber vergeblich. Etwa um 1200 v. Chr. begann die Zeit barbarischer Einbrüche und Wanderungen, denen keine Befestigung widerstand. Zu Land und zur See drangen die Kühnen vor, meist aus dem Inneren Europas oder aus dem Balkan, andere zur See von Italien her. Ihr Ziel war nicht nur der ägäische Bereich, sie eroberten und durchzogen auch Kleinasien, gewannen Syrien und die Insel Cypern, sie griffen sogar Ägypten zur See und zu Lande an. Den ägyptischen Königsinschriften von Ramses III. verdanken wir die ausführlichsten Nachrichten über diesen Völkersturm.

Unter den Wandervölkern wird als der mächtigste und gefürchtetste der Stamm der Philister genannt, der sich schließlich an der Küste Palästinas festgesetzt und von dort aus zeitweise das Hinterland beherrscht hat. Weiter werden von den Ägyptern die Takara, Danuna, Sekelesa und Sardana genannt, wobei für uns fraglich bleibt, wie weit diese Bezeichnungen mit den antiken Namen der Teukrer, Danaer, Sikuler und Sarden in Verbindung gebracht werden können. Von diesen Eindringlingen gründeten Gruppen nördlich von den Philistern zu Dor und Tyros ihre Herrschaften, andere in Kilikien und auf Cypern, doch scheinen auch Kreta und die Ägäis zu ihrem Machtbereich gehört zu haben. Auf dem griechischen Festland waren Siedlungen und Paläste, vor allem Mykene und Tiryns, zerstört worden. In Mykene baute man aber unter anderem auf dem Burghügel die Häuser beim Plattenring wieder auf. Außerdem kamen nun Küstenplätze bei Monemvasia und Porto Rafti, auch Inseln wie Naxos und Rhodos zu besonderer Geltung.

Als Keramik erzeugte man teils besonders phantastische Ableger der mykenischen, so den *close style* und einen pittoresken Figuralstil, teils aber recht ärmliche Formen (als *granary class* bezeichnet). Zwischen dem *close style* und der Philisterkeramik der palästinensischen Küste besteht ein enger Zusammenhang. Da dort auch die mykenische Baukunst mit ihrem Megaron und ihren Säulen Einlaß fand, da ferner Goliath gegen David in mykenischer Rüstung kämpfte und die Juden im Alten Testament neben den Philistern auch die *Keretim* (die Kreter) nennen, kann kein Zweifel darüber herrschen, daß die nördlichen Barbaren anfangs die Ägäis wohl schrecklich verheerten, dann aber die Reste der mykenischen Ritterschaft in ihr Gefolge aufnahmen, ähnlich wie später die Goten und Gepiden von den Hunnen zur Heeresfolge gezwungen wurden.

Aus dieser Zeit stammt die berühmte Kriegervase von Mykene, die nicht mehr Streitwagenritter, sondern Fußvolk zeigt; auch die Helme und Schilde sind von anderer Art. Da damals auch das Hethiterreich dem Völkersturm erlegen war, hat nun das hethitische Embargo auf Eisen aufgehört, und Eisenwaffen treten in Gräbern auf. Auch Leichenbrand kommt manchmal an Stelle der bisher allein geübten Bestattung vor.

Von diesem, etwa das 12. Jahrhundert ausfüllenden Zeitraum wird in der griechischen Heldensage nichts mehr berichtet. Sie schilderte allein die Zeiten des Glanzes, nicht aber die der Katastrophen. Einzig in der Kunde von der »Achaier-Zerstreuung«, die am Ende des Troianischen Krieges stattgefunden haben soll, hat die Überlieferung Andeutungen an diese Zeit erhalten.

Ähnlich wie die spätere Seeherrschaft der Vandalen war auch die der Philister und ihrer Bundesgenossen nur von kurzer Dauer. In Palästina wurden sie von den Juden in die Küstenstädte zurückgedrängt, in Tyros, Kilikien und zum Teil auch auf Cypern assimilierten sie sich den Einheimischen. Die wichtigste Seevölkerstadt auf Cypern wurde anscheinend später von griechischer Seite zerstört, im ägäischen Bereich aber drangen die Dorier ein.

Zur Zeit des ersten Einbruches griechisch sprechender Scharen in Hellas um 1950 v. Chr. blieb ein Teil der Eindringlinge in den Gebirgen im Norden und Nordwesten zurück. Sie lebten dort mehr von Viehzucht als von Ackerbau, trieben im Sommer die Herden auf die

Almen und nahmen weder an der Weiterentwicklung der mittelhelladischen noch an der mykenischen Kultur teil. Auch der Achaier-Name scheint ihnen vorenthalten geblieben zu sein. Mit ihren kultivierteren Vettern kamen sie nur dann in Berührung, wenn sie ihre Herden im Sommer in den Gebirgen hielten, die sich unmittelbar über den Gefilden mykenischer Staaten erhoben. Auch mögen mitunter Leute aus den Bergen in die Dienste der mykenischen Höfe getreten sein, was sich noch in der Gestalt des Herakles auszudrücken scheint.

Die von der mykenischen Welt durch ihre ganz andersartige Wirtschaftsform so streng geschiedenen nördlichen Griechen lebten in Gauverbänden ohne sonderlich straffe Organisation nebeneinander. Als dann im mykenischen Raum Anzeichen von Schwäche bemerkbar wurden, erweckte das bei den nördlichen Griechen die Hoffnung, sich des Ackerlandes in Thessalien, Mittelgriechenlands und auf der Peloponnes bemächtigen zu können. Das nahmen einige Gauverbände zum Anlaß, sich straffer zu organisieren.

Nun verbanden sich die Hylleer mit den Dymanen und gewannen noch andere Scharen, die Pamphyler, für ihren Bund. Die also Vereinigten nannten sich Dorier, waren kriegerisch gestimmt und zu Unternehmungen gegen das mykenische Kulturland bereit. Von den Barbarenwanderungen aus dem weiteren Norden, die damals einsetzten und die Philister nach Süden brachten, wurden die Berggriechen und auch die Dorier in ihren sicheren Gebirgsstellungen kaum berührt. Weit eher ist daran zu denken, daß sie bei Gelegenheit selber mit eingegriffen haben, um die mykenische Fürstenmacht zu stürzen.

Als dann die mykenische Vormachtstellung ihr Ende gefunden hatte und auch die Gewalt der Philister schnell abnahm, war die Zeit für die Gebirgsgriechen gekommen. In zähem Vorwärtsdrängen gewannen die Dorier die Ost- und Südküste der Peloponnes, besetzten auch Kreta, Rhodos und Kos, schließlich Knidos und Halikarnassos. Andere, nicht so straff organisierte Verbände – wir bezeichnen sie in ihrer Gesamtheit als Nordwestgriechen – nahmen die Nord- und die Westküste der Peloponnes ein. Wir finden sie später auch in Aitolien und Akarnanien. Nordwestgriechische Elemente überschichteten die mykenischen, wir wissen nicht genau wann, auch in Thessalien und Boiotien. Die früheren Bewohner der peloponnesischen Küsten, der boiotischen und thessalischen Gefilde wichen zum Teil nach überseeischen Bereichen aus. Sie gewannen den größten Teil von Cypern, die Kykladen, Lesbos, Samos und Chios, und legten feste Städte an der westanatolischen Küste an.

Überschauen wir den Entwicklungsgang der minoischen Kultur, so stellt er sich uns als eine weit ausladende Kurve mit mehreren Höhepunkten dar. Die Kreter haben auf einem verschwindend kleinen Territorium, im Grunde ganz auf sich selbst gestellt, eine Hochkultur geschaffen, deren Gehalt und Eigenart wir als erstaunlich, ja als bewunderungswürdig empfinden. Trotz mancher feindlicher Eingriffe und vieler Erdbeben haben sie sich behauptet und über mehr als ein halbes Jahrtausend hin immer wieder Neues geschaffen.

Im Gegensatz zu den Minoern haben die Griechen in der mykenischen Ära nicht die Erfüllung ihrer Sendung gefunden. Unter minoischen Einflüssen gerieten sie gleichsam in eine Sackgasse und wurden schon frühzeitig reif zur Ablösung. Die Katastrophen aber brachten ihnen Befreiung von der Hörigkeit gegenüber dem kretischen Vorbild. Die minoisch-mykenische Gesittung als geschlossenes System wurde zertrümmert, das Griechentum aber blieb, ja wurde noch verstärkt durch Dorier und Nordwestgriechen. Dieses eigentlich neue Volk vermochte es, nochmals von vorn zu beginnen, diesmal ohne Störung durch übermächtige Nachbarschaft. So begann der neue Anstieg, der dem Griechentum jene Erfüllung brachte, die ihm in der mykenischen Ära versagt geblieben war.

Alfred Heuß

HELLAS

DIE ARCHAISCHE ZEIT

Entstehung eines griechischen Volkes. Homer

Mit der Wende vom zweiten zum ersten vorchristlichen Jahrtausend hat die Welt des östlichen Mittelmeeres eine tiefgehende Veränderung erfahren. Die sogenannte Große oder Ägäische Wanderung schuf einen Einschnitt, der der Vergangenheit Abschluß und der Zukunft die Voraussetzung neuen Beginnens brachte. Im Vorderen Orient sinkt mit der Vernichtung des hethitischen Großmachtgebildes und mit dem Niedergang des ägyptischen Neuen Reiches eine Staatenwelt zusammen, deren Wurzeln durch mehr als zweitausend Jahre zu den Anfängen der »historischen« Zeit hinaufgehen und der hinfort nur noch die Möglichkeit eines späten, in Dauer und Reichweite sehr begrenzten Triebes gegeben ist. Im Grunde hatte die Vergangenheit abgewirtschaftet, und die Gegenwart setzte sich, soweit ihr die Zukunft gehören sollte, deutlich von ihr ab. Sie gab das sogleich damit zu erkennen, daß sie nicht mehr auf Herrschaft aus war. Die Zeit war fürs erste machtfeindlich geworden; so war die Chance einer geschichtlichen Produktivität gegeben, welche ihre Kräfte nach innen ausbildete und auf die glänzende Fassade imperialistischer Staatlichkeit verzichtete. Die Stunde Israels und Hellas' war gekommen, in ihrem chronologischen Parallelismus einer der fast spielerischen Effekte, welche die Geschichte sich dann und wann zu gestatten scheint.

Freilich war das »Wunder« für Griechenland nicht ganz so wunderbar wie für das in einem uralten Raum seinen Weg suchende Israel. Im Blick auf Ägypten, Syrien, Mesopotamien und schließlich auch auf Kleinasien war Griechenland eine Randzone und deshalb der geistigen wie politischen Kraft jener Länder nicht eigentlich ausgesetzt. Was eine Beschattung vom Osten her vermochte, hatte die mykenische Epoche gezeigt. Kreta hatte schon damals seine führende Stellung nicht behaupten können. Die eigenen griechischen Schüler brachten es zu Fall, und diese selbst wieder, so sieht es aus, vermochten weder den Sieg zu nutzen noch sich in Zukunft zu behaupten. Der Gewinn, den sie aus der Berührung mit Kreta gezogen hatten, zerrann ihnen zwischen den Fingern. Zivilisation und politische Verfassung, mit denen sie sich in den Kreis der höher kultivierten Völker Eingang verschafft hatten, sanken dahin, noch bevor sie Gelegenheit hatten, sie gegen außen zu verteidigen.

Die »mykenische Phase« des alten Griechenlands blieb weltpolitisch eine Episode. Auch von der späteren griechischen Geschichte her läßt sich dieses Urteil nicht eigentlich revidieren. Man muß eher umgekehrt sagen: nicht daß es Mykene gegeben hat, wurde für jene entscheidend, sondern sein Abdanken war der entscheidende Faktor für die hellenische Zukunft. Indem Mykene sich aus der Geschichte hinwegstahl, gab es den Weg frei für einen neuen Anfang.

Bevor ein Volk zur Entfaltung seiner Kräfte kommt, muß es den Boden, der ihm zur Heimat wird, gewinnen. Wir sprechen in diesem Sinn vom südlichen Teil der Balkanhalbinsel als dem griechischen Mutterland. Aber griechisches Mutterland, so verstanden, wurde dieses Stück Erde erst an der Wende vom zweiten zum ersten Jahrtausend. Erst damals erhielt es die Bewohner, welche es bis zum Beginn des Mittelalters behalten sollte, als die Slawen als ein neues Element einsickerten. Diesen wichtigen Prozeß nennt die Wissenschaft seit langem die *Dorische Wanderung*, von der wir noch nicht allzulange wissen, daß sie ein Teil der sogenannten Großen oder Ägäischen Wanderung war.

Der Zusammenhang ist einleuchtend genug, um ihn nur andeutend in aller gebotenen Kürze zu skizzieren. Als die ersten Griechen mit dem Beginn des zweiten Jahrtausends in Griechenland eingedrungen waren, hatten sie auf der Nordwestseite der Balkanhalbinsel, etwa im Gebiet des späteren Epirus und des nördlich anschließenden heutigen Albaniens, ihre Stammverwandten zurückgelassen. Diese Nordwestgriechen gerieten durch einen Stoß, den sie von Norden her erhielten, in Bewegung und gaben ihn, indem sie ihre alten Sitze verließen, nach Osten und vor allem nach Süden weiter. Seit einiger Zeit gilt es in der Wissenschaft als ausgemachte Tatsache, daß die Ursache dieser Verschiebung in dem Vordringen der Illyrer aus Mitteleuropa (etwa zwischen Oder und Saale) auf die Adria hin und von da nach dem Balkan zu sehen ist. Wohin die Illyrer sich ausdehnten, scheuchten sie fremde Völker auf oder zogen solche oder Teile von ihnen mit sich her. Auch die Apenninenhalbinsel bekam das in bedeutsamer Weise zu spüren. Auf dem Balkan wurden vor allem die Thraker von ihnen in Mitleidenschaft gezogen. Ein Gemisch aus beiden trat nach Kleinasien über – nahe der Landbrücke, welche da naturgemäß benutzt wurde (Gallipoli), wurde Troia eine illyrische Stadt – und reicherte sich im Vordringen nun einheimische Volkselemente Anatoliens an. Dem Ansturm erlag das Hethiterreich. In Ägypten tauchten Scharen von ihnen, aus der östlichen Ägäis kommend, auf: die »Seevölker«.

In Griechenland selbst gewannen die Illyrer Albanien und wahrscheinlich das nördliche Epirus zu festem Besitz. Die eine und die andere Gruppe gesellten sich den von ihnen vertriebenen Westgriechen zu. Zu irgendwelcher Bedeutung gelangten sie dabei aber nicht; sie wurden von der größeren Zahl geschluckt. Überhaupt enthielt die Geschichte den Urhebern dieser weitausgreifenden Dynamik den Gewinn vor. Weder damals noch später entstand den Illyrern eine Chance, die ihr Volkstum zu dauernder Geltung gebracht hätte. Offenbar gibt es in der Geschichte Völker, die nur zu mechanisch wirkenden Kraftleistungen bestimmt sind.

Die Landkarte Griechenlands ist ein Werk der Westgriechen und dies in dreifacher Hinsicht. Sie ist ein Werk der Westgriechen selbstverständlich da, wo sie den von ihnen besetzten Gebieten ihren Stempel aufdrückten und stark genug waren, den vorgefundenen Einwohnern, soweit sie blieben, ihre Art zu sprechen aufzuzwingen. Im Spiegel einer wahrscheinlich späteren Stammesgruppenbildung sind das die »Nordwestgriechen« und die

GRIECHENLAND IM ALTERTUM

Dorier. Westgriechischer Einfluß war selbstverständlich auch da zu spüren, wo in der Sprache der spätere Zustand das frühere Substrat verhältnismäßig deutlich erkennen ließ, begreiflicherweise jeweils in einem verschiedenen Verhältnis sogar innerhalb derselben Landschaft: Thessalien ist im Westen »nordwestgriechisch«, im Osten achaiisch, das heißt altgriechisch. Und bestimmend ist schließlich die Wanderung auch da geworden, wo sie sich gleichsam im Diapositiv zeigt, wo also einzelne Distrikte von ihr ausgespart und die früheren griechischen Bewohner erhalten blieben. Da hätten dann eben die Eindringlinge einzelne Gebiete verschont und ihnen das frühere Aussehen gewahrt.

Aber das wäre nur die halbe Wahrheit. Die Völkerwanderung hat in Griechenland nichts unberührt gelassen. Irgendwie wurde letzten Endes alles in den Sog mithineingerissen. Burgen, Städte sind auch da, wo die spätere Völkerkarte keine einschneidende Veränderung zeigt, in Brand und Asche aufgegangen, und gewandert sind nicht nur die Neuankömmlinge, sondern auch diejenigen Ansässigen, die aufgescheucht wurden und dort Zuflucht suchten, wo die Feinde nicht hinkamen und wo sie selbst mit Gewalt sich Zugang verschafften. Von diesem Schicksal ist wahrscheinlich Attika betroffen worden, das aber durch diese Art Invasion seinen Volkscharakter nicht einbüßte.

Die Völkerkarte Griechenlands wurde auf diese Weise sehr buntscheckig. Der größte Teil des Landes erhielt sein Aussehen durch die Nordwestgriechen und die Dorier, von denen diese etwa die Hälfte der Peloponnes besetzten, während jene sich über weite Gebiete des übrigen Griechenlands, auch auf die Peloponnes (im Westen und Norden) ausdehnten. Gehalten hat sich die ältere griechische Bevölkerung nur im arkadischen Bergland, in Attika und auf Euboia. Boiotien und Thessalien befanden sich in der Zwischensituation, daß die fremde Überlagerung die Vergangenheit nicht zu tilgen vermochte.

Dieses Bild findet seine Entsprechung in der Inselwelt der Ägäis und an der kleinasiatischen Küste. Es ist nicht ausgeschlossen, daß schon die »mykenischen« Griechen dort Fuß faßten. Doch die eigentliche Besiedlung ist ein Werk der Wanderungszeit. In ihr kam der Spiegeleffekt zustande, daß Alt- und Neugriechen sich da wie auf dem Festlande in Nachbarschaft zusammenfanden, im Süden die Dorier, weiter nördlich Vertreter der älteren griechischen Schicht, ebenso auf Kypros, während Kreta ein dorisches Kernland wurde und bis in die spätere Zeit hinein blieb. Nicht überallhin sind freilich die Griechen damals in diesem Raum vorgedrungen. In bestimmten Gebieten hielt sich die alte, nichtgriechische Bevölkerung. Die nördliche Ägäis und die thrakische Küste (einschließlich der Chalkidike) und gerade die größten Inseln, wie Lemnos, Imbros und Thasos, blieben fürs erste »barbarisch«.

Die Wohnung der Griechen entbehrte von Anfang an der äußeren Geschlossenheit. Auch später unter veränderten Verhältnissen wurde sie ihr nie zuteil. Für viele Griechen blieb der Nichtgrieche, der »Barbar«, immer der Nachbar.

Freilich sind das alles mehr oder weniger äußere, ethnologische Fakten. Was sie für die Geschichte bedeuten, läßt sich aus ihnen allein nicht herleiten. Es ist lediglich klar, daß die Fremden als Eroberer kamen und daß die einheimische Bevölkerung sich ihrer nicht erwehren konnte. Für die Zukunft kam es aber nicht nur darauf an, ob das hierin zum Ausdruck kommende Kräfteverhältnis erhalten blieb, sondern die andere Frage war entscheidender, was für politische Möglichkeiten sich aus der Umwälzung der Bevölkerung ergaben. Während jenes Problem eine sehr einfache Beantwortung darin fand, daß nirgends die Überlagerung, wo sie einmal stattgefunden hatte, wieder rückgängig gemacht wurde, so war in der anderen Richtung der Weg keineswegs klar und offen abgezeichnet. Das kann auch gar nicht verwundern. Werdende Völker haben ihre eigene, durch ihren Bewegungszustand bestimmte Organisationsform. Zumeist sind es einzelne, unter militärischem Kommando stehende Haufen, zeitweilig, nach Zweck und Gelegenheit, unter höherer Führung zu größeren Verbänden zusammengefaßt. Ihre Unternehmungen sind ebensogut geplant wie improvisiert, nirgends aber auf ein definitives Ziel hin zentral geleitet. Die Völkerbewegung der Dorischen Wanderung ging deshalb auch nicht »gezielt« vonstatten, innerhalb eines eng begrenzten Zeitraumes, sondern nahm Generationen in Anspruch; mit einem einzigen Vorstoß war es in den seltensten Fällen getan. Nachschübe waren ebensowenig selten, wie daß bereits besetzte Gebiete zugunsten anderer Okkupationsmöglichkeit ganz oder teilweise wieder aufgegeben werden konnten. Große Verbände, die in der Lage gewesen wären, in einem Wurf einen größeren Raum sich anzueignen, traten in diesem Zusammenhang nicht auf.

Eine politische Gestaltungskraft mit Möglichkeiten für die Zukunft war von daher nicht zu erwarten. Die Geschichte hatte in dieser Hinsicht nicht vorgearbeitet und konnte deshalb auch keine Frucht erwarten. Es war schon viel, wenn einzelne Gruppen imstande waren, der neuen Heimat den Namen zu geben. So geschah es mit Thessalien, dem Lande der Thessaler, so mit Phokis, dem Lande der Phoker, mit Lokris, Aitolien und Akarnanien. Aber es mußte keineswegs immer so sein. Die Elier, die späteren Herren von Olympia, nannten sich einfach die Leute vom Tale (wie in der Schweiz die Walliser), und wer auf einer »historischen« Insel wie Kreta sich ansiedelte, mußte kraft der bestehenden Tradition zum Kreter werden.

Wichtiger war allerdings, was solchen vorerst nur geographischen Begriffen an politischer Realität entsprach. Das Bild ist sehr uneinheitlich und stimmt bei aller Verschiedenheit nur darin überein, daß die Vergangenheit eigentlich nirgends ein Erbe zur Verfügung stellte, mit dem sich hätte wuchern lassen. Das Heerkönigtum der Wanderungszeit, wie stark es auch immer gewesen sein mag, wurde mit der Landnahme alsbald zu einem Schatten. Es war ohnehin unter keinem einheitlichen Namen aufgetreten. Herzog *(tagós)* oder Oberführer *(archagétes)* sind als Bezeichnungen noch zu greifen. Zumeist hat sich mit dem Namen auch die Sache verloren. Der griechische »König« ist dem Worte nach ungriechisch und vorindogermanisch *(basileús)*, eine Anleihe bei der Urbevölkerung, schon von den früheren Griechen vollzogen und nun auch für die Neuankömmlinge bereitstehend. Aber aufnehmen ließ sich nur das Wort. Es gab kein starkes Königtum, in dessen Fußstapfen man hätte treten können. Und das ist im Grunde entscheidender, als daß der mitgebrachte Heerkönig der Fähigkeit zu weiterer Entwicklung von sich aus entbehrte.

Herrschaftsformen bedürfen des geschichtlichen Wachstums auf »Kulturboden«, und auf ihn waren deshalb auch die eingewanderten Griechen angewiesen. Doch das mykenische Königtum, von dem wir annehmen, daß es eine Zeitlang stark und mächtig gewesen war, bestand nicht mehr und konnte infolgedessen auch keinen Ansatz in dem bestehenden

Leerraum gewähren. Da war kein Verwaltungsapparat, den man hätte übernehmen können, da stand kein ausgedehnter Grundbesitz zur Verfügung, der dem neuen Herrscher mit der ökonomischen Macht die Grundlage für seine Herrschaft gewährt hätte. Es ging statt dessen ganz urwüchsig, um nicht zu sagen primitiv zu, so wie wenn man auf den unberührten Boden eines erst zu kultivierenden Landes gestoßen wäre. Der König erhielt wie die Götter aus dem allgemein verteilten Land einen kleinen bevorzugten »Ausschnitt« *(témenos)*, während die anderen ihre kleineren »Lose« *(kléroi)* zugewiesen bekamen. Auf solcher Basis war beim besten Willen keine raumüberspannende politische Gewalt zu errichten.

Die Dinge gingen infolgedessen, wie sie gehen mußten. Der politische Verband der Wanderzeit zerfiel und löste sich entweder in völliges Nichts auf oder verflüchtete sich zu dem schemenhaften Dasein eines »Bergkantons«, der sich nur bei bestimmten Gelegenheiten zu gemeinsamem Handeln zusammenfand und für den das bloße Bewußtsein seines Stammestums eigentlich alleinige Grundlage seines politischen Daseins war. Nicht einmal die einigende Kraft, die eine Insel mit ihrer geographischen Abgrenzung ausübt, reichte aus, um diesem Gefälle entgegenzuwirken. Kreta – wie übrigens alle größeren und mittleren Inseln – stand unter keiner einheitlichen Herrschaft, wenn sie sie auch anfangs, wie eben Kreta, besessen hatten.

Es bedurfte also keiner besonderen Kraft, um diesen offenbaren Prozeß der Auflösung in Gang zu setzen. Er stellte sich ein, weil umgekehrt die Gegenkraft fehlte, um ihn aufzufangen. Das Ergebnis war infolgedessen trivial genug. Es setzte sich einfach eine Aufgliederung und Aufspaltung nach den »natürlichen« Einheiten, nämlich denen der Siedlung, durch. Freilich waren das keine Einzelsiedlungen; so weit ging die Atomisierung nun doch nicht, aber nach unseren Begriffen brauchte es dem Umfang und der Einwohnerzahl nach nicht mehr zu sein, als was wir unter einem größeren Dorf verstehen. Bezeichnen konnte man nun solche Siedlung im Griechischen verschieden. Der Begriff »Dorf« spielt darunter auch eine Rolle. Man konnte in vielen Fällen aber auch »Stadt« sagen, ein Ausdruck, mit dem ursprünglich (auch dann und wann viel später noch) die Burg gemeint war. Das hatte insofern seine Richtigkeit, als die jetzt einwandernden Griechen mit Vorliebe Berge mit alten Burgen, genauer Burgruinen aus der mykenischen Zeit, zu ihren Wohnsitzen machten. Für die Altgriechen, soweit sie ihre Wohnsitze behalten hatten, verstand sich diese Sitte, in Ermangelung einer damals noch unbekannten Befestigungstechnik den Schutz der Höhe zu suchen, von selbst. Sie, wie übrigens auch die jetzt eingewanderten Griechen, folgten ihr, damals und später, auch dann, wenn ihnen der Weg nicht ausdrücklich durch eine bereits bestehende Burg gewiesen wurde.

Die »Städte« waren reine Ackerbaustädte. Von ihnen zog der Bauer aus, um den Acker zu bestellen, der am Fuß der Erhöhung in der Ebene des fruchtbaren Schwemmlandes lag. Nur wo solches zur Verfügung stand, war eine größere Ansammlung von Menschen auf agrarischer Grundlage zu ernähren und daher eine gewisse Massierung möglich. War die griechische Stadt primär nur Ackerbauerstadt, dann war sie dies immerhin auch folgerichtig, und so fehlte ihr die Existenzgrundlage, wo mitten im Gebirge bescheidene Weidewirtschaft nur eine knappe Nahrungsdecke bot.

Die wirtschaftliche Differenzierung fehlte zwar nicht völlig. Ein Handwerk existierte in bescheidenem Umfang, aber doch nur auf dem niederen Niveau eines hausierenden Gewerbes. Grundsätzlich suchte der ländliche Wirtschaftshof möglichst alles innerhalb seiner Mauern herzustellen. Die Geschicklichkeit des Handwerkers wurde nur in Anspruch genommen, wenn der »Hausfleiß«, wie der Wirtschaftshistoriker sagt, nicht ausreichte und ein Haus gebaut, ein Wagen hergestellt, ein Halfter angefertigt werden mußten. Das Material wurde ihm zur Verfügung gestellt. Nur der Schmied und vielleicht noch der Töpfer hatten ihre Werkstatt und konnten als Inhaber eines eigenen Wirtschaftsbetriebes gelten, natürlich auch dann meistens in Verbindung mit einem landwirtschaftlichen Besitztum. Ein in dieser Art ökonomisch autarker Sozialkörper war allein auf Grund dieser Struktur wenig geeignet, Energien zu entfalten. Er war zur Bedeutungslosigkeit und Selbstgenügsamkeit verurteilt, und alle Chancen der griechischen Geschichte, allein darauf bezogen, würden nur eine bescheidene Prognose erlaubt haben.

Angesichts der Harmlosigkeit eines solchen Idylls hat man sich zu fragen, von welcher Seite es die Dynamik erhalten konnte, um die Ebene zu erklimmen, die Geschichte im eigentlichen Sinn als Bereich weltgestaltender Freiheit und Tat überhaupt erst ermöglichte. Die Frage ist nicht leicht zu beantworten, denn wenn wir die ersten zwei bis drei Jahrhunderte der griechischen Geschichte (nach der Dorischen Wanderung) an Hand unserer recht spärlichen Kenntnis überschlagen, so zeigt sich, daß nicht eben allzuviel »los« war und daß die Zeit eigentlich jedem Anruf gegenüber stumm blieb. Wir müssen deshalb dahin schauen, wo die Geschichte einem die artikulierten und klaren Fakten vorzuenthalten liebt und ihr Geschäft mehr im verborgenen der allmählich sich abwickelnden Veränderungen betreibt. Bewegung hat das Griechentum, solange ihm die politischen Möglichkeiten fehlten, durch den sozialen Wandel erfahren. Hier mußte sich also erst ein Spannungsgefälle herausstellen, bevor zu Aktionen geschritten werden konnte, und das wiederum setzte eine Differenzierung voraus, die weiter ging als der enge Spielraum, den eine Gesellschaft von gleichgearteten Bauern enthielt.

In dieser Hinsicht hatte allerdings schon die Wanderung gewisse Tatbestände geschaffen, nicht überall und nicht von gleichem Gewicht, doch, wie die Geschichte lehrte, unter Umständen, die, wenn man sie nutzte, erheblich weiterführten. Die Behandlung der in der Wanderung unterworfenen Bevölkerung hat sich manchenorts in einer auch später gültigen sozialen Ordnung niedergeschlagen. Das war natürlich kein automatischer Effekt; sehr oft ging es eben ganz problemlos zu. Die frühere Bewohnerschaft suchte das Weite und verschwand, oder es blieben oder waren von Anfang nur wenige, so daß sie ohne Schwierigkeit mit den neuen Ankömmlingen sich mischten. In den meisten Gebieten mag es so zugegangen sein, bei den Nordwestgriechen in Aitolien und in Zentralgriechenland. Wo aber Fruchtland von größerem Umfang gewonnen wurde, wo man eine breitere Schicht von Ackerbauern antraf, da ließ man diese sitzen und machte sie zu Hörigen. Berühmt ist der klassische Fall der spartanischen Heloten, der indes nicht der einzige blieb. Im Ansatz ähnlich wurde in Thessalien (die Unterworfenen hießen da Penesten), auf Kreta, vielleicht auf der Argolis und sogar auch bei dem unbedeutenden zentralgriechischen Stamm der (östlichen) Lokrer verfahren. Selbstverständlich waren die Konsequenzen nicht überall die gleichen. Die Heloten der Spartaner figurieren in der Weltgeschichte, die anderen sind nicht davor bewahrt worden, von ihr mehr oder weniger ignoriert zu werden. Schon die Rechtsstellung, die sich unter der Hörigkeit verbarg, war verschieden. Erst recht gingen die Wege auseinander, wenn man auf die Funktion innerhalb der Gesellschaft sieht. Kreta besaß die Hörigkeit innerhalb einer mehr mittelständischen Struktur, in Thessalien baute sich auf sie ein Großgrundbesitz auf; das lag aber weniger an der Hörigkeit als an der Verteilung des Bodens, dessen Bestandteil die Hörigen waren.

Das Schicksal der früheren Bewohner konnte noch eine andere Form annehmen. Wer am Rand der Fruchtebene, am Gebirgsrand oder im Gebirge selbst wohnte, blieb ungeschoren und hatte nur die schwache Position gegenüber dem neuen Herrn des Fruchtlandes anzuerkennen, meistens in Form eines Untertanenverhältnisses (der *Perioikie*). Doch auch das hing davon ab, mit wem man es zu tun hatte, und es setzte voraus, daß der andere mit Ansprüchen und einem politischen Herrscherwillen auftrat. Ein solcher war von vornherein keineswegs gegeben, und so ist diese Perioikie auch nicht allzu häufig. Abgesehen von Sparta tritt sie in Elis und in Thessalien auf. Aber hieran waren Voraussetzungen geknüpft, die die soziale Differenzierung in Griechenland überhaupt betrafen. Ihre Motive sind im allgemeinen unabhängig von den speziellen Bedingungen der Landnahme.

In dem Augenblick, da die griechische Gesellschaft der historisch bedeutsamen Gebiete sichtbar in unser Blickfeld tritt, also etwa zwei- bis dreihundert Jahre nach der Wanderung, im 8. vorchristlichen Jahrhundert, ist sie durch die Existenz eines ausgeprägten Adels gekennzeichnet. Da gibt es Männer mit einem größeren Gutshof, der selbstverständlich kein Großgrundbesitz in unserem Sinn sein muß, aber doch in solchem Maße über lebendes und totes Inventar verfügt, daß der Herr nicht mehr selbst die Hand an den Pflug zu legen braucht und überhaupt die Sorge für die Wirtschaft seinem Gesinde zu übertragen vermag. Der Wege gab es viele, zu größerem Vermögen als die anderen zu kommen. Auch das Gemeindeland war nicht davor geschützt, auf diese oder jene Art, am unverfänglichsten als Ehrengeschenk, in die Hände der gesellschaftlich Mächtigen überzugehen. So verfügt der Herr über weitgehende Abkömmlichkeit und ist dadurch zu einer Lebensgestaltung in den Stand gesetzt, die nicht mehr nach dem Schweiß der Bauern riecht.

Er hat Zeit und Muße, auf Abenteuer auszugehen, ein Schiff zu besteigen und sich auf Piratenfahrt zu begeben, die Fremde aufzusuchen und dem »Feind« seine Töchter zu rauben. Zu Hause ist er selbstverständlich im Kreise seiner Gemeindegenossen ein großer Mann. Es fällt ihm nicht schwer, das erste Wort zu führen und den einfachen Mann zum Verstummen zu bringen. Geht er in den »Krieg«, das heißt in die Fehde, macht es keine Schwierigkeit, Leute aufzubieten und eine Gefolgschaft zu bilden. Denn das begreift sich von selbst: eine soziale Differenzierung schafft nicht nur Reiche, sie bringt ebenso die Unbemittelten hervor, arme Schlucker, die keinen eigenen Hof mehr haben und sich als Arbeitskraft verdingen müssen. Es ist die unterste Schicht der sozialen Hierarchie, die Theten, von ihren Brotgebern durch einen riesigen Abstand getrennt, minderwertige Subjekte in deren Augen, wofern sie sich nicht geziemend benehmen. Dagegen sind die Adligen von edler Abkunft, Eupatriden, im Besitz eines Stammbaumes, der sie mit Heroen und damit auch mit den Göttern in einen genealogischen Zusammenhang bringt und so auch berechtigt, sich vom Vater der Götter, von »Zeus abstammend« zu nennen. Nur sie sind im Besitz menschlicher Kraft und Tüchtigkeit *(areté)*. Die Herrschaft über das Gemeinwesen liegt eindeutig bei ihnen. Eine Familie ihres Niveaus besitzt die erbliche Königswürde, sie sind wieder Könige und heißen offiziell so *(basileús)*. Aber viel hat der König den anderen Standesgenossen nicht voraus. Entscheidungen kann er nur im Verein mit ihnen treffen; sie bilden seinen Rat, und beinahe täglich sitzen sie an seiner Tafel, zechen und schmausen mit ihm und führen ihre Gespräche von Mann zu Mann und von gleich zu gleich. Im Kriege bringt jeder seine Mannen mit, stellt sich im Kampf an die Spitze des Haufens oder nimmt den ritterlichen Zweikampf an, auszufechten mit dem Streitwagen, dem Erbstück der mykenischen Zeit. Wir kennen diese Gesellschaft verhältnismäßig gut, denn Homer schildert sie uns.

Der Adel hat die griechische Stadt erst eigentlich zu einem politischen Körper gemacht, zum Stadtstaat, oder, wie man seit geraumer Zeit ein wenig maniriert zu sagen pflegt, zur »Polis« im eigentlichen Sinn. Er hat der bloßen Siedlung das Relief eines menschlichen Verbandes verliehen, von dem Impulse ausgehen konnten und der so eine gewisse Aktionsfähigkeit gewann. Freilich tat er dies keineswegs unbedingt schon im Namen der Stadt, und noch ferner lag ihm jeder Gedanke, sich als Träger eines höheren oder durch ihn bestehenden Gemeinwesens zu sehen. Die Angehörigen des Adels machten natürlich weder sich noch andere zum »Bürger« oder, griechisch, zum Politen. Trotzdem geht es auf ihre Initiative zurück, daß in der Stadt der Raum für politische Tat und damit eine politische Entwicklung geschaffen wurde, die für eine spätere Zukunft alle Möglichkeiten in sich barg. Fürs erste lagen die Probleme und Entscheidungen freilich ganz woanders. Sie zeigten sich in den Folgerungen, die sich aus dem Ansatz eines handlungskräftigen Gemeinwesens ziehen ließen.

Da war zum ersten das Verhältnis zu dem praktisch oder nominell übergeordneten landschaftlichen Verband betroffen. Mit dessen Lebenskraft war es ja ohnehin nicht zum besten bestellt. Da er weder Aufgaben besaß, an denen er wachsen konnte, noch Kräfte, um sich dauernd zu aktualisieren, war er schlecht daran, wenn sich Unternehmungslust und Stärke in den einzelnen Städten sammelten. Das Schwergewicht mußte sich dann eindeutig in diese verlegen und seine Zersplitterung besiegeln. So ist es vielleicht auf der Argolis zugegangen und auf dem ihr von Hause aus zugehörigen Isthmos, wo später nur noch schwache Reminiszenzen den früheren Zusammenhalt verrieten. Eine nicht unbeträchtliche Anzahl von Städten trat hinfort handelnd auf. Und von Kreta behauptet schon Homer, daß es hundert Städte gehabt hätte. So viele werden es natürlich nicht gewesen sein, aber Tatsache ist, daß die kretische Bevölkerung ausschließlich in Städten lebte.

Man ist selbstverständlich nicht immer so weit gegangen. Es gab Fälle, wo der lokale Adel an der Aufrechterhaltung des ohnehin schwachen Stammesverbandes wenigstens keinen Anstoß nahm, zumal wenn das, wie in Thessalien, gewisse praktische Vorteile bot. Es bestand da nämlich eine lose Militärorganisation, die »Tetraden«, mit der Möglichkeit, an ihre Spitze und vor allem an die des Stammes im Kriegsfall einen »Herzog« zu stellen. Wichtiger war wahrscheinlich der Gesichtspunkt, daß sich die rivalisierenden Städte besser im Gleichgewicht halten konnten oder, und das war der Fall von Elis, daß sie zu klein waren, um sich erfolgreich Konkurrenz zu machen. In Boiotien wäre der Stammesverband ohne Bedenken von allen Seiten gesprengt worden, hätte sich damit nicht die Gefahr ergeben, daß die kleineren Städte von dem mächtigen Theben aufgesogen wurden. Der Stammesverband verdankte seine Existenz also einem heterogenen Zweck. Und wer sich sonst gehalten hat, die Gebirgsstämme Zentralgriechenlands etwa, konnte dies nur deshalb, weil ein Adel sich da nicht gebildet hatte und weil sich das Leben in den Bahnen eines hinterwäldlerischen Daseins bewegte.

Viel bedeutsamer noch als die Auseinandersetzung mit den mehr oder weniger archaischen Organisationsformen des Stammes – ihre historische Chance ergab sich erst viele Jahrhunderte später, als sie städtisches Wesen in sich aufgenommen hatten und die allgemeine politische Lage ihre absolute Verselbständigung nicht mehr zuließ – war die Tatsache, daß der Stamm als solcher damals keine historische Zukunft besaß, die allein der Stadt gehörte. Und den Umständen nach war es nicht einmal überall nötig, daß beide Formen in Beziehung zueinander traten. Stammesorganisation und politische Landschaftsbildung waren ausschließlich eine Sache der um die Jahrtausendwende eingewanderten Griechen. Die anderen hatten, wenn man von Arkadien absieht, ohnehin nichts damit zu tun. Aber gerade auf sie kam es im Spiegel der griechischen Gesamtgeschichte an; oder, um das Verhältnis umzukehren: weil die ältere Schicht der Griechen prädestiniert zur Stadtbildung war, ist sie für die allgemeine Entwicklung führend geworden. Geographisch definiert, handelt es sich auf dem Festland um Attika und Euboia, dann vor allem um die Griechen auf den Inseln und in Kleinasien. Gewandert, im Rückzug vor den Westgriechen, sind letztere zwar auch, aber Stämme im Sinne von organisierten Volkseinheiten, die sie auch vorher nicht waren, konnten sie jetzt nicht gut werden.

Und wenn sie es auch gewollt hätten, die Bedingungen ihrer neuen Niederlassungen entzogen ihnen hierzu jede Möglichkeit. Die Geographie stellte ihnen auf den zahlreichen kleinen Inseln und an der Küste Kleinasiens keine geschlossenen Landschaften, sondern einzelne Siedlungskomplexe zur Verfügung, die gleichsam in sich die Aufforderung enthielten, sich ihrer in Form städtischer Siedlung zu bemächtigen. Wie hätte sich auch hier das Muster einer zusammenfassenden Einheit entdecken lassen? Zugänglich waren auf dem Festland nur die Flußtäler und die flachen Buchten der See. Ein Steilabfall ins Meer war ein Riegel. Er hätte sich nie erbrechen lassen, auch wenn man daran gedacht hätte, das Festland als Ganzes in Besitz zu nehmen. Aber solche Pläne gab es nicht und konnte es nicht geben. Die eigenen Kräfte und die Bewohner des inneren Landes verboten sie. Es war ja Gunst genug, daß das Fehlen einer politischen Macht im damaligen Kleinasien die Festsetzung auf dem schmalen Küstensaum gestattete und im wesentlichen ein Widerstand von der dortigen Bevölkerung ausblieb.

In diesen östlichen Außengebieten befand sich die städtische Organisation außer jeder Konkurrenz. Sie war, von Anfang an, die einzig mögliche Siedlungsform, auch wenn die jetzt ankommenden Griechen nicht an manchen Stellen Burghügel angetroffen hätten, die vor ihnen in mykenischer Zeit bereits von Griechen zu Herrschaftszentren ausgebaut waren. Wie sollte denn anders der notwendige Zusammenhalt geschaffen werden in dem fremden Land, das auf Grund seiner Größe jeder wirklichen Durchdringung trotzte? Da der Schutz einer überlokalen Macht fehlte, verstand es sich von selbst, daß man zusammenrückte, auch wenn offenbar größere Befestigungsanlagen mit Steinmauern noch längere Zeit unbekannt geblieben sind. In Kleinasien mußte deshalb auch die Stadt von vornherein zum alleinigen Gefäß des sozialen Wandels werden. Und als dieser Wandel sehr bald eine Adelsschicht hervorbrachte, konnte sie nur von großer Eindeutigkeit sein. Der griechische Adel war in erster Linie Stadtadel, und er war es vor allem an der Küste Kleinasiens.

Auch die Aufspaltung der Gesellschaft hat bei diesen östlichen Griechen wahrscheinlich einen günstigen Nährboden gefunden. Das Leben da draußen besaß einen schnelleren Pulsschlag. Es wurde zum Charakteristikum der frühen griechischen Geschichte, daß die griechischen Außenbezirke dem Mutterland in der Entwicklung stets ein gutes Stück voraus waren. Schon die unmittelbare Berührung mit dem Meer brachte Anregungen. Obgleich im Grunde auch die anderen Griechen es schwer gehabt hätten, dem Meere fernzubleiben – in seiner Nähe lebten sie eigentlich alle, die größte Entfernung betrug in den Hauptgebieten nicht mehr als sechzig Kilometer –, auf den Inseln und in den Randzonen Kleinasiens wurde der leichte Zugang zur See die elementare Voraussetzung des ganzen Daseins. Über das Wasser war man eingewandert, und über das Wasser ging hinfort auch der Verkehr.

Schon in mykenischer Zeit waren die Griechen mit der Seefahrt vertraut geworden. Wahrscheinlich ist dann die Tradition nie mehr abgerissen, und dieser Erwerb gehörte zu den nicht allzu zahlreichen Kulturelementen, die erhalten blieben. Hier war schon der Weg angelegt, um in der ursprünglichen Form der Beute- und Abenteuerfahrt auf Gewinn auszugehen und schließlich Handel zu treiben. Seine große Zeit war gewiß noch nicht gekommen, aber technische Erfahrungen und geographische Kenntnisse kamen allmählich zusammen, und auch die Einfachheit des Wirtschaftens lockerte sich unter den noch sanften Anstößen, die von einem freieren und mannigfaltigeren Gewinnaustausch ausgingen. Wo immer die Stadt auftritt, ist sie ein spezifisch ökonomischer Körper; und wenn auch den Griechen das Kaufmannsgut nicht in ihre Wiege gelegt war, allzulange hat es gerade in Kleinasien nicht gedauert, bis sich auch in dieser Richtung ihr Wesen ausbildete.

War die politische Zukunft der Griechen einmal auf die Entwicklung der Stadt verwiesen – und es duldet trotz allen Nebels, der über der frühen Zeit liegt, keinen Zweifel, daß es so war –, dann stellt sich die Aufmerksamkeit des historischen Betrachters von selbst auf die Frage ein, welcher Spielraum ihr damit gegeben war. Die negative Abgrenzung war klar: der Stammesverband, zumal seine Verdichtung zu einer strafferen Organisation mit monarchischer Spitze, war damit um echte Chancen gebracht. Nur an zwei Stellen in ganz Griechenland hat sich ein Königtum auf seiner Grundlage entwickelt. Das war aber bezeichnenderweise ganz am Rande, so daß die Griechen später bezweifelten, ob es sich hier überhaupt noch um Griechen handelte: bei den Molossern in Epirus und den Makedonen. Aber dort war auch die griechische Stadt unbekannt und wurde später mit Argwohn betrachtet. Das allerdings war zugleich die Folge davon, daß diese Völker für Stamm und Königtum optiert hatten, und man möchte deshalb zu gern wissen, warum sie dies taten.

Der Götterberg Olymp
an der Grenze von Thessalien und Makedonien

Das Meer an der Südspitze von Attika
Reste des Poseidon-Tempels auf Kap Sunion, um 440 v. Chr.

Ich glaube, man kann es wenigstens vermuten. Molosser und Epiroten waren Grenzstämme. Sie standen in engstem Kontakt mit der weiträumigen fremden Welt, die sich im Norden von Griechenland ausdehnte und zunächst in Gestalt der wilden Thraker ihnen entgegentrat. Angesichts einer solchen dauernden Bedrohung und der nicht ausbleibenden ständigen Reibungen war ein höheres Maß von politischer und militärischer Spannkraft notwendig, und zwar von Anfang an. Hier stellten sich also dem alten Heer- und Stammeskönigtum aktuelle Aufgaben und garantierten damit seine Existenz auch für eine Zeit, in der es für die anderen Griechen längst zu einer mythischen Erinnerung geworden war.

Für die Stadt selbst als der einzigen Potenz des eigentlichen Griechentums kam es also nicht darauf an, sich gegenüber anderen Gewalten zu behaupten, sondern es ging ihr vor allem um das Ausmaß ihrer eigenen Fruchtbarkeit. Als Ergebnis einer politischen Atomisierung ins Leben getreten, enthielt diese Fruchtbarkeit, sofern Unternehmungsgeist und Zielstrebigkeit in ihr aufkamen, auch den Ansatz, ihre Kraft nach außen zu wenden und über die Beschränktheit ihres ursprünglichen Daseins hinauszugreifen. Konkurrenten und Gegner waren dann selbstverständlich in erster Linie die Städte untereinander, und ihr Horizont war deshalb durch die Frage abgesteckt, was schließlich bei solchem Wettstreit herauskommen würde. Wenn man will, vermag man die ganze Geschichte der griechischen Politik unter dieses Thema zu stellen. Fürs erste war damit freilich eine sehr ferne Zielmöglichkeit angegeben, die gänzlich außerhalb jeder Berechnung stand. Doch da nun einmal selbstzufriedene Bescheidung und Beharrung dem Menschen als Kompaß nur unter besonderen Bedingungen mitgegeben werden, war die Bahn, auf der irgendwann eine solche Klärung unvermeidlich wurde, nicht zu versperren.

Der Historiker hat deshalb schon für die frühe Zeit unvermeidlich nach Anläufen zu einer Artikulation innerhalb der noch völlig diffusen politischen Welt der Griechen Umschau zu halten und seine Augen sowohl auf die zu erwartenden als auf die tatsächlich sich bemerkbar machenden Knotenpunkte zu richten. Wie stets in der Geschichte, geht es hierbei nicht ohne Überraschungen ab, wenn auch mit großen Effekten keineswegs aufzuwarten ist.

In Kleinasien ist die pragmatische Geschichte völlig stumm, aber man darf gewiß damit rechnen, daß sich eine Stadt wie Milet schon anschickte und darauf vorbereitete, das bedeutendste Zentrum griechischer Gesittung und Lebenskraft in archaischer Zeit zu werden. Auf dem Festland ist das Bild sehr uneinheitlich. Man hat ihm von Rechts wegen zuerst einmal mit der Überlegung zu begegnen, von welchem Punkt aus man am ehesten einen Anstoß zur Bewegung und Veränderung erwarten würde und welche griechische Landschaft die Erwartung erwecken könnte, daß ihre geographischen Bedingungen eine gewisse Konzentration der Macht ermöglichten.

Das umfangreichste und zugleich außerordentlich fruchtbare Gebiet besaß Thessalien. Zwei stattliche Ebenen stoßen da zusammen, rings umgeben von schützenden Gebirgen, doch deswegen keineswegs vom Meere abgeschnitten. Eine Hafenbucht, die im Hellenismus eine der großen makedonischen Zwingfestungen tragen sollte, stand zur Verfügung. Im Neolithikum war Thessalien wegen seiner Fruchtbarkeit ein hervorragendes kulturelles Sammelbecken, in den Augen des modernen Prähistorikers ein Leitbild für ganz

Griechenland. Die mykenische Epoche hatte das Land derartig in ihren Kreis einbezogen, daß es in der Erinnerung geradezu als eines der Zentren des mythischen Geschehens figurierte. Achilles ist ein Thessaler, die griechische Sintflutsage ist in Thessalien lokalisiert. Der Olymp, der Götterberg, liegt in Thessalien, und schließlich auch die Landschaft Hellas, von der dann die Griechen ihren Volksnamen »Hellenen« ableiten sollten. Städte haben sich in Thessalien, wie nicht verwundern kann, frühzeitig gebildet auf den Spuren mykenischer Vorläufer und in glücklicher, nicht allzu dichter Streuung. Das militärische Potential war gerade in früher Zeit beträchtlich. Thessalien besaß die beste Pferdezucht in ganz Griechenland und konnte deshalb eine starke Reiterei aufbieten.

Aber alle diese Anlagen haben nicht verhindert, daß weit über die archaische Zeit hinaus das politische und erst recht das geistige Leben stagnierten. Zwar lebten große Herren dort, die es auch verstanden, sich ein anspruchsvolles Gehabe zu geben, doch eingefallen ist ihnen nicht viel, und ihre politischen Bedürfnisse befriedigten sie trotz der Unabhängigkeit der Städte im Rahmen einer losen Stammesorganisation; das hieß praktisch, sich mit dem bestehenden Zustand zu begnügen und auf jede Expansion zu verzichten. Es war viel, daß man die Herrschaft über die kleinen Randstämme gewann – ungeachtet dessen blieben sie ziemlich selbständig – und daß man immerhin im nördlichen Griechenland sich von Fall zu Fall politisch zur Geltung brachte. Die gemeingriechische Entwicklung wurde davon nur am Rande berührt, und eine Grundlage für eine bedeutende Rolle ist trotz zeitweiliger Erfolge nicht geschaffen worden.

Auch die Landschaft, die vor der Wanderung das Zentrum der mykenischen Welt mit Tiryns und Mykene gewesen war, die Argolis, würde die Annahme rechtfertigen, daß auch jetzt der Keim besonderer Bedeutung in sie gelegt war. Gewiß ist Argos eine Macht gewesen, die in ihrem Umkreis, auf der Peloponnes, selbstverständlich ein gewichtiger Faktor war und das Parallelogramm der Kräfte gerade in den Jahrhunderten nach der Wanderung mitbestimmte, aber das nächstliegende Ziel, die politische Zusammenfassung der gesamten Halbinsel, gelang nicht, und den Einfluß auf den Isthmos und die angrenzenden Gebiete der Peloponnes vermochte der Nachfahre einstiger Größe ebensowenig zu behaupten.

Die Akzentuierung solcher Ausfälle mag vielleicht einseitig erscheinen, aber man braucht sie, um gewahr zu werden, daß schon damals in Attika eine ganz andere Richtung eingeschlagen wurde. Attika, keineswegs von der Natur zur Einheit vorbestimmt, sondern in vier Regionen gegliedert, ist trotzdem in jener Zeit zusammengewachsen. Ob die mykenische Zeit hierin vorgearbeitet hat, ist sehr zweifelhaft. Immerhin gab es zahlreiche mykenische Burgen und Siedlungen; von zwölfen sprach man noch später. Unter ihnen war *Athen* seit alters die wichtigste.

Der Name kommt von einer auch außerhalb Attikas verehrten Göttin, der Schützerin des Herrscherhauses, Athene. Offenbar stach der Platz unter allen anderen der Landschaft derart hervor, daß er eine im Grunde typische Bezeichnung als eine individuelle für sich in Anspruch nehmen konnte. Aber das ist in den Jahrhunderten nach der Wanderung alles schon weit zurückliegende Vorgeschichte. Die aktuelle Geschichte, wie wir sie indirekt erschließen, weiß von etwas anderem zu berichten.

Der in Attika verstreute Adel verzichtete darauf, die Eigenexistenz der vielen kleinen Städte, die er beherrschte, zu entwickeln und damit dem sonst herrschenden Zuge der Zeit zu folgen, sondern faßte den Entschluß, Athen zur Hauptstadt der ganzen Landschaft zu machen, indem er dahin übersiedelte. Damit gehörten nun auch seine Leute rechtlich nach Athen, wenn schon für sie, die natürlich bei ihren Äckern bleiben mußten, eine Verpflanzung nicht in Betracht kam und auch ihre Herren nicht die Möglichkeit einbüßten, zeitweilig ihre alte Burg zu bewohnen. Von diesem *Synoikismós* (Zusammensiedlung), wie man später sagte, wurde anfangs nicht gleich das ganze Attika betroffen. Einzelne Gegenden, wie etwa die Ebene von Eleusis, wurden später dazugewonnen (vielleicht zwei Jahrhunderte danach) oder genauer, dazu gezwungen. Der erste Schritt zum Zusammenschluß jedoch ist freiwillig getan worden, und damit war an der einen Stelle das Übergewicht geschaffen, dem sich der Rest dann mit der Zeit fügen mußte.

Was in Attika geschah, die politische Aufsaugung kleinerer Gemeinwesen durch ein größeres, ist im Ansatz nicht eigentlich originell gewesen. Im Grunde war dieser Vorgang schon in der Tatsache der einzelnen Städte angelegt, sofern sie in ein Verhältnis gegenseitiger Konkurrenz traten. Außerordentlich war der Erfolg, der jedenfalls in Attika erreicht wurde. Anderswo lief sich eine solche Dynamik sehr bald tot, da das relative Kräfteverhältnis die einzelnen Wachstumstendenzen über ein bestimmtes Maß nicht hinauskommen ließ. Nur in Attika-Athen gelang die Aufhebung des vielgestaltigen Pluralismus zugunsten einer Konzentration. Nicht nur im Licht der späteren griechischen Geschichte, sondern auch schon auf das gleichzeitige politische Panorama bezogen, war es ein außerordentliches Ereignis. Man versteht, daß die wirtschaftliche und künstlerische Produktivität Attikas gerade damals sich in den hervorragenden kunsthandwerklichen Schöpfungen des »geometrischen Stils« äußerte. Die technische Fertigkeit stand der ganzen attischen Gesellschaft zu Gebote, alteingesessenen Bewohnern wie Flüchtlingen, die dem Druck der Invasion ausgewichen waren. Mancher gerade von diesen mochte seine Existenz auf sie gegründet haben.

Der besondere Weg, den Attika hier einschlug, hat die Kräfte des Landes in erster Linie diesem neuen Ziele dienstbar gemacht. Durch die Aufgabe der Integration waren sie für Jahrhunderte voll in Anspruch genommen. Der innere Wachstumsprozeß verhinderte deshalb, daß die Energien sich nach außen wandten und daß die Erhöhung der Macht sogleich in eine Aktivität umgesetzt wurde, die sich auf dem Bilde der griechischen Welt mit leuchtenden Farben abgehoben hätte. Athen war mit sich selbst beschäftigt und konnte an den im eigenen Raum gestellten Aufgaben sein Genüge finden. Dieser Raum war so groß, daß das Leben nicht über ihn hinauszudrängen brauchte, es sei denn, daß seine Töpferwaren den Ruhm attischer Kunstfertigkeit nach auswärts trugen, seitdem es einen intensiveren Verkehr über das Mittelmeer gab. Aber sonst ist es still um Athen, und die Aufmerksamkeit des historischen Betrachters mag es noch nicht zu fesseln.

Etwas höchst Merkwürdiges hatte sich im südlichen Griechenland, auf der Peloponnes, ereignet: die Gründung *Spartas*. Sie ist ein Stück der Dorischen Wanderung und würde als solche allein kaum besondere Beachtung verdienen. Wie auch anderswo auf der Peloponnes drangen über das nordöstliche Randgebirge Einwanderer ein, in diesem Falle in das

Eurotastal, und unterwarfen sich die einheimische altgriechische Bevölkerung, die zu Hörigen (Heloten) oder zu persönlich freien Einwohnern von Untertanenstädten (Perioiken) wurde. Das ist alles nichts Außerordentliches. Eigentümlich war die Form, in der dies alles geschah. Die Eindringlinge sind offenbar nicht sehr zahlreich gewesen und waren infolgedessen auch nicht in der Lage, das gesamte Tal in einem Zug zu besetzen. Mehrere Generationen war ihnen sein weitaus größter Teil durch die vordorische Befestigung Amyklai verriegelt, vor der sie in ständiger Kriegsbereitschaft stehenbleiben mußten. Auf diese Weise kamen sie nicht dazu, sich in dem an sich geräumigen Land Lakedaimon zu verteilen und konnten nicht einmal eine friedliche Lebensweise aufnehmen. Sie siedelten sich in vier nahe beieinander gelegenen Ortschaften an, die ihnen einen recht merkwürdigen Lebensstil erlaubten. Er beruhte auf dem Prinzip des Heerlagers.

In dauernder Kasernierung waren die Männer und die männliche Jugend vereint zu gemeinsamem Leben, Waffendienst und Waffenübung, ohne Unterbrechung unter militärischer Disziplin stehend. Dergleichen war ein Unikum, weniger die gemeinsamen Mahlzeiten, die »Syssitien« – sie gab es anderswo, etwa auf Kreta, auch, und sie sind unter anderen Voraussetzungen der adligen Gesellschaft des übrigen Griechenlands im Prinzip nicht unbekannt –, als die ununterbrochene militärische Anspannung. Der Soziologe und Ethnologe hat es begreiflicherweise nicht schwer, die Analogien zu den primitiven Männerbünden und Knabengesellschaften festzustellen mit ihren typischen Begleiterscheinungen der Homosexualität, aber natürlich ist das alles in Sparta erst eine sozialpsychologische Konsequenz der Militarisierung.

Fundamental wurde etwas ganz anderes: auch nachdem Amyklai mit zwei anderen benachbarten Orten (etwa um 800 v. Chr.) gefallen war und die ganze Eurotasebene, genauer Ebenen – das Tal ist wieder durch Gebirgseinengungen gegliedert –, besetzt werden konnte, wurde diese Lebensweise beibehalten und das, was einst aus äußerem Zwang erwachsen war, zu einer freien Entscheidung erhoben. Damit war etwas ganz Unglaubliches geschehen.

Ein politischer Verband war ins Leben gerufen, der jederzeit über eine unmittelbare militärische Aktionsfähigkeit verfügte und gleichsam auf Abruf bereitstand. Das bedeutete eine Gesellschaft, die sich förmlich auf eine Möglichkeit hin, wie sie normalerweise mit vielen anderen verknüpft auftritt, spezialisiert und so die Kraft ihres Handlungseinsatzes potenziert hatte. Die latente Macht wurde also in einen Zustand fortwährender Verfügungsfähigkeit überhaupt gebracht und erhielt durch die Lokalisierung an einem Ort eine Konzentration, wie sie sonst in Griechenland unbekannt war.

Was anderswo durch die soziale Differenzierung innerhalb der städtischen Siedlung und durch ihre Politisierung angebahnt war, was in Attika durch die Zusammenführung des Adels in Athen allmählich in die Wege geleitet wurde: die Bildung eines Umschlagplatzes für politische Energien, das war hier in Sparta in einem für die damaligen primitiven Verhältnisse geradezu maximalen Umfang geschehen. Mit einemmal war beinahe das Höchstmaß erreicht, das sich an Intensivierung der politischen Kräfte durch ihre Zusammenfassung in einem städtischen Mittelpunkt erreichen ließ.

Sparta wurde so in früher Zeit zu einem Stadtstaat in Reinkultur. Es fiel dabei gar nicht ins Gewicht, daß es alte wie moderne Systematiker, die sich nur an Äußerlichkeiten orientierten, narrte, indem es die Siedlung ruhig auch weiterhin in altmodischer Weise als Aggregat von Dörfern (nach der Eroberung von Amyklai waren es fünf) bezeichnete und hinter solch harmloser Fassade die Tatsache verbarg, daß ihre Einwohnerschaft einen straff zusammengefaßten Kader darstellte.

Die Basis dafür war die ökonomische Abkömmlichkeit dieses Verbandes der »Spartiaten«, wie er sich als eine besondere Elite innerhalb der Lakedaimonier bezeichnete, zu denen auch die Perioiken als Angehörige der Landschaft Lakedaimon gehörten, und diese Abkömmlichkeit beruhte wiederum auf einem in Reinkultur ausgebildeten Rentnertum. Die Spartaner lebten vom Schweiß ihrer Heloten, dieser Hörigenschicht, die – wie anderswo – die Frucht des Sieges über die eingeborene Bevölkerung war.

Aber die spartanischen Heloten waren in einer besonderen Lage. Kraft ihrer militärischen Stärke, der eine der Zahl nach extreme Unterlegenheit entsprach, vermochten die Spartaner die Situation der kriegerischen Eroberung gerade gegenüber den Heloten aufrechtzuerhalten, mit Verzicht auf jeden Ausgleich und auf jede Milderung ihres Loses: die Heloten waren der herrschenden Schicht gegenüber vogelfrei. Obwohl sie jeweils ein Bestandteil des individuellen Grund und Bodens waren, war ihr Rechtsstatus ausschließlich von der Gesamtgemeinde der Spartaner abhängig. Nur durch sie konnten sie gegebenenfalls freigelassen werden (was also jede persönliche Manipulierung der Verhältnisse ausschloß, die einem normalen Privatsklaven offenstand), und vor allem: jeder Helot war jederzeit der unmittelbaren staatlichen Exekution ausgeliefert, ohne Dazwischenkunft seines Herrn, und der Staat hatte nur allzu präzise Vorstellungen, wie er mit ihm zu verfahren habe. Er hielt das Kriegsrecht aufrecht wie am ersten Tag, da er als Sieger über die Bevölkerung hereingebrochen war. Zu jedem Jahresanfang wurde den Heloten der Krieg in aller Form erklärt, und jederzeit waren deshalb die Polizeiorgane berechtigt, einen Heloten, der sich nur verdächtig zu benehmen schien (wenn er beispielsweise sich nachts auf der Straße erblicken ließ), umzubringen. Die Kluft eines abgrundtiefen Hasses war also aufgerissen, und niemals geschah in der spartanischen Geschichte das geringste, um sie zu überbrücken.

Sparta erwies sich gleichwohl schon im frühesten Stadium seiner Geschichte als die merkwürdige Mischung einer beinahe anachronistisch modernen Straffung der Staatsgewalt, sofern unmittelbare Herrschaft ein wesentliches Element des »Staates« ist, und einer Rückständigkeit, die man beinahe atavistisch nennen möchte. Wie die spätere Geschichte zeigen sollte, ist Sparta diese Eigenschaft dauernd geblieben. Zu Anfang kam begreiflicherweise mehr jener Zug zum Vorschein. Die Helotie konnte sich da noch als »natürlicher« Ausfluß der Okkupation geben.

Aber auch sonst mußte sich die Verwandlung der herrschenden Gesellschaft in einen politisch-militärischen Mechanismus äußern, denn das war doch im Prinzip mit ihrer Unterstellung unter einen technischen Funktionsschematismus entstanden. Im Inneren war dieser Vorgang am besten am spartanischen Königtum abzulesen, das ursprünglich das Heerkönigtum der Wanderzeit gewesen war und auch weiterhin die Führung im Kriege behielt. Da das Königtum über ganz Lakedaimon, genauer alle Lakedaimonier, gesetzt war, galt es selbstverständlich auch für die Perioikengemeinde, deren Zugehörigkeit zum spartanisch-lakedaimonischen Gemeinwesen darin eine plastische Verkörperung fand.

Aber das ist weniger charakteristisch als die Tatsache, daß das Königtum als ein primär militärisches so überhaupt erhalten blieb und es keine Gelegenheit fand, sich zu einem Schatten zu verflüchtigen. Auf der anderen Seite konnte dieses Königtum allerdings sowenig das alte bleiben, wie der neue Staat noch der der Wanderung war; es mußte zu einem Glied der versachlichten Exekutivapparatur werden. Das übrige Griechenland tat diesen Schritt erst sehr viel später auf dem Wege der zeitlichen und personalen Funktionsbegrenzung. Dergleichen war damals auch für Sparta noch nicht denkbar. Es nahm seine Zuflucht zu einem anderen Mittel, indem es diesen Grundsatz nur zum Teil anwandte. Die eigenartige Lösung war das spartanische Doppelkönigtum. Sparta hatte immer gleichzeitig zwei Herrscher, aus verschiedenen Familien und mit selbständiger, voneinander unabhängiger Vererbung. Das unvermeidliche Ergebnis davon waren nicht nur Spannungen zwischen den beiden Häusern, welche von vornherein einen Machtzuwachs des Königtums ausschlossen. Interessanter war eine Metamorphose des Königtums.

Der König als Herrscher und Monarch mit all den Qualitäten, die auf seiner Einzigartigkeit, seinem persönlichen Erbcharisma, beruhten, wurde damit nämlich im Grunde beseitigt. Das Doppelkönigtum konnte sich staatsrechtlich nur in gemeinsamen Handlungen äußern, und wenn diese auch von dem einzelnen König ausgeführt wurden, konnten sie nur als stellvertretend für die ausbleibende Tätigkeit des anderen gelten. Die Kompetenz wurde also ihrem Wesen nach viel abstrakter. Regierung und militärische Führung überhaupt wurden damit erst zur eigentlichen Zuständigkeit, zu einem sachlichen Bezug; die Könige waren damit eher Beamte im Sinne einer Magistratur als echte Könige. Der Vergleich mit den römischen Konsuln, der sich von jeher auf Grund der Zweizahl aufdrängte, hat nicht nur eine gewisse Berechtigung, sondern über das äußere Phänomen hinaus auch einen tieferen Sinn.

Die andere Konsequenz zeigte sich im äußeren Verhalten des spartanischen Staates. Seine auf Grund der besonderen Struktur gewonnene Macht setzte sich in eine gezielte Aktion um, die ihresgleichen im gesamten damaligen Griechentum sucht. Es war ein ausgesprochen imperialistisches Unternehmen. Die Spartaner überquerten die »natürlichen« Grenzen ihres Landes, stiegen über den Taygetos, überfielen das dahinterliegende fruchtbare Messenien und unterwarfen es sich (Ende des 8. Jahrhunderts). Hierbei ist nicht die Ausdehnung als solche auffällig. Sie kam anderswo auch vor, etwa gleich im benachbarten Elis, das wie Sparta sein Perioikengebiet durch den Gewinn der Pisatis vergrößerte. Merkwürdig ist vielmehr, daß dies Unternehmen keineswegs in seinen objektiven Voraussetzungen angelegt war. Messenien war eine geographisch ganz selbständige Einheit und der Griff Spartas danach nur durch den Willen möglich, mit den Menschen zugleich die sie schützende Natur zu überwinden. Wenn auch Sparta damals noch nicht bis an die Westküste Messeniens herankam, so verzeichnet doch die politische Landkarte das auf dem Hintergrund der sonstigen politischen Gliederung Griechenlands geradezu ins Auge springende Phänomen, daß nachgerade der gesamte Süden der Peloponnes unter einer einheitlichen Herrschaft stand.

Man hat sich freilich zu hüten, in solchen sehr mühsamen Beobachtungen der frühesten griechischen Politik schon ihre spätere Szenerie angedeutet zu finden. Griechische Geschichte ist niemals in der von Sparta und Athen aufgegangen, und als sie einmal dieser Figuration verhältnismäßig nahekam, war es damit sehr bald wieder vorbei. Der Hinweis auf die beiden Staaten hat einen anderen Zweck. Er soll hervorheben, daß der herrschende Zug des Zeitalters selbst mit solchen Tendenzen, wie sie Sparta und Athen zeigten, sich keineswegs deckte und daß seine Bestimmung anderswo zu suchen ist. Der Leitfaden hat noch immer die Überlegung zu sein, was das Griechentum nach der Wanderung für eine Erbschaft angetreten hatte und ob das kümmerliche Ergebnis, das der politische und soziale Zustand in dieser Hinsicht zeitigte, auch sonst das Niveau charakterisiert.

Die Dinge liegen da nicht ganz einfach, und zwar deshalb, weil sie nicht »typisch« sind. Theoretiker der Weltgeschichte würden nach den Umständen den Anschluß an eine vorausliegende »Hochkultur« erwarten, in diesem Falle an die mykenische Epoche, und dabei eine Menge unbestreitbarer Analogien in Anspruch nehmen. In der Tat ist etwa Toynbee auch so verfahren, der die griechische Kultur zu den »abgeleiteten« zählt und – auf den seit jeher fast normativen Musterfall blickend – sich das Verhältnis etwa so vorstellt wie bei den Germanen nach der Völkerwanderung, die zwar nicht den römischen Staat, so doch das Christentum und ein Stück der antiken Bildung übernahmen.

Weniger um diesen Irrtum zu vermeiden als der richtigen Einstellung des Verständnisses halber, hat der Berichterstatter zu betonen, daß dieser Parallelismus hier nicht zutrifft, sondern ganz verkehrte Vorstellungen erwecken würde. Objektivierte Elemente einer Kultur – also alles, was irgendwie durch Schriftlichkeit festgelegt ist – sind von den Griechen nach der Wanderung weder, soweit sie Neuankömmlinge waren, übernommen noch von den Ansässigen erhalten worden.

Woran lag das? An mangelnder Bereitschaft? Nichts unwahrscheinlicher als das. Ausgerechnet bei den Griechen sollten die sonst unvermeidlichen Kontakte sich nicht eingestellt haben, gerade hier, wo sogar unmittelbare Tradition zu erwarten war? Die Frage ist wirklich nicht schwer zu beantworten. Der Ausfall kann nur an der mykenischen Kultur oder an ihrem Zustand am Ende des zweiten Jahrtausends liegen. Sie hat offenbar in dieser Art nichts zu vererben gehabt.

Eine Schrift hat sie zwar besessen, aber eine Literatur, welcher Gattung auch immer, die in ihr festgehalten war, diese fehlte. Und die Schrift selbst war ein sehr schwer zu handhabendes Instrument. Möglicherweise sind bei den Wirren die wenigen Leute, die sie beherrschten, untergegangen. Mindestens bestand keine Möglichkeit zu irgendwelcher Anknüpfung, zum Glück für die künftige Entwicklung, denn sonst wären die Griechen nicht so bald auf die eigene Lösung des Schriftproblems verfallen. Was das bedeutet hätte, ist in seiner Tragweite gar nicht auszudenken und könnte zu phantasievollen Zeichnungen in die Luft verlocken. Wahrscheinlich war die mykenische Kultur intellektuell überhaupt nicht durchgebildet und ließ deshalb die Stätte, auf der die Griechen sich ansiedelten, ziemlich leer.

Trotzdem traten die Griechen in die Spuren einer Vergangenheit. Sie war immerhin etwa tausend Jahre alt und schon deshalb von ganz anderer Mächtigkeit als die vom auswärtigen Kreta inspirierte und sehr unvermittelt hochgetriebene mykenische Gesittung, die es im Grunde nur zu einer Lebensdauer von lediglich drei bis vier Jahrhunderten gebracht hatte.

Das »Werk« dieser Vergangenheit bestand nicht in eindrucksvollen Veranstaltungen und Herrschaftsorganisationen, sondern hatte sich im stillen vollzogen, einfach auf Grund der Tatsache, daß bei der ersten griechischen Einwanderung die indogermanischen Eindringlinge die mediterrane Urbevölkerung überlagert hatten und daß seitdem beide Schichten in engster Berührung verschmolzen waren. So dürfen wir uns jedenfalls für diejenige Sphäre des Lebens ausdrücken, die am wenigsten dem Gefälle von Herrschern und Unterworfenen unterlag. Es ist die *Religion*, genauer der Raum der Religion, sofern in ihm sich von beiden Seiten polytheistische »Naturreligionen« ansiedelten.

Sowohl Frühgriechen wie Vorgriechen besaßen damals eine Götterwelt (was keineswegs selbstverständlich ist) und waren über die bloßen Kraftvorstellungen hinaus zu ihrer Individualisierung gelangt. Das Numen, die numinose Kraft, das »Heilige«, oder wie immer die Religionswissenschaft sich vernehmen läßt, war auf beiden Seiten zu göttlichen Wesen und Gestalten geworden. Daß der Steinhaufen am Wege, auf den man die auf Feld und Pfad hinderlichen Steine warf, auch dann noch immer, als aus ihm der Gott Hermes geworden war, die Lokalisierung unheimlicher außermenschlicher Macht blieb, war eine Ausnahme.

Unendlich zahlreich waren die göttlichen Wesen, die einem im Wald und Feld, im Wasser und im Gebirge entgegentraten, in vielerlei Gestalt, natürlich auch in der des Tieres. Doch schon dabei prägte sich im Laufe der Entwicklung ein für die spätere griechische Religion charakteristischer Zug aus: die Tiergestalt wurde beinahe gänzlich verdrängt. Es gibt für sie in der historisch faßbaren Zeit nur ganz wenig eindeutige Fälle und sonst nur leere Relikte, etwa in formelhaften Beiwörtern. An die Stelle der Tiergestalt tritt die menschliche Form. Diese – wie jeder weiß – für die Griechen geradezu fundamentale Einstellung hat sich in der langen Zeit vor der Dorischen Wanderung ausgebildet. Wie es zu ihr kam, wird wohl immer ein Geheimnis bleiben. Einiges spricht dafür, daß das Hauptverdienst der ägäischen Urbevölkerung und keineswegs den indogermanischen Einwanderern zuzuschreiben ist.

Die überwiegende Zahl der griechischen Gottheiten saß schon im Lande, als die ersten Einwanderer kamen. Griechenland war schon damals ein Land, das mit Kultstätten übersät war. Sie zu zerstören, bestand kein Anlaß. Warum sich Wesen, die stärker als die Menschen waren, zu Feinden machen? Ein »wahrer« Glaube und ein Gott, der keine anderen Götter neben sich duldete, war beiden Teilen, Fremden wie Einheimischen, unbekannt. Die Griechen haben ihn auch später nicht hervorgebracht. Mitbringen konnten die Griechen nur Götter, die von bestimmten Örtlichkeiten der Verehrung und des Wirkens unabhängig waren, also etwa den Wetter- und Blitzgott (Zeus) oder die Kornmutter (Demeter) oder den ursprünglich pferdegestaltigen Gott des Totenreiches, die Verkörperung der Bändigung des Pferdes in indogermanischer Vorzeit (Poseidon). Aber das sind im Grunde »Ausnahmen«. Die banale, aber trotzdem unerläßliche Feststellung muß ausgesprochen werden: das berühmte griechische Pantheon ist seiner Herkunft nach nicht indogermanisch. Aus fremdem Stoff ist es von den Griechen geschaffen worden. Nicht alles fanden sie fertig vor. Im Olymp zählt vor allem Athene zu den neugeprägten Göttern. Gerade große Götter kamen von auswärts: Apollon aus Kleinasien, Aphrodite wahrscheinlich aus Syrien. Wie es

Wagenlenker und Idol mit Tauben
Tonfiguren aus Boiotien, 7. Jahrhundert v. Chr. Hannover, Kestner-Museum

Der Aphaia-Tempel auf Aigina, Anfang 5. Jahrhundert v. Chr.

wo. Es gibt auch Vorstellungen von den Göttern, nämlich diejenigen Vorstellungen, die keineswegs nur in den Kult einzugehen brauchen. Sie bilden sich in freier Überlegung, auf diesem und jenem Wege, sie gehen selbstverständlich an dem nicht vorbei, was im Kult vollzogen wird, aber sie erschöpfen sich nicht darin. Und vor allem sind sie nicht darauf angewiesen, lediglich innerhalb des Kultus zu existieren. Der Mensch hat seine Begriffe von der Gottheit auch dann, wenn er nicht gerade rituell tätig ist; und was ihm da beikommt, schießt zumeist beträchtlich über den institutionalisierten Gehalt hinaus. Aber das sind alles ganz »natürliche« Verhältnisse, die mehr oder weniger von einem bestimmten »Religionsniveau« an überall angetroffen werden, sofern man es nicht mit den sogenannten höheren, den Offenbarungsreligionen zu tun hat. Wenn die Griechen sich in diesen Rahmen ohne weiteres einfügen, entspricht das der historischen Erwartung und ist alles andere als etwas Besonderes. Eigentümlich dagegen sind die Wege, die von den Griechen innerhalb dieses Spielraums beschritten wurden. Sie betreffen die griechische Mythologie oder den *Mythos*.

Wie jeder Gebildete weiß, bietet der griechische Mythos ein buntes Panorama. Höchst eindringlich ist seine Überlieferung, immer wieder erneuert durch das ganze Altertum hindurch, auch dann, als seine Verbindlichkeit geschwunden war und das Wort Mythos, das ursprünglich die ganz unverfängliche Bedeutung von »Erzählung« hatte, zugleich die Fragwürdigkeit ihrer Mitteilung bezeichnete. Es gibt bekanntlich auch eine ästhetische Existenz des griechischen Mythos, bis auf unsere Tage, und es wäre der Überlegung wert zu fragen, wie das gekommen ist und wie es möglich war. Ergab es sich lediglich aus der Unbefangenheit und Freiheit, mit der die Griechen ihrem Mythos gegenüberstanden? Und wenn dieses unbekümmerte Verhältnis einen wesentlichen Anteil an dem eigenartigen Phänomen hat, dann steckt wohl in ihm etwas von der Ungebundenheit des Spielens und damit die Möglichkeit, dem Mythos nicht nur eine ästhetische Seite abzugewinnen (das allein brauchte nicht aufzufallen), sondern ihn völlig in der Sphäre des Ästhetischen anzusiedeln. Die frühe Zeit wußte selbstverständlich von dieser künftigen Entwicklung noch nichts, aber ganz ohne Zusammenhang mit ihr steht sie doch nicht.

Auf diese Entwicklung weist eine bestimmte innere Gewichtsverlagerung des griechischen Mythos hin, die sich nicht nur mit den Anfängen einer griechischen Literaturgeschichte verband. Der griechische Mythos hat eine Abneigung gegen metaphysische Bilder und universale Weltdeutung. Dem modernen Verständnis ist es zwar schwergefallen, dies zuzugeben, und so ist es der Versuchung, dem Mythos der Griechen in irgendeiner Form eine Theologie unterzuschieben, mehr als einmal erlegen. Doch schon die Vorstellungen, die den Mythos in einen kosmischen Horizont hineinstellen und die Entstehung der Welt durch ihn erklären wollen, fanden bei den Griechen ein verhältnismäßig schwaches Interesse und sind teilweise, wie kürzlich entdeckte Analogien zur Mythologie der Hethiter nahelegen, sogar von auswärts, und zwar verhältnismäßig spät (Anfang des ersten Jahrtausends), eingedrungen.

Natürlich hatten die Griechen eine Kosmogonie, natürlich kannten sie die Sintflut und gab es die Titanen und Giganten, dann vor allem die im Gegensatz zu ihnen heraufgekommenen Götter der Gegenwart mit Zeus an ihrer Spitze. Es hat auch nicht die mythische

Deutung der Naturordnung gefehlt. Der Sonnengott Helios steigt mit seinem Wagen im Osten auf und geht im Westen nieder, und Persephone, die Getreidegöttin, verbringt eine Zeit des Jahres in der Unterwelt und erscheint mit der Vegetation auf der Erde, aber Helios ist weder kultisch noch mythologisch ein wichtiger Gott. Persephone ist durch die Mysterien von Eleusis bekannt geworden, und ihr Mythos hat, was desgleichen ein Sonderfall ist, kultische Verwendung (wahrscheinlich in einem pantomimischen Spiel) gefunden.

Trotzdem hat die mythische Phantasie der Griechen darauf verzichtet, dieser Seite des Göttlichen besondere Aufmerksamkeit zuzuwenden, und ihre Ausbildung ist im Vergleich zu dem, was wirklich erzählt wurde, eigentlich nicht allzu reich ausgefallen. Es war viel wichtiger, die Götter als einzelne Wesen in ihren Handlungen und Beziehungen, unter sich und zu einzelnen Menschen, ihre Verhältnisse innerhalb einer Art von Gemeinschaftsordnung, dem »Götterstaat«, und sie selbst in konkreten individuellen und einmaligen Taten vorzustellen.

In dieser Weise haben die Götter ihre Geschichte oder auch: sie haben Geschichte. Geboren und entstanden sind sie alle. Daß dem ihre Unsterblichkeit widerspricht, bietet keinen Anstoß. Wichtiger ist, daß sie auf eine denkbare Weise in die Welt gekommen sind, daß sie erklären, inwiefern sie an der Welt teilhaben, und daß auch die Einrichtungen der Welt einen Grund haben, der sich nach der Logik der Zeit auffassen läßt und auf das Gewordene und Geschaffene hinweist. In Athen ist der Ölbaum der Athene heilig. Also hat die Göttin ihn dahin gebracht. Im Streit mit Poseidon um Athen habe sie ihn als Zeichen ihrer Besitzergreifung von der Stadt gepflanzt. Demeter irrte nach dem Raub ihrer Tochter Persephone neun Tage ohne Speise mit Fackeln in der Hand umher und gab damit ein Vorbild für den Gebrauch der Fackeln bei den Festen im Kult von Eleusis, und wenn sie den ihr dargebotenen Wein ablehnte und statt dessen ein anderes Getränk zu sich nahm, das *steion*, so ist auch das ein Vorbild für den kultischen Gebrauch dieses Getränkes bei ihnen. Apollon erledigte den Pythondrachen und wurde damit Herr von Pytho, das heißt von Delphi, und damit zum Apollon Pythios.

Die griechische Phantasie ist unerschöpflich gerade in der Erfindung solcher Ätiologien. Sie sind natürlich nicht alle alt und bedeuten bestimmt nicht den ältesten mythischen Bestand, aber sie zeigen doch die Richtung an, in der man sich vor allem mit fortschreitender Zeit das Wirken der Gottheit verdeutlichte. Die Neigung, das göttliche Handeln in die geschichtliche Welt einzubauen, ist ein spezifischer Zug des griechischen Mythos.

Danach wird man sich nicht wundern, daß geschichtliches Handeln überhaupt die griechische Phantasie in besonderm Maße beschäftigte und sie dieses da aufsuchte, wo es sich am unmittelbarsten äußerte, in den Taten bestimmter Menschen. Neben den Mythos von den Göttern stellt sich als ein nicht nur ebenbürtiger, sondern bevorzugter Gegenstand der Mythos von den Menschen, die Heldensage, und deshalb ist auch das meiste von dem, was die Götter tun, in ihrem Umkreis beheimatet. Die Helden und Heroen handeln, aber selbstverständlich die Götter mit ihnen und gegen sie. Den Griechen war all das, was in diesem Rahmen sich ereignete, lange Zeit echte Geschichte, bis zum Ende der archaischen Zeit an der Wende zum 5. Jahrhundert, und auch noch später. Dafür war viel weniger der in unserem Sinne historische Kern dieser Erzählungen maßgebend als ihre Einordnung in eine historische Vorstellungswelt und ihre Bestimmung durch das Bewußtsein als historische Fakten. Solange Sage als Mitteilung des Vergangenen nicht in Frage gestellt wird, ist sie nun einmal Geschichte, bei den Griechen so gut wie anderswo.

Nur haben die Griechen gewissermaßen Vorkehrungen getroffen, daß ein solcher Glaube an die geschichtliche Wahrheit der Sage ihnen möglichst lange erhalten blieb. Dasjenige Element der Sage nämlich, das zuerst die Kritik des Verstandes herausfordert, der ganze Bereich des Mirakulösen mit seinen Wundern, Zaubereien und grausigen Fabeltieren, hat bei weitem weniger Aufmerksamkeit gefunden als die nach alltäglichen Erfahrungen verstehbaren Ereigniszusammenhänge. Daß sie selbstverständlich nicht gefehlt haben, ist jedem Gebildeten bekannt.

Die Folkloristik hat allerdings schon längst erkannt, daß die Sage in zahlreichen solchen Fällen sich nicht aus eigenem angereichert hat, sondern daß ihr diese Bestandteile aus dem Märchen zugeflossen sind. Aber niemals hat das Märchen die Sage überwuchert, sosehr es sich auch in markanten Beispielen, wie dem Argonautenzug oder den Taten des Herakles (der in dieser Sicht wie die Figur des starken Hans des deutschen Märchens erscheint), zur Geltung bringt. Die Götter, denen eine Märchenverkleidung bequem zu Gebote gestanden hätte, verzichteten im allgemeinen auf sie. Wenn sie dem Menschen erscheinen, tun sie das meistens in menschlicher Gestalt, und ihre Eingriffe verbergen sie hinter einer Form des Geschehens, die auch in sich verständlich wäre. Die Pest, die Apollon schickt, oder der Meeressturm, den Poseidon losbrechen läßt, halten sich innerhalb der menschlichen Alltagserfahrungen und haben deshalb ein durchaus intrahumanes Gepräge. Die moderne historische Logik sieht die Akzentuierung des Geschichtlichen obendrein durch die Feststellung bestätigt, daß die berühmtesten Helden durch ihre Lokalisierung an Zentren der mykenischen Zeit sich als Gestalten dieser Epoche ausweisen (Nilsson). Aber entscheidend ist das freilich nicht, und ein Mittel, hierdurch Sage und Geschichte in unserem Sinne voneinander zu scheiden, ist damit gewiß nicht an die Hand gegeben.

Wenn der Historiker von diesen Dingen spricht, geht es überhaupt nicht um Vermittlung einer der bedeutsamsten Seiten des griechischen Geistes – hierzu taugt eine geschichtliche Skizze nun einmal nicht –, sondern wichtig ist allein der historische Ort, an dem sie anzusetzen ist. Als die Griechen mit der zweiten Wanderung die Basis gefunden hatten, um von ihr aus als diejenigen, die sie später sein sollten, in das helle Licht der Weltgeschichte zu treten, waren sie im Besitz dieses geistigen Eigentums und hatten ihrer früheren Vergangenheit nach Stoff und Form einen Schatz abgewonnen, der seine Fruchtbarkeit auch in der Zukunft erweisen konnte und sollte. Dabei muß – leider – dahingestellt bleiben, durch welche Stadien hindurch das Ergebnis erreicht wurde und wieviel an diesem Prozeß noch der Zeit nach der Wanderung gehört. Doch hat es schwerlich Umbrüche gegeben, schon lange vorher hatte die Denkungsweise, die sich später im Lichte der uns faßbaren Ereignisse greifen läßt, ihre Richtung erhalten.

Wer hat den griechischen Mythos nun eigentlich geschaffen, welcher praktische Zweck war mit ihm verbunden? Hierbei ist ein Moment ganz sicher, und dieses gerade muß schon längst in der Geschichte angelegt gewesen sein. Der Kultus und die Träger des Kultus haben für ihre Bedürfnisse dem Mythos nicht den Stempel aufgedrückt. Der moderne Religionswissenschaftler arbeitet gern mit einem tiefsinnigen Begriff des Mythos und verschmilzt ihn leicht mit dem Begriff der kultischen »Begehung«, allzu gern möchte er im Mythos eine äußere Darstellung des inneren Gehaltes religiösen Seins sehen. Da käme dann in ihm gerade so viel zum Ausdruck, wie im Ritus gedacht wird; infolgedessen wären die Ritualisten wenn nicht gar die Schöpfer des Mythos so doch die ihn beobachtende Instanz, die nur eben das zuläßt, was in die kultischen Handlungen Eingang zu finden vermag. Bei den Naturvölkern soll es sich so verhalten. Trifft das zu, dann waren die Griechen schon in früher Zeit eben kein Naturvolk mehr.

Die Griechen jedenfalls haben es ganz anders gehalten und billigten niemandem eine professionelle Zuständigkeit für den Mythos zu. Jedem stand es offen, von ihm zu berichten und zugleich damit natürlich ihm Gestalt zu verleihen und ihn fortzubilden. Entscheidend war nur eines: der Betreffende mußte sprechen und erzählen können, und das war freilich nur in gebundener Rede möglich. Der Mythos war also auf den Dichter angewiesen, und zwar den Dichter, der nicht im Dienst irgendeiner religiösen Institution stand. Die Instanz, von der er abhängig war, war allein sein Publikum, doch das Publikum beanspruchte auch keine besondere Autorität, jedenfalls keine, die von der des Dichters selbst verschieden war, denn Ausweis der Autorität war nur die Fähigkeit des Singens und Sagens, die selbstverständlich, wie alles, was der Mensch sein eigen nannte, von den Göttern oder einem bestimmten Gott geschenkt war. Auch wenn der Dichter bei religiösen Feiern auftrat – wir kennen Beispiele aus späterer Zeit –, ließ er sich, sowohl der Form wie dem Typus des Inhaltes nach, nicht anders vernehmen, als wenn er irgendwelche Geschehnisse sonst berichtete. Er erzählte dann eben von den Taten des betreffenden Gottes, wie sie jedermann kannte, und verzichtete auf jeden rituellen Bezug. Lediglich von der Stiftung des Festes durch den Gott wollte man gern hören, aber die gehörte ja ohnehin zu seinen Taten und befand sich damit auf der Ebene, auf der der Dichter sich bewegte.

In welcher Art der Dichter seine Worte setzte, welcher Formen er sich bediente, über welche poetischen Einheiten er verfügte und wie groß sie waren, ist für die frühe Zeit gänzlich unbekannt. Wir kennen nur das Stadium, das mit dem 8. vorchristlichen Jahrhundert erreicht war, und sind demzufolge berechtigt, von epischer Poesie, kurz vom *Epos*, zu sprechen. Das ist die Zeit der ausgebildeten und reifen Adelsgesellschaft. Der Dichter steht in ihrem Dienst und wird von ihr erhalten; sie bildet seine hauptsächliche Hörerschaft. Er ist dadurch in den Stand gesetzt, sich ausschließlich seinem Sängerberuf zu widmen, genau wie ein Handwerker, dem die soziale Differenzierung gestattet, allein von seiner Arbeit für die Gemeinde zu leben, und wie er heißt der Dichter nach der griechischen Terminologie Handwerker, Demiurg, ein Wort, das von der »Handarbeit« absieht und allein jenen sozialen Bezug im Auge hat. Die alte Form des Dichters war der wirkliche Sänger, der, sich selbst mit einem Saiteninstrument begleitend, melodisch vortrug. Ende des 8. Jahrhunderts rezitierte bereits der Rhapsode, und sein Zeichen war der Stab, mit dem er vor seine Hörer trat, so wie jeder andere, wenn er das Wort hatte.

Das griechische Epos tritt für uns mit seinen gewaltigsten Schöpfungen, der Ilias und der Odyssee, in Erscheinung. Daß die zahlreichen Epen, die es noch gegeben hat und die zum Teil schon im Altertum verlorengingen, den beiden nicht ebenbürtig waren, ist eine so gut wie sichere Annahme. Entstanden ist diese Dichtung bei den Griechen Kleinasiens, etwa in der Mitte des von den Griechen besetzten Küstengürtels, ein sichtbares Dokument des Vorsprungs vor dem übrigen Griechenland. Die Stoffe allerdings, die das Epos verarbeitete, waren nicht lokal bedingt, sondern dem griechischen Allgemeingut entnommen. Sie setzen überzeugend voraus, daß es so etwas damals gab, und werfen damit ein Licht auch auf eine Konstellation des ganzen Griechentums. Die homerische Dichtung sollte dies auch sonst noch tun, denn in ihr steckt der ganze bisherige Entwicklungsgang des griechischen Geistes, bis auf das letzte Stück des Weges, das damals noch allein von ihr zurückgelegt wurde und auf dem die anderen dann unter dem Eindruck dieser Poesie folgten.

Die Trennung der verschiedenen Bestandteile ist ein höchst problematisches Geschäft, und nicht minder ist es die Homer-Philologie überhaupt, soweit sie den uns überkommenen und von den alexandrinischen Gelehrten kanonisierten Text genetisch zu analysieren sich bemüht. Der Autorenname Homer ist nur eine Chiffre und besitzt für sich allein keine Autorität. Die Werke, die seinen Namen tragen, sind aus einer langen Tradition hervorgegangen. Was sie zusammenschließt, ist eben diese Tradition. Die vielen Dichter, die sich hinter ihr verbergen, waren sowohl Überlieferer als auch, je nach Vermögen, Erfinder. Der größte unter ihnen war der Mann, der dem Krieg gegen Troia mit der Konzeption begegnete, ihn auf den Zorn des Achilleus zu stellen und damit nicht nur auf die Erzählung der Kriegsursachen, sondern ebenso auf die seines Endes zu verzichten. Ein großer Dichter war nicht minder der Sänger, dem die Heimkehr des Odysseus zu einem fruchtbaren Einfall wurde und der dann mit diesem Thema die mannigfachen Märchenmotive der Irrfahrten verband.

Solche Ideen kommen nicht von ungefähr. Sie müssen schon irgendwann einmal einem Individuum einfallen. Ist es aber auch der Verfasser des vorliegenden Textes oder doch seiner wichtigsten Partien? Trotz aller Meinungen und Überzeugungen, die an diesem Punkt seit über anderthalb Jahrhunderten bis auf unsere Tage geäußert wurden, bleibt diese Frage offen und wird es wohl hinfort auch bleiben. Fest steht nur die Größe dieser Epen – sie übertrifft schon dem äußeren Umfang nach alle anderen Epen, die es einst in ihrem Umkreis gegeben hat – und die Tatsache, daß sie, nachdem einmal der Rahmen gegeben war, nicht nur von einem großen Dichter zu stammen brauchten. Auch unabhängig davon mag die poetische Fassung einzelner Episoden manchmal schon vorgelegen und dann als Muster gedient haben, aber der »Homer« ist nicht einfach von einem Redaktor aus einer Summe von Einzelliedern zusammengebündelt worden.

Wenn die Sänger und Dichter überhaupt Träger und Schöpfer des mythologischen Glaubens der Griechen waren, dann mußte ihr größtes Werk, eben der »Homer«, ganz besonders diese Bedeutung erhalten, zumal wenn man bedenkt, daß nach der üblichen späteren Vorstellung Homer noch eine ganze Menge mehr als die Ilias und die Odyssee gedichtet hat und sein Name so gut wie stellvertretend für den größten Teil der epischen Poesie war. Der Historiker Herodot hat im 5. Jahrhundert diesen Tatbestand zu einer kulturgenetischen Theorie zugespitzt und meinte, Homer (und Hesiod) habe den Griechen die Entstehungsgeschichte ihrer Götter (die »Theogonie«) geschaffen und die Götter nach Funktionen und Gestalt bestimmt.

In dieser Spekulation steckt ein gewisses Teil Wahrheit, und selbst wenn man Homer auf den letzten großen Exponenten der epischen Dichtung, auf die Ilias und Odyssee, begrenzt, trifft sie noch zu, denn dieser Homer ist der »Klassiker« in seiner Welt und vereinigt wie ein Strom die verstreuten Flüsse und Bäche. Der personalen Struktur der großen griechischen Götter, ihrer Ordnung untereinander, dem Götterstaat auf dem Olymp, gab er eine dichterische Gestaltung, welche jene kraft ihrer poetischen Potenz eindrücklich den Griechen vor Augen stellte und der mythischen Sehweise, die sie selbst natürlich in sich entwickelt hatten, die einprägsame Objektivation verlieh.

Die Ilias spielt sich bekanntlich auf zwei Ebenen ab, unter den Menschen und in der Gemeinschaft der olympischen Götter. Diese konsequente Verteilung der Rollen kommt von der Auffassung des Stoffes oder besser des Geschehens durch die dichterische Phantasie, aber jeder, der mit dem Epos umging, konnte darin in nachdrücklicher Weise die Kunde von den Göttern und ihrer Existenzweise niedergelegt finden, ohne daß der Dichter im entferntesten ein religiöser Künder sein wollte. Durch diesen möglichen Aspekt seines Werkes konnte der Dichter jedoch nicht verhindern, daß wir noch heute von den »homerischen Göttern« sprechen, wenn wir die Olympier meinen. Und ebensowenig war zu umgehen, daß infolge der spezifischen Einstellung der Dichtung auf Götter und Menschen die Griechen (und wir mit ihnen) wie nirgends sonst das Verhältnis der Götter zu den Menschen aufgedeckt fanden und daß dadurch die Neigung bestätigt schien, hierin und nicht im wilden Kampf der Götter mit Giganten und Titanen das eigentlich Interessante des göttlichen Wesens zu erblicken. Das ist nicht mehr als eine Akzentverschiebung, denn verdrängt wurden diese Kämpfe keineswegs, und für die bildende Kunst sollten sie auch später noch ein beliebtes Motiv sein, aber sie ist wichtig, denn nur sie ermöglichte die wirkliche Gestaltwerdung der Götter.

Infolgedessen konnte sie in erster Linie denjenigen Göttern zugute kommen, mit denen das Epos im Zusammenhang seines Erzählens sich beschäftigte. Ganz von selbst wurde es damit von seiner eigenen Zielsetzung her auf die großen Gottheiten, wie Zeus, Apollon, Hera, Artemis, Poseidon, geführt, die ihre Bedeutung auf Grund langer und vorausliegender Entwicklung schon besaßen, nicht zuletzt auch im Kultus. Doch der Dichter stieß auch auf solche, die dieses gewichtigen Volumens noch entbehrten, sie sind durch ihn gehoben und profiliert worden. Hephaistos und Ares etwa zählen dazu. Ihre kultische Verbreitung war begrenzt, und im weiteren Mythos spielen sie auch keine große Rolle. Es ist wohl auch richtig beobachtet worden (Hermann Fränkel), daß selbst der Dichter, wenn er in solchen Fällen sich nicht von einer gleich starken Tradition getragen wußte, da etwas gehemmt war und einem Gott wie Ares nicht die gleiche Personalitätsfülle geben konnte.

Erzählt wird von den Göttern im Umkreis eines Schauplatzes, der von Menschen erfüllt ist. Ihr Antlitz ist darum ständig ihnen zugewandt, und ihre Physiognomie bildet sich in der Berührung mit ihnen. Das hatte allerdings eine bestimmte Voraussetzung: beide Partner mußten innerhalb der gleichen Welt sich begegnen und auf eine Weltordnung bezogen sein, die für beide galt. Und da diese Welt eine menschliche ist, haben die Götter eine Erscheinungsweise, die sie den Menschen nicht nur verständlich macht, sondern auch auf den Komment verpflichtet, der unter den Menschen herrscht. Natürlich sind die Götter stärker als die Menschen, vor allem sind sie unsterblich und können niemals durch physische Vernichtung bedroht werden. Aber wenn sie handeln, sind sie der Logik des menschlichen Geschehens verhaftet und setzen deshalb das Geschehen durch Menschen oder in Menschengestalt in Bewegung. Für das Auge des Menschen geht alles nach menschlicher Ordnung, in reiner Sinn-Immanenz zu. Der Mensch weiß es nicht, wenn er bloß als Statist eines höheren Willens wirkt (viel mehr könnte auch eine moderne Geschichtsphilosophie zu dem Thema nicht sagen), und vor allem: wenn er unmittelbar mit dem Willen des Gottes konfrontiert wird, nimmt er ihn freiwillig, weil er einfach nichts Besseres weiß, in den seinigen auf.

Am Anfang der Ilias »lenkt« Athene den Achilleus zur Herausgabe der Briseïs in der verbindlichen Form, daß sie ihm gleichsam freistellt, ihr zu gehorchen. »Ich bin gekommen, um deinen Zorn zu beseitigen, sofern du mir folgen willst.« Der Gott wird auch hier zu einer Instanz, die im innermenschlichen Blickfeld ihre Stellung einnimmt und den Menschen nicht durch bloße Autorität zu beeindrucken sucht.

Im allgemeinen handelt der Mensch aus Impulsen heraus, Wille und Gemütsbewegung sind in ihm zu einem unteilbaren Ganzen verschmolzen. Ein reflektierendes Bewußtsein, in dem der Mensch sich selbst zum Gegenstand der Überlegung macht und die Regungen seines Willens und seiner Stimmung überprüft, ist Homer unbekannt. Derartige Empfindungssituationen ersetzt er durch die Begegnung mit einem Gott (Snell). So wird der Gott zum Ersatzstück der menschlichen Freiheit auf dem Abschnitt, den der Mensch noch nicht zu besetzen vermag. Da nun Geschichte und Geschehen ohne solche Entscheidungen nicht auszukommen vermögen, sind die Götter unentbehrlich, nicht um sich selbst darzustellen und die Menschen zu sich heranzuführen, sondern damit die Ereigniskette für die Menschen, die sie zu knüpfen bemüht sind, nicht abbricht.

Der Weltgehalt Homers gehört zu seinen Geheimnissen. Denn ein Geheimnis ist um diese Dichtung einfach schon deshalb, weil sie einer allmählich dreitausend Jahre alt gewordenen Nachwelt das Rätsel aufgibt, warum sie trotz dieses Abstandes den Reiz des stets Gegenwärtigen ausübt. Die Griechen, die mit den wesentlichen Stücken ihrer Literatur ferne Geschlechter zu beeindrucken vermochten, haben dies mit keinem in höherem Maße erreicht als mit Homer. Das erste überhaupt greifbare Stück ihrer Literatur wurde in derartig überzeugender Weise ein »Klassiker«, daß dieser Begriff im Angesicht Homers seine Fragwürdigkeit zu verlieren scheint. Eine Frühperiode mit einem »klassischen« Exponenten, verwunderlich auch dann, wenn man bedenkt, worauf mit Recht neuerdings nachdrücklich hingewiesen wurde (Schadewaldt), daß Homer in seiner Epoche ein Spätling war! Das ist ein Problem, das auch den Historiker geradezu provozieren muß und dem gegenüber er dann seine Wehrlosigkeit einzugestehen hat.

Die Welt Homers ist, zumal wenn man an ihre Kulisse denkt, selbstverständlich nicht mehr die unsrige. Für die Griechen war die Lage begreiflicherweise anders, aber die innere Verbindlichkeit verlor sie auch für sie sehr bald, und im Anschluß daran hat ihr aktuelles Bewußtsein mehr gegen Homer polemisiert als ihn gerühmt; dies freilich nur deshalb, weil seine immerwährende Gegenwart unbestritten war. In der Jugenderziehung bedeutete er bis zur Verdrängung durch die Bibel den Eingang zur literarischen Kultur. Doch es gibt keine Identität der Geschichte mit sich selbst, auch nicht im Reich des objektiven Geistes, bei Homer sowenig wie bei einem »Klassiker« sonst. Vergangen ist auch er stets bis zu einem gewissen Grad – manche meinen wahrscheinlich, seine darin liegende Ehrwürdigkeit mache gerade seine Klassizität aus –, und nicht alles an ihm kann virulentes Leben sein, aber dessenungeachtet vermag er dennoch »Gegenwart« zu gewinnen, trotz des zeitlichen Abstandes.

Worin liegt dann aber die Gegenwart Homers? Sein immer frischer Reiz ist zweifellos auch ein ästhetisch-formaler. Der Hexameter, in den er sich kleidet, ist einer der rhythmisch mannigfaltigsten und gefälligsten Verse, den die griechische Dichtersprache hervorgebracht hat. Mit seinen sechzehn Variationsmöglichkeiten, die er bei Homer hat, ist er das Ergebnis einer langen, ununterbrochenen Kunstübung. Künstlerische Form in ihrer nach eigenen Gesetzen gewachsenen Vollkommenheit besitzt erfahrungsgemäß eine Mitteilbarkeit, die weit über den historischen Ort hinausreicht: man kann Homer anhören, ohne ein Wort zu verstehen. Ebenso geht es einem mit den gestanzten Formeln, die der epischen Sprache eignen und die gerade Homer auf Grund der handwerklichen Übung, die hinter ihm steht, in überreichem Maß besitzt.

Die Griechen entdeckten erst viel später die »schöne Rede« als eine selbständige Größe, und mit ihnen ist sich das spätere Europa einig gewesen, daß es das »Schöne« als eigene, das heißt als ästhetische Potenz gibt. Die Griechen Homers wußten davon noch nichts, und wenn sie auf ihn hörten, dann ging es ihnen um Mitteilung und Kunde, aber kraft der formalen Qualitäten lebte diese auch dann, wenn das Interesse nicht ihrem Inhalt galt, sondern der Art, wie er geäußert wurde.

Freilich ist mit dem vieldeutigen »Wie« der Bereich des Formalen überschritten. In ihm steckt ebenso der »Gehalt« wie die »Form«; die Welt der Dichtung offenbart sich darin, die mehr ist als die einzelnen Ereignisse. Sie muß demnach eine unmittelbare Zugänglichkeit haben, obwohl sie anders ist als die der meisten Menschen, die mit Homer umgingen. Dergleichen läßt sich eben nur denken, wenn trotz Andersartigkeit Gemeinsames ins Spiel kommt, eine gemeinsame Form der Menschlichkeit, von dem Dichter verwirklicht und von den vielen anderen nachvollzogen, und nachvollzogen doch wohl deshalb, weil es diese Schicht des Menschlichen immer noch gibt, erfahrbar und vor allem in der Vorstellung erweckbar. Leider läßt sie sich am bequemsten nur negativ umschreiben: mit dem Fehlen der Innerlichkeit. Der homerische Mensch existiert ohne sie und befindet sich durch den Wegfall dieser Dimension in einem ebenen Gleichgewicht seines Seins. Die Ordnung der Welt ist auf ihn genauso abgepaßt, wie er umgekehrt zu ihr paßt und sie in sich trägt. Es gibt dann kein »innen« und »außen«, noch weniger einen Zwiespalt zwischen Welt und Mensch und einen Zwiespalt der Menschen in sich selbst. Man kann auch sagen, alles ist körperlich und seelisch zugleich. Der Mensch lebt als seelisch-geistiges Wesen auch in seinen aufweisbaren Organen – die homerische Sprache bietet dafür unzählige Beispiele –, und das Innere ist immer zugleich das Äußere und umgekehrt.

Offenbar entspricht dies einer elementaren menschlichen Verfassung, vielleicht sogar einer derartig elementaren, daß sie in der Empirie nicht ohne massive äußere Stützen auszukommen vermag, dabei freilich durch die sachliche Zurichtung ihre Zugänglichkeit und Verstehbarkeit verlöre. Die homerische Welt ist dem gegenüber sowohl eine ideale

Welt als auch eine »spate« Welt, »spät« in dem Sinne, daß sie sich nur einen Augenblick im Gleichgewicht zu halten vermochte und daß hinter ihr als drängende Zukunft sogleich eine andere stand, der sie zum Opfer fallen mußte.

Man kann der Sache auch eine soziologische Wendung geben und sie mit der verfeinerten aristokratischen Gesellschaft Kleinasiens zusammenbringen, deren Bewußtsein die Verabsolutierung bestimmter Wesenszüge gestattete und die deshalb der Bindungen und Gängeleien durch die soziale Ordnung entraten konnte. Dann wären ihre Tage mit der Dauer dieser Voraussetzung gezählt gewesen. Aber auch wenn der Geist, so oder so, an eine besondere und vielleicht sogar einmalige Konstellation geknüpft ist, er besitzt, wenn er sich einmal objektiviert hat, eine davon unabhängige Dynamik.

Homer ist nicht nur die erste große Tat der Griechen, sondern in ihm vermochten sich die Griechen in ihrer Zerstreutheit auch zu finden, nicht nur, weil in ihm das Fazit einer langen Entwicklung gezogen war, sondern weil die geistige Form, die sie gefunden hatte und die wiederum mehr war als die tatsächlichen Vorgänge, in sich eine eigene Wirkungskraft besaß.

Wir müssen hier zur Vermeidung naheliegender Mißverständnisse eine Feststellung treffen: den Begriff des Griechen oder des Hellenen gab es zur Zeit Homers noch nicht. Wir verwenden ihn nur der Verständigung halber. Die »Griechen« selbst vermochten sich damals weder so noch irgendwie anders als Einheit zu begreifen. Aufgabe des Historikers ist es, dem Weg nachzugehen, auf dem sie sie finden konnten.

In den meisten Fällen – so häufig, daß man vom Normalfall zu sprechen geneigt ist – wird die Basis dafür von der politischen Macht geschaffen. Als äußere, durch Herrschaft gestiftete Einheit tritt für gewöhnlich das Bewußtsein der Volkszusammengehörigkeit in seinen Anfängen in Erscheinung und erhält von da seinen Anstoß zur weiteren Ausbildung, ohne daß diese hinfort des Rückhalts an der Politik bedürfte. In Griechenland fehlte jedoch auch dieser politische Anstoß. Und bei der politischen Struktur Griechenlands war er von nirgendsher zu erwarten. An die mykenische Zeit ließ sich nicht anknüpfen, nicht nur wegen der trennenden Wanderungsphase, sondern vor allem, weil sie diese Einheit ebensowenig gekannt hatte. Die Einheit mußte sich also gewissermaßen aus eigener Kraft in Existenz setzen und sich ohne die Initialzündung mit Hilfe der anderen Integrationsfaktoren zusammenfinden.

Macht und Herrschaft, von den durch sie betroffenen Menschen her gesehen, schaffen Gemeinsamkeit auch durch das gemeinsame Schicksal. Aber ein gemeinsames »Schicksal« kann sich auch unter anderen Tatbeständen verbergen; man muß ihrer nur gewahr werden. Da war es ein großer Glücksfall, daß die Verwandtschaft der Dialekte und damit die *Einheit des sprachlichen Raumes* nicht übersehen werden konnte. Die griechischen Dialekte stehen sich überraschend nah, und zwar nicht nur die altgriechischen und die Einwandererdialekte unter sich, sondern ebenso die beiden Gruppen im Verhältnis zueinander. Unmittelbarer Einblick in den sprachlichen Zustand der Wanderungszeit und der anschließenden Jahrhunderte ist zwar dem modernen Beobachter nicht vergönnt, und zweifellos ist das spätere Bild durch gewisse Anpassungen der lokalen Sprachformen aneinander beeinflußt, aber auch dann kommt man für die vorangegangene Zeit zu keiner allzu großen Streuweite.

Als minoische oder kretische oder als kretisch-mykenische Schrift bezeichnet man eine Gruppe nah verwandter Schriften, die in der Mittleren und Späten Bronzezeit in Kreta entstanden sind und von dort auf das griechische Festland, aber auch nach Cypern, Syrien und in das westliche Mittelmeerbecken ausgestrahlt haben. Mit ihrem Entdecker, Sir Arthur Evans, unterscheidet man drei Schriftklassen: die Hieroglyphen (hieroglyphisch-piktographische Schrift) und die Linearschriften A und B. Das älteste System bilden die Hieroglyphen, eine Bilderschrift, die wir bis in die Zeit der Entstehung der Älteren Paläste (Mittelminoisch I) zurückverfolgen können. Gewisse Eigentümlichkeiten lassen vermuten, daß »die Anregung zur Bilderschrift von Ägypten ausgegangen ist« (Bissing), obwohl sich nur in einigen Fällen direkte Entlehnungen nachweisen lassen. Auch die hethitische Bilderschrift besitzt eine Reihe verwandter Zeichen, ohne daß wir die Brücke kennen, die die beiden Schriftkreise einmal verbunden hat. Die hieroglyphischen Inschriften, die sich erhalten haben, bestehen im wesentlichen aus Siegeln mit 1 bis 4 Schriftflächen, die jeweils ein Zeichen oder eine einzelne Zeichengruppe tragen. Die auffällige Frequenz einiger dieser Gruppen (*formulae*) deutet darauf hin, daß es sich um Titel oder Namen handelt. Die Schriftrichtung schwankt und geht erst mit Linear A zur Rechtsläufigkeit über. Auch die Stellung der Zeichen und ihre Reihenfolge in identischen Gruppen ist nicht konstant und scheint mehr durch ästhetische als durch phonetische Momente bestimmt zu sein. Außer den Siegeln besitzen wir eine kleine Anzahl von Tonbarren, Tonanhängern und Tonbullen, auf denen die »*graffiti*« oft mit den Siegelabdrücken der Palastbeamten verbunden sind. Vereinzelt kommen auch Tontäfelchen vor, die bereits den Typus der späteren »Buchungstäfelchen« erkennen lassen: Reihen von Gegenstandszeichen (Ideogrammen), die mit Zahl- und Maßzeichen verbunden und bisweilen durch kurze Gruppen eingeleitet werden. Die enge Verwandtschaft der in den Ton geritzten Zeichen mit den Hieroglyphen darf nicht darüber täuschen, daß wir hier schon eine echte Kursivschrift vor uns haben, die man auch als Protolinear bezeichnen könnte.

Während sich die Form der Hieroglyphen, wohl aus religiösem Konservativismus, verhältnismäßig lange erhalten hat, ist die Kursivschrift starken Umwandlungen unterworfen gewesen. Etwa mit dem Beginn von Mittelminoisch III geht die protolineare Schrift in eine Reihe lokaler Schriften über, die wir unter dem Namen Linear A zusammenfassen. Gemeinsam ist ihnen die Vereinfachung der Zeichenformen. Besonders das Tontafelarchiv von Hagia Triada, das den größten Teil unserer A-linearen Texte geliefert hat, hat abgeschliffene Zeichenformen, die beweisen, daß überwiegend auf weichen Materialien geschrieben worden ist. Der Aufbau der Täfelchen zeigt den schon von den protolinearen Barren und Täfelchen bekannten Typus in weiterentwickelter Form: Einleitungsformeln, denen mit Zahl- und Maßzeichen verbundene Ideogrammreihen folgen, die durch neue Leitformeln in Untergruppen geteilt werden können. In einigen Fällen stehen am Ende der Reihen Additionen, deren Zahlen aber nicht immer mit der Summe der einzelnen Posten übereinstimmen. Neben den Täfelchen finden sich beschriftete Gegenstände und eine Gruppe von Sakralinschriften auf Libationsgefäßen und -geräten, die sich durch die »archaisierenden« Schriftformen deutlich abhebt.

Während Linear A in großen Teilen Kretas geschrieben worden ist, sind B-lineare Inschriften nur in Knossos gefunden worden. Die Hauptmasse der Texte stammt aus der Zeit kurz vor der Zerstörung des Palastes (um 1400), da die ungebackenen Täfelchen sich nur dadurch erhalten haben, daß sie im Feuer der Katastrophe »gebrannt« wurden. Charakteristisch für Linear B ist die Eleganz der Zeichenformen (»knossische Hofkalligraphie«), die sich wieder der »piktographischen« Schrift nähern, aus der auch einige in A fehlende Zeichen übernommen sind. Auch der Aufbau der Texte zeigt ein neues Gefühl für Form und Klarheit: während in den hochformatigen Täfelchen (*page tablets*) die Zeichengruppen, Ideogramme und Zahlzeichen oft kolumnenartig übereinandergestellt werden, sind die querformatigen Täfelchen (*palm-leaf tablets*) häufig in zwei Längskolumnen geteilt, in die die Ideogramme eingetragen werden. Demselben Bedürfnis nach Ordnung dient die Vorzeichnung von Linien und die Unterscheidung von Haupt- und Nebengruppen durch Stellung und Größe. Die im Vergleich zu Linear A stark vermehrten Ideogramme umfassen alle Lebensbereiche der minoischen Welt, von verschiedenen Männer- und Frauenzeichen, Tieren und Pflanzen bis zu Gefäßen, Waffen, Wagen und ihren Teilen. Sie bilden heute die Grundlage für ein Klassifizierungssystem der Texte.

Neben den drei Schriftklassen stehen Einzelfunde, die sich keinem der uns bekannten Systeme zuordnen lassen. Das bedeutendste dieser Stücke ist der 1908 von L. Pernier gefundene Diskus von Phaistos, eine aus dem Ende des 17. Jahrhunderts stammende Tonscheibe, die auf beiden Seiten Spiralinschriften trägt. Die durch Vertikallinien abgetrennten Wortgruppen zeigen fünfundvierzig verschiedene Zeichen, die nicht eingeritzt, sondern mit Stempeln in den weichen Ton gepreßt sind, also das früheste Beispiel eines Druckverfahrens, das von der minoischen Siegeltechnik allerdings weitgehend vorbereitet ist. Wiederholungen einzelner Gruppen und »reimende« Suffixe und Präfixe deuten auf einen poetischen Text hin. Die früher vorherrschende Ansicht, daß der Diskus aus Anatolien, Nordafrika oder dem Gebiet der Philister importiert wäre, ist erschüttert worden, nachdem Marinatos 1935 in der Kultgrotte von Arkalochori (Zentralkreta) eine beschriftete Doppelaxt gefunden hat, deren Zeichen mit denen der Diskusschrift verwandt sind. Man kann danach annehmen, daß sowohl die Diskusschrift wie die Arkalochorischrift (eine dritte Spielart ist inzwischen auf einem Steinblock in Mallia gefunden worden) in Kreta selbst

Linear B-Inschrift
Tontafel aus Knossos, um 1400 v. Chr. Herakleion/Kreta, Archäologisches Museum

Älteste griechische Inschrift
auf einem Kännchen aus Athen, um 725 v. Chr. Athen, Nationalmuseum
Übersetzung: Wer jetzt von den Tänzern am anmutigsten tanzt, der soll dies bekommen

entstanden sind. Anscheinend hat im bronzezeitlichen Kreta eine Reihe lokaler Schriften nebeneinander existiert, die sich nur teilweise berühren, so wie auch Linear A und B nur teilweise identisch sind und sich in verschiedener Weise mit der hieroglyphischen Schrift decken.

Ähnlich scheinen die Dinge auch auf dem griechischen Festland zu liegen. Nachdem schon früher beschriftete Bügelkannen aus Eleusis, Orchomenos, Theben und Tiryns bekannt waren, sind bei den amerikanischen Grabungen im »Palast des Nestor« in Pylos (Messenien) Hunderte von Tontafeln gefunden worden, deren Zahl sich seit der Wiederaufnahme der Grabungen im Jahre 1952 noch bedeutend vermehrt hat. Eine kleinere Anzahl von Täfelchen ist auch in Mykene zutage getreten. Ebenso wie in Knossos haben sich auch hier nur die Täfelchen erhalten, die kurz vor der Zerstörung der Paläste (um 1200) liegen. Während die Schrift der Tontäfelchen Linear B entspricht, hält die Schrift der Bügelkannen A-lineare Zeichen fest, die in der knossischen B-Schrift nicht mehr vorkommen. A-lineare Zeichen sind jetzt auch in einem Grabe in Triphylien gefunden worden. Daneben stehen zahlreiche Schriftfunde in Malthi (Messenien) und anderen Orten, die sich nur lose mit A oder B berühren oder zu keinem der bekannten Systeme gehören. Das Bild, das wir auf dem Festland und auf den Inseln gewinnen, wo Linear A in Melos und Thera gefunden worden ist, ist also ebenso verwirrend wie in Kreta. Eine Klärung kann nur von neuen Funden erwartet werden.

Die Frage, ob die bronzezeitlichen Schriften das Ende der kretisch-mykenischen Kultur überlebt haben, läßt sich heute noch nicht mit Sicherheit beantworten. In einigen Fällen können wir degenerierte Schriftformen auf Tonanhängern u.dgl. bis in subminoische und protogeometrische Zeit hinein verfolgen. Homer kennt nur die »unheilvollen Zeichen« auf dem »gefalteten Täfelchen« des Bellerophon (Ilias), wo der Ausdruck »todbringende« mehr auf magische oder symbolische Zeichen deutet.

Dagegen hat sich auf Cypern ein Ableger der kretischen Schrift erhalten in Gestalt einer Silbenschrift, die etwa 65 Zeichen für Vokale und offene Silben besitzt und erstaunlicherweise bis in hellenistische Zeit hinein für Aufzeichnungen in griechischer Sprache verwendet worden ist. Die ungelenke Schreibweise (*sa-ta-si-ka-ra-te-se* Stasikrates, *a-po-ro-di-ta-i* für Aphrodite) zeigt, daß die Schrift nicht für das Griechische, sondern für eine einheimische Sprache geschaffen worden ist, von der sich aber bisher nur geringe Reste gefunden haben. Nachdem schon Evans den Zusammenhang mit der kretischen Schrift erkannt hatte, hat J. Sundwall eine Reihe der Silbenzeichen auf Linear A zurückgeführt. Allerdings steht zwischen der Silbenschrift der archaischen und klassischen Zeit und der kretischen Schrift eine Gruppe bronzezeitlicher Schriften, für die Evans den Namen Kypro-Minoisch eingeführt hat. Ihr ältestes Zeugnis ist ein Tontafelfragment aus Enkomi, das in die Zeit um 1525 gehört, ihre jüngsten Belege drei größere Fragmente aus Enkomi aus dem Ende des 13. Jahrhunderts, die man nach der Zeichenzahl und den Zeichenformen schon als eine entfernte Vorstufe der Silbenschrift betrachten kann. Inschriften in einer verwandten Schrift sind in Ras Schamra (Ugarit) im benachbarten Syrien gefunden worden.

Obwohl wir keine Bilinguen besitzen und auch sonst alle Voraussetzungen für eine Entzifferung fehlen, hat man immer wieder versucht, die kretischen Inschriften mit Hilfe der kyprischen Zeichenwerte oder auf anderem Wege zu lesen. Die meisten dieser Versuche sind vergessen. Weithin anerkannt ist heute eine Entzifferung der B-linearen Texte, die auf den englischen Architekten M. Ventris und seinen Mitarbeiter J. Chadwick zurückgeht. Der Entzifferung liegt die Annahme zugrunde, daß Linear B geschaffen worden ist, um die minoische A-Lineare der Sprache einer mykenischen Dynastie anzupassen, die etwa um 1450 die Herrschaft in Knossos übernommen haben soll. Dabei sprach die Vorstellung mit, daß die vom Ende des 13. Jahrhunderts stammenden festländischen B-Täfelchen schon in griechischer Sprache abgefaßt sein müßten. Tatsächlich ist es den Entzifferern, allerdings mit Hilfe einer vieldeutigen Orthographie, gelungen, einen Teil der B-Täfelchen in griechischer Sprache zu lesen. Eine wesentliche Rolle bei diesen Lesungen spielt das »semibilingue« Prinzip, also die Ansicht, daß die vor den Ideogrammen stehenden Zeichengruppen die von diesen dargestellten Gegenstände bezeichnen oder beschreiben. Geradezu sensationell wirkte daher das 1952 in Pylos gefundene Täfelchen mit Ideogrammen von dreifüßigen Kesseln und pithosartigen Gefäßen (Abbildung). Beim Einsatz der Zeichenwerte ergaben sich vor jenen die Lesungen *ti-ri-po*, *ti-ri-po-de* (Dual) »ein Dreifuß, zwei Dreifüße«, und vor diesen *di-pa a-no-we (ti-ri-o-we, qe-to-ro-we)* »Humpen ohne Ohren (mit drei, mit vier Ohren)« je nach der Zahl der über der Gefäßmündung erkennbaren Kreise. Das Dreifuß-Täfelchen gilt daher als einer der wichtigsten Beweise für die Richtigkeit der Entzifferung, die heute ebenso heftig verfochten wie bestritten wird. Die Bedenken der Kritik richten sich gegen die Annahme einer reinen Silbenschrift, die Sprachtrennung von A und B, die unwahrscheinliche Orthographie und die »semibilinguen« Doppelschreibungen, für die wir keine Parallelen kennen.

Jedenfalls mußten die Träger der verschiedenen griechischen Dialekte trotz aller Differenzen und Verständnisschwierigkeiten gegenüber den fremden und den nichtindogermanischen Sprachen, die sie umgaben, doch stets den Eindruck gewinnen, über eine spezifische und eigentümliche Sprechweise zu verfügen. Die große geistige Leistung der homerischen Zeit, die in der ganzen griechischen Welt nicht ihresgleichen hatte, setzte die Griechen sehr früh in den Besitz einer Literatursprache: die Sprache Homers galt überall. Das unter seinem Namen gehende Epos konnte nur in ihr vernommen werden, und seine Hörer saßen nicht nur im mittleren Kleinasien. Aber auch wenn ein Fremder literarisch etwas sagen wollte, stand ihm nicht sein eigenes Idiom, sondern nur die Sprache Homers, genauer, nur der Hexameter Homers zur Verfügung. Das zeigte sehr bald eine geistige Erscheinung der nächsten Epoche wie Hesiod. Noch lange blieb Literatur ausschließlich Poesie. Das verhinderte, daß der unbezweifelbare Vorrang der Homerischen Sprache sich zu einer gemeingriechischen Verkehrssprache erweiterte. Dazu hätte es ihres Prosagebrauches bedurft. Als sich dann im 5. Jahrhundert ein Bedürfnis danach einstellte, konnte von einer eindeutigen Überlegenheit der kleinasiatischen (der »ionischen«) Sprachform nicht mehr die Rede sein.

Der in der Sprache und dem sprachlichen Kunstwert objektivierte Geist hat die soziologische Fähigkeit, die Menschen zusammenzuführen. Die Griechen erfuhren dies zu ihrem Glück in verhältnismäßig früher Zeit. Ein anderes geistiges Instrument, das von vornherein den Sinn zweckhafter Zurichtung in sich trug und ihm zufolge auf nichts als Kommunikation bedacht war, schufen sie sich etwa zur selben Zeit.

Spätestens seit dem ersten bis zweiten Jahrhundert des neuen Jahrtausends hatten die Griechen eine eigene *Schrift*. Diese Errungenschaft war fundamental. Eine längere Phase der Schriftlosigkeit und damit einer Lebensform, der ein größerer Spielraum zur freien Entfaltung fehlte, war überwunden. Griechenland hatte zwar in mykenischer Zeit schon einmal eine Schrift besessen, die »Linear B«, sie war aber mit dem Zusammenbruch der mykenischen Zivilisation wieder verlorengegangen. Es war ein Glück für die Griechen, daß sie sich mit ihr nicht mehr abzuplagen hatten, denn sie war ein schwer zu handhabendes Werkzeug, eine Mischung von an die hundert Silbenzeichen und einer beträchtlichen Zahl von Idiogrammen. Nur professionelle Schreiber konnten sie handhaben, wie es im Vorderen Orient seit zwei Jahrtausenden der Fall war. Wenn die Griechen auf sie zurückgegriffen hätten, wäre ihnen nicht erspart geblieben, in diese Spuren zu treten. Ihre intellektuelle und soziale Struktur wäre dem Zwang einer einschneidenden Wandlung ausgesetzt gewesen. Die Gunst der historischen Stunde schenkte ihnen aber die Möglichkeit, einen viel günstigeren Ansatzpunkt zu finden.

In Phönikien war Ende des zweiten Jahrtausends die großartige Entdeckung gemacht worden, die semitische Wortbildung durch die Konsonanten zu bestimmen. So reichte es aus, diese jeweils zu bezeichnen, um einen Text zu fixieren; die Vokale ergaben sich aus dem Sinnzusammenhang. Mit einem Schlag waren damit erstens die Anzahl der Zeichen auf einen Bruchteil der sonst (in Ägypten und Mesopotamien) benötigten herabgesetzt, und zweitens erfuhr das Zeichen durch seine Festlegung auf einen bestimmten Lautwert (anstatt auf ein Wort oder einen Wortbestandteil) eine nicht nur eindeutige, sondern auch vielfältig manipulierbare Charakterisierung.

Entwicklung des griechischen Alphabets

Nach Jensen

Es zeugt für Wachheit und Unvoreingenommenheit der Griechen, daß sie den ungeheuren Fortschritt gegenüber den älteren Schriftsystemen bemerkten. Sie begriffen aber auch die innere Ratio der neuen Schrift, nämlich die Tatsache, daß sie auf einer konsequent durchgeführten Lautanalyse beruhte, welche die komplizierte Synthese von Sinnsymbolen, das genetisch ältere Prinzip, ersetzte (es war freilich auch schon vielfältig abgewandelt). Dabei mußten sie nun gewahr werden, daß für ihre Bedürfnisse die bloße Bezeichnung der Konsonanten nicht ausreichte, daß also noch ein Schritt weiter getan und die Vokale angegeben werden mußten. Sie erfanden deshalb die Vokalzeichen hinzu, bedienten sich dabei jedoch einzelner phönikischer Konsonantenbuchstaben. Entdeckung und Erfindung gingen also Hand in Hand.

Der Ruhm gebührt offenbar den Bewohnern einiger Inseln der Ägäis – Melos, Thera, Kreta –, wahrscheinlich hatten sie aus geographischen Gründen den nächsten Kontakt mit Phönikien. Die Verbreitung ging sehr schnell vonstatten. Dabei stellte sich heraus, daß die griechische Sprache für einige konsonantische Laute, die das Semitische nicht kannte, Zusatzbuchstaben nötig hatte, deren Gestalt erst noch erfunden werden mußte. Das ist dann begreiflicherweise nicht überall in gleicher Art geschehen und führte deshalb innerhalb eines geringen Spielraums zur Sonderbildung verschiedener griechischer Alphabete. Mit der Zeit glichen sie sich aber aus, das heißt ein bestimmtes Alphabet setzte sich durch. Es war das milesische, das seit dem 4. Jahrhundert die weiteste Verbreitung fand, nachdem es Ende des 5. Jahrhunderts von Athen übernommen worden war.

Die Bedeutung der griechischen Schriftfindung ist gar nicht hoch genug einzuschätzen. Bekanntlich haben wir heute davon noch den Nutzen, denn das lateinische Alphabet ist im Grunde ein griechisches Alphabet. Daß Kinder innerhalb eines Jahres lesen und schreiben lernen, ist nur auf der Grundlage der griechischen Schrift oder des ihr zugrunde liegenden Systems möglich. Die Überwindung des Analphabetentums ist desgleichen an diese Voraussetzung geknüpft. In Griechenland ist sie deshalb auch ziemlich bald erreicht worden, spätestens in der klassischen Zeit. Es sind gerade Handwerker, von denen wir (auf Gefäßen) die ältesten Schriftzeugnisse haben.

Für das 8. Jahrhundert ist mit Schriftgebrauch für literarische Zwecke zu rechnen. Der Rhapsode, der zwar stets frei vorträgt, ist im Besitz von schriftlichen Unterlagen. Die großen Epen sind ohne solche nicht denkbar. Und vor allem: es bedurfte keines Schreiberstandes in Griechenland, und damit entfiel auch die Möglichkeit, daß sich an dessen Professionsmonopol die Entstehung einer intellektuellen Bildung anschloß, eine elementare Voraussetzung dafür, daß der geistige Zugriff nicht durch Berufsschranken gehemmt war. Zur »Freiheit« des griechischen Geistes gibt es auch von der spezifischen Art der griechischen Schrift aus eine Verbindung.

Wenn nicht gemeinsames Handeln, also Politik, die Griechen zum Bewußtsein ihrer Zusammengehörigkeit führte und nach den Umständen auch nicht führen konnte, so war dieser Prozeß ausschließlich darauf angewiesen, von der Regsamkeit des Lebens in einem ganz allgemeinen Sinne gespeist zu werden und dabei vor allem aus der Vitalität der geistigen Funktionen seine Kraft zu ziehen. Alle Aktivität, die die Integration eines griechischen Volkes bewerkstelligen konnte, kam von daher: Religion, Mythologie, Dichtung und schließlich die Schaffung einer eigenen Schrift spiegeln einen Zustand wider, der unter allseitiger Teilnahme heraufgeführt wurde. Im Bereich des tätigen Verhaltens konnte ihm nur in der gesellschaftlichen Sphäre entsprochen werden, und auch da nur innerhalb eines engen Ausschnitts.

Die geistigen Veränderungen waren, sofern sie sich dem weiteren Kreis der Griechen mitteilten, auf die persönlichen Berührungen der Griechen untereinander angewiesen. Sie waren stärker, als man im allgemeinen, unter Berufung auf die Primitivität der Verhältnisse, anzunehmen geneigt ist. Der Fremde war den Griechen, die ja zumeist mit dem Schiff leicht zu erreichen waren, eine vertraute Figur. Oft war er kein Grieche, um so mehr mußte sich der griechische Fremdling von ihm abheben. Der Adel bildete ein besonders kontaktfreudiges und austauschfreundliches Element. Der Verkehr der Standesgenossen untereinander, auch über Entfernungen hinweg, hat immer zu seinem Lebensstil gehört. Schließlich schuf das Bedürfnis nach gegenseitiger Berührung sich geradezu einen institutionellen Ausdruck.

Die unmittelbare Nachbarschaft war es zuerst, die eine lose Verbindung herbeiführte. Der Wunsch ging in erster Linie dahin, einfach um des menschlichen Verkehrs willen in periodischen Abständen zusammenzutreffen, natürlich zu einem gemeinsamen Tun. Das konnte aber, wenn es sich von irgendwelchen politischen Zwecken freihalten wollte, nur kultisch sein.

Ein Heiligtum wurde der Mittelpunkt von festlichen Zusammenkünften. Es war allen gemeinsam, und bitterböse verfuhr man mit derjenigen Stadt, die es für sich usurpieren und dadurch auf die Teilnehmer einer solchen Vereinigung, einer »Amphiktyonie« (wörtlich: Umwohnerschaft), Einfluß gewinnen wollte. Dem Übeltäter drohte ein »heiliger Krieg« und als sein Ende die physische Vernichtung. Eine Atmosphäre, welche aller Spannungen der einzelnen Gemeinwesen untereinander entrückt war, hatte zu herrschen. Der Gott wurde gefeiert, natürlich mit Opfern, aber ebenso mit Gesängen, die Rhapsoden verfaßten und vortrugen. Und schließlich konnten sich hieran Wettkämpfe anschließen, musische und gymnastische, wir würden sagen in Vokalmusik und in Sport. Der Anreiz dazu war sehr groß, denn dergleichen ließ sich nur in einem größeren Kreise veranstalten, der sowohl genügend zahlreiche Konkurrenten als eine breite Öffentlichkeit gewährleistete.

Die homerische Zeit war davon überzeugt, daß der Mensch in dem Widerhall, den er findet, existiert. Sein »Ruhm« ist der Ausdruck seines Wertes; mit ihm vermag er die Grenzen seines Lebens zu überdauern. Aber hierzu bedarf es eines größeren Resonanzkörpers, als er in der einzelnen Gemeinde zu finden ist. Der Trieb zur Anerkennung persönlicher Leistung verlangte nach einer Öffentlichkeit, und der Wunsch, in einem idealen Raum an gesteigerter Leistung teilzuhaben, ließ die Schranken begrenzter Lokalität durchbrechen.

Für die Ausbildung des hellenischen Einheitsbewußtseins sind diese Veranstaltungen sehr wichtig geworden, und dies von Anfang an, da eine solchergestalt organisierte Nachbarschaft einzelne größere Kontaktzonen schuf. Aber die Möglichkeiten waren damit noch nicht ausgemessen. Die delphische Amphiktyonie, ursprünglich die Amphiktyonie von Anthela bei Thermopylai, weitete ihren Kreis allmählich über die nächste Nachbarschaft aus, so weit, daß schließlich ein erheblicher Teil Griechenlands von ihr erfaßt wurde.

Das war freilich ein besonderer Fall und zugleich auch der für die Geschichte bedeutungsvollste. Anderwärts war der Ausstrahlungsbereich der Amphiktyonie nicht ganz so groß. Doch immer schuf er ein Feld von Gemeinsamkeit, welches über das an begrenzte Örtlichkeiten gefesselte politische Leben weit hinausging. Die kleine Insel Delos wurde so ein Mittelpunkt für eine große Zahl von Insel- und kleinasiatischen Küstenbewohnern. Zu Schiff mit Weib und Kind fuhr man dorthin zum Fest und zu fröhlichem Treiben. Was einer von seinen gewerblichen Erzeugnissen verkaufen wollte, nahm er mit. Die Zusammenkunft zahlreicher Menschen schuf wie immer auch einen Markt mit Angeboten und feststellbaren Bedürfnissen. Aber die ökonomische Seite hat bei den Griechen niemals die Herrschaft über die zentralen Festmotive erlangt. Die uns vertrauten »Messen« des europäischen Mittelalters haben sich in Griechenland und überhaupt in der Antike niemals entwickelt.

Der Gesichtspunkt »zweckfreier« Geselligkeit hatte die unbestrittene Führung, und zwar in einem solchen Umfang, daß sie sich auch unabhängig von einer institutionalisierten Amphiktyonie verwirklichte. Der berühmteste und älteste Fall ist der von Olympia. Ursprünglich ein rein lokales Ereignis für Elis und seine Nachbarn, weitete sich der Radius erst über die Peloponnes und dann über die gesamte griechische Welt aus. Obgleich mit der Zeit noch andere Spiele dieser Art an die Seite der olympischen traten, blieben sie die berühmtesten das ganze Altertum hindurch.

Wenn sich die Besucher vereinigten, verstand es sich von selbst, daß etwaige Streitigkeiten zwischen den Gemeinden zu ruhen hatten. Solange man sich im engen Kreis der unmittelbaren Nachbarschaft bewegte, bedurfte es keiner besonderen Vorkehrung. Bei einer Erweiterung, zumal als ganz Griechenland erfaßt wurde, wurde es nötig, für die Dauer der Spiele eine Art von Gottesfrieden zu verkünden, der den Besuchern eine ungefährdete Reise über die weiten Entfernungen gewährleistete. Allerdings war Ende des 8. Jahrhunderts die Entwicklung noch nicht soweit gediehen. Sie ging Hand in Hand mit der Ausbildung des griechischen Volksbewußtseins, und als Olympia eine gesamtgriechische Einrichtung wurde, hatten sich die Griechen unterdessen den Namen *Hellenen* gegeben, und die leitenden Beamten in Olympia hießen »Hellenenrichter« (Hellanodiken). Von Hellenen konnte man aber vor dem 7. Jahrhundert nicht sprechen.

Die Entstehung dieser Bezeichnung, die gewissermaßen die Entstehung des griechischen Volkes als eines selbstbewußten Körpers formell bestätigte, ist so verdeckt wie der ganze Vorgang. Hellas ist von Hause aus eine Landschaft in Thessalien, und ihre Bewohner sind die ursprünglichen Hellenen. Irgendwelche Bedeutung hatten sie nicht, und ihr Verdienst war es gewiß nicht, daß ihr Name für alle Griechen stellvertretend wurde. Die anderen sind von sich aus darauf gekommen, und das war, auch wenn wir die Gründe nicht kennen, bezeichnend genug. Der typische Hergang, daß die Fremden den Namen geben, bestätigt sich hier nicht. Die Griechen hätten sonst Ioner heißen müssen, wie die Assyrer zu ihnen sagten, oder Graeci, wie die Italiker sich ausdrückten, beide Male nach einer kleinen Gruppe, mit der das betreffende Ausland zuerst in Berührung kam. Weil die Römer sich der Bezeichnung »Graeci« bedienten, hat diese dann für den Westen und das spätere Europa Gültigkeit erhalten. Wir sprechen deshalb heute noch von den »Griechen«. Sie selbst haben sich aber nie so genannt. Gültig für sie war nur der Hellenenname.

Die Konstituierung der Hellenen als Volk, die sich hier in der einheitlichen Selbstbezeichnung widerspiegelt, ist ein Stück aus einem umfassenden Vorgang sozialer Bewußtseinsbildung. Im gleichen Zuge, in dem die Griechen die Einheit ihres Volkstums fanden, nahmen sie eine innere Gliederung desselben vor. Es ist das die Aufteilung in die drei Stammesgruppen der Aioler, Ioner und Dorier, nach der wir noch heute die Landkarte von Hellas zu differenzieren pflegen. Leider sind wir auch hier nicht imstande, den Hergang genau zu beschreiben. Wir haben nur das nackte Ergebnis. Doch darf man mit einiger Wahrscheinlichkeit vermuten, daß er sich nicht geradlinig von der Schichtung der griechischen Bevölkerung ableitet, wie sie sich in der frühen Geschichte und zumal der Wanderungszeit zeigt. Es muß nämlich auffallen, daß die dreigeteilte Stammesgliederung keineswegs den gesamten historischen Befund deckt, den die bisherige griechische Geschichte hervorbrachte. Es sind nicht alle Griechen von jener erfaßt worden. Die »Nordwestgriechen«, also vor allem die Bewohner Akarnaniens, Aitoliens und der zentralgriechischen Gebirgslandschaften wie Lokris und Phokis, sodann vor allem die Makedonen, sind draußen geblieben. Sie haben also an dieser Integration des Stammes- und Volksbewußtseins nicht teilgenommen. Mit gutem Grund, denn ihre geistige und soziale Verfassung war dazu viel zu rückständig.

In jenen frühen Jahrhunderten vermochte der Prozeß einer volksmäßigen Selbstbestimmung bei ihnen noch keinen Eingang zu finden. Bei den Makedonen ist dies sogar bis in die hellenistische Zeit unterblieben. Noch die Griechen der klassischen Zeit haben sie als außerhalb ihres Kreises betrachtet und lediglich die Familie des Königshauses dieser Abwertung entzogen.

Ioner und Aioler beziehen sich auf das altgriechische Substrat des Hellenenvolkes. Die Dorier gehören hingegen zu den Eindringlingen der letzten Wanderung, welche daher auch den mißverständlichen, da viel zu engen Namen »Dorische Wanderung« trägt. Doch ist die Erinnerung daran nicht eigentlich der Ausgangspunkt für die Gruppierung gewesen. Von keiner dieser Bezeichnungen ist erwiesen, daß es sie in jener frühen Zeit überhaupt gab oder daß sie eine übergreifende Bedeutung besessen hätte.

Ioner waren von Hause aus die Mitglieder einer Amphiktyonie in Kleinasien, der »zwölf ionischen Städte«, welche in einem Heiligtum, dem Panionion, am Gebirge Mykale ihren Mittelpunkt hatten. Sie hoben sich durch diese Organisation derartig sichtbar unter den Griechen Kleinasiens hervor, daß man im Vorderen Orient ihren Namen zur Bezeichnung der Griechen überhaupt aufgriff: auf assyrischen Urkunden des 8. vorchristlichen Jahrhunderts begegnen sie als *Jemâni*. Unter den Griechen selbst hat sich der Name gleichfalls verbreitet, wahrscheinlich auf Grund der Tatsache, daß die Angehörigen der Festgenossenschaft von Delos ihn übernahmen. Deren Kreis war erheblich größer als die ionische Amphiktyonie und umfaßte außer dieser Insel zahlreiche andere in der Ägäis, darunter auch das ausgedehnte Euboia und vor allem die Einwohner von Attika. Sie alle durften sich deshalb Ioner nennen, und sie haben dies, je mehr ihre allgemeine Geschichte in engere Beziehungen zueinander trat, mit um so größerer Bestimmtheit getan. Als die Athener allmählich größere Geltung gewannen, stellten sie die Behauptung auf, sie seien die ursprünglichen Ioner, und alle anderen stammten von ihnen ab.

Die Aioler sind ursprünglich die Griechen des nördlich an die Ioner anschließenden kleinasiatischen Küstensaumes und haben den Namen von einer Landschaft Aiolis. Von da griff die Bezeichnung auf einige benachbarte Inseln über, vor allem auf Lesbos. Schließlich fand sie auch auf dem Festland Eingang, etwa bei den Boiotern. Wie es hierzu kam, ist leider nicht anzugeben. Der Ausgangspunkt war gewiß das Bewußtsein nachbarlicher und sprachlicher Zusammengehörigkeit. Aber der Sprung auf das Festland war mit Hilfe dieses Motivs allein schwerlich zu bewerkstelligen, obgleich es dem modernen Sprachforscher nicht schwerfällt, in dem altgriechischen Sprachsubstrat verwandte Züge mit dem Aiolischen in Kleinasien und auf den Inseln festzustellen. Seine Träger waren ja aus Griechenland gekommen.

Rätsel geben auch die Dorier auf. Wenn sie identisch wären mit sämtlichen Einwanderern der Jahrtausendwende, könnte man sie als eine Gruppe auffassen, die sich eben durch das gemeinsame Schicksal dieser Einwanderung zusammengefunden hat. Das ist aber nun keineswegs der Fall. Die Dorier sind nur ein Teil der Neugriechen, und dazu kein besonders homogener. Sie treten in Kleinasien auf, wo sie einen Festverband von sechs dorischen Städten, die »dorische Hexapolis«, begründet haben, ferner auf den südlichen Inseln der Ägäis, vor allem auf Kreta, schließlich auf der Peloponnes, in erster Linie mit Sparta-Lakedaimon, Argos und Korinth. Dann gibt es noch eine ganz kleine unbedeutende Tallandschaft Doris in Mittelgriechenland. Von ihr ist offenbar der Name ausgegangen. Aber die Heimat all der anderen Dorier kann sie nicht gewesen sein. Zugrunde liegen muß ein ähnlich geheimer und verborgener Zusammenhang wie bei der Ableitung des Hellenennamens von der kleinen Landschaft Thessaliens. Vielleicht hat für beides die pythisch-delphische Amphiktyonie eine Rolle gespielt, zu der Doris wie Thessalien gehörten. Einen Leitindex mochten die Dorier, nachdem sie einmal den Anschluß an Doris gefunden hatten, in der Tatsache feststellen, daß ihre soziale Struktur fast durchgängig in der Beherrschung einer eingeborenen Hörigenschicht das historische Ereignis der Überlagerung verriet. Später trug das charakteristische Profil, das Sparta innerhalb der griechischen Welt gewann, viel dazu bei, dem Doriertum den Inhalt eines idealen Begriffs zu verleihen, in ähnlicher Weise wie den Ionern der Aufstieg Athens zu Hilfe kam.

Eine gewisse Fülle der Anschauung konnte diese »Vergesellschaftung« (wie der Soziologe sich wenig schön ausdrückt) selbstverständlich erst im Fortgang der historischen Zeit gewinnen, und dies sowohl hinsichtlich der Stammesgruppierung als vor allem auch für die Griechen als Volkseinheit. Von praktisch-organisatorischer Art war sie am Anfang keineswegs gewesen. Der historische Betrachter wird gespannt sein, ob sich daran etwas ändern sollte und ob in erheblichem Umfang in diese Formen einer zweckfreien Gruppenbildung einmal politische Energien einschießen würden. Vorderhand war daran noch nicht zu denken. Wir stehen mit unseren Feststellungen ja frühestens im 7. Jahrhundert.

Die Griechen taten damals etwas anderes, was ihnen viel leichter fiel: sie objektivierten den erreichten Zustand in einem ätiologischen Mythos. Stammvater aller Hellenen wurde ein gewisser Hellen. Er hatte ebenso sprechende Abkömmlinge in seinen Söhnen Doros und Aiolos und in einem seiner Enkel mit Namen Ion. Die durchsichtige Erfindung verrät ihre Absicht auf den ersten Blick und hätte gewiß die Griechen auch befriedigt, wenn sie nicht

Die Startschwelle im Stadion von Olympia, dem Ort der panhellenischen Wettspiele

Reste des ältesten Apollon-Heiligtums auf Delos

mit älteren selbständigeren Erzählungen in ein Verhältnis hätte gesetzt werden müssen. Daraus ergab sich ein ziemlich verwickelter mythischer Pragmatismus, welcher die aktuelle Tendenz wiederum verdunkelte, doch dadurch zugleich verriet, daß der Gedanke, das gesamte Hellenenvolk mythisch, das hieß damals noch »geschichtlich«, zu erklären, wegen seines verhältnismäßig späten Auftretens ziemlich schwierig zu verwirklichen war. Die griechische Einheit als Schöpfung freier, also nichtgelenkter Bewußtseinsvorgänge ließ sich in keiner Weise dogmatisieren und war damals wie später darauf angewiesen, immer wieder von neuem erworben und geschaffen zu werden.

Ausgreifen in die Welt: Die griechische Kolonisation

Mit dem 8. Jahrhundert geht etwas Eigenartiges mit Griechenland vor: an den verschiedensten Punkten geraten die Hellenen wiederum in Bewegung, nachdem dreihundert Jahre zuvor die Wellen der Ägäischen Wanderung zur Ruhe gekommen waren. Den neuen Aufbruch nennt man in der Geschichte »die griechische Kolonisation«. Der Ausdruck ist ein *terminus technicus* und gibt von vornherein gewisse Bestimmungen an die Hand. Kolonisation in diesem Sinne ist eine partielle Wanderung, bei welcher der Ausgangspunkt nicht aufgegeben wird. Die Große Wanderung hatte die ursprünglichen Sitze der Griechen (bis auf gewisse Ausnahmen) von Grund auf verändert. Sie war also eine Verschiebung des gesamten Volkskörpers. Demgegenüber bedeutete die Kolonisation einen Ausdehnungsvorgang, der die ursprünglichen Positionen im großen ganzen beließ und sie lediglich durch neue bereicherte. Wenn man so will, ist »Kolonisation« also weniger »elementar« als »Wanderung«, beides morphologisch ganz verschieden, indem diese eine Urtümlichkeit beschwört, die noch nicht die Erfahrungen höherer Gesittung und differenzierter Lebensverhältnisse gemacht hat, während jene dies gerade voraussetzt; »Wanderungen« erlebt ein Volk nur einmal, in den Frühzeiten, wo es sie aushält, weil es zum »Volk« noch nicht richtig durchgebildet ist; »Kolonisation« ist wiederholbar (und war es auch bei den Griechen) und setzt zivilisatorische Grunderfahrungen voraus; eine Wahrheit, welche die ganze Weltgeschichte gegolten hat, bis sie durch das 20. Jahrhundert mit seiner ungehemmten Barbarei und seinen höchste technische Macht umspannenden Möglichkeiten in Frage gestellt wurde.

Was die Griechen also damals begannen, hat seine typologischen Verwandten in aller Welt, in der ostdeutschen Kolonisation, in der kolonisatorischen Gewinnung von Amerika, in der Durchdringung Sibiriens durch Rußland und in vielem anderen; aber innerhalb dieses weiten Rahmens ist es doch eine besondere Spielart. Wie jene hat die griechische Kolonisation neue Räume erschlossen, und wir dürfen gleich bemerken: da, wo wir die »klassischen« Griechen in ihrer Landschaft suchen, dahin sind sie, zu einem wesentlichen Teil, erst durch die Kolonisation gekommen; aber die Art und Weise, wie dies geschah, weicht von den üblichen Formen doch sehr ab.

Wir treffen hinfort Griechen nicht nur über die gesamte Küste der Ägäis, sondern ebenso über den Rand der Dardanellen und des Marmarameeres verstreut an. Sie sitzen aber auch jenseits am Schwarzen Meer, das ihnen dadurch zum »gastlichen Meer«, zum *Pontos Euxeinos*, wurde, wie am westlichen Mittelmeer, auf Sizilien, in Süditalien, ja auch im fernen Südfrankreich (Marseille) und sogar in Afrika (Kyrenaika).

Daraus geht hervor, daß die griechische Kolonisation niemals kontinentale Räume durchdrungen hat. Sie blieb konsequent auf die Küste beschränkt. Ein berühmtes Wort Platons sagt, die Griechen säßen wie Frösche am Rande eines Teiches. Eine Perlenschnur griechischer Gesittung hing so vor den Ländern, die von drei Erdteilen her das Mittelmeer einrahmten. Sie selbst konnten natürlich nicht griechisch werden, aber die See, die sie verband, sie wurde griechisch, dies allerdings mit gewissen Einschränkungen. Sie hängen mit den Voraussetzungen des ganzen Phänomens zusammen.

Wenn den Griechen auch nicht daran gelegen war, sich in den Ländern Eingang zu verschaffen, an deren Küste sie ihre Schiffe trugen, so war doch das Betreten auch bloß des Küstensaumes nur dann möglich, wenn die Einwohner es gestatteten oder doch gestatten mußten. So verhielt es sich denn auch.

Die Griechen trafen bei den Fremden auf eine derartig primitive Stufe der politischen Organisation und des zivilisatorischen Niveaus, daß ein wesentlicher Widerstand von ihrer Seite gar nicht versucht werden konnte und auch nicht versucht wurde: wo die Griechen kolonisierten, hatten sie es mit politisch leeren Räumen zu tun. Ihr eigener Aufwand an Macht war jeweils auch nicht sehr groß, aber er war stets dem Kräfteeinsatz überlegen, der ihnen entgegengestellt werden konnte, von seiten des äußeren Vermögens wie des Interesses. Es machte in der Regel wenig Schwierigkeit, die Eingeborenen gegebenenfalls von dem für die Kolonie in Aussicht genommenen Areal zu vertreiben. Meistens wird man sich irgendwie gütlich geeinigt haben, manchmal auf dem Wege langer, zäh geführter Verhandlungen, wie bei Kyrene, wo zum Zeichen des Einverständnisses das Königshaus den Königstitel der Einheimischen *(Battos)* als Eigennamen verwandte.

Die Griechen fanden nirgends eine seefahrende Bevölkerung vor, die sowohl die Küste zu verteidigen imstande gewesen wäre als auch Neigungen dazu verspürt hätte. Da die Griechen nicht mehr wollten als die Niederlassung in den Küstenebenen und da ihre Ansprüche, zumal anfangs, als ihre Zahl noch klein war, sich in Grenzen hielten, konnte man sich aus dem Wege gehen.

Der friedliche Verkehr brachte zudem Vorteile. Die Griechen verfügten über Waren – es waren die Erzeugnisse ihrer Kunstfertigkeit –, welche die anderen gebrauchen konnten, und nahmen wiederum andere ab – meistens als Rohstoffe –, die sie benötigten und der Handelspartner zur Verfügung stellte. Kurz und gut, die Griechen waren in der günstigen Lage des zivilisatorisch Überlegenen und konnten ihre Existenz vor allem auf den Abstand des kulturellen Gefälles gründen. Wo sie als Kolonisten hinkamen, machten sie – das liegt im Wesen der Sache – die Eingeborenen mit der »Hochkultur« erst bekannt und dokumentierten damit, daß sie jetzt selbst jener Zone zugehörten, die vor zwei Jahrtausenden aus verschiedenen Anfängen im Vorderen Orient entstanden war.

Wenn die Griechen diese Bedingung nicht vorfanden, entfielen die Voraussetzungen zur Kolonisation. Das war überall da der Fall, wo sie das Gebiet des Alten Orients berührten, so vor allem in Syrien und Ägypten. Die einzige Ausnahme, die »Niederlassung der

Milesier«, eine griechische Faktorei in Unterägypten, beruhte ebenso wie ihre Nachfolgerin Naukratis auf einem Privileg des Pharaos (Ende des 8. Jahrhunderts). Das Verhältnis der Griechen zu den maßgebenden Instanzen jener Welt war – sehr verständlich – eher umgekehrt; die Überlegenheit war auf der anderen Seite. Die Berührung, aus geographischen Gründen glücklicherweise selten, lehrte es: Griechische Stadtfürsten auf Kypros waren dem assyrischen König Sargon II. tributpflichtig (709), und einige Jahre später kam es zu einem militärischen Zusammenstoß mit seinem Nachfolger Sanherib auf der kilikischen Ebene. In Syrien war die Konstellation noch aparter. Da hätten es die Griechen unmittelbar mit den Phönikern zu tun bekommen. Und die Phöniker waren die Meister zur See, lange bevor sich die Griechen auf ihr zum Wort meldeten.

Das Verhältnis zu den *Phönikern* war überhaupt entscheidend für die griechische Expansion. Früher, im vorigen Jahrhundert, vor der archäologischen und historischen Enträtselung der Geheimnisse des Vorderen Orients und des östlichen Mittelmeers, erblickte man in ihnen nicht nur die maßgebende Instanz dieser ganzen Welt, sondern sah in ihnen vor allem auch die orientalischen Lehrer der Griechen. Überall glaubte man in vor- und frühgriechischen Schichten auf phönikische Spuren zu stoßen. Diese Irrtümer sind längst behoben. Man wird auch keineswegs sagen dürfen, daß die Seefahrt selbst ein dem frühen Griechentum fremdes und allein den Phönikern vorbehaltenes Element gewesen sei. Die mykenische Zeit hat schon griechische Seefahrer gekannt, und erst recht setzt die Große Wanderung Vertrautheit mit dem Meer voraus. Aber zweifellos sind während der Jahrhunderte der Konsolidierung nach der Wanderung solche vorhandenen Ansätze von den Griechen nicht fortgebildet worden.

Der Fernhandel lag in phönikischen Händen, und der phönikische Kaufmann als der eigentliche Experte auf diesem Gebiet ist noch der Odyssee eine vertraute Figur. Erst recht war die Schaffung eines maritimen Verkehrsnetzes durch Anlegung von Stützpunkten und schließlich die Gründung ganzer Städte an den Hauptverkehrsadern außerhalb des griechischen Blickfelds. Eben darauf hatte sich während dieser Jahrhunderte, als das griechische Leben gleichsam nach innen gekehrt war, das Augenmerk der Phöniker gerichtet. Die Gelegenheit war günstig. Der Zusammenbruch des vorderasiatischen Großmachtsystems am Ende des zweiten Jahrtausends gab ihnen die Hände frei. An die Spitze der phönikischen Städte trat bald Tyros, die große Inselstadt, zugleich eine gewaltige Festung, nachdem die Suprematie von Sidon, das bis dahin den phönikischen Namen vertreten und ihn unter der Bezeichnung »Sidonier« der ferneren Umwelt vorgestellt hatte, durch Assyrien das Opfer einer vorübergehenden politischen Schwächung geworden war (Anfang des 9. Jahrhunderts).

Die Richtung, in der die frei gewordenen Energien nun vorstießen, war der Westen des Mittelmeers, und zwar die an seiner Südküste entlanglaufende Linie bis über Gibraltar hinaus. Den äußersten Punkt bezeichnete die Gründung der Stadt Gades (Cadiz) für den Güteraustausch mit der Iberischen Halbinsel, vor allem mit der in ihrem Süden liegenden Stadt Tartessos, der Vermittlerin des wertvollen spanischen Silbers und Kupfers und ebenso günstig gelegen als Ausgangspunkt für Fahrten längs der atlantischen Küste Europas und Afrikas. Für die Sicherung dieser großen Strecke bot sich der ungefähr in der Mitte liegende Riegel Tunis an. Auf dieses Gebiet, das zudem mit seiner günstigen geographischen Position den Vorteil eines fruchtbaren Hinterlandes verband, richteten die Phöniker deshalb ihre Hauptaufmerksamkeit.

Mehrere Städte entstanden da schon in so früher Zeit wie Gades (etwa um die Jahrtausendwende), darunter vor allem Utica, Hadrumetum und Thapsos. Später traten als notwendige Ergänzung einige feste Punkte an der Westküste Siziliens hinzu (Lilybaeum, das heutige Marsala, Motye). Thukydides hat behauptet, daß die ganze sizilische Küste von phönikischen Posten besetzt gewesen sei; aber die moderne Wissenschaft hat sich in diesem Punkt unter Berufung auf das Fehlen einer archäologischen Bestätigung seiner Autorität wahrscheinlich mit Recht nicht gebeugt. Eine dieser tyrischen Stadtgründungen, keineswegs die früheste, war die von Karthago im Jahre 814 v. Chr. Karthago konnte damals noch keine Bedeutung beanspruchen und stand darin begreiflicherweise hinter den älteren phönikischen Gründungen zurück. Seine politische Position gegenüber den Eingeborenen war sogar besonders schwach. Es zahlte ihnen einen Zins, um ohne besonderes Engagement ein erträgliches Verhältnis zu gewährleisten.

Für die griechische Kolonisation war es ein ausgesprochenes Glück, daß die Phöniker sich konsequent auf den verhältnismäßig schmalen Pfad ihrer Ost-West-Route beschränkten und nirgends Neigung zeigten, über ihn hinauszugehen. So setzten sie sich in Spanien auch diesseits von Gibraltar nur an der südlichsten Küste fest. Malaca war eine ihrer Gründungen, weiter nach Norden sind sie nicht gekommen. Nicht nur Korsika und Sardinien, sondern selbst die Balearen lagen damals noch außerhalb ihres Gesichtsfeldes.

Die Griechen wären Narren gewesen, wenn sie sich die Gunst dieser Situation verscherzt hätten und in die phönikische Zone eingedrungen wären. Selbst ihre Handelsschiffe hielten sich ihr mit solcher Folgerichtigkeit fern, daß sie das ihnen gewiß dem Namen nach bekannte Tartessos erst auf Grund eines Zufalles anfuhren. In der Mitte des 7. Jahrhunderts, also ein Jahrhundert nach dem Beginn der Kolonisation, wurde durch widrige Winde ein samischer Kaufmann Kolaios dorthin verschlagen und eröffnete damit einen gewissen, allerdings nicht allzu dichten Handelsverkehr zwischen den ionischen Griechen und der fernen Stadt. Zur selben Zeit etwa riskierten Griechen einen vereinzelten Vorstoß nach Afrika, wohlweislich jedoch an einer Stelle, die von den Phönikern ausgelassen war. Kyrene wurde gegründet, aber das war auch ein Abenteuer, zu dem man sich nur unter großen Bedenken entschloß und bei dem es ziemliche Angst zu überwinden galt. So fern und so unbekannt schien den Griechen damals noch diese Gegend, obgleich sie näher lag als Ägypten und der Weg von Kreta nach Kypros weiter war als der von Kreta nach Kyrene.

Wie es nicht anders sein konnte, folgte die Kolonisation in der Regel den Wegen, die das Schiff des Kaufmanns eröffnet hatte; voraus ging die Erkundung der Gegend durch Schiffsstationen, die dem Handel und der Sicherung der Schiffahrt zu dienen hatten. Nur so ist es zu verstehen, daß die Kolonisation mit der Besetzung ausgesprochen extremer Punkte einsetzte: schon um die Mitte des 8. Jahrhunderts sind Kyme (Cumae) in Italien und Sinope am Schwarzen Meer gegründet worden. Kyme ist auf der Apenninenhalbinsel stets die äußerste Kolonie geblieben. Es ist da wirklich sehr verständlich, daß das Terrain durch eine Handelsniederlassung auf der gegenüberliegenden kleinen Insel Ischia vorbereitet worden war. Und wahrscheinlich werden Informationen auch Hinweise darauf enthalten haben, was gerade für diese Gegend sprach und warum man nicht noch weiter nach Norden ging. Im Spiegel der anschließenden Zeit verrät die Entscheidung geradezu providentielle Weisheit, denn anders hätte die Kolonisation ein paar Generationen später unweigerlich zu Konflikten mit den Etruskern führen müssen, was schwerlich zu ihrem Segen ausgeschlagen wäre. Es entsprach der unausgesprochenen Programmatik der griechischen Kolonisation, eine Provozierung solcher Schwierigkeiten zu vermeiden.

Die Kolonisation setzte noch in der unerschütterten Adelszeit ein und gehört damit eigentlich zu ihrem Spektrum. Homer hätte sie nennen können, wenn er die konkrete Gegenwart nicht aus seinem historischen Raum verbannt hätte. Doch hat er immerhin in seinen Phäaken ein Gemeinwesen gezeichnet, dessen wirtschaftliche Grundlage Seehandel und Seeraub war. Die Epoche der Kolonisation überschneidet freilich die Adelszeit. Sie erfüllt das ganze 7. Jahrhundert und ist auch noch im 6. eine Erscheinung, die sich nicht wegdenken läßt; sie bildet ein Kontinuum, das verschiedene Phasen überbrückt. So scheint es jedenfalls, wenn man lediglich den äußeren Vorgang registriert. In Wirklichkeit hat die Kolonisation je nach den historischen Umständen einen Gestaltwandel durchgemacht. Ein Kolonisationsunternehmen in der Zeit Homers ist selbstverständlich nicht ganz das gleiche wie im Umbruch der folgenden Jahrhunderte. Das kommt vor allem bei den Motiven zum Vorschein.

Anfangs haben Nahrungsmangel und Übervölkerung nicht nur dominiert, sondern sind der ausschließliche Grund gewesen. Auch späterhin ist dieser Antrieb nicht verlorengegangen; man wird ihn sogar immer noch für den häufigsten halten dürfen. Aber gewiß war er nicht mehr der einzige. Nach Lage des Einzelfalls konnten handelspolitische Gesichtspunkte die Führung übernehmen. Soundso oft erwirkten äußere Bedrängnis, herbeigeführt durch weltpolitische Veränderungen, den Entschluß zur Auswanderung. Vor allem jedoch zeichnet sich das Zeitalter der sozialen Krise in der Kolonisation ab. Wer es daheim wegen des lastenden Druckes und aus Verzweiflung, daß keine Besserung eintrat, nicht mehr aushielt, der nahm in die Fremde die Hoffnung auf eine bessere Zukunft mit. Und genauso ließ sich der Text umgekehrt lesen, und der adlige Mann begrüßte in der neuen Heimat die Möglichkeit, ungeschmälert und unbedroht ein standesgemäßes Leben zu führen. Ehrlicherweise ist der Berichterstatter allerdings gerade an dieser Stelle, aber ein für allemal, gehalten, den Leser darauf aufmerksam zu machen, daß wir in ganz unzulänglicher Weise über die griechische Kolonisation unterrichtet sind und eine Darstellung, abgesehen auch von der Belastung durch manche Hypothesen, niemals einen nur entfernt der Bedeutung des Gegenstandes entsprechenden Eindruck zu vermitteln vermag.

Wenn die griechische Kolonisation bereits im 8. Jahrhundert mit voller Kraft einsetzte, dann war sie ein Unternehmen des Adels, und zwar, wie es in damaliger Zeit nicht anders möglich war, eines agrarisch orientierten Adels, dem die heimische Ackernahrung zu klein geworden war. Nicht zufällig regte sich dieser Drang zuerst auf Euboia, einem Land, das bis weit in das 6. Jahrhundert hinein eine großagrarische Struktur bewahrt hatte. Adliges Unternehmertum zeichnet sich so als zugleich inspirierende und leitende Größe in der Kolonisation ab, und im Grunde ist diese Figuration niemals ganz verlorengegangen. Stets mußte an der Spitze eines Kolonisationszuges ein »Gründer« *(oikistés)* stehen, manchmal waren es auch mehrere. Ihnen vertrauten sich die anderen an, selbstverständlich nicht nur Standesgenossen, sondern auch Leute des Volkes. Diese konnten natürlich von ihren Herren aufgeboten werden, aber im allgemeinen lag Freiwilligkeit des Zuzugs näher. Der Mut, den ein solches Wagnis forderte, ließ sich nicht kommandieren. Von einer bestimmten Stadt ging der Zug aus, und sie galt dann als die »Mutterstadt« der Kolonie *(metrópolis)*. Aber die Kolonisten kamen auch anderswoher und entstammten keineswegs allein deren Gemarkung.

Nur so ist es zu verstehen, daß in der Geschichte der griechischen Kolonisation auch kleine und verhältnismäßig unbedeutende Städte immer wieder hervortreten. Auf Euboia war es vor allem Chalkis; doch schon die erste Gründung Kyme (Cumae) weist mit dem Namen auf Nichtchalkidier hin, wahrscheinlich auf Leute aus dem kleinen euboiischen Kyme. Auf dem Isthmos erwarb sich das winzige Megara einen besonderen Platz in diesem Zusammenhang. Desgleichen spielt die sonst durchaus periphere Landschaft Achaia an der Südseite des Korinthischen Golfs eine große Rolle. Da gab es ein paar Flecken, von denen aus die Anker gelichtet wurden, aber der landschaftliche Verband war dort noch so stark, daß sie alle unter achaiischer Flagge segelten. Überdies hätte Achaia als Gesamtheit niemals die zahlreichen Menschen aufgebracht. Das weitere Hinterland der Peloponnes wie etwa das umfangreiche Arkadien war dafür Menschenreservoir.

Freiwilligkeit und spontaner Entschluß der Einzelnen vertrugen sich durchaus mit überlokalen Vereinbarungen. Sie reichten mitunter über größere Strecken, etwa von einer Insel zu einer anderen. Gela auf Sizilien beruht so auf einer Verständigung, die zwischen Rhodos und Kreta herbeigeführt wurde. So der Bericht unserer Quellen, er ist aber ungenügend. Weder Rhodos noch Kreta waren eine einheitliche Größe. Also handelte es sich um Abmachungen zwischen einem »Unternehmer« irgendwo auf Rhodos mit irgendeinem auf Kreta. Der »Staat«, den es in einer zu solchen Aktionen ausgebildeten Form im beginnenden 7. Jahrhundert nirgends in Griechenland gab, konnte es nicht gewesen sein.

Es gab allerdings auch andere Konstellationen. Zwei Generationen später herrschte auf Thera Hungersnot. Der Apollon von Delphi gab den Befehl, in Afrika eine Kolonie zu gründen, aber selbst die Verzweiflung konnte den Widerwillen gegen dieses Abenteuer nicht unterdrücken. Man nahm Verbindungen mit Kreta auf, weil seine Einwohner etwas von der unbekannten Geographie wußten; gewiß waren auch Kreter bei dem Zug dabei. In Thera mußte aber mit Zwang nachgeholfen werden. Ein Beschluß ordnete an, daß von zwei männlichen Nachkommen mindestens einer nach dem Los die Heimat zu verlassen habe, ausnahmslos in allen sieben Bezirken der Gemeinde. Hier ging es also wie bei dem berühmten *ver sacrum* der italischen Bergvölker zu. Wo die Autorität der Gemeinde nicht ausreichte, wurde dem Apollon in Delphi auf ein Orakel hin ein Zehntel der Bevölkerung »gelobt«, und dies war schon im 8. Jahrhundert möglich, als Rhegion von Chalkis aus gegründet wurde.

Doch auch wenn das nicht zutraf – der Regel entsprach es gewiß nicht – und das Unternehmen frei vereinbart war, so hatten die Kolonisten doch keinerlei Veranlassung, ihre Herkunft zu verleugnen. Ihre Götter nahmen sie in jedem Falle mit, dazu die Regeln von

Brauch und Sitte und sozialer Ordnung, kurz die »Gesetze« *(nómoi)*, wie man vor allem später, als sie aufgezeichnet waren, leicht sagen konnte. Da mußte natürlich geklärt sein, welche Stadt als Ursprung der inneren Ordnung zu gelten hatte. Sie war dann offiziell die Gründungsstadt. War die fremde Beteiligung sehr stark, dann konnte sie sich in einem zusätzlichen Oikistes und einer zusätzlichen Muttergemeinde niederschlagen. Die Rückwirkung auf die lokalen Einrichtungen ließ sich aber auch einschränken. An der Entstehung Himeras auf der Nordseite Siziliens waren Zankle (das spätere Messina) und Syrakusaner beteiligt. Doch in diesem Punkt setzte sich Zankle durch, das seinerseits seine »Gesetze« als chalkidische Gründung von Chalkis hatte. Also war Himera eine chalkidische Kolonie. Denn auch das gilt es zu bedenken: viele griechische Kolonien (gewiß die Hälfte) sind als sekundäre Gebilde über eine Primärkolonie zustande gekommen, gleichsam als Metastasen. Nichtsdestoweniger waren sie Kolonien derjenigen Gemeinde, deren Gepräge sie hatten, also immer der im Mutterland, und mitunter suchte sogar eine Kolonialgemeinde für ihre Kolonie unmittelbaren moralischen Rückhalt bei der Mutterstadt, indem sie sich von dort den Oikisten erbat. So ging es bei der Gründung von Selinus durch Megara Hyblaia (in Sizilien) zu, wo der Oikist aus dem mutterländischen Megara stammte.

Trotz aller dieser Beziehungen zwischen Gründungsstadt und Kolonie waren die Kolonien grundsätzlich selbständige Gemeinwesen mit eigener politischer Verantwortung. Das ergab sich aus dem elementaren Ansatz der Kolonisation, daß sie der Versorgung von Menschen und keinen politischen Zwecken zu dienen hatte. Infolgedessen herrschte, zumal im Anfang, auch der Gesichtspunkt vor, neue Ackernahrung zu gewinnen.

Die meisten Kolonien der früheren Zeit waren deshalb Ackerbaukolonien. Die Leute zogen hin mit der Anwartschaft auf ein Landlos, eben das Landlos, das die Heimat den zweiten und dritten Söhnen nicht zur Verfügung stellen konnte. Schon auf der Fahrt hatten sie dieses Los sozusagen in der Tasche. Der Dichter Archilochos hat in einem seiner (nicht erhaltenen) Gedichte die hübsche Episode erzählt, daß ein Kolonist, wahrscheinlich ein adliger Zechbruder, sein Los im Leichtsinn an einen Kumpan für einen Honigkuchen weggab. Aber selbstverständlich schloß agrarische Motivierung nicht aus, daß auch an die Funktion als Stützpunkt für den Handel gedacht war, zumal als er größere Bedeutung gewann. Aber da gab es auch genug Kolonien, die in erster Linie in solcher Eigenschaft, als *empória*, anzusprechen waren. Vor allem hat das Milet des 6. und 5. Jahrhunderts so gedacht. Zahlreiche Posten an der Nordküste des Schwarzen Meeres waren so zu verstehen, und ganz eindeutig und ausschließlich stellte sich die Niederlassung in Ägypten, die Vorgängerin von Naukratis, in dieser Weise dar. Es war ganz unumgänglich, daß Emporien in diesem Sinne gewissen Anweisungen der Gründerstadt zu gehorchen hatten.

Doch solche »reinen« Fälle waren, auf das Ganze gesehen, Ausnahmen und zeugten von atypischen Gesichtspunkten. Überhaupt bestand ein innerer Zwang zur Selbständigkeit der Kolonien: die griechische Gemeinde verfügte über gar keine Mittel, ihre Herrschaft über die Kolonie organisatorisch zu festigen. Das gab ihr schwaches institutionelles Gefüge gar nicht her. Es fehlte aber auch das Bedürfnis, in dieser Richtung Vorkehrungen zu entwickeln, und zwar auf beiden Seiten. Die Kolonie war im allgemeinen stark genug, aus eigener Kraft zu existieren, und der Mutterstadt fehlte der Wille, über große Entfernungen hin ihren Einfluß zu behaupten. Um daran etwas zu ändern, mußten besondere Umstände eintreten.

In der zweiten Hälfte des 7. Jahrhunderts geschah dies unter der korinthischen Tyrannis. Diese verfügte aber nicht nur über einen ausgesprochenen Machtinstinkt, sondern auch über ein entsprechendes Instrumentarium. Der Tyrann schickte einfach seine Söhne in die Kolonien, die ihrerseits dort Tyrannen wurden, zugleich aber unter den Direktiven des Vaters standen. Doch flossen diese Maßnahmen nicht aus dem Begriff der Kolonie, sondern waren eine »Erfindung« der Tyrannen. Korkyra, eine ältere korinthische Kolonie, mußte deshalb erst militärisch bezwungen werden – in der ersten Seeschlacht der griechischen Geschichte, wie Thukydides meint (Mitte des 7. Jahrhunderts). Die neuen Koloniegründungen, welche dann durch Gorgos, dem Sohn des Kypselos von Korinth und Residenten in Korkyra, von Korinth und Korkyra gemeinsam vorgenommen wurden (Leukas, Ambrakia, Anaktorion, Apollonia, Epidamnos), standen weniger unter korinthischer Botmäßigkeit als unter der Herrschaft der Tyrannenfamilie. Das gleiche gilt von Poteidaia auf der Halbinsel Chalkidike (um 600 v. Chr. von einem Sohn des Tyrannen Periander gegründet); dies alles schwand mit der Tyrannis dahin.

Nur spärliche Relikte hielten sich als kultische Beziehungen in Form gemeinsamer Feste und Beitragsleistungen dafür und der Einsetzung eines obersten Beamten für den Kult durch Korinth; lediglich in Potidaia hatte dieser (der »Epidemiurg«) politischen Charakter, war aber nicht weisungsgebunden. Doch waren dies ebenso ausgesprochen Ausnahmen wie einige andere Spielarten der bunten Erscheinungen, die diese in unzähligen Einzelheiten sich darstellende griechische Kolonisation bietet.

Vor der Aufgabe einer plastischen Wiedergabe dieses verrinnenden Bildes muß der Historiker kapitulieren. Er verfügt über zuwenig Einblick in den inneren Vorgang, um von ihm her die Geschichte aufzuschlüsseln. Mehr als zu registrieren vermag er nicht.

Kyme (Cumae), die erste griechische Kolonie im Westen, ist auch im Licht der anschließenden kolonialen Entwicklung ein vereinzelter Vorstoß geblieben. Die rückwärtige Verbindung entlang der Westküste Italiens unterblieb vorerst. Es war also ein einsamer Punkt. Um so wichtiger war seine Bedeutung für Italien; die frühesten griechischen Einflüsse gingen von hier aus. Das Alphabet, das die Etrusker in seinem Grundbestand von ihnen übernahmen, war deshalb das chalkidische; auf dem Weg über diese erste Entlehnung kam es dann selbstverständlich mit gewissen Abwandlungen auch zu den Römern. Die griechischen Orakelbücher (die *libri Sibyllini*), welche im offiziellen römischen Kultus eine große Rolle spielten, stammten aus Kyme und wurden ausgegeben als Sprüche der dortigen, natürlich griechisch wahrsagenden Sibylle, deren Grotte, in der sie angeblich weissagte, noch heute zu sehen ist. Eine große Stadt ist Kyme nicht geworden. Anfang des 5. Jahrhunderts wurde von ihm in günstiger Lage nicht weit weg eine »Neustadt« angelegt, Neapel, die es sehr bald überflügelte und die nach seinem Zusammenbruch am Ende des 5. Jahrhunderts seine Erbschaft antrat. Neapel war also auch eine chalkidische Stadt, und in ihr hat sich das Griechentum bis weit in die Kaiserzeit hinein gehalten, ungeachtet römischer Herrschaft und römischer Verwaltung.

Höhle der Sibylle von Kyme unter der Akropolis der Stadt an der kampanischen Küste

Taras und Phalantes, die sagenhaften Gründer der Stadt Taras
Vorder- und Rückseite einer vergrößerten Silbermünze, um 460 v. Chr.
Neapel, Nationalmuseum

Chalkis richtete seine Anstrengungen im Westen ferner auf Sizilien und besetzte dort zwei Punkte: Zankle (an der Stelle des heutigen Messina) und südlich davon Naxos. Das spätere Schicksal der beiden Städte war wie die ganze Geschichte des griechischen Siziliens sehr unstet. So ist Naxos schon 403 v. Chr. vom Erdboden verschwunden und fand etwa fünfzig Jahre später in Tauromenion, dem heutigen Taormina, eine Nachfolgerin; die flüchtigen Einwohner von Naxos setzten sich dort nämlich fest. Ursprünglich war jedoch Naxos eine bedeutende Stadt und genoß kraft ihres Alters – sie galt als die älteste Griechensiedlung auf Sizilien – großes Ansehen. Ging von irgendeiner griechischen Gemeinde eine kultische Festgesandtschaft (eine *theoria*) ins Mutterland ab, dann brachte sie erst ein Opfer am Altar des dortigen Apollon Archeagetes. Chalkis führte gleich im ersten Zug der neuen Kolonie viele Menschen zu, denn nur sechs Jahre später konnten von ihr noch unter dem alten Oikisten neue Kolonieunternehmen ausgehen: Katane (Catania) und Leontinoi (Lentini) wurden gegründet (728). Zankle wurde wie Naxos direkt von Chalkis und dem übrigen Euboia aus besiedelt. Aber vorher hatten sich da schon Landsleute aus Kyme niedergelassen, denen es anscheinend zu Hause nicht gefiel. Sie hatten sich auf das legitime Gewerbe des Seeraubes verlegt, wofür die Straße von Messina bessere Gelegenheit als der Ort in Kampanien bot. Anderthalb Jahrhunderte später wurde von Zankle aus Himera an der sizilischen Nordküste gegründet (580).

Ein Jahr, nachdem die Chalkidier nach Naxos kamen, landeten südlich von ihrer Kolonie Katane Korinther unter Archias, einem Angehörigen der Bakchiadensippe, die damals Korinth beherrschte (733). Er hatte unterwegs einen Teil seiner Flotte unter Führung eines Geschlechtsgenossen nach Korkyra detachiert, der dort eine Kolonie gegründet hatte. In Syrakus ließ sich Archias erst auf der vorgelagerten kleinen Insel Ortygia nieder und nahm von dort aus das gegenüberliegende Festland allmählich in Besitz. Syrakus war von Anfang an, trotz des ausgezeichneten Hafens und obwohl von der späteren Handelsstadt Korinth gegründet, eine Ackerbaukolonie mit einer zahlreichen Bevölkerung. Sie war auch nicht ausschließlich korinthischen Ursprungs, die Korinther hatten viele Freunde, vor allem aus Arkadien, daran beteiligt. Hundert Jahre später verfügte Syrakus über einen genügenden Menschenüberschuß, um durch drei neue Kolonien (Akrai, Kasmenai, Kamarina) den ganzen Südosten Siziliens zu besiedeln. Wenige Jahre nach seiner Gründung erhielt Syrakus in nächster Umgebung eine Nachbarin: wenige Kilometer nördlich wurde Megara Hyblaia gegründet (727 v. Chr.), wie der Name schon sagt, von Leuten aus Megara. Hyblaia bezeichnet eine in der Nähe gelegene Eingeborenensiedlung.

Diesen Megarern war es eigentümlich ergangen. Sie hatten offenbar ihre Fahrt nicht ordentlich vorbereitet und waren mehr oder weniger drauflosgesegelt, einige Zeit bevor sich die Korinther auf den Weg machten. Ihre erste Niederlassung bewährte sich nicht. Daraufhin versuchten sie mit den Chalkidiern in Leontinoi gemeinsame Sache zu machen. Aber es kam zum Streit, und sie wurden hinausgeworfen. Auch der dritte Versuch schlug fehl. Schließlich räumte ihnen ein einheimischer Fürst einen Platz ein, eben die Stätte von Megara Hyblaia. Aber dieser Fürst war bestimmt nicht der einzige, der dabei das entscheidende Wort sprach. Ohne Zustimmung von Syrakus konnten sie sich schwerlich in ihre unmittelbare Nähe setzen. Das Einvernehmen stellte sich dann leicht her; beide

Kolonistenhaufen standen sich von der gemeinsamen Heimat auf dem Isthmos her nahe und hatten schon unterwegs Fühlung aufgenommen. Das Mißgeschick des megarischen Kolonisationstrupps hatte nämlich eine Gruppe veranlaßt, auf eigene Faust ihr Glück zu machen. Sie hatten sich – ohne befriedigendes Ergebnis – zuerst an der Südspitze Italiens (Kap Zephyrion) festgesetzt und waren dann von den Korinthern nach Syrakus mitgenommen worden, an dessen Gründung sie sich, zusammen mit den nicht wenigen Nichtkorinthern, beteiligten.

Genau hundert Jahre später (nach den Funden möglicherweise eine Generation früher) befand sich Megara Hyblaia in der Zwangslage, für seinen Bevölkerungsüberschuß zu sorgen. In der Nähe war keine Möglichkeit. Deshalb ging man in eine Gegend Siziliens, die noch keine griechische Wohnstätte gesehen hatte, ganz im Westen und mit der Möglichkeit, ein umfangreiches Stadtterritorium in Besitz zu nehmen, viel größer als das des beengten Megara Hyblaia: Selinunt wurde gegründet, noch für das heutige Auge eine der eindrucksvollsten sizilischen Lokalitäten, den karthagischen Stützpunkten benachbart, was damals gleichgültig war, aber etwas mehr als zweihundert Jahre später zum Verhängnis wurde. Selinunt war eine der wichtigsten Städte des archaischen Siziliens.

Östlich von ihr lag Gela, die Gemeinschaftskolonie von Rhodos und Kreta, erst Anfang des 7. Jahrhunderts gegründet und hundert Jahre später der Ausgangspunkt für die Gründung des gewaltigen Akragas.

In Süditalien fand – sofern man von Kyme absieht, mit dem es ja eine eigene Bewandtnis hat – verständlicherweise die Griechenland zugekehrte Seite das eigentliche Interesse der griechischen Kolonisation. Rhegion auf der Festlandseite der Straße von Messina war das Pendant zu Zankle und wurde deshalb von Chalkis gegründet, merkwürdigerweise nicht in unmittelbarem Zusammenhang mit ihm, sondern anscheinend erst im Laufe des 7. Jahrhunderts. Als der Erste Messenische Krieg den Adel der von Sparta befehdeten Landschaft Messenien außer Landes trieb, fand er dort auf Geheiß des delphischen Apollon ein Unterkommen. Im übrigen aber hat sich Chalkis diesem ganzen Gebiet ferngehalten, und überhaupt ist sonst keine ionische Stadt dort entstanden, bis auf die Ausnahme des von Kolophon gegründeten Siris, das aber nur eine Lebensdauer von hundert Jahren erreichte. Die Hauptaktivität entfalteten die Achaier: drei Städte, Kroton, Sybaris, Metapont – jene beiden offenbar in einem Zug 709 gegründet, diese etwas später – verdanken ihnen neben anderen ihre Entstehung.

In archaischer Zeit gehörten Sybaris und Kroton zu den glänzendsten griechischen Gemeinwesen. Sie trieben weitere Gemeinden aus sich hervor, auf der anderen Seite des schmalen Ausläufers der Apenninenhalbinsel, und zwar mit einiger Berechnung. Ungeachtet ihrer Selbständigkeit waren sie als Auffangpunkte für den Handelsverkehr gedacht, den man so unter Abkürzung der umständlichen Seefahrt durch die Straße von Messina direkt an das Tyrrhenische Meer heranführen konnte. Zu diesen Städten gehörte auch Poseidonia (Paestum), heute die Stätte der berühmtesten griechischen Tempel. Sybaris verdankte Poseidonia Anfang des 7. Jahrhunderts seine Entstehung. Auf den geschichtlichen Gesamtumfang besehen war jedoch Taras (Tarent) unter den griechischen Kolonien die wichtigste. Sie war nur keine achaiische Gründung, sondern stellte die nahezu einzige spartanische Kolonie vor; denn aus gutem Grund konnte Sparta, da es das Nahrungsproblem auf seine Weise löste, auf Koloniengründung verzichten. Weshalb es zu dieser einen Ausnahme kam, war schon dem Altertum ein unlösbares Rätsel, das sich deshalb mit einer noch dunkleren Legende aushalf.

Gänzlich außerhalb dieser Zusammenhänge steht die Entstehung von Massalia (lateinisch: Massilia, Marseille). Sie geht auf die Initiative von Phokaia, einer griechischen Stadt in Kleinasien, zurück und liegt auch mit seinem Gründungsdatum ziemlich spät (600). Massalia ist gleichbedeutend mit der Entdeckung des mediterranen Frankreichs durch die Griechen; es gehörte zu den selbstverständlichen Faustregeln kolonialer Planung, das Augenmerk auf etwa die gleichen klimatischen Bedingungen wie zu Hause zu richten. Politisch hatte aber die Gründung das Desinteresse der Karthager an dieser bis dahin jedem Zugriff offenen Ecke des Mittelmeers zur Voraussetzung. Massalia benutzte diesen Glücksumstand dazu, die europäische Küste von der Côte d'Azur bis in die Gegend von Mainake (Malaga) mit Handelsstationen (Emporien) einzurahmen. Nikaia (Nizza) erinnert noch heute an diese erfolgreiche Politik.

Die Rolle Massalias läßt sich mit der der anderen Kolonien im Westen nicht vergleichen. Der Schwierigkeit des internationalen griechischen Lebens dank seiner Entfernung und Isolierung gänzlich enthoben, gewann es säkulare Bedeutung. In früher Zeit, als Roms Wiege noch kaum vorhanden war, bildete es im Westen den Ausgangspunkt griechisch-europäischer Gesittung. Griechische Unternehmungslust und Entdeckerfreude fühlten sich an diesem exponierten Punkt in einzigartiger Weise herausgefordert. Schon Ende des 6. Jahrhunderts fuhr Euthymenes die Westküste Afrikas entlang, wahrscheinlich bis zum Senegal, und machte sich nach seinen Erfahrungen mit den Gezeiten eine originelle Theorie über den Ursprung des Nils, eines der großen geographischen Rätsel nicht nur im Altertum. Zweihundert Jahre später unternahm Pytheas, der Zeitgenosse Alexanders des Großen, seine berühmte Fahrt durch die Straße von Gibraltar nach England, um die Insel herum weiter nach Norden, vielleicht bis Island, auf dem Rückweg möglicherweise über die Ostsee und die Weichselmündung.

Überlegt man, welchen Gewinn das Griechentum auf die Dauer von der griechischen Kolonisation hatte, so stellt sich das östliche Ausbreitungsfeld vor das schließlich an die Römer verlorengegangene westliche. Was hier, vor allem auf kleinasiatischem Boden, geschah, war im Grunde eine geradlinige Fortsetzung der durch die Große Wanderung vollzogenen Besiedlung der ägäischen Ostküste. Alle die Städte, die nun den Rand von Hellespont, Marmarameer und Bosporus besetzten, entsprachen dem Prinzip, das bereits an die Hand gegeben wurde. Aber das war noch nicht die Chance ihrer Zukunft, die erst der Hellenismus brachte mit seiner Überwältigung des Vorderen Orients durch das Griechentum. Am nachhaltigsten wirkte er in Kleinasien, und an diesem Ergebnis waren diejenigen Griechen sehr wesentlich beteiligt, die damals schon längst das Land zu ihrer Heimat gemacht hatten. Es erscheint denn auch folgerichtig, daß die Träger der östlichen Kolonisation in der Hauptsache aus dem schon griechischen Kleinasien kamen, die Ioner und Aioler, und an der Spitze die Milesier.

Die geschichtliche Stellung Milets als der bedeutendsten Stadt des archaischen Griechentums spiegelt sich auch in der Fülle der von ihm entsandten Kolonisten wider. Ihre große

Zahl hat einen sehr einfachen Grund. Milet vermochte die Kolonisationsphase zeitlich auszudehnen. Es war schon im Anfang zur Stelle, im 8. Jahrhundert. Damals sind manche jener Fortsetzungskolonien entstanden. Aber schon damals drang es in das Gebiet des Schwarzen Meeres vor und öffnete sich damit den anderen großen Horizont seines kolonialen Wirkens. Sinope und Trapezunt gehen in diese Zeit zurück. Milet war erst recht während des 7. Jahrhunderts aktiv, als vor allem der weiter entfernte Osten von der griechischen Expansion erfaßt wurde und so wichtige Städte wie Olbia an der Mündung des Bug und Tyras an der Mündung des Dnjestr, beide um 650 gegründet, das südrussische Getreide dem kornhungrigen griechischen Markt zuzuführen begannen. Milet stellte sich wiederum ein, als im 6. Jahrhundert die Bewegung ausebbte, und gab ihr innerhalb des Schwarzen Meeres nochmals einen neuen Impuls. Merkwürdigerweise hat es sich die für seine Politik wichtigsten Punkte, Byzantion und das gegenüberliegende Chalkedon, entgehen lassen. Beides sind megarische Gründungen. Es ist mit ihnen überhaupt seltsam gegangen. Zuerst wurde das weniger günstig gelegene Chalkedon besiedelt (685) und erst siebzehn Jahre später Byzantion. Chalkedon trug deshalb im Altertum den Spitznamen »Stadt der Blinden«, weil seine Gründer nicht gemerkt hätten, welche Dummheit sie begingen, als sie der asiatischen Seite des Bosporus den Vorzug gaben.

Die europäische Küste der Ägäis wurde der Gegenstand einer mannigfaltigen Konkurrenz. Die verschiedensten Städte wetteiferten, sich dort festzusetzen. Am gleichartigsten war der Einsatz auf der Chalkidike; sie wurde in der Hauptsache eine Domäne des nahen Euboia. Chalkis, das der Halbinsel den Namen gab, fand hier neben dem Westen das andere große Feld seiner kolonialen Leistung. Dreißig Punkte sollen ursprünglich von ihm besiedelt worden sein, die sich in der Folgezeit zu wenigen größeren vereinigten. Eretria trat gegenüber der führenden Position von Chalkis zurück, ebenso vereinzelte Unternehmungen der Inseln Paros und Andros. Paros erbrachte seine eigentliche Leistung in der Besiedlung der Insel Thasos. Von den Kämpfen um ihre Besetzung kündet noch heute der Dichter Archilochos, den sein kriegerisches Leben auch auf diesen Schauplatz führte. Thasos wurde eine wichtige und reiche Stadt, weil es die gegenüberliegende thrakische Küste unter seinen Einfluß brachte und dorthin nicht nur eine Anzahl von sekundären Kolonien aussandte, sondern vor allem die Goldminen von Pangaion gewann.

Die griechische Kolonisation war ein ungestümer Kraftausbruch der griechischen Gesellschaft und gehorchte nicht nur deren Anstößen, sondern wirkte auch unvermeidlich auf sie zurück. Sie trieb ihre Ausläufer in die verschiedenen Schichten des geschichtlichen Erdreiches und durchwirkte sie mit den Stoffen, die sie als Katalysator hervorbrachte. Schon die von außen faßbare Struktur der griechischen Bevölkerung änderte sich durch sie. Es war, als ob diejenige Spielart, die von den Griechen vor allem außerhalb des griechischen Festlandes, auf den Inseln und in Kleinasien, bis jetzt ausgebildet worden war, sich vervielfältigt hätte. Dort war dem Griechentum die Erfahrung der Grenze mit großer Eindringlichkeit entgegengetreten. Wer da draußen wohnte, dessen Blick wurde von selbst für das Nichtgriechische und in Rückwirkung darauf für die eigene Art geschärft. Die unzähligen Kolonialstädte waren in ihrer Existenz geradezu auf die Behauptung in der Fremde gestellt. Was einst Schicksal einer Minderheit war, wurde jetzt für einen weit größeren

Kreis des griechischen Volkes zum Grundgesetz. Und wenn der Profilierung des griechischen Selbstbewußtseins schon immer von da her Förderung erfahren hatte, so war diese Reizzone nun ins Unermeßliche erweitert. Die archaische Zeit führte die griechische Geschichte nicht nur ein; sie schuf im griechischen Volk erst das Subjekt, das überhaupt Geschichte haben konnte. Schwerlich wäre ihr dies ohne die Anregungen der Kolonisation in der verhältnismäßig kurzen Zeit gelungen. Gewiß hat diese den Prozeß nicht in Gang gesetzt, sie hat ihn aber ungemein beschleunigt.

Die griechische Kolonisation hat aber auch hundertfältig Griechen zusammengeführt, allerdings nicht zu einer großen Gemeinschaft des Handelns. Es entstanden vielmehr lauter kleinere Kreise, die als solche nicht allzuviel voneinander wissen wollten. Aber die Individuen, die in ihnen zueinanderfanden, bedurften eines verbindenden Bewußtseins. Ihre Herkunft allein verbürgte es nicht; der eine kam von da, der andere von dort. Gemeinsam war von Natur aus nicht viel. Aber Gemeinsamkeit mußte gefunden werden und stellte sich ja bereits durch die Gründung eines Staatswesens ein. Aber das war für den Anfang zuwenig, deshalb schon der Ausweg, die entsendende Stadt zum verbindlichen Symbol zu erheben. Wer nicht unmittelbar aus Chalkis war – und wie viele sind es bei der Unmenge von »Chalkidiern«, die griechische Kolonien bevölkerten, schließlich gewesen? –, der stellte sich immerhin als solcher vor. Dieses Herkunftsbewußtsein war also meistens eine Fiktion, aber es wurde so, vielleicht gerade so, zu einem gemeinschaftsstiftenden Bewußtseinselement.

Doch es kam oft genug vor, daß offiziell Parität zwischen verschiedenen Gruppen bestand. Die Rhodier und Kreter, die Gela gründeten, waren gleichberechtigt, und da war es denn schwer, die Einheit der Herkunft zu finden. Aber man konnte etwas anderes nennen und auf die Gemeinsamkeit des »Stammes« hinweisen. Beide Teile waren Dorier, und Gela wurde dann mindestens zur dorischen Stadt. Sie eine hellenische zu nennen, damit war von Griechen zu Griechen wenig gewonnen (mehr freilich von Griechen zu Barbaren). Doriertum war spezifischer und entsprach Ionertum wie Aiolertum. Reale Gemeinschaftsbegriffe waren diese »Stämme« ohnehin nur in beschränktem Umfang; von jeher sahen sie stark nach Selbstetikettierung aus. Das aber machte sie brauchbar als Schablonen eines notwendig erst zu stillenden Gemeinschaftsbedürfnisses; und ganz aus der Luft gegriffen war das auch nicht, denn meistens ist wohl gerade in solchen Fällen, wo man der Prägekraft einer bestimmten Stadt entbehrte, auf Identität der Stammeszugehörigkeit Wert gelegt worden. Wenn man darauf verzichtete, konnte es immer Schwierigkeiten geben. Da Stammes- und Volksbewußtsein nicht nur von gleicher Art, sondern aufeinander bezogen waren, ergab die Kolonisation eine beträchtliche Verstärkung dieses Spiegeleffektes in beiden Richtungen, und so floß von dieser Seite dem Hellenentum eine gewisse Kraft zu.

Nach außen, also auf die zwischenstaatliche Politik, wirkte das eine sowenig wie das andere. Wenn schon der Hellenenname nicht verhinderte, daß die griechischen Staaten sich das Leben sauer machten, so leistete das ebensowenig die Konvergenz der Stammeszugehörigkeit. Für Sizilien kann man auf der Landkarte eine ganz saubere Schraffierung nach Doriern und Ionern vornehmen – diese im Nordosten, jene im Süden und Südosten –, aber für die ereignisreiche politische Geschichte Siziliens war das völlig gleichgültig, und in Süditalien hielt das gemeinsame Achaiertum im 6. Jahrhundert Kroton und Sybaris keineswegs davon ab, sich bis aufs Messer zu bekriegen. Politisch integriert hat sich eben nur der Stadtverband.

Das Phänomen ist noch in anderer Hinsicht beachtenswert: das griechische Städtewesen, und zwar das völlig autonome, nahm durch die Kolonisation einen gewaltigen Aufschwung. Dies schon einmal und vorzüglich wegen der zahlenmäßigen Vermehrung und der Verschiebung des quantitativen Gewichts im Verhältnis von städtischer und nichtstädtischer Organisationsform. Aber nicht minder war durch die Kolonisation bewiesen, daß die Stadt für Griechenland das einzige politisch-soziale Modell war, mit dem sich in Zukunft schaffen ließ. Und damit war schließlich die Stadt auch im Hinblick auf ihren bisherigen Bestand bestätigt.

Bestätigt war aber nicht nur die Stadt, sondern die Stadt in ihrer kleinasiatischen Situation, und damit war zugleich die gesellschaftliche Basis des homerischen Geistes zum Grundsatz für das expansive Griechentum erhoben, das heißt die soziologische Voraussetzung für die bis dahin literarisch objektivierte Form des griechischen Geistes. Der Erfolg blieb nicht aus. Das Kolonialgriechentum wurde in der archaischen Zeit neben dem ionisch-aiolischen der Ägäis und Kleinasiens der Nährboden für die vorwärtstreibenden Kräfte der hellenischen Kultur. Schon in archaischer Zeit trat diese fundamentale Tatsache im Westen zum Vorschein.

Die Geschichte der griechischen Dichtung verzeichnet drei so wichtige Namen wie Stesichoros, Ibykos und Epicharmos, jene beiden aus Unteritalien, dieser aus Syrakus; die griechische Philosophie wurde mit der Wende vom 6. zum 5. Jahrhundert ein Gespräch zwischen Ost und West: Heraklit in Ephesos gegenüber Parmenides im italischen Elea, dem Sitz der eleatischen Schule, und vorher lehrte in Akragas auf Sizilien Empedokles. Pythagoras kam zwar aus Samos, aber zum berühmten und einflußreichen Mann wurde er im unteritalischen Kroton. Das nordägäische Kolonialgebiet bringt später in Abdera nicht nur den Sophisten Protagoras, sondern auch den Atomisten Demokrit hervor, und Aristoteles entstammt Stageiros, einer der vielen Städte auf der Chalkidike. Eine Statistik des griechischen Geistes, in dieser trivialen Weise fortgesetzt, würde zu bezeichnenden Ergebnissen dieser Art führen.

Und schließlich die griechische Welterfahrung überhaupt. Sie war doch auch eingegeben durch die naive Wendung des Blickes nach außen; *theoria* heißt ursprünglich das sinnliche Schauen, eben dieses Schauen, das der Grieche schon in der archaischen Zeit lernte, als er den weiten Spuren, welche durch die Kolonisation gezogen waren, nachging.

Die Kolonisation öffnete die Welt – nie hätte ohne sie Herodot von Ägypten und dem fernen Skythenland berichten können – und führte die Griechen in die Ferne. Die Kolonisation schuf aber auch Kontakte und erzeugte menschliche Nähe, für den Einzelnen wie für die Gemeinwesen. Jenes brachte den Austausch der Gedanken und der Güter, dieses ließ die Griechen die ersten Schritte auf dem Weg zu einer überlokalen Politik tun. Sowenig die Kolonisation unter dem Gesetz einer zentralen Regie stand und sosehr sie den Eindruck willkürlicher Beliebigkeit erweckt, ohne gewisse Absprachen über kleine und größere Entfernungen hinweg war sie überhaupt nicht durchzuführen. Selbst die kümmerlichen Angaben unserer Quellen lassen das zwingend erkennen. Sie berichten von einem berühmten Ereignis, das sie ausdrücklich unter dieses Zeichen stellen, dem »Lelantischen Krieg«.

Um die Wende vom 8. zum 7. Jahrhundert gerieten der Adel von Eretria und von Chalkis auf Euboia in einen chronischen Streit um den Besitz der zwischen ihnen liegenden lelantischen Ebene. Dadurch wurde das Einvernehmen gestört, das bis dahin bei kolonialen Unternehmungen zwischen den beiden Orten bestanden hatte. Ausgefochten wurde der Gegensatz damals noch als echter Ritterkampf, Mann gegen Mann. Den Gebrauch heimtückischer Schußwaffen, wie Schleuder und Bogen, schloß man durch förmlichen Vertrag aus. Thukydides stellt uns die politische Lage in folgendem lapidaren Satz vor: »In höchstem Maße zeigte sich jedoch auch bei dem übrigen Griechenland eine Parteinahme für jeweils eine der beiden kämpfenden Parteien anläßlich des Krieges, der vor langer Zeit zwischen Eretria und Chalkis ausgefochten wurde.« Vorausgegangen war die Bemerkung, daß vorher das politische Blickfeld nur bis zum Nachbarn gegangen sei. Da hatte sich also eine starke Erinnerung gehalten, daß sich im Zusammenhang mit dieser lelantischen Fehde das Außerordentliche einer Intervention Dritter ereignet habe, und glücklicherweise wissen wir von Herodot, daß, wie zur Bestätigung notwendig ist, etwas Konkretes dahintersteckt. Es handelte sich nämlich um Milet, das den Eretriern, und Samos, das Chalkis half. Zur Zeit der ersten Blüte kolonialer Unternehmung machten also die Griechen die Entdeckung, daß man nicht nur in der Nähe Freund und Feind findet, sondern daß man seine Gegner auch an drittem Ort zu treffen vermag. Es war die Erfahrung einer nicht nur erweiterten, sondern auch einer enger zusammenhängenden Welt.

Krisis und Umbildung

Die griechische Kolonisation bezeichnet keine geschlossene historische Epoche, welche durch diesen vielfältigen Vorgang ihren Stempel erhalten hätte. Sie ist eher eine Seite umfassenderer geschichtlicher Zusammenhänge und läßt diese nur in einem bestimmten Bereich eine gemeinsame Richtung einschlagen, so wie sie sich ja auch nicht »sauber« von der vorangegangenen »homerischen« Zeit absetzt, sondern an ihr – jedenfalls chronologisch gesehen – noch teilnimmt. Perioden in der Geschichte bestimmen sich immer durch das Vorherrschen charakteristischer Momente, nicht jedoch durch ihr ausschließliches Dasein, und das, was die Zukunft heraufführt und die Gegenwart ablöst, ist in ihnen auch schon immer angelegt. Deshalb ist die homerische Zeit nicht nur »homerisch« gewesen und ist, was sich nach ihr kundtat, kein völlig neues Geschöpf der anschließenden Phase.

Es muß sogar betont werden, daß »homerisch« eine recht einseitige historische Stilisierung bedeutet, dies schon soziologisch gesehen. Indem wir die Weltansicht des griechischen, genauer des kleinasiatisch-ionischen Adels zugrunde legen, klammern wir stillschweigend die Position der unteren Schichten als eines eigenen geistigen und sozialen Kraftzentrums aus; und doch hat es nicht gefehlt, schon deshalb nicht, weil davon sehr bald gewichtige Anstöße ausgehen sollten. Aber auch unabhängig von der weiterführenden Dynamik bedeutet Homer als Epoche nur einen – gewiß berechtigten und die Wirklichkeit repräsentierenden – Ausschnitt aus einem Ganzen, das in sich noch allerlei andere Anlagen barg als die, welche von dem Namen Homers erfaßt werden.

Die Frömmigkeit der homerischen Gesellschaft, die sich in dem klaren, Mensch und Gott genau voneinander absetzenden Glauben an die olympischen Götter widerspiegelt, erfaßte nicht die gesamte griechische Frömmigkeit. Dem einfachen Mann, zumal dem des Mutterlandes, war sie zwar nicht unbekannt und blieb ihm, je länger, desto weniger fremd, aber sein Nahverhältnis zu den ungezählten lokalen Gottheiten ersetzte sie ihm nicht, und seinen Alltag hoben sie ja ebensowenig auf die Höhe des heroischen Daseins, das im Epos sich abbildete und nur dem Adel vertraute Züge zeigte. Und nicht nur hierin mochte er auseinandergehende Vorstellungen beobachten. Die großen Götter, die er bei Homer fand und die ihm auf seine Weise auch gehörten, waren nicht vollständig. Es fehlte einer, der an Reichweite sich nicht nur durchaus mit Apollon und Athene messen konnte, sondern andere (wie etwa den Kriegsgott Ares und manchen, der erst durch das Epos Gestalt und Größe gewann) übertraf. Es war *Dionysos*, der im Epos nur beiläufig erwähnt wird.

Dionysos erging es ähnlich wie der Demeter, der Göttin der Kornsaat. Sie war den Bauern selbstverständlich wichtig. Im Kampf und Krieg der Vornehmen hatte sie keinen Platz. Aber Demeter ist dennoch in Ionien in den Kreis der zwölf olympischen Götter aufgenommen worden. Dionysos wurde ausgeschlossen, mit Absicht. Er rührte an Seiten des Menschen, von denen das ursprüngliche Publikum des Epos nichts wissen wollte. Dabei war er den Griechen, wie wir heute auf Grund der mykenischen Dokumente wissen, längst vertraut. Sein Kult entfesselte jedoch elementare Triebe des Menschen, durchbrach die Schranken von Sitte und Ordnung, in ihm schmolz die soziale Hierarchie dahin. Der ihm eigentümliche Orgiasmus befreite sogar die Frauen aus ihrem behüteten Dasein. Die Ekstase, zu der er aufrief, war vor allem Angelegenheit des weiblichen Geschlechts. Scharenweise gaben sie sich der Verzückung hin; auf ihrem Höhepunkt zerrissen sie ein Tier und verschlangen das rohe Fleisch. Vielleicht gehörte diese exzessive Form der Verehrung in homerischer Zeit schon der Vergangenheit an; dergleichen Epidemien mit massenpsychologischer Zündung sind damals schon selten gewesen. Aber die menschliche Ansprechbarkeit dafür blieb, und vor allem blieb die Fixierung des Gottes auf den menschlichen Trieb zur Selbstentäußerung. Sie zeigten sich dann in Verwandlung und Mummenschanz, natürlich nach festen Regeln des Kultus und der Sitte. In tiergestalteter Verhüllung fanden Tänze statt. Das waren Riten, die, wie heute noch, vor allem auf dem Lande und abseits von der Stadt beheimatet waren.

Dionysos ist immer ein Antipode der homerischen olympischen Götter geblieben, bis in die Zeit des Hellenismus, als er innerhalb der Mysteriengenossenschaften ein neues Zeitalter individueller Frömmigkeit heraufführen half. In der vorklassischen Epoche war es indes nicht damit getan, daß seine Verehrung sich einfach vom öffentlichen Kultus absetzte. Beide mußten ein positives Verhältnis zueinander gewinnen. In welcher Weise dies am folgenschwersten geschah, lehrte die künftige Geschichte.

Noch der späthomerischen oder der unmittelbar anschließenden nachhomerischen Zeit (7. Jahrhundert) wird ein bedeutendes Ereignis angehören: die Aufnahme des Dionysos in

Sphinx
Marmorskulptur aus Athen, Mitte 6. Jahrhundert v. Chr. Athen, Kerameikos-Museum

Personifikation des Helikon
und Mahnung zur Befolgung der Lehren des Hesiod
Weihrelief aus dem Musenheiligtum von Thespiai, 3. Jahrhundert v. Chr.
Athen, Nationalmuseum

Delphi und damit seine Anerkennung durch Apollon, den Herrn des Heiligtums. Die Priester in Delphi gaben dem Fremdling nicht nur Anteil an den delphischen Festen, sondern zeigten ihn sogar auf den hinteren Giebelskulpturen des Apollontempels. Dieser Vorgang war kein Zufall. Er hatte einen geradezu symbolischen Wert, indem er die Tatsache versinnbildlichte, daß die Zeit des freien dionysischen Schwärmens vorbei war und das Dionysische seinen Platz innerhalb der geregelten öffentlichen Ordnung finden konnte. Nietzsche hat bekanntlich das Dionysische zu den Grundkräften des griechischen Wesens erhoben. Diese Anschauung, gegen die sich manches einwenden läßt, hat nirgends sosehr den Schein der Wahrheit für sich als angesichts der nahen Beziehung beider Gottheiten in Delphi. Für Erwin Rohde, Nietzsches Freund, ist sie deshalb in seinem berühmten Buch »Psyche« ein zentraler Gedanke geworden.

So wichtig das Dionysische oder verwandte Arten für den Fortgang der griechischen Geschichte in einzelnen Erscheinungen noch geworden sind, der Historiker ist trotzdem nicht berechtigt, diesem Thema den Fortgang des Geschehens zu unterstellen. Neben Homer und seine Welt stellt sich da viel eher ein anderes Phänomen: der Dichter *Hesiod*, ein Mann (spätestens) der ersten Hälfte des 7. Jahrhunderts, vielleicht sogar ein Zeitgenosse des Odysseedichters. Wie dieser ist Hesiod Rhapsode und steht der äußeren Form seines Dichtens nach in der epischen Tradition; er bekannte sich zu ihr. Bei einer ritterlichen Feier zu Ehren eines verstorbenen Fürsten auf Euboia ist er, wie er selbst erzählt, aufgetreten. Er gehörte also zu diesen Sängern, die im Wettstreit ihre Hexameterrezitationen maßen. Und doch war er, jedenfalls seinen Hauptwerken nach, die ihn unsterblich gemacht haben, ein ganz anderer. Die »Theogonie«, das Gedicht von der Entstehung der Götter, mag als Epos noch gelten, der Gesang vom Werken, die »Werke *(érga)*«, aber nicht. Doch kommt es darauf weniger an als auf die Gesamterscheinung.

Hesiod dichtet in Boiotien, wo das elende Nest Askra ihm eine wenig glänzende Umgebung bietet. Der Vater ist einst aus dem aiolischen Kyme dorthin eingewandert und ansässig geworden. Der Sohn lebt von der bescheidenen Bauernstelle, die ihm nach der Erbteilung blieb. Das Rhapsodentum wird ihm wohl wenig eingebracht haben, so daß er in erster Linie auf seiner Hände Arbeit angewiesen ist. Manchem anderen Künstler wird es nicht besser ergangen sein. Bemerkenswert ist nur, daß Hesiod von dergleichen persönlichen Dingen spricht, besser, daß ihm sein Dichten hierzu Gelegenheit gibt. Der echte homerische Sänger tritt mit seiner Person völlig hinter dem Werk zurück.

Wie dieser ruft auch Hesiod die Musen an, daß sie ihm die Worte eingeben möchten. Er tut dies nur viel ausdrücklicher und schildert das Verhältnis konkreter. Die Musen sind ihm an einem bestimmten Ort erschienen, auf dem boiotischen Helikon, wo er seine Schafe hütete, und überhaupt weiß er viel mehr von ihnen als Homer, darüber vor allem, daß sie nicht nur Wahrheit, sondern auch Lügen zu künden vermögen. Damit trifft Hesiod die wichtige Feststellung: unser Wissen, das wir ausschließlich dem Dichter verdanken, ist nicht in allem richtig. Man kann es verbessern, gewiß nicht aus eigener Kraft und gewiß noch weniger gegen die Autorität der Musen. Die echte Wahrheit kommt auch von ihnen; nur wird sie nicht jedem zuteil, und daß dem so ist, gibt Hesiod die Möglichkeit, eine Wahrheit besonderer Art zu berichten. Man kann auch sagen, Hesiod nimmt es mit der Wahrheit besonders ernst. Wie für den homerischen Dichter ist »Wahrheit« zuerst einmal geschichtliche Wahrheit. Hesiod ist davon recht gründlich, fast radikal überzeugt und dehnt den Begriff des Gewesenen zu dem der Zeit überhaupt aus: »Göttliche Stimmen hauchten die Musen mir ein, zu künden von Künftigem und Gewesenem.«

Hesiod hatte guten Grund zu dieser Äußerung, denn sein »Epos« hatte im Gegensatz zu Homer einen universalen Gegenstand. Die Entstehung der Götter und damit der Welt sollte erzählt und darin zugleich aufgezeigt werden, was die jetzt gültige Ordnung des menschlichen und göttlichen Daseins eigentlich sei. So kam Hesiod dazu, seine Aufmerksamkeit demjenigen Teil des Mythos zu widmen, für den das Epos wenig Interesse gezeigt hatte, und von den Uranfängen, von dem Geschlecht der Titanen und ihrer Überwindung durch Zeus zu erzählen. Er tat das allerdings innerhalb des größeren Zusammenhangs der Welterfassung. Eine Titanomachie ist sein Werk nicht geworden. Seine Aufgabe sah er vielmehr darin, im Gesamtprozeß des Werdens jeder göttlichen Erscheinung ihren Platz anzuweisen und so die Einheit für eine vielfältige und ungeordnete Summe von Gegebenheiten zu gewinnen.

Das hauptsächliche Material fand Hesiod selbstverständlich vor. Aber an seiner Verknüpfung hatte es bis jetzt gefehlt. Sie wurde im Prinzip der genealogischen Verbindung von Hesiod gefunden und war insofern einhellig, als die fortlaufende Zeugung tatsächlich ein Urbild für die Entstehung ist. Seine Einstellung war thematisch auf die Frage gerichtet, woher alles gekommen sei. Es lag ihm fern, dem faktischen Werden im einzelnen einen besonderen Bedeutungswert zuzuschreiben oder den Untergang der Titanen und den Sieg der olympischen Götter theologisch zu erklären. Er wußte selbstverständlich, wie alle Griechen, daß ihre Überwindung ihrem ungeschlachten Wesen galt und daß dieses eine Negation des lichten und siegenden Olymps war; deshalb steht die Auseinandersetzung zwischen beiden auch als einziges Stück von epischer Plastizität in der Mitte. Aber Hesiods eigentliche Aufmerksamkeit war der bestehenden Welt zugewandt, welche für ihn als Griechen insofern eine göttliche war, als jede wesentliche Potenz sich als Gottheit darstellen konnte. Im lebendigen Kult spielten solche Funktionsgötter bei den Griechen keine große Rolle. Um so mehr war die mythische Phantasie in den Stand gesetzt, sie zu finden oder doch zu erfinden.

Hesiod hat von dieser Möglichkeit reichen Gebrauch gemacht: Eros, der die Geschlechter zusammenbringt und die Zeugung herbeiführt, hat zwar in Boiotien Verehrung genossen, doch seine – in einem Gedicht vom Entstehen verständliche – zentrale Stellung verdankte er dem Denken des Dichters. Aber die anderen, der Tod, der Schlaf, der Tadel, der Streit, die Mühsal, der Trug, die Überredung, sie existierten nur in der Vision des Dichters, der hier seine Augen öffnete für die Grundkräfte der Welt und des menschlichen Lebens. Seine Einstellung dazu entsprach der Ansicht mancher modernen Schriften über griechische Mythologie (Walter F. Otto), die Griechen hätten bei der Entwicklung ihrer Götterwelt ausschließlich das »Sein« sich vergegenständlichen wollen. Hesiod ist aber mit der Konsequenz seines Verfahrens ein Einzelgänger, wenn er die Methode selbst auch nicht erfunden hat, und der Weg, den er damit beschritt, endete nicht in einer neuen Religiosität, sondern schließlich in der Philosophie. Mit mancher Formulierung kam er ihr sogar im

Ausdruck ziemlich nahe: an einer bestimmten Stelle der Welt befindet sich »aller Dinge Ursprung und Ende«. Das ist schon nicht mehr »mythisch«, sondern beinahe abstrakt gedacht und gesagt.

Ein Entdecker ist Hesiod auch da, wo er auf das menschliche Leben allein zielt: in seinem anderen Gedicht, den »Werken«. Sie geben sich als Überlegungen, die ihm der Streit mit dem Bruder Perses um das Erbe in Gang bringt und die infolgedessen auch an diesen gerichtet sind. Die Wahrheit, welche auszusprechen die Musen ihn hier befähigen, hat ihren Platz in der »Gesellschaft«, wie wir heut sagen würden. Um die richtige Lebensführung geht es dem Dichter, darum, wie das Recht innerhalb und außerhalb des Hauses geschieht, in der privaten wie in der öffentlichen Sphäre. Hier schlägt Hesiod eine Richtung ein, die dem Epos noch fremder ist als der Themenkreis der Theogonie, zumal wenn er ganz unverblümt erklärt, daß das Recht sich nicht einfach im tatsächlichen Zustand widerspiegelt, sondern auch verfehlt werden kann. Er meint dies grundsätzlich. Nicht nur sein Bruder Perses verstößt gegen das Recht – dergleichen könnte ja durch Spruch und Rechtsgang ausgeglichen werden –, sondern ebenso die adligen Herren, die zu Gericht sitzen und »schiefe« Entscheidungen fällen. Ihr Unrecht vermag der Mensch nicht zu heilen. Die Gottheit muß eingreifen und dem Recht eine metaphysische Garantie verleihen. Zeus, der höchste Gott, erhält dadurch die Bestimmung einer sittlichen Größe. Die Fragwürdigkeit innermenschlichen Verhaltens wird durch die Untrüglichkeit seines göttlichen Wesens aufgefangen. Ein gewaltiger Ansatz, von dem sich über Jahrhunderte hinweg ein Bogen nicht nur zu einer ethischen Durchwirkung der Religion, etwa bei Aischylos, sondern ebenso zur philosophischen Reflexion über Recht und Gemeinschaft ziehen läßt.

Hesiod ist allerdings nicht der Ansicht, daß sich das Dasein des Menschen im rechten Finden des strittigen Rechts erfülle. Andere Aufgaben liegen dem einfachen Mann näher. Er hat den engeren Kreis seines häuslichen Wirkens, wo er selbst Herr seines Verhaltens ist, in der wahren Ordnung zu halten. Im Grunde ist »Streit«, die Göttin Eris, eine peinliche Gabe der Schöpfung für den Menschen, die sie nur gezwungen nach dem Ratschluß der unsterblichen Götter verehren. In der Theogonie hatte Hesiod sie in die Weltordnung eingeführt. Inzwischen machte er jedoch eine wichtige Beobachtung. Es wäre ein Mißverständnis, Eris nur in dieser den Menschen nachteiligen Weise einzuordnen. In Wirklichkeit hätte sie noch eine andere Seite – wie wir uns wohl ausdrücken würden –, oder es gäbe – wie der Dichter nach seinem mythisch gebundenen Distinktionsvermögen sagen muß – noch eine zweite, eine gute Eris. An sie mag sich der Mensch halten. Das ist die Eris, die den Menschen anspornt zur Arbeit, ihn mit dem Nachbarn in seinem werktäglichen Tun wetteifern läßt, ihm die Scheunen füllt und Wohlstand schafft und ihn dadurch bewahrt, sein Auge nach fremdem Gut schweifen zu lassen und es sich durch Streit anzueignen. Dem Problem der Gerechtigkeit wird damit von Hesiod die Beobachtung der an ihn herantretenden Aufgaben des Unterhaltes, seine elementare Daseinssorge an die Seite gestellt. Das ist nichts anderes als die Umschreibung eines Arbeitsethos.

Hesiod hat die Gewichte zwischen beiden Themen nicht gleichmäßig verteilt und der Praxis des Alltags die größere Aufmerksamkeit zugewandt. Man spürt, wie wertvoll ihm die Entdeckung war, daß sich aus dem Weltelement des »Streites« die besondere Größe der Bewältigung menschlicher Elementarbedürfnisse entwickeln ließ. Die Anweisungen, mit denen er diesen ganzen Fragenkomplex behandelt, sind hundertfältig und gehen von genauen »technischen« Ratschlägen für Ackerbau und Schiffahrt über allgemeine ethische Verhaltensregeln (Heirat, Familienmoral, Behandlung des Gesindes, Nachbarschaftsethik) bis zu mehr rituellen Angaben über Opfer, Reinigung, Tischsitten, Sexualleben und anderes mehr. Mit vielen Vorschriften, zumal der letzten Art, sagte Hesiod seinen Zeitgenossen schwerlich etwas Neues. Sie entsprachen althergebrachter Sitte oder Erfahrung, die als Allgemeingut der Leute gelten konnten. Aber daß ein Dichter solchen Anschauungen, die der gewohnten Lebenspraxis entsprachen, objektiven Ausdruck schenkte, daß er sie dadurch zur formulierten Norm erhob, das war doch ein bedeutender Bewußtseinsvorgang und ein direkter Vorläufer des in der nächsten und übernächsten Generation zum erstenmal begonnenen Unterfangens, die traditionellen Rechtsvorstellungen schriftlich festzuhalten.

Hesiod ist nicht zum wenigsten auch dadurch eine höchst eigenartige Erscheinung, daß er von der sozialen Ebene des arbeitenden Menschen aus spricht. Das muß besonders scharf ins Auge fallen, wenn man es vor dem sozialen Hintergrund der homerischen Welt sieht. Die Lebensweise des Adels, die da, soweit überhaupt an ein »gesellschaftliches Milieu« gedacht ist, abgebildet wird, besteht aus Kampf, Abenteuer, Geselligkeit, Feiern und Festen und weiß verständlicherweise wenig vom Arbeiten. Das ist im wesentlichen (nicht ausschließlich) Sache einer anderen, niedrigeren Klasse. Zweifellos stellt ein solcher Wechsel des Aspekts einen gewaltigen Wandel der gesellschaftlichen Sehweise dar und zeichnet damit Konturen ab, welche einen historischen Raum ohne die alleinige und unbestrittene Vormachtstellung des Adels andeuten. Es läge deshalb die Vermutung nahe, der Dichter habe damit auch schon die spätere, adelsfeindliche Dynamik der Geschichte vorausgeahnt und ihr gleichsam einen ideologischen Ansatz geschaffen.

Die Möglichkeit einer solchen Interpretation scheint sich an verschiedenen Punkten anzubieten. Da ist erst einmal die Kritik, die Hesiod an der ritterlichen Tätigkeit der Adelskreise übt. Sie sind ihm die »geschenkefressenden Könige«, eine Benennung, die unseren Ohren gewiß sehr verfänglich klingt, aber für Hesiod nicht über die Charakterisierung eines üblichen Zustands hinausgehen muß. Daß die vornehmen Leute auf Grund der verschiedenen Rechtstitel die Gaben des einfachen Mannes erhalten, gehört zur politischen und sozialen Ordnung der Zeit und wird durch den plastischen Ausdruck allein noch nicht in Frage gestellt. Bedenklicher ist schon der wirkliche Vorwurf der Rechtsbeugung durch »schiefe« Urteile. Es läßt sich nicht bestreiten, daß in ihm eine politische Spitze gegen das adlige Regime als solches liegen könnte und daß deren ganze Rechtsprechung damit radikal in Frage gestellt wäre. Trotzdem hat Hesiod schwerlich so gedacht. Er löst sich nicht von dem konkreten Zusammenhang, in dem er sich durch das Zwiegespräch mit dem Bruder Perses befindet. Der Gedanke einer Klassenjustiz ist ihm fern. Das Vergehen besteht in einzelnen Verfehlungen, keineswegs in der grundsätzlichen Rechtsposition. Jene gehen wahrscheinlich zurück auf falsche Würdigung im Beweisverfahren und dadurch erfolgende Bevorzugung der einen Partei, welche jedoch keineswegs zum Prozeßgegner in einem sozialen Gegensatz steht und dem Tribunal durch gesellschaftliche Interessengemeinschaft verbunden ist. Schlechtigkeit ist zudem nicht nur in den oberen Kreisen beheimatet. Hesiod kann und mag ihnen nicht die Lauterkeit der anderen, die unter ihnen stehen, entgegensetzen.

In tiefem Pessimismus ist er davon überzeugt, daß das gegenwärtige Zeitalter gar nichts tauge – in der Abfolge der Menschheitsgeschichte stehe es auf der tiefsten Stufe – und der Übeltäter mehr Ehre finde als der Gute und Gerechte; beinahe verliere es seinen Sinn, das Rechte zu tun. Aus dieser Aporie gibt es für Hesiod den Ausweg politischer Aktivität nicht. Der Ausgleich steht über dem Zugriff des menschlichen Willens. Die Ordnung ist trotz aller Gefährdung nicht, wie bei den Tieren, dem blinden Spiel der Kräfte preisgegeben, wo der Habicht die Nachtigall in den Krallen hält und ihrer spottet. Zeus und das Recht, die Göttin Dike, existieren, und die Vergeltung trifft den Schurken, in der Abfolge seines Geschlechts. Die Nachfahren haften für das Verbrechen der Ahnen ebenso, wie die Gemeinschaft irgendwie für das Vergehen der Herrscher einzustehen hat und von der Strafe mitgetroffen wird. Das Recht, bei Hesiod und noch lange nachher lediglich Ausgleich und Vergeltung für begangenes Unrecht, geht in der Welt doch nicht verloren.

Auf der anderen Seite hat freilich Hesiod nicht verhindern können, daß die heftige Sozialkritik, die er selbst durch seine Rechtsmetaphysik noch aufgefangen und vor praktisch-politischen Konsequenzen bewahrt hatte, später einmal in der Richtung, die er noch versperrte, weiterging. Er hatte eben auf die Phänomene zu scharf hingeschaut und seine Feststellungen zu plastisch getroffen, als daß nicht die Linien hätten weitergezogen werden können, freilich nicht immer ganz gerade. Hesiod verabscheute das gemeinsame Gespräch außer Haus, den öffentlichen Palaver, weil er von der Arbeit abhält. Er hätte sagen können, daß ihn sich nur die gestatten können, denen Müßiggang erlaubt ist, also die regierenden Kreise. Später dachte man auch da anders und beanspruchte dieses adlige Lebensideal gerade für die bis dahin ausgeschlossenen Schichten.

Die Haltung des Dichters verdeckt also ausdrücklich die Folgerung von morgen und übermorgen, aber die These, die er mit Hilfe dieser negativen Abgrenzung positiv trifft, weist nun ihrerseits in die Zukunft: in seinem praktischen Verhalten entscheidet sich, ob der Mensch Wert hat oder nicht. Der altgriechische Adel war der selbstverständlichen Überzeugung, daß ihm der Wert kraft Geburt und dann natürlich nur ihm zukäme. Die Areté ist genauso dem Menschen mitgegeben wie die Minderwertigkeit. Hesiod wagt die Behauptung, daß jene erworben wird (wie übrigens auch diese), mit dem berühmten Vers, daß die Götter vor die Tugend *(areté)* den Schweiß setzten und daß der ein Edler sei, welcher danach lebe. Es fällt ihm gewiß nicht ein, die andere Position deshalb in Frage zu ziehen. Von Ressentiment ist keine Spur vorhanden, und auch später hat niemand daran gedacht, das hier zum Ausdruck kommende Arbeitsethos gegen eine ständisch bedingte Muße auszuspielen; aber umgekehrt war nicht wegzuleugnen, daß hier Hesiod eine ethische Prägung vorgenommen hatte, die ein aristokratisches Monopol ignorierte. Das war immerhin ein Ball, den man nur aufzuheben brauchte, um die Demokratisierung des ethischen Ideals zu vollziehen, wie sie in der späteren allgemeinen Zuständigkeit der ethischen Begriffe für den Menschen einen selbstverständlichen Ausdruck fand.

Hesiod war kein Revolutionär, der mit seinem Willen einen bestehenden Zustand anging. Es lag ihm näher, eine überkommene Wirklichkeit zu deuten. Aber indem er dieses

Geschäft in eigener Weise besorgte, bewies er, daß diese Wirklichkeit eben doch nicht mehr die alte war. Sie bezeugte ihre kritische Verfassung, indem sie sich solcher Auslegung fügte.

Und einer Krisis trieb denn auch die Geschichte tatsächlich zu. Ein etwa eine bis zwei Generationen jüngerer Dichter bewies das gleiche Faktum durch seine Person: *Archilochos*, mit dem gemeinhin die Literaturgeschichte die griechische Lyrik beginnen läßt (was, auf die exakte griechische Terminologie bezogen, nicht ganz richtig ist) und von dem ja so viel gewiß ist, daß er als erster und bekannter Zeuge außerhalb der epischen Tradition steht. Seine Sprache kennt nicht mehr den konventionellen Wortschatz des Epos und dessen Künstlichkeit. Er greift zur lebendigen Ausdrucksweise der gesprochenen Sprache und verleiht ihr den Glanz des dichterischen Zaubers, und er trägt nicht mehr die umständliche Schleppe der großen Form, sondern läßt seinen Geist funkeln in kleineren, geschlossenen Gebilden unmittelbarer Aussage. Inhalt ist ihm das Leben, wie er es in konkreten persönlichen Situationen erfährt. Er war schon seinem äußeren Zuschnitt nach paradigmatisch genug. Ruhelos ging er in Kampf und Abenteuern auf, zu denen ihn, den Sohn eines Edlen der Insel Paros und einer thrakischen Kebse, die Umstände veranlaßten. Thasos wurde von Paros kolonisiert und mußte in fortwährendem Krieg behauptet werden. Krieg gab es auch anderswo. Wer ein Schwert zu führen wußte, war um eine Gelegenheit dazu nicht verlegen. Im Kampf fand der Dichter denn auch sein Ende.

Schon die Feststellung, daß Archilochos dieses Stück Geschichte als Dichter aufgriff, indem er sein Leben im Gedicht abbildete, müßte ihn zu einem Exponenten des Jahrhunderts machen, denn es ist keineswegs selbstverständlich, daß sich die Zeit in solcher Weise darstellt. Aber Archilochos verbindet mit dieser Funktion, die er gewiß ausgeübt hat und die bei Erhaltung seiner literarischen Hinterlassenschaft noch viel mehr ins Auge fallen würde, die ungleich größere Bedeutung, daß er als geistige Potenz kundtat, welch gewaltiger Schritt seit Homer getan worden war, innerhalb von zwei Generationen; denn Archilochos ist, was in seinem Fall ausnahmsweise einmal feststeht, ein Mann der genauen Mitte des 7. Jahrhunderts. Archilochos' eigentümliche Signatur, für ihn selbst wie für die Zeit, die ihn möglich machte, liegt in einer Lebenseinstellung, für die nichts mehr aus der Überlieferung selbstverständlich ist. Nicht daß er nun alles in Frage gezogen hätte – ein so billiges Modell liefert die griechische Geschichte nicht –, aber was immer Archilochos auffaßte, er tat es mit ursprünglicher, nirgends abgeleiteter Sehweise. Jede seiner Bemerkungen trägt einen persönlichen Stempel. Archilochos ist immer ganz ursprünglich, im echten Sinn des Wortes. Man wird vielleicht sagen, damit beweise er eben sein Künstlertum. Gewiß – er gehörte zu den ganz Großen der griechischen Literatur, aber die poetische Originalität ist zugleich eine menschliche (wo wäre sie das nicht, obschon das nicht unbedingt selbstverständlich ist), und diese Menschlichkeit ist (und das ist nun keineswegs selbstverständlich) ein bedeutsames Phänomen innerhalb der geschichtlichen Konstellation, welche mit dem Fortgang des Jahrhunderts eingetreten war.

Archilochos spricht nicht nur von sich – das hat schließlich Hesiod auch getan und ist selbst dem homerischen Dichter nicht ganz fremd –, sondern er spricht als individuelles Ich, er setzt sich im dichterischen Wort förmlich als solches: »Diener des Ares bin ich und

Dichter zugleich« (wörtlich: verstehend der Muse liebliches Geschenk), womit er natürlich nicht die Allerweltsverbindung meint, daß er kämpfe und dichte. Er will sagen, daß er in beidem existiert. Wer ihm feind ist, soll sich hüten. Archilochos zahlt ihm mit beiden Waffen heim, mit dem Schwert und mit dem Gedicht. Er steht nicht an, sich der Kraft seines Hasses zu rühmen und die schlimmsten Verwünschungen in Versform auszustoßen gegen einen Freund, der ihm »Unrecht tat und den Eid mit Füßen trat«. Hier ist das Leben als Äußerung des persönlichen Seins bewußt gemacht, und das Organon dieses Bewußtseinsvorgangs ist eine Dichtung, die ihre Antriebe von den augenblicklichen Reaktionen des Dichters auf die Welt erhält. So etwas gelingt natürlich nur, wenn im Individuum sich ein Stück Weltsubstanz zusammenfindet und wenn die Kraft der geistigen Erfahrung dem Eindruck entspricht, den sie zu verarbeiten hat. Archilochos hatte den inneren Wuchs, um mit seiner Subjektivität objektiv zu werden. Er bewies dies (unter anderem) damit, daß es bei ihm höchst unkonventionell zugeht und er keinen Augenblick zaudert, die ältesten Überlieferungen seiner Erkenntnis zu opfern. Selbst das adlige Ruhmideal, die Überzeugung, daß der Mensch durch die Anerkennung bei Mit- und Nachwelt existiert, hält ihm nicht mehr stand, und ebenso wird ihm die Überzeugung fragwürdig, daß der menschliche Wert und zumal der persönliche Adel, also griechisch die Areté, sich in einem ebenmäßigen Bild äußert, in dem alle Einzelzüge sich gegenseitig bestätigen. Seine Worte verhöhnen geradezu das überlieferte Ideal.

Archilochos hat einen aufrichtigen Spaß daran, zu provozieren und unverblümt das Herkommen auf seine Haltbarkeit abzuklopfen. Wenn es hohl klingt, quittiert er das mit einem grimmigen Lachen. Der konventionelle ritterliche Ehrenkodex schrieb vor, lieber in der Schlacht zu fallen als seine Waffen, zumal den bei der Flucht beschwerlichen Schild, einzubüßen. Archilochos setzt dagegen die das ganze Altertum hindurch berühmt gebliebenen Worte:

Retten konnt' ich mein Leben; was schiert jener Schild mich noch länger!
Kaufen will ich mir bald einen, der ebenso gut.

(Übersetzung Treu)

Einer Gesellschaftsordnung, die noch weitgehend auf der Kontrolle durch öffentliches Meinen und Sagen beruhte, hält er rücksichtslos vor, daß der sich schlecht bette, der sich um das Geschwätz der Leute kümmert. Ereilt einen das Schicksal – und in der Welt muß man mit Glück und Unglück rechnen –, so hat der rechte Mann es auszuhalten. Keiner nimmt es ihm ab, und jeder helfe sich selbst. Es wird auch wieder anders: durchhalten und nicht weibisch klagen! Ein Mensch dieser Art vermag auch von sich Abstand zu nehmen und eigenen Irrtum einzugestehen: »Jawohl, ich habe geirrt, aber auch einen anderen trifft blendender Irrtum.« In klarer Bewußtheit und ungebrochen bejaht Archilochos sein ruheloses und jeder feinen Sitte widersprechendes Dasein: »Der Speer ist mein Brot, der Speer ist mein Wein; ihn trink' ich, den Speer in der Hand.« –

Alle Dichtung hat irgendwie ihren Ort in der historischen Zeit, die sie umgibt und schließlich wie alle Äußerungen des Menschen hervorbringt. Es ist aber nicht selbstverständlich, daß die ursprüngliche Bildung des geschichtlichen Bewußtseinsstandes sich in ihr vollzieht. Nur in seltenen Fällen geschieht dies. Hesiod und Archilochos dürfen wir zu ihnen zählen. Wir sehen denn davon ab, welche Stelle sie in der Literaturgeschichte einnehmen und überlassen diesen ganzen Zusammenhang spezieller Betrachtung des Philologen. Nur eines darf auch der Historiker zu notieren nicht versäumen: dieselbe Zeit, die Hesiod und Archilochos heraufgeführt hat, ist zugleich die Epoche einer über das Epos hinausstrebenden reichen dichterischen Kunstübung mit ganz neuen und ursprünglichen Ansätzen. In einer für moderne Begriffe leicht mißverständlichen Weise wird sie uns von den Kennern als die sogenannte altgriechische, archaische Lyrik vorgestellt. Berühmte Namen, die noch heute guten Klang besitzen, haben in ihr ihren Platz. Sappho und ihr Zeitgenosse und Landsmann Alkaios sind nur etwa anderthalb Generationen jünger als Archilochos, und von ihnen ist Anakreon durch kaum mehr als ein halbes Jahrhundert getrennt, jene um die Wende vom 7. zum 6. Jahrhundert gestreift von dem noch frischen Hauch des neuen Zeitalters, dieser mit seinem Leben bereits eingetaucht in Erfahrungen, die auf das Ende hinweisen.

Mit dem 7. Jahrhundert hat die griechische Geschichte einen gewaltigen Stoß erhalten, so gewaltig, daß alle Dynamik der folgenden Zeit von ihm entbunden scheint und im Gegensatz dazu die homerische Zeit die Ruhe still arbeitender Kräfte atmet. In die Menschen fuhr eine nicht von ungefähr auch nach außen gewandte Aktivität. Schon das 8. Jahrhundert hatte mit den Anfängen der Kolonisation die Vorzeichen gegeben. Doch jetzt wird sie eigentlich zum beherrschenden Zustand des Volkskörpers.

Die wirtschaftlichen Energien erhöhen sich, gewiß auch in Verbindung mit der Ausweitung des räumlichen Horizonts, und sind imstande, eine technische Neuerung aufzugreifen, die hinfort, im Gefolge der griechischen Initiative, zu einem Charakteristikum europäischer Ökonomie werden sollte. In Lydien und damit in nächster Nähe der kleinasiatischen Griechen war Ende des 8. Jahrhunderts die Erfindung des gemünzten Geldes gemacht worden. Sie ersetzte die schwerfällige Zumessung des Edelmetalls als reiner Ware, mit der sich bisher der Verkehr, selbst im hochentwickelten Alten Orient, behelfen mußte, durch ein leicht zu handhabendes Instrument: die symbolhafte, durch Zeichen herbeigeführte Abkürzung umständlichen Zählens und Wiegens.

Es ist nicht ganz ausgeschlossen, daß schon bei dieser ingeniösen Schöpfung griechischer Geist Pate gestanden hat, wie ein moderner Forscher vermutet, denn zu der lydischen Hauptstadt Sardes war es für die Griechen nicht weit, und die Beziehungen waren demzufolge eng. Jedenfalls beweist die Schnelligkeit, mit der die Griechen die Münze bei sich heimisch machten, ein recht ursprüngliches Verhältnis zu dem neuen Gedanken, nur vergleichbar der originellen Anpassung einst an die phönikische Schrift. Der Münzgebrauch an sich ist noch kein Gradmesser für das Niveau eines Wirtschaftssystems und kann deshalb auch in diesem Fall nicht dafür dienen, doch ebenso steht außer Zweifel, daß ein bestimmtes Bedürfnis der Neuerung entsprechen mußte und daß ihr eine gegenüber früher erhöhte Gewecktheit des Wirtschaftens korrespondierte. Der moderne Ökonom würde vielleicht von verstärkter Produktivkraft sprechen, ohne daß der Historiker hier imstande wäre, die Gründe dafür anzugeben. Wir wissen nur von ungefähr, daß dergleichen im Spiel gewesen sein muß, denn eine der bedeutendsten Leistungen des griechischen Geistes, die griechische Kunst, wäre sonst niemals möglich gewesen.

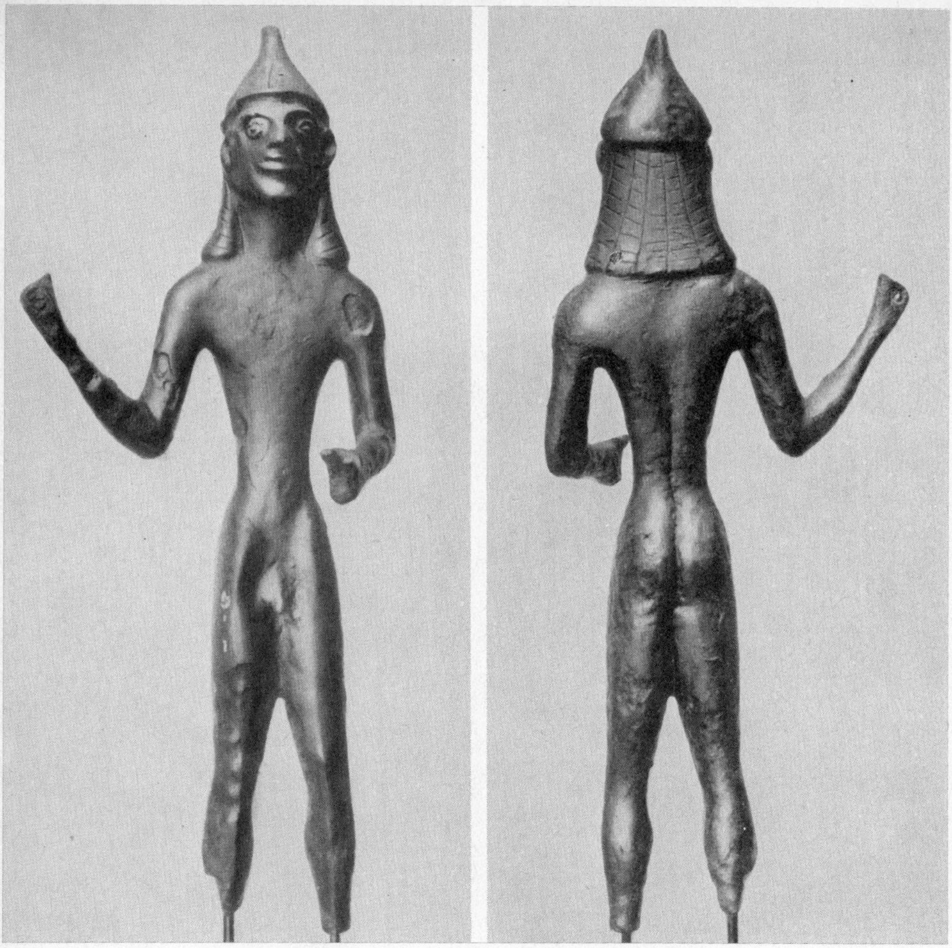

Krieger
Bronzestatuette von der Akropolis in Athen, Ende 8. Jahrhundert v. Chr.
Athen, Nationalmuseum

Reste des Heraion in Olympia, um 625 v. Chr.

Im 7. Jahrhundert liegen nämlich die Anfänge der großen steinernen Plastik, der sogenannten Monumentalplastik, und des monumentalen Steinbaus. Voraussetzungen dafür sind freilich schon früher geschaffen worden. Sowohl das menschenfigürliche Formen als auch den Tempel mit Säulenumgang können die Griechen damals schon ihrer Vergangenheit entnehmen. Die Spuren für beides reichen bis in das 10. und 9. Jahrhundert zurück (wie wir heute vor allem auf Grund deutscher Ausgrabungen in Olympia und auf Samos wissen), aber das eine hatte sich bis jetzt lediglich in einer Kleinkunst gezeigt; der alte Tempel war, abgesehen von der Basis, ein reiner Holzbau. Große Kunst forderte jedoch die Erfahrung des Steins, dies nicht nur im Sinn der äußeren Dimension, sondern auch – und wahrscheinlich vor allem – als eigene Möglichkeit des künstlerischen Schauens und Gestaltens. Wahrscheinlich haben die Griechen diesen fundamentalen Schritt nicht ohne die Anregung vorderorientalischer Vorbilder getan, aber erst mußten sie die Kraft dazu haben, und das in ganz elementarer Hinsicht: das technische und wirtschaftliche Leistungsvermögen mußte zur Bewältigung solcher expansiven Aufgabe erreicht sein.

Durch einen Zufall kennen wir eines der ältesten Werke dieser Umschlagsphase, eine große Artemis-Plastik aus der Mitte des Jahrhunderts, entstanden auf der Insel Naxos in unmittelbarer Nähe des berühmten parischen Marmors. Die Inschrift verrät noch heute, von welchem Selbstbewußtsein die Stifterin, eine Nikandra, beseelt war, wenn sie sich inmitten ihres ganzen Familienverbandes als Schwester, Frau und Tochter vorstellt, »hervorragend unter den anderen«; und eine Generation später kündet eine Kolossalstatue, sie sei aus dem gleichen Stein wie die Basis, eine naive Demonstration des materiellen und technischen Aufwands, der ihre Herstellung ermöglichte. Die früheren Bronzestatuetten verdankten – ästhetisch gesehen – ihre Existenz einem scharfen Blick für die Artikulation des menschlichen Körpers, seinem »Gerüst« (Homann-Wedeking) mit den verschiedenen Gelenkstellen; aber erst jetzt wurde ein Wesen daraus, das nun auch wirklich im Raum steht und sich in seinen drei Dimensionen als Masse ausdehnt. Und ebenso erhielt erst dann der griechische Tempel seine Maße und die ihm eigentümliche Spannung von Wucht und lebendiger Kraft, als man im 7. Jahrhundert begann, die Holzsäulen durch steinerne zu ersetzen, und sich damit den Weg zur Durchbildung eines homogenen Baukörpers eröffnete.

Es war von Anfang an keineswegs selbstverständlich, daß man dem Gott mit Menschenhand ein Haus baute. Homer ist diese Sitte im allgemeinen noch unbekannt. Der höchste Gott Zeus wurde seinem Ursprung als Wettergott gemäß unter freiem Himmel verehrt, so auch in Olympia, wo ihm Hera im Besitz eines Tempels voranging, als in dieser Zeit das Heraion gebaut wurde. Die ersten Anfänge des Tempels liegen gewiß früher, aber das »Modell« des Tempels wurde erst jetzt wirklich fertig und gab damit die Möglichkeit an die Hand, architektonische Schaffenskraft zu wecken. Nicht allzulange darauf, im 6. Jahrhundert, legen schon große Werke Zeugnis von ihr ab, Sinnbilder eines gesammelten sozialen und künstlerischen Vermögens.

Der Boden, dem die Schöpfungen des griechischen Geistes in der archaischen Zeit entwuchsen, war gärendes Erdreich. Die Sicherheit des überlieferten Herkommens, die Festigkeit der alten sozialen Ordnung schwanden allmählich dahin, und in einer Welt, in der manches zweifelhaft wurde, meldete sich das Bedürfnis nach festen Regeln. Schon der Einzelne in seinem persönlichen Leben hatte dieses Empfinden.

Hesiod wartet deshalb mit einer Reihe von Ratschlägen auf, wie man sein Tagewerk durch bestimmte Ritualien gegen die Unberechenbarkeit des Lebens abstützt. Seine Angaben, die altem Brauch entstammten, waren an sich gewiß nicht originell. Es war nur etwas Besonderes, daß er auf dem Hintergrund seiner kritischen Haltung dergleichen für wesentlich hielt. Er sah darin einen wichtigen Halt des Menschen und wies damit in eine Richtung, in der unter gegebenen Bedingungen sich ziemlich bedeutsame Konsequenzen ziehen ließen. Diese Art von Legalismus (Nilsson) hat bekanntlich im späteren rabbinischen Judentum eine eindrucksvolle Verkörperung erhalten. Die Griechen waren von solchem Extrem weit entfernt, nicht zuletzt, weil sie keine religiös-theologische Autorität dahin führte. Aber ein bestimmtes Problem lernten sie doch ernst zu nehmen. Das war die Befleckung durch Blutschuld, und hier kam ihnen auch die Hilfe eines Gottes, des delphischen Apollons, zugute. Daß das Heiligtum in Delphi in archaischer Zeit seine überragende Bedeutung gewann, hängt mit seiner Einstellung auf eine ethische und soziale Not jener Zeit zusammen. Während der noch unerschütterten Adelszeit wurden Mord und Totschlag nicht allzu schwergenommen. Den Täter traf die Rache der Familie und der Sippengenossen, was entweder zu seiner Flucht oder zur Beilegung des Streites durch Wergeld führte.

Jetzt war er »befleckt«, und das zog den göttlichen Zorn herauf, und zwar nicht nur für ihn, sondern für alle, die mit ihm zu tun hatten, also in erster Linie für seine Landsleute. Er bedurfte also der Reinigung, ohne Rücksicht darauf, ob er seine Tat berechtigterweise begangen hatte. Orestes, der die Ermordung des Agamemnon an Aigisthos und Klytaimnestra rächt, ist deshalb nun ein Gezeichneter und muß nach der uns geläufigen Sage durch die Dazwischenkunft Apollons gereinigt werden. Das war ein Niederschlag der neuen Anschauung und wahrscheinlich durch die delphischen Priester herbeigeführt. Wenn aber Blutvergießen an sich, ohne Rücksicht auf den Rechtsspruch, eine schwere Schuld war, dann durfte die Gemeinschaft, welche von ihr nicht minder betroffen war, nicht untätig bleiben und mußte die Selbsthilfe beseitigen. Das geschah denn auch durch Einrichtung öffentlicher Mordprozesse und Beseitigung des Befleckten und die Gemeinde befleckenden Übeltäters.

Natürlich war das nur eine Seite des ganzen Problems. Der Gewinn der Neuerung lag ebenso in dem institutionell verankerten Rechtsschutz und damit dem Beitrag, der mit ihm zur Befriedigung der Gesellschaft geleistet war. Der delphische Apollon drängte nichts auf, was nicht schon von selbst Anerkennung und Verwirklichung heischte. Hier hatte er sich in einen Zusammenhang eingeschaltet, der ohnehin in der veränderten Zeitlage zur Ausbildung drängte. Das war die Versachlichung der politischen Gemeinschaft und ihrer Funktionen.

Bis dahin hatte sie in den »Städten« vorwiegend auf dem personalen Zusammenschluß des Adels beruht. Was es an Institutionen gab, war persönlicher erblicher Besitz der einzelnen Angehörigen dieser Schicht, sowohl die Zugehörigkeit zum Adelsrat wie die Stellung des Königs. Im Königtum vereinigten sich der – an Umfang geringe – Tätigkeitsbereich der politischen Gemeinschaft, die Opfer, die in ihrem Namen dargebracht wurden, und die

Kriegführung. Die Entwicklung ging nun dahin, diese Funktionen insofern zu »entpersönlichen«, als man sie ihres monopolistischen Charakters entkleidete und prinzipiell allen Adelsangehörigen zugänglich machte. So wurden daraus die für die begrenzte Zeit von einem Jahr besetzten Ämter.

In Athen war dieses Stadium mit dem Jahr 683 v. Chr. erreicht: ein Kollegium von drei Jahresbeamten stand an der Spitze, der »König« für die Opfer, der Polemarch für das Heerwesen und der Archon für nichtmilitärische Obrigkeitsaufgaben. Die Auffassung hatte sich gründlich gewandelt. Eine zeitlich eng beschnittene und sachlich differenzierte öffentliche Gewalt, welche kein persönlicher Besitz mehr war, sondern lediglich von Personen wahrgenommen wurde, war ins Leben getreten. Ihr Träger hatte das Bewußtsein eines normierten Auftrages. Der Archon in Athen hatte bei seinem Amtsantritt bekanntzugeben, daß er niemandes Eigentum antasten würde, was nichts anderes war als eine Rückversicherung gegen die Willkür einer Geschäftsgebarung, wie sie dem früheren homerischen Adelsregime vertraut war. Recht und subjektive Macht waren da in naiver Weise noch durchaus in eins gesehen.

Neue Zeiten verleihen einen neuen Blick für neue Aufgaben. Der Wandel, der sich in Ablösung der homerischen Epoche vollzog, war wesentlich durch die Entdeckung des politischen Verbandes als objektiver Institution bestimmt. Man sah auf einmal, daß er zur Bildung eines verbindlichen Willens fähig war; ebenso bemerkte man, daß es allgemeine Bedürfnisse gab, deren Befriedigung zur Notwendigkeit wurde, und man stellte fest, daß beides einander entsprach und daß eine Ordnung nicht nur im Befolgen eingewurzelter Gewohnheiten bestand, sondern in bewußtem Griff geschaffen werden konnte. Diese Erfahrung wurde zwar erst zweihundert Jahre später in das helle Licht eines reflektierenden Denkens gehoben, als der fundamentale Zwiespalt von »Natur« und »Satzung« aufgerissen wurde. Vorerst tastete sich der griechische Geist noch an den Fragen und Antworten entlang, welche das praktische Drängen der unmittelbaren Gegenwart aufgab. Was da zu tun war, war freilich bedeutsam genug.

Den Griechen war noch zu Anfang des 7. Jahrhunderts ein wirklicher Kalender und damit eine geregelte Zeitrechnung unbekannt. Man orientierte sich ganz roh am Ablauf der Mondphasen. Von Neumond zu Neumond dauerte ein Monat. Das Jahr ergab sich aus dem Rhythmus der Vegetation und fand seine Artikulation durch die Ablösung der Jahreszeiten. Der Stand charakteristischer Gestirne am Himmel lieferte dafür einen anschaulichen Index. Die Gliederung des Monats blieb ohnehin das ganze griechische und römische Altertum hindurch den zahlreichen religiösen Festen anvertraut, die selbstverständlich Arbeitsruhe erforderten, und fand erst sehr spät, im Zusammenhang mit der Christianisierung, in der jüdischen Siebentagewoche eine feste Form.

Ursprünglich war es nicht einmal auszumachen, wann das genaue Datum eines Festes war. Auf längere Zeit vorauszusagen vermochte es niemand. Es wurde von Fall zu Fall angesetzt, vielleicht ein paar Wochen im voraus. Das war natürlich ein unhaltbarer Zustand. Niemand konnte disponieren, und vor allem war es gänzlich ausgeschlossen, auf weitere Sicht verschiedene lokale Feste in Beziehung zueinander zu bringen. Dabei gab es welche, die einen weiteren Ausstrahlungsradius hatten, und mit Fortschreiten der Zeit wurden sie sogar immer wichtiger. Im 7. Jahrhundert zog man wahrscheinlich schon aus nah und fern nach Olympia. So war es unumgänglich, nicht nur den Festzyklus einigermaßen vorauszuberechnen, sondern auch über die zeitliche Fixierung des mit den Spielen verbundenen und für ganz Griechenland gültigen Gottesfriedens Bescheid zu wissen. Kein Wunder, daß der Gott von Delphi eingriff. Einen gemeingriechischen Kalender – was für unser Empfinden das Zweckmäßigste gewesen wäre – konnte er freilich nicht verordnen. Dazu fehlte ihm jede Macht. Er brachte aber die einzelnen Staaten dahin, daß sie die zwölf fortlaufenden Mondphasen als Monate ansahen und sie nach den in sie fallenden Festen benannten. So wurde in Athen nach einem dem Dionysos gewidmeten Fest *Anthestéria* (eigentlich Blütenfest) ein Frühlingsmonat von Mitte Februar bis Mitte März mit der Bezeichnung *Anthesterión* eingeführt. Dazu kam die andere Aufgabe, diese lunaren Monate mit dem Sonnenjahr auszugleichen. Auch hierfür kam die Weisung von Delphi. Ein achtjähriger Schaltzyklus sah drei besondere Monate vor (auf Grund der Tatsache, daß acht Sonnenjahre ziemlich genau neunundneunzig lunaren Monaten entsprachen), die von den einzelnen Gemeinden jeweils durch Wiederholung eines Monats eingeschoben wurden. Die technische Unvollkommenheit dieser Regelung liegt auf der Hand; einen reibungslos funktionierenden Kalender konnte sie nicht verbürgen, aber eine gewisse Ordnung war doch an die Hand gegeben und der Fortschritt gegenüber dem früheren Vakuum nicht zu verkennen.

Der wichtigste Vorstoß zu einer statutarischen Ordnung des Lebens geschah durch die Kodifizierung des Rechts. Seit der zweiten Hälfte des 7. Jahrhunderts wurde an ihr gearbeitet. Ihr Ziel war die Beseitigung der Rechtsunsicherheit, welche die mündliche Überlieferung und damit der Mangel jeder Präzision mit sich brachten. Auf der Schaffung neuen Rechts lag nicht der Nachdruck. Eher dachte man, dem alten Recht zu seiner Verwirklichung zu verhelfen. Aber der Gedanke, seiner tatsächlichen Handhabung durch die Rechtsprechung eine kontrollierbare Instanz, den Gesetzestext, gegenüberzustellen, war revolutionär genug. Man konnte sich jetzt auf einen jedem zugänglichen Wortlaut berufen, wenn es um die Strafe für einen Ehebrecher, um Diebstahl, Raub, Gewalttat ging, die Prozeßordnung, nur zu leicht Gegenstand willkürlicher Manipulationen, wurde fixiert, und die Formen für Rechtsgeschäfte wurden möglichst genau festgehalten. Und schließlich ergab sich so auch die Möglichkeit, verbindliche Vorschriften auf einem Gebiet zu erlassen, das in erster Linie der freien Handhabung kraft Gewohnheit anvertraut zu sein schien.

Die persönliche Lebensführung war ein wichtiger Gegenstand dieser Gesetzgebung. Sie spricht sich gegen den Luxus aus, vor allem den der Leichenbegängnisse mit Klageweibern und übertriebenen Totengaben, verbietet das Auftreten vornehmer Damen mit großer Begleitung in der Öffentlichkeit und sogar das Waffentragen innerhalb der Stadt. Hier ist nun allerdings zu spüren, daß auch der Inhalt der Gesetzgebung eine besondere Aktualität gewann. Solche Gebote waren nur sinnvoll, wenn sie einen entgegenstehenden Brauch bekämpften. Sie verraten einen Bruch mit dem Herkommen und zeigen durch ihren Griff nach einer besonderen Gestaltung des sozialen Verhaltens, daß hinter ihnen nicht nur ein anderer Geist, sondern auch andere Menschen stehen. Die sichtbare Front gegen Gepflogenheiten des Adels war ohne einen Gegenspieler nicht denkbar, der schließlich überhaupt im Hintergrund des geschichtlichen Wandels, zumal des sich im Gesetzgebungswerk vollziehenden, anzubringen ist.

Im 7. Jahrhundert kommt die Zeit einer massiven sozialen Krise herauf. Zwischen dem Adel und dem »gemeinen Mann«, dem »Volk« oder, griechisch, dem »Demos« entstehen Spannungen, die sich allmählich immer mehr zuspitzen und die griechische Gesellschaft, soweit sie von der Differenzierung des Adelsstaates erfaßt worden war, in einen über ein Jahrhundert dauernden Gärungszustand versetzt. Es liefen da verschiedene Motive zusammen. Ein wichtiger Antrieb war wirtschaftlicher Natur. Allgemein gesprochen, handelte es sich um Symptome einer Verarmung breiter Schichten, die nun gewiß nichts völlig Neues war. Schon die beginnende Kolonisation im 8. Jahrhundert hatte sie gekannt und war von ihr bestimmt worden. Aber nun wurde mit weiterer Verschlechterung der Verhältnisse die allgemeine Lage mit einem ausdrücklichen Affekt gegen die Vermögenden beantwortet. Man nannte sie schlechthin die »Fetten«, die »Reichen« oder die »Güterbesitzer«, meinte damit aber in der Hauptsache die Adligen, deren Herrschaft ja in der Tat auf ihrer ökonomischen Überlegenheit beruhte.

Der Widerstand gegen sie scheint von zwei Gruppen ausgegangen zu sein. Erstens fanden sich diejenigen zusammen, die schon durch ihren Rechtsstatus abhängig waren, wahrscheinlich im Rahmen einer Grundherrschaft, und, wie üblich, einen Teil ihrer Erträge an den adligen Grundherrn abzugeben hatten. In Athen war das ein Sechstel der Ernte. Die anderen, und von ihnen ging der eigentliche Stoß aus, gerieten als ursprünglich freie Bauern jetzt in einen Sog, der sie an den Rand des Ruins brachte. Es waren die kleinen Grundbesitzer, deren geringer Landbesitz keine Sicherheit gegen Mißernten und Preisschwankungen bot. Sie mußten Darlehen aufnehmen und gerieten so den reichen Gläubigern, das heißt den Großgrundbesitzern gegenüber, in Schulden. Die Folge waren Verpfändung eines Teiles ihrer Felder und damit Hinschwinden der Möglichkeit, jemals von den Schulden loszukommen, letztlich Vertreibung von Haus und Hof, wenn nicht gar persönliche Schuldhaft und damit Verkauf über die Grenze, ein Schicksal, dem sich nur durch Flucht außer Landes entgehen ließ. Das Elend wies also verschiedene Spielarten auf und enthielt so die Voraussetzung zu dramatischer Zuspitzung. Durch diese Skala von Gefährnissen und Drangsalen wurde das soziale Klima vergiftet.

Die tieferen Gründe für diese Katastrophe müssen in einem Rentabilitätsschwund für den kleineren Betrieb liegen, wohl infolge ihrer von Haus aus schlechten Produktionsbedingungen und einer entsprechenden Verbesserung auf den größeren Höfen, woraus sich ein Sinken des Preisniveaus ergab, das die Kosten der kleinen Wirtschaften nicht mehr deckte. Unter den weniger differenzierten Verhältnissen war das früher nicht in Erscheinung getreten. Wahrscheinlich war damals noch die Einrichtung des Zinses unbekannt gewesen. Man half sich gegenseitig, indem der eine dem anderen nach seinem Vermögen etwas vorstreckte, und gehorchte einfach den Impulsen naiver Nachbarschaftsethik, die weder von Entgelt noch von Gewinn etwas weiß. Bezeichnenderweise bestand jetzt gerade gegen den Zins offener Abscheu. Im Gang der inneren Auseinandersetzungen kam es vor, daß der Demos Beschlüsse auf Zurückzahlung bereits geleisteter Zinsen durchsetzte und damit eine Diffamierung der ganzen Einrichtung zum Ausdruck brachte.

Wie dem auch sei, das ökonomische Absinken weiter Kreise erzeugte eine elementare Unzufriedenheit und bösen Groll gegen die Widersacher. Sehr bald war auch die Parole gefunden, unter der man zum Kampf antreten konnte. Es war der überall ertönende Ruf nach »Bodenreform«, griechisch »Aufteilung des Bodens«. Der Begriff ist nicht uninteressant. Es hatte bei ihm die Erinnerung Pate gestanden, daß die agrarischen Eigentumsverhältnisse an vielen Orten auf eine ähnliche Verteilung um die Jahrtausendwende, als nach der Dorischen Wanderung das Land okkupiert wurde, zurückgingen. Das war nun tatsächlich noch nicht so lange her, daß sich nicht eine vage Vorstellung davon hätte erhalten können; auch der entsprechende Ausdruck »Los« *(kléros)* für das individuelle Grundstück hatte sich hier und dort erhalten.

In der wirtschaftlichen Not, in der ihr entspringenden Verzweiflung und in dem Haß der Armen gegen ihre Peiniger lag der eigentliche Antrieb für den Kampf des Demos gegen den Adel. Nicht nur alle äußere Dramatik, sondern eine in die Breite der ganzen Bevölkerung wirkende Kraft, der Zündstoff in die Tiefe greifenden Aufruhrs, kamen daher. Das Gemeinwesen war in zwei feindliche Lager »auseinandergetreten« (der griechische Ausdruck *stasis*, in diese Zeit zurückgehend, meint das ganz wörtlich). Auf beiden Seiten will man sich gegenseitig vernichten, »der Feinde dunkles Blut trinken«, wie ein dichtender Zeitgenosse (Theognis) sich vernehmen läßt. Zeitweise regiert das Faustrecht. Feste Organisationen treten sich gegenüber, in Milet die »Partei des Reichtums« *(ploûtos)* gegen die »Partei der Fäuste« *(cheiromáche)*. Da und dort eignen sich die Armen einfach durch Raub die Besitzungen der Reichen an. Die Wut äußert sich in sinnlosen Exzessen, die Viehherden der Großgrundbesitzer werden hingeschlachtet, der Pöbel dringt in die vornehmen Häuser ein und verlangt, wie Aristokraten bewirtet zu werden. Ein enteigneter Adliger ruft aus: »Früher pflügte ich, jetzt haben andere meine Äcker; die Maultiere ziehen nicht mehr meinen Pflug. Gewalt, Hohn, feige Gewinnsucht warfen mich in Erniedrigung.«

Das deklassierte und enteignete Bauerntum war nicht das einzige Element dieser elementaren Spannungen. Es fand sich in der Nachbarschaft eine andere Schicht, die es schon längst in Griechenland gab, die sich jedoch in der fortschreitenden Zeit beträchtlich ausgedehnt hatte. Die Tagelöhner *(thétes)*, die während der Ernte halfen, dann aber ohne geregeltes Einkommen auf der Straße lagen und vom Bettel und allenfalls von Gelegenheitsarbeit lebten, waren schon der homerischen Zeit bekannt. Infolge der allgemeinen Bevölkerungsvermehrung wurden sie jedoch zahlreicher. Zu ihnen stießen die Söhne von kleinen Bauern, für die auf dem Hof kein Auskommen war. (Hesiod hatte deshalb sehr dazu geraten, die Zahl der Kinder klein zu halten und nur einen Sohn zu zeugen.) Auf diese Weise hatte sich ein richtiges Proletariat gebildet. Die griechische Kolonisation, die ihren primären Antrieb von diesem Bevölkerungsüberschuß erhalten hatte, vermochte der sozialen Not nur in beschränktem Maß zu steuern. Ein gewisses Auffangsorgan wurde jetzt der gewerbliche Betrieb, der im 7. Jahrhundert ausgebaut wurde und für den Fernhandel arbeitete. Die handwerkliche Produktion, entweder im Rahmen größerer Manufaktur oder des Verlegersystems durchgeführt, nahm einen großen Aufschwung, zumal in der Herstellung keramischer Waren. Textilien und Metallerzeugnisse werden an ihre Seite getreten sein, obgleich sie sich für uns begreiflicherweise nicht mehr nachweisen lassen. Der Zuzug vom Land veränderte dann völlig das Aussehen der städtischen Bevölkerung, wie von konservativ eingestellten Zeitgenossen mit Mißfallen beobachtet wurde. »Wohl ist das noch die Stadt, aber die Menschen darin sind ganz anders.«

Freilich wurde keineswegs das ganze Griechenland von dieser Konjunktur erfaßt, sondern nur wenige Zentren, wie Korinth, Milet und im 6. Jahrhundert Athen. Die korinthische Ware, offenbar schon eine Art von Massenproduktion – die attische stand qualitativ höher –, eroberte sich im Gefolge der Kolonisation den italischen Westen. Wo diese Exportchancen nicht bestanden – und das entsprach der durchschnittlichen Situation –, da war das Absorptionsvermögen des Gewerbes für das grundbesitzlose Proletariat nicht sehr groß, das soziale Problem erfuhr dadurch vielmehr eine deutliche Verschärfung, und die Exzesse, in denen sich die Spannungen zwischen Reichen und Armen entluden, waren mit durch den Druck bestimmt, der von diesen verwahrlosten Leuten ohne wirkliches Einkommen ausging.

Trotzdem war dieser auf der ökonomischen Ebene sich abspielende Klassenkampf nicht das einzige Element der Auseinandersetzung. Sie war durchwirkt von manchem anderen. Die Forderung nach Rechtsgleichheit, also die Unterstellung unter ein jedem zugängliches und bekanntes Gesetz, gehörte ebenso dazu wie das Verlangen nach einer strengeren Normierung des Lebens. Beides ist das Symptom für den Autoritätsverlust der bisher uneingeschränkt herrschenden Adelsschicht; und das Hinschwinden des alten sittlichen Führungssystems treibt als Äquivalent das Bedürfnis nach neuen Maßstäben aus sich hervor. Nicht nur die Ablehnung des adligen Gesellschaftsstils, wie sie sich im Verbot des Waffentragens zeigt, wird in diesem Zusammenhang formuliert. Auch gegen Tagediebe und Faulenzer wird jetzt gesetzlich eingeschritten, und die Weisheit Hesiods, daß Arbeit die Tugend des Menschen ausmache, findet die Anerkennung einer aktuellen Einsicht.

Wenn es hierzu kam, dann war eben nicht nur das soziale Gefüge in seinen wirtschaftlichen Grundlagen erschüttert, sondern nicht minder waren seine inneren Organisationsformen fraglich geworden, die auf den Bindungen des Herkommens und der Geburtsfolge beruhten; kraft Abstammung war jedem sein Platz in der Gesellschaft zugewiesen. Nicht nur bestimmten, wie selbstverständlich, Familie und Geschlecht die Einordnung in den politischen Verband, wonach sich auch der Stand, sei er nun adlig oder nichtadlig, richtete, jeder Familie war auch kraft Tradition innerhalb bestimmter organisatorischer Einheiten ihre Stelle ein für allemal zugesprochen. Das waren die »Phylen« und »Phratrien«, beide vorgestellt als Blutsverbände, was sie allerdings nur auf Grund einer Fiktion waren. Phyle wird gewöhnlich mit »Stamm« übersetzt und hängt mit dem Wort für »wachsen« und »Natur« zusammen, Phratrie ist ein altes Wort für »Bruderschaft«. Der reale Ursprung hat freilich mit der hierin zum Ausdruck kommenden Vorstellung nichts zu tun, er war (wahrscheinlich) ein militärtechnischer Zweck, die Einteilung für das Aufgebot, und gehört in die frühe Zeit, als sich nach der Wanderung die griechische Gesellschaft konsolidierte, bezeichnenderweise aber nur da, wo dies gleich in städtischer oder vorstädtischer Form geschah. Die nordwestlichen Griechen, die erst viel später diesen Schritt taten, kennen deshalb dieses Prinzip nicht. Aber den Altgriechen, also Ionern, Achaiern und Aiolern wie vor allem den Doriern ist es geläufig.

Bei Homer ruft der alte Nestor die Achaier vor Troia zum Kampfe auf und heißt sie, sich nach Phylen und Phratrien zu ordnen. Im 8. Jahrhundert, der homerischen Zeit, war der Funktionsbereich jedoch längst nicht mehr auf den militärtechnischen Zweck beschränkt. Phylen und Phratrien bedeuteten schlechthin die äußere juristische Gliederung des Gemeinwesens. In ihnen waren die Familien und Geschlechter in der Weise zusammengefaßt, daß die Phratrie die nächsthöhere Einheit über dem Geschlecht bildete; darüber stand dann die Phyle. In der Phratrie wurden die Geburtsregister geführt. Der Vater zeigte – einmal im Jahr zu einem bestimmten Termin – der Phratrie, also den Phratriegenossen, an, wenn ihm ein Sohn geboren war und er seine Vaterschaft durch Schwur anerkannte, und ebendort wurde durch einen besonderen Akt die Einführung des jungen Menschen in die Reihe der Erwachsenen vorgenommen. Die »Registrierung« der Ehe fand gleichfalls in diesem Kreise statt, wenn die Ehefrau dem Schutz der neuen Götter unterstellt wurde. Immer handelte es sich dabei natürlich um sakrale Gemeinschaften und um ein entsprechendes Opfer- und Festritual. Phratrie wie Phyle waren der Verband der weiteren Verwandten und traten in Erscheinung, wenn die näheren ausfielen, so etwa die Phratriegenossen, wenn aus dem engeren Kreis kein Bluträcher vorhanden war, oder die Phyle, wenn ein Erbe fehlte und deren Mitglieder einspringen mußten. Die Phyle diente als die umfassendere Organisation zugleich als politische Repräsentation. Ein »Phylenkönig« *(phylobasileús)* stand in Athen an ihrer Spitze.

Die Zugehörigkeit zu Phratrie und Phyle war erblich und völlig unabhängig vom Wohnsitz. Beides waren also festgefügte Verbände, welche den Einzelnen und seine Nachkommen mit ehernen Fesseln banden. Soweit dadurch soziale Ordnung und Fürsorge verbürgt waren, bestand kein Anlaß zur Klage, wenn auch gewisse Bindungen, etwa im Erbrecht, allmählich als anstößig empfunden wurden. Aber die Einrichtung hatte eine Kehrseite, die unmittelbar mit ihrer Funktion zusammenhing. Da die Phylen und Phratrien sich in der unerschütterten Adelszeit ausgeformt hatten, waren sie auch reine Abbilder ihrer gesellschaftlichen Struktur. Als Vereinigungen von Familien und Geschlechtern wurden sie zwangsläufig von den Adelssippen getragen, da diese allein im Besitz ausgebildeter gentilizistischer Institutionen waren. Der einfache Mann hatte allenfalls eine Familie, niemals aber eine richtige Sippe, und kam in früher Zeit in die Phratrie und Phyle wahrscheinlich nur als Anhängsel adliger Geschlechter. Auch als er sich zu kleinen Vereinigungen *(thiasoi* und *orgeónes)* zusammenfand und durch sie in Phratrie und Phyle eintrat, konnte er dort nur eine untergeordnete Rolle spielen. Er unterlag Bindungen, die seine mindere soziale Stellung unmittelbar zum Ausdruck brachten; für seine politischen Anliegen konnte die Phyle nicht nur kein Sprachrohr sein, sie bedeutete im Gegenteil eine zuverlässige Abdichtung gegenüber allen Regungen von seiner Seite. Die Phylenordnung war eine gediegene Garantie für die Herrschaft des Adels.

Kein Wunder, daß die Opposition sich dagegen richtete und in der Phylenordnung die Verkörperung des ganzen, ihr unerträglichen sozialen Systems sah. Die alte Phylenordnung sollte dadurch vernichtet werden – die Phratrie ließ man wegen ihres geringen politischen Gewichts aus der Diskussion –, daß ungeachtet ihres nominellen Weiterlebens eine neue geschaffen wurde. Diese nun sollte lediglich auf der Grundlage des individuellen Wohn-

Phalanx von Kriegern und Hopliten mit Kriegswagen
Reliefs vom sogenannten Nereiden-Monument und von einer Statuenbasis, 5. Jahrhundert v. Chr.
London, British Museum, und Athen, Nationalmuseum

Reste des Apollon-Tempels in Korinth, Mitte 6. Jahrhundert v. Chr.

sitzes aufgebaut sein, so daß sich die Familien und Menschen allein nach ihrem räumlichen Verhältnis zusammenfanden und alle alten Beziehungen damit durchschnitten wurden. Die Phylen sollten zu nichts anderem als zu lokalen Bezirken werden; und dieses Ziel wurde, soweit man es nicht auf anderem Wege, unter Umgehung des Phylenbegriffs, verfolgte, auch tatsächlich überall bis zum Ende der archaischen Epoche erreicht. In einigen dorischen Staaten, wie Argos, Epidauros, Sikyon oder Korinth, spielte in diese Entwicklung noch der Kampf der nichtdorischen Bevölkerungsschicht um Gleichberechtigung hinein. Zeichen ihrer minderen Rechtsstellung war bis dahin, wenn sie nicht sogar wie in Sparta und Kreta zu Hörigen abgesunken waren, ihr Ausschluß von den Phylen. Ihre bürgerliche Anerkennung drückte sich dann in der Einrichtung neuer, speziell für sie bestimmter Phylen aus – teils an Stelle der alten, teils neben ihnen.

Soziale Krisen sind immer zugleich politische Krisen, sie sind es vor allem deshalb, weil sie nicht anders als auf der Ebene der Politik ausgetragen werden können. Sie sind es aber auch doppelt, weil soziale Motive nie allein, sozusagen in destillierter Form, auftreten. Die sozialer Not und Begehrlichkeit entspringenden Empfindungen verändern auch den politischen Prospekt und lassen Möglichkeiten auftauchen, die vorher unbemerkt geblieben sind. Eine sich verändernde gesellschaftliche Welt sah auch die politische Führungsstellung des Adels in einem neuen Licht. Sie wurde problematisch sogar in den Augen der herrschenden Schicht selbst. Aber noch wichtiger wurde, daß innerhalb der noch bestehenden Herrschaftsordnung Umstände eintraten, die jene von sich aus in Frage stellten, ungeachtet dessen, daß die Träger und Nutznießer des alten Zustands es selbst waren, welche die Veränderung heraufführten.

Die militärische Technik wurde noch unter den Händen des Adels gründlich umgebaut. Der ritterliche Kampf von Mann zu Mann, der noch Anfang des 7. Jahrhunderts im Lelantischen Krieg ausdrücklich als gültiges Prinzip anerkannt worden war, verschwand und mit ihm der Streitwagen und die ungeordneten Haufen, die sich um die ritterlichen Kämpfer scharten. Eine Entdeckung hatte diese herkömmliche Kampfweise entwertet. Es hatte sich herausgestellt, daß eine geregelte Kooperation der verschiedenen Streiter einen bedeutend höheren Effekt erzielt als das Herumtummeln der homerischen Helden. Erforderlich war allerdings dazu, daß der Ritter vom Wagen stieg und zum Kampf in Reih und Glied antrat, daß also eine »Phalanx« gebildet wurde. Ihre Wucht, die auf dem Zusammenhalt des Ganzen und seiner gleichmäßigen Bewegung beruhte, entschied jetzt die Schlacht. Wer den Gegner vom Schlachtfeld verdrängt hatte, war Sieger, was im Grunde nicht viel anders war als früher, aber die Methode war sicherer und vor allem die Kraft größer, die bei ihr entwickelt wurde. Und sie war es nicht nur wegen ihrer rationellen Entfaltung, sondern ebenso deshalb, weil für die Phalanx eine größere Zahl von Kämpfern zur Verfügung stand, die sich zu einer Mannschaft vereinigen ließ. Der materielle Aufwand, den die Phalanx erforderte, war geringer als der des Ritterkampfes mit Roß und Wagen, so daß ihm auch ein nichtadliges Einkommen zu entsprechen vermochte. Vor allem jedoch handelte es sich um keinen individuellen Ritterkampf mehr. Die militärische Verrichtung war ihres individuellen Charakters entkleidet, indem sie rein auf die Funktion abgestellt wurde und damit der Platz des adligen Mannes auch von jedem anderen ausgefüllt werden konnte, vorausgesetzt daß er gesund war und die Kosten für Waffen und Rüstung aufbringen konnte.

Das eine war so selbstverständlich wie das andere, an eine Armierung von Staats wegen dachte noch kein Mensch. Die Militärreform hätte einen wesentlichen Teil ihres Wertes eingebüßt, wenn eine zu dieser materiellen Leistung fähige Klasse nicht zur Verfügung gestanden hätte. Es waren also keineswegs alle Angehörigen des Demos verarmt. Eine Mittelschicht hatte sich gehalten, auch auf der landwirtschaftlichen Basis, zu der in einzelnen Städten Angehörige des vermögenden Gewerbes und Handels hinzutraten; und nicht nur das, es gehörte durchaus in das Bild der allgemeinen sozialen Entwicklung, daß sich auf beiden Sektoren Vermögen bildeten, die nicht nur den militärischen Ansprüchen entsprachen, sondern fallweise den adligen Besitz ausstachen. Diese neue Schicht hatte im Zusammenhang mit der neuen Heeresverfassung eine erste offizielle Anerkennung gefunden. Es konnte nicht ausbleiben, daß sie zu politischem Selbstbewußtsein gelangte.

Gleiche Pflichten rufen das Verlangen nach gleichen Rechten hervor, nicht sofort, aber nach einer gewissen Zeit, sobald sich die Verschiebung im politischen und sozialen Organismus als objektiver Zustand niedergeschlagen hat. Dieses Stadium war Ende des 7. Jahrhunderts erreicht. Freilich verbürgte diese politische Logik allein noch keinen durchschlagenden Erfolg. Die Mittelschicht war ökonomisch keineswegs stark genug, um den Adel wirtschaftlich aus dem Sattel zu heben. Die aus späteren Phasen der europäischen Geschichte bekannte Entwicklung eines Stadtbürgertums, einer Bourgeoisie, ist hier nicht anzusetzen. Aber ähnlich wie in Rom kam den Ansprüchen der vermögenden Schicht des Demos die Erschütterung des Gemeinwesens durch die viel elementarere soziale Not der unteren, bedeutend zahlreicheren Kreise zugute. Da stellte sich nicht nur eine Interessenverbindung her, sondern die politische Dynamik erhielt durch die verschiedenen Antriebe der vielgestaltigen Bedürfnisse des »Volkes« eine potenzierte Wucht; ja, sie wurde solchermaßen überhaupt erst richtig geprägt, indem auf einer breiten Skala die einzelnen Züge sich zu einem wirklichen Profil zusammenfanden.

Die Tyrannis

Die Aktionen, welche dieser Krise entsprangen, waren auf den vielen Bühnen der griechischen Geschichte selbstverständlich sehr mannigfaltig, ein Urteil, zu dem wir berechtigt sind, obgleich uns keine ordentlichen Nachweise zu Gebote stehen. Aber ebenso hebt sich eine gewisse Typik heraus, und über sie wissen wir ein wenig mehr. Der leitende Begriff ist der der griechischen, der »älteren« Tyrannis.

Ihr politisch-kultureller Ansatz ist nicht schwer zu erkennen. Wenn der politische Verband seine Funktionsfähigkeit verliert, wenn die legitime Herrschaft keine Autorität mehr besitzt und der Widerstand von unten weder auf einen Partner trifft, der ihn auffängt, noch selbst zu einer gezielten Unternehmung fähig ist, entsteht das Vakuum, in das die usurpierte Gewalt einströmt. Die Griechen haben für diesen weitverbreiteten und immer wieder unter den verschiedenartigsten Verhältnissen auftretenden Vorgang die Terminologie geschaffen:

der »Tyrann« ist bis ins 19. Jahrhundert ein wohlbekanntes Requisit der praktischen wie der theoretischen Politik, bis er in unseren Tagen durch den römischen »Diktator« verdrängt wurde. Solange es eine selbständige griechische Geschichte gab, war in ihr nur selten eine Generation anzutreffen, welche keine Gelegenheit gehabt hätte, irgendwo im weiten Umkreis des hellenischen Geschehens die Tyrannis unmittelbar zu studieren. Kein Wunder, daß die griechische Staatstheorie nun auch das Modell konstruierte, das der Nachwelt so oft einen unschätzbaren Dienst leisten sollte. Aber so weit war es im 7. und 6. Jahrhundert, in der archaischen Zeit, noch lange nicht. Noch fehlten damals nicht nur die subjektiven Voraussetzungen für eine Analyse; auch das objektive Erscheinungsbild bot sich zu Anfang nicht so rein dar wie später.

»Tyrann« ist im Griechischen ein Fremdwort, wahrscheinlich ist es von Lydien in Kleinasien eingedrungen, wo es die herkömmliche Bezeichnung für König und Herrscher war. Die Möglichkeit seiner Verwendung im griechischen Sprachraum ergab sich aus der Tatsache, daß das alte griechische Wort für »König« *(basileús)* für den zum Beamten gewordenen König festgelegt war. Man benötigte ein neues Wort, und bei den engen Beziehungen der kleinasiatischen Griechen zu Lydien war es nicht schwer, es sich von dort zu besorgen. Die Sache selbst, für die man das Wort brauchte, kam nicht von ungefähr. Sie war vorgebildet in dem Rivalisieren der Adelsgeschlechter untereinander. Dieser an sich legitime Vorgang – legitim, solange er die Gebote der Solidarität respektierte – führte vereinzelt zur Monopolisierung der Macht in der Hand einzelner Sippen und damit zum Ausschluß der anderen Stammesgenossen von den politischen Ämtern.

In Korinth übte die Familie der Bakchiaden eine solche Familiencliquenherrschaft aus, in Mytilene auf Lesbos die Penthiliden, in Erythrai die Basiliden. In einzelnen Städten Thessaliens behaupteten sich derartige »Dynastien« (wie der spätere griechische Sprachgebrauch sie nannte) bezeichnenderweise sehr lange, ein Zeichen dafür, daß mit dieser innerpolitischen Phase die Landschaft den Gleichschritt mit den eigentlich städtischen Gebieten von Hellas verlor. Das alte Königtum war schon derartig abgesunken, daß sich die hier auf der Grundlage der Adelsherrschaft vollzogene Machtkonzentration nicht mehr daraufpfropfen ließ. Eine einzige, recht merkwürdige Ausnahme bestätigt dieses Verhältnis.

In der ersten Hälfte des 7. Jahrhunderts entfaltete der argivische König Pheidon eine Initiative, die nur vergleichbar ist mit Erscheinungen der eine Generation später beginnenden Tyrannenzeit. Seine außenpolitischen Unternehmungen stehen sogar in der ganzen archaischen Zeit ohne Analogon da. Er brachte nicht nur die nähere Umgebung von Argos und den Isthmos unter seine Herrschaft, sondern stieß auch durch Arkadien bis nach Elis vor, so daß sich so etwas wie ein nordpeloponnesisches Reich abzeichnete. Diese Schöpfung war freilich ephemer und brach mit seinem Tode wieder zusammen, zeigte aber doch gleich zu Anfang der Epoche, daß in ihr auch außenpolitische Möglichkeiten steckten, an die bisher nicht zu denken war. Dem Münzwesen, einem charakteristischen Symptom des Zeitalters, gab Pheidon ferner durch Schaffung einer Kurrentmünze aus Silber – der griechischen Drachme mit dem Obolos als Untereinheit – einen wichtigen Antrieb zu seiner Verbreitung (was man bis jetzt kannte, waren größere Geldeinheiten). Das bisherige Eisengeld ist offenbar erst durch ihn entscheidend zurückgedrängt worden.

Aber Pheidon war ein Einzelgänger, sein Auftreten bedeutete wenig für die Geschichte. Mit dem argivischen Machtaufstieg war es nach seinem Tod alsbald vorbei. Die Geschichte der griechischen Tyrannis beginnt in Korinth. Kein Wunder. Korinth stand damals in der sozialen und wirtschaftlichen Entwicklung Griechenlands mit an der Spitze, sein keramisches Handwerk nahm eine führende Stellung ein. Die Tyrannis scheint sich (etwa 650) dadurch in den Sattel gesetzt zu haben, daß sie das Familienregiment der Bakchiaden beseitigte. Es hatte offenbar abgewirtschaftet, und der Befreier Kypselos, übrigens, wenn die Tradition nicht trügt, ein nichtebenbürtiger Angehöriger dieser Sippe, konnte deshalb unangefochten an ihre Stelle rücken. Es wurde als selbstverständlich empfunden, daß die alte Herrschaft in neuer Form fortgeführt wurde, ein Zeichen dafür, daß Familienherrschaft und Tyrannis genetisch zusammengehören. Das traf im übrigen noch in anderer Hinsicht zu. Der Tyrann, welcher das Sippenregime beseitigte, stützte sich seinerseits gern auf seine Anverwandten (Brüder oder Söhne), indem er diese, manchmal auf dem Weg spezieller Beauftragung, an der Herrschaft beteiligte. So war es schon in Korinth, unter Kypselos und seinem Nachfolger Periander, so war es vor allem auch anderwärts, etwa in Athen.

Die Tyrannis trat an ganz verschiedenen Orten auf, im Westen wie im Osten. Auch Sizilien hat sie schon in früher Zeit, Ende des 7. und Anfang des 6. Jahrhunderts, gekannt, in der Gestalt des Panaitios von Leontinoi und des Phalaris von Akragas. Im Osten, in Kleinasien, hat sie selbstverständlich ebensowenig gefehlt. Leider sind alle genauen Nachrichten verschollen. Die bekannteste Erscheinung war Thrasybulos von Milet (Anfang des 6. Jahrhunderts) und später, in der zweiten Hälfte des Jahrhunderts, Polykrates von Samos. Am besten sind zufällig die Verhältnisse auf dem Isthmos beleuchtet. Neben der korinthischen Tyrannis steht eine in Megara und eine in Sikyon, dort verkörpert durch einen Theagenes, hier in dem prachtliebenden Kleisthenes.

Die frühe Tyrannis erscheint in einem eigenartigen Zwielicht. Ihrem politischen Systemansatz nach ist sie nicht nur usurpierte, sondern auch mit Gewalt aufrechterhaltene Herrschaft. Sie hat sich dementsprechend auch niemals längere Zeit zu behaupten vermocht; länger als zwei Generationen hat es damals keine getrieben, die meisten überdauerten kaum eine. Aber auf der anderen Seite waren die politischen Verhältnisse in Griechenland noch so unfertig und unentwickelt, daß für eine klare Abzeichnung des Prinzips einfach der Hintergrund fehlte. Die außerordentliche Machtstellung des Tyrannen hatte da die Vermutung der Legitimität für sich. Die Menschen waren froh, daß die Ordnung wiederhergestellt war, der Demos sah manche seiner Forderungen erfüllt, die Adligen fanden sich zwar unwillig auf die Seite gedrängt, aber wenn sie es genau bedachten, war es so mitunter besser für sie, als wenn sie von den Wogen des Klassenkampfes überspült worden wären. Die persönliche Gewalt konnte – sie brauchte es nicht immer – ausgleichend wirken und damit echte, unmittelbare Autorität ausstrahlen. Unter solchen Bedingungen waren die Übergänge zu einer Erscheinung fließend, die damals nicht minder typisch als die Tyrannis war.

Die Ausweglosigkeit führte des öfteren zu der formellen Ermächtigung eines einzelnen Mannes, den Staat zu ordnen. Das war der »Aisymnet«, derjenige, der das Billige zuzuweisen hat. Seine eindrucksvollste Gestalt ist Solon, und von Solon wissen wir auch, daß er genau zwischen seinem Amt und der Tyrannis zu unterscheiden wußte. Aber Solon hatte kraft seiner zeitlichen Stellung auch Erfahrungen von der Tyrannis. Bei Kypselos mußte das anders gewesen sein, und es war auch später noch anders.

Ein Zeitgenosse und Landsmann der Sappho und des Dichters Alkaios, Pittakos von Mytilene, erschien den einen als Aisymnet, den anderen als Tyrann, und sein Aufstieg vollzog sich innerhalb eines anarchischen Chaos, in dem mehr als einer an die Macht zu kommen suchte. Aber Pittakos gab seine wie immer gewonnene Gewalt nach zehn Jahren wieder auf und bestätigte damit den Eindruck, daß er sie unter allgemeiner Einwilligung ausgeübt hatte.

Das damalige Griechentum hatte die eigenartige Vorstellung, daß persönliche, auf Einsicht gegründete Überlegenheit schon von sich aus Macht über die anderen hervorbringt und durch allgemeinen Konsens anerkannt werden kann. Auf diesem Wege waren schon manche der Gesetzeskodifikationen zustande gekommen. Zaleukos von Lokroi (Unteritalien), Charondas von Katane und Drakon von Athen waren solche individuellen Rechtsstifter. Und es war nur eine Fortsetzung dieser Praxis, die Ordnung des Staates überhaupt der Vernunft eines bestimmten Mannes anzuvertrauen oder stillschweigend anvertraut zu sehen. Ob Tyrann oder nicht, das Volksbewußtsein nahm, allein auf den Inhalt des Wirkens blickend, keinen Anstand, solche Männer als »Weise« *(sophoi)* anzuerkennen und dem Kreis der »Sieben Weisen« ohne Bedenken neben Solon und Pittakos auch Periander und Thrasybulos zuzurechnen, ganz unbekümmert darum, daß diese beiden wohl keinen Hehl aus ihrer Tyrannis gemacht hatten und ihre Überlegenheit keineswegs nur ideeller Art war.

Die ältere Tyrannis lebte davon, daß sie Forderungen der Zeit Geltung verschaffte und ihren Geist ausdrücklich anerkannte. So merkwürdig es klingt, das Ethos, welches in den Gesetzgebungswerken zum Ausdruck kam, erklärte die Tyrannis auch für sich verbindlich. Periander von Korinth zum Beispiel gab sich große Mühe, das soziale Leben der Korinther in Zucht und Führung zu nehmen. Er erließ Gesetze gegen den Müßiggang, bekämpfte also Bettel und Herumtreiberei. Wenn jemand auf dem Markt dem Herrgott den Tag stahl, wurde er bestraft. Puritanisch anmutende Strenge untersagte das Kurtisanen- und Dirnenwesen. Angeblich hat er zur drastischen Illustrierung seiner Absicht Hetären ersäufen lassen. Verschwendung bei der privaten Haushaltsführung wurde aufs Korn genommen. Eine Kommission wachte darüber, daß niemand mehr ausgab, als er verdiente. Solche Maßnahmen entsprachen der neuen Gesinnung, welche die Liberalität der Adelszeit verdrängte, sie deckten sich jedoch auch mit bestimmten sozialen Interessen. Die Tyrannis verdankte ihren Aufstieg dem Druck, der vom Demos auf das aristokratisch regierte Gemeinwesen ausgeübt wurde, sie war aber auch Vollstrecker seiner Wünsche. An mehr als einer Stelle nahm der Tyrann die Reform der Phylen in seine Hand. Und der Kampf gegen den Luxus zielte verständlicherweise auch auf diejenigen, welche ihn sich leisten konnten, und befriedigte das Ressentiment der davon Ausgeschlossenen. Bei den Vorkehrungen gegen Faulheit und Verschwendung stand ebenso soziales Verantwortungsgefühl wie das Drängen derjenigen Schicht Pate, welche die Notwendigkeit solcher Maßnahmen am nächsten verspürte. Wenn Polykrates für die Mütter sorgte, deren Söhne im Krieg gefallen waren, indem er die Reichen sie materiell zu unterstützen zwang, so lagen Sinn und Nutzen offen zutage.

Das Phänomen hatte aber noch einen tieferen Hintergrund. Lebensführung und Lebenshaltung sind Komponenten konkreter Lebensordnungen. Ihr Bestand ist abhängig von der Existenz des sozialen Gefüges, in das sie eingebettet sind. Zerbricht dieses, so ist die Lebensorientierung des Individuums gefährdet. Dieser Tatbestand war in der griechischen Gesellschaft eingetreten mit der Auflösung der alten, unter der Führung von Adel und Sippe stehenden Gemeinschaft. Die neue Gesetzgebung war der Versuch, auf diese Veränderung der sozialen Verhältnisse eine Antwort zu geben und dort, wo einst das Herkommen und der normierende Zusammenhang der alten Institutionen die leitende Funktion ausgeübt hatten, neue Stützen einzuziehen. Da die Tradition versagte, mußte jetzt die Satzung an ihre Stelle treten, und ihre Träger waren nun nicht mehr die Sippenorganisationen, sondern der politische Verband der Stadt. Der allgemeine Vorgang, der sich in den Wandlungen des Zeitalters objektiv abbildet, die Versachlichung des Staates, seine Verwirklichung durch Anreicherung von Funktionen und durch deren Entpersönlichung, spiegelt sich in diesen Bestrebungen wider. Die Tyrannis war ein wichtiger Webstuhl, auf dem die bereitliegenden Fäden zu dem Tuch verknüpft wurden, das später zur unentbehrlichen Ausstattung der klassischen Epoche gehörte.

Man kann das Phänomen der Tyrannis auch ein wenig anders auffassen und entdeckt dann dicht neben der Herausbildung der Staatlichkeit, wie sie in der Gesetzgebung vollzogen wurde, oder genauer, sie unmittelbar trug, einen Zusammenhang, den man als methodisches politisches Handeln bezeichnen könnte. Der Begriff der Politik ist zwar überall, wo Menschen organisiert sind, kaum zu entbehren, aber zu seiner unmittelbar greifbaren Anschauungsfülle gelangt er doch erst, wenn bloßes Verhalten sich zu wirklicher Handlung, zur Aktion verdichtet. Mit der Tyrannis war dafür eine wichtige Voraussetzung geschaffen: öffentliche Macht als frei oder willkürlich verfügbare Größe. Die Tyrannen haben nicht gezögert, sie einzusetzen, dies um so mehr, als sie schließlich ihre Existenz auch dem allgemeinen Bedürfnis verdankten, die öffentlichen Zustände unter die Herrschaft konkreter Willensimpulse zu bringen.

In diesem Sinn darf man eben auch von einer Sozialpolitik der Tyrannen sprechen, wenn man an die konkreten Gesichtspunkte denkt, von denen sie bei der Gesetzgebung ausgingen. Sie schlugen sich aber auch sonst nieder, teilweise wiederum verquickt mit anderen Motiven. Eine auffallende Konvergenz bei verschiedenen Tyrannen tut sich etwa in dem Bestreben kund, die Landbevölkerung am Zuzug in die Stadt zu hindern. Das geschah sowohl in Korinth (unter Periander) wie in Sikyon (durch Kleisthenes) und in Athen (durch Peisistratos). Der nicht ganz durchsichtige Grund hierfür war wohl die Absicht, der Bildung eines städtischen Proletariats einen Riegel vorzuschieben, eine Maßnahme, die freilich den ergänzenden Schritt einer inneren Kolonisation auf dem Lande erfordert hätte, wofür vielleicht bei Peisistratos eine Vermutung spricht. In Korinth war Periander offenbar der Ansicht, daß der städtische gewerbliche Arbeitsmarkt genügend Kräfte zur Verfügung hätte. Er verbot deshalb den Werkstättenbesitzern den Kauf von Sklaven, um den freien Arbeitern eine Chance des Unterkommens offenzuhalten. Aus alldem spricht eine systematische Planung, wie sie der Vergangenheit unbekannt war und unbekannt sein mußte.

Die Tyrannis lebte von ihren Veranstaltungen und deren einsichtiger Zweckmäßigkeit. Sie verkörperte die Initiative des politischen Verbandes und entsprach seinen ausgesprochenen wie auch den unausgesprochenen Wünschen. Ebenso bewährte sie sich als erfolgreiche Erfinderin in der geistigen Ausgestaltung des Gemeinwesens. Es gibt eine »kulturpolitische« Rolle der Tyrannis. Führend war auch da Korinth mit Periander. Der berühmte Sänger Arion führte in seinem Dienst eine folgenschwere Neuerung durch. Er verband den Chorgesang mit mimischer Darstellung, um ihn damit für die Ehrung des Dionysos verwendungsfähig zu machen. Das Dionysosfest lag also dem Tyrannen am Herzen. In seiner ursprünglichen Form gehörte es auf das Land und fand bei seinem Einzug in die Stadt die Unterstützung des Tyrannen, der aus ihm, dem bloßen Mummenschanz, eine Kunstform machte, die kraft ihrer volkstümlichen Herkunft der Resonanz eines breiten Publikums sicher sein konnte. Ihre wahre Bedeutung erreichten diese Bestrebungen im Athen des Peisistratos, als dieser das Dionysosfest, die »Dionysien«, dem Dionysos aus dem Dorf Eleutherai gewidmet, einrichtete und damit den Grundstein der attischen Tragödie legte.

In der Tat ist denn auch die Tragödie die repräsentative Kunst für die städtische Gemeinschaft geworden und wäre ohne sie schon auf Grund ihrer soziologischen Bedingungen, also der praktischen Anforderungen, die sie an die Aufführung stellte, gar nicht denkbar gewesen. Doch haben die Tyrannen auch versucht, gleichsam rückwärts zur früheren Kunsttradition gewandt, den Anschluß der neuen Gesellschaft an die ältere »Literatur« zu sichern. Auf Veranlassung des Peisistratos wurden bei dem größten attischen Staatsfest, den Panathenäen, die homerischen Epen von Rhapsoden rezitiert und damit ein literarischer »Genuß«, der von Hause aus der aristokratischen Gesellschaft vorbehalten war, dem »Volk« zugänglich gemacht. Feste gab es natürlich schon immer, aber ihre künstlerische Ausgestaltung war nicht selbstverständlich. Bis dahin hatten die überlokalen Veranstaltungen am ehesten eine solche Höhe erreicht, da ihnen mehr Kräfte als einer einzelnen Gemeinde zu Gebote standen. Es zeugt für das Erstarken der Gemeinden, wenn sie sich dergleichen allein zutrauten. Sie mußten aber erst durch die Unternehmerlust der Tyrannen darauf gebracht werden. Es paßt durchaus in diesen Zusammenhang, daß die Tyrannenzeit auch jene überlokalen Feste vermehrte. So entstanden Anfang des 6. Jahrhunderts die Isthmien in Korinth, die Nemäen in Argos und die Pythien in Delphi, panhellenische Feste wie die olympischen, freilich ohne deren Rang zu erreichen.

Schließlich zeigen die Tyrannen zum erstenmal in der griechischen Geschichte, zu welchen materiellen Aufwendungen die »öffentliche Hand«, wie wir sagen würden, fähig war. Die rege Baulust, von der Griechenland im 6. Jahrhundert erfaßt wurde, war zwar nicht ausschließlich, aber doch zu einem wesentlichen Teil von der Tyrannis eingegeben. Es handelte sich dabei nicht nur um Tempelbauten, von denen berühmte, wie der alte Tempel auf der Akropolis oder der Heratempel auf Samos, unter ihr errichtet oder ausgestattet wurden, sondern vor allem auch um Ingenieurunternehmungen. An die Durchstechung des Isthmos legte zwar Periander ohne Erfolg die Hand an, aber die Trinkwasserzufuhr hat er doch durch eine große Anlage bewerkstelligt. Der Tyrann Theagenes baute in Megara eine Wasserleitung mit Hilfe eines mehrere Kilometer langen Kanals, und in Athen wurde ein solcher von Peisistratos sogar unterirdisch angelegt. Auf Samos durchbohrte Polykrates zu diesem Zweck sogar einen ganzen Berg, und derselbe Polykrates hat den Hafen mit einer Mole ausgestattet, die in moderner Zeit wieder verwendet wurde. Der Nutzen solcher Maßnahmen bedurfte keines Beweises. Anzuerkennen hatte man nur, daß sich soziale Energien in dieser Weise sammeln und einem bestimmten Ziel zuleiten ließen. Es war dies nicht einmal schwer, denn die Hände zum Zupacken waren bereit. Man hatte sie nur einzusetzen, um in solcher »Arbeitsbeschaffung« wiederum zu zeigen, daß die Tyrannis einen Blick für soziale Erfordernisse und Möglichkeiten besaß.

Die Tyrannen, die allesamt im Kampf gegen den Adel heraufgekommen waren, entstammten selbst dem Adel, was nur ein scheinbares Paradoxon ist, da in damaliger Zeit ein Angehöriger des Volkes noch unmöglich das Prestige besitzen konnte, welches der Griff nach der Macht erfordert hätte. Der Demos, schon seiner sozialen Bestimmung nach alles andere als eine homogene Klasse, war um die Wende vom 7. zum 6. Jahrhundert noch nicht in der Lage, sich zu einem politischen Körper zu formieren und die Organe seines Wollens aus sich selbst herauszustellen. Er mußte das Sprachrohr und den Hebel von der politisch bewußten und erfahrenen Schicht leihen. Das hatte, unter anderem, die wichtige Konsequenz, daß der Umbruch, so radikal er der Möglichkeit nach angelegt war, sich doch nicht voll auswirkte und daß der Umbau der Gesellschaft sich von dem moralischen Gift freihielt, das nur allzu leicht in ihn einzufließen pflegt.

Trotz der neuen Auffassung von Staat und sozialer Ordnung, die sich nun allenthalben durchsetzte, kannte dieser Vorgang nämlich in der Breite seines Vollzugs kein Ressentiment. Es teilte sich zwar einzelnen Abschnitten des Kampfes mit, aber die gesamte Front wurde von ihm nicht durchtränkt, und vor allem blieb sie innerhalb des Horizonts der geistigen und geselligen Repräsentation von ihm frei. Das hängt nicht zuletzt mit der Herkunft der Tyrannen zusammen. Sie dachten nicht daran, die ihnen überkommene Art zu verleugnen, sondern brachten sie vielmehr nach übernommenem Ritual aristokratischer Standesgewohnheiten zur Darstellung. Im Gegenteil: die Monopolisierung der materiellen und politischen Machtmittel in ihrer Hand setzte sie in den Stand, die Ausstattung ihres Lebensstils prächtiger und ausdrucksvoller zu gestalten, als dies zuvor möglich gewesen war.

In Olympia und anderswo ließen sie die prächtigsten Gespanne auf der Rennbahn laufen, in ihren Häusern wurden Sänger und Dichter aufgenommen und fanden dort eine Umrahmung, die ihre Grundlage gewiß schon in der homerischen Zeit hatte, sie aber an Glanz bei weitem übertraf. Vor allem nahmen die Tyrannen keinen Anstand, den von ihnen politisch mediatisierten Adel als gesellschaftlichen Partner gelten zu lassen. Das hatte sogar unter bestimmten Umständen handgreifliche Vorteile.

Der griechische Adel war von jeher wie jede aristokratische Gesellschaft weit über die örtlichen Grenzen hinaus durch Bande der Verwandtschaft und Freundschaft untereinander verknüpft. Die Tyrannen pflegten nicht nur solche Beziehungen, sondern schlugen daraus für ihre Herrschaft Kapital. Diese persönlichen Verbindungen waren geeignet, der politischen Stellung des einzelnen Tyrannen einen weiten Hintergrund zu verleihen. Der Tyrann Kleisthenes von Sikyon machte so aus der Brautwerbung für seine Tochter Agariste (Anfang des 6. Jahrhunderts) geradezu ein gesamthellenisches Spektakel, indem er aus der ganzen griechischen Welt die adligen Freier zusammenkommen ließ. Die Schilderung davon ist eine der hübschesten Geschichten bei Herodot. Aber auch massivere Münze ließ sich auf diese Art schlagen. Man brauchte nur die Kontakte unter die Gesichtspunkte eines politischen Kalküls zu bringen. Das gab das Modell für sachliche Geschäftsbeziehungen ab und war zugleich die Basis einer methodischen Pflege auswärtiger Verbindungen.

Ein ganzer sachlicher Komplex, der bis jetzt nur in der Zerstreuung gelegentlicher Berührungen und Unternehmungen existiert hatte, fand sich damit zusammen. Auf einmal gab es eine »Außenpolitik« als thematischen Aufgabenkreis. In gewisser Zuspitzung läßt sich sogar die These vertreten, daß die ältere Tyrannis die griechische Außenpolitik geschaffen hat. Die Geschichte des Peisistratos zeigt, daß solche Außenpolitik eine Existenznotwendigkeit für die Tyrannis sein konnte und ihm die Herrschaft im Inneren nicht nur abstützte, sondern überhaupt erst ermöglichte. Die Tyrannen Korinths schauten bis Ägypten und dokumentierten ihre Freundschaft mit der dortigen Herrscherdynastie damit, daß sie den ägyptischen Namen Psammetich in ihrer Familie heimisch machten. Und vor allem war es die auswärtige Herrschaft, die sie damit fördern konnten; der damalige Staat besaß für sie noch keine institutionellen Möglichkeiten. Die Tyrannis vermochte an die Stelle sachlicher Einrichtungen die in der Familie zusammengefügte Herrschaft über fremde und unter Umständen weitabgelegene Orte zu setzen. Auf diese mittelbare Weise gewann Korinth wichtige Positionen im Westen (Korkyra, Leukas, Ambrakia) und Athen am Hellespont (Sigeion). Die beiden Staaten wären von sich aus niemals zu solchem Erwerb fähig gewesen, und im exakten Rechtssinn gehörten sie auch gar nicht ihnen, sondern den Tyrannen. Die Tyrannis überspielte hier die Möglichkeit, die der Stadtstaat damals besaß, ein interessantes Analogon zu der zeitweiligen Überlegenheit des Feudalismus bei Herrschaftsgründungen im Vergleich zu den auf dem Gemeindeprinzip und erst recht den auf dem Stammesprinzip beruhenden politischen Organisationen. In beiden Fällen, bei Korinth wie bei Athen, war die Stadt übrigens gar nicht imstande, nach Beseitigung der Tyrannis die Herrschaft ohne weiteres aus deren Händen zu übernehmen.

Dieser interessante Vorgriff auf politische Strukturelemente, die dem griechischen Stadtstaat noch fremd waren, erscheint noch in einem anderen Zusammenhang. Die Tyrannis schuf sich, nicht überall und nicht zu jeder Zeit, an verschiedenen Orten eine stehende und besoldete Militärmacht. Der späteren Theorie ist dies geradezu eines der Hauptcharakteristika der Tyrannenherrschaft und tritt dann meist in Verbindung mit der Entwaffnung der Bürgerschaft auf. Auch sie ist in einzelnen Fällen der älteren Tyrannis nicht fremd geblieben – etwa in Athen unter den Söhnen des Peisistratos –, bedeutete dann allerdings ein akutes Krisensymptom und leitete dementsprechend gewöhnlich ihren Untergang ein. Aber wenigstens eine stehende Leibgarde zum Schutz der Tyrannenperson kann auch für frühere Zeit als nicht außergewöhnlich gelten. Eine solche »Versachlichung« der militärischen Funktion, welche aus dem Waffentragen einen Beruf und den Soldaten zu einem disponiblen Werkzeug macht, fällt freilich völlig aus dem Rahmen der damaligen politischen Entwicklungsanlagen des Griechentums und konnte der folgenden Zeit keinerlei Anknüpfungsmöglichkeiten bieten. Die ältere Tyrannis entsprach also gewiß bestimmten historischen Bedürfnissen, sie ging aber andererseits keineswegs gänzlich in ihnen auf. Sie war zwar ein Vehikel der vorwärtsgerichteten Triebe von Staat und Gesellschaft, konnte sich selbst jedoch nur als eine Art von Notlösung zur Geltung bringen. Während eines zeitweiligen Mangelzustands wurde sie toleriert, sobald dieser aber behoben war, entbehrte sie jeder Beharrungsfähigkeit und verfügte auch nicht über die geringste Handhabe, ihre Legitimität zu erhärten. Sie verschwand dann so plötzlich und unvermittelt, wie sie gekommen war, und lebte lediglich in der Vorstellung als eine von Grund auf diffamierte Institution weiter. In Athen war auf den Versuch ihrer Aufrichtung die Todesstrafe gesetzt, und Athen wird damit nicht allein gestanden haben.

Die Entstehung des klassischen Sparta

Die Krise der archaischen Zeit bedeutete überall, wo sie auftrat, eine vorwärtsdrängende Kraft und forderte von den einzelnen Staaten gebieterisch, sich ihr zu stellen. Der Weg zur Zukunft führte mitten durch die Auseinandersetzung hindurch und formulierte damit kategorisch die Frage nach der Möglichkeit fruchtbarer Gestaltung. Eine klare Antwort hierauf gab nur Sparta. Es gewann die Grundlage seiner späteren Machtstellung.

Allerdings war die Erschütterung da auch besonders schwer gewesen. Durch die Beherrschung des fruchtbaren Eurotastals und der angrenzenden Gebirgszüge, vor allem aber durch die Eroberung beträchtlicher Gebiete Messeniens hatte es Sparta bereits in früher Zeit zu Macht und Wohlstand gebracht. Die eigentümlich rauhen Lebensformen einer militärischen Lagergemeinschaft ließen sich jetzt, im 7. Jahrhundert, unter dem Eindruck gesicherten reichen Erwerbs abmildern; Sparta konnte es sich gestatten, daneben Züge eines friedlichen und von künstlerischer Gestaltung durchwirkten Daseins zu entwickeln. Es verfügte über ein leistungsfähiges einheimisches Kunsthandwerk, das zwar noch in überlokalen früharchaischen Traditionen verharrte – ihre Meister werden der von den Doriern unterworfenen achaiischen Bevölkerung angehört haben –, das aber doch die Voraussetzungen besaß, anschließend, Ende des 7. und im 6. Jahrhundert, individuelle Züge spartanischer Kunst zu entwickeln. Vor allem aber wurde Sparta im 7. Jahrhundert eine hervorragende Stätte dichterischer und musikalischer Kunstübung. Kein Platz auf dem griechischen Festland konnte sich darin mit ihm messen. Nirgends fanden damals gleich viele Dichter eine Wirkungsmöglichkeit. Das war offensichtlich ein unmittelbarer Ausdruck der besonderen Stellung, welche Sparta auf Grund seiner äußeren Erfolge im Mutterland zukam.

Selbstverständlich waren es keine einheimischen Talente; die brachte das Festland damals ohnehin kaum hervor. Aber Sparta verfügte über spezifische soziologische Voraussetzungen für eine besondere Dichtungsgattung, die sogenannte Chorlyrik. Sie ist eine Vereinigung von Wort, Musik und Tanz, und zwar eines Gruppentanzes, selbstverständlich zur Ausgestaltung kultureller Feiern. Später, als der griechische Stadtstaat seine »Bürger« zu gemeinsamen Veranstaltungen heranzog, gab es überall Chöre. Doch bevor dieses Stadium erreicht war, bedeutete Sparta mit seinen Männer- und Knabengemeinschaften eine besondere Gunst für Unternehmungen solcher Art. In Sparta existierten zwei »Schulen«, welche die Chorlyrik und damit eine den Augenblick überdauernde Tradition pflegten. Die Dichter lebten in Sparta und studierten ihre Gesänge persönlich den Knaben und Mädchen ein. Gleichzeitig waren sie Chorführer und gaben mit der Leier Melodie und Takt an. Die Tonfülle kam von der Flöte, einem modernen, aus Kleinasien stammenden Instrument, wahrscheinlich sogar von Fremden des Ursprungslandes gespielt. Einer dieser Dichter ist uns in einigen Relikten seiner Dichtung noch greifbar: Alkman, ein kleinasiatischer Grieche, der im lydischen Sardes aufgewachsen war. Ihm wurde in Sparta nicht verargt, wenn er seinen Chor davon singen ließ, daß er ein hochberühmter Mann sei, »stammend von der gewaltigen Feste Sardes«; und keiner der spartanischen Herren nahm Anstoß daran, wenn ihnen aus demselben Mund versichert wurde, daß Dichtung und Gesang nicht geringer seien als das Werk der Waffen.

Sparta stand also mitten in der allgemeingriechischen Entwicklung, und so blieben ihm auch die Schwierigkeiten nicht unbekannt, die sich aus der sozialen Differenzierung ergaben. Ungeachtet der Struktur des spartanischen Staates mit seiner Zweiteilung von Herrschenden und Beherrschten und dem dadurch geforderten Zusammenhalt jener gegenüber diesen war im Kreise jener Spartiaten eine wirtschaftliche Deklassierung zahlreicher ihrer Angehörigen eingetreten. Damit verloren diese zugleich die politische Vollberechtigung; sie konnten nicht mehr an den gemeinsamen Mahlzeiten teilnehmen und gingen auch der Zugehörigkeit zur Apella (der altertümlichen Volksversammlung) verlustig. Obendrein hatte sich das Schwergewicht politischer Entscheidung im Laufe der Zeit in das Gremium des Rates der Alten *(gerusia)* und der beiden Könige verlagert. Auch die Verfestigung der Phylen zu einer ständisch geleiteten Sozialorganisation hatte sich durchgesetzt. Die daraus sich ergebenden Spannungen spiegeln also durchaus die allgemeine Typik wider, und es kann nicht verwundern, daß gerade in Sparta, wo der Zusammenhang zwischen ökonomischer Leistungskraft und politischen Rechten besonders klar zutage trat, die Forderung nach Bodenreform frei und offen erhoben wurde. »Wiederaufteilung des Bodens«, wie diese Parole griechisch hieß, mußte hier, wo jeder nicht nur wußte, daß sein Grundeigentum der gemeinsamen Eroberung des »fetten« Landes zu verdanken war, sondern auch institutionell der Begriff des einzelnen »Loses« *(klḗros)* festgehalten wurde, ein einleuchtender Kampfruf sein.

Man wird sich fragen, ob der inmitten der Spartaner aufbrechende Gegensatz sich nicht mit dem zwischen diesen und den Untertanen, den Perioiken und Heloten, verbinden mußte, ob die deklassierten Spartaner sich also deren Hilfe zunutze machten. Das ist nun keineswegs der Fall gewesen. Der Grund ist nicht schwer einzusehen. Die frondierenden Spartaner hätten sich durch eine solche Politik selber das Grab gegraben, da ihre Bundesgenossen sie kraft ihrer Überzahl mit einem Schlag an die Wand gedrückt hätten. Vor allem schloß jedoch die tiefe soziale Kluft zwischen Spartanern und Heloten jegliche Solidarität aus. In anderen dorischen Staaten wie auf dem Isthmos war das anders. Da waren die alten Achaier nicht zu Heloten geworden, waren wohl auch nicht so zahlreich und wurden infolgedessen von der egalisierenden Welle erfaßt. In Sparta hätte eine ähnliche Wendung den ganzen Staat und seine Sozialordnung umgestülpt – dazu konnte kein Spartaner die Hand reichen. Doch die Untertanen meldeten sich von selbst zum Wort. Nicht alle. Es waren die vor zwei Generationen bekriegten Messener; sie traten in den Aufstand des Zweiten

Messenischen Krieges (zweite Hälfte des 7. Jahrhunderts). Damit war zwar nicht jene katastrophale Kombination Wirklichkeit geworden, aber die Krise des spartanischen Staates hatte sich nichtsdestoweniger verdoppelt. Die Belastung, der er sich ausgesetzt sah, barg für beide Gruppen der sich gegenüberstehenden spartanischen Gesellschaft eine ungeheure Gefahr. Sie erzwang kategorisch die Lösung der binnenspartanischen Problematik.

Der Krieg in Messenien zog sich über Jahrzehnte hin. Das reiche Fruchtland war während dieser Zeit verloren und das soziale Gleichgewicht in Sparta nun erst recht gestört. Das radikale Verlangen nach Schaffung gerechter Besitzverhältnisse erfuhr erhöhte Aktualität und Berechtigung. Vor allem jedoch bedurfte der Existenzkampf des Einsatzes aller Spartaner. Wer Jahr für Jahr seine Haut zu Markte trug, war nicht gewillt, seine Ansprüche kürzen zu lassen. Die außenpolitische Gefahr verschärfte sich, als die Nachbarn Spartas die billige Gelegenheit ergriffen, das im Messenischen Krieg engagierte Sparta anzugreifen. So erschienen die Arkader auf dem Plan und die alte Rivalin Argos, die wegen des Kampfes um den Küstenstreifen Kynuria schon lange zu Sparta im Gegensatz stand. Als so alle Machtverhältnisse auf der Peloponnes zu wanken begannen, wurde auch die Stellung der Sparta befreundeten Eleer erschüttert, die sich gegen die revoltierenden achaiischen Perioiken der Pisatis zur Wehr zu setzen und ihre Herrschaft über Olympia zu verteidigen hatten.

Sparta, dessen kriegerischer Lebensstil sich in den vergangenen Generationen gemildert und freundlichere, friedlichere Züge angenommen hatte, war nun durch den Griff des Schicksals zurückversetzt in eine Situation, welche die ursprüngliche Grundlage seines Daseins zu rechtfertigen schien. Die Lagerstadt Sparta ertönte von Waffengeklirr, das nicht allein um seiner selbst willen zu vernehmen war, sondern dessen düsteren Hintergrund der Ernst der Stunde bildete. Vor allem jedoch verlor die militärische Technik jetzt auch ihrerseits jeden Reiz ritterlichen Spiels; dem gefährlichen Feind konnte nicht mehr stolz mit Roß und Wagen entgegengetreten werden. Der spartanische Einzelkämpfer mußte absteigen und sich in gegliederten Haufen formieren. Die allgemeine und spezielle Notwendigkeit wies den Weg zur Phalanx. Und damit wurde ein neues Ethos, das Ethos der disziplinierten, in Reih und Glied stehenden Soldaten gefordert. Wahrscheinlich ging es bei dieser einschneidenden Umstellung nicht ohne schrittweise Übergänge ab. Die Spartaner, die zu Fuß in ihrer schweren Hoplitenrüstung zusammentraten und im zusammengeballten Nahkampf auf den Gegner losgingen, betrachteten sich noch nach homerischer Art als »Vorkämpfer« und hatten um sich ihre leichtbewaffneten und scharmützelnden Knappen geschart. Für sie selbst aber galt nicht mehr der elastische Zweikampf mit seinen vielen Variationsmöglichkeiten. In festem Schritt und Tritt galt es vorwärts zu schreiten, den Feind zu werfen oder das Antlitz gegen ihn gekehrt zu fallen. Darin waren Leben und Sterben für den Mann wie für den Staat eingeschlossen. Das Gebot, diesem neuen Gesetz kriegerischer Tüchtigkeit zu gehorchen, wurde zur herrschenden Norm und zum bestimmenden Maßstab für den Wert des Spartaners.

In solchem Klima verstummte der Klang der Leier und des Gesangs. Für das anmutige Treiben von Mädchenchören, für die gefällige Ausstattung eines Reigens oder die einfallsreichen Erfindungen eines fremden Chormeisters war kein Platz mehr. An seine Stelle trat ein von der Schwere der Zeit geprägter Spartaner, *Tyrtaios*. Ihm galt das melodische Lied

Die Ebene von Sparta mit dem Taygetos. Im Vordergrund das Bett des Eurotas

Reste der Stadtmauer von Messene auf der Peloponnes, Mitte 4. Jahrhundert v. Chr.

nichts. Dichter war er zwar auch, seinen Homer kannte er nicht minder als jeder, der sich zur Rede berufen fühlte. Tyrtaios ist es um die Geltung seines Wortes zu tun, um die harte und verbindliche Wahrheit. Die Form ist die sogenannte Elegie, der sich mitunter schon Archilochos für seine kühnen Behauptungen bedient hatte. Tyrtaios steht allerdings in einem anderen Zusammenhang zur Umwelt; er sucht nicht das Echo des herausgeforderten Staunens, sondern den Widerhall der Tat.

Seine Poesie ist Aufruf und Ermahnung, sie entwirft Bilder von praktischem Handeln und ethischer Haltung, wie ein älterer Zeitgenosse des Archilochos, der Epheser Kallinos, diese Gattung schon vor zwei Generationen verstanden hatte. Tyrtaios war ein Mann der konkreten politischen Situation, der Situation Spartas. Die historische Stunde gab ihm die Gedanken ein, und mit ihnen und durch sie vollzog sich die geschichtliche Tat. Später stellte sich heraus, daß seine Dichtung auch weitertrug, über Ort und Zeit hinweg, und daß man auch anderswo sich in ihr zu finden vermochte. Das Athen des 5. Jahrhunderts eignete sie sich an, und schnell war die Legende mit einer Erklärung zur Hand. Das musenfremde Sparta hätte einen solchen Mann nicht hervorbringen können, von Athen sei er als Helfer in der Not gekommen, als lahmer Schulmeister, damit er nicht an der Spitze der Soldaten dem späteren Rivalen Athens zu einem raschen und überwältigenden Sieg verhelfe, wie man ganz genau zu erzählen wußte.

Tyrtaios scheint recht einfach und ohne Originalität zu sprechen, vom Tod für das Vaterland, von dessen Ruhm bei Mit- und Nachwelt, von den Werken des Krieges und von der Schmach der Feigheit. Für ein durch alte Konventionen abgestumpftes Empfinden klingt das fast alltäglich; doch das Gegenteil ist richtig. Ursprüngliche Erfahrungen werden von Tyrtaios gegriffen – unmittelbar, ganz unverstellt und ohne Pathos. Das Wirkliche brennt auf den Nägeln und läßt keinen Selbstbetrug zu.

Sterben vorm Feind ist Ehre, im vorderen Feld bei den Ersten
    Fallen, als tapferer Mann, streitend um Heimat und Land.
Bitterstes Los auf der Welt aber ist, wenn einer davon muß,
    Lässet zurück seine Stadt, nährende Scholle und Hof,
Streichet umher, seine Mutter dabei und der Vater, der alte,
    Bei ihm die Kindlein klein, bei ihm sein ehrbares Weib;
Lästig ist er den Leuten, vor welche Tür er auch kommt,
    Ihn aber treibt und drängt Armut und bittere Not,
Schande macht er der Sippe, die edle Gestalt ist verkommen,
    Jämmerlich, elend, gehöhnt, lebt er, verfemt und in Schimpf.
Wenn denn also den flüchtigen Mann ein jeder gering hält,
    Niemand ihn ehrt und liebt, ihn nicht und nicht sein Geschlecht,
Lasset uns streiten um Heimat und Land und laßt für die Kinder
    Tapfer uns sterben und nicht geizen mit Leben und Leib.

(Übersetzung Richard Harder)

Niederlage bedeutet nicht einfach politischen Rückschlag. Sie führt vielmehr in den Untergang des Staates und in ganz erbärmliche und nackte Not für den Einzelnen. Da gibt es keine Täuschung. Unbestechlichem Blick verbirgt sich die Wahrheit nicht. Sie ist leibhaftig zu sehen. Das Auge gibt Auskunft, auch über das Schöne und Häßliche, die beide sich durch sich selbst offenbaren.

Ihr aber, Jüngere, haltet im Kampf euch nebeneinander,
Keiner denke an Flucht oder erliege der Angst,
Nein, es werde der Mut euch groß und standfest im Herzen,
Schont nicht Leben und Leib, steht ihr dem Feind im Gefecht,
Und die Betagteren, denen nicht mehr so flink sich das Knie regt,
Alterswürdige, sie lasset nicht feige im Stich;
Schande ist es und Schimpf, wenn vor der Reihe der Jungen
Fallend im vorderen Feld liegt ein betagterer Mann,
Weiß schon ist er ums Haupt, und schon ergraute die Wange,
Tapferen Kriegermut haucht er im Staube nun aus,
Deckt die blutüberströmte Scham mit den eigenen Händen,
Scheußlicher Anblick, ach, bitter für Auge und Sinn,
Lieget nackend und bloß. Der Jüngling aber, er braucht ja
Nichts zu verbergen, ihm blüht kräftig und schimmernd der Leib,
Männer sehn ihn mit Freude, verlangend die Weiber, und fällt er
Einst im vorderen Feld, bleibet er edel und schön.

(Übersetzung Richard Harder)

Solche Worte künden gewiß von Tapferkeit und Mannesmut, und man mag in ihnen auch eine dichterische Verklärung ihres Wertes sehen; doch ebenso ist zu spüren, daß dergleichen Umschreibung einen falschen Ton hat. Um das bloße Preisen des Heldentums, wie es sich in den Taten einzelner Kämpfer verwirklicht, ist es Tyrtaios nicht zu tun, auch nicht um seine Vorbildlichkeit, deren man sich in freier Wahl nacheifernd vergewissert. Jede Verherrlichung wäre Tyrtaios billig vorgekommen, als Beschönigung des bitteren Ernstes, den es zu erfassen gilt. Der Dichter stellt sich unter das Gesetz der unbedingten Notwendigkeit, und es ist seine Aufgabe zu lehren, daß es auch die anderen erfassen. So erscheint der Tod in der Schlacht weder als unvermeidbares Schicksal, noch wird er durch metaphysische Erhöhung glorifiziert. Beinahe brutal fordert Tyrtaios, ihn nicht nur hinzunehmen, sondern in hellem Bewußtsein auf ihn zuzugehen:

Menge der Feinde, sie darf euch nicht schrecken noch feige verscheuchen;
Stracks, mit erhobenem Schild rücket ins vordere Feld,
Haßt euch, daß ihr noch lebt, und heißt willkommen des Todes
Nächtig dunkles Gespenst freudig wie strahlenden Tag.

(Übersetzung Richard Harder)

Tyrtaios ist kein bloßer Rufer zum Streit. Seine Absicht ist weiter, auch wohl tiefer. Ihm ist klar, daß die Stunde kein Zusammenraffen der Kräfte gebietet, wie sie nun einmal für den Fall der äußeren Bedrohung bereitstehen. Es kommt ihm auf einen neuen Ansatz, eine grundsätzliche Wendung an. In ihrem ganzen Habitus sollen sich die Menschen ändern. Das heißt zugleich, daß es Abschied zu nehmen gilt von liebgewordenen Vorstellungen. Alle Werte werden fraglich oder rücken doch aus der bis jetzt von ihnen beherrschten Mitte hinaus. In einem berühmten Gedicht sagt er ganz deutlich, worin sich eine solche Abkehr zu vollziehen hat:

Keines Erwähnens wäre mir wert noch Beachtens ein Mann, nur
Weil er im Wettlauf siegt oder zu ringen versteht,
Da mag er dreist ein Kyklop an Leibes Größe und Kraft sein,
Mag überholen im Lauf brausenden thrakischen Wind,
Mag an Wuchs und Gestalt liebreizender sein als Tithonos,
Fürstlich begabt mit Besitz, reicher, als Midas es war,

Sei erlauchter an Würde als Pelops, Tantalos' Sprosse,
Übe sein Mund wie Adrast Gabe gewinnenden Wortes,
Habe er jeglichen Vorzug – mir gilt nur tapferer Kriegsmut!
Denn als Kriegsmann wird keiner bestehn im Gefecht,
Dem nicht standhaft bleibt in Blut und Gemetzel das Auge,
Der nicht die Nähe sucht, heftig erpicht auf den Feind.
Das ist Tugend, hier ist zu erringen der erste und hehrste
Preis in der Welt, der je winket dem jüngeren Mann.

(Übersetzung Richard Harder)

Klipp und klar steht da, worin die Abwertung liegt. Stolz und Reiz des vornehmen Daseins, alle die »Tugenden«, die ihm nicht nur Schmuck und Zierde sind, sondern als Kräfte seine Wurzel bilden, werden sozusagen ausgeklammert. Die »wahre Tugend« ist ganz woanders zu suchen. Sie beweist sich im harten Kampf. Schulter an Schulter gereiht, die Beine fest auf den Boden gestemmt, heißt es, Mann gegen Mann in dichtestem Ringen den Feind zu bezwingen. Das ist die wirkliche Bewährung, und nur so erfüllt sich die Gesinnung, auf welche hinfort der Staat gestellt ist. Die anderen Vorzüge mögen noch so brillant sein, Sieg und Niederlage hängen von ihnen nicht ab. Auf die Disziplin kommt es an, welche Tapferkeit bei allen zur verfügbaren Größe macht und kein Wanken und Weichen gestattet, sondern aus erübtem Mut und zuverlässigem Können eine unverlierbare und fest gegründete Einheit stiftet. In der Folgezeit gewöhnte sich die griechische Welt daran, einen Sieg über ein spartanisches Heer für unmöglich zu halten. Dieses Heer ist in jenen Jahren geworden, als Tyrtaios seine eindringliche Stimme erhob.

Zuerst freilich war die Entscheidung im Krieg gegen die messenischen Rebellen wichtiger. Er wurde mit äußerster Zähigkeit durchgekämpft, offenbar jahrzehntelang. In Sparta wußte man, was auf dem Spiel stand. Eine Niederlage hätte auch die Grundlagen des spartanischen Staates im Altgebiet diesseits des Taygetos erschüttert. Auf der anderen Seite war Sieg gleichbedeutend mit Gewinn der Zukunft. Neues, zusätzliches Helotenland winkte nach Bezwingung der Aufständischen. Das wäre denn zugleich eine Bestätigung der innerlakedaimonischen Position gegenüber den Heloten gewesen. Die Alternative wurde von den Spartanern und Tyrtaios gleichermaßen begriffen. Aber jene verließen sich nicht nur auf Stählung des Mutes. Auch die ihnen im Nacken sitzende Verzweiflung genügte nicht. Künstliche Zurüstung sollte sie noch erhöhen. Eine bedeutende Schlacht wurde von der spartanischen Heeresleitung so eingerichtet, daß die Spartaner unmittelbar hinter sich einen tiefen Graben hatten. Nicht nur moralisch, sondern auch taktisch war ihnen also jedes Zurückweichen abgeschnitten. Im Gefolge dieses Krieges wurde das neue Ethos sogar institutionalisiert. Wer seinen Platz in der Schlacht verlassen hatte, durfte kein öffentliches Amt mehr bekleiden *(atimia)* und war auch sonst gesellschaftlich diffamiert. Als der Gegner schließlich bezwungen war, hatte sich nicht nur die äußere Macht Spartas gefestigt, sondern zugleich fand der Prozeß der innerstaatlichen Umorganisation seine Bestätigung.

Die Bildung des spartanischen Hoplitenheeres war nur ein Teil davon. Sie steht im Umkreis einer tiefgreifenden sozialen und politischen Reform. Es ist kaum zu bezweifeln (die Überlieferung läßt uns gerade bei Sparta sehr oft im Stich), daß die geforderte Bodenreform durchgeführt wurde. Schon die Gewinnung des messenischen Helotenlandes, das ja verteilt werden mußte, gab Anlaß dazu. Die Möglichkeit zu gleichmäßiger Repartierung des ganzen spartanischen Bodens war also gegeben. Angesichts des messenischen Sieges brauchten die Quoten nicht zu spärlich auszufallen und den Reichen kein allzugroßer Verzicht zugemutet werden. Mit Stolz nannten sich die Spartaner hinfort die »Gleichen« *(hómoioi)*.

Sie konnten dies jedoch auch im Hinblick auf die politische Wandlung tun. Hier wurde energisch gegen die aristokratischen Strukturprinzipien Front gemacht. Zwar bedurfte es keiner Einrichtung einer »Volksversammlung« wie anderswo. Es ließ sich anknüpfen an eine alte Institution, die Apella, die Versammlung der Wehrgemeinde, die noch aus der Zeit der Landnahme stammte; es wurde auch kein neumodischer Ausdruck geschaffen. Aber die Funktion, die Entscheidung über Beamtenwahl, über Krieg und Frieden und anderes mehr, erfuhr zum mindesten gegenüber früher eine Reaktivierung, und wenn dieses »Volk« seiner Souveränität durch den jetzt staatsrechtlich gefaßten Begriff des Demos Ausdruck verlieh, so war das gleichbedeutend mit der Formulierung eines Verfassungsgrundsatzes. Auf ihn kam es überhaupt mehr an als auf die Durchführung. Königtum und Rat wurden nicht abgeschafft, sondern ausdrücklich anerkannt; und nicht nur das, es blieb ihnen auch im Falle »schiefer« Beschlüsse der Apella ein Vetorecht vorbehalten, was natürlich in erster Linie zur Sicherung des formellen Verfassungsrechts und seiner religiös-ritualen Elemente gedacht war. Der Rat, genauer der »Rat der Alten« *(gerusia)*, war ebenfalls noch die alte Institution, und die Mitgliedschaft in ihm deshalb lebenslänglich. Jetzt aber erlangte man sie durch Volkswahl, während sie früher wohl erblich oder auf einen engen Kreis Bevorrechtigter beschränkt gewesen war. Doch all diese Modifikationen überkommener Institutionen, in denen sich der neue politische Wille zu Worte meldete, treten zurück vor dem eigentlichen Charakteristikum der modernen Zeit, der Gründung des Staates auf dem lokalen Prinzip in der Bildung eines homogenen Bürgertums.

Es ist wichtig, daß Sparta diesen überall in Griechenland auftretenden Bestrebungen bei sich Eingang gewährte. Es ist ebenso bezeichnend, auf welche Weise es dies tat. Man wird sich bei dem Hang, überkommene Formen zu schonen und zu bewahren, nicht wundern, wenn es sich nicht dazu verstand, die alte dorische Phylenordnung zu beseitigen und durch eine andere zu ersetzen. Dahingehende Bestrebungen haben gewiß nicht gefehlt, aber in dem Reformakt, einem durch Delphi sanktionierten Gesetz, der »Großen Rhetra«, wurde eine Barriere dagegen errichtet, in dem es ausdrücklich hieß, die Phylen sollten erhalten bleiben. Ein im Deutschen leider nicht wiederzugebendes Wortspiel drückte dies jedoch so aus, als ob die Phylen zugleich neu eingerichtet oder neue Phylen geschaffen würden und die Maßnahme sich zwanglos der in unmittelbarer Verbindung mit ihr genannten Schaffung neuer, eindeutig lokaler Einheiten anschlösse, ein wohl beabsichtigter Kniff verschmitzter Zweideutigkeit. Neben die so in einen zwielichtigen Dämmerschein gerückten alten Phylen sollten als neue Einheiten die *Oben* treten. Es waren fünf an der Zahl und damit nichts anderes als soziale Organisationen, welche den fünf Dörfern *(kómai)* der städtischen Siedlung Sparta entsprachen. In Analogie hierzu setzte sich das Aufgebot der Spartiaten aus fünf *Lochen* zusammen, von denen jede tausend Mann zählte. Die Absicht, den alten Blut- und Sippenverband der Phylen zu neutralisieren, trat darin klar zutage; dem Geschlechterstaat sollte der Abschied gegeben werden. Damit erfuhr auch das Königtum als politische Spitze und Exponent der früheren Ordnung eine starke Einschränkung.

Die politische Leitung erhielt ein anderes, neues Organ, welches das Königtum entmachtete und ihm lediglich die militärische Führung im Krieg beließ, eine Konzession, die man ihrer eingewurzelten Kommandogewalt über die Perioikengemeinden machte, da man diese überlieferte Rechtsgrundlage nicht zu ersetzen vermochte. Die Neuerung setzte sich überhaupt nicht von heut auf morgen durch und ergab sich offenbar erst aus neuem, lange anhaltendem und zähem Ringen. Das Staatsgrundgesetz, welches die Oben schuf, wußte davon noch nichts, und auch Tyrtaios schweigt darüber. An die Spitze des spartanischen Staates trat eine jährlich durch Wahl sich erneuernde Kommission von fünf Männern, den *Ephoren.* Dieses Kommissariat war dazu bestimmt, das »Volk« nicht nur kraft der »modernen« Fünfzahl zu repräsentieren, sondern seinen Willen als den primär gültigen auch in die Tat umzusetzen. Die oberste Exekution nach innen und außen war in dieser Behörde konzentriert, die auch die Militärgewalt wenigstens kontrollierte. Das Königtum fand in den Ephoren eine starke und übergeordnete Instanz. Allmonatlich hatten die Könige den Ephoren zu schwören, die Gesetze zu beachten, wogegen die Ephoren im Namen der Gemeinde den Bestand des Königtums garantierten. Über jedem Spartaner, ob hoch oder niedrig, ob er öffentliche Befugnisse wahrnahm oder als Privatmann handelte, stand die Polizei- und Militärgewalt des Ephorats. Nur in besonders schweren Fällen wurde an dieser die Gerusia in Form eines Gerichtshofs beteiligt. Das Ephorat bildete die eherne Schale, die in Zukunft dem spartanischen Staat seine Form bewahrte und jegliche Veränderung seiner politischen Ordnung verhinderte.

Wenn sich Sparta damals zu derartig einschneidenden Veränderungen entschloß, so sollte das jedoch keineswegs heißen, daß nun ein völlig neues Sparta das alte verdrängte und daß vor allem die Grundlagen des spartanischen Lebens aufgegeben wurden. Man darf das Verhältnis eher umkehren. Sparta entschloß sich in den Nöten des Zweiten Messenischen Krieges zu diesen radikalen Reformen, weil es genau wußte, daß von ihnen nicht nur der militärische Sieg, sondern daß von einem Sieg die Erhaltung der bisherigen sozialen Basis abhing. Es entschloß sich zu der energischen Umorganisation im Kreise seiner Bürger, um nicht gezwungen zu sein, die Herrschaft über die Heloten und Perioiken einer Revision zu unterziehen. Der Fortschritt auf der einen Seite sollte den Konservativismus auf der anderen ermöglichen, und der Wille zum Neuen statuierte zugleich das Alte als seinen Inhalt. Was einst durch historische Umstände und die sich daran anschließende Tradition motiviert war, sollte jetzt Gegenstand bewußter Setzung sein. Die Einwanderungssituation, von der man annehmen sollte, sie wäre allmählich überholt gewesen, wurde jetzt auf immer zur eigentlichen Norm erhoben und damit jeder Ausgleich ein für allemal unterbunden. Daraus ergab sich in erster Linie die Notwendigkeit, das militante Ethos, dem Sparta seinerzeit die Eroberung der Eurotasebene verdankt hatte und dessen Wiedererweckung gleichsam den Sieg über Messenien brachte, in methodischer Anstrengung wachzuhalten und jeder Gelegenheit zu innerem Wandel vorzubeugen.

Sparta als Staat einer Kriegerkaste, als der es hinfort im hellen Licht der Geschichte steht, ist deshalb auch ein Geschöpf der großen Krise und ihrer Überwindung. Das Gesetz, der Nomos, der Spartaner verwirklichte sich zuvörderst in dieser Lebensart und Lebenszucht *(agogé)*. Das Gesetzesdenken, das allenthalben in Griechenland die drängenden Probleme des Einzelnen wie der Gesellschaft zu bewältigen suchte und bei aller Zurückhaltung doch frischen Anregungen Einlaß gewährte, schlug sich also in Sparta als Zementierung einer alten Lebensordnung nieder. Damit war jede Neigung gebannt, diese auszuweiten und dem Gefälle einer von ihr wegstrebenden Entwicklung zu überlassen. Mit der Freiheit der Tage Terpanders und Alkmans, im Rhythmus der geistigen Entfaltung von Hellas mitzuschwingen, war es vorbei; wenn auch nicht schlagartig – die bildende Kunst des 6. Jahrhunderts kannte noch spezifische Bemühungen in Lakedaimon –, so doch insoweit auf die weitere Zukunft gesehen, als es nun erklärlich wird, warum Sparta im bunten Spektrum des griechischen Genius ausfällt.

Das Kasernendasein, dem der Spartaner von Jugend an unterworfen wurde und das allein darauf abgestellt war, in unermüdlichem Training einen Stand militärischer Spezialisten zu züchten, ließ individueller Lebenshaltung und Weltansicht keinen Raum. Es wurde zudem alles getan, um durch besondere Maßnahmen die Teilnahme an der gemeingriechischen Bewegung des Fühlens und Denkens zu verhindern. Kein Spartaner durfte sich ohne Genehmigung der Obrigkeit außer Landes begeben, kein Fremder konnte längeren Aufenthalt in Sparta nehmen. Periodische Razzias (»Fremdenvertreibungen«, *xenolasíai*) stöberten auch den letzten aus dem verborgensten Winkel auf. Und damit nicht nur Gesetz und Polizei den Spartaner in den Staatsgrenzen einschloß, wurde in dem bekannten Eisengeld eine Binnenwährung geschaffen, mit der außerhalb nichts anzufangen war. Ökonomisch hieß das zugleich, Sparta auf der Wirtschaftsstufe vor der Erfindung der Münze und der Verwendung des Edelmetalls festzuhalten. Wenn die Regierung finanzielle Geschäfte im Ausland vornahm, mußte sie fremde Münze verwenden. Ihr Besitz war Privaten natürlich verboten.

Einen persönlichen Lebensstil gab es ohnehin nicht. Mit acht Jahren wurde der Knabe der Familie entzogen und der öffentlichen Erziehung zugeführt. Sie war nach Altersklassen geordnet und enthielt im Hinblick auf die spätere militärische Tüchtigkeit vor allem eine harte körperliche Schulung. Folkloristisch gesehen, stellt sich das System als Knaben- und Jungmännerbund dar. Man kann es natürlich ebenso als staatliches Internat bezeichnen, wie auch das anschließende Zusammenleben der Männer sowohl die Ansicht eines Männerbundes wie die einer Kaserne oder eines Lagers bietet. Gewisse, für ein solches Gruppenleben typische Stilelemente haben etwa bei den Jugendlichen nicht gefehlt. Das Entwenden von Verpflegungsrationen war nicht strafbar, wohl aber, dabei ertappt zu werden. Die Aufsicht über die Knaben wurde von Angehörigen der Jungmannschaft, also von den Neunzehn- bis Zwanzigjährigen, den *Eirénes*, wahrgenommen. Die Männer (vom zwanzigsten Lebensjahr an) setzten die Wehr- und Schlafgemeinschaft fort. Auf diese Weise stand stets ein Heer unter Waffen. Die Frau hielt sich auf dem Landgut auf und sah den Mann nur bei gelegentlichen Besuchen. Der lebte mit seinen Zelt- und Speisegenossen zusammen. Die Kosten waren gleichmäßig verteilt. Wer zu arm war, sie aufzubringen, schied aus der Kategorie der »Gleichen« aus und verlor das aktive Bürgerrecht. Umgekehrt gestattete die über allen Männern stehende Disziplin innerhalb des Lagerdaseins keinerlei individuelle Note, auch nicht die eines größeren Vermögens. Schon der äußere Schein drückte die eherne Solidarität aus, in der die männliche Gesellschaft untereinander verbunden war. Das Dasein des Einzelnen war nahezu identisch mit der öffentlichen Funktion.

Vor diesen ständig in Form gehaltenen Kämpfern zitterten die Heloten. Sie waren ihnen zahlenmäßig zwar vielfach überlegen. Das Verhältnis mag 7:1 gewesen sein, wobei die Zahl der waffenfähigen Spartiaten mit maximal 8000 Mann anzusetzen ist. Aber waffenlos und ohne militärische Ausbildung und obendrein durch ihre Rechtlosigkeit demoralisiert, waren die Heloten schwach und hatten keine Aussicht auf erfolgreichen Widerstand. Der Satz, daß sie unter Kriegsrecht ständen, galt nach wie vor. Deshalb war die Tötung eines Heloten weder Mord noch Totschlag noch verbunden mit Blutschuld. Junge Spartaner übten eine geheime Staatspolizei aus und beobachteten auf dem Lande die Heloten. Wer von ihnen nachts auf der Straße angetroffen wurde, machte sich verdächtig und galt als Verschwörer. Er wurde ohne Untersuchung umgebracht.

Die spartanische Ordnung oder, wie die Spartaner, einem nicht ganz ungewöhnlichen griechischen Sprachgebrauch folgend, sagten, der »spartanische Kosmos«, war in seiner Verschmelzung von alten und neuen Elementen ein Ergebnis des allgemeinen griechischen Umbruches; innerhalb dieses Horizonts fällt jedoch die zeitliche Vorrangstellung auf. Die spartanische Reform liegt etwa gleichzeitig mit der sehr frühen korinthischen Tyrannis und damit ein Menschenalter vor den erst in das 6. Jahrhundert fallenden Ansätzen anderswo. Aber hier ist nun wichtig, daß Sparta mit seinen Problemen innerhalb derselben Phase fertig wurde. Überall sonst gingen die Auseinandersetzungen weiter, meistens das ganze 6. Jahrhundert hindurch und noch länger. Sparta konnte damals all die Probleme politischer und sozialer Gärung als erledigt betrachten und sah sich durch sie nicht mehr berührt. Daraus entstand eine eigenartige Optik. Es wurde nämlich in Sparta radikal vergessen, daß auch seine Verfassung vom modernen Geist geprägt war und daß sich das allgemeine griechische Schicksal auch im Eurotastal niedergeschlagen hatte. Die geschichtliche Wahrheit ließ sich leicht verdrängen. Man brauchte sich nur an die Bekräftigung der archaischen Lebenszucht zu halten und deren Ursprung aufzusuchen, um zu »wissen«, daß der spartanische Staat so, wie er jetzt war, gleich zu Anfang ins Leben getreten war. Da war denn folgerichtig alles das Werk eines sagenhaften Gesetzgebers Lykurg, und die Einheit von sozialer und politischer Ordnung, die eine historisch hellere Zeit als Realität kannte, war gleichbedeutend mit der Existenz des spartanischen Gemeinwesens seit eh und je. Das Bewußtsein der Überlegenheit, das die Spartaner hinfort auszeichnete, wurzelte in diesem naiven historischen Glauben ebenso wie die Unbefangenheit, mit der sie hinfort die politischen Experimente der anderen als bedenklich verurteilten und es am liebsten gesehen hätten, es wäre alles so geblieben, wie es einmal war. Sparta wurde aus Instinkt und ehrlicher Überzeugung zum Repräsentanten eines politischen Konservativismus, noch ehe ihm die Erfahrung zeigte, daß sich dieser im internationalen Spiel der Kräfte auch bezahlt machte.

Bestätigt wurde Sparta allerdings auch durch den überraschenden Erfolg seiner Reorganisation. Was von vornherein keineswegs eine ausgemachte Sache war, nämlich ihre Haltbarkeit, stellte sich tatsächlich ein. Natürlich haben Schwierigkeiten nicht gefehlt, aber Revolutionen und gefährliche Unruhen blieben Sparta auf Generationen hin unbekannt, und als welche im 5. Jahrhundert auftraten, waren sie begrenzt genug, um ohne Nachwirkung niedergeschlagen zu werden. So machte Sparta den Eindruck einer allem

Werden und den damit verbundenen Gefahren entzogenen Größe und stand in der archaischen und klassischen Zeit da wie ein monolithischer Block.

Die griechischen Staatstheoretiker haben Sparta deshalb bewundert und sahen in seiner unerschütterlichen Beständigkeit einen Beweis für die Vorzüglichkeit seiner Verfassung. Diese war ihnen freilich ohnehin sympathisch. Sie war, wie es schien, nicht nur vorzüglich durchkonstruiert und unter das rationelle Gesetz höchstmöglicher Angleichung an durchsichtige Funktionen gestellt, sondern ebenso mußte die folgerichtige Züchtung eines allein auf das Gemeinwesen bezogenen Ethos dem analysierenden Verstand einleuchten. Gegenüber der sonst in der Erfahrung entgegentretenden persönlichen Selbstsucht und dem Eigennutz des Strebens sah es hier so aus, als ob Sparta dergleichen natürlichen Neigungen die Axt an die Wurzel gelegt hätte und das individuelle Streben gänzlich in den objektiven Zweck der politischen Gemeinschaft und in den Sinn des Staates eingegangen wäre. Dieser Eindruck, dem sich eigentlich nur Aristoteles entzogen hat, ging so weit, daß die »Lykurgische Verfassung« sich unmerklich aus einer geschichtlichen Erscheinung in eine Art Idee verwandelte und die klar zutage tretenden Abweichungen der Wirklichkeit von diesem Urbild mit der größten Unbefangenheit abgeblendet und einfach als nicht vorhanden ignoriert wurden. Dabei war natürlich von vornherein nicht zu erwarten, daß der spartanische Staat und die spartanische Gesellschaft sich mit dauerndem Erfolg in die Stiefel hineinzwängen ließen, die ihnen in einer bestimmten historischen Situation angepaßt worden waren. Gewiß hat es hinfort in Sparta keine Verfassungsänderung mehr gegeben, aber die Identität von Staat und Gesellschaft, die am Ende des 7. Jahrhunderts erreicht war, ist trotzdem mit der Zeit verlorengegangen.

Die soziale Gleichheit der spartanischen Vollbürger hat bis zu den Perserkriegen Bestand gehabt, löste sich dann jedoch in eine starke Differenzierung auf. Wie anderswo auch trat ihre einst homogene Schicht in verschiedene Vermögensklassen auseinander, in Reiche, weniger Vermögende und in Arme. Armut führte zur Unfähigkeit, die Kosten für die auf Rentnertum gegründete obligatorische Lebensweise aufzubringen und den Beitrag zu den Syssitien, den gemeinsamen Mahlzeiten, zu zahlen. Schließlich wurde diese Gruppe auch rechtlich als »Mindere« (*hypomeiones*) von den übrigen abgehoben, womit dem sozialen Absinken offiziell Ausdruck gegeben wurde. Mehr oder weniger stillschweigend mag sich dieser Vorgang auch durch Eintritt verarmter Spartaner in die Gruppe der Perioiken vollzogen haben. Die Spartaner gingen stark an Zahl zurück, im 4. Jahrhundert gab es gegenüber dem 5. noch die Hälfte, und hundert Jahre später war das Verhältnis so grotesk, daß nur noch eine kleine Minderheit das Vollbürgerrecht besaß und eine Revolution ausbrach.

Die Vermögensverschiebungen gingen im allgemeinen durch Erbgang vonstatten – Immobilienverkauf war und blieb verboten –, zumal als Anfang des 4. Jahrhunderts testamentarische Verfügung und sogar Schenkung erlaubt wurden. Auch die Barrieren gegen den monetären Reichtum wurden mit der Zeit immer brüchiger. Die Tatsachen waren stärker als die Norm. Und schließlich konnte man bewegliches Vermögen auch ins Ausland verschieben. Habgier und Gewinnsucht wurden den Spartanern später gern vorgehalten. Da die Männer durch die spartanische Zucht und ihren Lebensstil festgelegt waren, wurde die wirtschaftliche Verantwortung und das ökonomische Handeln eine Sache der Frauen. Sie erfreuten sich infolge der Trennung von ihren Männern ohnehin einer im gesamten griechischen Raum ungewohnten, auch sexuellen Freizügigkeit und waren wegen ihrer Zucht- und Schamlosigkeit geradezu berüchtigt, der von seiten des Rechts und der Sitte durch die eigenartige Einrichtung des Zeugungshelfers und der Polygamie mit verschiedenen Brüdern Vorschub geleistet wurde. Im Gegensatz zu intim-ethischen Gesichtspunkten hatte die reine, auf das Hervorbringen der Nachkommenschaft abgestellte Zweckmäßigkeit im Verhältnis von Mann und Frau die Oberhand; auch die Form der Polyandrie sollte nur den gemeinsamen Besitz des Landloses gewährleisten, indem sie die Gründung verschiedener Haushaltungen verhinderte. Die erotischen Beziehungen waren sehr oft homosexueller Art und als solche in keiner Weise diffamiert.

Die offensichtlichen Schattenseiten des spartanischen Wesens bedurften längerer Zeit zu ihrer Ausbildung und gehören damit in der Hauptsache der späteren Geschichte an. Der unmittelbare Erfolg der Neuordnung stellte sich schneller ein. Er bestand in der außenpolitischen Position Spartas. Mit einem Schlag wurde Sparta zur ersten Macht der griechischen Welt. Seine innere Geschlossenheit und die Enthebung von allen das 6. Jahrhundert beschäftigenden sozialen und politischen Problemen verliehen ihm ein Privileg, das von seiner Umwelt durchaus anerkannt wurde.

Die Staaten der Peloponnes, noch während des Zweiten Messenischen Krieges eine schwere Bedrohung, fügten sich der spartanischen Hegemonie und traten als »Bundesgenossen« an seine Seite. »Die Lakedaimoner und ihre Bundesgenossen« hieß hinfort dieses Machtgebilde, dem sich lediglich Argos zu entziehen wußte, während andererseits eine so gewichtige Stadt wie Korinth ihm angehörte. Dieser »Peloponnesische Bund«, wie die moderne Geschichtsschreibung ihn zu bezeichnen sich angewöhnt hat, war institutionell gesehen eine sehr lose Konföderation und bedeutete mehr ein außenpolitisch-völkerrechtliches System als einen festgefügten Verband. Er beließ seinen Teilnehmern nicht nur Freiheit im Innern, sondern auch Bewegungsfreiheit nach außen. Aber daneben war es eine ausgemachte Sache, daß in wichtigen Fragen alle unter der politischen und militärischen Führung Spartas zusammentraten und daß unbeschadet der allgemeinen Unabhängigkeit jede antispartanische Politik ausgeschlossen war. Im Falle gemeinsamen Handelns konnten die Gesandten der einzelnen Gemeinden zu einer Art Bundesversammlung zusammentreten, ohne daß hierfür wohl jemals bindende Vorschriften erlassen worden wären. Dies mit gutem Grund. Sosehr natürlich die Stiftung dieses »Bundes« Ausfluß der spartanischen Machtstellung war, sosehr war sich Sparta doch stets bewußt, daß seine Stellung sich nie zu einer offenen Herrschaft auswachsen dürfte, wofern nicht die Gefahr schwerer Krisen heraufbeschworen und das eigene Machtpotential überbeansprucht werden sollte. Mit beachtlicher Klugheit wurde diese Einsicht nicht nur gefaßt, sondern auch durchgehalten. Die klare und überlegene Rechnung machte sich bezahlt. Der spartanische Staat, innerhalb seiner Grenzen auf nackte und stets bereitstehende Gewalt gegründet, gewann nach außen das Ansehen eines politischen Partners, der die Selbständigkeit seiner Bündner ängstlich respektierte und in völkerrechtlicher Korrektheit selber der eigenen Macht die Grenzen zog.

Eine solche Verbindung von Recht und Macht mußte sehr überzeugend wirken und den Spartanern in der griechischen Öffentlichkeit viel Sympathien erwerben. Vertrauen,

Ansehen und Autorität waren die Früchte dieser Haltung. Sie reiften sehr schnell. Bereits in der Mitte des 6. Jahrhunderts war es eine ausgemachte Sache, daß Sparta von allen griechischen Staaten die erste Stelle gebühre und seiner Stimme das größte Gewicht zukomme. Diese freiwillige, auf stillschweigender Übereinkunft beruhende Anerkennung Spartas schlug sich sogar in einem mehr oder weniger offiziellen Begriff nieder: »Vorsteher von Hellas« *(prostátes tés Helládos)* wurde sein Ehrentitel, auch außergriechischen Mächten war er ebenso wie seine sachliche Voraussetzung vertraut. Politisch galt Sparta als die Mitte der pluralistischen griechischen Staatenwelt, als sein fester Kern und seine Repräsentation.

Archaisches Athen: Solon, Peisistratos, Kleisthenes

Wenn Sparta in der archaischen Zeit mit einem großen Schritt eine hervorragende Stellung innerhalb der griechischen Geschichte gewinnt, so hält sich sein späterer Rivale Athen noch in ihrem Hintergrund. Man ist versucht, die Toynbeesche Modellvorstellung auf Athen anzuwenden, daß den Epochen großer historischer Leistungen gern Phasen des Ausruhens und Sichsammelns, Phasen der »Zurückgezogenheit« vorauszugehen pflegen. Wenn wir trotzdem mehr vom damaligen Athen wissen als von allen anderen griechischen Staaten, so liegt das – verständlicherweise – an seiner späteren Bedeutung, freilich auch nicht ausschließlich. Auf dem archaischen Athen ruht der Glanz eines säkulären Mannes, der nicht nur ein attisches Ereignis war: *Solon.*

Athens Bescheidung im bunten Spiel des hellenischen Lebens ist merkwürdig genug. An territorialem Umfang konnten sich nicht viele griechische Staaten mit ihm messen. Menschenarmut brauchte auch nicht gerade seinen Weg zu sperren. Es besaß eine verhältnismäßig starke Landbevölkerung, und auch der Handwerkerstand fehlte nicht. Die attische Bildhauerkunst trat Ende des 7. Jahrhunderts hervor und legte Hand an die monumentale Plastik. Trotzdem waren die Kräfte noch nicht nach außen hin entwickelt. Es fehlte an den gewerblichen Energien zur Eroberung eines fremden Marktes. Der Weltruf der attischen Keramik ist späteren Datums und beginnt erst mit der Mitte des 6. Jahrhunderts. Den attischen Kaufmann kannte man draußen noch nicht. Der räumlichen Ausdehnung nach viel kleinere Staaten hatten deshalb vor Athen einen großen Vorsprung. Die Insel Aigina, mit bloßem Auge von Athen aus zu sehen, war im Grunde mächtiger und beherrschte die See, die Attikas Küste bespülte. Selbst der gewiß nicht gewaltige Isthmosstaat Megara, unmittelbarer Nachbar Athens, vermochte ihm den Besitz der Insel Salamis, geographisch ein Zubehör von Attika, streitig zu machen. Durch Jahre hindurch kämpfte Athen erfolglos darum. Der machtmäßige Rückstand war offensichtlich. Man kann nur vermuten, woher er kam: Athen kannte noch nicht die stimulierende Kraft der Übervölkerung. Schlecht und recht vermochte es seine Leute zu ernähren, zum Teil auf der Grundlage von Ex- und Import; die Ölproduktion erzielte Überschüsse. Rosig sahen die sozialen Verhältnisse zwar nicht aus, doch zwangen sie nicht, den Blick allzuweit in die Ferne zu richten und sich an dem großen Kolonisationsabenteuer zu beteiligen, das nun schon seit Generationen die griechische Politik in Schwung hielt. Vielleicht unternahm es damals, Ende des 7. Jahrhunderts, den Versuch, in der Nähe der Dardanellen eine militärische Station, Sigeion, zu errichten, um sich die wichtige Schiffahrtsstraße zu sichern. Aber das ist unsicher und führte jedenfalls zu keinem dauernden Erfolg.

Aber Athen lag deshalb nicht außerhalb der sozialen und politischen Krisenzone. Die Spannungen zwischen arm und reich, zwischen adligem Regiment und beherrschtem Volk waren wie anderswo vorhanden; die Staaten, wo sie in früher Zeit zur Tyrannis führten, lagen nicht fern auf dem Isthmos. Es konnte nicht verwundern, daß ihr Beispiel zur Nachahmung lockte. 632 wollte ein Adliger mit Namen Kylon die labile Lage zu einem Staatsstreich nutzen. Er war der Schwiegersohn des Tyrannen Theagenes von Megara, der ihm bei der nahen Nachbarschaft der beiden sehr leicht und unauffällig Truppen schicken konnte. Aber der Anschlag mißlang – bezeichnenderweise: Athen war damals nicht reif für die Tyrannis. Die Landbevölkerung gehorchte noch dem Adel und ließ sich von revolutionären Parolen nicht einfangen. Sie stützte die Abwehrreaktion und brachte damit den Versuch zu Fall. Etwas später (etwa 624) kam es immerhin zu einer Konzession an die Zeit: ein Gesetzgeber Drakon zeichnete das Recht auf; aber damit war weder an die politische noch an die soziale Verfassung Hand angelegt. Beide erfuhren die Zuspitzung ihrer Probleme erst im 6. Jahrhundert. Den grandiosen Auftakt machte Solon.

Zu dieser emphatischen Charakterisierung besitzt der Historiker einiges Recht. Gleichgültig, in welchen politischen Prospekt man Solon später hineinzog und für welche Grundsätze man ihn als Kronzeugen bemühte, stets erschien er als Schöpfer der inneren Ordnung Athens, und vor allem gewann er typische Bedeutung für die griechische Politik überhaupt. Solon verkörpert in paradigmatischer Reinheit die Rolle der intellektuellen Autorität im Raum des praktischen Handelns. Nur von dieser Rolle aus ist seine Stellung in der griechischen Geschichte zu erfassen, aber auch in Solon selbst wird begreiflich, daß zwar die griechische Politik – wie selbstverständlich – niemals unter die alleinige Herrschaft dieser Autorität geriet, ihr aber dennoch je nach Gelegenheit einen beträchtlichen Einfluß einräumte.

Solon war gewiß ein vornehmer Mann – wie hätte er anders damals in der Politik hervortreten können –, aber er war zugleich – und hierauf kam es für ihn an – ein Mann der Rede und des Denkens. Da beides sich damals nur in gebundenen Worten äußern konnte, erscheint er heute auch als eine Gestalt der griechischen Dichtung, womit wir leider eine leicht verfälschende Nuance in das Bild hineinbringen, indem wir den Schein des Ästhetischen beschwören, der – im üblichen Sinn – die Dinge hier gerade auf den Kopf stellen würde. Denn Handeln, Denken und Sagen ist für Solon eins, und er tut jedes nur aus der Ungebrochenheit des Ganzen, welches alle Äußerungen vereint. Er weiß von der *sophia*, die sowohl Wissen wie Kunstfertigkeit ist, es ist auch ihm wie allen seinen Vorgängern im »Dichten« klar, daß ihr Gehalt aus der Mitte des Lebens kommt und sich diesem wiederum zuwendet; aber er spricht nicht nur innerhalb dieses Koordinatennetzes, sondern steht mit seiner ganzen Person und seinem ganzen Wesen mitten darin, so weit darin, daß er mit ihm steht und fällt. Und letzteres tut man bekanntlich nur im Handeln und in der realsten Form des Seins, welches deshalb in seiner echten Weise auch stets öffentlich ist.

Gewiß traf Solon zu seiner Zeit eine überschaubare Größe des objektivierten griechischen Geistes an, und wir müssen voraussetzen, wenn wir ihm den Rang eines »Weisen« oder *sophós* zumessen – wie es denn auch später die griechische Tradition durch seine Einreihung in die »Sieben Weisen« tatsächlich tat –, daß er im Besitz der greifbaren Erfahrungen dieses Geistes war. Aber glücklicherweise wissen wir nun auch empirisch, auf Grund seiner – im Vergleich zum Ganzen gewiß spärlichen – literarischen Hinterlassenschaft, daß dem so war. Solon hat seinen Homer gründlich gekannt, er hat aber auch den Hesiod gekannt und studiert. Und gerade der letzte wurde ihm wichtig.

Hesiod hatte bemerkt, daß die menschliche Existenz ihre Brüche und Klüfte hat und daß ihre Wirklichkeit nicht identisch ist mit der Ordnung, welche hinter ihr steht. Hesiod hatte aber noch gemeint, daß dieser Zwiespalt sich durch den guten Willen des Einzelnen überwinden läßt und daß die Gerechtigkeit der Welt, die in ihrer Göttlichkeit und Transzendenz eigenem Antrieb folgt, solches Streben bestätigt. Solon schreitet von diesem Gedanken aus weiter und entdeckt die Fragwürdigkeit der Wirklichkeit in der objektiven historischen Situation. Es sind nicht mehr die Individuen, sondern – wie wir sagen würden – die Kollektive, welche die Aporie im Verhältnis von Wirklichkeit und Sein verursachen. Das göttliche Werk der Strafe und Vergeltung äußert sich nicht in superhumanen Eingriffen wie Hagel und Donner, sondern eben in der Erbärmlichkeit der Allgemeinsituation, wie sie von allen Menschen herbeigeführt ist. Diese erfahren in ihr ihre Unzulänglichkeit, an sie ergeht deshalb auch der Anruf, Gerechtigkeit und Ordnung wiederherzustellen. Unheil und Strafe sind ein politisches Phänomen gerade bei Solon, und ihre Aufhebung bedeutet deshalb die politische Tat. Soweit wir sehen, hat Solon den großen Schritt getan: er hat der politischen Wendung, die bei Hesiod noch verkapselt war, zum Durchbruch verholfen und den Geist auf die geschichtliche Realität fixiert, eine Tat, die an Kühnheit und Originalität auch dann nicht verliert, wenn man hinzurechnet, daß in den voraufgegangenen hundert Jahren die physiognomische Ausdruckskraft der geschichtlichen Welt eine andere geworden war und Solon sich nun gleichsam zu ihrem Organon machen konnte.

So spricht er denn in seinen programmatischen Elegien keinen Einzelnen an, sondern nimmt das gegenwärtige Athen mit all seinen Gebrechen aufs Korn. Es geht einer Katastrophe zu, welche menschlicher Kraft zu spotten scheint. Die altehrwürdige Weisheit, daß alles so kommt, wie die Götter es nun einmal wollen, hat es leicht, sich zur Geltung zu bringen. Dieser Lethargie sagt Solon zuerst den Kampf an. Schon Homer (in einer jüngeren Partie der Odyssee) setzte dagegen die Entlarvung der metaphysisch verbrämten Ausrede menschlicher Bequemlichkeit. Mit schneidender Rede stellt Solon die Dinge an ihren rechten Ort:

Ratschluß und Willen des Zeus und der selig-unsterblichen Götter
Ist es, daß nie unsere Stadt sinkt ins Verderben dahin,
Denn des Allgewaltigen stolze Tochter Athene
Breitet von droben die Hand schirmend über sie aus.
Aber sie selbst, die Bürger, verlockt von der Gier nach dem Golde,
Wollen der glänzenden Stadt Macht vernichten im Wahn;
Ruchlos ist die Gesinnung den Führern des Volkes, doch denen
Hat schon das Schicksal bestimmt, wegen solch frevelnden Muts
Endlose Leiden zu dulden; sie wissen ja niemals die Lüste
Maßvoll zu zügeln und nie sich zu bescheiden beim Mahl.

(Übersetzung Preime)

In unserer eigenen Ungenügsamkeit erfahren wir den Spruch des Rechts, der *dike*, und vollziehen ihn durch das Unheil, das wir selbst verschulden:

Sie aber weiß um Vergangenes und Künftiges, auch wenn sie schweiget,
Rächend tritt sie hervor, ist ihre Stunde erst reif.
Das ist jeglichem Staat eine unentrinnbare Wunde,
Elender Knechtschaft verfällt schnell eine Stadt, die die Glut
Lodernden Bürgerzwists zu entfachen wagt, die verborgen
Glimmende, die dann verschlingt zahlloser Leben und Geist.
Aufruhr, der Frevlern lieb ist, entbrennt, und die Feinde im Innern
Knebeln mit blut'ger Gewalt plötzlich die Stadt, die ihr liebt.
Solches Übel geht um im Volk; und Scharen Verarmter
Kommen, als Sklaven verkauft, heimatlos weit in die Welt,
Auch ist ihr Nacken gebeugt und das Haupt durch schmachvolle Fesseln.

(Übersetzung Preime)

Und nun der eigene Ansatz des Sprechenden. Er ist nichts anderes als eine radikale Folgerung, und zwar radikal deshalb, weil sie den Zustand, der sich nun einmal auf Grund der bestehenden Ordnung ergeben hat, auf die Ebene eines neuen Wertsystems hebt. Der weiterführende Gedanke: wir haben eben keine Ordnung gehabt. Das war der große Irrtum. Was sich solchermaßen ausgab, war eine schlechte, depravierte Ordnung, ein schlechter Gesetzeszustand, »Dysnomie«, und wenn wir weiterkommen wollen, müssen wir ihr die positive Satzung, die »Eunomie«, die gute Satzung, genauer, Gesetzesordnung, gegenüberstellen. Solon läßt klar erkennen, daß er an dieser Stelle seine eigentliche »Entdeckung« mitzuteilen hat, und weist deshalb erst hier auf seine eigene Person hin, mit der schlichten und doch so bedeutungsvollen Geste des Berufenen, der dem Zwang der Wahrheit zu gehorchen hat: »Dies euch, Athener, zu lehren befiehlt mir mein Geist nun.« Und daran schließt sich unmittelbar die Erkenntnis der neuen Begriffe:

Endlos mit Jammer beschwert Ungesetz (Dysnomie) unsere Stadt;
Wohlgesetz (Eunomie) aber schafft Wohl und Heil für jegliches Wirken,
Und den Gesetzlosen legt zügelnde Fesseln sie an,
Trotziges mildert, Gelüste beschwichtigt und Übermut dämpft sie;
Eh noch es aufwächst, vertilgt sie das Verhängnis im Keim.
Recht, das gebeugt war, richtet sie grad, und von Leidenschaft tolle
Herzen besänftigt sie rasch, Aufruhr zwingt sie ins Knie,
Streites unreine Gluten erstickt sie. Auf das Gesetz (Eunomie) nun
Gründet das Gute der Mensch, baut er Beständiges auf.

(Übersetzung Preime)

Wir müssen mit einer beträchtlichen Anlaufzeit für Solon rechnen. Von heut auf morgen konnte er nicht die Resonanz finden, welche ihn zur beherrschenden Figur des politischen Treibens machte. Das soziale Erdreich war aufgewühlt und verlangte nach sicherem Zugriff, aber Solon machte es sich nicht leicht. Seine Freunde rieten ihm, den längst anderswo erprobten Weg der Gewalt zu gehen und sich in raschem Schwung zum Tyrannen zu machen. Davon wollte jedoch Solon nichts wissen. Er dachte an den mißglückten Versuch Kylons, und er wollte vor allem, daß Staat und Gesellschaft aus sich heraus die Kraft zur Umbildung gewännen. Wie er selbst höherer Einsicht gehorchte, so sollten die anderen das Bewußtsein des sachlich Notwendigen in sich entwickeln. Seine Aufgabe war es, diesen inneren Prozeß zu steuern und als der prägende Verstand diese Bewußtseinslage herbeizuführen. Wenn es schließlich zur Aktion kam, mußte sie nicht nur in aller Namen geschehen, sondern die Allgemeinheit hatte sich in ihr auch selbst als Handelnde zu finden. Und schon dem äußeren Umfang nach war so viel zu tun, daß ohne längere Vorbereitung gar nicht auszukommen war. Das geistige Auge hatte Räume abzutasten, von denen man bisher nichts wußte, und die Mannigfaltigkeit der Vorstellungen ließ sich nur durch allmähliches Vertrautmachen einwurzeln. Und Solon wußte, daß eine Gesellschaft zu großem Werk nur in bestimmter Höhenlage des Gemüts und der Erregung den Absprung findet. Gilt es, sich über sich selbst zu erheben, dann bedarf es einer Atmosphäre, die, von ursprünglichen sozialen Instinkten gespeist, das »Wir« in das aktuelle Empfinden rückt.

Solon fand diese heiße aufgestaute und nach außen drängende Lebendigkeit in dem langen Hader mit der Nachbarstadt Megara um den Besitz der Insel Salamis. Er tat alles, um die Leidenschaft auf diesem Felde zu schüren, das jedem Athener gleich nah sein mußte. Mit peitschenden Worten stellte er die Schmach vor Augen, sich von dem kleinen Megara den Rang ablaufen zu lassen und einfach zu resignieren, wie man es offenbar tat, wenn an der Tradition des Gesetzes etwas dran war, das auf die Wiederaufnahme des Krieges, also ihre Beantragung, die Todesstrafe setzte. Eine große Salaminische Elegie hat es von Solon gegeben, die, von ihm selbst vorgetragen, wie selbstverständlich, explosiv zündete und den Kampf wiederum in Gang brachte. Einige Verse davon sind auf uns gekommen:

Selber vom lieblichen Salamis kam ich als Herold herüber,
Hier, wo man Reden sonst hält, töne mein kunstvolles Lied!
Wär ich doch statt ein Athener gleich Phelegandrier, gleich ein
Sikinitischer Tropf, tauschend mein väterlich Land;
Denn es wird das Gerede alsbald bei den Leuten entstehen;
»Seht ein Mann aus Athen, auch so ein Salamisheld.«
Auf gen Salamis! Laßt um die köstliche Insel uns kämpfen!
Denn die drückende Schmach von uns zu schütteln ist Zeit.

(Übersetzung Preime)

Auch Solon ist ein Mann, der darum Bescheid weiß, wie man an den Vitalnerv der Massen zu greifen hat. Zweifellos hatte er das Zeug zum »Volksführer«, zum »Demagogen«, sogar in dem späteren Sinn, den individuelles Ausdrucksvermögen dieser gerade für Athen markanten Stellung im Staat verschaffte. Selbst hierin scheint historische Zukunft in ihm angelegt gewesen zu sein. Die spätere Überlieferung hat denn auch keinen Anstand genommen, in Solon den ersten »Vorsteher des Demos« *(prostátes toú dḗmou)* zu sehen, was allerdings einer radikalen Verkennung gleichkommt, denn gerade daß Solon sich weder vom Stimmungsgefälle seiner Zeit hat treiben lassen noch darauf aus war, seinen Einfluß für dauernd zu stabilisieren, charakterisiert ihn. Dabei ließ er durchaus keinen Zweifel, daß seine Politik sich in erster Linie an der Interessenlage der nichtprivilegierten Schichten orientierte und daß der Preis, der zu zahlen war, von den herrschenden Kreisen einzutreiben war. Es war eine ausgesprochene Konzession an das »Volk«, als diese ihm schließlich den Weg freigaben, und das Eingeständnis zugleich, daß sie selbst nicht mehr weiter wüßten und jetzt nur noch Solon als ultima ratio bliebe, wenn Schlimmeres verhütet werden sollte, um die Wogen das schwankende Schiff nicht überspülen zu lassen.

So wurde Solon im Jahre 594 zum Archon mit außerordentlichen Vollmachten gewählt. Seine Stellung war die eines unbeschränkten Gesetzgebers. In Athen konnte man an Drakon als Vorgänger denken. Aber der Unterschied war doch gewaltig. Drakon hatte, wie andere seiner Art, sich auf das Recht beschränkt und Gewohnheit in fixierte Satzung umgewandelt, wobei es ihm offenbar allein um das Strafrecht ging, denn anders wäre sein bekannter Ruf eines grausamen Gesetzgebers kaum verständlich, der seine Gesetze nicht mit Tinte, sondern mit Blut geschrieben habe. Drakon erkannte nämlich – wie es für seine Zeit ganz natürlich war, aber später nicht mehr verstanden wurde – das alte Selbsthilferecht zur Tötung, etwa bei der Verfolgung des Ehebruchs oder der Abwehr unrechter Gewaltanwendung, weitgehend an und griff nur an einem, allerdings wesentlichen Punkt mit einem neuen Gedanken ein, als er die unfreiwillige Tötung der Blutrache entzog und damit den ganzen Komplex zu differenzieren begann. Demgegenüber ist Solons Tätigkeit nicht nur viel umfassender, sondern auch in eminentem Sinn gestaltend. Er hat ein neues Athen geschaffen, und sein Werk ist mit keiner verfassungsrechtlichen Terminologie auch nur annähernd zu fassen, sosehr man sich später von athenischer Seite bemühte, seiner Funktion mit dem Begriff eines »Versöhners« *(diallaktés)* zu entsprechen.

Solons Wirksamkeit ist durch eine Fülle von Gesichtspunkten ausgezeichnet und bietet deshalb von den verschiedensten Seiten einen Zugang. Der Historiker möchte gern wissen, welches dieser mannigfachen Themen ihm am meisten auf den Nägeln brannte. Nach Solons eigenen Äußerungen (deren Zusammensetzung für uns freilich ganz zufällig ist) muß das die Beseitigung der sozial-wirtschaftlichen Spannungen gewesen sein. Der kleine Grundbesitz war so verschuldet, daß die Bauern fast nur für ihre Gläubiger sich abrackerten. Wer keinen Boden (oder keinen mehr) zur Verpfändung hatte, war in Schuldknechtschaft gefallen und schließlich außerhalb von Attikas Grenzen zum Sklaven geworden. In diesem Elend steckte die stärkste und auch gefährlichste revolutionäre Kraft. Die extremen Forderungen gingen auf radikale Bodenreform, worunter völlige Umkehr der gegenwärtigen Eigentumsverhältnisse und Neuaufteilung des gesamten attischen Bodens verstanden wurden, und ebenso erwartete man von dieser Seite, daß Solon dieses Programm durchführen würde. Aber das war ein Irrtum. Solon traute sich die Stärke zu, die einen zu enttäuschen und den anderen einen freiwilligen Verzicht zuzumuten. Aufgehoben wurde nicht das Eigentum, sondern das Guthaben der Reichen, und die Armen bekamen kein neues Eigentum, sondern gewannen ihr altes ungeschmälert durch die auf ihm liegenden Pfandsteine *(hóroi)* wieder. Das war die berühmte Solonische »Schuldenabschüttlung« *(seisáchtheia)*, das Kernstück seiner sozialen Politik. Damit nun diese »Flurbereinigung« nicht von den Gläubigern durch Umwandlung der Schuld- und Pfandverhältnisse in Eigentumsübertragungen umgangen wurde, schränkte ein zusätzliches Gesetz jeglichen Bodenerwerb auf ein bestimmtes Maß ein.

Parallel hierzu hob Solon die Folgen der anderen Verschuldung auf, die zur Sklaverei im Ausland geführt hatte. Auf öffentliche Kosten, die nur von den Vermögenden getragen werden konnten, wurden die in die Fremde verkauften Athener zurückgekauft und die Schuldknechtschaft der noch in Attika lebenden gelöst. Damit war auch den vor dem Zugriff des Gläubigers über die Grenze Geflüchteten der Weg zurück in die Heimat geöffnet.

So waren mit einem Schlag attisches Land und attische Menschen »befreit«. Solon ist auf diesen doppelten Akt ganz besonders stolz gewesen. Rückschauend läßt er sich vernehmen:

Ein einz'ges nur von dem, weshalb ich einst das Volk
Versammelt, hätt' ich liegen lassen, eh's erfüllt?
Das zeuge du am Richterthron der Zeit für mich,
Erhabne Mutter aller Götter im Olymp,
Du weißt es ja, o dunkle Erde, da ich viel
Der Steine, Male der Verschuldung, ausgrub einst;
Du, die geknechtet warst, du atmest wieder frei.
Aus Sklaverei, in die sie Willkür oder Recht
Gezwungen, führt' ich viele nach Athen zurück
Ins gottgeschenkte Vaterland; und andre auch,
Die, vor dem Schuldzwang fliehend, in der Fremde
Rings umirrten, schon der att'schen Sprache Klang entwöhnt;
Auch denen, die daheim der Knechtschaft hartes Joch
Ertrugen, zitternd vor der Willkür mächt'ger Herrn,
Gab Freiheit ich zurück.

(Übersetzung Preime)

In der Geschichte des attischen Staatswesens hat Solon einen zentralen Platz, und die verfassungsgeschichtliche Tradition Athens ist sich dessen auch dauernd bewußt geblieben. In diesem Zusammenhang war Solon weniger der »Befreier« als der »Ordner« und Gründer. Seine Bauernemanzipation (sofern dieser ein wenig mißverständliche Ausdruck erlaubt ist, denn um die Aufhebung eines Hörigkeitsverhältnisses handelte es sich offenbar nicht) setzte sich alsbald in Gegenwart um und brauchte, einmal durchgeführt, die Zukunft nicht zu kümmern. Sie machte gewiß im Augenblick den größten Eindruck und bestimmte in den Augen der Zeitgenossen wohl hauptsächlich die Größe ihres Urhebers. Hier war der Raum der Leidenschaften und der heftig hin- und hergehenden Diskussion, hier wuchsen Solon im Widerhall seiner Tat am unmittelbarsten Freundschaft und auch Feindschaft zu und mischten sich je nach Interessenstandpunkt Anerkennung und Zweifel. Der politische Reformer Solon hatte die Nachwelt für sich, auch die Nachwelt, die seine Bodenreform vergessen haben mochte und sich ihr Bild erst wieder aus den persönlichen Zeugnissen Solons rekonstruieren mußte. Dabei fand Solon keineswegs schon diejenige Form für Athen, die es hinfort behalten und als endgültige Grundlage seines Aufstieges haben sollte. Anders als das Sparta jener Tage empfing Athens Verfassung noch nicht die feste und unveränderliche Gestalt. Was es Solon verdankte, war eher ein Ausgangspunkt für weitere Schritte als die Zurücklegung der gesamten Strecke. Doch Ausgangspunkt war es wirklich, und grundsätzliche Vorentscheidungen waren gefallen, die sich weder zurücknehmen ließen noch die Dynamik eindeutiger künftiger Folgerungen verbergen konnten.

Solon hakte bei dem offenen Grundtatbestand der damaligen Verfassungssituation ein. Das war das Auseinanderfallen von militärischer und politischer Ordnung, das längst allenthalben in der griechischen Welt eine typische Spannung hervorgerufen hatte. Mit dem Heraufkommen der Hoplitentechnik war die Militärpflicht auf den Kreis der zur Selbstequipierung fähigen nichtadligen Athener ausgedehnt worden, so daß neben die adligen Ritter *(hippeis)* das mittlere Bauerntum unter der Bezeichnung Zeugiten, das heißt der in

Reih und Glied Stehenden, trat. Neben diesen Vollmilitärpflichtigen, den *téle* oder, wie man später auch sagte, den »Waffendienstleistenden« *(hópla parechómenoi)* standen die Theten, »Leute ohne Aar und Halm«, also ohne ordentlichen Grundbesitz, in einer rein agrarischen Sozialordnung nicht viel mehr als Proletarier. Da Attika damals noch einen beinahe rein ländlichen Charakter hatte, waren diese Elemente ohne Gewicht. Die Zeit, in der eine nichtagrarische Vermögensbildung diese Bestimmung sprengte und Gewerbetreibende zwangsläufig, auch ohne Grundbesitz, den Rang der Theten weit unter sich ließen, war noch nicht gekommen. Die Theten waren zu arm, um in die Phalanx eingereiht zu werden. Solon war es deshalb auch in erster Linie um die Bauernschaft zu tun. Ihren Pflichten sollten auch Rechte entsprechen, der staatliche Verband sollte ebenso auf ihnen wie auf dem Adel beruhen.

War der dabei leitende Grundsatz aber einmal ins Bewußtsein gehoben, dann ergaben sich daraus auch Konsequenzen. Die erste war die begriffliche Explikation, daß politische Rechte überhaupt Ausfluß ökonomischer, genauer agrarisch-ökonomischer Leistungsfähigkeit zu sein hatten, daß also die Standesqualifikation hinter ihr verschwand. War das Prinzip einmal zugelassen, dann vertrug sich damit nicht mehr ein Rittertum kraft Geburt, sondern an seine Stelle konnte nun ein militärischer Ritterdienst auf Grund besonders hohen Vermögens treten, wobei de facto ungefähr der alte Kreis erfaßt werden mochte; es war jedoch nicht auszuschließen, daß sich auch nichtadliges Vermögen zur Geltung brachte, wenn es nur die betreffende Höhe erreichte. Solon hat diesen Schritt zur rein ökonomischen Basierung der politischen Rechte mit aller nur wünschenswerten Klarheit vollzogen. Um keine Mißverständnisse aufkommen zu lassen, brachte er den höchstbegüterten Adelsangehörigen, die militärisch Ritter gewesen waren und als solche ihren Platz in der politischen Ordnung hätten finden müssen, auf drastische Weise bei, daß sie ihre Würde lediglich ihrem Besitz zu verdanken hatten. Er nahm sie nämlich für die politische Einteilung aus den »Rittern« heraus und rubrizierte sie unter eine neue, von ihm erfundene Kategorie. Diese erhielt ihren Namen nach dem (agrarischen) Einkommen als »Fünfhundertscheffler« *(pentakosiomédimnoi)*, das hieß, daß sie mindestens fünfhundert Scheffel Korn (der Scheffel gleich fünfundvierzig Liter gerechnet) einnahmen – oder entsprechend flüssige Produkte: Öl oder Wein, wobei der Scheffel sechsunddreißig Liter betrug. Zugleich war damit zum Ausdruck gebracht, daß grundsätzlich jeder, auch der Nichtadlige, in diese Gruppe aufsteigen konnte, wenn er die Voraussetzung erfüllte. War das einmal geklärt und durchsichtig zum Ausdruck gebracht, so verstand es sich von selbst, daß ebenso die beiden anderen Klassen allein dem Einkommensprinzip zu gehorchen hatten; man brauchte nur die Differenzierung nach der Abstufung des Vermögens vorzunehmen – dreihundert Scheffel für die Ritter, zweihundert für die Zeugiten. Man hatte also mit einem Zensus zu arbeiten, woher das System in der Staatstheorie auch den Namen erhielt: Herrschaft auf Grund von Zensus, griechisch *timokratia.* Es wurde denn von Solon auch so gehalten, daß die obersten Ämter, die der Archonten und des Finanzverwalters *(tamías)*, den Pentakosiomedimnen vorbehalten blieben, während die übrigen, mit gewissen Abstufungen, den beiden anderen Klassen offenstanden. Dagegen war das aktive Wahlrecht für alle drei gleich. Unsere Tradition rechnet hier sogar die Theten dazu, doch wird das für Solon schwerlich schon zutreffen.

Es wird Solon kaum allzugroße Mühe verursacht haben, das timokratische Prinzip durchzusetzen. Es bedeutete ja nicht mehr als eine Anpassung der politischen Verfassung an die gegebenen sozialen Verhältnisse. Die Vorrechte des Geburtsadels waren längst nicht mehr aufrechtzuerhalten, nachdem sie einmal durch die Bedürfnisse der militärischen Technik widerlegt waren. Das hier vorgenommene Zugeständnis war im Grunde auch nicht der breiten Menge gemacht worden, sondern den wirtschaftlich starken Schichten; und soweit der Geburtsadel zu ihnen gehörte – und das war zur Hauptsache der Fall –, war er durch die Reform auch keineswegs depossediert. Deren Sinn wie augenblickliche Auswirkung waren so durchsichtig und schienen so fest installiert, daß es nicht einmal nötig war, für eine Garantie des Zahlenverhältnisses zwischen den Klassen Sorge zu tragen. Da man auf die Theten noch keine Rücksicht zu nehmen hatte, erübrigte sich das auch. Als sie im Lauf des 6. Jahrhunderts dazutraten (wir wissen nicht wann), wäre eine Barriere nach Art eines qualifizierten Stimmrechts im Sinn der ursprünglichen Konzeption gewiß zweckmäßig gewesen, aber die Dinge waren inzwischen schon so weit fortgeschritten, daß daran nicht mehr zu denken war, es sei denn, man hätte die Entwicklung zurückgeschraubt. Es stellte sich vielmehr heraus, daß es unter den neuen Verhältnissen auf die Timokratie nicht mehr sehr ankam; es lohnte sich nicht mehr, sie zu beseitigen. Sie war gleichsam von selbst paralysiert worden. Diese Entwicklung war keineswegs in der Institution als solcher angelegt, die vielmehr in den Augen Solons und seiner Zeitgenossen eindeutig fixiert scheinen mußte. Schließlich war die Timokratie auch die echte Alternative zu der von Solon abgelehnten Egalisierung des Grundbesitzes. Nur sie hätte, wie in Sparta, eine Differenzierung der politischen Rechte überflüssig gemacht. Unterblieb jene, war diese das notwendige Korrelat.

Das gleiche läßt sich von einer anderen verfassungspolitischen Neuerung Solons nicht ohne weiteres behaupten. In ihr lag denn auch der eigentliche Keim für die Zukunft beschlossen, denn hier wurde prinzipiell mit der Tradition gebrochen. Es handelte sich um die Verdrängung des Adelsrates aus dem Zentrum der Politik. Dabei spielte keine Rolle, daß dieser, der »Areopag«, fortan kein reiner Adelsrat mehr war, nachdem die abtretenden Archonten, die ihn bildeten, nicht mehr dem Adel angehören mußten. Entscheidend wurde die Abwertung der Institution als solcher. Sie erfolgte zwar keineswegs direkt und einer offenen Programmatik folgend, sondern ergab sich aus der Rückwirkung einer anderen Maßnahme. Solon hatte auf der Grundlage seines Zensus ein neues aktives Bürgerrecht geschaffen. Der Kreis der von ihm Erfaßten mußte sich nun auch irgendwie konstituieren. Er tat dies in der Volksversammlung, der *ekklesia*, welche die Wahlen der Beamten vornahm, Beschlüsse faßte und, sofern diese einen vorgebrachten Rechtsfall betrafen, auch Urteile fällte. Das alles aber fällt nicht so schwer ins Gewicht wie die Tatsache, daß an die Spitze dieser Volksversammlung als besonderes Organ ein Ausschuß von jährlich wechselnden Mitgliedern trat, der »Rat« *(boulé)*.

Damit erhielt die Volksversammlung die Möglichkeit, sich selbst zu dirigieren und in den Besitz eigener politischer Initiative zu kommen, und damit war zugleich der alte Rat des Areopag auf die Länge um seinen Einfluß gebracht. Die lebenslängliche Mitgliedschaft zu ihm und seine Zusammensetzung aus erfahrenen Männern hatte ihn an sich mit einem großen sachlichen Gewicht ausgestattet und in ihm vor allem die wichtige Funktion der Kontinuität für Beratungen lokalisiert. Aber wenn er um die geschäftliche Zuständigkeit gebracht war und nicht auf die Volksversammlung einwirken konnte, war dieses Kapital verurteilt brachzuliegen und vermochte der ganzen Körperschaft ihr politisches Gewicht nicht zu erhalten. Bestimmte Gerichtsaufgaben – in Verfassungsaufsicht und Mordsachen –, die als Rest geblieben waren, konnten den Verlust nicht aufwiegen.

Die Weichenstellung, die damit für die künftige Verfassungsentwicklung vorgenommen war, kann gar nicht überschätzt werden. Der Weg mußte deshalb zwar keineswegs schon bis zur klassischen Demokratie führen; aber was immer das Endstadium werden sollte, der lebenslängliche Rat als Gremium politischer Integration konnte keinen Platz mehr finden, und der gefährliche Verlust des einzigen stabilisierenden Faktors, über den die antike Stadt verfügte, war damit eingetreten.

Solon freilich ist dafür nicht eigentlich verantwortlich zu machen. Nach unserer Kenntnis ist es in der griechischen Welt überall so zugegangen, auch da, wo das spätere attische Verfassungsideal nicht erreicht wurde. Offenbar lag hier von einem bestimmten Zeitpunkt an ein unvermeidlicher Trend, dem sich bezeichnenderweise nur Sparta zu entziehen vermochte. Wir wissen auch zufällig von einem Beispiel, das kurze Zeit vor Solon liegt (Chios), so daß die Unwahrscheinlichkeit seiner Originalität noch ausdrücklich bestätigt wird.

Eine ideale Vorstellung hat ihm deshalb nicht gefehlt. Die Verselbständigung der Volksversammlung durch ihre Ausstattung mit Autokephalie fügt sich gut in den Grundriß des neuen Gemeinwesens, das er begründen wollte, und ursprünglich sah die Regelung mit diesem Rat auch gar nicht »aufregend« aus: er setzte sich aus Vertretern der vier Phylen zusammen, welche damals in Athen noch die alten Geschlechterphylen waren. Jede wählte hundert Ratsherren, so daß es im ganzen vierhundert waren, die »*boulé* der Vierhundert«. Damit schien einem gesunden Konservativismus, demselben, der auch diese Phylen bestehen ließ, Genüge geleistet; und trotzdem kommt hier der Punkt zum Vorschein, an dem der revolutionäre Umbruch am folgenreichsten sich vollzog und Solon, der mit persönlichstem Einsatz den elementaren Ausbruch einer Revolution verhinderte, sie in seinem wohlgezielten Handeln doch auch zum Teil verwirklichte.

Alles Neue ist in der Geschichte immer auch der Feind des Alten. Doch brauchen nicht stets die Akzente auf diesen Sachverhalt gelegt zu werden. Solon war sich wohl bewußt, wo er gegenüber den gärenden und ungestüm vorwärtsdrängenden Kräften zu bremsen hatte und wo er die Kontinuität mit der Vergangenheit und die Befestigung der Gegenwart als einer gewordenen betonen mußte. Er war sich aber ebenso darüber im klaren, daß an anderen Stellen nur die Zukunft das Leitbild sein konnte, das Alte sich verbraucht hatte und der Blick auf Vorstellungen geheftet werden mußte, für die die Vergangenheit keine rechten Muster mehr lieferte. Da verschob sich dann von selbst das Schwergewicht innerhalb der Polarität von Sein und Werden auf das Werden des noch nicht Vorhandenen.

An dieser Stelle offenbarte sich in erster Linie Solon der Gestalter, der auf das Ganze einer in sich geschlossenen menschlichen Verfassung gehende politische Programmatiker. Es ist diejenige seiner verschiedenen Figurationen, welche die Nachwelt sich am nachdrücklichsten zu eigen machte.

Solons Gesetzgebungswerk in diesem Sinne hat bei all seiner Vielfältigkeit einen Grundgedanken: es gilt der Formung der Menschen und soll nicht lediglich ein äußeres Verhalten regulieren. Sein Ziel ist es, die Menschen zu ändern und sie den Anforderungen einer sich wandelnden Welt anzupassen. Insofern geben sich, wie man bei aller Vorsicht vor unzulässigen Vergleichen wohl sagen darf, Gesetzgeber und Gesetz als Erzieher und nehmen damit einen Gedanken voraus, der später in der Platonischen Staatstheorie wiederkehrt. Solon und seinen Zeitgenossen war es dabei klar, daß mit diesem Verfahren für sie eine bisher unbekannte Dimension der Normsetzung ins Leben trat.

Ein Gesetz war bis dahin stets absolut und durch sich gegeben. Der Mensch hatte es als eine über ihm stehende Instanz anzuerkennen; es entzog sich gänzlich seinem Zugriff. Auch wenn es aufgezeichnet wurde – was ja vor Solon schon des öfteren in Griechenland vorgekommen war und sogar zur Signatur des Zeitalters gehörte –, so änderte dies an der unabhängigen Existenz des Gesetzes nichts; da wurde nur schriftlich festgelegt, was von jeher vorhanden war. Auch etwaige Neuerungen wurden subjektiv in dieser Art aufgefaßt. Ganz anders bei Solon. Er verhehlte sich nicht, daß die von ihm gewollte Ordnung vom menschlichen Willen getragen wurde und daß, was als Norm gelten sollte, durch persönliches Handeln dazu gemacht worden war. Solon hat damit das Phänomen des gesetzten Rechtes, die »Satzung« in der Bedeutung von »Setzung«, entdeckt.

Er benannte seine Gesetze deshalb mit dem entsprechenden griechischen Ausdruck *thesmós*. Das andere Wort *nómos*, mit dem der Grieche die Überpersönlichkeit der Ordnung ausdrückte, war für ihn nicht zu gebrauchen. Seine Ordnung konnte diesen Vorzug nicht beanspruchen. Ihren Ursprung trug sie offen auf der Stirn, indem ihre Geltungsdauer auf hundert Jahre begrenzt war, also auf das Maximum, das wie bei internationalen Verträgen damals für eine rechtliche Bindung vorstellbar war. Die Bürger mußten sich durch Eid auf Solons Gesetze verpflichten, wenn diese auf Steinwalzen (den *kýrbeis*) verewigt waren. Es war nicht selbstverständlich, ihnen zu gehorchen, unabhängig davon, daß ihre formelle Verbindlichkeit auf Grund der Ermächtigung außer Frage stand.

Für unser Empfinden scheinen diese Anordnungen indes wenig Außerordentliches an sich zu haben. Eher erwecken sie den Anschein von Alltäglichkeit: Wasser für den sofortigen Verbrauch ist in erster Linie aus dem öffentlichen Brunnen zu beschaffen. Ist er zu weit weg, solle man sich einen bauen. Ist das nicht möglich, dann besteht das Recht, ein bestimmtes Maß vom Nachbarn zu holen. Benachbarte Pflanzungen müssen wegen der Gefahr des Wurzelschadens einen bestimmten Abstand halten. Entsprechend ist beim Graben einer Grube zu verfahren oder sind beim Aufstellen von Bienenkörben gewisse Rücksichten zu beobachten. Tierschaden führt zu Haftung des Tierhalters, und was alles dergleichen möglich ist.

Aber Solon hat alle diese Materien als Recht des attischen Staates erst ans Licht gehoben. Sie gab es in seinem Umkreis vorher noch nicht oder mögen innerhalb der Familien- und Sippenverbände geregelt gewesen sein. In anderen Fragen traf das natürlich auch zu, nur dachte man bislang anders über sie. Im Rahmen des normalen Erbrechts gab es keine individuelle Verfügung von Todes wegen. Solon schuf das Testament als staatliches Recht, und nicht nur das: er fügte gleich die Anfechtungsmöglichkeit wegen Willensmangels

(Krankheit, Einfluß der Frau, Gift, Freiheitsberaubung) hinzu. Die gerichtliche Verfolgbarkeit der Faulheit hieß natürlich nicht, daß ein erst jetzt verbreitetes Übel bekämpft werden sollte. »Asoziale« Elemente gab es schon vorher, aber mit ihnen fertig zu werden ging bisher den Staat oder besser die Athener in ihrer Gesamtheit nichts an. Man wußte ja schon immer, daß sich dergleichen Versagen an der Familie rächt und daß dadurch die Unterhaltspflicht gegenüber den Eltern gefährdet war. Solon richtete das allgemeine Augenmerk darauf. Seitdem ist die Überprüfung der Söhne auf ihr Verhältnis zu den Eltern zum festen Bestandteil des (passiven) Wahlzulassungsverfahrens *(dokimasia)* geworden.

Es könnte so aussehen, als ob es mit der Feststellung getan wäre, daß Solon einfach diese Materien von ihrer alten Stelle weg in den Bereich des attischen Gemeinwesens gerückt habe. Aber das wäre nur die halbe Wahrheit und würde zum Teil voraussetzen, was durch Solon erst geschaffen wurde, und zwar gerade dadurch, daß er den »Staat« mit diesen Aufgaben betraute. Gewiß fand Solon Athen als Gemeinwesen vor, aber als solches war es bislang eine lockere, durch bestimmte Herrschaftsrechte und Herrschaftsträger zusammengehaltene Organisation. Erst indem Solon in dieser Hülle bestimmte Funktionen ansiedelte und ihr den konkreten Gehalt sozialer Normen verlieh, entstand so etwas wie Staat oder Staatlichkeit.

Der Vorgang hat eine gewisse Typik und findet sich unter gewissen Konstellationen wohl überall in der Weltgeschichte. Der moderne Staat ist bekanntlich auch so entstanden, aber er ist von oben, durch Ausdehnung obrigkeitlicher Positionen, gegründet worden. Hier in Athen führte der Weg über die Konstituierung eines politischen Verbandes auf genossenschaftlicher Grundlage. In freiwilligem Vollzug geschah eine Umwendung des Willens zur Bildung eines Gemeinwillens, und zwar in der ganz sinnfälligen Form, daß er sich selbst in offener Handlung offenbarte und den künftigen Status als Geschöpf des eigenen Antriebes im Schwur formulierte. Die bekannten Vorstellungen von Schwurgenossenschaft und Schwurverband bieten sich zur Beleuchtung des Phänomens an, doch enträt man ihrer besser, da ihm in Athen die äußere Frontstellung fehlte und man es nicht nötig hatte, sich zu bestimmter Abwehr zusammenzutun. In Griechenland war das Adelsregime nicht stark genug und zudem innerlich viel zu sehr aufgeweicht, um einen solchen Druck wie etwa in Rom oder im europäischen Mittelalter auszuüben. Obendrein hatte Solon seine ganze Politik darauf angelegt, einen derartigen Aufeinanderprall der Gegensätze zu vermeiden.

Solons Staatsgründung ist unter diesen Voraussetzungen dadurch ausgezeichnet, daß er die Unmittelbarkeit der früheren Lebensverhältnisse zur Grundlage der politischen Neugründung machte. Der Staat der Athener oder, wie die Griechen sich ausdrückten, schlicht »die Athener«, sollte getragen sein von der gleichen Nähe der Menschen untereinander, wie sie bisher den Verhältnissen der kleinen sozialen Kreise angemessen war. So wurde die primär nachbarschaftliche Verbundenheit zum Ferment des attischen Gemeinwesens. Wie dort eine urwüchsige Hilfepflicht herrschte, so sollte es auch innerhalb des größeren Verbandes sein. War der andere geschädigt (etwa durch Gewalttat, also Körperbeschädigung oder Freiheitsberaubung der Kinder oder der Frau) und besaß nicht den Mut, sich sein Recht zu holen, dann sollte er darauf zählen können, daß sich jeder Athener ihm nahe genug fühlte, um für ihn einzuspringen und die Klage zu erheben. Dasselbe galt erst recht im Verhältnis zum »Staat«, der zwar zum öffentlichen Wesen objektiviert worden war, und gerade durch Solon, dessen »Sachlichkeit« aber sich nicht in einem Institutionalismus der Funktionen oder der Funktionäre niederschlug. Das Klagerecht und die Klagepflicht jedes beliebigen Individuums, das heißt die bis in den letzten Winkel sich erstreckende Zuständigkeit, das wichtigste politische Hoheitsrecht, nämlich den Schutz des Staates gegen Hochverrat und andere politische Delikte in die eigene Hand zu nehmen und die gerichtliche Verfolgung anzustrengen, gab unmißverständlich Auskunft über Solons Auffassung von einer öffentlichen Gewalt, die allen zugänglich ist und jeden zum potentiellen Träger politischer Macht und staatlicher Aufgaben macht. Die Indifferenz des sich in seine privaten Geschäfte Einspinnenden war mit einer solchen Konzeption nicht vereinbar; man mag sich leicht denken, wie nahe es manchem lag, dem alten Trott zu folgen und seine Aufmerksamkeit auf das Blickfeld seiner persönlichen Sorgen zu beschränken. Solons berühmtestes Gesetz versuchte hier Vorkehr zu schaffen: aus der Gemeinschaft ausgestoßen ist, wer im politischen Kampf nicht Partei ergreift. Eindringlich war der Gedanke den Athenern schon in dem vorbereitenden Programmgedicht gestellt worden:

> Also wandert von Haus zu Haus das gemeinsame Übel;
> Auch das verrammelte Tor hält's deiner Wohnung nicht fern.
> Über die hohe Mauer klettert's und dringt es ins Innre,
> Magst du auch selber voll Angst flüchten ins tiefste Versteck.
>
> *(Übersetzung Preime)*

Solons Wirksamkeit steht im Kreuzungspunkt zweier Blickrichtungen. Es kommt in ihr sowohl eine bedeutende Typik der allgemeingriechischen Probleme – soweit die verschiedenen Städte damals für sie reif waren – zum Ausdruck als auch eine spezifische Prägung innerhalb dieses Rahmens, die bestimmt war, als formende Kraft in die weitere Entwicklung einzugehen. Wir sind leider viel zu schlecht über die einzelnen Verhältnisse außerhalb Attikas unterrichtet, um Vergleiche anstellen und genaue Beziehungen ermitteln zu können. Trotzdem ist gewiß: die politische Ordnung ist allenthalben von der Herrschaft des Geburtsadels auf die politische Geltung einer breiteren Schicht eingestellt worden. Hand in Hand damit gewann die politische Ordnung ein größeres Volumen und eine reichere Fülle. Sie zentrierte die politische und soziale Existenz der Individuen in sich, zugleich gründete sie aber das neugeordnete Gemeinwesen auf diese und machte sie zu Bürgern. Durch diese Umwandlung entstand der Staat der Bürger oder, griechisch, die Polis der Politen.

Was das hieß, hat, jedenfalls für uns, keiner so deutlich gezeigt wie Solon. Und Solon läßt auch ahnen, woher ihm dieser Gedanke kam; er kam nicht aus der Anerkennung des Demos als politisch berechtigte Schicht. Dahin drängten die gesellschaftlichen Kräfte ohnehin. Aber damit war das eigentümliche Ethos noch nicht gegeben, das ihn beseelte und mit dem er den gärenden Stoff der vorhandenen geschichtlichen Situation durchsetzte. Solon war ein Mann von altem Adel, und seine Idee vom Bürger, der sein Bürgertum im Handeln aus eigenem Willen findet und die Existenz des Gesamtverbandes mit sich selbst als politischem Wesen gleichsetzt, war als Lebensform von ihm nicht ausgeklügelt, sondern abgezogen von einem leibhaftigen menschlichen Sein. Natürlich war es das seinige. Aber ebenso entsprach es in seiner Hinwendung zum Öffentlichen, in diesem Rapport zu den allgemeinen Angelegenheiten und in dem instinktiven Bedürfnis nach verantwortlichem Tun der selbstverständlichen Art aller derjenigen, denen die Aufgabe des Herrschens in die Wiege gelegt ist. Wenn Solon Erzieher war, dann wollte er das unpolitische Volk nach dem Bild der bis dahin herrschenden Schicht formen.

Man wird sich nicht wundern, daß für ihn mit dem Auswechseln der Stelleninhaber nicht genug getan war. Man hat sich jedoch zu wundern, daß die Ablösung sich ohne jedes Ressentiment vollzog, daß es nun auch praktisch so zuging, und zwar, wie es nicht anders möglich war, über Solons Zeit und politische Tätigkeit hinaus. Hierin liegt die für die griechische Geschichte geradezu fundamentale Identität des Lebensideals über die große Umwälzung der ausgehenden Archaik hinweg beschlossen.

In bezug auf die gesamtgriechische Entwicklung ist deshalb Solon der Repräsentant schlechthin für ihre bedeutsamsten Strukturelemente. Für Athen konnte es nicht gleichgültig sein, daß sich die Exposition des allgemeinen Bewußtseins gerade auf seinem Boden vollzog und ihm damit die Berufung in die Wiege gelegt zu sein schien, diesen griechischen Wesenszug in besonderer Klarheit, beinahe als fleischgewordener Idealtypus, zu verkörpern.

Es wäre eine recht billige Logik, in Solon die künftige Größe Athens abgezeichnet zu sehen. Geschichtliche Wirklichkeit läßt sich nicht vorwegnehmen, und ein Symbol ist nicht ohne weiteres reale Ursache. Es ist eher ein optischer Effekt. Lassen wir es jedoch mit dieser Einschränkung gelten, dann ist Solon im Spiegel der späteren attischen Geschichte tatsächlich ein eindrucksvolles Zeichen. Das zeitgenössische Sparta vermögen wir bereits in den verwirklichten Maßen seiner Zukunft zu sehen. Athen fassen wir nur in der Konzeption Solons. Aber wir haben mit beidem schon viel von der Gegensätzlichkeit, welche die spätere Geschichte heraufführte, und sehen den Menschen auf jeweils recht verschiedene Art festgelegt. Unter den Solonischen Gesetzen erklärt eines klipp und klar das Recht zu freier persönlicher Vereinigung von jedermann und zu den verschiedensten Zwecken und Aufgaben (das »Vereinsgesetz«). Das war nun schon nicht mehr bloß Vorstellung, sondern Tatsache. Und die andere Tatsache, der spartanische Kasernenstaat, der nur die vorgeschriebenen Kader als Gesellung kannte, er bestand damals ebenfalls.

Die mannigfachen Aspekte, welche Solons Wirken eröffnet, dürfen nicht zur Verkennung des Bereiches greifbarer und in sich überzeugender Zweckmäßigkeit verleiten. Keine menschliche Entäußerung und Energieleistung ohne Bewegung der Vitalkräfte. Wenn Solons Reformen einschlagen sollten, mußte der Aufschwung des Wollens vom Gefühl eines zuversichtlichen Vermögens und der Sicherheit treffender Lösung getragen sein. Was war an dem neuen Staat dran, wenn er nichts Sinnfälliges leistete. Solon lieferte nun einen leuchtenden Beweis: die Bodenprodukte in Attika hatten einen hohen Preis, der sich auf dem interlokalen Markt mit großer Nachfrage bildete. Solon verbot die Ausfuhr, die Preise sanken. Ausgenommen waren Oliven, von denen das reiche Angebot offenbar einen erträglichen Preis garantierte. Das reformierte Athen stand für die Ernährung seiner Bürger ein, in der Folge ein eherner Grundsatz, übrigens nicht nur für Athen. Und ebenso suggestiv war das Vertrauen, daß es jetzt überhaupt vorwärtsging mit Athen und seine Wirtschaft sich entfaltete. Ein Druck wich schon, als auf Grund einer Amnestie politische Verbannte wieder zurückkehren durften. Aber Attika hatte nach Lösung des sozialen Problems auch Platz für fleißige Hände. Fremde, denen ihre Heimat wegen Verbannung verschlossen war, fanden in Solons Attika eine Statt. Vor allem öffnete es sich dem fremden Handwerker, bereit und gewillt, die Erhöhung der Produktivkraft mit allen Mitteln zu betreiben. Eine Münzreform, welche das bisher in Athen übliche äginatische Maßsystem durch das euboiische ersetzte, erhöhte durch Berechnung der Mine auf hundert statt siebzig Drachmen den Geldumlauf. Es ging auch hier, oder genauer, gerade hier ein großer Zug durch Athen; schon die nächste Generation bewies es, als sie die attischen Waren, zumal die Keramik, sich auf dem Weltmarkt einen hervorragenden Platz erwerben sah.

Mit dem Ende seiner Amtstätigkeit – sie wird länger als das uns überlieferte Archontenjahr gedauert haben – gab Solon die außerordentliche Vollmacht wieder dem Volk zurück. Wer ihm die Ablehnung der Tyrannis nicht geglaubt hatte, war schlagend widerlegt. Er war nun tatsächlich der Mann, der nur die sachliche Aufgabe kannte und dem Machtgenuß nichts bedeutete. Noch weniger konnte es ihm beikommen, das Ethos seines Werkes zu verleugnen, das den freien Bürger zum Herrn des Staates machen wollte. Solon wußte aber auch, daß er kraft seiner eminenten Autorität auch ohne Amtsgewalt noch eine Macht war und seine Person deshalb einer selbständigen Handhabung der neuen Verfassung im Wege stand. Er entfernte sich deshalb aus Athen und begab sich auf Reisen, wie er dies wahrscheinlich schon vorher getan hatte. Auf Kypros ist er gewesen und in Ägypten, dem Wunderland der Griechen. Zum Lyderkönig Kroisos, mit dem er das berühmte Gespräch über das menschliche Glück geführt haben soll, hat ihn die Legende geschickt. Dieser hat damals noch gar nicht regiert. Angeblich ist Solon erst nach zehn Jahren heimgekehrt und hat dann bis zu seinem Tode, der – ohne Gewähr – auf das Jahr 559 angesetzt wird, in Athen gelebt.

Solon ist nicht nur von seinen Zeitgenossen, sondern auch von späteren Historikern ob seines Verzichts getadelt worden, und es spricht in der Tat auch einiges für eine solche Kritik. Aber Solons Kraft war nicht nur die des Politikers und des Handelnden. Seine praktischen Einsichten kamen aus einem Bewußtsein, dessen Weite noch mehr umfaßte als den Raum der Tat. Er war überhaupt ein nachdenklicher Kopf, und seine Überlegungen sind durch echte Reflexionen hindurchgegangen. Er konnte sich von sich selbst distanzieren und kannte genau die Grenzen der menschlichen Existenz, gerade auch da, wo der öffentlich Wirkende auf sie trifft. Tief war er davon durchdrungen, daß der Mensch immer, wenn er Hand anlegt, gefährdet ist und daß ihm die Unkenntnis über das Richtige und damit die Verlockung der Hybris, des Zuviel droht. Es gibt für ihn keine unbedingt durchsichtige Theodizee, und er ist überzeugt, daß die göttliche Vergeltung ihre geheimen Wege geht. Der Ungerechte kann ihr entgehen, und erst spätere Geschlechter werden von ihr heimgesucht. Dieser alte und urwüchsige Glaube, für den Individuum und Geschlecht gleichviel zählen, wird von Solon ausdrücklich noch anerkannt, obgleich er schon sieht, daß dann eigentlich der Unschuldige leiden muß, und er scheut sich nicht zu sagen, daß der Mensch bei seinen Entschlüssen im Grunde im Stich gelassen wird:

> Alles Wirken ist voller Gefahren, der Mensch weiß ja niemals,
> Wenn mit dem Werk er beginnt, ob's bis zum Ende ihm glückt.

Silbergeld des 6. und 5. Jahrhunderts v. Chr. aus Attika und der Peloponnes
München, Staatliche Münzsammlung

Drachme und Hemiobol (Zwölfteldrachme), Athen, 450–400 v. Chr.; Drachme, Athen, um 600 v. Chr.;
unten: Stater, Aigina, 550–456 v. Chr.; Stater, Korinth, um 600 v. Chr.

Griechische Gemmen aus dem 6. und 5. Jahrhundert v. Chr.
Die Biene als Symbol der ephesischen Priesterin und Helmschmied. (Stark vergrößerte Wiedergaben)
München, Staatliche Münzsammlung

Ein guter Anfang kehrt sich ins Gegenteil, und Unverstand erhält das Gelingen. Der Mensch weiß nicht, woran er mit den Göttern ist, und ist im Grunde ein ganz elendes Wesen. Daraus spricht zweifellos ein tiefer Pessimismus, und wenn Nietzsche diesen Pessimismus den Griechen schlechthin nachsagt, dann hat er gewiß in bezug auf solche Äußerungen recht und dürfte gerade Solon als Kronzeugen anrufen. Nur lehrt Solon – und auch hier steht er für »die« Griechen –, daß deswegen die Konsequenzen keineswegs pessimistisch zu sein brauchen und zu der naheliegenden Resignation führen müssen. Solon war eine volle und breite Natur, die auch mit dieser Einsicht aus eigener Wurzel lebte und Liebe, Kinder, Freunde, Pferd, Jagdhund und den Fremden am Tisch als Lebensinhalt preisen konnte. Und ebenso öffnete sich ihm der Weg zur politischen Tat, entgegen allen Skrupeln, die er als »Wissender« empfand, und ausgestattet mit der tiefen Einsicht, daß dem von ihm geschaffenen Recht sich Macht – gegen die Widerstände – zugesellen mußte und daß keineswegs die »Idee« sich durch seine Person der Wirklichkeit bemächtigte:

> Kraft des Gesetzes schuf das alles ich, verbindend Macht mit strengem Recht.

Solon war es nicht beschieden, seine Saat aufgehen zu sehen. Was ihm vorschwebte, konnte auch nur auf lange Sicht sich verwirklichen. Der zu politischem Bewußtsein gelangende Bürgerverband war ein Zukunftsbild, das von ihm entworfen war, aber keine Ordnung, nach der die bisher unmündigen Schichten zu leben vermochten. Vor allem waren sie gänzlich überfordert, wenn man von ihnen erwartete, daß sie nun die Grundlage des Gemeinwesens abgeben und es zusammenhalten könnten. Es fehlte ihnen dazu sowohl an innerer Geschlossenheit wie an äußerer Disziplin. Beides hätte sich bei den Wahlen der höchsten Beamten beweisen müssen, indem eindeutige Entscheidungen gefällt worden wären und die unterliegende Minorität sich dem Majoritätsvotum gebeugt hätte. Aber der Mechanismus funktionierte ganz und gar nicht. Zweimal, 589 und 584, gelang es überhaupt nicht, ein Resultat zu erzielen. Ein andermal gab bei der Neuwahl des (Ersten) Archon der Vorgänger die Stelle nicht frei. Schließlich handelten die Rivalen unter sich die Besetzung der Archontenämter aus. Natürlich gab dieser schlechte Ausweg auf die Dauer keine Gewähr.

Die Wurzel des Übels lag darin, daß sich das Volk in regionale Gruppen aufsplittern ließ und sich in seinen landsmannschaftlichen Empfindungen mehr angesprochen fühlte als in seiner Aufgabe, Willensträger des Ganzen zu sein. Da hatte es denn der Adel, gegen den ja schließlich die Solonische Verfassungsreform erfolgt war und von dem ihre Verteidigung nicht gut erwartet werden konnte, leicht, für sich daraus Kapital zu schlagen. Zwar dachte er nicht daran, alles wieder rückgängig zu machen, aber er benutzte die strukturelle Schwäche dazu, die Dinge in der Schwebe zu halten. Verschiedene Adlige bildeten sich in bestimmten Gegenden, natürlich da, wo sie selbst Grundbesitz und damit Einfluß hatten, eine feste Anhängerschaft und sabotierten, auf sie gestützt, den geregelten Ablauf der Geschäfte. Der nächste Schritt war, daß man sich außerhalb der Verfassung den Rang ablief. Das hieß aber nichts anderes, als neuen Konkurrenzkampf freizugeben, der irgendwann einmal zum gewaltsamen Ausschluß verschiedener Parteien zugunsten einer einzigen führen mußte. Praktisch wäre das eine Usurpation oder der Beginn einer Tyrannis gewesen. Und genauso ist es denn auch gekommen.

Die lokalen Gegensätze verschärften sich dadurch, daß sich sachliche Probleme mit ihnen verknüpften. Sie entsprangen, wie nicht verwunderlich, dem politischen Horizont der Solonischen Reformen. Nach den von vornherein gegebenen Möglichkeiten grenzten sich drei Standpunkte voneinander ab. Da waren einmal die konservativen Adligen, die sich von Solon oder besser von der Notwendigkeit, die ihm die Macht anvertraut hatte, überspielt fühlten und noch dem alten Zustand anhingen. Ein gewisser Lykurg machte sich zu ihrem Wortführer. Das Gros seiner Parteigänger hieß »die Leute in der Ebene« *(pediás)*, womit die Umgebung Athens gemeint war. Auf die Solonische Vermittlungspolitik berief sich Megakles, ein Angehöriger der in der attischen Geschichte mehr als einmal in den Vordergrund getretenen Familie der Alkmaioniden, und sammelte das Bauerntum der großen Küstenebene, die »Paraler«, hinter sich. Das arme Kleinbauerntum, meistens Leute aus dem Gebirge, deshalb »Oberländer« oder »Gebirgler« *(diákrioi)* genannt, hielten sich an Peisistratos, der natürlich auch ein Adliger war. Hier mochte es welche geben, die von Solon noch mehr erwartet hatten und ihre wirtschaftliche Lage nach wie vor als drückend empfanden.

Es ist zu verstehen, daß diese Verteilung der Kräfte sich längere Zeit in einem Gleichgewichtszustand niederschlug. Ebenso entsprach es der allgemeinen Situation, daß elementare Leidenschaften, gespeist von Not und Massenerregungen, nicht mehr zur Verfügung standen, um die Auseinandersetzung voranzutreiben. Das Reformwerk Solons, das auf der einen Seite zwar durch den Zusammenbruch der äußeren Ordnung bloßgestellt war, ersparte doch auf der anderen Seite Athen die Gefahren eines bis zum Grund aufgewühlten sozialen und politischen Erdreichs. So war die Tyrannis, die dann schließlich heraufkam, schon ihren Voraussetzungen nach auf eine überdurchschnittliche Vorsicht und Behutsamkeit angelegt. Es war auch gar nicht leicht, sie durchzusetzen. Es bedurfte mehrerer Anläufe, und ohne die Geschicklichkeit und Ausdauer des *Peisistratos*, der das Rennen machte, wäre wahrscheinlich nicht mehr als eine bedeutungslose Episode herausgekommen.

Seinem Machtpotential nach konnte Peisistratos nicht einmal der relativ Stärkste sein. Sein erster Staatsstreich bestand lediglich in einer verschmitzten Übertölpelung seiner Gegner. Er spielte der Volksversammlung in Athen vor, er sei der Schwächste von den dreien und schon nicht mehr seines Lebens sicher. Zum Beweis wies er auf eine Wunde, die er im Kampf erhalten hätte. Also setzten die anderen schon blanke Waffen ein. Da müßte ihm wenigstens gestattet sein, eine Schar von Anhängern mit Keulen zu bewaffnen. Peisistratos besaß beträchtlichen Kredit bei der Menge. In den Kämpfen gegen Megara, die mit Solon noch kein Ende gefunden hatten und die, mehr oder weniger verhohlen, auf die Annexion von Megara zielten, hatte er sich hervorgetan und die megarische Hafenstadt Nisaia erobert (sie ging später allerdings wieder verloren). So wurde ihm die Knüppelgarde bewilligt. Mit ihr bemächtigte er sich der Burg von Athen, der Akropolis, und war damit der Herr Athens (561). Der alte Solon, der schon früher die Athener davor gewarnt hatte, den scheinbaren Biedermann Peisistratos zu unterschätzen, hatte also recht behalten.

Eine so begründete und festgehaltene Herrschaft stand indessen auf schwachen Füßen und ließ ihrem Inhaber nicht allzuviel Spielraum. Sie war im Grunde nur möglich, weil die beiden anderen Parteihäupter ebenfalls miteinander verfeindet waren. Sobald sich das änderte und die zwei Rivalen des Peisistratos sich zusammentaten, fiel das Gebäude wie ein Kartenhaus zusammen. Das trat wenige Jahre später ein (556). Anscheinend ohne Kampf räumte Peisistratos die Stadt und begab sich wieder zurück in seine Heimatgegend. Der zweite Versuch wurde auf ähnliche Weise in Szene gesetzt, nachdem durch ein Bündnis des Peisistratos mit dem Alkmaioniden, der ihm seine Tochter zur Frau gegeben hatte, die entscheidende Voraussetzung geschaffen war. Peisistratos spiegelte durch Verkleidung einer großen Frau eine Erscheinung der Athene vor, die ihn wieder auf die Akropolis zurückbrachte. Und zur Beschämung von Herodot hundert Jahre später, der von der Aufgeklärtheit der Athener eine hohe Meinung hatte, fielen die einfachen Leute auf diese Maskerade herein. Doch diese Herrschaft war genauso schwach gefügt wie die erste und stand und fiel ebenfalls mit ihrer Vorbedingung. Die Lösung der Koalition von Peisistratos und den Alkmaioniden führte zu ihrem unvermeidlichen Ende.

Erst der dritte Ansatz brachte die eigentliche Herrschaft des Peisistratos im Jahre 546. Der Hergang ist äußerst bezeichnend für die damalige Möglichkeit persönlicher Machtentfaltung. Athen wurde diesmal »erobert«, und zwar im geläufigen Sinn durch Eindringen nach Attika mit bewaffneter Hand. Peisistratos war nach der zweiten Vertreibung außer Landes gegangen. Aber in der Fremde war er kein ärmlicher Exulant. Er verfügte über beträchtliche Hilfsquellen auch materieller Art; in Thrakien besaß er Bergwerke, mit deren Einkünften er Truppen anwarb. Das hieß aber, daß er bei den »Barbaren« eine lokale Herrschaft besaß. Dergleichen war nichts Außergewöhnliches. In einer Zeit, welche im griechischen Staat die persönlichen Herrschaftspositionen des Adels abbaute – sie waren in Griechenland nie allzustark gewesen –, fand dessen Initiative einen Ersatz im nichtgriechischen Raum. Doch das war nur die eine Seite. Die andere bildete das moralische Kapital, das sich Peisistratos bei seinen Standesgenossen in verschiedenen griechischen Städten erworben hatte, vor allem bei den adligen Grundbesitzern in Eretria. Für ihnen einst von ihm erwiesene Gefälligkeiten revanchierten sie sich und schickten ihm Söldner. Sie kamen nicht zuletzt aus Theben, ebenso aus Argos, wohin Peisistratos Familienbeziehungen hatte, und aus noch manchen anderen Städten. Ein Naxier Lygdamis, wie Peisistratos ebenfalls von Hause vertrieben, deswegen aber nicht minder als dieser über große Geldmittel verfügend, zog auf Peisistratos einen Wechsel, indem er für den Fall des geglückten Anschlages auf dessen Hilfe bei der Eroberung von Naxos spekulierte.

Die Invasion traf auf keinen energischen Widerstand. Als Peisistratos im Jahre 546, von Eretria (auf Euboia) kommend, landete, ungefähr an der Stelle, wo später die Perser zuerst attischen Boden betraten, unweit von Marathon, fand er keinen Feind vor, sondern konnte seine alten Freunde begrüßen; aus der Stadt und den Landgemeinden strömten sie zusammen. In den verantwortlichen Kreisen Athens nahm man das Unternehmen nicht sehr ernst und rechnete damit, Peisistratos werde sich damit zufriedengeben, in seinen Heimatbezirk Brauron zurückzukehren und seinen privaten Geschäften nachzugehen. Deshalb war man ziemlich überrascht, als die Nachricht kam, Peisistratos ziehe gegen Athen selbst. Ziemlich genau in der Mitte des Weges geschah der Zusammenstoß, bei einem Dorfheiligtum der Athene in Pallene. Die Athener ließen sich überraschen und suchten das Weite, ohne einen Versuch zu nochmaliger Sammlung zu unternehmen. Der Verteidigungswille ohnehin nicht groß, hatte sich in Nichts aufgelöst, als man von der Parole des Peisistratos hörte, jeder solle ruhig nach Hause gehen, es geschehe keinem etwas. Auch für religiöse Legitimierung hatte Peisistratos abermals Sorge getragen: ein Orakelsammler verbreitete einen Seherspruch, der Peisistratos die Herrschaft über Athen verkündete. Man darf annehmen, daß die andere Seite infolge der Überraschung keine Zeit mehr zur Verständigung gefunden hatte.

Mit militärischen Mitteln war also jetzt die Tyrannis in Athen begründet. Mit militärischen Mitteln wurde sie auch abgestützt. Peisistratos ließ die gedungenen Truppen unter Waffen und machte aus ihnen eine Leibwache. Das bedeutete unmißverständlich eine Unterbauung der Herrschaft durch Gewalt; und vor ihrer Verwendung schreckte Peisistratos auch sonst nicht zurück, wenn es unvermeidlich war. Auf eine Abhängigkeit von Megakles und den Alkmaioniden ließ er es nicht mehr ankommen. Er zwang sie – und wahrscheinlich auch manche anderen –, Attika zu verlassen, und bereitete ihnen so das gleiche Schicksal wie sie zuvor ihm. Absolute Entmachtung war damit für sie ebensowenig verbunden wie seinerzeit für Peisistratos.

Eine andere Maßnahme war noch drastischer. Wahrscheinlich nicht lange nach der Herrschaftsergreifung in Athen bekam Peisistratos die Insel Naxos in seine Hand. Er überließ sie seinem Helfer Lygdamis, der damit natürlich von ihm abhängig wurde und eine Art von Rückendeckung des Peisistratos darstellte. Ihm gab er Söhne des attischen Adels, soweit dieser ihm unzuverlässig erschien, in Gewahrsam, zwang sie also zur Geiselstellung.

Trotzdem lag es keineswegs in der Absicht des Peisistratos, seine Herrschaft auf Gewalt zu gründen. Sie diente ihm zur Ausräumung der ersten Widerstände und zur Vorkehr gegen eine Wiederholung seiner früheren Erfahrungen. Die Gewähr der Dauer hätte ein System der Bajonette ohnehin nicht geboten. Peisistratos war klug genug, dies einzusehen, und der Erfolg bestätigte ihn. Er regierte rund zwanzig Jahre bis zu seinem Tode im Jahre 527, und ebensolange konnte sein Nachfolger das Steuer in Händen halten.

Die politische Konzeption des Peisistratos war genau den gegebenen Verhältnissen angepaßt. Dem attischen Gemeinwesen sollte keine neue Form aufgezwungen werden, sondern es sollte sich im Gegenteil bestätigt sehen. Peisistratos bejahte bestimmte Grundgedanken der Solonischen Politik und fügte seine Herrschaft nur an der Stelle ein, an der die bestehende Verfassung ihre Funktionsunfähigkeit erwiesen hatte. Sie war ja daran gescheitert, daß es ihr nicht gelungen war, eine handlungsfähige Regierungsgewalt hervorzubringen. Für sie war nun gesorgt, und nicht nur dies, sie verleugnete nicht einmal den legalen Mechanismus.

Nach wie vor fanden die Wahlen zu den Ämtern statt, mit größerer Präzision wahrscheinlich als manches Mal zuvor. Kein Wunder, es waren manipulierte Wahlen. Die »Regie« des Tyrannen ließ nur die ihm genehmen Kandidaten zum Zuge kommen, und sein Wille dirigierte dann natürlich ihre Amtshandlungen. Aber Athen hatte eine tatsächliche Exekutive erhalten, eben das, woran es die Jahre vorher stets gefehlt hatte, und niemand konnte bestreiten, daß einem strukturellen Unvermögen auf diese Weise beigekommen war und andere Kräfte, es zu beheben, noch nicht vorhanden waren.

Poseidon, Apollon und Artemis
Relief vom Ostfries des Parthenon, 442–438 v. Chr.
Athen, Akropolis-Museum

Tötung des Minotauros durch Theseus
Vasenbild auf einer attischen Hydria, 6. Jahrhundert v. Chr. Città del Vaticano, Museo Gregoriano Etrusco

Mit scharfem Blick erkannte Peisistratos also den Wurzelgrund seiner Herrschaft schlechthin in der Tatsache, daß die attische Gesellschaft einfach noch nicht reif war für die politische Selbstbestimmung nach dem Solonischen Modell. Er bemerkte, daß ihr die wirtschaftlich-soziale Ausbildung, ebenfalls ein Solonisches Anliegen, dringlicher war, und er bestärkte sie darin. Jeder sollte sich um seine Geschäfte kümmern, die Politik aber ihm überlassen, soll ein bezeichnender Ausspruch von ihm gewesen sein. Peisistratos integrierte den Solonischen Staat förmlich von der Seite der sozialen Wohlfahrt her. Er griff den armen Bauern mit Darlehen unter die Arme, er ersparte ihnen den zeitraubenden Weg in die Stadt, um dort zu prozessieren, sondern schickte Richter zu ihnen hinaus und kam des öfteren in dieser Eigenschaft auch selbst.

Die wirtschaftliche Produktionskraft Athens ist unter Peisistratos beträchtlich gewachsen. Der keramische Export eroberte sich jetzt den Weltmarkt; nach Ost und West, ins Schwarze Meer und nach Italien, fand er seinen Weg. Seine Qualität macht diesen Aufschwung verständlich; berühmte Exemplare der keramischen Malerei fallen in diese Zeit. Die noch das moderne Auge faszinierenden Vasenmalereien des Exekias stammen aus der Zeit des Peisistratos. Nach guter Tyrannenart erhob Peisistratos die politische Macht selbst zu einem ökonomischen Antriebsfaktor. Die öffentliche Hand griff mit großen Aufträgen in den Wirtschaftsprozeß ein. Eine steinerne Wasserleitung (die *enneákrunos*) wurde gebaut, ein riesiger Tempel für den olympischen Zeus in Angriff genommen und der hundert Fuß lange repräsentative Tempel auf der Akropolis, der *Hekatómpedos*, erhielt in einer Ringhalle einen mächtigen Erweiterungsbau. Solche Aufwendungen verursachten freilich Kosten, aber auch dafür gab es unter den besonderen Verhältnissen der Tyrannis einen Ausweg: den von der Politik abgedrängten Menschen konnte eine direkte Steuer, später als unverhülltes Zeichen schmählicher Knechtschaft verabscheut, zugemutet werden. Die Prosperität, auf die es allein ankam, wurde dadurch nicht gekürzt, sondern nur ein wenig gelenkt.

Peisistratos wußte gut, daß seine Sozial- und Wirtschaftspolitik auch seinem persönlichen Nutzen entsprach. Mit ihrer objektiven Motivierung vertrug sich ohne weiteres der Vorteil, daß das politische Desinteresse des breiten Volkes die Tyrannis stützte. Das spätere politische Bewußtsein hat dafür ein sprechendes Bild gebraucht: unter Peisistratos hätten die Athener Schaffelle getragen, das heißt, der Tyrann hätte die Landbewohner absichtlich an ihre Arbeitskleidung gefesselt, um sie damit in der Stadt lächerlich zu machen und ihnen den Besuch zu verleiden, eine Praktik, die offenbar zu den verbreiteten Methoden der Tyrannenpolitik gehörte, denn sie wird auch von anderen Tyrannen erzählt. Aber dergleichen weckte damals keine Empfindlichkeit. Das positive Gefühl der Anerkennung war stärker. Die Zeit des Peisistratos galt auch später noch als eine glückliche Zeit. Zum höchsten Vergleich, der denkbar war, wurde gegriffen und das Goldene Zeitalter der Menschheit, die Zeit des Kronos, bemüht. Man kommt auch heute nicht um die Feststellung herum, daß die Wirksamkeit des Peisistratos doch die »Wahrheit« des historisch Notwendigen und Sinnvollen für sich in Anspruch nehmen konnte. Ungeachtet ihrer Doppeldeutigkeit ist seine Politik doch immer auch Fortbildung Solonischer Ansätze, und es braucht durchaus keine Posse gewesen zu sein, daß er sich zum Beispiel einmal wie ein gewöhnlicher Privatmann einer hochpeinlichen Anklage vor dem Gericht des Areopags stellte. Daß ihm eine solche Geste nicht jeder abnahm und vor allem manche Angehörigen des Adels sich sein Regiment nur widerwillig gefallen ließen, ist zwar durchaus begreiflich und berechtigt, aber keine Gegeninstanz. So massiv wie zu Beginn seiner Regierung brauchte er übrigens sehr bald nicht mehr gegen diese Kreise vorzugehen. Sie fanden sich entweder wohl oder übel mit der Situation ab oder suchten freiwillig die Fremde auf. Letzteres tat der »ältere« Miltiades, der auf diese Weise zu einem eigenen Fürstentum auf der Halbinsel Gallipoli kam und damit in einen eigenartigen Zusammenhang mit der späteren Geschichte trat.

Solon wollte den attischen »Bürger« schaffen. Darauf mußte Peisistratos verzichten. Er brauchte aber da nicht zu verzichten, wo es darauf ankam, das Bewußtsein des Athenertums an sich zu heben. Schon vor seiner Tyrannis faßte er dieses Ziel ins Auge. Seit dem Jahre 566 wird in Athen das größte und ehrwürdigste Staatsfest gefeiert, nach einer bestimmten Tradition auf Veranlassung des Peisistratos: die Panathenäen. Diese – selbstverständlich religiöse – Veranstaltung wurde eingerichtet, um die Bewohner Attikas zum Bewußtsein ihres Athenertums zu erwecken. Lokale Feiern, der Athene gewidmet, gab es von jeher unzählige, aber das bedeutete für den Gesamtverband nichts. Erst die Panathenäen, die »All-Athenefeier«, führten die Bevölkerung in der Stadt zusammen.

Die Ausgestaltung war prächtig. Jedes Jahr wurde zu Beginn des Sommers der Göttin das neue kunstvoll gewebte Gewand überreicht und in feierlicher Prozession vom gesamten offiziellen Athen und Attika, von Priestern, Militär, Vertretern der Gemeinde und später der verbündeten Städte, durch die Stadt nach der Burg getragen. Den Höhepunkt bildeten Wettspiele, wie man sie von den großen hellenischen Festen kannte, ebenso wie diese im vierjährigen Abstand veranstaltet und sowohl Dichtung wie Sport umfassend. In diesem Rahmen ist unter dem Peisistratossohn die Rezitation Homers eingeführt worden. Die Panathenäen waren hinfort das zentrale Fest des athenischen Staates. Der berühmte Fries des Parthenontempels stellt den großen Zug dar. Die Bedeutung eines anderen von Peisistratos eingeführten Festes ist für uns noch eindrucksvoller: auch hier zuerst als Vorstufe das Feiern auf dem Lande, die »ländlichen Dionysien«. Aber seit Peisistratos gibt es städtische Dionysien. Sie galten dem Dionysos aus der Gemeinde Eleutherai, dem *Diónysos Eleuthereús*, der nach Athen übergeführt und damit gesamtattisch wurde. Zur Erinnerung an seine Herkunft wird jedesmal das Kultbild »eingeholt«. Eine Prozession *(pompé)* findet auch hier statt, aber das wichtigste sind die musischen Darstellungen, die Komödie und die Tragödie. Deren Wurzeln liegen also in Peisistratos' Zeit, und schon damals muß die Eigenart des künstlerischen Reizes und das Gewicht der poetischen Mitteilung dem Ganzen eine besondere Anziehungskraft verliehen haben. Wenn es Peisistratos um die Stärkung des athenischen Selbstbewußtseins zu tun war, dann kamen ihm offenbar auch Kräfte entgegen, die es aufzufangen galt und die sich selbst allenthalben zu Wort meldeten. Die Ausstattung Athens mit einer Gründungsgeschichte, welche die jetzt erreichte geschichtliche Stufe erhellte und Theseus als spezifisch attischen Heros (der er ursprünglich nicht war) in die Mitte rückte, ist auch eines ihrer damaligen Werke, und nicht das geringste.

Das persönliche Regiment des Peisistratos, das den autonomen Gemeinwillen des Staates auf der einen Seite ersetzte, hat also gleichsam auf der Rückseite seinen Teil dazu beigetragen, daß der politische Verband weiterhin an Gestalt gewann und seine Substanz sich mehrte. Es war charakteristisch, daß auch die im Zeichen des wachsenden Handelsvolumens sich ausdehnende Münzprägung dieselbe Gesinnung verriet. Peisistratos verzichtete da nicht nur darauf, das attische Geld mit seinen Emblemen zu versehen, sondern schuf überhaupt erst einen festen »staatlichen« Bildtypus, den hinfort gültigen mit der Athene und dem ihr heiligen Vogel, der Eule. So weit war man vorher noch nicht gewesen. Die führenden Adelsgeschlechter Attikas hatten sich da das Recht genommen, ihre Familiensignatur den Münzen aufzudrücken. Wo also sich eine Möglichkeit bot, die eigene Initiative hinter dem objektiven Staatswesen zu verbergen und dieses damit anzureichern, ergriff sie Peisistratos. Diese Absichten fanden allerdings auch ihre Grenzen. Die Wendigkeit, mit der Peisistratos auswärtige Beziehungen knüpfte – der nach Naxos über Lygdamis führende Faden reichte nachher sogar bis Samos und zu seinem Tyrannen Polykrates, und Freundschaft unterhielt er in Thessalien und Makedonien – und sogar Erwerbungen machte, waren zu sehr an seine Person und Familie gebunden, als daß sie einfach auf das Konto des attischen Staates hätten gebucht werden können. So wurde denn auch Sigeion an den Dardanellen, um das Athen sich schon seit Jahrzehnten bemühte und das Peisistratos im Kampf gegen Mytilene (auf Lesbos) nun endlich fest in die Hände bekam, kein athenischer Besitz, sondern Eigentum des Peisistratos, das er durch seine Söhne verwalten ließ.

Die Herrschaft der beiden Söhne *Hippias* und *Hipparch*, die Peisistratos ablösten, setzte seine Linie fort. Es bestand auch kein Anlaß, von den bewährten Grundsätzen des Vaters abzugehen. Vielleicht waren sie in Einzelheiten sogar noch liberaler; es kann sein, daß sie den Alkmaioniden die Heimkehr gestatteten und Kleisthenes zum Zeichen des Friedens sogar zum Archontat kommen ließen. Vor allem Hipparch scheint bewußt das Programm des Vaters verfolgt zu haben. Die Ausgestaltung der Panathenäen mit der Rezitation Homers war ein Gedanke von ihm. Der Herrschaft wollte er das Relief einer weisen Menschenführung geben und ließ Steine mit ethischen Sprüchen aufstellen – etwa: »Täusche den Freund nicht!« oder »Wandle mit gerechten Gedanken!«

Die Dissonanzen kamen anderswo her und waren mehr oder weniger zufällig. Der jüngere Bruder Thessalos hatte ein persönliches Zerwürfnis mit einem jungen Menschen namens Harmodios; der Grund war verschmähte Liebe. Thessalos vergalt dies mit öffentlicher Brüskierung der Familie des Harmodios, indem er dessen Schwester durch Zurückweisung vom Panathenäenzug bloßstellte. Aber der Entschluß, sich dafür zu rächen, führte zu einer Verschwörung, deren Seele Aristogeiton war, der ältere Freund und Liebhaber des Harmodios, und die in ihrer Konsequenz unvermeidlich zum Sturz der Tyrannis führen mußte. Sie war nämlich abgestellt auf öffentliche Akklamation zur Tötung des Thessalos und auf anschließenden Aufstand. Die Panathenäen boten nicht nur eine günstige Gelegenheit für das Unternehmen, sondern hielten auch während der Prozession viele Männer unter Waffen. Man rechnete mit einer spontanen Aktion, wenn das Zeichen durch den Anschlag gegeben war, und insofern auch mit einer latenten Bereitschaft zu einem Aufstand.

Aber das Unternehmen mißglückte völlig. Ein Mißverständnis ließ Hipparch anstatt des Thessalos zum Opfer werden; aber abgesehen von diesem Regiefehler blieb auch der Aufstand aus, was nicht nur die Folge des falschen Vorgehens war. Es fehlte bezeichnenderweise an einer vorbereitenden revolutionären Stimmung. Hippias verlor keinen Augenblick das

Heft aus der Hand. Die Leibgarde blieb Herr der Situation, die Bürger wurden sogleich entwaffnet und blieben es auch hinfort. Harmodios und Aristogeiton wurden natürlich getötet. Daß sie später als die berühmten Tyrannenmörder gefeiert würden, mußte ihnen, die im Bewußtsein eines mißglückten Versuches starben, gänzlich verborgen bleiben. Nicht die historische Wahrheit, sondern die patriotische Legende hat sie zu den Idealfiguren erhoben, als die sie bis heute noch in der Populargeschichte weiterleben, obschon die beiden großen Historiker Herodot und Thukydides diesen Irrtum klar durchschauten. Aber in Athen stellte man sehr bald, noch Ende des 6. Jahrhunderts, eine Statue der »Tyrannenmörder« (des Bildhauers Antenor) auf und ersetzte sie nach ihrem Verlust (infolge der militärischen Besetzung Athens durch Xerxes) durch das uns bekannte Werk (von Kritios und Nesiotes), und bei Geselligkeiten sang man das berühmte Trinklied *(skólion):*

Im Myrtenschmuck das Schwert ich trage,
So wie Harmodios und Aristogeiton,
Als sie gefällt den Tyrannen
Und Freiheit brachten der Stadt.

Nach der Katastrophe des Hipparch verschlechterte sich verständlicherweise das politische Klima in Athen. Hippias, der jetzt allein die Zügel in der Hand hielt, fühlte sich unsicher und schlug einen neuen, strengen Kurs ein. Es kam zu Verfolgungen, und viele suchten außerhalb Attikas Sicherheit, meistens Angehörige adliger Geschlechter. Spätestens damals gingen die Alkmaioniden wieder ins Ausland. Zur Erhöhung seines Schutzes befestigte Hippias den Hafenort Munichia. Die Maßnahmen hatten auch Erfolg. Das Regime war nicht erschüttert, die Gefahr eines Gegendrucks stellte sich nicht ein. Die Athener blieben friedliche Untertanen und bestätigten damit, daß der Gärungsprozeß im Innern, wie eben die Harmodiosaffäre erwiesen hatte, noch keineswegs zur Explosionsreife gediehen war. Die Tyrannis hatte, so schien es, noch für einige Zeit Chancen.

Aber ihr Sturz kam früher, als nach dieser Situation zu erwarten war. Er wurde allerdings nicht mit einheimischen Kräften bewerkstelligt, sondern war das Ergebnis äußerer Intervention, die von den Alkmaioniden und deren Vormann *Kleisthenes* betrieben wurde, einem energischen Mann und erfindungsreichen Kopf. Er glaubte zuerst, das Ziel durch einen Einfall der politischen Flüchtlinge in Attika erreichen zu können, also auf dem gleichen Wege die Tyrannis zu stürzen, auf dem sie einst von Peisistratos begründet worden war. Er ging sogar noch methodischer vor und spekulierte nicht darauf, daß ein Handstreich ihm den Erfolg in die Hände spielen werde. Deshalb setzte er sich erst einmal im Grenzgebiet von Attika fest und baute den kleinen Ort Leipsydrion zu einer Burg aus, worauf sich natürlich sogleich ein paar Parteigänger aus der Stadt selbst zu ihm gesellten.

Das Bild ist typisch für die griechische Staatenwelt, nicht nur der damaligen, sondern auch der späteren: die innere Opposition geht außer Landes, kehrt mit bewaffneter Hand zurück und nimmt einen Teil des städtischen Territoriums in Besitz, um von da aus den Kampf gegen das herrschende Regime vorzutragen. Doch alle Umsicht führte nicht zum Ziel. Hippias hob das Widerstandsnest aus, und die Emigranten wurden unter beträchtlichen Opfern wieder vertrieben. Die Gefallenen wurden später ähnlich wie Harmodios und Aristogeiton in Trinkliedern als Freiheitshelden gepriesen.

Diese Erfahrung war Kleisthenes eine Lehre. Die eigenen Kräfte Athens reichten, wie nun hinlänglich erwiesen, nicht aus. Also mußte es mit fremden versucht werden. Kleisthenes gewann erst einmal die Priesterschaft in Delphi durch große materielle Zuwendungen. Er übernahm mit seiner Sippe den Bau eines neuen Tempels und stattete ihn auf eigene Kosten prächtiger als geplant aus; die Pythia hieß darauf die Spartaner, sich um die Beseitigung der Tyrannis in Athen zu kümmern. Dieser – wahrscheinlich in Form eines Orakels mitgeteilte – Rat war nicht ganz so sonderbar, wie es aussieht. Sparta tat sich damals etwas darauf zugute, prinzipiell ein Gegner der Tyrannis zu sein und sie auch in der internationalen Politik zu bekämpfen. Sie wurden also einfach beim Wort genommen, obgleich es ihnen in diesem Falle eigentlich nicht recht passen konnte, denn bis dahin hatten sie zu Peisistratos und seinen Nachfolgern freundliche Beziehungen unterhalten. Doch diese Bedenken überwand der König Kleomenes, damals unbestritten der führende spartanische Politiker, gewiß nicht ohne den Nebengedanken, die Vertreibung der Peisistratiden werde eine Sparta willkommene Schwächung Athens mit sich bringen. Kleomenes war eine machiavellistische Natur und verstand, darin den Tyrannen ähnlich, etwas vom politischen Kalkül. Aber auch dieses von Kleisthenes eingefädelte Unternehmen schlug im ersten Versuch fehl. Die Spartaner wollten sich die Intervention nicht viel kosten lassen und schickten bloß eine geringe Freischärlergruppe los, die, plötzlich vor Athen landend, den Gegner überrumpeln sollte. Diesem Anschlag war Hippias gewachsen, der seine Streitkräfte durch Sukkurs thessalische Reiter verstärkt hatte (die thessalischen Dynasten waren seine Freunde).

Da mußte denn Kleomenes selbst zu Felde ziehen. Dieser dritte Angriff führte endlich zum Ziel, allerdings auch nicht auf Grund eindeutiger militärischer Überlegenheit; widrige Umstände schwächten den mit guten Erfolgsaussichten – die Spartaner verstanden, wie die Griechen damals überhaupt, wenig von Belagerungen – in Athen verschanzten Hippias. Gegen freien Abzug der Peisistratiden nach Sigeion wurde schließlich Kleomenes Herr der Situation; Athen war frei (510).

Doch ist das nicht ganz genau. Es müßte besser heißen: den Erwartungen hätte entsprochen, daß Athen jetzt frei sein würde. In Wirklichkeit folgte ein neues Drama, das ungefähr so lange wie das vorausgegangene, also ein paar Jahre, dauerte, bis dieser Tatbestand wirklich erreicht war.

Mit dem Wegfall der Tyrannis war nämlich die innerpolitische Lage Athens keineswegs schon geklärt. Das wird niemanden wundern, der die letzten Jahrzehnte athenischer Geschichte studiert hat. Wie sollte denn jetzt die durch Peisistratos vor beinahe vierzig Jahren sistierte Innenpolitik weitergehen? Kleisthenes vertrat etwa den Standpunkt seines Vaters Megakles, der vor einem halben Jahrhundert sich auf die Grundlage der Solonischen Politik berufen hatte. Dieser war jedoch an den Widerständen anderer Politiker gescheitert. An sich schien die Hoffnung berechtigt, daß diese Gegensätze inzwischen durch die lange Tyrannenherrschaft eingeebnet waren. Doch dem war nicht so. Unter Isagoras sammelte sich eine Gruppe von reaktionären Ultras, die nicht nur hinter Solon zurück wollte, sondern die alte Adelsherrschaft zu einem exklusiven Regime weniger, genau bestimmter Familien zuzuspitzen gedachte. Der Gedanke hatte seine Logik. Wenn man jenes Ziel anstrebte, dann war es in der früheren Weise nicht mehr zu erreichen. Mit der ungebrochenen

Adelstradition war es vorbei. An ihre Stelle konnte nur die Herrschaft einer willkürlich begrenzten Zahl treten – sie betrug bei Isagoras dreihundert. In der Sprache der späteren Staatstheoretiker wurde so aus der Aristokratie die Oligarchie. Der genetische Wandel, noch nicht die abgeschlossene Entwicklung, tut sich hier bei Isagoras kund.

Daraus ergab sich die zweite Phase der Revolution. Die beiden Parteien gerieten aneinander. Es kam zu offenem Kampf. Isagoras war zahlenmäßig natürlich unterlegen und suchte deshalb auswärtige Hilfe. Er fand sie in Sparta bei Kleomenes. Dieser war, unbeschadet seiner Mitwirkung, ohnehin mit dem Gang der Dinge nicht recht einverstanden gewesen und hatte nach persönlicher Einsicht in die athenischen Verhältnisse den nicht unberechtigten Eindruck gewonnen, daß die Mobilisierung der Kräfte, welche hinter Kleisthenes standen, der spartanischen Position in Griechenland nicht eben förderlich sein würde. Deshalb war ihm die Gelegenheit, in Athen einem schwächeren Regime, das dann notwendig auf Rückhalt in Sparta angewiesen war, in den Sattel zu helfen, sehr sympathisch. Nicht minder fand der von diesem vertretene konservative Kurs seine Billigung. Allerdings war die Ausführung des Planes schwieriger, als er ursprünglich gedacht hatte.

Der Versuch, die Stellung des Kleisthenes moralisch mit dem Hinweis auf die Blutschuld zu untergraben, welche die Alkmaioniden durch die Tötung des Kylon einst auf sich geladen hatten, schlug fehl. Der spartanische Herold – Kleomenes war längst wieder aus Athen abgezogen – zwang zwar Kleisthenes zur Flucht, aber seine Anhänger behaupteten trotzdem das Feld. Kleomenes mußte, gestützt auf ein kleines Heer, persönlich eingreifen. Das führte zu offenem Bürgerkrieg in Athen. Siebenhundert Familien von den Parteigängern des Kleisthenes mußten in die Emigration gehen, und Isagoras mit seinen Leuten besetzte die Akropolis. Aber der Gegner gab sich deswegen noch immer nicht geschlagen. Er holte zum Gegenschlag aus, Isagoras und Kleomenes wurden Opfer ihrer eigenen taktischen Überlegenheit; die Burg, von der aus sie Attika zu beherrschen gedachten, wurde für sie zur Falle. Unvermutet sahen sie sich dort belagert und mußten froh sein, daß ihnen freier Abzug gewährt wurde. Gegen die Athener, die mit ihnen gemeinsame Sache gemacht hatten, wurde ein hochnotpeinliches Verfahren eröffnet, das mit zahlreichen Todesurteilen endete. Die Emigranten, unter ihnen Kleisthenes, kehrten zurück.

Nichtsdestoweniger war die Krise noch nicht überstanden. Kleisthenes fürchtete mit Recht die spartanische Revanche und entschloß sich zu einem Verzweiflungsschritt. Da er wußte, daß Sparta ein gespanntes Verhältnis zu den Persern hatte, suchte er deren Schutz und Bündnis und schickte eine athenische Gesandtschaft zu dem im lydischen Sardes residierenden Satrapen. Im Hinblick auf die letzte Bedrohung Athens durch Kleomenes war sie zu jeder Demütigung bereit und willigte in die nominelle Anerkennung der persischen Herrschaft durch den symbolischen Akt der Darreichung von Wasser und Erde ein. Bei ihrer Rückkehr stellten sie allerdings fest, daß die dunklen Wolken sich verzogen hatten. Sie waren jetzt schwer kompromittiert, ihre Abmachungen wurden für null und nichtig erklärt. Kleomenes hatte zwar abermals zu einer militärischen Intervention ausgeholt und war diesmal sogar mit einem größeren Heer in Attika erschienen. Es setzte sich jedoch in der Hauptsache aus Bundeskontingenten der Spartaner zusammen; unter ihnen sagten die Korinther dem Kleomenes aus Unwillen über seine Politik den Gehorsam auf; und als sich dann noch in den Reihen der Lakedaimonier der andere König Demaratos auf ihre Seite stellte, war das Unternehmen gescheitert.

Unter solchen Schwierigkeiten war nun endlich Kleisthenes als Sieger aus den Auseinandersetzungen hervorgegangen. Mit der Stabilität des attischen Staates war es aber nach diesen Erfahrungen nicht zum besten bestellt. Kleisthenes zog daraus die Konsequenz, daß für die Zukunft Vorkehrungen getroffen werden müßten. Es hatte sich herausgestellt, daß die autonome Bürgergemeinde mehr Programm als Wirklichkeit war und daß ihre politischen Gruppierungen weniger sachlichen Gesichtspunkten als den Bindungen des Volkes an adlige Familien folgten. Und zuletzt hatte die Verwirrung, die Isagoras angestellt hatte, bewirkt, daß selbst eine ganz abwegige Politik eine gewisse Resonanz finden konnte. Doch zeigte sich sehr bald, daß nach dieser Seite nichts mehr zu befürchten war. Merkwürdigerweise (wie es uns heute scheinen will) fiel mehr ins Gewicht, daß die Peisistratiden über beträchtlichen Anhang verfügten. Ungeachtet strenger Strafandrohung gegen Tyrannis – dieser eherne Bestandteil des attischen Verfassungsrechts wird von Kleisthenes geschaffen sein, wenn er nicht schon auf Solon zurückgeht – besaß die Erinnerung an die Tyrannenära keineswegs für alle ein eindeutiges Stigma. Die Söhne des Peisistratos waren zwar vertrieben, aber aus dem weiteren Umkreis gab es noch Familienangehörige, vor allem einen gewissen Hipparchos, Sohn des Charmos, der genug Einfluß besaß, um im Jahr 495 sogar Archon zu werden. Diese Sorge wurde einige Zeit später zur Ursache einer merkwürdigen Einrichtung.

Routinemäßig wurde jedes Jahr eine Prüfung angestellt, ob die Lage des Staates einen *Ostrakismós* erfordere, das hieß, ob eine Abstimmung gegen einen Politiker durchzuführen sei, dessen Aktivität den Staat aus dem Gleichgewicht zu bringen drohte. Fiel die Abstimmung positiv aus, dann wurde in einer zweiten Befragung der betreffende Name ausfindig gemacht. Im Sinne von Kleisthenes war das eindeutig der Tyrannisverdächtige. Formell handelte es sich jedoch um die Entscheidung zwischen mehreren rivalisierenden Politikern, und materiell sehr bald auch dann, wenn von Tyrannis mit Fug und Recht kaum mehr gesprochen werden konnte. Wer die Mehrzahl der Stimmen (auf Tontäfelchen, *óstraka*) auf sich vereinigte, mußte sich für zehn Jahre von jeder Politik zurückziehen und zu diesem Zweck außer Landes gehen. Das erste Opfer dieser Erfindung wurde 488 jener Hipparchos, auf den das Gesetz wahrscheinlich überhaupt gemünzt war.

Der Grundgedanke von Kleisthenes' Politik war deshalb, die Bürgerschaft gegen traditionelle Führungsansprüche des Adels immun zu machen und dies nirgends mehr als bei den umfassenden organischen Maßnahmen, die eigentlich als Kleisthenische Verfassung gelten. Diese Phylenreform steht an sich in einem größeren Rahmen der griechischen Staatsentwicklung, da der Abbau der alten gentilizischen Phylen und ihre Ersetzung durch lokale Phylen einen Grundzug der Bestrebungen bildet, vom alten Adelsstaat loszukommen. Aber nirgends ist die Aufgabe so radikal und auch so originell gelöst worden wie von Kleisthenes. Seine Erfahrungen waren eben besonders eindrucksvoll gewesen, und, was nicht vergessen werden darf, Athen war in dieser Hinsicht bis jetzt im Rückstand geblieben und somit in der Lage, mit einem Schlag nicht nur aufzuholen, sondern sich das Ziel in ganz souveräner Weise zu setzen.

Der Personenstand des attischen Bürgers bestimmte sich nach der Zugehörigkeit zu einer Phratrie und zu einer Phyle. Phylen gab es vier. Das maßgebliche Wort in diesen Organisationen sprachen die adligen Geschlechter, und die innere Unselbständigkeit des Bürgers dem Adel gegenüber ging zum Teil auf diese alte Einrichtung zurück. Kleisthenes klammerte die Phylen nun völlig aus, indem er das Personalregister gänzlich hiervon löste und es auf die einzelnen Gemeinden, die Demen, stellte. Die Gemeinden waren die einzelnen Siedlungen Attikas. Sie bestanden als solche schon vorher. Aber andrerseits waren sie in dieser Art noch nicht überall konstituiert. Deshalb war die Reform des Kleisthenes erst einmal identisch mit einer durchgehenden Gemeindeordnung Attikas. Das ganze Land zerfiel in einzelne Gemeinden, sowohl in der Stadt Athen wie außerhalb. Jeder Athener wurde da eingeschrieben, wo er seinen Wohnsitz hatte. Die Folge war, daß jetzt auf einmal Bürger zum Vorschein kamen, von denen man vorher gar nichts gewußt hatte, da sie, freiem Ermessen der betreffenden Instanzen gehorchend, nicht »geführt« worden waren; manchem von Solon neu Eingebürgerten wird es so gegangen sein. Möglicherweise sind von der neuen Bestandsaufnahme auch die Theten, also die Proletarier, erfaßt worden, sofern sie von Solon noch nicht das Bürgerrecht erhalten hatten, wofür die Wahrscheinlichkeit (aber leider nicht unsere Überlieferung) spricht. Hinfort nannte jeder Athener statt seines Geschlechts die Gemeinde, zu der er gehörte; lediglich mit der Anführung des Vaternamens wies er auf die Familienabstammung hin.

Diese Maßnahme allein würde schon einen dicken Trennungsstrich zwischen Vergangenheit und Gegenwart gezogen haben. Sie fand jedoch noch eine Fortsetzung in einer besonderen Vorkehrung gegen die Versuchung der alten Phylen, ihren Einfluß auch auf die neuen Lokalgemeinden zu erstrecken. Jene Phylen hätten dabei zwar ihr altes Wesen nicht behalten, da aber ihre politische Verfänglichkeit in ihrer Beherrschung durch die Adelsfamilien bestand und diese jeweils in bestimmten Gegenden dominierten, hätte es keiner großen Anstrengung bedurft, um in der Zusammenfassung mehrerer Gemeinden zu einer der alten Phylen den Weg zu neuem Einfluß zu finden. Auch dagegen schob Kleisthenes einen Riegel vor. Die Vereinigung mehrerer Demen wurde nicht nach geschlossenen Komplexen vorgenommen, sondern diese umgreifenden Einheiten – sie hießen auch Phylen – setzten sich aus Demen ganz verschiedener Lage zusammen. Die einen gehörten zum Stadtgebiet, die anderen zur Küstengegend und die dritte Gruppe zum Inneren des Landes *(ásty, paralia, mesógeia)*. Da es zehn Phylen neuen Stils gab, mußten ihnen im ganzen dreißig Parzellen mit jeweils mehreren Demen zur Verfügung stehen, und jede Gegend teilte sich in je zehn solcher Distrikte auf. Das ergab eine solche Streuung der Demen, daß ihre lokale Fixierung den Zuschnitt der jeweiligen Phyle nicht zu bestimmen vermochte und dominierende lokale Einflüsse der Geschlechter in ihnen keinen Platz finden konnten. Unter Verwendung eines Terminus der älteren Verwaltungssprache hießen die dreißig Distrikte »Drittel« *(trittys)*, weil immer drei von ihnen eine Phyle ausmachten und eine Phyle jeweils in drei Drittel zerfiel.

Damit diese ingeniöse wie komplizierte Neuerung ihren Zweck erfüllte, mußte sie allerdings zu den Institutionen der politischen Verfassung in ein Verhältnis gesetzt werden. In erster Linie wurde der Solonische Rat der Vierhundert, also das die Volksversammlung

Das Schatzhaus der Athener in Delphi, 500–485 v. Chr.

Reste der Akropolis von Elea
Sitz der Philosophenschule in Lukanien, 5. Jahrhundert v. Chr.

leitende Komitee, hiervon betroffen. Jede Phyle stellte nämlich jetzt jährlich fünfzig Ratsherren, so daß der Rat im ganzen fünfhundert zählte, und jede Phyle stellte einen Strategen zum Strategenkollegium mit also zehn Mitgliedern. Die zahlreichen Geschworenen, die an Stelle der Volksversammlung als deren Ausschuß – wohl auch erst seit Kleisthenes (unsere Überlieferung gibt Solon an) – Rechtsentscheidungen zu fällen hatten, wurden ebenfalls in jeweils gleicher Anzahl von den Phylen bestimmt. Von Kleisthenes war also alles getan, um einen neutralen Mechanismus zu gewährleisten, der keiner persönlichen Manipulation Raum gab. Doch an dieser Stelle sah die athenische Verfassung noch eine wesentliche Ergänzung vor, die ganz besonders den Geist ihres Erfinders verrät (obschon auch hierfür die für Kleisthenes ganz ungenügenden Quellen versagen): die Anwendung des Loses, um die Leute für die Wahrnehmung öffentlicher Funktionen zu bestimmen, beispielsweise eben für die Mitgliedschaft des Rates und der Geschworenenversammlung (der *heliaia*).

Die Verfassungspolitik des Kleisthenes ist eine Fortsetzung derjenigen Solons. Sie hat ihren Ansatz genau da, wo jene in der Praxis aufgelaufen war. In diesem Sinne war Kleisthenes der Vollender Solons. Aber Solon wäre wahrscheinlich erschrocken, wenn man ihm alle diese Neuerungen als Geschöpfe seines Geistes vorgestellt hätte, und würde wenig Verständnis für die Verdeckung des Abstandes zwischen sich und Kleisthenes gehabt haben. Solon hatte eine ganz andere Gesinnung. Er glaubte, daß der Mensch, wird ihm nur der Raum zur Verfügung gestellt, aus eigener Kraft und eigenem Willen das Richtige tue. Solon war überzeugt, daß ein hohes Ethos von dem Menschen als breitem Kollektivum Besitz ergreifen würde. Kleisthenes hätte diesen Standpunkt gewiß nicht grundsätzlich angezweifelt, aber er besaß nicht mehr das Zutrauen, daß die innere Steuerung der attischen Bürgerschaft von selbst erfolgen könne und ihre Verfassung das hierfür nötige Regulativ enthalte. Er wollte deshalb die Lücke durch den institutionellen Mechanismus ausfüllen und dem Menschen da, wo er versagte, durch die Untrüglichkeit unpersönlicher und anonymer Verhaltensweisen zu Hilfe kommen.

Solon wie Kleisthenes stehen an der Wiege des klassischen athenischen Staates, und dieser ist gewiß ohne jenen nicht denkbar; vielleicht forderte sogar die Logik der von Solon geschaffenen Tatsachen einen Mann wie Kleisthenes. Aber trotzdem stellte die Zukunft Athens die Frage, welches Erbteil vor allem ausgebildet würde, und vielleicht war selbst die Antwort auf diese Frage schon präjudiziert.

Obwohl das spätere Athen von der Bedeutung des Kleisthenes für die attische Verfassung eine klare Vorstellung besaß, schenkte es seiner persönlichen Erscheinung und dem Hergang der Dinge im einzelnen wenig Aufmerksamkeit. Sein innerpolitisches Wirken wird manche Jahre, bis Ende des Jahrhunderts, ausgefüllt haben, aber das läßt sich nur vermuten. Dagegen wird sehr deutlich ans Licht gehoben, daß Kleisthenes die Macht nicht in den Schoß fiel, sondern daß er um sie ringen mußte und auf eine starke Anhängerschaft angewiesen war. Das ist natürlich richtig, und es ist gewiß auch richtig, daß er seine Position sichern wollte und sich von seiner Politik hierfür einiges versprechen konnte, einfach kraft ihres sachlichen Gewichts und ihrer notwendigen Resonanz. Freilich hat schon der klassische Historiker des 6. Jahrhunderts, Herodot, dieses Verhältnis recht vereinfacht (und damit neuerdings bei der modernen Wissenschaft allzuviel Beifall gefunden). Kleisthenes' Politik sei nur der Absicht entsprungen, sich im Volk eine zuverlässige Klientel zu schaffen. Doch ein solcher Pragmatismus erklärt auf keinen Fall die einfallsreiche Phantasie, mit der Kleisthenes vorging, und noch weniger ist er geeignet, die richtige Stellung ausfindig zu machen, die Kleisthenes innerhalb der Ausbildung des athenischen Staates einnimmt.

Das 5. Jahrhundert hat zwar, wie uns ebenfalls Herodot verrät, auch das Bedürfnis verspürt, diesen Horizont zu beleuchten, aber es schaute weniger auf die innere Form des attischen Gemeinwesens als auf die Tatsache, daß durch die Vertreibung des Tyrannen das freie Athen ins Leben trat und damit die historische Phase begann, welche in den zwei nächsten Generationen auf ihren Höhepunkt geführt werden sollte. Da lag es nahe, das Selbstbewußtsein und die Kraft, welche das klassische Athen auszeichneten, als durch die Befreiung entbunden zu sehen und das Ergebnis in den Anfang zurückzuverlegen. Athen sei alsbald nach der Beseitigung der Tyrannis größer geworden. Unter dieser hätte es sich ducken müssen, und seine Männer hätten bei der Arbeit für den Herrn keinen Mut entwickeln können und sich deshalb im Kampf schlecht gehalten, aber dann wäre in sie ein neuer Zug gekommen, und jeder Einzelne hätte Lust empfunden, sich für sich selbst ins Zeug zu legen.

Diese Mischung von Unrichtigkeit und Wahrheit hatte indessen sogar einen gewissen Schein für sich. In der Tat konnte die attische Außenpolitik zu jener Zeit einen bedeutenden Erfolg erringen. Unter den Verbündeten des Kleomenes befanden sich bei dessen letzter Invasion auch Boioter und Chalkidiker (von Euboia). Diesen letzteren zahlte Athen, nachdem das feindliche Koalitionsunternehmen sich aufgelöst hatte, den Überfall heim und griff sie in ihrer Heimat an. Obwohl Chalkis von Boiotien Hilfe erhielt, wurde es gänzlich geschlagen. Aber bei der militärischen Niederlage blieb es nicht. Der in Chalkis regierende Adel, die »Fetten«, mußten ihre Ländereien in der fruchtbaren lelantischen Ebene an Athen abtreten, und Athen schickte Kolonisten dorthin, in der attischen Sprache »Losempfänger« *(kleroúchoi)*. Das war wirklich ein unvorhergesehenes und in seiner Vereinzelung anachronistisches Vorspiel der späteren attischen Expansion; denn die eigentliche Lage Athens bestätigte keineswegs den günstigen Eindruck, den dieses Unternehmen hinterließ.

Die weltpolitische Lage des spätarchaischen Griechentums

Das politische Spektrum des spätarchaischen 6. Jahrhunderts ist außerordentlich bunt, und es scheint kaum möglich, in der verwirrenden Fülle von Einzelheiten thematische Linien ausfindig zu machen. Vor allem erweckt die zwischenstaatliche Politik, mit der es die vorstehende Betrachtung zu tun hat, einen geradezu anarchischen Eindruck. Er wäre noch stärker, wenn die Quellen uns mehr Material lieferten. Das ist nicht unverständlich. Nachdem die inneren Veränderungen der griechischen Gesellschaft einmal die Möglichkeit politischen Wollens entbunden hatten und es nun unzählige Zentren solcher Initiative gab, nachdem ferner die griechische Kolonisation den Blick nach außen gerichtet hatte und die Tyrannis über Einflußmöglichkeiten durch Verkehrsverbindungen und äußere Herrschaft verfügte, konnten ungeheure Kräfte in diesen Raum einschießen. Und sie konnten dies um so mehr, als sie nach innen noch ganz ungenügend gebunden waren. Die mangelnde Stabilität der eben ihre Staatlichkeit ausbildenden Gemeinwesen ließ leicht Innenpolitik in Außenpolitik umschlagen.

Die Situation Athens unter Peisistratos und seinen Nachfolgern war nicht einzigartig. Flucht aus der Heimat und Versuche, sie durch äußeren Angriff wiederzugewinnen, Interventionen Dritter und daraus entstehende Verbindungen und Kombinationen waren an der Tagesordnung. Bevor Sparta sich in Athen eingemischt hatte, war es längst gegen den Tyrannen Polykrates von Samos aufgebrochen. Es handelte dabei auch nicht allein, sondern hatte nicht nur samische Emigranten, sondern auch fremde Staaten, wie Korinth und Ägina, auf seiner Seite. Und auch das Spiel mit Athen war trotz dem wiederholten Mißerfolg noch nicht aus. Dem flüchtigen Hippias wurde von Sparta die Rückkehr an der Spitze eines peloponnesischen Heeres geradezu aufgedrängt, und ohne die Proteste Korinths wäre ein entsprechender Versuch auch unternommen worden.

Es gab genug und übergenug »Außenpolitik«, betrieben nicht nur von den Städten, sondern auf eigene Faust auch von Individuen, und da waren es nicht nur Tyrannen, sondern ebenso improvisierende Abenteurer. Dabei entluden sich aber, aufs Ganze gesehen, meistens nur blinde Energien; in feste Bahnen waren sie zumeist nicht geleitet und konnten auch nicht geleitet werden. Dazu war ihre Basis zu schmal. Es war aber auch kaum möglich, bei der Zersplitterung in viele Einzelinteressen ein gemeinsames Ziel durchzuhalten, sofern es sich überhaupt finden ließ. Und wenn schon das Wollen der fruchtbaren Dauer ermangelte, dann fehlte diese erst recht dem Erfolg. Dem Historiker wird es da leicht gemacht, summarisch zu verfahren und sein Augenmerk auf diejenige Stelle zu richten, an der inmitten der Unbeständigkeit Bleibendes zum Vorschein kommt.

Drei Punkte bietet die Geschichte des griechischen Festlandes, an denen der Blick haftenbleibt. Anfang des 6. Jahrhunderts wurde um die Freiheit Delphis gekämpft. Der Tempel war seiner politischen Bestimmung nach nicht nur integrierender Bestandteil des phokischen Stammes, sondern unterstand zudem der Herrschaft der phokischen Küstenstadt Krisa. Krisa nutzte seine an sich legitime Stellung gegenüber dem immer berühmter gewordenen Delphi aus, schröpfte die Bewohner durch Abgaben und machte sich wohl auch an die Tempelschätze heran. Der Unwille der Priesterschaft war verständlich. Die Herrschaft einer Duodezgemeinde phokischer Bauern über das erste Heiligtum Griechenlands war unerträglich. Delphi brachte Beschwerde bei der Amphiktyonie von Anthela bei Thermopylai an und fand Gehör. Den beherrschenden Einfluß übte dort der thessalische Adel aus, der jetzt eine billige Gelegenheit zu einem einzigartigen Prestigegewinn gekommen sah. Er trat damit – das erste und letzte Mal in seiner wenig ruhmreichen Geschichte – in das Licht der breiten griechischen Öffentlichkeit. Kein Arm regte sich für Krisa. Krisa war selbstverständlich verloren, die Stadt wurde zerstört und ihre Gemarkung Eigentum des Gottes. Sie durfte nicht mehr aufgebaut werden. Den Schutz des Tempels übernahm die Amphiktyonie und damit auch die Leitung der Pythischen Spiele. Diese wurden reformiert, das heißt erweitert und auf einen Vierjahreszyklus umgestellt, und erhielten dadurch erst ihre hohe Anerkennung in der griechischen Welt. Die Amphiktyonie konnte seitdem auch die delphische heißen; ihre Versammlungen fanden zeitweilig in Delphi statt. Das eigentliche Resultat, die Befreiung des Heiligtums, mußte Bestand haben, nicht wegen der politischen Macht, die es bewirkte, sondern weil es der wahren Stellung Delphis entsprach. Die Thessaler suchten zwar den Erfolg auf die Mühlenräder ihres politischen Egoismus zu leiten und Phokis sich zu unterwerfen. Das glückte jedoch nicht. Für Thessalien blieb der Krieg eine Episode.

Die innere Voraussetzung dieses Heiligen Krieges war die besondere Stellung Delphis in Griechenland. Sie war das andere charakteristische Ergebnis der archaischen Geschichte. Zwar bestand sie nicht in beliebig ausmünzbarer Macht. Befehle geben konnte Delphi nicht, und noch weniger sah es sich zu einer Leitung der hellenischen Politik veranlaßt. Seine Einflußsphäre war ein feineres Gespinst, der nach außen gewandten Geschichte nicht ohne weiteres abzulesen. Aber eine klare und für jeden greifbare Tatsache waren sein Ansehen und seine Geltung. Damit war es die weithin sichtbare Spitze des gesamten Griechentums. Wo immer griechische Sprache ertönte – und wo war das damals, soweit die Wellen des Mittelmeeres und des Schwarzen Meeres die Küsten bespülten, nicht der Fall? –, da war auch stets ein Ohr, das Delphi erreichte.

Aber es hörten Delphi auch die Fremden. Wir mögen heute aus der Rückschau leicht die Feststellung treffen, daß Hellas zur Weltpotenz wurde. Das konnte sich damals kaum ein Zeitgenosse, weder Grieche noch Barbar, eingestehen. Aber einen Reflex dieses noch verhüllten Faktums spürte er in der unmittelbar empfundenen Einsicht, daß der delphische Apollon jeden angehe, gleichgültig, welcher Zunge er war. Es gehörte einfach zum guten Ton, ihm Reverenz zu erweisen. Jeder gab sich damit selbst die Ehre und nahm teil an dem Glanz dieses Weltforums. So wetteiferten die Mächtigen, Griechen und Nichtgriechen, ihm kostbare Geschenke zu bringen und in ihren auch für spätere Gaben bereitstehenden Schatzhäusern niederzulegen, die sie auf delphischem Areal errichteten. Etruskische Städte wie Caere (Cerveteri) und andere hielten es so; der reiche Kroisos von Lydien konnte nicht genug tun, um seine guten Beziehungen zu Delphi zu dokumentieren; schon sein Ahn Gyges hatte über hundert Jahre früher, in der ersten Hälfte des 7. Jahrhunderts, Geschenke dorthin geschickt. Und der ägyptische Pharao Amasis, Kroisos' Zeitgenosse, stiftete für den Bau des delphischen Tempels tausend Talente Alaun.

Innerhalb der eigentlich politischen Geschichte war unbestritten das bedeutendste Ereignis die politische Expansion Spartas, die Begründung seiner Hegemonie auf der Peloponnes und seine Prostasie (Vorstandschaft) in Hellas.

Das spätarchaische 6. Jahrhundert ist noch das Zeitalter der griechischen Kolonisation. Mit der Gründung von Massalia (600) führte es sich ein, und das war gewiß etwas Besonderes. Einige Generationen später machten sich Leute aus seiner Mutterstadt Phokaia wiederum auf und gründeten auf Korsika Alalia (565), das dreißig Jahre danach seinerseits den Ausgangspunkt für Elea in Süditalien, den späteren Sitz der berühmten eleatischen Philosophenschule, abgeben sollte. Auf Sizilien entstand von Gela aus (580) das gewaltige Akragas, sehr bald neben Syrakus die größte griechische Stadt der Insel. Überhaupt war das

6. Jahrhundert, sieht man auf die Gesamtheit, die Glanzepoche des sizilischen Griechentums, und der Reisende, der vor seinen großen Tempelruinen steht, wundert sich noch heute über die wirtschaftliche Potenz dieser Städte. Im Osten bringt das 6. Jahrhundert die Besiedlung der Krim durch mehrere milesische Städte. Die Straße von Kertsch wird durch Pantikapaion und Phanagoreia beherrscht. Das heutige Feodosia weist noch auf die griechische Vorgängerin Theodosia hin. An der Westküste treten zu Olbia und Tyras, den beiden wichtigen, noch ins 7. Jahrhundert zurückgehenden Städten, Tomi, Odessos, Mesembria. Von den Griechen auf der Krim ist in dem »Bosporanischen Reich« (seit dem 5. Jahrhundert) eine interessante, auch die einheimische Bevölkerung umfassende Staatsbildung ausgegangen. Durch fast das ganze Altertum bleiben diese Gründungen der äußerste Posten abendländischer Zivilisation, letztlich ein Ruhmesblatt der milesischen Kolonisationsgeschichte des 6. Jahrhunderts.

Aber solche Erfolge dürfen nicht darüber hinwegtäuschen, daß im ganzen und im Vergleich zu früher die Kolonisationsbewegung stark zurückgeht und in ihr kritisches Stadium gerät. Von dem alten, an den verschiedensten Stellen zur selben Zeit hervorbrechenden Elan ist, wenn man von Milet absieht, wenig mehr zu verspüren. Der allgemeine Druck auf die Bevölkerung hatte offenbar nachgelassen. Selbst der Nachschub von Kolonisten aus der Mutterstadt zur Verstärkung der früheren Belegschaft war nicht mehr selbstverständlich. Anfang des 6. Jahrhunderts (um 575) bedurfte Kyrene solcher Auffüllung, aber Thera, die Mutterstadt, konnte sie nicht leisten. Der delphische Apollon mußte einen Appell an alle Hellenen richten, und Kyrene machte zum Anreiz die massivsten Landversprechungen. Der Ruf hatte Erfolg, aber die Schwierigkeiten stellten sich nachher ein. Den neuen Kolonisten, die von überallher gekommen waren, mangelte es an der notwendigen Homogenität, ganz abgesehen davon, daß das Verhältnis von Alt- und Neubürgern – hier wie anderswo – in sich seine Schwierigkeiten enthielt. Da hatte der Apollon nochmals helfen müssen. Er riet, einen bevollmächtigten Schlichter, also jemanden in der Stellung Solons, von auswärts zu holen, einen gewissen Demonax aus dem arkadischen Mantineia, der dann auch die schwierige Aufgabe löste.

Es war jedoch auch sonst in der Kolonisation einiges nicht mehr in Ordnung. Es sieht so aus, als wenn die natürliche Korrespondenz von Bedürfnis und Befriedigung aus dem Gleichgewicht geraten wäre. Es ereigneten sich merkwürdige Dinge. Da kennen wir etwa die Geschichte der samischen Emigranten, die vor dem Tyrannen Polykrates hatten fliehen müssen. Nachdem sie – im Bunde mit Sparta – die Rückkehr nicht hatten erzwingen können, waren sie eigentlich dazu prädestiniert, sich in einer Kolonie eine neue Heimat zu schaffen. Doch kam das bei ihnen so heraus: Von Siphnos erpreßten sie die große Summe von hundert Talenten und kauften sich dafür eine kleine ägäische Insel. Dann fanden sie aber ein Haar in der Suppe. Sie verließen sich lieber auf ihre Waffen und planten einen Überfall auf Zakynthos, um die Einwohner – Griechen – zu vertreiben. Dahin gelangten sie jedoch nicht, sondern landeten auf Kreta. Hier gründeten sie eine Stadt, so als ob Kreta Niemandsland wäre und für Kolonien bereitstände. Nach kurzer Zeit wurde ihnen selbstverständlich der Garaus gemacht. Augenscheinlich waren die Begriffe von den politischen Möglichkeiten gründlich in Unordnung geraten.

Der Rechenfehler konnte aber auch anderswo stecken. Anfang des 6. Jahrhunderts setzte sich ein Kolonistenzug aus Knidos und Rhodos unter einem gewissen Pentathlos in Marsch und fand kein besseres Ziel als die von den Phönikern längst besetzte Westecke Siziliens. Natürlich wurden sie hinausgeworfen. Pentathlos kam dabei um. Seine Nachfolger stellten es klüger an und gewannen die Liparischen Inseln zu dauerndem Besitz. Ende des Jahrhunderts wiederholte sich der Fall in noch groteskerer Form. Ein spartanischer Prinz Dorieus, ein Halbbruder des Kleomenes und in dessen Schatten stehend, machte sich mit einer starken Schar Auswanderer auf Fahrt (515). Von Thera ließen sie sich auf den Gedanken bringen, sozusagen ein zweites Kyrene in der östlich des alten gelegenen Oase Kinyps zu gründen. Aber der Siedlung wurde alsbald von Karthago das Lebenslicht ausgeblasen. Nach einem Intermezzo in Süditalien kam Dorieus, unbelehrt durch die kürzlich gemachte Erfahrung, den Karthagern in Sizilien ins Gehege. Wie Pentathlos ließ er sich mitten im phönikischen Westsizilien nieder. Das führte natürlich zur Katastrophe, die Dorieus das Leben kostete. Der Rest nistete sich bei Selinus ein. Sein Führer warf sich zum Dank für die Aufnahme dort zum Tyrannen auf und kam anschließend in einem Aufstand mit seinen Leuten um.

Die beiden Episoden sind deshalb charakteristisch, weil sie eine offenbare Unsicherheit der Planung verraten, nicht minder als die Abenteuer der samischen Flüchtlinge. Die früheren Kolonisten gingen dorthin, wo sie mit Sicherheit von Konkurrenz, wenigstens von nichtgriechischer, frei waren. Hier aber wird dreimal mit viel Scharfsinn ausgerechnet die gefährlichste und am wenigsten versprechende Stelle ausfindig gemacht, ein kaum zu rechtfertigendes Versagen der Disposition. Aber meldet sich da nicht gleich ein Einwand zu Wort? Wohin hätten sie denn gehen sollen? Oder wenigstens: hatte es nicht die frühere Generation leichter, indem sie eine Welt antraf, die noch mehr Platz bot? Das ist nicht nur nicht zu leugnen, sondern die Veränderung der Lage ist wirklich ad notam zu nehmen und damit auch die Tatsache, daß sich einfach die Bedingungen der Kolonisation inzwischen geändert hatten, geändert, wenn man es sich genau überlegt, durch die Griechen selbst, und es bietet sich die bequeme Feststellung an, daß dem Rückgang der Antriebe ein Rückgang der äußeren Möglichkeiten entsprach.

Der Satz besagt aber noch mehr, als der bisherige Augenschein verrät. Die Veränderungen, die ein aufmerksamer Zeitgenosse am Ende des 6. Jahrhunderts hätte feststellen können, besaßen einen tieferen Hintergrund als den binnengriechischen Horizont, tiefer auch als die Ausweitung, die er durch die griechische Kolonisation erfahren hatte. Um der Größenordnung ansichtig zu werden, welche hier ins Spiel kommt, muß man den Blick zurückwenden auf die äußeren Grundlagen, denen das Griechentum überhaupt seine Existenz verdankte. Darin steckt denn das eigentlich Weltpolitische in der Situation des spätarchaischen Griechentums.

Das Griechentum war gewachsen in einer Zone weltpolitischer Windstille. Ein Völkersturm, diese Gefahr für jede Kulturlandschaft, war ihm erspart geblieben. Dabei hat sie in seinem weiteren Umkreis nicht gefehlt. Die erste Hälfte des 7. Jahrhunderts sah den Angriff der Kimmerer – ihren Namen trägt noch heute die Halbinsel Krim – über Vorderasien niedergehen. Die Griechen wurden der Katastrophe, die sie anrichteten, beinahe unmittelbar gewahr. Das Phrygerreich wurde zerstört. Sein König Midas gab sich selbst den Tod.

Dann kam Lydien an die Reihe. Dessen König Gyges fiel im Kampf, aber für seinen Staat war der Schlag nicht tödlich. Und schließlich mußte die Flut mit ihren ausebbenden Wellen auch die kleinasiatischen Griechenstädte benetzen. Vorzugsweise Ephesos und Magnesia (am Maiandros) hatten sich ihrer zu erwehren. Von dem griechischen Dichter Kallinos sind noch ein paar Verse eines Liedes erhalten, mit denen er seine Landsleute zum Kampf aufrief. Magnesia wurde sogar zerstört.

Aber auf die Griechen insgesamt gesehen, selbst auf die Kleinasiens, waren die Kimmerer ein Randphänomen. Das gleiche gilt für die Skythen, ebenfalls ein indogermanischer (iranischer) Stamm, die in der zweiten Hälfte des 7. Jahrhunderts die vorderasiatische Kulturwelt heimsuchten. Ihre Stoßrichtung ging von vornherein an den Griechen vorbei, mehr nach Osten – Urartu am Wan-See wurde wahrscheinlich ihr Opfer – über Syrien hinweg – das Alte Testament erwähnt sie – bis nach Ägypten.

Da hatten die Griechen also Glück gehabt. Ebenso hatten sie Glück, daß der assyrische Imperialismus, der zur Geißel so manchen vorderasiatischen Volkes wurde, sie nichts anging. Im Gegenteil, sie hatten von ihm Nutzen, weil die Kraft der Phöniker geschwächt wurde; wie auch der Rückschlag, den die Kimmerer für Lydien bildeten, nicht eben ihr Schaden sein konnte. Und dann kam mit der Vernichtung Assurs (614/612) ein Zeitalter, das in exemplarischer Weise auf das Prinzip eines mehrgliedrigen Staatensystems gestellt war. Es gab jetzt vier Großmächte, die sich im Gleichgewicht hielten: Lydien, Medien, Babylon (das Neubabylonische Reich) und Ägypten. Sie hatten sich alle irgendwie miteinander arrangiert. Lydien und Medien waren 585 nach einer kriegerischen Begegnung des Lyders Alyattes und des Meders Kyaxares übereingekommen, sich gegenseitig zu respektieren. Ägypten unter der Saïten-Dynastie, welche nach den vorangegangenen Wirren eine Epoche der Konsolidierung bezeichnete, hatte nach einem vorübergehenden Vorstoß auf das traditionelle Streitobjekt Syrien verzichtet – den Schaden hatten die Juden, deren »Babylonische Gefangenschaft« hierin ihre Voraussetzung hat. Medien und Babylon waren vor ihrer Allianz gegen Assur her sogar miteinander befreundet, und sehr gute Beziehungen bestanden von alters her zwischen Lydien und Ägypten.

Diese Konstellation der Freiheit war richtig dazu angetan, das griechische Lebensgesetz einer ungehemmten Freizügigkeit im Rahmen einer großzügigen internationalen Ordnung gleichsam zu bestätigen. Die Weltgeschichte schien Hellas, das bis dahin im Schatten ihrer Desorganisation seinen Weg gefunden hatte, durch einen Akt gestaltender Verfügung recht zu geben. Wirklich mitzuspielen in dem Konzert der Mächte, als gleichwertiger Partner, war ihm natürlich versagt. Dazu hätte es einer politischen Zusammenfassung bedurft. Aber wer von den griechischen Staaten über das Niveau der unzählig vielen hinausragte und sich in der internationalen Welt etwas Relief zu geben vermochte, der war immerhin in den Stand gesetzt, einen losen diplomatischen Verkehr mit dem einen oder anderen der Großen zu unterhalten. Dafür kamen nach den geographischen Gegebenheiten in erster Linie Lydien und Ägypten in Betracht. Die Tyrannen von Korinth waren in Ägypten wohlgelitten; der Name Psammetich – so hieß der Begründer der Dynastie mit einer Regierungszeit von über fünfzig Jahren – bürgerte sich in der Kypselidenfamilie ein. Später spann Polykrates von Samos politisches Garn mit Ägypten. Dynastische Heiraten waren nicht ungewöhnlich. Eine Pharaonenfrau war eine Prinzessin Laodike aus Kyrene. Schon im 7. Jahrhundert hatte ein Tyrann von Ephesos in die Familie des Gyges geheiratet. Aber Verschwägerungen zwischen dem lydischen Königshaus und dem ionischen Adel gab es auch später. Als dann Sparta im 6. Jahrhundert seinen Aufschwung nahm, konnte es sich einbilden, ein ebenbürtiger Partner der Großmächte zu sein. Sein realistischer Sinn bewahrte es glücklicherweise davor, dieses Phantasiespiel in der Praxis allzu ernst zu nehmen.

Das gute Einvernehmen beruhte freilich nicht zum wenigsten darauf, daß im allgemeinen die Bedingungen für Interessenkollisionen fehlten. Wo sie vorhanden waren, bekamen die Griechen auch unter der heiteren Sonne diese Weltlage zu spüren, daß die Dinge im Raum sich gern stoßen. Kyrene geriet vorübergehend (um 586) in Konflikt mit Ägypten. Vor allem jedoch wurden die kleinasiatischen Griechen durch das nach der Kimmererkatastrophe unter einer neuen Dynastie erstarkende Lyderreich in Mitleidenschaft gezogen. Sie mußten in der ersten Hälfte des 6. Jahrhunderts seine Herrschaft anerkennen. Es ist dabei manches Blut geflossen; die Stadt Smyrna wurde sogar zerstört. Milet, die größte Stadt nicht nur Kleinasiens, sondern überhaupt des gesamten Griechentums, konnte dagegen eine selbständige Stellung innerhalb des lydischen Machtbereichs behaupten, das sich unmißverständlich bis zur Küste erstreckte.

Aber die lydische Herrschaft war nicht drückend. Das Gemeinsame war stärker als das Trennende. Die lydischen Könige, zumal der letzte, Kroisos, verehrten die griechische Gesittung und sahen in einer möglichst wenig beschränkten Autonomie der griechischen Gemeinden und der dadurch unverkürzten Kraft ihrer Zivilisation ein Unterpfand für das Wohl und Gedeihen des eigenen Staates. Die lydische Hauptstadt Sardes besaß griechisches Gepräge, Griechen konnten sich in ihr wohl fühlen und haben sie auch gern besucht. Als die ionischen Städte von Lydien bedrängt wurden, gab ihnen der Milesier Thales den Rat, eine einzige große Stadt zu bilden. Das hätte aber die Aufgabe eines vielfältigen städtischen Eigenlebens bedeutet. Da nun die lydische Fremdherrschaft nicht eindrucksvoll genug war, um einen solchen Bruch mit der Tradition zu motivieren, dachte keiner daran, dem Rat des Philosophen zu folgen.

Die Berührung der Großmächte mit den Griechen hatte überhaupt mit Politik im technischen Sinne wenig zu tun. Das Interesse galt den griechischen Menschen, im einzelnen und in ihrer Gesamtheit. Dieser Gesichtspunkt führte zur rückhaltlosen Anerkennung griechischen Wesens. Eine ihrer äußeren Ausdrucksformen war die Verehrung griechischer Heiligtümer, an ihrer Spitze selbstverständlich Delphis. Jene Einstellung suchte und fand der Grieche mit seinem Können und seiner Tüchtigkeit bei allerhand politisch neutralen Geschäften. Die Griechen waren gute Soldaten, und die soziale und politische Labilität der archaischen Zeit setzte viele Kräfte frei, auch für den internationalen Söldnermarkt. Sogar in Babylon konnte man Dienst tun. Der Bruder des Dichters Alkaios war zu Anfang des 6. Jahrhunderts bei Nebukadnezar. Vor allem war der Bedarf des saïtischen Ägyptens an fremden Soldaten groß. Die Herrschaft der saïtischen Dynastie beruhte geradezu auf ihnen, da Ägypten selbst schon lange keine Soldaten mehr stellte und deshalb auf fremde Streitkräfte angewiesen war. Aus innerpolitischen Gründen konnten die Saïten nicht auf die benachbarten Libyer zurückgreifen – diese waren die Stützen der früheren, von den

Saïten abgelösten Herrschaft gewesen – und hielten sich deshalb an die Griechen und die kleinasiatischen Karer. Ihre Vermittlung war eine der Gefälligkeiten, welche die lydischen Könige Ägypten erwiesen. In Oberägypten trifft man heute noch auf ihre Spuren. In Abu Simbel haben sich griechische Soldaten mit Kritzeleien auf den Memnonskolossen verewigt. Partner war schon seit dem 7. Jahrhundert auch der griechische Kaufmann. Neben den Wohnplätzen der Söldner gab es solche der Kaufleute. 570 sind letztere in Naukratis, wo die milesischen Händler bereits eine Niederlassung hatten, konzentriert worden, wahrscheinlich weniger zur Förderung des griechischen Handels als zu seiner Überwachung und fiskalischen Ausnutzung. In Babylon arbeiteten griechische Handwerker aus Ionien.

Dieses freundliche Panorama verwandelte sich in der Mitte des 6. Jahrhunderts mit geradezu dramatischem Aplomb. Die Ereignisse gehören in den Zusammenhang der persischen Geschichte. Ihr Ergebnis war die Zerstörung des vorderasiatischen Staatensystems. Sie war so gründlich wie nur irgendwo, denn den vielfältigen vorderasiatischen Raum erfüllte jetzt das Monstergebilde des persischen Weltreiches, eine imperiale Schöpfung von einer Ausdehnung, wie sie bis damals überhaupt der gesamte Erdball noch nicht gesehen hatte.

Diese völlige Umkehrung aller seit Jahrhunderten vertrauten Verhältnisse vollzog sich in der unglaublich kurzen Zeit von zwanzig Jahren (559 – 539). Der gewaltige Arm der Weltgeschichte – wenn diese Hegelsche Hypostasierung erlaubt ist – war Kyros (559–529), ein Usurpator, dessen Gefährlichkeit die historischen Mächte zu spät erkannten. Als er, medischer Vasall in der iranischen Landschaft Persis und Oberhaupt eines den Medern verwandten Stammes, seinen Lehnsherrn Astyages und damit die medische Oberhoheit beseitigt hatte und über Mediens Grenzen nach Mesopotamien vorstieß, schien es für alle Kundigen, auch die Griechen, soweit sie sich über so fernliegende Ereignisse Gedanken machten, eine ausgemachte Sache, daß dem dreisten Störenfried unverzüglich der Prozeß zu machen sei.

Nabonid, der babylonische Herrscher, bereut seine Kurzsichtigkeit, Kyros vorher, um Medien zu schwächen, die Stange gehalten zu haben. Zwischen den drei Großmächten wird eine Entente gegen Kyros geschlossen. Alle Welt ist überzeugt, daß dies das Ende des persischen Emporkömmlings bedeutet. Kroisos, in der Absicht, der Explosion die Initialzündung zu geben, greift an, moralisch gestützt auch durch die griechische Öffentlichkeit aus dem Munde ihrer Orakel, zumal des delphischen, das ihm die sichere Zerstörung eines Reiches bei Überschreiten des Grenzflusses Halys in Aussicht stellte.

Aber es kommt alles anders. Nicht Kroisos, sondern Kyros siegt. Das Lyderreich und seine Hauptstadt Sardes sind verloren (546), Kroisos wird fern der Heimat interniert (sein berühmter Tod auf dem Scheiterhaufen ist Legende). Damit war das Gefüge der großen Politik eingestürzt. Die vage Aussicht, es von den noch stehenden Mauern aus wiederaufbauen zu können, begrub Nabonid mit seiner Niederlage (539). Die Unterwerfung Ägyptens durch Kyros' Nachfolger Kambyses, nachdem jener sich erst der Bekriegung des außermedischen Irans gewidmet hatte, war ein Nachspiel (525).

Die Unterwerfung der kleinasiatischen Griechen unter die persische Herrschaft war die selbstverständliche Folge der lydischen Katastrophe, und wenn die Griechen früher nichts anderes als die Opfer des lydischen Imperialismus gewesen wären, so hätten sie sich jetzt die persische Herrschaft zum wenigsten ruhig gefallen lassen können. Die Perser waren an sich keine strengen Herren. In Babylon wurde Kyros nicht nur von den Juden, sondern sogar von einheimischen Kreisen als »Befreier« gefeiert. Doch die Griechen wußten wohl, daß Kroisos ihr Mann gewesen war und die Perser sich nicht einfach gegen ihn auswechseln ließen. Sparta, der erste Staat Griechenlands, hatte ein Hilfegesuch des Kroisos gern als Bestätigung seiner politischen Bedeutung und als Quasi-Anerkennung seiner »Großmachtstellung« begrüßt – die Entscheidung schien ja keinen Zweifel zu dulden – und auch schon Kriegsvorbereitungen getroffen, als die Katastrophe hereinbrach. Und in Verfolgung dieser Linie schenkten sie auch der Aufforderung der kleinasiatischen Griechen, ihnen zu helfen, Gehör. Sie gedachten jetzt damit allerdings nur das Gesicht zu wahren, denn ihre Leistung bestand lediglich in einer leeren Geste. Ihre zu Kyros geschickten Gesandten legten einen formellen Protest gegen die Eroberung der kleinasiatischen Städte ein, der von dem Perserkönig natürlich nicht ernst genommen wurde.

Die Griechen in Kleinasien setzten sich also zur Wehr. Nur Polykrates, der auf seiner Insel noch gar nicht bedroht war, ging mit der Zeit und stellte von der ägyptischen Allianz auf die persische um. Der Opportunismus hat ihm jedoch nichts genützt. Er wurde das Opfer eines heimtückischen Anschlages eines persischen Satrapen. Der Widerstand der Festlandgriechen war begreiflicherweise vergebens. Sehr bald merkten sie auch, daß von Susa ein anderer Wind als von Sardes wehte. Die Perser waren keine Despoten – das verbot schon die Größe des Reiches –, aber auf das gütlich-schiedliche Einvernehmen, das zwischen den Griechen und Lydien bestanden hatte, konnten sie sich nicht einlassen. Dazu fehlten alle Voraussetzungen. Sie befolgten eine andere Methode und stützten sich auf bestimmte Exponenten der Gesellschaft ihrer Untertanen, von denen sie wußten, daß sie sich innerhalb ihres eigenen Kreises nur mit persischer Unterstützung halten konnten.

Für die kleinasiatischen Griechen übernahmen diese Funktion Tyrannen, und zwar solche von einer bestimmten innerpolitischen Couleur. Das waren nicht mehr die Adligen, die die Erschütterung der politischen und sozialen Stellung ihrer Standesgenossen ausnutzten, um sie, gestützt auf die antiaristokratische Bewegung des Volkes, abzubauen. Die Zeit war über dieses Stadium allmählich hinweggeschritten, und damit waren auch die immanenten Voraussetzungen der Tyrannis im alten Sinn erledigt. Diese neue Tyrannis war eine reine Minoritätenherrschaft auch in dem Sinne, daß sie als Reaktion gegen die erreichte Demokratisierung die Interessen des unterlegenen Adels vertrat. Die Perser appellierten also an die Unzufriedenheit derjenigen Kreise, gegen die die Geschichte der vorangegangenen zwei Jahrhunderte entschieden hatte. Das sollte in Zukunft für das persisch-griechische Verhältnis nicht ohne Bedeutung bleiben.

Einiges gab sich schon Ende des Jahrhunderts zu erkennen. Dareios (521–486) unternahm 512 einen Kriegszug gegen die in Rußland sitzenden Skythen. Er glaubte wahrscheinlich, in einem damals weitverbreiteten Irrtum befangen, es in ihnen mit den gleichen Leuten zu tun zu haben, wie er sie im Norden des Perserreiches, in Turkmenien, angetroffen hatte, und sie auf diesem Wege leicht in den Griff zu bekommen. Das Unternehmen war ein Mißerfolg, eben auf Grund der falschen geographischen Berechnung. An der unteren Donau mußte es abgebrochen werden. Unterwegs waren jedoch immerhin Thrakien und das südlich anschließende Gebiet zu Bestandteilen des Perserreiches erklärt worden. Der makedonische König und der thessalische Adel nahmen keinen Anstand, dieser Prätention – viel mehr war es nicht, trotz der Einrichtung zweier europäischer Herrschaftsdistrikte – durch unverzügliche Anerkennung zu entsprechen.

Als die ionischen Griechen unter dem persischen Angriff standen, trat bei ihnen Bias aus Priene auf, ein Mann von überragender geistiger Autorität und nach späterer Überlieferung einer der Sieben Weisen, und machte den Vorschlag, die Heimat zu verlassen und mit Sack und Pack nach Sardinien zu fahren. Der äußeren Not sollte also mit einem gewaltigen Kolonisationsunternehmen abgeholfen werden. Das koloniale Fahrertum war nach zweihundert Jahren griechischer Kolonisation den Griechen also derartig in Fleisch und Blut übergegangen, daß die förmliche Ausräumung einer Landschaft für möglich gehalten werden konnte. Freilich ist die Idee rundweg abgelehnt worden. Sie war ja auch ein Grenzfall von Realität und Utopie. Für solche Phantasiespiele hatte der Grieche einen Sinn, und die Schwerkraft der Dinge erlaubte ihm glücklicherweise fast nie, sie ernst zu nehmen. Dagegen sah ein solcher Plan vom Standpunkt einer einzelnen Stadt anders aus. Er ist deshalb auch vereinzelt aufgegriffen worden, allerdings in Form eines normalen Kolonialunternehmens. Völlige Evakuierung war auch da eine praktische Absurdität. Als die Phokaier sie versuchten, kehrte alsbald ein Teil der Einwohner zurück. Der andere aber setzte sich in Bewegung, und das hatte auch seinen guten Grund. Phokaia besaß in Massalia und in Alalia auf Korsika, ihren Kolonien, Auffangstationen. Der Westen bot sich unter diesen Umständen als Region der Freiheit an, als der Osten der persischen Knechtschaft verfiel.

Die Rechnung ging aber doch nicht ganz auf. Auch der westliche Horizont hatte sich verdüstert, nicht ganz so schlimm wie der Osten und keineswegs mit der gleichen Rasanz. Aber er war, zwar vorderhand noch nicht für jeden merklich, zweifellos düsterer geworden. Die Ursache war der Aufstieg Karthagos.

Karthago war bis jetzt unter den phönikischen Kolonien nicht besonders hervorgetreten. Das wurde mit dem 6. Jahrhundert anders. Nachdem es schon mit der Anlage von Ebussos (Ibiza) auf den Pithyusen (bei Spanien) ein Zeichen eigener Tatkraft gegeben hatte, begann es jetzt, die Sache des Phönikertums im Westen zu seiner eigenen zu machen. Eine zusätzliche Sicherung der Ost-West-Route durch die Befestigung von Malta Anfang des 6. Jahrhunderts geht wahrscheinlich auf seine Rechnung, desgleichen die Besetzung der Balearen. Die Hauptsache war jedoch, daß es die anderen phönikischen Kolonien seiner Führung unterstellte. Damit war die wirtschaftliche, politische und militärische Kraft, die bis jetzt in diesen zum Teil recht stattlichen Städten jeweils für sich existierte, mit einem Male konzentriert; und damit war im westlichen Mittelmeer ein ganz neuer Faktor aufgetreten. Nun wurde das westliche Sizilien ein karthagischer Außenposten. Pentathlos hatte es zu spüren bekommen, möglich, daß das karthagische Übergreifen durch sein unbesonnenes Vorgehen provoziert worden war. Um die Mitte des 6. Jahrhunderts ist Westsizilien fest in karthagischen Händen. Aber damit begnügt es sich nicht. Da das übrige Sizilien durch die Griechen versperrt war, wandte es sich dem bislang von den Griechen unbeachtet gelassenen

Sardinien zu. Es war nicht leicht, dort Fuß zu fassen. Die Eingeborenen leisteten zähen Widerstand, und gänzlich sind sie im Inneren nie bezwungen worden. Aber die Küste und ihre Fruchtebenen und Häfen wurden karthagisch, eben im Verlauf des 6. Jahrhunderts. Sehr tüchtige Militärs, denen das Kriegshandwerk entgegen der generellen Einstellung der karthagischen Gesellschaft auf Handel, Gewerbe und Landwirtschaft zur Familientradition geworden war, Mago und seine Söhne Hasdrubal und Hamilkar, leisteten diese Arbeit, nachdem ihnen Malchus mit einem mißglückten Versuch vorausgegangen war.

Karthago war ein aristokratischer Staat auf formaler demokratischer Basis, so wie etwa Rom, und verfügte deshalb über die Kräfte einer zielstrebigen Tradition. Das kam jetzt im 6. Jahrhundert zum Vorschein, und damit mußte es den Griechen ein ernst zu nehmender Gegner werden. Diese waren ihm zwar an Zahl überlegen, aber kein griechischer Staat war Karthago an Festigkeit der politischen Organisation und auch an Machtpotential ebenbürtig. Dieser Umstand wurde in dem Augenblick gefährlich, als Karthago militärische Organe für eine systematisch betriebene Expansionspolitik entwickelte; ein selbständiges Kommando von Berufsmilitärs wurde durch die Freigabe von Söldneranwerbungen (in Afrika und in Spanien) mit einem Heer ausgestattet, das, frei von allen politischen Reservaten, wie sie einem Bürgermiliz-Heer – in Karthago wie bei den Griechen die ursprüngliche Form – eigneten, zu einem zuverlässigen und technisch vollkommenen Instrument wurde. Die Bahn, welche Karthago damals betrat, führte – mit Unterbrechungen, aber geradlinig – auf die Position, die es dreihundert Jahre später als gleichwertiger Gegner Roms einnahm. Kein Wunder, daß schon der Aufstieg dem zersplitterten Griechentum zu schaffen machen mußte und dessen außenpolitischen Horizont nachhaltig veränderte.

Zur selben Zeit nahmen auch die Etrusker einen Aufschwung und wurden zum zentralen Staat Italiens, dessen Einflußgebiet – mit eigenen Kolonien – von der Poebene bis Kampanien reichte. Es ist die Zeit, da auch Rom, das der Königszeit, eine etruskische Stadt war und sich nicht weit von Kyme das etruskische Capua erhob.

Mitten zwischen diesen beiden zu Großmächten erstarkenden Staaten lag das phokaiische Alalia, die Zufluchtsstätte der griechischen Flüchtlinge aus Kleinasien. Sie hatten von der wirklichen Lage, die sie antrafen, keine Ahnung, und billigerweise darf man ihnen daraus keinen Vorwurf machen. Der Wandel, der sich vollzogen hatte, schlug sich in keinem eindrucksvollen Effekt nieder; wir haben es aus der Rückschau leichter. Obendrein konnten die Phokaier mit Recht einen günstigen Umstand für sich in Anspruch nehmen: zwischen Etruskern und Karthagern war das Verhältnis nicht das allerbeste. Auch die Etrusker betrachteten das Meer als ihre Domäne und überfielen ohne Bedenken karthagische Schiffe (was bei dem Fehlen eines internationalen Seerechts kein Rechtsbruch war). Was würde es da verschlagen, wenn auch die Phokaier sich an diesem Treiben beteiligten? Sie taten es sehr munter und nutzten die Gelegenheit, sowohl Karthager wie Etrusker als Seeräuber heimzusuchen. Daß sie die Griechen ausnahmen – sie hatten auch ohne sie genug Beute –, hielten sie schon für nobel und außerordentlich, was es im Grunde auch war. Doch sie hatten die Rechnung ohne den Wirt gemacht, und ihre naive Kalkulation war schließlich sehr kurzsichtig. Karthager und Etrusker verständigten sich, begruben das Kriegsbeil durch Rechtshilfeverträge, welche die Kaperei einschränkten, und bekriegten gemeinsam die

Phokaier in Alalia. 535 kam es zu einer großen Seeschlacht. Die militärische Entscheidung war nicht eindeutig, aber Alalia mußte aufgegeben werden. Auf Umwegen fand die Bevölkerung dann in der Neugründung Elea Aufnahme.

Das Ereignis braucht, was seinen augenblicklichen Wert betrifft, nicht überschätzt zu werden. Es war eher eine Art von Wetterfahne, die einen energischen Windwechsel anzeigte. Etruskern und Karthagern lag es völlig fern, sich nun auf die Griechen zu stürzen. Aber eines war denn doch damit Tatsache geworden: eine risikolose Verbindung zum westlichen Mittelmeer gab es fernerhin nicht mehr. Massalia war in Zukunft ganz auf sich allein gestellt. Es konnte sich zwar wehren und hat auch nach Alalia den Karthagern in einer Seeschlacht eine Lektion erteilt, aber ein griechisches Schiff und noch weniger eine Kolonialflottille fand nun keine ungestörte Passage mehr. Die Welt wurde auch im Westen enger. Mit dem Fernhandel war es aus, und die Säulen des Herakles (Gibraltar) kannten in Zukunft die Griechen nur noch aus Erzählungen. Wenn die Griechen sich keinem karthagischen Angriff ausgesetzt sahen, so hatten sie selbst daran wenig Verdienst. Karthago verfügte zwar über imperialistische Möglichkeiten, zum Glück für die Griechen stand jedoch sein Sinn nicht darauf, sie zu verwirklichen. Das Mittel, das ihm in der Militärverfassung zu Gebote stand, war mit etlichen politischen Hypotheken belastet und alles andere als krisenfest. Karthago hat – wie Venedig – viel Mühe darauf verwenden müssen, die Gefahr von Militärputschen zu paralysieren, und war deshalb in der Außenpolitik vorsichtig. Ihre expansive Phase war auch in erster Linie durch das Defensivbedürfnis gegenüber dem zahlenmäßig überlegenen Griechentum hervorgerufen worden, und es mußten eigentlich erst von deren Seite Dummheiten gemacht werden, um den Gegner aus der besonderen Zurückhaltung hervorzulocken.

Für das griechische Bewußtsein war Alalia kein Menetekel. Die sizilischen Städte blühten und gediehen. Das Leben dort entfaltete teilweise den Glanz eines phantastischen Wohlstandes. Und ebenso stand es in Unteritalien, oder wie man damals sagte, in »Großgriechenland«. Da gerieten die beiden größten Städte (neben Tarent) aneinander: Sybaris und Kroton. Außenpolitische Rivalität mischte sich mit innerpolitischem Antagonismus. In Kroton herrschte eine strenge Aristokratie, die auf Zucht und Ordnung hielt, in Sybaris regierte ein Tyrann. Kroton nahm Emigranten, also dessen Gegner, auf. Der Waffengang endete mit der Niederlage von Sybaris. Darauf wäre es weniger angekommen. Aber Kroton liquidierte die ganze Stadt. Sie wurde zur Einöde gemacht (510). Im fernen Milet, das in engen Handelsbeziehungen zu Sybaris stand, legte man Trauerkleider an. Da hatte man wohl auch ein Gefühl für den Aberwitz, den sich Griechen in einer Zeit gestatteten, in der die Sonne der Weltpolitik längst schon umwölkt war.

Der geistige Aufbruch der späten Archaik

Die Situation des griechischen Geistes am Ausgang der archaischen Epoche verrät nichts von einem Hervortreten äußerer Umstände, wie sie der politischen Lage ihr Gepräge verliehen. Im Gegenteil: wenn im undurchdringlichen Dunkel der frühen Archaik fremde Einflüsse durchaus ihren Platz haben konnten und in Andeutungen sogar nachweisbar sind, wenn der Beginn der bildenden Kunst und die Entfaltung der Vasenmalerei im orientalisierenden Stil deutlich eine Empfänglichkeit des künstlerischen Schaffens für fremde Anregung zeigen, so sind die Griechen jetzt in einem geradezu prägnanten Sinn »bei sich«, indem sie nun eigentlich erst eine Ahnung von ihren eigenen Möglichkeiten bekommen und die Breite und Tiefe des sich in ihnen ausbildenden Wesens zu spüren beginnen. Die Generation vor den Perserkriegen war von einer Spannung erfüllt, die nicht nur nach vorn drängte, sondern überhaupt dem Reichtum ihrer Kräfte den objektiven Niederschlag zu geben suchte. Anlage und Ziel durchdrangen sich gegenseitig, und erproben wollte man ebenso, was man war, wie das, was die Zukunft verhieß und zugleich als Unbekanntes in sich barg. Geschichtliche Stunde, welche gleichermaßen Vollendung wie Umschlag ins unbekannte Neue war, bedeutete das Stadium, in das die Griechen eingetreten waren.

Wie es nicht anders sein konnte, stellte sich der fruchtbare Moment einmal im geglückten Erwerb vergangener Geschlechter dar. Das unruhige und unausgeglichene Zeitalter hatte es trotz der Ungunst solcher Voraussetzung in einigen Punkten erreicht, etwas in sich Geschlossenes und Fertiges zu schaffen. Dazu könnte man etwa das große Chorlied, also die Chorlyrik, zählen. Mit dem Abklingen der lebendigen epischen Tradition, die Homer zwar zum Klassiker und seine Tradierung zu einem integrierenden Bestandteil des griechischen Kultursystems erhob, die aber keine neuen Epen von Gewicht mehr ermöglichte, war der Platz für die große literarische Form leer geworden. Hier sprang das Chorlied insofern ein, als es wenigstens an die Breite der gesellschaftlichen Funktion erinnerte, welche dem Epos als praktischer Veranstaltung eines bestimmten Personenkreises eignete. Das Chorlied mußte richtig arrangiert, also eingeübt und von geschulten Chorsängern vorgetragen werden. Text und Musik teilten sich wohl gleichermaßen in den ästhetischen Effekt. Das formale Kunsthafte wurde in beiden Richtungen sehr hoch getrieben dank einer längeren Überlieferung, die einer differenzierten Ausgestaltung nicht nur Raum, sondern auch Antriebe gab, und dies auch bei der Anreicherung der inhaltlichen Typen. Sie ergaben sich teilweise aus den verschiedenen Funktionen der einzelnen Choraufführung. Natürlich spielte der »Gottesdienst« hierbei eine wichtige Rolle. Das Chorlied galt oft der Ehre und dem Preis eines Gottes, darunter nicht zuletzt des Dionysos, dem (ursprünglich) der Dithyrambos gewidmet war. Arion erhob ihn Ende des 7. Jahrhunderts in Korinth auf die Höhe einer literarischen Gattung. Später wurde es für vornehme und vermögende Leute üblich, sich ihre Siege bei den großen Festspielen in Olympia, Korinth und auch sonst besingen zu lassen.

Ruhm und Glanz eines Dichters hingen von seiner Bewährung in der Chorlyrik ab. Die bekanntesten Dichternamen des ausgehenden archaischen Zeitalters gehören deshalb dahin: Simonides von Keos, ein Mann des 6. Jahrhunderts, im Alter aber noch Zeuge des großen Perserkrieges und daher befähigt, den Opfern von Thermopylai durch sein Dichterwort Unsterblichkeit zu verleihen; Bakchylides und Pindar anderthalb Generationen später und damit hauptsächlich ins 5. Jahrhundert gehörend. Die Chorlyrik war also ein prächtiges und lebensfähiges Gewächs, offenbar darauf angelegt, auch nach der archaischen Zeit seine Blüten zu treiben. Pindar, den wir aus diesem Kreis am besten kennen, war wohl auch objektiv der bedeutendste; mit ihm stehen wir aber chronologisch im 5. Jahrhundert, sosehr wir auch geneigt sind, dies wegen der konservativen Gesinnung des Dichters nicht voll gelten zu lassen, und ihn deshalb als Nachzügler betrachten. Wahrscheinlich ist unser Eindruck jedoch nicht über allen Zweifel erhaben. Pindar war ein Mann pointierter Überzeugungen und scheute sich nicht, sie aus dem Munde seiner Chöre zum besten zu geben. Dieses gnomische Element seiner Dichtung ist freilich verknüpft mit dem eigentlich dominierenden Zug zur mythischen Erzählung. Kein Stück, wo der Dichter nicht eine Gelegenheit erspähte, aus der Sage von Göttern und Menschen zu berichten. In den Augen des Publikums verlieh ihr dies das Ansehen großen und erhabenen Stiles; denn schließlich hatte noch immer die Vergangenheit nicht aufgehört, eine primär mythische zu sein und ihre Erfahrungen als den Quell der Wahrheit auszugeben.

Die Chordichter besaßen auf Grund der hohen Schätzung, die sie genossen und weshalb sie von den Großen dieser Welt umworben wurden, ein starkes Selbstbewußtsein. Unter den noch nicht allzu zahlreichen griechischen Intellektuellen nahmen sie in den Augen der Zeitgenossen einen hervorragenden Platz ein. Die Nachwelt dachte nicht so. Mit den sozialen historischen Voraussetzungen ging auch der sachliche Zugang zu dieser Art Dichtung verloren. Sie war viel zu verschlüsselt, und auch wir werden uns dem unmittelbarer zu uns dringenden Klang der Stimmen Sapphos, des Alkaios und Anakreons leichter öffnen. Diese sangen von sich und ihrer begrenzten Welt, oder taten wenigstens so, und was wir zu vernehmen glauben, ist der Zauber persönlicher, unverstellter Menschlichkeit, die wir wohl in ihrer Zeit, der Wende des 7. Jahrhunderts zum 6., unterzubringen vermögen, die wir aber empfinden können als schwerelosen Odem, unbehindert durch die Barrieren von Jahrhunderten und Jahrtausenden.

Die Chorlyrik gleicht einem Baum, dessen Wurzeln und Stamm in der Archaik gründen und der seine Blütenkrone in die beginnende klassische Zeit aufragen läßt, ohne doch dadurch in ihr wirklich heimisch zu werden. So war es auch mit ihr dann vorbei, und man kann auch nicht sagen, daß wenigstens ihre Früchte zum beständigen Inventar der griechischen Kultur geworden wären. In dieser Hinsicht stand es um eine andere Leistung der archaischen Zeit weit besser. Sie wurde zum Erwerb für immer und gehört ganz der Welt des künstlerischen Bildens an. Die archaische Epoche hat den griechischen Tempelbau geschaffen, und zwar derartig vollkommen, daß er von ihr nahezu »fertig« entlassen wurde und die Folgezeit an ihm kaum etwas Grundsätzliches zu ändern hatte. Der Hergang dieses folgenreichen Prozesses ist leider noch immer recht wenig bekannt. Nur eines scheint klar zu sein und eine naheliegende Vermutung zu bestätigen. Der griechische Tempel mit seinem ummauerten Kern, dem Säulengang und dem Giebeldach ist nicht das Ergebnis einer selbstläufigen »Entwicklung«. Eine sehr individuelle Initiative brachte ihn vielmehr hervor. Infolgedessen erscheint er auch nicht gleichmäßig über Griechenland verteilt, sondern folgt zuerst besonderen Spuren, die von dem Zentrum seiner Erfindung ausgingen. Im 7. Jahrhundert (erste Hälfte) wußte etwa Kreta, in das wir zufällig Einblick haben, von ihm noch nichts. Verwunderlicher ist es, daß selbst das Solonische Athen (Anfang des 6. Jahrhunderts) seine ausgebildete Form noch nicht kannte.

Über den Vorläufer des Pantheon würde ein moderner Betrachter sehr enttäuscht sein, wenn er das nackte Gebäude mit nur wenigen Säulen im Eingang erblickte und bedächte, daß er im unteritalischen Paestum einen nicht viel jüngeren Säulentempel (die »Basilika«) zu sehen Gelegenheit hätte. Dabei war dieser natürlich gar nicht der früheste seines Typs. Seine Ausbildung gehört bereits in das 7. Jahrhundert. Das Zentrum der »Erfindung«, Säulen nicht nur in Stein (statt aus Holz) zu schaffen, sondern damit das eigentliche Tempelgehäuse einzurahmen, scheint auf dem Isthmos und da zuvörderst in Korinth, der lebendigsten Stadt des griechischen Festlandes in archaischer Zeit, gelegen zu haben. Von da aus hat sie sich wohl zuerst den Westen im Zuge der »korinthischen Kolonisation« erschlossen, etwa im Artemistempel auf Korkyra (Korfu) nachweisbar, und ist dann überhaupt im Raum Siziliens und Großgriechenlands heimisch geworden. Der andere Ausgangspunkt ist selbstverständlich das fortschrittliche Kleinasien. Abhängigkeit des einen vom anderen ist nicht nachweisbar. Es sieht so aus, als sei der etwa gleiche Weg jeweils selbständig beschritten worden, denn die Lösungen, die man fand, sind keineswegs genau zur Deckung zu bringen.

Das Mutterland brachte den »dorischen« Tempel als Modell hervor, Kleinasien den »ionischen« (eine schon antike technische Bezeichnung, hinter der man nicht allzuviel suchen sollte). Jenes verwandte ursprünglich den zur Verfügung stehenden Kalkstein *(poros)*, umgab ihn allerdings bei den Säulen mit einer fertigen Stuckschicht, so daß etwa die faszinierende Wirkung des rötlichen Steins in Paestum nicht den ursprünglichen Eindruck wiedergibt. Aber Ionien hatte Marmor in der Nähe und konnte sehr bald diesem festen und glatt zu bearbeitenden Material eine grazilere Form abgewinnen. Die dorische Säule ist breiter und wuchtiger, gleichsam der statischen Funktion nachempfunden, wenn sie unmittelbar aus dem Boden wächst und sich davor hütet, den Eindruck solcher Wurzelgeste durch allzu große Höhe zu gefährden. Die ionische Spielart kennt freilich diesen Gedanken auch und verjüngt sich desgleichen nach oben, gibt aber der Freiheit eines gewissen Spieles Raum und kann deshalb die Säule in einer Vielzahl ansetzen, die sich von der Aufgabe, das Dach für das Innengebäude zu tragen, gleichsam dispensiert.

Wo die Ansätze für diese erstaunliche Konzeption zu suchen sind, ist eine Frage, welche die Fachleute noch zu keiner Einigung hat kommen lassen. Gewiß ist, daß die Gestalt des Binnenbaues bereits der mykenischen Zeit bekannt oder in ihr vorgebildet war und daß dessen Megaron im griechischen Tempel weiterlebt. Ebenso war die Säule an sich nichts Neues, ob man ihr Urbild nun ebenfalls im minoisch-mykenischen Bereich sucht oder im Vorderen Orient, etwa in Ägypten. Wichtiger ist, daß die sakrale Auffassung vorher und nachher die gleiche war. Auch der klassische griechische Tempel ist ausschließlich Wohnung für den Gott und sein Standbild (übrigens eine sehr dunkle, denn keine Fenster gestatteten, das häufig berühmte Kunstwerk richtig zu betrachten), kein Kultraum: die Opfer wurden vor ihm abgehalten. Und damit ist die Folgerung nicht zu umgehen, daß die Triebkräfte, welche die Hellenen zu einer ihrer dauerhaftesten und bekanntesten Leistungen führten, ungeachtet der eindeutigen Zweckbestimmung, keine eigentlich religiösen, von einem spezifisch religiösen Bedürfnis diktierten, waren. Sie wollten den Göttern Häuser bauen, schöne und prächtige, aber ihr Verhältnis zu den Göttern war deshalb kein anderes als vorher und konnte sie deshalb auch nicht inspirieren. Die Unabhängigkeit von religiösen Motiven ist charakteristisch und gestattet es, am Grund der gestalterischen Tat so etwas wie die Autonomie des künstlerischen Schaffens anzusetzen. Selbstverständlich waren die Griechen damals ein »frommes« Volk, aber die Kraft ihres Bildens und ihre Originalität kamen nicht von da.

Im Hinblick auf die architektonische Leistung kann die Tatsache keine Verwunderung erwecken, daß die archaische Zeit die griechische Potenz in der bildenden Kunst, in Plastik wie Malerei, bereits voll zur Erscheinung brachte. Zwar zeigt sie viel weniger die Ausgewogenheit eines bereits erreichten Kulminationspunktes; viel eher drängt sich das dynamische, die Gegenwart wieder hinter sich lassende Moment dem naiven Betrachter auf, und die im Laufe von etwa zwei bis drei Jahrhunderten bereits zurückgelegte Strecke stellt sich als Fluchtlinie ständig sich ablösender oder vorwärtseilender Phasen dar. Man spürt, daß die hier wirksame Kraft noch lange nicht zur Ruhe gekommen war, sondern im Gegenteil immer weiter treiben mußte. Gerade am Ausgang der archaischen Zeit scheint sich das Tempo zu überstürzen, und in der Plastik ist zu sehen, wie die Umsetzung der statischen Ruhe in Bewegung in die entscheidende Phase gerät. Der Vorwurf, an dem sich dieser Vorgang vollzog, war der nackte männliche Körper. Seine Auffassung im einzelnen war außerordentlich wechselvoll, aber das Thema, der verschiedenen Seiten seiner Struktur habhaft zu werden, wurde konsequent durchgehalten, der Körper wurde sozusagen in seinen einzelnen Elementen aufgebaut, angefangen (und lange weiterverfolgt) bei der strengen Artikulation seiner Glieder und fortgeführt bis zur Synthesis des Körpers als eines Ganzen.

Der menschliche Körper als spezifischer Vorwurf der Kunst, eines der charakteristischsten Ausdrucksphänomene griechischen Geistes, gehört überhaupt zu den bedeutendsten Leistungen der Archaik, und kaum eine Frage wäre sinnvoller an den Historiker gestellt als die nach der näheren Bewandtnis dieses außerordentlichen Vorgangs. Es wäre schön, wenn er an dieser Stelle mit einer kunstsoziologischen Betrachtung aufwarten könnte. Leider reicht hierzu unser Material nicht aus. Die kleinen olympischen Votivfigürchen, die wohl Zeus als nackten Mann darstellen und noch dem 8. Jahrhundert angehören, sind in ihren Voraussetzungen nicht zu erklären. Gewiß ist nur, daß wenn nicht der erste Ansatz, so doch der entscheidende Impuls für die Einstellung auf die unbekleidete Gestalt von der Agonistik ausging.

Die sportlichen Wettkämpfe, die nach dem Vorbild von Olympia an anderen Orten und schließlich auch einzelnen Städten eingeführt worden waren, wurden unbekleidet durchgeführt und brachten bei ihrer zentralen Stellung innerhalb des menschlichen Lebens die verständliche Konsequenz mit sich, daß eine ständige Übung der männlichen Jugend zur Grundlage der ganzen Erziehung wurde. Von der militärischen Ausbildung der Epheben aus (in Athen der Achtzehn- bis Zwanzigjährigen), die mit den höheren Ansprüchen an das Bürgeraufgebot unvermeidlich wurde, könnte man die Gymnastik als vormilitärische

Ausbildung betrachten. In Sparta hat dieser Gesichtspunkt gewiß eine Rolle gespielt. Aber selbstverständlich ging in ihm das Wesen des griechischen Sports nicht auf.

Doch der Schritt, ihn unbekleidet auszuüben, scheint wirklich zuerst in Sparta getan worden zu sein, wahrscheinlich im 7. Jahrhundert. Homer ist diese Sitte noch unbekannt. Das wäre dann, wenn man es genau nimmt, die einzige »Erfindung« Spartas, welche für das ganze Griechentum verbindlich wurde, denn die Gymnastik (im wirklichen Sinn als nackte Leibesübung) verbreitete sich über den ganzen griechischen Raum. Ionien, das hier einmal nicht an der Spitze stand, verhielt sich anfangs zögernd, folgte dann aber auch. Diese Unbefangenheit, mit der die Griechen unter allen Kulturvölkern nicht ihresgleichen finden, ist natürlich nicht durch die Leidenschaft des Wettkampfes allein zu erklären. Es ist nachzuweisen, daß sie sich mit einer ästhetischen Freude am nackten Körper verband. Es war nichts Außergewöhnliches, daß dieser oder jener junge Mann für den Schönsten von ganz Hellas gehalten wurde. Diese Einstellung mußte auch vorhanden sein, um der Kunst die entscheidende Wendung zu geben. Die Berührung mit der Agonistik war sogar noch enger. Siegerstatuen, deren Aufstellung, oder die Erlaubnis dazu, als Preis vergeben wurde, waren ein beliebter »Kunstgegenstand«. Im Jahre 628 soll ein Spartaner zum erstenmal damit ausgezeichnet worden sein. In der Folgezeit, vor allem seitdem sie von der zweiten Hälfte des 6. Jahrhunderts an in Erz gegossen werden konnten, wurden ihrer Legion. Die hiermit sich erschließende künstlerische Gestaltungsmöglichkeit war den Göttern verständlicherweise nicht vorzuenthalten, und so zeigten ihre Kultstandbilder ebenfalls den nackten männlichen Körper.

Der in seiner Darstellung verfolgte und konsequent vorwärtsgetriebene Ansatz und überhaupt das mit dem 6. Jahrhundert in immer größerer Fülle sich offenbarende künstlerische Vermögen bewiesen am Ende der Archaik mit durchschlagender Deutlichkeit, daß die Griechen trotz des Hintergrundes der gewaltigen altorientalischen, zumal ägyptischen Kunst ein ganz neues Reich plastischer Möglichkeiten sich und der Welt erobert hatten. Wären sie sonst aus irgendeinem Grund für uns stumm geblieben, die bildende Kunst allein würde uns überzeugend zeigen, daß in ihnen ein säkulares Phänomen aufgetreten war. Ihre Umwelt muß das gespürt haben; denn lange bevor sie lernte, die Sprache der Griechen zu sprechen oder ihre Gedanken nachzudenken, war sie dabei, sich ihrer künstlerischen Überlegenheit zu fügen, nirgends so handgreiflich zu fassen wie bei den Etruskern, die beinahe zu einer griechischen Kunstprovinz wurden. Der Weg hierzu war der umfangreiche Import griechischer Handwerkserzeugnisse, vor allem der Keramik, die einen hohen Standard besaß und in ihren besten Stücken uns die sonst verlorengegangene Malerei ebenbürtig ersetzt. Den Produkten mögen griechische Handwerker gefolgt sein, und am Ende stand die eigene Ausübung, die niemals vergessen ließ, wer ihr Lehrmeister war.

Die griechische Bewußtseinslage am Ende der archaischen Zeit – die Kunst, auch die große literarische, spiegelt sie wie zumeist nicht ohne Brechung wider – fand einen charakteristischen Exponenten in einem Mann, der uns nicht nur sehr schlecht bekannt ist, sondern auch gewiß nicht zu den Großen seiner Epoche zählt. Aber Pherekydes von Syros, der etwa in der Mitte des 6. Jahrhunderts seinen Höhepunkt hatte, war der Repräsentant einer Denkungsweise, die offenbar zu seiner Zeit weit verbreitet war. Die Gründe lassen sich verhältnismäßig leicht vermuten. Er stand nämlich in einer Tradition, die in gerader Linie auf den ersten Ansatz individuellen Denkens, auf Hesiod, zurückging. Der Hesiod der Theogonie – nur um ihn geht es hier – hatte Anfang des 7. Jahrhunderts einen höchst persönlichen Gebrauch von einer Form des Denkens gemacht, welche die Welt durch ihre Entstehungsgeschichte erklärte und ihr Modell in den alten Weltentstehungsmythen vorfand. Er hielt sich dabei verständlicherweise an das »Material«, das ihm die (nichtliterarische) Tradition zur Verfügung stellte; aber damit konnte er unmöglich auskommen. Diese Angaben waren widerspruchsvoll – eine Instanz, die sie kanonisiert hätte, gab es nicht – und vor allem nach Hesiods Ansicht unvollständig. Hesiod ordnete infolgedessen nicht nur die überkommenen Angaben, sondern ergänzte sie auch. Dabei kam ihm die griechische Art, jedes Weltphänomen in göttlicher Gestalt zu sehen, sehr zustatten. Auf diese Weise war seinem spekulativen Verlangen hinreichend Raum gegeben. Solange er sich an die mythische Logik hielt, daß die Welt aus personalen Potenzen bestehe und diese sich entsprechend – manchmal recht ungewöhnlich und wunderbar – verhielten, konnte er nicht nur Glauben finden, sondern zugleich damit die stillschweigende Aufforderung ausdrücken, auf diesem Wege weiterzusuchen. An Nachfolgern konnte es deshalb nicht fehlen, Pherekydes war einer. Sein Werk trug den merkwürdigen Titel »Siebenschlucht« *(Heptámychos)* und wurde zur Verdeutlichung später mit dem Untertitel »Theogonia oder Theokrasis (Göttermischung)« versehen.

Wie Hesiod setzte Pherekydes an den Anfang drei Gewalten. Sie sind aber nur zum Teil mit denen Hesiods identisch. Statt Gaia (Erde), Chaos, Eros heißt es bei Pherekydes: Zas, Chronos (Zeit), Chthonia (Erde), wobei Zas eine Verballhornung von Zeus war, um ihm das griechische Wort für »leben« *(zēn)* zu substituieren. Aus Chthonia wurde dann Ge (das eigentliche Wort für »Erde«), und Zas verwandelte sich in Eros. Wie es im einzelnen weiterging, wissen wir nicht, es ist für unsere Zwecke auch nicht wichtig. Aber aus einer späteren Überlieferung läßt sich erschließen, was alles für Vorstellungen sonst in diesem Rahmen möglich waren. Mit Chronos hat sie es in der Regel auch zu tun. Er ist der Anfang, aber zum eigentlichen Schöpfer wird ein doppelgeschlechtliches Wesen, Phanes, das aus einem silbernen Ei hervorgeht. Deswegen fehlen aber nicht Uranos (der Himmel) und Gaia (die Erde), und erst recht erscheinen die Götter und Titanen, die selbstverständlich auch Pherekydes kannte. Diese kosmogonischen Phantasien stehen wahrscheinlich unter ganz erheblichem außergriechischem, orientalischem Einfluß. Das war schon auf der Stufe, die Hesiod vorgelegen hatte, der Fall gewesen.

Seit etwa dem 7. oder 6. Jahrhundert tragen sie das Etikett einer bestimmten Autorschaft – daß Pherekydes mit seinem eigenen Namen hervortrat, ist eine bezeichnende (übrigens nicht die einzige) Abweichung – und gelten als Erzeugnisse des Orpheus (oder seines Geistesverwandten Musaios). Das war nicht von ungefähr, denn damit verband sich ein bestimmter autoritativer Anspruch. Orpheus sollte älter als Hesiod und Homer gewesen und dadurch mit der Würde ältester Weisheit ausgestattet sein. Man sprach deshalb auch von »heiligen Schriften« *(hieroì lógoi)* und verstand darunter eine Art von Offenbarung. Dahinter steht also eine prononcierte Haltung; es ist die »orphische«, und zweifellos hat es sowohl ein orphisches Schrifttum gegeben als auch Leute, die es als Orphiker, entweder hervorbringend oder aufnehmend, trugen. Allerdings hätte ihnen das Bekenntnis zu solchen Weltentstehungstheorien allein noch nicht das Bewußtsein ihrer Sonderstellung verschafft. Es verband sich mit ihnen ein Element, das im Grunde das Zentrale war, nämlich eine besondere Lehre von der menschlichen Seele. Im Gegensatz zu der Indifferenz, mit der Homer das Schicksal der Seele nach dem Tode im Schattenreich des Hades betrachtete, erfährt sie jetzt Belohnung oder Strafe. In ein enges Verhältnis zu dieser Vorstellung trat sodann der Gedanke, daß die Seele eine Wanderung anzutreten habe, um in fremder Gestalt für die Fehler der Vergangenheit zu büßen und so gereinigt zu werden. Auf jeden Fall liege ihre Bestimmung in der Zukunft (nach dem Tode), und ihr zeitweiliger Aufenthalt in einem bestimmten Körper sei nichts als ein Festgehaltenwerden in einem Gefängnis.

Daß solche Ansichten über eine gewaltige Eindruckskraft verfügten und geeignet waren, Anhänger zu finden, kann religionspsychologisch nicht verwundern, denn die hier angeschlagenen Töne sind doch von recht elementarer Natur. Selbstverständlich hat sie Pherekydes auch gekannt und macht ihnen deshalb, wenn unsere spärliche Überlieferung nicht trügt, innerhalb seines Systems einige Konzessionen. Auch größere Geister setzten sich mit ihnen ins Benehmen, an erster Stelle Pythagoras, dann Empedokles und schließlich Platon. Verlorengegangen sind sie niemals, bis sie in der Zeit des werdenden Christentums das geistige Klima vorfanden, das mit seiner dominierenden Einstellung auf Geist und Körper, Welt und Seele, Sünde und Reinheit ihnen eine breite Resonanz und Anerkennung verschaffen mußte.

Aber am Ende der archaischen Zeit war dergleichen nicht einmal als ferne Möglichkeit am Horizont zu erblicken. Zwar muß es so etwas wie eine religiöse Praxis der Orphiker gegeben haben; an der Ausbildung der Dionysosmysterien sind sie offenbar beteiligt gewesen. Aber ob sie bereits richtige Konventikel organisierten, muß fraglich bleiben. Auch waren sie lokal nicht gleichmäßig verbreitet. Unteritalien und Sizilien waren die hauptsächlichen Domänen, ohne daß dafür ein plausibler Grund zu erkennen wäre.

In Athen, unter Peisistratos, trat in ihrem Namen ein gewisser Onomakritos auf, der dort recht handfeste Weissagungen aus seiner Orakelsammlung in Umlauf setzte und sich mit eschatologischen Enthüllungen über die Seele und Kosmogonien nicht eben beliebt machte. Offenbar gab es bei diesen »Orphikern«, denjenigen Anhängern dieser Lehren, die von ihnen lebten, sehr robuste Pragmatiker, die einfach aus dem unterschwelligen Bedürfnis der Menschen nach supranaturalen Geheimnissen Kapital schlugen und ihre Dienste für massives Entgelt darboten. Platon spricht von solchen professionellen Scharlatanen, die Privatleute und ganze Gemeinden mit dem Versprechen betörten, sie könnten bei den Göttern Sühnung und Reinigung für Lebende und Tote bewerkstelligen kraft der ihnen aus den Büchern des Orpheus zuteil gewordenen Belehrung.

Für das Griechentum wurde entscheidend, daß es solche urtümlichen Neigungen der menschlichen Seele wohl kannte, ihnen aber nicht die Herrschaft über sich anvertraute. Die Distanzierung erfolgte bereits, oder besser: gerade in der archaischen Zeit. Vor allem auch Pherekydes war das bewußt, deshalb war er trotz aller Nähe zur Orphik kein Orphiker. Es finden sich bei ihm Spuren eines ganz anderen Denkens, und diese weisen auf die sogenannte ionische Naturphilosophie hin. Mitte des 6. Jahrhunderts war ihre zentrale Gestalt

Ballspielende Epheben
Relief von einer attischen Statuenbasis, um 500 v. Chr. Athen, Nationalmuseum

Anaximander von Milet. Eine Generation früher lebte Thales in Milet, von dem schon das Altertum nichts Authentisches wußte, da er keine Aufzeichnungen hinterlassen hatte. Aber den Weg, den Anaximander beschritt, hat er wohl gewiesen, und insofern hat es seine Richtigkeit, wenn wir im Gefolge des Aristoteles noch immer die Philosophiegeschichte mit Thales beginnen lassen.

Anaximander war es wie Thales einmal darum zu tun, in die Natur Einblicke zu gewinnen und diese rechnerisch festzuhalten. Thales hatte sich deshalb aus Babylonien astronomisches Material verschafft und war auf Grund dessen imstande, auf das Jahr 585 v. Chr. eine Sonnenfinsternis vorauszubestimmen. Anaximander konstruierte eine Sonnenuhr mit Berechnung einer genauen Tageseinteilung, wahrscheinlich auch nach babylonischem Vorbild, zeichnete eine Erdkarte mit der Verteilung von Land und Meer auf und stellte den Himmel (wahrscheinlich zur Angabe der Sterne) in Gestalt einer Kugel dar. Aber dergleichen Einzelversuche, präzise Erfahrungen zu machen, gaben über den Zusammenhang der Welt noch keine Auskunft. So galt es anzuknüpfen an die Frage, die Hesiod aufgeworfen hatte: Woher kommt die Welt? Ihre Herkunft in der Zeit mußte das Rätsel lösen.

Während Hesiod jedoch noch alles in die Beziehungen göttlich-personaler Potenzen gebannt sah, setzte wohl schon Thales einen Stoff ein, ohne ihm eine spezifische Göttlichkeit zuzuweisen. Daß die ganze Natur göttlich belebt sei, verstand sich dabei für ihn von selbst (»Alles ist voller Götter«), damit war aber dem Problem des Ursprungs nicht beizukommen. Anaximander übernahm diesen Ansatz von Thales und teilte auch seine Überzeugung, daß dem Wasser hierbei eine große Bedeutung zukomme; doch erschien es ihm fraglich, ob es für die Rolle des ersten Anfanges tauge. Ein solcher hatte möglichst allgemein und unbestimmt zu sein, um alle Eventualitäten der Welt in sich zu bergen. Dabei ist das, was wir davon kennen, nur eine Möglichkeit. Anaximander war der Ansicht, daß beliebig viele Welten »ausgeschieden« werden, also entstehen und wieder vergehen, und zwar nacheinander. Der ständige Urgrund, jenes Allgemeine, sei deshalb das »Unbegrenzte« schlechthin, das *ápeiron*.

Vom (verlorengegangenen) Werk Anaximanders kennen wir einen einzigen authentischen Satz: »Das Kalte wird warm, das Warme kalt, das Feuchte trocken und das Trockene naß nach der Notwendigkeit. Denn für das Unrecht gibt es einander jeweils Buße gemäß der Ordnung der Zeit« (Rekonstruktion Bröcker). Anaximander meint damit, daß die Weltprozesse sich nach einer Polarität abspielen, daß Werden immer zugleich das Wachsen des einen und Schwinden des anderen ist. Wenn das Kalte schwindet, wächst das Warme. Dieser Ausgleich wird in dem Bild der gegenseitigen Buße ausgedrückt, denn diese ist nach ursprünglicher Rechtsauffassung Vergeltung im Sinne von Ausgleich. Die Korrespondenz ist einleuchtend und überzeugt als eine geniale Divination. Aber Anaximander verfügte auch über ein empirisches Motiv dafür, etwa das Feuchte durch Mehrung des Dürren austrocknen zu lassen. Er vertrat die Ansicht, daß unsere Erde sich durch Rezession des Meeres

---

Athene mit der Eule auf ihrem Schild
Vasenbild auf einem Gefäß aus Vulci/Etrurien, Mitte 6. Jahrhundert v. Chr.
Paris, Louvre

gebildet habe, indem die Sonne das Wasser zum Verdampfen brachte, und berief sich dabei, wie die moderne Forschung wohl mit Sicherheit annehmen darf, auf das Vorkommen von versteinerten Meerestieren. Wenn aber das Meer mit seiner Fauna die Priorität gegenüber dem Land hat, muß auch der Mensch ursprünglich im Wasser, also ein Wassertier gewesen sein. Diese Folgerung wird von Anaximander in der Tat gezogen. Der Mensch sei nämlich ursprünglich von der Art eines Fisches gewesen, genauer, er habe zuerst als junges Lebewesen einen Annex vom Fisch gebildet, bis er sich selbständig machte und ans Land ging. Die Verwandlung vom Seetier zum Landtier vollzog sich sonst auf andere Weise; im Schlamm seien Tiere mit stachligem Panzer gewesen und seien auf das Land hinübergewechselt, wobei sie ihren Panzer zerbrochen und damit die Lebensfähigkeit auf dem Trockenen gewonnen hätten.

Der eine Generation jüngere Milesier Anaximenes übernahm in der Hauptsache Anaximanders Lehre. Doch der physikalische Zusammenhang von Apeiron und Welt, die »Ausscheidung«, befriedigte ihn nicht. Er glaubte einen exakten Begriff von Übergang und Verwandlung durch die Beobachtung gewonnen zu haben, daß die Luft *(aér)* durch Abkühlung sich verdichtet, Nebel und schließlich Wasser bildet und daß andererseits Wärme sie verdünnt. Die Fortsetzung jener Progression sei dann wie bei Anaximander die feste Erde, die andere das Feuer.

Natürlich sind das alles in unseren Augen vage Spekulationen, aber sie wurden nicht von ungefähr angestellt. Zugrunde lag in der Regel eine (richtige oder unrichtige) Beobachtung, und vor allem: stets galt Unabhängigkeit von der mythischen Tradition als implizierte Norm. Trotz der ursprünglichen Verwandtschaft mit der religiösen Kosmogonie war die Syntax doch eine andere und damit ein Kreis umrissen, der unter einem eigenen Gesetz stand. Wir wissen zwar nicht, ob die neue Position in affektiver Frontstellung zum Mythos gewonnen wurde. Wahrscheinlich ist es nicht, denn gegen eine wirkliche Autorität hatte sie hier schließlich nicht anzukämpfen. Homer hatte sich mit solchen Fragen nicht befaßt. Deshalb mußte die Reaktion heftiger sein, wo dessen mythologische Vorstellungen ins Spiel kamen. Ein Zeitgenosse des Anaximenes, Xenophanes aus Kolophon, ebenfalls ein Ioner, der dann der Perser wegen nach Westgriechenland ging, nahm die homerischen Göttergestalten aufs Korn: »Alles haben Homer und Hesiod den Göttern angehängt, was nur bei Menschen Schimpf und Schande ist: Stehlen und Ehebrechen und sich gegenseitig Betrügen.« Die heftige Kritik richtete sich gegen die moralische, weniger gegen die kosmologische Ordnung des Mythos, was nicht ganz unverständlich war. Die zugrunde liegende Einsicht ließ sich da viel unmittelbarer gewinnen und mußte, wenn sie sich einmal zu Worte meldete, von vornherein durch ihre Selbstsicherheit eine größere Schärfe besitzen.

Das neue Wissen von der Natur hatte, einmal angesetzt, den Mythos wie eine abgeworfene Haut hinter sich gelassen. Wenn Pythagoras, der ebenfalls vom Osten (Samos) nach dem Westen ging (um 531), gewisse orphische Elemente aufnahm und vielleicht auch weiterentwickelte, bezog sich das auf die Lehre von der Seele (Seelenwanderung) und damit auf ein Territorium, das bei den Naturphilosophen nicht als eigenes Thema angelegt war. Die Motive dabei waren bei Pythagoras auch mehr solche der Lebenspraxis als der Theorie (etwa in dem bekannten Vegetarismus zum Vorschein kommend, um die menschliche Seele im Tier nicht zu verletzen). Empedokles von Akragas (erste Hälfte des 5. Jahrhunderts), der sowohl »Physiker« (in der Terminologie des Aristoteles für die ionische Naturphilosophie) wie Mystagoge und Wundermann war, ist in dieser Verbindung eine biographisch-psychologische Sondererscheinung, welche sachlogisch nicht zu erklären ist und deren personale Deutung bis heute Schwierigkeiten macht.

Solch ein einzelner Schatten kann den klaren Tatbestand – und eben noch einen der spätarchaischen Zeit – nicht verdunkeln, daß mit der ionischen Naturphilosophie ein völlig autonomer Denkprozeß ins Leben getreten war, der sich hinfort ausschließlich durch die Dialektik des Logos in Gang hielt und damit eine Dimension *sui generis* erschloß, die es bis dahin auf der Welt noch nicht gegeben hatte. Da wir keine Philosophiegeschichte schreiben, ist es nicht unsere Sache, den Weg über die ersten Schritte hinaus weiterzuverfolgen. Heraklit von Ephesos, ein Mann der Jahrhundertwende, wäre schon auf Grund seines polemischen Temperaments geeignet, diesen Kontrapunkt eindringlich zu illustrieren.

Er schließt sich eng an seine milesischen Vorgänger an. Die Natur besteht auch für ihn aus Übergängen und Ablösungen: das Feuer erliegt dem Wasser und dieses der Erde. Doch indem er auf diesen Tatbestand mit einer eigenen Intensität reflektiert, gewinnt er jenen gegenüber einen besonderen Standpunkt. Da sich im Werden keine Bestimmung festhalten läßt, sondern, indem jede einer anderen weicht, sie schon die andere ist, fallen alle Gegensätze zusammen. Tag ist gleich Nacht, tot gleich lebendig. Heraklit ging diesen Paradoxien in weitem Umkreis nach und fand auch eingängigere Beispiele. So geht der gleiche Weg sowohl aufwärts wie abwärts, und das Meerwasser ist sowohl nützlich wie schädlich, dieses für die Fische, jenes für die Menschen. Heraklit findet sein Weltprinzip in allen Bezirken, auch dem des Menschen. Das Feuer, die Mitte des Kreislaufs, ist identisch mit der Seele und der Vernunft. Seine provozierenden Thesen stützt er ab durch ein betontes Selbstbewußtsein des Philosophen. Nur er wacht, die gewöhnlichen Menschen schlafen.

Heraklits outrierte These von der Nichtexistenz des Seins ließ sich im Grunde leicht in ihr Gegenteil verkehren. Diese Antwort wurde ihm sehr bald von seinem jüngeren Zeitgenossen Parmenides aus Elea in Unteritalien zuteil, der nur noch das Sein gelten ließ und alles Werden dem Reich menschlicher Einbildung, der *doxa*, zuwies. Die Position des Parmenides wurde für den Fortgang des griechischen Philosophierens fundamental. Er wurde Quell aller Antriebe für mindestens zwei Generationen. Die einen, Empedokles, Anaxagoras, Leukipp und Demokrit, versuchen, möglichst viel von der Welt des Scheins in die Welt des Seins hineinzuretten (Bröcker), indem sie eine Mehrzahl von Seinselementen ansetzen – Leukipp und Demokrit in ihren Atomen unzählig viele –; die anderen, die »Sophisten«, drehen den Spieß gänzlich um und lassen nur die Doxa, das menschliche Meinen, gelten, klassisch formuliert in dem berühmten »Homo-mensura-Satz« des Protagoras: »Aller Dinge Maß ist der Mensch, der seienden, daß sie sind, der nichtseienden, daß sie nicht sind.«

Doch wir sind damit schon weit über die Grenzen der archaischen Zeit hinausgelangt, bis in die Mitte des 5. Jahrhunderts, und konnten so als Betrachter erfahren, was die geschichtliche Wirklichkeit für sich aussprach: den Zwang, unter dem das im 6. Jahrhundert anhebende Denken sich befand und der es dazu drängte, sich in der Zukunft auseinanderzulegen. Der Anlauf zu einer in sich geschlossenen Weltbewältigung enthielt nun einmal diese vorwärtstreibende Dynamik und setzte jene unermüdliche Spannkraft des Griechentums frei, die ihresgleichen allenfalls noch auf dem Felde der bildenden Kunst fand. Aber das Thema der geistigen Orientierung, das Ergreifen origineller Möglichkeiten ist damit noch nicht erschöpft. Die Griechen kannten auch den Weg der offenen Weltbewältigung, und auch ihn fanden sie noch in der letzten Stunde der archaischen Epoche.

Das geistige Klima Milets mit seiner vorbehaltlosen Einstellung zur Wirklichkeit äußerte sich zugleich im Verhältnis zur historischen Vergangenheit und zur geographischen Erfahrung. Es schuf sich ein Organ in dem Milesier Hekataios, einem Zeitgenossen des Anaximenes und wie dieser unter dem Eindruck Anaximanders stehend. Hekataios fand eine »historische« Überlieferung für die Heldensage vor, in der Art Hesiods nach Genealogien geordnet. Sie gab aber zu Bedenken Anlaß. Erstens nahm sie, da sie mythische Überlieferung war, keinen Anstand, den Geschichten ihre mirakulösen Elemente zu belassen, und zweitens enthielt sie keine absolute Chronologie. Beide Punkte wurden Hekataios zum Problem, worin zugleich eingeschlossen ist, daß diese Tradition als ganze ihm noch nicht fragwürdig war. Dies mit einigem Grund. Hätte er nämlich grundsätzliche Zweifel an ihrer Richtigkeit gehegt, wäre ihm nur ihre Annullierung als Ausweg geblieben. Aber das hätte bedeutet, die allgemeine griechische Vergangenheit überhaupt zu extrapolieren. Als gesamtgriechische Geschichte erzählte man sich in Griechenland nur die Schicksale der Heroen; die nur wenig bekannten Ereignisse der eigentlichen Geschichte reichten nicht sehr weit zurück und hatten obendrein nur lokale Bedeutung. Zu solcher radikalen Bescheidung war aber die Stunde noch nicht gekommen, weder den äußeren Umständen noch den inneren Voraussetzungen nach. Hekataios konnte nur die vorhandene mythische Tradition kritisch durchleuchten. Dies tat er denn auch mit aller Rücksichtslosigkeit. Sein Werk (es hieß vielleicht »Genealogien« oder »Herologien« und ist nur in einigen Fragmenten bekannt) begann mit dem lapidaren Satz: »Hekataios aus Milet läßt sich folgendermaßen vernehmen: ›Folgendes schreibe ich, wie es mir der Wahrheit zu entsprechen scheint. Die Erzählungen der Hellenen sind nämlich vielfältig und, wie es mir vorkommt, lächerlich.‹« Damit war von vornherein angedeutet, daß es ihm nicht darauf ankam, zur Korrektur der einheimischen Überlieferung auch die außergriechische heranzuziehen. Seine eigentliche kritische Sonde war das Wahrscheinlichkeitskalkül. Der Sage zufolge befand sich am Vorgebirge Tainaron der von dem Höllenhund, den einst Herakles zu Eurystheus weggeführt hatte, bewachte Eingang zur Unterwelt. Hekataios erschien das unglaublich. Es war ja auch durch keinen Augenschein zu verifizieren. Die Wahrheit war nach ihm vielmehr, daß der Höllenhund eine beliebige giftige Schlange war, die durch ihren Biß die Menschen in die Unterwelt beförderte, und daß Herakles diese dem Eurystheus brachte. Die »Richtigstellung« des Hekataios ist natürlich eine Mythenrationalisierung reinsten Wassers. Aber wenn Hekataios die Geschichte von Herakles stehenließ – etwas anderes kam nicht in Betracht –, dann mußte er innerhalb ihres Rahmens den Vorgang zurechtrücken.

Das bedeutendere, weil folgenschwerere Werk war die Erdbeschreibung des Hekataios *(periégesis)*. Auch hier war wahrscheinlich die epische Erzählung in Form von epischen

Landschaftsschilderungen vorangegangen. Spuren davon finden sich in unserem Homertext. Was jedoch Hekataios in Angriff nahm, hatte Methode, abgesehen davon, daß er, wie auch die milesischen Philosophen, in Prosa schrieb. Er lehnte diesen Text an eine Karte an, die er selbst zeichnete, nachdem Anaximander bereits eine geschaffen hatte, die Hekataios natürlich kannte. Aber Anaximander hatte nur »physikalische« Umrisse, etwa Verteilung von Land und Meer, geben wollen und geben können. Hekataios bemühte sich um einen Grundriß der erfahrbaren Erde mit allen ihren individuellen Eigenheiten. Und der Text enthielt eine Schilderung von Land und Leuten, soweit ihre Verhältnisse, auch die der Vergangenheit, erfahrbar waren. Es ging um das Maximum des möglichen Wissens. Hierin unterschied sich seine Information von den Schiffahrtshandbüchern *(periploi)*, deren es damals schon einige gab und von denen das des Skylax das jüngste und umfassendste war. Skylax war ein griechischer Seemann aus Karien gewesen, der im Auftrage des Dareios eine Fahrt vom Indus bis ins Rote Meer unternommen hatte. Seine Periploi verwerteten indessen nicht nur die eigenen Beobachtungen, sondern erstreckten sich auf die gesamte damals bekannte Küste diesseits und jenseits der Säulen des Herakles (Gibraltars), die er natürlich in ihrem ganzen Umfang selbst nicht kennengelernt hatte und zu deren Beschreibung er deshalb auch fremde Materialien verwandte. Hekataios wollte aber mehr als eine Küstenbeschreibung geben. Er unternahm selbst große Reisen, um durch Autopsie Kenntnisse zu bekommen und Heraklits Ausspruch, daß die Augen genauere Zeugen als die Ohren seien, zu bewahrheiten. Der für griechisches Denken und griechische Sprache nachweisbare Vorrang des Stirn-Augensehfeldes – eine interessante Beobachtung der jüngeren Forschung – findet hier bei Hekataios eine bezeichnende Illustration. Doch ebenso gewinnt ein anderer Begriff in ihm den frühesten Kronzeugen: Forschung im Sinne der Befragung von möglichen Zeugen, griechisch *historia*; denn überallhin konnte selbstverständlich Hekataios auch nicht kommen. Herodot nahm später den Begriff in einem umfassenderen Sinne auf, aber Hekataios konnte doch schon einen gewichtigen Ausspruch Heraklits auf sich beziehen: »Alles, was man sehen, hören und lernen kann, das ziehe ich vor«, wobei etwa zu ergänzen wäre: allem, was nur auf guten Glauben hin berichtet wird.

DIE KLASSISCHE ZEIT

Persisch-karthagischer Angriff und griechische Behauptung

Der Ionische Aufstand

Der Perserkrieg, die glänzendste politische Leistung und Bewährung des Griechentums, entwand sich einer Szenerie, welche alles andere als großartig und imposant war. Der »Ionische Aufstand«, aus dem sich alles Weitere ergab, war weder ein Meisterstück politischen Könnens noch ein Muster hoher Gesinnung. Es ging sehr »menschlich« bei ihm zu, und den Adel elementarer Begeisterung wird man vergeblich bei ihm suchen.

Das persische Herrschaftssystem beruhte, wo sich die Gelegenheit bot, auf der Ausnützung des politischen Gefälles, das die Perser bei ihren Untertanen antrafen. Bei den kleinasiatischen Griechen und zumal bei den Ionern nahmen die Aristokraten, in erster Linie die größeren Grundbesitzer, gegenüber der des längeren vordringenden demokratischen Welle eine Rückzugsstellung ein. In Milet war zwar kurz vor dem Einbruch der Perser nochmals eine aristokratische Restauration zustande gekommen, aber das war ein Augenblickserfolg, der nicht einmal auf eigener Kraft der »Sieger« beruhte, sondern eine Notlösung war, herbeigeführt durch die ausländische Vermittlung von Paros. Es war für die Perser also das gegebene, diese hilfsbedürftigen Kreise zu unterstützen und in ihrer zwangsläufigen Anlehnung an den persischen Herrn eine Garantie ihrer Herrschaft zu finden. Allerdings war selbst da auf diese geschwächten Kräfte nicht genug Verlaß. Sie bedurften der Leitung durch einen Tyrannen; und es standen denn allenthalben in den kleinasiatischen Griechenstädten Tyrannen als Gewährsleute der Perser an der Spitze, ein Vorgang, der für die Erscheinung der Tyrannis nicht uninteressant ist, da sie hier im Gegensatz zu früher einen offenbar reaktionären Charakter gewann.

Trotzdem war diese Stabilisierung nicht von Dauer. Sie geriet ins Wanken, als Aristagoras, der Tyrann von Milet, selbst den Damm gegen die demokratische Bewegung einriß. Das geschah wahrscheinlich nicht ganz freiwillig. Aristagoras hatte in der von den Persern eingeschlagenen Richtung zuerst ein Unternehmen in die Wege geleitet und versucht, mit Hilfe des Satrapen von Lydien an der Spitze von aristokratischen Emigranten aus Naxos – sie waren eben durch einen demokratischen Umsturz vertrieben worden – die Insel für Persien zu gewinnen, gewiß kein selbstloser Plan. Persische Belohnung wäre ihm sehr recht gewesen, denn er übte die Herrschaft in Milet als Stellvertreter seines Schwiegervaters Histiaios aus, der es in persischen Diensten recht weit gebracht hatte und nur damals einen vorübergehenden Aufenthalt in Susa, der Residenz des Großkönigs, nahm. Doch die Operation gegen Naxos mißglückte, und der blamierte Aristagoras stand schlechter da denn zuvor. Die peinliche Situation gab ihm die verwegene Idee ein, das Steuer um hundertachtzig Grad herumzuwerfen und mit dem demokratischen Strom zu schwimmen. Dieser Entschluß bedeutete die Proklamation des Aufstandes gegen seine Tyrannenkollegen und damit gegen die persische Herrschaft. Es war eine reine Improvisation, unüberlegt und in nichts vorbereitet, womit sich diese Politik selbst verurteilte. Aristagoras zeigte durch sein Verhalten in der Folgezeit, daß er weder der Aufgabe gewachsen war noch im geringsten das Ethos eines Freiheitshelden besaß. Die Bilanz am Ende wies ihn als reinen Abenteurer aus.

Und wie stand es um die »nationale« Begeisterung der kleinasiatischen Griechen im allgemeinen? Bei dem Stand unserer Quellen mag es nicht ganz berechtigt sein, sie völlig außer Rechnung zu stellen; treibendes Motiv war sie gewiß nicht. Dies war zweifellos der innerpolitische Gegendruck gegen die Klassenherrschaft der Tyrannen; an die außenpolitischen Konsequenzen wurde wenig Überlegung verschwendet. Der Geograph und Völkerkundler Hekataios erhob zwar warnend seine Stimme und wies auf die Größe des Perserreiches hin. Aber er drang nicht durch, und auch sein nüchterner Rat, den von ihm nicht gutgeheißenen Kampf unter rücksichtsloser Verwendung aller Mittel, auch der Tempelschätze, zu führen, fand keinen Anklang. Den modernen Historikern reicht der überlieferte Motivationszusammenhang im allgemeinen nicht aus. Wirtschaftliche Gründe sollen letztlich die Griechen in Bewegung gesetzt haben. Seit der Begründung des Perserreiches hätte das griechische Kleinasien unter der Konkurrenz der nach der Befriedung Syriens sich freier bewegenden phönikischen Städte zu leiden gehabt. Aber das ist reine Spekulation, für die weder die Wahrscheinlichkeit noch die Quellen sprechen.

Wenn die Überlegungen der Aufständischen auch ziemlich kurzgeschürzt waren, so unternahm es Aristagoras doch, die mutterländischen Griechen in den Kampf hineinzuziehen; mit so viel Gemeinsinn hoffte er rechnen zu können. Man hatte ja schließlich schon früher, im Kampf gegen die Lyder und dann gegenüber der Unterwerfung durch die Perser, ähnlich gedacht. Aber der Erfolg war jetzt wie damals recht kläglich. Sparta, auf das es als die führende Macht Griechenlands am meisten ankam, zeigte schlankweg die kalte Schulter, als Aristagoras persönlich vorsprach. Aristagoras führte große Worte im Munde und sprach von Freiheit, von Schande der Knechtschaft und von der blutsmäßigen Verbundenheit aller Griechen, aber versäumte bezeichnenderweise auch nicht, auf angeblich große Eroberungschancen hinzuweisen. Ein ganzes Gemälde von den Reichtümern Asiens entfaltete er vor den Augen des spartanischen Königs Kleomenes, wohl wissend, daß dieser ein Mann von Initiative und politischer Phantasie war. Aber er verrechnete sich gründlich. Kleomenes kam mit der nüchternen Gegenfrage, wie weit denn der Weg von der Küste bis Susa sei, und als Aristagoras die wahrheitsgemäße Auskunft gab, es handle sich um einen Fußmarsch von drei Monaten, wurde ihm kurzwegs die Tür gewiesen. Ein plumper Bestechungsversuch des Aristagoras machte dann die Sache nur noch schlimmer, so daß der wichtigste Teil seiner Mission gründlich gescheitert war.

Anders erging es Aristagoras in Athen. Hier war die politisch-psychologische Situation günstiger. Athen hatte die Jahre zuvor die Tyrannis beseitigt und fuhr im Zeichen der

Kleisthenischen Politik mit vollen Segeln im demokratischen Fahrwasser. Der vertriebene Hippias war bei den Persern und suchte sie für seine Rückkehr zu interessieren. So ergab sich also eine spezifische Interessenkonvergenz zwischen Athen und den Ionern. Und Aristagoras war nicht müßig, auch Gefühlstöne anklingen zu lassen. Athen sei die Mutterstadt von Milet, was kaum anders denn als ionische Metropole zu verstehen war und natürlich einer Athen gemäßen Anschauung entsprach, die sich in jenem Jahrzehnt über den größeren Zusammenhang der Ioner gebildet hatte. Dergleichen hörte man gern in Athen, ebenso die leichtfertige Versicherung, das persische Militär sei eine Bagatelle. In Sparta hatte man Aristagoras diesen Zweckoptimismus nicht abgenommen. Aber die Athener schickten zwanzig Schiffe, nicht eben übermäßig viele, aber wohl ihrer damaligen Leistungsfähigkeit entsprechend. Eretria auf Euboia, in naher Beziehung zu Athen stehend, fügte fünf weitere hinzu. Das war denn also der Beitrag des Mutterlandes zur ionischen Erhebung, gewiß nicht großartig, aber im Hinblick auf die Zukunft doch sehr folgenschwer. Das ist schon Herodot, dem Historiker der Perserkriege, aufgegangen, wenn er den Bericht von Aristagoras' Gesandtschaftstournee mit der lapidaren Feststellung beschließt: »Diese Schiffe wurden für die Hellenen wie für die Barbaren zum Ursprung mancher Leiden.«

Der Krieg verlief, wie er nach den Umständen verlaufen mußte. Er traf das persische Großreich völlig unvorbereitet und spielte damit den kleinasiatischen Griechen gewisse Anfangserfolge in die Hand. Diese vermochten zu Beginn (499 v. Chr.) den Schein zu erwecken, als ob sie den Persern das Gesetz des Handelns vorschrieben, und holten sogar zum Angriff aus: die alte lydische Hauptstadt Sardes, jetzt Verwaltungssitz der persischen Regionalregierung und, obwohl außerhalb der Küstenzone, den Ionern von alters her vertraut, wurde von ihnen angegriffen und eingenommen. Sie wurde, ausgenommen die Burg, welche sich hielt, eingeäschert. Ein anderer Erfolg war das Überspringen des Aufstands auf Kypros, wo nicht nur die Griechen, sondern auch die Phöniker von Kition sich erhoben. Als aber das persische Weltreich seine schwerfällige Kriegsmaschine einmal in Bewegung gesetzt hatte, schmolzen die illusionären Gewinne wie Schnee an der Sonne dahin. Die Griechen mußten sich aus Sardes zurückziehen, Kypros wurde wieder unterworfen, und schon hatte die Griechen in ihrem eigenen Gebiet, in Ephesos, der Gegenschlag erreicht. Nachdem die Küste vom Marmarameer, Hellespont und die Aiolis wieder in persischen Händen waren, konzentrierte sich die Auseinandersetzung auf Ionien und da auf die Hauptstadt Milet.

Da Milet eine Küstenstadt war und auch die anderen ionischen Städte ihre militärischen Anstrengungen dem Seekrieg zugewandt hatten, mußte die Entscheidung auf dem Wasser fallen. Die Milet vorgelagerte kleine Insel Lade wurde ihr Zeuge (Seeschlacht bei Lade, 495), Zeuge auch des endgültigen Zusammenbruchs dieses Ionischen Aufstandes. Freilich war dort nicht nur zu sehen, wie sich eine beinahe doppelte Übermacht (die Perser hatten sechshundert Schiffe, ihre Gegner dreihundertdreiundfünfzig) auswirkte. Lade wurde auch der Schauplatz eines eklatanten militärischen, politischen und moralischen Versagens der Griechen: unter ihren verschiedenen Kontingenten war keine Disziplin herzustellen, dem phokäischen Admiral, dessen Heimatflotte nur drei Schiffe zählte, wurde nicht gehorcht,

Das Vorgebirge Mykale in Kleinasien
Gebiet der Seeschlachten zwischen Griechen und Persern in den Jahren 494 und 479 v. Chr.
Im Vordergrund die Insel Samos

Themistokles
Römische Kopie nach dem Kopf einer vor 470 v. Chr. entstandenen Statue
Ostia, Museo Ostiense

und während der Schlacht schon machten sich die wichtigen Flottenabteilungen von Samos und Lesbos von dannen. Die Haltung der Griechen war von niederschmetternder Kläglichkeit, und als unmißverständliches Symbol war bereits vor der Schlacht der Urheber des ganzen Unternehmens, Aristagoras, mit seinen Genossen geflüchtet, nach Thrakien, wo er für kurze Zeit noch eine unwürdige Freibeuterexistenz führte und schließlich bei diesem improvisierten Abenteuer umkam. Milet war mit der Niederlage von Lade verloren und wurde als der Keim des ganzen Aufstands von den Persern von Grund auf zerstört; die am Leben gebliebenen Einwohner wurden nach Mesopotamien deportiert, ein radikales Verfahren, das sonst gar nicht der persischen Methode entsprach (494).

Mit Milet war die größte und glänzendste Stadt der griechischen Archaik vernichtet, »ausradiert« in der barbarischen Terminologie unseres Jahrhunderts. Für die meisten übrigen Städte – einige erlitten das Schicksal von Milet – war die Liquidierung der Erhebung schmerzloser. Im Gegenteil, die Pazifizierung warf sogar einen zivilisatorischen Vorteil ab: die Perser zwangen die griechischen Gemeinden, Rechtshilfeverträge untereinander abzuschließen und damit die rüde Methode zu beseitigen, privatrechtliche Ansprüche zwischen Angehörigen verschiedener Städte durch persönliche und willkürliche Exekution, also praktisch auf dem Wege unkontrollierten Raubes, durchzusetzen.

Marathon

Freilich war das politische Problem für Persien mit der Wiederherstellung des alten Zustandes noch nicht erledigt. Es hatte sich ausgeweitet zu der allgemeinen Frage, wie es in Zukunft um das Verhältnis der Griechen überhaupt zum persischen Großreich bestellt sein sollte. Die Verfolgung dieses Themas führte ziemlich direkt zur Schlacht von Marathon, die sich in dieser Hinsicht als bloßes Anhängsel des Ionischen Aufstandes darstellt. Trotzdem wäre damit zuwenig gesagt. Die Wurzeln des ganzen Komplexes reichen doch etwas tiefer, und latent gab es diesen Sektor der persischen Politik schon früher. Es war nur nicht klar, ob und wie er jemals aktualisiert werden würde. Da hat nun der Ionische Aufstand verhältnismäßig rasch die Dinge in Fluß gebracht.

Die griechische Welt lag nicht außerhalb des persischen Blickfeldes. Der altorientalische Universalismus, in den die beiden großen Begründer des persischen Weltreiches, Kyros und Dareios, von selbst hineingewachsen waren und dem sie eine imposantere Verwirklichung schufen als alle ihre Vorgänger, führte zu einer Konzeption, welche der Idee nach für den persischen Herrschaftsanspruch überhaupt keine geographischen Grenzen kannte. Im Grunde hätte die ganze Welt, soweit sie damals bekannt war, dem Begriff nach als persisches Untertanenland gelten können. Wohin der Großkönig deshalb im Verlauf von irgendwelchen militärischen Operationen seinen Fuß setzte, da hinterließ er die deutlichen Spuren einer dauernden Herrschaftsergreifung. So war es denn schon zwanzig Jahre vor der Niederwerfung des Ionischen Aufstands im Zusammenhang mit dem Feldzug gegen die europäischen Skythen zur Einrichtung zweier, wenn auch loser europäischer Untertanenbezirke gekommen, dem thrakischen Balkangebiet und dem nördlichen Teil von Griechenland mit Makedonien und Thessalien. Aber auch dem eigentlichen Griechenland wandte Dareios ein gewisses Interesse zu; wahrscheinlich ebenfalls geraume Zeit vor dem Ionischen Aufstand ließ er durch seinen griechischen Leibarzt Demokedes, damals einer weithin bekannten Berühmtheit seines Fachs, eine Erkundungsfahrt durch den gesamten Raum von Hellas, bis nach Süditalien, unternehmen mit der Aufgabe, genaue Aufzeichnungen zu machen. Wenn es die Gelegenheit mit sich brachte, war eine Aktion mit dem Ziel einer Unterwerfung der Griechen in irgendeiner Form nicht ganz ausgeschlossen. Allerdings stand ein solches Unternehmen bestimmt nicht im Zentrum der persischen Politik. Dafür lag Griechenland für Persien viel zu weit ab.

Der Ionische Aufstand gab jedoch dieser Situation ein ganz anderes Gesicht. Dareios machte die Bekanntschaft mit einem griechischen Widerstandsgeist, der ihn überraschen mußte. Also war auf seine griechischen Untertanen in Kleinasien kein rechter Verlaß. Wie konnte er ihrer jedoch für die Zukunft sicher werden. Der Gedanke, daß er sich hierzu der benachbarten Hellenen des Festlandes und auch der ägäischen Inseln vergewissern müsse, bot sich da von selbst an. Noch war es zwar zu keinem großangelegten gemeinsamen Handeln der Griechen diesseits und jenseits des Meeres gekommen, doch wer wollte garantieren, daß dies auch in Zukunft so bleiben würde? Und immerhin hatte Athen mit Eretria Zuzug geleistet. Dareios' Wut über solch keckes Unterfangen, das jeden Respekt vor der persischen Weltmacht vermissen ließ, war deshalb, sehr begreiflicherweise, gewaltig, auch wenn man die berühmte Geschichte nicht für bare Münze nimmt, daß sich Dareios durch einen Sklaven, der ihn täglich mit der stereotypen Wendung »Herr, gedenke der Athener!« ansprechen mußte, seinen Grimm eigens wieder aufladen ließ. Kurz und gut, solcher Voraussetzung entsprach der Entschluß, die Niederwerfung des griechischen Aufstandes mit der Unterwerfung des griechischen Festlandes zu krönen.

Ein großes Unternehmen sollte und brauchte daraus nicht zu werden. Der Eindruck der ionischen Niederlage mußte den Weg ebnen, und von seiner moralischen Wirkung konnte Dareios ohne Bedenken die Grundlagen des Erfolges erhoffen. Vor allem jedoch erweckte nicht nur der innere Zustand Griechenlands keinerlei Zweifel an der Opportunität einer solchen Politik, sondern er schien förmlich dazu einzuladen. Die konservativen Kreise Griechenlands, das heißt vor allem Mittelgriechenland, konnten im allgemeinen als perserfreundlich gelten; jedenfalls bildeten sie keinen Widerstandskern und hätten wenig gegen eine persische Herrschaft einzuwenden gehabt, die ihnen die demokratische Bewegung vom Leibe hielt. Schließlich war der thessalische Adel schon vor Jahren mit »gutem« Beispiel vorangegangen. Und dann waren da die Emigranten, die ihre Heimführung durch Persien erwarteten und die selbstverständlich loyale Gewährsleute geworden wären, an ihrer Spitze Hippias, der einstige Tyrann Athens. Aus Zankle (Messina) gekommen, weilte ein gewisser Skythes als gestürzter Herrscher bei den Persern; Gillos, ein Verbannter aus Tarent, erhoffte Rückführung durch persische Intervention. Sogar ein spartanischer Exkönig gehörte dieser Gruppe an, Demaratos, ein Opfer des rücksichtslosen Vorgehens seines Mitkönigs Kleomenes. Überhaupt bot die internationale Situation Griechenlands dem Perser kein ungünstiges Bild. Sparta und Argos waren von alters her verfeindet; aber gerade in diesen Jahren stand der Pegel der gegenseitigen Beziehungen besonders tief, nachdem Sparta im Jahre 494 Argos eine ganz schlimme Niederlage beigebracht hatte, welche diesen Staat bis ins Tiefste erschütterte. Und ebenso waren sich Athen und die Insel Aigina spinnefeind, von den unzähligen Querelen, welche die anderen griechischen Staaten gegeneinander hatten, ganz zu schweigen.

Tatsächlich mußte man sich fragen, wo denn mit wesentlichem Widerstand überhaupt zu rechnen war. An erster Stelle stand hier natürlich Sparta mit seinem Peloponnesischen Bund. Es war die sicherste Größe, denn Paktieren mit den Persern hätte die Aufgabe seiner ganzen hervorragenden Position bedeutet. Aber auch Sparta war im Innern nicht krisenfrei und litt an der Eigenwilligkeit seines Königs Kleomenes, der die prekärste Komplikation nicht scheute und eben seinen Mitkönig Demaratos zur Strecke gebracht hatte. Und schließlich Athen, dem dann die Palme im ersten Waffengang mit den Persern zufallen sollte, war denn von ihm nach den damals bekannten Prämissen allzuviel zu erwarten? Seine Beziehungen zu Sparta konnten nach alledem, was sich an die Vertreibung des Hippias zehn bis fünfzehn Jahre früher angeschlossen hatte, nicht die besten sein. Vor allem jedoch mußten seine innerpolitischen Verhältnisse als keineswegs besonders stabil gelten. In dieser Hinsicht bestanden zum mindesten erhebliche Unklarheiten.

Wenn um die Jahrhundertwende Athen unter dem Eindruck der Kleisthenischen Revolution dem Ionischen Aufstand beigetreten war, so hieß das keineswegs, daß Gegenkräfte gefehlt hätten. Gerade auch die Familie des vertriebenen Hippias war noch durch einflußreiche Angehörige und Parteigänger vertreten, und deren Ziel war selbstverständlich nicht der Kampf gegen Persien, sondern Rückkehr des Hippias und damit Unterwerfung unter Persien. Dieser Gruppe gelang es sogar noch während des Aufstandes, und zwar gerade in der Entscheidungsphase, sich zur Geltung zu bringen. In den wichtigen Jahren nach 497 stellte sie sogar den Ersten Archon, und die Folge blieb nicht aus: Athen zog sich vom Kampf zurück. Hierin drückte sich eine offene Niederlage des politischen Kurses von Kleisthenes (der wohl damals nicht mehr am Leben war) und seiner Sippe, der Alkmaioniden, aus, und sie war gewissermaßen identisch mit einer Niederlage der demokratischen Kräfte, der Seele also einer antipersischen Politik.

Zum Glück hielt dieser politische Wind nicht an. Mit dem Jahre 493 war es mit ihm zu Ende. Die Katastrophe Milets im Jahre 494, die auch dem stumpfesten Gemüt ein Menetekel sein mußte, wird daran nicht unbeteiligt gewesen sein. Zurück kamen aber nicht die Alkmaioniden, sondern ein Einzelgänger trat hervor, von dem nicht recht klar ist, welche Leute er eigentlich hinter sich hatte. Er war kein Freund der Alkmaioniden, hatte aber ihr antipersisches Programm übernommen und war wie sie selbstverständlich auch ein Adliger: Themistokles. Er verriet gleich während seines Archontats (493) die kühle Sachlichkeit und den divinatorischen Weitblick, die ihn zehn Jahre später zum unbestrittenen Helden des Perserkrieges machen sollten. In Erwartung eines persischen Flottenangriffs ließ er den Piräus zum Hafen ausbauen und veranlaßte die Aufführung einer Tragödie des Dichters Phrynichos, welche die »Einnahme Milets« zum Gegenstand hatte. Der Eindruck dieses Stückes war so überwältigend, daß das Publikum in Schreie ausbrach. Mit diesem Affekt war allerdings der Bogen überspannt. Dem Autor wurde sein Erfolg mit einer Ordnungsstrafe von tausend Drachmen und hinfortigem Aufführungsverbot belohnt, und auch Themistokles hielt sich nicht an der Macht. Allerdings machte er nicht den

Alkmaioniden Platz. Diese waren im Gegenteil derartig abgedrängt, daß man ihnen ein subversives Konspirieren mit der Tyrannengruppe zugunsten der Perser zutraute, wahrscheinlich eine infame Verleumdung, aber deswegen nicht weniger bezeichnend für die Zerklüftung der innerpolitischen Lage.

Themistokles unterlag vielmehr einem gesammelten Angriff der Aristokraten, also der konservativen Kreise, die mit der demokratischen Entwicklung Athens noch nicht ausgesöhnt waren und deshalb auch für die außenpolitische Seite dieses Kurses, für einen strikten Antipersismus, wenig übrig haben konnten. Athen schien also umgeschwenkt zu sein auf die Linie, an der sich das Gros der Staaten außerhalb Spartas ausrichtete, und den Weg des Kompromisses und der Nachgiebigkeit gegenüber den Persern gewählt zu haben.

Trotzdem war es nicht so. Die verhängnisvolle Wendung unterblieb, weil der Mann, dem die athenischen Konservativen ihren Sieg verdankten, von Grund aus anders dachte und überdies imstande war, allein auf seine persönliche Autorität gestützt, seine Ansicht bei seinen Parteigängern durchzusetzen. Die welthistorische Stunde des Miltiades war gekommen.

Miltiades war, um in der Sprache des 19. Jahrhunderts zu reden, eine ausgesprochen feudale Erscheinung. Angehöriger des reichen und altadligen Philaidengeschlechtes, war er durch die Tradition seiner Familie dazu gebracht worden, den Platz seines Wirkens außerhalb Athens zu suchen. Schon ein Geschlechtsangehöriger der früheren Generation, ein Zeitgenosse des Peisistratos, hatte in einem der politisch leeren Räume, wie sie die archaische Zeit in reicher Fülle zur Verfügung hatte, auf der thrakischen Chersones, der heutigen Halbinsel Gallipoli, ein selbständiges Fürstentum gegründet. Da herrschte er über den kleinen thrakischen Stamm der Dolonker, die sich das gern gefallen ließen; sie gewannen dadurch Schutz gegen feindliche Nachbarn und hatten deswegen den Athener (den »älteren« Miltiades) selbst herbeigerufen. Mit diesem kam noch eine kleine Anzahl anderer Athener, die das Unternehmen als eine Art von Kolonistenzug betrachteten. So entstand einer jener griechischen Außenposten, die in erster Linie auf der Begründung einer dauernden persönlichen Herrschaft über Eingeborene beruhten und deren es auch andere gab, etwa die Position der Peisistratiden in Sigeion, nahe Troia. Nach griechischer Vorstellung war es eine Spielart der Tyrannis, und als solche fiel es ihr nicht schwer, sich der persischen Herrschaft anzupassen, als die Perser im Zusammenhang mit dem Skythenfeldzug auch jene Gegenden erreichten.

Es war unser Miltiades, der nicht nur das Erbe seines Onkels durch straffere Organisation und umsichtige Verbindungen zu thrakischen Fürsten mehrte – ihren Kreisen entstammte seine Frau –, sondern der auch ohne Mühe den Übergang zur persischen Vasallität vollzog. Soweit paßt alles in den typischen Rahmen der damaligen Verhältnisse. Aber nun die Abweichung. Obgleich als »Tyrann« im Ionischen Aufstand der politischen Logik nach auf die persische Seite verwiesen, beteiligte sich Miltiades an ihm. Damals oder etwas später wird auch die berühmte Geschichte aufgebracht worden sein, daß man, wenn es nach ihm gegangen wäre, von Dareios nichts mehr zu befürchten gehabt hätte. Er wäre nämlich dann vom Skythenfeldzug gar nicht mehr zurückgekehrt, da die Brücke über die Donau nicht mehr bestanden hätte, sondern, wie sein, des Miltiades, Vorschlag lautete, von den griechischen Wachkontingenten abgebrochen worden wäre. Die Entscheidung, die Miltiades getroffen hatte, zwang ihn zur Flucht vor dem siegreichen Perser. Als steinreicher Mann kehrte er mit vier Schiffen, schwer von den Schätzen, die sich im Verlauf mehrerer Jahrzehnte draußen angesammelt hatten, nach Athen zurück, wo die Familie selbstverständlich auch noch ihre Grundbesitzungen hatte, und bezog nun naturgemäß Stellung im innerpolitischen Spiel seiner Heimatstadt. Ungeteilte Freude bereitete da (worüber man sich nicht wundern wird) das Auftreten des Eindringlings nicht, und die Gegner – es werden wohl die Alkmaioniden gewesen sein – waren nicht skrupulös in der Wahl der Mittel, ihn moralisch zu diskreditieren. Ein Prozeß wegen Tyrannis, womit die Fürstenstellung auf der Chersones gemeint war, sollte Miltiades zu Fall bringen. Doch der Freispruch machte ihn zum Sieger in der gefährlichen Auseinandersetzung, und er konnte jetzt an die Spitze der konservativen Kreise treten, die seit den Tagen des Tyrannensturzes, als sie unter Isagoras einen Putsch versucht hatten, ohne Führung waren. Ihnen hämmerte nun Miltiades ein, daß es keinen Kompromiß mit den Persern geben könne, und bewirkte damit nach außen eine Einheitsfront der divergierenden Kräfte. Man begreift, daß ihm das den Vorrang vor allen rivalisierenden Politikern verschaffen mußte und daß er obendrein als erster »Fachmann« für persische Probleme – er kannte sie ja wie kein anderer Athener – eine besondere Autorität besaß. Nicht nur die Alkmaioniden, sondern auch Themistokles mußten ihm weichen.

Die Initiative blieb nichtsdestoweniger bei den Persern. Ein fähiger Mann, Mardonios, Schwiegersohn des Dareios, war sowohl mit der Aufräumung des Aufstandes als auch mit der griechisch-europäischen Arrondierung des Weltreiches betraut. Auf jenem Feld zeigte er eine bemerkenswerte Elastizität des Vorgehens, indem er eine mechanische Restauration vermied und dafür die ehemaligen Gegner zu gewinnen suchte. Nicht überall wurden wieder Tyrannen eingesetzt. Mardonios gab auch der unterlegenen Demokratie einen gewissen Spielraum. Die andere Aufgabe führte ihn naturgemäß in das schon bestehende europäische Untertanengebiet. Da war die persische Herrschaft nach der Erschütterung des Ionischen Aufstands wieder zu befestigen, und alte Bande waren neu zu knüpfen, etwa zum makedonischen Königtum. Aber auch militärgeographisch war es die sachgemäße Route, da nur sie die notwendige Kooperation von Land- und Seemacht gestattete. Berechtigterweise rechnete Mardonios mit keinem großen Widerstand. Die Anwesenheit eines persischen Heeres mußte im Grunde von selbst ihre Wirkung tun. Aber diese Kalkulation wurde gründlich durcheinandergebracht, nicht durch menschliche Fehler, sondern durch das Eingreifen der Naturelemente. Bei der Umschiffung des Athos-Vorgebirges geriet die Flotte in einen Sturm und zerschellte (492 v. Chr.). Der Feldzug mußte abgeblasen werden, und Mardonios wurde seines Kommandos entsetzt.

Deswegen gab aber Dareios seinen Feldzugsplan gegen Hellas nicht auf. Er sollte jetzt nur anders ins Werk gesetzt und der Umweg über Thrakien und Makedonien eingespart werden. Das entsprach der Erwartung, die schließlich auch Mardonios gehabt hatte, daß man einen massierten Widerstand nicht zu befürchten brauchte. Die rechtliche Anerkennung der persischen Herrschaft ließ sich auch anders beibringen. Persische Boten wurden losgeschickt und forderten Erde und Wasser, das Zeichen der Unterwerfung. Meistens bekamen sie es. Den wenigen, die sich weigerten, war durch ein Expeditionskorps, das zu Schiff unmittelbar über die Ägäis in das Zentrum Griechenlands vorstieß, beizukommen. Zu ihnen gehörten in erster Linie Sparta und Athen. Beide töteten kurzweg die persischen Gesandten, eine Verletzung des Völkerrechts und der Religion, woran man sich später nur mit Skrupeln erinnerte. Im Moment bedeutete der Gewaltakt eine Rigorosität sich selbst gegenüber. Man wollte sich wohl jeden Weg zur Kapitulation auch für die Zukunft abschneiden. Beide Staaten hatten angesichts der Bedrohung natürlich Fühlung miteinander aufgenommen. Schwierig war Athens Lage durch Aiginas Perserfreundlichkeit, denn die Insel lag unmittelbar vor der attischen Küste. Athen, durch seine traditionelle Feindschaft an eigener Intervention gehindert, veranlaßte Sparta hierzu, das kraft seiner Autorität Aigina zur Stellung von zehn vornehmen Geiseln zwang unter Berufung auf den Verrat an Hellas, eine bezeichnende Apostrophierung von Hellas als einer politischen Größe, die früher kaum denkbar gewesen wäre.

Der Feldzug wurde von Dareios dem Meder Datis und dem persischen Prinzen Artaphernes übertragen. Die beiden hatten es nicht eilig mit ihrer Fahrt über die See und unternahmen Abstecher nach verschiedenen Inseln. Athen, auf das es in erster Linie abgesehen war, sollte nicht überrascht, sondern durch die Erwartung der Gefahr moralisch zermürbt werden. Bei der persischen Flotte befand sich Hippias, um in persischem Auftrag wieder Tyrann zu werden. Es war also nicht daran gedacht, die Stadt zu vernichten und lediglich der Rache für die Beteiligung am Ionischen Aufstand freien Lauf zu lassen; dies natürlich unter der Voraussetzung, daß sie vor einem militärischen Zusammenstoß noch klein beigeben würde.

Die Rechnung ging aber nicht auf. Athen blieb standhaft. Der Feind ging an der Küste von Marathon vor Anker und bezog auf der Strandebene sein Lager, ziemlich weit weg von der Stadt, so daß er durch keinen Ausfall bei seinen Manövern gestört werden konnte. In Athen herrschte jetzt Alarmzustand. Die äußerste Nothilfe wurde bemüht, sogar Sklaven wurden ausgehoben. Die Anspannung der Nerven stieg aufs höchste. Den elementaren Instinktregungen entsprechend sollte der Gegner in der Stadt erwartet werden. Miltiades erzwang jedoch den Beschluß, mit dem Aufgebot auszuziehen und dem Feind entgegenzugehen, um das Heer möglichst der Demoralisation durch die städtische Bevölkerung zu entziehen. Nach Sparta schickte man wegen des versprochenen Sukkurses. Er kam nicht mehr zur rechten Zeit, da im Augenblick wegen eines religiösen Festes Waffenruhe herrschte. Und die Entscheidung fiel schneller, als man erwartet hatte. Auch hierfür war Miltiades verantwortlich. Er gilt deshalb mit Recht als der Sieger von Marathon, obgleich besondere strategische Leistungen nicht im Spiel waren und das Kommando, das Miltiades denn auch ausgeübt hat (es lief reihum bei den zehn Strategen, von denen Miltiades einer war), nicht seine eigentliche Größe ausmacht. Militärischer Sieger war der attische Hoplit, die feste Ordnung der Phalanx.

Diese disziplinierte Form des Kampfes war den Persern noch unbekannt. Marathon konnte auch deshalb keine Vernichtungsschlacht sein, da die Verfolgung des Feindes die Schlachtordnung gelöst hätte. Das persische Heer und die persische Flotte sind also bei verhältnismäßig geringen Verlusten in halbwegs intaktem Zustand entkommen; die Perser konnten sogar daran denken, zur See einen Überraschungsanschlag auf die vermeintlich vom Heer entblößte Stadt zu unternehmen. Als sie den Irrtum bemerkten und die Sieger von Marathon Athen früher erreichten, brachen die Perser den Feldzug ab und fuhren nach Kleinasien zurück. Die Unterwerfung Griechenlands war wiederum zum bloßen Programm geworden.

Salamis und Plataiai

Der Sieg von Marathon hatte indes keineswegs die internationale Situation der Griechen verbessert. In den Augen der Perser handelte es sich um eine Schlappe, die das Kräfteverhältnis der beiden Parteien nicht im geringsten verschob. Eher traf das Gegenteil zu: vor Marathon konnte die persische Politik trotz ihrer grundsätzlichen Aspirationen die Griechen als Randproblem betrachten; nach dem mißglückten Engagement war dies nicht mehr wahrscheinlich. Der siegreiche Widerstand mußte in persischen Augen die Bedeutung des Gegners heben und damit eine echte Herausforderung enthalten. Vor allem hätten jedoch die »Gesetze« der politischen Psychologie außer Kraft treten müssen, wenn das Gefühl, »blamiert« zu sein, und der Wille, die Scharte auszuwetzen, sich nicht zu Wort gemeldet hätten. Diese naheliegende Reaktion zeigte sich noch bei dem alten Dareios. Er beantwortete Marathon mit gewaltigen Rüstungen. »Drei Jahre erdröhnte von ihnen Asien«, schreibt Herodot. Ihr Fortgang wurde jedoch durch einen Aufstand in Ägypten unterbrochen, und 485 starb Dareios und hinterließ erst einmal dem Reich die nicht ganz leichte Aufgabe, die Thronfolge durchzuführen.

Der Nachfolger Xerxes, der älteste Sohn der zweiten Frau des Dareios, Atossa, einer Tochter des Kyros, hatte dann zuerst die Erhebung in Ägypten niederzuwerfen, bevor er sich mit dem griechischen Problem befassen konnte. Als es aber soweit war, erklärte er es ausdrücklich für sich verbindlich, und dies nicht lediglich im Sinne einer überkommenen Erbschaft. Ein besonderer persönlicher Ehrgeiz kam dabei noch ins Spiel. Xerxes stand noch unter dem lebhaften Eindruck der beiden vorangegangenen Reichsgründer Kyros und Dareios und verspürte noch nichts von der Müdigkeit, die die Politik des gewaltigen Kolosses in der Folgezeit charakterisierte. Hier in Griechenland sah er nun – nicht ganz mit Unrecht – das ihm auf den Leib zugeschnittene Programm für seine Aktivität. Es konnte und mußte ihm etwas gelingen, was die früheren Generationen entweder noch gar nicht in Angriff genommen hatten oder an dem sie gescheitert waren. So hatte ihm die Geschichte also eine Gelegenheit in die Hand gespielt, ebenbürtig neben die beiden anderen großen Herrscher zu treten und ihrem Weltherrschaftsanspruch die letzte Verwirklichung zu verschaffen. Zugleich spitzte sich die bewußte Fortsetzung von Dareios' Griechenpolitik in seiner Vorstellung zu einer Versteifung und Verhärtung des griechisch-persischen Gegensatzes zu. Der, gewiß verkehrte, Gedanke tauchte auf, die Griechen würden jetzt die Perser nicht mehr zur Ruhe kommen lassen. Und schließlich gewann Xerxes aus dem Umgang mit den Griechen seiner Umgebung noch eine Legitimierung griechischer Art für seinen Imperialismus: die geschichtliche Kunde beweise, daß berechtigte Ansprüche des Ostens auf den Westen bestünden und etwa die Griechen mit der Zerstörung

Troias ein Unrecht begangen hätten, das noch der Sühne harre. Solche Ideen drangen auch in die Öffentlichkeit. Vom griechischen Standpunkt aus wurden Gegenargumente derselben Art geboten, so daß eine richtige Diskussion entstand, an die noch einige Jahrzehnte später Herodot anknüpfte, um sein großes Geschichtswerk einzuleiten. Dementsprechend wurden die großen Rüstungen wiederaufgenommen, unter reger Beteiligung des Mardonios, den sein früheres Pech zu einem heftigen Kriegstreiber werden ließ und der sich schon an der Spitze des unterworfenen Griechenlands stehen sah.

Gegenüber der Koordinierung der Kräfte eines Weltreiches, seiner zentral geleiteten Regie und der Bildung eines festen Entschlusses an seiner Spitze war Griechenland in einer wenig beneidenswerten Situation. Alles das, worüber die Perser auf Grund ihrer Herrschaftsorganisation mit Selbstverständlichkeit verfügten, ging den Griechen ab. Bei ihnen gab es keine Instanz, die, im voraus planend, hätte verantwortlich handeln und Vorkehrungen treffen können. Es ist nicht einmal anzunehmen, daß bei der zeitweiligen Undurchsichtigkeit der persischen Verhältnisse infolge des Thronwechsels die politische Lage von griechischer Seite überhaupt im Sinn der späteren Ereignisse richtig durchschaut wurde. Unmittelbar nach Marathon muß sogar bei den beiden maßgeblichen griechischen Staaten, Sparta und Athen, der Eindruck, die äußere Gefahr definitiv losgeworden zu sein, über den der Furcht vor einer neuen Bedrohung überwogen haben. In Sparta gelangte die seit langem latente Regierungskrise auf ihren Höhepunkt. Die Spannungen zwischen dem König Kleomenes und den anderen Staatsorganen, vor allem dem Ephorat, führten zu offenem Kampf und dann zur Beseitigung des Kleomenes. In Messenien brach ein Helotenaufstand aus, der »Dritte Messenische Krieg«, allerdings weder an Dauer noch Gefahr mit seinen Vorgängern zu vergleichen und verhältnismäßig bald wieder unterdrückt.

Auch in Athen – und das war eigentlich noch bemerkenswerter – ging die Politik ihre Wege, als ob Marathon nicht gewesen wäre. Bezeichnenderweise begann es mit dem dramatischen Sturz des Marathonsiegers Miltiades. Durch ein mißglücktes Freibeuterunternehmen gegen die Insel Paros, dem viele Athener im Vertrauen auf die Welterfahrung des Miltiades gefolgt waren, verlor er sein Prestige und wurde von seinen Feinden, den Alkmaioniden, vor Gericht gezogen. Mit knapper Not entging er der Todesstrafe, starb dann jedoch an der Wunde, die er bei dem Kriegszug empfangen hatte. Sein Sohn Kimon zahlte die gigantische Buße von fünfzig Talenten. Dieser »Erfolg« brachte die Alkmaioniden wieder in den Sattel. Getreu ihrer Tradition trieben sie die demokratische Entwicklung des attischen Staates ein erhebliches Stück voran.

Die Parole hieß: weiterer Abbau der Reste der alten ständisch-adligen Ordnung. Das Opfer wurde das Archontat – das heißt die neun Archonten –, das jedes Jahr auf Grund von Wahlen neu zusammengesetzte Regierungsgremium Athens. Als anstößig wurde daran weniger die Klassenqualifikation für diese Wahl, die Beschränkung des Wahlrechts auf die oberste Solonische Schätzungsklasse, empfunden als die Tatsache, daß überhaupt gewählt wurde und damit die Entscheidung auf die Wege traditioneller Gewohnheiten gelenkt werden konnte. Der von Kleisthenes für viele andere Ämter eingeführte Grundsatz der absoluten Gleichheit der Chance auf Grund des Loses sollte auch für das Archontat gelten. Die Folge war, daß Athen nun keine formelle Zuständigkeit mehr für das Regieren besaß

Der thronende Dareios I. und sein Nachfolger Xerxes I.
Relief vom Schatzhaus in Persepolis, 5. Jahrhundert v. Chr. Teheran, Archäologisches Museum

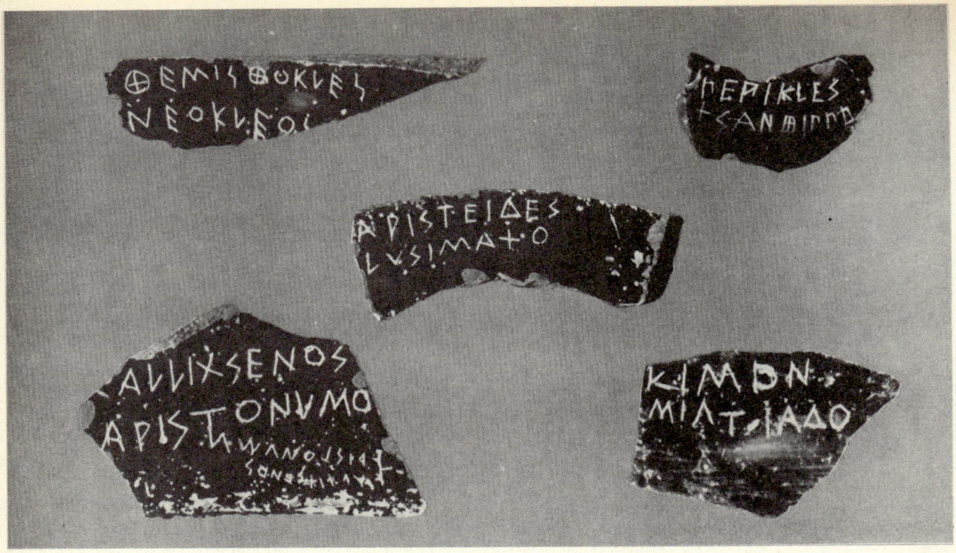

»Stimmzettel« mit den Namen zu verbannender Athener
Ostraka aus Athen mit den Namen Themistokles, Perikles, Aristeides, Allixenos, Kimon. Athen, Agora-Museum
Persischer Helm aus der Beute der Schlacht von Marathon. Olympia, Archäologisches Museum

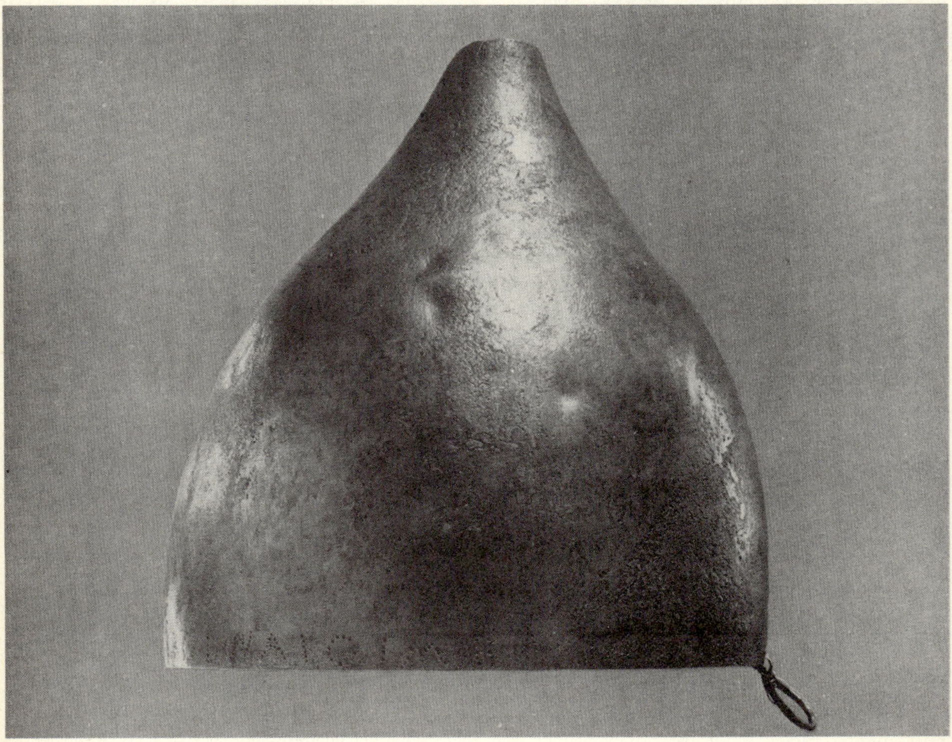

und es im Grunde jetzt darauf ankam, wer sich als »Volksführer« (»Demagoge«) in der Volksversammlung durchsetzte, allein gestützt auf sein Ansehen und seine Anziehungskraft, also auf die Qualität, welche die moderne Soziologie als Charisma bezeichnet. Der politische Konkurrenzkampf wurde auf diese Weise härter und schonungsloser und die Möglichkeit für Kompromisse geringer. Das war eine strukturelle Unvermeidlichkeit. Sie führte wahrscheinlich im selben Jahr zur Einrichtung des »Ostrakismos«, des »Scherbengerichts«. Diese Prozedur bestand aus dem Referendum einer Volksversammlung, dessen Ergebnis etwa zwei Monate später ausgeführt werden mußte. Wenn mindestens sechstausend Stimmen – schätzungsweise etwa so viel wie die stimmberechtigten Bürger der Stadt Athen – sich auf einen Namen vereinigten, so war der Betreffende ostrakisiert und mußte dann für zehn Jahre ohne Schmälerung seines Vermögens und seiner Ehrenrechte außer Landes gehen. Er war sozusagen von einer negativen Abstimmung betroffen worden, die ihm bescheinigte, daß er der aussichtsreichste Rivale des zur Zeit maßgebenden »Demagogen« war und diesem für längere Zeit durch seine Abwesenheit die Bahn freigeben mußte.

Das trotz seiner durchsichtigen Zweckbestimmung ungeheuerliche Institut konnte im Grunde nur in einem Augenblick großer Spannung und breiter Erregung eingeführt worden sein, und das geschah wahrscheinlich ein Jahr, bevor den Alkmaioniden die Entmachtung des Archontats gelang, und sollte den Weg für Reformen bahnen. Die Gelegenheit zu solch nachdrücklichem Schlag war insofern günstig, als der politische Gegner, ein entfernter Verwandter des Peisistratos, die auch noch nach Marathon bestehende Tyrannengruppe repräsentierte und deshalb die radikalen Maßnahmen als Schutz gegen die Tyrannis rechtfertigte. Von deren Anhängern ereilte noch andere in diesem Jahre der Ostrakismos, eine gewiß notwendige Reinigung der politischen Atmosphäre, je näher die Persergefahr wieder heranrückte. Allerdings vermochten die Alkmaioniden ihre eigene Position doch nicht zu festigen. Sie wurden in der gleichen Zeit Opfer desselben Mechanismus, nachdem sie ihn eben für ihre Gegner erfunden hatten, und befanden sich infolgedessen in den Jahren der großen Entscheidung nicht auf der politischen Bühne.

Allerdings hatte diese Entscheidung zum Hintergrund das gesamte Griechenland, und der Historiker wird deshalb zuerst fragen, ob sich an dessen Verhältnissen Wesentliches gegenüber dem Vorabend von Marathon geändert hatte.

Da sah es nun freilich, bedenkt man die grundsätzlichen Faktoren, jetzt ebensowenig besonders günstig aus. Eine »nationale« Verteidigungsbereitschaft, die sich über die einzelnen Staaten ausgebreitet hätte, gab es nun auch nicht, und von begeisterter Erhebung im Stil des 19. Jahrhunderts war erst recht nichts zu verspüren. Auf den Durchschnitt besehen war die moralische Verfassung der Griechen ausgesprochen schlecht. Und das betrifft keineswegs nur diejenigen, die von vornherein entschlossen waren, ihren Frieden mit den Persern zu machen, und dann, als die Boten des Großkönigs kamen, ihnen auch Erde und Wasser gaben. Auch die zum Widerstand Entschlossenen waren eher kleinmütig als zuversichtlich. Die Stimmung war niedergedrückt. Die einen sangen das Lob des Friedens und der Ruhe, die anderen hielten sich an die bekannte Lebensweisheit, den Kopf in den Sand zu stecken und nicht an das Morgen zu denken. Sie hatten es satt, sich fortwährend wegen des Persers zu ängstigen und sich dadurch um jeden Lebensgenuß zu bringen. Die höchste gemeingriechische Instanz, die Priesterschaft in Delphi, machte kein Hehl daraus, daß sie defätistisch gesonnen war und jeglichen Widerstand für Unsinn hielt. Die konservativen Schichten, die ja in vielen, wenn nicht den meisten Staaten den Ton angaben, hatten sich ihrer Interessenlage entsprechend nach wie vor auf einen perserfreundlichen Kurs festgelegt, gleichgültig, ob sie es offen zugaben oder nicht. Ein erheblicher Teil konnte auch noch auf die geographische Lage hinweisen, die sie dem ersten Ansturm der Perser preisgab, darunter die Inseln der Ägäis, soweit sie nicht schon von den Persern unterworfen waren. Die Neutralen wie etwa Argos sympathisierten mit der persischen Übermacht, andere waren »Rückversicherer«, die erst einmal abwarteten, wie sich die Dinge entwickeln würden, um im Falle einer sich anbahnenden griechischen Niederlage zum Feind überzugehen; manchen traute man zumindest ein solches doppelzüngiges Verhalten zu. Schließlich waren da noch diejenigen Griechen – kein ganz unerheblicher Teil –, die, mehr im Westen des Festlandes lebend, bis jetzt von der griechischen Geschichte ohnehin nicht recht erfaßt worden waren und infolgedessen auch den Perserkrieg gar nicht erst in ihr Blickfeld bekamen.

Zweifellos wäre es also grundverkehrt, Griechenland selbst im großen Perserkrieg als »politische Nation« zu betrachten. In dieser Hinsicht war wenig zu erwarten, und mit spezifischen Kraftquellen, die sich da hätten öffnen können, war nicht zu rechnen. Es kam alles auf die Staaten an, denen die politische Konstellation von vornherein ihre Stellung vorgeschrieben hatte. Wie vor 490 waren dies allein Sparta und Athen. Plataiai in Boiotien, wegen des Gegensatzes zu Theben schon längere Zeit mit Athen verbunden, und die Phoker, die in Feindschaft mit den Thessalern lebten und diese auf persischer Seite sahen, sind wie manche andere Randfiguren. Aber Sparta und Athen standen vor 480 doch anders da als zehn Jahre zuvor. Damals war Sparta gar nicht in Aktion getreten, und auch Athen hatte im Grunde keine Vorkehrungen getroffen. Die lange Vorbereitungszeit für den Zug kam jetzt den beiden Staaten zugute. Sparta vermochte die militärische Kraft des Peloponnesischen Bundes zu mobilisieren, und so war auf dieser Basis immerhin ein wichtiger Teil der Griechen in eine einheitliche Front eingereiht. Bei der losen Organisation dieser Föderation und bei den nicht fehlenden inneren Spannungen schloß dies Lücken nicht aus (etwa bei Arkadien), aber das Gros der Bündner brachte Sparta hinter sich, darunter das reiche und mächtige Korinth mit seinen Annexen in Westgriechenland, und das war nicht wenig. Wenn das allgemein als erste Macht Griechenlands anerkannte Sparta eine klare Position bezog, dann mußte dies auch diejenigen beeindrucken, die nicht zum Peloponnesischen Bund gehörten.

Auch Athen rüstete sich, aber seine Vorbereitungen lagen auf einem anderen Feld. Es ordnete seine inneren Kräfte neu, und vor allem fand es eine persönliche Potenz, die ganze Heere aufwog: die politische Leitung geriet in die Hände des Themistokles. Was dieser Mann wollte, wußte man in Athen seit zehn Jahren, als er Athens Armierung zur See forderte. Damals war er Miltiades' wegen nicht durchgedrungen, und wahrscheinlich war dies damals wegen der unersetzlichen Funktion, die Miltiades ausfüllte, kein Schade. Auch jetzt gab es welche, die diese alte Linie verfolgten und von Seerüstungen nichts wissen wollten.

An ihrer Spitze stand Aristeides, früher wahrscheinlich ein Parteigänger des Miltiades; doch Themistokles brach den Widerstand durch Ostrakisierung des Aristeides (482). Auf Staatskosten, unter Verwendung der Einnahmen des Silberbergwerks von Laurion, die bis dahin unter die Bürger verteilt worden waren, wurde in schnellster Zeit eine Flotte von über hundert Schiffen gebaut und mit der unteren Bevölkerungsschicht, den Theten, die keinen Felddienst leisteten, als Ruderern bemannt. Damit besaß Athen die meisten Schiffe (es kamen die schon vorhandenen hinzu) von allen griechischen Staaten. Die griechische Seite war deshalb für einen Seekrieg gerüstet, und das klägliche Schauspiel der Schlacht bei Lade war nicht zu befürchten, wo es zwar insgesamt genug Schiffe gab, aber keine auf ein überragendes Kernkontingent gestützte Führung. Daß der bevorstehende Waffengang von persischer Seite als eine kombinierte Land- und See-Expedition angelegt sein würde, war kein Geheimnis, daß aber in Griechenland die Folgerung daraus gezogen wurde, dies war allein die Tat des Themistokles. Er hatte den Krieg als ganzen begriffen und sollte dies im Verlauf der Kriegshandlungen mehr als einmal beweisen. Doch den nächsten Aufgabenkreis hatte er in Athen, und hier ging es nicht nur um Umsicht und Technik, sondern es war vor allem Mut und Vertrauen nötig. Der nahezu einzige Quell dieser moralischen Kraft wurde in der Stunde der größten Not dieser eine Mann.

Der Hauptunterschied zwischen den beiden Phasen des Perserkampfes, zwischen Marathon und Salamis, war jedoch der erfolgreiche Versuch von Sparta und Athen, es nicht lediglich bei einer Addition der antipersischen Kräfte zu belassen, sondern in aller Form so etwas wie einen griechischen Gemeinwillen zu gestalten. Auf dem Isthmos von Korinth wurde eine Versammlung von Abgeordneten aller derjenigen Staaten einberufen, die sich dem persischen Herrschaftsanspruch nicht fügen wollten, oder wie man sich ausdrückte, der »Hellenen, welche die bessere Einsicht hatten«. Durch einen juristischen Stiftungsakt wurde ein Kampfverband begründet, indem sich alle durch Eid miteinander verbanden. Diese »Eidgenossenschaft gegen Persien« war also die feierlich proklamierte griechische Aktionseinheit für den Krieg. Institutionell war sie wenig ausgebaut. Man beschränkte sich auf das Notwendigste und durch die Sache Gebotene. So wurden in erster Linie alle anhängigen Streitigkeiten zwischen den einzelnen Staaten sistiert, und die militärische Führung, wobei in erster Linie an das verantwortliche Kommando in der Schlacht gedacht war, erhielt eine klare Zuständigkeit. Es konnte kein Zweifel sein, daß diese Funktion Sparta als dem maßgebenden griechischen Staat zufallen mußte. Politische Entscheidungen – sie betrafen nach Lage der Dinge auch die strategische Anlage des Feldzuges – mußten selbstverständlich innerhalb dieses Rahmens als Gesamtwillen von Fall zu Fall herbeigeführt werden. Das war alles nicht sehr viel, aber immerhin genug, um gewisse Maßnahmen als Handlungen des Verbandes vorzunehmen und etwa in dessen Namen noch abseitsstehende Staaten zum Beitritt aufzufordern oder Kundschafter nach Kleinasien zur Beobachtung der persischen Kriegsvorbereitungen zu schicken (sie gerieten allerdings in persische Hände, wurden aber zurückgeschickt, um von dem entmutigenden Ausmaß der persischen Rüstungen zu berichten).

Dieser Bund gehorchte jedoch nicht nur den Gesetzen technischer Zweckmäßigkeit. Er war zugleich gedacht als Organon politisch-moralischen Anspruchs und sittlicher

Verpflichtung. Er beanspruchte, im Namen von ganz Hellas zu sprechen, und nahm sich das Recht, die freiwilligen (also nicht durch die Perser gezwungenen) Perserfreunde unter den Griechen zu verurteilen; wir würden heute sagen als »Kollaborateure«, die damalige Bezeichnung nannte es Verrat auf Grund medischer Gesinnung oder einfach »medische Gesinnung«, *medismós*, wobei die Gleichsetzung von Meder und Perser noch auf die Zeit zurückging, da diese unter der Oberhoheit von jenen standen. Die Strafandrohung war fürchterlich: Vernichtung der betreffenden Gemeinwesen. Von den dabei abfallenden Vermögenswerten sollte ein Zehntel an den delphischen Apollon gehen. Das war ein kühner Versuch, das griechische Völkerrecht, das bis dahin kaum mehr als eine Summe formaler Bestimmungen war, mit nationalem Gehalt zu erfüllen. Das griechische Volksbewußtsein, so deutlich es im Verlauf der vergangenen Jahrhunderte als Überzeugung von der gemeinsamen Art geworden war, enthielt an sich kaum einen effektiven Impuls zu politischem Handeln. Die spärlichen Versuche, ihm einen solchen zu entlocken, waren in der Vergangenheit eigentlich allesamt gescheitert, wie die verschiedenen Appelle der kleinasiatischen Griechen an das Mutterland bewiesen. Erst mit der auf Veranlassung von Athen durchgeführten Strafexekution Spartas gegen Aigina wurde der tatsächliche Niederschlag einer Norm erreicht. Man darf vermuten, daß auch an der jetzt sich vollziehenden Aktualisierung des hellenischen Volksbewußtseins die Athener und an ihrer Spitze Themistokles das Hauptverdienst hatten. Sie griffen nämlich während des Krieges auch auf einen anderen Kollektivbegriff zurück, indem sie an die Solidarität der ionischen Stammesfamilie appellierten. Diese moderne Denkweise, zu der sie sich schließlich schon bei der Unterstützung des Ionischen Aufstandes bekannt hatten, entspricht ganz der Methode der früheren attischen Politik, politische Zweckmäßigkeit und ideelle Programmatik miteinander zu verschmelzen.

Der Erfolg dieses hellenischen Solidaritätsanrufs blieb auch nicht aus. Die Thebaner, die an sich längst zur persischen Seite neigten, riskierten nun doch nicht, gleich zu Anfang offen Farbe zu bekennen. Einige Inseln vermieden es, den Persern den Unterwerfungsritus zu erweisen, und griffen während des Krieges auf griechischer Seite in die Kampfhandlung ein. Vor allem aber zeigte Aigina ein erstaunliches Verhalten. Es hatte kurz zuvor, nach Marathon im Jahre 486, noch einen, übrigens erfolglosen, Angriff Athens auszuhalten gehabt und dabei seine aristokratische Verfassung gerettet. Es hätte jede Ursache gehabt, wegen der dauernden Spannungen zu Athen jetzt ihm den Rücken zu kehren, und trotzdem trat es mit der erheblichen Zahl von dreißig Schiffen der griechischen Kampffront bei. Eine uneigennützigere Resonanz hätte die Politik der gemeingriechischen Solidarität kaum finden können als diese rein der »Idee« gehorchende Wendung Aiginas.

Dem Feldzug des Xerxes vom Jahr 480 lag ein wohlüberlegter Plan zugrunde, und auch die Vorbereitungen waren mit großer Umsicht und Sorgfalt getroffen worden. An eine Überraschung der Griechen und damit an rasche Operationen war von Anfang an nicht gedacht worden. Nach den langen Rüstungen schloß sich das von vornherein aus. Xerxes gedachte sich des Maximums an Sicherheit, das überhaupt möglich war, zu versichern. Der Krieg sollte zu einem triumphalen Siegeszug werden. Er nahm deshalb persönlich daran teil, obgleich ihn keinerlei militärische Fähigkeiten auszeichneten. Aber schon die Dispositionen schienen eindeutig den Erfolg zu gewährleisten, so daß im Grunde alles

Die Thermopylai
Stätte des Opfertodes der von Leonidas geführten Schar im Jahr 480 v. Chr.

ablaufen konnte wie ein gut einstudiertes Bühnenstück. Alle technischen Schwierigkeiten waren beseitigt. Für die Landarmee hatte man zwei Pontonbrücken über die Dardanellen gebaut, damit durch Übersetzmanöver kein Zeitverlust entstand. Für die Schiffe war die östliche Halbinsel der Chalkidike durch einen Kanal durchbohrt worden, um dadurch die schwierige Umschiffung des Athosvorgebirges, die 492 dem Mardonios zum Verhängnis geworden war, zu vermeiden. Xerxes verfügte über ein zahlenmäßiges Übergewicht, obschon die Zahlen, mit denen die antike Tradition arbeitete, phantastisch übertrieben sind, wie die moderne Sachkritik und vor allem Hans Delbrück in einer berühmten kriegsgeschichtlichen Studie schon seit langem festgestellt haben. Die Landarmee mag sechzig- bis hunderttausend Mann betragen haben, die Flotte sechs- bis siebenhundert Schiffe. Beide Teile der für damalige Verhältnisse gewaltigen Streitmacht sollten in ständiger Fühlung miteinander vorgehen und Griechenland in nord-südlicher Richtung durchkämmen. Natürlich war wie vor zehn Jahren die demoralisierende Wirkung des Zuges in Anschlag gebracht, und Xerxes erwartete, daß der Widerstand zum Teil ohne wirkliche Feindberührung zusammenbrechen würde. Der Eindruck auf die Griechen war denn auch recht entmutigend. Beim Anblick des über den Hellespont gehenden Heeres soll ein Grieche gesagt haben: »Zeus, warum willst du in der Gestalt des Xerxes Hellas unterwerfen an der Spitze all dieser Menschen, wo du dies doch auch ohne dies tun könntest?«

Im Gegensatz zu Xerxes waren die Griechen nicht in den Stand gesetzt, dem Gesetz strategischer und politischer Vernunft zu gehorchen, so klar und eindeutig auch seine Auskunft war. Die gesamte militärische Macht der Griechen hätte in den Norden geworfen werden müssen, um erstens Xerxes durch Verriegelung der Pässe den Zugang in das eigentliche Griechenland zu versperren und dadurch zweitens sowohl die Wankelmütigen unter den Griechen bei der Stange zu halten als auch die Perserfreunde im Norden auf ihre Seite zu zwingen. Die Aussicht hierzu war nicht ungünstig. Thessalien etwa wartete nur auf die Gelegenheit, sich gegen die perserhörigen Aleuaden, die dort regierten, zu erheben. Obendrein ist es bekanntlich immer besser, so bald wie möglich die Initiative in die Hand zu bekommen, als das Gesetz des Handelns sich vom Gegner vorschreiben zu lassen.

Aber derartig souveräne Maßnahmen erlaubte die politische Verfassung, in der sich die Griechen befanden, ganz und gar nicht. Die griechischen Milizaufgebote ließen sich nicht einfach in ihrer Gesamtheit frei hin- und herschieben. Ihre aufrichtige Verteidigungsbereitschaft bedurfte des räumlichen Eindruckes, vor den Mauern der eigenen Stadt oder wenigstens in ihrer Nähe zu stehen. Auf diese Weise kam eine Halbheit heraus. Das Gros des Heeres blieb auf dem Isthmos stehen, und nur ein mäßiger Teil, etwa zehntausend Mann, wurde für die Erfüllung der strategischen Aufgabe, die den gesamten Einsatz erforderte, detachiert. Wie es in solchen Fällen zu gehen pflegt, wurden dabei auch noch zusätzliche Fehler gemacht.

Reste der Schlangensäule
des von den Griechen nach der Schlacht von Plataiai (479 v. Chr.) gestifteten Siegesdenkmals
Heute im Hippodrom in Istanbul

An der Nordgrenze Thessaliens, im Tempepaß, sollte ursprünglich der Sperriegel errichtet werden. Als das griechische Korps aber dort Posten fassen wollte, stellte es sich heraus, daß wegen der dortigen Steilküste keine Verbindung mit der Flotte herzustellen war und daß sich vor allem der Paß umgehen ließ. Infolgedessen wurde das ganze Manöver unter Preisgabe von Thessalien an seine Südgrenze verlegt, an den Paß von Thermopylai. Das Kommando hatte der spartanische König Leonidas. Seine Aufgabe enthielt eine schwere Verantwortung, denn eine dritte Sperrposition gab es nicht, und wenn Thermopylai verlorenging, dann stand nicht nur Mittelgriechenland den Persern offen, sondern es fielen auch die Gruppen der mittelgriechischen Bergvölker aus, die bis jetzt im Vertrauen auf die griechische Sache mitgemacht hatten, ganz zu schweigen von den (meisten) Boiotern, die nur widerwillig sich in die antipersische Front eingeordnet hatten.

Der Paß selbst war wegen seiner Enge leicht zu verteidigen, was auch Xerxes feststellen mußte, nachdem er ein paarmal vergeblich durchzubrechen versucht hatte, in der Hoffnung, die Griechen würden schließlich vor ihm ausreißen. Nach den gegenteiligen Erfahrungen beschloß er eine Umgehung, um das griechische Heer vom Rücken her zu fassen. Merkwürdigerweise gelang ihm das auch, obwohl Leonidas mit dieser Möglichkeit gerechnet hatte und auch die betreffende Strecke kannte. Er hatte dort die Phoker, etwa tausend Mann, postiert, weil sie mit der Örtlichkeit vertraut waren und sich freiwillig für die Aufgabe gemeldet hatten. Sie versagten jedoch und ließen sich durch den persischen Pfeilhagel ins Bockshorn jagen; und Leonidas hatte keine Vorsorge getroffen, daß er rechtzeitig von dem persischen Umgehungsmanöver unterrichtet wurde. Offenbar hatte er die Gefahr und ihre Wahrscheinlichkeit unterschätzt. Nachdem die Situation der Griechen in dieser überraschenden Weise hoffnungslos geworden war, brach bei ihnen eine Panik aus. Das Heer drohte sich in einen kopflosen Haufen aufzulösen, der eine leichte Beute des Feindes geworden wäre. Hier griff nun Leonidas ein mit dem Entschluß, unter Aufopferung seiner Person und des lakedaimonischen Kontingents, bei dem dreihundert spartanische Vollbürger waren, den Feind hinzuhalten und damit für die anderen einen geordneten Rückzug zu ermöglichen. Nichtsdestoweniger blieb das Ganze eine militärische und strategische Katastrophe. Erst als der Krieg vorbei war, wurde das Empfinden für die Größe der Tat geweckt und sehr bald in einen bis heute nachwirkenden Leonidasmythos umgesetzt.

Etwa zur selben Zeit kam es zur See, und zwar in der Nachbarschaft von Thermopylai, zum ersten persisch-griechischen Zusammenstoß, an der Nordspitze von Euboia, am Vorgebirge Artemision. Diese Seeschlacht wurde zwar keine griechische Niederlage, war jedoch auch weit davon entfernt, ein Sieg zu sein. Die Folgerung, die aus ihr gezogen werden mußte, zumal nach der traurigen Entscheidung auf dem Lande, lag nicht allzuweit ab von Thermopylai: die griechische Flotte war gezwungen, sich nach Süden zurückzuziehen, und gab damit den persischen Schiffen den Weg frei.

Die Situation der Griechen hatte sich ungemein verschlechtert, Mittelgriechenland war verloren, Delphi geriet in persische Hände. Natürlich passierte ihm nichts, denn die Perser wären töricht gewesen, ihre eigene Propaganda zu schädigen. Hinterher wurde der an sich recht folgerichtige Vorgang zu einem Wunder ausgeschmückt. Die Thebaner traten offen zu den Persern über, und Athen war verloren. Diese niederschmetternde Tatsache hätte beinahe zu dem Verzweiflungsentschluß der Athener geführt, die Stadt endgültig zu verlassen und anderswo, im Westen, eine neue Heimat zu suchen, wenn nicht Themistokles sich mit seiner ganzen Kraft und unter Aufbietung seines großen Mutes und Erfindungsreichtums dagegengestemmt hätte. So wurde unter seiner Leitung nur eine vorübergehende Evakuierung der Bevölkerung in benachbarte Städte vorgenommen.

Das leere Athen machten denn die Perser zu ihrem Hauptquartier und führten dort ihre Land- und Seestreitkräfte zusammen. Mit der Bilanz des bisherigen Feldzugs konnten sie zufrieden sein. Es war genauso gekommen, wie Xerxes berechnet hatte: das nördliche und mittlere Griechenland befand sich in seinen Händen, ohne daß er auf massierten Widerstand gestoßen wäre. Nun fehlte noch die Auseinandersetzung im offenen Feld, um durch deren siegreichen Austrag den Feldzug und damit die Unterwerfung des griechischen Festlandes zu beenden. Zu Optimismus bestand berechtigte Ursache. Bis jetzt hatten die Griechen sich nicht als ebenbürtige Gegner erwiesen. Eine Schlappe nach der anderen hatten sie einstecken müssen. Um ihre Kampfmoral konnte es danach nicht allzugut stehen. Es galt also, den definitiven Schlag so schnell wie möglich zu führen und ihre Streitkräfte zu vernichten. Im laufenden Jahr mußte dies ohnehin erfolgen, denn die großen Truppenmengen waren an Ort und Stelle nicht zu ernähren. Man hätte sie verlegen müssen, nach Norden, und inzwischen wären möglicherweise die bisherigen Erfolge wieder dahingeschwunden. Überhaupt wäre es sehr unangenehm gewesen, wenn die Griechen sich mit ihren Truppen jetzt dem persischen Zugriff entzogen hätten. So etwas war in erster Linie von der leicht beweglichen Flotte zu befürchten. Sie war den Persern ja schon einmal, bei Artemision, entwischt. Also galt die nicht unberechtigte Parole, sie zu fassen, wo man ihrer habhaft werden konnte, und dies war glücklicherweise an Ort und Stelle der Fall, denn sie lag vor der attischen Küste bei der Insel Salamis.

Die Beurteilung der Griechen durch Xerxes war nicht unrichtig. Ein besonderes Hochgefühl war da nicht anzutreffen. Die Neigung ging dahin, gewiß unbewußt, beinahe animalischen Regungen folgend, zusammenzurücken und sich anzulehnen an die natürlichen Formationen der Landschaft. Das hieß Preisgabe allen Landes und auch des Meeres mit seinen Inseln, soweit dies außerhalb der Peloponnes lag, und Konzentrierung der gesamten Verteidigungskraft, zu Wasser und zu Lande, an dem engen Eingang zur Peloponnes, am Isthmos von Korinth. Allerdings wäre dieser abermalige Rückzug so ziemlich der Aufgabe des Kampfes für das ganze Griechenland gleichgekommen und hätte, jedenfalls dem psychologischen Eindruck nach, einen Verrat an allen denjenigen Staaten bedeutet, die jenseits des Isthmos noch zur griechischen Sache hielten. Es war schon eine harte Zumutung an Athen gewesen, die Stadt kampflos, ohne jeden Versuch, den Gegner vorher zu stellen, aufzugeben; und ohne den kühlen Verstand des Themistokles, der die intellektuelle Kraft hatte, Gefühlsmotive zu unterdrücken, wäre dies wahrscheinlich nicht gegangen. Aber so ging es nicht mehr weiter, und diese Einsicht, die gerade die Athener nach dem großen Opfer, das sie gebracht hatten, mit gutem Recht vertreten konnten, mußte mit ihrem sachlichen Gewicht den kurzsichtigen Trend zum ständigen Nachgeben aus dem Felde schlagen. Schließlich waren die Spartaner auch imstande, sich auszurechnen, was aus der griechischen Flotte würde, wenn Athen, von seinen Bundesgenossen im Stich gelassen, eigene Wege ginge. Auch wären die navigatorischen Verhältnisse an der Südküste des Isthmos für die zahlenmäßig überlegene persische Flotte und ihre größere Seetüchtigkeit günstiger gewesen als in der engen Bucht zwischen Salamis und Athen. So blieb es denn bei dem Entschluß, dort weiterhin auszuharren. Im griechischen Bewußtsein hat sich freilich dieser Sachverhalt schon wenige Jahre später in einer berühmt gewordenen Legende niedergeschlagen, der ältesten wahrscheinlich, die sich wie dann manche andere um die Kolossalgestalt des Themistokles legte: Themistokles habe dem Xerxes durch seinen Sklaven Sikinnos die geheime Botschaft zugehen lassen, die griechischen Schiffe wollten fliehen, und wenn er ihrer noch habhaft werden wolle, müsse er unverzüglich den Sund von Salamis abschließen.

Die Absperrung kam tatsächlich zustande, nur nahmen sie die Perser selbständig vor, als ihnen die Griechen nicht den Gefallen taten, aus ihrer Bucht herauszukommen und sich auf freiem Meer, dem Saronischen Golf, zu stellen, und Xerxes deshalb gezwungen war, sie an Ort und Stelle aufzusuchen. Nachdem er sie so zerniert hatte, nachts und von den Griechen unbemerkt, sollten sie durch seine Flotte erdrückt werden. Das Vernichtungsschauspiel gedachte er persönlich vom Ufer und einer Aussichtsestrade aus anzusehen. Was er zu sehen bekam, war jedoch seine Flotte, fest eingekeilt in den engen Raum und ohne Manövrierfähigkeit, und die athenischen Schiffe in schneidigem Angriff auf seinen rechten Flügel losrudernd – dort standen seine besten Schiffe, die phönikischen. Ehe sich diese dessen versahen, waren sie in den Nahkampf verwickelt, ausweichen konnten sie nicht, und den Verzweiflungsmut der athenischen Kämpfer, für die alles auf dem Spiel stand, zu brechen vermochten sie auch nicht, trotz der Nähe des Großkönigs, der gerade in diesen Teil der Schlacht genaue Einsicht hatte. Als sie nun auch noch in der Flanke gefaßt wurden, wurden sie ihrer eigenen Flotte auf dem linken Flügel in den Rücken gedrängt und brachten dort alles durcheinander. Nach zwölfstündigem Kampf war die See übersät von Schiffstrümmern und Leichen. Eine geschlagene und stark dezimierte persische Flotte fand sich am Abend im attischen Hafen Phaleron ein. Sie hatte ihre materielle Überlegenheit eingebüßt, noch schlimmer war der Verlust der moralischen. Unter solchen Bedingungen den Kampf wiederaufzunehmen, hätte die Persönlichkeit eines Kyros, Alexanders oder Caesars erfordert, einen Mann, der die unvermeidlichen Folgen der Niederlage durch seine übermenschliche Kraft hätte kompensieren können. Da Xerxes aus solchem Holz nicht geschnitzt war, dies selbst auch am besten wußte und deshalb von vornherein den Feldzug auf die automatisch wirkende technische Zuverlässigkeit gestellt hatte, blieb ihm nichts anderes übrig, als für dieses Jahr – es war schon Herbst, Ende September – das ganze Unternehmen abzubrechen und darauf zu hoffen, im nächsten Jahr mit einer wiederhergestellten großen Flotte Griechenland erneut anzugreifen. Dann konnte auch die stets im Zusammenhang mit der maritimen Operation vorgesehene Entscheidung zu Lande erfolgen. Für den Moment war sie nicht mit sicherer Erfolgsaussicht zu erreichen. Einen besonderen Schrekken jagte Xerxes noch die Vorstellung ein, die griechische Flotte könnte in Windeseile nach dem Hellespont fahren und die Brücke zerstören, ein Vorschlag, den Themistokles tatsächlich machte, ohne ihn freilich bei den Griechen durchzusetzen. Xerxes zog also seine Streitkräfte zurück, die Landarmee nach Thessalien, wo sie besser zu ernähren war als in dem verwüsteten Mittelgriechenland, die Flotte nach Samos, wo sie die kleinasiatischen Griechen in Schach halten und den Weg nach dem Hellespont beobachten konnte (die griechische Flotte lag vor Delos). Er selbst ging nach Sardes, um auf persischem Boden den weiteren Ereignissen nahe zu sein.

Mardonios, der Oberkommandierende des Heeres, benutzte den Winter zu einer diplomatischen Offensive mit dem Ziel, Athen, dessen zentrale Bedeutung für den gemeingriechischen Widerstand er inzwischen erkannt hatte, aus der griechischen Front herauszubrechen. Aber er förderte damit nur die Sache des Gegners, denn seine verlockenden Versprechungen (Frieden und Vergrößerung des Landes) fruchteten natürlich nichts, zeigten dafür aber der griechischen Bundesversammlung, daß es mit ihrer nachgiebigen, immer dicht am Rande des Defätismus entlang lavierenden Strategie nicht mehr weitergehen könne, sondern daß das nächste Jahr mit einer energischen Offensive der Griechen, möglichst ehe eine neue persische Flotte unter Segeln stünde, einzuleiten sei. Diese Erkenntnis wurde zur Unvermeidlichkeit, als Mardonios im Frühsommer seinen Druck auf Athen durch eine abermalige Besetzung der Stadt – sie wurde, nachdem sie den Winter über bewohnt gewesen war, ein zweites Mal evakuiert – erhöhte, um sie für den Separatfrieden mürbe zu machen, und Athen daraufhin seine Bundesgenossen unter Druck setzte. Die Folge war ein Vorstoß des griechischen Heeres unter dem spartanischen König (genauer Prinzregenten) Pausanias über den Isthmos hinaus, noch ehe dort die Mauer, hinter der man sich ursprünglich verschanzen wollte, ganz fertig war.

Auf Grund dieser strategisch-politischen Voraussetzungen kam es schließlich im Hochsommer des Jahres 479 zur Schlacht bei Plataiai in Boiotien, wohin sich Mardonios mit dem persischen Heer von Athen zurückgezogen hatte, um die Griechen nicht in den Rücken zu bekommen und am Ende von seinen rückwärtigen Verbindungen abgeschnitten zu werden. Auch war das weite Gelände dort für seine Reiterei geeigneter. Die Griechen waren ihm mit ihren vierzig- bis fünfzigtausend Mann nahezu gewachsen und hatten eine Streitmacht zusammengebracht, die an Ausmaßen ihresgleichen in der gesamten vorhellenistischen Geschichte nicht mehr fand. Ihrem Sieg schien also gut vorgearbeitet zu sein.

Aber der Kampf entwickelte sich dann doch nicht auf Grund einer einsichtigen Verwendung dieser Truppenmassen. Der Sieg von Plataiai war eine ganz kurzfristige, dem Pausanias aufgezwungene Improvisation während eines taktisch mißglückten Stellungswechsels des griechischen Heeres; infolgedessen gingen die griechischen Kontingente nicht in geplanter Ordnung vor, sondern die Schlacht zerfiel in Einzelunternehmungen ohne jeden Zusammenhang. Die Entscheidung fiel bei dem Zusammenstoß der persischen Kerntruppen mit der lakedaimonisch-spartanischen Abteilung, jene unter dem Kommando des Mardonios, diese unter dem des Pausanias. Pausanias hatte das Gelände, das der persischen Reiterei keine Entfaltung erlaubte, für sich, Mardonios, der dies wohl wußte, glaubte über die Gunst der Situation zu verfügen: Verwirrung des Gegners, keine Verfügung über das Gesamtheer (zwei Drittel waren für Pausanias im Moment nicht erreichbar) und infolgedessen herabgesetzte Kampffähigkeit. Aber er hatte die spartanische Disziplin, die Gemütsbewegungen auffing und unabhängig von äußeren Faktoren ein technisch zuverlässiges Funktionieren garantierte, nicht einkalkuliert. Zudem fiel er schon zu Beginn der Schlacht, weit sichtbar auf seinem Schimmel, und damit war ein strategischer Ausgleich der taktischen

Unterlegenheit für die persische Seite ausgeschlossen (hier gab es Truppen, die gar nicht in die Schlacht eingegriffen hatten). Die Niederlage wurde so, wider Erwarten, total, zumal als die Athener von ihrem Sonderkampfplatz aus, wo sie die unter persischer Flagge kämpfenden Boioter in die Flucht geschlagen hatten, zu den Spartanern gestoßen waren und sie nun gemeinsam das persische Lager stürmten. Die Perser vermochten nur noch die Reste ihrer Truppen zu sammeln und sich schleunigst auf den Rückzug nach Kleinasien zu machen. Das griechische Festland war frei. In Plataiai wurde eine Totenfeier für die Gefallenen des Krieges veranstaltet, und alle fünf Jahre folgten die »Freiheitsspiele« *(Eleuthéria)*. Die Gelegenheit für die Abrechnung mit den »Verrätern«, den Parteigängern der Perser unter den Griechen, wäre jetzt gekommen gewesen. Man beschränkte sich jedoch auf eine Verurteilung der aristokratischen Haupträdelsführer in Theben.

Zur gleichen Zeit etwa wie Plataiai fand auch die Aktion zur See einen Abschluß. Die griechische Flotte in Delos und die persische bei Samos waren nicht weit voneinander entfernt. An sich wäre es Sache der Perser gewesen, den Kampf wiederaufzunehmen. Von solcher Initiative war jedoch nichts zu spüren, offenbar ein Zeichen erlahmender Energie. Im Gegenteil, als die griechische Flotte sich in Bewegung setzte und ebenfalls bei Samos vor Anker ging, gaben die Perser den ganzen Seekrieg auf und rüsteten die Flotte ab. Die phönikischen Schiffe wurden nach Hause geschickt, um sie nicht zu gefährden, und die Schiffe der Ioner an Land gezogen, weil man ihrer Größe nicht mehr traute. Am Vorgebirge Mykale bot sich im Schutze eines persischen Heeres, das dort zur Beobachtung der kleinasiatischen Griechen stand, dazu Gelegenheit. Damit war der Seekrieg von den Persern selbst abgeblasen. Es war nur noch die Bestätigung dieses Faktums durch die Griechen, wenn sie an Land gingen und das persische Lager samt den Schiffen verbrannten (Schlacht bei Mykale). Aber im Gegensatz zum persischen Standpunkt war für sie damit der Krieg zur See noch nicht zu Ende. Sie fanden in diesem Moment den Ansatz zu einer neuen Politik, die nun allerdings nicht mehr durch die Bedrohung des griechischen Mutterlandes durch Xerxes motiviert war.

Himera

Eine – nicht zeitgenössische – antike Tradition berichtet, daß Xerxes im Zusammenhang mit seinen Kriegsvorbereitungen ein Bündnis mit Karthago geschlossen hätte, um dieses auf die sizilischen Griechen zu hetzen und das Griechentum somit auch vom Westen her in die Zange zu bekommen. Dieser Bericht ist freilich kaum zutreffend, und seine Angaben sind aus der Geschichte zu streichen; aber Tatsache bleibt, daß gleichzeitig mit dem Perserkrieg auch die Griechen Siziliens sich eines gefährlichen Angriffs von Karthago zu erwehren hatten.

Allerdings lagen die Voraussetzungen hierzu allein in der lokalen Machtsituation Siziliens, in einem umfassenderen Sinn überhaupt in der weltpolitischen Konstellation des westlichen Griechentums. Die Konsolidierung der karthagischen Macht (neben der etruskischen) hatte sich da schon seit der Mitte des 6. Jahrhunderts ausgewirkt, und diese Disposition ging begreiflicherweise auf das 5. Jahrhundert über. Indessen kam da ganz und gar nicht ein

Imperialismus von der eindeutigen Art des persischen ins Spiel. Er entwickelte sich nicht aus einseitigen Prätentionen, sondern entsprang mehr einem wechselseitigen Rapport der beiden Partner.

An ihm hatte der politische und soziale Zustand Siziliens einen wesentlichen Anteil. Sizilien war ja die Landschaft der dichtesten griechischen Kolonisation und führte die Griechen durch die räumliche Begrenzung mehr zusammen als anderswo. Dieser Zwang wirkte sich indessen keineswegs im Sinne eines besonderen inneren Zusammenhalts aus, sondern erhöhte im Gegenteil die Reibungen und Spannungen zwischen den einzelnen Städten. Sie hatten zwar in manchem gemeinsame Anliegen, darunter vor allem das Verhältnis zu den Eingeborenen. Anderwärts gab die Weiträumigkeit des Landes Möglichkeit zu friedlichschiedlichem Auskommen mit ihnen. Auf Sizilien führte der natürliche Expansionsdrang der Griechen zu immer größerer Einengung dieses Bevölkerungselements und entsprechend zu kriegerischen Auseinandersetzungen. Das brachte in die allgemeine Situation eine beträchtliche Labilität, die noch dadurch erhöht wurde, daß ihr ohnehin eine solche innerer Art entsprach.

Sizilien hatte zwar ebenso wie das übrige städtische Griechenland die Stadien der aristokratischen Geschlechterherrschaft, deren Erschütterung durch den Demos, daraus resultierende Tyrannis und weitere Differenzierung von Klassen durchgemacht, aber in der Zeit, als anderswo die Verhältnisse sich in dem einen oder anderen Sinn halbwegs konsolidierten, gärte es dort unentwegt weiter. Die Absorbierung der Eingeborenenbevölkerung, die, soweit sie bezwungen war, in einen niederen sozialen Status hinabgedrückt wurde, sodann die zeitweilige Aufnahme von neuen griechischen Auswanderern – ausgelöst etwa durch den Ionischen Aufstand oder die Erhebung Messeniens –, die sich mit ihren Gastgebern nicht vertrugen, dies alles trug dazu bei, daß die gesellschaftliche Konsolidierung um die Jahrhundertwende in Sizilien noch im Rückstand war und die Tyrannis die Voraussetzung zu einer späten oder verspäteten Nachblüte fand. Diese sizilischen Tyrannen taten allerdings wenig für die innere Entspannung und den Ausgleich der Gegensätze, sondern waren eher geneigt, die disparaten Elemente aufeinanderzuhetzen und die Zwielichtigkeit der inneren Ordnung für eine expansive Machtpolitik auszubeuten. Sie waren daran interessiert, daß die soziale Verfassung im Fluß blieb und ihre brutalen Eingriffe in sie die Existenz eines starken politisch-militärischen Armes nötig machten.

Nach dieser Methode hatte es im ersten Jahrzehnt des 5. Jahrhunderts der Tyrann Hippokrates von Gela verstanden, weit über den Bereich seiner südsizilischen Stadt hinauszugreifen und einen großen Teil der östlichen Insel unter seine Herrschaft zu bringen. Er gewann nicht nur den (eingeborenen) Sikulern etliche Städte ab, sondern unterwarf auch griechische. Es hätte nicht viel gefehlt, daß ihm auch Syrakus unterlegen wäre. Nur eine auswärtige Vermittlung (von Korinth und Korkyra) rettete es gegen Abtretung seiner Untertanenstadt Kamarina. In der Wahl seiner Mittel scheute Hippokrates selbst vor ausgesprochener Perfidie nicht zurück. Mit Zankle (heute Messina) war er verbündet oder befreundet, was praktisch wohl hieß, daß er es von Rhegion (auf der anderen Seite der Straße von Messina) losriß, mit dem er ursprünglich auch verbunden war, und damit den dortigen Tyrannen Anaxilaos empfindlich traf.

Nun waren nach der Schlacht von Lade auf Einladung des Tyrannen Skythes von Zankle Samier und einige Milesier nach dem Westen gekommen. Auf Eingeborenengebiet war ihnen, natürlich unter Verdrängung oder Unterwerfung der Sikuler, die Gründung einer »Stadt der Ioner« in Aussicht gestellt worden. Bis es soweit war, genossen sie Gastrecht in einer Stadt des südlichsten Italiens, nicht weit von Rhegion entfernt. Anaxilaos sah darin eine Gelegenheit, seinen Einfluß in Zankle zu erneuern, und stiftete die Flüchtlinge an, sich doch besser gleich Zankles zu bemächtigen, das zur Zeit wegen eines Feldzuges von der wehrfähigen Mannschaft entblößt sei. So geschah es dann auch, und als jetzt die Leute von Zankle sich hilfesuchend an Hippokrates wandten, eilte dieser herbei, verriet aber seine Freunde an die ionischen Eindringlinge gegen eine gewaltige Beteiligung an der Beute (darunter den ganzen Grundbesitz).

An diesem uns zufällig bekannten Fall sieht man, wie es in der damaligen Welt des westlichen Griechentums und zumal Siziliens zuging. Die weitere Entwicklung kann deshalb nicht verwundern. Hippokrates fand nach seinem Tode einen Nachfolger in Gelon, der ihm an Skrupellosigkeit durchaus gleichkam, es jedoch noch bedeutend weiter brachte. Gelon betrog erst einmal die Söhne des Hippokrates um die Herrschaft, und dann gelang ihm der große Streich gegen Syrakus. Wahrscheinlich in Verfolgung einer schon bestehenden Tradition stellte er sich in einer Revolution, bei der sich das Volk und die eingeborene Hörigenschicht gegen die Großgrundbesitzer, die »Dicken« *(pacheis)* die Hände gereicht hatten, auf die Seite der Reichen und brachte durch Intervention die Stadt in seine Gewalt. Sie wurde hinfort seine Basis – Gela ließ er durch seinen Bruder Hieron regieren – und erfuhr durch ihn eine völlige Umgestaltung. Syrakus wurde unter Aufgabe mehrerer Städte in der Umgebung und Deportation der halben Einwohnerschaft Gelas gewaltig vergrößert und das »Volk« durch Verkauf in die Sklaverei außerhalb Siziliens dezimiert. Ein wesentliches Stück Siziliens stand damit unter Gelons Herrschaft, und Sizilien hatte in Syrakus ein beherrschendes Zentrum erhalten. Das einzige Gegengewicht unter den griechischen Städten hätte vielleicht das große Akragas bilden können, aber dieses band Gelon durch verwandtschaftliche Beziehungen zu dessen Tyrannen Theron an sich, so daß, von außen gesehen, Gelon beinahe als Einziger des sizilischen Griechentums dastand.

Bemerkt wurde diese – für griechische Verhältnisse – ungeheure Machtanhäufung verständlicherweise von denen, die sich bedroht fühlten. Das waren Anaxilaos von Rhegion, trotz des Erfolges, den er mit der Ansiedlung der flüchtigen Messener in Zankle und damit der Vertreibung der von Gelon abhängigen Samier – seitdem hieß die Stadt Messana (heute Messina) – erreicht hatte, und Terillos von Himera (im Norden Siziliens gelegen). Beide hielten naturgemäß zusammen und waren auch verschwägert. Eine beobachtende Stellung nahmen aber natürlich auch die Karthager ein, denn schließlich konnte sich der Druck auch einmal gegen sie richten. Schon zu Anfang von Gelons Regierung, etwa zur Zeit von Marathon, hatten sie mit ihm einen offenbar unbedeutenden Strauß, den dieser gern mit spartanischer Hilfe zu einer großen Aktion erweitert hätte, wenn er sie bekommen hätte und die Spartaner seinen phantastischen Vorschlägen gefolgt wären, was sie ebensowenig taten wie zehn Jahre früher den ionischen Städten und Aristagoras gegenüber.

Reste eines zur Feier des Sieges über die Karthager (480 v. Chr.) errichteten Tempels in Himera
an der Nordküste von Sizilien

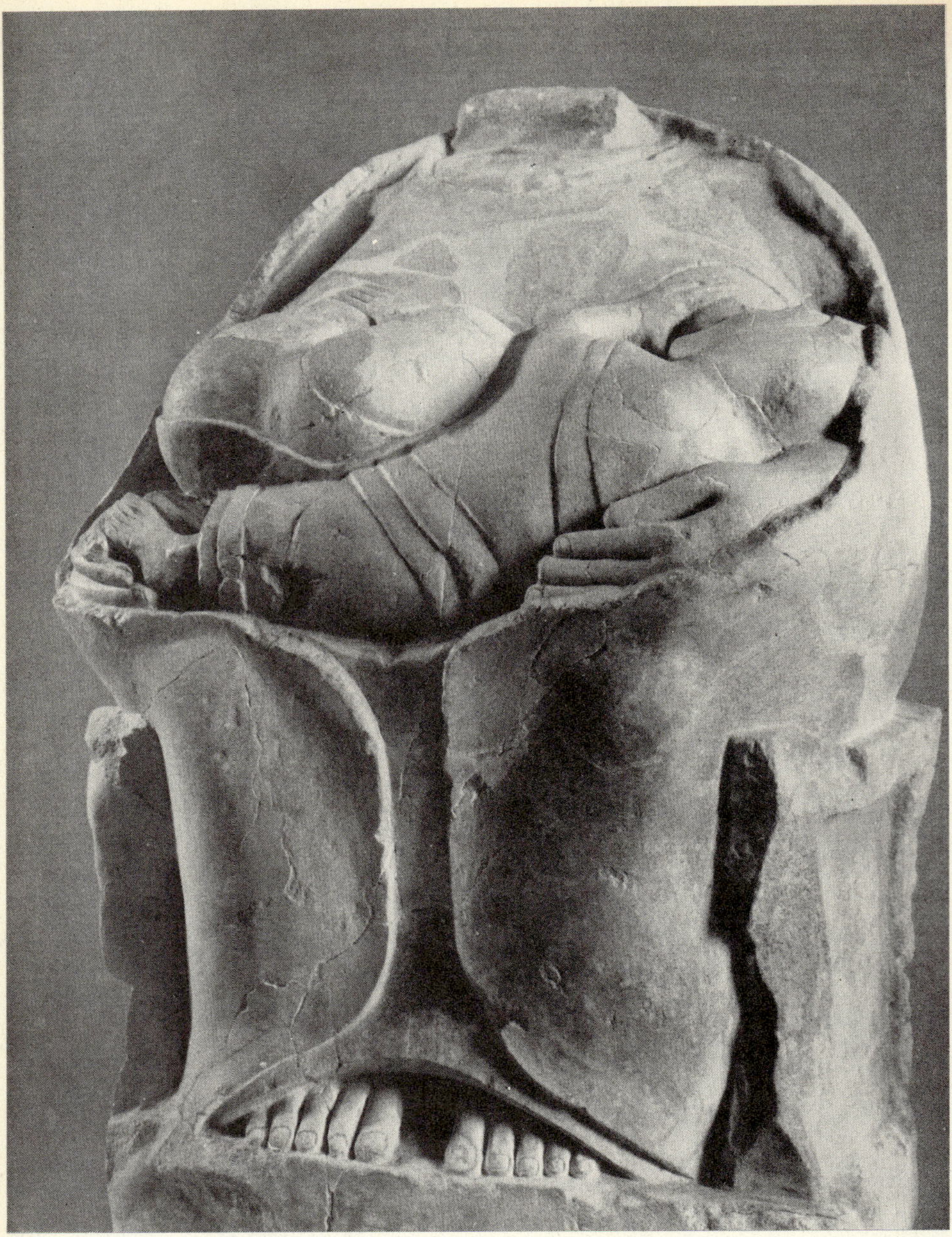

Sikulische Muttergottheit
Plastik aus Sizilien, Anfang 6. Jahrhundert v. Chr. Syrakus, Nationalmuseum

Als nun aber Theron von Akragas den Terillos aus Himera verjagte und damit eine abermalige Vergrößerung des syrakusanischen Blocks auf Sizilien eintrat, mußte ein Hilfegesuch des Vertriebenen, hinter den sich gleich sein Schwager Anaxilaos von Rhegion stellte, in dem er seine Loyalität durch Geiselstellung unterstrich, bei Karthago eine Intervention auslösen. Es schickte seinen besten und vielbewährten Feldherrn Hamilkar mit einem kolossalen Söldnerheer. Gelon war so gefährdet, daß er nicht nur den Griechen vor Salamis jede Unterstützung abschlug – angeblich dadurch, daß er mit ihr die unmögliche Auflage des Oberbefehls verband –, sondern es sogar zweckmäßig fand, für den Fall eines persischen Sieges seine Unterwerfung unter Xerxes vorzusehen. Glücklicherweise bedurfte er dann dieser Rückversicherung nicht. Die Schlacht an der Himera, im selben Jahr wie Salamis geschlagen (480), wurde zur vernichtendsten karthagischen Niederlage. Der karthagische Feldherr gab sich aus Verzweiflung selbst den Tod, wie die Karthager sagten, indem er sich den Göttern opferte und in einen Scheiterhaufen stürzte.

Der griechische Sieg an der Himera war nicht nur ein militärisches Glanzstück, sondern zeitigte auch den denkbar größten politischen Effekt: für zwei Menschenalter wandte Karthago den griechischen Dingen konsequent den Rücken und ließ sich durch keine noch so günstige Konstellation dazu verlocken, sich in sie einzumischen. Die Griechen auf Sizilien und überhaupt das westliche Griechentum gewannen damit die Möglichkeit zu einer von Karthago unbeschwerten Entfaltung wie nie mehr in ihrer späteren Geschichte. Eine üppige und luxuriöse Lebensart konnte sich auf Sizilien ausbilden. In Akragas, das seinen Wohlstand dem Handel mit Karthago verdankte, herrschte während des 5. Jahrhunderts ein mammonistischer Luxus wie wahrscheinlich in der ganzen griechischen Welt nicht mehr.

Den unmittelbaren Gewinn hatte, wie zu erwarten, der Sieger Gelon. Er war klug genug, den Kampf nicht weiterzuführen und sich auf die Abwehr des karthagischen Angriffs zu beschränken. So rührte er nicht an die sizilischen Besitzungen Karthagos und ließ sich statt dessen eine schwere Kontribution zahlen; seine prächtigen Weihgeschenke in Delphi und Olympia kündeten davon. Noch mehr ins Gewicht fiel der moralische Gewinn. Sein Regime war eine Gewaltherrschaft reinsten Wassers. Aber dieser Schatten wurde durch die helle Begeisterung aller sizilischen Griechen über den Sieg einfach verscheucht. Wer von den griechischen Staaten und Tyrannen Siziliens ihm früher Schwierigkeiten gemacht hatte, also auch die Parteigänger Karthagos, beeilte sich, für die Zukunft seine Loyalität zu betonen, und Gelon baute den Betreffenden wohlweislich goldene Brücken, indem er sie nominell als Bundesgenossen annahm. In Syrakus konnte sich Gelon fürderhin ganz unbefangen wie ein Privatmann benehmen und unbewaffnet, ohne Leibwache, unter die Menschen gehen. Als er – nur zwei Jahre nach Himera – starb, gab ihm das ganze Volk das letzte Geleit, dasselbe »Volk«, das er nicht allzulange zuvor »Lumpengesindel« genannt hatte. An seiner Grabstätte wurde er als Heros verehrt, das heißt, es wurden ihm besondere Totenopfer dargebracht, die ihn über die gewöhnlichen Sterblichen hinaus in die Reihe von Städtegründern und mythischen Helden hoben.

Seine Nachfolge trat sein Bruder Hieron ohne Schwierigkeit an und erbte mit der Regierung den Glanz, den Gelon ihr verliehen hatte. Er selbst fügte den Ruhmestitel hinzu, daß er die Etrusker, den anderen Widerpart des westlichen Griechentums neben den Karthagern, in einer Seeschlacht bei Kyme besiegte und diese Stadt von dem Druck befreite (474). Die Regierungsmaximen änderten sich deswegen nicht. Nach wie vor galt der Grundsatz, daß die Menschen völlig ein Objekt in der Hand des Tyrannen zu sein hätten, und weiterhin wurde durch Umsiedlungen von Einwohnern und Umgründungen von Städten die Bevölkerungsstruktur im Sinne der Herrschaftsbefestigung modelliert. In diesen Vorgang wurden nach dem Sieg von Himera und der innerpolitischen Befriedung auch die Massen der Söldner, mit denen die sizilische Tyrannis arbeitete, nach ihrer Demobilisierung hineingezogen. Auch Leute aus dem Mutterland konnten bei dieser Versorgungspolitik ihr Glück machen. Doch war über alle damit unvermeidlich verbundene Brutalität noch immer das versöhnliche Licht der großen Befreiungstat ausgebreitet, und wo seine Leuchtkraft nicht ausreichte, trat ein anderer idealer Spiegel hinzu.

Die Tyrannis der Deinomeniden, der Familie Gelons, gab sich einen bewußt konservativen Stil. Am Hofe von Syrakus war noch die Luft der archaischen Zeit mit ihrem adligen Gepränge zu spüren. Gegen den Wind demokratischer Denkungsweise, wie er im Mutterland, durch das siegreiche Athen entfacht, sich verbreitete, war diese Atmosphäre abgedichtet. Männer wie die Dichter Pindar, Aischylos und Simonides, denen die moderne Richtung in Staat und Gesellschaft unangenehm war, fühlten sich in Syrakus wohl, nicht nur wegen der großzügigen Munifizenz des reichen Herrscherhauses. Man konnte sich auch freuen an der autoritativen Art, wie dort auf Zucht und Ordnung unter der Bevölkerung gehalten wurde, wie altmodische Tugendgesetze neu eingeschärft wurden und alles dies im ehrwürdigen Rahmen der »dorischen« Ordnung stand, dem von Sparta kommenden Sinnbild konservativer Lebensweise.

Mit Hilfe solcher »weltanschaulichen« Abstützung und von dem Kapital zehrend, das Gelon durch den Sieg von Himera gewonnen hatte, vermochte die syrakusanische Tyrannis, »unzeitgemäß«, wie sie eigentlich von Anfang an gewesen war, sich noch bis weit in das 5. Jahrhundert hinein zu halten. Ihre Tage waren trotzdem gezählt, aber es dauerte doch bis zum Ende der sechziger Jahre, immerhin noch länger als bis zum Ende der Lebens- und Regierungszeit Hierons (468/7), bis die politische Bühne die Szenerie wechselte, entsprechend der Überfälligkeit dieser Ablösung ohne besondere Kämpfe.

Auf dem Wege zu neuer Ordnung

Nach dem Siege

Der Historiker soll sich im allgemeinen hüten, Superlative zu gebrauchen; er mißt sich dadurch mehr Einsicht zu, als ihm zukommt, und obendrein macht er sich sein Geschäft durch Abmessen der historischen Erscheinungen an einer einzigen linearen Skala sehr leicht. Trotzdem ist man selbst bei gründlicher Kenntnis der griechischen Geschichte versucht, ein derartig »einfaches« Urteil zu fällen und in dem, was sich zwischen 490 und 479 v. Chr. zwischen Persern und Griechen abgespielt hat, so etwas wie den Kulminationspunkt politisch-militärischer Leistungsfähigkeit und politischen Erfolges bei den Griechen zu sehen. Die hier gegebene Darstellung ist hoffentlich nicht der Versuchung einer billigen Idealisierung erlegen und hat dementsprechend nicht versäumt, auch auf die Schatten hinzuweisen, die während dieser Jahre trotzdem auf dem griechischen Geschick lagen.

Es war wirklich nicht alles ein Ruhmesblatt, was sich damals auf griechischer Seite zugetragen hat. Zweifellos war ungeheuer viel »Glück« dabei oder, wie die Griechen einer späteren Epoche sich ausdrückten, Werk der Tyche, des Zufalls. War es schließlich griechisches Verdienst, daß der als Entscheidung gedachte Feldzug so lange auf sich warten ließ? Konnten die Griechen irgend etwas dafür, daß Xerxes eine Mediokrität war und sie nicht mit einem Mann zusammenstießen, dessen persönliche Kraft alle durchschnittlichen Voraussetzungen aus den Angeln hob? Und schließlich: nur durch besondere Umstände, in die sogar persönliche Motive hineinspielten, waren sie im Blick der persischen Weltmachtpolitik für kurze Zeit aus ihrer Abseitigkeit herausgehoben und in eigentümlicher Weise für diese interessant geworden. Gewiß hatten sie die daraus entspringende Belastung und Bedrohung zu bestehen, aber war es nicht wiederum eine keineswegs verdiente Gunst, daß dies eben eine Ausnahmesituation war und deshalb nicht von Dauer sein konnte? Daß dem so war, durften sie zu ihrem Nutzen gleich im Anschluß an die Entscheidung von Salamis und Plataiai feststellen und darin, genauer gesagt, erst die Bestätigung dessen erfahren, daß beide Schlachten wirklich eine Entscheidung waren: Xerxes kam nicht wieder. An anderen, viel dringlicheren Stellen machte ihm sein Weltreich zu schaffen. In Babylon brach ein Aufstand aus. Er hatte sich schon vorher geregt, fast gleichzeitig mit der ägyptischen Insurrektion. Nach deren Niederwerfung hätte Xerxes natürlich den griechischen Faden wiederaufnehmen können, aber er tat es nicht und führte bis zu seiner Ermordung 465 v. Chr. ein ziemlich tatenloses Leben. All dieses konnten die Griechen sich nun wirklich nicht zuschreiben. Sie waren auch weit entfernt davon, es zu tun. Wer den Nationalismus des 19. und 20. Jahrhunderts und seine Monomanie kennt, wird mit Erstaunen zur Kenntnis nehmen, wie nur acht Jahre nach Salamis Aischylos in seinen »Persern« den persisch-griechischen Konflikt darstellte und in welchen Regionen des Daseins er die persische Niederlage ansiedelte. Und auch Herodot, der schließlich sein Lebenswerk diesem Problem widmete, kannte keine wohlfeile hellenische Selbstbespiegelung.

Auf der anderen Seite ist es einfach die historische Wahrheit, daß Griechenland als Ganzes sich niemals in seiner Geschichte, weder vorher noch nachher, zu einer vergleichbaren Höhe gemeinsamer politischer Anstrengungen erhoben hat und daß deshalb sich Hellas damals als politische Größe im Sinne einer Aktionseinheit in einzigartiger Weise, einfach auf die Tatsachen der griechischen Geschichte bezogen, darstellte.

Doch das sind äußere, beinahe statistische Feststellungen. Worin besteht nun aber die geschichtliche, um nicht zu sagen, weltgeschichtliche Bedeutung der Perserkriege? Auch hierauf gibt es eine runde Antwort, und sie hat, im Gegensatz zu der vorigen Feststellung, noch den Vorzug klassischer oder doch klassizistischer Ehrwürdigkeit für sich, anerkannt durch eine Schultradition, die sicher bis zu den Anfängen unseres modernen historischen Bewußtseins zu Beginn des 19. Jahrhunderts zurückgeht. Danach ist denn damals um nichts anderes als um das Dasein von Hellas und damit vor allem um seine geistige Existenz gerungen worden, und da sich von ihr irgendwie ja auch die Möglichkeit Europas als geistiger Potenz ableitet, ging es ebenso um seine Wurzeln, und diese reichen bis in jene Jahre zurück. Ohne Marathon und Salamis wären die Voraussetzungen für uns selbst nicht vorhanden. Oder, wie es der Engländer John Stuart Mill einmal ausgedrückt hat: »Die Schlacht von Marathon ist selbst als ein Ereignis der englischen Geschichte wichtiger als die Schlacht bei Hastings.«

Da dieses Urteil beinahe zu einer festen Formel wurde und dergleichen Formeln die Fähigkeit haben, ihren Sinn und Gehalt zu überleben, zumal in der antiken Geschichte, die schon des längeren nicht mehr in das zeitgenössische Bewußtsein integriert wird, ist der Hinweis wohl nicht überflüssig, daß die Geschichtswissenschaft schon vor mehr als zwei Menschenaltern mit dieser monumentalen Deutung der Perserkriege gebrochen hat. Die Perser waren keine Hunnen, auch keine Assyrer, und nichts lag ihnen ferner, als die Kultur und Gesittung ihrer Untertanen niederzutrampeln und ihre Zivilisation auszulöschen. Deshalb kann auch gar kein Zweifel sein, daß es bei einer griechischen Niederlage mit Griechenland und seiner Gesittung nicht zu Ende gewesen wäre. Eine persische Oberherrschaft war mit der Möglichkeit einer binnengriechischen Geschichte durchaus verträglich, und etwa den griechischen »Geist« willentlich in Fesseln zu schlagen stand keineswegs im persischen Programm. Schließlich haben die großen ionischen Philosophen zu einem erheblichen Teil als persische Untertanen gelebt. Die Alternative von Sein und Nichtsein ist gewiß falsch, und sie wird noch falscher angesichts der Wahrscheinlichkeit, daß die persische Herrschaft sich auf die Dauer in der griechischen Randzone nicht hätte halten können. Es ist anderswo ja ähnlich gewesen, und selbst ein Land wie Ägypten, das dem persischen Herrschaftszentrum räumlich näher lag und materiell ein viel größeres Gewicht besaß, hat während der Geschichte des persischen Weltreiches für längere Zeit seine Unabhängigkeit wiedergewinnen können.

Freilich ist es, wie immer bei solchen hypothetischen Erwägungen, viel leichter, ein negatives Urteil zu fällen und zu sagen, was nicht gewesen wäre, als den positiven Verlauf der Geschichte unter einer fiktiven Bedingung sich auszumalen. Versuche in dieser Richtung haben deswegen aber nicht gefehlt. Am eindrucksvollsten ist der von dem großen Universalhistoriker des Altertums Eduard Meyer angestellte. Eduard Meyer geht von dem Grundsatz der persischen Reichspolitik aus, bestimmte Tendenzen bei den unterworfenen Völkern zu fördern, welche deren Energien nach innen wandten und eine gesetzmäßige Regulierung des persönlichen Lebens anstrebten. Mit diesem nomistischen Programm, das den sichtbarsten Erfolg bei den Juden zeitigte, wäre die persische Politik denn auch an die griechische Frage herangetreten und hätte die gewünschte Einstiegsmöglichkeit in der orphischen Bewegung gefunden. Deren Bestrebungen wären dann von Persien gefördert worden, und damit wäre dem griechischen Wesen eine Abkehr von seiner »Diesseitigkeit« aufgenötigt worden. So hätte sich eine fundamentale Weichenstellung für den Gang der griechischen Kultur ergeben, so fundamental, daß am Ende ein wesentlich anderes Griechentum herausgekommen wäre als das uns vertraute.

Diese phantasie- und eindrucksvolle Theorie stimmt aber in ihrer Prämisse nicht. Sie überschätzt bei weitem die Lebensmächtigkeit der »Orphiker« und ihrer Geistesverwandten, auch für den Fall, daß ihnen die äußere Machtkonstellation zugute gekommen wäre. Die Anlage zu irgendwelcher Dominanz des Orphischen im Gesamtgefüge des griechischen Geistes und auch der sozialen Struktur war niemals vorhanden und hätte auch mit persischer Hilfe sich nicht herbeizaubern lassen.

Man muß bei solchen Erwägungen bescheidener sein und darf eigentlich nur denjenigen Faktor aufs Korn nehmen, der in verhältnismäßig eindeutiger Weise mit der Alternative von griechischem Sieg oder griechischer Niederlage verknüpft ist. Da gibt es nun ein kaum zu leugnendes Kausalverhältnis zwischen den Ereignissen von 490/480 und der Größe Athens. Wenn die Griechen damals unterlegen wären, hätte Athen gewiß nicht aufgehört zu existieren, aber bestimmt wäre auch nicht das Athen des 5. Jahrhunderts zustande gekommen, und alle wesentlichen Bedingungen für seine damals begründete zentrale Stellung innerhalb des Griechentums wären entfallen. Die attische Tragödie hätte es dann höchstwahrscheinlich nicht gegeben, und ebensowenig wäre abzusehen, wie seine stilbildende Kraft in Kunst und Literatur und überhaupt in der ganzen Gesittung sich in einem durch die Perser gedemütigten und der materiellen Mittel entblößten Athen hätte äußern können.

Denn das hat der Historiker auch zu registrieren: die Entscheidung des Perserkampfes bewahrte Griechenland nicht nur vor dem Zusammenbruch seiner bisherigen Geschichte, sie legte auch einen neuen Keim für die Zukunft. Wie er sich im einzelnen entfalten würde, das konnte damals noch niemand sagen, aber gewiß war, daß hierbei das Gewicht eine Rolle spielen würde, das Athen für die Behauptung im Kampf gewonnen hatte. Ohne Athen kein Marathon und vor allem kein Salamis, aber ohne Athen – und das war beinahe das Wichtigste – auch keine Überwindung der beinahe tödlichen Nervenkrise nach Thermopylai. Läßt man dieses Verhältnis gelten – und es ist schwerlich zu bestreiten, denn Athen war in der Tat insofern ein entscheidendes Element, als es neu zu der bestehenden und durch Sparta repräsentierten Machtgruppierung Griechenlands hinzutrat –, dann ist aber ganz unvermeidlich bei dieser Fragestellung Themistokles in den spezifischen Ursachenzusammenhang einzusetzen.

Themistokles war selbstverständlich nicht Athen, sowenig Athen identisch war mit Griechenland und Sparta, aber bestimmt hätte Athen ohne Themistokles die ungeheure Belastungsprobe nicht bestanden. Seine Politik hat Athen erst zur Seemacht werden lassen, und nur seine überragende intellektuelle und moralische Kraft brachte es zuwege, daß die Bevölkerung Athens in der Stunde, da alles auf dem Spiele stand, nicht in Angst und Panik verfiel. Dabei verfügte Themistokles über keinerlei unbeschränkte Kommandogewalt, sondern hatte sich von Tag zu Tag immer wieder von neuem durchzusetzen, und das sowohl in Athen selbst als auch im Kreise der Eidgenossenschaft, in der er formell nur der Leiter der attischen Seestreitkräfte war, die Gesamtführung aber offiziell bei Sparta lag. Man hat in Griechenland wohl gewußt, wie hier ein Mann seine beschränkte amtliche Zuständigkeit überspielte und daß der Sieger von 480 sich in der Person des Themistokles darstellte.

Als Themistokles später einmal nach Sparta kam, wurde seinem Wagen ehrfurchtsvoll Platz gemacht, und an der Grenze empfing ihn eine Schar von zweihundert auserlesenen jungen Männern. Sein Erscheinen in Olympia bei den Spielen wandte alle Aufmerksamkeit von den Kämpfen ab und machte ihn zur Sensation des ganzen Tages; und von der

Abstimmung der Feldherren über die höchste Leistung während des Krieges wird die hübsche Anekdote berichtet, daß alle jeweils sich selbst den höchsten Rang zugesprochen hätten, einer Meinung jedoch gewesen wären über die Zuteilung des zweiten Platzes an Themistokles. Niemals wieder in der griechischen Geschichte stand ein bestimmter Mann im Mittelpunkt einer so allseitigen hellenischen Akklamation.

Man hat auch damals schon gespürt, daß bei Themistokles eine eigentümliche Kraft im Spiel war: eine politische Rationalität reinster Art. Wir sind heute auf Grund langer weltgeschichtlicher Erfahrung ohne Mühe imstande, das Phänomen als Typus zu begreifen und werden damit natürlich an Machiavell als den modernen Vertreter dieses Denkens verwiesen. Sucht man in der griechischen Geschichte seinen Geistesverwandten, so wird man, jedenfalls im Bereich des freien Stadtstaates, am ehesten an Themistokles zu denken haben. Damals vermochte man das nur unvollkommen mit dem Begriff der »Weisheit« *(sophia)* zu umschreiben, für die man ihn in Sparta mit einem Ölzweig ehrte. Im Volksbewußtsein schlug sich das Phänomen in unzähligen Legenden von der Schlauheit, man kann schon sagen, der Gerissenheit des Themistokles nieder. Sehr früh ist dadurch das Bild der faktischen Wahrheit getrübt worden, in einem Maß, daß schon in der folgenden Generation selbst der scharfe Verstand des Thukydides nicht mehr imstande war, diese Schicht zu durchdringen, und die bestimmt erfundene Geschichte überlieferte, Themistokles habe die Spartaner, als sie Athen den Wiederaufbau ihrer Stadtmauern untersagten (eine ganz unsinnige und aus einer viel späteren Situation herausgesponnene Vorstellung), durch hingezogene Verhandlungen überlistet.

Themistokles trat (soweit für uns erkennbar) schon seit 479 nicht mehr in amtlicher Stellung auf, aber sein Einfluß auf die attische Politik war deshalb nicht ausgeschaltet. Es wäre auch merkwürdig, wenn er aus dem der Zukunft zugewandten Prospekt des großen Kampfes einfach wegzudenken wäre, da dieser doch ganz die Gestalt annahm, welche seiner Denkungsweise entsprach.

Der Attische Seebund

Themistokles hatte schon nach Salamis darauf gedrungen, die durch den Sieg errungene Überlegenheit zu einer kühnen eigenen Initiative der Griechen auszunützen und den Krieg hinüber nach Kleinasien zu tragen, um auf diese Weise die Stellung des persischen Heeres in Griechenland zu unterminieren. Daß man auf die Griechen der Inseln und von jenseits des Meeres zählen müsse, war von Anfang an seine Ansicht gewesen, und der Appell an das gemeinsame Ionertum, den er im Namen Athens schon 480 an die griechischen Seestreitkräfte des Xerxes richtete, entsprach ganz dieser großzügigen politischen Strategie. Sie wurde aber nicht akzeptiert, und so unterblieb der kühne Vorstoß.

Das folgende Jahr führte die Dinge dann von selbst in diese Richtung. Als die Griechen die persische Flotte beobachteten, stellten sich zwanglos die Kontakte her, und nach Mykale, als Persien zunächst den ganzen Seekrieg aufgab, war dies für die Griechenstädte Kleinasiens das Zeichen zum Abfall. Was im Ionischen Aufstand nicht gelungen war, das bot sich jetzt wie ein Geschenk an. Die persische Macht war nicht nur im Moment ineffektiv (sie war es zu Anfang des Aufstandes auch gewesen), sondern die Solidarität der festländischen Griechen, auf die Aristagoras seinerzeit vergeblich spekuliert hatte, sie vor allem war mit einemmal da, nicht mühsam arrangiert, sondern einfach als unvermeidliche Konsequenz der Umstände.

Die Spartaner, die ja die Führung hatten, waren freilich über diese Fügung ganz und gar nicht entzückt. Für sie war und blieb der Krieg das, als was er angetreten war: die Verteidigung des Festlandes. In diesem Sinn war der Krieg ausgekämpft, und man konnte mit einiger Wahrscheinlichkeit annehmen, daß es dabei bliebe und daß Xerxes keine Lust zur Wiederholung des Unternehmens verspüren würde. Dagegen mußte der Abfall der kleinasiatischen Griechen voraussichtlich unübersehbare Komplikationen mit sich bringen. Zu einem kampflosen Verzicht der anderen Seite bestand nicht die geringste Veranlassung. Andrerseits: nachdem die Freiheit der Griechen überhaupt einmal verteidigt und gerettet war – daß diese »Idee« über dem Krieg gestanden hatte, war ja nun beim besten Willen nicht zu bestreiten –, konnte man unmöglich einen Teil des Griechentums von der Befreiungsaktion ausschließen. Sparta machte damals einen Vorschlag, der seine ganze Verlegenheit verriet: die kleinasiatischen Griechen sollten einfach auswandern; in den Emporien derjenigen griechischen Staaten, die auf persischer Seite gestanden hätten und jetzt bestraft werden sollten, wäre für sie Platz. Das war nun wirklich eine unmögliche Zumutung, abgesehen davon, daß diese Auffangsorte – Emporien sind Handelsstützpunkte – nur in der Phantasie existierten. Demgegenüber hatten die Athener mit ihrer gegenteiligen Meinung allerdings einen leichten Stand. Das unmögliche Projekt wurde fallengelassen, und Sparta ließ die Dinge laufen. Die ionischen Griechen reihten sich, soweit sie schon frei waren, in die Eidgenossenschaft ein und machten bei der Befreiungsaktion in Kleinasien freudig mit. Für jeden, der tiefer blickte, mußte es freilich eine ausgemachte Sache sein, daß Sparta mit seinen Peloponnesiern auf die Dauer nicht einer Politik zu verpflichten sei, die es ausdrücklich verurteilte. Es fand auch bald eine willkommene Gelegenheit, ohne viel Umstände sich zurückzuziehen.

Im folgenden Jahr (478/7) fuhren die Spartaner an der Spitze der hellenischen Flotte nochmals aus. Kommandant war Pausanias und das Ziel Byzantion, wo eine persische Besatzung zu vertreiben war. Das Vorhaben gelang auch. Die Flotte blieb längere Zeit dort vor Anker. Währenddessen kam es zu Mißhelligkeiten zwischen der Leitung und den ionischen Schiffsmannschaften, die wahrscheinlich einen nicht unbeträchtlichen Teil der ganzen Truppe ausmachten. Die strenge spartanische Zucht gefiel ihnen nicht, aber es kamen auch evidente Ungerechtigkeiten vor (Benachteiligung der Ioner bei der Verpflegung etwa), und obendrein war das persönliche Auftreten des Pausanias, der sich, der heimischen Aufsicht enthoben, in Sultansallüren erging, auch nach spartanischer Auffassung anstößig. Die unzufriedenen Ioner wandten sich an die Athener mit dem Ansinnen, diese sollten das Kommando übernehmen. Sie ständen sich als Stammesverwandte ja auch näher. Als die Athener darauf eingingen, machte Sparta nur einen schwachen Versuch, diese Wendung zu verhindern. Sie lösten Pausanias ab und schickten nach einiger Zeit einen neuen Kommandanten. Das war jedoch ein schwacher Mann, der keine Lust hatte, es zum Bruch zu treiben. Sparta selbst wollte es auch nicht. So zog es den neuen Kommandanten samt der kleinen

Flottille, mit der Sparta noch an dem Seekrieg beteiligt war, zurück, und das athenische Kommando blieb bestehen. Sparta war stillschweigend aus dem Seekrieg ausgeschieden und im Grunde zufrieden, daß ihm die Sorgen dafür abgenommen waren.

Der Ball, der so den Athenern zugespielt worden war, wurde von ihnen allerdings energisch aufgefangen. An sich hätten sie sich ohne allzu großes Bedenken sagen können, daß sie der ganzen Situation nach zu Recht an die Stelle von Sparta getreten wären und daß die griechische Eidgenossenschaft, die doch nur noch so weit kämpfte, als sie selbst den Seekrieg betrieben, jetzt unter ihrer Hegemonie stünde. Aber auf diese Lösung – wenn es eine war – ließen sie sich nicht ein. Die Verhältnisse sollten klarer sein. Der Bund in seiner augenblicklichen faktischen Zusammensetzung wurde neu gegründet, beziehungsweise bekräftigt. Feierliche Eide wurden ausgetauscht und ein Metallklotz als Unterpfand im Meer versenkt. Entsprechend der jetzigen Zusammensetzung wurde ein anderer Ort – nominell hätte noch immer der Isthmos gelten müssen –, nämlich Delos, für die Bundesversammlung festgesetzt, und dann entstand allerdings eine Einrichtung, für die es noch kein Vorbild gab.

Der Bundesbeitrag bestand an sich in einem Schiffskontingent. Wer ein solches aber nicht stellen wollte oder (wegen der Kosten) nicht konnte, hatte einen Geldbetrag an die Bundeskasse zu entrichten, den Tribut *(phóros)*. Die Umlage erfolgte auf Grund der finanziellen Leistungsfähigkeit der einzelnen Bündner. Da aber zu deren genauer Berechnung die statistischen Unterlagen fehlten, mußte sie eine pauschale Schätzung ersetzen. Das schwierige Geschäft wurde Aristeides, einem der athenischen Kommandanten, übertragen, der sich seiner zu solcher Zufriedenheit aller Beteiligten entledigte, daß er davon den Beinamen »der Gerechte« bekam. Die Gesamtsumme, die er ausrechnete, betrug vierhundertsechzig Talente und ist in dieser Höhe sehr lange verbindlich geblieben. Der Attische Seebund war gegründet.

Der Terminus ist allerdings modern. Im Altertum sprach man nur von »den Athenern und ihren Bundesgenossen«. Hätte es aber zeitgenössische Völkerrechtler gegeben, wären sie nicht nur wegen der Bezeichnung, sondern noch mehr über den Rechtscharakter des neuen Gebildes in Verlegenheit gekommen. War es einfach eine Fortsetzung der alten Eidgenossenschaft? Vieles, die ganze Genesis, sprach dafür. Daß der Bund, genau wie der andere, den Kampf gegen Persien zum immanenten Zweck hatte, darüber bestand bei allen Beteiligten kaum ein Zweifel. Aber wenn man den Sachverhalt in diesem Sinn streng auslegte, dann wären alle Eidgenossen von früher jetzt durch die neu begründete Genossenschaft erfaßt worden, und Sparta hätte so sein damals begründetes Hegemonierecht *ipso iure* verloren. Beides war offenbar weder der Fall noch beabsichtigt. Warum denn also nicht eine ganz neue und unabhängige Schöpfung? Dagegen sprach nun wieder sowohl der Entstehungsvorgang als das Kampfziel. Es war dasselbe wie früher, der Kampf gegen Persien, und dieser Kampf blieb ein Kampf von Hellas und wurde dem Begriff nach kein Krieg Athens. Mit gutem Grund hießen die Verwalter der Bundeskasse »Hellenenschatzmeister« *(hellenotamiai)*. Die Frage wäre schwer zu lösen gewesen. Aber da diejenigen, die sie praktisch anging, an sie keine Mühe verschwendeten, hat der moderne Historiker weder ein Recht noch eine Möglichkeit einzuspringen. Er hat nur die beiden Aspekte in ihrer Unvermeidlichkeit festzuhalten und wird sich nicht wundern, daß ein von Anfang so wenig determiniertes Wesen im Verlauf seiner Entwicklung noch manche andere Verlegenheit bereitete.

Die Probleme der Zukunft hingen mit dem Verlauf des Kampfes zusammen, für den dieser Bund gedacht war. Er sollte die kleinasiatischen Griechen befreien und gegen die Revanche der Perser schützen. Aber beides gewann gerade zu Anfang gar keine rechte Gestalt. Die Griechen in Kleinasien befreiten sich zunächst selbst. Viel Hilfe von außen hatten sie dazu nicht nötig. Es genügte, daß ihnen der Rücken gestärkt war durch die Existenz einer Organisation, auf die sie sich im Notfall verlassen konnten. Die Perser leisteten keinen großen Widerstand. Und was noch wichtiger war, sie machten im Augenblick nicht die geringste Anstrengung, um ihre zusammengebrochene Herrschaft an der Küste Kleinasiens wiederaufzurichten. Weit und breit war weder ein persischer Soldat noch ein persisches Schiff zu sehen, ungefähr zehn Jahre lang. Auf diese Weise konnte die Grundkonzeption des Bundes nicht recht in Erscheinung treten. Was war unter solchen Umständen von der Bundesversammlung in Delos überhaupt zu beschließen? Es genügte, wenn die Führung bei Athen in guter Hand lag, und auch die Stellung von Schiffen war ohne dringende Not ein anscheinend überflüssiges Geschäft. Viel bequemer war da die Ablösung durch Geld. Sie empfahl sich ohnehin für die kleinen Staaten aus technischen Gründen. Eine buntscheckige Flotte war weniger wert, als wenn von Athen aus den zur Verfügung gestellten Mitteln nach einheitlichen Richtlinien eine aufgebaut wurde. So war schon von Anfang an die Hegemonie dieses neuen Bundes mit viel größerer sachlicher Kompetenz ausgestattet als der Isthmosbund, bei dem die exekutive Spitze fortwährend mit den Bundesgenossen beraten mußte und ihre formale Kompetenz Inhalt nur dann gewann, wenn der offenbare Wille der Bündner in sie einfloß. Die Bündner des Attischen Bundes waren auch zum größten Teil, zumal die von den vielen ägäischen Inseln, richtige Zwergstaaten, die schon deswegen keinerlei Möglichkeiten hatten, sich recht zur Geltung zu bringen. Alles drängte also von Anfang an darauf hin, daß sich kein echtes Gleichgewicht zwischen Führung und Bund herstellte. Die Athener hätten Dogmatiker des Föderalismus sein müssen, wenn entgegen diesem Gefälle das föderative Element hätte stärker sein sollen. Das waren sie aber nicht, und das war ihnen auch gar nicht übelzunehmen. Was der Bund an Aktivität entfaltete, war ja ausschließlich ihr Werk.

Viel zu tun gab es den Umständen nach nicht. Es war beinahe als Glück zu bezeichnen, daß in Thrakien noch persische Garnisonen lagen und sich tapfer schlugen. So konnte der athenische Feldherr Kimon, der Sohn des Miltiades, in der Mitte der siebziger Jahre sich dort kriegerische Lorbeeren holen. Die Einnahme von Eion an der Mündung des Strymon wurde eine Ruhmestat, die daheim außerordentlich gefeiert wurde. Aber sie verkündete den Ruhm Kimons und den Ruhm Athens und nicht den der Bündner. Und was sollte mit dem eroberten Territorium geschehen? Wem gehörte es? Doch nicht etwa den Bündnern? Die Frage ließ sich vielleicht umgehen, wenn man eine Kolonie gründete, die ja ein eigenes Staatswesen gewesen wäre. Aber das Unternehmen mißlang, weil der dort seßhafte thrakische Stamm die neue Siedlung schon im Keim vernichtete. Wenn nun das Gebiet nicht wieder aufgegeben werden sollte, konnte es nur unter attischer Herrschaft stehen. Den Bund ging das nichts an. So führte also schon der Krieg gegen Persien zu Situationen, die nicht vorgesehen waren und auch nicht vorgesehen sein konnten. In dieser Art ging es damals weiter. Kimon bekämpfte auch andere Gegner. Da waren die Einwohner der Insel Skyros, bestimmt keine Perser, aber auch keine Griechen, Barbaren der Urbevölkerung und als Piraten sehr lästig für alle Griechen, die Handel trieben. Ihnen wurde das Handwerk gelegt und Skyros erobert. Die Insel gehörte künftig Athen. Und das obendrein mit gutem Recht, denn die Gebeine des athenischen Heros Theseus lagen angeblich dort. Feierlich wurden sie in seine Stadt heimgeführt.

Der Seekrieg und die maritime Ausstattung des Attischen Seebundes waren von Anfang an – und das war unvermeidlich – eine attische Angelegenheit. Athens Flotte wurde methodisch vergrößert, jedes Jahr wurden zwanzig Trieren in Dienst gestellt. Der Munichia-Hafen wurde zum gewaltigen Piräushafen ausgebaut, ein Projekt des Themistokles schon aus den neunziger Jahren. Athen entwickelte einen großen Bedarf an gewerblicher Arbeitskapazität. Metoiken und Handwerker erhielten deshalb Steuerfreiheit, ein Lockmittel für auswärtige Gewerbetreibende. Einen solchen Weg hatte schon Solon eingeschlagen. Er war jetzt wieder der gegebene; jetzt stand aber Themistokles dahinter, dem es nie unklar gewesen war, daß ein siegreicher Seekrieg gegen Persien dem attischen Staat ein weites Tor zum Machtaufstieg aufschlagen würde. Die Entwicklung des Seebundes bestätigte die Wahrheit schon in den ersten Jahren.

Solange Athen das stillschweigende Einverständnis der Bundesgenossen zu seiner Politik besaß, konnten seine und der Bündner Interessen in glücklicher Weise zur Deckung gebracht werden, und bei dem schwachen Ausbau der föderativen Struktur war im Grunde ein für allemal dafür Sorge getragen, daß sich kein solidarischer Widerstand zu Worte meldete, bei dem auf der einen Seite Athen, auf der anderen Seite die Bundesgenossen gestanden hätten. Doch der Zwiespalt konnte auf andere Weise aufspringen, nämlich im Verhältnis Athens zu einzelnen Bundesgenossen; wozu deren Gesamtheit nicht imstande war, das konnte der Einzelne aufgreifen, etwa in der Frage, deren Berechtigung unbestreitbar war, ob denn eine Bundesverpflichtung noch motiviert sei, wenn gegen die Perser faktisch gar kein Krieg geführt werde. Naxos, ein respektables Bundesmitglied, dessen Schiffe schon vor Salamis von der persischen Seite auf die griechische übergegangen waren, kam zu dem Ergebnis, daß es unter den gegebenen Umständen zu nichts mehr verpflichtet sei. Der Entschluß bekam ihm schlecht. Es wurde von den Athenern bekriegt und mußte sich unterwerfen. »Dies war die erste Bundesstadt, die rechtswidrig entgegen der Satzung versklavt wurde«, heißt die kurze Erläuterung des Thukydides (etwa 470). Ein paar Jahre später mußte Thasos nicht eine Lässigkeit im Bundesdienst, sondern einen Konflikt mit Athen büßen. Man war wegen der Bergwerke, die Thasos auf dem thrakischen Festland besaß, aneinandergeraten. Thasos mußte sich der Übermacht fügen, verlor seine Flotte und mußte auf die strittigen Besitzungen in Thrakien zugunsten Athens verzichten.

Da war es denn beinahe ein Glück zu nennen, daß der Krieg gegen Persien nicht völlig einschlief. Anfang der sechziger Jahre, nach der Vergewaltigung von Naxos, näherte sich eine große persische Flotte, von Osten kommend, Kleinasien. Auf Kypros, wo die griechischen Städte gleich zu Anfang abgefallen waren, stellte sie die persische Herrschaft wieder her und wollte dasselbe auch an der Westküste Kleinasiens tun. Aber sie kam nicht einmal so weit. Kimon fuhr ihr mit der Bundesflotte entgegen und überraschte den Feind, als er an der Mündung des Eurymedon in Pamphylien vor Anker lag. Zu Land und zu Wasser wurde gekämpft und die persische Flotte vernichtet. Der erste persische Anlauf nach langer Zeit, seine Herrschaft über die kleinasiatischen Griechen wiederherzustellen, war kläglich gescheitert.

Das Ende einer Illusion

Athen war so durch die Seebundspolitik in der kurzen Zeit von zehn bis fünfzehn Jahren auf das Niveau einer Großmacht gehoben worden, gleichsam durch den automatischen Auftrieb, den wir die Logik der Tatsachen nennen. Themistokles hat diesen Kurs begrüßt und gefördert, soweit sein Einfluß reichte, aber der weithin sichtbare Steuermann war er seit 479 nicht mehr. Seine Gegner, deren Widerstand er die rigorose Vorbereitung des Perserkrieges entwinden mußte und die deshalb kurz vor dem Schicksalsjahr 480 ostrakisiert worden waren, waren längst wieder in Athen, nachdem in der Stunde der höchsten Not ihre Verbannung aufgehoben worden war. Xanthippos war Alkmaionide, aber mehr in den Vordergrund trat Aristeides, ein Vertreter der konservativen Grundbesitzer und einst Freund und Anhänger des Miltiades. Aristeides war an der Begründung des Seebundes entscheidend beteiligt und wurde wegen der dabei bewiesenen menschlichen Gediegenheit und sachlichen Zuverlässigkeit eine populäre Erscheinung. Ein schärferes politisches Profil besaß er nicht, wahrscheinlich auch keinen stärkeren politischen Einfluß. Er trat hinter seinem politischen Gesinnungsgenossen Kimon zurück, dem Sohn des Miltiades. Im Gegensatz zu ihm wurde Kimon eine beherrschende Figur in Athen. Der Historiker ist versucht, für die rund fünfzehn Jahre von etwa 476 bis 461 vom Zeitalter Kimons zu sprechen. Kimon war ein tüchtiger Feldherr. Seine militärischen Leistungen verliehen ihm das Aussehen eines bedeutenden Mannes auch außerhalb dieser Sphäre. So wuchs er von selbst in eine öffentliche Stellung hinein, die an die seines Vaters Miltiades erinnerte und die jedenfalls das mit ihr gemeinsam hatte, daß hinter ihm die gleichen Leute standen wie hinter Miltiades.

Im Gegensatz zu Miltiades konnte Kimon jedoch nicht von sich behaupten, daß er der attischen Politik einen eigenen, originalen Impuls gegeben hätte. Er führte einfach fort, was angelaufen war. Jetzt, da die maritime Orientierung Athens so überraschend schnell Früchte trug und obendrein von der Gloriole der Befreiung Griechenlands umstrahlt war, gehörte weder Mut noch besondere Einsicht dazu, in dieser Richtung fortzufahren. Nicht einmal wirkliche Selbstverleugnung war vonnöten, nachdem die Erfolge neue Tatsachen geschaffen hatten, an denen keiner vorbeigehen konnte, was auch immer früher seine Meinung gewesen war. Themistokles wiederum war seiner innerpolitischen Einstellung und Herkunft nach durchaus kein Antagonist. Es ist nicht ausgeschlossen, daß er ursprünglich derselben Gruppe angehörte. Wir wissen es freilich nicht. Keinesfalls war er auf eine doktrinäre demokratische Linie festgelegt. Er hat sich gewiß vorbehaltlos dafür eingesetzt, daß das Gewicht der untersten Bevölkerungsklasse, der Theten, wuchs, als er die Flotte mit ihnen bemannte; aber das war nur die Konsequenz aus seiner Flottenpolitik. Er war kein Freund von Halbheiten, und seine überlegene politische Vernunft scheute niemals vor unvermeidlichen Folgerungen zurück. Erst die Nachwelt hat aus ihm unter dem Eindruck der späteren Geschichte einen bewußten Förderer demokratischer Staatsentwicklung gemacht. Doch das war das Thema der Alkmaioniden, und die waren gerade ihm spinnefeind (wie übrigens umgekehrt auch). Zwischen Marathon und Salamis hatten die Alkmaioniden mit der Entmachtung des Archontats den letzten verfassungspolitischen Erdrutsch herbeigeführt, aber es war dann doch gelungen, seine radikalisierende Wirkung aufzufangen.

Der Rat auf dem Areopag, das altehrwürdige Notabelngremium, in das die vornehmen Exarchonten routinemäßig eintraten, gewann als Aufsichtsinstanz für die verfassungsmäßige Handhabung des Staatsrechts einen stärkeren Einfluß. Man sah in ihm offenbar ein willkommenes Gegengewicht zu den demokratischen Kräften. Das Ergebnis der Verfassungsreform war infolgedessen ganz anders, als man hätte erwarten sollen. Es herrschte eine temperierte konservative Atmosphäre, in der Männer wie Aristeides und Kimon für ihre politische Denkungsweise eine gute Resonanz fanden und in der es auf die Dauer nicht schwerfiel, Themistokles den Rang abzulaufen.

Allerdings kamen hierbei auch psychologische Faktoren ins Spiel. Themistokles war bei den Leuten nicht eigentlich beliebt. Die Achtung und Bewunderung, die man ihm schuldig war, blieben ohne Wärme. In der Notzeit hatte man sich ihm fügen müssen und war zu ihm geflüchtet, weil er der einzige Mann war, der den Kopf oben behielt und wußte, was zu tun war. Aber kaum war die schlimmste Gefahr vorbei, entledigte man sich seiner Bevormundung und ließ sich sein Wirken nur in mehr unverbindlicher Form gefallen. Themistokles tat auch nichts, um die Kälte reiner Sachlichkeit, die seinem Wesen eigen war, zu mildern. Persönliche Liebenswürdigkeit ging ihm ab, er war weder leutselig noch freigebig, eher geizig, um nicht zu sagen, habgierig. Da war mit Kimon viel besser auszukommen. Er war ein steinreicher Mann und warf das Geld unter die Leute. Wer aus seiner Heimatgemeinde sein Haus betrat, erhielt eine Mahlzeit verabreicht. Sein Garten war ein öffentlicher Park, und jeder konnte sich an seinem Obst satt essen. Über seine Schwächen schaute man nachsichtig hinweg und verargte es ihm nicht, daß er gern einen über den Durst trank. Selbst an seiner Ungeschliffenheit und dem Mangel an feinerer Lebensart stieß man sich nicht. Er war eben ein tapferer Kriegsmann, hatte ein Herz für die Menschen und machte nicht viel Wesens von sich. Was kümmerte es denn, daß er etwas schwerfällig und bar jeder Grazie des Witzes und Verstandes war. Die Sympathien hatte er trotzdem.

Es war auch so schön, daß sich die Welt, mit seinen Augen gesehen, ausgesprochen harmonisch ausnahm. Kimon war der richtige Repräsentant der durchschnittlichen Denkungsweise, die kein Freund von Grübeleien und Skrupeln war, die die Gegenwart für die Zukunft nahm und das Erreichte als normales Produkt der von alters her bestehenden Welt betrachtete. Diese unreflektierte Einstellung stand in diametralem Gegensatz zu der lauernden und gespannten Wachheit des Themistokles. Sie war so beruhigend und ließ bequem vergessen, daß sich Athen und Griechenland in einer rasch sich wandelnden Welt befanden. Denn das mußte eigentlich jedem halbwegs Nachdenklichen klargeworden sein, daß durch den Aufschwung Athens die Rangordnung der griechischen Staaten mit Sparta als unbestrit-

Kriegsschiffe mit Rammsporn
Vasenbild auf der Außenseite einer Schale aus Vulci/Etrurien, um 525 v. Chr.
Paris, Louvre

Pausanias
Römische Kopie nach dem Kopf einer Statue des Siegers von Plataiai
Oslo, Nasjonalgalleriet

tener Spitze in ihren Grundfesten erschüttert war. Das ergab sich allein schon aus der Veränderung der Größenverhältnisse und bedurfte keinerlei Einbuße an dem absoluten Machtumfang Spartas. Aber selbst hier konnte man gewisse Zweifel haben und sich fragen, ob Sparta zur Zeit noch auf der alten Höhe stände.

In demselben Jahr, als Athen die Herrschaft über die Ägäis gleichsam in den Schoß fiel, versuchte Sparta, auch etwas von der Ernte des Perserkrieges in seine Scheuer zu fahren. Thessalien sollte für seine Loyalität gegenüber dem Großkönig gestraft werden und damit unter spartanischen Einfluß kommen. Der Kriegszug, den der spartanische König Leotychidas unternahm, wurde aber ein Schlag ins Wasser, und Sparta hatte davon nur einen Prestigeverlust. Bedenklicher war eine Verschiebung der Kräfteverhältnisse auf der Peloponnes, also in dem Umkreis, den Sparta unter strenger Beobachtung zu halten hatte. Gewisse neuralgische Punkte, wie die Spannungen mit Tegea in Arkadien, gab es schon vorher. Das wäre allein nicht aufregend gewesen. Aber ärgerlich war es, wenn sich auch anderswo der Geist der Selbständigkeit regte und dann womöglich sich neue Verbindungen herstellten. Gerade dies war zu befürchten, als Argos aus seiner Reserve, in die es vor fünfundzwanzig Jahren durch Sparta gestoßen war, allmählich wieder hervortrat. Argos hatte eine Demokratie, und für die Demokratie war das Klima günstig, seitdem es mit ihr in Athen so augenfällig vorangegangen war. Am deutlichsten war dies an Elis zu erkennen.

Da führte im Laufe der siebziger Jahre eine dynamische demokratische Bewegung zu einer Konzentration der Kräfte und einer Erhöhung des politischen Potentials, als Elis zu einem Stadtstaat mittels Synoikismos umgebaut wurde (471). Die Folge zeigte sich gleich in einem territorialen Gewinn, der es bis an die Nordgrenze von Messenien vorstoßen ließ. Entsprechend war in den sechziger Jahren Argos in der Lage, in der Argolis Tiryns und Mykene mit Waffengewalt zu gewinnen, worauf es mit Tegea sich offen verbündete. Allerdings griff Sparta rasch zu und brachte Tegea durch einen siegreichen Kriegszug wieder zurück. Unterdessen begann es aber unter den Heloten Messeniens zu gären.

Themistokles hatte schon in den siebziger Jahren ein offenes Auge für die Verlagerung des innergriechischen Kräfteverhältnisses und war auch imstande, die damals noch nicht überall zutage tretende Schwächung Spartas innerhalb seiner engeren Domäne zu erkennen. Es war ihm klar, daß Athen sich ebensowenig ein Ignorieren der spartanischen Festlandsverhältnisse gestatten durfte, wie ihm der natürliche Widerstreit des Seebundes gegenüber Sparta entgehen konnte. Die Unvermeidbarkeit des Gegensatzes war Themistokles eine ausgemachte Sache. Er wußte auch, daß die Spartaner bei ihrer alten politischen Erfahrung und Versiertheit die letzten waren, die sich derartig elementare Tatbestände verhehlt hätten.

Demgegenüber erging sich Kimon in einer biedermännischen Harmlosigkeit, die auf einen hellen Verstand geradezu aufreizend wirken mußte. Kimon dachte, wie es vor zwanzig Jahren, vor Marathon noch, vielleicht am Platze war. Sparta als die erste Autorität Griechenlands hätte das Fundament jeder politischen Orientierung zu sein, wobei ihm als Militär nahelag, die technische Überlegenheit des spartanischen Heeres mit der politischen Bedeutung überhaupt in eins zu setzen. Seinen Sohn nannte er aus Verehrung für Sparta

Lakedaimonios, und seine Landsleute konnte er mit der abschätzigen Bemerkung apostrophieren, sie seien eben keine Lakedaimonier. Am bündigsten formulierte er sein politisches Credo in dem Ausspruch, man dürfe nicht übersehen, daß Hellas lahm geworden sei und Athen das andere Spanntier verloren habe. Also: die Norm lag in der guten alten Zeit, als Griechenland auf zwei Beinen stand und beide, Sparta und Athen, den Wagen Griechenlands zogen, was übrigens zu allem noch eine harmonisierende Verschiebung der Perspektive war und allenfalls für die außerordentliche Konstellation von 481/80 seine Richtigkeit haben konnte.

Daß sich Themistokles solcher Weisheit beugen würde, war nicht zu erwarten. Die Gegensätze in Athen spitzten sich schließlich so weit zu, daß nur noch der Ostrakismos als Ausweg blieb. Ihm erlag Themistokles, wahrscheinlich 471 und möglicherweise erst auf Grund einer Koalition von Kimon und den Alkmaioniden. Er ging nach Argos, wo man unvoreingenommener von Sparta dachte.

Die Auseinandersetzung war aber damit noch nicht beendet. Zur selben Zeit hatte auch Sparta seine politische Krise. Sie war entschieden gefährlicher und hing mit der eigentümlichen Gestalt des Plataiai-Siegers Pausanias zusammen. Pausanias hatte schon des längeren Sparta verlassen, nachdem er in dem Prozeß wegen seines Verhaltens als Befehlshaber der griechischen Flotte vor Byzantion – er hatte damals den Anstoß zur Gründung des Seebundes gegeben – einen Freispruch erreicht hatte. In Byzantion, wo er offenbar über gute Beziehungen verfügte, gründete er im archaischen Stil des 6. Jahrhunderts eine persönliche Herrschaft; er wurde, nach griechischer Terminologie, Tyrann von Byzantion. Sparta hatte gegen diese Eskapade nichts einzuwenden, weil damit die Athener geärgert wurden und es vielleicht auch seine Vorteile haben konnte, wenn sie innerhalb der von ihnen verlassenen Sphäre wenigstens inoffiziell einen Vertreter hatten, der sie zu nichts verpflichtete.

Vielleicht wäre dieses neckische Versteckspiel wer weiß wie lange gegangen, aber Pausanias beging anscheinend die Dummheit, sich den Persern zu unterstellen – möglicherweise war er auch dazu gezwungen –, und benahm sich obendrein wie ein Satrap, kleidete sich modisch und nahm persische Sitten an. Daraufhin hatte Athen einen legitimen Grund, nun gegen ihn vorzugehen, und Sparta mußte es dulden. Pausanias fand dann in der Troas ein Unterkommen, aber sein Ehrgeiz zielte ganz woandershin. Er beabsichtigte nichts Geringeres als eine Revolution in Sparta unter Ausnützung der ständigen latenten Spannungen, die der Staatsaufbau in sich schloß. Allzu fest saß Sparta zudem auch sonst nicht im Sattel. Pausanias war sich seiner Sache, vor allem ihrer Abdeckung nach außen, so sicher, daß er einer Aufforderung der Ephoren, sich in Sparta dem Gericht zu stellen, folgte, in der Hoffnung, wie das erste Mal freigesprochen zu werden und dann dem Schauplatz seiner subversiven Pläne näher zu sein. Aber er hatte sich verspekuliert. Obwohl richtige Beweise fehlten, wurde er zum Tode verurteilt. Der Tempel, in dem er Asyl suchte, wurde ihm zur Grabkammer. Die Ephoren mauerten ihn dort ein. Später sind zur Rechtfertigung der Präventivmaßnahme, die juristisch ein Justizmord war, die abenteuerlichsten Geschichten erfunden (ihr Generalthema: er habe mit dem Großkönig konspiriert, um Hellas zu unterwerfen) und sogar Urkunden gefälscht worden.

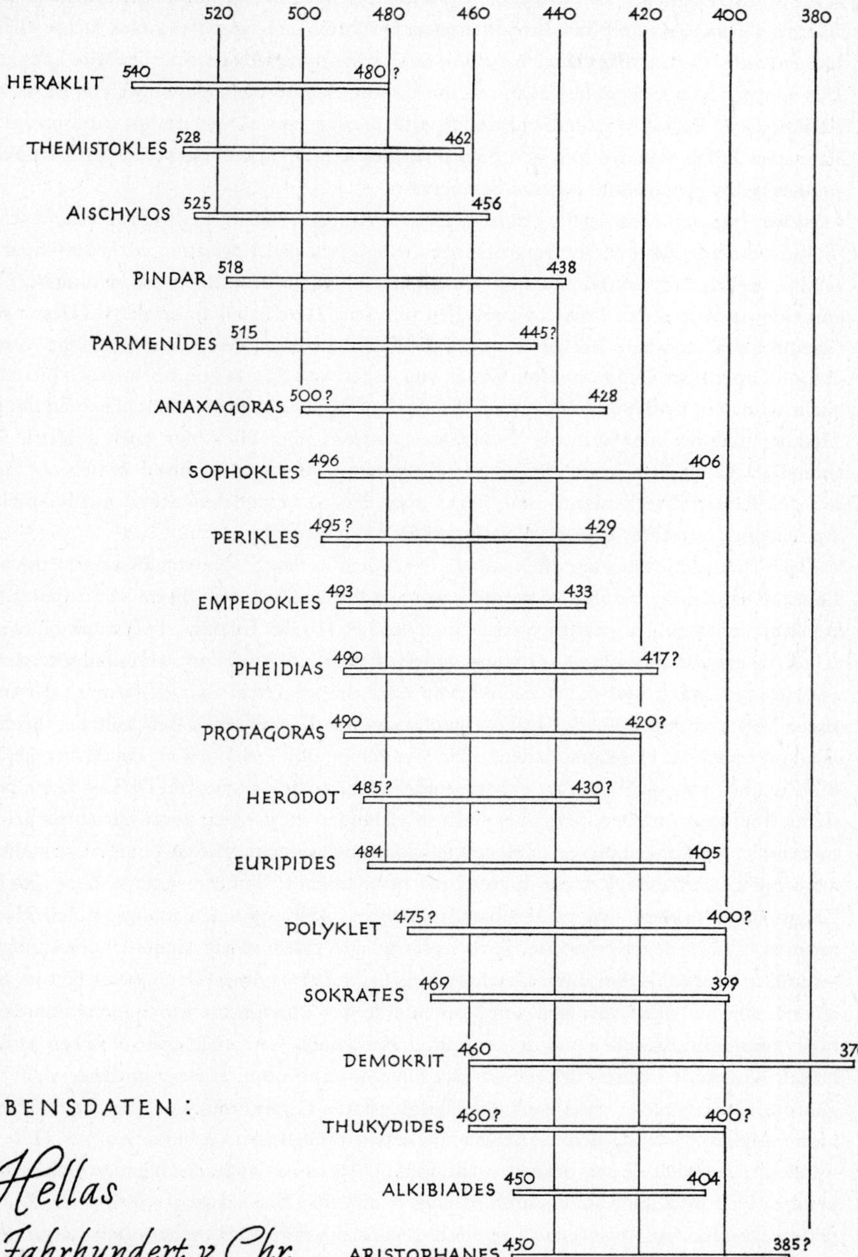

LEBENSDATEN:

Hellas

5. Jahrhundert v. Chr.

Es ist gut möglich, daß Pausanias in Verfolgung seiner Projekte auch Beziehungen zu Themistokles angeknüpft hat. Ihre Interessen berührten sich, und Pausanias suchte allenthalben Hilfe. Themistokles betrieb auch in der Verbannung eine antispartanische Tätigkeit. Das war gar kein Geheimnis. Man sah ihn da und dort in der Peloponnes von Argos aus herumreisen. Es war verständlich, daß Sparta dagegen etwas unternahm, und nachdem Pausanias erledigt und durch den Sieg über Tegea (466) die Hegemonie über die Peloponnes gefestigt war, holte es zum Schlage aus.

Es wäre freilich nicht leicht gewesen, ihm als Athener, der im neutralen Ausland lebte, viel anzuhaben. Aber dieser Sorge wurde die spartanische Regierung enthoben. Spartas Gesinnungsfreunde um Kimon und die Alkmaionidenclique entblödeten sich nicht, Themistokles in Athen den Prozeß zu machen und sein Todesurteil zu erreichen. Damit war Themistokles innerhalb der beiden großen Machtbereiche Griechenlands ein geächteter Mann. Gegenüber dem massierten Druck von Athen und Sparta konnte ihn auch niemand mehr schützen. Er hat es an mehr als einer Stelle versucht, aber überall scheuchten ihn die Häscher auf. So blieb ihm als Zufluchtsmöglichkeit schließlich nur noch Persien. Der damalige König Artaxerxes, der gerade Xerxes abgelöst hatte, rechnete es sich zur Ehre an, den Retter Griechenlands und Sieger über Persien aufzunehmen und mit fürstlichen Apanagen (Herrschaft über griechische Städte) auszustatten.

Der Triumph Spartas lag offen zutage. Nachdem es den Sieger von Plataiai vernichtet hatte, ist es schwer, mit ihm zu rechten, wenn es dasselbe mit dem Sieger von Salamis tat, der ihm nicht weniger gefährlich erscheinen mußte. Mit der Infamie, die Themistokles von seiner Vaterstadt erfuhr, steht es schon anders. Athen hatte sich zum Handlanger Spartas entwürdigen lassen und dabei seine eigene Ehre drangegeben. So weit hatte es der politische Verstand gebracht, der in dem *juste milieu* der Kimonischen Ära kultiviert wurde. Die konservativen Ideologen Athens offenbarten hier zum erstenmal als ein Menetekel für die Zukunft, was von ihnen zu erwarten oder nicht zu erwarten war. Daß sie keine politische Phantasie besaßen, war obendrein mit Händen zu greifen. Sonst hätten sie an die moralische Wirkung ihrer beispiellosen Bloßstellung gedacht. Ihrem ohnehin allmählich anrüchig gewordenen Regime hatte diese beschämende Blamage gerade noch gefehlt. Längst erzählte man sich in den Straßen Athens, daß unter den maßgebenden Honoratioren, also in den Kreisen der Areopagsmitglieder, Bestechung nichts Ungewöhnliches sei und es überhaupt bei ihren Geschäften nicht sauber zuginge. Doch wenn Kimon und seine Leute mit dem Abwägen von Imponderabilien überfordert waren, so waren sie es nicht minder im einfachen politischen Kalkül. Kurz nach der Katastrophe des Themistokles erhielt Kimon den klaren Beweis, was die Loyalität Spartas wert war, an die er nicht nur glaubte, sondern die er eben noch teuer bezahlt hatte. Thasos, von den Athenern bedrängt, nahm keinen Anstand, sich an Sparta als seinen natürlichen Verbündeten um Hilfe zu wenden und erhielt sie nur deshalb nicht, weil Sparta sie aus äußeren Gründen nicht leisten konnte. Und als Kimon im Zusammenhang damit eine Niederlage einstecken mußte, die den zweiten Kolonisationsversuch vereitelte, zogen ihn der junge Perikles und mit ihm die gleichen Alkmaioniden vor Gericht, mit denen Kimon ein paar Jahre zuvor Themistokles zu Fall gebracht hatte. Sein Freispruch konnte nicht verschleiern, auf welch brüchigem

Boden er stand. Zwei Jahre später wußte alle Welt, daß die Verurteilung des Themistokles eine folgenschwere Belastung der attischen Innenpolitik gewesen war und daß sich auch Sparta gründlich verrechnet hatte, als es auf Kimons Illusionen setzte.

Es dauerte nicht mehr lange bis zum Gegenstoß. Er wurde mit einem Elan vorgetragen, der die Spannung, die ihn auslöste, verriet. Ein Sturmwind ging über das in einer elenden Klüngelwirtschaft verfangene Athen hin und riß den Vorhang weg, mit dem die Regisseure der attischen Politik bis jetzt die Sicht auf das spartanisch-athenische Verhältnis verhindert hatten. Bezeichnenderweise leistete Sparta selbst den wichtigsten Beitrag zu dieser Enthüllung. Ende der sechziger Jahre steckte es in einer schweren inneren Krise. Auf ein schlimmes Erdbeben hin (464), das Sparta völlig zerstörte und vielen Menschen den Tod brachte, traten die Heloten, die schon vorher zu Argwohn Anlaß gegeben hatten, und zwei Perioikenstädte in den offenen Aufstand, um die Schwächung ihrer Herren auszunutzen. Die Spartaner hatten Mühe, mit der Insurrektion fertig zu werden. Zuletzt, als das Schlimmste vorbei war, saßen sie bei der Belagerung von Ithome in Messenien fest und erbaten sich von Athen – wie von anderswoher auch – ein Hilfskontingent. Sie waren der Meinung, die Athener hätten sich im Verlauf der vergangenen Jahre eine größere Erfahrung in der Einnahme befestigter Plätze erworben. Kimon setzte den Ausmarsch eines attischen Heeres gegen erheblichen Widerstand durch. Als das Hilfskorps jedoch an Ort und Stelle eingetroffen war, entstanden zwischen ihm und den Spartanern Mißhelligkeiten. Sparta beantwortete sie mit einer offenen Brüskierung Athens, indem es die Athener wieder nach Hause schickte. Damit war Kimon von seinen eigenen Freunden in der rücksichtslosesten Weise bloßgestellt und Athen zugleich offen provoziert. Das erst kürzlich mit Mühe ausbalancierte Schiff der Kimonischen Innenpolitik stürzte nun endgültig um. Kimon war verloren, und die Revolution trat über den Damm.

Ihr Führer Ephialtes – er war schon gegen die spartanische Expedition aufgetreten – griff auf breiter Front an. Er war eine leidenschaftliche Natur und ein moralischer Rigorist. Seine eigene Untadeligkeit gab ihm das Recht und die Tauglichkeit, in die dunkle Geschäftsführung der Areopagiten hineinzuleuchten. Vielen von ihnen machte er den Prozeß. Das ganze Gremium wurde dadurch kompromittiert. Ephialtes war unerbittlich bei der Verfolgung der »Volksfeinde«. Kimon wurde durch Ostrakisierung bescheinigt, daß er abgewirtschaftet hatte. Grimm und Wut steigerten sich auf beiden Seiten ins Unerträgliche. In dieser vergifteten Atmosphäre traf Ephialtes der Stahl des Meuchelmörders. Aber seine Sache war deswegen nicht verloren. An seine Stelle trat sein engster Kampfgenosse. *Perikles* trat offen auf den Plan und leitete fortan den attischen Staat als Exponent einer durch den Umsturz radikalisierten Demokratie.

Das Hauptstück ihrer Verfassungsreform war die politische Ausschaltung des Areopags. Es war viel, daß man ihn nicht völlig abschaffte und ihm als Rest seiner alten Zuständigkeit wenigstens die Blutgerichtsbarkeit ließ. Aber in der Politik hatte er nichts mehr zu suchen, seine Aufsicht über die Legislative entfiel. Das Volk war faktisch unbeschränkter Herr über sie. Die andere Maßnahme: wo bisher innerhalb der demokratischen Institution sich noch der Einfluß der vermögenden Kreise bemerkbar machen konnte, da wurde er eliminiert. Dies betraf alle Ehrenämter, deren Zeitaufwand die finanzielle Abkömmlichkeit erforderte. Darunter fielen vor allem eine Menge Verwaltungsstellen, der Rat und die Gerichtshöfe. Von Staats wegen erhielt jetzt jeder durch Empfang von Diäten auch die tatsächliche Fähigkeit, von seinem Recht, diese Posten zu bekleiden, Gebrauch zu machen.

Demokratischer Imperialismus

Dem Verfassungshistoriker Athens fällt es nicht schwer, die Revolution des Ephialtes und des Perikles als den Übergang zur letzten Phase der attischen Verfassungsentwicklung zu bezeichnen, soweit diese als der Weg zu einer extremen Demokratie aufgefaßt wird, und danach in dieser Phase eine Art endgültiger Formwerdung zu erblicken. Ob dies nun richtig oder falsch ist, mag hier auf sich beruhen. Jedenfalls war der Gesamtzustand Athens weit von der Gunst einer ausgewogenen Ruhelage entfernt. Mit einem Male wurde offenbar, daß Athen einer Menge außenpolitischer Probleme gegenüberstand, die einfach sein Wachstum in den vergangenen zwei Jahrzehnten aufgeworfen hatte. Sie waren längst da, aber die verantwortliche Politik Athens hatte eben die Augen vor ihnen geschlossen. Würde Athen, nachdem es versäumt hatte, sich stetig der Wirklichkeit, solange sie im Fluß war, anzupassen, ihr nun von einem Tag zum andern gewachsen sein?

Die Ereignisse geben auf diese Frage keine eindeutige Antwort und verklausulieren damit eher einen negativen als einen positiven Bescheid. Die Ausgangssituation war gewiß nicht ungünstig. Das Bewußtsein, daß man vieles falsch gemacht hatte und im Grunde träge, um nicht zu sagen feige (und dies dann bis zur Würdelosigkeit) gewesen war, wurde Allgemeingut und blieb nicht auf die Vertreter der neuen Richtung beschränkt. Die Welle der Spartafeindlichkeit ergriff auch konservative Kreise. Der Proxenos der Spartaner, ein vornehmer Mann, Großvater des berühmten Alkibiades, legte damals ostentativ diese Würde (eine Art von Ehrenkonsulat) nieder. Unter den Feldherren, welche die neuen militärischen Aufgaben zu meistern hatten, stand mit an erster Stelle Myronides, ein nicht mehr junger Mann und keineswegs ein »demokratischer« Heißsporn. Und auch wer als persönlicher Anhänger Kimons abgestempelt war, dachte nicht daran, abseits zu stehen. In einer wichtigen Schlacht trat gleich eine geschlossene Gruppe von hundert solchen Männern hervor, die dabei auch ihre Treue gegenüber Kimon offen zur Schau trug. Kimon selbst schloß sogar seinen Frieden, ließ sich vorzeitig (457/6?) aus der Verbannung zurückrufen und verschmähte es nicht, sich zur Verfügung zu stellen. Als die Spartaner einmal versuchten, eine Konterrevolution in Athen auszulösen, regte sich da kein Arm. Sie hatten sich gründlich verrechnet. Kein Zweifel, die Überzeugung, daß es nicht wie früher weitergehen könne, war allgemein. Athen hatte trotz der inneren Eruption in der politischen Konsolidierung einen Schritt vorwärts getan und lenkte willig, wenn nicht sogar mit Begeisterung, in die unvermeidliche Bahn der Großmachtpolitik ein.

Um so mehr kam es gerade im Sinne eines gesunden Wachstums darauf an, daß diese neue Wendung nun auch durch den äußeren Erfolg bestätigt wurde. Doch die Bilanz, die man nach fünfzehn Jahren zu ziehen hatte, gab zu erheblichen Zweifeln Anlaß. Es war gewiß nicht zu bestreiten, daß Athen die meiste Zeit davon (zehn Jahre lang) eine Zähigkeit und Energie gezeigt hatte wie noch nie in seiner Geschichte, und ebenso waren ihm auf dem Höhepunkt dieses Ringens schlagende militärische Erfolge beschieden gewesen; doch am Ende mußte man sich mit Recht fragen, ob der Gewinn den gewaltigen Kraftaufwand lohnte und ob überhaupt ein Gewinn festzustellen war.

Eine unglückliche Fügung brachte gleich zu Anfang eine geradezu verhängnisvolle Weichenstellung zustande. Athen hatte während dieser ganzen Phase angestrengter Großmachtpolitik zwei Fronten: auf der einen Seite das griechische Festland mit Sparta, auf der anderen Persien. Aber Persien hätte im Grunde nicht sein müssen. Ein offizieller Friedenszustand wäre zwar nicht zu erreichen gewesen. Man stand formell eben immer noch in dem Krieg, der 481 begonnen hatte, aber der tatsächlichen Lage nach kam es darauf wenig an. Für Persien hatte dieser Krieg nach Mykale, also seit 479, im Grunde nur auf dem Papier gestanden. Nur so erklärten sich die überraschenden Erfolge Athens in der Ägäis. Die kriegerischen Anstrengungen Persiens waren schon bisher verschwindend gering gewesen. Und daran hätte sich bestimmt auch in nächster Zukunft nichts geändert. Der Tod des Xerxes (465) löste, wie üblich, eine lähmende Nachfolgekrisis aus. Der Herrscher, der dann schließlich kam, Artaxerxes (I.), war noch weniger wert als sein Vorgänger, ein träger Genießer, dem gar nicht erst beifiel, sich wie sein Vorgänger wenigstens zu Anfang mit ehrgeizigen Plänen zu tragen. Der Regierungsbeginn stellte ihm wie jenem die Aufgabe, eine Empörung Ägyptens niederzuschlagen. Damit wäre er, auch wenn er aus anderem Holz geschnitzt gewesen wäre, lange genug beschäftigt gewesen. Aber gerade diese Baisse hatte zuletzt noch Kimon benutzt, um der attischen Politik, die ja nicht eben von Unternehmungsgeist strotzte, neuen Schwung zu geben. Seiner Einstellung entsprechend konnte das nur auf dem Felde des Perserkrieges geschehen. Den Grund brauchte er nicht an den Haaren herbeizuziehen. Noch immer war gegen die Wiederunterwerfung der griechischen Städte auf Kypros nichts geschehen. Der Sieg am Eurymedon war seinerzeit zu keinem entsprechenden Gegenschlag ausgenützt worden. Jetzt bot sich für Kimon eine günstige Gelegenheit, da Persien mit wichtigeren Dingen engagiert war. Aber damit war es auch nicht genug. Wenn Athen auf Kypros Fuß faßte, wurde es zum Nachbarn Ägyptens, und infolgedessen konnte es nicht ausbleiben, daß der ägyptische Insurgent Inaros bei Athen Unterstützung suchte.

Mit diesem Hilfegesuch war Athen vor eine schwere Entscheidung gestellt; es scheint jedoch, daß Kimon sich der Tragweite nicht recht bewußt war (sofern der ganze Vorgang noch in seine Ära fällt, was leider bei dem ungenügenden Quellenstand in der Wissenschaft noch immer unentschieden ist). Ein selbständiges Ägypten wäre freilich für Athen wie überhaupt für die griechische Welt ein eminenter Gewinn gewesen, sowohl wegen der Schwächung Persiens als hinsichtlich der Möglichkeit, dann in Ägypten wiederum wie in der spätarchaischen Zeit Fuß zu fassen, weniger politisch als ökonomisch. Aber sinnvoll war eine solche Konstellation nur, wenn sich Ägypten aus eigener Kraft hielt. Konnte es dies nur mit Hilfe Athens, dann hatte dieses in erster Linie nur eine Belastung davon, einmal durch die Inanspruchnahme von Kräften und sodann, weil damit die Gegnerschaft Persiens, die ohnehin eine Bedrohung Athens darstellte, eine ungeheure Belebung erfahren mußte. Da war denn auch gleich der zweite Schritt fällig, diesen Nachteil in einen scheinbaren Vorteil umzukehren und dem Perserreich gleich von vornherein auch im südöstlichen

Mittelmeer den Kampf mit dem Ziel anzusagen, es überhaupt von der Küste des Mittelmeers zu vertreiben. Der Übergang ins außenpolitische Abenteuer lag also sehr nahe, und von der entgegengesetzten, viel realistischeren Kalkulation, ob überhaupt die Griechenstädte auf Kypros den Einsatz einer Verschärfung des athenisch-persischen Gegensatzes lohnten, war man damit erst recht meilenweit entfernt.

Nachdem diese Politik einmal eingeleitet war, wäre es für die neuen Leute, die eine energische Außenpolitik auf ihre Fahnen geschrieben hatten, außerordentlich peinlich gewesen, gleich zu Anfang auf dem traditionellen persisch-athenischen Kampffeld zum Rückzug zu blasen. Es hätte hierzu großer Einsicht und Selbständigkeit bedurft. Wahrscheinlich war es gar nicht möglich, in dieser Weise eine Popularität aufs Spiel zu setzen, von der man schließlich lebte. Perikles war ein Anfänger und besaß noch nicht die Autorität, die er dreißig Jahre später zu Beginn des großen Peloponnesischen Krieges hatte.

Die ganze Sache ging denn auch sehr fatal aus. Wie so oft, täuschten die Anfangserfolge über die wahre Lage hinweg. Die große attische Flotte ging nach Ägypten und vernichtete die dort an der Nilmündung liegende persische. Damit war die Verbindung mit dem ägyptischen Insurgenten hergestellt, Memphis wurde eingenommen. Nur ein Fort, in das sich die Perser zurückgezogen hatten, vermochte sich zu halten und wurde mehrere Jahre belagert. Inzwischen konnten die Griechen sogar schon in Phönikien kämpfen. Aber dann wendete sich alles radikal. Die Zitadelle war zwei Jahre später noch immer nicht gewonnen. Statt dessen kam ein persisches Heer zum Entsatz. Ihm erlagen die Griechen in offener Feldschlacht (458). Nun wurden sie selbst belagert, achtzehn Monate lang, auf einer Insel Prosopitis im Nildelta, nur mit dem Unterschied, daß sie kein erfolgreicher Entsatz erreichte. Die betreffende Flotte wurde von den Persern vernichtet; vernichtet waren da auch bereits, ohne daß man das auf der Flotte wußte, die Athener auf Prosopitis (456). Die böse Niederlage hätte zu einer Katastrophe werden können, wenn jetzt Persien die Offensive gegen Athen eröffnet hätte. Perikles hielt so etwas für möglich oder tat wenigstens dergleichen und bewirkte damit, daß die Finanzverwaltung des Seebundes aus Sicherheitsgründen von Delos nach Athen verlegt wurde (454). Aber eingetreten ist die Gefahr nicht, womit eines bewiesen war: Athen hätte ohne Bedenken während des ganzen Jahrzehnts damit rechnen können, von Persien ungestört zu bleiben. Statt dessen hatte es erhebliche Kräfte unnütz geopfert, die ihm an der anderen Front fehlen mußten.

Denn um diese andere Front des griechischen Festlands ging es ja in erster Linie. Sie war in dem Moment sichtbar aufgesprungen, als Sparta Athen brüskierte und damit der athenisch-spartanische Gegensatz als klares Rechenexempel auf den Tisch gelegt war. Trotzdem wurde der Kampf nicht unmittelbar zwischen den beiden Parteien, sozusagen Mann gegen Mann, ausgefochten; und noch weniger dachte Athen daran, etwa Sparta in Lakedaimonien anzugreifen. Solch ein Unterfangen galt noch beinahe ein ganzes Jahrhundert lang in Griechenland als reiner Selbstmord. Mit einigem Recht schien die zusammengeballte militärische Kraft Spartas unbesiegbar. Aber darum ging es jetzt auch gar nicht. Die Aufgabe, vor die sich der neue Kurs gestellt sah, war mehr eine politische als eine militärisch-strategische. Es sollte einfach die Passivität Athens in diesem Bereich aufhören und nicht mehr so getan werden, als existierte in ihm Athen gar nicht. Darin steckte wenigstens der richtige Ausgangspunkt, an dem es nicht darum ging, einen schneidigen Angriff auszuführen, sondern eine bestehende Lage für sich zu nutzen. Athen geriet deshalb auch nicht gleich im Sinn des griechischen Völkerrechts in einen offenen Konflikt mit Sparta, sondern erschien allenfalls als zusätzlicher Teilnehmer an einer Situation, für die es nicht verantwortlich war. Um Spartas politische Lage war es doch seit längerem nicht zum besten bestellt. Abgesehen von dem Helotenaufstand machte ihm nach wie vor die Feindschaft mit Argos zu schaffen, und Argos bekam wieder Auftrieb, nachdem in Arkadien durch die Demokratisierung von Mantineia der spartanischen Hegemonie über die Peloponnes neue Schwierigkeiten erwachsen waren. In diese Spannung brauchte Athen sich nur einzuschalten und sich mit Argos zu verbinden, um eine Gewichtsverschiebung zuungunsten Spartas zu erreichen.

Der Erfolg stellte sich alsbald ein: Sparta wurde in einem Treffen (bei Oinoë, südlich von Argos) nicht mit einem argivisch-attischen Heer fertig. Ein anderer Vorteil, der Athen, ohne daß es einen Finger rühren mußte, zuwuchs, war der Übertritt des benachbarten Megara auf seine Seite, was gleichbedeutend war mit dessen »Austritt« aus dem Peloponnesischen Bund. Die Anlehnung erfolgte als Auswirkung demokratischer Strömungen in Megara und wegen dessen alten Gegensatzes zu Korinth, der bis jetzt immer durch die aristokratische Führung überbrückt worden war.

Ausdehnung Athens in Richtung von Megara war seit Solons Zeit ein Ziel attischer Politik. Sie ergab sich jetzt von selbst, allerdings verbunden mit einer schweren Hypothek, die es problematisch erscheinen lassen mußte, ob sie das Objekt aufwog: von diesem Moment an hatte Athen Korinth zum Todfeind; Korinth aber hatte früher immer zur Wahrung seiner Selbständigkeit Sparta gebremst, wenn es Athen demütigen wollte. Mit Megara gewann Athen zwar den megarischen Hafen Pagai am Korinthischen Golf. Dessen Beherrschung war aber eine Existenzfrage für Korinth. Zum eigenen Schaden hat die attische Politik damals wie auch später nicht klar erkannt, daß ein outrierter Gegensatz zu Korinth Spartas Kraft verdoppeln mußte. Im Gegenteil richtete sich gerade Athens Initiative während der fünfziger Jahre darauf, Korinth aus seiner See zu verdrängen. Mehr als eine Flottenexpedition, zum Teil unter Perikles' persönlicher Leitung, ging dahin. Sie waren auch erfolgreich, und doch waren das alles Eintagsgewinne, solange nicht der Rückhalt Korinths, also Sparta mit dem Peloponnesischen Bund, in seinem Potential zurückging.

Gerade in dieser Einsicht ließ es die athenische Politik jedoch an Konsequenz fehlen. Wenn Athen auf dem Festland etwas bedeuten wollte – und daß es dies mußte, machte gerade seine Zwangslage aus –, dann galt dieser Anspruch selbstverständlich in Mittelgriechenland, außerhalb der Peloponnes; und ebenso wie für Sparta die Integrität seiner Hegemonie über die Peloponnes eine Existenzfrage war, so mußte zum mindesten die Nichteinmischung Spartas in Mittelgriechenland ein legitimes Interesse Athens sein. Aber Athen verhinderte nicht, daß Sparta (458) mit einem größeren Heer bis Phokis vorstieß und die Phoker wegen einer Querele mit der Miniaturlandschaft Doris züchtigte. Sparta hatte sich wohl damals Hoffnung auf einen Umsturz in Athen gemacht, und insofern war das Unternehmen kein eigentlicher Erfolg. Aber die Rückwirkung war trotzdem peinlich. Theben, das seit 480 völlig isoliert war und froh sein konnte, wenn es ungeschoren blieb, erhielt durch diesen Beweis von Athens Unvermögen, Macht und Einfluß in seiner nächsten Umgebung zur Geltung zu bringen, den Mut, diese Situation auszunutzen und, gestützt auf Sparta, sein traditionelles Ziel anzusteuern, nämlich die Errichtung seiner Herrschaft über Boiotien. Die Aktion mißlang jedoch, Athen verlor zwar bei Tanagra (in Boiotien) eine Schlacht gegen die Spartaner, war dann aber imstande, nach deren Abzug mit Theben bei Oinophyta abzurechnen (457) und sie zur Aufgabe ihrer Pläne zu zwingen. Damit war Athen der entscheidende Ball doch noch zugespielt. Aber es hielt ihn nicht eigentlich fest, sondern verzettelte seine Kräfte mit Operationen im Korinthischen Golf (Expedition des Tolmides 456), die zwar großen Eindruck machten, im Grunde aber nur die Aufmerksamkeit vom zentralen Thema ablenkten. Inzwischen trat die ägyptische Katastrophe ein mit ihrem Prestigeverlust für die Sache Athens. Als dann schließlich – die Verfolgung aller Einzelheiten ist nicht Sache dieser Darstellung – Argos zu Ende des Jahrzehnts mit Sparta Frieden schloß, nicht ohne Rücksicht auf die Gefahr eines zu mächtigen Athens (451/50), da stellte es sich heraus, daß auf der Peloponnes im Grunde wenig gewonnen war und daß um so mehr die politische Stellung in Mittel- und Nordgriechenland hätte ausgebaut werden müssen. Dort war zwar Athens Stellung keineswegs erschüttert, und in Boiotien wirkte Oinophyta noch nach, aber eine Intervention Athens in Thessalien war ein glatter Fehlschlag gewesen und hatte mit einer Niederlage geendet (454?). Vor allem waren jetzt Athens Kräfte allmählich erschöpft, zumal nachdem in Rückwirkung von Ägypten Milet in den Aufstand getreten war und erst wieder bezwungen werden mußte. Zum Glück stand es um die Aktivität Spartas auch nicht zum besten, so daß es schließlich nur darauf ankam, wem zuerst der Atem ausging und was der Betreffende in diesem Moment besaß; danach mußte sich dann bemessen, wieviel er davon in den Frieden hinüberrettete.

Der Friede

Diese letzte Phase sah Athen nun ganz und gar nicht auf der Höhe politischer Überlegenheit. Es war das nicht allein die Schuld des Perikles. Seine Stellung war nicht mehr unangefochten, und damit entglitt ihm vorübergehend das Steuer. Kimon, der seit ein paar Jahren wieder in Athen lebte und dessen Verbannung auch ohne die vorzeitige Rückberufung jetzt abgelaufen wäre, bekam Oberwasser. Freilich dachte er nicht daran, die Geschichte zehn Jahre zurückzudrehen. Aber sein außenpolitischer Standpunkt erschien jetzt, da auch die andere Seite den Krieg mit Sparta loswerden wollte, weniger abseitig, und man konnte es sich wohl gefallen lassen, wenn er etwa auf der Grundlage des Status quo mit Sparta einen Frieden zustande brachte. Seine alten guten Beziehungen zu Sparta gaben zu gewissen Hoffnungen Anlaß. Kimon brachte indes einen nur sehr kurz, auf fünf Jahre, befristeten Vertrag heim, also mehr einen Waffenstillstand als einen dauernden Frieden. Ein Erfolg war er trotzdem, und er gab ihm die Möglichkeit, den Perserkrieg wieder in Gang zu bringen. Ihm schwebte dabei eine Wiederaufnahme des Unternehmens von vor zehn Jahren vor, trotz des schmählichen Ausgangs, zu dem er geführt hatte. Eine große Flotte stach wiederum nach Kypros in See, um die Perser von der Insel zu verjagen, und wie damals wurde jetzt wieder Verbindung mit Ägypten aufgenommen. Von dem Brand des früheren Aufstandes war noch ein einzelnes glimmendes Stück Holz zurückgeblieben. Nichts Geringeres schwebte Kimon vor, als dieses von neuem zu einem hellen Feuer zu entfachen.

In den Sümpfen des Nildeltas hatte sich von den früheren Insurgenten ein gewisser Amyrtaios noch halten können. Er erhielt von Kimon sechzig Kriegsschiffe zugeschickt, um mit ihnen seiner völligen Bedeutungslosigkeit aufzuhelfen. Bei diesem gefährlichen Spiel war es beinahe ein Glück, daß sein Regisseur unvermutet starb. Kimon wurde das Opfer einer Seuche, die in dem attischen Belagerungsheer vor Kition ausgebrochen war. Perikles bekam jetzt wieder die uneingeschränkte Leitung der attischen Politik in seine Hände. Eine günstige Fügung erlaubte es ihm, den antipersischen Kurs abzubrechen. Bei Salamis auf Kypros stieß die griechische Flotte auf die persische und errang einen glänzenden Sieg (450). Damit war die Waffenehre Athens wiederhergestellt, und mehr wollte Perikles vernünftigerweise nicht. Die Schiffe wurden wieder aus Ägypten zurückgezogen und kehrten im Gesamtverband der Flotte nach Athen zurück. Damit war auch Kypros aufgegeben (449).

Nach diesem Waffenerfolg ohne militärisch-politische Konsequenz konnte Perikles hoffen, in Susa einen günstigen Verhandlungsboden zu finden. In der Tat brachte sein Unterhändler Kallias, einer der reichsten und vornehmsten Männer Athens und ein Verwandter Kimons, den Frieden mit (448 v. Chr., der »Kalliasfriede«). Persien erkannte in ihm den Zustand an, der im Grunde nun schon seit dreißig Jahren *de facto* bestand, und gab (bis auf geringe Ausnahmen) die griechischen Städte an der Westküste Kleinasiens preis. Dafür verzichtete Athen auf alle kyprischen und ägyptischen Pläne. Die Ägäis wurde – indirekt – zum Attischen Meer erklärt: weder von Norden, also vom Schwarzen Meer, noch von Süden, von jenseits Lykiens, aus sollte ein persisches Kriegsschiff in sie einfahren. Mehr konnte man vernünftigerweise nicht erwarten. Es war ein beachtlicher Erfolg, der dadurch an seiner Größe nichts verlor, daß er bei realistischerer Einstellung wahrscheinlich schon zehn Jahre früher zu haben gewesen wäre. Skrupel, und zwar formaler Art, hätte nur Persien empfinden können. Wie vertrug sich ein solcher Vertrag mit seinem Universalismus? Doch auch hierfür war Sorge getragen. Die persische Kanzlei erfand einfach einen umschreibenden Wortlaut und sprach lediglich von der Unterlassung bestimmter Handlungen wie der Erhebung von Tributen oder der Nichtberührung einer drei Tagemärsche weiten Umgebungszone der griechischen Städte.

Ob man in Athen den Kalliasfrieden allseitig als Erfolg begrüßte, ist fraglich. Der Verzicht auf das Kimonische Programm war doch zu offensichtlich. Trotzdem hoffte Perikles, aus ihm sogar in der griechischen Öffentlichkeit moralisches Kapital schlagen zu können. Er erließ an alle griechischen Staaten Einladungen zu einem Kongreß in Athen, um dort über die noch ausstehenden Dankesopfer für den Perserkrieg, über Maßnahmen zum Wiederaufbau der von den Persern verbrannten Tempel und schließlich über eine Befriedung der See auf seiten der Griechen (Schutz vor Seeraub) zu beschließen, nachdem sie vor den Persern gesichert war. Der Zusammenhang war durchsichtig: die Gegenwart sollte an die große Zeit von 480/79 herangerückt, und zugleich sollte gezeigt werden, daß unter Athens Ägide sich jetzt der Kreis rundete. Daß die Gesinnung von Salamis und Plataiai auch in Sparta nicht nur unvergessen war, sondern gleichfalls für verbindlich gehalten wurde, wußte man. Während des Krieges hatte Sparta zweimal ein persisches Angebot, mit dem griechischen Gegner Athens zusammenzuarbeiten, abgewiesen. Trotzdem war die Antwort auf den Appell eine glatte Absage, und zwar auf das Beispiel Spartas und der Peloponnesier hin. Das durchsichtige taktische Manöver wurde durchschaut, und obendrein war es auch niemandem zuzumuten, die vergangenen zwanzig Jahre einfach auszuklammern. Perikles konnte zugleich darin erkennen, daß der Abbruch des Festlandkrieges noch keine freundliche Atmosphäre geschaffen hatte. Die Überlegung drängte sich auf, wie es wohl nach Ablauf des fünfjährigen Vertrages sein würde und in welcher Position sich Athen dann befinden mochte.

Die Antwort fiel recht ungünstig aus. Ohne jedes Zutun Spartas (die beiden Vertragskontrahenten befleißigten sich äußerster Korrektheit) brach das Kernstück von Athens Machtgewinn, seine ganze Stellung in Mittelgriechenland, zusammen. Boiotien, seit Oinophyta von Athen abhängig, machte sich selbständig. Leichtsinnigerweise unterschätzte Perikles das Gewicht der Bewegung und schickte deshalb ein lächerlich kleines Truppenkontingent dorthin. Es wurde bei Koroneia vernichtet (447). Noch schlimmer war, daß Athen den Schlag stillschweigend hinnahm. Das rächte sich schwer. Phokis und das opuntische Lokris machten sich ebenfalls selbständig, und als höchstes Alarmzeichen trat Euboia, eins der ältesten attischen Einflußgebiete, in den Aufstand. Und Perikles war von dort noch nicht zurück, da schlug der Wind in Megara um. Die attische Besatzung wurde getötet. So war der für ein weiterblickendes spartanisches Auge gefährlichste Ansatz zu neuer attischer Machtbildung binnen kürzester Zeit dahingesunken, ohne daß ein einziger spartanischer Schwertstreich erfolgt wäre.

Kein Wunder, daß Sparta die Gunst der Stunde festhielt. Der Ablauf des fünfjährigen Vertrages gab ihm gerade die Hände frei. Ein spartanisch-peloponnesisches Heer kam Megara zu Hilfe, und Perikles wich zurück; der Feind stand auf attischem Boden. So schlecht hatte es die ganzen Jahre zuvor nie gestanden. Es hätte beinahe alles wieder von vorn beginnen müssen. Dazu besaß aber Athen nicht die Spannkraft. Perikles erklärte sich bereit, nicht nur den jüngsten politischen Erdrutsch hinzunehmen, sondern auch auf die Positionen im Korinthischen Golf (mit einer einzigen, besonders gelagerten Ausnahme [Naupaktos]) zu verzichten, worauf Sparta, dem an sich jeder Expansionsdrang fehlte, keine Ursache hatte, den Krieg fortzusetzen.

Der neue Friedensvertrag wurde auf dreißig Jahre geschlossen (446). Fast das einzige, was Athen von den Veränderungen des Krieges zugestanden wurde, war die Zugehörigkeit von Aigina zum Seebund, die den traditionellen Feinden gleich in den ersten Kriegsjahren abgetrotzt worden war. Sonst hat der Vertrag – wie der Kalliasfriede auch – nur einen Zustand fixiert, der mehr oder weniger schon 461 bestanden hatte. So lag seine Bedeutung fast allein in dessen Statuierung. Aber sie war keine Bagatelle, denn — mittelbar — enthielt der Vertrag die Anerkennung des Attischen Seebundes. Seiner Ausgangsposition nach war dieser ja ziemlich vieldeutig gewesen und vor allem gar nicht dagegen gefeit, daß nicht Sparta intervenierte (es war zwar kaum vorgekommen). Bezeichnender noch war der Vertrag für den völkerrechtlichen Status Gesamtgriechenlands. In ihm war nämlich festgesetzt, daß ganz Griechenland in drei Gruppen zerfällt: Sparta und seine Bundesgenossen, Athen und seine Bundesgenossen und die Neutralen, also alle diejenigen, die keiner der beiden anderen Gruppen angehörten. Es war ferner gesagt, daß die jeweiligen Bundesgenossen nicht mehr die Freiheit hätten, ihre Stellung zu wechseln. Nur den Neutralen war eine Optionsmöglichkeit offengehalten. Der griechische Dualismus, den es *de facto* rund ein Menschenalter schon gab, war jetzt sogar in eine Rechtsform eingegangen.

Perikles

Mit dem Abschluß der beiden Kriege ist der Historiker gehalten, für eine kurze Weile aus dem Fluß des vorwärtsdrängenden Geschehens hinauszutreten und mit seinem Blick aufzusuchen, was auf dem Feld der fliehenden Erscheinungen zu dauerhafterer Bildung sich vereint. Ihn veranlaßt dazu die Ahnung, daß die Konturen, die sich um die Mitte des 5. Jahrhunderts in engerem und weiterem Abstand abzeichnen, zur geschlossenen Figur werden, daß sie ein Zeitalter bedeuten. Die Bestätigung findet er in der Gestalt des *Perikles*, und nicht mit Unrecht hat sich deshalb in unserer geschichtlichen Vorstellung der Begriff des Perikleischen Zeitalters eingebürgert.

Viel schwieriger ist allerdings der genaue Nachweis, was es denn mit diesem Perikleischen Zeitalter für eine Bewandtnis habe. Die Verlegenheit beginnt schon bei Perikles selbst. Seine historische Größe wurde zu seinen Lebzeiten lebhaft empfunden, und für die letzten Jahre seines Wirkens hat ihr Thukydides gewiß ein eindrucksvolles und gediegenes Denkmal gesetzt, aber im landläufigen Sinn läßt sie sich nicht einfach den Tatsachen ablesen. Vergebens schaut man nach den gewaltigen Taten aus, welche im Alltagsverstand für sie zeugen, und auch in ihm den Baumeister, den das überlebende Werk erst lobt, zu sehen fällt nicht leicht. Perikles war kein großer Feldherr. Aber war er ein erfolgreicher Politiker? Der Leser ist bereits mit der einen Hälfte seines Wirkens vertraut und wird den berechtigten Eindruck haben, daß hierfür die wirklich überzeugenden Beweise auch nicht recht zur Verfügung stehen. Auf den Vertrag von 446 folgen nun fünfzehn Jahre Frieden, genausolange wie die vorangehende Kriegsphase, aber an ihrem Ende steht der Peloponnesische Krieg. Wie auch immer die Zusammenhänge zwischen beiden sein mögen, miteinander zu tun haben sie gewiß, und als einen dauerhaften Frieden kann man den zweiten Abschnitt ganz sicher nicht bezeichnen. Nun mag ja der Krieg erst die Probe auf die politische Leistung des Friedens abgeben – in gewissem Sinn tut er es auch –, aber in der Ausführung wurde er nicht mehr der Krieg des Perikles. Wir sind also auch hier in einiger Verlegenheit.

Perikles' Bedeutung zu begreifen erfordert eine andere Sicht. Der Zugang zu ihr wird nur aus den eigentümlichen Bedingungen seiner politischen Existenz gewonnen, und diese liegen in der spezifischen Situation Athens, in jenem Menschenalter, das den großen Friedensschlüssen voranging, im ungeheueren Wachstum seiner Kräfte, der physischen wie der geistigen. Es war, als wenn eine Pflanze, bis dahin durch klimatische Verhältnisse gehemmt, mit einemmal die Möglichkeit erhalten hätte, sich zu entfalten und das in ihr schlummernde Vermögen ans Licht zu bringen. Fortgerissen von dem Schwung des eigenen Lebenstriebes war sie gleichsam ausgeliefert der unerschöpflichen Fruchtbarkeit des eignen Wesens. In diesem glücklichen, aber auch gefährlichen Augenblick wurde Perikles seiner Vaterstadt zum magnetischen Pol, welcher den ins Uferlose drängenden Trieb in das Feld einer von innen her gesteuerten Begrenzung lenkte.

Perikles' Macht beruhte auf einem ganz ungewöhnlichen Charisma, ungewöhnlich schon darin, daß es immer »rein« blieb, sich ständig regenerierte und niemals sich in eine institutionalisierte Herrschaft umsetzte. Die Autorität, die Perikles besaß, hörte nie auf, Ausfluß seines Wesens zu sein, und mußte sich immer wieder von neuem an der Wirklichkeit erproben. Noch ungewöhnlicher war die Beziehung, in der sein Charisma sich zur Geltung brachte. Es war kein Sturm, der eine ruhende Masse in Bewegung setzte und ihr äußere Energien entlockte. Jede Art von Dynamik, die sonst für einen charismatischen »Führer« geradezu konstitutiv ist, war ihm fremd. Er bedurfte ihrer nicht, denn er traf sie bereits an. Wenn je eine Gesellschaft, dann befand sich die Athens im »Aufbruch«, und nichts wäre leichter gewesen, als mit der Geißel den Elan zum ungestümen Sturm anzutreiben. Demgegenüber war Perikleisches Charisma Bändigung. Perikles fing die mannigfachen vorwärtsdrängenden Kräfte auf, indem er sie durch das Suggestivvermögen seiner Person konzentrierte und in seiner außerordentlichen Menschlichkeit ausbalancierte.

Das war gewiß nicht immer so gewesen. Als Perikles die politische Bühne betrat, stand er an der Spitze der Strömung, die Kimon und den so schön etablierten, von der Sonne des Perserkrieges vergoldeten Konservativismus hinwegfegte. Wie viele der früheren attischen Politiker brachte er nicht nur seine Klientel mit, sondern bot ihr auch »Leistungen«, die einer konkreten Interessenlage entsprachen. Dieser extreme demokratische Vorstoß verlief nicht nur auf einer Linie, die in Athen nun schon des längeren ausgezogen war, sondern hing auch mit der Familientradition des Perikles zusammen. Als Angehöriger des altadligen Geschlechtes der Buzygen war Perikles etwa um 495 geboren. Sein Vater Xanthippos war schon ein hervorragender Politiker, was ihm zuerst durch seinen Ostrakismos im Jahr 484 bescheinigt wurde. Die Hintergründe sind nicht bekannt. Er wurde jedenfalls von der »Säuberungswelle« erfaßt, die vor dem bevorstehenden Ausbruch des großen Perserkrieges die Bahn für Themistokles freilegte. Aber auf Grund der Amnestie kehrte er wie Aristeides 480 schon wieder zurück und trat sogar in der zweiten Phase dieses Kampfes als militärischer Führer hervor: Xanthippos war der Sieger von Mykale und führte anschließend die Belagerung von Sestos (auf Gallipoli) durch, wo eine starke persische Garnison lag. Noch bedeutsamer waren die mütterlichen Vorfahren, die Alkmaioniden. Die Mutter Agariste war eine Nichte des berühmten Kleisthenes (durch ihren Vater, einen Bruder des Kleisthenes). Von dort kam die »demokratische« Tradition.

Als Perikles in die aktive Politik eintrat, war er vierzig Jahre alt. Zu seinen Jugenderinnerungen gehörten Salamis und Plataiai. Zum Mann geworden war er in der Atmosphäre des rasch emporwachsenden Athens. Es hat ihn geprägt und machte es ihm leicht, sich von der alten, im Schatten Spartas stehenden Welt zu lösen. Sein Zugriff auf eine methodische Großmachtpolitik hin war angelegt in seiner Generation. Perikles erhob dieses Thema zu einem Grundelement seiner politischen Position. Die Verzichtfriedensschlüsse von 448 und 446 brachten ihn persönlich von dieser Haltung nicht ab. Sie brauchten es auch nicht, denn Athens Großmachtstellung war eine Tatsache, längst vor diesem Zeitpunkt, und hörte auch danach nicht auf, es zu sein. Nicht ein fernes Ziel hatte Perikles schon 461 die Richtung seines politischen Wollens gewiesen, sondern die Einsicht in die Wirklichkeit, wie sie war. Andererseits war der Abschluß des von ihm inspirierten Kampfes doch ein böser Schlag für die von ihm vertretene Sache gewesen. Ihre Überzeugungskraft in den Augen der Öffentlichkeit hatte dadurch verständlicherweise nicht gewonnen. Wer vorher schon Zweifel an der Richtigkeit des Kurses hatte, dem waren sie jetzt nicht beseitigt, sondern eher bestätigt. Der Abschluß des Krieges brachte nicht das moralische Kapital ein, das neben dem materiellen Ergebnis am wichtigsten zu sein pflegt: er besaß keine echte Werbekraft für die Politik, die er bestätigen sollte, ein recht betrübliches Ergebnis, denn damit blieb bei der Länge dieses Kampfes fast eine halbe Generation für die innere Integration der attischen Großmacht ungenützt. Und die Sache wurde dadurch noch schlimmer, daß es doch gerade unter den gesellschaftlich führenden Kreisen, bei der konservativen Gruppe, Verständnis und Überzeugung für eine eigenständige Außenpolitik zu gewinnen galt. Daß sie nicht doktrinär verstockt waren, hatten sie im Kriege bewiesen, aber ein Frieden, der sozusagen den vorangegangenen Krieg politisch desavouierte, konnte diesen so notwendigen Prozeß nicht fördern. In Verbindung mit anderen Fehlern sollte sich das später bitter rächen, nicht weniger als überhaupt der Umstand, daß sich Athen ohnehin mit Verspätung auf die Autonomie der Außenpolitik umgestellt hatte und erst einmal die Kimonischen Illusionen weggeräumt werden mußten.

Perikles bekam diesen Nachteil deutlich zu spüren, denn nach 446, mit dem Eintritt in die Friedensphase, geriet er in eine unangenehme Krise. Der Widerstand richtete sich jetzt nicht gegen seine Spartapolitik, bei der angesichts ihrer Großzügigkeit nun wirklich nicht einzuhaken war. Es ging vielmehr um den Attischen Seebund. Die betreffende konservative Opposition stieß sich keineswegs daran, daß sie bis jetzt indirekt dessen Stärkung durch das Propagieren eines uneingeschränkten Kampfes gegen Persien das Wort geredet hatte. Aber nach dem Kalliasfrieden ergab sich ein ganz anderer Gesichtspunkt, um gegen Perikles' politische Linie Einwände zu erheben.

Man konnte nämlich folgendermaßen argumentieren: Wir haben den Bund gebraucht, um die Inseln und die kleinasiatische Festlandküste sowohl von den Persern zu befreien als auch vor ihnen zu schützen. Nun darf aber jenes als längst erledigt und die Sicherung vor dem persischen Reich jetzt als erreicht gelten, nachdem der Frieden mit dem Gegner geschlossen ist und dieser sich nachdrücklich verpflichtet hat, die Freiheit der von ihm abgefallenen Staaten zu respektieren. Wozu also überhaupt noch der Bund?

Die Bündner dachten wirklich ungefähr so. Von formeller Auflösung sprachen sie zwar nicht, aber die Zahlungen stellten sie einfach ein. Zwei Drittel fielen unmittelbar nach dem Friedensschluß aus, und das letzte Drittel wäre im nächsten Jahr gewiß auch nicht mehr eingegangen, wenn Athen dieser Neigung nicht energisch in die Zügel gefallen wäre und dergleichen Mißverständnisse ausgeräumt hätte. Allerdings ist die Höhe dieser Zahlungen etwas reduziert worden. Aber das Mißvergnügen blieb, und die Opposition gegen Perikles machte es sich zunutze. Mit der Miene des Biedermannes trat Thukydides, der Sohn des Melesias (also nicht der berühmte Historiker), ein Schwiegersohn und Parteigänger Kimons, auf und griff die Finanzgebarung des Bundes an. Er vermied es zwar aus taktischen Gründen, die Abgabe prinzipiell in Frage zu stellen, aber um so mehr polemisierte er gegen ihre (angebliche) Verwendung. Sie käme den Bündnern nicht mehr zunutze, sondern Athen verwende sie für sich selbst und putze sich damit auf wie ein gleisnerisches Weib. Schon die Verlegung der Bundeskasse nach Athen sei ein Unrecht gewesen. Für Perikles wurden diese Angriffe zur politischen Existenzfrage. Der Geist, der aus ihnen sprach, war derselbe, gegen den er einst angetreten war, denn die Zweifel an der Bundespolitik richteten sich im Prinzip gegen Athens Großmachtstellung, und die Unschuld des Handelns, welche von Thukydides beschworen wurde, war kein Axiom der Gegenwart, sondern die romantische Verklärung einer Vergangenheit, die – vermeintlich – den Sündenfall der großen Politik noch nicht gekannt hatte. Perikles trieb deshalb die Auseinandersetzung bis zum letzten Austrag. Er blieb Sieger, und Thukydides wurde ostrakisiert und mußte sich aus Athen entfernen (443).

Ein Gegengewicht gegen diese Angriffe war nur gewonnen, wenn Perikles seinerseits die Situation des großen Perserkrieges zur Gegenwart erhob. Zu diesem Zweck hatte bereits der Versuch eines panhellenischen Kongresses dienen sollen. In demselben Jahr, als Thukydides gegen Perikles Sturm lief, bot sich auch noch eine andere Gelegenheit. Die ehemaligen Einwohner des im Jahre 510 zerstörten Sybaris in Unteritalien traten an Athen mit der Bitte heran, die Stadt wiederaufzubauen und damit einen der dunkelsten Punkte der griechischen Vergangenheit auszumerzen. Perikles nahm die Anregung auf und gab ihr, entsprechend dem inneren Sinn des Appells, den Stempel eines Unternehmens, das im Namen von ganz Hellas zu erfolgen hätte: eine Kolonie sollte gegründet werden, zu der jeder Grieche nicht nur Zutritt hätte, sondern auch aufgerufen wäre. Das Echo war recht positiv; vor allem waren die Intellektuellen sehr davon angetan. In der neuen Kolonie Thurioi stellten sich die Träger der glänzendsten Namen des griechischen Geistes ein: Empedokles von Akragas, Protagoras von Abdera, Korax und Teisias, die Begründer der Rhetorik aus Syrakus, der Historiker Herodot und der große Architekt und Städteplaner Hippodamos von Milet (er entwarf auch den Grundriß der neuen Stadt).

Damit schien also bewiesen, daß Athens Unternehmungen auch jetzt noch einen Horizont hatten, der ganz Hellas einschloß, und daß es wohl berechtigt war, eine Organisation wie den Seebund zu erhalten, der aus einer allgemeinen griechischen Interessenlage erwachsen war. Thurioi selbst konnte sich noch in weit höherem Maße auf solche »Firmenehrlichkeit« berufen. Es wurde wirklich eine recht unabhängige Stadt und ließ athenischen Einfluß, nachdem es einmal gegründet war, gar nicht erst aufkommen. Leider war sie denn doch nicht berufen, Athens Uneigennützigkeit zu verkünden. Sie konnte sich nämlich nicht gegen Tarent halten und mußte sich auf dessen Geheiß umsiedeln lassen. Danach wurde Athen sogar die Ehre der Gründung aberkannt. Dieses traurige Ergebnis trat aber erst nach zehn Jahren zutage. Für den Augenblick war es doch eine recht überzeugende Geste der Perikleischen Politik.

Die politische Welt, in der Perikles stand, tat ihm also ganz und gar nicht den Gefallen, sich von vornherein seinem Willen anzupassen und ihm durch ihre eigene Anlage ein

Perikles
Römische Kopie nach dem Kopf einer Statue des Kresilas, Mitte 4. Jahrhundert v. Chr.
London, British Museum

Reste der Werkstatt des Bildhauers Pheidias in Olympia, Gußform aus den Funden in seinem Atelier und römische Kopie seiner Kolossalstatue der Athene Parthenos, 5. Jahrhundert v. Chr.
Olympia, Archäologisches Museum, und Athen, Nationalmuseum

»natürliches« Fundament zu schaffen. Es ging in dieser Welt mehr auseinander, als sich zusammenfand in harmonischer Einung, und man ist deshalb versucht zu sagen, daß sich Perikles eher trotz als kraft seines Zeitalters hielt. Das nackte historische Datum, daß Perikles nicht nur während der langen Kriegszeit, sondern ebenso in der anschließenden fünfzehnjährigen Friedenszeit der leitende Staatsmann Athens war, besitzt jedenfalls auf diesem Hintergrund den Schein des ganz Außerordentlichen. Er kommt ihm ohnehin zu, denn keine attische Politik, weder vorher noch nachher, hat etwas Vergleichbares fertiggebracht. Man müßte schon an Peisistratos denken, aber der war ja Tyrann. Verfassungstechnisch drückte sich Perikles' Stellung darin aus, daß er Jahr für Jahr (mit wenigen Ausnahmen) zu demjenigen Strategen gewählt wurde, dessen Kandidaten aus der ganzen Bürgerschaft genommen wurden. Diese merkwürdige Institution gab es erst seit der Abwertung des Archontats; sie war eine Surrogatlösung der unvermeidlichen Aufgabe, den bestimmenden Politiker im Rahmen einer Verfassung zu etiquettieren, welche diesen Posten nicht vorgesehen hatte. Denn die zehn Strategen, eine alte Einrichtung, waren ausschließlich militärische Kommandanten und mußten aus Gründen der Parität jeweils den zehn einzelnen Phylen entstammen. Nur bei einem von ihnen hatte das Volk die Möglichkeit der freien Wahl, und wen es als solchen bestimmte, der galt als verantwortlicher Staatsmann. Er gewann deshalb keinerlei spezielle Kompetenz zur militärischen hinzu. Was er in der Volksversammlung durchsetzte, beantragte er im Grunde als einfacher Bürger. Durch seine Wahl war ihm lediglich als tatsächliche Chance in Aussicht gestellt, daß die Versammlung ihm gegebenenfalls auch folgte, und jedes Jahr stand es ihr bei der Strategenwahl frei, dieses indirekte Mandat zurückzuziehen.

Perikles stand also nur seine persönliche Eindruckskraft zu Gebote, um die Leute bei der Stange zu halten. Über mehr verfügte er als »Volksführer«, als Demagoge *(demagogós)*, wie man in Athen sagte, nicht, aber wie er dies war, das hat mit dem Begriff, den dieses Wort nur allzubald deckte und welchen es auch unserem Sprachgebrauch überlieferte, sehr wenig zu tun. Natürlich verstand er sich auf die Menschen und wußte ihre Seelen zu rühren. Die Kunst der Psychagogie wurde ihm als besondere Fähigkeit nachgerühmt und damit die Kenntnis der menschlichen Gemütskräfte und Charakterhaltung, aber er rührte nicht an sie, um Leidenschaften zu entfesseln und ihrer Flut das Staatsschiff anzuvertrauen. Gegen diese eruptiven Kräfte, die einem leidenschaftlichen Volk wie den Griechen so gut wie jedem anderen eigneten, setzte er vielmehr als Gegeninstanz sein eigenes Ethos. In ihm hatten Erregung und Gefühlsentladung selbstverständlich auch ihren Platz, doch waren sie untergeordnet der Souveränität der Urteilskraft, und wenn jene freien Lauf bekamen, dann nur unter der Kontrolle des Intellekts. Dieser überwachte Zorn galt als eine der Haupteigentümlichkeiten im öffentlichen Auftreten des Perikles. »Zeus« nannte man ihn deshalb und erzählte sich von ihm, daß er einen Blitz auf der Zunge trage und wie der Olympier blitze und donnere.

Der Respekt, den Perikles genoß, kam nicht zuletzt von dieser Art der Beeindruckung, aber so hätte es nicht sein können, wenn dahinter nicht seine strenge Selbstzucht gestanden hätte. Perikles ließ sich nie gehen, weder im öffentlichen noch im privaten Leben, und auch wenn er bis aufs Blut gereizt wurde, verlor er doch nicht die Haltung. Jedes Wort, das er in der Volksversammlung sprach, war nicht nur wohlüberlegt, sondern aufs genaueste vorher festgelegt und wirkte trotzdem ganz unmittelbar. Perikles sprach auch nicht allzuoft und geizte überhaupt mit seinem Anblick. Sich gemein zu machen mit den Leuten lag diesem Demokraten fern, der nach Geblüt und Charakter ein Aristokrat war wie nur einer. Aber wenn Perikles auch strenge Distanz hielt, gab er damit nicht einfach der Neigung nach. Dahinter steckte vielmehr das Regulativ des bewußten Vorsatzes. Wenn es sich um minder wichtige Dinge handelte, schickte er seine Freunde und Gesinnungsgenossen vor. Sein eigenes Auftreten hatte die Aura eines feierlichen Staatsaktes. Es wäre, sagten seine Zeitgenossen, wie wenn das athenische Staatsschiff, die Salamis-Triere, feierlich in den Hafen einliefe. Es gab Zeiten, in denen seine Autorität schier unbegrenzt war und ihm auf seinen moralischen Kredit hin sogar der Rechenschaftsbericht über Gelder erlassen wurde, über die er aus Gründen der Geheimhaltung keine Auskunft geben wollte. Kein Wunder also, daß die Komödie seine Regierung als Tyrannenherrschaft persiflierte. Bei Thukydides dagegen heißt es in einem berühmten Ausspruch, Athen wäre damals dem Begriff nach wohl eine Demokratie gewesen, in Wirklichkeit hätte es unter der Herrschaft des ersten Mannes gestanden.

Perikles' Suggestivgabe war Ausdruck seines Wesens, aber sein Wesen war trotz aller Anlage kein reines Naturphänomen, und wenn Perikles kraft seines Charismas herrschte, so war dieses Charisma in hohem Maße geistig geprägt, in derart hohem Maße, daß die eingeborenen Elemente mit der bewußten Formung sich zu einer untrennbaren Einheit verschmolzen.

Perikles' Leben und ganzes Sein war von ihm einer beinahe kunstgerechten Stilisierung unterworfen; das Antlitz, das uns der berühmte Strategenkopf zuwendet, ist gewiß eher ein Stück klassischer Kunst als ein individuelles Porträt, aber der Zusammenklang von »Form« und »Inhalt«, der Strenge der ästhetischen Idee und der Hoheit des Ausdrucks, trifft zugleich den Mann, der vor allem das war, was er aus sich machte, und der in dem menschlichen Modell seiner selbst verwirklichte, was die Zeitgenossen in der ästhetischen Anschauung sahen. Perikles' Leben repräsentierte ohnehin die geistige Realität der Jahrhundertmitte und bezog in diesem Rahmen aus Geist und Blut eine vielfältige und in ihrer Buntheit eher auseinanderstrebende als in sich ruhende Welt ein.

Perikles war mit dem etwa gleichaltrigen Sophokles befreundet und schaute mit ihm in die Tiefen und über die Grenzen des menschlichen Daseins, aber er ging ebenso um mit dem modernen Protagoras und konnte sich mit ihm einen ganzen Tag über die Streitfrage unterhalten, wer für die unfreiwillige Tötung in der Palaistra verantwortlich sei. Die neuen Strömungen in der Musik und die Theorie eines Damon fanden sein Interesse, und die Spekulationen, die sein Freund Anaxagoras anstellte, waren ihm zugänglich. In ihm, der den größten Teil seines Lebens in Athen zubrachte, aber aus Kleinasien stammte, faßte er ein spätes Glied jenes ionischen Fragens, woher alles komme. Die großen Tage des ionischen Griechentums gehörten zwar damals der Vergangenheit an, aber den Ruhm seines freien und gelockerten Lebensstils, seinen Vorsprung der intellektuellen Bildung machte ihm noch immer kein Grieche streitig. Für Perikles hatte diese Art einen starken persönlichen Reiz, und Athen konnte sich dieser Einflüsse in seiner Stellung als Vorort des kleinasiatischen Griechentums erst recht nicht verschließen. So machte die Milesierin Aspasia mit einem gewissen Recht die Athener mit der Auffassung bekannt, welche man in ihrer Heimat von der sozialen Stellung der Frau als einer gleichwertigen gesellschaftlichen Partnerin des Mannes hatte. Ihr »Salon« war stadtbekannt in Athen, und wenn die einen sie auch eine Kurtisane nannten, für viele andere war sie ein Mittelpunkt der Geselligkeit. Perikles' Schätzung ging allerdings noch einen Schritt weiter. Er machte sie, nach Scheidung von seiner Frau, zu seiner Lebensgefährtin, ohne sie rechtmäßig heiraten zu können, weil sie eine Ausländerin war.

Eine besonders nachhaltige Wirkung hatten Perikles' Beziehungen zu der bildenden Kunst. Da war er vor allem der Freund des großen Pheidias und bekannt mit manchem anderen bildenden Künstler, aber zugleich ging es um sachliche Fragen seiner Politik. Unmittelbar nach Beendigung des Perserkrieges 448 nahm Perikles den Wiederaufbau der Akropolis in Angriff. Seit der Zerstörung durch die Perser war da noch nichts Entscheidendes geschehen. Zwischen 447 und 432, ziemlich genau diese ganze Friedensspanne ausfüllend, entstand nun der berühmte Parthenon, der Tempel der jungfräulichen Stadtgöttin Athene, zu dem sich von 437 an noch das Eingangstor zu dem Burgbezirk, die Propyläen, gesellten. Da dies nicht nur eine architektonische Leistung war, sondern auch einem regen bildhauerischen Schaffen das Arbeitsfeld bot, wurde hier Perikles zur soziologischen Prämisse für zahlreiche kunstfertige Hände, aus denen unter Leitung des Pheidias wie ein Sturzbach die ganze künstlerische Kraft des attischen Volkes hervorbrach. Perikles selbst war Mitglied der Baukommission und nahm unmittelbaren Anteil an dem Fortgang der Arbeiten, aber wichtiger war die Tatsache einer solchen Konstellation überhaupt. Seine Funktion hier konnte für ein Symbol seines Verhältnisses zu Athen gelten, denn Perikles schien gekommen, um das Beste aus Athen herauszuholen und dessen strotzende Lebenskraft in Leistungen einschießen zu lassen, die jedem empfänglichen Betrachter der Skulpturen, des Frieses, der Metopen und der Giebel eine Ahnung vermitteln von dem unheimlichen plastischen Auge, das der Grieche, in einer langen Tradition ausgebildet, hier zu einer seiner höchsten Schöpfungen brachte.

Der Staat der Gerechtigkeit

Perikles gehört zu denjenigen Größen der Weltgeschichte, die durch ihr Wesen eine komplexe historische Wirklichkeit repräsentieren. Sie sind gleichsam ein Ausdrucksphänomen, und auch Perikles steht in vieler Hinsicht mehr wie ein Symbol der Geschichte da, als daß er in der Funktion ihres Gestalters erscheint, sosehr wiederum seine politische Schlüsselposition ein unentbehrlicher Faktor der Realität selbst war. Diese Doppelfiguration kommt selbst da zum Vorschein, wo er am effektivsten wurde, in seinem Verhältnis zum attischen Staat und dessen klassischer Gestaltwerdung.

Auf dem Wege zur »Demokratie« war Athen längst, und die entscheidenden Verfassungsprinzipien sind im Grunde schon vor Perikles herausgestellt worden, gleichgültig, ob den

Beteiligten dies ganz klar war und sie es gar beabsichtigten (es spricht einiges dafür, daß dies nur mit Einschränkung zutraf). Aber unter Perikles wurde in dieser »Entwicklung« nicht nur das letzte überhaupt denkbare Stadium erreicht, sondern es stellte sich auch das Bewußtsein ein, daß Athen mit der Demokratie die ihm eigentümliche politische Form gefunden habe.

Es war in der Tat eine Demokratie besonderen Gepräges, und dies erst recht für denjenigen, der sich ihr mit den Vorstellungen von deren modernem Gegenstück nähert. Zwei ihm für den heutigen demokratischen Staat unentbehrliche Elemente wird er im Verfassungsplan der athenischen Demokratie vermissen: das Repräsentativsystem und die Institutionalisierung der Regierungsfunktionen. Mit jenem steht es so, daß der Gedanke daran dem gesamten griechisch-römischen Altertum im Prinzip unbekannt blieb. Scheinbare Analogien – nicht eben häufig – beruhen auf besonderen Voraussetzungen und hatten in Athen keinen Platz. In speziellem Zusammenhang mit der Demokratie traten sie übrigens nie auf. Diese war stets auf den Grundsatz der Unmittelbarkeit gestellt und forderte, daß der Bürger sich selbst vertrete. Der Ausfall von wirklichen Regierungsstellen ist in einem noch spezifischeren Sinn Ergebnis demokratischer Staatsbildung, zumal in Athen. Der alte Adelsstaat hatte sie nämlich gekannt, aber eben der Umstand, daß sie mit ihm verknüpft waren, führte in der Demokratie zu ihrer Beseitigung. In Athen erfolgte dies mit der Entmachtung des Archontats. Dieses neunköpfige Kollegium war von jeher die Regierungsspitze, aber gerade deshalb mußte es fallen, bereits ein Menschenalter vor Perikles. Schon der Verdacht, es könnte in der Hülle dieses alten Amtes trotz jährlicher Wahlen ein fremder Wille der Bürgerschaft aufgedrängt werden, reichte aus, durch Einführung des Loses die Gefahr zu beseitigen. Denn es galt nur die eine Richtlinie: keine Herrschaft, und wenn »geherrscht« werden mußte, dann nur durch die Beherrschten selbst. Beides, herrschen und beherrscht werden, müsse in der gleichen Hand liegen; anders wäre letzteres nicht erträglich. Das Mittel, um dieses Ziel zu erreichen, bestand in einem möglichst weitgehenden Abbau obrigkeitlicher Macht, im allgemeinen mit Hilfe starker Differenzierung der Amtsgeschäfte.

Allein für die Beaufsichtigung und Finanzierung des Kultes standen zahlreiche Kollegien – in der Regel geschah jegliche staatliche Tätigkeit durch mehrköpfige Kommissionen – zur Verfügung. Das Gerichtswesen kannte außer den *ad hoc* bestallten Richtern eine Menge ständiger Funktionäre. Die Polizei war spezialisiert in Straßen-, Markt- und Brunnenpolizei. Der Militärverwaltung standen außer den zehn Strategen noch besondere Funktionäre für die Reiterei und vor allem die Marine samt den Arsenalen vor. Die Finanzen lagen bei mehreren Kollegien, je nachdem wo, also bei welchen Tempeln, die Gelder deponiert waren. Aber diese Schatzmeistertätigkeit war dann wieder getrennt von der Einziehung der Gelder, und diese lag wiederum in verschiedenen Händen, je nachdem, um was für Einnahmen des Staates es sich handelte, um direkte oder indirekte, hier vor allem um die Zölle und sonstigen Abgaben. Hinzu kamen eine Menge Außenposten, die sich aus der Organisation des Attischen Seebundes ergaben, und improvisierte Einzelaufträge, für die von Fall zu Fall der Amtswalter bestimmt wurde. Die Ausübung all dieser Befugnisse war zeitlich begrenzt und ging eigentlich nie über ein Jahr hinaus. Verlängerung war fast durchgehend ausgeschlossen.

Und nun die stärkste Garantie für die Identität von Herrschen und Beherrschtwerden: der Ausschluß jeglichen individuellen Bezugs bei der Bekleidung der Ämter. Jedem die absolut gleiche Chance, das war der Grundgedanke einer bis ins Letzte durchkonstruierten Ordnung, und dies entsprach auch dem konkretesten Begriff einer Gerechtigkeit, die ihren schlimmsten Feind in jeglichem subjektiven Ermessen bei der Zulassung zur öffentlichen Macht erblickte. Sie wurde durch eine bestimmte Formalisierung des Bestimmungsverfahrens gewährleistet. Dieses sollte von jeder menschlichen Unzulänglichkeit befreit sein, und selbst die Wahl wurde ausgeschlossen, in zutreffender Einsicht in die bei ihr möglicherweise zur Geltung kommenden Bindungen und Irrtümer. Daher die fundamentale Rolle des Loses im attischen Staatswesen. Das Los war der beinahe durchgehende Bestallungsmodus für die unzähligen Funktionäre Athens. Die technische Durchbildung des Losverfahrens war bis zum letzten ausgeklügelt. Auch die Feststellung der Kandidaten wurde, wahrscheinlich seit Beginn der Perikleischen Ära 461/60, einem Losverfahren überantwortet, das innerhalb der einzelnen Phylen stattfand und dabei die jeweiligen Gemeinden (Demen) nach ihrer Größe berücksichtigte. Der einzige Ausschlußgrund war der individuelle Wille des Bürgers, wenn er aus persönlichen Gründen eine Kandidatur ablehnte. Nur für die Finanzverwaltung war eine bestimmte Vermögensqualifikation vorgesehen (Zugehörigkeit zur höchsten Schätzungsklasse der Pentakosiomedimnen), und das hatte den praktischen Grund, daß nur so die Haftung für Fehler und Veruntreuung tatsächlich durchzuführen war. Selbst das Archontat, ein Rudiment der früheren vordemokratischen Verhältnisse, war durch Perikles auch der Mittelklasse der Zeugiten zugänglich gemacht worden, womit *de facto* jede erhebliche Beschränkung aufgehoben war. Die einzige wirkliche Durchbrechung des Prinzips geschah bei der Bestallung der militärischen Kommandanten, der zehn Strategen. Hier, wo Leib und Leben jedes athenischen Bürgers auf dem Spiel stehen konnten, wurde nicht gelost, sondern dem qualitativen Urteil durch Wahl Raum gegeben.

Diese Einschränkung war sachlich gerechtfertigt, denn der ganzen Ordnung des Staatswesens lag ein waches Empfinden für die strukturellen Unterschiede obrigkeitlicher Tätigkeit zugrunde. Das ganze Bestreben ging dahin, mit der Losmethode sowohl die Verwaltungsfunktionen im Sinne einer durchschnittlichen und sachgebundenen Routine zu erfassen als auch möglichst viel diesem untergeordneten Bereich zuzuweisen. In diesem Sinne wäre man berechtigt, wenn man von der Vorstellung eines Berufsbeamtentums, eines dauernden Funktionärtums absieht, was im antiken Stadtstaat *a limine* ausgeschlossen war und gar nicht im Bereich irgendwelcher Wahl- und Entscheidungsmöglichkeit lag, von Athen als einem Verwaltungsstaat zu sprechen; damit würde zum Ausdruck kommen, daß Regierung und Herrschaft möglichst weitgehend aus dem Ämterwesen hinausgedrängt waren. Denn das ist nun die andere Seite dieses Systems: herrschen und regieren kann und darf nur der Souverän, und dieser Souverän wird mit der größten nur denkbaren Eindringlichkeit als das Volk konstituiert. Dieses Volk delegiert keine Gewalt, sondern übt sie unmittelbar aus und setzt sich selbst in der Volksversammlung *(ekklesia)* als Organ des Staates, wie wir vielleicht sagen würden. Für den Athener sah es noch viel einfacher aus: da war der Staat identisch mit der Gesamtheit seiner Bürger, und eben dieselben traten in der Volksversammlung zusammen (natürlich unter Ausschluß der Frauen und Kinder).

Diese Volksversammlung ist keine Einrichtung zum Zweck der bloßen Legislative, sondern sie beschließt über die Politik in der Form von »Beschlüssen« *(psephismata)*. Jeder einzelne Bürger ist berechtigt, Anträge zu stellen, und verfügt damit über die Chance, seinen Willen zum Gesamtwillen zu erheben. Kein Beamter vermag ihm gegenüber irgendwelche Prärogativen in Anspruch zu nehmen. Er darf nie vergessen, daß er lediglich Vollstreckungswerkzeug des Volkswillens ist oder, wie Ulrich Kahrstedt dies anschaulich formuliert hat, nichts ist als der »Briefträger« der Ekklesia. Schon seine Bestallung ist mit einer peinlichen Prüfung seiner formalen Qualifikationsvoraussetzungen (Bürgerrecht, ehrbarer Lebenswandel und so fort, der *dokimasia*) durch das Volk verbunden. Für jede seiner Amtshandlungen kann er jederzeit zur Verantwortung gezogen werden, und seine Entlastung geschieht ebenfalls durch das Volk. Hier wird schon klar, daß die Volkssouveränität nicht nur in die Zukunft wirkt, sondern auch bereits geschehene Staatshandlungen in sich aufnimmt. Der athenischen Volksversammlung liegt gerade in dieser Hinsicht viel daran, das Ganze der öffentlichen Funktionen in die Hand zu bekommen und keine Zweifel darüber zu lassen, daß jegliches Handeln des Staates, soweit es einzelnen Amtsträgern anvertraut ist, wieder in ihren Schoß zurückgenommen werden kann. Die Souveränität ist unteilbar. Mit dieser Erkenntnis der modernen Staatslehre hat kaum ein antiker Staat konsequenter Ernst gemacht als der attische. Eine seiner charakteristischsten Einrichtungen ist aus diesem Grundsatz hervorgegangen: die Geschworenengerichtshöfe.

In Athen waren jährlich sechstausend Geschworene tätig, verteilt auf etwa zehn Gerichtshöfe (die *heliaia*); jeder zählte mindestens fünfhundertundeinen Schöffen. Das war also jeweils eine Versammlung von der Größe eines modernen Großstaatparlaments (und darüber hinaus). Als eine Schöffenbank in unserm Sinn ist das gar nicht zu begreifen. Der Sinn war denn auch ein ganz anderer. Sechstausend war für wichtige Materien die Mindestprüfungsstärke der Volksversammlung, und die Summe aller Geschworenen war im Grunde nichts anderes als das Volk in seiner Gesamtheit. Wenn es in dieser Größe zur Zeit des Perikles kein Urteil fällte, so war das lediglich eine Konzession an die praktische Notwendigkeit. Doch war jeder Gerichtshof ein Teil der umfassenden Einheit und sein Spruch nichts anderes als ein real vollzogenes Votum des Gesamtvolkes. Entsprechend übte in gewissen Fällen, etwa bei Hochverrat und anderen politischen Vergehen, dieses Recht auch die Volksversammlung aus. Die Gerichtshöfe waren für die meisten Streitfälle von öffentlichem Interesse (wobei dieser Begriff sehr weit gefaßt wurde) zuständig, traten aber auch in Aktion, wenn ein Einzelrichter in einem vorangegangenen Verfahren bereits entschieden hatte. Keiner Partei wurde zugemutet, sich bei dessen Urteil (oder auch Vergleich) zu beruhigen. Es galt nur, wenn die freie Entschließung beider Parteien es akzeptierte. Das unabdingbare Recht konnte nur der Souverän festsetzen, und insofern kam in den attischen Geschworenengerichten eben auch der eherne Grundsatz zum Ausdruck, daß alles, was auf Grund öffentlicher Delegation von einem einzelnen Amtsträger verfügt war, nur auf Widerruf galt und der eigentlich und im letzten Sinn Handelnde der Souverän war.

Wer der modernen Illusion anhängt, Staat und Gesellschaft ließen sich unter Umständen zur Deckung bringen oder der Staat könne von der Gesellschaft aufgesaugt werden, wird den Athenern des Perikles nicht die Anerkennung versagen, sie hätten es in dieser Hinsicht sehr weit gebracht, vielleicht weiter als jemals ein Volk in der Weltgeschichte. Glücklicherweise waren die Athener in die Geheimnisse solcher Spekulationen noch nicht eingeweiht, und deshalb entwickelten sie ihre verfassungspolitischen Gedanken in einer ganz anderen Richtung, womit freilich auch nicht gesagt ist, daß sie damit die ganze Wirklichkeit adäquat umschrieben hätten (was im allgemeinen bei solchen Fragen ohnehin nie zu geschehen pflegt). Der uns geläufige, von den Griechen geprägte Begriff der Demokratie war merkwürdigerweise gar nicht die zentrale Größe der Politik. Das Wort ist wohl ziemlich spät erfunden worden und hat eine ältere Bildung, jedenfalls bis zur Perikleischen Zeit, noch nicht verdrängt gehabt: *isonomia* und *isegoria*, was sich am ehesten mit »Gleichberechtigung« übersetzen läßt, waren die Leitmotive der Entwicklung, welche zum Perikleischen Staat führten.

Diese Begriffe waren in Athen zuletzt gegen die Tyrannis ausgespielt worden, werden aber wohl schon der früheren Auseinandersetzung des Demos mit dem Adel entstammen, als gegen das Vorrecht der Geburt, gegen die »Edelgeborenen« (die *eugeneis*), mit ihren Privilegien gekämpft wurde. Der polemische Akzent verlor sich mit fortschreitender Zeit, aber dafür wurde der Begriff zu einer allgemeingültigen Größe. In den Perikleischen Friedensjahren konnte der Historiker Herodot in Athen ohne Bedenken schreiben, daß *isonomia* der schönste Begriff von allen sei, und was sich in Athen zeigte, sei die reinste Verwirklichung dieses Grundsatzes. Seinen Wert hatte er in sich, indem er am konsequentesten eine formelle Gerechtigkeit zur Geltung brachte. Keiner konnte sich dem anderen gegenüber als benachteiligt sehen, und die Gewähr schien gegeben, daß alles, was in der Gesamtheit angelegt ist – und mehr ist gar nicht denkbar –, dadurch die Chance der Verwirklichung erhielt. »In der Masse steckt alles drin«, das hieß, die Vielen sind der Inbegriff des Ganzen, meint derselbe Herodot, und selbst noch Aristoteles, der für die Demokratie nun wahrlich nicht engagiert war, hält ihren Grundgedanken, daß in den Vielen mehr an intellektuellen und moralischen Werten zum Vorschein kommen müsse als im noch so tüchtigen Einzelnen, doch immerhin für recht bemerkenswert.

Freilich sind das mehr oder weniger subtile Erwägungen, welche die Demokratie in ein günstiges Verhältnis zum Anspruch der Adelsherrschaft bringen sollten, das qualitativ Bessere darzustellen; deshalb der Hinweis, daß Überlegenheit der Quantität auch einen qualitativen Vorsprung bedeute. Das eigentliche Pathos der Demokratie kam aber nicht von daher, sondern nahm verständlicherweise seinen Ausgang von dem Zentralbegriff der »Gleichheit«. Ihr Resonanzboden, der die Gefühlsschwingung erst ermöglichte, war die Einschränkung passiver Herrschaft durch die aktive, die Verknüpfung von »Beherrschtwerden« und »Herrschen«; denn damit sprang als belebende Vorstellung in dieser so verstandenen Gleichheit die Idee der Freiheit auf.

Solange es einen griechischen Stadtstaat gab, bestand niemals der geringste Zweifel, daß Demokratie und Freiheit besonders eng zusammengehören. »Die Grundlage der demokratischen Verfassung ist die Freiheit«, und es gibt (nach Aussage der zuständigen Gewährsleute) nur da Teilhabe an der Freiheit. »Jede Demokratie hat in ihr den Ausgangspunkt«, konnte noch hundert Jahre nach Perikles Aristoteles sagen. Die Demokraten vermochten den Begriff auch recht umfassend zu nehmen, da sie nichts von den Aporien einer rein personalen und individualistischen Freiheit wußten. Die Freiheit des Einzelnen ließ sich ohne Skrupel in der kollektiven Freiheit wiederfinden, wenn die Reduktion passiver Herrschaft auf der Selbstbestimmung jedes Einzelnen innerhalb der Gemeinschaft beruhte und dieser die Unmittelbarkeit der Demokratie auf sinnfällige Weise in seinem eigenen Aktionsbereich zum Ausdruck zu bringen schien. Über den Unterschied von *volonté de tous* und *volonté générale* brauchte man sich dann den Kopf nicht zu zerbrechen, und der Übergang von diesem einen Freiheitsbegriff zu dem des bürgerlichen Status, daß der Freie so »lebt, wie er will«, während der Sklave diese Möglichkeit nicht hat, stellte sich von selbst her. Dies war eine beneidenswerte Gunst der Optik, die gerade dem Perikleischen Athen einen strahlenden Glanz verlieh und seine Freiheitsidee mit einer Fülle ausstattete, welche spätere Geschlechter nur auf Umwegen zu erreichen vermochten. Allerdings, eine Bagatelle war es denn doch nicht, daß Griechenland und Athen keinen Montesquieu gekannt haben, und ebenso war das, was Athen in seiner demokratischen Freiheit zu finden vermeinte, keineswegs immer das Ebenbild der politischen Wirklichkeit.

Diese Überlegung führt auf das Problem der institutionellen Garantien in der attischen Demokratie. Was waren in ihr für Vorkehrungen getroffen, den Souverän mit seinem idealen Willen gegen sich selbst, also gegen eine eventuelle Verfälschung des grundsätzlichen Ansatzes, zu schützen? Daß es damit nach unseren Vorstellungen nicht zum besten stand, lehrt schon ein oberflächlicher Augenschein. Vom Fundament des modernen Rechtsstaates, der Gewaltenteilung, ist da nichts zu entdecken. Im Gegenteil, die Art und Weise, wie Athen die Justiz zu einer unmittelbaren Funktion des Volkswillens machte, schlägt ihr geradezu ins Gesicht. Die Folgen blieben auch nicht aus. Nicht nur war mit der Massierung von Laienrichtern die Gefahr von häufigen Fehlurteilen heraufbeschworen. Noch mehr fiel ins Gewicht, daß auf dieser Basis überhaupt keine empirisch-rationale Ausbildung des Rechts möglich wurde und wir so vor der erstaunlichen Erscheinung stehen, daß die Griechen, welchen so viel an Erhellung der Welt zu verdanken ist, ohne methodische Rechtswissenschaft geblieben sind, weshalb das Abendland auf diesem Gebiet nicht bei ihnen, sondern bei den Römern in die Schule gehen mußte. Nur soweit bestimmte allgemeine Gesichtspunkte, wie der Begriff einer das strikte Recht überspielenden »Billigkeit«, einem größeren Publikum zugänglich gemacht werden konnten, wurden diese im Prozeß vorgetragen und konnten von da in das Rechtsbewußtsein eingehen. Aber damit allein wird man des Rechtsstoffes nicht Herr, und deshalb ist das Ideal einer systematischen Rechtspflege, die »Berechenbarkeit des Rechts«, in Griechenland weder angestrebt noch erreicht worden. Ein attischer Gerichtshof konnte schließlich, auch wenn er sich von Emotionen frei gehalten hätte – was praktisch bei seiner Zusammensetzung und bei der selbstverständlichen Einstellung der Parteien beinahe ein Ding der Unmöglichkeit war –, gar nicht anders als nach Gutdünken und einem recht vagen Gerechtigkeitsempfinden entscheiden und praktizierte das, was Max Weber mit dem Namen »Kadijustiz« in die Rechtssoziologie eingeführt hat.

Auf diesem Auge war also die attische Demokratie völlig blind. Ein sehr scharfes Sehvermögen verriet sie jedoch da, wo es sich darum handelte, die politische Ordnung zu stabilisieren und gegen Augenblicksregungen des Souveräns in Schutz zu nehmen. Beinahe selbstverständlich war es – man kann den Athenern das nicht hoch genug anrechnen –, daß sie jeglichen Verfassungsbruch unter strenge Strafe stellten (die »Auflösung des Volkes«, *katálysis toú démou*). Aber bemerkenswert ist doch, daß sie trotz des Gewichts, welches sie der formellen Gleichheit und Freiheit einräumten, indem sie beinahe die Unbeschränktheit des formell freien Willens verkündeten, eine letzte Berufung auf ihn nicht duldeten und eine legale Verwandlung der Verfassungsbasis von vornherein durch strengste Strafandrohung ausschlossen. Aber dieses Gefühl, daß es überhaupt Normen gibt, gegen die weder verstoßen noch auf dem Wege formell einwandfreier Willensbildung vorgegangen werden darf, war darüber hinaus doch sehr lebendig. Im attischen Staatsrecht wurde ein grundsätzlicher Unterschied zwischen einem Gesetz *(nómos)* und einem bloßen Beschluß *(pséphisma)* getroffen, obgleich man – ungeachtet der Ansetzung auch von »ungeschriebenen Gesetzen« *(ágraphoi nómoi)* – längst mit der Praxis vertraut war, Gesetze durch die Volksversammlung fassen zu lassen. Aber auch ein solches »Gesetz« war kein »Beschluß«, und es galt der Satz, daß ein Beschluß einem bestehenden Gesetz gegenüber zu weichen habe, falls er irgendwelche Kollision mit ihm enthielte, und ebenso ließ sich nicht ohne Bedenken ein altes Gesetz durch ein neues ersetzen.

Hier als Regulativ für Ordnung zu sorgen war vor Perikles (461) Aufgabe des Areopags gewesen. Nachdem diesem diese Kompetenz genommen war, wurde die Kontrolle in die Volksversammlung oder genauer in ihren geschäftsführenden Ausschuß verlegt, den Rat der Fünfhundert (die *boulé*). Dieser Rat war überhaupt dasjenige Organ, welches die Geschäftsfähigkeit der Volksversammlung ermöglichte, und er hatte auch für die Vorbereitung der Beschlüsse Sorge zu tragen; Anträge mußten im allgemeinen ihm eingereicht werden. Von der technischen Seite her gesehen, war der Rat, da er die Bildung des Volkswillens erst herbeiführte, beinahe die wichtigste Einrichtung des athenischen Staates. Aus ihm wurden zumeist auch die Kommissare zur Erledigung anfallender Geschäfte genommen. Trotzdem gehorchte er in seiner Zusammensetzung denselben Prinzipien, die man bei der Bestimmung aller anderen Amtsträger beobachtete. Seine Mitglieder wurden durch das Los berufen, je fünfzig aus jeder der zehn Phylen. Die einzige Konzession an die Praxis lag in der Aufteilung der Hauptarbeit zur Vorbereitung der Volksversammlung. Sie wurde nicht jedesmal global an sämtliche Ratsmänner *(bouleuteís)* verwiesen, sondern betraf für den Zeitraum eines Zehnteljahres (also etwa fünfunddreißig Tage) immer eine Abteilung von fünfzig Mann, die *prytaneía* (ein Ratsherr in Funktion war danach ein »Prytane«). So war wenigstens eine Überschaubarkeit der Teilnehmer und damit ein höheres Bewußtsein der Verantwortlichkeit, andererseits durch die kontinuierliche Funktion mehrere Tage hindurch eine gewisse Geschäftskenntnis angebahnt, freilich in einem für unsere Begriffe höchst ungenügenden Umfang.

Die Verantwortung für die *nomophylakía*, das heißt die Beobachtung der notwendigen Konkordanz von alten und neuen Gesetzen und Volksbeschlüssen, lag also zu Perikles' Zeit beim Rat. Für die Schaffung neuer Gesetze wurde noch eine besondere Kommission herangezogen (die *syngrapheís*). Später wurde diesem Sicherungsbedürfnis weiterer Raum gegeben und ein ziemlich komplizierter Mechanismus für die Einführung neuer Gesetze in Gang gesetzt. Ein eigener Gerichtshof (der *nomothéteis*) wurde bemüht, die Prüfung des alten, aufzuhebenden und des neuen Gesetzes in prozessualer Form durchzuführen. Zudem haftete überhaupt jeder Antragsteller nicht nur für die Gesetzmäßigkeit der Anträge, sondern auch für ihre Zweckmäßigkeit und setzte sich damit der Gefahr eines Prozesses aus, in dem hierüber befunden wurde. Auf diesen Rückgriff verzichtete man auch nicht bei der Nomothesie, so daß trotz dieser umständlichen Prozedur die ganze Frage nochmals vor einem anderen Gerichtshof aufgerollt werden konnte. Damit waren also gleich zwei Garantien hintereinandergestellt, und überhaupt war die Gesetzesneuschöpfung einem Spezialverfahren überantwortet, das in seiner Justizhörigkeit offenbar einen eigenstaatlichen Tätigkeitskreis abgrenzte und damit das Bedürfnis nach gründlicher Fundierung nicht nur ausdrücklich anerkannte, sondern auch umsichtig zu befriedigen schien.

Die attische Demokratie war ihrem idealen Grundriß nach, wie er sich klar vor allem aus dem späteren Ausbau im 4. Jahrhundert ergab, geradezu von dem Gedanken besessen, ihre innere Stabilität zu sichern und den Zufall momentaner Einfälle und Gefühlsregungen auszuschalten. Der schier unbegrenzten Freiheit der Initiative stand ein System regressiver Kontrollen gegenüber. Jeder Politiker, der in der Volksversammlung die Leute hinter sich brachte, stand unter dem Damoklesschwert einer später folgenden Anklage, daß er mit seinem Antrag entweder gegen die Gesetze verstoßen habe oder, ganz allgemein, sein von der Ekklesia angenommener Vorschlag nichts tauge oder er sich gar gegen die Demokratie vergangen habe; und selbst wenn er noch gar keinen Beschluß durchgesetzt hatte, konnte er für die Richtung seiner Politik, die er durch seine Reden und sein öffentliches Auftreten vertrat, vor Gericht gezogen werden.

Da bestand also ein sehr merkwürdiges Widerspiel: auf der einen Seite die Justifizierung der Politik, ihre formelle Umklammerung durch den Prozeß, auf der anderen Seite die breite Streuung der Politik über eine Masse von Individuen und deren Betrauung mit öffentlicher Gewalt. Auf die Ausgewogenheit dieses Verhältnisses kam sehr viel an, und die Frage, ob diese Anlage ihren Sinn auch tatsächlich erfüllte, wurde zum Kardinalproblem der attischen Demokratie.

Dem sinnfälligen Eindruck nach schob sich nun allerdings die Politisierung der Menge durchaus in den Vordergrund. Wenn man in der Stadt Athen oder im Piräus spazierenging, dann war es schwierig, unter den vielen einfachen Bürgern jemanden ausfindig zu machen, der nicht gerade einem öffentlichen Geschäft nachging oder dessen Gesichtskreis nicht mit solchen Dingen ausgefüllt gewesen wäre, auch wenn er im Moment damit nicht befaßt war. Daß er sich auf dem Wege zur Volksversammlung befand oder eine öffentliche Ansprache anhörte, war beinahe noch das wenigste. Aber schon die Wahrnehmung des Richtergeschäftes hielt jährlich eine Schar von sechstausend Leuten in Gang. Wir sehen sie, wie sie in den »Wespen« des Aristophanes am frühen Morgen, noch in der Dämmerung, sich mit ihren Lämpchen auf den Weg zu ihrem Gerichtslokal machen. Wer nicht zu ihren Scharen gehörte, hatte bestimmt in den unzähligen anderen Ämtern etwas zu tun. Und selbst wenn diese Funktion ausfiel, dann lag für jeden Interessierten der öffentliche Auftrag gewissermaßen auf der Straße. Die öffentlichen Strafverfahren kannten keinen bestallten Staatsanwalt. Die Anklage konnte nicht nur, sondern mußte von irgendwem vertreten werden. Die staatsbürgerliche Moral, deren Kronzeuge Solon war, gebot die Übernahme dieser Pflicht und damit zugleich die Aufgabe, das Belastungsmaterial zu beschaffen. Diese Einrichtung, einmal als Bewährung des bürgerlichen Ethos gedacht, erhielt in der Folgezeit unter der Bezeichnung der »Sykophantie« eine traurige Berühmtheit. Schließlich forderten die vielen Prozesse ein gewaltiges Aufgebot von Zeugen. Im Stadtgebiet Athens und der näheren Umgebung mag es etwa vierzigtausend zur Bürgerschaft gehörige Personen gegeben haben, ein Viertel davon als der erwachsene männliche Teil – meistens von dreißig Jahren an; dieses Alter war für die Übernahme öffentlicher Ämter vorgeschrieben – kam für die öffentlichen Funktionen in Betracht, also zehntausend Mann; der Bedarf wird sich ungefähr zwischen sechs- und achttausend bewegt haben. Der Eindruck, die männliche Bürgerschaft Athens sei ein Volk von Politikern und Funktionären, wäre also nicht unberechtigt gewesen.

Diese allseitige Geschäftigkeit war das Ergebnis der Perikleischen Politik. Die staatsrechtliche Einbeziehung der ganzen Bürgerschaft, auch ihrer unteren Kreise, in den weiten Funktionskreis gehört sogar in ein früheres Stadium der athenischen Verfassungsentwicklung und ist wohl vor allem das Werk des Kleisthenes, aber ihrer tatsächlichen Verwirklichung waren soziale Schranken gesetzt. Wer auf Grund seiner wirtschaftlichen Lage nicht über die notwendige Abkömmlichkeit verfügte und es sich nicht leisten konnte, daß ihm ein Tagesverdienst verlorenging, war von dieser Art öffentlicher Betätigung zwangsläufig ausgeschlossen. Erst als der »Sold« *(misthós)*, in unserer Terminologie Diäten, von Perikles geschaffen wurde, konnte dieses Heer von politischen Arbeitern in die bereitstehenden Kader einströmen. Das Entgelt, im allgemeinen zwei bis drei Obolen, für die Ratsmitglieder eine Drachme, war nicht übermäßig hoch, entsprach aber einem bescheidenen handwerklichen Tageseinkommen und wurde daher der Entlohnung für die im Staatsdienst geleistete Tätigkeit zugrunde gelegt. Die Maßnahme selbst war eine originelle Erfindung des Perikles und hat nach unserer Kenntnis keinerlei Vorläufer in Griechenland. Sie hatte natürlich ihre Voraussetzungen, politische in dem gesteigerten Selbstbewußtsein der ärmeren Klasse, seitdem diese das Hauptinstrument von Athens politischer Größe, die Flotte, trug, und wirtschaftliche insofern, als erst das reicher gewordene Athen die finanziellen Mittel dafür aufbringen konnte. Der ganze Stolz des demokratischen Athens galt dieser Einrichtung. In ihr war erreicht, daß auch der Arme zu einem realen, nicht nur nominellen Mitglied der Bürgerschaft wurde, und die spätere Staatstheorie hat Demokratie geradezu als die Herrschaft der zahlreichen Minderbemittelten definiert, im Gegensatz zu der der »wenigen« Vermögenden. Zugute kam die Diätenbesoldung in erster Linie der Masse der Richter, sodann den übrigen »Beamten«. Der Besuch der Volksversammlung wurde im 5. Jahrhundert noch nicht finanziert, sondern erst im 4., dagegen erhielten die ärmeren Leute schon unter Perikles einen Unkostenbeitrag zu den großen Theaterschauspielen (die *theoriká*).

Stellt man sich diese Schar der Diätenempfänger vor, dann erhält die attische Demokratie einen stark kleinbürgerlichen Zug. Wenn man diese Leute als ihre tragende Schicht betrachtet, so ist nicht zu bestreiten, daß Gevatter Handschuhmacher eine dominierende soziologische Größe ausmachte. Die Bauern vom Lande, auch die weniger armen, konnten sich um diese Geschäfte wenig kümmern. Abgesehen von ihrer Berufsarbeit, die auch bei

Ersatz des Arbeitslohns keine willkürliche Dispensierung gestattete, hinderte sie schon der weite Weg in die Stadt an einer Beteiligung. In Betracht kamen für sie in erster Linie die Stadteinwohner und dementsprechend die statistisch überwiegende Gruppe der kleinen Gewerbetreibenden. Trotzdem blieb merkwürdigerweise eine naheliegende Folgeerscheinung aus. Diese politisierte Kleinbürgermasse trug nicht eigentlich ihren wirtschaftlichen Geist in die Politik hinein. Eine Versetzung ihrer handwerklichen Interesseninstinkte in den politischen Raum fand nicht statt, irgendwelcher Zunftgeist schlug sich nicht in ihm nieder.

Die Erscheinung ist eigentümlich genug, um eine Erklärung zu fordern. Sie wäre in erster Linie einer Soziologie von Athens Demokratie abzugewinnen, doch läßt sich auch hier ein wichtiges Element dieses Themas anbringen. Die finanzielle Abfindung durch den Staat, wie sie Perikles einführte, besaß einen plausiblen und wohlverstandenen Sinn. Sie sollte den Minderbemittelten mit Hilfe der öffentlichen Hand auf das Niveau des reicheren Rentenverzehrers heben. Politische Aktivität war nach der bisherigen Tradition Angelegenheit der höheren, ursprünglich adligen Kreise und wurde von ihnen als Ausfluß ihrer Muße auf Grund einer wirtschaftlichen Freizügigkeit betrieben. Wenn jetzt mit einemmal die anderen ebenfalls dazu in den Stand gesetzt wurden, geschah das im Zeichen der bisherigen Übung. Mit anderen Worten: das demokratische Rentnertum geriet unter den Einfluß der stilwirkenden Kraft eines Vorbildes und entäußerte sich damit seiner ökonomischen Befangenheit.

Es war die Imitation eines Herrentums, die sich da vollzog und die Nachahmer vergessen ließ, was sie eigentlich waren. Das Lebensideal oder der Lebenswert wurde genauso die Areté, wie sie von den früher herrschenden Kreisen verkörpert wurde. Daß sie ursprünglich eine blutsgemäße Gabe war, brauchte nicht mehr viel zu bedeuten, nachdem die Zeit allmählich über diesen Glauben hinweggegangen war. Aber die Areté blieb Inbegriff einer freien und schönen Menschenform, die nicht nur nicht aufhörte, verbindlich zu sein, sondern die nun auch in Verbindung mit der Rolle eines politisch Handelnden in erreichbare Nähe zu rücken schien. Ob es in Wirklichkeit sich so verhielt, mag eine andere Frage sein, aber auf jeden Fall ausgeschlossen wurde der Ansatz zu einem neuen Ethos entsprechend den veränderten soziologischen Bedingungen. Vor langer Zeit schon war der gesellschaftliche Umbruch, den die Depossedierung des adligen Rittertums herbeigeführt hatte, in der Person von Hesiod mit dem Durchbruch einer neuen Sozialgesinnung verbunden gewesen. Wir wissen leider nicht, inwieweit dieser Anstoß dann weitergewirkt hat. Aber eines ist sicher: als in Athen diese Entwicklung sozusagen auf ihren Kulminationspunkt gelangt war, trat auch nicht der geringste Anflug einer eigenen Wertsetzung zutage. Athens Demokraten beriefen sich zu ihrer Legitimierung genauso wie die Aristokraten auf die Verfügbarkeit des politischen Handelns auf Grund ihres freien Menschentums und gaben – was wirklich ein Glück war – irgendwelchem Ressentiment ebensowenig Spielraum, wie sie ihrer fachlichen Berufsgesinnung Einlaß gewährten. Der in seine Profession eingesponnene Banause war den Demokraten nicht weniger ein Gegenstand der Verachtung als den Aristokraten. Hier ging also eine Tradition weiter trotz des völlig veränderten Prospektes, und der griechische Geist hatte keine Veranlassung, nachdem die neue Welt des demokratischen Athens aufgetreten war, sich mit der Urwüchsigkeit einer anderen sittlichen

Gesinnung auseinanderzusetzen. Nach wie vor blieben Wirtschaft und Gewerbe außerhalb des Brennpunkts der attischen Reflexion, oder, in der Terminologie der Soziologie ausgedrückt, der *homo politicus* hörte nicht auf, dem *homo oeconomicus* den Platz sowohl auf der politischen Bühne wie im klärenden Weltbewußtsein mit Erfolg streitig zu machen.

Das eigenartige Phänomen der Angleichung an die frühere Gesellschaftsordnung, die hier die Demokratie vornahm, verliert etwas von seiner Merkwürdigkeit, wenn man in Betracht zieht, daß Handel und Gewerbe zu einem ganz erheblichen Teil gar nicht in den Händen bürgerlicher Schichten lagen, sofern man überhaupt einmal das aktive Bürgertum Athens in den Rahmen des Bevölkerungsquerschnitts von Attika einstellt. Die Bevölkerung setzte sich aus drei Elementen zusammen: den freien Bürgern, den freien Nichtbürgern, das sind die »Beisassen« oder Metoiken, den Fremden, die als wichtiger Wirtschaftsfaktor – sie waren die hauptsächlichen Träger von Handel und Bankwesen – ihren dauernden Wohnsitz in Attika hatten, und schließlich an dritter Stelle den Sklaven. Nach der zuletzt angestellten Schätzung (mehr ist bei unserem Quellenstand nicht möglich) von Gomme betrug in Perikleischer Zeit die Gesamtbevölkerung Attikas etwa 300000 Köpfe; 172000, etwa 60 Prozent, gehörten der Bürgerschaft an, 25000 (8 Prozent) waren Metoiken, und auf 100000 belief sich die Zahl der Sklaven (33 Prozent). Das Verhältnis von Bürgern zu Nichtbürgern war demnach 172000 zu 125000 oder 3 zu 2, eine Relation, die nach den Maßstäben des antiken Stadtstaates der Demokratie einige Ehre machte und sie deutlich von oligarchischen Verhältnissen mit ihrem engen Kreis vollberechtigter Bürger abhob. 172000 Seelen entsprechen einer erwachsenen männlichen Bevölkerung (vom dreißigsten Lebensjahr an, dem Mindestalter für die Ausübung öffentlicher Funktionen) von 40000 bis 45000, auf denen also nominell die Demokratie beruht hätte. Doch muß die Rechnung modifiziert werden. Zugrunde zu legen ist die Zahl derjenigen, die politisch imstande waren, die mannigfachen Verpflichtungen auf sich zu nehmen, das sind die Leute in der Stadt und ihrer näheren Umgebung.

Die Stadt Athen zählte etwa 90000 Einwohner, wovon 30000 zur Bürgerschaft gehörten und die Nichtbürger in der Höhe von 60000 sich auf 25000 Metoiken und 35000 Sklaven verteilten. Der Anteil der Bürger in der Stadt war also wesentlich geringer als in ganz Attika: $33^1/_3$ Prozent. Zählt man noch 10000 aus der Umgebung (vor allem dem Piräus) hinzu, dann ergeben sich etwa 40000 Bürgerschaftsangehörige, also 10000 Männer über dreißig Jahre, die als aktive Träger der Demokratie in Betracht kamen. Das ist ein rundes Viertel aller entsprechenden Bürger und im Verhältnis zur Gesamtbevölkerung ein knappes Achtel.

Die demokratische »Masse« war also faktisch, in ihrer Relation, eine klare, und zwar recht kleine Minorität, und man mag danach ermessen, daß diese Demokratie, die in ihrem Binnenraum das Gleichheitsprinzip bis zur letzten denkbaren Konsequenz getrieben hatte, im Blick über ihre Grenzen sich durchaus als eine bevorrechtigte Klasse vorkommen konnte und es ihr danach nicht schwerfiel, ein Selbstbewußtsein zu entwickeln, das dem aristokratischen Dünkel nicht viel nachstand. Eine Untugend solcher Einbildung wurde denn auch offen dokumentiert, die Exklusivität: während Athen bis dahin bei der Aufnahme Fremder in die Bürgerschaft sehr liberal gewesen war und unter Solon wie unter Themistokles sein Wachstum mit Bedacht durch Großzügigkeit gefördert hatte, steht gleich am

Anfang der Perikleischen Ära ein Gesetz, das den entgegengesetzten Geist atmet. Es verbot hinfort die Heirat eines Atheners mit einer fremden Frau und erklärte eine solche Ehe für nichtig. Kinder aus ihr wurden nicht anerkannt und bekamen auch nicht das athenische Bürgerrecht (457).

Die Motive dieses »Bastardgesetzes« waren nicht ganz einheitlich. Doch deutlich wurde in ihm gesagt, daß attischer Bürger zu sein ein besonderes Vorrecht sei und nicht durch eine Ehe erschlichen werden könne. Es sollte nun gewissermaßen Privilegierte gegenüber den Nichtprivilegierten abgrenzen, wie es der Adel früher dem Nichtadligen gegenüber getan hatte. Was früher Stand war, wurde jetzt das Bürgerrecht. In der Sache selbst, der Freizügigkeit des Conubiums, hatte freilich die Aristokratie ganz anders gedacht. Sie nahmen sich ihre Frauen – von Stand mußten sie natürlich sein – von überall her; nicht einmal griechisches Geblüt war unbedingte Voraussetzung. Welche Genugtuung für die Demokratie, zeigen zu können, daß solche Unbefangenheit nicht mehr galt und auch das private Leben sich der Strenge des staatlichen Gesetzes zu unterwerfen hatte! Aber der Appell an ein höheres Ethos konnte nur schlecht verbergen, daß Staat und Bürgerverband im Zeichen der Demokratie auch eine soziale Interesseneinheit bildeten. Der Zugang zu ihr war erblicher Besitz und für Außenseiter verriegelt.

Die Demokratie hatte auch hierin nichts völlig Neues geschaffen, sondern frühere Ansätze fortgeführt. Seitdem der griechische Stadtstaat auf die Vereinigung seiner Bürger anstatt auf den Zusammenhalt der adligen Geschlechter gestellt war – in Athen war dieses Stadium mit Solon erreicht –, war es selbstverständlich, daß diese solidarisch füreinander einstanden, nicht nur in der Stunde kriegerischer Gefahr, sondern bei jeder Not und im Gefolge jeglichen allgemeinen Bedürfnisses. Wer reich war, besaß sein Vermögen zu persönlichem Eigentum, aber seine Verwendung war der Norm unterstellt, die den Einzelnen zum Mitglied der Bürgerschaft machte und ihn, neben der an sich zugestandenen Freiheit und einer ungehemmten ökonomischen Kalkulation, darauf verpflichtete, für die Allgemeinheit einzustehen. Deshalb die individuellen Leistungen zu deren Gunsten, die »Leiturgien«, wenn etwa ein Kriegsschiff auszurüsten (unter Verwendung eines staatlichen Zuschusses: *trierarchia*) oder ein Chor für das Theater bereitzustellen war *(choregia)*. Das wichtigste Thema solcher Fürsorge war jedoch die Garantie ausreichender Ernährung für die Bevölkerung. Hier erklärte denn auch der Staat ganz unverblümt die Prävalenz dieses Gesichtspunktes über den ökonomischen für verbindlich. Schon Solon hatte, entgegen dem Nutzen von Produzenten, Ausfuhrsperren über bestimmte agrarische Güter verhängt, um Attika vor Hunger zu schützen, und diese Einstellung ging nicht mehr verloren. Noch später gehörte zu den festen Verhandlungspunkten der Volksversammlung die Beratung über die Getreidelage, und in einer durchschnittlichen politischen Kommission wurde auch immer das Standardproblem der Ein- und Ausfuhr erörtert.

Der Getreidehandel wie jeder andere wurde freilich nicht in staatlicher Regie durchgeführt, aber besondere Beamte überwachten ihn. Spekulation war verboten. Mehr als ein bestimmtes Quantum durfte ein Getreidehändler nicht haben. Kein in Athen Ansässiger durfte bei Todesstrafe anderswohin als nach Athen Getreide bringen. Wenn diese Maßnahmen nicht ausreichten, um genügend Getreide zu einem erträglichen Preis bereitzuhalten, dann griff der Staat selbst als Wirtschaftssubjekt ein und kaufte Getreide auf. Das kam vor allem später oft und außerhalb Athens häufiger vor. Das Perikleische Athen war auf Grund seiner Seeherrschaft in der glücklichen Lage, auf den Welthandel einen entsprechenden Druck auszuüben. Zu allen getreideerzeugenden Überschußgebieten des Mittelmeerraumes, nach Ägypten, Sizilien und Südrußland und andernorts, hatte Perikles die Zufahrtswege sichergestellt. Im Schwarzen Meer war er zu diesem Zweck selbst mit einer großen Flotte erschienen; einige wichtige Küstenstädte waren deshalb auch politisch mit Athen verbunden worden und mußten sich teilweise sogar eine athenische Station und die Niederlassung attischer Kolonisten gefallen lassen. Die Organisation der Ernährung *(trophé)* wurde in keinem griechischen Stadtstaat effektiver durchgeführt als in dem Athen des Perikles. Es verfügte eben über einzigartige Mittel und vermochte dadurch überhaupt dem Staat den Charakter eines großzügigen wirtschaftlichen und vor allem sozialen Unternehmens zu verleihen. Die Ausübung der weiträumigen Herrschaft gab Gelegenheit zur Kolonisation, und das Bürgerrecht setzte sich für einen Auswanderer sogar in einen respektablen Vermögensgewinn um. Der attische Staat der Perikleischen Ära warf zweifellos eine gute Rente ab, auch ohne daß man die Ausstattung mit Diäten direkt dazu zählt.

Perikles' Finanzpolitik war ebenfalls von diesem Gesichtspunkt geleitet. Während des Krieges waren die öffentlichen Einnahmen aufgebraucht worden. In der Friedenszeit floß nun der Geldstrom, soweit er nicht von laufenden Bedürfnissen beansprucht war, in die Unternehmungen, die Athen als Bauherr unterhielt. Perikles verzichtete damit bewußt auf eine Thesaurierung und führte statt dessen das Geld, welches der Staat einnahm, wieder der Wirtschaft zu, unter Verzicht auf eine Sterilisierung, die nur zu einer Schrumpfung des ökonomischen Volumens geführt hätte. Auf diese Weise ging ein beträchtlicher Anreiz vom Staat als einer Wirtschaftspotenz aus. Das Perikleische Athen als Architekturphänomen ordnet sich hier in den Zusammenhang einer ökonomischen Politik ein, hinter der gewiß alle möglichen Beweggründe standen, die jedoch auch das eine nicht verhehlen konnte und wollte, daß der Staat für Unterhalt und Verdienst seiner Angehörigen zu sorgen hatte. Davon hatte wiederum in erster Linie die städtische Bevölkerung ihren Gewinn, der Teil der Bürgerschaft also, welcher zuvörderst die Stütze der Perikleischen Demokratie war.

Ungeachtet einer deutlichen soziologischen Strukturierung dieser Demokratie bleibt aber doch die Frage offen, ob sie die Fähigkeit besaß, hieraus die Kraft und die Möglichkeit für eine tragende politische Schicht zu schöpfen. Institutionell war zudem ja viel geschehen, um der stabilisierenden Funktion der Kontrolle zu ihrem Recht zu verhelfen, so daß es beinahe so aussah, als brauchten diese Vorrichtungen sich nur der Menschen zu bemächtigen, um ihren Zweck zu erfüllen. Die Antwort hierauf fällt nicht sehr positiv aus. Eine Elite im Sinne einer schöpferischen Minderheit war die demokratische Minorität, aufs Ganze gesehen, nicht. Sie war zwar verhältnismäßig homogen, und es besagte nicht mehr viel, welcher der verschiedenen Schätzungsklassen ein Bürger angehörte. Sie hatten durch den steigenden Wohlstand und vor allem infolge einer gewaltigen Geldentwertung aufgehört, einen realen Index abzugeben. Wer früher auf Grund seines Einkommens zur untersten Klasse der Theten gehörte, konnte sich jetzt in der Mehrzahl der Fälle ungeniert zu den Zeugiten rechnen. Selbst wenn die Bedeutung dieser Einteilung auch nur formal für das

Verfassungsrecht erheblicher gewesen wäre – in Wirklichkeit spielte sie bei den meisten öffentlichen Tätigkeiten von vornherein keine Rolle –, die tatsächlichen Verhältnisse hätten ihr fast jedes Gewicht abgesprochen. Es kam so schon darauf an, was die Hunderte und Tausende, die als demokratische Amtsträger die Kader der vielen staatlichen und politischen Funktionen füllten, wert waren und ob sie das Zeug zur Elite besaßen. Sie besaßen es nicht, und zwar nicht nur deshalb, weil sie in bezug auf geistige Überlegenheit wenig taugten, sondern vor allem aus dem einfachen Grund, weil es die alte Elite noch gab, die allein wegen des veränderten politischen Schematismus keine Veranlassung sehen konnte, sich auch als gesellschaftliche Größe als verabschiedet zu betrachten. Sie war es, genau gesehen, nicht einmal *in toto* auf der politischen Ebene. Wohl aber hatten sie zu den besonders verantwortlichen Tätigkeiten, wie sie in der Verfassung vorgesehen waren und nicht zuletzt in der kontrollierenden Aufgabe der Gerichte zutage traten, gar keinen Hebel in der Hand, und so kam bei dem ausgeklügelten System lediglich heraus, daß der Kontrollierte sich durch sich selbst kontrollierte und der ideelle Inhalt der sinnvollen Vorkehrung mehr oder weniger zur Farce wurde. Die attische Demokratie mochte noch so viele Prozesse führen und mit Prozessen drohen, es standen sich doch immer die gleichen Leute gegenüber, und das politische Gerichtsverfahren unterschied sich in nichts von dem Beschluß, den es zu überprüfen hatte, und der Beamte, der zur Beurteilung stand, wurde in keiner Weise mit einem Gremium von sachlichem und persönlichem Vorrang und Übergewicht konfrontiert. Alle Sicherungen des Gesetzes- und Verfassungsschutzes standen auf dem Papier, wenn das richtige Urteil keine Chance hatte, sich zu bilden und gegebenenfalls sich in der Menge von hundert Urteilsunfähigen durchzusetzen.

Die exemplarischen Einrichtungen der attischen Demokratie, geboren aus einem abgründigen Mißtrauen gegenüber der Superiorität führender Kreise, waren außerstande, die Bildung einer neuen Elite zu fördern. Da blieb als Letztes eigentlich nur noch die Möglichkeit, daß die alte Elite sich mit Hilfe ihres Ansehens und persönlichen Gewichtes durchsetzte. Bis jetzt war das in der Vergangenheit immer wieder gelungen, und selbst die »demokratischsten« Politiker waren stets Angehörige des alten Adels gewesen. In Perikles erreichte diese Tradition nun ihre überzeugendste Verkörperung, aber würde es so weitergehen, und wog die eine Person des Olympiers das Gewicht einer ganzen Schicht auf?

Die Stellung der alten aristokratischen Kreise zur attischen Demokratie wurde damit zur Lebensfrage schlechthin. Perikles mit seiner Autorität war an sich der rechte Mann, hier amalgamierend zu wirken und seine Standesgenossen an den neuen Staat heranzuführen. Während des Krieges war es ihm auch gelungen, eine Strecke Wegs zurückzulegen; aber der wenig überzeugende Ausgang des Krieges war nicht dazu angetan, diesen Prozeß vorwärtszutreiben. Die Zeit hätte für ihn arbeiten müssen und die Gelegenheiten, welche sie für eine Bestätigung der durch ihn vertretenen Realität gebracht hätte. Aber das war Zukunft, und die hat der Mensch nicht in der Hand. Wir wissen zufällig, wie die Konservativen etwa am Ende der Perikleischen Ära gedacht haben, und wenn man dieses literarische Dokument (den Pseudo-Xenophontischen »Staat der Athener«) liest, erschrickt man über den inneren Abstand, den diese Kreise noch immer zum Perikleischen Staat hatten und der sie nicht einmal Bedenken tragen ließ, mit nackten Worten die politischsoziologischen Voraussetzungen der attischen Tragödie und damit ja schließlich auch sich selbst in Frage zu ziehen.

Kein Historiker vermag den Perikleischen Staat von dem Schicksal einer beängstigenden Zwielichtigkeit zu befreien. Die Nachwelt hat ihm alles andere als ein eindeutig positives Zeugnis ausgestellt. Die größten Geister der staatstheoretischen Reflexion, Platon und Aristoteles, brachen den Stab über ihn. Das hat über zwei Jahrtausende nachgewirkt. Dann kam in der Gestalt von George Grote das liberale und demokratische 19. Jahrhundert und versuchte eine Rechtfertigung. Aber sie war, wenigstens in Deutschland, noch nicht recht durchgedrungen, als Anfang dieses Jahrhunderts Jacob Burckhardt in seiner (postum herausgegebenen) »Griechischen Kulturgeschichte« seine warnende Stimme erhob und ein düsteres Bild dieses attischen Staates entwarf. Er sei so etwas wie eine diktatorische Klassenherrschaft gewesen und hätte durch seine Methode alle individuelle Freiheit niedergeknüppelt.

Der Leser dieser notgedrungen etwas flüchtigen Skizze wird gespürt haben, daß man – sowohl in der einen wie in der anderen Richtung – nicht so leicht davonkommt, wie die beiden berühmten Gewährsmänner es meinen. Liberal in unserem Sinn war Athen gewiß nicht, das konnte es auch nicht sein, denn der moderne Rechtsstaat ist nun wirklich eine ganz eigene Größe; aber eine demokratische Diktatur nach unseren klassischen Modellvorstellungen ist er bestimmt auch nicht gewesen, ganz gewiß nicht zu Perikles' Zeit. Dabei müssen wir immerhin zugeben, daß selbst der antike Begriff der Demokratie ihre Deutung als Klassenherrschaft offenhält. Aber trotzdem ist damit eine in jedem Fall historisch zwingende Analyse nicht an die Hand gegeben; und gesetzt auch, es hätte damit manchesmal in der griechischen Geschichte seine Richtigkeit gehabt, das Athen des Perikles und auch, was hinterher kam, fallen nicht darunter. Trotz aller Radikalität in der Verfolgung der Prinzipien beim Ausbau des Staates hat Athen weder unter Perikles noch später das Panier des Klassenkampfes aufgepflanzt; die Generation des Perikles wie auch die anschließende waren mit der Tatsache durchaus vertraut, daß in aller Öffentlichkeit die Gegner der Demokratie sich in Klubs, den »Hetairien«, trafen und nicht den geringsten Anstoß nahmen, ihrem Mißfallen über die demokratische Gegenwart Ausdruck zu geben.

Perikles' heißes Bemühen war es, diese Regungen allmählich zu besänftigen und die sich darin äußernde Opposition durch die Überzeugungskraft der Tatsachen und die ihnen innewohnende ideelle Kraft zu versöhnen. Das war keine leichte Aufgabe und durchaus würdig des Einsatzes eines außerordentlichen Mannes. Auch der »Zeitgeist«, mit dem Perikles sonst innigsten persönlichen Kontakt hatte, war solchem Unterfangen nicht unbedingt günstig. Die Sophisten rissen gerade sehr verschiedene moralisch-politische Weltaspekte auf und waren wohl bereit, wie Protagoras, den Athenern zu bestätigen, daß sie sich im Einklang mit der »Natur« befänden, wenn sie dem einfachen Bürger die Grundlagen des moralischen Empfindens und damit der politischen Entscheidungskraft zugeständen; aber ihre Gedanken konnten auch in ganz anderer Richtung gehen – und schließlich: eine schlechthin »moderne« Angelegenheit war die ganze demokratische Konzeption, besehen auf ihren Ursprung und ihre lange Geschichte, ja nicht, und den »Geist« der Zukunft konnte sie im Grunde nur mit beträchtlicher Einschränkung für sich in Anspruch nehmen.

Trotzdem verkörperte Perikles durch sich und durch das Athen, dem er zur endgültigen Entfaltung verholfen hatte, eine Idee, die weder modern noch antiquiert war, aber es war eine Idee, die trotz allem die Realität des Lebens für sich hatte. Wir kennen die Worte nicht, mit denen sie Perikles vertrat, aber die Gunst der Umstände hat die Stimme eines jungen Zeitgenossen zu uns dringen lassen, die von der grundsätzlichen Auffassung Kunde gibt. Der Historiker Thukydides, weit entfernt von dem Verdacht eines demokratischen Doktrinarismus, hat in der berühmten Rede des Perikles vor den ersten Toten des Peloponnesischen Krieges – sie ist bestimmt nicht authentisch – der Nachwelt mitgeteilt, wofür Perikles lebte und was unter seinen Händen zu jener klassischen Frucht reifte, in der wir noch immer das überdauernde Wesen Athens begreifen.

Eben die auf der Gleichheit beruhende Freiheit, die sich dem gesamten Lebensbereich, dem öffentlichen wie dem privaten, mitteilt, feiert dieser Perikles des Thukydides. Er meint die Entfaltung eines Menschentums, welches von innen her, ohne Zwang, das gesamte Dasein ergreift und dem die staatliche Zucht nicht mehr gilt als die schöpferische Gestaltung. Beides hält sich im Gleichgewicht, einen einseitigen Verzicht gibt es nicht, und gerade diese Doppellinigkeit, die nicht das eine preisgibt, um das andere zu leisten, macht die Größe Athens aus. »Frei ist unser Verhalten im Staat, frei ist es im täglichen Verkehr untereinander.« Der Athener braucht nicht das Korsett äußeren Zwanges; seine ungehemmte Gemütskraft und die Mannhaftigkeit seines Wesens lassen ihn das gleiche erreichen wie jener, der auf künstliches Training und starres Gesetz angewiesen ist. Damit sind Sparta und das Spartanertum gemeint, und zugleich wird an den Motivkern dieser Besinnung gerührt. Perikles ist es nicht nur darum zu tun, eine Formel für all das zu finden, was sich in Athens Demokratie an gestaltendem Vermögen zusammenfand. Seine Worte haben auch einen Adressaten, den sie überzeugen und beeindrucken sollen. Es gilt, die von ihm herausgestellte Einheit menschlicher Einstellung und Haltung als gültig zu erweisen und der spartanischen Lebensform gegenüberzustellen. Die griechische Welt kannte bis jetzt nur eine ideell geprägte Sozialgestalt, die spartanische, und die griechische Öffentlichkeit, einschließlich Athens, war geneigt, dieses Monopol als selbstverständlich hinzunehmen. Unter Perikles war es endlich so weit, daß diesem Anspruch begegnet wurde. Athens Selbstbewußtsein, in Perikles' reicher Persönlichkeit leibhaftig geworden, durchbrach den Bann und rückte in den Raum der griechischen Geschichte eine neue Idealfigur, bedeutend komplexer als die Spartas und durch ihren inneren Reichtum auf die Wesensfülle hinweisend, die Hellas längst offenbart hatte.

Das Attische Reich

Der Glanz des Perikleischen Athens ist auch der des Attischen Reiches. Beides gehört zusammen, und wenn der historische Betrachter gesonnen ist, jenes uneingeschränkt zu bewundern, so möchte er auch dieses in einem verklärten Licht sehen. Aber mit einseitiger Anerkennung kommt man schon in dem einen Fall nicht durch. Man kann es in dem anderen noch weniger. Das Attische Reich bereitet der historischen Urteilskraft einige Verlegenheit, und die Meinung war deshalb im Lauf der Zeit nicht immer die gleiche. Im 19. Jahrhundert war man eher geneigt, in ihm eine großartige politische Schöpfung zu erblicken. In den letzten beiden Generationen drängten sich die dunklen Schatten vor. Den richtigen Weg zu finden ist da nicht ganz einfach.

Wahrscheinlich könnten wir uns ohne sonderliche Skrupel einem naiven Empfinden anvertrauen, wenn das Reich Athens von Anfang an das Geschöpf eines eindeutigen Herrschaftswillens gewesen wäre und Athen in ihm eben das »verdiente« Geschöpf seiner Anstrengungen hätte erkennen dürfen. Aber so war es, wie der Leser schon erfahren hat, eben nicht. Das Reich ist den Athenern zuerst einmal in der Form des Seebundes gleichsam geschenkt worden. Was Athen geleistet hatte, war die Initiative im Seekrieg gegen Persien gewesen. Die Seebundgenossen stellten sich im großen ganzen von selbst ein, und nicht einmal dem Perser gegenüber bedurfte es bei dessen Lethargie eines übermäßigen Kraftaufwands. Solange die Bündner Athen freiwillige Gefolgschaft leisteten, hatte es Athen nicht nötig, sie seine Macht spüren zu lassen. In diesem Sinn hat sich die moderne Geschichtswissenschaft daran gewöhnt, gar nicht vom »Reich« zu sprechen und mit dem Begriff »Seebund« jegliches Herrschaftsmoment auszuschließen. Erst als an die Stelle der Freiwilligkeit der Gehorsam gegen Athen trat, dessen Zugriff man sich nicht erwehren konnte, erst da wurde das »Reich« sichtbar. Es mag dahingestellt bleiben, ob diese Analyse jedem Zweifel standhält. Wenn man sich ihr aber einmal anvertraut – es spricht manches dafür, es zu tun und nicht allzu penibel zu sein –, dann ist klar, daß das »Reich« eben überall da zum Vorschein kommen mußte, wo der Willen Athens und der eines Bündners auseinandergingen. Das war vereinzelt schon ziemlich früh der Fall, in den sechziger Jahren. Umgekehrt wäre dann vom »Bund« im Gegensatz zum »Reich« zu sprechen, wo eine solche Kollision nicht auftrat. Das war zu Anfang dieser Politik die Regel, aber es wäre ganz verkehrt, später überhaupt nicht mehr damit zu rechnen. Insofern hat auch dann, wenn wir im allgemeinen vom »Reich« sprechen, der »Bund« nicht aufgehört zu existieren, wie denn auch die offizielle Ausdrucksweise niemals auf den Bundesterminus verzichtete. Es ist aber ebenso durchsichtig, daß der primäre Zweck des Seebundes sich um so mehr verflüchtigte – und das war einfach eine Frage des zeitlichen Abstands von der Befreiungsphase der ersten Jahre –, je deutlicher die Umrisse der Herrschaft wurden. Schließlich bestimmten diese das allgemeine Bild, und die andere ursprüngliche Zeichnung verblaßte zusehends. Diese Entwicklung war, wie gut zu begreifen ist, nach dem Kalliasfrieden (448), der den Kriegszustand mit Persien beendete, nicht mehr aufzuhalten.

Es wäre falsch, die Schuld hierfür einfach den Athenern in die Schuhe zu schieben. Hätten sie denn alles wieder in den Zustand von vor dreißig Jahren abgleiten lassen sollen? Das war zwar eine verbreitete Ansicht im Kreis der Bundesgenossen, die ihre Tributzahlungen einstellten, aber offen ausgesprochen wurde sie nicht einmal von der inneren Opposition gegen Perikles. Mit einem gewissen Recht konnte man angesichts der Unmöglichkeit, das Rad der Geschichte zurückzudrehen, die Aporie vielmehr mit der Tatsache zusammenbringen, daß die gemeingriechische Solidarität sich erschöpft hatte und offenbar nicht weiter fortzubilden war. Sie war nur zur unmittelbaren Reaktion auf einen persischen Angriff fähig, und da nur im besten Fall, wie die Zukunft lehren sollte; und sie reichte nicht einmal dazu, den Frieden, den man im Augenblick hatte, durch eigene Anstrengungen zu festigen und zu unterbauen. Wir wissen nicht, inwieweit Perikles versuchte, abgesehen von dem mißglückten panhellenischen Kongreß in Athen, der Seebundspolitik von dieser Seite her ein Echo zu gewinnen. Aber gewiß bot die Situation dazu wenig Handhabe, und deshalb kam der attischen Politik kein rechter Rückenwind zu Hilfe. Die dadurch unvermeidlich werdenden Risse des Seebundes ließen sich nur mit dem Kitt athenischen Machteinsatzes verkleben.

Die Methode, nach der dies geschah, war keineswegs schematisch, besaß aber doch innerhalb eines gewissen Spielraums eine Typik. Es sind die Fundamente, auf denen das »Reich« ruhte. Da geschah nun etwa folgendes: eine Stadt (Erythrai in Ionien) trat nach dem Sturz einer persisch gesinnten Tyrannis in den Seebund ein. Die treibende Kraft waren die Demokraten, aber allein waren sie zu schwach, die Lage zu stabilisieren. Athen mußte eine Garnison mit einem Kommandanten schicken. Eine (zweite) Kommission von »Aufsehern« *(episkopoi)* kam mit und nahm die Installation des demokratischen Regimes in die Hand. Der eingesetzte Rat hatte einen ausdrücklichen Treueid für Athen und die Bundesgenossen zu leisten. Dergleichen kam öfters vor und war auch ganz unvermeidlich. Wenn die politischen Kräfte den Seebund verneinten, dann blieb nichts anderes übrig, als sie abzulösen. Als Garanten der Seebundspolitik galten die Demokraten. Sie wurden deshalb von Athen begünstigt. Umgekehrt machte es mit Aristokraten öfters schlechte Erfahrungen. So wurde die Demokratie ein Bindemittel des attischen Imperialismus. Aber das heißt nicht, daß deswegen doktrinär »demokratisiert« worden wäre. Gegen loyale Oligarchien einzuschreiten, bestand keine Veranlassung.

Abfall und Aufstand bezeichnen das Gefälle, dem Athens Imperialismus folgte und folgen mußte. Die Folgen konnten für die Betroffenen sehr schwer sein. Das schlimmste war die Kürzung der materiellen Substanz durch Abtretung von Land. Athen schickte dann Kolonisten dahin, ein Verfahren, das im Prinzip natürlich nicht neu war. An der großen Kolonisation hatte sich Athen eigentlich kaum beteiligt. Es holte das jetzt nach und hatte dabei den Vorteil, daß seine Kolonisten dem politischen Potential nicht verlorengingen. Am klarsten kam das zum Ausdruck, wenn die Kolonisten gar nicht aus dem Bürgerverband entlassen wurden und den Status der »Kleruchen« erhielten. Das hatte man gelegentlich auch schon früher getan (Ende des 6. Jahrhunderts, als in Euboia den Adligen der Grundbesitz weggenommen wurde), aber nun wurde es ein probates Mittel, die Zwecke der Sozialpolitik mit denen der Herrschaftssicherung zu verbinden. Die attischen Kleruchen saßen als potentielle Besatzung draußen, und die Feinde Athens, welche das Land abtraten – sehr oft wird es sich um die oligarchisch gesonnenen Grundbesitzer gehandelt haben –, waren geschwächt. Im ganzen wurden unter Perikles acht- bis zehntausend Bürger ausgesiedelt (nicht ausschließlich Kleruchen, es gab auch noch den echten Koloniestatus), mit einem knappen Fünftel der Bürgerschaft eine erstaunlich hohe Zahl und an sich berufen, einen dauernden Gewinn darzustellen. Aber fest für alle Zukunft wurden nur wenige Plätze an Athen gebunden: die drei Inseln Lemnos, Imbros, Skyros. Das hatte seinen guten Grund. Alle drei Orte waren altes Kolonialland und schon früher einmal von Athenern den barbarischen Eingeborenen abgenommen. Wo die Athener in dieser Eigenschaft dagegen zu eingesessenen fremden Griechen kamen, machten sie sich natürlich ausgesprochen verhaßt. Die Situation wurde allenfalls dann etwas gemildert, wenn Altansässige und Kolonisten gegen einen gemeinsamen Feind zusammenhielten, wie auf der thrakischen Chersones (Gallipoli), wo jene des Schutzes gegen die angrenzenden Thrakerstämme bedurften. Noch günstiger war es, wenn eine neue Siedlung direkt im Barbarenland entstand, wie an der Mündung des Strymon Amphipolis (437 v.Chr.), eine Stadt, welche freilich aus wirklichen Kolonisten (nicht nur attischen) mit eigenem Bürgerrecht bestand, aber dann trotzdem die in sie gesetzte Hoffnung nicht rechtfertigt.

Kein Zweifel, daß hierbei ganz wesentliche Einbrüche in die staatliche Substanz der Bündner vorkamen. Wer seine Unzuverlässigkeit erwiesen hatte oder aus eigener Kraft nicht in der Lage war, ein loyales Verhältnis zu Athen aufrechtzuerhalten, der mußte sich eine Kürzung seiner inneren Selbständigkeit gefallen lassen. Sie wurde vor allem in der Gerichtsverfassung ausgehöhlt, und da in erster Linie beim Strafrecht. Wirklich genommen wurde der betreffenden Stadt die Zuständigkeit für sie wohl nicht, immerhin war die Möglichkeit der Devolution eines Prozesses nach Athen in solchen Fällen vorgesehen, wo es um schwere Strafen wie Verbannung oder Tod ging. Der Gesichtspunkt war einleuchtend. Rechtsprechen war auch außerhalb Athens eine demokratische Volksangelegenheit geworden. Wenn nun die Verhältnisse nicht einigermaßen ausbalanciert waren, konnten im Kreise dieser Volkstribunale Leidenschaften aufsteigen (beispielsweise gegen loyale Anhänger Athens), denen Athen keinen freien Lauf geben durfte. Da war es denn gut, wenn der Prozeß aus einem solchen Milieu wegverlegt wurde. Der Umfang, in dem dies geschah, ist nicht bekannt, doch verbietet die Rücksicht auf die praktische Möglichkeit, ihn allzu weit anzusetzen. Die Gegner der attischen Demokratie machten auf ihre Weise daraus ein polemisches Argument und behaupteten, diese Prozesse hätten sich für die Athener recht gelohnt, weil die Prozeßparteien dann in Athen viel Geld zurückließen, nicht nur wegen der Prozeßkosten, sondern auch um ihren Unterhalt fern von der Heimat zu bestreiten. Obendrein hätten solche Besuche, bei denen man in Athen Einblick in die Verhältnisse der Fremden gewann, den Athenern manchen Kontrollbesuch erspart. Das war ja alles recht ironisch und geistvoll, aber kein eigentliches Zeugnis für die Dinge, wie sie wirklich waren.

Obwohl in die Zeit des Perikles die Umstellung des Seebundes und die dadurch ausgelöste Krise fielen, waren ernste Zusammenstöße größeren Umfangs doch verhältnismäßig selten. Es waren eigentlich nur zwei. Der eine war nur zu verständlich. Die Insel Euboia mit ihren beiden Hauptorten Chalkis und Eretria stand schon lange, seit dem Ende des 6.Jahrhunderts, unter athenischem Einfluß. Der Seebund hatte die Wurzeln dieser Abhängigkeit nicht erst gelegt und brauchte sie deshalb nie zu fördern. Wie die Herrschaft über Aigina gehörte die über Euboia zu den unvermeidlichen Lebensnotwendigkeiten der attischen Großmacht. Umgekehrt wartete man dort nach Jahrzehnten loyalen Verhaltens auf ein Nachlassen des Druckes, den man während des Perserkrieges noch ertragen hatte. Aber der Kalliasfriede brachte diese Erleichterung nicht. Und deshalb kam es in den Jahren darauf – der Festlandkrieg war noch nicht beigelegt – zu einem bösen Aufstand. Unter Einsatz seiner ganzen Macht schlug Athen ihn nieder. Die Kapitulation führte zu dem strengen Aufsichtsrecht Athens mit Hilfe der Gerichtshoheit, wie wir sie eben kennengelernt haben. Schon vorher war eine attische Kolonie auf der Insel gegründet worden.

Noch gefährlicher wurde der Abfall von Samos im Jahre 440. Samos war nicht nur der größte Seebundstaat – er war nicht tributpflichtig, sondern stellte eine stattliche Flotte von fünfzig Trieren –, er konnte auch im Innern als gut befestigt gelten. Von Samos war die Befreiung Ioniens im Jahre 479 ausgegangen, und mit gutem Grund saß daher noch die alte Aristokratie im Sattel. Diese geriet aber mit dem demokratischen Milet wegen der Oberherrschaft über Priene in Konflikt, was an sich noch kein Vergehen war und überdies zeigt, wie elastisch der »Bund« unter Umständen sein konnte. Die Lage spitzte sich erst zu, als Milet unterlag und damit die dortige Demokratie gefährdet wurde. Jetzt griff Athen ein und räumte die Voraussetzung dieser Komplikation aus, indem es in Samos die Demokratie ans Ruder brachte. Diese war natürlich von Athen abhängig und mußte froh sein, daß Athen sie durch eine Besatzung stützte und die unterlegene Gegenpartei Geiseln stellen ließ. Aber die Sache war damit nur schlimmer geworden. Eine siegreiche aristokratische Gegenrevolution führte zum Aufstand mit höchst bedenklichen Folgen. Die Aristokratie verband sich mit Persien und lieferte die athenische Garnison an den lydischen Satrapen aus. Byzantion erhob sich auch, und damit gärte es im ganzen nordöstlichen Bundesgebiet. Ein internationaler Konflikt stand vor der Tür, als nicht nur Persien, sondern auch Sparta mit dem Peloponnesischen Bund von Samos für dessen Kampf interessiert wurden. Glücklicherweise gelang es dem aufständischen Staat nicht, den vor sechs Jahren beigelegten Festlandskrieg wieder in Gang zu bringen. Korinth wollte den Gewinn von 446 nicht aufs Spiel setzen. Die militärische Niederkämpfung der Erhebung, die Perikles persönlich an der Spitze aller zehn Strategen in die Hand genommen hatte, war nicht leicht, mußte aber bei dem ungleichen Kräfteverhältnis zum Ziel führen. Sie wurde mit dem Niederreißen der Mauern, der Auslieferung der Flotte und einer gewaltigen Kriegsentschädigung besiegelt. Die Aufweichungstendenz des Bundes in seinen nordöstlichen Randgebieten beantwortete Perikles, indem er kurze Zeit später mit einer großen Flotte nicht nur im Marmarameer erschien, sondern nun auch ins Schwarze Meer einfuhr. An verschiedenen Stellen, sogar an der Straße von Kertsch, ergab sich Gelegenheit, die griechischen Kolonialstädte fest an Athen zu binden.

Athens Herrschaft drückte sich weniger in einer straffen Bundesorganisation oder in politischer Knebelung unzuverlässiger Bündner aus als in der Verkümmerung der schwachen föderativen Ansätze. Die Bundesversammlung auf Delos war, wenn man von den ersten Anfängen absieht, niemals eine sehr wirkungsfähige Institution gewesen. Der Abstand im Machtvolumen zwischen Athen und der Mehrzahl der Bündner war viel zu groß, als daß sich in ihrer Mitte eine Gegenkraft hätte bilden können. Solange die Finanzverwaltung noch in Delos war, begründete wenigstens die (formelle) Verfügung über die Bundesgelder eine Art von Zuständigkeit. Nachdem jene aber nach Athen verlegt worden war (454), blieb so gut wie nichts mehr übrig. Kein Wunder, daß die Bundesversammlung verschwand und die Finanzverwaltung gänzlich in die Hände Athens geriet. Die Säckelmeister des Bundes, mit ihrem Namen *hellenotamiai* noch an die Zeiten des allgemeinen hellenischen Kampfes erinnernd, waren jetzt so gut wie athenische Beamte, und die Verfügung über die eingehenden Beiträge lag allein bei Athen. Diese Beiträge waren natürlich nur für den Krieg bestimmt, und bis zu den Friedensschlüssen von 448 und 446 gingen sie auch leicht in dieser Verwendung auf. Kriegszweck war zudem ein elastischer Begriff und deckte ebenso den Ausbau des attischen Kriegshafens mit seinen Arsenalen und Docks.

In der Friedenszeit wurde ein Sechzigstel der Bundeseinnahmen als Gabe an die attischen Staatsgötter, vor allem an »die Göttin«, die Athena Parthenos, deklariert, was gewiß eine Zweckentfremdung zugunsten Athens war, sich aber doch noch in engen Grenzen hielt. Die Vermischung mit den eigentlichen Staatsgeldern, das deutliche Symptom für den einseitigen Herrschaftscharakter des Bundes, wurde auf eine andere, weniger ins Auge fallende Weise erreicht. Der Schatz der Göttin wie auch der anderen Gottheiten, an sich gespeist durch die sakralen Geschenke (Weihgeschenke) und sonstigen Einnahmen, fungierte in Athen wie auch anderswo als eine Art von Staatsbank. Wenn an den Staat Ausgaben herantraten, die aus dem laufenden Etat nicht zu bewältigen waren, nahm er bei der Göttin eine Anleihe auf. Das war während des Krieges verschiedentlich vorgekommen. Für die Rückzahlungen wurden nun mit einigem Grund vorzugsweise Bundesgelder verwandt, damit die »Bank« wieder liquide wurde. Die Liquidität setzte dann den Tempelschatz in die Lage, zu einem wesentlichen Teil die großen Kultbauten, vor allem also den Parthenon und später die Propyläen, zu finanzieren. Indem also diese nachträgliche Kostenerhebung für den verflossenen Krieg einseitig auf die Bundeskasse abgewälzt wurde, blieben erstens die Eigeneinnahmen Athens für andere Ausgaben, damals vorzugsweise die Bauten, frei, und die »Göttin« selbst war in den Stand gesetzt, aus dem sich wiederauffüllenden Schatz zu diesen beizutragen. Sehr genau nahm man es überdies mit dem Begriff der Rückzahlung nicht. Für den Abschluß wurde einfach ein gewiß viel zu hoher Betrag von dreitausend Talenten bestimmt, von dem es schlicht hieß, er solle »auf die Burg gebracht werden« (wo der Tempelschatz lag), woraufhin sogar auf das Etikett »Rückzahlung« verzichtet wurde. Es hat also eine gewisse Berechtigung, wenn Athen vorgeworfen wurde, es verwende Bundesgeld für seine eigenen Bedürfnisse, aber andererseits ist dieser Tadel auch reichlich übertrieben, wenn er sich zu der Anklage verdichtete, Athen schmücke sich auf Kosten seiner Bündner. Wenn man dann in den letzten Friedensjahren die Überschüsse aus den Tributen der »Göttin« zuleitete, so war das, nachdem das Bauprogramm erfüllt war, eine reine Thesaurierungsmaßnahme im Hinblick auf künftige Zahlungen aus dem Tempelschatz für Kriegszwecke.

Der Historiker hat allen Grund, die athenische Herrschaftsmethode gegen ihren Schein in Schutz zu nehmen. Wenn Athen Nutzen von seinem Krieg hatte, dann bestand der nun wirklich nicht in einem parasitären Aussaugen der Untertanen, sondern in der Hebung des ökonomischen Niveaus überhaupt, wie es sich mit der Großmachtstellung von selbst einstellen mußte. Athen war jetzt der größte Mittelmeerhafen mit einem gewaltigen Umsatz und gewerblich ein bedeutendes Wirtschaftszentrum. Ferner: die politische Funktion als Herz des Attischen Reiches führte ihm ganz legitim Untertanengelder zu. Als Vorort mußte es auch »technisch« leistungsfähig sein. Der Ausbau und die Ummauerung des Piräus, beides noch auf Themistokles zurückgehend, und die Anlage einer Hafenstadt dort (als rechteckiger Grundriß von dem berühmten Architekten Hippodamos von Milet entworfen) waren unumgänglich. Aber das reichte nicht: Athen war von Hause aus gar keine Seestadt. Es mußte, wenn es in seiner Stellung als Kopf dieses maritimen Organismus bestehen wollte, erst eine solche werden. Deshalb die Aufgabe, die Küstenlage künstlich herzustellen. Daran hatte Perikles schon während des Krieges Hand gelegt. Es entstand eine der imposantesten Befestigungsanlagen der Antike. Das binnenländische Athen wurde mit seiner etwa sieben Kilometer entfernten Hafenstadt durch zwei Mauern, die »Schenkel«, verbunden, und zwar in der Weise, daß die eine bis zum Piräus ging, die andere zum östlich benachbarten Phaleron und so hinfort eine Abschnürung Athens von der See durch ein Landheer ausgeschlossen wurde. Nach dem Krieg baute Perikles dann noch eine zweite mittlere Mauer zum Piräus in der Nähe der ersten, um so eine übersehbare und dadurch leichter zu sichernde Anlage zu bekommen. Athen war dadurch, seiner Doppelgesichtigkeit entsprechend, eine gewaltige Land- und Seefestung geworden.

Wenn diese Stadt manchen Bündnern wie eine Zwingburg vorgekommen sein mag, so lag dies nicht eigentlich an den praktischen Verfahrensweisen Athens. Die Tribute in ihrer Gesamtheit blieben bis zum Peloponnesischen Krieg im großen und ganzen auf der mäßigen Höhe von vierhundertsechzig Talenten, die einst der »gerechte« Aristeides in der Geburtsstunde des Seebundes festgesetzt hatte. Sie sanken zeitweise unter diese Höhe und standen obendrein infolge der allgemeinen Geldentwertung ohnehin darunter. Der Umfang des Bundes stieg auch keineswegs geradlinig an. In den Außenbezirken bröckelten immer wieder Städte ab, ohne daß Athen jedesmal etwas dagegen unternahm. Für die meisten Bundesstädte mußte, alles in allem, die Zugehörigkeit zum Attischen Reich überwiegend Vorteile bringen. In der Hauptsache waren es ja winzige Duodezgemeinden – die Gesamtzahl der Bündner bewegte sich zwischen hundert und zweihundert –, die ohnehin in ihrer Mehrheit dazu verurteilt waren, in Abhängigkeit von stärkeren Nachbarn zu geraten. Manche von ihnen waren durch Athen erst aus einer solchen befreit worden. Überall handelte es sich um eine seefahrende Bevölkerung, welche »normalerweise« unter dem Faustrecht, das auf dem Meere galt, schwer zu leiden hatte. Der Attische Seebund schuf für einige Jahrzehnte die für die Antike (bis zum Römischen Kaiserreich) so überaus seltene Situation eines befriedeten Meeres. Der Handel zog auch aus einer anderen Maßnahme Gewinn, die erst durch die attische Herrschaft möglich geworden war: aus der Vereinheitlichung von Münzen und Maßen im Bereich des Bundes nach einem von Athen erlassenen Münzgesetz, einer Einrichtung, über die im Grunde nur die Geldwechsler hätten traurig zu sein brauchen. Aber sie waren es nicht allein, denn – und damit wird das kardinale Problem des attischen Imperialismus berührt – jeder schimpfte gern auf den bestehenden Zustand, ein zustimmendes Echo war selten zu hören.

Das Attische Reich krankte weniger an imperialistischen Auswüchsen als an der fehlenden Zustimmung seiner Untertanen. Es mag sein, daß es etwas anspruchsvoll ist, eine solche zu erwarten, und zu anderen Zeiten, in einem früheren Stadium der griechischen Geschichte, wäre man vielleicht ohne einen stillschweigenden Consensus ausgekommen, damals als die innere Staatsbildung noch weniger weit fortgeschritten und der politische Habitus modellierbarer war. Jetzt war das alles viel schwieriger. Durch den Kampf gegen Persien waren viele Staaten aus einem hinterwäldlerischen Dasein erweckt worden, und dem tat wenig

Die Propylaia
Reste des Eingangstors der Akropolis von Athen, 437–433 v. Chr.

Reste einer der drei Langen Mauern zwischen Athen und seinem Hafen Piräus, 460–445 v. Chr.

Abbruch, daß sie das nicht sich, sondern der großen Initiative Spartas und Athens zu verdanken hatten. Jetzt gab es, nach den großen Jahren 480/79 und dem großen Ringen über einen erheblichen Teil des gemeingriechischen Raumes hin, so etwas wie eine öffentliche Meinung in Griechenland. Sie hielt sich nicht an die Reichsgrenzen und schuf auch dem Schwachen einen moralischen Rückhalt. Ein Adaptierungsprozeß an neue Herrschaftsverhältnisse bedurfte einer verhältnismäßig langen Zeit und dann vor allem auch der Überzeugung von der Unerschütterlichkeit der gegebenen Lage. Die Politik Athens war jedoch nach den Erfahrungen des vergangenen Krieges nicht dazu angetan, sie letzthin glaubhaft zu vermitteln. Kurzum, die Herrschaft Athens hatte es nicht leicht, sich zu etablieren, und zwar aus politisch-psychologischen Gründen. Das Problem war weniger die äußere Macht als die Aufgabe, ihr innere Anerkennung zu verschaffen. Viel Takt und Behutsamkeit waren dazu erforderlich, aber gerade hierfür stand es um die Voraussetzungen nicht zum besten. Die kleinbürgerlich-demokratische Gesellschaft Athens war kein überlegener Partner und konnte es seiner soziologischen Struktur nach nicht sein. Auch Athens Aristokraten hätten viel dazulernen müssen, aber sie hatten noch nicht einmal ein ausgewogenes Verhältnis zu ihrem eigenen Staat gewonnen und standen so weitab von einer fruchtbaren Berührung mit dem Problem.

Vor allem jedoch war der »Zeitgeist« einer Verklärung und Verhängung von Herrschaftsverhältnissen ganz und gar nicht günstig. Die Sophistik, welche seit der Jahrhundertmitte das Denken der Intellektuellen durchdrang, war als Sproß eines rein theoretischen Denkens ausgesprochen wahrheitssüchtig und legte es darauf an, Herrschaft nicht zu beschönigen, sondern als nackte Realität zu entlarven. Das war aber nicht die rechte Medizin für den, der Herrschaft erdulden mußte. Trotzdem ergaben sich Athens beste Geister, wahrscheinlich auch Perikles – gewiß der Perikles, den Thukydides darstellt –, diesem Wahrheitsdrang und vergaßen darüber die Stimme der politischen Ratio oder besser des politischen Instinkts. Sie gaben sich keine Mühe, die Herrschaft zu verschleiern, sondern gefielen sich darin, ihr Antlitz unverhüllt zu zeigen, und zwar als »Idee«, der in solcher Zuspitzung die Wirklichkeit im Grunde gar nicht entsprach. Diese Einstellung entsprach jedoch dem Interesse und auch der Haltung der Widersacher Athens, denen es nur recht sein konnte, wenn Athens Untertanen nicht nur von ihnen, sondern sogar von ihren Herren aufgeklärt wurden. So kam schließlich die paradoxe Konstellation heraus, daß selbst gutgläubige Seebundsgenossen in Athen sich erzählen lassen mußten, das alte Bundesverhältnis sei ein verstaubter Glaube von gestern, die Wahrheit kenne nur Herren auf der einen und Knechte auf der anderen Seite, und wo sie da ständen, bedürfe wohl keiner Erklärung. Offiziell hieß das »Reich« noch immer »Die Athener und ihre Bundesgenossen«, aber Athen nahm keinen Anstand, im öffentlichen Sprachgebrauch von »Untertanen« und »Herrschaftsgebiet« zu sprechen, und wer völlig uneingeschränktem Freimut zugänglich war, durfte auch hören, es sei nicht nur nichts dabei, sondern ganz in Ordnung, Athens Herrschaft eine Tyrannis zu nennen. Wenn einem so etwas schon in Athen erzählt wurde, dann mußte man es erst recht außerhalb der Reichsgrenzen glauben.

Die Athener, die bereits damals bessere Theoretiker als Praktiker waren, nahmen deshalb auch keinen Anstand, sich schon 446 gelegentlich des Friedensschlusses mit Sparta und den

Peloponnesiern einen Begriff zuspielen zu lassen, der für ihr Reich eine geradezu explosive Gefährlichkeit in sich trug. Es war der der »Autonomie«, ein neumodisches Wort, den das ältere Griechenland (und selbst Herodot) noch nicht kannte, und offenbar eigens dazu erfunden, indirekt die Rechtslage bestimmter athenischer Bündner, die auf Grund eines Abfalls oder anderer Schwierigkeiten einer besonderen Kuratel unterstellt waren, als abartig, das heißt dem fast naturrechtlichen Anspruch auf völkerrechtliche Freiheit widersprechend, zu charakterisieren. Im dreißigjährigen Frieden von 446 war nämlich ausgemacht, daß Aigina trotz seiner gewaltsamen Einverleibung in den Attischen Seebund einen Status haben sollte, als wäre es ihm freiwillig beigetreten. Damit nahm Athen in seine eigenen völkerrechtlichen Prinzipien auf, daß es in seinem Reich sowohl »autonome«, also freie, als auch nicht autonome, also vergewaltigte Staaten gebe, ein ganz verhängnisvoller Schritt, denn mit ihm gab es selbst zu, daß seine Herrschaft wenigstens teilweise gegen allgemeine Grundsätze verstieß. Athen hat denn auch in der Folgezeit sogar die Harmlosigkeit besessen, diese Unterscheidung im offiziellen Gebrauch zu verwenden und damit offen kundzutun, daß es ihm nicht darauf ankam, einen prinzipiellen und gerade neu formulierten Anspruch auf staatliche Integrität für nichts zu achten. Damit gab Athen dem Gegner geradezu den Weg frei.

Er brauchte jetzt nur den nächsten Schritt zu tun und überhaupt das Reich, ohne nähere Differenzierung, als Negation der Autonomie zu deklarieren. Die Publizität hatte er dabei für sich, denn wer läßt sich nicht gern bestätigen, daß er sich richtig verhält und der andere ein Sünder ist, zumal wenn er es selbst zugibt; und den attischen Bündnern wurde ihre eigene Situation in geradezu grotesker Weise klar: sie waren nicht nur im Angesicht der griechischen Welt versklavt, sondern bekamen dies auch noch von Athen bestätigt, das allen Grund gehabt hätte, sie eines Besseren zu belehren. Diese Verzerrung jedes lebensnotwendigen Pragmatismus hätte einer besonderen Sternstunde bedurft, um sich nicht bitter zu rächen. Athen wurde die Gnade nicht zuteil, aber es hat sie, wie die künftige Geschichte lehren sollte, auch in gar keiner Weise gesucht.

Athen und der griechische Geist

An keiner Stelle ist die Beschränkung, welche dieser Darstellung auferlegt ist, deutlicher zu empfinden als angesichts dieses Themas, das sich zwar auch einer am politischen Fortgang orientierten Betrachtung ohne Mühe öffnet, ja sie geradezu zu fordern scheint, dabei aber auf Voraussetzungen angewiesen ist, die in unserem Rahmen nicht zu vermitteln waren. Der Leser wird deshalb um die Nachsicht gebeten, sich mit ein paar Andeutungen genügen zu lassen.

Die philosophische Bewegung des griechischen Geistes, in seinen östlichen Außenbezirken entstanden und in das westliche Kolonisationsgebiet übergesprungen, ließ vorerst das ganze griechische Mutterland aus. Dadurch wurde auch Athens Stellung bestimmt. In der ersten

Hälfte des 5. Jahrhunderts traf weder von Athen aus ein Funke auf jene kühnen Bahnen des Denkens, noch ging umgekehrt von diesem glänzenden Firmament ein Meteor auf attischer Erde nieder. Trotz einer vorwärtsdrängenden politischen Entwicklung und ungeachtet der Führung Athens in der Gestaltung demokratischer Ordnung bestand sein Ruhm, eine fromme Stadt zu sein, zu Recht. Hier regte sich kein Wille zu spekulativer Weltansicht. In der Kunst war es anders. Da gab es eine alte handwerkliche Tradition, und deshalb stehen unter den berühmten Meistern der Zeit gleich zwei Athener, Myron und Pheidias, dem hohen Rang peloponnesischer Übung, die sich bereits Ende des ersten Jahrhundertdrittels in den berühmten Olympiaskulpturen offenbart hatte, als gleichwertige Partner begegnend. Die großen Ereignisse der Philosophie jedoch spielten sich zunächst ohne Athens Mitwirkung ab. Unter den vielfältigen Antworten, die der griechische Geist auf die provozierende Ontologie des Parmenides gab, ertönte keine attische Stimme.

Kleine Städte, wie etwa die thrakische Kolonialstadt Abdera, die sich gleich mit zwei säkularen Männern, Protagoras und Demokrit, vernehmen ließ, waren da bedeutend reger. Das unbedeutende Elea (in Süditalien) ist noch heute als Sitz der eleatischen Schule des Parmenides Bestandteil eines markanten geistesgeschichtlichen Begriffs. In der Jahrhundertmitte ändert sich dieses Bild nur insofern, als Athen beginnt, der Philosophie Gastrecht zu gewähren, bei seinem Reichtum und seiner Größe nicht verwunderlich. Trotzdem darf es als fraglich erscheinen, ob dies auch ohne die Person des Perikles möglich gewesen wäre. Sowohl Anaxagoras wie Protagoras waren mit Perikles eng befreundet, und die Verbindung erwuchs nicht nur aus Sympathie, sondern auch aus einem sachlichen Interesse. Dabei waren beide recht verschiedenen Geistes. Anaxagoras, dem kleinasiatischen Klazomenai entstammend, war »Physiker« und Vorbereiter des demokritischen Atomismus. Großen Eindruck machte er mit der Theorie, daß die Sonne ein glühender Stein sei. Als er wegen seiner Beziehung zu Perikles aus Athen fliehen mußte (um 430 v. Chr.), hatte man ihm diese These als »Gottlosigkeit« zur Last gelegt. Seinem Freunde Perikles kam er einmal zu Hilfe, als sich an das Vorkommen eines einhörnigen Widders politische Mutmaßungen knüpften und Anaxagoras durch Sektion die Anomalie anatomisch erklärte. Auch Protagoras ging Perikles zur Hand und ließ sich in dessen panhellenische Kolonie Thurioi als Gesetzgeber schicken.

Anaxagoras fand zwar in dem Athener Archelaos einen Schüler; deshalb faßte aber die Naturphilosophie in Athen keine Wurzeln. Dagegen schlug die *Sophistik*, die Protagoras vertrat, im Athen der zweiten Jahrhunderthälfte richtig ein. Das lag nicht nur an Athen. Die »Naturphilosophen« waren ihrer Anlage nach Esoteriker, ihre Erkenntnisse waren nicht für jedermann bestimmt. Die Sophisten aber suchten die Öffentlichkeit. Obgleich auch sie ihre versponnenen Theorien hatten, die nur der Anstrengung des Begriffes zugänglich waren, waren sie doch der Ansicht, daß zum mindesten deren Konsequenzen allgemeinere Bedeutung beanspruchen konnten, und dies mit einem gewissen Recht. Sie wollten in erster Linie über den Menschen Aufschluß geben, und eine solche Aufklärung ging deshalb auch die Menschen an. Ihre Entdeckungen waren wirklich erregend. Während die »Physiker« die Erscheinungswelt als »Natur« *(phýsis)* entziffert hatten, gewann in ihren Augen die menschliche Ordnung einen doppelten Boden. Sie stellte sich einmal vordergründig als das Reich der Setzung *(thésis)* dar und offenbarte anderseits eine Wirklichkeit, die von Natur aus *(phýsei)* bestand. Diese Entlarvung konnte zu erstaunlichen Tatbeständen führen. Es hieß da etwa, daß die Menschen von Hause aus einem durchgehenden Machttriebe folgten und ihre soziale Ordnung nichts anderes sei als das Produkt ihres beliebigen Willens. Daraus ließ sich ohne Mühe die normative Folgerung ziehen, daß es so auch sein müsse und der Stärkere, wenn er sich durchsetzt, immer das Recht auf seiner Seite habe. Je nach den Umständen klang eine solche Botschaft sehr angenehm in den Ohren bestimmter Politiker, aber dies allein hätte die Popularität der Sophistik nicht verbürgt.

Sie kam mit einem viel massiveren Angebot von Lebenshilfe. Es war wohl vor allem der Sophist Gorgias aus dem sizilischen Leontinoi, der sich darauf verlegte und den die Athener zum erstenmal begegneten, als er im Jahr 427 als Mitglied einer Gesandtschaft auftrat. Auch eine praktische Kunst wollten die Sophisten vermitteln, die Fähigkeit nämlich, den Gegner durch die Technik (*téchne* heißt »Kunst«) der Rede zu besiegen oder, wie es schon Protagoras formuliert hatte, »die schwächere Sache zur stärkeren zu machen«. Die Vorstellung, daß jene immer die schlechtere sein müsse, lag in dem Satz an sich nicht drin, konnte sich aber damit verbinden, wenn einmal das Wissen um Recht und Unrecht problematisch geworden war. Zu den Mitteln, den Kampf zu gewinnen, gehörten nicht nur logische oder psychologische Überzeugungskraft auf Grund bestimmter Schlüsse, sondern ebenso die Schönheit der Rede, also ein ästhetischer Reiz. Gerade darin wurde Gorgias zu einem berühmten Meister, nachdem die Grundlage solchen »Schönredens« bereits vor ihm in Sizilien (durch Korax und Teisias) gelegt worden war. Eine in diesem Sinn beinahe banal pragmatische Auffassung des sophistischen Standpunktes mußte der Demokratie *par excellence* sehr naheliegen, wie sie in Athen nun einmal bestand; der politische wie der forensische Geschäftsgang bedurften der eindrucksvollen Rede.

Vielseitig, wie die Sophistik war, enthielt sie verschiedene Möglichkeiten, das Publikum anzusprechen. Der vorbehaltlose Naturalismus der Staatsphilosophie leuchtete vor allem den antidemokratischen Kreisen in Athen ein, denen die Demokratie, abgesehen von dem Interessenkonflikt, altväterisch und verstaubt vorkam. Ihr fehlte der Reiz des Modernen. Eine solche Konstellation hatte freilich auch soziologische Gründe. Die Intellektuellen waren nun einmal keine Freunde der Demokratie oder hörten es mit Perikles auf zu sein und sahen sich infolgedessen auch nicht veranlaßt, den modernen Geist im Sinn der Demokratie zu inspirieren. Daher lag die Stätte der modernen Denkungsweise vor allem in den antidemokratischen Klubs (Hetairien), und soweit sie im politischen Raum nach außen sichtbar wurde, konnte man ihrer bei den Putschisten von 411 und 404 gewahr werden.

Doch treten derartige politische Situationseffekte hinter der bedeutsamen Tatsache zurück, daß im Gegensatz zur Naturphilosophie die Reflexion auf den Menschen, wie sie die Sophistik betrieb, dem attischen Denken kongenial war und sich ihm infolgedessen in tiefen Schichten einlagerte. Schon das Programm der kunstvollen Rede und eines entsprechenden Schreibens wurde in Athen bereitwilligst aufgegriffen. Der Grund war recht charakteristisch. Eine schlichte Prosaschriftstellerei war außerhalb Athens schon längst bekannt (etwa in der milesischen Philosophie des 6. Jahrhunderts); aber in Athen, wo dergleichen noch nicht heimisch war, vertrat man noch den urwüchsigen Standpunkt, daß ein Buch ein Kunstwerk zu sein habe, wie es die Dichtung war. Der Prosastil als Kunstform mußte deshalb geradezu das Medium werden, dem attischen Schriftsteller die Feder zu lösen; und in der Tat gibt es eine attische Prosa erst, als man sie bestimmten formalen Prinzipien unterwerfen konnte. Diese Einstellung war an sich keine Marotte Athens, sondern wurde wohl allgemein in Griechenland als legitim empfunden. Sie brachte aber Athen den Vorteil, daß es auf diese Weise an die Spitze der Stilentwicklung geriet, und so konnte zwei Generationen später, nachdem Athen erst mit diesen Möglichkeiten vertraut geworden war, das Attische dem Ionischen als Sprache der Prosaliteratur den Rang ablaufen.

Es führt also, soweit die formale Seite in Betracht kommt, eine gerade Linie von der Sophistik zu der großen attischen Literatur. Zumal die Redner sind ohne sie nicht denkbar. Ihre stattliche Reihe beginnt bereits um die Mitte des 5. Jahrhunderts mit Antiphon (aus Rhamnus) und setzt sich in der nächsten Generation mit Andokides und Lysias fort; Lysias entfaltete eine äußerst fruchtbare literarische Tätigkeit und galt den Späteren wegen seiner ebenmäßig schönen Sprache und seiner besonderen Fähigkeit, den richtigen Ton zu treffen, als »Klassiker«. In der Philosophie sind die Zusammenhänge nicht so durchsichtig. Große Sophisten, die den herumreisenden und für gutes Honorar unterrichtenden fremden Lehrern hätten die Waage halten können, brachte Athen vorerst nicht hervor. Der einzige Name, den man in ihre Nähe rücken könnte, ist der eines anderen Antiphon (des »Sophisten«), der sich über so typisch sophistische Themen wie die »Wahrheit«, die »Eintracht« und die »Politik« verbreitete; aber größeres Format scheint er nicht besessen zu haben.

Alles, was Athen unter dem Eindruck der neuen »Lebensphilosophie« leistete, wird in den Schatten gestellt durch *Sokrates*. 469 v. Chr. geboren, muß er seine Lehrtätigkeit in den dreißiger Jahren begonnen haben. Sie war recht eigentümlich. Sokrates hielt weder Vorträge, noch trat er mit großem Gepränge auf, und noch weniger nahm er Honorar. In zwangloser Unterhaltung teilte er sich mit, in einem dialogischen Rede-und-Antwort-Spiel. Wo er ging und stand, ergriff er die Gelegenheit dazu, besonders gern an den allgemeinen Treffpunkten wie dem Gymnasium. Stets umgab ihn, wo immer er auftauchte, ein Schwarm von Menschen, meistens jungen Leuten. Eine enorme Faszination ging von ihm aus. Er war nicht nur stadtbekannt, man reiste auch nach Athen, um ihn zu sehen. Manche nahmen ihren Aufenthalt dort, um ihm nahe zu sein. »Sokrateln« *(sokratizein)*, das heißt, wie Sokrates mit den Menschen umzugehen, wurde zur geläufigen Bezeichnung. Dabei vermochten die wenigsten genau zu sagen, was denn eigentlich dabei vorging und worin seine Lehre bestand. Der Mann auf der Straße, das durchschnittliche Alltagsbewußtsein, registrierte ihn als einen der abseitigen Intellektuellen und hielt ihn so gut für einen Naturphilosophen wie für einen Sophisten, was bei näherem Zusehen nicht besonders verwunderlich ist. Schließlich treibt man im gewöhnlichen Leben keine Philosophiegeschichte.

Wer näher zusah, hätte natürlich entdeckt, daß Sokrates an die Sophistik und nicht an die Spekulationen über die Natur anknüpfte. Er reflektierte in seinen Gesprächen durchgehend auf ethische Begriffe und ethische Phänomene. Wenn es der Sophistik primär um den Menschen zu tun war, dann war Sokrates ein potenzierter Sophist. Aber andererseits polemisierte Sokrates gegen die Sophisten. Mit Vorliebe nahm er ihre Selbstüberzeugtheit und Selbstgefälligkeit, ihren Anspruch aufs Korn, in solchen Fragen als Autorität zu gelten, und schonte auch sich selbst nicht mit seiner Kritik, getreu dem delphischen Postulat »Erkenne dich selbst!« Er gab nämlich offen zu, daß er eigentlich nur das eine bestimmt wisse, nämlich, daß er nichts wisse. Aber auch Agnostizismus war in mancher Hinsicht der Sophistik nicht unbekannt. Offenbar verfuhr Sokrates hierin nur besonders ehrlich und radikal, und vor allem stand ihm eine nie versagende Dialektik zur Verfügung, in ständigem Wechsel von Gedankengängen, welche den Gesprächspartner immer wieder von neuem in Bann schlugen. Die Erfahrung seiner geistigen Überlegenheit muß überwältigend gewesen sein. Sokrates' Freund Chairephon war von ihr so beeindruckt, daß er sich an den Gott von Delphi um Auskunft wandte. Er scheint die Bestätigung, die er suchte, gefunden zu haben. Auf die Frage, wo der Weiseste sei, bekam er die Antwort: Sokrates sei von allen Menschen der weiseste.

Da Sokrates keine Zeile schrieb und zu seinen Lebzeiten keinerlei authentische Aufzeichnungen gemacht wurden, sind wir gänzlich außerstande anzugeben, was er denn nun wirklich gesprochen und gelehrt hat. Gewiß ist nur, daß er für das griechische Philosophieren zu einem Knotenpunkt wurde. Von der nachsokratischen Philosophie ist nicht eben viel von ihm unberührt geblieben. Bei den meisten späteren Philosophen führt die Genealogie auf ihn zurück. Wieviel sein bedeutendster und am besten bekannter Schüler Platon von ihm hat, ist ein vieldiskutiertes, aber leider nicht zu lösendes Problem.

Doch in Athen führte der Weg zum Menschen nicht nur über die Philosophie; und daß dies so war, erklärt vielleicht die Affinität, auf welche diese Art des philosophischen Denkens in der attischen Gesellschaft stieß. Schon längst, bevor die Sophistik sich zu Worte meldete, noch in den Tagen, da Thales Anfang des 6. Jahrhunderts die Natur als Problem entdeckt hatte, war in Athen Solon mit seinen Reflexionen über das Wesen des menschlichen Handelns hervorgetreten. Das große Ereignis aber, das einen ständigen Zusammenhang des eigenen Dichtens und Trachtens mit den Fragen des menschlichen Daseins stiftete, war die *Tragödie*. Sie bezeichnet eine Tat, die so gut wie ganz Athen gehört. Ziemlich genau mit dem Einsatz der klassischen Epoche nahm Athen damit im Raum des griechischen Geistes eine Stelle ein, von der es niemals vertrieben wurde und die es in einem einzigen Anlauf in die Mitte der griechischen Kultur rückte.

Die Vorgeschichte dieses wunderbaren Vorgangs ist wie meistens ziemlich dunkel. Bis jetzt haben ihre Einzelheiten noch immer den unermüdlichen Anstrengungen der Forschung gespottet. Sicher ist wohl so viel, daß die ersten Anfänge des Theaters nicht auf attischem Boden zu suchen sind. Der Keim wurde um die Wende vom 7. zum 6. Jahrhundert in Korinth unter der Tyrannenherrschaft des Periander gelegt. In dessen Auftrag verschmolz der Dichter Arion zwei Elemente, das des Chorgesanges und das der Verkleidung. Jenes gehörte der gehobenen musischen Sphäre an, dieses der von der literarischen Kultur bisher unberührten volkstümlichen Sphäre des Mummenschanzes. Einem urtümlichen menschlichen Bedürfnis folgend, verwandelte man sich da durch eine entsprechende Kostümierung und Maskierung in Naturwesen, halb Mensch, halb Tier, ein Spiel, das überall auf der Welt anzutreffen ist und das bei den Griechen eine enge Verbindung mit dem Fest des Gottes Dionysos eingegangen war. Der – wohl recht ungeschlachte – Gesang bei diesen sich vorzugsweise als Tanz vollziehenden Zeremonien, der *dithýrambos*, galt deshalb auch dem Dionysos. Arion nahm nun diesen Ritus in künstlerische Pflege und veredelte sozusagen das wilde Reis, indem er den ungehobelten Gesellen die feineren Formen des Chorgesanges beibrachte. Man kann sich den Vorgang natürlich auch umgekehrt vorstellen: dann unterschob Arion dem Chorgesang das Dionysische und machte die Sänger zugleich zu mimischen Darstellern. Da die dargestellten Wesen in Korinth und wohl überhaupt auf dem Isthmos – in Sikyon ist nämlich ähnliches zu beobachten – bocksbeinig vorgestellt wurden (der Sachverhalt ist leider nicht deutlich zu greifen) und das griechische Wort dafür *tragikós* heißt, bürgerte sich dort für den reformierten Dionysoschor die Bezeichnung »tragischer Chor« ein.

In Athen beschritt die Tyrannis den gleichen Weg zwei Generationen später, und zwar gewiß in Anlehnung an das peloponnesische Vorbild. So wurde auch die Bezeichnung »tragischer Chor« übernommen, obgleich in Attika die betreffenden Gestalten, die Satyrn und Silenen, mit einer Bocksgestalt nicht das geringste zu tun hatten. Das ist nicht so verwunderlich, wie es scheint; denn schon die künstlerische Gestaltung des Dithyrambos bedeutete eine Entfernung vom Untergrund des burlesken Spieles, und im Fortgang der Entwicklung nahm sie, je länger, desto mehr, von dem Dithyrambos auch in dem Sinne Besitz, daß es ihr auf Dionysos gar nicht mehr ankam, sondern daß das »tragische« Chorlied zum Gefäß des allgemeinen Mythos oder besser der Mythen wurde, wie man sie aus dem Epos kannte, also in erster Linie der Heroenerzählung.

Athen schritt jedoch über diese Basis hinaus, und zwar, wie es den Anschein hat, ganz allein. Worum es dabei ging, war nichts anderes als die Entdeckung der tragischen Illusionswelt des Theaters. Solange der Chor lediglich Geschichten erzählte, die mit ihm nichts zu tun hatten, war er nur verkleidet, stellte aber nichts dar. Er mußte erst in eine Handlung einbezogen werden, und dies wiederum war nur möglich, wenn er einen Gegenspieler gewann. Dieser Schauspieler – er mag zuerst als Vorsänger oder als Betrachter dem gedachten Geschehen gegenübergestanden haben – ist eine Erfindung Athens, wahrscheinlich des Thespis zur Zeit des Peisistratos. Als dieser mit der Einrichtung der städtischen Dionysien einen großen Rahmen geschaffen hatte, war zugleich damit die Möglichkeit an die Hand gegeben, dem bedeutungsvollen Schritt offizielle Geltung zu verschaffen (534). Auch das waren erst Anfänge. Thespis, der, wie alle Tragödiendichter nach ihm, zugleich Regisseur war und den Chor einstudierte, übernahm die Rolle dieses Schauspielers; er wird auch, wie es im 6. Jahrhundert wohl üblich war, den Chor in eigener Initiative ausgestattet und dem Peisistratos gegen Entgelt zur Verfügung gestellt haben. Diese Ansätze mußten erst von einem kräftigen öffentlichen Willen aufgegriffen und vor allem durch ein starkes künstlerisches Vermögen in die Höhe geführt werden. Jenes brachte die attische Demokratie, das durch Kleisthenes von der Tyrannis befreite Athen, und dieses war die Tat ungeahnt zahlreicher Talente und der Genialität der drei großen Tragiker.

Die institutionelle Neuerung bestand, ein wenig vereinfacht ausgedrückt, darin, daß die Tragödienaufführung zu einer Form des öffentlichen Dienstes erhoben wurde und damit unabhängig wurde von den Zufällen persönlicher Initiative. Die Bürger, die die Chöre bildeten, durften das Bewußtsein haben, einem Ruf der Gemeinde zu folgen. Ihre Ausstattung garantierte der Staat in der Weise, daß er sie zu einer Leiturgie, also einer Vermögensauflage der wohlhabenden Kreise, machte, wie das bei anderen staatlichen Funktionen, etwa der Unterhaltung von Kriegsschiffen, gleichfalls üblich war. Der Chorführer *(choregós)* kam so für die nicht unbeträchtlichen Kosten der Aufführung und Einstudierung auf. Vom (ersten) Archon wurde er mit seinem Chor einem Dichter zugeteilt, der sich bei jenem beworben hatte. Es war nicht wenig, was von beiden verlangt wurde. Der Dichter hatte vier Stücke zu liefern, und diese mußte er mit einem einzigen Chor einüben. Er erhielt dafür eine Besoldung. Drei Tage hintereinander fanden die Aufführungen statt; jeder Dichter und damit jeder Chor hatte einen ganzen Tag zur Verfügung. Zum Schluß wurde von (durch das Los) bestimmten Beurteilern *(kritaí)* der Sieger unter den drei Konkurrenten festgesetzt. Das Festspiel war also gänzlich ein Wettkampf *(agón)* und bildete als solcher den Mittelpunkt der dem Dionysos geltenden Feier im Monat *Elaphebolión* (März/April), wie das bei den sportlichen Agonen auch der Fall war. Die Aufführungen deshalb als Gottesdienst zu bezeichnen (wie es zumeist geschieht), würde falsche Vorstellungen wecken, denn charakteristischerweise handelten die Stücke in der Regel nicht von dem Gotte, dessen Fest sie schmückten. In diesem Sinn kamen sie eher einer zweckungebundenen Kunst gleich, und schwerlich wäre ohne diese Voraussetzung die freie und so überaus rasche Entwicklung der Tragödie möglich gewesen.

Wie leicht auszurechnen ist, war der Bedarf an Theaterstücken (die immer zugleich musikalische Darbietungen waren) ungemein groß. In jedem Jahr waren es zwölf allein für die städtischen Dionysien, wozu jeweils vier an den (weniger feierlichen) Lenäen im *Gamelión* (Ende Januar) traten. Daneben gab es noch die Komödie, einen jüngeren Sproß desselben Stammes, der sich nicht nur das Burleske und Phantastische erhalten hatte, sondern der seine Kraft gerade aus der hierin liegenden Möglichkeit zog, die Wirklichkeit des zeitgenössischen Lebens im Vexierspiegel grotesker Irrealität aufzufangen. Die Komödie war im Verlauf des 5. Jahrhunderts schließlich an beiden Festen mit je fünf Stücken vertreten. In der Hauptsache waren die Autoren beider Gattungen Athener, wenn auch fremde Bewerbungen nicht ausgeschlossen waren.

Man begreift schwer, wie es zu einer solchen, einfach schon statistisch zu errechnenden Fruchtbarkeit kommen konnte. Im Wesen des Agons lag ja, daß nur ganz selten ein Stück wiederholt wurde (wie im Falle des Aischylos, dem als Privileg ausdrücklich zuerkannt war, daß auch seine früheren Stücke wiederaufgeführt werden durften). Bei ganz summarischem Überschlag käme man für die hundert Jahre zwischen 500 und 400 v. Chr. auf eine Anzahl von etwa anderthalbtausend Dramen (ohne die Komödien), eine Menge, die an Erstaunlichkeit nichts verliert, wenn man in Betracht zieht, daß unter den vier Aufführungen an einem Tage der städtischen Dionysien jeweils ein »Satyrspiel«, ein Stück also mit heiterem Hergang, sich befand. Zu dieser ungeheuren Gesamtzahl tritt die nicht minder erstaunliche Tatsache, daß etwa ein Fünftel davon durch das Opus der drei großen Dichter repräsentiert wird: Aischylos schrieb siebzig Stücke, Sophokles hundertdreiundzwanzig und Euripides zweiundneunzig.

Dargestellt wurde in den Tragödien ausschließlich »Geschichte«, also Ereignisse, die geschehen waren, und nicht etwa beliebige »Erfindungen« dichterischer Phantasie. Da sich jedoch die Vergangenheit noch immer in der Welt der Helden- und Heroengeschichte abzeichnete, lieferte diese fast ausschließlich den »Stoff«. Die Hereinnahme von (in unserem Sinne) echtem historischem Geschehen blieb stets Ausnahme. Des Phrynichos »Einnahme von Milet« und »Die Perser« des Aischylos zählen zu ihr. Der Mythos war von Haus aus Gegenstand des Epos, auch die Chorlyrik lebte in erheblichem Umfang von ihm. Doch jenes war als lebendige Literaturgattung nahezu ausgestorben; diese verwandelte ihren Charakter und räumte allmählich der Musik den dominierenden Anteil ein. In Athen gab es die Einrichtung staatlicher Chorgesänge, aber sie traten hinter der Tragödie weit zurück. Für sie schrieb Pindar einmal (vielleicht Ende der siebziger Jahre) einen (nicht erhaltenen) Dithyrambos, in dem er Athen als Griechenlands Halt bezeichnete, und erhielt dafür tausend Drachmen. Aber seine Auftraggeber suchte und fand er im allgemeinen nicht in der Demokratie. Er liebte mehr die Aristokraten und die Tyrannen, die ja einen aristokratischen Lebensstil hatten. Wie die Kunst, die Pindar vertrat, sanken auch deren soziologische Voraussetzungen dahin. Von hier konnten dem Mythos keine frischen Kräfte zuströmen. In der attischen Tragödie dagegen erfuhr der Mythos eine ungeahnte Erneuerung. Diese moderne Kunstform stellte ihn nochmals in die Mitte der großen Literatur und eines intensiven Denkens. Wir spüren es heute noch; denn was von der griechischen Sage noch lebt, haben wir, abgesehen von Homer, aus der griechischen Tragödie.

Das ist aber nur *ein* Gesichtspunkt und gewiß nicht der wichtigste. Vielleicht wollte Thespis nicht mehr als dargestellte Geschichte geben, also eine Form von epischem Theater wie die mittelalterlichen Mysterienspiele. In der nächsten Generation, zu der schon Aischylos gehörte – er stand freilich bis zu seinem ersten Sieg 484 noch im Schatten von Phrynichos und anderen –, änderte sich das bereits. Wahrscheinlich war Aischylos sogar die treibende Kraft. Die entscheidende Entdeckung mußte noch gemacht werden. Sie bestand in der Erkenntnis, daß nicht jede mythische Erzählung sich für das Theater eigne und es auf die Verdichtung der Handlung in einem Konflikt ankomme. Hierin steckt natürlich mehr als das Ausfindigmachen einer neuen Theaterwirksamkeit. Viel wichtiger war, daß sich auf diese Weise ein wesentliches Strukturelement der menschlichen Wirklichkeit erschloß. Erst über den Konflikt war an den Menschen in den Aporien seines Daseins heranzukommen.

Die großen Tragiker setzten die gewaltige Kraft ihrer Phantasie und ihres Denkens an diese Aufgabe. Sie erfuhren dabei, daß es im menschlichen Leben Konstellationen gibt, die sich durch den Willen des Menschen nicht mehr bewältigen lassen. In dieser »tragischen Situation« bricht die Existenz des Menschen auseinander. Mit schonungsloser Härte tat diese Rechnung vor allem Sophokles in seinen mittleren Jahren auf, er, der Liebling des athenischen Publikums, in Staat und Gesellschaft hochangesehen, zweimal mit dem Strategenamt betraut und naher Freund des Perikles und so oft wie kein Tragiker mit dem ersten Preis ausgezeichnet. Es ist für die Offenheit des attischen Geistes auch in der Sphäre des zuschauenden Volkes bezeichnend, daß es der Unerbittlichkeit menschlichen Scheiterns sich gewachsen zeigte. Die Weite dieses Bewußtseins macht verständlich, weshalb in einem solchen sozialen Körper hinfort sich die höchsten Potenzen des Griechentums sammeln konnten.

Sophokles führte auch die Kunst des Theaters auf ihren Höhepunkt, in der szenischen Technik wie vor allem in der dialektischen Dynamik. Die Einbürgerung des dritten Schauspielers geht auf ihn zurück. Den zweiten hatte eine Generation früher Aischylos gebracht. Die Einstellung der drei Dichter zum tragischen Kernproblem, das in der höchsten Reinheit Sophokles herausstellte, war übrigens nicht die gleiche. Gekannt haben es alle, aber Aischylos suchte es überzuführen in eine höchst persönliche »theologische« Weltdeutung, welche die Gerechtigkeit des höchsten Gottes Zeus die Unzulänglichkeit der menschlichen Verhältnisse durch Stiftung einer besseren Ordnung aufheben ließ. Euripides, durch die Sophisten geschult an der Immanenz des Humanen, unterlegte der Tragik menschlichen Leidens noch die Bedingungen der konkreten Zuständlichkeit psychologischer oder gar sozialpsychologischer Art. Er war ein scharfer Kritiker und eigenwilliger Kopf, in ständiger Auseinandersetzung mit seinem Zeitgenossen Sophokles und seinem Vorgänger Aischylos. Seine Zeitgenossen überzeugte er aber nicht recht. Nur viermal wurde ihm der Preis zuerkannt, und er starb fern seiner Heimat, in Makedonien. Doch er gewann statt der Gegenwart die Zukunft. Seine Werke bildeten das Hauptrepertoire der späteren Bühnenpraxis, und auch der Buchhandel sorgte mehr für ihre Verbreitung als für die der zwei anderen Tragiker. Auch heute ist noch verhältnismäßig viel von ihm erhalten.

Ein anderer säkularer Niederschlag des hellenischen Geistes auf attischem Boden ist die Begründung der griechischen *Geschichtsschreibung*. Sie ist das Gegenstück zur Tragödie. Beide beziehen sich auf menschliches Geschick und Geschehen, und in der Tat erreichte in den beiden Historikern Herodot und Thukydides die Geschichtsschreibung eine derartige Höhe, daß der Vergleich erlaubt scheint. Das Merkwürdige ist nämlich, daß die Geschichtsschreibung nicht nur von Herodot und Thukydides aus dem Nichts geschaffen wurde, sondern daß sie gleich mit dem ersten Versuch einen geistigen Rang erreichte, dem, bis auf wenige Ausnahmen, die Nachwelt nicht mehr nahe kam, trotz einer Fülle von Werken.

Herodot als Historiker bedeutet einen Anfang ohne Voraussetzung. Zu seiner Zeit – er ist etwa 485 geboren und vielleicht 429 gestorben – waren den Griechen sogar Aufzeichnungen in den einzelnen Städten unbekannt, außer etwa den Listen der Beamten. Nicht die lokale Chronik wurde wie vielenorts zum Keim der griechischen Geschichtsschreibung. Diese eigentümliche Tatsache ist schwer zu erklären und muß hier auf sich beruhen, aber eine bestimmte Bemerkung gestattet sie doch: selbst eine Summe von Lokalchroniken hätte niemals den sachlichen Ansatz für eine Geschichtsschreibung abgeben können, die es mit ganz Hellas zu tun gehabt hätte. Und gerade darum ging es Herodot. Sein sehr präziser Vorwurf war der Kampf zwischen Hellas und Persien, und dieser Gegenstand mußte jeder Anknüpfung an eine vorhandene Tradition spotten – außerordentlich, wie er als historisches Phänomen war, und unvorbereitet, wie er die griechische Welt traf.

Herodot war sich seiner besonderen Position durchaus bewußt. Wenn ihm in dieser Richtung auch die Gelegenheit fehlte, den Anschluß an die Vergangenheit zu finden, so gab es doch in einer anderen eine allgemein griechische Überlieferung, nämlich die Heldensage. In griechischen Augen war sie nicht nur Geschichte, sondern obendrein Geschichte, die ganz Hellas mit einem dichten Netz überlokaler Beziehungen umspannte. Die vielen Daten, die sie bot und die Eigentum aller Hellenen waren, ließen sich durchaus zu einer Verbindung der heroischen Vergangenheit mit der Gegenwart ausmünzen. Man brauchte nur die heroische Genealogie mit den Stammbäumen berühmter Geschlechter zu verknüpfen. In dieser Weise hatte gerade ein Zeitgenosse Herodots, ein gewisser Pherekydes (aus Athen), offenbar beachtlichen Erfolg gehabt. Auch über den Gegensatz zwischen Ost und West hatte man, wenn auch auf andere Art, auf der Grundlage solcher mythographischen Logik spekuliert, indem man etwa Überlegungen anstellte, wie und wo jene Auseinandersetzung in der mythischen Zeit ihren Anfang genommen habe.

Herodot machte sich ausdrücklich auch von diesem Ansatz frei. Im Eingang seines Werkes berichtet er von diesen Diskussionen und wischt sie anschließend mit einer souveränen Geste weg. Für ihn begann der Gegensatz mit einer echten und wirklich greifbaren historischen Gestalt, mit dem Lyderkönig Kroisos. Damit gab er aber sogleich zu verstehen, daß er sich nicht auf die paar Jahrzehnte, in denen sich Perser und Griechen in offenem Kampf gegenüberstanden, zu beschränken gedächte, sondern daß er den geschichtlichen Prospekt großzügig auf den Zeitraum, der dieser Auseinandersetzung vorausging, ausdehnen werde. So wurde seine Geschichte zugleich eine Darstellung des archaischen Griechentums. Man kann den Reiz, den diese für ihn hatte, nachempfinden, wenn man bedenkt, daß er auch hier Neuland beschritt. Auch hier galt nämlich sein methodischer Grundsatz, sich auf die mythographisch-genealogische Überlieferung gar nicht erst einzulassen, sondern sein Augenmerk auf diejenigen Dinge zu richten, die von jener nicht eingefangen waren, also auf Ereignisse, wie sie die Griechen in ihrer jüngsten Vergangenheit erfahren hatten.

Herodot war ein empirischer »Forscher« und nannte sein Werk nicht ohne Bedacht das Ergebnis von »Forschung«, was eben *historia* – der Ausdruck, den er gebraucht und der seitdem mit Geschichtsschreibung synonym ist – im eigentlichen Sinn bedeutete. Historia im Sinn von Forschung und Erkundung war schon zwei Generationen vor ihm in Ionien betrieben worden, am eindrücklichsten von Hekataios von Milet; und Hekataios ist deshalb auch ein geistiger Ahn des ebenfalls aus Kleinasien (Halikarnassos) stammenden Herodot. Doch hatte auch Hekataios Mythographie und Genealogie getrieben und dabei eine rationalistische Säuberung vorgenommen. Diesen konstruierenden und aprioristisch vorgehenden Forscher Hekataios meinte Herodot aber nicht. Maßgebend wurde der Hekataios, der Menschen und Länder aufsuchte, der sich dort umsah und sich von den Einheimischen sagen ließ, was er nicht selbst ermitteln konnte. Die Einstellung des Hekataios war dabei in erster Linie kulturgeographisch; deshalb galt auch sein Hauptinteresse fremden, nichthellenischen Gebieten. Herodot übertrug diese Methode auf die Geschichte, die hellenische wie die nichthellenische. So gründete er die Geschichte, ohne jede Anlehnung an Sozialbedürfnisse oder Sozialinstinkte, im selbständigen Bewußtsein, anders gesagt: er schuf sie als etwas aus eigener Wurzel Wißbares. Er war in der Tat *Pater historiae*, wie er bis heute heißt, und wahrscheinlich mit tieferer Berechtigung, als Cicero vermutete, als er ihm den Beinamen gab. Doch schwerlich empfand Herodot die Erweiterung des Hekataiosschen Programms als Gegensatz. Er verstand sich wohl eher als dessen Nachfolger, denn auch er sammelte Material auf seine Manier, reiste ins ferne Ausland, etwa nach Ägypten und auch nach

Südrußland (soweit es im Bereich der griechischen Kolonien lag), und verfertigte danach seine Berichte. Es ist nicht ausgeschlossen, daß er dies in früheren Jahren tat, als er den Plan des Geschichtswerkes noch nicht gefaßt hatte. Aber als er an dieses Hand anlegte, fand er jedenfalls vernünftige Gründe, jene Reiseergebnisse zu verwenden.

Herodot besaß auf jeden Fall ein urwüchsiges Verhältnis zur historischen Berichterstattung. Ihm war klar, daß nicht nur die menschlichen Verhältnisse und Taten vergänglich sind, sondern daß sie als vergangene auch der Vergessenheit anheimfallen. In dieser Hinsicht wußte er sich einig mit dem epischen Sänger der Vorzeit und schließlich überhaupt mit dem Dichter; denn daß der Ruhm der Menschen auf dem Sagen aus berufenem Munde beruhte, war eine allgemeine, noch zu Herodots Zeit vertretene griechische Ansicht. Und Herodot hatte zu solchem Selbstbewußtsein auch jeden Anlaß, denn was er erzählte, hatte noch keiner in Worte gefaßt. Kein Wunder, daß er mit Vorlesungen über seine Forschungen, wie er sie in mehreren Städten Griechenlands, natürlich auch in Athen, hielt, ein Publikum zu fesseln vermochte; und seine Erfolge entsprechen ganz seinem universalen Thema, das schließlich jeden Griechen anging, soweit er ein Bewußtsein seiner Zeit besaß.

Am ehesten mußte ein Erfolg sich freilich in Athen einstellen, das ja der eigentliche Sieger von 480/479 war. Herodot wurde denn auch zum Wahlathener (spätestens Anfang der vierziger Jahre), trat zu Perikles und Sophokles in nähere Beziehung und ließ sich von jenem sogar nach Thurioi schicken. Daß er erst durch diese Berührung zu seiner Konzeption gelangt sei, ist zwar eine völlig unbewiesene, aber gern geäußerte Ansicht. Zweifellos weht der Atem des Perikleischen Athens in seinem Werk, und zwar nicht nur wegen der wenigen Bemerkungen, die ihm schon im Altertum als einseitige Parteinahme ausgelegt wurden, sondern weil sein geistiges Auge neben den Fakten auch auf jene Grenzzone des menschlichen Geschickes traf, in der persönlicher Wille, und gerade der mächtigste, zum Spielball höherer göttlicher Fügung wird, in der die scheinbar einfachsten Entscheidungen in die Gefahrenzone verhängnisvollsten Irrtums geraten. Dieser tiefe Einblick in die menschlichen Verhältnisse, seien sie nun die des Feindes oder die eigenen, ist ein Wesenszug des 5. Jahrhunderts, zumal in Athen und damit auch bei Herodot, und bewahrte die Sieger von 480/479 wie ihren Historiker vor dem Schatten chauvinistischer Selbstgefälligkeit.

Auf einem Werk wie dem Herodots hätten andere Epochen mindestens ein bis zwei Generationen ausgeruht. Aber Herodots Buch war noch kaum erschienen (wahrscheinlich aus dem Nachlaß herausgegeben), da rieb sich schon ein ungefähr fünfundzwanzig Jahre jüngerer Mann an ihm: der Athener Thukydides (Sohn des Oloros, im Unterschied zu dem Politiker Thukydides, dem Sohn des Melesias). Thukydides bemängelte verschiedenes an Herodot: einmal die heuristische Methode. Sich aus längst vergangenen Zeiten nette Geschichten mit allem Detail erzählen zu lassen verbürge alles andere als Wahrheit. Geltung könnten eigentlich nur die Aussagen von Augenzeugen beanspruchen. Damit war Thukydides schon beim zweiten Punkt: so man die Kritik ernst nehme, gäbe es nur noch Zeitgeschichte. In der Tat meinte das Thukydides und behandelte deshalb den Peloponnesischen Krieg, den er vom ersten bis zum letzten Tag miterlebt hatte. Doch bedurfte diese Präferenz neben dem methodischen noch eines gegenständlichen Motivs. Thukydides fand es in dem Ausmaß des Krieges, der gewaltiger sei als jemals einer zuvor, auch als die Perserkriege. Damit hatte Thukydides nicht unrecht, obwohl das eine wie das andere Argument gewiß auch Einschränkungen vertrug. Der dritte Einwand gegen Herodot betraf dessen Chronologie oder die Unmöglichkeit für ihn, bei dem Mangel an einer exakten griechischen Zeitrechnung eine solche zu präzisieren.

Thukydides hatte es prinzipiell nicht besser und schuf sich deshalb ein eigenes Zeitgerüst mit der genauen Unterscheidung von Sommer und Winter; er konnte das freilich auch, weil der von ihm behandelte Zeitraum sich ganz anders nachziehen ließ als Herodots notwendig vages, aber soweit wie möglich in sich schlüssiges Koordinatennetz. Und dann blieb ihm Herodots Darstellung überhaupt zu sehr an der Oberfläche und erweckte bei ihm den Verdacht, sie sei auf die Unterhaltung des Publikums abgestellt. Ganz gewiß ein unberechtigter Vorwurf. Doch begreift man ihn, wenn man in Betracht zieht, was Thukydides selbst wollte. Es war etwas Unglaubliches: einmal eine ganz exakte Phänomenbeschreibung und dann, mit ihr eng verbunden, eine unerbittliche Analyse, die gleichsam bis zum Knochengerüst eines diffusen Körpers vordringt und dessen Tektonik bis ins letzte klar herausarbeitet. Thukydides kannte freilich ihr Schema schon im voraus. Von der Sophistik hatte er sich überzeugen lassen, daß der Mensch, zumal in der Politik, seinem Egoismus folgt, selbst wenn er es gar nicht merkt; und mit einem gewissen Recht durfte er sich sagen, daß ein solches Gesetz, wenn überhaupt, so am ehesten in der Außenpolitik seine Geltung habe. Er dachte dabei nicht eigentlich doktrinär, sondern hatte eher Ursache, einen Doktrinarismus in den wohlfeilen Zweckausdeutungen der aktuellen Politik zu erkennen, wie er während des Peloponnesischen Krieges ins Kraut schoß und erst recht danach, als ein Schwarm haltloser Ideologen in Athen das Heft in die Hand bekam.

Zweifellos ist diese Einstellung des Thukydides nicht ohne Einseitigkeit – auch der Machttrieb als Dominante schließt von Fall zu Fall andere Regungen nicht aus –, aber dies hindert nicht, daß sein Werk (es wurde übrigens nicht fertig) in seiner gedrängten, aber klaren Darstellung, die zugleich durchgängige Analyse ist, in der gesamten historischen Literatur des Altertums und gewiß auch darüber hinaus nicht seinesgleichen findet. Der Eindruck wird noch gewaltiger, wenn man die entscheidende Tatsache berücksichtigt, daß Thukydides die schonungslose Sektion am eigenen Körper, an dem des stürzenden Athens, vornahm und er dessenungeachtet einer Entäußerung fähig war, die nichts anderes als die »Sache« zur Geltung kommen ließ. Thukydides ist eine der erstaunlichsten Leistungen der Vernunft, die sich nicht nur gegen eine Übermacht von Stimmungen, Gefühlen und Ressentiments behauptet, sondern sie geradezu in freier Souveränität auflöst. Und dies alles bei einem Mann, der nicht nur selbst eine Zeitlang den Krieg an führender Stelle mitgemacht hatte, sondern der auch keinerlei Veranlassung gab, ihm persönliche Leidenschaft abzusprechen. Der griechische Geist als autonome Lebenskraft fand in Thukydides eine seiner eindrucksvollsten Bestätigungen.

Krisis und Katastrophe: Der Peloponnesische Krieg

Bewährung Athens

Das Griechenland des Perikleischen Athens geriet genau in der Mitte der dreißig Jahre, welche die Kontrahenten des Friedens von 446 als Friedensära ausgemacht hatten, in eine schwere politische Erschütterung. Sie figuriert in der Geschichte als der »Peloponnesische Krieg«, obgleich es sich weder um einen einzigen Krieg handelt noch eigentlich von fortlaufenden militärischen Handlungen gesprochen werden kann. Trotzdem sind die rund dreißig Jahre (431–404) eine Einheit, eine Erkenntnis, die bereits ihr klassischer Historiker Thukydides formuliert hat und die wir ihm um so leichter abnehmen, als wir sie als eine umfassende geschichtliche Phase, welche die verschiedenen Kriegsabläufe in sich begreift, zu verstehen vermögen. Es war selbstverständlich kein »totaler« Krieg, der das zivile Leben absorbiert hätte; infolgedessen büßte auch Athen nicht das geringste von der geistigen Lebendigkeit der Jahre zuvor ein. Ganz im Gegenteil, die Phänomene, durch die wir sie dokumentiert sehen, gehören beinahe in der Mehrzahl dieser Epoche an: der reife Sophokles steht in ihr mit vieren der sieben uns erhaltenen Tragödien, Euripides geht beinahe mit seinem ganzen literarischen Schaffen in ihr auf. Aristophanes, erst 446 geboren, wird schon durch sein Lebensalter dahin verwiesen; die meisten seiner Werke sind dazu ein Spiegel dieser Zeit. Sokrates' Lehrtätigkeit fällt fast völlig in den Peloponnesischen Krieg. Selbst die Geschichte der großen attischen Architektur wird von ihm erfaßt: das Erechtheion, der eigenartige und vielgestaltige Kultbau auf der Akropolis, entstand – mit Unterbrechungen – in den Jahren zwischen 421 und 407.

Worum es letztlich in dieser fast ein Menschenalter dauernden Auseinandersetzung ging, lehrte erst die spätere Geschichte. Unendlich viel spielte sich an Ereignissen ab; niemals war die Geschichte von Hellas, weder vorher noch nachher, in annähernd gleicher Weise von politischen Aktionen und Energieentladungen erfüllt, aber was sie im Grunde bedeuteten, konnten die Handelnden nicht wissen. Erst der Abstand von Jahrhunderten und Jahrtausenden vermittelt vielleicht eine Einsicht, so wie es eben mitunter in der Weltgeschichte zugeht, wenn sie ihre Dechiffrierung nur im Hinblick auf das Ganze einer größeren Zeitenfolge erlaubt. Das Interesse der unmittelbar Beteiligten entzündete sich an einem anderen Problem und rückte die Frage in den Mittelpunkt, wie es entgegen ihrer vor nicht allzu langer Zeit feierlich statuierten Absicht zu dem schweren Konflikt kommen konnte. Daraus wurde eine der berühmtesten Kriegsursachendiskussionen. Sie beschäftigt noch heute den Historiker.

Der Verdacht liegt nahe, daß der Friedensschluß von 446 nicht ehrlich gemeint war, zumal nicht von Athen, das bei ihm ja ordentlich zusetzen mußte. Nichts wäre danach natürlicher gewesen, als bei nächster Gelegenheit die frühere Scharte auszuwetzen und den notgedrungen sistierten Kampf wiederaufzunehmen. In Athen stand beide Male Perikles an verantwortlicher Stelle, und so zielt dieser Verdacht in erster Linie auf ihn. Aber eine solche Antwort ist zu einfach und entspricht auch nicht der differenzierten politischen Vernunft des Perikles jener Jahre. Ebensowenig verdient die spartanische Politik den Vorwurf, sie hätte auf den Krieg hingesteuert. Die Neigung, den Frieden loyal zu halten, war bei ihr stärker, nachdem sie sich 440 anläßlich des samischen Aufstands schon zu diesem Standpunkt durchgerungen hatte. Wie so manches Mal regierten objektive Situationen, die von den eigentlichen Partnern gar nicht herbeigeführt waren, die Stunde und schufen einen sachlichen Zwang, dem sich beide Seiten nicht entziehen konnten.

446 war man übereingekommen, sich in seinem Machtbereich gegenseitig zu respektieren, was um so leichter zu beobachten war, als die Heterogenität von Land- und Seemacht bei einigermaßen gutem Willen Kollisionen vermeidbar zu machen schien. Auch die Optionsfreiheit des »dritten Griechenlands« für eine der beiden Seiten paßte sich offenbar diesem Prinzip an, da damit gerechnet werden konnte, daß neutrale Mächte bei Aufgabe ihrer Neutralität sich dort einreihen würden, wo sie Schutz erwarten konnten, also Seestädte bei Athen und Landstaaten bei Sparta.

Trotzdem steckte in der so sauberen Konstruktion ein Rechenfehler. Das war der Umstand, daß das bei den Peloponnesiern stehende Korinth eine Seemacht war und bestimmte Fragen maritimer Politik als für sich lebenswichtig ansah. Hieraus ergaben sich denn auch die Komplikationen, welche den Krieg vorbereiteten.

Seit 436 hatte Korinth zu der westgriechischen Insel Korkyra ein außerordentlich gespanntes Verhältnis. Korkyra war früher von Korinth abhängig gewesen, aber längst selbständig geworden. Korinth wollte an sich daran nichts ändern, war jedoch ängstlich darauf bedacht, daß Korkyra, das seinem Potential nach Korinth als ebenbürtig gelten konnte, dessen Stellung im Kreis der nicht mehr allzu vielen abhängigen korinthischen Bundesgenossen nicht untergrub. Diese Gefahr stellte sich damals jedoch im Zusammenhang eines bestimmten Vorganges ein. Es war im Grunde eine Prestigefrage, ob Epidamnos sich in einer innerpolitischen Krise an Korkyra oder an Korinth anlehnte – beide galten als seine Mutterstädte –, aber gerade von ihr hing ab, ob Korinth bei seinen Gefolgsstaaten noch auf Achtung zählen konnte. Als Korkyra Korinth um diesen beinahe schon gesicherten Erfolg brachte und Epidamnos infolge militärischer Intervention in die Hände der Korkyra ergebenen Aristokraten fiel, war der Krieg zwischen Korinth und Korkyra da. Korinth wollte aus ihm einen Waffengang auf Gedeih und Verderb machen. Korkyra fühlte sich ihm nicht gewachsen und wandte sich an Athen um Hilfe. Athen ging darauf ein, wozu es durchaus berechtigt war, und wählte nur, um einen offenen Zusammenstoß mit Korinth zu vermeiden, eine etwas verklausulierte Form. Sie genügte jedoch, um Korkyra eine politische Überlegenheit zu verschaffen und damit Korinth zu veranlassen, den Kampf aufzugeben. Damit war genau das eingetreten, was Korinth vermeiden wollte, eine Schädigung seiner Position im Kreise seiner abhängigen Bündner. Es trachtete deshalb danach, die Blamage ihrem Urheber Athen bei der nächsten Gelegenheit heimzuzahlen. Sie ließ nicht lange auf sich warten. Daß Athen an der Verkettung der Umstände eigentlich keine Schuld hatte – es konnte ja nicht gut die Korkyräer abweisen, ohne sich seinerseits bei seinen Seebundsgenossen zu kompromittieren –, diese Einsicht wog wenig in dem nun seit Jahren verärgerten Korinth.

Der nächste Akt – die Revanche Korinths – war eine reine Provokation und zielte auch nur darauf, den Peloponnesischen Bund in den Krieg zu stoßen. Insofern waren gewissermaßen die Würfel über den Krieg schon gefallen. Perikles war dies von Anfang an klar. Eines seiner berühmten Worte, mit denen er den Athenern die unangenehme Wahrheit einschärfte, sprach davon, daß er den Krieg von der Peloponnes herankommen sehe. Dahinter stand die Einsicht, daß die politische Dynamik gegen Korinth entschieden hatte und daß diesem Gefälle von seiten Korinths nur noch mit direkten Aktionen zu begegnen sei. Die Gelegenheit ergab sich 433, als die athenische Bundesstadt Poteidaia auf der Chalkidike, die eine korinthische Kolonie war und sich noch immer von der Mutterstadt den höchsten Beamten, den Epidemiurgen, schicken ließ, von Athen abfiel und nicht nur bei Korinth, sondern auch bei Sparta Hilfe suchte. Es bekam sie auch. Korinth schickte ein Expeditionskorps, und Sparta versprach, in Attika einzufallen (Sommer 432).

In diesem Stadium des Konflikts gewann Perikles die Überzeugung, daß der Krieg unvermeidlich geworden sei. Im Grunde war er schon da, und das einzige, was nach seiner Ansicht noch zu erreichen war, wäre ein Tolerieren des schleichenden Kriegszustands gewesen, bei dem Athener und Peloponnesier vor Poteidaia die Waffen gekreuzt hätten, also das Hinnehmen einer indirekten Aggression, welche dem politischen Ansehen Athens nur nachteilig sein konnte. Von der Möglichkeit, daß die Friedenskräfte auf der anderen Seite doch noch die Oberhand gewinnen könnten, hielt er nichts. Er wollte eindeutige Verhältnisse schaffen und versetzte deshalb dem Gegner einen Schlag ins Gesicht, der ihn zu offenem Farbebekennen zwingen mußte.

Athen erließ den Beschluß, daß das benachbarte Megara, Angehöriger des Peloponnesischen Bundes, von dem attischen Markt ausgeschlossen würde, womit die wirtschaftliche Existenz dieser kleinen Stadt an der Wurzel getroffen war. Dieses »Megarische Psephisma« gab Korinth Gelegenheit, die Karten offen aufzudecken und Sparta zur Einberufung einer Versammlung der peloponnesischen Bündner zu veranlassen. Offenbar hatte Perikles gerade das beabsichtigt, um die unterirdischen Minen, die Korinth unter stillschweigender Beihilfe der Peloponnesier gelegt hatte, aufzuzeigen. Die Taktik war nicht ganz leicht zu durchschauen und wurde schon von manchen Zeitgenossen des Perikles mißverstanden. Perikles habe willentlich den Funken in die griechische Welt geworfen, um den Kriegsbrand zu entzünden, war eine verbreitete Meinung, und da Perikles' Stellung im zweiten Kriegsjahr schwer erschüttert wurde, kombinierte man leichtfertig, er habe sich durch diese Flucht in die Außenpolitik vor seinen innerpolitischen Gegnern schützen wollen. Glücklicherweise hat schon Thukydides diesem Geschwätz den Garaus gemacht, so daß wir einigermaßen klarsehen und die Perikleische Politik uns deutlich wird.

Die peloponnesische Bundesversammlung in Sparta, bei der auch athenische Gesandte zugegen waren, setzte Perikles in den Stand, dem Gegner den Schwarzen Peter zuzuschieben. Wohin sein Kurs ging, war nicht schwer zu erkennen. Korinth setzte Sparta mit der Drohung unter Druck, bei mangelnder Unterstützung es zu verlassen und sich Argos, der traditionellen Gegnerin Spartas auf der Peloponnes, zuzugesellen, und die athenische Bundesstadt Aigina wühlte insgeheim. Perikles bot dieser Scharfmacherei gegenüber ganz loyal an, gemäß dem Frieden 446 die Differenzen einem Schiedsgericht zu unterwerfen. Doch wurde dieses Angebot nur vom spartanischen König Archidamos aufgegriffen. Er stand damit aber völlig isoliert. Seine eigene Regierung, die Ephoren, desavouierten ihn.

Attischer Jüngling zu Pferd
Vasenbild auf der Innenseite der Euphronios-Schale, um 510 v. Chr.
München, Antikensammlungen

Schleppweg für den Schiffstransport über den Isthmos von Korinth

Die Apella entschied auf ihren Antrag, daß Athen im Unrecht sei. Korinth bewirkte, daß die Bündner nach Hause gingen und dort ebenso abstimmen ließen. Sie kamen alle mit dem Kriegsbescheid zurück (Herbst 432).

Juristisch war zweifellos Perikles der Überlegene. Es war der Gegner, der den formellen Kriegsentschluß faßte, und Athen hatte den Umstand für sich, eine friedliche Beilegung des Zwists vorgeschlagen zu haben und dafür mit dem Angriff belohnt zu werden. Doch diese günstige Optik fiel damals nicht ins Gewicht. Das allgemeine Bewußtsein war viel zu sehr festgelegt. Die Feinde Athens, und nicht nur sie, hatten die Überzeugung, einen gerechten und längst anhängigen Kampf zu wollen, Griechenland vor der Versklavung zu schützen und, soweit es schon geknechtet war, zu befreien. Sparta war in den Augen von jedermann von der Gloriole des uneigennützigen Handelns umgeben, und es wurde zur Ehrensache, ihm dabei zu helfen. Da die schlechte Jahreszeit keinen unmittelbaren Beginn der Kriegshandlungen erlaubte, war den Winter über Zeit genug, daß solche Erregung und Spannung sich ins Unerträgliche steigerte und allmählich ein massenpsychologischer Zustand entstand, bei dem abergläubische Unkereien und ahnungsvolles Gerede ein williges Ohr fanden. Sparta nutzte den Spielraum zu einer hemmungslosen Propaganda aus, indem es die unmöglichsten Forderungen an Athen richtete. Bei der dritten Gesandtschaft entblödete es sich bereits nicht mehr, ganz generell die Freiheit der attischen Bündner zu verlangen, also Athen die Auflösung des Seebundes zuzumuten. Perikles ist diese Stimmung, die latent längst vorher schon bestand und sich nun unter dem Eindruck der politischen Ereignisse entlud, nicht unbekannt gewesen. Er wußte, wie sehr sie ohnehin die Stellung Athens belastete, und sah in einem offenen Krieg die Möglichkeit, sie ad absurdum zu führen und die griechische Öffentlichkeit zu zwingen, mit der attischen Herrschaft als einer Realität zu rechnen, welche nicht schlechter war als die Spartas über Lakonien.

Auch Perikles' strategische Konzeption war von dieser Einsicht bestimmt. Der Krieg sollte primär keine neue Expansion Athens wie vor dreißig Jahren in Gang setzen, sondern den vorhandenen Bestand erhärten. Die dynamische Kraft war bei den anderen. Sie galt es zu brechen. Die Erkenntnis war nur zu richtig, denn Macht ist ein Relationsphänomen, und ein Athen, an dem ein Angriff aufgelaufen war, stand anders da als das Athen, mit dem sich im Jahre 432 die Erwartung verband, es werde sich als Herrschaftsgröße auflösen. Deshalb war der Kriegsplan auf reine Defensive gestellt: auf dem Lande sollte gar nichts unternommen werden. Und auch zur See sollten nur Demonstrationen erfolgen mit dem Zweck, Athens Seeherrschaft eindrücklich vor Augen zu stellen und dem Gegner zu beweisen, daß er demgegenüber ohnmächtig war und sich nirgends in ganz Griechenland sicher fühlen konnte, auch nicht im entfernten Westen, soweit das Meer die Küste bespült, eine Belehrung, die nicht zuletzt auf Korinth gemünzt war. Diese statische Strategie war sachlich sehr überzeugend, aber mit einer schweren psychologischen Hypothek belastet. Sie verzichtete nicht nur auf die leicht zu gewinnenden Energien des Angriffsgeistes und auf die Faszination sichtbarer Erfolge, sondern mutete der Bevölkerung Attikas das schwere Opfer zu, ihr Land vom Feind kampflos verwüsten zu lassen. Sie selbst wurde zwar in dem geräumigen Areal zwischen den großen Mauern in Sicherheit gebracht, aber diese Evakuierung gerade während der Sommermonate, wenn der Bauer die Ernte einbringen will, ihm dafür aber das makabre Schauspiel geboten wird, sie vom Feind zertreten und Haus und Hof angezündet zu sehen, bedeutete eine Nervenstrapazierung, die alles andere als populär sein mußte.

Perikles fühlte sich stark genug, diese Schwierigkeit zu bewältigen. Auf Grund einer durch nun fünfzehn Jahre hindurch unangefochtenen Autorität hatte er ein Recht hierzu. Dabei wußte er, daß er dabei einem nicht unerheblichen Druck ausgesetzt war. Er kam bezeichnenderweise weniger von derjenigen Seite, gegen die er angetreten war und deren Angriffe er nach den Friedensschlüssen zu bestehen gehabt hatte. Die konservative Fronde war unter dem Eindruck des Friedens zusammengebrochen, und wenn ihr auch der Krieg zum Wiederaufleben verhelfen konnte, so ließ doch die maßvolle Art, mit der ihn Perikles geführt wissen wollte, keine geharnischte konservative Opposition entstehen. Darin kam die Überzeugungskraft zum Ausdruck, welche die neuen Tatsachen und Perikles' Persönlichkeit inzwischen auf die alten Gegner ausgeübt hatten und die nun gerade in der wichtigen Frage, wie der Krieg aufzufassen sei, Perikles in die Nähe seiner früheren Feinde rückte. Der Widerstand meldete sich anderswo: die demokratischen Aktivisten traten gegen Perikles an, also diejenige Gruppe, deren Exponent Perikles ursprünglich selbst war und die er seinerzeit zum Sieg geführt hatte. Dieser auf den ersten Blick erstaunliche Wechsel der Konstellation war psychologisch nicht unbegreiflich.

Die Demokraten hatten nach 461 unter Perikles' Ägide eine energische Außenpolitik vertreten und begriffen jetzt nicht, daß die Temperierung von heute der Substanz nach durchaus dem Aufbruch von gestern entsprach, dies um so weniger, als sie in der augenblicklichen Situation das allgemeine Empfinden für sich hatten. Dem Mann auf der Straße konnte beim besten Willen nicht einleuchten, daß der kraftstrotzende athenische Staat sich die Schläge des Feindes ohne Gegenwehr einfach gefallen ließ und dabei noch die schwersten materiellen Opfer in Kauf nahm. In Spottversen wurde der Kritik ganz unverhohlen Ausdruck gegeben und Perikles als Satyrkönig, also als Anführer eines Narrenschwarmes, apostrophiert, der zwar große Worte über den Krieg finde, aber den Speer nicht in die Hand zu nehmen wage und lediglich, wenn er von dem feurigen Kleon gebissen werde, das Knirschen von Küchenmessern vernehmen lasse. Die Unzufriedenheit hatte sich in diesem Kleon also auch schon ein Organ verschafft, demjenigen Manne, der einige Jahre später einen nachhaltigen Einfluß auf die attische Politik ausübte und nun schon dem lebenden Perikles bewies, daß er seine Politik nicht verstanden hatte. Für die Zukunft war dies ein bedenkliches Menetekel, denn Perikles war mit seinen annähernd siebzig Jahren ein alter Mann, dessen Leben zur Neige ging. Immerhin durfte er nach menschlichem Ermessen hoffen, den Waffengang selbst noch zu einem glücklichen Ende zu führen und damit die ihm zugrunde liegenden Prinzipien nachhaltig zu erhärten. Angesichts der gereizten Volksstimmung beobachtete er alle gebotene Vorsicht und vermied es tunlichst, Volksversammlungen einberufen zu lassen. Da trat ein Unglück ein, das seiner Umsicht spottete und schon im zweiten Kriegsjahr (430) seine Politik auf das schlimmste gefährdete.

In dem Piräus wurde eine Seuche aus Ägypten eingeschleppt. Man bezeichnet sie für gewöhnlich als Pest, obgleich es sich bestimmt nicht um die aus dem Mittelalter bekannte Beulenpest handelte. Sie wäre wohl auch nicht allzu gefährlich gewesen, wenn sie nicht in der Massierung der Landbevölkerung zwischen Piräus und Stadt und den dadurch entstandenen hygienischen Mangelverhältnissen auf günstige Verbreitungsbedingungen gestoßen wäre. So jedoch wurde eine Katastrophe daraus. Die Menschen sanken reihenweise dahin. Man schätzt die Opfer auf ein Viertel bis ein Drittel der attischen Gesamtbevölkerung, das heißt achtzig- bis hunderttausend Menschen. Die Ärzte waren machtlos und erlagen selbst der Krankheit. Die Beisetzung der Toten war kaum mehr durchzuführen. Massenverbrennungen mußten stattfinden. Thukydides, der selbst erkrankte, aber durchkam, hat uns eine berühmte Schilderung hinterlassen, die alle die typischen Züge aufweist, die uns aus dem späteren Auftreten der Pest vertraut sind. Auch in Athen entstanden Massenhysterien. Man behauptete, die Peloponnesier hätten die Zisternen vergiftet, oder berichtete von Orakelsprüchen, die das Unglück in Verbindung mit dem »Dorischen Krieg« längst angekündigt hätten. Die Schuld liege überhaupt an dem unseligen Krieg, in den Apollon zugunsten der Feinde eingegriffen habe und sie das vorher habe wissen lassen. Da war es nur ein Schritt zu der Folgerung, daß man den Krieg hätte vermeiden müssen und daß im Grunde alles dem verantwortlichen politischen Leiter Perikles zu verdanken sei. Gegen seinen Willen wurde nach Sparta eine Gesandtschaft geschickt, die Friedensverhandlungen einleiten sollte, allerdings ohne Erfolg, da die Maßlosigkeit der Forderungen es selbst dem demoralisierten Athen unmöglich machte, den Weg des Nachgebens weiterzuverfolgen. Wahrscheinlich wurde in dieser Stimmung auch gegen Perikles' Freund Anaxagoras Sturm gelaufen. Dessen naturphilosophische Spekulationen eigneten sich gut als Zielscheibe für eine erregte abergläubische Menge. Einem hochnotpeinlichen Verfahren konnte sich Anaxagoras, der seit Jahrzehnten in Athen lebte, nur durch die Flucht entziehen.

Aber die Wut der Verzweiflung machte auch vor Perikles nicht halt, und angesichts ihrer elementaren Wucht versagte zum erstenmal seine überlegene Führungskunst. Er vermochte nicht zu verhindern, daß er vom Amt suspendiert und vor Gericht gezogen wurde (unter dem Vorwand der Veruntreuung von Staatsgeldern). Es ging für ihn dabei um Leben und Tod. Nur eine Verfahrensänderung in letzter Minute bewahrte ihn vor dem Allerschlimmsten und brachte ihm eine Geldstrafe in Höhe von fünfzig Talenten ein. Damit war er ein politisch toter Mann. So mußte es wenigstens scheinen, doch stellte sich sehr bald heraus, daß ohne ihn gar nicht auszukommen war. Das Blatt wendete sich sehr schnell, und bereits die nächsten Strategenwahlen im Frühjahr 429 stellten ihn wieder an die Spitze des Staates. Aber nun brachte das, was seine Feinde nicht vermocht hatten, die Natur zustande. Ein Vierteljahr nach seiner Restitution starb Perikles an der Pest.

Der plötzliche Ausfall des ersten Mannes von Athen warf verschiedene Fragen auf, und die Folgezeit sollte mehr als einmal Gelegenheit bieten, die Gedanken auf Perikles und sein plötzliches Ende zurückzulenken. Fürs nächste lautete das brennendste Problem einfach, ob mit dem Jahre 429 der Faden, den Perikles angespult hatte, jäh abriß. Diese naheliegende Befürchtung bewahrheitete sich glücklicherweise nicht. Die Pest hatte sich mit dem Ende des Jahres 429 ausgetobt, und damit wich auch der schlimmste Druck. Die Politik des Perikles wurde fortgesetzt, und die Leute, die ihn ein Jahr zuvor zu Fall gebracht hatten, bekamen nicht Oberwasser. Sein Sturz erwies sich damit nachträglich als ein vorübergehender, wahrscheinlich in erster Linie massenpsychologisch motivierter Einbruch.

Stärker waren die Tradition, welche er begründet hatte, und die Stellung der konservativen Schichten im Staat. Sie gaben die verantwortungsbewußte Haltung, zu der sie die Perikleische Ära erzogen hatte, nicht auf und waren entschlossen, das Steuer, das ihnen der Tod des Perikles in die Hand gedrückt hatte, nicht preiszugeben. Loyal standen sie zur attischen Demokratie, obgleich sie ursprünglich kein Freund ihrer gegenwärtigen Form gewesen waren, und ehrlich identifizierten sie sich vor allem mit dem Krieg, wie ihn Perikles konzipiert hatte. Einen Mann, der nach persönlichem Format in die durch Perikles' Tod aufgerissene Lücke hätte einspringen können, besaßen sie zwar nicht, aber das brauchte nicht unbedingt ein Schade zu sein. Kein Staat vermag auf die Dauer zu existieren, wenn er sein Heil ausschließlich mit außerordentlichen Persönlichkeiten verknüpft. Es kam nach Perikles viel mehr darauf an, daß seine Politik das Besitztum mehrerer und zur Wirklichkeit einer allgemeineren Durchschnittsgröße wurde. In diesem Sinne fand die geschichtliche Stunde sogar einen Repräsentanten: Nikias, ein vornehmer und reicher Mann, entbehrte allen Glanzes und war weit davon entfernt, einen Vergleich mit Perikles auszuhalten. Von dessen innerer Souveränität besaß er nichts, und die Unbefangenheit und Freiheit des Denkens, die Perikles ausgezeichnet hatten, waren ihm fremd. Aber Nikias war ein besonnener Mann mit den Instinkten des gesunden Menschenverstandes, in seinen Geschäften äußerst gewissenhaft und ein tüchtiger Militär. Der Demokratie diente er treu, obschon er gewisse Auswüchse wie das Sykophantenunwesen nicht liebte, und unterzog sich ohne Widerstreben den Pflichten seines Reichtums, den Leiturgien. Er war an sich kein Mann von großer individueller Durchschlagskraft, und wenn trotzdem von ihm eine konstante Wirkung ausging, so deshalb, weil in ihm sich viele andere zusammenfanden und die Kräfte des Maßes und der Vernunft ihn unterstützten. Solange diese Kombination anhielt und er nicht durch eine andere Größe ausgestochen wurde, war er ein wichtiges Element der Stabilität. Der attische Staat bedurfte eines solchen dringend, und diese Aufgabe erfüllte Nikias in der Tat.

Er bewies es deutlich im Spiegel seines politischen Gegners Kleon. Kleon hatte schon in der vordersten Linie der demokratischen Fronde gegen Perikles gestanden und wurde nun zu einer zentralen Figur der politischen Öffentlichkeit Athens. Aber es konnte keine Rede davon sein, daß er deshalb das Heft in die Hand bekam. Es gab Augenblicke, in denen er das Ziel beinahe erreicht hätte, aber der Erfolg entglitt ihm alsbald wieder. Kleon war zwar bei der breiten Menge beliebt, und man kann auch nicht sagen, daß er nur ihre schlechten Instinkte reizte. Seine patriotische Leidenschaft für große, den Einzelnen mitreißende Aufgaben war beträchtlich, und persönlich war er eine elementare Natur, die keine Feigheit kannte und sich auch nicht scheute, sich zu exponieren. Aber er war ein völlig ungebildeter Mensch ohne jede persönliche Kultur, weder intellektuell noch musisch oder der Lebensart nach. Zwar gehörte er als Besitzer einer Lederfabrik zu den vermögenden Kreisen, aber sein Benehmen war das eines Proleten, und dies wog schwerer, als daß er keinem adligen Geschlecht entstammte. Solche Leute hatten in einem Athen, das sich in halbwegs gesunder Verfassung befand, keine Chance, auch wenn man sich ihre Energie gefallen ließ und der Appell an kleinbürgerliche Ressentiments, auf den sich Kleon verstand, ein williges Echo fand. Kleon beherrschte vor allem die Psychologie des Kleinbürgertums, das in den Kreisen der Geschworenen (der »Heliasten«) sich zusammenfand, und brachte damit gerade eine der bedenklichsten Saiten der attischen Demokratie zum Schwingen.

Er schärfte diesen kleinen Leuten ein, daß auf ihnen die Demokratie ruhe, und pries ihre altmodische und etwas spießige Biederkeit als Fundament des Staates gegenüber dem aufgeblasenen Gebaren der vornehmen Jugend, die vor allem im Reiterkorps zu finden war. Durch die prozessuale Kontrolle der Verwaltung suchte er die Beamten zu terrorisieren. »Er fühlte sie ab, ob sie noch nicht reif sind«, heißt es bei Aristophanes, und dabei war nicht nur an den Ansporn zu korrekter Führung gedacht, sondern ebenso an die Einnahmen, die der Staat von den Strafgeldern hatte. Kleon ließ sich überhaupt die Finanzverwaltung angelegen sein und die Sorge um eine Staatskasse, die den geldlichen Anforderungen des Krieges gewachsen war. Hinter den außerordentlichen Vermögenssteuern (den *eisphorai*) war er schonungslos her, und im Jahr 424 nahm er das Odium auf sich, eine – an sich schon lange fällige – Erhöhung der Tribute gleich um hundert Prozent durchzusetzen.

Kleon steuerte mit seinem Fanatismus gewiß manchem Schlendrian, aber das politische Klima, das er durch seinen Eifer erzeugte, war nicht gesund. Durch die Stilisierung eines Musterdemokratentums, das den Stempel kleinlicher Borniertheit auf der Stirn trug, belebte er ganz zur Unzeit Gegensätze, die sich allmählich ausgeglichen hatten. Es gab eine Menge Torheit sicher auch auf der anderen Seite, und das alberne Gebaren der aristokratischen *jeunesse dorée*, die nach spartanischer Art mit Knotenstöcken, langem Haar, Lippenbart und kurzem Überrock einherstolzierte, nahm sich vor dem Hintergrund des Krieges wenig geschmackvoll aus. Aber man erwies dem Treiben solcher lakonisierenden Gecken viel zuviel Ehre, wenn man es ausdrücklich aufs Korn nahm und allenthalben Verdächtigungen ausstreute, daß dieser und jener »das Volk hasse« und sein Sinn auf Tyrannis stehe, wobei aus naheliegenden psychologischen Gründen dieser Terminus schlankweg mißbraucht wurde, um die mit ihm verbundenen Affekte auf den Gegner zu lenken. Unter diesen Bedingungen war es kein Wunder, wenn die Klubtätigkeit der vornehmen Kreise, die vor dem Kriege sehr zurückgegangen war, verstärkt auflebte und diese das Bedürfnis hatten, solchen Scherereien gegenüber sich durch Organisationen, die ihren Einfluß bei Wahlen und Gerichten gewährleisten sollten, zur Wehr zu setzen. Trotzdem war Kleon weit davon entfernt, mit seinen Hetzereien einen maßgeblichen Einfluß auszuüben. Es wurde über ihn schon viel zuviel gelacht. Der junge Aristophanes erwarb sich durch Kleons Persiflage in mehreren Stücken Ruhm und Beifall. Die Hauptsache aber blieb, daß der Weg zur alleinigen Macht für ihn sehr weit war und die politischen Extravaganzen, die ihm und seinem Kreis vorschwebten, noch narrensicher eingekapselt waren. Wenn da von der künftigen »Weltherrschaft« Athens gefaselt wurde und Kleons Anhänger sich in Phantasien über einen Eroberungszug gegen Karthago ergingen, so waren das noch harmlose Gedankenspiele, die man nicht ernst zu nehmen brauchte. Der Krieg erhielt deswegen keine neuen Ziele und entfaltete sich ausschließlich nach dem Gesetz, nach dem er angetreten war.

Zu den thematischen Feststellungen, die Thukydides über den Peloponnesischen Krieg getroffen hat, gehört die Behauptung, daß er an räumlicher Ausdehnung alle früheren Kriege übertreffe. Dem liegt eine wichtige Beobachtung zugrunde. Dieser Krieg war in der

Tat nicht nur ein Kampf zwischen Athen und Sparta, sondern aller Griechen miteinander. Er ergriff von der gesamten griechischen Welt Besitz. Es ist das nicht schwer einzusehen. Erst einmal bedeuteten die spartanische und die athenische Macht zusammen die Summe der meisten griechischen Staaten. Und zweitens gab es nur ganz wenige (wenn man den ganzen Krieg in Betracht zieht und genau zählen würde, wahrscheinlich kaum einen), die in diesem Krieg auf die Dauer neutral zu bleiben vermochten. Städte und Stämme wurden in ihn hineingezogen, die bis jetzt ein isoliertes Dasein geführt hatten. Das gilt vor allem auch für das westliche Festland und Zentralgriechenland. Da gab es kaum jemanden, der nicht irgendwie betroffen wurde, und die Annalen der Kriegshandlungen berichten von Kämpfen der Aitoler, der Akarnanen und vieler anderer. Der Krieg war durch die Erfahrung vorbereitet worden, daß Neutralität, wie das Beispiel von Korkyra zeigte, nicht mehr möglich war. Die gleiche Erfahrung mußte sich mit einer gewissen Zwangsläufigkeit im Kriege selbst zeigen.

Sparta besaß kraft des Peloponnesischen Bundes und Athens Desinteresse freien Zugriff auf das Festland und machte von ihm auch einige Male Gebrauch, obschon es im ganzen vorsichtige Zurückhaltung beobachtete. Aus innerpolitischen Gründen hatte es eine Abneigung gegen weitläufige Operationen, die einem einzelnen Feldherrn zuviel Macht in die Hände gespielt hätten. Bei Athen lagen die Dinge etwas anders. Es besaß die beinahe uneingeschränkte Seeherrschaft und konnte auf dem Meere viel schneller manövrieren, als dies zu Land möglich gewesen wäre. So fuhr es mit seinen Schiffen von Westen in den Korinthischen Golf ein und kam damit in Berührung mit diesen fernen westlichen Distrikten, zu denen es mit einer Landarmee nur schwer Zugang gewonnen hätte. Zu Schiff war auch Sizilien zu erreichen, das wußten die sizilischen Griechen, die für ihre Streitigkeiten untereinander sich für athenischen Sukkurs interessierten. Auf diese Weise war schon 433 ein Bündnis zwischen Leontinoi und Athen zustande gekommen, und als es 427 mit Syrakus in Krieg geriet, war der Bundesfall gegeben. Eine Gesandtschaft Leontinois mit dem Philosophen Gorgias an der Spitze erinnerte daran. Es wurde ein sizilischer Koalitionskrieg. Auf jeder Seite standen mehrere Staaten. Viel trug Athen wegen seiner sonstigen Engagements nicht bei, und 424 wurde überraschend bald Friede geschlossen. Doch das änderte an der Ubiquität des Krieges nichts und schaffte die Tatsache nicht aus dem Wege, daß es zur selben Zeit mitunter mehrere Kriegsschauplätze gab; so stand gleich zu Anfang der Feind auf der Chalkidike wegen des Abfalls von Potidaia, während die Spartaner in Attika einfielen. In der Folgezeit wiederholten sich die Invasionen regelmäßig bis 425 (mit Ausnahme des Pestjahres 429 und des Jahres 426, als es in Sparta ein Erdbeben gab). Auf der Chalkidike blieben auch nach der Zurückgewinnung von Potidaia (430) undurchsichtige Verhältnisse, weil der makedonische König eine schwankende Haltung einnahm und zeitweise dem Attischen Reich im Vorgebiet seines Landes unangenehmen Abbruch tat.

Der Peloponnesische Krieg war ein latenter und an seinen Brennpunkten aktueller Bürgerkrieg. Die Tatsache ist nicht so merkwürdig, wie sie auf den ersten Blick zu sein scheint. Je mehr die griechischen Staaten in den Sog des athenisch-spartanischen Antagonismus hineingezogen wurden, um so weniger waren sie imstande, ihre Außenpolitik nach den Grundsätzen eigenstaatlicher Interessen einzurichten. An ihre Stelle traten deshalb zwangsläufig andere Gesichtspunkte, und zwar solche innenpolitischer Herkunft. Da doch nichts anderes übrigblieb, als sich einer der beiden internationalen Gruppen anzuschließen, konnte die Wahl, soweit sie überhaupt noch ins Spiel kam, nur nach den Sympathien der gesellschaftlich-politischen Gruppen erfolgen. Die Grammatik für dieses Denken war längst ausgebildet. Oligarchische Kreise waren für die spartanische Partnerschaft, demokratische für die athenische. Wo demnach eine außenpolitische Umorientierung erfolgte, mußte sie fast stets Hand in Hand gehen mit einer inneren Umgruppierung, und umgekehrt, wo immer Auseinandersetzungen durchgefochten wurden, präjudizierte ihr Resultat fast immer eine bestimmte außenpolitische Einstellung. Die Korrelation glich einem Mechanismus, und sein trauriges Ergebnis bestand jeweils in einer Verdoppelung des Herrschaftsdruckes auf die unterlegene Partei. Wo die Demokratie triumphierte, hatte die Oligarchie nicht nur die Demokratie, sondern auch noch Athens Herrschaft auszuhalten, oder wo Athen herrschte, herrschte zugleich eine lokale Demokratie über Oligarchen, die sowohl diese wie jene verabscheuten, und ebenso umgekehrt, wenn Oligarchie und spartanische Oberhoheit in Korrespondenz traten.

Auf diese Weise war der athenisch-spartanische Gegensatz im Kreise der einzelnen abhängigen Staaten immer auch auf ein innerstaatliches Spannungsfeld transponiert. Dieses Verhältnis war prinzipiell nicht neu. Der Attische Seebund war schon früher in kritischen Fällen dieser Logik gefolgt, und bei Sparta zu stehen war auch schon immer gleichbedeutend mit oligarchischer Einstellung im Innern. Aber jetzt, da durch den Krieg der äußere Gegensatz in ein akutes Stadium trat, mußte sich die innere Spannung in entsprechender Weise verschärfen. Die Abneigung, welche die entgegengesetzten Gruppen auseinanderhielt, konnte jetzt zu grimmigem Haß werden durch das verstärkte Widerstreben der Unterlegenen gegen die Herrschenden angesichts der äußeren Labilität. Im Kriege lag gewissermaßen der Austrag des inneren Konflikts auf der Straße, bereit, je nach der äußeren Situation aufgenommen zu werden; und wenn sie sich ergab, war die Hemmungslosigkeit des Kampfes immer aus zwei Quellen gespeist, ganz abgesehen davon, daß eine lange Kriegszeit ohnehin den Schatz der erworbenen menschlichen Gesittung abbaut und den ganzen Lebensstil verrohen läßt.

Das Schicksal des Peloponnesischen Krieges, zu einer permanenten Revolution zu werden, und das mit fortschreitender Zeit immer mehr, ist von Thukydides richtig beobachtet worden. Thukydides erkannte ebenso, daß der Vorgang sich nicht nur in unendlichen Gewalttaten niederschlug, sondern auch das Bewußtsein pervertierte. Die Sistierung der normalen Ruhelage machte ihre ethischen Begriffe unbrauchbar und erzwang je nach dem polemischen Bedürfnis ihre Umprägung. Bezeichnet man etwa für gewöhnlich ein blindes Draufgängertum als unvernünftige Tollkühnheit, so hieß es jetzt Tapferkeit, die sich für die Freunde einsetzt; umgekehrt wurde aus vorausschauender Vorsicht kaschierte Feigheit, aus weisem Maßhalten ein Vorwand der Unmännlichkeit. Das Empfinden für absolute Verbindlichkeit ging auf diese Weise verloren. Entscheidend war nur noch die einer bestimmten Kampfsituation entsprechende Zweckmäßigkeit. Beispielsweise galten die Gesetze der Verwandtschaft nichts mehr gegenüber den Geboten der politischen Solidarität. Einen Eid hielt man nur so lange, wie man nicht die Macht hatte, ihn zu brechen.

Die Erscheinungen, um die es hier geht, sind einer auch nach politisch-ethischen Axiomen zerfallenen Welt nicht unbekannt, und niemand wird sich heute über eine solche Pragmatisierung der sittlichen Begriffe wundern. Nicht zufällig verfügen wir heute über die Fähigkeit plastischer Vorstellung von dem, was dieser Vorgang bedeutet; damit können wir die Aktualität einer schonungslosen Analyse anerkennen, wie sie Thukydides durchführte, und hierin eine besondere Relevanz des geschichtlichen Zusammenhanges finden, der diese Erfahrungen zutage förderte. Man könnte noch manche Erörterung zu diesem Punkt anstellen und sich etwa die Frage vorlegen, wie die zum erstenmal beobachtete Labilität politisch-ethischer Begriffe und das Bemühen, sie ad hoc umzugestalten, sich zum Phänomen der modernen Ideologiebildung verhält und schließlich auch zu der unbekümmerten Praxis, Begriffe unter Entleerung von jeder Sinnrealität anzuwenden.

In der ersten Phase des Peloponnesischen Krieges knüpfte sich der hier berührte Sachverhalt an zwei berühmte Ereignisse. Das eine ist der versuchte Abfall eines attischen Bundesstaates, von Mytilene auf Lesbos (428/7). Mytilene war einer der frühesten Staaten des Attischen Reiches und hatte sich als einer der wenigen nicht nur das Recht, Schiffe zu stellen, anstatt Tribut zu zahlen, sondern auch die oligarchische Verfassung bewahrt. Wenn irgendwo, so konnte hier noch von politischer Integrität und innerer Stabilität gesprochen werden. Aber der Krieg brachte die Sicherheit des Kurses ins Wanken. Die Oligarchen folgten ihrer lediglich soziologisch motivierten Sympathie für Sparta und entschlossen sich, die sichere Position innerhalb des Bundes zugunsten einer »Freiheit« aufzugeben, die in Wirklichkeit nur Anlehnung an Sparta bedeuten konnte. Sie bedachten dabei nicht, daß sie damit die demokratischen Kreise von Lesbos auf den Plan rufen mußten und daß diese eine billige Chance gewännen, im Bunde mit Athen die abtrünnige Oligarchie durch eine Athen loyale Demokratie zu ersetzen, ganz abgesehen davon, daß das Unternehmen im Hinblick auf die maritime Unterlegenheit der Peloponnes absolut töricht war.

Das lehrte denn auch der Ablauf der Ereignisse. Beide Faktoren besiegelten das Unheil. Von Sparta kam keine wirkungskräftige Hilfe, und während des Kampfes mit Athen wurden im entscheidenden Moment den Oligarchen von den sich erhebenden Demokraten die Waffen aus der Hand geschlagen. Es blieb nur die bedingungslose Kapitulation. In Athen gingen, wie nicht verwunderlich, die Wogen der Erregung über den gefährlichen Abfall hoch. Auf Betreiben radikaler Scharfmacher wie Kleons wurde beschlossen, die gesamte männliche waffenfähige Bevölkerung über die Klinge springen zu lassen und Frauen und Kinder in die Sklaverei zu verkaufen; Wahnsinn eines verruchten Paroxysmus, der Schuldige und Unschuldige in einen Topf warf und sich an den Freunden Athens ebenso verging wie an den Feinden. Das Schiff mit diesem Mordbefehl, dessen Besatzung um seine Ungeheuerlichkeit wußte und es mit der Überbringung nicht allzu eilig hatte, wurde am Zielort gerade noch von einem schnellen Geschwader erreicht, welches einen modifizierten und gemilderten Beschluß überbrachte und damit in letzter Minute das Schlimmste verhinderte. Die Strafe war auch so unbarmherzig genug: alle »Schuldigen«, das heißt wohl in der Hauptsache die Aristokraten, wurden hingerichtet – es waren über tausend Männer (!) –, die Mauern niedergerissen, die Flotte ausgeliefert und der gesamte Grund und Boden zugunsten von dreitausend attischen Kleruchen enteignet, die allerdings nicht selbst zum Pflug griffen, sondern an ihrer Stelle die bisherigen Bauern als Pächter arbeiten ließen und sich auf diese Weise von heute auf morgen in wohlbestallte Rentner verwandelt sahen.

Den anderen frühen Fall politischer Desintegration durch den Krieg bietet Korkyra. Er ist in gewisser Hinsicht noch lehrreicher, denn Korkyra war bis zum Peloponnesischen Krieg ein Staat, der zwischen den beiden großen politischen Lagern einen selbständigen neutralistischen Kurs zu steuern vermochte und einen in sich gegründeten Standpunkt einnahm. Aber einige Jahre vor Ausbruch des Krieges erfolgte der, wie der Leser weiß, durch eine besondere außenpolitische Zwangslage herbeigeführte Anschluß an Athen, vollzogen von der gleichen oligarchischen Regierung, die bis dahin die Leitung des unabhängigen Gemeinwesens innegehabt hatte. Als nun der Krieg kam, an dessen Vorbereitung dieses Ereignis ja nicht unbeteiligt gewesen war, wollten die Oligarchen diese einst nach den Grundsätzen außenpolitischer Rationalität getroffene Entscheidung wieder rückgängig machen. Sie fühlten sich ihrer inneren Einstellung nach in der Gesellschaft des demokratischen Athens auf der falschen Seite und wollten nicht mehr Feinde der Peloponnesier sein. Dabei gaukelten sie sich ein Trugbild vor und meinten, der frühere Zustand Korkyras zwischen den beiden Machtblöcken ließe sich einfach wiederherstellen, und sie könnten vertragsgemäß die Bundesgenossen Athens und zugleich die Freunde der Peloponnesier wie früher sein. Wenn sie diesen Unsinn wirklich glaubten – es spricht einiges dafür, daß es sich um reine Heuchelei handelte –, war es glatter Selbstbetrug. Sie hätten sich dann einfach über ihren Abfall von Athen getäuscht und nicht bemerkt, daß es in ihrer Situation nur noch die Alternative für oder gegen die eine oder andere der großen kriegführenden Parteien gab und daß diese Entscheidung bereits gefallen war. Jetzt zurückzuwollen hieß ausschließlich der innerpolitischen Flagge folgen und mußte entsprechende Konsequenzen haben. Es wurde nämlich eine kräftige demokratische Gegenströmung auf den Plan gerufen, die nicht nur athenfreundlich war, sondern auch sozusagen das Völkerrecht für sich hatte. Schon die Diskussion über die Aufgabe der Bindung an Athen ging in Mord und Totschlag über. Der nächste Schritt führte zur offenen Revolution und zu einem Kampf bis aufs Messer zwischen den beiden Parteien. Der Sieg war bei den Demokraten, und den Schluß bildete ein sieben Tage langes Morden unter den Oligarchen oder denen, welche aus persönlichen Gründen dafür galten. »Es fanden nämlich auch welche privater Feindschaft wegen den Tod oder weil ihnen ein Guthaben geschuldet wurde. Jede Todesart gab es, die in solcher Lage vorzukommen pflegt, nichts, was nicht passiert wäre, und noch viel mehr. Der Vater mordete den Sohn, und von den heiligen Altären zog man Opfer weg und tötete sie in ihrem Anblick. Andere wurden wieder im Dionysostempel eingemauert und kamen so um« (Thukydides). Der ganze Bürgerkrieg spielte sich unter wechselseitiger Intervention Spartas und Athens ab, wobei jenes wie bei Mytilene auf der ganzen Linie versagte und damit seinen Freunden, die das Risiko des Frontenwechsels auf sich genommen hatten, den Garaus bereitete.

Die Pragmatik der einzelnen militärischen Ereignisse im ersten zehnjährigen Abschnitt des Peloponnesischen Krieges, den sich die Wissenschaft – mit zweifelhafter Berechtigung – nach dem spartanischen König Archidamos den Archidamischen Krieg (431–421 v. Chr.)

zu nennen gewöhnt hat, kann der genaueren Betrachtung entraten. Es ist zwar sehr viel passiert, aber ein durchschlagender Erfolg, der einer der beiden Seiten den Sieg hätte bringen können, lag für jeden außerhalb des Möglichen. Der Krieg war, wie Perikles von vornherein gewollt und gesehen hatte, ein Krieg des Durchhaltens. Die eine Partei suchte die andere, soweit es ging, zu drangsalieren. Sparta tötete jeden attischen Kaufmann, der sich auf der Peloponnes blicken ließ, und betrieb, abgesehen von den regelmäßigen Einfällen in Attika, mit seinen geringen Seestreitkräften einen wirkungslosen, aber um so rücksichtsloseren Kaperkrieg, der auch die Neutralen nicht verschonte – das entsprach der immanenten Wahrheit, daß es in diesem Krieg keine mehr gab –, die Athener revanchierten sich mit der Beunruhigung der gesamten Küste der Peloponnes vom Meere aus und führten ihrerseits jeden Spartaner, dessen sie habhaft werden konnten, zum Tode. Das Hauptgewicht des Seekriegs legten sie auf die Zerstörung von Korinths Macht und Seegeltung im Westen Griechenlands.

In diesem Zusammenhang tauchen deshalb auch die wenigen Geschehnisse auf, die eine besondere Initiative verraten und im wesentlichen auch ihr Ziel erreichten. Korinth, unterstützt von Sparta und den anderen Peloponnesiern, mußte beträchtliche Verluste einstecken und damit zugeben – was eigentlich von vornherein klar war –, daß angesichts der überragenden attischen Überlegenheit die Tage seiner maritimen Bedeutung gezählt waren und der Erfolg von 446, auf die Dauer gesehen, nur vorläufig und ohne Wertbeständigkeit sein konnte. Sobald jedoch Athen den Rahmen dieses Programms überschritt, ging der Schlag daneben. Dem Strategen Demosthenes, dem in den Jahren 426 und 425 diese Operationen anvertraut waren, kam einmal die illusionäre Vorstellung, er könne auf billige Weise und ohne die athenischen Kräfte allzusehr zu engagieren, einfach, indem er die militärische Kraft der westlichen Bergvölker, vor allem der Aitoler und der Akarnanen, gewänne oder ihren Sukkurs erzwänge, das ganze Mittelgriechenland von Westen her aufrollen und der Herrschaft Athens unterstellen; aber das Unternehmen mißglückte völlig. Seine Bundesgenossen in spe, die Aitoler, leuchteten ihm ordentlich heim. Demosthenes wagte nach dieser Blamage nicht heimzukehren und konnte heilfroh sein, daß ihm später gegenüber der mit Korinth verbündeten Stadt Ambrakia ein eindeutiger Erfolg beschieden war, der zudem große Beute brachte und Korinth weiteren Abbruch tat.

Bewegung brachte in diesen mehr oder weniger stagnierenden Krieg ein reiner Zufall. Er löste eine ganze Kettenreaktion aus, welche ihrerseits beinahe den Charakter dieses Waffenganges in Frage gestellt hätte.

Im Frühsommer 425 fuhr eine athenische Flotte an der Westküste der Peloponnes hinauf. Das Ziel war Sizilien. Unterwegs improvisierte Demosthenes, der für den Jahreswechsel im Hochsommer designierte Stratege – eine Anerkennung für seinen Erfolg von Ambrakia –, an der messenischen Küste mit einem geringen Bruchteil dieser Streitkräfte (das Hauptkontingent fuhr weiter) ein Landungsunternehmen. In der kleinen Halbinsel Pylos glaubte er einen günstigen Stützpunkt gefunden zu haben, um die Spartaner durch Aufwiegelung der Messener zu ärgern. Die Spartaner beantworteten diese kecke, aber wahrscheinlich in ihrer praktischen Ausweitungsmöglichkeit nicht allzu aussichtsreiche Provokation mit einer Expedition, um die Athener wieder zu verjagen. Das Vorhaben mißlang jedoch gründlichst.

Das spartanische Korps hatte die neben Pylos liegende kleine Insel Sphakteria besetzt, um die Athener nicht dahin übergreifen zu lassen, und die Ausfahrt aus der kleinen Hafenbucht von Pylos mit zwei Schiffen verriegelt. Ihre eigene Flottille lag in der Bucht von Navarino, wie sie meinten, gesichert gegen jeden Angriff. Wider Erwarten durchbrachen jedoch die athenischen Schiffe – es waren nicht mehr die wenigen, mit denen Demosthenes gelandet war, sondern seitdem war Verstärkung dazugestoßen – die Sperre, überfielen die Schiffe der ahnungslosen Spartaner und zerstörten sie. Damit waren die Spartaner auf Sphakteria vom Land abgeschnitten, und aus den Angreifern, welche die Athener matt setzen wollten, waren Belagerte geworden. Es waren zwar nur vierhundertfünfzig Hopliten, davon aber hundertfünfzig Spartiaten, also spartanische Vollbürger. Dieser drohende Verlust jagte Sparta einen solchen Schreck ein, daß es, um ihn abzuwenden, sofort Frieden zu schließen bereit war. Ganz überraschend war also der Moment eingetreten, den Perikles als das Ziel des Krieges erkannt hatte: der Angreifer gab klein bei, und Athen war infolgedessen der Sieger.

Doch so kam es nicht. Kleon, der Gegner der Perikleischen Politik, lief gegen einen Abschluß zu billigen Bedingungen Sturm und setzte sich durch. Der Friede war verscherzt, und der Krieg mußte weitergehen. Aber wie? Es bestand alle Gefahr, daß Kleons Torheit auch den militärischen Erfolg von Sphakteria aufs Spiel setzte. Die Blockade der Spartaner war nicht effektiv, zudem waren sie gut verproviantiert, und wenn der Winter kam, waren sie voraussichtlich frei, da in der schlechten Jahreszeit die Einschließung nicht durchzuhalten war. Kleon kam dadurch in beträchtliche Verlegenheit und schlug zurück: man müsse eben die Spartaner auf Sphakteria angreifen. Die Darstellung, dies sei militärisch nicht möglich, halte er für Schwindel. Nikias, der als Stratege zuständig war, bietet ihm darauf in der Volksversammlung an, es doch selbst zu versuchen. In der Annahme, es handle sich um einen schlechten Scherz, tut Kleon so, als komme es ihm gar nicht darauf an, seine Behauptung unter Beweis zu stellen. Da nimmt ihn Nikias beim Wort und tritt ihm unter dem Beifall des Volkes das Kommando ab. Kleon war durch seine eigene Dummheit blamiert. Jedem Einsichtigen war klar, daß dieser militärische Laie, der noch bramarbasierend erklärt hatte, in zwanzig Tagen werde er mit den Spartanern in Athen stehen, nur mit Schimpf und Schande von Sphakteria zurückkehren werde.

Doch es kam ganz anders, und das war die zweite Überraschung: Kleon stand binnen kurzem doch in Athen und hatte die Gefangenen bei sich. Der Angriff war geglückt; wenn technisch das Verdienst auch vielleicht bei Demosthenes lag, der noch vor Kleons Ankunft den Angriff vorbereitet hatte und von Kleon als militärischer Fachmann mit am Kommando beteiligt wurde, so hatte Kleon doch recht behalten und war obendrein auch persönlich der Sieger. Die Spekulation seiner Gegner war völlig zuschanden geworden, und es war eigentlich nicht mehr abzusehen, wie er nun nicht gänzlich das Heft in die Hand bekommen sollte.

Ein günstiges Geschick ersparte Athen das Verhängnis. Es bot sich schon in Kleon selbst, der nicht das Format hatte, das bisherige Satyrspiel auf die Höhe der Tragödie zu heben. Kleon vereitelte zwar abermals den Frieden und wies ein spartanisches Angebot zurück, aber dazu, dem Krieg wirklich eine neue Wendung zu geben, wie es seine Absicht war, hatte er nicht das Zeug. Seine Parole hieß: Fort mit der stationären Kriegführung und Angriff auf den Feind da, wo seine Kraft liegt! Das bedeutete: Kriegführung der Athener auch zu Lande. Der nächste Gegner mußte dann Boiotien sein, das von Anfang an im Krieg mit Athen stand, ohne daß bis jetzt etwas Entscheidendes versucht worden wäre. Doch der August des Jahres 424 führte zu einer militärischen Katastrophe. Bei Delion sank nicht nur ein athenisches Heer, sondern auch sein Feldherr dahin. Es war freilich nicht Kleon; dieser hatte es trotz seiner frischen Lorbeeren vorgezogen, den Krieg vom Marktplatz aus zu betreiben und seine militärische Durchführung den Experten zu überlassen.

Nach diesem Mißerfolg ging sein Einfluß zurück, aber gebrochen war er noch keineswegs. Schlimmer war es freilich, daß ein frischer Wind auf einmal von der anderen Seite her blies und nun das, was Kleon vorschwebte, nämlich den Gegner zu treffen, viel eher den Spartanern zu gelingen drohte. In Brasidas trat bei ihnen ein Mann hervor, dem nun wirklich etwas einfiel. Er nahm die Machtpositionen Athens direkt aufs Korn. Die meisten waren freilich für Sparta unzugänglich, da für sie nur der Wasserweg zur Verfügung stand. Doch es gab einen Distrikt des Attischen Reiches, zu dem ein Landweg hinführte. Es erforderte allerdings Geschick und Wagemut, dorthin zu gelangen, nämlich zu den thrakischen Besitzungen Athens, also vor allem zur Chalkidike und Amphipolis. Aber Brasidas traute es sich zu und erreichte auch nach einem Marsch durch ganz Griechenland sein Ziel. Er war nicht nur Militär, sondern auch Politiker und brach deshalb mit den stumpfen Vernichtungsmethoden, die sich auf beiden Seiten während dieses Krieges eingewurzelt hatten. Er versuchte es mit freiwilligem Anschluß der attischen Bundesstädte. Wo ihm der, wie unvermeidlich auf Grund eines Partei- und Regierungswechsels, gewährt wurde, hielt er schützend seine Hand über die unterlegenen Gegner. Es gab keine Massaker, und als es umgekehrt den Athenern gelang, eine derartige Stadt wieder zurückzugewinnen, da konnte alle Welt sehen, wie sich die neue von der alten Methode unterschied. Kleon hatte in seiner Art einen Volksbeschluß durchgesetzt, daß die Bürger von Skione – so hieß die Stadt auf der Chalkidike – hinzumorden seien. Brasidas durfte man deshalb die »Befreiung von Hellas« glauben, und sogar Amphipolis, eine athenische Kolonie, tat es. Seine Erfolge waren erstaunlich, wenn er auch nicht überall zum Ziel kam. Der Historiker Thukydides bekam es zu spüren, der den Abfall von Amphipolis nicht hatte verhindern können und von Thasos, wo er mit einem Geschwader lag, nun zu spät herangeeilt war. Es wurde das Ende seiner politischen Karriere. Er kehrte, um der Verurteilung zu entgehen, nicht mehr nach Athen zurück.

Die Remedur der kolossalen Einbußen Athens in Thrakien war eine Aufgabe, so richtig Kleons Selbstbewußtsein entsprechend. Er übernahm sie, und sie wurde das Sigel seiner militärischen Unfähigkeit. Athen erlitt vor den Mauern von Amphipolis, das es zurückgewinnen wollte, eine katastrophale Niederlage. Kleon war unter den Gefallenen. Aber den Tod im Kampf hatte auch Brasidas gefunden. Die »beiden Keulen«, wie man sie nannte, waren nicht mehr, und damit wurde der Weg zum Frieden endlich frei. Sparta dachte nicht daran, die Linie des Brasidas fortzusetzen. Sie war ihm niemals ganz geheuer gewesen. Auf welche Ideen mochte solch ein origineller Kopf sonst noch kommen? Das war nichts für Sparta und seinen Argwohn gegen auch nur eventuelle konstitutionelle

Fremdkörper. Und vor allem galt es noch immer, die gefangenen Spartiaten zu retten. In Athen mußten die Freunde Kleons verstummen. Sie waren nur zu deutlich geschlagen. Und die Stimme sachgerechter Vernunft war trotz der letzten Eskapaden noch stark genug, sich gegen das dumme Gekläffe von Kleons Freund Hyperbolos durchzusetzen. So stellte sich denn der Friede ein, auf den Perikles von Anfang an gezielt hatte, der Athen schon vor drei Jahren geschenkt war und der ihm gewissermaßen wiedergeschenkt und nun auch in der Erkenntnis der wahren Lage festgehalten wurde.

»Held« des Friedens wurde Nikias. Ihm flossen die Sympathien breiter Volkskreise zu, denn diesen Krieg, der nun schon zehn Jahre währte, hatten die meisten satt, gerade auch die einfachen Leute vom Land, die unter ihm besonders hatten leiden müssen. »Friede des Nikias« wurde deshalb damals schon die gängige Bezeichnung. Die Verhandlungen schleppten sich den ganzen Winter 422/21 hin, denn ohne eine gewisse Desillusionierung gingen nicht ab, als sich herausstellte, daß man vor Jahren, nach Sphakteria, mehr hätte erreichen können. Der Vertrag wurde auf fünfzig Jahre abgeschlossen, mit größerem Spielraum also als der dreißigjährige Friede von 446, das heißt mit noch stärkerer Betonung eines Definitivums. Der Tenor ging auf Statuierung des Standes von 431, mit dem einen wichtigen Abstrich, daß von einer Restituierung der Verluste Korinths abgesehen wurde. Dieser heikle Punkt wurde in den Stipulationen unter der stillschweigenden Prämisse einfach übergangen, daß politische Veränderungen, die mit formeller Zustimmung der Betroffenen eingetreten waren, nicht mehr zur Diskussion ständen, ein Prinzip, von dem nur eine einzige Ausnahme (Amphipolis) zugestanden wurde. Da es sich bei der korinthischen Einflußsphäre ausschließlich um einen autonomen Parteiwechsel handelte, konnte dieser Punkt einfach unter den Tisch fallen. Wo er die athenischen Interessen im Zusammenhang mit den politischen Erfolgen des Brasidas berührte, wurden unter äußerer Wahrung des Prinzips komplizierte Formulierungen gewählt, die Athen zu seinen Ansprüchen kommen ließen. Ein Besitzstand, der auf lediglich militärischer Okkupation beruhte, sollte von beiden Seiten aufgegeben werden.

Das politische Gewicht des *Nikiasfriedens* beruhte nicht weniger auf dem Vertragsinhalt im einzelnen als auf der Tatsache, daß er auf der ganzen Linie ein Verzicht Spartas auf seine Kriegsziele von 431 in sich schloß. Daß damals die Existenz eines Attischen Reiches in Frage gezogen worden war, davon verlautete jetzt kein Wort mehr. Die Auseinandersetzung hatte eindeutig zugunsten Athens geendet, und Sparta mußte sich dazu bequemen, durch Friedensschluß Athens Machtstellung indirekt anzuerkennen.

So wurde der Vertrag denn auch von Spartas peloponnesischen Bündnern, zumal von Korinth, aufgefaßt. Korinths Interessen hatten den Ausschlag bei der Kriegseröffnung gegeben. Ihre völlige Ignorierung am Kriegsende bezeichnete die Niederlage der peloponnesischen Seite. Die Rückwirkung stellte sich schneller ein, als zu erwarten war. In unmittelbarer Verbindung mit dem Friedensschluß löste sich der Peloponnesische Bund auf. Korinth mit Elis und Megara traten dem Vertrag nicht bei. Sparta war inmitten seiner Freunde isoliert und sah sich angesichts solcher Bedrohung nach Rückendeckung bei Athen um. Zwischen beiden wurde ein Bündnis geschlossen und damit der Zerfall des Peloponnesischen Bundes sanktioniert. Zugleich traf sich die Separationsbewegung mit einer anderen spartafeindlichen Initiative. Argos trat nach Ablauf des dreißigjährigen Friedens aus seiner Reserve heraus und schloß sich mit Korinth, Elis und Mantineia zu einem Sonderbund gegen Sparta zusammen. Es war mit einem Schlag alles auf den Kopf gestellt: die jahrhundertalte Vormacht der Peloponnes von Athen abhängig, Spartas, nicht Athens Macht desintegriert und alles in einer Bewegung ohne feste Orientierung, das Ganze ein glänzender Triumph der Perikleischen Politik. Die Tür zu einer Machtentfaltung Athens auf dem Kontinent hatte sich von selbst geöffnet, fünfundzwanzig Jahre nachdem einst Perikles vergeblich versucht hatte, sie mit Gewalt aufzubrechen. Eine neue Entwicklung schien sich verheißungsvoll für Athen anzukündigen.

Das Abenteuer der Macht

Wenn die Geschichte Athen durch eine beinahe mirakulöse Konstellation die Hand bot, so war allerdings nötig, daß es diese auch ergriff. Dies war nicht ganz einfach, denn die neue Situation war ebenso Wirklichkeit wie Möglichkeit und bedurfte nicht nur der unvoreingenommenen Hinnahme, sondern auch vorsichtiger Gestaltung. Diese Behutsamkeit brachte Athen nicht auf, und ebenso ließ die attische Politik es an der nötigen Einsicht in die ungeahnte Lage und an der notwendigen Anpassungsfähigkeit fehlen. So war schon nach drei Jahren alles wieder verloren. Der antispartanische Sonderbund löste sich wieder auf, und der Dualismus, hier Sparta mit den Peloponnesiern, da Athen mit dem Attischen Seebund, der gerade überwunden schien, pendelte sich von neuem ein. Und Athen hatte gegen diese Entwicklung nicht nur nichts unternommen, sondern sie durch eigenes Zutun sogar noch wesentlich unterstützt.

Obgleich die Dinge im einzelnen ziemlich kompliziert liegen, läßt sich der Grund verhältnismäßig deutlich machen. Das Verhängnis lag in dem Fehlen eines überlegenen Verstandes, der begriffen hätte, daß Athen es mit einem geschwächten Sparta zu tun hatte und daß eben diese Schwäche Athens Gewinn sein konnte. Bei der Durchführung des Friedens tat Athen jedoch so, als ob Sparta noch im unbeschränkten Besitz seiner Macht und Autorität wäre, und verlangte deshalb von ihm sozusagen auf Heller und Pfennig die Restitution einer Lage, die Sparta gar nicht mehr in der Hand hatte. In Boiotien sollte ein Ort herausgegeben werden, aber die Boioter hatten sich von Sparta getrennt, also war Sparta überfordert. Bei Amphipolis spielte ihnen ein eigener Offizier einen Streich, der die Stadt Athen nicht übergab, sondern sie lediglich verließ. Die Athener hätten sich ihr Recht selbst holen müssen. Statt dessen beharrten sie auf dem Buchstaben des Vertrages und verspielten damit für immer den Besitz dieses wichtigen Platzes. Umgekehrt griffen sie nun zu Repressalien und enthielten Sparta die der Peloponnes vorgelagerten Orte vor, zu deren Herausgabe sie verpflichtet waren, vor allem Pylos und Kythera. Damit verschlechterte sich gleich zu Anfang das Klima, und diejenigen in Sparta bekamen die Oberhand, die sich nur mit Widerstreben in den Friedensschluß gefügt hatten. Der erste Rückschlag trat sehr schnell ein. Das isolierte und damit dem Zugriff Athens preisgegebene Boiotien schloß, entgegen den spartanisch-athenischen Abmachungen, mit Sparta ein Bündnis; ertrotzt haben dies die Boioter bezeichnenderweise im Zusammenhang mit dem Ersuchen

Spartas, Panakton an Athen herauszugeben. Damit brachte sich im Grunde Athen selbst um die Chance, in Mittelgriechenland freie Hand zu haben.

Der zweite Fehler war noch gravierender und entbehrte jeder politischen Ratio. Athen unterstützte den Sonderbund gegen Sparta, als dieser unter der Führung von Argos offensiv wurde. Das geschah nach der antiquierten Weisheit, daß traditionelle Gegner Spartas Athens Freunde seien und in der Aktivität von Argos sich wie schon früher die Gelegenheit biete, Sparta am Zeuge zu flicken. Der »Erfolg« ließ denn auch nicht lange auf sich warten: Korinth kehrte alsbald dem Sonderbund den Rücken und wandte sich wieder Sparta zu (420). Die definitive Bestätigung solchen Unsinns war der militärische Sieg Spartas über den Sonderbund bei Mantineia, durch den zu allem hin die Kommandanten der attischen Hilfstruppen den Tod fanden (418). Die Folge war, daß der Sonderbund auseinanderging und auch Argos mit Sparta Frieden schloß.

Hätte die Gruppierung der politischen Kräfte in Athen während dieser Jahre dem Nikiasfrieden entsprochen, läge es nahe, die Ursachen des Versagens bei ihnen zu suchen und Kurzsichtigkeit wie Mangel an Konsequenz dafür in Anschlag zu bringen. Doch die Leitung von Athens Politik war nicht einheitlich. Nikias stand unter dem Druck der demokratischen Extremisten, die wie Hyperbolos das Problem gar nicht verstanden und denen die Verbindung mit Sparta überhaupt nicht einleuchtete. Sie drängten auf den alten antispartanischen Kurs. Unter diesen Umständen war die wesentliche Frage, inwieweit Nikias imstande war, sich zu behaupten. Möglicherweise wäre ihm mehr Erfolg beschieden gewesen, wenn auf der Gegenseite nicht ein Gewicht in die Waagschale gekommen wäre, das jedem Ausgleich spottete. Mit dem Jahre 420 betrat *Alkibiades* die politische Bühne, nachdem er mit Erreichung des dreißigsten Lebensjahres gerade die Qualifikation zur Bekleidung höherer Ämter erlangt hatte.

Alkibiades wurde in den anschließenden fünf Jahren als attischer Staatsmann zum Verhängnis Athens; in der Folgezeit war er, ganz unabhängig von seiner jeweiligen Position und beinahe frei sich im Raume hellenischer Weltpolitik bewegend, eine Kraft, die mehr wog als ganze Flotten und Heere, und als schließlich genau mit dem Abschluß des Peloponnesischen Krieges (404) sein Leben und Wirken zu Ende ging, verließ er einen Trümmerhaufen, den er beinahe als sein Werk betrachten durfte. Die griechische Geschichte hat außer Alexander dem Großen niemanden gekannt, der ihm an persönlichem Durchschlagsvermögen gleichgekommen wäre. Er war ein wahrhaft erstaunliches Phänomen, so recht dazu angetan, die Geschichte als Spielball individuellen menschlichen Tuns erscheinen zu lassen.

Für Athen wurde Alkibiades zum Gegenstück des Perikles. War dieser sein guter Geist geworden, der die Gebrechen und Mängel seiner Landsleute ausglich und das Beste aus ihnen herausholte, so glich Alkibiades dem Dämon, der die gefährlichen Neigungen seiner Mitbürger ins Gigantische erhob und in ihren von ihm angepeitschten Leidenschaften den letzten Rest politischer Vernunft zum Verdampfen brachte. Die Athener unterhielten ein zwiespältiges Verhältnis zu ihm: sie liebten ihn und haßten ihn und kamen nie ganz von ihm los. Sie spürten, daß er zu ihnen gehöre wie der Schatten zur Wirklichkeit, und hätten sich mitunter doch gern mit jenem auch der Wirklichkeit entledigt.

Alkibiades war eine glänzende Erscheinung, schon auf Grund seiner Abstammung, die ihn dem vornehmsten attischen Adel zuwies. Über seine Mutter, eine Angehörige des Alkmaionidengeschlechts, war er mit Perikles verwandt und wuchs sogar in dessen Haus unter seiner Vormundschaft auf. Bevor er noch politisch hervortrat, war er stadtbekannt, so daß Aristophanes in seinen frühen Stücken auf ihn anspielen konnte. Man kannte seine großen Gelage, vor allem aber seine zügellosen Jugendstreiche. Daß ihm nichts außer seinem Selbst etwas galt, war früh zu spüren. Es kam ihm nicht darauf an, seine Frau, die beim Archon vor ihm Zuflucht gesucht hatte, von dort wegzurauben und einen Rivalen bei der Choregie (Ausstattung eines Theaterchores) einfach zu verprügeln. Athen sprach ihm trotzdem den Preis zu. Bei Sokrates ging er aus und ein, war auch auf zwei Feldzügen sein Zeltgenosse und mußte als sein Jünger gelten. Sein Charakter verriet allerdings wenig von der Besonnenheit des Meisters. Eher hätte man in ihm einen gelehrigen Schüler der Sophisten vermuten können. Daß der Starke sich selbst die Normen setzt, war ihm nicht theoretische Überzeugung, sondern praktische Lebensweisheit. Politisch war ihm, nach Gelegenheit, jede Richtung recht. So stand er schon vor 420 einmal bei Kleon, das andere Mal bei Nikias. Im Grunde verachtete er alle beide. Auch Athen war ihm keine Instanz, deren Autorität ihm alles bedeutet hätte. Er erstrebte natürlich seine Anerkennung und seinen Beifall, um ein Sprungbrett zu haben, aber ebenso bemühte er sich von Anfang an um das Echo der gesamtgriechischen Öffentlichkeit und ließ in Olympia die teuersten Gespanne laufen. Nach auswärts unterhielt er im Stil des alten Adels enge persönliche Beziehungen und erwarb sich so eine Klientel, die weit über Athen hinausging. Ein ungeheures Vermögen kam ihm überall zu Hilfe, wo er auf Popularität aus war. In Athen schlug er aus großzügig übernommenen Leiturgien Kapital. Irgendwie und irgendwann wollte er herrschen, natürlich über Athen, aber natürlich auch über das Reich und möglichst noch darüber hinaus. Die Menschen sollten ihm ein modellierbarer Stoff sein, Wachs in seiner Hand, und dazu mußten sie erst einmal in einen plastischen Aggregatzustand geraten, zuvorderst natürlich die Athener. Deswegen konnte er eine Politik des Maßes und der Besonnenheit nicht brauchen. Er bedurfte der Bewegung und zögerte nicht, sie, wie sie sich bot, bis zur Ekstase anzuheizen. Daß die Keime zu einem uferlosen Expansionismus in den Wachträumen extremer Demokraten bereitlagen, war ihm ein Geschenk. Er beeilte sich, es zu nutzen, und lieh seinen gewaltigen Atem Bestrebungen, die ohnehin von Explosivkraft erfüllt waren. Das außenpolitische Konzept des Nikiasfriedens durcheinanderzubringen war ihm Herzenslust, und an dessen Fiasko hatte er deshalb auch sein gehöriges Teil. Hyperbolos war ihm gegenüber ein Stümper und wurde sehr bald von ihm in den Schatten gestellt, so daß Alkibiades mit Recht als der eigentliche Gegenspieler von Nikias galt.

Die unerträglich werdende Spannung drängte zum Austrag. Es war gerade Hyperbolos, der ihn wollte, gewiß nicht aus uneigennützigen Gründen. Wenn der Ostrakismos, das für diesen Zweck vorgesehene Mittel, gegen Alkibiades und damit auch gegen seine eigene Farbe entschied, war er der unangefochtene Repräsentant der unterlegenen Gruppe. Unterlag Nikias und siegte Alkibiades, blieb ihm immerhin die Genugtuung, daß die von ihm vertretene Politik zum Zuge kam. Aber das Spiel wurde gegen alle Spielregeln gespielt. Nikias und Alkibiades taten sich zusammen, und das direktionslos gewordene Volk fiel auf den makabren Scherz hinein: es votierte gegen Hyperbolos, der der Sache nach gar nicht zur Diskussion stand. Daß dieser Unfug gegen den Sinn der Institution verstieß, kam schon den Zeitgenossen zum Bewußtsein, die offen an dem Manöver Kritik übten. Dieser Mißbrauch des Ostrakismos brachte ihn denn auch dermaßen in Mißkredit, daß er hinfort nicht mehr angewandt wurde. Den augenblicklichen Schaden heilte diese Kur freilich nicht. Er war noch schlimmer, als man im Moment ahnen konnte. Athen war damit der Führung eines disparaten Gespanns preisgegeben. Im besten Fall legte es sich durch sich selbst lahm. Aber wer Alkibiades kannte, konnte nicht zweifeln, wer auf die Dauer die Oberhand gewinnen würde, wenn auch die Ostrakisierung des Hyperbolos als eines Vertreters einer kriegerischen Politik dem Nikias recht zu geben schien. Doch welcher Geist in Athen herrschte, bewies schon das nächste Jahr (416).

Athen überfiel mitten im Frieden die kleine dorische Insel Melos, die es schon während des Archidamischen Krieges zu erobern versucht hatte, und vernichtete die ganze Bevölkerung, als die Gemeinde sich nicht einem athenischen Diktat fügte. Das Ganze war seinem politischen Gewicht nach eine Episode, aber Thukydides hielt sie für ein derartig bezeichnendes Symptom der moralisch-politischen Verfassung Athens, daß er in dem »Melierdialog« eine seiner tiefsinnigsten und von den Erfahrungen des Kriegsausgangs inspirierten politisch-moralischen Betrachtungen an dieses Ereignis anknüpfte.

Den entscheidenden Aufwind erhielt Alkibiades im folgenden Jahr (415). Er kam von Sizilien. Auf dem griechischen Festland war der Krieg trotz des Bruches der spartanisch-athenischen Allianz und obgleich es auf der Peloponnes, etwa zwischen Argos und Sparta, nicht an Reibereien fehlte, nicht wieder losgegangen. Sparta war bestrebt, einen Wiederausbruch des Krieges zu vermeiden, und umgekehrt es selbst anzugreifen schien Athen wenig zweckmäßig, da Spartas Überlegenheit zu Land über jeden Zweifel erhaben war. Als aber Gesandte der sizilischen Segester kamen und Athen baten, ihnen gegen Selinus und damit auch gegen das mit ihm verbündete Syrakus zu helfen, da tat sich eine Landschaft auf, in der Athens Energie endlich ein freies Betätigungsfeld finden konnte. Die Situation war nicht ganz neu. Schon während des Archidamischen Krieges hatte sie sich angeboten, aber damals war aus ihr nichts Rechtes geworden, weil man die Hände nicht frei gehabt hatte. Daß Athens Zukunft auf dem Wasser liege, war für gewisse demokratische Phantasten schon zu diesem Zeitpunkt eine ausgemachte Sache. Hatte man Sizilien, dann war es nur ein Schritt zur Bewältigung Karthagos. Das westliche Mittelmeer gehorchte dann Athen, das östliche konnte es unter solchem Aspekt ohnehin als eigene Domäne betrachten. Beides zusammengehalten, ließ Sparta und die Peloponnes nur noch als unbedeutende Basen des Widerstandes auftreten, die dann ohne Mühe zu überspielen waren. Die Rechnung strotzte zwar von Fehlern, aber sie war schön und ergab ein faszinierendes Resultat.

Alle Probleme Athens, an denen es sich nun bald ein halbes Jahrhundert vergeblich abmühte, schienen mit ihm auf einen Schlag gelöst. Dieser Gedanke zündete in unglaublicher Weise. Die Athener waren von ihm besessen, und es trat das ein, wovon der Staat bis jetzt immer noch verschont geblieben war, daß nämlich eine fixe Idee, die bisher ihre Begrenzung am mechanischen Widerstand der Opponenten fand, mit einemmal total wurde und die Mehrzahl der Menschen in ein förmliches Delirium stürzte. Nur wenige waren noch dagegen. Nikias sah sich selbst von seinen Anhängern verlassen, und der Regie führende Alkibiades war über Nacht zum Mittelpunkt einer Volksbewegung geworden, die alle früheren Barrieren mit elementarem Schwung übersprang. Keiner wagte mehr, wenn er selbst auch einen kühlen Kopf bewahrte, seine Meinung laut zu äußern. Er hätte sich sonst dem Verdacht ausgesetzt, er »meine es nicht gut mit dem Staat«, und da es sich bei ihnen zumeist um die vermögenden Leute gehandelt hätte, wäre die diffamierende Beschuldigung nicht ausgeblieben, sie wollten sich nur um die mit dem nationalen Aufschwung verbundenen Lasten drücken.

Nikias war ohnmächtig, der Flut zu begegnen. Stieß er ein Ruder in sie, so brach es kläglich. Er erwirkte eine Gesandtschaft nach Segesta, die sich über die realen Möglichkeiten an Ort und Stelle orientieren sollte und von der er einen ernüchternden Bericht erwartete. Sie kam zurück mit sechzig Talenten und verkündete, es seien reiche Mittel für einen sizilischen Krieg vorhanden. Was sollte da noch eine subtilere Überlegung, daß ein solches Unternehmen, wie immer seine praktischen Augenblickschancen seien, in Anbetracht von Athens allgemeiner Situation auf dem griechischen Festland heller Wahnsinn sei und auch für den günstigsten Fall, daß die militärische Unterwerfung Siziliens gelänge, die Aufgabe seiner Behauptung völlig unlösbare Probleme stelle? Alkibiades durfte glauben, die Athener da zu haben, wohin er sie schon geraume Zeit gewünscht hatte: in einem ekstatischen Taumel und sich selbst als überlegenen Korybantenführer, der über sie nach Gutdünken verfügen konnte. Und war erst einmal der Krieg da mit seinen großen Anforderungen, mit der Aktivierung eines ungeheuren Machtpotentials, das durch einen Sieg ins Unermeßliche sich steigern mußte, und wenn auf diesem Wege dann alles in Fluß geraten war und sich auch die politische Ordnung notgedrungen ganz neuen Situationen anzupassen hatte, dann mußte ihm als dem überlegenen Leiter, der als einziger den Dingen gewachsen war, von selbst eine Dauerposition innerhalb des imperialistischen Organismus zufallen.

So ging also der Beschluß, das Hilfegesuch von Segesta anzunehmen und in Sizilien Krieg zu führen, durch. Aber schon beim nächsten Schritt mußte Alkibiades feststellen, daß die Athener bei aller Benommenheit sich nicht als Statisten behandeln lassen wollten. Sie wählten Alkibiades natürlich zum Kommandanten, waren aber nicht bereit, von der Routine abzugehen, mehrere Strategen zu ernennen. So wurde Alkibiades nicht alleiniger Feldherr, sondern hatte neben sich noch zwei andere, unter ihnen Nikias. Der nüchterne und dem ganzen Unternehmen abholde Mann sollte ein Gegengewicht gegen den phantasiebeflügelten und im letzten unberechenbaren Alkibiades sein. Das war gut republikanisch gedacht, aber alles andere als zweckmäßig und, gemessen an der technischen Ratio, eine Halbheit oder noch Schlimmeres. Wenn der Höhenflug nun schon gebilligt wurde, dann war es sinnlos, dem Vogel die Flügel zu beschneiden.

Es kam aber für Alkibiades noch übler heraus. Zwar nahm er mit Eleganz die Hürde eines letzten Obstruktionsversuchs von Nikias. Nikias erklärte sich außerstande, mit den bewilligten sechzig Schiffen den Auftrag auszuführen, und stellte eine exorbitante Zusatzforderung in der Hoffnung, daraufhin würde das Volk zurückzucken. Der Schuß ging jedoch nach hinten los. Nikias bekam die geforderten hundert Trieren und fünftausend Hopliten, womit in seinem Sinne angesichts eines so erhöhten Engagements die Sache noch ungünstiger war als vorher. Aber sonst wurden gegen Alkibiades richtig Minen gelegt, und zwar gerade von solchen, die in der Sache des Feldzugs mit ihm übereinstimmten, aber Alkibiades' hintergründige Pläne witterten und ihn persönlich zu Fall bringen wollten. Trotz des allgemeinen Hochschwunges herrschte in Athen zugleich eine schwüle Atmosphäre. Es war vielen, als nun gehandelt und die Unverbindlichkeit der bloßen Vorstellung verlassen werden mußte, nicht recht wohl bei dem Gedanken, daß man sich mit dem Feldzug zugleich diesem Alkibiades auslieferte. In dieser Spannung, unmittelbar vor der Ausfahrt der Flotte, platzte nun ein öffentlicher Skandal, an dem sich dunkle und ungeklärte Gefühle zu greller Leidenschaftlichkeit entzündeten.

Eines Morgens wurde festgestellt, daß die frommen Male vor den Häusern, die »Hermen«, in der Nacht demoliert worden waren, ein offenbarer Lausbubenstreich, der aber den Einschlag eines Sakrilegs hatte und infolgedessen zu einer Staatsaktion aufgebauscht werden konnte. Da Alkibiades dergleichen durchaus zuzutrauen war, wenn man sich erinnerte, was er sich an Jux und Unfug schon geleistet hatte, fiel der Verdacht auf ihn. Das war in diesem Fall gewiß unberechtigt – warum sollte er ausgerechnet in diesem Moment politischen Selbstmord begehen? –, aber seine Feinde konnten die Gelegenheit benutzen, ein richtiges Kesseltreiben gegen ihn zu veranstalten. Sie gingen sehr unredlich vor, ließen die Volksversammlung durch phantastisch hohe Belohnungen falsche Denunziationen hervorlocken, und als selbst dies nichts fruchtete, riß man das Tor für sie ganz weit auf, indem man Anzeigen von beliebigen Religionsfreveln, die mit den Hermen (der »Hermekopidensache«) gar nichts zu tun hatten, prämiierte. Da meldeten sich endlich zwei Subjekte. Alkibiades drang auf sofortige Untersuchung; sie wurde jedoch bis zu seiner Rückkehr verschoben. Aber die Massenhysterie, welche sich der athenischen Bevölkerung nun bemächtigt hatte, war nicht mehr aufzuhalten. Es hagelte Denunziationen, Massenverhaftungen wurden vorgenommen, eine richtige Panik brach aus, Verschwörungen gegen die Demokratie wurden befürchtet – in Argos wurde gerade eine aufgedeckt –, und militärische Bewegungen bei den Spartanern ließen einen Überfall befürchten. Da bedeutete es schließlich eine Erleichterung, als ein vornehmer Mann, Thessalos, der Sohn Kimons, gegen Alkibiades, dem bis jetzt noch immer nichts nachzuweisen war, die Anklage erhob, er habe in einem Privathaus im Kreise von Klubgenossen mit den Mysterien sein Possenspiel getrieben. Alkibiades war schon längst auf dem Wege nach Sizilien. Die Salaminia, das athenische Staatsschiff, wurde hinter ihm hergeschickt, um ihn vor das Tribunal zu beordern. Er reagierte merkwürdig unsicher und weigerte sich nicht, dem Befehl nachzukommen (wozu er wahrscheinlich die Macht gehabt hätte); aber dann traute er es sich doch nicht zu, in Athen mit dem Prozeß fertig zu werden. Unterwegs, auf der Fahrt von Sizilien nach Athen, entwich er und beschwor dadurch ein Todesurteil *in contumaciam* herauf.

Bei allem Kraftmeiertum, moralischem und physischem, das bei der sizilischen Expedition Pate stand, war das Bewußtsein ihrer Ungeheuerlichkeit und Doppeldeutigkeit nicht tot. Die Athener hätten keine Athener sein dürfen, wenn sie in hellen Augenblicken nicht durch ihren dunklen Drang hindurchzuschauen vermocht hätten, und nicht umsonst gab es eine Sphäre, die davon lebte, daß sie das menschliche Tun in höhere Einsicht und

Ahnung transzendierte. Kurz vor der Abfahrt der Flotte gingen »Die Troerinnen« des Euripides über die Bühne. Für die Kriegsmannschaft das letzte Stück, das sie in ihrem Leben sahen, eine geistige Wegzehrung auf dieser Todesfahrt, die je näher es dem Ende zuging, desto schwerer wog.

Euripides zeigt am Schicksal der troianischen Frauen nach der Einnahme von Ilion, was Menschenschicksal, zumal Frauenschicksal, beim völligen Zusammenbruch des Staates ist. Bis in die untersten Tiefen des Leidens, das den Menschen mit dem Verlust der Gemeinschaft, in der er steht, und der Versklavung durch den Feind befällt, leuchtet er hinein. Von Griechen werden die Troerinnen an die äußerste Grenze der Verzweiflung geführt, und die Barbarei liegt in Hellas, nicht drüben bei den Asiaten. Wenn den Zuschauern diese Kumulation suggestiven Schmerzes durch Mark und Bein ging, so befanden sie sich nicht nur im Raume der Phantasie. Oft genug und gerade im Jahr zuvor auf Melos hatten die Athener es nicht besser getrieben als die Achaier der Tragödie, und jetzt waren sie im Begriff, mit Syrakus die bedeutendste und volkreichste Griechenstadt neben Athen zu versklaven und den Wahnwitz des Krieges mit aller Inbrunst zu zelebrieren. Euripides, der den Kampf unter Perikles durchaus akzeptiert hatte, war wie die wenigen, welche dem Machttrieb nicht erlegen waren, ein Feind der militaristischen Politik um jeden Preis, nur daß er durch den Mythos des Dramas öffentlich sagen konnte, daß kriegerische Gewalt allein die Perversion jeden Sinnes ist und der Sieger sich selbst belügt, wenn er sich einbildet, etwas erreicht zu haben. Die ergreifende Tragödie wurde nicht abgelehnt, und auch an denjenigen wird es nicht gefehlt haben, welchen bei der Vorstellung, daß sich obendrein die Rollen ausgetauscht denken lassen, für einen Augenblick das Blut erstarrt wäre.

Von einer anderen Seite sah die Komödie die innere Situation Athens an. Als das sizilische Unternehmen den Höhepunkt erreichte, brachte Aristophanes seine »Vögel« heraus (414). Sie spielen sich zwar erst recht in einer reinen, aus Fabel- und Märchenelementen zusammengesetzten Phantasiewelt ab und sind so »unwirklich« wie nur möglich. Von Sizilien kein Wort. Aber der Geist, der hier mit dem Vogelstaat »Wolkenkuckucksheim« und seinen beiden athenischen Gründern karikiert wird, ist der des uferlosen und im wahrsten Sinn flüchtigen Projektemachens, der zu dem sizilischen Exzeß geführt hatte. Da finden sich die Vögel auf den Rat der zwei Athener hin zusammen, um eine Weltherrschaft in wirklich exakter Weise zu erreichen, über Menschen und Götter, indem sie diese depossedieren durch hermetischen Abschluß von den Opfern auf der Erde und jene durch ihre wahrhaft »überirdischen« Fähigkeiten beherrschen. Noch konnte man lachen und das eigene Tun im Vexierbild der Ironie wiederentdecken. Bald war das nicht mehr möglich. Ein Glück, daß Athen damit der Nachwelt Kunde gab, daß es gerade auch dann sich über sich selbst zu erheben vermochte, als es in der leichtfertigsten Weise seine ganze politische Vergangenheit wie seine Zukunft aufs Spiel setzte.

Der Feldzug selbst war ein Drama, das einzige Stück Kriegsgeschichte aus der langen Kriegsphase mit einer großen und zentralen Entscheidung. Es hätte einen Dichter reizen können. Den fand es nicht. Aber im Geschichtswerk des Thukydides war es der Höhepunkt der pragmatischen Erzählung. Der Historiker erkannte natürlich die besondere Stellung des Ereignisses im Zusammenhang des Ganzen, obwohl seine scharfe Analyse nicht bis zur fundamentalen Überlegung durchdrang und dem Plan an sich (im Gegensatz zur Ausführung) sogar einiges abgewann.

Die Rüstungen, zu denen sich Athen verstand, waren gewaltig: eine Armada von dreihundert Schiffen setzte sich im Frühsommer des Jahres 415 in Bewegung. Davon waren allein hundertvierunddreißig Kampfschiffe (Trieren). Die Flottenmannschaft betrug über zwanzigtausend Mann, die Feldarmee zwischen sechs- und siebentausend, in der Hauptsache schwerbewaffnete Hopliten. Der Feldzugsplan stand bei der Ausfahrt noch nicht fest. Er sollte sich den politischen Gegebenheiten, die man an Ort und Stelle vorfand, anpassen. Es war klar, daß das Unternehmen trotz des großen athenischen Aufwandes auf die Mithilfe einheimischer Kräfte des sizilisch-unteritalischen Griechentums angewiesen war. Formell war es überhaupt nur eine Unterstützungsaktion für Segesta. Aber die Erwartungen Athens wurden enttäuscht. Niemand war darauf erpicht, ungeachtet des zahlreichen Konfliktstoffes zwischen Syrakus und vielen Westgriechen, an einem Umsturz aller bestehenden Machtverhältnisse eifrig mitzuwirken. Man wußte schließlich zu genau, was es hieß, in die Fänge der attischen Politik zu geraten.

Die Flotte fuhr, navigatorischer Notwendigkeit entsprechend, nicht direkt nach Sizilien, sondern nahm, wie üblich, den Weg über Süditalien. Schon die italischen Griechen wollten nichts von Athen wissen und gestatteten seinen Schiffen kaum die Passage ihrer Häfen. Auf Sizilien selbst war die Lage für Athen bedeutend ungünstiger als zehn Jahre zuvor. Damals bestand dort eine ausgedehnte antispartanische Koalition, wovon jetzt nicht die Rede sein konnte. Das zu der Zeit noch dreiköpfige Kommando war sich nicht einig. Nikias wollte sich überhaupt nur mit einer Demonstration begnügen, welche Segesta entlastet hätte und im übrigen alles an seinem alten Platz beließ. Den diametralen Gegenstandspunkt nahm Lamachos ein und schlug einen Überraschungsangriff auf Syrakus vor. Alkibiades setzte sich mit dem Vorschlag durch, umsichtige politische und militärische Vorbereitungen auf Sizilien zu treffen und, auf sie gestützt, Syrakus anzugreifen. Die Ausführung lag infolge seiner Abberufung nicht mehr in seinen Händen. Der Sommer 415 ging ohne energischen Angriff vorüber. Nördlich von Syrakus, in Katane (Catania), wurde das Winterlager bezogen.

Syrakus war in keiner Weise vorbereitet und konnte erst in letzter Minute, als die Athener schon da waren, seine Verteidigungsmaßnahmen treffen. Schuld daran waren innere Spannungen. Die herrschende Demokratie hatte die Befürchtung einer athenischen Invasion für Schwarzseherei der oligarchischen Kreise gehalten, die bei einer prophylaktischen Konzentration der Kräfte nur ihr innenpolitisches Süppchen kochen wollten. Als sie durch die Tatsachen widerlegt wurde, mußte die Führung an den Vertreter des Gegenkurses fallen. Dies war Hermokrates, ein fähiger und mutiger Mann. Freilich konnte er nicht verhindern, daß die Operationen des Jahres 414 mit einer schweren Schlappe für Syrakus begannen. Den Athenern gelang es, auf dem nördlich von Syrakus liegenden Plateau Epipolai Fuß zu fassen. Der Versuch der Syrakusaner, sie daran zu hindern, scheiterte. Der Mißerfolg brauchte an sich keine allzugroße Bedeutung zu haben. An Stärke der Landstreitkräfte waren die Syrakusaner dem Gegner naturgemäß weit überlegen, und dessen Vorhaben, Syrakus durch einen etwa fünf Kilometer langen, über Epipolai geführten

Befestigungskordon vom Land her abzuschneiden, bot genug Handhaben, es zu verhindern. Überhaupt war bei dem Stand der damaligen Belagerungstechnik der Plan einer regelrechten Belagerung von Syrakus ein höchst verfängliches Unternehmen, das wenig Chancen für sich hatte. Doch die Syrakusaner waren entsetzlich demoralisiert, und Hermokrates gelang es nicht, den Stimmungszusammenbruch aufzuhalten. Mit zwei Versuchen, der Zernierung der Stadt zu begegnen, hatte er Pech. Die Folge war seine Absetzung und eine völlige Lethargie der Syrakusaner, die sich hinter ihre Mauern zurückzogen und keinen Ausfall mehr wagten. Die Athener konnten jetzt ungestört weiterbauen. Die hermetische Abriegelung der Stadt schien nur eine Frage der Zeit, die Siegesaussichten schnellten mit einem Schlag in ungeahnte Höhen. Die bis dahin zurückhaltenden Griechen Siziliens und Unteritaliens begannen, dem Gesetz der stärkeren Bataillone zu gehorchen und sich mit Athen zu arrangieren.

Da erfolgte die Peripetie, in höchst merkwürdiger Weise, so recht dazu angetan, das menschlich-künstlerische Interesse an diesem Stück Geschichte zu erregen, und zugleich der Beweis, daß alle Erfolge Athens bis jetzt auf gründlichem Versagen der Gegenseite beruht hatten.

Endlich ging den Spartanern die Erkenntnis auf, daß schließlich auch ihr Schicksal in Syrakus mitentschieden wurde. In Syrakus hatte man sich selbstverständlich schon längst nach ihrer Hilfe umgetan, schon im Winter 415/14. Aber Sparta war kriegsmüde und wollte einem neuen Krieg mit Athen strikt aus dem Weg gehen, obgleich die Erwartungen von 421, die man in den Frieden gesetzt hatte, ganz und gar nicht in Erfüllung gegangen waren. Die Illusion ließ sich auf die Dauer nicht aufrechterhalten. Korinth war immer anderer Ansicht gewesen, und Syrakus war zudem seine Tochterstadt. Den letzten Ausschlag gab Alkibiades, der als athenischer Flüchtling in Sparta Wohnung genommen hatte. Er stach den Spartanern den Star und klärte sie über die Tragweite der athenischen Politik auf. Schließlich mußte er ja darüber Bescheid wissen. Und wenn immer noch Bedenken waren, dann sorgte die Torheit der attischen Demokratenpolitik dafür, auch diese aus dem Weg zu räumen. Mit Argos, das den Frieden mit Sparta von 418 längst annulliert hatte, stand Athen seit mehreren Jahren in Verbindung, ohne daß damit bei der Indolenz der Spartaner das athenisch-spartanische Verhältnis gestört worden wäre. Aber im Jahr 414, als alles darauf ankam, wegen Sizilien den Rücken freizubehalten, beging Athen den Leichtsinn, zur Entlastung von Argos auf die Küste Lakoniens Überfälle auszuführen und damit offen den Frieden von 421 zu brechen.

Wie sollte aber Sparta Syrakus helfen? Wie Athen eine große Expedition auszurüsten, war es außerstande. Glücklicherweise begriff es, daß es hierauf im Grunde nicht ankam. Materielle Mittel (im weitesten Sinne des Wortes) standen Syrakus genug zur Verfügung. Es galt sie nur zu mobilisieren, und dazu bedurfte es in erster Linie der Überwindung der Niedergeschlagenheit in Syrakus. Die Syrakusaner mußten spüren, daß sie nicht allein standen und auch hinsichtlich ihrer eigenen Kräfte keinen Grund zum Verzagen hatten. Ein spartanischer Bevollmächtigter Gylippos sollte ihnen diese Überzeugung beibringen und zugleich als militärischer Sachverständiger die Organisation des Widerstands in die Hand nehmen. Gylippos erreichte auch Syrakus. Ein bescheidenes maritimes Hilfskontingent mußte er, da die Zeit drängte, zurücklassen, aber darauf kam es auch gar nicht an. Was Gylippos allein durch den Eindruck seiner Persönlichkeit, durch seine Umsicht und Initiative binnen kurzem erreichte, grenzt ans Wunderbare. Er allein brachte die Wende, welche geradenwegs zur Niederlage Athens führte.

Die verschiedenen Stadien des Weges fügen sich folgerichtig aneinander. Zuerst verhinderte Gylippos die Umschließung von Syrakus. Es gelang ihm, die Anlagen der Athener durch eine quer zu ihnen verlaufende Fortifikation aufzuhalten, so daß sie nicht zu Ende geführt werden konnten und damit nutzlos wurden. Auf diese Methode waren die Syrakusaner schon vorher gekommen, aber die Durchführung war ihnen immer wieder mißlungen. Nachdem so die Verbindung zur Außenwelt gewährleistet war, suchte er Bundesgenossen auf Sizilien. Er fand sie auch, nachdem die begründete Aussicht sich eröffnete, der drohenden Herrschaft Athens zu entgehen. Aber eine allgemeine Erhebung gegen Athen kam nicht zustande, und Syrakus hatte weiterhin die Last des Krieges in der Hauptsache zu tragen. Nikias hätte daraufhin am liebsten das ganze Unternehmen abgebrochen und stellte Athen vor die Alternative, entweder die entsprechende Order zu geben oder nochmals eine Expedition, die der ersten an Umfang nicht wesentlich nachstehen dürfte, auszurüsten. Von der technischen Zweckmäßigkeit her gesehen, wäre Rückzug das einzig Richtige gewesen. Die Fehlkalkulation war ja nun offenbar geworden. Aber das Eingeständnis hätte eine schwere politische Niederlage bedeutet und für Athens Herrschaftsposition unangenehme Konsequenzen gehabt. So unterblieb der große Entschluß, und eine neue Flotte und ein neues Heer in der gewünschten Größe wurden in Marsch gesetzt. Dazu erhielt Nikias, der seit Alkibiades' Weggang und dem Tod des Lamachos (er war gefallen) allein die Verantwortung trug, außerdem durch ein Steinleiden behindert war, zwei neue Strategen in der Person von Demosthenes und Eurymedon, den besten militärischen Fachleuten, über die Athen damals verfügte. Dieser kolossale Aufwand, der an die Grenze des Möglichen rührte, offenbarte ein ungeahntes Bild von den Kraftreserven Athens, hieß andrerseits jedoch, alles auf eine Karte setzen.

Es stellte sich sehr bald heraus, daß sie nicht stach. Noch ehe die attische Flotte ankam, hatte Nikias eine neue Niederlage einstecken müssen. Er war von einer günstigen Position im Süden von Syrakus, die ihm das Meer frei hielt und die er zu einem festen Stützpunkt ausgebaut hatte, vertrieben worden und infolgedessen gezwungen, sein Schiffslager in einer engeren Bucht in unmittelbarer Nachbarschaft von Syrakus zu beziehen. Hier waren die Athener syrakusanischen Angriffen viel eher ausgesetzt und obendrein in ihrer Manövrierfähigkeit behindert, was sich denn auch in einer für sie nachteiligen Schlacht herausstellte, die noch vor dem Eintreffen der Verstärkung eine Entscheidung herbeiführen sollte, diesen Zweck allerdings nicht erreichte. Demosthenes sah gleich bei seiner Ankunft, daß die Zeit für den Feind arbeitete und mit langwierigen Operationen wie bisher nichts auszurichten war. Entweder gelang es, Syrakus im Sturm zu nehmen, oder der Feldzug war verloren und mußte dann so schnell wie möglich abgebrochen werden. Der Angriff, den er daraufhin Ende Juli 413 unter Ausnutzung der Nacht unternahm, wurde nicht nur ein Fehlschlag, sondern eine schwere Niederlage. Die Würfel waren gefallen. Es galt jetzt nur noch zu retten, was zu retten war, und möglichst viel von Heer und Flotte nach Hause zu bringen.

Der letzte Akt begann und mit ihm die Zuspitzung des Verhängnisses zur Katastrophe. Nikias, stets ein Gegner der sizilischen Expedition gewesen, weigerte sich mit einemmal, seiner alten Einstellung entsprechend und gemäß der Sachlage zu verfahren. Wahrscheinlich war er vor allem durch die Aussicht auf das so gut wie sichere gerichtliche Nachspiel in Athen gehemmt und ergab sich deshalb einem ungerechtfertigten Optimismus. Als er nach einigen Wochen nicht mehr aufrechtzuerhalten war und die Abfahrt schließlich festgesetzt wurde, trat zu dem betreffenden Termin eine Mondfinsternis ein (27. August 413). Sein abergläubischer Sinn sah darin einen göttlichen Einspruch und den Hinweis, den nächsten Mond abzuwarten. Das klägliche Verhalten gab den Syrakusanern Auftrieb. Nachdem sie gesiegt hatten, wollten sie den Feind, der solche Zeichen innerer Schwäche zeigte, auch vernichten. Durch verankerte Schiffe riegelten sie die Bucht ab und zerstörten in ihr die feindliche Flotte. Nun blieb den Athenern nur noch – unter Zurücklassung der Verwundeten und allen Gepäcks – die Flucht zu Fuß in das Gebiet der befreundeten Sikeler im Innern der Insel. Da Nikias aber auch hier nicht schnell genug handelte, hatten die Syrakusaner Zeit genug, die Rückzugswege zu verlegen. Das athenische Heer, das natürlich nicht mehr viel wert war, wurde ohne Pardon zusammengehauen. Nur ein Rest von siebentausend Mann geriet in Gefangenschaft. Er wurde in den berühmten Steinbrüchen (Latomien) kaserniert, heute ein lieblicher Touristenort, damals eine Einöde. Soweit es sich nicht um Athener handelte (sondern um Bündner), wurden sie wie üblich in die Sklaverei verkauft. Die Athener verkamen den Winter hindurch in ihrem schrecklichen Gefängnis. Nikias und Demosthenes wurden hingerichtet (Eurymedon war früher gefallen). Die grausame Behandlung war ein Zeichen des Hasses und des durch den langen Krieg verrohten Kriegsrechts. An beidem waren die Athener nicht unerheblich schuld.

Athens Zusammenbruch

Die sizilische Expedition und der Geist der Politik, welcher zu ihr geführt hatte, wurden zur eigentlichen Ursache für die Niederlage Athens, die am Ende des Peloponnesischen Krieges stehen sollte. Zehn Jahre dauerte es zwar noch bis dahin, aber die mannigfachen und mit einem Blick gar nicht zu überschauenden Ereignisse dieses Zeitraums lassen sich alle in einen wesentlichen Zusammenhang mit diesem Ausgangspunkt bringen. Der nachdenkliche Betrachter hat deshalb eigentlich mehr Veranlassung, sich über eine solche Verzögerung zu verwundern, als daß ihm die Verknüpfung von 413 und 404 zum Problem werden müßte. Beide Gesichtspunkte geben ihm jedenfalls den Schlüssel für die Analyse der im einzelnen ziemlich komplizierten Geschehnisse in die Hand. Der folgenden kurzen Skizze, der es nicht gestattet ist, allzu ausführlich zu sein, ist damit die Marschroute vorgeschrieben.

Die sizilische Expedition hatte die finanziellen Mittel Athens im Übermaß beansprucht. Die Reserven waren, bis auf die eiserne Ration, einem Fonds von tausend Talenten, der für die Stunde der höchsten Not noch von Perikles zurückgelegt worden war, verbraucht, so daß jetzt diese Rücklage angegriffen werden mußte. Im Grunde war die Ausstattung des Expeditionskorps von Anfang an über die damals bestehenden Möglichkeiten hinausgegangen – Athen hatte sich vom Archidamischen Krieg noch gar nicht erholen können –

Das Innere einer Latomia von Syrakus
Eines der »Gefängnisse« der Griechen nach der Niederlage von 413 v. Chr.

Das Erechtheion auf der Akropolis von Athen, 421–405 v. Chr.
Blick von Südwesten

und glich einem Lotteriespiel, bei dem man den Einsatz mit dem erhofften Gewinn decken wollte. Und alle diese gewaltigen Aufwendungen waren nun bis zum letzten Heller verloren. Die Menschenverluste waren nicht minder einschneidend. Sie trafen gewiß Athen nicht allein. Das Gros der etwa fünfzigtausend Leute kam aus den Bundesstaaten, aber prozentual war selbstverständlich Athen am stärksten beteiligt; die Bevölkerung Athens war schon durch die vorausgehenden Kriegsjahre, vor allem durch die Pest, schwer getroffen. Wenn die hierdurch gerissenen Lücken nicht eben auffällig zu Buch schlugen, so lag das an der notwendigerweise reduzierten Kriegführung, zu der sich Athen bequemen mußte und bei der an einen Landkrieg überhaupt nicht mehr gedacht werden konnte. Der finanziellen Misere mußte man mit neuen Manipulationen beikommen. Daß aus Athen auf dem Wege von Vermögenssteuern alles nur Erdenkbare herausgeholt wurde, war selbstverständlich. Den Bündnern gegenüber durfte man direkten Druck durch Anziehen der Tributschraube nicht noch mehr erhöhen. Das hatte Kleon (424) schon besorgt. Weiter ging es nicht. Deshalb war schon 413 begonnen worden, die ganzen Bundesfinanzen auf ein neues System umzustellen. Anstatt des Tributs *(phóros)*, der nach Ermessen auf die einzelnen Staaten verteilt worden war und unvermeidlich nicht immer im richtigen Verhältnis zur Finanzkraft stand, wurde eine fünfprozentige Ein- und Ausfuhrsteuer in allen Häfen des Reiches erhoben und an Athen abgeführt, eine Form der indirekten Besteuerung, die keine absolute, aber immerhin eine relative Gerechtigkeit gewährleistete.

Dabei war mit Einsparungen nichts zu erreichen. Im Gegenteil: die Ansprüche an den Staat wuchsen, und zwar innerhalb wie außerhalb des Kriegsetats. Mit dem Jahr 413 hatte eine Belastung für die Landbevölkerung von Attika eingesetzt, gegen die die alljährlichen Heimsuchungen des Archidamischen Krieges sich wie eine Lappalie ausnahmen. Als Sparta wieder aktiv in den Krieg eingriff, führte es sozusagen eine ständige Besetzung Attikas durch, indem es den zentralgelegenen Punkt Dekeleia, der gute rückwärtige Verbindungen besaß, zu einer Festung ausbaute und dort eine dauernde Garnison unterhielt, die im Effekt Athens Herrschaft über das Land aufhob und die Landbevölkerung zwang, ihren Wohnsitz fortwährend in Athen zwischen den langen Mauern zu nehmen, und ebenso die Silberbergwerke von Laurion stillegte. Athen war außerstande, dagegen etwas Wirkungskräftiges zu unternehmen, und mußte überdies zum Schutz der Stadt Leute unter Waffen halten. Das behinderte nicht nur seine äußere militärische Bewegungsfreiheit, sondern machte auch den Unterhalt dieser Wachmannschaft nötig. Die Selbstequipierung wurde sowieso immer seltener – Beihilfen zur Rüstung erhielten nun auch die Zeugiten –, wenn sie nicht überhaupt ganz vom Staat übernommen wurde. Ein paar Jahre später ließ es sich nicht mehr vermeiden, daß die erwerbslose Bevölkerung, darunter vor allem die Leute vom Land, durch tägliche Zuteilung eines Existenzminimums von zwei Obolen (dreißig Pfennig) über Wasser gehalten wurde. Der Bau des Erechtheions wurde von selbst zu einer ausgesprochenen Notstandsarbeit. Erhalten werden mußten die Menschen ohnehin, dann konnten sie auch arbeiten. Der Richtersold und die sonstigen Diäten erhielten auf diese Weise gleichfalls den Charakter von Wohlfahrtseinrichtungen. Der infernalische Gedanke, durch die Besetzung von Dekeleia Saugpumpen an Athens Finanzkraft und Behauptungsvermögen anzusetzen, stammte von Alkibiades, der damit der spartanischen Phantasielosigkeit zu Hilfe kam und

Sparta den Entschluß zum Krieg erleichterte. (Die Wissenschaft pflegt demnach den letzten Kriegsabschnitt als Dekeleischen Krieg zu bezeichnen, womit man der Maßnahme freilich zuviel Ehre antut, denn entschieden hat sie den Krieg keineswegs und vermochte ja nicht einmal Athen davon abzuhalten, den Krieg in Sizilien fortzusetzen.)

Einen tüchtigen Stoß erhielt durch den Ausgang des sizilischen Unternehmens vor allem die radikale Demokratie, auf deren Konto mit Recht das Unglück gebucht wurde. Mit dem Einfluß ihrer Hauptschreier war es deshalb vorbei, und im Sinne der jetzt herrschenden Richtung machte es deshalb auch keine Schwierigkeit, eine kleine Verfassungsänderung durchzusetzen und über den Rat, der das in erster Linie versagende Organ gewesen war, ein neues Gremium, die »Zehn Probulen« (Vorberater), zu stellen, denen hinfort die Aufgabe zufiel, die Volksversammlung zu leiten und zu überwachen. Die Probulen wurden gewählt, nicht erlost, und zwar aus der Mitte der Honoratioren, je einer aus einer Phyle. Die Modifikation konnte, wenn sie einmal Boden gewonnen hatte, recht nützlich sein und paßte sich doch dem gegebenen Zustand und der attischen Verfassungstradition an. Auch überzeugte Demokraten werden sie gebilligt haben.

Kritisch war dagegen der steigende Einfluß rein oligarchischer Kreise. Sie warfen sich jetzt stolz in die Brust und fühlten sich getragen von der öffentlichen Billigung. Auch ein solcher Rückstoß wäre nicht weiter verfänglich gewesen. Bedenklich war jedoch der Rückgang des Verantwortungsbewußtseins in diesen Zirkeln. Die Autorität der Demokratie hatte sowohl durch ihre verkehrte Politik wie durch die Schwächung von Staat und Reich gewaltige Einbuße erlitten, und damit war die Integration der Konservativen in die attische Demokratie, der Perikles' Bemühen in seiner späteren Phase gegolten hatte, so gut wie rückgängig gemacht. Dabei stieg die Macht dieser Leute täglich, so daß bis dahin exponierte demokratische Politiker ihre Farbe wechselten und sich als fanatische Oligarchen gaben. Wenn solche Gesinnungslumpen und überhaupt die Extremisten auf dieser Seite das Heft in die Hand bekamen, mußte man sich auf allerlei gefaßt machen. Es war gewiß nicht gut, daß die äußere Erschütterung nun auch noch auf eine innere Labilität traf.

Die dringendste Gefahr aber brachte Athens Machtverlust. Der Einbruch kam in den verschiedensten Zusammenhängen zum Vorschein. Athens Herrschaft krachte in allen Fugen, und zwar schon auf Grund des gesunkenen Prestiges. Reihenweise fielen die Bündner ab, so gleich 412 das wichtige Chios, das dreißig Schiffe zu stellen hatte, und dazu das benachbarte ionische Kleinasien mit Milet an der Spitze. Im folgenden Jahr gingen die wichtigsten Städte der Propontis (Marmarameer) verloren. Damit war zu allem anderen Athens Getreideversorgung (aus Südrußland) gefährdet. Dieser Abfallprozeß verband sich mit den verstärkten Anstrengungen von Sparta. Es galt nicht mehr die alte Parole des Auf-der-Stelle-Tretens. Jetzt bewegte sich Sparta frei auf dem gesamten griechischen Festland und stellte auch die mittelgriechischen Staaten unter seine Kuratel, da Athen zu einer strikten Defensive verurteilt war. Schlimmer und wirklich gewichtig war, daß es von 413 an mit der Wahrheit vorbei war, daß die See Athens alleinige Domäne sei. Das Renommee der maritimen Superiorität war mit Athens Schiffen auf Sizilien untergegangen. Sparta konnte sich jetzt ohne große Gefahr daranmachen, Schiffe zu bauen und Flotten auszurüsten und zu organisieren. Es bekam mühelos Sukkurs, schon gleich aus Syrakus, dem übrigen Sizilien und Unteritalien. Gylippos' Tätigkeit trug ihre Früchte. Und schließlich, jede Gemeinde, die von Athen abfiel, verstärkte die spartanisch-peloponnesische Flotte, und umgekehrt erleichterte diese um so mehr den Abfall für die attischen Bündner, je stärker sie wurde.

Die Brechung von Athens Seemonopol wäre jedoch wohl kaum ein unwiderrufliches Faktum geworden, wenn zu all den Erschwernissen für Athen nicht der letztlich durchschlagende Faktor hinzugetreten wäre: der Eintritt Persiens in den Krieg. Ein aufmerksamer Betrachter des Peloponnesischen Krieges hat berechtigte Ursache, sich darüber zu wundern, daß dies nicht schon längst geschehen war. Ein Verdienst daran hatte die griechische Politik nicht. Die Tage, als man unter dem Eindruck der Perserkriege die Zusammenarbeit mit dem persischen Todfeind öffentlich verabscheute (wie während des ersten Krieges zwischen Athen und den Peloponnesiern), waren längst vorbei, und schon ein Jahr nach Ausbruch des Archidamischen Krieges bemühten sich Sparta und Korinth, mit Susa Fühlung aufzunehmen. Es kam freilich nichts heraus. Der Großkönig hatte keine Lust, angesichts sehr undeutlicher Offerten – ein Antwortschreiben enthielt die bezeichnenden Worte, er wisse nicht, was sie wollten, und jeder Gesandte sage etwas anderes –, den Frieden mit Athen zu stören, zumal auch umgekehrt Athen zu ihm Kontakte aufnahm und Gesandte schickte. Auch als 424 ein Regierungswechsel stattfand, änderte sich an dem persischen Desinteressement nichts. Der neue König Dareios II. erneuerte den Kalliasfrieden. Erst die durch die sizilische Expedition eingetretene Situation veränderte die persische Haltung.

Der überzeugende Eindruck, daß in Hellas jetzt ein machtpolitischer Erdrutsch bevorstand, veranlaßte den Großkönig, aus seiner bisherigen Reserve herauszutreten und an dem Spiel, das nun offenbar begann, sich ebenfalls zu beteiligen. Den Vorwand lieferte Athen in seiner notorischen Kurzsichtigkeit selbst. 414 hatte es sich im Überschwang der Siegeszuversicht dazu verleiten lassen, den aufständischen karischen Dynasten Amorges gegen den Großkönig zu unterstützen, in der Hoffnung, dadurch die Griechenstädte an der karischen Küste dem Seebund angliedern zu können. Allerdings hatte die persische Regierung in Susa keineswegs die Absicht, sich im entferntesten so zu engagieren wie einst Dareios und Xerxes. Sie hatte sich seitdem längst daran gewöhnt, die Griechen als ein peripheres Problem anzusehen, und waren überhaupt kein Freund überflüssiger Anstrengungen mehr. Es sollte nur das persische Gewicht mit in die Waagschale gelegt werden und die banale Wahrheit nicht zu kurz kommen, daß, wenn zwei sich streiten, im allgemeinen der lachende Dritte den Vorteil habe. Die nähere Beobachtung der griechischen Verhältnisse konnte deshalb auch gar nicht von Susa aus geschehen, sondern mußte an Ort und Stelle vor sich gehen. Zwei Satrapen, der vom propontischen Gebiet (Pharnabazos) und der von Lydien (Tissaphernes), kamen dafür in Betracht und entwickelten dabei auch einige Aktivität, nicht ganz uneigennützig, denn wenn die kleinasiatischen Küstenstädte wieder an das Perserreich zurückfielen, war das nicht zuletzt auch ihr Gewinn.

Im Anfang kam vor allem Tissaphernes zum Zuge. Ihm oblag der Kampf gegen Amorges, und er nahm Verbindung zur spartanischen Seite auf. Unterstützung fand er dort bei Alkibiades, der mit einem spartanischen Geschwader nach Kleinasien gekommen war. In seinem Aufenthaltsort, dem von Athen abgefallenen Milet, wurden die ersten Verhandlungen geführt (412). Gegenstand war zum ersten die Anerkennung des persischen Rechts auf das griechische Kleinasien. Mit nackten Worten wurde der griechische beziehungsweise spartanisch-peloponnesische Verzicht zu Papier gebracht. Als diplomatischer Erfolg konnte gelten, daß nicht allgemein von allem, was das Perserreich einmal besessen hatte (also von den Inseln und den europäischen Besitzungen) gesprochen wurde. Die ersten Entwürfe taten es. Tissaphernes stellte die Mitwirkung einer persischen Flotte in Aussicht. Sie wurde in Phönikien gebaut, ist aber niemals eingesetzt worden. Den Spartanern kam es auf die Gewährung von Subsidien an, denn die Rudermannschaften, deren sie bedurften, waren für sie fast ausschließlich durch Anwerbung zu bekommen. Ebenso war der Unterhalt einer Flotte eine kostspielige Sache.

Tissaphernes war gewiß von Anfang an klar, daß es nicht im persischen Interesse lag, eine schnelle und vor allem für den Gegner Spartas vernichtende Entscheidung herbeizuführen. Hätte er es noch nicht gewußt, wäre er von Alkibiades darüber aufgeklärt worden. Nur Gleichgewicht und gegenseitige Schwächung der beiden Parteien konnten ein vernünftiges Ziel in persischen Augen sein, wofern ihm am Ende nicht die alte Situation unter lediglich neuer Firmierung begegnen sollte. Alkibiades war der richtige Mann, die hierfür notwendigen Schachzüge zu ersinnen, und wurde der Vertrauensmann des Tissaphernes, was sich jenem auch dringend empfehlen mußte, denn in Sparta neigte sich seit einiger Zeit sein Stern. Er war zwar noch der *spiritus rector* der ersten spartanischen Seeoperationen und setzte seinen persönlichen Einfluß bei den vornehmen Kreisen der attischen Seebundstaaten ein, um ihren Abfall zu beschleunigen, aber der spartanische König Agis haßte ihn, da Alkibiades seine Frau verführt hatte, und schließlich wurde sogar ein spartanischer Mordbefehl gegen Alkibiades losgeschickt, vor dem ihn nur der Rückhalt an Tissaphernes schützte.

Die Schaukelpolitik von Tissaphernes und Alkibiades war das retardierende Moment der letzten Kriegsphase, welches die definitive Niederlage Athens immer wieder hinausschob. Sie selbst war eine ausgemachte Sache, denn daß Athen nach dem zahlreichen Abfall der Bündner und nach dem persischen Eingreifen den unversehrten Bestand seines Reiches durch alle Schwierigkeiten hindurch retten würde, war ein Ding der Unmöglichkeit. Offen stand gewissermaßen neben dem Zeitpunkt nur noch der Umfang seiner Niederlage. Um beides ging es allein in den acht Jahren nach 412.

Während dieser Zeit passierten zum Teil recht merkwürdige Dinge. An ihrer Spitze steht die Politik des Alkibiades gegenüber Athen im Jahr 412/411 und die Antwort Athens darauf. Alkibiades war es selbstverständlich klar, daß sein eigener Weizen nur blühen würde, wenn er wieder in Athen Fuß faßte, und daß er die persische Haltung in der griechischen Frage dazu ausnützen müsse. Wenn er als Mittelsmann zu den Persern sich Athen näherte und eine athenisch-persische Verständigung in Aussicht stellte, konnte ihm das die Rückkehr nach Athen öffnen. Leider führte er seine Rechnung nicht ohne Emotion durch und erklärte frank und frei, mit den Lumpen, die ihn einst aus Athen vertrieben hätten, wolle er selbstverständlich nichts zu tun haben. Er stellte also ganz unverblümt die Forderung nach einem Verfassungswechsel in Athen. Natürlich wußte er, daß für einen solchen allerhand Stimmung war, und konnte das auch gleich authentisch beim Offizierskorps der attischen

Flotte feststellen, die nicht weit entfernt vor Samos lag. Über die Athener von Samos spann er die Fäden hinüber nach Athen. Das ergab die Aussicht, durch Beseitigung der diskreditierten Demokratie die entscheidende Wendung des Krieges herbeizuführen und der oligarchischen Sache einen derartigen Auftrieb zu verleihen, daß das Volk ohne jede Gegenwehr sich terrorisieren ließ. In Athen wußte man jetzt, nachdem nun auch noch außenpolitischer Opportunismus ins Spiel gekommen war und es allmählich zum guten Ton gehörte, sich bei der voraussichtlichen Zukunft rückzuversichern, so daß keiner dem anderen mehr über den Weg traute, überhaupt nicht mehr, was krumm und was gerade war.

Das Volk war völlig mutlos und eingeschüchtert. In diesem Zustand fand es sich bereit, mit der Demokratie sich selbst den Abschied zu geben und durch ein Ermächtigungsgesetz eine Kommission zur Einrichtung einer oligarchischen Verfassung einzusetzen oder, wie der beschönigende Ausdruck hieß, Vorschläge, wie »der Staat am besten regiert werden könne«, einzureichen. In einer makabren Prozedur wurden sie dann angenommen: man verlegte die Volksversammlung vor die Stadt, auf den Kolonoshügel. Dorthin wurde das Volk wie eine Schafherde geführt, umgeben von Bewaffneten – zum Schutz vor dem Feind, der das flache Land beherrschte, wie die Drahtzieher hätten heucheln können –, und gab dort ohne Widerspruch seine Zustimmung zur Abschaffung der Demokratie, nachdem diese vorher noch durch einen besonderen Beschluß aller Sanktionsbestimmungen entkleidet worden war. Die Abdankung der Demokratie war vollzogen; sie fiel mit einem moralisch-politischen Tiefstand zusammen, der kaum noch zu überbieten war. Die demokratische Vormacht Griechenlands war allmählich so desintegriert, daß ihre Gesellschaft das eigene Todesurteil unterschrieb. Ein paar fiktive Rechtfertigungsgründe waren leicht zu bemühen, etwa in dem fadenscheinigen Gerede von der »Verfassung der Väter«, die es wiederherzustellen gelte, wobei nur nicht klar war, von aller sonstigen Unehrlichkeit abgesehen, welches Verfassungsstadium Athens eigentlich damit gemeint war.

Dieser absonderliche Salto mortale führte denn auch sehr schnell zu einem Fiasko. Die erste, noch während der Vorbereitung dieses legalen Staatsstreichs eintretende Entgleisung war die Feststellung, daß Alkibiades mehr versprochen hatte, als er halten konnte, und Persien gar nicht daran dachte, offen auf die Seite Athens überzuwechseln, womit eigentlich dem ganzen Manöver die Grundlage entzogen war. Aber inzwischen war die schiefe Ebene schon betreten und der Karren infolgedessen nicht mehr aufzuhalten. Es waren auch eine Menge gut und vernünftig gesonnener Leute von der Partie, die nicht mehr wollten als eine Beschneidung der demokratischen Auswüchse. Sie hätten sich freilich sagen müssen, daß bislang die Konservativen Athens auch noch keine Beweise von gesunden politischen Instinkten geliefert hatten und daß dies von ihnen, je länger, desto weniger, zu erwarten war. Die führenden Köpfe waren fast allesamt von den Sophisten geschulte Intellektuelle und verstanden es wohl, sich einen geistreichen Reim auf die Politik zu machen, hatten jedoch weder Gewissen noch Geschick, um damit in der Wirklichkeit zu bestehen.

Wie es denn unter solchen Umständen zu gehen pflegt, setzten sich sehr bald die radikalen Elemente durch, denen es nicht darauf ankam, praktisch das eigene Programm zu annullieren und zu tun, was sie gerade wollten. Sie steckten voller Illusionen und bildeten sich ein, ein oligarchisches Athen sei sowohl den Bündnern wie dem spartanischen Feind sympathischer und werde deshalb bei jenen Anhänglichkeit, bei diesen den Frieden gewinnen, bis sie durch die Erfahrung eines Besseren belehrt wurden. Aber der nächste Schritt, den manche zu tun bereit waren, war nicht die kritische Besinnung, sondern die unverhohlene Selbstaufgabe Athens. Sollte denn sein Reich sich auflösen und Athen in Anlehnung an Sparta bestehen, wenn es nur oligarchisch war, wie es bei Dutzenden von Duodezstaaten seit zwei Generationen zu beobachten gewesen, deren politische Wirklichkeit nur darin bestand, daß Spartas aristokratisches oder Athens demokratisches Licht durch sie hindurchschien. In Athen hatte man den wahrscheinlich nicht unberechtigten Eindruck, daß Athen von diesen Leuten der spartanischen Flotte in die Hand gespielt werden sollte. Die Vorbereitungen dazu wurden in letzter Minute noch aufgedeckt, und so fuhr die peloponnesische Flotte an Athen vorbei nach Euboia und brachte es zum Abfall, ein ganz böser Schlag, der die ganze Schwäche Athens offenbarte und einen größeren Schreck hervorrief als die sizilische Katastrophe. Athen schien für den letzten Angriff reif, und es war nicht sein Verdienst, daß die Spartaner ihn nicht riskierten.

Nach der offensichtlichen Blamage des oligarchischen Kurses wurde er über eine gemäßigte Zwischenstufe wieder zurückgenommen. Binnen eines Jahres herrschte wieder die alte Demokratie. Diese Entwicklung verlief nicht ohne Zutun des Alkibiades. Er hatte bald gemerkt, daß er auf das falsche Pferd gesetzt hatte und daß er im wirklichen Sinn mit den Oligarchen ein Feldherr ohne Heer bleiben würde. Die Flottenmannschaften von Samos machten nämlich den Umsturz in Athen nicht mit, sondern distanzierten sich von ihm. Sie repräsentierten aber Athens militärische Macht. Alkibiades bekannte sich nun als Gegner der Oligarchen in Athen, der »Vierhundert« (nach dem neuen Rat, der die vorkleisthenische Mitgliederzahl hatte), und wurde von den Demokraten der Flotte zum Strategen ausgerufen und, nach Beseitigung der Vierhundert, in der Stellung offiziell bestätigt.

Athen hatte damit endlich einen überragenden Feldherrn. Binnen kurzem änderte sich das Panorama: Alkibiades machte sich daran, im Hellespont und der Propontis die Vormacht Athens wiederherzustellen. Durch einen glänzenden Sieg bei Kyzikos (410) gelang ihm das. Sparta faßte dies als eine grundsätzliche Wendung auf und wollte weiterer Einbuße durch einen sofortigen Friedensschluß auf der Grundlage des augenblicklichen Besitzstandes zuvorkommen, also unter Anerkennung der Unabhängigkeit all der zahlreichen attischen Bundesstädte, die sich befreit hatten. Die Rechnung war falsch, denn sie beruhte auf der Überschätzung einer vorübergehenden persischen Zurückhaltung. Die einsichtigen Leute in Athen wußten es und waren für Annahme des überraschenden Friedensangebots. Unglücklicherweise aber stand über ihnen noch der Schatten des landesverräterischen Defätismus der extremen Oligarchen, und noch befand sich Athen in einem verfassungspolitischen Zwischenstadium. So trieben jetzt die Leidenschaften von der demokratischen Seite nach oben und überspülten jede vernünftige Kalkulation. Der Leierfabrikant Kleophon, ein zweiter Kleon, wie dieser an sich ein rechtschaffener Mann, aber ebenso ohne jede überlegene Urteilskraft, setzte sich mit rastloser Energie an die Spitze dieser Strömung. Sie bewirkte die Wiederherstellung der Demokratie in ihrer alten Form, was wohl unvermeidlich war, verscherzte aber durch Ablehnung des spartanischen Angebots die Chance, die Athen ganz unverhofft, im Grunde gegen die sachliche Logik, geschenkt war.

Der wahre Hintergrund der Dinge kam nicht gleich zum Vorschein. Zunächst sah es so aus, als ob Kleophon recht gehabt hätte. Die Lage stabilisierte sich zugunsten Athens, und anschließend konnte Alkibiades mit einem triumphalen Einzug in Athen die Rückkehr in seine Heimatstadt feiern (408/407). Es wäre jetzt eine Kleinigkeit für ihn gewesen, die Herrschaft zu ergreifen, und Athen rechnete auch eigentlich damit; jeder machte sich nach Temperament und Einstellung einen Reim darauf. Aber nichts dergleichen erfolgte. Man konnte denken, daß Alkibiades' Phantasie größer gewesen sei als seine Griffigkeit und er vor dem Letzten und Unwiderruflichen denn doch zurückschreckte. Vielleicht war ihm auch die außenpolitische Situation noch nicht reif genug. Er hätte sich dann nicht geirrt. Denn eben in jener Zeit entschied der weltpolitische Mechanismus gegen ihn und gegen Athen. Alkibiades hatte sich Hoffnung gemacht, er könne mit Persien sich arrangieren. Aber diese Partie verlor er und gewann der Feind.

Am persischen Hof trat eine scharfe Wendung zugunsten Spartas ein. Tissaphernes, der Vertreter jener vorsichtigen Gleichgewichtspolitik, die dem persischen Interesse zwar entsprach, aber erst auf weite Sicht Erfolg haben konnte, wurde abberufen und die Griechenpolitik dem Prinzen Kyros anvertraut, der zugleich mit weiten, die einzelnen Satrapien übergreifenden Vollmachten ausgestattet wurde. Kyros aber war nicht nur persönlich ausgesprochener Lakonophile, sondern spekulierte auf die Spartaner auch im Rahmen geheimer dynastischer Pläne. Auf diese Weise fiel nun das ganze persische Gewicht ungeteilt auf die spartanische Seite, was sich in reichen Geldzahlungen auswirkte.

Und als ob die Geschichte diese Entscheidung hätte bestätigen wollen, meldete sich jetzt bei den Spartanern eine Kraft zu Wort, welche das Zeug dazu hatte, das persische Kapital zu nutzen: *Lysander*, die große Figur der letzten Kriegsjahre, aus dem Holz geschnitzt wie Brasidas und Gylippos, dazu aber mit einem Zug ins Geniale, dem Alkibiades durchaus ebenbürtig.

Lysander war sowohl ein überragender Militär, Admiral und General als ein einfallsreicher und dabei doch konsequent denkender Politiker. Er führte deshalb den Krieg nicht nur militärisch, sondern auch politisch, indem er das Verhältnis zu den spartanischen Parteigängern enger gestaltete. In den Städten nahm er persönliche Beziehungen auf und sorgte dafür, daß seine Freunde auch wirklich die Macht in die Hände bekamen. Sie wurden in der Form von zehnköpfigen Komitees (den »Dekarchien«) mit besonderen, nahezu diktatorischen Vollmachten ausgestattet. Dem Prinzen Kyros kam er natürlich anders. Er kultivierte die Beziehungen zu ihm durch ein persönliches Verhältnis, gab sich liebenswürdig und war bestrebt, der Diplomatie eine warme Atmosphäre zu geben.

Unter diesen Umständen hätte Athen von ganz außerordentlichem Glück sagen können, daß es in Alkibiades einen Mann besaß, der Lysander ebenbürtig war. Aber mit solcher Einsicht war zuviel erwartet. Sie konnte sich auch gar nicht erst bilden, denn bevor man noch richtig sah, was Lysander bedeutete, hatte Athen Alkibiades verabschiedet. Ein Seegefecht, das durch die Schuld eines seiner Offiziere verlorengegangen war (bei Notion), gab den Vorwand ab. Die Gründe lagen selbstverständlich tiefer. Man traute ihm nicht, erwartete Wunder von ihm, gerade auch was Persien betraf, und handelte dann aber wie so oft kurzschlüssig.

Der attischen Politik war aber auch gar nicht zu helfen. Gegen alle Wahrscheinlichkeit trat Lysander noch im Jahre 407/406 wegen Spannungen mit seiner Regierung in den Hintergrund. Ein harmloser Admiral (Kallikratidas) kommandierte die spartanische Flotte, die mit Hilfe der persischen Gelder in gewaltiger Größe (hundertzwanzig Schiffe) erstellt worden war. Athen holte bis an den Rand seiner letzten Kräfte aus, um eine noch gewaltigere (hundertfünfzig Schiffe) aufzubringen. Bei den Arginusen (in der Nähe von Lesbos) wurde die größte Seeschlacht geschlagen, die sich Griechen je geliefert haben, und das Kriegsglück war gerecht genug, Athens Ruhm zur See zu bestätigen. Es wurde ein glänzender Sieg; über die Hälfte der feindlichen Schiffe wurde versenkt. Athens Übergewicht zur See war für den Augenblick wiederhergestellt (406). Unter diesem Eindruck ließ sich Sparta abermals zu einem Friedensangebot auf der Grundlage des gegenwärtigen Standes herbei. Aber Kleophon lehnte abermals ab. Das Nachspiel zu diesem Sieg bewies in gleicher Weise, daß Athen nicht auf der Höhe der Situation stand. Die siegreichen Feldherren wurden vor Gericht gezogen und hingerichtet, weil in dem anschließenden Sturm die Hälfte der athenischen Mannschaft ertrunken war. Die Erregung des Volkes war begreiflich, aber das Urteil sachlich nicht gerechtfertigt. Sokrates war damals Prytane und besaß den Mut, sich gegen die allgemeine Hysterie auszusprechen.

Die Nemesis ließ nicht lange auf sich warten. Im folgenden Jahr (405) kommandierte wieder Lysander, der mit persischen Geldern neue Schiffe beschaffte. Durch den einfachen, aber genialen Trick, daß er die Schlacht nicht annahm, dadurch den Gegner ermüdete und ihn den Leichtsinn begehen ließ, die Schiffe zu verlassen, gelang ihm der Überfall auf die Flotte Athens. Diese Schlacht von Aigospotamoi (wörtlich: Ziegenflüsse) war keine Schlacht, sondern ein Handstreich, welcher Athen sein ganzes verfügbares Kriegsmaterial kostete. Es war damit ruiniert, denn nun konnte es auch von der See her eingeschlossen werden, was Lysander alsbald auch tat. Die Belagerung zog sich den Winter über hin. Am Ende stand die bedingungslose Kapitulation. Der Krieg war zu Ende, und Athens Niederlage, die längst unvermeidlich geworden war, war so gründlich ausgefallen, wie es auch ein Schwarzseher nicht für möglich gehalten hätte.

Die Politik in der Sackgasse

Bilanz

Ablauf und Ergebnis des Peloponnesischen Krieges auf seine kausalen Faktoren hin zu analysieren und seine Bedeutung für das Ganze der griechischen Geschichte festzustellen, ist sehr zweierlei. Die Geschichte tut uns nicht den Gefallen, beide Gesichtspunkte einander nahe zu rücken oder gar in dem Sinn miteinander zu verbinden, daß dieser aus jenem ohne Not hervorwächst. Der Zeitgenosse, der den Ausgang des Krieges im Lichte der Erwartungen sah, wie sie 431 außerhalb Athens allenthalben gehegt worden waren, durfte zwar annehmen, daß mit der Vernichtung der verhaßten attischen Herrschaft das Hauptproblem der griechischen Politik in seltener Vollkommenheit gelöst wäre; und in der Tat äußerte sich diese Überzeugung auch in überschwenglicher Stimmung. Lysander, der Sieger von Aigospotamoi, wurde der Held des Tages. In feierlichen Hymnen wurde er besungen als der »Stratege des hochheiligen Hellas von Spartas weiten Gefilden«. Was Wunder! Die Entscheidung war schließlich in einer Eindeutigkeit gefallen, welche die Feinde Athens wohl zu Anfang wünschen und erhoffen mochten, die jedoch während des langwierigen Krieges nur als ein Traumbild erscheinen konnte.

Wer etwas tiefer blickte, dem konnte nicht ganz so wohl sein. Bestand denn tatsächlich eine Möglichkeit, daß die Geschichte einfach so weiterging, als wären die vergangenen siebzig bis achtzig Jahre seit Salamis und Plataiai nicht gewesen, und sich wiederum das Idyll einstellte, das die Generation von Marathon gekannt hatte? War denn wirklich die ganze Geschichte seitdem nichts als ein großer Irrtum gewesen, den es galt, schleunigst auszustreichen, ausgerechnet diese Geschichte, in der sich die höchsten Energien des griechischen Lebens entfaltet hatten, gerade auch in der Politik, in der Hellas zu einer Potenz geworden war, die auch dem persischen Weltreich Achtung abnötigte und selbst dem aufstrebenden Karthago Reserve auferlegte? Nein, es war eine reine Illusion, sich einen solchen Reim zu machen und zu denken, mit der Beseitigung von Athens Herrschaft sei nun alles im Lot und jeder könne sich wieder seinem Tagewerk zuwenden, auch Sparta, das ja nun die Lorbeeren seines uneigennützigen Sieges geerntet habe. In dieser Hinsicht ließ die Belehrung nicht lange auf sich warten.

Sparta konnte sich selbstverständlich nicht auf Fiktionen einlassen und den bisher von Athen beherrschten griechischen Raum als Vakuum betrachten. Die Spartaner wären politische Analphabeten gewesen, wenn sie sich eingebildet hätten, sie könnten den bisher von Athen beherrschten Raum nun einfach sich selbst überlassen. Sie standen – wie so viele vor und nach ihnen – der ewigen Dialektik gegenüber, daß die Gegebenheiten, die sie selbst herbeigeführt hatten, ihre eigene Gesetzmäßigkeit entfalten und gerade auch ihrem Schöpfer den eigenen Willen aufzwingen. Wer von der Zukunft das Reich machtfremder Beschaulichkeit erwartete, war ein Tor und hatte sich obendrein nicht klargemacht, daß der Geist der Expansion, der sich in Athen manifestiert hatte, nicht an den Boden Attikas gebunden war und es zum mindesten einer tragfähigen Ordnung bedurfte, um ihn in Grenzen zu halten. Die Verantwortung dafür lag bei dem Sieger, und darum stellte sich denn auch die Kardinalfrage an die Zukunft in dem Problem, ob Sparta das Vermögen in sich trüge, die hellenische Geschichte über den großen Einbruch der athenischen Katastrophe weiterzuführen.

Wir haben es heute leicht festzustellen, daß dem nicht so war, aber ein solches Urteil geschieht doch nicht nur *ex eventu*. Jedem, der die spartanische Geschichte bis 404 kannte, mußte von vornherein klar sein, daß Sparta mit einer solchen Aufgabe weit überfordert war. Wie sollte ein Staat, an dem die gesamte Entwicklung des griechischen Lebens im Verlauf der letzten zwei Jahrhunderte spurlos vorübergegangen war, der im Gegenteil seine ganze Kraft darauf gerichtet hatte, sich gegen alles, was außerhalb vorging, hermetisch abzuschließen und der infolgedessen nichts anderes war als eine monumentale Versteinerung, wie sollte ein solcher Staat mit einemmal das Auffangorgan für die vielgestaltige und allenthalben überschießende Vitalität werden? Natürlich war die spartanische Elite eine Gruppe bewährter und den anderen Griechen überlegener militärischer wie politischer Routiniers, und das disziplinierte spartanische Staatsethos stand, wenn es hart auf hart ging, noch immer seinen Mann. Aber damit allein war die Zukunft beim besten Willen nicht zu gewinnen. Für sie kam es auf Kraftreserven in der allgemeinsten Bedeutung des Wortes an, sozial, wirtschaftlich und geistig, und daß es damit nicht zum besten stand, war gerade Sparta selbst am wenigsten unbekannt. Weit entfernt, sein Potential zu überschätzen, war es während des vergangenen Jahrhunderts konsequent bestrebt gewesen, eine überkommene Position zu halten und lediglich zu verhindern, daß eine sich nicht nach seinem Willen verändernde Welt in ein zu starkes Mißverhältnis zu jener geriet. Das war eine rein defensive Haltung, und Sparta war sich auch klar, daß sie nicht ohne Kompromisse und Zugeständnisse einzunehmen war. So hatte es sich den von Athen abgetrotzten griechischen Dualismus gefallen lassen, so war es in den Krieg eingetreten, nach außen gewiß, um ihn zu beseitigen, in Wahrheit jedoch bestimmt durch das Bangen um seine weitere Existenz. So war es während des Kampfes mehr als einmal bereit gewesen, selbst die Pflöcke dieses Ziels zurückzustecken, und noch in der letzten Kriegsphase, als seine Superiorität eine ausgemachte Sache war, hätte es gern dem in die Enge getriebenen Gegner den Ausweg gelassen, wenigstens die Basis seiner alten Macht zu behalten, wenn es nur den Krieg, den es im Grunde nicht gewollt hatte, endlich loswürde. Und wenn man weiß, daß allmählich die spartanische Vollbürgerschaft auf die Hälfte ihres Sollbestandes, auf fünfzehnhundert Mann, zusammengeschmolzen war und ein eigentlich beiläufiges Ereignis wie die Gefangennahme der paar hundert Spartiaten auf Sphakteria zu einem schier tödlichen Schlag werden konnte, dann ist diese Einstellung nicht unbegreiflich, dann wird einem allerdings auch das ungeheure Mißverhältnis zwischen einem derartigen Habitus und den jetzt mit dem Kriegsausgang vor ihm liegenden Aufgaben klar.

Es ist nicht anders: die Geschichte hatte sich damit gewissermaßen selbst einen bösen Streich erlaubt; sie war alles andere als »vernünftig« verfahren und hätte sich das Hegelsche Verdikt gefallen lassen müssen, daß sie im Grunde nicht »wirklich« war. Freilich sagt sich das leicht her, und mancher wird einwenden, der Historiker maße sich mit einem solchen Urteil zuviel an. Man kann aber auch ein wenig naiver vorgehen und sich dem unmittelbaren Eindruck der anschließenden Geschichte überlassen. Der Leser wird im folgenden mehr, als ihm lieb ist, Gelegenheit haben, die innere Desorganisation wahrzunehmen, in welche die griechische Geschichte nach 404 geriet, und daran erkennen, was für ein Verhängnis es bedeutete, daß die Konzentrierung politischer Kraft in Athen, die Arbeit und der ehrliche Erfolg von beinahe drei Generationen, beseitigt war und daß der Ansatz dazu, daß aus der Mitte des hellenischen Volkes und der griechischen Zivilisation die auf die Länge unvermeidliche Gestaltung griechischer Weltpolitik erwuchs, unwiederbringlich untergepflügt wurde. Wenn je ein Staat seine Niederlage verschuldet hat, dann bestimmt das Athen des Peloponnesischen Krieges. Die Frage, ob es sie »verdiente« und sie für Hellas als Gesamtheit sinnvoll war, vermag nur der zu bejahen, für den Erfolg und Tatsachen sich stets durch ihr bloßes Dasein rechtfertigen. Wem die Weltgeschichte nicht so glücklich konstruiert ist, daß sie immer und in jedem Falle »aufgeht«, der wird ein gehöriges Maß von Skepsis nicht unterdrücken können.

Hellas war durch den Peloponnesischen Krieg in seiner Lebenskraft weder getroffen noch irgendwie gekürzt. Die Menschenverluste, die der Krieg mit sich gebracht und vor allem Athen erlitten hatte – zumeist durch die Pest –, hielten doch das Wachstum der griechischen Bevölkerung nicht auf. Hellas war, rein biologisch gesehen, auch das ganze 4. Jahrhundert ein blühendes Land. Es erlebte einen zivilisatorischen Aufschwung, in dem Gewerbe und Handel ebensosehr dem äußeren Umfang nach wie in der inneren Differenzierung gewannen. Es wurde mehr produziert als zuvor, wenn auch nicht genug, um mit dem kolossal erhöhten Geldumlauf Schritt zu halten, weshalb allenthalben eine beträchtliche Preissteigerung eintrat, entsprechend dem Trend, der schon das 5. Jahrhundert hindurch geherrscht hatte. Die Menschen wurden im Durchschnitt reicher und leisteten sich größeren Luxus als vorher. Die bis dahin sehr einfach gehaltenen Privathäuser gewannen durch großen Aufwand einen gewissen Glanz. Das plastische Talent der Griechen fand nicht weniger als vorher die wirtschaftlichen Voraussetzungen zu seiner Entfaltung. Skopas, Praxiteles und Lysippos, jeder mit seiner Schule, schufen ihre zahlreichen Werke, und mit ihnen und ihren Zeitgenossen entstand die Kunst, welche für Jahrhunderte die Anschauung von griechischer Kunst in der Moderne bestimmte. Die Malerei erfuhr überhaupt erst jetzt ihre große Entfaltung, als man begann, die Wohnungen mit Fresken auszustatten. Die berühmten Geschichten von Parrhasios und Zeuxis, von denen dieser die Vögel mit seinen gemalten Trauben anlockte, jener dem Zeuxis durch ein gemaltes Tuch eine derartige Illusion erweckte, daß er darum bat, es endlich wegzuziehen, um den Blick auf das Bild freizugeben, gehören in das 4. Jahrhundert.

Aber die Kraft und die Menschen, die dieses fruchtbare Jahrhundert aus sich hervortrieb, fanden nicht alle das staatliche und gesellschaftliche Gehäuse, das sie aufgenommen und an der richtigen Stelle angesetzt hätte. Eine stabile politische Ordnung gab es nicht mehr. In den zwei Menschenaltern zwischen 404 und 338 (Philipps Sieg bei Chaironeia) war vierzig Jahre lang Krieg in Hellas, ungerechnet die begrenzten lokalen Fehden. Das hieß Gefährdung, Verwüstung, Vernichtung der wertvollen Fruchtkulturen, Verbrauch der Ergebnisse menschlicher Arbeit für teure Kriegskosten. Auf dem Meere wurde nach dem Untergang des großen Attischen Reiches der Handel wiederum von Piraten drangsaliert. Aber das war noch alles nichts gegenüber der Not, denen die Opfer der andauernden Revolutionen ausgesetzt waren. Immer und überall gab es Leute, die, von Haus und Hof verjagt, auf gewaltsame Rückkehr in ihre Heimat und auf Rückgewinnung ihres konfiszierten Vermögens warteten. Die inneren Verfassungsumstürze gehören zu den markantesten Erscheinungen des griechischen Staatslebens, und es ist kein Wunder, daß sie in der griechischen Staatstheorie eine zentrale Stellung einnehmen. Auf der Grundlage einer so gewaltsam niedergehaltenen Organisation war es unmöglich, allen Menschen ein friedliches Auskommenzu gewähren. Tausende und aber Tausende lebten als Söldner vom Krieg, vom Krieg in Griechenland, aber nicht minder von den Kriegen des Perserkönigs und des ägyptischen Pharaos (den es im 4. Jahrhundert wieder gab). Griechische Soldaten waren leicht aufzutreiben, und die Kriegstechnik auch der Griechen selbst benutzte diese Möglichkeit, die eigenen Bürger etwas vom Kriegsdienst zu entlasten. Neu war das Phänomen an sich nicht. Es begegnete schon bei den Tyrannen des 6. Jahrhunderts und war auch dem 5. Jahrhundert (und da gerade im Peloponnesischen Krieg) nicht unbekannt. Doch erst im 4. Jahrhundert wird aus dem Berufssoldaten ein ständiger sozialer Typus, der in seiner bramarbasierenden Art in der Gestalt des *miles gloriosus* sogar in der Literatur Eingang fand.

Spartas Hilflosigkeit gegenüber der Aufgabe, in die durch den Ausfall Athens eingetretene Lücke einzuspringen, wurde nicht sofort offenbar. Zu Anfang ging alles – wenigstens dem äußeren Anschein nach – überraschend gut. Das Festland war ohnehin kein Problem. Schon während des Dekeleischen Krieges hatte da Sparta den Ton angegeben, und Athen war völlig außerstande gewesen, ihm den Weg nach Mittel- und selbst nach Nordgriechenland zu verlegen. Kein Wunder, daß Sparta sich jetzt in innerthessalische Auseinandersetzungen (eine Revolution der hörigen Landbevölkerung, der »Penesten«, gegen den Stadtadel) einmischte und natürlich auf der Peloponnes einiges nach seinem Sinn in Ordnung brachte. Elis, das während der verschiedenen Rückgänge der spartanischen Suprematie sich ausgedehnt und eine straffere Herrschaft über die kleinen Orte der Landschaft begründet hatte, wurde gezwungen, alle diese Fortschritte staatlicher Konsolidierung wiederaufzugeben.

Doch es ging ja nicht primär um das griechische Festland, wo Sparta über alte Traditionen der Hegemonie verfügte und Athen nicht viel erreicht hatte – die wenigen Restbestände wie die Ansiedlung geflüchteter Messener in Naupaktos am Korinthischen Golf und auf Kephallenia ließen sich leicht beseitigen. Was geschah aber in der Weite des ehemaligen attischen Seereiches? Der Sorge darüber wurde Sparta durch Lysander enthoben. Er war es schließlich gewesen, der die attische Herrschaft bis zum letzten aus den Angeln gehoben hatte und der schon vor 404 wußte, wie man das nicht nur machte, sondern auch für die Zukunft sicherte. Er verfügte über die robuste Methode, Garnisonen mit spartanischen Kommandanten (Harmosten) zu installieren und oligarchische Minoritäten in der Form diktatorisch verfahrender Vollzugsausschüsse (Dekarchien) straff zu organisieren. Daß ihm als dem endgültigen Befreier von der athenischen Herrschaft alle Sympathien zufielen, hinderte ihn nicht, skrupellos dafür zu sorgen, daß die attische Herrschaft alsbald von einer nicht minder strengen spartanischen abgelöst wurde. Im Gegenteil: wenn Athen überflüssigerweise sich darin gefallen hatte, von seiner Herrschaftsgewalt zu sprechen, so ließ sich ein solcher Machiavellismus viel besser auf den Bajonetten weniger praktizieren, die aber, weil sie wenige waren, um so hemmungsloser vorgehen mußten. Um die Jahrhundertwende war ein derartig gut funktionierender Herrschaftsapparat über die früheren attischen Bündner gelegt, daß an der Südküste des Schwarzen Meeres ein stattlicher Haufe griechischer Söldner völlig abhängig war von der Gnade Spartas, das nun uneingeschränkt auch über die Seewege verfügte.

Aber dieses System stand und fiel mit der Person, die es geschaffen hatte, und gerade das machte seinen Schöpfer zu einem für Sparta äußerst unheimlichen Zeitgenossen. Die außerordentlichste Devotion wurde Lysander von den ehemaligen Seebundsgriechen erwiesen, in religiösen Formen, die ganz ungewöhnlich waren. Als wäre er ein Gott, wurden ihm Opfer gebracht und Paiane gesungen. Samos benannte sein Herafest in Lysanderfest um, und Ephesos stellte sein Standbild in dem berühmten Tempel der Artemis auf. Daß sich darin eine Glaubenshaltung ankündigte, die hundert Jahre später nicht mehr ungewöhnlich war, wußte man damals noch nicht. Aber wenn diese Vorkommnisse zu der Zeit vielleicht nicht so auffielen wie unseren Augen – die Weltimmanenz des Göttlichen und seine Fähigkeit, sich mit Menschlichem zu verbinden, gehört zum Urbestand der griechischen Religion –, so war es doch sehr aufregend, daß ausgerechnet ein Spartaner zum Avantgardisten der Entwicklung wurde, ein Mann, der obendrein ein Zyniker war und den Ausspruch tat, Kinder müsse man mit Würfeln, Männer mit Eiden betrügen. So etwas war zudem nicht Theorie bei ihm, sondern erfolgreiche Praxis, und manche Gemeinde wußte von seinem perfiden Vorgehen zu erzählen.

Lysanders hemmungsloses Säbelregiment hätte sich Sparta wohl eine Zeitlang gefallen lassen, aber seine Rückwirkung auf Sparta selbst bildete einen schweren Anstoß. Ein so mächtiger Mann, der im besten Zuge war, die früheren Erfahrungen mit Kleomenes und Pausanias verblassen zu lassen, wuchs selbstverständlich über die spartanische Verfassung hinaus. Lysander wußte das und handelte danach. Das spartanische Erbkönigtum sollte Wahlkönigtum werden. Wo das hinführte, war nicht schwer zu sehen. Sparta dachte natürlich nicht daran, sich selbst zu depossedieren, und drängte Lysander allmählich zurück. Als er 395 in einer Schlacht fiel, war sein Einfluß schon längst gebrochen, zugleich aber Sparta derjenigen Kraft beraubt, die allein seine Herrschaft hätte uneingeschränkt aufrechterhalten können. Sie wurde denn auch von Sparta in dieser extremen Form abgebaut. Und schon zeigte es sich, daß Spartas Stellung keineswegs so fest war, wie es den Anschein gehabt hatte.

Das attische Mirakel

Die Kapitulation Athens erfolgte im Frühjahr 404, nachdem die Stadt den Winter hindurch die Blockade durch die Flotte Lysanders hatte aushalten müssen und die Bevölkerung, vom Hunger an den Abgrund der Verzweiflung getrieben, den letzten Rest von Widerstandskraft aufgab. Sie war damit zum wehrlosen Opfer des Siegers geworden, ohne jede Möglichkeit, von ihrer Seite aus noch das geringste Gewicht in die Waagschale zu werfen. Was die Stunde geschlagen hatte, wußte man schon im Herbst, als die Nachricht von Aigospotamoi eintraf. »Ein Wehgeschrei ging von Mund zu Mund vom Piräus durch die Großen Mauern bis zur Stadt. In jener Nacht machte niemand ein Auge zu, weniger aus Trauer über die Opfer der Schlacht als in Kümmernis über das eigene Schicksal, weil jeder sich vorstellte, er müsse jetzt das gleiche erleiden, was Athen Melos, Histiaia, Skione, Torone und Aigina und den vielen anderen Griechen zugefügt hatte«, berichtet unser Gewährsmann Xenophon an einer berühmten Stelle.

Die Ahnungen trafen durchaus die Wahrheit. Der Schrecken und die Angst, welche jahrzehntelang der Alpdruck der Athen Unterlegenen gewesen waren, verwandelten sich jetzt in der Stunde des totalen Sieges in die Gier, das eigene Leiden dem einst so unbarmherzigen Athen heimzuzahlen. Bei den Friedensverhandlungen erhoben in diesem Sinne Korinth, Theben und viele andere Griechen ihre Stimme und forderten, gar keinen Vertrag zu schließen, sondern Athen dem Erdboden gleichzumachen, die Stadt »auszuradieren«. In diesem kritischen Augenblick stellte sich Sparta vor Athen und rettete die Stadt. Das geschah natürlich nicht ohne ein rationales politisches Kalkül. Die Zerstörung Athens konnte nur dem Nachbarn Theben zugute kommen, und diesen in solchem Umfang zu stärken lag durchaus nicht im Interesse Spartas. Aber das waren nicht die einzigen Motive. Zu ungeheuerlich wäre es gewesen, darauf wiesen die Spartaner ausdrücklich hin, eine Stadt zu versklaven, die in der Stunde der höchsten Gefahr für Hellas das höchste Verdienst sich erworben hätte, ein Widerschein jener gemeinhellenischen Solidarität, von der man in der letzten Generation nur allzuwenig verspürt hatte. Und bei einem Gastmahl Lysanders soll ein Phoker einen Passus aus der Elektra des Euripides gesungen haben, und allen Teilnehmern sei zum Bewußtsein gekommen, wie schrecklich es sein würde, eine so berühmte Stadt, die solche Männer hervorgebracht habe, zu zerstören. Der Vorfall mag eine Legende sein. Ihr Hintergrund enthielt eine historische Realität in dem Bewußtsein von der Stellung Athens im Raum des griechischen Geistes. Griechenland hätte sich selbst geschändet, wenn es der Stimme der Rache gefolgt wäre, und es bleibt ewig der Ruhm Spartas, daß es in dieser Stunde nicht versagte und eine mehr oder minder klare Empfindung in die konkrete Tat umsetzte.

Bei dem Gedanken, was damals auf dem Spiele stand und was leicht hätte geschehen können, hält der besinnliche Betrachter noch heute den Atem an. Es fällt nicht schwer, sich auszudenken, was bei einem Untergang Athens höchstwahrscheinlich nicht ins Leben getreten wäre, ein Gedankenexperiment, das dadurch nichts von seinem Wert verliert, daß wir nicht wissen können, was an seiner Stelle geschehen wäre. Nun, gewiß nicht all das, was mit Athens Existenz irgendwie in der Zukunft verknüpft ist. Zwar ging das tragische Zeitalter der Griechen, die Zeit der großen attischen Tragödie, ohnehin mit dem Peloponnesischen Krieg zu Ende. Seinen Ausgang erlebten weder Sophokles noch Euripides, die beide zwei Jahre vorher (406/5) starben. Nachher gab es zwar noch zahlreiche Tragödiendichter – wir kennen sie kaum –, aber die Tragödie weiterzubilden vermochten sie offenbar nicht. Das weitere Altertum hindurch hat sie auf den unzähligen Theaterbühnen der griechischen und später griechisch-römischen Kulturwelt nur als klassische Form gelebt, repräsentiert durch die drei großen Dichter und unter ihnen in erster Linie durch Euripides. Die Geschichte des Theaters ging in der Komödie weiter, allerdings nicht in Fortsetzung der klassischen des Aristophanes, sondern im Rahmen eines eigenen Typs, des Gesellschaftsschauspiels, das in seiner Psychologie, der Darstellung menschlicher Charaktere und Figuren, sehr viel von Euripides lernte. Doch mag jemand sagen, selbst auf Menander und seine (und seiner Anverwandten) Nachwirkung komme am Ende nicht allzuviel an. Wie will man sich aber den europäischen Geist denken ohne das, was jetzt erst im 4. Jahrhundert in der Sprache der attischen Prosa ausgedrückt wurde und werden konnte? Daß auch die nichtgebundene Rede bestimmten künstlerischen Prinzipien unterworfen werden müsse, dieser für die antike Schriftstellerei fundamentale Satz ist zwar nicht in Athen gefunden, sondern erst von den Sophisten, vor allem von Gorgias, dorthin gebracht worden. Aber in Athen ging sein Same auf und gewann dadurch seine Durchschlagskraft. Wenn die spätere antike Geistesgeschichte mit irgendeinem Wurzelstrang stets auch nach Athen zurückweist, dann hängt dies zum Teil mit der stilbildenden Kraft des attischen Geistes zusammen, wie sie sich erst im 4. Jahrhundert richtig ausprägte. Es waren gar nicht immer die bedeutendsten Köpfe, die dies zuwege brachten, sondern eher bewirkte ein numerell starker Kreis von ausgesprochenen Formtalenten, daß die attische Sprache mit ihren stilistischen Regeln die Basis für die Ausdrucksweise des gesamten späteren Griechentums abgab.

Athen war im 5. Jahrhundert allmählich in diese Rolle hineingewachsen, einfach auf Grund der Tatsache, daß seine politische und gesellschaftliche Bedeutung es zu einem gemeinhellenischen Zentrum hatte werden lassen. Ohne Athen wäre die reaktive, durchaus auf die unmittelbare Gegenwart des modernen Geistes abgestellte Denkweise des Sokrates kaum vorstellbar gewesen, und Sokrates wurde nicht von ungefähr für die Griechen ein ökumenisches Ereignis. Kann man sich aber seine weltweite Wirkung ohne das Athen des 4. Jahrhunderts vorstellen? Gewiß gab es auch auswärtige Schüler des Sokrates, die imstande waren, eine »sokratische Schule« (im Sinne unserer philosophiegeschichtlichen Filiation) auch anderswo als in Athen zu begründen. Aber vermag man sich Platon außerhalb von Athens Mauern zu denken? Er hatte zwar erhebliche Vorbehalte gegen seine Vaterstadt, aber die Treue hat er ihr trotz seiner weltweiten Beziehungen doch gehalten, und keiner kann sich anmaßen zu wissen, was Platon geworden wäre ohne die sozialen Voraussetzungen seiner Existenz, die nun einmal in Athen lagen. Vielleicht ist die Akademie, Platons »Schule«, nur kraft der Laune des Schicksals, die Platon einen Athener und sein Vermögen attischen Grundbesitz sein ließ, ein Geschöpf Athens, aber sie ist es nun einmal und ist nach allen Umständen nirgends anderswo denkbar. Mit solchen banalen Tatsachen steht schließlich der Wahlathener Aristoteles nicht minder in einem trivialen Zusammenhang. An seinem Ingenium hat Athen kein Verdienst, und ohne Athen und wahrscheinlich auch ohne die Akademie hätte seine gewaltige Begabung bestimmt auch nicht brachgelegen, aber was Aristoteles wurde, ist so, wie es wurde, ohne das Athen des 4. Jahrhunderts nicht vorstellbar. Vor den historischen Phantasien tut sich ein gähnender Abgrund auf bei dem Gedanken, es wäre 404 der Pflug über die Markung Athens geführt und das Areal in Weidegelände für Viehherden verwandelt worden, wie die Thebaner es beabsichtigten. Selbstverständlich wäre Athen wiedererstanden, irgendwie, genauso wie Milet nach der Zerstörung durch die Perser, aber was für ein provinzielles Athen wäre eine solche Siedlung gewesen? Ein Gehäuse für die epochalen Funktionen des wirklichen Athens? Wohl kaum.

Denn dieses wirkliche Athen, das auf Grund des spartanischen Einspruchs möglich wurde, blieb trotz seiner politischen Entmachtung die erste Stadt Griechenlands. Es war nach wie vor die volkreichste. Eine Rivalin meldete sich nicht; die große Vergangenheit hatte nun einmal die Maße bestimmt. Dergleichen erlebt man ja immer wieder, gerade auch in unseren Tagen, die so manchen spektakulären Wandel verzeichnen. Nach wie vor legten im Piräus die meisten Schiffe von allen griechischen Häfen an, und die Produktionskraft der athenischen Manufakturen blieb unübertroffen. Athens Finanzkraft, die sich nicht mehr auf das ausgedehnte Attische Reich stützen konnte, war trotzdem erstaunlich. In seiner ganzen Ausstattung, der geistigen, zivilisatorischen und ökonomischen, zeigte das Athen des 4. Jahrhunderts, daß es wohl politisch einen tiefen Sturz getan hatte, aber die Gestaltfülle seines Wesens diesem Fall nicht gefolgt war.

Gleichwohl war dieser Fall eine harte Tatsache, die sich nicht mehr aus der Welt schaffen ließ. Athen war politisch durch den Peloponnesischen Krieg derartig in Rückstand versetzt, daß der Verlust nicht mehr aufzuholen war. Dabei handelte es sich nicht nur um die Unmöglichkeit, daß die außerordentliche Situation, der einst der Attische Seebund seine Entstehung verdankt hatte, sich wiederholte. In dieser Hinsicht hätte man sich vielleicht damit trösten können, daß das, was sich damals als Geschenk der besonderen politischen Konstellation eingestellt hatte, jetzt auf mühevolleren Wegen anzustreben wäre; und in der Tat ist es denn auch so gekommen. Viel mehr fiel der Umstand ins Gewicht, daß die Geschichte Griechenlands weiterging, ohne daß Athens einstiges Schwergewicht sie bestimmte, und dadurch Tatbestände geschaffen wurden, die einer Entfaltung der Macht Athens unüberwindliche Widerstände entgegenstellten. Kurz, der Zeitverlust ließ sich ebensowenig wie der Kairós einbringen.

Da war es schon ein erstaunliches Wunder, daß Athen sich aus der Tiefe, in die es gestürzt war, verhältnismäßig schnell erhob. Die Kapitulation von 404 sollte es nach der Absicht der Sieger etwa auf den Stand zurückschrauben, den es zur Zeit von Marathon (490) eingenommen hatte. Der Seebund wurde radikal beseitigt, so daß nicht eine Spur von ihm übrigblieb. Das meiste hatte der Krieg schon geleistet. Nur Samos stand noch bei Kriegsende zu Athen, aus begreiflichen Gründen, denn dort war 412 eine besonders radikale Demokratie ans Ruder gekommen. Sie wußte, daß sie von der Zukunft nichts zu erhoffen hatte, und wich erst der Waffengewalt, die Lysander nach der Übergabe Athens gegen sie einsetzte. Staatsrechtlich konnte sie damals sogar als Bestandteil Athens gelten, denn Athen hatte als einen der letzten Verzweiflungsschritte nach Aigospotamoi den Samiern das attische Bürgerrecht verliehen und damit in zu später Stunde den Geist des kleinlichen Bürgeregoismus verabschiedet, der gerade die extreme Demokratie charakterisiert hatte. Verlorengegangen aber waren Athen auch die »Kleruchenkolonien« (Imbros, Lemnos, Skyros), also diejenigen Inseln, auf denen es keine (nichtattischen) Griechen zu befreien gab, da die Athener dort nur nichtgriechische Eingeborene verdrängt hatten. Mit Athens Seeherrschaft wurde also gründlichst aufgeräumt. Die Langen Mauern sollten ebenso wie die Befestigungsanlagen des Piräus zerstört werden. Die attische Kriegsflotte wurde auf lächerliche zwölf Schiffe beschränkt. Es war denn nur konsequent, wenn dieses gewaltsam auf das Festland verwiesene Athen die Hegemonie Spartas anzuerkennen hatte.

Als Lysander seinen feierlichen Einzug in das gedemütigte Athen hielt, kamen die attischen Emigranten mit ihm, also vor allem die Leute, die sich 411 so beschämend kompromittiert hatten. Sie sorgten dafür, daß Athens Niederlage auch von athenischer Seite die richtige Untermalung erfuhr: unter Flötenklängen legten sie mit größtem Eifer Hand an die Mauern und leiteten ihre Zerstörung ein. Ihre Parole war, daß an diesem Tage die Freiheit von Hellas beginne. Damit war zugleich kundgetan, daß das neue Athen oligarchisch sein würde, wie es auch in der Natur der Sache lag. Die Demokratie war durch die außenpolitische Katastrophe bis in ihre Grundfesten erschüttert. Kleophon war noch vor der Kapitulation hingerichtet worden, und Sprecher der Stadt gegenüber Lysander und Sparta war Theramenes geworden, ein bekannter Politiker aus der Ära von 411, damals Vertreter des gemäßigten Flügels. Die oligarchische Revolution erfolgte, wie damals, auch jetzt »legal« durch die Volksversammlung. Der oligarchischen Regie liehen Lysander und die im Lande stehenden Truppen Schützenhilfe. Das Ergebnis war ein Aktionskomitee von dreißig Männern, das die neue Verfassung vorbereiten sollte. In Wirklichkeit übte es wie anderswo die Lysandrische Dekarchie eine Diktatur aus und erbat sich nun gleichfalls eine spartanische Garnison zu ihrer Stütze. Alle anderen Organe, der Rat und eine auf dreitausend Mann beschränkte Bürgerschaft, hatten nichts zu sagen. Es herrschte ein terroristisches Regime, das blindlings die Gegner in den Tod trieb. Die Hinrichtungsbehörde, die »Elf«, kam aus der Arbeit nicht heraus. In verhältnismäßig kurzer Zeit brachte sie es auf fünfzehnhundert Opfer. Aus bloßem Raubinstinkt, zur Bereicherung dieser Clique und gar nicht aus politischen Motiven, wurden massenweise Konfiskationen vorgenommen. Wer klug war, suchte von vornherein das Weite. In Scharen flüchteten die Bedrohten aus der Stadt auf das Land oder ins Ausland. Diese Evakuierung auf kaltem Wege schien System zu haben. Das städtische Element sollte geschwächt und Athens agrarische Seite besonders betont werden. Schiffshäuser wurden auf Abbruch verkauft. Athen, auf den Weg zum Agrarstaat geschickt, sollte sich von innen den Bedingungen seines äußeren Schicksals anpassen.

Die Seele dieser selbstmörderischen Politik war Kritias, das Haupt der »dreißig Tyrannen«. Als vornehmer Mann – er war mit Solon und Platon verwandt – war er mit seinen fünfzig bis sechzig Jahren ein glänzender Repräsentant der modernen, in der Sophistik verbreiteten intellektuellen Bildung und hatte Umgang mit Gorgias und mit Sokrates. Das Altertum kannte von ihm zahlreiche Schriften, darunter die Darstellung verschiedener Verfassungen, wie die der Spartaner und der Thessaler. Er dichtete auch und war offenbar ein starkes formales Talent. Daß er die Demokratie haßte, hatte er sowohl mit seinen Standesgenossen wie überhaupt mit der fortschrittlichen Intelligenz gemeinsam. Dieser Haß war stärker als die Folgerichtigkeit des Denkens. Er vertrat in der praktischen Politik einen derartig reaktionären Standpunkt, daß es ihm nicht darauf ankam, die Grundsätze seiner eigenen weltanschaulichen Überzeugung zu verleugnen, wenn er sie als ein Element der demokratischen Ordnung antraf. Das demokratische Athen kannte seit Solon den Unterschied von äußerem strafrechtlichem Tatbestand und innerer Gesinnung und Absicht, eine Differenzierung, die am allerwenigsten die Sophistik mit ihrem Subjektivismus abzulehnen berechtigt war. Aber für Kritias und seine Freunde war das nur ein pragmatisches Mittel, um der demokratischen Willkür Tür und Tor zu öffnen und den Rednern nach Belieben eine Auslegung der Gesetze zu gestatten. Damit war nun auch gleich die Rhetorik, die Kritias selbst in vollen Zügen in sich aufgenommen hatte, als demokratisches Instrument verdächtigt. Ein von ihm veranlaßtes Gesetz verbot hinfort den Unterricht in ihr. Von der Verbindlichkeit einer fundierten geistigen Haltung war also bei dieser oligarchischen Elite wenig zu spüren. Sie war ganz auf die skrupellose Technik der Macht eingeschworen, und Gesinnung und Überzeugung galten ihr wenig. Schon vorher hatte Kritias dies bewiesen, als er als Aristokrat den Aufstand der Penesten gegen den thessalischen Adel unterstützte. Daß das Denken auch praktisch verbindlich war, kümmerte diese Leute wenig, eine Form von Bewußtseinsspaltung, die ebenso wie die hemmungslosen Exzesse offenbarte, wes Geistes Kind die Antipoden der Demokratie waren und daß von ihnen alles andere als eine innere Erneuerung des attischen Staates erwartet werden konnte.

Der Ausfall gesunder politischer Instinkte wurde gefördert – das war nicht unverständlich – durch die Überzeugung, daß die Spartaner Vertrauensmänner nötig hätten, die sich völlig mit ihren Zielen identifizierten, und daß diese sich deshalb alles erlauben könnten. So schreckte man auch nicht davor zurück, das Schwert gegen die eigenen Gesinnungsgenossen zu kehren, wenn sie den radikalen Kurs nicht mehr mitmachten, ein bekanntes Kennzeichen jeder Bewegung, die in die Hände von Ultras gerät. Die empörendste Felonie wurde der Justizmord an Theramenes, der noch kurz zuvor eine führende Rolle bei der Verabschiedung des demokratischen Regimes gespielt hatte und dem überhaupt die gefahrlose und sichere Art zu verdanken war, in welcher die Machtergreifung der Oligarchen vonstatten ging. Ein nicht minder bezeichnendes Beispiel für die menschliche Hemmungslosigkeit war die Beseitigung des Alkibiades ungeachtet einer alten Freundschaft, die Kritias mit ihm verband. Kritias bemühte seine engen Beziehungen zu Lysander, um diesen zu dem Mord zu veranlassen, und Lysander drückte auf den Satrapen Pharnabazos, bei dem Alkibiades Schutz gesucht hatte, daß er ihn auslieferte. Wenn so etwas möglich war, hatten die Dreißig wirklich alle Veranlassung, sich sicher zu fühlen. Aber die Rechnung ging trotzdem nicht auf. In Sparta selbst hatten einflußreiche Kreise erhebliche Vorbehalte gegen Lysanders Machiavellismus, an ihrer Spitze der König Agis, der sich ohnehin in einem persönlichen Konflikt mit Lysander befand. Daraus entstand der Entschluß, die unhaltbaren Verhältnisse in Athen nicht weiter zu decken und dem wirklichen Kräfteverhältnis freien Lauf zu lassen.

Es hatte sich schon sehr bald zu erkennen gegeben. Die Oligarchen hatten durch ihre Vertreibungen selbst dafür gesorgt, daß die Demokraten sich außerhalb Athens sammelten. Auf dem Lande in Attika fanden sie sich zusammen, im benachbarten Ausland Boiotien trafen sie sich ganz von selbst, und es war nur ein kleiner Schritt, den Widerstand zu organisieren. Wie dies hundertfältig in Griechenland vorgekommen ist, geschah es durch die Okkupation eines festen Platzes und seine militärische Armierung. Phyle im Norden Attikas, nicht weit von der boiotischen Grenze, eignete sich dafür, und in Thrasybulos, einem bewährten Heerführer des Peloponnesischen Krieges, stellte sich auch der rechte Mann ein, um mit Umsicht die Organisation zu leiten.

Sehr schnell stellte sich heraus, daß das oligarchische Regime über keinerlei Beharrungskraft verfügte. Gegenüber dem Zulauf, den Thrasybulos fand, war Kritias wehrlos. Er konnte nicht verhindern, daß die Demokraten sich des Piräus bemächtigten und in der Hafenfestung Munichia sich verschanzten. Der Versuch, sie von dort zu vertreiben, brachte ihm nicht nur eine Niederlage, sondern den Tod im Kampf. Daraufhin brach die Herrschaft der dreißig Extremisten zusammen. Ihre Reste flüchteten sich nach Eleusis, das sie unter Knebelung der widerspenstigen Einwohner zu einer Bastion ausbauten. In der Stadt trat eine gemäßigte Oligarchie ihre Nachfolge an, eine Verständigung mit Thrasybulos gelang ihr aber nicht. Thrasybulos bestand auf der Wiedereinführung der alten Demokratie (Anfang März 403). Die Entscheidung lag bei den Waffen. Es konnte kein Zweifel sein, daß die Oligarchie unterliegen würde. Aber bevor es zum Kampf kam, erschien der spartanische König Pausanias mit einem Heer und trennte die beiden Parteien, indem er zwischen Athen und dem Piräus in Stellung ging. Von einer Unterstützung der Oligarchen, die Lysander bereits eingeleitet hatte, wollte er nichts wissen. Er hielt die Wiederherstellung der Demokratie für unvermeidlich und wünschte nur, daß sie sich nicht in Form einer exzessiven Reaktion vollzog. Mit diesem Standpunkt fand er vollstes Verständnis bei Thrasybulos und seinen Leuten. In aller Form verzichteten sie deshalb auf jede Art von Vergeltung. Die Außerordentlichkeit dieses Verhaltens wurde sehr bald empfunden und ihm eine paradigmatische Bedeutung zugemessen. Terminologisch wurde es mit »Amnestie« bezeichnet, wodurch zugleich dieser wichtige staatsrechtliche Begriff damals aus der Taufe gehoben wurde.

In der Tat war diese Politik der athenischen Demokraten erstaunlich, und wer daran dachte, mit welcher Unbesonnenheit noch wenige Jahre zuvor von den gleichen Leuten Lebensfragen des Staates entschieden worden waren und selbst ein Friedensangebot Lysanders unmittelbar nach Aigospotamoi, das den Athenern wenigstens noch die Klerucheninseln beließ, glattweg abgelehnt wurde, den mußte schon das jetzt zutage tretende Maß an Realismus gegenüber der besonderen Chance der spartanischen Vermittlung wundern und erst recht die Einsicht in staatliche Notwendigkeit überraschen, die sich in dem Verzicht auf jede Revanche verriet. Die Bemühung sachlicher Vernunft entgegen allem Gefälle des Gefühls war eine Tat, die ihresgleichen nicht oft in der Geschichte Athens findet und ihren erheblichen Anteil an der bemerkenswerten Tatsache hat, daß die Geschichte Athens im 4. Jahrhundert nicht nur weiterging, sondern auch ein beachtliches Niveau behauptete. Nur so konnte es geschehen, daß nach fünf Vierteljahren im Herbst 403 der ganze oligarchische Spuk wie weggeblasen war. Das Reservat, das den Oligarchen ursprünglich in Eleusis eingeräumt war, erledigte sich binnen kurzem von selbst. Schon 401 erfolgte auch hier der Ausgleich, und unter Duldung Spartas wurde Eleusis wieder in den attischen Staat einbezogen. Daß die Atmosphäre noch einige Zeit von der Erinnerung an jene Gewaltperiode durchzittert war, ließ sich natürlich nicht verhindern, und so hat es im einzelnen nicht an Vorwürfen von »denen im Piräus«, also den Demokraten, gegenüber den Mitläufern »aus der Stadt«, den Anhängern der Oligarchen, gefehlt, und es kam zu mancher unerfreulichen Rankünе in Rechtsstreitigkeiten, in die wir zufällig durch die literarische Hinterlassenschaft des bekannten Redners Lysias Einblick haben.

Den dunkelsten Schatten warf auf die restaurierte Demokratie der Justizmord des Sokrates im Jahre 399. Sokrates hatte an sich mit Politik wenig zu tun und war in ihr kaum hervorgetreten. Den Peloponnesischen Krieg hatte er in mittleren Jahren (während des Archidamischen Krieges) als Hoplit mitgemacht. Im Arginusenprozeß war er gegen die Verurteilung der Feldherren aufgestanden; aber eine antidemokratische Stellungnahme war das nicht. Die Praktiken der Dreißig waren ihm wie jedem anständigen Menschen verhaßt, und einem Auftrag, der ihn als Schergen gegen eines ihrer Opfer mißbrauchen wollte, hatte er sich mit Bedacht entzogen. Als Parteigänger der extremen Oligarchen war er also nicht zu verdächtigen. Seine Anklage beruhte auf anderen Erwägungen und ist nur aus der psychologischen Situation dieser Jahre zu verstehen, als eine Reaktion auf die Unmöglichkeit, die eigentlich Verantwortlichen zur Rechenschaft zu ziehen. Sie entsprang dem Bedürfnis, sich von dem Geist, dem man das Unglück verdankt hatte, weithin sichtbar abzusetzen. Daß Sokrates zu seinem Repräsentanten wurde, war nicht so unbegreiflich, wie es uns heute auf Grund von Platons Informationen erscheint.

Sokrates war seinen Athenern längst zur Inkarnation einer Denkungsart geworden, die sich mit den überkommenen Vorstellungen nicht zufrieden gab und sich statt dessen einem eigenwilligen Räsonnement anvertraute. Er gehörte nach allgemeiner Ansicht zu den modernen Neuerern, wobei sich die öffentliche Meinung um seinen individuellen Standpunkt wenig kümmerte. »Sokrateln« war ein stehender Ausdruck in Athen geworden, und das war kein Zufall, denn schließlich war er Athener und nicht wie Anaxagoras und Protagoras Ausländer. Seit dreißig Jahren war er eine stadtbekannte Erscheinung, von einem Schwarm vornehmer Leute umgeben und Überlegungen anstellend über das Gute, die Gerechtigkeit und noch manches andere, was auch dem einfachen Mann scheinbar zuhanden war, von Sokrates aber in eine Sphäre des Ungewissen gezogen wurde. Unter seinen vielen Schülern waren sowohl Alkibiades wie Kritias gewesen, eine Optik, die ausreichte, um den Verdacht geistiger Urheberschaft an ihrer Politik auch dem äußeren Zusammenhang nach plausibel zu machen.

Freilich ließen sich solche vagen Assoziationen für einen Prozeß nicht verwerten. Da mußte mit typischeren Argumenten gearbeitet werden, wie sie schon immer gegenüber einem selbständigen Geist zu Gebote standen, indessen – zur Ehre der Griechen muß das betont werden – nur sehr selten bemüht wurden, wie denn überhaupt die griechische Geschichte eigentlich keine Verfolgung intellektueller Überzeugungen kennt, wenigstens nicht als alltägliches Phänomen. Als prozessuale Formel diente die Anklage auf »Gottlosigkeit« *(asébeia)*, womit, da die griechische Religion Glaubenswahrheiten in unserem Sinn nicht kannte, nur mangelnde Verehrung der Stadtgötter bezeichnet wurde und ihre in solchem Verhalten zum Ausdruck kommende Nichtachtung. Da dieser Vorwurf bei Sokrates wahrscheinlich alles andere als stichhaltig war, wurde hinzugesetzt, er habe auch neue göttliche Wesen *(daimónia)* einführen wollen, eine Anspielung auf seine Redeweise, er müsse sein Daimonion befragen. Diese Manipulation war selbstverständlich ebensowenig überzeugend, wenn sie sich auch wenigstens auf einen vorgegebenen juristischen Begriff berufen konnte. Demgegenüber war das weitere Verdikt, Sokrates verderbe die Jugend, wahrscheinlich auf Grund allgemeiner sozialethischer Maximen erst *ad hoc* erfunden worden und mochte angesichts des stadtbekannten Umgangs von Sokrates mit jungen Männern schon eher glaubhaft erscheinen. Bei der athenischen Justiz kam es auf feste Verbrechensmerkmale viel weniger an als auf die Feststellung eines konkreten Verbrechens, und diese war denn in der Hauptsache dem freien Ermessen überantwortet und konnte durchaus dahinterliegenden Motiven gehorchen. Dabei sprach für die Ehrlichkeit der Überzeugung, daß die Anklage keineswegs von radikaldemokratischer Seite ausging.

Die Tage Kleons und Kleophons waren vorbei. Anytos, die treibende Kraft des Verfahrens, war ein bekannter Vertreter des gemäßigten Kurses und hatte eine Zeitlang sogar eine temperierte oligarchische Verfassung im Sinne des Theramenes für möglich gehalten, bis er auf die besonnene demokratische Politik Thrasybulos' eingeschwenkt war und damit eine Stütze der weitherzigen Versöhnung mit den ehemaligen oligarchischen Feinden wurde. Daß Sokrates in Wirklichkeit weder mit den ausgesprochenen noch mit den verschwiegenen Beschuldigungen getroffen wurde, hätte Anytos wissen müssen, denn er kannte ihn persönlich. Vielleicht betrieb er den Prozeß in der Absicht, auf gefahrlose Weise und ohne den innerpolitischen Kompromiß direkt zu verletzen, die Vergangenheit in einem harmlosen Opfer zur Strecke zu bringen. Die bloße Demonstration hätte ihm wahrscheinlich genügt; denn daß es zum Todesurteil kam, stand keineswegs von vornherein fest und wäre ohne das bekannte provozierende Verhalten von Sokrates, der statt Strafe die hohe Ehre der öffentlichen Speisung im Prytaneion für sich forderte, wahrscheinlich auch nicht eingetreten. Selbst nach der Verurteilung wäre es Sokrates ein leichtes gewesen, der Exekution zu entfliehen und im Ausland Schutz zu suchen, wie es vor ihm Anaxagoras und Protagoras getan hatten. Daß er diesen Weg nicht wählte, verhalf ihm zu der großartigen Verklärung seines Todes durch Platon. Ob mit ihr auch die realen Beweggründe seines Entschlusses angegeben sind, ist dem Schreiber dieser Zeilen zweifelhaft. Ein echtes Martyrium bedeutete der Tod nicht, denn seine Philosophie erfuhr dadurch keine Bekräftigung. Wohl aber erhöhte Sokrates durch die freiwillig auf sich genommene Verurteilung die Eindruckskraft seiner Persönlichkeit zu unermeßlicher Fernwirkung. Eine heftige Diskussion knüpfte sich sehr bald an seinen Tod, und Athen soll sich sogar später offiziell von seiner Hinrichtung durch Verurteilung seiner Ankläger distanziert haben.

Sparta im Widerstreit mit den Voraussetzungen seines Sieges

Wenn Sparta einen wahrhaft totalen Sieg über Athen und damit die Herrschaft über ganz Hellas errungen hatte, so war dies jedoch nicht die ganze Wahrheit. Trotz des eindeutigen militärischen Sieges war an dieser Situation allerhand Schein. Über der Wirklichkeit lag insofern ein Schleier, als Persien bei der Beilegung des Krieges überhaupt nicht in Erscheinung getreten war, obwohl es durch die materielle Unterstützung Spartas doch den Ausschlag gegeben hatte. Wie hätte ohne sie Sparta sonst den Verlust seiner Flotte nach der Arginusenschlacht überwunden? Und damit war ja erst der vernichtende Sieg von Aigospotamoi möglich geworden. Aber der Großkönig war nicht zugegen, als mit Athen Friede geschlossen wurde. Der Grund war einfach genug. Persien wurde zu diesem Zeitpunkt völlig lahmgelegt durch die Krise eines Regierungswechsels.

Dergleichen war in Persien die Regel, aber diesmal kam es besonders schlimm. Dareios II., der 404 v. Chr. starb, war alles andere als ein energischer Herrscher gewesen. Aber sein Nachfolger Artaxerxes II. übertraf ihn noch bei weitem an Untüchtigkeit. Er war ein weichlicher Sultan, in den Augen der Griechen das Sinnbild eines orientalischen Serailhelden. Kein Wunder, daß, wie schon so oft, Ägypten die Gelegenheit gekommen sah, sich selbständig zu machen. Artaxerxes sollte sich während seiner ganzen Regierungszeit außerstande zeigen, diese Rebellion niederzukämpfen, und so trat für ungefähr zwei Generationen ein freies Ägypten ins Leben. Noch schlimmer waren die Spannungen innerhalb der Königsfamilie. Da Artaxerxes so ganz und gar nichts taugte, lag es nahe, die Regierung seinem viel fähigeren jüngeren Bruder Kyros zukommen zu lassen. Die Königinmutter Parysatis stand hinter diesen Bestrebungen. Kyros unternahm schon gleich bei der Thronbesteigung des Artaxerxes den Versuch, ihn zu beseitigen. Der Anschlag mißlang, aber Kyros wurde bezeichnenderweise nicht hingerichtet, sondern nach Kleinasien zurückgeschickt. Das war die mehr oder weniger verblümte Aufforderung, die Usurpation nochmals zu versuchen. Und Kyros war der Mann, sich durch das eine Mal nicht entmutigen zu lassen. Er bereitete einen Akt höchster Felonie, einen Kriegszug gegen den König, vor.

Der Historiker der griechischen Geschichte hätte an sich keine Veranlassung, hiervon zu sprechen, wenn sich das Ereignis nicht nur nicht mit der griechischen Geschichte verquickt- sondern obendrein in Xenophons *Anábasis* einen berühmten literarischen Niederschlag gefunden hätte. Die zahllosen Untersekundaner, die an Hand dieses Werkes in die klassische Literatur der Griechen eingeführt wurden und werden, sind paradoxerweise so an ein welthistorisch durchaus peripheres Ereignis geraten.

Der dadurch vielen geläufige Sachverhalt ist folgender: Kyros bereitete den Feldzug im Einverständnis mit Sparta vor, dessen aufrichtiger Parteigänger er im Peloponnesischen Krieg gewesen war. Als Soldaten gewann er in der Hauptsache Griechen, zumeist Leute, die im Peloponnesischen Krieg das Waffenhandwerk liebengelernt hatten und gegen die reiche Bezahlung, die Kyros bot, leicht zu bekommen waren. Mehrere Söldnerführer führten die Werbung durch, an ihrer Spitze ein Spartaner Klearchos, der daheim in Ungnade gefallen war und froh sein konnte, so wieder Boden unter die Füße zu bekommen. Den Soldaten erzählte Kyros natürlich nichts von seiner wahren Absicht. Sei meinten, im Rahmen der mehr oder weniger legitimen Unternehmungen des Kyros innerhalb Kleinasiens Verwendung zu finden. Das auf diese Weise zusammengebrachte Heer war recht stattlich. Neuntausendsechshundert Hopliten, zweitausendeinhundert Peltasten (Leicht, bewaffnete) und dazu noch einheimische Kontingente.

Der Vormarsch im Jahr 401 ging verhältnismäßig rasch vonstatten. Die Täuschung, auch die der Regierung in Susa, gelang vollkommen. Als die Söldner Kyros' wahren Absichten auf die Spur kamen, war es zur Umkehr zu spät. Bei Kunaxa, etwas oberhalb von Babylon am Euphrat, stieß Kyros mit dem Heer seines Bruders zusammen. Die militärische Überlegenheit war trotz strategischer Fehler, die auf Rechnung des Klearchos gingen, auf Kyros' Seite. Aber das entschied nichts, denn Kyros selbst fiel in der Schlacht, womit der Feldzug zu einem gegenstandslosen und hoffnungslosen Abenteuer für die Griechen wurde. Als sie dazu ihre Heerführer, die der Feind durch ein perfides Manöver in seine Hände spielte, verloren, schien ihre Katastrophe gekommen. Doch jetzt geschah das Wunder. Unter einer neuen Führung, an der der Athener Xenophon, bis dahin bloß ein privater Schlachtenbummler, wesentlich beteiligt war, schlug sich das Heer durch das ganze Perserreich hindurch und erreichte die von griechischen Städten besetzte Südküste des Schwarzen Meeres.

Diese Episode der persischen Geschichte hat in verschiedener Hinsicht Auswirkungen auch für Griechenland gehabt. Der »Zug der Zehntausend« durch weite Strecken des gewaltigen Perserreiches war ein Abenteuer, das allein schon seines romantischen Glanzes wegen die Leute in Griechenland aufmerken ließ und die Feder des Schriftstellers in Bewegung setzen konnte. Das ist denn auch geschehen, wahrscheinlich nicht sofort, aber das Interesse an dem Ereignis blieb lange wach, so daß ein ganzes Menschenalter danach eine Schilderung ihr Publikum fand. Zuerst bediente es einer der Söldnerführer, ein gewisser Sophainetos; und dann trat Xenophon mit seinem Buch hervor. Die detaillierten Berichte befriedigten nicht nur das Unterhaltungsbedürfnis und den Wunsch nach historischer Information, sondern regten auch die politische Phantasie an. Das Perserreich, das in seiner Unüberwindlichkeit für die Ewigkeit gegründet schien, verlor für den spielenden Verstand der Griechen durch die märchenhafte Rettung des griechischen Expeditionskorps die Überzeugungskraft einer ehernen Realität und spiegelte den Griechen das Bild vor, daß es einem mutigen und glücklichen Feldherrn möglich sein könne, es mit Waffengewalt in einem Zuge zu vernichten, wie das dem Kyros beinahe gelungen wäre. Eine leicht über die Gegebenheiten der Wirklichkeit sich erhebende Vorstellung durfte sich hinfort in solcher Erfahrung bestätigt sehen und das leichte und unverbindliche Gespinst des Gedankens mit dem Schein erhärteter Tatsachen durchwirken. In die politische Gedankenwelt des 4. Jahrhunderts ließ es daher das Element einer merkwürdigen, unmittelbar auf die äußere Wirklichkeit bezogenen Utopie einfließen.

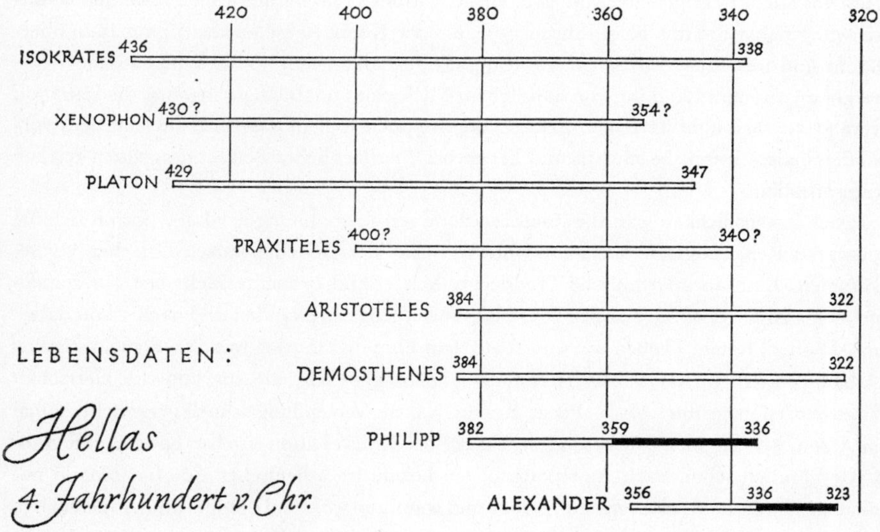

Auch die griechische Politik bekam die Rückwirkung des mißglückten Kyrosunternehmens zu spüren, und zwar so schnell und so nachdrücklich, daß das Ereignis scheinbar ein größeres Gewicht beanspruchte, als ihm zukam. Aber der Tod von Kyros gab nur den Blick frei auf die Lage, wie sie wirklich war, nicht nur jetzt, sondern schon lange, seit den Tagen, da Sparta sich mit Persien gegen Athen verbunden hatte. Auf einmal bekamen nämlich die kleinasiatischen Griechenstädte zu spüren, daß Spartas Sieg über Athen ihre eigene Unterwerfung unter die persische Herrschaft bedeutete und daß diese Wahrheit bislang nur durch das Einvernehmen Spartas mit Kyros verschleiert gewesen war. Tissaphernes, ein persönlicher Feind von Kyros und ihm bis dahin bei der Regelung der griechischen Verhältnisse in Kleinasien unterlegen, kehrte nach dessen Untergang mit der unmißverständlichen Absicht von Susa zurück, klare Verhältnisse im Sinne Persiens zu schaffen und seine Herrschaft in die Tat umzusetzen. Die Antwort darauf war ein Hilfegesuch der griechischen Städte an Sparta, abgefaßt in einer bezeichnenden Phraseologie, indem es an Spartas »Vorstandschaft von ganz Hellas« erinnerte, gleich als ob man sich noch in den Tagen des Ionischen Aufstandes befände. Noch merkwürdiger war es, daß Sparta, dessen bedächtige Kalkulationen sonst immer sich gegebenen Verhältnissen anpaßten, ganz im Gegensatz zu seinem Verhalten vor hundert Jahren, auf den Appell einging und die Verteidigung und Wiederbefreiung der Griechen Kleinasiens übernahm.

So standen sich vom Jahre 399 an Spartaner und Perser in Asien gegenüber. Die Kriegführung war auf beiden Seiten zögernd und des öfteren von längeren Verhandlungen unterbrochen. Trotzdem konnte es sehr bald nicht mehr zweifelhaft sein, daß Persien von der Indolenz weit entfernt war, mit der es seinerzeit die Bildung des Attischen Seebundes hingenommen hatte, und nicht daran dachte, sich auf so billige Weise den Preis für seine Politik während des Peloponnesischen Krieges entreißen zu lassen. Aktiv auf persischer Seite wurde jetzt vor allem Pharnabazos, von jeher ein Rivale des Tissaphernes. Einen besonderen Aufschwung nahm Spartas Kriegführung 396, als der König Agesilaos das Kommando übernahm und mit einer elastischen Strategie, die vor allem durch eine systematische »Versorgung« aus dem Land ihn von häuslichem Nachschub unabhängig machte, die Situation veränderte. Seine militärischen Erfolge, die ihn auch weit in das Innere Kleinasiens vorstoßen ließen, waren beachtlich und ließen bei oberflächlicher Betrachtung einen reichen Sieg erhoffen.

Doch in Wirklichkeit war alles umsonst, denn mit Anspannung der Lage besann sich die persische Regierung auf die alterprobte Weisheit, die Griechen durch Griechen zu bekämpfen. Eine antispartanische Fronde im Mutterland brauchte nicht erst zusammengebracht zu werden. Sie war der Disposition nach längst vorhanden und auch schon dabei, in Aktion zu treten. Theben war zuerst auf dem Plan und tat sich mit dem demokratischen Athen zusammen, das selbstverständlich jede Möglichkeit, die spartanische Herrschaft loszuwerden, begrüßte. Als die Perser kamen, war die Verbindung schnell hergestellt, zumal in Athen, wo sich noch eine besondere, zusätzliche Konstellation ergeben hatte. Auf Kypros hatte nämlich schon nach Aigospotamoi ein bekannter athenischer Admiral Konon mit einer größeren Zahl Athenern Fuß gefaßt und war dann während des spartanisch-persischen Krieges sehr bald über den kyprisch-griechischen Dynasten Euagoras (von Salamis) mit den Persern in Berührung gekommen. Persien war dies deshalb sehr recht, da es die Notwendigkeit erkannte, den Spartanern, die ja seit der Ausschaltung Athens auf der Ägäis die Seeherrschaft hatten, mit einer Flotte entgegenzutreten. Da kam ihnen sehr zustatten, daß Konon als ihr Bevollmächtigter deren Organisation und das Kommando in die Hand nahm. Die Zweckmäßigkeit dieses Verfahrens wurde sehr bald bestätigt. Durch einen glänzenden Sieg über die gegnerische Flotte vernichtete Konon 394 bei Knidos die spartanische Seeherrschaft.

In Griechenland war Spartas militärische Überlegenheit auf die Dauer schwerer zu erschüttern, aber politisch verlor es doch viel Boden: Argos und Korinth traten zu Theben und Athen über (nach einer spartanischen Niederlage bei Haliartos). Agesilaos mußte den asiatischen Kriegsschauplatz verlassen (394) und stellte den spartanischen Kriegsruhm, aber nicht die spartanische Herrschaft wieder her. Athen baute die Piräusbefestigungen und (mit persischem Geld) die Langen Mauern wieder auf und gewann die Kleruchen-inseln Lemnos, Imbros, Skyros zurück. Die Lage hatte sich völlig verschoben. Sparta bekam einen Zweifrontenkrieg und steckte damit in der gleichen Zwickmühle wie einst Athen nach dem spartanisch-persischen Vertrag.

Die Wahrheit der Tatsachen

Im Gegensatz zum Athen des Peloponnesischen Krieges merkte Sparta sehr bald, was die Glocke geschlagen hatte, und verabschiedete für seine fernere Politik den Plan, gegen Persien die Freiheit der kleinasiatischen Griechen zu verteidigen. Die Entscheidung fiel ihm offenbar nicht schwer; selbst Agesilaos, der mit viel Aplomb den hellenischen Helden gespielt hatte, war nicht dagegen. Ihr Hauptvertreter, der zugleich kraft eines beträchtlichen diplomatischen Geschicks es auf sich nahm, die schwierigen Verhandlungen zu führen, war Antalkidas. Bereits im Winter 393/392 v. Chr. eröffnete er dem Satrapen Tiribazos – er stand an der Stelle des inzwischen beseitigten Tissaphernes und war wie dieser (und im Gegensatz zu Pharnabazos) mehr für Zurückhaltung gegenüber Athen – den neuen Standpunkt Spartas: die griechischen Städte in Kleinasien sollten fürderhin keinen Streitpunkt mehr zwischen ihnen bilden. Es genüge, daß alle griechischen Städte sonst, sowohl auf den Inseln wie im Mutterland, autonom seien. Unter dieser Bedingung könnte dann weder von Athen noch von Sparta ein Krieg gegen Persien geführt werden, und der Perserkönig hätte auf die billigste Weise, wonach er schon so lange strebe.

Das durchsichtige Angebot bejahte nicht nur die Voraussetzungen der einstigen spartanisch-persischen Zusammenarbeit, sondern wollte dem Großkönig auch die Kriegsziele von 432/431 schmackhaft machen. Zwischen beiden stellte es einen Zusammenhang her. Das war nicht von ungefähr. Auf den ersten Blick hätte man denken können, Sparta hätte damit seinen eigenen Imperialismus in Griechenland desavouiert; aber von solcher Uneigennützigkeit war es weit entfernt. Die Berufung auf die griechische Autonomie wurde vielmehr von Sparta gerade deswegen vorgenommen, damit einer solchen Deutung gleich von vornherein die Spitze abgebrochen würde. Autonomie sollte wohl gelten, aber verstanden sollte sie werden als Negation der spartafeindlichen Position. Verstoß gegen die Autonomie lag nämlich nach spartanischer Auffassung nicht in der Herrschaft oder Führerschaft Spartas, sondern in gewissen politischen Veränderungen, die sich nach dem Ende des Peloponnesischen Krieges in Griechenland vollzogen hatten. Im Sinne Spartas hatte man vielmehr an die Herrschaft Thebens über die boiotischen Städte zu denken, an Athens wiederaufgerichtete Herrschaft über die Klerucheninseln und an eine im Zeichen der Demokratie vorgenommene Verschmelzung von Argos und Korinth, welche die Selbständigkeit der beiden Städte zugunsten einer übergreifenden Einheit aufgehoben hatte. Daß das eine Spiegelfechterei bedeutete, war Sparta so gut wie jedem unvoreingenommen Denkenden in Griechenland bewußt, aber gerade deshalb kam es Sparta darauf an, Persien auf eine solche Interpretation des Autonomiebegriffes festzulegen und eine entgegenstehende Deutung von vornherein, noch ehe sie sich zu Worte meldete, auszuschließen. Das Junktim der Zession der kleinasiatischen Griechen und der innergriechischen Regelung hatte also in den spartanischen Augen seinen guten Sinn.

Diese geradezu »gerissene« Konzeption war zu ungewohnt, als daß sie sich von heute auf morgen hätte verwirklichen lassen. Es bedurfte der langen Dauer von sechs Jahren, um sie in die Realität überzuführen, und in dieser Zeit veränderte sich das allgemeine politische Panorama noch so oft, daß Spartas Ideen mitunter alle Aktualität eingebüßt zu haben schienen. Aber so sah es nur aus. In Wirklichkeit hatte Sparta die Zukunft für sich, und zwar aus dem einfachen Grund, weil seine Gegner nicht imstande waren, der spartanischen Devise eine eigene Formel entgegenzustellen. Sie waren nicht machiavellistisch genug, ihrerseits über die Preisgabe der kleinasiatischen Griechen gleich eine entsprechende Erklärung abzugeben und damit Sparta beim Perserkönig sozusagen »abzuhängen«. Desgleichen waren sie außerstande, von sich aus den Autonomiebegriff gegen Sparta auszuspielen, sondern beschränkten sich auf die reine Defensive, bei der sie lediglich das Autonomieprogramm des Gegners negierten. Diese Schwäche war der Nutzen Spartas. So blieb es im konkurrenzlosen Besitz eines Ideals, dem im Bewußtsein der griechischen Öffentlichkeit eine gewisse allgemeine Gültigkeit nicht abzusprechen war.

Wenn Sparta trotzdem nicht schneller zum Ziel kam, so lag dies an der Haltung Persiens. Es mußte sich nach den trüben Erfahrungen der vergangenen Jahre erst allmählich wieder an die Partnerschaft Spartas gewöhnen und sah sich außerstande, ihm zuliebe einfach die Fäden zu seinen griechischen Freunden, also zu Theben, Athen und Argos, zu zerschneiden. Dadurch schleppte sich der Krieg weiter. Persien nahm dabei die sonderbare Stellung ein, daß es neben seiner formellen Position, die es zum Gegner Spartas und zum Verbündeten von dessen Feinden stempelte, je nach Gelegenheit gleichzeitig zu beiden Seiten sowohl freundliche wie feindliche Beziehungen unterhielt – eine Paradoxie, die von der Mehrzahl der mit den Griechen verhandelnden Instanzen gefördert wurde. So rückte Persien schließlich in die Stelle ein, von der aus es zu jedem gleich weit entfernt war und sich Möglichkeit wie Aufgabe der Vermittlung von selbst anboten. Es bedurfte nur der Einsicht bei allen Beteiligten, daß das perennierende Tauziehen doch keine Entscheidung bringe, um dieser Anlage zur Entfaltung zu verhelfen. Wenn dann auch noch Persien eine gewisse Initiative ergriff, dann war der Zeitpunkt für den Frieden gekommen. So weit war es endlich 387.

Als 389/388 Athen sich dazu aufschwang, seinen Seebund wiederzuerwecken – der Versuch ist an den Namen von Thrasybulos geknüpft, der allerdings, noch ehe Entscheidendes erreicht war, starb und schon unmittelbar vorher durch eine Krise im Verhältnis zu den maßgeblichen Politikern Athens gehemmt war –, sah Persien den Zeitpunkt für gekommen an, hier ein für allemal einen Riegel vorzuschieben. Das Projekt des Antalkidas, das dieser jetzt persönlich in Susa vertrat, war die gegebene Lösung. Der Großkönig machte sich seine Formulierungen zu eigen und schickte sie »hinab« nach Kleinasien und Griechenland als Grundlage des Friedensinstrumentes.

Dieser Vorstoß zum »Königsfrieden« (oder »Frieden des Antalkidas«) beruhte auf der Annahme, daß die Griechen sich nicht nur durch den autoritativen Wunsch des Königs zum Vertragsschluß nötigen ließen, sondern dies auch zu einem erheblichen Teil bereitwillig taten und die öffentliche Meinung ein positives Echo für diese Aktion gab. Der Großkönig konnte die Verlautbarung riskieren, wer sich dem Frieden widersetze, den werde er an der Spitze von freiwilligen Helfern unter den Griechen, also im Einklang mit dem besseren Teil des politischen Hellas, dazu zwingen. Die Vorstellung war nicht aus der Luft gegriffen. Sie rührte an bestimmte Überzeugungen, die sich im Verlauf der letzten zwei Jahrzehnte unter den Griechen gebildet hatten.

Vor dem Hintergrund der langen Kriegswirren, die kaum eine Gemeinde Griechenlands verschonten, war eine Friedenssehnsucht entstanden, die nicht einfach mit dem Frieden als einem selbstverständlichen Zustand rechnete und ihn mit der Beendigung des Krieges gleichsetzte. Man empfand statt dessen jetzt die Notwendigkeit, ihn ausdrücklich in den menschlichen Willen aufzunehmen und ihn als Geschöpf eines gezielten Verhaltens zu schaffen. Er sollte sich nicht mehr in einem zweiseitigen Verhältnis, dem Analogon zu einem vorangehenden Kriegeszustand zwischen zwei Gegnern, erschöpfen. Der Friede sollte vielmehr gemeinsam, also unteilbar sein, und jedes staatliche Individuum hatte die Pflicht, ihn zu verwirklichen. Diese Idee war um so sinnvoller, als der vielfältige Wille der Staaten auf ihrer Freiheit und Selbständigkeit beruhte und es unter der Herrschaft der Autonomie ja niemanden geben sollte, der einen Friedenszustand kraft seiner die anderen überragenden Macht ins Leben rief. Ein völkerrechtlicher Begriff, der solcher Anschauung entsprach, war schon eine Weile virulent, fand jedoch nie Gelegenheit, sich durchzusetzen. Erst der Königsfriede führte ihn auf Grund seiner besonderen Konstellation in die griechische Welt ein und knüpfte damit an einen nur allzu verständlichen griechischen Bewußtseinsstrang an.

Mit dem Begriffe eines in dieser Weise als Aufgabe gestellten Friedens war unlöslich die Verpflichtung verbunden, ihn durch Einstehen für ihn zu garantieren. Entsprechende Stipulationen bedurften zwar zu ihrer Ausbildung der Zeit und besonderer Erfindung, aber der Gedanke lag von Anfang an darin und kam in dem Appell des Großkönigs gleich zu Beginn zu deutlichem Ausdruck. Der »gemeinsame Friede« *(koiné eiréne)*, wie man diesen Friedenspakt bezeichnete, wurde seitdem zu einem stehenden Terminus des griechischen Völkerrechts im 4. Jahrhundert und hörte ungeachtet einer Wirklichkeit, die im einzelnen alles andere als gerade »friedlich« war, nicht auf, als Norm zu gelten, zu der in programmatischen Widerspruch zu treten eine innere Unmöglichkeit darstellte. »Friede« und »Freiheit« waren, seitdem der Königsfriede sie statuiert hatte, unantastbare Größen geworden, mit denen die Politik in ihrer Nomenklatur rechnen mußte. Wer die Zukunft gewinnen wollte, achtete sie nicht nur, sondern versuchte sie in seiner Politik auszuspielen. Es kam in der Folgezeit mehrmals zu Erneuerungen des »allgemeinen Friedens«.

Die Kraft der »Idee« ist allerdings nicht zu überschätzen, denn sie war von Anfang an kompromittiert. Der Königsfriede als »allgemeiner Friede« traf gewiß einen Nerv des tatsächlichen öffentlichen Bewußtseins, aber er umfaßte nicht die ganze Wirklichkeit. Diese Wirklichkeit befand sich nämlich keineswegs in völliger Übereinstimmung mit diesem Bewußtsein. An zwei Punkten kam ja der Widerspruch zu klarem Ausdruck: die kleinasiatischen Griechenstädte wurden als Völkerrechtssubjekte draußen gelassen. Sie waren weder autonom noch Vertragspartner, sie begegneten nur als Objekte der persischen Herrschaft. Das entsprach freilich der äußeren Wirklichkeit seit dem letzten Stadium des Peloponnesischen Krieges, bedeutete aber einen radikalen Verstoß gegen die Unteilbarkeit eines absoluten Begriffs der Freiheit. Das andere, gegen die Idee stehende Stück Wirklichkeit war zwar im Vertrag nicht expliziert: die Verträglichkeit der Autonomie mit der spartanischen Herrschaft. Diese Lesart war jedoch ebenfalls der konkreten Situation immanent. Was sich an Machtgebilden außer Sparta zusammengefunden hatte, verfiel im Zeichen der Autonomie der Auflösung. Lediglich die Kleruchеninseln wurden Athen ausdrücklich belassen. Als Theben für die boiotischen Städte schwören wollte, mußte es vor dem Einspruch Spartas zurückweichen. Aber niemand dachte daran, Sparta selbst diesem Grundsatz zu unterwerfen.

Nichtsdestoweniger war der Königsfriede ein echter Ausdruck der politischen Realität in Hellas, so wie einst der Friede von 446 die politische Ordnung von Hellas im Zeitalter des Dualismus reflektiert hatte. Er bedeutete den wahren Abschluß des Peloponnesischen Krieges. Er stellte den Sieg Spartas dar, wie er nur mit Hilfe Persiens und unter Verlust der kleinasiatischen Griechen möglich gewesen war. Er zeigte die Autonomie Griechenlands, die das Programm der Gegner Athens gewesen war, aber er band sie an die spartanische Vorherrschaft. Diese Zweigleisigkeit gehörte von Anfang an zum Inhalt der vergangenen geschichtlichen Auseinandersetzung. Der Königsfriede bestätigte auch hierin die politische Wirklichkeit.

Die Suche nach dem Mächtigsten

In den fünfzig Jahren vom Königsfrieden (387 v. Chr.) bis zur Schlacht von Chaironeia, also bis zur Errichtung der makedonischen Suprematie über Griechenland (338), gewann die Geschichte der griechischen Politik ein außerordentlich buntes und wechselndes Aussehen. Eine verwirrende Fülle von Ereignissen bringt den Betrachter, der sich um einen Überblick bemüht, in ziemliche Verlegenheit. Es erscheint deshalb geboten, den Leser von vornherein mit dieser Tatsache bekannt zu machen und ihm zur Vermeidung von Mißverständnissen zu eröffnen, daß der verhältnismäßig kleine Grundriß unserer Darstellung eine wirklich getreue Vermittlung der Menge von äußeren Ereignissen nicht gestattet. Er erlaubt lediglich einen stark abkürzenden Durchblick durch die wichtigsten Vorgänge und die ihnen zugrunde liegenden Faktoren.

Freilich hat es mit einer solchen Verdeutlichung auch wieder seine eigene Bewandtnis. Der Geschichtswissenschaft ist es nämlich bis heute noch nicht gelungen, diesem halben Jahrhundert griechischer Geschichte einen überzeugenden Text zu unterlegen.

In der ersten Hälfte des 19. Jahrhunderts war man geneigt, die Epoche unter das zentrale Thema des Abstiegs zu stellen, nämlich des Abstiegs von der »klassischen« Höhe des 5. Jahrhunderts, und überhaupt die griechische Geschichte mit dem Verlust der politischen Freiheit durch die Unterwerfung unter Makedonien ausgehen zu lassen. Die Gegenposition meldete sich in einer radikalen Umwertung zu Wort, nicht Niedergang, sondern Erfüllung der griechischen Geschichte führe zu Chaironeia und Alexander, indem sie die politische Einheit des Griechentums schuf. An der nationalstaatlichen Prägung der geschichtlichen Teleologie wurde man selbstverständlich im 20. Jahrhundert irre, aber teleologisch mußte es auch ohne sie zugehen und die Geschichte einen vernünftigen Sinn behalten. Nach bewußter, wenn auch uneingestandener historischer Logik konnte er nur in der Präfiguration der Zukunft liegen, und deshalb mußte alles darauf hinauslaufen, daß der Hellenismus heraufgeführt wurde.

Der Schreiber dieser Zeilen gesteht offen ein, daß ihm auch bei dieser letzten Interpretationswendung ganz und gar nicht wohl ist. Er glaubt nicht daran, daß die Zukunft immer »recht« habe, und ist zudem der Ansicht, daß der Hellenismus keineswegs so viel

Eindeutigkeit besitzt, um die vorangegangene Geschichte auf sich zu zentrieren. Es hilft nichts, man muß das 4. Jahrhundert in seiner mittleren Spanne erst einmal so nehmen, wie es erscheint, als ein ständig im Fluß befindliches Durcheinander unausgeglichener Bestrebungen ohne jede Aussicht auf Klärung. Die Energien, die dabei entbunden wurden, waren nicht unerheblich, aber sie standen meistens gegeneinander und hoben sich damit auf. Aber daß sie überhaupt in einem solchen Umfang vorhanden waren, charakterisiert das Zeitalter. Man spürt ihm an, daß das 5. Jahrhundert mit seiner gewaltigen Erhöhung des politischen Kraftpegels hinter ihm stand und daß diese Kraft nur der festen Bahnen entbehrte, in die sie sich ergießen konnte. Allenthalben wurden so Anläufe genommen, um Macht zu sammeln und auszubilden, und ständig brachen die Versuche in sich zusammen, bevor sie in das entscheidende Stadium getreten waren, wo sich ihre Überlegenheit über alle anderen erwiesen hätte. So verstanden war das 4. Jahrhundert potentiell ein eminent imperialistisches.

Merkwürdig hierbei war nun allerdings, daß sich das öffentliche Bewußtsein diese Tatsache nicht eingestand. Der Katzenjammer des Peloponnesischen Krieges hatte zur Perhorreszierung jedes Imperialismus geführt, und im Antalkidasfrieden war sie sogar Gegenstand eines allgemeingriechischen Friedensstatuts geworden. So wurde gewissermaßen der Gegenbegriff der politischen Wirklichkeit zum Inhalt des griechischen Völkerrechts, eine Polarität, die vielleicht dem historisch Erfahrenen weniger merkwürdig erscheint als dem Doktrinär, der von der Geschichte erwartet, es gehe in ihr die Rechnung stets auf. Der Antagonismus der beiden Brennpunkte brachte es allerdings dahin, daß sich die politische Wahrheit jeweils auf der einen Ebene verhüllte und ihre Enthüllung nur im Widerspiel der beiden Orientierungen zustande kam.

Die *spartanische Hegemonie* schien 387 für die Ewigkeit gegründet. Nach außen durch Persien abgestützt, im Besitz des »guten Gewissens«, für die »Autonomie« der Griechen zu stehen, und in der griechischen Welt ohne jeden aussichtsvollen Rivalen, konnte sie in all ihrer Schwere auf Griechenland niedergehen. Die äußeren Vorgänge bestätigen diesen Eindruck. Sparta konnte es sich leisten, die Geschichte rückwärts laufen zu lassen. Arkadien, von jeher ein unsicheres Mitglied des Peloponnesischen Bundes, besaß seit dem 5. Jahrhundert in Mantineia ein starkes städtisches Zentrum, das obendrein eine demokratische Schöpfung war. Es war Sparta schon lange ein Dorn im Auge. Jetzt war die Gelegenheit gekommen, ihn zu entfernen. Mantineia wurde als städtische Siedlung aufgehoben, und die Einwohner wurden in die fünf Dörfer zurückgeschickt, aus denen ihre Vorfahren einst gekommen waren. Alsbald ergriffen die Oligarchen das Ruder. Es war die reinste Reaktion. Ein spartanischer Offizier in den Dörfern bewies, daß sie über kein eigenes Gewicht verfügten, sondern der fremden Hilfe bedurften. Ähnliches passierte ganz am Rande Griechenlands, wo von Sparta eine starke Staatsbildung auf der Chalkidike mit dem Mittelpunkt Olynthos rückgängig gemacht wurde und der benachbarte makedonische König an dieser Selbstverstümmelung des Griechentums seine Freude haben konnte. Das geschah selbstverständlich alles im Namen der »Autonomie«. Decken ließ sich damit freilich nicht der improvisierte Gewaltstreich gegen Theben. Es hatte sich Sparta schon beim Abschluß des Antalkidasfriedens fügen müssen, als ihm befohlen wurde, die Suprematie über die boiotischen Städte aufzugeben. Nun aber ging es um Theben selbst. Eine prospartanische Minorität spielte die Stadt einem spartanischen Heer in die Hand. Die gegnerische Gruppe wurde durch die »Verurteilung« ihres Führers (Ismenias) demoralisiert. In der schamlosesten Heuchelei wurde ihm Fraternisieren mit den Persern zur Last gelegt, und ausgerechnet von Sparta, das seine Macht den Persern verdankte (381). Theben mußte sich eine spartanische Besatzung auf der Kadmeia gefallen lassen.

Gerade diese unverhohlene Gewaltpolitik gegenüber Theben wurde Sparta freilich zum Verhängnis. Im Grunde entsprach sie dem spartanischen Realismus gar nicht, das heißt der Einsicht, daß Spartas Kräfte nicht unbegrenzt waren. Beobachtet hatte man ihn Athen gegenüber. Nachdem dieses sich dem Königsfrieden gebeugt und auf alle auswärtigen Aspirationen verzichtet hatte, blieb es ungeschoren. Aber in Athen gab es nicht nur eine Demokratie, sondern auch offene Sympathie mit den zumeist demokratischen Emigranten Thebens, den Opfern des spartanischen Anschlages. So konnte sich der Gegenstoß auf attischem Boden vorbereiten. Sparta hatte offenbar vergessen, daß, wenn man einmal eine Herrschaft auf Gewalt aufbaut, diese total sein muß.

Das Komplott, das in Athen gegen das spartanische Regime in Theben geschmiedet wurde, ist eines der spannendsten Stücke politischer Kriminalhistorie, welches die antike Geschichte kennt, und der Chronist kann nur bedauern, daß ihm im Rahmen dieser Weltgeschichte der Platz fehlt, um es zu schildern. Er hat deshalb nur zu notieren, daß der Anschlag glückte und Theben befreit wurde, natürlich unter Begleitung eines radikalen Regierungswechsels, der an die Stelle der oligarchischen Clique eine Demokratie setzte (379). Ihre repräsentative Gestalt wurde mit der Zeit *Epameinondas*, als Politiker und Militär gleich hervorragend. Beim Umsturz selbst war er keine treibende Kraft. Seine Vorsicht hielt ihn für zu riskant. Weniger Bedenken hatte da sein Freund Pelopidas gehabt. Auch sein Name gewann in den folgenden Jahren der griechischen Geschichte einen hellen Glanz. Da Sparta außerstande war, die früheren Verhältnisse wiederherzustellen, erreichte Theben sein altes Ziel, die Herrschaft über Boiotien, und zwar in einer strafferen Form, als ihm das vor 387 gelungen war.

Mit der Befreiung Thebens beginnen der Niedergang Spartas und der Zusammenbruch seiner Herrschaft über Griechenland. Es fand allerdings keinen Erben, der an seine Stelle getreten wäre. Der von ihm im Laufe der nächsten Zeit freigegebene Raum sah mehrere Ansätze zur Konzentration politischer Kräfte und anschließender Expansion.

In Sparta hatte man wohl erkannt, daß die eigentliche Ursache für die Niederlage in Theben bei Athen zu suchen war. Aber diese Erkenntnis führte nicht zu erfolgreicher Tat. Ein improvisierter Handstreich des spartanischen Feldherrn Sphodrias mitten im Frieden auf den Piräus mißlang und machte die Lage für Sparta nur noch schlimmer. Schon die Befreiung Thebens hatte in der griechischen Öffentlichkeit einen hellen Widerhall gefunden. Jetzt zwang der Schwund des moralischen Kredits Sparta sogar einen Prozeß gegen Sphodrias auf, und als er durch Intervention des Agesilaos, des immer noch maßgeblichen Politikers in Sparta, freigesprochen wurde, war die Empörung allenthalben groß.

Diese ganze Konstellation war für Athen so günstig, daß es gar nicht anders konnte, als sie zu seinem Vorteil zu nutzen. Die Bahn seines Ehrgeizes war längst ausgelegt. Schon in den neunziger Jahren hatte es versucht, den 404 zerschlagenen Seebund wieder zum Leben zu erwecken. Der Antalkidasfrieden machte dann einen Strich durch die Rechnung. Aber der Gedanke daran war nicht eingeschlafen, und zwar auch nicht bei den ehemaligen Bündnern. Darin zeigte sich, daß der alte Seebund nicht nur ein Instrument des Imperialismus gewesen war. Er entsprach auch einem Bedürfnis nach Zusammenarbeit und offenbar einem Empfinden für die durch das Vakuum nach 404 entstandene Desintegration. Bezeichnenderweise standen hierin gerade die größeren Staaten vornean. Von Persien, das gerade damals seine eigenen Nöte hatte, war für sie nichts zu befürchten. Der Zusammenschluß allein wurde für zweckmäßig gehalten. Allerdings war Athen durch den Königsfrieden eine unmittelbare Restitution verboten. Es konnte nicht weitergehen, als Einzelverträge abzuschließen, unter ausdrücklicher Betonung, daß durch sie die Friedens- und Autonomiebestimmung des Königsfriedens nicht berührt werde. So weit war man schon in den achtziger Jahren im Verhältnis zu Chios, Lesbos, Byzantion und Rhodos gelangt. Nun jedoch war der Augenblick gekommen, den fließenden Zustand zu verfestigen.

Der Bruch der Verträge durch den Anschlag des Sphodrias lieferte die Legitimation. Er gab nicht nur die Freiheit des Handelns zurück, sondern zugleich die Möglichkeit an die Hand, den verletzten Königsfrieden uno actu mit der Neugründungdes Seebundes zu heilen und wiederherzustellen, ein ganz genialer Schachzug, der den damaligen Leitern der attischen Politik alle Ehre macht. Das war noch nicht alles. Emphatisch wurden alle die Belastungen des früheren Seebundes, die einst den Groll der Bündner erweckt hatten, ausgeschlossen, sozusagen in Bann getan: hinfort sollte es keinen Grunderwerb von Athenern in Bundesstädten geben, und frühere Ansprüche sollten in aller Form getilgt werden; weder eine Besatzung noch ein Emissär Athens durfte in Erscheinung treten; die übrigens niedrigen Zahlungen durften nicht mehr die alte Bezeichnung führen. Einer der führenden Politiker Athens damals, Kallistratos, erfand ein neues Wort in dem Terminus »Beitrag« *(sýntaxis)* an Stelle des alten, zu Unrecht im allgemeinen mit »Tribut« wiedergegebenen *(phóros)*. Und schließlich sollte eine Bundesversammlung *(synhédrion)* eingerichtet werden. Sie hatte im alten Bund ursprünglich auch nicht gefehlt, war jedoch bald verkümmert.

Der sogenannte Zweite Attische Seebund gewann sehr schnell einen beachtlichen Umfang. Sogar Boiotien-Theben gehörte ihm ursprünglich an, im Westen Korkyra. Die frühere Ausdehnung hatte er natürlich nicht, denn Athen war mit gutem Grund ernstlich bestrebt, nicht auf das dem Perserkönig unterstehende kleinasiatische Festland überzugreifen. So handelte es sich zumeist um Inseln und etliche griechische Städte des europäischen Küstengebiets an der Ägäis und dem Marmarameer. Immerhin ging damit ein neuer, kräftiger Zug durch die attische Politik und damit das Bestreben, auch die Kräfte im Innern zu mobilisieren. Besonders wichtig war das für die Finanzverwaltung, welche durch die Einrichtung von Selbstverwaltungseinheiten (Symmorien), die für das Soll der (außerordentlichen) Vermögenssteuer *(eisphorá)* zu haften hatten, auf eine neue Grundlage gestellt wurde.

Begreiflicherweise nahm Sparta diesen politischen Erdrutsch nicht widerspruchslos hin; aber der Versuch, ihn rückgängig zu machen, führte zu nichts. Gegenüber Theben wie gegenüber Athen blieb es erfolglos. Weder half ihm dort seine alte militärische Überlegenheit, noch vermochte es hier die Herrschaft über die Ägäis, die es seit 404 innehatte, aufrechtzuerhalten. Sehr bald sah es ein, daß der Zweifrontenkampf zu nichts Gutem führen konnte, und zielte deshalb darauf, wenigstens einen der beiden Gegner loszuwerden. Da ihm an einem Engagement zur See wenig lag und Spartas politische Stellung primär auf dem Festland ruhte, konnte das nur Athen sein. Hatte es sich mit ihm geeinigt, dann war mit dem durch Theben aufgeworfenen Problem schon eher fertig zu werden. Zwar konnte man nicht mehr daran denken, Boiotien wiederum militärisch zu besetzen; aber das war auch gar nicht nötig. Es genügte, wenn Theben gezwungen wurde, seine starke Position in Boiotien, die keineswegs von allen boiotischen Städten begrüßt wurde, abzubauen oder doch in ihrem Ausbau innezuhalten. Eine solche Politik ließ sich auf das beste mit dem Antalkidasfrieden vereinbaren und erlaubte sogar, diesen zu reaktivieren und damit die Idee der allgemeinen griechischen Friedensgenossenschaft in den Dienst der eigenen Sache zu stellen. Der Perserkönig war für das Verfahren zu gewinnen, nicht weil ihm daran lag, im Binnenraum der griechischen Politik eine Rolle zu spielen. Sein Interesse war viel primitiver. Er brauchte griechische Söldner und konnte sie nur kriegen, wenn in Griechenland Frieden herrschte.

Die Linie wurde von allen Beteiligten mit auffälliger Konsequenz verfolgt. Als ein erster Traktat 374 nicht zum Ziele führte (wegen anschließender Zerwürfnisse zwischen Athen und Sparta), kam 371 ein »allgemeiner Friede« in Sparta zustande. Er brachte Athen den Vorteil einer (indirekten) Anerkennung seines Seebundes auch durch den Großkönig und Sparta die Aussicht, sein Einschreiten gegen Theben auf die Zustimmung ganz Griechenlands zu stützen. Die Situation von 387/386, als Theben unter Berufung auf den Königsfrieden gezwungen wurde, die boiotischen Städte freizulassen, schien sich zu wiederholen. Die thebanischen Gesandten verließen schon den Friedenskongreß in Sparta, und Thebens Name wurde auf der Urkunde getilgt.

Doch es kam alles anders: das Theben des Epameinondas gab nicht klein bei, sondern holte zum Gegenschlag aus. Bei Leuktra (in Boiotien) wurden die Spartaner geschlagen (371) und mußten den Gegner um die Auslieferung der Toten bitten, eine offene Anerkennung ihrer Niederlage. Der Ruhm der militärischen Unbesiegbarkeit Spartas war dahin (frühere Niederlagen hatten nur kleinere Abteilungen getroffen). Schlimmer war, daß der moralische Gewinn sich für Epameinondas gleich in politische Münze umsetzte. Der Peloponnesische Bund löste sich auf. Die Unabhängigkeitsbewegung der arkadischen Städte führte dazu, daß sich die Gründung eines gemeinarkadischen Bundes anbahnte. Aber auch das war noch nicht das entscheidende Verhängnis. Die Grundlage der spartanischen Macht war die Herrschaft über das Helotenland Messenien. Noch niemals war sie von außen angetastet worden. Aber das geschah jetzt: Epameinondas machte, als er, von den Arkadern zu Hilfe gerufen, in die Peloponnes eindrang, Messenien selbständig; damit war Sparta gestürzt. Es vermochte dieses Ereignis nie mehr rückgängig zu machen.

Das klassische Sparta, von jeher aus früharchaischen Quellen gespeist und seine Geltung von einem atavistischen Machtüberschuß ableitend, hatte damit sein Ende gefunden. Was Athen in der Geschichte einer langen Rivalität nie gelungen war, wurde jetzt das Werk der boiotischen Bauern und des taktischen und strategischen Genies Epameinondas. Epameinondas ist der erste Grieche, der aus dem militärischen Kampf eine Kunst machte und ihn unter das Gesetz einer freien Erfindung stellte. Die »schiefe Schlachtordnung« machte durch Verstärkung des einen – bei Epameinondas des linken – Flügels aus dem bisher hin und her wogenden Kampf eine planvolle Bewegung, indem der verstärkte Druck von dieser einen Seite zu einem Aufrollen der gegnerischen Flanke führte und je nachdem erlaubte, den Feind in die Zange zu nehmen.

Die bei Leuktra erwiesene militärische Überlegenheit Thebens wirkte sich verständlicherweise in nächster Nähe Boiotiens, in Zentralgriechenland, aus. Phokis und Lokris mußten sich herbeilassen, das thebanische Übergewicht durch Bündnisse anzuerkennen. Zeitweise erstreckte sich der Einfluß Thebens bis Thessalien und Makedonien. Bei dieser Gelegenheit mußte dieses in der Person eines jungen Prinzen Philipp Geisel stellen (368). Trotzdem wurde aus solchen Erfolgen keine eindeutige Vorrangstellung Thebens in Griechenland. Seine Kräfte reichten nicht aus, den Mächtekombinationen, welche durch die Zerstörung der spartanischen Herrschaft möglich wurden, in jedem Falle standzuhalten und ihnen an der Wurzel zu begegnen. Vor allem fand es nach seiner plötzlichen und unerwarteten Erstarkung den bisherigen Freund und antispartanischen Kampfgenossen Athen unter seinen Gegnern. Schon die Nachricht von Leuktra hatte Athen mit sichtbarem Mißvergnügen aufgenommen.

Athen verfolgte damals einen bezeichnenden Plan. Es wollte Theben sozusagen um die politischen Früchte seines Sieges betrügen und dabei selbst aus der spartanischen Niederlage Gewinn ziehen. Im Namen des Königsfriedens und zu seiner Bekräftigung berief es einen allgemeinen Friedenskongreß nach Athen ein. »Frieden und Freiheit allen Griechen« sollte sein Inhalt sein. Darunter war auch die Freiheit der Peloponnesier von Sparta verstanden, und dieses hätte danach eigentlich wenig Ursache gehabt mitzumachen. Aber das Programm war ebenso auch gegen Theben gerichtet und sollte jede weitere Herrschaftsbildung von seiner Seite im Keim ersticken. Die politische Atomisierung Griechenlands, wie sie fürs erste die Folge von Leuktra war, sollte also durch eine von Athen geführte Friedensgenossenschaft aller Griechen aufgefangen werden und damit Athen an die Stelle des legitimen Repräsentanten des Königsfriedens bringen, eine Funktion, die bis dahin immer noch Sparta ausgeübt hatte. Die Idee war freilich viel zu fein gesponnen, als daß praktisch aus ihr etwas werden konnte. Auf Theben machte die kraftlose Geste nicht den geringsten Eindruck, sondern es verfolgte unbekümmert seine Hegemonialpolitik. Für deren Begrenzung war es viel wichtiger, daß Athen in der Folgezeit sich wirklich mit Sparta zusammentat, um ein Gegengewicht gegen die thebanischen Bestrebungen zu bilden. Auf verschiedenen Kriegsschauplätzen trat es Theben entgegen und trug damit dazu bei, daß im Rahmen der vielen militärischen Bewegungen niemals klare Verhältnisse herauskamen. Um Athen wirksamer zu begegnen, versuchte Theben sogar einmal, eine Flotte zu bauen (364), bei dem Mangel an allen Voraussetzungen natürlich ein Schlag ins Wasser. Charakteristischer für die Ohnmacht auch des relativ Stärksten war die Absicht Thebens, seine Stellung nun ebenfalls durch eine Erneuerung des Königsfriedens zu fundamentieren, also selbst dessen Garant zu werden, nachdem dieser bis jetzt immer gegen Theben ausgespielt worden war. Aber die Aktion (der »Pelopidasfrieden« von 367/366) schlug fehl. Und wenn man es richtig bedenkt, so war am Ende bei der ganzen »thebanischen

Hegemonie« – der Begriff, mit dem die Historiker das Phänomen zu begreifen suchen – nichts herausgekommen. Sie lebte doch wesentlich durch den Atem des Epameinondas, und dieser fiel 362 in der Schlacht von Mantineia, als er wieder einmal der thebanischen Stimme auf der Peloponnes Gewicht verschaffen wollte.

Es wäre zuviel gesagt, würde man behaupten, daß mit ihm eine echte Chance der griechischen Geschichte dahinging. Immerhin vermochte Epameinondas den Augenblick zu beherrschen. Nach seinem Tode löste sich die politische Geschichte Griechenlands wiederum in vereinzelte Vorgänge auf, welche der Struktur nach wohl sich untereinander glichen, im einzelnen aber ohne jede Bedeutung waren. Dabei setzte sich eine Linie fort, die schon vorher vorhanden war. Das Jahrzehnt von 380 bis 370, in der Hauptsache also die Zeit vor Leuktra (371), sah nämlich im Norden Griechenlands eine eigenartige Gestalt in der Person des Tyrannen *Iason von Pherai* (in Thessalien).

Iason brachte es in Thessalien zu einer achtbaren Position, die ihn befähigte, seine Kreise auch außerhalb zu ziehen. Der Mann wäre für unsere Darstellung keiner Erwähnung wert, wenn wir nicht zufällig durch den Bericht eines Zeitgenossen wüßten, was er bei sich dachte, nichts Geringeres nämlich, als den Vorrang in Hellas zu erringen, sowohl gegenüber Sparta wie gegenüber Athen, und obendrein – und das ist das Erstaunliche – den Perserkönig aus Kleinasien zu vertreiben. Wir werden noch zu bemerken haben, daß hierbei wahrscheinlich ein berühmtes Literaturwerk, der Panegyrikos des Isokrates, Iason zu Kopf gestiegen war, und insofern braucht man seine Äußerungen nicht allzu wichtig zu nehmen. Aber das übersteigerte Selbstbewußtsein und das Fehlen jeden Augenmaßes für die Realitäten sind ein Zeichen für eine politische Vorstellungswelt, die in ihrem subjektiven Empfinden ein richtiges Kraftmeiertum für geboten hielt und der das Spiel um die höchste Macht in Hellas (und darüber hinaus) wohl in Fleisch und Blut übergegangen war. Die Gier, um jeden Preis Gewalt auszuüben, trieb auch sonst die merkwürdigsten Blüten.

In Phokis etwa, in dieser hinterwäldlerischen Landschaft, die jeder politischen Tradition entbehrte, kam ein gewisser *Onomarchos* auf den abstrusen Gedanken, Großmachtpolitik zu betreiben. Da die paar phokischen Bergbauern keine Basis dafür abgeben konnten, nahm er Söldner in seinen Dienst. Das Geld dafür beschaffte er sich durch den Griff nach den reichen Tempelschätzen von Delphi. Ungeachtet der Deklarierung als Anleihe war es reiner Raub, und mehr als ein Räuberhauptmann war Onomarchos im Grunde auch nicht. Trotzdem gelang es ihm vorübergehend, den Anschein eines wirklichen Machtpotentials zu erwecken. Er dehnte seine Herrschaft über Phokis hinaus aus und griff auch nach Doris und Lokris über, womit er den Weg nach Thessalien gewann und damit die Möglichkeit, sich in dortige Verhältnisse einzumischen. Selbst Boiotien war vor ihm nicht sicher. Der Spuk dauerte zwei bis drei Jahre (355–353), dann war es mit Onomarchos, als er in einer Schlacht fiel, zu Ende. Nicht zu Ende ging es mit Phokis als einer offenen Wunde am politischen Körper Griechenlands. Die Ausbeutung Delphis durch die Phoker galt allgemein in Griechenland als Sakrileg und Völkerrechtsbruch. Die Phoker erhoben dadurch den Kampf gegen sie in den Rang eines »heiligen Krieges«, und entsprechend fand er kein Ende, bevor sie das Unrecht nicht mit der Aufgabe ihrer Selbständigkeit und der völligen Auflösung ihres militärischen Apparats, zu der auch die Schleifung der befestigten Städte gehörte, gesühnt hatten (346). Aber als es soweit war, war ihr Schicksal längst in einen anderen, größeren Zusammenhang geraten.

Nach dem Sturz Spartas schien die Zukunft Griechenlands auf der Frage zu beruhen, ob Theben oder Athen sich als erste Macht Griechenlands durchsetzen würde. Das Verhältnis beider zueinander war deshalb auch recht gespannt; aber bis zu einem solchen Austrag gediehen die Dinge gar nicht. Theben verlor mit Epameinondas die Kraft zu einer großzügigen Politik und willigte nach der Schlacht von Mantineia in einen »allgemeinen« Frieden ein, ohne daß es imstande gewesen wäre, ihm sein Gepräge zu geben. Athen stand sechs Jahre lang, von 372 an, unter dem bestimmten Einfluß des Kallistratos, der unvoreingenommen genug war, in Verfolgung eines rationalen Kalküls das Ressentiment gegen Sparta ruhen zu lassen, um sich seiner als Gegengewicht gegen Theben zu bedienen. Athen war in dem durch Theben entstandenen Spannungsfeld sehr aktiv, sowohl politisch wie militärisch, und wessen man sich von seiten Thebens zu versehen hatte, wurde sehr bald nach Leuktra (371) nur allzu klar, als die wichtige Insel Euboia samt Akarnanien den Attischen Seebund verließ und zu Theben überging.

Leider machte sich diese an sich vernünftige Politik nicht recht »bezahlt« insofern, als sie zu keinem sichtbaren Erfolg und noch weniger zu einer Entscheidung führte – die beiderseitigen Anstrengungen hoben sich im Grunde immer gegenseitig auf –, dabei aber ungeheuere Kosten entstanden. Athen, das damals seine Kriege in der Hauptsache mit Söldnern führte und obendrein die großen Flottenlasten zu tragen hatte, geriet an den Rand des Staatsbankrotts. Das Gefühl, auf diese Weise auf der Stelle zu treten und dabei doch beinahe zu verbluten, führte 366 zu einem Kurswechsel. Kallistratos trat in den Hintergrund, nachdem er einen politischen Prozeß eben noch siegreich bestanden hatte, und Timotheos, der seinerzeit durch Kallistratos gestürzt worden war (373) und als Sohn Konons die Tradition einer energischen Seemachtspolitik verkörperte, wies die Athener auf die Aufgabe hin, die Wiederherstellung ihres alten Reiches zu versuchen. Die Gelegenheit dazu schien sich in einem Auflösungsprozeß der persischen Macht anzubieten. Dieser Prozeß war an sich schon seit 404 zu bemerken, als Ägypten sich selbständig machte und trotz verschiedener persischer Anstrengungen sechzig Jahre lang (bis 343) unabhängig blieb, aber 366 trat nun auch Kleinasien an die Seite Ägyptens. Mehrere Satrapen kündigten dem Großkönig den Gehorsam (»Satrapenaufstand«). Es sah so aus, als wenn damit die kleinasiatische Küste wieder frei würde und die durch den Antalkidasfrieden sanktionierten Ansprüche des Großkönigs auf diese sich von selbst erledigten, so daß einer Wiederaufrichtung der alten attischen Seeherrschaft nichts mehr im Wege stände.

Ein günstiger Anfang schien sich in der Gelegenheit zu bieten, die Insel Samos, auf der sich eine persische Besatzung befand, dem Großkönig zu entreißen. Das war noch kein formeller Verstoß gegen den Königsfrieden (nur das Festland war ausdrücklich durch ihn geschützt) und bedeutete obendrein eine Gefälligkeit gegenüber einem der Satrapen, dem die königlichen Truppen lästig waren. Die Athener (unter Timotheos) eroberten denn auch Samos (365) und wollten es danach zu der Bastion ihrer Herrschaft ausbauen, die es einst im 5. Jahrhundert gewesen war. Dazu mußten allerdings die von Lysander nach 404 angesiedelten Oligarchen verschwinden. An ihre Stelle traten attische Siedler (Kleruchen), zweitausend an der Zahl, womit dem Demos Athens nach langer Zeit endlich wieder gezeigt war, daß die Politik ein lukratives Geschäft ist. Propagandistisch war der Entschluß allerdings nicht unbedenklich, denn Athen hatte 377 bei der Gründung des zweiten Seebundes die Grundsätze des ersten ausdrücklich geächtet, und ein Redner (Kydias) warnte deshalb auch seine Landsleute, die griechische Öffentlichkeit werde diese Maßnahmen aufmerksam verfolgen und ihre Schlüsse daraus ziehen.

Er hatte nicht unrecht, denn als im Jahr darauf (364) Epameinondas seine thebanische Flottenaktion in die Wege leitete, fielen ihm unter dem Eindruck des neuen athenischen Kurses eine Anzahl wichtiger attischer Seebündner (etwa Byzantion, Kyzikos, Chalkedon, Keos, Naxos) zu. Sie wurden zwar zum größten Teil zurückgewonnen, aber der schlechte Eindruck war damit nicht behoben, und vor allem gingen die Hoffnungen, welche Athen auf die Auflösung der persischen Herrschaft in Kleinasien gesetzt hatte, nicht in Erfüllung.

Das Gegenteil trat ein. Mit der Thronbesteigung des Königs Artaxerxes III. Ochos (359), eines skrupellosen, aber sehr energischen Mannes, kam ein ganz neuer Zug in die persische Politik, und bevor sich diese voll auswirkte, hatte längst ein kleinasiatischer Dynast, Mausolos von Karien, der in der griechischen Stadt Halikarnassos residierte und durch seine Grabstätte, das Mausoleion, weltberühmt wurde, gegen die Bestrebungen Athens seine Minen gelegt. Anstatt daß der alte Seebund (in seiner früheren Ausdehnung) wiedererstand, löste sich der bestehende zweite Seebund weitgehend auf. Mausolos zog die wichtigsten Mitglieder auf seine Seite, indem er mit aristokratischen Kreisen konspirierte, und so fielen Rhodos, Chios, Kos (alle in seiner Umgebung liegend) und auch das ferne Byzantion ab. Der Kampf, den Athen gegen diese zentrifugale Bewegung führte, der »Bundesgenossenkrieg« (357-355), wurde zu einem glatten Mißerfolg. Den (negativen) Ausschlag gab schließlich die Angst vor den gewaltigen Kriegsrüstungen des Ochos, von denen man nicht wußte, gegen wen sie eingesetzt würden. Das Ende war eine tiefe Resignation auf der Seite Athens. Die vor zwanzig Jahren (377) begonnene, so hoffnungsvolle Linie, die eine Erneuerung der einstigen zentralen Stellung Athens in Griechenland hatte erwarten lassen, war jäh abgebrochen, und man war im Grunde nicht weiter denn zuvor.

Als Athens Stern im Bundesgenossenkrieg verblich, meldete sich eine Macht im Norden Griechenlands zu Wort und versuchte ihrerseits, das Karussell zu betreten, das einen an die Spitze von Hellas zu bringen versprach: *Makedonien.* Und Makedonien wurde nicht wie alle anderen wieder herabgeschleudert, sondern behauptete sich bei dem gefährlichen Abenteuer. Athen hatte schon während dieser kurzen Zeit zu spüren bekommen, daß ein gewichtiger Gegner sich ihm in den Weg stellte, und der Bundesgenossenkrieg wurde nicht zuletzt auch deshalb ein Verhängnis, weil er Athen hinderte, an der nördlichen Front seine Interessen mit der erforderlichen Energie wahrzunehmen.

Makedonien war ein Land von archaischem Gepräge und einer geradezu strukturellen Unfertigkeit. Die Makedonen waren ursprünglich ein kleiner nordwestgriechischer Stamm im nördlichsten Thessalien gewesen und hatten sich von da erst Anfang des Jahrtausends mit einigen anderen verwandten Stämmen weiter nördlich in thrakisch-illyrisches Gebiet vorgeschoben und die dortigen Einwohner assimiliert. Die Makedonen besetzten hierbei die große Ebene bis zum Axios. Dort befanden sich später die älteste Königsstadt Aigai und die Nachfolgerin Pella. Aigai blieb allerdings immer Begräbnisstätte. Dieses Niedermakedonien war auch später die Kernlandschaft. Obermakedonien war dagegen politischer Erwerb, auf Grund der Herrschaft, welche die makedonischen Könige über die Fürsten verschiedener Landschaften ausübten. Diese waren zumeist Siedlungsgebiete der mit den Makedonen ausgewanderten Stämme. Weiter östlich, im oberen Wardartal (Axios) und zwischen Axios und Strymon, lag das Areal der politischen kolonisatorischen Ausdehnung, das anfangs nur teilweise von makedonischen und griechischen Siedlungen durchsetzt war.

Die politische Geschichte dieses Makedoniens war nicht alt und ging nicht über das 7. Jahrhundert zurück, als ein König Perdikkas (I.) Niedermakedonien von Aigai aus eroberte. In der zweiten Hälfte des 6. Jahrhunderts geschah die Ausdehnung über den Axios, und damit wurde das Hinterland der Chalkidike makedonisch. Bis dahin war das ganze Gebiet Barbarenland und stand deshalb der griechischen Kolonisation offen. Von ihr wurde denn auch die Chalkidike samt ihrem Rumpf in dichter Streuung erfaßt und damit ein Tatbestand geschaffen, mit dem Makedonien als einem festen Datum zu rechnen hatte. Umgekehrt setzte der allmähliche Ausbau des makedonischen Staates der Entfaltung der griechischen Zivilisation gewisse Schranken. Obgleich nämlich die Makedonen ethnisch auch Griechen waren und einen griechischen (nordwestgriechischen) Dialekt sprachen, waren sie der Lebensart und der politisch-sozialen Struktur nach doch sehr von demjenigen Griechentum verschieden, welches den Grundtypus repräsentierte, dem griechischen Stadtbürgertum. Gerade dieses trat ihnen aber in der chalkidischen Kolonie entgegen.

Eine gegenseitige Durchdringung war unmöglich. Die makedonischen Könige hüteten sich sehr wohl, dem griechischen Städtewesen und seiner sprengenden Kraft bei sich Eingang zu gewähren, und bezahlten dafür den Kaufpreis, daß Makedonien dauernd ein zivilisatorisch rückständiges Land blieb und von den Griechen auch deshalb nicht mehr richtig zu Hellas gezählt wurde. Dieser Mangel an Anerkennung wurde begreiflicherweise von dem makedonischen Herrscherhause am stärksten empfunden, während er der im allgemeinen bäuerlichen Bevölkerung ziemlich gleichgültig gewesen sein wird. Die Könige, gar nicht in der Lage, irgend etwas für die Einbeziehung der Makedonen in das griechische Volk zu tun, waren froh, daß sie wenigstens für sich den Abstand zu überwinden vermochten. In der Zeit der Perserkriege erlangte ein König Alexander (I.) die Zulassung zu den Olympischen Spielen und wurde damit in den Augen der griechischen Öffentlichkeit offiziell als Grieche anerkannt. Alexander war persischer Vasall, aber dies nur gezwungen, und erwies sich den Griechen während des Xerxeszuges mehr denn einmal als nützlich. Als er durch die persische Niederlage die Hände frei bekam, ging er auf die griechische Seite über und stiftete aus der Beute eine goldene Statue in Olympia. Für seine wahrscheinlich schon früher liegende Aufnahme in Olympia war etwas anderes wichtiger: der Nachweis, daß die makedonische Königsfamilie nur scheinbar makedonisch, in Wirklichkeit jedoch griechisch sei. Erreicht wurde er durch eine genealogische »Entdeckung«. Die Familie stammte danach nicht aus dem makedonischen Argos, sondern aus dem berühmten peloponnesischen. Dort hatte einmal der Urenkel des Herakles, Temenos, regiert, einer der aus dem Norden zurückgekehrten Herakliden, und von ihm sollte nun das makedonische Königshaus abstammen, das sich seitdem temenidisch oder gar heraklidisch nannte.

Alexander, der später den Beinamen »Philhellen« bekam, war nicht der einzige makedonische König, der sich intensiv um die Aneignung griechischer Lebensform bemühte. Mehr leistete darin beinahe noch ein König Archelaos (413–399), der seinen Palast von dem berühmten Zeuxis ausmalen ließ und Euripides an seinen Hof holte. Euripides dichtete dort die »Bakchen«. Eine Generation später nahm Perdikkas III. (365–359) Verbindung zu Platon auf und ließ dessen Schüler Euphraios zu sich kommen. Philosophie und Geometrie wurden wie in Syrakus eine Zeitlang zur Hofmode. Es durfte keiner am Leben in der Umgebung des Königs teilnehmen, wenn er dabei nicht mitzuhalten vermochte. Wenn also später Aristoteles in Makedonien Prinzenerzieher wurde, so steht dieses sichtbare Bemühen um ein näheres Verhältnis zum griechischen Geist in einer längeren Tradition.

Trotzdem sind selbstverständlich solche Veranstaltungen in ihrem Gewicht nicht zu überschätzen. Makedonien blieb dennoch ein rauhes Land ohne jeden Glanz des Lebensstils und vermochte nicht einmal seine Sprache zu echter Schriftlichkeit zu erheben. Als der Staat später ein reicheres Urkundenwesen nötig hatte, gebrauchte er das importierte Attisch. Und auch die hellenische Kulturpose der makedonischen Könige konnte nicht verhindern, daß ausgerechnet dem Archelaos von einem griechischen Literaten (Thrasymachos) im Namen der thessalischen Stadt Larissa entgegengehalten wurde: »Sollen wir als Hellenen Knechte sein des Archelaos, eines Barbaren?« Das war letztlich auch gar nicht falsch, denn in einem geistigen Sinn war Makedonien sowenig »hellenisch« wie die Akarnanen oder Aitoler (obwohl deren Hellenentum niemand in Frage stellte); und bei einem Blick auf diese oder andere Stämme, bei denen es auch keine städtische Kultur gab, erhebt sich nur die verständliche Frage, warum denen immer infolge ihrer primitiven Sozialverfassung die Flügel beschnitten blieben, die Makedonen aber zu einem zentralen Phänomen der griechischen Geschichte wurden.

Die Ursache ist in der makedonischen Monarchie zu suchen. Sie war nicht wie im ganzen übrigen Griechenland und auch bei den städtelosen nordwestgriechischen Stämmen dahingesunken, sondern hatte sich im Gegenteil zu einem kräftigen Königtum entwickelt. Der Grund ist nicht schwer einzusehen: der makedonische Staat als ein Kolonisations- und Eroberungsprodukt war das Werk der makedonischen Könige, und da Makedonien noch im 4. Jahrhundert ein werdender und sich ausdehnender Staat war, bestand nicht der geringste Anlaß zu einer Rückbildung dieses Königtums. Damit ist nicht gesagt, daß das makedonische Königtum institutionell sehr stark war, etwa auf Grund einer unbeschränkten Regierungsgewalt. Der König war nicht hoch über das Volk erhoben und beobachtete keinen besonderen Abstand zwischen sich und den Gemeinfreien, auch nicht in der Kleidung. Die Blutgerichtsbarkeit lag bei einer Versammlung der Wehrfähigen, nicht bei ihm, und auch die Erbfolge war noch zu keinem unbeschränkten Gesetz geworden. Es galt wohl das Geblütsrecht der königlichen Familie, und auch die Thronfolge des ältesten Sohnes war in gewissem Sinn durch Gewohnheit nahegelegt, aber der verbindliche Akt war die Wahl oder Akklamation durch das Volk, und bestimmt war es als Souverän in den Stand gesetzt, von der Primogenitur abzuweichen. Mehr als ein Volks- oder Heerkönigtum war also die makedonische Monarchie nicht, aber da ihr die äußeren, im ganzen wenig befriedigenden

Verhältnisse entsprachen, vermochten immer wieder außerordentliche Fähigkeit und Kraft in sie einzuschießen und den politischen Ausbau vorwärtszutreiben.

Am wichtigsten war in diesem Zusammenhang die Heeresverfassung. Ursprünglich gab es wohl lediglich das Volksaufgebot, möglicherweise nur auf Volksbeschluß einzuberufen. Das war in dieser Art für den König ein unzuverlässiges Instrument, und deshalb war der König für eine freiere Verwendung von militärischen Mitteln primär auf Söldner angewiesen. Aber bei der finanziellen Schwäche des Landes war aus ihnen kein Militär größeren Umfanges zu entwickeln. Hierzu bedurfte es eines energischen Rückgriffs auf die militärische Kraft, welche in der robusten Bevölkerung lag. Seine Durchführung war ein Werk des Königtums seit Ende des 5. Jahrhunderts, und daß es gelang, ist eine der wesentlichen Ursachen des makedonischen Aufstiegs. Das übrige Griechenland war dazu nicht mehr in der Lage. Zu sehr hatte es sich an Berufssoldaten gewöhnt, um noch eine rücksichtslose Ausschöpfung der eigenen militärischen Reserven in der Bürgerschaft vorzunehmen. Makedoniens Rückständigkeit schuf eine Möglichkeit, die den anderen verlorengegangen war. Zuerst scheint der makedonische König darangegangen zu sein, den makedonischen Adel in strenge Pflicht zu nehmen, indem er ihn unter dem ehrenvollen Begriff der »Gefährten« *(hetairoi)* an sich zog und ihn als Entgelt für die »Auszeichnung« zwang, eine schwerbewaffnete Reiterei zu bilden. Damit war von vornherein ein Element der Überlegenheit gegenüber den anderen Griechen ins Spiel gebracht, denn bei ihnen war allenthalben die Reiterei der schwache Punkt des Heerwesens. Der nächste Schritt war die konsequente Militarisierung der makedonischen Bauern. Auch sie wurden an ihrer sozialen Ehre gepackt, indem ihr infanteristisches Aufgebot den Titel der »Gefährten zu Fuß« (Pezhetären) erhielt, in augenscheinlicher Analogie zu den adligen Hetären, auch mit der teilweisen Unsinnigkeit solcher Parallelbildungen; denn zu den Angehörigen des Adels und seiner Reiterei konnte der König ein persönliches Verhältnis unterhalten, zu der Masse der Bauern selbstverständlich nicht. Die makedonische Phalanx, bestehend aus schwerbewaffneten Fußsoldaten, jeder mit einer fünfeinhalb Meter langen Lanze, der »Sarisse«, versehen, wurde zu einer furchterregenden Kriegsmaschine und kam mit der Zeit in den gleichen Geruch der Unüberwindlichkeit wie früher das spartanische Heer.

Die außenpolitische Situation gab Makedonien trotz seines Ausdehnungsdrangs eine nur begrenzte Bewegungsfreiheit. Die thrakisch-illyrischen Nachbarn im Osten blieben trotz des Geländeverlustes, den sie der Ausbau des makedonischen Staates, erst bis zum Axios und dann bis zum Strymon, kostete, ein gefährlicher Gegner, der die makedonischen Kräfte ebenso fesselte wie provozierte. Die unangenehmste Barriere jedoch waren die zahlreichen griechischen Städte und Siedlungen auf der Chalkidike, weil sie Makedonien vom Meere abriegelten und damit jeden Anlauf zu einer großzügigeren Politik von vornherein unterbanden. Dieser Tatbestand wurde dann noch besonders unterstrichen, als der (erste) Attische Seebund auf die Chalkidike übergriff und ihr damit den Rückhalt einer Großmacht verlieh. So war es nur zu verständlich, daß Spannungen zwischen Makedonien und Athen eintraten, und zwar schon unter Alexander dem Philhellenen und ungeachtet der Tatsache, daß dieser einmal in Athen sehr beliebt gewesen und zum »Freund« und »Wohltäter« erklärt worden war. 437 führte Athen ein großes Unternehmen durch, um seine

Position gegenüber Makedonien zu befestigen. Es war nicht der erste Versuch. Dreißig Jahre früher war ein anderer mißglückt. Aber diesmal gelang es, am Strymon die große Stadt Amphipolis zu gründen. Diese attische Kolonie hätte ihrer Aufgabe wahrscheinlich in großem Umfange entsprochen, wenn sie Athen gegenüber loyal gewesen wäre. Aber da sie sich nur zum geringeren Teil aus Athenern zusammensetzte und die übrigen Einwohner von überallher in Griechenland herangezogen worden waren, wurde sie, ähnlich wie das süditalische Thurioi, ein unzuverlässiger Bundesgenosse, an dem die Mutterstadt wenig Freude haben sollte.

Unmittelbaren Vorteil davon hatte allerdings Makedonien zunächst nicht. Es war auch zu schwach, um sich als ein bestimmender Faktor in den Peloponnesischen Krieg einzuschalten, obgleich ihm hierzu nach Lage der Dinge Gelegenheit geboten war. Seine Politik war unsicher und schwankte zwischen offener oder verhohlener Feindschaft und zeitweiser Annäherung an Athen hin und her. Selbst die schwere Erschütterung der attischen Herrschaft auf der Chalkidike infolge des Brasidaszuges konnte von ihm nicht zu einem entscheidenden Vorgehen genutzt werden. Amphipolis ging damals Athen verloren, und zwar definitiv, wie die Zukunft lehrte, aber deshalb machte es noch lange nicht der makedonischen Herrschaft Platz. Selbst der katastrophale Ausgang des Krieges änderte daran nichts. Ganz im Gegenteil. Das Griechentum der Chalkidike erstarkte aus eigener Kraft, und bezeichnenderweise hatte kurz vor Ausbruch des Peloponnesischen Krieges der makedonische König selbst den Anstoß dazu gegeben.

Als er auf der Chalkidike den Abfall von Athen förderte, hatte er einige griechische Siedlungen ermuntert, sich zu einer größeren Stadt Olynthos zusammenzutun und damit jeder künftigen Abfallbewegung von Athen einen befestigten Stützpunkt zu verschaffen. Dieses Olynthos nun, und keineswegs Makedonien, wurde der Konkursverwalter des athenischen Zusammenbruchs. Es bezog den größten Teil der von Athen frei gewordenen chalkidischen Städte in sich ein und wurde dadurch mit einem Schlag zu einer respektablen Macht, die hinfort sich Makedonien bedeutend besser entgegenzustellen vermochte als die vielen kleinen Griechenstädte. Ein Bündnis, mit dem der makedonische König Olynthos an sich binden wollte, war nicht von Dauer. Das einzige, was der Makedonenkönig in seiner Ohnmacht tun konnte, war, daß er Olynthos die Spartaner auf den Hals hetzte. Diese zwangen es auch zur Anerkennung der spartanischen Herrschaft (381), aber da deren Tage damals ohnehin gezählt waren, bedeutete das nur eine Episode.

Ein Blick auf die makedonische Geschichte in den ersten Jahrzehnten des 4. Jahrhunderts erklärt ohne Mühe, warum die Verhältnisse so waren. Nach dem Tode des Königs Archelaos 399 v. Chr. – er wurde ermordet – verfiel Makedonien einer Dauerkrise von vierzig Jahren. Die monarchische Gewalt schien sich geradewegs zu verflüchtigen. Zwischen 399 und 392 lösten sich sechs Herrscher ab, und kaum einer von ihnen starb eines natürlichen Todes. Als mit Amyntas (III.), der aus einer Seitenlinie stammte (392–369), das Regiment wieder stabiler geworden war, stellten sich außenpolitische Katastrophen ein. Der König mußte zeitweise (384) vor den Illyrern außer Landes fliehen. Man wird sich nicht wundern, daß dieser Herrscher mit Olynthos nicht fertig wurde. Nach seinem Tode gab es wieder innerhalb der kurzen Zeit von zehn Jahren drei bis vier Herrscher. Es sah so aus, als ob der makedonische Staat dem Abgrund zueilte, und nichts war klarer, als daß er keinerlei Bedeutung beanspruchen könne und für den Wettlauf um die Suprematie in Griechenland am allerwenigsten in Betracht komme.

Daß dieser evidente Augenschein völlig trog, war das Werk Philipps II., des berühmten Vaters Alexanders des Großen. Man ist wirklich versucht, allein seine persönliche Größe als den entscheidenden Faktor einzuführen. Als er 359 als junger, gerade dreiundzwanzigjähriger Mann – genau wie sein Sohn später – zur Regierung kam, schien ihm das Geschick nicht das geringste Sprungbrett zu bieten. Alles hatte sich gegen ihn verschworen. Er selbst war nicht einmal König, sondern lediglich Vormund für seinen dreijährigen Neffen, den Sohn des gefallenen Königs Perdikkas (III.). Zu dieser bürdevollen Ehre war er als dessen letzter ebenbürtiger Bruder gelangt. Aber sie wurde ihm nicht gegönnt. In drei Halbbrüdern erstanden ihm gefährliche Prätendenten. Und dazu war die Lage der Außenpolitik verzweifelt. Sein Vorgänger war mit viertausend Makedonen bei einem illyrischen Einbruch auf dem Schlachtfeld geblieben. Obermakedonien befand sich in den Händen von Thrakern, und dazu hatten die Paioner einen Einfall unternommen. Nach menschlichem Ermessen war Philipp dazu verurteilt, in einem solchen Strudel sehr bald den Untergang zu finden, wie so mancher Herrscher zuvor. Aber Philipp bewies gleich zu Anfang die erstaunliche Elastizität, der er auch in Zukunft vor allem seine Erfolge verdanken sollte.

Um überhaupt erst existieren zu können, machte er überall Zugeständnisse. Die Thraker und Paioner schaffte er sich mit Geldzahlungen und Versprechungen vom Halse. Und ebenso trat er gegenüber den Griechen auf. Sie begegneten ihm gleich auf zwei Fronten, in Olynthos und in Athen. Glücklicherweise waren sie untereinander verfeindet. Olynthos war erbost über die erfolgreiche »Seebundspolitik« auf der Chalkidike, die einige Jahre zuvor unter anderen Poteidaia unter Athens Herrschaft gebracht hatte, und nicht weniger über die Anstrengungen, die es unternahm, um Amphipolis endlich wieder in die Hand zu bekommen. Sowohl bei Olynthos wie bei Athen hatten die Prätendenten Philipps einen Rückhalt gefunden und damit ihre Gefährlichkeit verdoppelt. Philipp sah mit klarem Blick, daß er nicht gegen beide Feinde auf einmal kämpfen konnte, zumal er sie damit zwangsläufig zusammengeführt hätte. Er setzte sich deshalb mit Athen ins Benehmen – auf die großzügigste Weise: er zog aus Amphipolis die makedonische Besatzung zurück, die sein Vorgänger Perdikkas zu seinem Schutz dorthin gelegt hatte. Und nicht nur das. Athen hatte damit Vollmacht erhalten, Amphipolis zu erobern; aber Athen wollte sich diese Anstrengung sparen. Philipp sollte sie übernehmen und Amphipolis an Athen ausliefern, wofür Athen Pydna freigeben sollte, das nach seinem Abfall von Makedonien zu Athen in ein Bündnis getreten war. Das war eine Erzdummheit Athens, wie es sich alsbald herausstellte. Und wie es so geht, setzten die Athener noch eine zweite darauf: als Philipp etwas später Amphipolis angriff und dieses Athen um Hilfe anrief, versagte man sich dem Gesuch im Vertrauen auf den Artikel, der Philipp vermeintlich die Geschäfte Athens besorgen ließ. So eroberte Philipp Amphipolis, gab es aber nicht an Athen heraus, unter dem billigen Vorwand, daß ihm die Athener ja auch nicht Pydna böten (357).

Diese überlegene Politik zeigte den ganzen Mann und wiederholte sich in der Folgezeit immer wieder. Man begriff jetzt schon, daß einer solchen Souveränität des politischen

Kalküls nicht leicht jemand gewachsen war. Mit dem Gewinn von Amphipolis hatte Philipp eine weite Bresche in die griechische Zernierung seines Landes gebrochen. Amphipolis war nicht nur ein wichtiges Glied der Kette, die Makedonien von der Ägäis abschloß, sondern behinderte kraft seiner Lage auch die Ausdehnung Makedoniens über den Strymon hinweg.

Inzwischen hatte Philipp der Welt auch bewiesen, was militärisch in ihm und seinen Leuten, vor allem in dem etwa fünfzehn Jahre älteren Parmenion, steckte, und nach Zurückweisung der Paioner die Illyrer, die noch immer Obermakedonien besetzt hielten, in einer großen Schlacht geschlagen (358). Nachdem er den diplomatischen Sieg über Athen errungen und den Weg nach Osten freibekommen hatte, zeigte sich seine militärische Überlegenheit auch gegenüber den Thrakern östlich des Strymon. Nach dreijähriger Regierung stand er da als ein Mann, der der makedonischen Politik eine völlig neue Wendung und Position gebracht hatte, und konnte deshalb unter Ignorierung der Rechte seines Mündels sich zum König ausrufen lassen (356). Dabei hatte er nichts übereilt. Athen gegenüber hatte er zwar die Belastung eines (latenten) Kriegszustandes auf sich genommen, aber Olynthos überhäufte er mit Freundlichkeiten und vermittelte ihm den Rückgewinn des verlorengegangenen Poteidaia, wobei er großzügig genug war, die attischen Kleruchen (Kolonisten) nach Hause ziehen zu lassen.

Binnen kürzester Zeit stand Makedonien so mächtig wie kaum je zuvor da. Damit brachte sich sein Schwergewicht auch im Süden zur Geltung, gegenüber dem thessalischen Nachbarn. Dieser stand unter dem Druck der plötzlich aufgeschwemmten Ausdehnungspolitik des Phokers Onomarchos, nicht ganz ohne eigenes Verschulden, denn Thessalien war gespalten, und der eine Teil suchte bei den Phokern Rückhalt. Philipp ergriff die Partei des anderen. 353 fiel Onomarchos in einer Schlacht gegen Philipp, und Philipp war glänzend bestätigt als Protektor Thessaliens, wo er die eigens für ihn geschaffene Würde eines leitenden Beamten *(árchon)* übernahm.

Es ist hier nicht der Ort, allen einzelnen Wendungen der raschen und erfindungsreichen Politik Philipps zu folgen. Sie war erfolgreich im Westen (Epirus) wie im Osten (Thrakien und dann den griechischen Städten am Marmarameer, vor allem Perinthos und Byzantion, die er an sich zog). Philipp hätte im Anschluß daran Athen ohne weiteres die Halbinsel Gallipoli abnehmen können. Er tat es jedoch nicht in der von Anfang an verfolgten Einsicht, sein Verhältnis zu ihm nicht mehr als nötig zu belasten. Der unvermeidliche Zusammenstoß mußte früh genug kommen, und er kam auch, als nach nur zehnjähriger Herrschaft Philipps die große Lebensfrage des makedonischen Staates, nämlich die des Zuganges zur Ägäis, gestellt wurde. Die Aktion war identisch mit der Vernichtung von Olynthos, der Herrin über die Chalkidike. Olynthos, bisher in freundlichen Beziehungen zu Philipp stehend, war dadurch von Athen isoliert. Inzwischen hatte sich der Gegensatz abgeschliffen, und vor allem ging in Athen die Einsicht auf, daß die Annexion Olynthos' durch Philipp eine fundamentale Veränderung der griechischen Welt bedeuten würde. Philipp ließ sich dadurch nicht beirren, in der richtigen Einsicht, daß Erkenntnisse noch keine Handlungen seien, und rückte deshalb gegen Olynthos vor. Durch Verrat wurde es genommen (348) und zum Zweck seiner physischen Vernichtung auf das strengste behandelt. Es verschwand einfach von der Landkarte; die Einwohner, soweit sie die Katastrophe überlebten, wurden nach Makedonien deportiert oder in die Sklaverei verkauft. Die Chalkidike, ein fruchtbares und dicht bevölkertes Gebiet von viertausend Quadratkilometern, wurde zu Makedonien geschlagen. Der griechische Ring um Makedonien war aufgebrochen und der Zugang zum Meere hergestellt: die Machtverhältnisse von Hellas waren ganz entscheidend verschoben.

Philipps Erfolge, die, an der früheren makedonischen Geschichte gemessen, geradezu unwahrscheinlich wirken mußten, verliehen dem makedonischen Staat ein neues Format. War sein tragender Grund schon immer die Monarchie gewesen, so wurde sie jetzt zur lebendigen Mitte, aus der alle Impulse seines grandiosen Wachstums sich speisten. Philipp vermochte auf diese Weise, gestützt auf die neu gewonnene Autorität, seine Makedonen in einen anspruchsvollen militärischen Apparat hineinzuzwingen. Die Ansätze dazu waren bereits von seinen Vorgängern geschaffen, aber damit aus ihnen etwas wurde, bedurfte es des durch den Erfolg bestätigten Schwunges eines großen Königs. Insofern wurde Philipp zweifellos zum eigentlichen Schöpfer des makedonischen Heeres, der die Grundsätze einer zu gleichen Teilen auf die Stoßkraft des Fußvolks und die Wucht der Reiterei gestützten Streitmacht verwirklichte. Er tat noch mehr und verlieh diesem militärischen Körper die Beweglichkeit einer taktisch und strategisch souveränen Führung. Die Errungenschaften, die Epameinondas in die Kriegskunst seiner Zeit gebracht hatte, wurden durch Philipp auch Eigentum des makedonischen Militärs. Philipp hatte nicht umsonst in seiner Jugend in Theben geweilt und dort die beiden großen Thebaner, Epameinondas und Pelopidas, kennengelernt. Jetzt war er dadurch in den Stand gesetzt, in Makedonien die modernste Kriegstechnik heimisch zu machen.

Aber Philipp wußte auch, daß es dabei nicht minder auf die politischen Voraussetzungen der Heeresverfassung ankam und daß das alte Volks- und Heerkönigtum allein dem Herrscher einen zu schwachen Hebel in die Hand gab. Wessen er bedurfte, war eine Macht von größerer Verfügbarkeit, die mehr an den König als Person als an die Institution des Königtums gebunden war und den König befreite von den Schranken des im Volk wurzelnden Herkommens. Für die Errichtung eines Beamtenapparats gab freilich die rein agrarisch-ländliche Struktur des Landes keinen Raum. Philipp dachte auch nicht daran, diese auf dem Wege einer konsequent durchgeführten Urbanisierung zu ändern. Viel eher tat er das Gegenteil, indem er das vorhandene Städtewesen abwürgte. Seine Behandlung von Olynthos spricht in dieser Hinsicht eine beredte Sprache. Die königliche Macht ließ sich unter solchen Umständen nur durch das Lehnswesen verstärken, indem neben die traditionelle Gehorsamspflicht eine spezifische, eigens gestiftete trat.

Philipp schlug diesen Weg energisch ein, sobald er über die dazugehörigen Mittel verfügte. Das war der Fall, seitdem ihm erobertes Land zur Verfügung stand. Schon der Vorstoß über den Strymon (359–356) brachte den ersten großen Gewinn bis zum Nestos. Dann war die Eroberung der Chalkidike ein wichtiger Abschnitt auf dieser Bahn. Und einige Jahre später gelang ihm die Unterwerfung eines noch viel größeren Gebietes; Thrakien in seiner ganzen Ausdehnung, also das heutige Bulgarien mit dem europäischen Teil der Türkei, wurde Untertanenland (342). Wenn auch Philipp keinen Anstand nahm, in dem weiten Barbarenland die eine oder andere Kolonie, das hieß eine griechische Stadt, anzulegen, so diesseits des Nestos Philippoi (das Philippi der Römer und des Apostels Paulus) und jenseits davon das noch heute existierende Philippopel, so ging ihm deswegen nichts an der Masse von Eroberungsland verloren, aus dem er seine Vasallen versorgen konnte. Das waren einmal seine makedonischen Adligen, deren Bezeichnung »Gefährten« *(hetairoi)* dadurch erst einen prägnanten Sinn erhielt, und sodann war seine Hand auch offen für jeden in der griechischen Welt, der sein Glück machen wollte. Die Schar seiner kraftstrotzenden und unternehmungslustigen Kampfgenossen vermehrte sich dadurch beträchtlich. Sie waren eine recht bunte Gesellschaft und nicht immer von den besten Manieren – ein Zeitgenosse, der Historiker Theopompos, dem gewiß keine Voreingenommenheit zuungunsten Philipps nachzusagen ist, bezeichnet sie als höchst fragwürdiges Gesindel –, aber ebenso war klar, daß der Zustrom solcher Elemente das Energiepotential Makedoniens wesentlich verstärkte und damit dem äußeren Wachstum des Staates eine Erhöhung seiner militärischen Leistungsfähigkeit entsprach.

Die Antwort des Denkens

Die griechische Geschichte des 4. Jahrhunderts spiegelt sich in der Geschichte des griechischen Geistes, und zwar auf eine eigentümliche, ihr vorher unbekannte Weise. Es handelt sich hierbei nicht um die mehr oder weniger selbstverständliche Doppelgängerschaft des geistigen Schaffens und Wirkens. Diese war früher auch vorhanden. Noch weniger ist damit gemeint, daß – wie natürlich – politisches und soziales Geschehen vom Geist durchwirkt ist und dieser ihm manchmal zur Wirklichkeit und Darstellung verhilft. Auch dieses Verhältnis ist der griechischen Geschichte seit den Tagen Homers vertraut, wie es einem aufmerksamen Leser dieser Darstellung nicht entgangen sein wird. Das Neue liegt in einer selbständigen Position des geistigen Organons gegenüber der politischen Realität. Dergleichen war erst möglich, seitdem in einem umfassenden Sinn, mit Hilfe eigener Begriffe und angetrieben von einem spontanen Vermögen, auf die menschlichen Verhältnisse reflektiert wurde. Geschehen ist der wichtige Schritt mit der Sophistik.

In der Sophistik entsteht zugleich ein neues soziologisches Phänomen: es bildet sich eine Schicht intellektueller Gebildeter, die an dieser Wendung nicht nur teilhaben, sondern sie in gewissem Umfang auch tragen und ihr damit zu einem Gewicht in der menschlichen Gesellschaft verhelfen. Die alte Naturphilosophie war ihrer geistigen Struktur nach zu »exklusiv«, um einen derartigen Effekt hervorzubringen, ihre Zirkel waren zu klein und der Gegenstand ihres geistigen Tuns zu esoterisch. Höchstens bei den Pythagoreern konnten sich infolge ihrer Einstellung auf eine bestimmte Lebenspraxis Gemeinschaften bilden, die sich vom übrigen Verband der menschlichen Gesellschaft abhoben. Aber der zugleich darin zum Ausdruck kommende Drang zum Sektierertum brachte auch die Begrenzung mit sich, ganz abgesehen davon, daß sie zu Anfang eine regionale, auf das westliche Griechentum beschränkte Erscheinung darstellten. Die Sophisten waren in allem das Gegenteil. Sehr bald konnte man sie überall antreffen, und vor allem: sie waren niemals selbstgenügsam und in sich versponnen. Was sie zu sagen hatten, war ja auch ziemlich aufregend für jeden Denkenden, und zudem wollten sie den Menschen helfen und sie instruieren.

Sie traten in der zweiten Hälfte des 5. Jahrhunderts mit unerhörten Theorien hervor. Die Zurückführung der historischen sittlichen Ordnung auf einen beliebigen subjektiven Willen war etwas Unglaubliches, und noch unglaublicher waren die Folgerungen, die daraus gezogen werden konnten, am erregendsten in dem Gedanken, daß nicht nur unsere moralischen Einrichtungen von Natur recht willkürlich seien, sondern auch, daß der Stärkste, also derjenige, der sich durchzusetzen vermag, das Recht besitze, seinen Willen den anderen als Gesetz aufzudrücken. Trotzdem kommt die Sophistik in unserem Zusammenhang nur als Anknüpfungspunkt in Betracht. Ihre Aggressivität war nicht so durchschlagend, wie es der Anschein vermuten läßt. Die Sophisten waren in ihren Deduktionen vor allem nicht einheitlich und wußten sich anzupassen. Nicht alle waren Machiavellisten. Der berühmte Protagoras erfand Formulierungen, die eine naturrechtliche Legitimation der Demokratie enthielten. Umgekehrt konnten freilich Tyrannen und putschende Ultras sich auf die Sophistik berufen. Aber denen gehörte nicht die Zukunft, trotz allem, was sie in Athen angestellt hatten. Und obendrein brauchte man im Kreise der Sophisten keineswegs so extrem zu denken. Es waren auch recht harmlose Räsonnements möglich, glatte Negationen der revolutionären Theorie vom Übermenschen. Da hieß es denn, daß ein solcher sich »von Natur« gar nicht halten könne und von seinen Mitmenschen überwältigt würde. Im Grunde erhielten Gesetz und Gerechtigkeit den Staat.

Diese »harmlose« Denkungsweise setzte sich im 4. Jahrhundert durch, und merkwürdigerweise lag gerade auf dieser Linie der Bruch zwischen Denken und Wirklichkeit, der das 4. Jahrhundert charakterisiert. Allerdings schoß in sie eine Kraft ein, die wohl ursprünglich nicht in ihr angelegt war und ihren Ausgangspunkt gerade von einer Auseinandersetzung mit den extremen Gedanken der Sophistik nahm. Ihr Patron ist Sokrates, aber die nachweisbare Tat gehört seinen Schülern und unter ihnen in erster Linie Platon. Platon gewann das Fundament seiner Philosophie im Kampf gegen die Sophisten. Sein Kampf galt ihrem Naturalismus und Subjektivismus, durch die sie die sittliche Welt aufzulösen drohten und obendrein das menschliche Erkenntnisvermögen in ein recht fragwürdiges Licht rückten. Denn beides, richtiges Handeln und begriffliches Wissen, gehörte auch für die Sophisten zusammen. Für Platon aber war die Schlacht erst gewonnen, wenn es ein Erkennen gab, das sich durch die Absolutheit seines Gegenstandes auswies. Logische Experimente brachten ihm die Lösung in der Entdeckung der objektiven Existenz von Ideen, darunter (als der höchsten) der Idee der Gerechtigkeit. In einem intelligiblen Akt wird sie erfaßt und duldet infolgedessen keinerlei Autorität neben sich, auch nicht die irgendwelcher Gesetze. Was gerecht ist, kann nur von Fall zu Fall im Hinblick auf die Idee erkannt werden, und zwar von dem, der die Fähigkeit dazu hat, das heißt vom Philosophen. Das tatsächliche Gesetz ist ein Notbehelf. Die wirkliche Gerechtigkeit eröffnet sich nur im Hinblick auf die Idee und bedarf keiner Vermittlung. Der im höchsten Sinn Gerechte, also der Erkennende, ist deshalb selbst das Gesetz und damit allen starren Buchstaben überlegen. Er vermag nämlich das Individuellste in Situation und persönlichen Bedingungen zu erfassen und läßt damit alle Generalisierungen, ohne die kein Gesetz auskommen kann, hinter sich zurück.

Ein solcher Philosoph ist im Besitz der wahren, das heißt materialen, Gerechtigkeit und ist damit frei von allen formalen Bestimmungen. Er weiß etwa, daß ein und dieselbe Strafe in bezug auf verschiedene Individuen nicht die gleiche ist, und wird dadurch zu der Erkenntnis geführt, daß eine politische Ordnung, die auf absolute formelle Gleichheit abzielt und damit die gerechteste zu sein beansprucht, in Wirklichkeit die ungerechteste ist.

Freilich steht diese These nur scheinbar am Ende der Überlegung. Dem inneren Motiv nach ist sie eine der wichtigsten Wurzeln der politischen Philosophie der Griechen. Ohne die Todfeindschaft gegen die Demokratie, zumal die attische, wäre ihre Position schwer vorstellbar. Deshalb die diametrale Umkehrung von deren Gerechtigkeitsbegriff und die radikale Annullierung jeglicher demokratischer Legitimation. »Logisch« war, wie überhaupt in diesen Fragen, im Grunde wenig präjudiziert. Es hätte sich bei gleichem Ausgangspunkt auch eine »demokratische« Lösung denken lassen; und völlig gefehlt hat sie wohl auch nicht, denn Aristoteles erzählt beiläufig, daß sich die Demokratie im Hinblick auf die durch die große Zahl der Staatsbürger verbürgte Chance einer großen Akkumulation von Einsicht rechtfertigen lasse. Aber aus solcher Möglichkeit ist nichts geworden. Der Demokratie strömten keine geistigen Kräfte zu. Diese standen ganz eindeutig auf der Seite ihrer Kritiker.

Man darf füglich bezweifeln, ob eine solche dezidierte feindliche Haltung sich auch eingestellt hätte, wenn der Peloponnesische Krieg nicht Athens Niederlage gebracht und damit nicht nur die Demokratie bloßgestellt, sondern ihr auch den Elan für eine künftige Entfaltung genommen hätte. Das politische Leben Athens, in die Fesseln einer eng begrenzten außenpolitischen und auch ökonomischen Situation geschlagen, entbehrte nun in der Tat jeglicher Großzügigkeit und erstickte zeitweise in einem Getriebe von Ranküne und niederer Gesinnung. Anderswo sah es bestimmt nicht besser aus, und deshalb war es seit dem Ausgang des 5. Jahrhunderts eine beliebte Geste der philosophischen Intellektuellen, mit einem prononcierten Apolitismus zu kokettieren und sich snobistisch ihres Desinteressements an den politischen Querelen zu rühmen. Platon fand dafür eine geschmackvollere Manier und versicherte seiner Umwelt, seine Schuld sei die Abkehr von der Politik nicht. Er habe wohl Neigung gehabt, sich ihr zu widmen, aber man habe von ihm nichts wissen wollen, und die Zustände seien allenthalben auch hoffnungslos verfahren gewesen.

Die Distanz des philosophischen Denkens von der herrschenden Demokratie bedeutete freilich nicht, daß nun ihre aktuellen Gegenspieler, etwa die Oligarchie schlechthin, zur Norm erhoben worden wären. Um solch eine triviale Alternative ging es nicht. Die Freiheit, welche das Denken durch die Entäußerung von jeder Bindung an die empirischen politischen Gegebenheiten gewonnen hatte, wurde jedenfalls von Platon in einer Weise genutzt, welche die psychologischen Voraussetzungen im Gefüge des Ganzen zu einem Nichts zusammenschmelzen ließ. Die fundamentale Einsicht, daß ein äußeres Reglement, gerade wenn es in seinen formellen Bestimmungen die Gerechtigkeit im Sinne einer absolut gleichen Zuteilung der Chancen konsequent verfolgt, nur einen abstrakten Gehalt besitze und das konkrete Gerechte und Richtige im Prinzip alle Hemmungen des Institutionellen überspielen müsse, wurde von Platon in seinem »Staat« zu einem Gedankengebäude ausgeweitet, das über die Grenzen einer Staatsphilosophie weit hinausging und das umfassende

Problem des Erkennens nicht nur einbezog, sondern geradezu zur Grundlage des Ganzen machte. Wenn die Möglichkeit absolut wahren Erkennens einmal zugegeben und der Weg zu ihm sogar gewiesen wird, dann erledigen sich alle Probleme äußerer Ordnung und Herrschaft von selbst. Das Wahre führt den Willen ganz selbstverständlich durch die ihm innewohnende Kraft; denn niemand wird gegen besseres Wissen handeln, eine elementare Prämisse der platonischen Philosophie, um die zu rechten ihren, und nicht nur ihren, Rahmen sprengen würde. Notwendig bleibt denn nur, den Irrtum auszuschließen. Die Auskunft dafür findet Platon in einer Differenzierung der Gesellschaft nach verschiedenen praktischen Aufgaben und vor allem nach verschiedenen Anforderungen an die intellektuellen Fähigkeiten (so daß keiner überfordert wird).

Dem naheliegenden Einwand, daß damit einer mehr oder weniger willkürlichen Setzung das Wort gesprochen wird, begegnet die kühne Theorie, daß die Idee der Gerechtigkeit, auf deren Erkenntnis vorzugsweise die menschliche Existenz gerichtet ist, eben diese Aufgliederung fordert, wodurch diese nicht nur zur höchsten Erkenntnisintention, sondern auch zu deren tatsächlicher Voraussetzung wird. Das reine Denken schafft sich sozusagen selbst seinen Körper und beugt damit seiner Gefährdung vor. In diesem Rahmen auf das Gremium der Philosophen, einen Ausschuß der »Wächter« beschränkt (unter ihnen stehen die Bauern und Gewerbetreibenden), garantiert das reine Denken sich selbst seine Integrität durch ein Höchstmaß asketischer Sachbezogenheit jener Regenten oder Philosophenkönige (Verzicht auf Familie durch Weiber- und Kindergemeinschaft) und einer besonders qualifizierten Erziehung.

Der »Staat« ist die umfassendste Entwicklung seiner Philosophie, die Platon jemals innerhalb eines einzelnen Werkes durchgeführt hat, und paßt insofern biographisch zu dem Scheitelpunkt seines Lebens, dem das Buch zuzuordnen ist. Sein Verfasser mag damals etwa fünfzig Jahre alt gewesen sein und wurde mit ihm der bekannteste Philosoph Griechenlands. Das durchkonstruierte Modell menschlicher Daseinsformen – zentriert nicht nur auf die intelligiblen Funktionen des Menschen, sondern ebenso auf die Struktur des Wirklichen – war kein Rezept für die Praxis und sollte es in den Augen seines Verfassers auch schwerlich sein. Abgesehen von seiner Komplexität, die dem von vornherein einen Riegel vorschob, enthielt es für diesen Zweck viel zu viele rein imaginäre Elemente (etwa die Frauengemeinschaft). Trotz mancher Bedenken der modernen Forschung muß man den »Staat« doch zu den Utopien stellen, also zu denjenigen Büchern, deren Wahrheitsgehalt hinter der geschilderten Szenerie steckt und die auf jeden Fall nicht wörtlich genommen werden dürfen.

Das hätte andrerseits nicht zu verhindern brauchen, daß der »Staat« zum Ausdruck einer Ideologie wurde. Erforderlich dazu wäre lediglich gewesen, daß er der Wirklichkeit als Regulativ untergelegt worden wäre, was keineswegs durch Platon selbst hätte geschehen müssen. Aber dazu ist es niemals gekommen; und Platon eine solche Absicht für seinen Aufenthalt bei Dionysios I. zuzuschreiben, würde seinem politischen Einschätzungsvermögen nicht eben ein gutes Zeugnis ausstellen. Man dürfte eher fragen, was es denn für ein Typ Staat sein mußte, dem man Platons Staat halbwegs als Paten mitgeben konnte. Die Antwort würde merkwürdig genug ausfallen. Es müßte nämlich etwa ein zweites Sparta sein (das erste bedurfte keiner Gloriole), allerdings ohne seine Ungeistigkeit. Denn Sparta allein besäße in der Schicht der Spartiaten die platonischen Wächter und könnte seine Heloten und Perioiken als die platonischen Bauern und Gewerbetreibenden verkleiden. Bei der Vorliebe der griechischen Konservativen für Sparta kann man auch bei Platon eine gewisse Inspiration durch den lakedaimonischen Staat annehmen. Man stelle sich aber nun umgekehrt vor, der platonische »Staat« wäre, um politische Leuchtkraft zu gewinnen, auf eine Staatsbildung wie die spartanische angewiesen gewesen, also auf die notorisch unzeitgemäßeste, deren tatsächliches Ebenbild schon wie eine Versteinerung wirkte und die gerade in den Jahren, als Platons »Staat« entstand und veröffentlicht wurde, bescheinigt erhielt, daß ihre Uhr längst abgelaufen war, und man wird ganz das Groteske dieser Vorstellung empfinden.

Platons »Staat« ist gewiß eine gigantische geistige Leistung, aber sein Beitrag zur politisch-historischen Geistesgeschichte ist denkbar gewichtslos. Evident ist nur die Negation des Bestehenden ohne jeden realen Impuls zu seiner Veränderung. Daran änderte sich auch nichts durch das postume unförmige Buch der »Gesetze«, das im Gegenteil vielleicht noch versponnener ist; und ebensowenig konnten eine Generation nach Erscheinen des »Staates« die Idealstaatsvorstellungen von Platons Schüler Aristoteles (die übrigens von denen Platons nicht allzuweit entfernt waren) an dieser Relation etwas ändern. Übrigens sollten sie es auch gar nicht. Die griechische Philosophie war eben auch hier, wo es um den Menschen ging, in erster Linie *theoria*, und die Griechen waren vor allem weder geneigt noch durch irgendwelche inneren Schwächen gezwungen, sich bei ihr eine Lebensstütze zu holen. Sie waren keine Freunde von Ideologien und hüteten sich im allgemeinen davor, die Wahrheit durch die sie kompromittierende Tat zu verfälschen.

Eher wäre im Sinne des Griechentums die andere Frage berechtigt, ob die Unterstellung des politischen Denkens unter die Idealität der Norm und damit schließlich ihre Einordnung in die Ontologie sich für ihre theoretische Fruchtbarkeit günstig auswirkte. Man muß hier wohl einige Zweifel anmelden. Die wertmäßigen Distinktionen der verschiedenen Staatsformen, etwa als »gute« Aristokratie und »schlechte« Oligarchie, die schon bei Platon angedeutet sind und von Aristoteles weiterentwickelt wurden, gaben für eine sachliche Erfassung der Phänomene (auf die sie sich ja beziehen sollen) wenig her und stellten sich der Lösung eines anderen Problems recht störend in den Weg, dem die griechische Theorie viel Aufmerksamkeit schenkte, weil es bei der mangelnden Stabilität der griechischen Stadtverfassungen einfach nicht zu übersehen war, nämlich der Mechanik beim Wechsel der Staatsformen.

Aristoteles hatte für diese Aufgaben ein offenes Auge, und in seiner »Politik« gibt es einige fesselnde empirische Analysen; aber es sind auch bei ihm nicht allzu viele, weit geringer an Zahl als die Fälle, in denen man enttäuscht das Buch aus der Hand legt. Als er 335 v. Chr. in Athen seine berühmte Forschungsanstalt, das Lykeion, begründet hatte, sammelte er unter anderen großen Forschungsunternehmungen auch die verfassungsgeschichtlichen und verfassungsrechtlichen Daten zahlreicher einzelner Staaten. Es sollen hundertachtundfünfzig gewesen sein. Durch den Zufall eines Papyrusfundes (1890) kennen wir denjenigen Versuch, der den Umständen nach am besten hätte ausfallen müssen, den

»Staat der Athener«. Aber selbst diese Schrift ist eine ganz hilflose Arbeit, die nur beweist, daß noch alle methodischen und begrifflichen Voraussetzungen für solche Unterfangen fehlten. Freilich war das erst ein Anfang. Von Theophrast, Dikaiarchos und Demetrios von Phaleron, alles Schüler des Aristoteles aus der ersten Generation, wurde ein weites Feld empirischer Forschung bestellt, darunter auch die Verfassungs- und Rechtslehre. Doch davon ist wenig auf uns gekommen, so daß sich nicht sagen läßt, ob wesentliche Fortschritte erzielt wurden; und was später in dieser Hinsicht kam, innerhalb und außerhalb des Peripatos, erlaubt noch weniger Mutmaßungen.

Die Schwierigkeit, den Philosophenstaat in das politische Bewußtsein zu integrieren und ihn damit seines utopischen Charakters zu entkleiden, lag sowohl an der Idealität der Reißbrettkonstruktion wie an der Fiktion eines hyperintellektualisierten Menschentums. Beides war einer Aneignung durch das praktische Denken hinderlich, das eine, weil es eine mirakulöse Fügung zur Herbeiführung der äußeren Umstände erforderte, das andere wegen der Unmöglichkeit, ein Kollektivum wie die Gesellschaft oder auch nur einen Ausschnitt aus ihr in so sublimer Weise zu veredeln. Platon hatte dazu zwar ausgedehnte pädagogische Erörterungen angestellt und auch detaillierte Angaben gemacht, aber die Nähe zur Realität war damit wie bei den meisten geschlossenen pädagogischen Systemen selbstverständlich noch nicht gewonnen; der pädagogische Optimismus verriet vielmehr gerade die Illusionen seines Systems.

In einem besonderen Fall jedoch konnten diese Bedenken zurücktreten. Wenn das Licht der Verklärung politischer Macht sich auf einem Individuum sammelte, war es schon eher möglich, an ein außergewöhnliches Vermögen zu glauben und mit der Steigerung menschlicher Fähigkeiten zu einem Idealbild zu rechnen. Infolgedessen hatte es ein von den Philosophen geprägter Begriff weniger schwer, in die allgemeine Vorstellungswelt einzugehen. Es war der »König« im Gegensatz zum »Tyrannen«. Die monarchische Gewalt war nach der homerischen Zeit den Griechen in der Regel in Gestalt des Tyrannen entgegengetreten. Sowenig er wohl zu Anfang diffamiert war, so selbstverständlich war seine Verurteilung geworden, nachdem die Tyrannis das Feld fruchtbaren Wirkens hatte räumen müssen. Der Tyrannenmord wurde seitdem zum legitimen Selbsthilfeakt, und auf den Versuch, eine neue Tyrannis zu errichten, stand Todesstrafe, wenigstens in Athen. Der Mythos hielt zwar die Erinnerung an andere Herrscher wach; Pindar, der Preislieder auch auf Tyrannen zu dichten hatte, nahm Anleihen bei Homer auf, wenn ihm die persönlichen Eigenschaften des Gefeierten nicht genügten. Aber das konnte nicht verhindern, daß der Monarch allmählich mit dem Tyrannen in eine Aura der Illegitimität gehüllt wurde. Der Perserkönig, der neben sich nur »Sklaven« kannte, für die Griechen des 5. Jahrhunderts aber der eindrucksvollste Herrscher war, konnte diese Schatten auch nicht verscheuchen, sondern mußte im Gegenteil diesen Druck auf die Vorstellung von der Monarchie nur verstärken.

Nun unterschieden aber die Philosophen substantiell gute »Könige« von verabscheuungswerten »Tyrannen«, und diese Differenzierung wurde als brauchbar empfunden. So kam es, daß in die öffentliche Meinung allmählich so etwas wie eine Restitution des Königtums einging, obgleich die politischen Verhältnisse sie keineswegs förderten. Der Wandel kam natürlich nicht von ungefähr und hing mit den gewaltigen Erschütterungen des Peloponnesischen Krieges und dem Sturz Athens, des republikanischen Staates *par excellence*, zusammen. In der Demokratie – überhaupt in der politischen Entwicklung, die zu ihr hinführte – hatte der die politische Macht versachlichende Rationalismus alle Verbindungen zu den sakralen und magischen Qualitäten des Herrschers abgeschnitten. Nicht zufällig traten sie jetzt, an der Wende vom 5. zum 4. Jahrhundert, wieder hervor.

Die Menschen fanden in der außerordentlichen Persönlichkeit die Erscheinung göttlicher Kraft und nahmen keinen Anstand, dem durch konkrete Verehrung Ausdruck zu geben, zum erstenmal nachweisbar bei Lysander, dem Sieger von 404; Dion ging es fünfzig Jahre später in Syrakus ähnlich. Jetzt kam es vor, daß das menschliche Selbstbewußtsein seinem Träger den Besitz göttlicher Qualitäten vorgaukelte, so schon einem Maler Parrhasios in Athen (Ende des 5. Jahrhunderts), der in einem Götterkostüm auf die Straße ging; und ein Tyrann, Klearchos von Herakleia, der bei Platon als junger Mensch gehört hatte, gab sich in der Mitte des 4. Jahrhunderts als Sohn des Zeus aus. Offenbar bereitete also auch ein gewisses psychologisches Gefälle der neuen Einstellung zur Monarchie den Weg. Wenn Platon den Begriff eines Staatsmannes prägte, der kraft seiner überdimensionalen Einsicht das Gesetz in sich trägt, so war dieser, in einen Herrscher projiziert, nun auch für einen unphilosophischen Verstand verständlich. Unter ähnlichen Voraussetzungen konnte später Aristoteles von dem »beseelten Gesetz« sprechen; aber längst vorher ist Xenophon die Gleichung von einem weisen Herrscher und dem »sehenden Gesetz« vertraut. Er meint damit Kyros, den Begründer des Perserreiches, über den er ein romanhaftes Buch schrieb und damit keineswegs allein stand. Antisthenes, der Begründer der kynischen Philosophie, ein Schüler des Sokrates, war ihm darin mit mehreren Werken vorangegangen. Es gibt also jetzt den idealen Herrscher, und es macht bezeichnenderweise nichts aus, daß er sich sogar beim griechischen Erbfeind zeigt.

Xenophon war kein Philosoph und wandte sich mit seiner »Erziehung des Kyros« an ein breites Publikum. Man sieht daraus, daß die aufgeklärten Vorstellungen über das Königtum allgemein in Umlauf waren. Hierfür zeugt nun auch ein Mann, der zu den bekanntesten Gestalten im geistigen Leben des 4. Jahrhunderts gehört, der Athener *Isokrates*. Isokrates war ein berühmter Pädagoge und der getreueste Erbe des sophistischen Bildungsideals in einer Zeit, als die Sophistik selbst vor der sokratischen Philosophenschule Anfang des 4. Jahrhunderts das Feld hatte räumen müssen. Da er das unglaubliche Alter von achtundneunzig Jahren erreichte und erst 338, kurz nach der Schlacht von Chaironeia, starb, ist er beinahe ein ständiger Schatten der zweiten Phase der klassischen Zeit und übte schon auf Grund dessen einen unermeßlichen Einfluß auf seine Zeit und damit auch auf die Nachwelt aus. Seine Erziehung verstand er wie sein Lehrer Gorgias als »Philosophie«, nur mit dem Unterschied, daß Gorgias auch tatsächlich philosophierte, während die »Weisheit« des Isokrates darin bestand, einen möglichst hohen Grad in der Sprach- und Stilkunst zu erreichen und seine Schüler mit den Elementen einer allgemeinen und leicht zugänglichen Bildung vertraut zu machen. Sie sollten damit für das Leben tüchtig werden, tüchtiger, als man es in der Schule Platons, in der Akademie, die dieser nach seiner großen Reise (388/387) gegründet hatte, werden konnte.

Zwischen Isokrates und Platon und ihren Schülern bestand ein sehr gespanntes, um nicht zu sagen feindliches Verhältnis. Platon verachtete die Rhetorik, Isokrates hielt sie für die Grundlage jeglicher geistigen Existenz. Sein Erfolg als Lehrer war gewaltig, und die Zahl seiner Schüler aus nah und fern war enorm. Dabei trat er, abgesehen von seiner Jugend, in der er wie viele Plädoyers verfaßt hatte, niemals selbst als Redner hervor. Was er zu sagen hatte, teilte er der Welt schriftlich mit, in seinen Broschüren, auf deren künstlerische Gestaltung er außerordentlich große Mühe verwandte. Er betrachtete diese Werke als Kleinodien und dosierte sie sehr sparsam. Im Verhältnis zu dem ungeheuer langen Leben ist deshalb seine literarische Hinterlassenschaft nicht sehr umfangreich.

Isokrates war kein origineller Kopf und noch weniger ein scharfer Denker. Er hielt sich an vorgegebene Ideen und fühlte sich in sie ein, wobei er Widersprüche innerhalb seines eigenen Horizonts nicht eben tragisch nahm. Um so aufschlußreicher ist er deshalb als Organon der Vorstellungen, die zu seiner Zeit in der Luft lagen. An seinen Schüler Nikokles, einen Duodezfürsten, genauer Tyrannen, auf Kypros, dessen Vater Euagoras vorübergehend in der großen Politik der neunziger Jahre eine Rolle gespielt hatte, richtete er mehrere Schreiben (um 370). Sie sind ziemlich genau das, was man später einen Fürstenspiegel nannte, und enthalten eine beredte Darstellung menschlicher Tugenden, die zu verwirklichen gerade einem Herrscher ziemten. Menschen und Bürger soll er lieben und unerschütterlich in seiner Gesinnung verharren. Vor allem aber habe er gerecht zu sein und die Untergebenen von seiner geistigen Überlegenheit zu überzeugen. Deshalb regiere er nicht durch Macht, sondern durch die Kraft seines Geistes. Das Ganze ist eine Glorifizierung monarchischer Gewalt, sofern sie richtig aufgefaßt wird. Sie ist mit leuchtenden Buchstaben in die allgemeine politische Wertskala eingesetzt, und ein Herrscher, der diese Tugenden besitzt, hat auf diese Weise die Möglichkeit, sofern er *in praxi* einigermaßen glücklich manövriert, seine Herrschaft zu legitimieren. Das kam nun freilich im 4. Jahrhundert (vor Alexander) kaum vor; aber als der Hellenismus in der griechischen Welt das Königtum wieder in einem weiten Umkreis ansiedelte, lagen die Kategorien bereit, nach denen es aufzufassen war.

Das öffentliche Bewußtsein des 4. Jahrhunderts konnte also von politischen Gedanken besetzt sein, die einer praktischen Aktualität durchaus ermangelten. Diese eigentümliche Konstellation kommt in einem besonders merkwürdigen Phänomen zum Vorschein, das wieder vor allem durch Isokrates repräsentiert wird. Es handelt sich, dem staatsphilosophischen Ansatz vergleichbar, um einen kritischen Reflex der gesamtgriechischen Situation, wie sie der Peloponnesische Krieg heraufgeführt hatte. Der Kampf, den Griechen da untereinander bis aufs Messer führten, wurde nämlich mit der Tatsache der kulturellen Einheit des Griechentums konfrontiert, und obgleich diese keineswegs, auch nicht als Zielvorstellung, die politische Einheit in sich begriff, war hier ein Gegensatz ohne besondere Mühe aufzugreifen. In der Tat hatte die von einem leidenschaftlichen Haß gespeiste Kriegführung einen steilen Abstieg unter das Niveau des gemeingriechischen Völkerrechtes gebracht, ein bedenklicher Vorgang, an dem gerade Athen ein zweifelhaftes Verdienst hatte. Die Griechen hätten keine Griechen sein dürfen, wenn sie diese beschämende Tatsache nicht registriert hätten. Sie gingen dabei, wie das nicht weiter verwunderlich ist, in der Formulierung über den vorgegebenen Rahmen noch hinaus. Schon 420 ließ der berühmte Sophist

Gorgias sich dahin vernehmen, daß bei einem Sieg über Griechen eher ein Trauergesang *(thrénos)* als ein Hymnus angebracht sei; und später machte Platon die berühmte Bemerkung, daß bei Kriegen unter den Griechen keine Versklavungen vorkommen dürften, womit er genau das allgemeine Urteil traf. Wie bei einem Bürgerkrieg *(stásis)* solle man auch im äußeren Krieg stets an den Frieden denken und es nicht bis zur totalen Vernichtung des Gegners kommen lassen.

Von da war es dann nicht mehr schwer, als zwischenstaatliches Ideal für die griechische Welt die »Eintracht« *(homónoia)* aufzustellen, einen Begriff, der nicht nur mit einer verständlichen Friedenssehnsucht zusammenzuhalten ist, sondern in manchen Ausführungen über die Vorzüge des Friedens auch naheliegenden Beobachtungen entsprach. Auch eine solche Thematik lag nicht nur psychologisch nahe, sondern konnte selbstverständlich auch schon an eine ältere Tradition anknüpfen. Nun schoß jedoch in diesen etwas vagen Gedankenkomplex ein konkreteres Element ein: die romantische Verklärung der Vergangenheit, genauer, einer bestimmten Vergangenheit. Zugrunde lag ein neuartiges historisches Empfinden, das sowohl Herodot wie Thukydides noch unbekannt war und welches der Geschichte die Fähigkeit zuschrieb, als Norm zu gelten. Das hieß, sie damit zugleich zu erhöhen. Dieser Vorzug wurde in erster Linie den Jahren zuteil, in denen Sparta und Athen Schulter an Schulter gegen Persien gestanden hatten, also der Generation von Marathon und Salamis und einer Politik, wie sie im Anschluß daran vor allem Kimon vertreten hatte.

Zum ersten Male wurde dieses »panhellenische Programm« (wie man etwas mißverständlich in der modernen Forschung sagt) von Gorgias 408, also noch während des Peloponnesischen Krieges, vertreten. Er tat dies in einer Prunkrede, die er bei den Olympischen Spielen in Anwesenheit von Griechen aus aller Welt hielt. Ihr geistreicher Gedanke, besser gegen die Perser als untereinander zu kämpfen, stellt den Einfallsreichtum des berühmten Sophisten zusammen mit seiner formalen Kunst in helles Licht, zeichnet sich aber auf der anderen Seite aus durch eine völlige Beziehungslosigkeit zu den Möglichkeiten der realen politischen Situation. Daran änderte sich auch dann nichts, als dieses Gedankenspiel in das Repertoire der Redner Aufnahme gefunden hatte. Beispielsweise debütierte der athenische Gerichtsredner Lysias 388 in Olympia mit einer solchen Rede. Den Ehrgeiz jedoch, es Gorgias gleichzutun und ihn womöglich zu übertreffen, hatte sein Schüler Isokrates. Viele Jahre – es werden zehn und sogar fünfzehn angegeben – arbeitete er an seiner Olympiarede, dem Panegyrikos, der dann endlich 380 erschien (mündlich vortragen konnte er ihn bei seiner Unfähigkeit zum öffentlichen Sprechen nicht), und ebenfalls konnte er wohl keinen unpassenderen Zeitpunkt für sein Erscheinen wählen als das Jahr, in dem die spartanische Herrschaft auf ihrem Höhepunkt stand und er ausgerechnet den Spartanern zum Verzicht auf sie riet. Trotzdem hielt er das Werk zeit seines Lebens für seine bedeutendste Leistung und erwähnte sie noch ein Menschenalter später. Nichts charakterisiert den utopischen Charakter dieses Denkens besser. Es verliert ihn auch nicht durch die Tatsache, daß Isokrates mit der Hochschätzung seiner Rede bestimmt nicht allein stand und ihm Beifall und Zustimmung nicht vorenthalten wurden.

Aber die Verabsolutierung der Vergangenheit ist immer Utopie, solange die Gegenwart ihr nicht den Gefallen tut, sich nach ihr zu formen. Isokrates' politisch tätige Zeitgenossen taten ihm aber ganz und gar nicht diesen Dienst und wären auch Phantasten gewesen, wenn sie es versucht hätten. Um der Gefahr einer Auseinandersetzung mit ihnen von vornherein zu begegnen, betonte Isokrates denn auch, daß er mit Politik nichts zu tun habe und mit den Praktikern nicht verwechselt zu werden wünsche. Es war eben ein höheres Wissen, das er vertrat, auch wenn er es anderen suggerierte. Dieser Zwiespalt von äußerer und innerer Haltung, eine bezeichnende Unaufrichtigkeit dieses Denkens, verlor sich auch in der Folgezeit nicht, als er die Aufforderung eines antipersischen Feldzuges an andere Adressaten richtete. Es waren die merkwürdigsten Leute dabei, etwa der ältere Dionysios auf Sizilien oder der thessalische Duodezfürst Alexander von Pherai oder, nach Leuktra, der völlig machtlose spartanische König Archidamos (366).

Schließlich kam auch Philipp an die Reihe, und bei ihm war die Situation nun gewiß anders. Doch was sich dann in Wirklichkeit abspielte, glich der Chimäre einer kampflosen Eintracht unter den Griechen ganz und gar nicht, und Isokrates schied auf die Nachricht von Chaironeia freiwillig aus dem Leben. In dem Moment, da die von ihm Jahrzehnte hindurch gepredigte Idee die Möglichkeit gewann, in einen realen politischen Zusammenhang eingebaut zu werden, verstand er sie nicht mehr. Sie war eben von Anfang an in der »geistigen« Sphäre praktischer Unverbindlichkeit konzipiert. Dieser Apolitismus, der sich in scheinbar ganz pragmatischen Erwägungen erging und dabei doch bar war jedes realen Willensimpulses – bei Autor wie bei den Angesprochenen –, gehört zu den merkwürdigsten Phänomenen der griechischen Geschichte und läßt sich mit unserer Vorstellung von politischer Publizistik kaum in Einklang bringen. Es bestand in einem Denken, das sich zwar des Räderwerks einer in sich geschlossenen politischen Logik bediente und dem dabei doch die fundamentale Bedingung des politischen Denkens, der konkrete Standpunkt in der Welt des Handelns, abging.

Ein Denken, das seinen Ort inmitten der politischen Realität hatte, fehlte deshalb in Griechenland nicht. Aber es sah ganz anders aus als die bodenlose Spekulation, die der »Panhellenismus« des Isokrates verkörperte. In Demosthenes wurde es zu einem geschichtlichen Generalthema. Seine Gegner waren aber auch nicht stumm. Es gab genug Leute, die heimlich und offen mit Philipp sympathisierten. Demosthenes' Feind Aischines gehörte – wahrscheinlich nur mit Einschränkung – zu ihnen und stellte sie nicht rein dar. Aber es gibt einen Brief von Platons Großneffen Speusippos, nach dessen Tod ein paar Jahre Leiter der Akademie. Aus ihm ist zu ersehen, mit welchen handfesten Argumenten für Philipp Partei ergriffen wurde und wie sehr umgekehrt der wirklichen Parteinahme nun jeder hellere Glanz abgehen konnte. Hier wird Philipp unverhohlen bescheinigt, daß er mit seiner makedonischen Expansionspolitik auf Kosten Athens ganz recht gehabt habe, und es werden zu deren Rechtfertigung eine Menge juristischer Scheinargumente beigebracht. Das Verfahren ist dem Ethos nach abscheulich und gemein, doch leider muß man zugeben, daß es mit seiner banalen Eindeutigkeit die tatsächliche Denkungsweise wahrheitsgetreuer spiegelt und daß die Niederungen des in ihm zum Ausdruck kommenden politischen Treibens für den Alltag nicht nur charakteristischer, sondern auch verbindlicher waren als die »reine« Idee, welche zwar von einem echten Empfinden der Zeit entbunden war, aber nicht die Fähigkeit besaß, als wirkende Kraft zu ihr zurückzufinden.

Glanz und Elend des westlichen Griechentums

Der griechische Westen ist mit dem zentralgriechischen Geschehen niemals zu einem Ganzen verwachsen und erfordert deshalb stets eine Behandlung, die eigens sich auf ihn einstellt. Unsere Weltgeschichte ist freilich nicht der Ort, um einer solchen Verselbständigung der einzelnen geographischen Bereiche des Griechentums zu entsprechen. Wir können solcher besonderen Felder nur im Seitenblick gewahr werden, indem wir für kurze Zeit den Fortlauf der geradlinigen Schilderung ein wenig hemmen. Die Veranlassung dazu bietet nun das 4. Jahrhundert mit einer gewissen, nicht zu überhörenden Betonung. Im 5. Jahrhundert tat uns die Geschichte den Gefallen, zweimal eine Brücke zur Verfügung zu stellen, welche die festländische Geschichte mit der westlichen verband: die Perserkriege und die sizilische Expedition. Das 4. Jahrhundert bietet nichts Vergleichbares, und deswegen ist dieser folgende Exkurs nötig. Er ist im Hinblick auf die uns gegebenen Maße sehr kurz gehalten und kann deshalb nur eine grobe Skizze enthalten.

Das Hauptfaktum, welches den Historiker zu solchem Verweilen zwingt, ist die Gestalt des älteren Dionysios, des Tyrannen von Syrakus, in dessen Zeichen die westgriechische Geschichte vierzig Jahre lang stand, also nahezu ein halbes Jahrhundert (406–367 v. Chr.). Was hat es mit ihm für eine Bewandtnis? Die Antwort ist, sofern man sich vom äußeren Schein nicht gefangennehmen läßt, nicht allzu schwer zu geben: Der »große« Dionysios ist keineswegs eine epochale Erscheinung der griechischen Geschichte, welche ihr Rad um eine wesentliche Spanne weitergetrieben hätte. Ganz das Gegenteil trifft zu: man könnte Dionysios recht gut aus der griechischen Geschichte wegdenken, und es würde sich in ihr nicht allzuviel ändern. Die moderne Geschichtswissenschaft gefällt sich teilweise darin, ihn als den Retter der Griechen vor dem Untergang durch Karthago zu feiern, aber es ist sehr fraglich, ob dieses Urteil wirklich zutrifft. Aber Dionysios ist ohne den karthagischen Angriff nicht zu denken.

Bei ihm muß deshalb die Schilderung einsetzen. Seine Voraussetzungen sind nicht uninteressant. Sie hängen zusammen mit den perniziösen Folgen des sizilischen Abenteuers. Sie schlugen sich bezeichnenderweise nicht nur im griechischen Mutterland nieder. Nach der Schlacht an der Himera (480) blieb Karthago ruhig, mit gutem Grund; denn jede offensive Politik hätte ihm den Rückschlag des Verlustes seiner westsizilischen Positionen bringen können. Zuerst präsentierten ihm diese Gefahr Gelon und sein Nachfolger Hieron. Nach dem Ende dieser deinomenidischen Tyrannis erfolgte in dem jetzt demokratischen Syrakus ein rapider Machtzerfall. Doch jetzt war Athen als Seemacht so stark, daß es für Karthago geboten war, ihm keine Gelegenheit zum Eingreifen zu geben. Es hielt deshalb auf strikte Neutralität. Wer von den Griechen auf Sizilien unzufrieden war mit der Machtstellung von Syrakus, mußte sich anderswo um einen Rückhalt bemühen, bei Karthago fand er ihn nicht. Die eigentümliche und unter Umständen für das Westgriechentum recht fruchtbare Situation wurde die Einbruchsstelle für die athenische Politik. Athen übernahm gleichsam die Rolle, welche Karthago zukam, die zu spielen es jedoch augenblicklich für unzweckmäßig hielt. Leider war Athen seinerseits nicht so weise. Es trat in den Kampf auf Leben und Tod mit Syrakus ein.

Der Einsatz war groß: wenn Athen gesiegt hätte, wären wahrscheinlich die Tage der karthagischen Provinz auf Sizilien gezählt gewesen. Umgekehrt, wenn Athen den Krieg verlor, war die Lage für Karthago total geändert. Jeder Grund für die ihm aufgezwungene Neutralität entfiel; es konnte sich wieder regen. Voraussetzung war lediglich, daß Syrakus durch den Sieg seine Aktionsfähigkeit nicht erhöhte. Daß diese Gefahr nicht bestand, wurde sehr bald klar. Hermokrates, die Seele des Widerstandes gegen Athen, übte kurze Zeit einen bestimmenden Einfluß aus (bis 410), wurde dann aber eindeutig verabschiedet, und Syrakus wiederum wurde mit den Segnungen einer extremdemokratischen Verfassung bedacht. Der Beweis der Krisenanfälligkeit ließ nicht lange auf sich warten. Segesta, die frühere Klientin Athens, wandte sich etwa zur gleichen Zeit an Karthago um Hilfe. Es hatte einem Angriff Selinus' standzuhalten, und Selinus wollte im Vertrauen auf den syrakusanischen Rückhalt Segesta zu Boden schlagen. Einer solchen Verschiebung des Gleichgewichts auf Sizilien mußte Karthago zuvorkommen.

Es holte deshalb zum Gegenangriff aus, nachdem leichtfertigerweise das Angebot eines Schiedsgerichts von Syrakus abgelehnt worden war. Sehr bald stellte sich nämlich heraus, daß hinter dem karthagischen Angriff mehr steckte als ein Stück politischer Arithmetik. Der Leiter der karthagischen Operation war Hannibal, der Enkel des 480 an der Himera geschlagenen Hamilkar und Sohn des darum im Exil gestorbenen Giskon. Ihm galt es, die seit zwei Generationen offenstehende Rechnung zu begleichen und Rache nicht nur für die damalige karthagische Niederlage, sondern auch für die der Familie zugefügte Schmach zu nehmen. Die Verteidigung gegen Selinus war nur der Auftakt zu einem Entscheidungskampf um die Herrschaft über Sizilien. Er dauerte bis 241 v.Chr. und wurde zuletzt von Rom gegen Karthago ausgefochten. Alle die unzähligen Friedensschlüsse dazwischen waren im Grunde nur Waffenstillstände und waren nicht mehr imstande, das frühere Bild einer friedlichen Koexistenz auf die Dauer zu beschwören.

Was jetzt gleich zu Anfang passierte, war recht schlimm. Selinus wurde nicht nur besiegt, sondern von Grund auf zerstört (409). Seitdem ist es das wüste Feld, als welches es sich noch heute dem Besucher bietet. Seine Tempelruinen mit den gigantischen Säulentrommeln lassen ahnen, welch einen Zuschnitt die Stadt einst gehabt hat. Und das gleiche Schicksal erlitt im Anschluß daran die griechische Stadt Himera, die Zeugin der früheren karthagischen Schmach. Das karthagische Vorgehen war schonungslos. Zu vielen Tausenden wurden die Griechen hingemordet. Eine solche Katastrophe – die Vernichtung von gleich zwei Städten auf einmal – hatte die griechische Geschichte noch nicht erlebt. Karthago hatte damit die Griechen völlig aus dem westlichen Drittel Siziliens verdrängt und fühlte sich deshalb in den Stand gesetzt, das betreffende Territorium als geschlossenen Herrschaftssprengel (Epikratie) zu betrachten.

Syrakus hatte bei diesen Ereignissen auf der ganzen Linie versagt. Diese Kläglichkeit hatte noch kein Ende. 406 griffen die Karthager das zweitemal an. Ziel war die zweite Stadt Siziliens neben Syrakus, Akragas, und dann Gela. Akragas war ebenfalls nicht zu halten, doch erwirkten die Einwohner wenigstens freien Abzug. Die Stadt wurde geplündert, aber nicht zerstört, und sollte hinfort als karthagisches Bollwerk im Feindesland dienen. Wenn es so weiterging, konnte in nicht allzuferner Zeit die Freiheit der Griechen auf Sizilien zu Ende sein! Furcht vor der Zukunft und Kritik an der Gegenwart erzeugten in Syrakus eine Stimmung, die zum Nährboden der Tyrannis werden mußte. Der künftige Tyrann brauchte nur zu zeigen, daß er militärisch der tödlichen Gefahr gewachsen war und von dem bisherigen Versagen deutlich abstach. Hermokrates, der aus seinem Exil zurückgekehrt war, hatte sich daraufhin Hoffnung gemacht und auch schon (an der Spitze einer kleinen privaten Truppe) improvisierte Beweise seiner fachlichen Überlegenheit gegeben. Aber der Handstreich auf Syrakus mißlang und kostete ihn das Leben. Seine Parteigänger gingen jetzt vorsichtiger vor. Nicht mit Gewalt sollte sich die Diktatur in den Sattel setzen. Das Volk sollte sie freiwillig installieren. Als ihr Träger wurde ein verhältnismäßig unbekannter und noch jüngerer Mann in Aussicht genommen, der aber als tüchtiger Offizier erwarten ließ, daß er die militärische Krise beheben und sich damit eindeutig für die außerordentliche Gewalt legitimieren würde. Damit hatte man keinen falschen Griff getan, wenn auch nicht ganz in der Weise, wie man es sich gedacht hatte.

Dionysios versagte nämlich erst einmal eklatant im Kampf gegen Karthago: nicht nur Akragas wurde nicht zurückgewonnen, auch Gela und dazu Kamarina gingen auf dieselbe Weise verloren. Selbst späterhin verriet Dionysios keinen Funken militärischer Genialität. Dafür war er ein geradezu raffinierter Stratege des inneren politischen Spiels. Diese Darstellung muß es sich leider versagen, seinen einzelnen Schachzügen nachzugehen und das interessante Schauspiel zu verfolgen, welche Revolutionsmethoden in einer antiken demokratischen Gesellschaft angewandt wurden, um den Bürgern im wesentlichen mit der eigenen Zustimmung die Freiheit zu rauben. Für seine »Kunst« ist es schon Beweis genug, daß er durch die militärische Blamage nicht aus dem Gleis geworfen wurde. Gegen alle Wahrscheinlichkeit gelang ihm der Staatsstreich gerade im Gefolge der Niederlage. Die wirkliche Rettung verdankte er allerdings dem Zufall: eine Epidemie im karthagischen Heer hinderte den Gegner, zum Vernichtungsschlag gegen Syrakus auszuholen. Dionysios ergriff ohne alle Vorbehalte den rettenden Strohhalm und schloß den schimpflichsten Frieden, in den Syrakus jemals eingewilligt hatte; er willigte ein in die Aufhebung der syrakusanischen Herrschaft über Leontinoi, Naxos, Katane, Messana und die Sikeler, womit Syrakus hinter die Epoche seines Aufstieges unter Gelon zurückgeworfen war. Auf der anderen Seite wurde die Ausdehnung der karthagischen Herrschaft bis nach Gela und Kamarina anerkannt, damit also auch die politische Vernichtung von Akragas. Die Konzession der Karthager, sie würden Dionysios als »Herrn von Syrakus« anerkennen, war auf solchem Hintergrund ganz besonders makaber (405).

Selbstverständlich konnte es hiermit nicht sein Bewenden haben. Auch jede andere Regierung hätte diesen Zustand nur auf Widerruf hinnehmen können, wieviel eher ein Herrscher, den die Erwartung des Sieges an die Spitze gebracht hatte. Dionysios verlegte deshalb alle Energie auf die Vorbereitung der Revanche. Und hierbei hatte er die Volksstimmung auf seiner Seite. Fieberhaft wurde von der ganzen Bevölkerung gearbeitet, Syrakus in eine uneinnehmbare Festung zu verwandeln. Das Glacis Epipolai, das einst den Athenern als Vorfeld der Belagerung gedient hatte, wurde mit einer Mauer umgeben und da, wo es in einen spitzen Winkel zulief, das Fort Euryalos angelegt. Die Stadt erhielt das Aussehen einer Waffenfabrik, und alle Bewohner wurden in einer Art von Arbeitsdienst zur

Ruinen des Forts Euryalos bei Syrakus, um 400 v. Chr.

Der karthagische Stützpunkt Motye an der Westspitze von Sizilien
Das künstliche Hafenbecken mit dem Kanal zum Meer, 6. Jahrhundert v. Chr.

Waffenherstellung verpflichtet. Zweihundert neue Kriegsschiffe wurden gebaut. Das alles war nur möglich, wenn die Bürgerschaft innerlich mitging. Dionysios war persönlich überall zugegen, um mit Hand anzulegen. Er hatte nichts zu befürchten und konnte ohne Waffen sich unter die Leute begeben. Die Begeisterung war getragen von dem Bewußtsein, als Hellenen gegen Barbaren zu stehen und zur Befreiung von griechischen Städten aufzubrechen. Hier, wo die unmittelbare Existenznot die Menschen antrieb, konnte auch das griechische Volksbewußtsein sich in praktische Energie umsetzen.

Karthago ließ Dionysios glücklicherweise gewähren, obgleich ihm selbstverständlich nicht verborgen bleiben konnte, daß in Syrakus Schwerter gegen den Sieger von 405 geschmiedet wurden und vor allem Dionysios durch Erneuerung der syrakusanischen Herrschaft über die umliegenden Städte sich einer flagranten Vertragsverletzung schuldig gemacht hatte. Aber eine Epidemie in Afrika blockierte die karthagische Initiative. Der Krieg, den Dionysios 397 vom Zaune brach, führte deshalb auch zu erstaunlichen Anfangserfolgen der Syrakusaner. Die karthagische Festung Motye fiel, und für einen Augenblick sah es so aus, als sei das Ende der Karthager auf Sizilien gekommen. Doch schon das folgende Jahr zeigte eine in das diametrale Gegenteil verkehrte Situation: nach einem großen Seesieg fuhr der karthagische Admiral in den Hafen von Syrakus ein, während das Landheer an die Stadt heranrückte. Die Herrschaft des Dionysios krachte in allen Fugen.

Rettung brachte wiederum eine höhere Fügung. Abermals wurde die karthagische Wehrmacht von einer furchtbaren Seuche gelähmt. Dionysios nutzte die Gunst zu einem vernichtenden Schlag gegen den gefährlichen Feind, der bereits zum tödlichen Stoß ausgeholt hatte. Die nächsten Jahre (396–393) war Karthago durch eine Insurrektion der einheimischen Bevölkerung in Afrika in Anspruch genommen. Auf diese Weise wurde der Friede von 392 für Dionysios zu einem Triumph. Karthago bot selbst die Wiederherstellung des Standes vor seinem ersten großen Angriff an und gab Selinus und Himera wieder heraus. Aber wie dieser Gewinn eher Geschenk als reeller Erwerb war, so ging er auch wieder verloren. Ein dritter Karthagerkrieg, über den wir schlecht unterrichtet sind, zog die hinfort verbindliche Grenze der karthagischen Herrschaftsdomäne am Flusse Halykos, und damit war Selinus unwiederbringlich verloren, ebenso das rechts des Flusses liegende Gebiet von Akragas. Auch Himeras Schicksal blieb besiegelt. Die Niederlage des Dionysios stand außer Zweifel. Er mußte sie sogar durch eine gewaltige Kriegskontribution von tausend Talenten (etwa fünf Millionen Goldmark) ausdrücklich anerkennen (378). Auch ein vierter Karthagerkrieg zehn Jahre später brachte dem Dionysios nicht die erhoffte Revanche. Er starb (367), ohne greifbare Siegesaussichten mit ins Grab zu nehmen. Eine schlimme Seeniederlage vor dem karthagischen Drepana war vorausgegangen.

Schwerlich kann also die Geschichte Dionysios bescheinigen, daß seine Außenpolitik seine Tyrannis gerechtfertigt hätte; er vermochte nicht einmal in einer jahrzehntelangen Regierung das Ziel zu erreichen, in dessen Zeichen seine Laufbahn begonnen hatte: Selinus und Himera blieben verloren, und Karthago hatte seine Herrschaft auf Kosten griechischen Siedlungsbodens vorgeschoben. Noch weniger stieß Dionysios in die Zone säkularer Bedeutung vor: er erreichte nicht die Vertreibung Karthagos aus Sizilien, ein Ruhmestitel, der allein ihm hätte weltgeschichtlichen Glanz verleihen können.

Nicht anders steht es um den Lorbeer, den sich Dionysios durch seinen gegen das unteritalische Griechentum gerichteten Imperialismus in den Jahren nach dem Scheinsieg über Karthago von 392 erwarb. Dionysios unterwarf das Sizilien zunächst liegende Stück Italiens, die Fußspitze des Apenninstiefels, heute Kalabrien genannt. Rhegion (jetzt Reggio di Calabria), das, an der Straße von Messina gelegen, ihm den Übergang streitig machen konnte, wurde vernichtet. Gegenüber den anderen Griechenstädten half ihm die welthistorische Situation. Sie war aber wirklich nicht dazu angetan, gerade von einer griechischen Politik ausgespielt zu werden.

Dionysios wurde lediglich der Nutznießer einer für das westliche Griechentum höchst verhängnisvollen geschichtlichen Wende. Seit Ende des 5. Jahrhunderts sammelten sich in Süditalien beachtliche politische Kräfte. Damit entfiel eine der wichtigsten Voraussetzungen für die Existenz der dortigen Griechen; hatte ihre Siedlung doch nur deshalb stattfinden können, weil das Hinterland ein politischer Leerraum war. Oskische Stämme drängten nun vom Gebirge zur Küste und übten damit von jetzt an einen dauernden Druck auf die griechischen Städte an der Küste aus. Das Resultat war teilweise sehr traurig. Kyme, die älteste griechische Kolonie, wurde Opfer der Invasion (421 oder 412). Die männliche Bevölkerung, soweit sie dem Morden entging, wurde verschleppt. Die Frauen kamen an die oskischen Einwanderer. Aus der griechischen Stadt Kyme wurde das oskische (und später lateinische) Cumae. Nur einige Überbleibsel im Kultus erinnerten an die griechische Vergangenheit. Das gleiche Schicksal hatte (etwa um 400) das etwas südlicher gelegene Poseidonia, ebenfalls als Opfer der oskischen Invasion, auf die das fruchtbare Kampanien eine verständliche Anziehung ausübte. Poseidonia wurde desgleichen oskisiert und hieß hinfort Paestum. Wer die schönsten uns heute zugänglichen griechischen Tempel dort bewundert, steht nicht nur an einem griechischen Außenposten, sondern muß eigentlich noch zu der Pracht und dem Glanz dieser Bauwerke eine recht melancholische Folie hinzudenken. Die Tempel standen nicht lange, nachdem sie erbaut waren, inmitten einer barbarischen Umgebung. Kaum ein griechisches Wort drang mehr zu ihnen. Nur eine geringfügige griechische Minorität durfte jährlich noch ein hellenisches Fest feiern. Es ging niemals ab, ohne daß ihre Teilnehmer bei der Erinnerung an die griechische Vergangenheit in lautes Wehklagen ausbrachen. Wie Poseidonia ging es noch anderen Städten, etwa Laos und Pyxos. Neapel und auch Elea aber hielten sich.

Zur Gegenwehr schritten die Griechen in der Gegend des Silawaldes. Sie schlossen den Bund der Italiker gegen den oskischen Stamm der Lukaner und verkündeten unter sich so etwas wie einen allgemeinen Notstand. Wenn irgendwo plötzlich der Feind einfiel und die Felder verwüstete – man sieht, daß ein fortwährender und deshalb besonders zermürbender Kampf an den Nerven der Griechen zerrte –, dann waren sämtliche städtische Aufgebote alarmiert; bei Versäumnis drohte den verantwortlichen Kommandanten die Todesstrafe.

Dionysios' imperialistischer Erfolg beruhte in der Hauptsache auf der Skrupellosigkeit, sich mit den Lukanern gegen die Griechen zusammenzutun. Seine eigenen Leute begriffen anfangs diese hemmungslose Rationalität der Politik nicht und wollten fürs erste den Griechen in ihrer Verlegenheit gegenüber den Lukanern helfen, bis sie von ihrem Herrn eines Besseren belehrt wurden. Dionysios' zweifelhafter Ruhm besteht also darin, den Barbaren bei ihrem Vernichtungskampf gegen die Griechen geholfen zu haben, nicht lange nachdem er im zweiten Karthagerkrieg als »Befreier« vom Barbarenjoch aufgetreten war. Dionysios' Außenpolitik ist überhaupt durch die zielbewußte Ausnutzung sich anbietender Gelegenheiten charakterisiert. Die Erfolge den Etruskern gegenüber (Expedition gegen Korsika; Besetzung von Atria und Ancona) beweisen es, denn diese waren damals durch den Einbruch der Gallier in Oberitalien schwer getroffen.

Der Niedergang des unteritalischen Griechentums, den Dionysios so tatkräftig unterstützte, war nicht mehr aufzuhalten. Als nach seinem Tode die Herrschaft von Syrakus in Unteritalien wieder zusammenbrach, waren die einstigen Untertanen des Dionysios so geschwächt, daß einige von ihnen (wie Hipponion) nun an die Lukaner oder ihren Unterstamm, die Bruttier, fielen und oskisiert wurden. Gewonnen hatte bei diesem Verfall eigentlich nur Tarent. Tarent – nicht Syrakus trotz der Extravaganzen des Dionysios – wurde der Nutznießer des westgriechischen Abstiegs, indem es sich einigermaßen gegen den Sog behauptete und damit unbestreitbar die erste griechische Stadt in Italien wurde. Aber selbst Tarent verließ sich nicht mehr allein auf seine eigenen Kräfte. Es lernte aus der syrakusanischen Geschichte, in der mehr als einmal durch einen fremden Heerführer die Rettung gekommen war, wie es schon die Geschichte der sizilischen Expedition mit der Intervention des Spartaners Gylippos gezeigt hatte. Im Jahre 342 wandte es sich in diesem Sinn an die Mutterstadt Sparta und erhielt den König Archidamos als militärischen Sachverständigen. Der letzte in der Reihe solcher Expertn war bekanntlich Pyrrhos, aber die Aufgabe, die ihm gestellt war, ließ sich auch auf diese Weise nicht mehr lösen. Die römische Herrschaft war unvermeidlich.

Dionysios als großer Außenpolitiker ist eigentlich erst eine zweifelhafte Entdeckung der modernen, zumal der deutschen Forschung. Das Altertum beeindruckte er durch seinen Herrschaftsmechanismus. In seinem Ausbau erwies Dionysios seine eigentliche Phantasie und Produktivität, nicht ganz von ungefähr, denn so lange wie er hatte es bis dahin noch nie ein Tyrann getrieben. Er hatte also Zeit und Gelegenheit, seine usurpierte Macht in eine vollkommene Methode der Gewaltanwendung überzuführen. Das verhalf ihm zu der zweifelhaften Ehre, zum Prototyp des Tyrannen für das griechische Staatsdenken zu werden. Schließlich kannte man ihn ja auch viel besser als die früheren Tyrannen, die sich in dem Ungefähr der Vergangenheit verloren. Ohne Dionysios hätte Aristoteles schwerlich sein berühmtes und gerade heutzutage wieder faszinierendes Tyranniskapitel in der »Politik« schreiben können.

Dionysios hatte begriffen, daß es für einen Tyrannen ohne formelle und materielle Rechtsbasis nicht mit der Herrschaft über das Heer getan ist, auch nicht mit Vorkehrungen zu seiner persönlichen Sicherheit, daß es ebenso, wenn nicht noch mehr darauf ankommt, die Untertanen in einem besonderen inneren Zustand zu halten, der jegliche Erhebung ausschließt. Dionysios war deshalb ein Meister des Demoralisierens. Mit allen Mitteln sorgte er dafür, daß keiner dem anderen traute und jeder in jedem einen Spitzel vermutete. Den gewachsenen Zusammenhalt unter den Menschen sprengte er durch Verpflanzungen und Austausch ganzer Stadtbevölkerungen, auch der von Syrakus, eine Methode, die bereits von den frühen Tyrannen weit entwickelt worden war. Das Geheimnis der Tyrannenherrschaft ist die menschliche Desintegration: diese Wahrheit, die heute wie zu jeder Zeit gilt, ist offenbar von niemandem so scharf erfaßt worden wie von Dionysios. Er war dabei weder eine Sultansnatur, die sich an der Macht berauschte, noch ein Sadist, der die Unterdrükkung der anderen zur eigenen Befriedigung genoß. Psychische Gelüste spielten bei ihm keine Rolle. Dionysios' System beruhte auf rein sachlicher Kalkulation. Er war ein besonnener Techniker der Gewalt und hatte damit sogar den Erfolg, daß sein Sohn ihm in der Herrschaft folgen konnte.

Dieser nun, der jüngere Dionysios (II.), war nicht imstande, das Erbe zu behaupten, und damit wurde schon in der zweiten Generation die Schöpfung des älteren Dionysios als vorübergehendes Zwischenspiel ausgewiesen. Der Zusammenbruch seiner Herrschaft vollzog sich unter seinem Sohn in einer Folge höchst dramatischer Ereignisse. Eine bunte und ausdrucksvolle Szenerie tat sich auf, und interessanterweise beschränkte sie sich nicht nur auf Sizilien. Auch das griechische Mutterland hatte in ihr einen Platz. Das ist überhaupt ein Charakteristikum der westgriechischen Geschichte seit der sizilischen Expedition Athens: der Westen hörte zwar nicht auf, ein eigenes Handlungszentrum mit seinen eigenen Problemen zu sein, genau wie bisher, aber die eigentümliche Interferenz, die sich in der Entsendung des Spartaners Gylippos nach Syrakus schon kundtat und die vor allem ein moralisches Engagement (ohne Einsatz materieller Machtmittel) bedeutete, wurde in der Folgezeit zu einer typischen Form der politischen Beziehungen des Westens zum Mutterland. Schon der ältere Dionysios erhielt im Laufe seiner ersten Karriere solche Rückendeckung von Sparta; die Tradition des Peloponnesischen Krieges hielt sich ziemlich lange, auch dann, als ihre primären Voraussetzungen entfielen. In der Folgezeit wurden allerdings diese persönlichen Kontakte zu einer schweren Hypothek für die Tyrannis. Wir müssen das mit ein paar Worten skizzieren und bedauern nur, daß diese Griechische Geschichte für Episoden, das heißt für Ereignisse ohne historische Durchschlagskraft, keinen Raum hat.

Dionysios II. war ein schwacher Mensch und geriet infolgedessen sehr bald in das Kreuzfeuer mehrerer Gruppen am Hofe. Unter den verschiedenen Männern, die sich gegenseitig den Rang streitig machten, hatte Dionysios des längeren schon einen Vertrauten in seinem Schwager Dion, einem philosophisch gebildeten und sehr rigoristisch denkenden Mann, der Platon nahestand von dessen erstem Besuch in Syrakus im Jahre 388 v. Chr. her, damals also zu Lebzeiten des älteren Dionysios. Platon war zur Zeit des Regierungsantritts des jungen Dionysios der berühmteste Philosoph in Griechenland; und deshalb steckte ein ganzes Stück kluger Berechnung dahinter, als Dion den jungen Tyrannen bewog, Platon an seinen Hof zu rufen und damit die Partei Dions zu verstärken. Platon wurde fürs erste eine Sensation des Hoflebens. Auf einmal wurde nur noch philosophiert und von Astronomie und Mathematik gesprochen, wie man sieht, eine ausgesprochene Modeerscheinung. Aber schon nach vier Monaten kam es zum Eklat. Dion fiel in Ungnade, wurde verbannt und ging nach Griechenland, wo er als Tyrannenopfer gefeiert wurde, obgleich er von seinem ehemaligen Tyrannenfreund sehr großzügig behandelt wurde und ihm sein stattliches Vermögen verblieb, so daß er in der Fremde als großer Herr auftreten konnte. Platon durfte sich ihm nicht unmittelbar anschließen, um den Skandal nicht noch größer zu machen, ging dann aber natürlich doch sehr bald nach Athen zurück. Er wurde übrigens in Syrakus von anderen Intellektuellen abgelöst. Dionysios verzichtete nicht auf seine Bildungsallüren.

Zehn Jahre später ereignete sich nun etwas ganz Phantastisches: Dion sammelte auf der Peloponnes eine kleine militärische Truppe, nicht mehr, als in fünf Schiffe hineinging, und fuhr mit ihr nach Sizilien, um Dionysios II. zu stürzen (357 v. Chr.). Das tollkühne Unternehmen gelang in der Tat. Wie ein morsches Gebäude brach die Tyrannis des Dionysios zusammen. Er selbst war zu dem Zeitpunkt nicht in Syrakus, sondern auf Kriegsfahrt in Italien. Dion wurde zum Strategen mit unbegrenzter Vollmacht gewählt (*strategós autokrátor*), das heißt, er erhielt die gleiche Würde wie Dionysios der Ältere, als er den ersten Schritt zur Tyrannis tat. Indessen war diese Karriere wahrscheinlich nicht Dions Ziel. Doch ehe richtig klarwerden konnte, was er für eine politische Konzeption hatte (es scheint eine Art Aristokratie gewesen zu sein, bestimmt aber kein Rückgriff auf Platons »Staat«), wurde er das Opfer eines Mordes (354). Der Mörder war wie Dion ein Schüler Platons!

Der Tod Dions stürzte Syrakus und sein Untertanengebiet in eine Anarchie, wodurch es 347 Dionysios II. nochmals gelang, vorübergehend in Syrakus Fuß zu fassen. Aber er war zu unbedeutend, um die Dinge wieder ins Gleichgewicht zu bringen. Dazu bedurfte es eines Mannes von innerer Autorität, wie sie der verstorbene Dion besessen hatte. Er fand sich 344 in der Person des Korinthers Timoleon, der auf Gesuch einer (republikanischen) Gruppe von seiner Vaterstadt dazu beordert wurde, mit einer ganz kleinen Streitmacht in Syrakus Ordnung zu schaffen. Auch dieses märchenhafte Unternehmen gelang, zum Staunen der griechischen Öffentlichkeit. Es machte allerdings verschiedene Phasen durch, darunter auch einen Krieg mit Karthago, so daß erst nach dessen Beendigung 339 Timoleon fest im Sattel saß. Im Unterschied zu Dion war es Timoleon vergönnt, jeden Zweifel an seiner republikanischen Gesinnung auszuschließen. Nachdem er Syrakus eine aristokratisch-demokratische Verfassung gegeben hatte mit der bezeichnenden Sicherung gegen eine Tyrannis, daß im Falle eines Karthagerkrieges der Feldherr aus Korinth zu holen sei, zog er sich 337 vom öffentlichen Leben zurück. Als er starb (unbekannten Datums), gab ihm das ganze Volk das Geleit. Sein Grabmal stand mitten auf dem Marktplatz. Aber ein Einschnitt für Sizilien war auch Timoleons Wirken nicht, Dauer und Bestand vermochte er über seinen Tod hinaus der von ihm geschaffenen Ordnung nicht zu verleihen. Zwanzig Jahre später stand ein neuer Tyrann in der Person des Agathokles an der Spitze von Syrakus.

Das große Spiel um Hellas

Der märchenhafte Aufstieg Makedoniens unter Philipp machte gewiß aus Makedonien keinen integrierenden Bestandteil Griechenlands. Die Arbeit von Generationen ist nicht durch den Elan von ein bis zwei Jahrzehnten zu ersetzen. Zudem war es Philipp auch gar nicht um die Hebung des zivilisatorischen Niveaus zu tun. In dieser Hinsicht war er mehr konservativ als »fortschrittlich« gesonnen. Makedonien sollte nicht kraft einer ihm aufgedrungenen Modernität stark sein, sondern auf Grund der Möglichkeiten, die ihm seine ungriechische Struktur verlieh. Aber gerade sie schufen im Verhältnis zu dem desolaten Zustand Griechenlands eine Überlegenheit, welche dem aufmerksamen Beobachter Angst einflößen konnte. Die Kombination einer Kriegsmaschine, die in ganz Griechenland ihresgleichen suchte, mit einer genialen militärischen und politischen Führung, die unbeschränkt über ein solches Potential verfügte, bedeutete eine Konstellation, wie sie die griechische Geschichte noch nicht gekannt hatte. Es lag nahe, in ihrem Angesicht die Waffen zu strekken. Und trotzdem war es nicht zu verkennen, daß dies alles mit dem einen Mann stand und fiel, daß die gewaltige Machtanhäufung mehr improvisiert als organisiert war und die hypertrophe Herrschaftsbildung nicht ohne beträchtliche innere Spannungen bleiben konnte.

Solch souveräne Beurteilung war allerdings im damaligen Griechenland nicht selbstverständlich und ermangelte auch der notwendigen Voraussetzungen. Das politische Leben war heruntergekommen; Sparta, einst Repräsentantin griechischer Außenpolitik, gestürzt, Theben, die Rivalin, schließlich auch nicht über das Maß eines achtbaren Mittelstaates hinausgekommen, und dann die vielen kleineren Staaten, freigesetzt durch die Auflösung der spartanischen Hegemonie, was sollten sie an politischer Tradition mitbringen? In ihren Kreis moralisch einzubrechen war für Philipp ein leichtes, der mit Bestechungsgeldern nicht sparte und obendrein seine persönliche Faszination einzusetzen wußte. Eine makedonische Partei, die es am Ende fast überall (außer in Sparta) gab, hatte bei ihm bequemes Spiel. Wenn in dem morschen Gestein von Griechenlands politischer Landschaft ein etwas festerer und stattlicherer Fels zu erblicken war, dann konnte das allein noch Athen sein. Aber wir vermöchten dies kaum zu sagen, wenn sich diese Möglichkeit nicht in der eindrucksvollen Gestalt des *Demosthenes* inkarniert hätte. Demosthenes wurde so zum einzigen ernsthaften Gegner, den Philipp in der griechischen Welt fand.

Demosthenes' Konzeption verriet schon durch ihre durchsichtige Einfachheit das Format: zwangsläufig führt der ständige Machtzuwachs Philipps zu seiner Oberherrschaft über Griechenland und damit zum Verlust der Selbständigkeit auch Athens. Also gebietet schon der Selbsterhaltungstrieb eine Politik des Widerstandes nicht nur, sondern auch des Angriffs. Ist sie erfolgreich und muß Philipp weichen, dann rückt derjenige Staat, dem dieser Schlag gelingt, von selbst an die erste Stelle von Hellas. Demosthenes hatte erkannt, daß die damalige politische Situation ein Junktim von Beharrung und höchst zukunftsträchtiger Chance in sich schloß; und sofern man sich nicht den Blick durch den Erfolg blenden läßt, wird man ehrlicherweise dieser Erkenntnis nicht die Berechtigung absprechen. Sieg durch Behauptung ist noch immer in der Weltgeschichte das sicherste Unterpfand einer großen Zukunft gewesen. Gerade Athen hatte einst diese Erfahrung am eigenen Leibe gemacht. Salamis und Plataiai hatten zum Attischen Seebund geführt. Damals hatte er sich mit Sparta in den Triumph und Erfolg teilen müssen. Jetzt wäre im Falle des Gelingens kein Dualismus zu befürchten gewesen.

Allerdings lebte Demosthenes nicht in der Zeit des Perikles und Thukydides, so daß er solche Kalkulationen hätte leichthin der Öffentlichkeit preisgeben können. Es bedurfte einer gewissermaßen idealen Atmosphäre, um einer solchen Politik die nötige Suggestivkraft zu verleihen. Die Elemente dazu lagen in der Luft. Von den Literaten, zumal von

Isokrates, war zur Genüge die Erinnerung an den hellenischen Freiheitskampf gegen die Perser beschworen worden. Demosthenes brauchte den barbarischen Gegner nur auszutauschen und an seine Stelle den Makedonenkönig zu setzen – »Barbar« war der eine wie der andere –, dann war seine Politik auf ein Niveau höherer Verbindlichkeit hinaufgespielt und ihr dasjenige Pathos zugänglich gemacht, dessen es zur Überwindung der Trägheit des Herzens und der Seele bedurfte. Die »Wahrheit« des Gedankens brauchte darunter nicht zu leiden, denn der »Panhellenismus« in seiner ursprünglichen Form war seiner praktischen Verbindlichkeit nach ohne jede Durchschlagskraft, aus dem einfachen Grund, weil der Perserkönig nicht nur zum ungefährlichen Gegner geworden war, sondern weil mit Recht gefragt werden durfte, ob er überhaupt als Gegner noch zähle. In Philipp dagegen trat ein Feind auf, der Griechenland tatsächlich auf den Leib rückte und dessen Bedrohlichkeit sich nicht aus literarischen Reminiszenzen ergab, sondern sich offen darbot – vorausgesetzt freilich, daß sie einmal entlarvt war. Demosthenes' heißes Bemühen galt dieser Entlarvung, eine bedeutende publizistische Leistung, welche mit dazu beitrug, aus Demosthenes auch eine literarische Größe für die Nachwelt zu machen.

Allerdings war für das Altertum Demosthenes nicht primär wegen der inhaltlichen Thematik eine literarische Erscheinung hohen Ranges. Man tut gut, sich dessen zu erinnern, denn die Hochschätzung, welche Demosthenes in der rhetorischen Kritik bereits im 3. Jahrhundert fand und die ihm bis zum Anfang der römischen Kaiserzeit in progressiver Steigerung endlich den ersten Platz unter allen griechischen Rednern zuwies, bezog sich in erster Linie auf formale Qualitäten. Sie war freilich auch da berechtigt: Demosthenes errang neben Isokrates nicht nur eine überzeugende Eigenständigkeit, sondern er verstand es auch, der Intensität seines Wesens in der Rede einen gültigen Ausdruck zu verleihen. Demosthenes überläßt die Rede nicht einfach den Worten und der Tragkraft ihrer Gedanken, wie dies Isokrates tut und in seiner Nachfolge später Cicero tun sollte, sondern er unterstellt sie der Wucht eines konkreten Überzeugungswillens, der stets ein leibhaftiges Gegenüber hat und mit diesem unter Aufbietung des gesamten tätigen Verstandes ringt. Deshalb ist Demosthenes zumeist ganz konzentriert. Die kürzeste und prägnanteste Ausdrucksweise ist sein Ziel, eine Abfolge dichter Sätze ohne Luftblasen. Er mutet dem Hörer ein gehöriges Maß von Spannkraft zu, und es ist für beide Teile kein schlechtes Zeichen, daß auf diese nicht eben bequeme Art ein dichter Kontakt zustande kam, wie man ihn dem geschichtlichen Ergebnis seines Wirkens entnehmen muß.

Die Fähigkeit, seinem Wollen und Denken diese suggestive Form zu geben, war Demosthenes nicht in die Wiege gelegt. Er hat es in der Jugend schwer gehabt, schon den äußeren Umständen nach. 384 geboren, verlor er mit sieben Jahren den Vater und kam unter die Vormundschaft dreier Verwandter. Sie veruntreuten das nicht unbeträchtliche Vermögen. Der Vater war ein reicher Rüstungsfabrikant gewesen und hatte Schwerter hergestellt. Nach Erreichung der Volljährigkeit (366) wandte Demosthenes seine erste rhetorische Schulung (bei dem Redner Isaios) im Prozeß gegen die betrügerischen Vormünder an. Es gelang ihm auch, diesen den Hauptteil des Raubes wieder abzujagen. Da er als Sachwalter sein Vermögen dazu noch aus dem Verdienst eigener Tätigkeit vermehrte, war er wieder ein reicher Mann und damit in den Stand gesetzt, es auch für politische Zwecke einzusetzen.

Sein Selbststudium war eine außerordentliche Energieleistung, denn sein Talent war durch verschiedene Gebrechen überlagert: sein Atem war zu kurz, die Stimme zu dünn, und die Bewegungen waren häßlich. Nur durch ein asketisches Training wurde er dieser Fehler Herr. Als er das geschafft hatte, konnte er allerdings auch mehr als andere. Er hatte sich derartig in der Gewalt, daß auch die unwillkürlichen Äußerungen einem bewußten Kommando gehorchten, so Haltung und Gestus beim Vortrag und die Mannigfaltigkeit des Tonfalls.

Als Demosthenes mit dreißig Jahren das Alter zur öffentlichen Wirksamkeit erreicht hatte, war die politische Lage alles andere als günstig für den Ansatz einer politischen Linie, wie sie ihm sehr bald vorschwebte. Man kann ruhig sagen, die Umstände verneinten geradeswegs seine politische Laufbahn, und in gewissem Sinne ist dies sehr lange so geblieben. Demosthenes mußte meist gegen den Strom schwimmen, und wenn er Erfolg hatte, dann war das in der Regel die Frucht eigenen Bemühens.

Der Ausgang des Bundesgenossenkrieges, dessen Wurzel der optimistische Glaube gewesen war, es ließe sich das alte Attische Reich wiedererrichten, und der mit dem Verlust so mancher wichtiger Bundesgenossen geendet hatte, so daß der zweite Attische Seebund kaum noch als existent betrachtet werden konnte, hatte (355/354) in Athen eine tiefe Resignation verbreitet. Man wurde an sich selbst irre und verurteilte nicht nur die expansive Politik der letzten Jahre, sondern zweifelte sogar an der traditionellen attischen Demokratie. Isokrates, der einst das demokratische Athen des Perikles gepriesen und in Schutz genommen hatte, erging sich in Vorschlägen, die auf eine glatte Restauration im Zeichen einer Wiederherstellung der alten Macht des Areopags hinausliefen. Nichts war jetzt so verpönt wie eine expansive und kostspielige Politik. Nach Frieden um jeden Preis und Genuß des Friedens stand jetzt der Sinn. Der Repräsentant dieser Richtung war Eubulos, seines Amtes bezeichnenderweise Generalbevollmächtigter für das Finanzwesen und in dieser Eigenschaft ein untadeliger und einfallsreicher Beamter. Eubulos dachte verständlicherweise nicht daran, an der hergebrachten Demokratie etwas zu ändern, aber er sorgte dafür, daß innerhalb ihres Gehäuses die vermögenden Schichten zum Zuge kamen. Dazu war freilich nötig, die Ärmeren in großzügiger Weise abzufinden. Zu diesem Zweck wurden beträchtliche Soziallasten in Form einer reichlichen Bemessung von Staatsmitteln für den Besuch der Schauspiele an den großen Festen vergütet. Die Kasse hierfür, das *Theorikón*, wurde der Kern der attischen Finanzverwaltung, und im Laufe der nächsten Jahre kam es dazu, daß diese Kasse mit ihrem Verwendungszweck gleichsam zum Tabu erklärt und bei Androhung der Todesstrafe jeder andere Verwendungszweck verboten wurde. Demosthenes war diese Gesinnung gewiß nicht sympathisch, aber gegen sie anzugehen hätte politischen Selbstmord bedeutet. So paßte er ihr sich an und trat sogar selbst mit Vorschlägen hervor, wie man die Steuereinziehung bei den Reichen wirksamer gestalten könne (in der »Symmorienrede« von 354).

In der Tat wirkte sich die Finanzpolitik des Eubulos keineswegs nur als parasitärer Verschleiß aus. Es wuchsen auch die Arsenale und ebenso die Zahl der Kriegsschiffe. Demosthenes wäre an sich der aufopfernde Stil der radikalen Demokratie des 5. Jahrhunderts lieber gewesen, und er selbst tat alles, um diesen Geist durch die Provokation der ent-

Die Trümmer der von Philipp II. im Jahr 348 v. Chr. zerstörten Stadt Olynthos

Demosthenes
Römische Kopie der Bronzestatue von der Agora in Athen. Musei Vaticani

sprechenden außenpolitischen Situation wieder zum Leben zu erwecken; aber die Vorteile der Finanzpolitik des Eubulos sah auch er ein, und so wirkten beide Männer trotz der inneren Gegensätzlichkeit lange nebeneinander, auch dann, als das Schwergewicht eindeutig auf die Seite des Demosthenes fiel.

Bis dahin hatte es allerdings noch eine gute Weile. Es deutet zwar einiges darauf hin, daß Demosthenes die Gefährlichkeit Philipps schon sehr früh erkannte. Bereits 351 tat er beiläufig die öffentliche Äußerung, vor dem Perserkönig hätte man sich im Grunde weniger zu fürchten als vor Philipp. Damit aber solche Erkenntnisse ernst genommen wurden, bedurfte es drastischer Ereignisse, und bei dem atemberaubenden Tempo Philipps ließen die nun wahrlich nicht allzulange auf sich warten. Fünf Jahre nachdem Demosthenes die politische Bühne betreten und dabei einen anderen Grundsatz seiner Politik eingeschärft hatte mit der Doktrin, daß Theben vor Sparta als Bundesgenosse Athens in Betracht komme, eröffnete Philipp seine Angriffe auf Olynthos. Obgleich Athen in vergangenen Jahren viel Ärger durch Olynthos gehabt hatte, setzte sich doch bei vielen die Erkenntnis durch, daß hier vitale eigene Interessen auf dem Spiele ständen. So hatte Demosthenes das Glück, bei seinen berühmten Olynthischen Reden die öffentliche Meinung hinter sich zu haben. Weniger glücklich war er, als nach der überraschenden Einnahme der Stadt (348) das Weitere eine Frage der Politik an Stelle der militärischen Auseinandersetzung geworden war. Demosthenes' Absicht ging dahin, die schlimmen Folgen des Verlustes von Olynthos wenigstens politisch aufzufangen und Philipp den Zugang nach Griechenland zu versperren. Auch damit stand er nicht allein.

Der Plan, in Griechenland eine Koalition gegen Philipp auf die Beine zu bringen, wurde auch von anderen geteilt, selbst von seinem (späteren) Gegner Aischines. Doch er scheiterte. Statt dessen streckte nun Philipp Friedensfühler aus, und die Idee, ihn im Anschluß hieran in Führung zu nehmen und diplomatisch zu erreichen, wozu es militärisch-politisch nicht gereicht hatte, schien nicht ganz absurd. Zwei Jahre hindurch zogen sich die Verhandlungen hin, die wechselseitig sowohl bei Philipp in Makedonien wie in Athen geführt wurden. Demosthenes nahm persönlich an ihnen teil, machte aber keine besonders glückliche Figur. Dafür gelang es Philipps überlegenem Wesen, ausgerechnet bei dieser Gelegenheit, da er an die Kette gelegt werden sollte, sich Freunde in Athen zu erwerben, die hinfort in Athen einen offenen promakedonischen Kurs vertraten. Ihr Haupt wurde der Redner Aischines, den seitdem eine Todfeindschaft von Demosthenes trennte. Den schlauen Anschlag, den Friedensschluß auf die Grundlage eines Friedensgenossenschaftspaktes (eines »Allgemeinen Friedens«) zu stellen und damit gegen jede künftige Expansion Philipps eine Exekution durch das gesamte Griechenland aufzurufen, durchschaute selbstverständlich Philipp und brachte ihn mit leichter Eleganz zu Fall. Philipps gerissene Taktik, während der Verhandlungen den Gegner in einem fort vor vollendete Tatsachen zu stellen, machte den Friedensschluß von 346 (den »Frieden des Philokrates«, eines makedonenfreundlichen Atheners) zu einer ziemlich kläglichen Niederlage Athens. Athen vermochte nicht zu verhindern, daß auch die Phoker, seine Freunde, vernichtet wurden. Noch böser war die Konsequenz: Philipp erhielt in der delphischen Amphiktyonie in Nachfolge der Phoker Sitz und Stimme und hatte damit eine legitime Position in Mittelgriechenland. Das Tor nach

Griechenland war aufgebrochen. All das vermochte Athen nicht zu verhindern. Offiziell, das heißt nach dem Vertragstext, war Philipp »Freund und Bundesgenosse der Athener«. Es fehlte nicht viel, und Athen hätte sich an der Exekution gegen die Phoker beteiligen müssen. Ein gefühlsbestimmter Rückschlag gegen eine solche Demütigung – er äußerte sich in der Schmollgeste, die Pythien nicht zu besuchen – mußte sogar von Demosthenes neutralisiert werden, um einen kriegerischen Zusammenstoß mit Philipp zu vermeiden. Er hielt eine Rede über den Frieden und besiegelte damit in eigener Person sein Unvermögen, die attische Politik vor diesem Tiefstand zu bewahren.

Von nun an war Demosthenes' Trachten darauf gerichtet, Athen nicht mehr vom Gegner überrollen zu lassen. Das fruchtlose Beginnen, hilflos auf die Tatsachen zu reagieren, die der andere schuf, sollte aufhören. Die Aufgabe bestand jetzt darin, dem Feind das Gesetz des Handelns vorzuschreiben. Aber auch hierzu war die Anlaufstrecke weiter, als es sich Demosthenes wahrscheinlich vorgestellt hatte. Die Hauptsache war zunächst die Planierung des innerathenischen Terrains. Aischines und seine Makedonenfreunde mußten weichen. Der erste Versuch (346/345), es dahin zu bringen, schlug fehl. Demosthenes verlor den Prozeßkrieg und stand erst einmal blamiert da. Drei Jahre später schloß sich die Fortsetzung an – strafrechtlicher Gegenstand war die Bestechung, deren sich Aischines bei den Verhandlungen nach 348 schuldig gemacht haben sollte –, und dieses Mal konnte sich Demosthenes als Sieger betrachten: Aischines wurde nur mit knapper Mehrheit freigesprochen und war damit politisch ein toter Mann. Sein Freund Philokrates, der auch angeklagt war, hatte es erst gar nicht so weit kommen lassen und sich einer möglichen Verurteilung schon vorher durch Flucht entzogen.

Dem innerpolitischen Sieg stand freilich kein außenpolitischer zur Seite. Anfang 343 unternahm Philipp eine diplomatische Offensive zum Zwecke der Herstellung besserer Beziehungen zu Athen. Er kam damit nicht zum Ziele, ebensowenig aber auch Demosthenes, der das Entgegenkommen Philipps dazu ausnutzen wollte, ihm die allgemein griechische Friedensgarantie aufzudrängen. Demosthenes wollte sich diesen Gewinn sogar die Abweisung einer persischen Gesandtschaft kosten lassen, die Philipp ein Dorn im Auge war. Sie zog auch unverrichteterdinge weiter, aber die Gegengabe brachte der attische Gesandte Hegesippos von Makedonien nicht nach Hause. Etwa in der gleichen Zeit ermahnte Demosthenes seine Mitbürger in der zweiten gegen Philipp gehaltenen Rede, nicht preiszugeben, was für alle Griechen Rechtens sei, und nicht ohne jeden Gewinn und Nutzen auf ihre gute Gesinnung allen Hellenen gegenüber zu verzichten. Solche Töne wurden jetzt deutlicher und bezeichneten das Bemühen des Demosthenes, in der griechischen Öffentlichkeit einen Widerhall für seine antiphilippische Politik zu finden. Philipp, aufs genaueste durch seine Gewährsleute davon unterrichtet, was in Griechenland vorging, merkte wohl, daß ein härterer Wille sich Athens bemächtigte, und hätte, zumal nach der Niederlage des Aischines, gern eingelenkt. An seiner Ostgrenze (gegen die Thraker) zur Genüge engagiert, lag ihm gar nichts an einem gespannten Verhältnis zu Griechenland. Aber Demosthenes ließ es jetzt, da er das Steuer in der eigenen Hand hielt, zu keinem Kompromiß mehr kommen. Sein Ziel, auf das er seit seinem Sieg über Aischines geradeswegs losging, war der unwiderrufliche Bruch mit Philipp. Die großzügigsten Angebote Philipps wußte er den

Athenern auszureden. Was Athen noch ein Jahr zuvor dringend gewünscht hatte, die Erweiterung des Philokratesfriedens zu einer Friedensgenossenschaft und die Rückgabe der kleinen nordägäischen Insel Halonnesos, wurde jetzt von Demosthenes unter Aufwendung reiner Rabulistik ausgeschlagen. Der Völkerrechtsbruch eines athenischen Strategen (Diopeithes) kam ihm gelegen genug, um ihn durch Athen decken zu lassen. Die Zeit für die feinen diplomatischen Schachzüge war vorbei. Kein Finessieren mehr, sondern klare Fronten, das war jetzt (seit 342) das Ziel des Demosthenes. Die »Dritte Philippische Rede« (341) gab die ideologische Instrumentierung dazu ab. Sie richtete sich an alle Hellenen, obwohl sie in Athen gehalten worden war, und enthielt den Appell, sich zum Kampf zusammenzufinden. Anklage und Aufruf verschmolzen zu einem schrillen Fanal: »Über Philipp und sein jetziges Treiben empört sich niemand, obgleich er kein Hellene noch ihnen verwandt ist, sondern ein Barbar des verworfensten Gelichters, ein nichtswürdiger Makedone.«

Demosthenes hatte sich selbst auf die Reise gemacht, um die griechischen Staaten an Athen zu binden. Quer durch die nördliche Peloponnes bis zu den Akarnanen und den Inseln im Westen wurde so die Grundlage für einen Damm gegen die anschwellende makedonische Flut geschaffen (342). Euboia, bereits ein Ableger der makedonischen Herrschaft, wurde aus ihr wieder herausgebrochen. Byzantion und Abydos, ein Annex des von Philipp unterworfenen Thrakiens, wurden durch Bündnis an Athen angeschlossen. Das gleiche geschah mit den großen Inseln Chios und Rhodos. Ein großer Teil der neuen Bundesverhältnisse wurde als feste Vereinigung organisiert mit Bundesversammlung *(synhédrion)* und Matrikularbeiträgen. Wer nicht dabei war, wie Sparta, Argos, Messenien und Elis, beobachtete wohlwollende Neutralität. Die Einsetzung des Schlußsteins in dieses Bündnissystem war von langer Hand vorbereitet: Thebens Beitritt.

Philipp hatte in den vergangenen Jahren immer wieder versucht, unter Benutzung des alten Antagonismus Theben gegen Athen auszuspielen. Er hatte ursprünglich ein gutes Verhältnis zu Theben wegen der gemeinsamen Feindschaft zu den Phokern. Als es sich nach deren Vernichtung lockerte, wollte er Athen an dessen Stelle treten lassen. Aber Demosthenes wußte zu verhindern, daß es in die Falle ging. Seine Weitsicht sollte allerdings erst Früchte tragen, als der Kulminationspunkt schon erreicht war.

Zum erstenmal seit drei Generationen wehte wieder ein großer Atem durch die griechische Politik, auch mit den emotionalen Begleiterscheinungen. Bei den Olympischen Spielen wurde Philipp ausgezischt. In Athen machte der Geist bürgerlicher Selbstgenügsamkeit, der die Geschichte des 4. Jahrhunderts meistens beherrscht hatte, einem demokratischen Fanatismus Platz, der an bestimmte Phasen des Peloponnesischen Krieges erinnerte. Der Einpeitscher war Demosthenes. Er schreckte vor Terrorisierung des widerstrebenden Besitzbürgertums nicht zurück. Was an Kräften auf dem Grunde des attischen Staates lag – er war immer noch der bedeutendste von Hellas –, wurde rücksichtslos nach oben getrieben, um die letzte Gelegenheit, wieder Großmacht zu werden, zur Wirklichkeit zu erheben und mit einem Schlag das Absinken Athens seit dem Ausgang des Peloponnesischen Krieges aufzuholen.

Die Entscheidung fiel allerdings anders aus. Dabei ließ sich der Krieg, der 340 ausbrach, für Athen gar nicht schlecht an. Er begann damit, daß Philipp die Ostflanke Thrakiens, an der Athen durch das Bündnis mit Byzantion (und damit auch mit dem befreundeten Perinthos) Fuß gefaßt hatte, wieder freikämpfen wollte. Er führte dazu eine großangelegte Land- und Seeoperation durch (Makedonien besaß seit einiger Zeit eine Flotte). Trotzdem wurde sie zur klaren Niederlage und zugleich zum ersten ernsthaften Rückschlag, den Philipp jemals erlebte. Philipps Flotte wurde von den Athenern aus dem Marmarameer in den Pontos (Schwarzes Meer) abgedrängt, und die Belagerung der beiden Städte, die Philipp auf das energischste betrieb, mußte abgebrochen werden. Dem hartnäckigen Widerstand war er nicht gewachsen. Seine Lage in Thrakien wurde durch diesen Prestigeverlust derartig peinlich, daß er zunächst den Kampf gegen Athen, das ihm während dieser Ereignisse in aller Form den Krieg erklärt hatte, sistierte und damit dem Gegner ganz gegen seine Gewohnheit Zeit zu weiterer Konsolidierung einräumte. Philipp zog nördlich in die Dobrudscha, um einen skythischen König Ateas zur Räson zu bringen und damit den benachbarten Thrakern die Lust zu nehmen, sich gegen ihn zu erheben. Auf dem Rückweg – Ateas hatte Herrschaft und Leben eingebüßt – geriet Philipp in einen gefährlichen Konflikt mit den Thrakern und wurde bei den Kämpfen lebensgefährlich verwundet. Von ferne durfte man den Eindruck haben, daß Philipp zunächst festgelegt und von ihm fürs erste nichts zu befürchten sei.

Es stellte sich bald heraus, daß das ein Irrtum war. Aber er war nicht die eigentliche Ursache des Verhängnisses. Es trat vielmehr – und dies in geradezu peinlicher Weise – zutage, daß Athen, ungeachtet seiner politischen Vorbereitungen, die Dinge in Zentralgriechenland doch nicht recht in der Hand hatte. Da ergaben sich die merkwürdigsten Verwicklungen, deren Schilderung leider dem Leser vorenthalten werden muß. An deren Ende stand dann ein »Heiliger Krieg« gegen die Lokrer von Amphissa, weil diese die Delphi gehörende Markung von Krisa in Besitz genommen hatten. Der Fall selbst war unerheblich. Erheblicher war, daß – übrigens aus gutem Grund – Athen Amphissa deckte und daß schließlich die Amphiktyonen Philipp mit der Exekution betrauten. Damit hatte er von einer gemeingriechischen Instanz die förmliche Einladung zum Betreten Griechenlands erhalten und brauchte nicht einmal zur Durchführung seines Krieges mit Athen gewaltsam die Tür aufzubrechen. Athen vermochte diese geradezu abenteuerliche Wendung, an der neben viel Unverstand auch der Einfluß promakedonischer Kreise – wenigstens mittelbar – schuld hatte, nicht zu verhindern. Immerhin brachte sie ihm den Vorteil einer Annäherung an Theben, das sich desgleichen vor Amphissa stellte. Im übrigen maß man in Athen (und wohl auch anderswo) dem Appell an Philipp keine unmittelbar praktische Bedeutung zu, da es schon spät im Jahr war und Philipp an sein Krankenlager gefesselt schien. Wie eine Bombe schlug deshalb in Athen die Nachricht ein, daß Philipp mit seinem Heer im phokischen Elateia stehe, nicht weit von der boiotischen Grenze entfernt und offenbar zum Sprung auf Athen ansetzend. Von dem Schreck und der Erwartung, den Feind in den nächsten Tagen vor den eigenen Mauern zu sehen, gab Demosthenes später eine berühmte Schilderung, die in der Feststellung gipfelte, daß er als einziger damals nicht den Kopf verlor. Und nicht nur dies: aus der Tiefe der Niedergeschlagenheit führte Demosthenes Athen und seine eigene Politik auf die Höhe seines größten diplomatischen Triumphes. Philipp hatte nämlich den Vorstoß unternommen, ohne Theben gewonnen zu haben, und versuchte erst jetzt, Theben auf seine Seite zu ziehen. Dasselbe tat aber auch Demosthenes, der als Gesandter Athens mit den Abgeordneten Philipps in Theben zusammentraf. Und er gewann das Spiel. Theben schloß mit Athen ab, und damit standen die stärksten Kräfte Griechenlands Schulter an Schulter gegen Philipp. Einer solchen massiven Zusammenballung von Widerstand war er noch nie begegnet. Politisch war ihm nicht mehr beizukommen. Es blieb nur noch die militärische Entscheidung.

Sie fiel auf dem Schlachtfeld von Chaironeia (in Boiotien) am 1. September 338 v. Chr. Den Weg zu ihr hatten Philipp einige schlimme strategische Fehler der Alliierten gebahnt. Doch seine höchste Überlegenheit trat in der Schlacht selbst zutage, zweifellos die größte militärische Leistung seiner glanzvollen Laufbahn. Das Rezept stammte von Epameinondas. Den eigenen Flügel hielt Philipp zurück und ließ ihn sogar vor dem Feinde weichen. Das war da, wo er persönlich gegen die Athener kämpfte. Der andere, verstärkte Flügel – es war der linke – wurde auf den rechten Flügel des Gegners, die kampferprobten Thebaner, darunter die Elitetruppe der »Heiligen Schar«, losgelassen. Ihn führte der achtzehnjährige Kronprinz Alexander, und er erfüllte die hohen Erwartungen, die in ihn gesetzt waren. Nach zähem Kampf wurde der Feind von ihm geworfen, und anschließend wurden die auf ihrem Sektor siegreichen Athener im Rücken genommen. Die Schlacht war gewonnen.

Ob es deswegen auch der Krieg war, brauchte noch nicht entschieden zu sein. Philipp war klug genug, das einzusehen, und unterstellte wie immer die militärische Operation dem Gesetz der politischen Vernunft. Weiterkämpfen hätte die Belagerung von Theben und Athen bedeutet und wäre voller Unsicherheitsfaktoren gewesen. Perinthos und Byzantion hatten ihm eine teure Lektion erteilt. In Athen rüstete man für diesen ursprünglich erwarteten Fall mit festem und entschlossenem Sinn, bereit, die Elementarkräfte der Verzweiflung zu mobilisieren. Da Philipp Athen zur See nichts anhaben konnte, lag hierin tatsächlich die nicht ganz unwahrscheinliche Möglichkeit der Behauptung. Chaironeia wäre dann umsonst gewesen. Deshalb fielen Philipps Forderungen ganz unerwartet mild aus. Athen hatte im Grunde nur auf die Aspirationen zu verzichten, die es in diesen Krieg geführt hatten. Sein bisheriger Besitzstand blieb ihm (im großen ganzen) erhalten. Für jene das Letzte zu riskieren, war nicht seine Sache. Selbst Demosthenes mutete ihm das nicht zu. Wahrscheinlich handelten Athen und auch die anderen Griechen damals sachgemäß und wirklichkeitsgetreu, indem sie zugaben, daß die ganze Erhebung dieses Kampfes auf die Ebene der nationalen Existenz des Hellenentums nichts als Ideologie war. Sie hörten freilich damit nicht auf, sich an ihr zu delektieren und der Vergangenheit daraus einen Kranz zu winden. In einem Epigramm auf die Gefallenen von Chaironeia wird ihnen bezeugt, sie seien um der Hellenen willen verblutet, damit diese nicht, dem Joch sich beugend, das Verbrechen der Sklaverei ertrügen; und ein anderes bescheinigte ihnen, sie hätten hellenisches Land schützen wollen. Acht Jahre später, als die ganze Welt ein anderes Aussehen gewonnen hatte und der Krieg von 338 nun wirklich, wenigstens für unser Empfinden, Vergangenheit geworden war, ereiferten sich Demosthenes und sein Gegner Aischines öffentlich über die Politik, die zu Chaironeia geführt hatte, und jener sprach von der »nationalen« Gloriole dieses Kampfes.

Philipp besaß für die Organisation seiner Herrschaft eine klare und bezeichnende Konzeption. Es kam ihm nicht darauf an, die Faust des Siegers in ihrer möglichen Schwere fühlen zu lassen, obgleich er über eine Macht verfügte, wie sie Griechenland noch niemals in seiner Geschichte erlebt hatte. Es war ihm gleichgültig, daß Sparta sich weigerte, seine Suprematie anzuerkennen, und deshalb verzichtete er auf die Vernichtung der Stadt. Viel wichtiger als der eitle Glanz des Sieges war ihm die Frage, in welcher Form er die Besiegten dauerhaft an sich bände. Auch hierin erwies sich Philipp als überlegener Politiker, der sich in der griechischen Geschichte des 4. Jahrhunderts auskannte. Er griff das Modell der Friedensgenossenschaft (des »Allgemeinen Friedens«) auf, das seit dem Königsfrieden immer wieder als internationales Ordnungsschema verwandt und zuletzt von Athen gegen ihn ausgespielt worden war; dabei hatte er auch ganz zutreffend erfaßt, daß dieser Pakt, der dem Wortlaut nach jegliche Herrschaft verbannte, sich von jeder Herrschaft, wenn sie nur effektiv war, mißbrauchen ließ.

So gab es denn in Korinth, wo diese Vereinigung – der modernen Geschichtswissenschaft als »Korinthischer Bund« bekannt – zusammentrat, viele schöne Worte von »Freiheit« und »Autonomie«, und jeder wußte dabei, daß diese genauso aussehen würden, wie es dem allmächtigen Herrn paßte, nicht viel anders als vor einem halben Jahrhundert, als die Spartaner unter der Firma des Königsfriedens ihre Gewaltherrschaft in Griechenland zementierten. Auch jetzt war der Organisationsmechanismus des »Bundes« so konstruiert, daß sich nach außen kein fremder Herrschaftswille zu erkennen gab. Auf der Versammlung, dem Synhedrion, waren keine Makedonen, sondern nur die Hellenen vertreten, und zwar merkwürdigerweise nicht als Abgeordnete ihrer Gemeinden, sondern zur Repräsentation besonderer, mehrere Städte oder auch Stämme umfassender Matrikularbeitragskreise, in denen eine bestimmte Anzahl von Truppen aufgebracht werden mußte, wonach sich wiederum die Zahl der Abgeordneten errechnete.

In diesem interessanten Gedanken – er hatte gewisse Vorläufer in der früheren boiotischen Bundesverfassung und teilweise auch in der spartanischen Praxis nach 387 – steckten eigentümliche Ansätze zur Überwindung des atomisierenden Staatenpluralismus Griechenlands (die Zukunft führte sie freilich nicht weiter), aber ebenso war bei dieser Konstruktion ängstlich darauf Bedacht genommen, die Superiorität Philipps innerhalb des Synhedrions nicht zu formalisieren, obgleich selbstverständlich jeder wußte, daß diese eigenartige Zusammenfassung fast aller Festlandhellenen nur durch Philipps politischen Willen geschah. Philipp behielt sich nur die Stellung eines exekutiven Militärorgans, des bevollmächtigten Strategen *(strategós autokrátor)* vor, oder genauer gesagt: er schuf dieses Organ für den Kriegsfall und kalkulierte dabei ein, daß nur er dazu gewählt werden konnte. Zugleich war es Philipp klar, daß die so von ihm herbeigeführte »Einheit« Griechenlands sich nur in kriegerischer Aktion integrieren konnte. Hierbei befand sich Philipp in einer außerordentlich glücklichen Lage. Er selbst wollte schon lange, wahrscheinlich mit begrenzter Zielsetzung, gegen das Perserreich zu Felde ziehen. Der Zeitpunkt war nach der überraschenden Lösung des griechischen Problems gekommen. Es fehlte nur noch die plausible Argumentation bei der griechischen Öffentlichkeit. Sie lag bereit in der Isokrateischen Idee von dem panhellenischen Feldzug gegen Persien. Philipp hatte den papierenen

Charakter von Isokrates' Aufruf im Jahre 380 richtig durchschaut und konnte deshalb den schlauen Einfall haben, ihn im selben Stil noch einen Schritt weiterzuführen, damit gleichsam auf einen Schelm noch einen anderen setzend. Nach seiner Meinung sollten nämlich die Griechen jetzt Rache nehmen für die Zerstörung der griechischen Tempel durch Xerxes, also für einen Vorgang, der beinahe anderthalb Jahrhunderte zurücklag (!). Damit erschien denn an der einzigen Stelle, welche die Herrschaft Philipps verriet, ein gemeingriechischer »Auftrag«, sehr gut dazu geeignet, die wahre Realität ideal zu verbrämen und unter einer verbindlichen Flagge die Kraft des unterworfenen Griechenlands den eigenen Zielen nutzbar zu machen.

Die weitere Geschichte ließ es nicht dazu kommen, uns zu zeigen, was in dieser Kombination von Macht und schmeichlerischer Anpassung an einen bestimmten Zug des objektiven Bewußtseins für Möglichkeiten lagen. Mit Alexander dem Großen, der zwei Jahre später an der Stelle Philipps stand, verschoben sich alle Maßstäbe, und binnen kürzester Zeit brach für einen Griechen die bisherige politische Weltordnung zusammen.

Die plötzliche Verwandlung der Welt durch Alexander war so erstaunlich, daß sie von den Griechen wohl registriert, aber nicht eigentlich im Bewußtsein verarbeitet werden konnte. Im Grunde entglitt den Menschen die Geschichte, und sie selbst blieben das, was sie waren. Moralische Eroberungen machten bei den Griechen bezeichnenderweise weder Philipp noch Alexander. Die herrschende Einstellung war konservativ, und es erschien viel wahrscheinlicher, daß es so blieb wie bisher, als daß man einer Zukunft der unbegrenzten Möglichkeiten entgegenging. Als das Perserreich zusammenstürzte und Alexander zweifellos der mächtigste Mann des Abendlandes war, führten die Spartaner gegen Alexanders Statthalter Antipater Krieg, und es hätte nicht viel gefehlt, daß die Athener mitmachten. Etwa zur gleichen Zeit wurde in Athen ein merkwürdiger Prozeßkrieg durchgefochten: Demosthenes und Aischines kämpften (auf Grund bestimmter formeller Voraussetzungen, die hier nicht zu schildern sind) um das öffentliche Urteil, wessen Politik vor Chaironeia die richtige gewesen sei. Sieger blieb der Unterlegene von 338! So wenig war das allgemeine Empfinden durch die acht Jahre danach geformt und verwandelt worden. Unter diesen Umständen kann es nicht verwundern, wenn 323 der Tod Alexanders in Griechenland und vor allem auch in Athen die Überzeugung weckte, jetzt sei der Spuk, der mit Chaironeia begonnen hatte, vorbei, und die alte Ordnung (oder Unordnung) müßte sich von selbst wiederherstellen. Auch Demosthenes, der die letzten fünfzehn Jahre sehr vorsichtig gewesen war, erlag dieser Illusion. Er mußte sie mit seinem Leben bezahlen. Als die makedonischen Waffen siegten, blieb ihm nur der Selbstmord (322 v. Chr.).

Ist das nun der Abschluß der »klassischen« Epoche der Griechen? Eine peinliche Frage für den Historiker, denn sie konfrontiert ihn mit Problemen, die über seinen Gegenstand hinausgehen. Was ist schließlich eine Epoche, und wodurch wird sie definiert? Bedeutete der Sieg Makedoniens, der eigentlich nur der Sieg Philipps und Alexanders war, lediglich die Fortsetzung der griechischen Geschichte unter makedonischer Ägide, wurde griechische Geschichte zur makedonischen Geschichte, oder etwa umgekehrt, wie es sich das nationalstaatliche Denken des 19. Jahrhunderts einbildete? Hat der Sieger immer recht und steht damit die historische »Vernunft« auf seiner Seite? Diese Fragen (und manche anderen noch) vermag der Chronist der klassischen Zeit nur zu stellen. Die Antwort läßt sich allein der Betrachtung des Ganzen entnehmen. Die Rolle Makedoniens wurde gewiß entscheidend für die griechische Geschichte, aber man muß sie mit der Wirkung nicht nur Philipps, sondern ebenso Alexanders gleichsetzen, und es ist lehrreich zu sehen, was der Einzelne maximal in der Geschichte fertigzubringen vermag – und was schließlich dann doch nicht. Die Betrachtung der klassischen Zeit führt nicht bis dahin, wo diese Überlegungen virulent werden. Sie vermag nur zu veranschaulichen, wie die Voraussetzungen solcher Problematik entstanden und wie es möglich wurde, daß das Schwergewicht der griechischen Politik sich in den Norden verlagerte.

C. Bradford Welles

DIE HELLENISTISCHE WELT

Alexander erobert Thron und Heer

Alexander der Große, Sohn König Philipps II. und der Epirotenprinzessin Olympias, wurde zum König der Makedonen im Monat Daisios (Mai oder Juni) des Jahres 336 v. Chr. Die Umstände, unter denen das geschah, waren ungewöhnlich und vielsagend.

Philipp II. hatte für Makedonien viel erreicht. Im Jahre 359, in einer Zeit, da Makedonien auf allen Seiten von Feinden bedroht wurde und die Argeadendynastie Mühe hatte, sich gegen rivalisierende makedonische Fürstengeschlechter zu behaupten, war er als Dreiundzwanzigjähriger zum Regenten für seinen minderjährigen Neffen geworden. Er hatte Erfolg. Schon zwei Jahre später war er König, und in seiner vierundzwanzigjährigen Regierungszeit stieg Makedonien zur Vorherrschaft in der griechischen Welt auf. Die thrakischen und illyrischen Staaten im Norden und Westen wurden Philipps Vasallen. Dazu war er Oberhaupt der Amphiktyonie von Delphi und der Stammes- und Städtebünde der Thessaler und Hellenen. Mit diesen Kräften konnte er rechnen, als er Vorbereitungen für die Aufgabe traf, die er sich als nächste gesetzt hatte: den Krieg gegen Persien. Er war noch nicht fünfzig Jahre alt, ein talentvoller Mann auf der Höhe seiner körperlichen und geistigen Kräfte. Da fällte ihn der Dolch des Mörders.

Kurz nach seiner Thronbesteigung hatte Philipp Olympias, eine Tochter des Königs Neoptolemos von Epirus, geheiratet. Die Ehe hatte politische Hintergründe. Beide Königshäuser leiteten ihre Abstammung von Zeus ab: die Argeaden über Herakles, die Epiroten über Achilleus, und mit dieser dynastischen Verbindung hatte Philipp wertvolle Beziehungen in Thessalien gewonnen. Der Ehe mit Olympias entstammten zwei Kinder: ein Sohn, Alexander, 356 geboren, und eine Tochter, Kleopatra, ungefähr ein Jahr jünger. Aber die Monogamie gehörte nicht zu den Traditionen der Argeaden. Bald hatte sich Philipp andere Frauen aus Thessalien und Thrakien geholt, zum Teil wohl ebenfalls aus politischen Gründen, und auch aus diesen Ehen gab es Kinder. Doch blieb Alexander Philipps Lieblingssohn und erhielt die Erziehung, die einem künftigen König gebührte: er wurde zum Krieger ausgebildet, und alles Wissen und alle Gelehrsamkeit der griechischen Welt vermittelte ihm der Philosoph Aristoteles. In der Schlacht von Chaironeia führte er das Kommando über den linken Flügel der Makedonen (wahrscheinlich unter dem wachsamen Auge des Generals Parmenion); die thebanische Front zerbrach unter dem Ansturm seiner Reiter. Vermutlich waren seine Soldaten Thessaler, denn es ist anzunehmen, daß die makedonische Reiterei, die »Schar der berittenen Gefährten«, unter Philipp auf dem rechten Flügel kämpfte. Philipp verzichtete auf den Angriff und begnügte sich damit, mit seinem Flügel die Athener in Schach zu halten. Alexander konnte den Siegesruhm einstreichen.

Aber nach diesen ersten Triumphen geriet Alexander ins Hintertreffen. Wohl im Hinblick auf den bevorstehenden Asien-Feldzug fügte Philipp, um sich mit dem makedonischen Adel besserzustellen, der Zahl seiner Frauen zum erstenmal eine Makedonin hinzu. Welchem Adelsgeschlecht diese Kleopatra entstammte, wissen wir nicht; sie war jedenfalls Nichte und Mündel des Feldherrn Attalos, der eine Tochter des Parmenion geheiratet hatte. Die Makedonen, die Olympias nie gemocht hatten, waren von der neuen Ehe des Königs begeistert; manch einer wagte sogar, der Hoffnung Ausdruck zu geben, daß es nun einen legitimen Thronerben, einen Königssohn von rein makedonischem Geblüt, geben werde. Wutentbrannt zog sich Olympias nach Epirus zurück, und man kann sich denken, daß Philipp erleichtert aufatmete. Es wird ihn weniger erfreut haben, daß Alexander die Partei der Mutter ergriff; er ging mit ihr ins Exil, und von den fünf Freunden, die er mitnahm, waren nur zwei »echte« Makedonen; die übrigen drei waren nach makedonischer Auffassung »Griechen«: Söhne griechischer Familien, die sich auf Philipps Einladung in Amphipolis niedergelassen hatten, von den Makedonen nicht als ihresgleichen akzeptiert. Man kann daran ermessen, in welch rebellischer Stimmung Alexander von dannen zog.

Daß er von seinem einzigen erwachsenen und kriegstüchtigen Sohn am Vorabend eines großangelegten und gefahrenreichen überseeischen Feldzugs im Stich gelassen wurde, brachte Philipp in eine peinliche Lage. Er gab sich Mühe, den Konflikt beizulegen. Als die letzten Kriegsvorbereitungen im Gange, die Streitkräfte bereits aufgestellt und Gesandte aus allen verbündeten und unterworfenen Landschaften eingetroffen waren, um dem König einen glücklichen Ausgang des Krieges zu wünschen, wurde in Aigai, dem alten Nationalheiligtum Makedoniens, ein großes Fest zu Ehren der Zwölf Götter veranstaltet, bei dem Philipp als die dreizehnte anwesende Gottheit gefeiert werden sollte. Zugleich sollte ein Familienereignis festlich begangen werden, mit dem Philipp allen Grund hatte zufrieden zu sein: die Königstochter Kleopatra heiratete ihren Onkel Alexander, Thronfolger von Epirus; Olympias war einverstanden, und der makedonische Alexander war mit dem epirotischen Bräutigam zur Hochzeit gekommen. Der Höhepunkt der Feierlichkeiten von Aigai sollte eine Galaveranstaltung im Theater sein, bei der wohl auch die Vermählung des prinzlichen Paares bekanntgegeben werden sollte. Die Zeremonie sollte mit Sonnenaufgang beginnen.

Lange vor Morgengrauen war jeder Sitz besetzt. Alles blickte wie gebannt auf den Eingang. Philipp, der unter gewöhnlichen Umständen von seinen als Leibwache dienenden Freunden umringt gewesen wäre, war zu einer dramatischen Vertrauensgeste überredet worden: er hatte die Freunde vorausgeschickt und folgte selbst in einigem Abstand zwischen den beiden Alexander, dem Sohn und dem künftigen Schwiegersohn. In diesem Augenblick drängte sich der Mörder, Pausanias, nach vorn und stieß auf Philipp mit einem Dolch ein.

Und nun zeigte sich Merkwürdiges: ohne zu zögern, griffen Alexanders Freunde überlegt und entschlossen ein. Während sich die königliche Gefolgschaft ratlos und verwirrt um den tödlich getroffenen Philipp scharte, stürzten sich drei von Alexanders Freunden mit Waffen in den Händen auf Pausanias und schlugen ihn tot. Dann eilte der Freundeskreis des Thronfolgers mit dem sich ebenfalls hastig bewaffnenden Alexander, Sohn des Fürsten Airopos von Lynkestis, zum Burgpalast, und dort entbot der Lynkestier seinem Namensvetter als erster die einem König gebührende Begrüßung. Unverzüglich wurde eine Untersuchung abgehalten, und alle angeblich am Anschlag Beteiligten wurden sogleich ums Leben gebracht. Zu den Hingerichteten gehörte Alexanders Vetter Amyntas, für den Philipp als Regent amtiert hatte und dessen eigene Anwartschaft auf den Thron begründet genug war, des Amyntas Halbbruder Karanos und die beiden älteren Brüder des Alexander von Lynkestis. Philipps makedonische Frau Kleopatra und ihr Sohn, noch ein Wickelkind, wurden von Olympias getötet; Kleopatras Onkel Attalos, der als Armeebefehlshaber mit der makedonischen Truppe in Kleinasien stand, fiel einem Meuchelmord zum Opfer.

Man braucht nicht phantasiebegabt zu sein, um sich das Entsetzen und die Verwirrung der Makedonen vorzustellen. Daß die Ermordung Philipps von Alexander organisiert worden war, können nur die wenigsten ernsthaft bezweifelt haben. Der angebliche Anlaß zu Pausanias' Feindschaft gegen Philipp lag viele Jahre zurück; in Wirklichkeit hatte nicht Philipp dem Pausanias ein Unrecht zugefügt, sondern Kleopatras Onkel Attalos. Pausanias war im westlichen Bergbezirk Orestis zu Hause, genau wie Perdikkas, einer der drei, die ihn töteten. Perdikkas und seine Mittäter Leonnatos und Attalos, Sohn des Andromenes (Schwager des Perdikkas), zählten damals und auch später zu den engsten Freunden Alexanders. Daß Pausanias tot war, hatte zur unmittelbaren praktischen Folge, daß er einem hochnotpeinlichen Verhör nicht mehr unterzogen werden konnte. Die Hingerichteten hatten mit Philipps Tod offensichtlich nicht gerechnet und von ihm nichts zu erwarten; einer von ihnen war ein Feind des Pausanias. Der offenkundige und unmittelbare Gewinner war Alexander, nur in diesem Augenblick hatte er zuschlagen können; im Felde wäre Philipp jedem Zugriff entzogen gewesen. Die Vorstellung, daß Alexander den Pausanias erst zur Ermordung seines Vaters angestiftet und dann zum Sündenbock gemacht haben soll, ist wenig sympathisch, aber sämtliche Tatsachen weisen eindeutig auf diesen perfiden Verrat hin. Der Vorfall ist ein nützlicher Fingerzeig: mit Einheit und Harmonie war unter den Makedonen nicht zu rechnen. Gelegentlich hat Alexander selbst von Makedonen als wilden Tieren gesprochen; er wußte nur zu genau, daß man mit Unschuld allein weder König der Makedonen werden noch es bleiben konnte.

Mit dem Tode Philipps ging sein Reich in die Brüche, denn es hatte auf persönlichen Bindungen an ihn, nicht auf staatlichen Beziehungen zu den Makedonen beruht. Daß Alexander seine Thronrivalen vernichtet hatte, mag immerhin viele gefreut haben: wenigstens gab es kein Rätselraten mehr darüber, wer König sein würde. Alexanders eigene *sýntrophoi*, die jungen Adligen, die mit ihm zusammen am Hofe erzogen worden waren, unternahmen energische Schritte, um Alexanders Herrschaft zu sichern. Antipater, Philipps größter Feldherr, war auf ihrer Seite. Philotas, der Sohn des Heerführers Parmenion, war ein Freund Alexanders. Parmenion selbst hatte in Kleinasien die Ermordung seines Schwiegersohns Attalos durch Alexanders Vertrauensmann Hekataios geduldet oder ihr sogar Vorschub geleistet. Die Soldaten aber hatten Philipp angebetet, und im Heere gärte es spürbar. Alexander griff nun zu dem sichersten Mittel, die Disziplin wiederherzustellen: er gab der Armee etwas zu tun.

Das erste Problem war politischer Natur: die Position, die sich Philipp in Makedonien und Griechenland geschaffen hatte, mußte von neuem gefestigt werden. Makedonien hatte keine geschriebene Verfassung; der König konnte sich nur behaupten, wenn die fürstlichen Familien, die die einzelnen Clane beherrschten, und das Volk als Ganzes ihn akzeptierten. Die gemeinsame Willensbildung kam im Heer zum Ausdruck, wo sich der Adel in den territorial gegliederten Schwadronen der berittenen »Gefährten« *(hetaíroi)* konzentrierte und die Volksmasse die ebenfalls nach Bezirken gegliederten Regimenter der schweren Infanterie, die »Fußgefährten« *(pezhetaíroi)* stellte. Das Heer hatte, wenn es sich in einer Massenzusammenkunft versammelte, das traditionsgeheiligte Recht, einen neuen König zu bestätigen und über Personen, die der Verschwörung gegen den König beschuldigt wurden, zu Gericht zu sitzen und ihre Hinrichtung zu verfügen. Da die wirklichen oder vermeintlichen Mörder bereits tot waren, brauchte Alexander nur seinen Standpunkt bekanntzugeben und dem Heer zuzusichern, daß der Wechsel der Person keinen Wechsel der Politik bedeute. Da er sich der Unterstützung der Vornehmen versichert hatte, gab es keine Schwierigkeiten. Im legitimen Königsstamm hatte Alexander keine Rivalen mehr, und seine militärischen Qualitäten hatte er inzwischen zur Genüge bewiesen; das alles versprach viel Erfolg im Krieg gegen Persien, und der Krieg war die Gelegenheit, Ruhm zu ernten und vor allem Gewinne einzuheimsen, auf die sich jeder Makedone freute.

Die Vorbereitungen müssen einige Wochen gedauert haben: das reichte aus, um die Kunde vom Tod Philipps in ganz Griechenland zu verbreiten, ließ aber nicht genug Zeit für eine gemeinschaftliche Erhebung der griechischen Stämme und Staaten; überdies stellten die griechischen Gesandtschaften, die vor der Ermordung Philipps nach Aigai gekommen waren, gewissermaßen Geiseln dar, die für das Wohlverhalten ihrer Auftraggeber einstehen mußten. Auflehnung gab es möglicherweise in Thessalien, und die Ambrakier vertrieben die makedonische Garnison; sonst stieß Alexander, als er mit seinem Heer nach dem Süden marschierte, auf keinerlei Widerstand. In Thessalien unterstützten ihn die Verwandten seiner Mutter, die Aleuaden von Larissa; einer von ihnen, Medios, Sohn des Oxynthemis, war ein guter persönlicher Freund Alexanders. Schließlich stimmten die Thessaler Alexanders Anspruch auf die Führung in Griechenland zu; wahrscheinlich wählten sie ihn auch zum Oberhaupt des Thessalischen Bundes. Das öffnete ihm den Weg nach Thermopylai und Delphi; auch die Delphische Amphiktyonie gab ihre Zustimmung. War Alexander erst einmal in Zentralgriechenland, so ließ sich alles übrige leicht in Ordnung bringen. Ambrakia tat Abbitte und erhielt die Absolution; Theben, Athen und die kleineren sicherten ihre Gefolgschaft zu. In Korinth trat die Versammlung des Hellenischen Bundes zusammen, an der alle peloponnesischen Staaten außer Sparta teilnahmen. Alexander wurde zum Oberhaupt des Staatenbundes und zum Oberbefehlshaber für den Krieg gegen Persien gewählt. Kriegspläne wurden entworfen und, obgleich Alexander den Zeitpunkt für den Invasionsfeldzug noch nicht festsetzen konnte, die Beiträge der einzelnen Staaten zur Finanzierung des Krieges erhoben. Später sollte ihm der Bund siebentausend Fußsoldaten und tausend Reiter zur Verfügung stellen.

Im Herbst 336 kehrte Alexander nach Makedonien zurück und wandte sich dem militärischen Teil seiner Aufgabe zu. Mit Diplomatie allein waren Anschluß und Beistand der Thraker und Illyrer nicht zu erreichen. Nicht nur waren hier die einzelnen Stämme von jeher von einem unbändigen Unabhängigkeitsdrang besessen; weitgehend herrschten überhaupt, seit die Kelten bis zur Donau vorgedrungen waren, chaotische Zustände. Seit zwanzig Jahren waren zwar schon die Paioner Makedonien untertan, und der Agrianerkönig Longaros war sogar mit Alexander befreundet und mit seinen Truppen zu ihm gestoßen, aber das Odrysische Reich war von Philipp erst fünf Jahre zuvor erobert worden, und auf seine Zuverlässigkeit war kein Verlaß. All diesen Völkern – wie auch den Makedonen selbst – mußte erst einmal Alexanders Feldherrnfähigkeit anschaulich vorgeführt werden.

Lange brauchten sie darauf nicht zu warten. Antipater war als Vizekönig in Makedonien belassen worden; Parmenion war mit seinem Heer in Kleinasien. Mit nur einem Teil des makedonischen Heeres, einem Aufgebot von Bogenschützen und Schleuderern, und den Agrianern des Longaros marschierte er zu Beginn des Frühjahrs gen Norden. Es war seine erste Erfahrung mit gemischten Feldstreitkräften, aber er bewies sofort, daß er kombinierte Waffengattungen mit großem Geschick zu handhaben wußte, zugleich zeigten sich die Vorteile der Diszipliniertheit und Kriegstüchtigkeit der makedonischen Schwerbewaffneten zu Fuß und zu Pferde. Die Balkan-Bergpässe versperrten die Triballer, die dabei waren, in geschlossenen Scharen nach dem Süden zu stoßen, und deren Selbstvertrauen gewachsen war, seit sie vier Jahre zuvor einen halben Sieg über Philipp errungen hatten. Die Bergabhänge hinunter ließen sie große, schwere Karren rollen, die die hinaufstürmenden Makedonen erdrücken oder auseinandertreiben sollten. Aber Alexanders Soldaten waren geschickt genug, beiseite zu springen und die Karren an sich vorbeirasen zu lassen, oder sie warfen sich zu Boden und ließen die Karren über ihre Schilde fahren. Nachdem der Paß überschritten war, schickte Alexander seine Schützen gegen die Hauptmasse der feindlichen Stammeskrieger vor, die sich in einer Talschlucht in den Flußniederungen vergraben hatten, und reizte sie so lange, bis sie aus der geschützten Stellung hervorkamen. Auf offenem Gelände waren aber die Triballer der Phalanx nicht gewachsen und wurden in Haufen niedergemetzelt.

Alexander brauchte nur drei Tage, um bis zur Donau vorzurücken, wo die Triballer ihre Frauen und Kinder auf einer Insel in Sicherheit wähnten; jenseits der Donau waren in ziemlicher Stärke die Geten aufmarschiert. Zunächst ließ sich die Insel auch mit Hilfe von Kriegsschiffen aus Byzantion nicht einnehmen; daraufhin ließ Alexander im Schutz der Dunkelheit eine ganze Flotte von Booten und Flößen zusammenstellen und brachte Fußvolk und Reiterei aufs andere Ufer. Die Geten flohen. Nur noch auf sich allein gestellt, kapitulierten die Triballer. Immer noch halsstarrig, nichtsdestoweniger aber erheblich beeindruckt, schickten die Kelten Unterhändler zu Alexander. Auch die Odrysen müssen sich beeilt haben, ihre Unterwerfung zu erklären. Alexander hatte als Heerführer Geschick und Findigkeit bewiesen und den Makedonen gezeigt, daß er entscheidende Siege ohne große Verluste zu erkämpfen wußte. Darauf kam es ihnen in erster Linie an. Außerdem gab es ansehnliche Beute.

Bei seiner Rückkehr ins Land der Agrianer erfuhr Alexander, daß der Illyrerkönig Kleitos eine Koalition gegen ihn gebildet, die Offensive begonnen und die makedonische Festung Pelion im Erigontal besetzt hatte; zur Koalition gehörten Glaukias mit seinen Taulantiern im Westen und die Autariaten im Norden. Alexander sollte in eine Falle gelockt werden. Wie so oft, ging er auf die Provokation ein und kehrte sie zu seinem Vorteil. Er überließ es den Agrianern, mit den Autariaten fertig zu werden, und marschierte, um Pelion zu nehmen, durch das Erigontal, auf der einen Seite den Fluß, auf der anderen die Berge, wo die feindlichen Stämme auf ihn lauerten. Die drohende Katastrophe vereitelten Diszipliniertheit und Manövrierfähigkeit der makedonischen Truppe. Die Gegner ließen sich aus der Stadt heraus- und von den Bergen herunterlocken; unter dem Schutz der Bogen- und Ballistenschützen setzte Alexander über den Fluß und wieder zurück und überrumpelte bei Nacht das Feindeslager, das dabei vernichtet wurde. Kleitos und Glaukias mußten fliehen; sie waren nicht nur besiegt, sondern auch blamiert worden. Obgleich Alexander keine Zeit mehr blieb, sie bis in ihre Heimatbezirke zu verfolgen und dort mit ihnen abzurechnen, wagten sie nicht mehr, gegen ihn aufzumucken. Für seine Soldaten war Alexander zum Abgott geworden.

Es war nun aber auch höchste Zeit, daß etwas geschah. Nach Griechenland waren Nachrichten gelangt, wonach Alexander tot sein sollte, und der Hellenische Bund drohte auseinanderzufallen. Den Anfang machte Theben mit einem Angriff auf die makedonische Besatzung der oberhalb der Stadt gelegenen Burg Kadmeia. Hätte die Zeit gereicht, so wäre bald ein griechisches Heer mit Kontingenten aus Elis, Arkadien und Messenien aufmarschiert und hätte vielleicht sogar aus der Peloponnes die Spartaner und aus Zentralgriechenland die Aitoler und Athener an sich gezogen. Gegen Alexanders Hellenischen Bund schleuderte Theben die Parole vom Königsfrieden, die allen Griechen die Freiheit verhieß. Bereitwilligst stellte der Großkönig der Perser Geldmittel zur Verfügung: für dreihundert Talente durfte Demosthenes Waffen für Theben einkaufen. Alexander ließ jedoch der Fronde keine Zeit, ihre Kräfte zu sammeln.

In sieben Tagesmärschen erreichte er mit seinen Truppen Thessalien, und nach sechs weiteren Tagen war er in Boiotien. Theben hatte von seinen Bundesgenossen keine Hilfe erhalten. Auch Alexander hatte nur die Truppen bei sich, mit denen er den Krieg in Thrakien geführt hatte, und auch mit den Verstärkungen aus Phokis und Boiotien war sein Heer nicht groß. Die Thebaner wagten daher, ihm außerhalb ihrer Festungsmauern entgegenzutreten; sie schlugen sich gut, aber sie kämpften allein. Auf dem Höhepunkt der Schlacht ließ Alexander das Regiment seines Freundes Perdikkas Theben von der Rückseite angreifen und durch ein Hintertor in die Stadt eindringen; Ptolemaios schrieb zwar später, Perdikkas habe auf eigene Faust gehandelt, aber Ptolemaios hat Perdikkas nie sehr gemocht. Nachdem die Stadt gefallen war, wurde unter Führung der Phoker und Boioter, der alten Todfeinde Thebens, ein großes Massaker veranstaltet: sechstausend Menschen sollen erschlagen, dreißigtausend gefangengenommen worden sein; nur wenige entflohen, vor allem nach Athen. Auf Beschluß der anwesenden Mitglieder des Hellenischen Bundes wurde die Stadt dem Boden gleichgemacht; nur die Tempel und die Häuser Pindars und seiner Nachkommen blieben verschont. Die Gefangenen ließ Alexander als Sklaven verkaufen.

Die grausige Abrechnung verbreitete in Griechenland Angst und Schrecken. Wer von Alexander abgefallen war, suchte eiligst wieder den Anschluß. Wie immer, wußte Alexander nicht nur streng zu sein, sondern auch Milde walten zu lassen. Er überließ es den Athenern selbst, über das Schicksal ihrer makedonenfeindlichen Führer zu entscheiden. Darauf flohen einige athenische Politiker nach Persien; denen, die – wie Demosthenes – im Lande blieben, geschah nichts. Flüchtlingen aus Theben durfte Athen sogar Asyl gewähren.

Inzwischen war es Herbst geworden. Alexander war seit sechs Monaten im Felde. Ohne erst den Hellenischen Bund nach Korinth zusammenzurufen, ließ er die Griechen wissen, der Krieg gegen Persien werde im Frühjahr beginnen. Dann zog er mit seinem Heer aus Griechenland ab und ging an die Vorbereitung des Feldzugs. Parmenion und Antipater drängten ihn zur Heirat, damit Makedonien einen Thronfolger bekomme; aber Alexander weigerte sich: entweder war ihm jede Ehe zuwider – oder er hielt es für zu schwierig, eine politisch geeignete Braut zu finden. Die Kriegskasse war trotz der Beute aus Thrakien und Theben so gut wie leer, wahrscheinlich war der größte Teil der Beute an die Soldaten gegangen; dem Heer gegenüber war Alexander aus guten Gründen immer freigebig. Mit dem Verkauf von Kroneigentum wurde Geld beschafft, nicht genug. Als die Armee gegen April 334 marschbereit war und sich von Pella aus in Bewegung setzte, um zum Hellespont zu ziehen, hatte Alexander kaum bares Geld, wohl aber, wie es hieß, Schulden. Dafür hatte er die Qualitäten sichtbar werden lassen, die ihm die Eroberung des Orients leicht machen sollten: er hatte sich ruchlos und taktvoll, bis zur Leidenschaftlichkeit erregbar und edelmütig gezeigt und ein vollendetes militärisches Können im Gebrauch kombinierter Waffen unter beliebigen Gelände- und Witterungsbedingungen an den Tag gelegt. Er konnte seine Feinde nicht nur physisch besiegen, sondern auch im Geist bezwingen. Voller Hoffnung und Zuversicht überquerte das Heer gegen Anfang Mai den Hellespont.

Kleinasien wird besetzt

Als Vizekönig war Antipater in Makedonien verblieben; er sollte für Ruhe in Europa sorgen und je nach Bedarf den Nachschub – Material und Mannschaften – organisieren. Als Stellvertreter im Oberbefehl hatte Alexander Parmenion mitgenommen. Ein Teil des Heeres hatte in der Heimat bleiben müssen. Bei sich hatte Alexander sechs Infanterieregimenter aus den Hochlandbezirken unter dem Kommando bewährter Offiziere, von denen einige seine persönlichen Freunde waren, und sechs Reiterschwadronen aus Neumakedonien, Bottiaia und Amphipolis, deren Kommandopersonal noch weithin unbekannt war. Daneben hatte Alexander ein Gardeinfanterieregiment, die *hypaspistai*, unter dem Befehl von Parmenions Sohn Nikanor und die Gardereiterei, die *ilé basiliké* oder *ágema*, an deren Spitze Kleitos der Schwarze, ein Bruder der Amme Alexanders, stand. Die berittenen Truppen führte Parmenions zweiter Sohn Philotas. In offener Feldschlacht hatte Parmenion den Oberbefehl über das gesamte Fußvolk und den linken Flügel der Kampffront. Mit Recht mochte Alexander der Meinung sein, daß der Parmenion-Familie ein viel zu großer Einfluß eingeräumt worden sei. Überdies war auch noch einer der Regimentskommandeure, Koinos, ein Schwiegersohn Parmenions. Möglicherweise war seine Frau die Witwe des Attalos, den Alexander hatte umbringen lassen.

Zu Beginn des Feldzugs zählten die makedonischen Truppen zwölftausend Fußsoldaten und achtzehnhundert Reiter. Dazu kamen die bundesgenössischen und Söldnerhopliten, die thrakischen Speerwerfer, die Bogenschützen und die sehr brauchbaren Agrianer, die Alexander stets in seiner Nähe behielt. Von der Reiterei waren am wichtigsten die achtzehnhundert Thessaler, die immer auf dem linken Flügel fochten; außerdem verfügte der Kavallerieverband über berittene Verbündete und Söldner und die leichtbewaffnete thrakische und paionische Reiterei. Die gesamte Kampftruppe einschließlich der Artillerie umfaßte nicht ganz vierzigtausend Mann; daneben gehörten zu Alexanders Heer eine technische Ingenieurabteilung und die kleine Leibwache im eigentlichen Sinn, die aus bewährten nahen Freunden Alexanders bestand und für besondere Aufträge und Sonderkommandos eingesetzt wurde.

Der Troß, der später riesengroß werden sollte, muß im Anfang ziemlich klein gewesen sein. Dazu gehörten die Königspagen, die Kammerherren, die Hofsklaven, das literarische, wissenschaftliche und persönliche Gefolge des Königs und das Personal, das mit der Beförderung von Gepäck, Proviant und gelegentlich auch Artillerie- oder Belagerungsmaschinen betraut war. Es gab keine Frauen – oder nur sehr wenige. Junge Eheleute unter seinen Soldaten schickte Alexander im Winter 334/333 auf Heimaturlaub; später, als sich die Armeen immer weiter von der Heimat entfernten, stand es allen Heeresangehörigen frei, sich bei der Eroberung neuer Gebiete Frauen oder Konkubinen aus der einheimischen Bevölkerung zu nehmen. Bald sollte es auch noch eine Gefangenenformation geben; an ihrer Spitze stand Laomedon, einer der drei Griechen, die im Jahre 337 Alexanders Exil geteilt hatten.

Unter der Führung Parmenions setzte das Heer bei Sestos nach Abydos über; vor der persischen Flotte wurde es von einem makedonischen Geschwader an der Mündung des Hellespont beschützt. An dieser Stelle ließ sich auch Alexander über die Meerenge bringen. Er ergriff von Asien symbolisch Besitz, indem er seinen Wurfspieß vom Boot aus in den Boden stieß. Dann ging er mit wenigen Freunden an Land und begab sich nach Ilion. Dort brachten Alexander und Hephaistion, sein intimster Freund, dem Andenken von Achilleus und Patroklos Opfer dar. Von der Wand des Athena-Tempels nahm Alexander den angeblichen Achilleus-Schild, der später in jeder Schlacht vor ihm hergetragen wurde, und ließ dafür seinen eigenen zurück. Nach dem symbolischen Ritual wieder mit der Truppe vereint, marschierte er gen Osten, den Persern entgegen.

Daß Alexander heranrückte, war den Persern bekannt, und sie hatten gegen ihn ein ansehnliches Heer zusammengebracht. Alle anatolischen Satrapen waren angetreten. In der Hauptsache muß das persische Heer aus ihren Satrapentruppen bestanden haben; verstärkt wurden sie durch etwa zwanzigtausend griechische Söldner unter dem Befehl des Rhodiers Memnon. Ein einheitliches Kommando fehlte, obgleich Memnon im Jahr zuvor den Auftrag erhalten hatte, den makedonischen Generalen Parmenion und Kalas entgegenzutreten, und die eigentlichen Reichstruppen befehligte, die am Kampf teilnahmen. Nach der Überlieferung soll er zum Rückzug und zur Verwüstung des Landes vor den heranrückenden Truppen Alexanders geraten haben; freilich kann das auch eine nach der Niederlage in Umlauf gebrachte Legende sein. Die Perser hatten genug Truppen und hätten siegen können, wenn sie ihre Truppen richtig eingesetzt hätten. Aber die Kräfte der ausgezeichneten iranischen Reiterei wurden nutzlos vertan, und die griechischen Söldner wurden gar nicht erst in den Kampf geführt.

Die beiden Heere trafen sich am Granikos, ungefähr auf halbem Wege zwischen Abydos und Kyzikos, und die Schlacht war eher ein zufälliges Aufeinanderprallen als eine geplante Kampfhandlung. Nach einem der Berichte soll Alexander bei Einbruch der Dunkelheit mit der marschierenden Kolonne, ohne haltzumachen, den Strom überquert und sich durch die persische Reiterei am anderen Ufer hindurchgekämpft haben. Nach einem anderen, eher einleuchtenden Bericht setzte Alexander im Morgengrauen über den Strom, ohne auf Widerstand zu stoßen, wurde jedoch von den Persern gestellt, ehe der größte Teil seiner Streitkräfte das feindliche Ufer erreicht hatte. Jedenfalls griffen die Satrapen unklugerweise an, als ihre Fußtruppen noch nicht in Kampfstellung waren. Vielleicht hofften sie, Alexander zu töten und damit die Angelegenheit zu erledigen; vielleicht waren sie aber auch einfach unfähig. Alexander rückte etappenweise von der Rechten her vor, mit einer gemischten Formation in der Vorhut: leichter Reiterei und Speerwerfern, einem Regiment der Phalanx und einer Schwadron der Reitergefährten. Nachdem diese Stoßkolonne die persische Front aufgerissen hatte, ließ er seine schwere Reiterei schräg zur Mitte hin vorstürmen; nach einem stürmischen Gefecht, in dem Kleitos Alexander dadurch das Leben rettete, daß er einem bereits zuschlagenden Angreifer den Arm abhieb, wurde die persische Reiterei in die Flucht geschlagen; wer nicht tödlich getroffen war, jagte von dannen. Den griechischen Söldnern blieb nach vielleicht sogar heftigem, aber sehr schnell abgeblasenem Widerstand nichts übrig, als sich zu ergeben.

Mit nur geringen Verlusten hatte Alexander Kleinasien erobert. In Dion wurden Standbilder der Reiter, die im Kampf gefallen waren, errichtet. Die Gefangenen ließ Alexander als Sklaven nach Makedonien bringen. Nach Athen wurden dreihundert Kriegerrüstungen gesandt – zum Zeichen dafür, daß »Alexander und die Griechen, jedoch nicht die Lakedaimonier« den Barbaren Asiens Beute abgenommen hatten. Auf dem Südmarsch nach Sardes stellte Alexander seine eigenen Beamten an die Spitze der persischen Provinzorganisation. Die Küstenstädte Kleinasiens öffneten Alexander ihre Tore; in der Annahme, daß ein Regimewechsel ihre Ergebenheit verbürgen würde, setzte er in allen Städten demokratische Verwaltungen ein. Nur Milet, das sich auf die persische Flotte stützen zu können glaubte, leistete Widerstand, wurde aber im Sturm genommen. Dann löste Alexander vorübergehend seine Flotte auf, für die er zunächst keine Verwendung hatte; im nächsten Jahr wurde sie dann wieder zusammengestellt. Von den letzten persischen Streitkräften in Kleinasien wurde mit Unterstützung der Flotte Halikarnassos verteidigt; doch Alexanders Belagerungsmaschinen zertrümmerten die Stadtmauern, und die Garnison mußte auf dem Seeweg evakuiert werden; sie nahm an der großen Flottenoffensive teil, die Memnon versuchte und der erst sein Tod im folgenden Jahr ein Ende bereitete. Karien übergab Alexander Ada, der letzten Überlebenden des dortigen Königshauses, zu deren

Schutz er Truppen hinterließ, die aber auch noch die Zitadellen von Halikarnassos einnehmen sollten. Das eigentliche Heer und den Troß brachte Parmenion zurück nach Sardes und von dort nach Gordion, wo er überwinterte; das gab ihm auch Gelegenheit, die Satrapenfestung Kelainai zu belagern.

Alexander war im Herbst die Küste entlang weiter östlich gezogen und hatte die Unterwerfung der Städte Lykiens entgegengenommen. Hier setzte er als Satrapen den Griechen Nearchos ein, einen Freund aus seinen Jünglingsjahren. Nearchos sollte die persische Flotte daran hindern, die Küstenstädte als Stützpunkte zu benutzen: solange die Küste in makedonischen Händen blieb, war die persische Flotte von der für sie lebenswichtigen Verbindung mit Phönikien abgeschnitten. In Lykien machte Alexander kehrt und stieß über Pamphylien und Pisidien ins Innere Kleinasiens vor; bei sich hatte er im wesentlichen dieselben Truppen, mit denen er 335 in Thrakien gekämpft hatte: die makedonische Phalanx und schwere Reiterei mitsamt Bogenschützen und Agrianern. Ein Winterfeldzug im Gebirge hatte seine Schwierigkeiten, doch kam Alexander ohne große Kämpfe erfolgreich voran; nur an einer Stelle leisteten die Einwohner einer Gebirgsfestung erbitterten Widerstand und ließen, als ihnen Gefangennahme drohte, nach lykischer Sitte ihre Familien in Flammen aufgehen.

Mitten im Winter gelangte Alexander nach Gordion. Da gab es den berühmten Streitwagen des Midas, dessen Deichsel mit dem, wie es hieß, unlösbaren Gordischen Knoten mit unsichtbaren Enden an dem Joch für das Pferdegespann festgemacht war; wem es gelang, den Knoten zu lösen, der sollte nach der Sage König der ganzen Welt werden. Diesen Knoten, so heißt es bei den meisten Chronisten, durchhieb nun Alexander mit seinem Schwert. Aristobulos, der sich mehr ans Detail hielt, schrieb, Alexander habe den Pflock herausgenommen, der die Deichsel festhielt, und damit die verborgenen Enden des Knotens bloßgelegt. Und Ptolemaios zog es in seiner Geschichte vor, den ganzen Vorfall fortzulassen. Schon zu seinen Lebzeiten sahen die Menschen in Alexander nur das, was sie sehen wollten.

Da Parmenion ein tüchtiger Organisator war, fand Alexander alles für den Weitermarsch ins Innere des Perserreiches bereit. Die beurlaubten jungen Ehemänner waren aus der Heimat zurück; mit ihnen waren, hauptsächlich aus Makedonien, neuausgehobene Truppen gekommen. Während der Abwesenheit Alexanders hatte Parmenion eine Verschwörung aufgedeckt (oder erfunden), in die Alexander von Lynkestis verwickelt sein sollte, und ihn auf Grund geheimer Instruktionen des Königs gefangengesetzt. Der wichtige Oberbefehl über die thessalische Reiterei wurde ihm abgenommen, aber es gab keinen Prozeß: offenbar stand die Anklage gegen den Lynkestier auf so schwachen Füßen, daß der königliche Namensvetter die Öffentlichkeit scheute. Bevor Alexander Gordion verließ, übertrug er die Satrapie Phrygien dem begabten und tüchtigen Antigonos, einem Freund seines Vaters, der bis dahin das vom Hellenischen Bund gestellte Fußvolk geführt hatte. Ihm sollte später eine gewichtige Rolle zufallen.

Ohne Schwierigkeiten passierte die Armee die Bergpässe, die nach Kilikien führten; unterwegs konnte Alexander noch die nominelle Unterwerfung Kappadokiens einstecken. Wie immer, führte er die Truppen mit einer Avantgarde an: den Hypaspistai, den Reiter-

Griechen und Perser in der Schlacht am Granikos in Nordwestanatolien
Marmorrelief am sogenannten Alexander-Sarkophag, Ende 4. Jahrhundert v. Chr.
Istanbul, Archäologisches Museum

Die Ebene von Sardes in Westkleinasien
Zu beiden Seiten der Straße das Gebiet der alten Stadt

gefährten (oder jedenfalls einem Teil der Gefährtenschwadronen), den Bogenschützen und den Agrianern. Zu Beginn des Sommers rückte das Heer in Tarsos ein. Hier befiel Alexander eine schwere Krankheit, wahrscheinlich weil er, von der Hitze und den Strapazen des Marsches erschöpft, in die eisigen Fluten des Kydnos gestiegen war. Die Lage war kritisch: zwar lagen Nachrichten über den Tod Memnons und über Erfolge der neuen Flotte Alexanders vor, die unter dem Befehl des Amphoteros, dem Bruder des Krateros, stand, zugleich wurde aber gemeldet, der Großkönig sei mit einer gewaltigen Streitmacht von Babylon aufgebrochen und nach Kilikien unterwegs.

Alexander verlangte von seinen Ärzten ein radikales Heilmittel, das ihm der Leibarzt Philipp aus Akarnanien auch tatsächlich verabreichte, worauf sich der König schnell erholte, sei es dank dem Wundermittel, sei es trotz ihm. In der späteren Verleumdungskampagne gegen Parmenion wurde die Behauptung verbreitet, Parmenion habe Alexander vor dem Leibarzt Philipp brieflich gewarnt, ihn also um jede Genesungschance bringen wollen. In Wirklichkeit konnte Parmenion, der bei der Haupttruppe stand, von der Krankheit des Königs gar nicht unterrichtet sein; hätte er über Philipp Nachteiliges gewußt, so hätte er mit der Weitergabe der Nachricht nicht bis zu dem Augenblick gewartet, da Alexander den Becher mit der gefährlichen Medizin an die Lippen setzte; übrigens hatte Alexander im Falle des Lynkestiers bewiesen, daß er jederzeit bereit war, auf bloßen Verdacht hin zu handeln. Jedenfalls war Alexander bald schon wieder in der Lage, die Unterwerfung der kilikischen Städte persönlich entgegenzunehmen und einen Feldzug von sieben Tagen gegen die Stammeskrieger im Westen zu führen. Die Südküste Anatoliens war nun ganz in seiner Hand; nichts hinderte ihn mehr, nach dem Süden aufzubrechen.

Krieg gegen Dareios III.

Mit den Truppen, über die ihm der Schlachtbefehl zustand, dem Fußvolk der Bundesgenossen, der Söldnerinfanterie und den thrakischen und thessalischen Reitern, war Parmenion vorausgeschickt worden: er sollte die Pässe im Amanosgebirge besetzen und dafür sorgen, daß die übrige Truppe unbelästigt durch die Küstenniederung ziehen konnte. Ähnlich hatte er 334 Alexanders rechten Flügel beim Marsch durchs Mäandertal gedeckt, und das gleiche sollte sich nach der Schlacht von Issos bei Damaskos wiederholen. Hatte die Hauptmarschkolonne das Tal passiert, so sollte er sich ihr mit seinen Regimentern anschließen; schon auf dem Marsch konnten auf diese Weise die einzelnen Einheiten die ihnen in der Schlachtordnung zugedachten Positionen einnehmen. Damit war aber der Weg über die Berge zur Küste frei. Die aus dem Zweistromland heranrückenden Perser zogen ihrerseits über die Pässe und erreichten die Küste bei Issos. Dort hatte Alexander einen kleinen Teil des Heeres zurückgelassen, zum Teil Kranke und Verwundete. Die Perser schlachteten sie ab und zerschnitten Alexanders Verbindungslinien. Auf diese Kunde hin machte Alexander kehrt und marschierte zurück bis an den Pinaros, wo die Perser zwischen Gebirge und Seeküste Feldbefestigungen aufgeworfen hatten.

Alexander war in eine schwierige Lage geraten. Viele Kritiker sind der Ansicht, er habe sich heftig verrechnet. Im Altertum überwog allerdings die Meinung, daß es ein gravierender Fehler des Perserkönigs war, seine große Streitmacht in einem engbegrenzten Raum zu konzentrieren, und es ist nicht unwahrscheinlich, daß Dareios in eine ihm von Alexander gestellte Falle gegangen war. Gewiß hatte Alexander die in Issos zurückgelassenen Soldaten, vermutlich eher kampfuntüchtige Besatzungstruppen als lazarettpflichtige Patienten, opfern müssen; aber sentimental war Alexander nicht. Dafür hatte er Dareios in eine Position hineinmanövriert, in der die Perser nicht mit Erfolg kämpfen konnten und in der sein eigenes Heer sich in einer Stellung sah, in der es sich gut schlagen mußte, um mit dem Leben davonzukommen. So hatte es der vielbewunderte Agathokles von Syrakus in Afrika gemacht, als er die Schiffe verbrannte, mit denen seine Krieger hätten heimsegeln können. Auf seine Makedonen durfte sich Alexander verlassen; was jedoch die griechischen Verbündeten und Söldner anging, die sich im Kampf noch nicht bewährt hatten, so mußte er seine Zweifel haben. Nicht umsonst stellte er auf den linken Flügel vier Regimenter der makedonischen Phalanx unter dem Befehl seines erfahrensten Heerführers Krateros: sie sollten den Griechen zeigen, was von ihnen erwartet wurde.

Alles verlief planmäßig. Während Parmenion und Krateros die schwere Infanterie der Perser, ihre griechischen Söldner und die Karduchen in Schach hielten, warf Alexander mit seiner von Bogenschützen, Speerwerfern und Agrianern unterstützten leichten Reiterei den über die Hügel verteilten linken Flügel der Perser ins Gebirge zurück und ging dann mit den schwerbewaffneten Reitergefährten und zwei Regimentern der Phalanx zum Angriff auf die persische Mitte über. Es war der gleiche »Schrägangriff«, der bei Granikos so gut geglückt war und der später auch bei Gaugamela seinen Zweck erfüllen sollte. In Gefahr, umzingelt und ins Meer getrieben zu werden, mußten die Perser ihre Stellungen räumen und sich in großer Eile zurückziehen. Bis in die späten Abendstunden verfolgte Alexander mit der Reiterei den fliehenden Perserkönig; es gelang ihm, Dareios von seinen Truppen abzuschneiden, die nach dem Norden abrückten; nur eine Kolonne der griechischen Söldner unter dem Kommando eines Makedonen namens Amyntas durchbrach Alexanders Front und gelangte bis zum persischen Flottenstützpunkt Tripolis in Phönikien. Dort verbrannten die Griechen alle überflüssigen Schiffe und segelten mit der restlichen Flotte nach Ägypten, das Amyntas als provisorischer Satrap halten wollte. Zum Glück für Alexander vernichteten die Ägypter die Truppen des Amyntas; auf treue Gefolgschaft konnte der Perserkönig in Ägypten nicht rechnen.

Die übrigen persischen Befehlshaber kamen zuerst nach Kappadokien, wo sie freundlich empfangen wurden und zusätzliche Mannschaften ausheben konnten. Dann durchzogen sie mit zwei Marschkolonnen den größten Teil Kleinasiens: eine Kolonne marschierte durchs Mäandertal, die andere, hauptsächlich Paphlagonier, rückte gegen den Satrapen Kalas im hellespontischen Phrygien vor.

Am Ende wurde der Angriff mit Hilfe des kilikischen Satrapen Balakros aufgefangen, der Milet zurückeroberte; drei große Siege wurden auf das Konto Antigonos' gebucht, der möglicherweise den Oberbefehl innehatte. Diese Kämpfe müssen das Frühjahr 332 beansprucht haben.

Das große persische Heer hatte sich in einzelne Teile aufgelöst, so daß Alexander zunächst keine neue militärische Bedrohung zu befürchten hatte. Um das Heer aufzustellen und auszubilden, das er dann nach Griechenland führte, hatte Xerxes vier Jahre gebraucht; jetzt dauerte es zwei Jahre, bis Dareios wieder kampfbereit war. Überdies hatte Alexander die Harems des Dareios und der persischen Vornehmen gefangengenommen, darunter Dareios' Mutter, Frau und drei kleine Kinder. Er hätte dem Großkönig seine Forderungen diktieren können. Dareios streckte auch sofort diplomatische Fühler aus, um zu erfahren, welche Bedingungen für Alexander annehmbar wären. Aber Alexander ließ sich auf keinerlei Verhandlungen ein. Er hatte die königliche Familie menschlich und ehrenhaft interniert, was ihm im Altertum wie in der Neuzeit von denen hoch angerechnet worden ist, die vom Schicksal der übrigen erbeuteten persischen Frauen nichts in Erfahrung gebracht hatten. Für Alexander hatten die Angehörigen des Dareios ihren offenkundigen Wert als Geiseln.

Ohne auf Widerstand zu stoßen, hätte Alexander bis nach Babylon und Susa marschieren können. Er zog es vor, zunächst Phönikien und Ägypten zu nehmen, womit sich mancherlei im voraus bereinigen ließ. Die persische Flotte, die ihre Stützpunkte auf Kypros und in Phönikien hatte, war noch vorhanden; anderseits waren die levantinischen Provinzen und Ägypten als Einnahmequellen wichtig. Freilich hätten diese Landstriche, wenn Alexander seinen Sieg hätte sofort ausnutzen und die persischen Hauptstädte erobern wollen, auch von einem seiner Generale besetzt werden können. Aber entweder verließ sich Alexander nicht auf seine Generale, nicht einmal auf Parmenion, oder er hatte andere zwingende Gründe – sei es Wißbegier, sei es religiöses Interesse –, die Welt der Levante selbst zu sehen. Er ordnete Parmenion mit dem üblichen Abschirmkorps nach Damaskos ab, wo ein günstiges Geschick dafür sorgte, daß der persische Armeetroß unversehrt erbeutet wurde, und zog selbst nach dem Süden. Es gab keinen Widerstand. Die kyprischen und phönikischen Fürsten unterwarfen sich und lieferten, sobald sie heimgekehrt waren, ihre Schiffe aus.

Die Schlacht von Issos hatte im Spätherbst stattgefunden. Nun war der Winter hereingebrochen. Als Alexander nach Tyros kam, wurde gerade zur Wintersonnenwende das große Jahresfest des Melkart abgehalten. Alexander bat, dem Fest beiwohnen und opfern zu dürfen, denn Melkart galt als eine Gestalt des Herakles, seines Ahnherrn. Das sah unverfänglich aus, bis Alexander erklärte, ohne bewaffnetes Gefolge nicht kommen zu wollen. Nun war aber Tyros eine mit Mauern befestigte und von Schiffen gut verteidigte Insel und konnte, solange es keine bewaffneten Gegner hereinließ, hoffen, einer Besetzung zu entgehen. Alexander wurde aufgefordert, seine Opfer auf dem Festland, in Alt-Tyros, darzubringen; zugleich erklärte sich Tyros bereit, sich mit ihm zu verbünden. Nun mußte sich Alexander entscheiden. Daß er Tyros für einen gefährlichen Gegner gehalten habe oder dringend auf Beute angewiesen gewesen sei, ist schwer vorstellbar. Nur unbezähmbarer Stolz und das Bedürfnis, immer wieder Unmögliches zu tun, können ihn bewogen haben, auf seiner Forderung zu bestehen und, da sie nicht erfüllt wurde, die Belagerung von Tyros in Angriff zu nehmen, die nicht weniger als sieben Monate dauern sollte.

Die Stadt Tyros nahm die kleine Insel ganz ein. Die Stadtmauern begannen am Rande des Wassers; die beiden Häfen waren befestigt und mit schwimmenden Molen abgeriegelt.

Die Stadt war nur einzunehmen, wenn man vom Festland aus einen etwa achthundert Meter langen Damm bis zur Insel baute, was denn Alexander auch tat; Tyros wurde damit zur Halbinsel und ist es seitdem geblieben. Der Dammbau kostete viel Zeit, zumal die am Bau Beschäftigten von den tyrischen Schiffen aus ständig angegriffen und am Arbeiten gehindert wurden. Erst im Frühjahr konnte Alexander eine Flotte zusammenstellen und die Tyrer einschließen. Offenbar war Alexanders Unterfangen auch eine Herausforderung der Götter: ein empörter Poseidon wehrte sich nicht nur mit Winterstürmen, sondern auch mit der Entsendung eines gewaltigen Wals. Auf beiden Seiten wurden große Heldentaten vollbracht und viel Scharfsinn entwickelt, worüber die Quellen mancherlei zu berichten wissen. Irgendwann wurde es Alexander zu langweilig; er verließ Tyros und unternahm einen schnellen Feldzug gegen die Bergstämme des südlichen Libanons; da Parmenion noch in Damaskos war, ließ er sich unterdes von Perdikkas und Krateros vertreten. Ein andermal verfiel er in eine schwere Depression; sein Freund Amyntas, Sohn des Andromenes und älterer Bruder des Attalos, der Philipps Mörder umgebracht hatte, mußte ihm neuen Mut einflößen.

Alexanders Nöte waren auch dann noch nicht vorüber, als der Damm endlich bis zur Insel vorgetrieben war, denn er war für das Erstürmen der Festung nicht breit genug. Der Angriff mußte auch von der See her geführt werden, und dazu mußte man auf notdürftig aneinandergeseilten Frachtkähnen Türme und Belagerungsmaschinen montieren und diese schwimmenden Notgebilde so dicht an die Mauern heranbringen, daß die Maschinerie ihren Dienst tun konnte. Tyrische Taucherabteilungen waren ständig damit beschäftigt, Unterwasserhindernisse gegen die Belagerer aufzubauen, und makedonische Taucherabteilungen hatten alle Hände voll zu tun, sie wieder zu beseitigen; heftige Zusammenstöße blieben nicht aus. Zu guter Letzt wurde vom Damm her eine Bresche in die Mauer geschlagen, die schwimmenden Türme waren in Gefechtsstellung, und das makedonische Fußvolk eröffnete den Sturmangriff. Über eine Brücke, die von einem der Türme zur Mauer geschlagen wurde, stürmte Alexander die Festung mit einer Abteilung der Hypaspistai, seine kyprisch-phönikische Flotte durchbrach die Hafensperre. Was folgte, war allgemeines Schlachten. Verschont wurden nur die wenigen, die in den Tempeln Zuflucht gefunden hatten. Zweitausend tyrische Krieger wurden gekreuzigt und dreizehntausend Frauen und Kinder in die Sklaverei verkauft. Die Stadt wurde neu besiedelt und mit einer neuen Verwaltung versehen, der »Apollon Philalexander«, den die Tyrer mit goldenen Ketten gefesselt hatten, damit er sie nicht im Stiche lasse, wurde befreit, und Alexander konnte endlich dem Melkart sein Opfer darbringen. Die Eroberung hatte sich als reichlich kostspielig erwiesen – und war doch wohl nicht sehr viel wert.

Auf dem Weitermarsch nach Ägypten stieß Alexander auf Widerstand nur bei Gaza, dessen Eroberung weniger aufwendig, aber viel wichtiger war als die von Tyros, denn Gaza versperrte den Weg über die Sinai-Halbinsel. Die Stadt wurde von einem persischen Eunuchen namens Betis wütend verteidigt, und da sie sich an einem Sandhügel in die Höhe reckte, war die Ausschachtung von Gräben und Tunnelgängen ebenso schwierig wie die Errichtung von Belagerungstürmen. Alexander wurde verwundet, konnte aber dennoch dank der Kombination von Artillerie und Belagerungsmechanik die Festungsmauern durchbrechen; aus Gaza machte er einen Militärstützpunkt. Einigen Berichten zufolge soll er aus

Wut über den Zeitverlust, den die Belagerung verursacht hatte, den gefangenen Betis lebendigen Leibes hinter seinem Streitwagen hergeschleift haben.

Im Frühherbst 332, als das Hochwasser des Nils schon im Abebben war, fiel Alexander in Ägypten ein. Irgendwie war an Stelle des persischen Satrapen, der bei Issos gefallen war, ein anderer ernannt worden, und da er keine Truppen hatte, übergab er das Land Alexander, ohne es auf einen Kampf ankommen zu lassen. Von den Ägyptern freudig empfangen, begab sich Alexander nach Memphis und brachte dem Apis das Königsopfer dar. Wahrscheinlich wurde er nach ägyptischem Ritus als Pharao gekrönt. Mit großem Eifer vertiefte er sich in administrative und diplomatische Probleme. Bald aber trat er die Staatsgeschäfte an Parmenion ab, der seit Gaza wieder bei ihm war, und wandte sich dem eigentlichen Zweck seiner ägyptischen Kampagne zu. Mit einer kleinen Freundesschar und militärischem Gefolge besuchte er das Amun-Orakel in der Oase Siwa. Das Orakel, in romantischer Isolierung in der Libyschen Wüste gelegen, war, ohne wirklich ägyptisch zu sein, Teil der Weisheit Ägyptens. Bei den Griechen genoß es besonders großes Ansehen und wurde in wichtigen Angelegenheiten regelmäßig zu Rate gezogen. Die Pythia von Delphi hatte unzweifelhaft recht behalten, als sie Alexander die Unbesiegbarkeit weissagte; nun sollte Amun für Alexanders weitere Pläne die göttlichen Weisungen erteilen.

Vielleicht wollte Alexander auch noch andere Fragen an das Orakel richten. Im griechischen religiösen Denken war göttliche Zeugung nichts Ungewöhnliches, und es gab keinen Grund, warum Olympias, die für Mystik einiges übrig hatte und, was ihren Sohn anging, voller Ehrgeiz war, das Andenken Philipps hätte hochhalten sollen. Allgemein hielt sich jedenfalls die Version, wonach Alexander schon beim Betreten des Tempels von Amun als Sohn angeredet worden sei. Darüber hinaus soll ihm Amun versichert haben, er werde alle besiegen, die er besiegen wolle. Das genügte Alexander. Für sein Verhältnis zu den Makedonen sollte allerdings die Vaterschaft Amuns, sosehr sie griechischen Vorstellungen entsprechen mochte, zum Stein des Anstoßes werden: die Makedonen verehrten Philipp und wollten Alexander als einen der Ihren behalten.

Der Siwa-Vorfall war heftig umstritten. Schon im Altertum waren viele Versionen über den Besuch bei Amun im Umlauf. Sicher ist da nichts überliefert, außer daß der Besuch stattgefunden hat. Wir wissen nicht, wen Alexander mitgenommen hatte: vielleicht Hephaistion, Leonnatos, Lysimachos, vielleicht andere intime Freunde. Ptolemaios, der wohl nicht mit von der Partie war, hat weder die Zusammensetzung des Gefolges festgehalten noch erwähnt, wer das Militär befehligte; er hätte gute Gründe gehabt, die Namen zu verschweigen, sofern zur Mannschaft die Reitergefährten unter Philotas und die Fußgefährten unter Nikanor oder Perdikkas gehört hatten, was plausibel gewesen wäre. Im Gegensatz zu anderen Chronisten hat er dagegen aus irgendeinem Grund besonders hervorgehoben, daß Alexander auf der Rückfahrt von Siwa, statt wie auf der Hinfahrt den Küstenweg zu benutzen, die direkte Strecke nach Memphis durch die Wüste eingeschlagen habe. Die Hinreise war äußerst beschwerlich gewesen, mit Sandstürmen und Wassermangel, und nur ein providentieller Regen und andere Beweise göttlicher Gnade hatten die Wanderer ans Ziel gelangen lassen; nichts dergleichen geschah auf der Rückreise, die ohne jeden Zwischenfall verlief.

Entweder vor oder nach seinem Besuch in der Oase entwarf und verfügte Alexander den Bau einer Stadt westlich des Nildeltas zwischen dem Mareotissee und dem Meer, an einer Stelle, wo ein Damm die Insel Pharos mit dem Festland so verbinden konnte, daß wie in Tyros zwei brauchbare geschützte Häfen entstehen mußten. In den folgenden Jahren von Kleomenes erbaut, sollte dies Alexandreia, die erste und erfolgreichste der nach Alexander benannten Städte, zur Hauptstadt der Ptolemäer und zur größten Stadt des hellenistischen Ostens werden. Durch einen Kanal mit dem Nil verbunden, vermittelte die neue Stadt auf einem bequemen Weg den Verkehr zwischen Ägypten und dem Mittelmeer und eignete sich gleich gut als Handelsplatz und Verwaltungszentrum.

Zu Beginn des Frühjahrs 331 war Alexander so weit, daß er den Marsch nach dem Osten antreten konnte. Seine Eroberungen waren gesichert. In Griechenland hatte er alle, die einer Versöhnung zugänglich waren, versöhnt, so daß Agis von Sparta, als er sich einige Monate später gegen Makedonien erhob, nur noch wenige Anhänger auf die Beine brachte. Die Satrapien waren in Händen von Männern, auf die sich Alexander einstweilen verlassen konnte. Eine verzahnte Befehlsteilung verbürgte die Ordnung in Ägypten: zwei Makedonen teilten sich in das Kommando der Besatzungstruppen, ein dritter stand an der Spitze der Flotte, zwei weitere beherrschten mit ihren Garnisonen die Zitadellen von Memphis und Pelusion; dazu gab es noch Söldnertruppen unter dem Befehl eines Griechen aus Aitolien; die Zivilverwaltung unterstand zwei Griechen und einem Ägypter. In der Folgezeit erwies sich Kleomenes aus Naukratis als der fähigste der von Alexander eingesetzten Befehlshaber. In seinen Händen konzentrierten sich die größten Machtbefugnisse, wenn es auch nicht wahrscheinlich ist, daß er zum Satrapen ernannt wurde; alle Befehlsstränge führten direkt zu Alexander: er wußte nur zu gut, daß im Ernstfall auf niemanden Verlaß war. Ähnlich bestellte er, als er wieder nach Tyros kam, Landeskämmerer für Kleinasien und die Levante, die verwaltungsmäßig seinem Freund Harpalos, dem königlichen Schatzmeister, unterstanden, aber ihre Weisungen unmittelbar vom König erhielten. In Tyros opferte er dem Melkart-Herakles und empfing eine Abordnung aus Athen, der er die Freilassung der am Granikos gefangengenommenen und in Makedonien als Zwangsarbeiter beschäftigten Athener versprach. Dann erst war er bereit, den Endkampf mit dem Großkönig aufzunehmen.

Mit rund vierzigtausend Fußsoldaten und siebentausend Reitern setzte Alexander im Juli 331 über den Euphrat bei Thapsakos und durchquerte, ohne auf Widerstand zu treffen, Mesopotamien. Seit der Schlacht am Granikos waren seine Streitkräfte angewachsen, aber seine Schlachtkonzeption, die auf koordiniertem Einsatz verschiedener Waffen beruhte, war dieselbe geblieben. Der Großkönig dagegen, der mit einem großen Heer in Babylon kampiert hatte und dann in nördlicher Richtung zu den großen Ebenen jenseits des Kleinen Zab (östlich des Tigris) gezogen war, bereitete etwas Neues vor. Bei Issos hatte er gehofft, Alexander mit schwerer Infanterie zu besiegen, war aber von den Reitergefährten zurückgeworfen und in die Flucht geschlagen worden. Jetzt hatte er eine gewaltige Reitermacht aus den oberen Satrapien zusammengebracht: leichte und schwere Reiterei, zu der auch panzertragende Steppenreiter gehörten. Das Kampfgelände war sorgfältig ausgewählt und vorbereitet worden. Die Phalanx des Alexander sollte von den persischen, mit Sensen ausgerüsteten Streitwagen aufgehalten und auseinandergetrieben, seine beiden Flügel sollten mit einem Massenaufgebot iranischer Reiter umschwärmt und eingekreist werden. Der Plan war brauchbar und hätte verwirklicht werden können, wenn ihm nicht zwei Faktoren entgegengewirkt hätten: einmal die Schwierigkeit, große Massen von Reitern während des Gefechts zusammenzuhalten und zu lenken, zum andern die am jeweiligen Ansatzpunkt unwiderstehliche Stoßwirkung der anstürmenden makedonischen Gefährtenformationen. Auch wenn der Plan in der Praxis durchführbar gewesen wäre, hätte es Alexander nicht nötig gehabt, einen Vorschlag des Parmenion zu befolgen, die Perser bei Nacht anzugreifen und den Sieg gleichsam zu »stehlen«, ein übrigens angesichts der zahlenmäßigen Stärke und der großen Beweglichkeit der persischen Truppen nicht ungefährliches Vorhaben. Für Alexander stand fest, daß sich Dareios in der Mitte der Schlachtlinie aufhalten würde; dort konnte und mußte er einen Durchbruch wagen, um Dareios vom Schlachtfeld zu vertreiben. Mehr brauchte er sich nicht vorzunehmen, alles übrige war Sache der größeren Manövrierfähigkeit.

Die Mondfinsternis am 20. September wurde als günstiges Vorzeichen gedeutet. Tatsächlich war Alexander in einer günstigen Lage. Dareios hatte zwar Reiterei unter Mazaios, dem Satrapen von Babylon, als Abschirmverband vorgeschickt, aber Alexander nicht daran gehindert, mit seinen Truppen den Tigris zu durchwaten; damit war die Gelegenheit verpaßt, Alexanders Vormarsch durch Störaktionen zu behindern. Ungestört konnte Alexander bis ans Kampfterrain bei Gaugamela herankommen und ein befestigtes Lager aufschlagen, während Dareios seine Truppen erst in Schlachtordnung brachte, als Alexander nur noch wenige Meilen entfernt war. Mazaios, der die Reiterei auf dem rechten Flügel befehligte, hatte den Auftrag, Parmenion zu umgehen und die makedonische Schlachtlinie aufzurollen. Auf Dareios' linkem Flügel standen Reitertruppen unter Bessos, dem Satrapen von Baktrien, Alexander direkt gegenüber. Die Mitte der persischen Front hielt Dareios selbst mit Fußvolk und Reitergarde, griechischen Söldnern und etlichen Elefanten. Was er vorhatte, war nicht viel anders, als was Alexander bei Issos gelungen war. Indem nun Alexander so tat, als gehe er in die Falle, machte er in Wirklichkeit Dareios' Plan zunichte.

Anstatt geradeaus vorzustoßen, wich Alexander nach rechts aus. Das Manöver war gefährlich, weil es seine Front bedenklich ausweitete. Eben damit aber geriet Dareios' Plan durcheinander. Wollte Dareios an dem gewählten Kampfgelände festhalten, so mußte er den Kampf nicht, wie geplant, auf dem rechten Flügel aufnehmen, sondern auf dem linken, wo er auf Alexanders beste und am stärksten konzentrierte Truppen stieß. Nach einem heftigen Reitergefecht griffen die persischen Streitwagen mit ihren Sensen Alexanders Gardefußvolk an, aber diese Attacke zerschellte an Alexanders ausschwärmenden Soldaten und richtete keinen Schaden an. Zwischen Dareios' vorgeschobenem linkem Flügel und seiner Mitte hatte sich unterdes eine Lücke aufgetan, und in diese Lücke trieb Alexander wie am Granikos mit Reitergefährten, Gardefußvolk und vier Regimentern der Phalanx einen Keil. Diesem Ansturm hielt die geschwächte persische Mitte nicht stand. Um sich in Sicherheit zu bringen, mußte Dareios fliehen. Damit war die Schlacht entschieden. Daß Alexanders linker Flügel in schwere Bedrängnis geraten war, spielte nun keine Rolle mehr.

Gleichzeitig mit Alexanders Angriff auf den Perserkönig war die berittene persische Reitergarde aus der Mitte der Dareios-Front in eine Lücke in Alexanders Schlachtlinie hineingestürmt und im Galopp hindurchgeritten. Da Alexander eben Alexander war, kann man vermuten, daß er es gerade darauf angelegt hatte: die beste persische Reitertruppe stand ihm auf diese Weise in dem Augenblick nicht mehr im Wege, in dem es für die Perser am meisten darauf angekommen wäre, ihm ein unüberwindliches Hindernis entgegenzustellen. Im selben Augenblick wurde zwar auch Parmenion von Mazaios schwer bedrängt, und er mag sogar von Alexander sofortige Hilfe verlangt haben; aber das war nun nicht mehr nötig: da Dareios bereits auf der Flucht war, konnte Alexander, wie er es zweifellos geplant hatte, mit seiner disziplinierten Kolonne nach links schwenken und sich der zurückbrausenden persischen Reitergarde entgegenwerfen, die ihren fatalen Fehler viel zu spät begriffen hatte. Es wurde heftig gefochten, und viele der Gefährten wurden getötet oder verwundet, darunter Hephaistion, Koinos und andere Offiziere; aber den Persern ging es nur noch darum, der schlimmsten Gefahr zu entrinnen. Auch Mazaios, dem die verzweifelte Gegenwehr der Truppen Parmenions, namentlich der Thessaler, schwer zu schaffen machte, sah nun, daß die Situation nicht mehr zu retten war, und befahl den Rückzug.

Die Niederlage brachte den Persern schwere Verluste. Da ihr Heer aber im wesentlichen aus Reiterei bestand, blieben viele Einheiten ziemlich intakt und konnten sich mit dem König bis nach Arbela zurückziehen, wo sie sich neu formierten. Von dort entkamen sie über die Bergpässe nach Medien. Dagegen wich Mazaios, um seine babylonische Satrapie abzuschirmen, nach dem Süden aus und fiel dann von Dareios ab. Alexander belohnte ihn reichlich und nahm ihn in seine Dienste.

Während Parmenion das Schlachtfeld zu säubern und den Heerestroß des Großkönigs zu übernehmen hatte, setzte Alexander mit der Reiterei den fliehenden Persern bis nach Arbela nach. Dareios war mit seiner Armee bereits weitergezogen. Dafür fiel seine Kriegskasse Alexander in die Hände, aus ihr verteilte er üppige Geschenke an seine Truppen: was dabei herauskam, war das Doppelte bis Zehnfache der regulären Monatslöhnung. Von Arbela begab sich Alexander nach Babylon, das ihm von Mazaios ausgeliefert wurde. Jetzt durfte das Heer ausruhen und weitere Beispiele der Schätze und Kostbarkeiten kennenlernen, die den Eroberern Asiens winkten. Der Luxus, mit dem die Truppen empfangen, bewirtet und unterhalten wurden, mochte vielleicht Moralisten schockieren, aber Alexander kannte seine Makedonen: eben dafür kämpften sie, nicht für abstrakte Schemengebilde. Von diesem Zeitpunkt an wuchs der Troß immer mehr, der die kämpfende Truppe auf dem Marsch begleitete: ihre Habe, ihre Frauen, ihre Sklaven, später auch ihre Kinder. Was sich da voranwälzte, glich eher einer Volksmasse auf dem Zug zu neuen Siedlungsgebieten als einer marschierenden militärischen Formation. Nicht nur um die Truppe bei guter Laune zu halten, förderte Alexander das Zusammenraffen von Hausrat und Hausstand: es ließ die Soldaten die makedonische Heimat vergessen und ihr Heim im Heereslager finden; sie sollten eine neue Generation aufziehen, der sie keine anderen Bindungen mitgäben als ihre eigenen.

Für Alexander selbst war Babylon noch in anderer Beziehung bedeutsam. Mazaios, als der erste Kollaborateur unter den Persern mit der Rückgabe seiner alten Satrapie belohnt, wurde zum Modell für die künftige Verwaltung der eroberten Gebiete. Ebenfalls in Babylon lernte Alexander die »Chaldäer« kennen, Magier, Zauberer und Sterndeuter, deren halb wissenschaftliches, halb mystisches Brauchtum einem tiefen Verlangen in seinem Wesen entgegenkam. Einige von ihnen sollte er fortan ständig bei sich behalten.

Der Griff nach Mittelasien

Es war Spätherbst 331 geworden. In kurzen Etappen zog Alexander bis nach Susa. Unterwegs stießen Verstärkungen aus Makedonien zu ihm, die Antipater freigegeben hatte, als er von Agis' bevorstehendem Angriff noch nichts wußte; sie wurden von Alexanders Freund Amyntas geführt, der sein Kommando in der Phalanx wieder übernommen hatte. Das gab den Anlaß zu einer Reorganisation der Armee. Einzelheiten darüber fehlen, aber jedenfalls wurden neue Kommandostellen in der Reiterei und im leichten Fußvolk geschaffen: sowohl zur Belohnung bewährter Offiziere als auch zur Vorbereitung der bevorstehenden Gebirgs- und Steppenfeldzüge. Eine Vorhutformation hatte Susa zur Kapitulation gezwungen; zu großer Eile lag kein Grund vor. In Susa fand Alexander eine der großen Schatzkammern des Perserreiches vor; nun war er reich. Dreitausend Talente sollte sein Freund Menes, der neue Kämmerer für Syrien und Mesopotamien, zur Küste schaffen: einerseits für Antipater, von dessen Sieg über Agis Alexander noch nicht unterrichtet war, anderseits für die Aushebung neuer Soldaten, da die Feldregimenter abgelöst werden mußten und die Besetzung neuer Gebiete den Bedarf an Besatzungstruppen fortwährend erhöhte. Der persische Satrap Abulites wurde in seinem Amt belassen, aber wie Mazaios wurde auch ihm eine Truppe unter dem Befehl eines makedonischen Offiziers beigegeben, die ihn bei der Stange halten und für Ordnung sorgen sollte.

Zum erstenmal war eine persische Hauptstadt besetzt worden, und zum erstenmal setzte sich Alexander auf einen persischen Thron. Hier, in Susa, brachte er auch die königlichen Gefangenen, die Mutter und die Kinder des Dareios nebst vielen anderen, unter. (Die Gemahlin des Großkönigs war vor Gaugamela in der Gefangenschaft gestorben.) Die Gefangenen sollten Griechisch lernen und auf ihre Rolle in der neuen Gesellschaft, deren künftige Umrisse bereits erkennbar waren, vorbereitet werden; schon plante Alexander die Mischehen, die er sieben Jahre später bei seiner Rückkehr aus dem Osten durchsetzen sollte. Er sah sich in jeder Beziehung als den König von Asien. In Susa fand er das Doppelstandbild von Harmodios und Aristogeiton, das Xerxes entführt hatte, und sandte es zum Dank für Athens Unterstützung im Kampf gegen Agis nach Athen zurück.

Im Sinne des Vergeltungskrieges für das, was Xerxes den Griechen angetan hatte, sah sich Alexander dem Hellenischen Bund gegenüber zu einem symbolischen Akt verpflichtet: die königlichen Paläste von Persepolis mußten den Flammen geweiht werden. Persepolis aber lag jenseits der schneebedeckten Pässe des Zagros: den direkten Zugang versperrten zunächst die Gebirgsstämme der Uxier und hinter ihnen reguläre Heeresverbände unter Ariobarzanes, dem Satrapen der Persis. Auf einem leichter passierbaren und nicht blockierten Weg sollte Parmenion den Troß nachbringen; mittlerweile stieß Alexander mit den Makedonen, der leichten Reiterei, den Bogenschützen und den Agrianern ins Gebirge vor und nahm eine feindliche Stellung nach der andern ein. Gegen die Uxier hatte er ein Umgehungsmanöver vorgesehen und mit seiner Ausführung Krateros beauftragt, den er als besseren Vertreter und als eventuellen Nachfolger des Parmenion heranzubilden suchte; schon in den Schlachten von Issos, Tyros und Gaugamela waren ihm besondere Aufträge zuteil geworden, und wenn er auch ein fanatischer Makedone war, hatte er doch nicht zu Philipps Generalen gehört und war Alexander treu ergeben. In der Aktion gegen Ariobarzanes sollte Krateros allerdings nur eine Ausgangsposition schaffen, während Alexander die für den Angriff bestimmte Truppe in einem Nachtmarsch über schwieriges Gelände führte und drei andere Kommandeure, darunter Koinos, noch weiter in feindliches Gelände eindrangen. Später behauptete Ptolemaios in seiner Geschichte, auch er habe in dieser Aktion ein selbständiges Kommando gehabt; das ist indes wenig glaubhaft: er zählte zwar zu Alexanders Freunden, hatte bis dahin jedoch nur wenig Befehlserfahrung gesammelt und war auch noch nicht mit der Aufnahme in die Leibwache ausgezeichnet worden.

Nachdem der Weg freigelegt war, kam Alexander nach Pasargadai und Persepolis; beide Städte ergaben sich mit vollen Schatzkammern. Weil Pasargadai das von Alexander respektierte Grab Kyros' des Großen beherbergte, wurde es verschont; dafür bekamen die Makedonen zur Belohnung für ihre treuen Dienste Persepolis zum Plündern. Als Motiv hätte auch Habgier gereicht; außerdem wurde noch berichtet, das Heer sei auf eine Gruppe griechischer Handwerker gestoßen, die von den Persern verstümmelt worden seien, um ihnen das Entkommen aus großköniglichen Diensten unmöglich zu machen. Alexander sicherte den Soldaten reiche Gaben zu, aber damit war ihr lodernder Zorn nicht gelöscht; sie rächten sich an Persepolis. Freilich war der Festungsbrand zugleich auch ein überlegter symbolischer Akt. Es ist zu vermuten, daß er von einem trunkenen *Komos*, einem dionysischen Tanz- und Trinkfest, begleitet war: nur zu gern feierten die Makedonen ihre Feste auf diese Weise. Zweifellos war auch manche *Thais* dabei; die Offiziere waren jetzt jedenfalls reich genug, sich griechische Hetären leisten zu können. Brand und Plünderung kosteten Alexander nichts, denn alles Wertvolle war auf seinen Befehl schon vorher aus den Gebäuden entfernt worden. Der griechischen Welt zeigte die Vernichtungsorgie von Persepolis an, daß der Krieg der »Rache für Xerxes' Frevel« abgeschlossen war. Im folgenden Frühjahr wurden die Truppen des Hellenischen Bundes reich belohnt nach Hause entlassen. An schweren Gefechten scheinen sie, wenn man von der thessalischen Reiterei absieht, nicht allzu intensiv teilgenommen zu haben; offenbar machten auch nur wenige von Alexanders Angebot Gebrauch, als Söldner in seinen Diensten zu bleiben.

Die Satrapie Persis wurde einem Perser übertragen, ebenso die Finanzverwaltung; der Befehl über die Besatzungstruppe dagegen einem Makedonen: dies nun schon erprobte Verfahren setzte sich immer mehr durch. Zunächst blieben noch Parmenion und Krateros zurück, während Alexander einen eiligen Feldzug in die Persis abschloß; dann zog die gesamte Streitmacht an den Osthängen des Zagrosgebirges entlang nordwärts nach Ekbatana, der alten Hauptstadt Mediens und dem Hauptverkehrszentrum des Perserreiches. Hier ließ Alexander Parmenion seine Residenz aufschlagen, allerdings mit ungeklärten Amtsbefugnissen: weder als Schatzmeister, denn das war Harpalos in Babylon, noch als Satrap von Medien, denn das war ein Meder, noch auch als Truppenbefehlshaber, denn die Besatzungstruppen unterstanden mehreren Offizieren, die ihre Befehle von Alexander direkt empfingen. Offensichtlich wollte Alexander Parmenion mit seinem zu großen Einfluß und seinen zu altväterischen Auffassungen auf bequeme Art loswerden. Nach Makedonien konnte er ihn nicht zurückschicken: das wäre ein zu heftiger Affront gewesen; außerdem hätte sich Parmenion in der Heimat mit seinem alten Freund Antipater zusammengetan, der auch nicht alles, was Alexander tat, nach seinem Geschmack fand. So war es wohl am einfachsten, ihn in Würden, aber ohne Macht in Ekbatana zurückzulassen.

Wieder wurde die Verfolgung des geschlagenen Königs Dareios aufgenommen. Seit der Schlacht von Gaugamela waren sechs Monate vergangen. Dareios hatte nach wie vor nur ein Häuflein Truppen bei sich; außer den wenigen griechischen Söldnern, die noch übriggeblieben waren, hielten die Soldaten eher zu Bessos und den anderen östlichen Satrapen als zum besiegten Großkönig. Er konnte nur noch weiterfliehen. Als Alexander ihn schon fast eingeholt hatte, erschlugen ihn die eigenen Satrapen: sie konnten seine Gefangennahme nicht zulassen, denn als Gefangener hätte er sich in aller Form ergeben und das Reich dem Sieger ausliefern müssen; ohne ihn konnten sie den Widerstand fortsetzen. Was Dareios' Tod bedeutete, war Alexander wahrscheinlich nicht ganz klar. Er ordnete fur den ermordeten Großkönig ein Staatsbegräbnis in Persepolis an und benahm sich fortan so, als sei er nun selbst der rechtmäßige König: er trug persische Kleidung, übernahm das persische Zeremoniell und errichtete einen persischen Hof mit Höflingen und traditionellem Harem, von dem er allerdings, sagt Plutarch, nur spärlich Gebrauch machte. Aber der Orient akzeptierte Alexander nicht als Dareios' Nachfolger, und es dauerte noch sechs Jahre, bis die östliche Welt – Provinz um Provinz – dazu gebracht werden konnte, sich zu unterwerfen.

Ungehindert erreichte Alexander über Parthien und Hyrkanien das Kaspische Meer, stieß aber an dessen Südwestküste auf heftigen Widerstand der Marden. Sein Lieblingsroß Bukephalos wurde von den Feinden ergriffen, aber auf Drohungen hin wieder freigegeben. Kaukasische Stämme, unter denen griechische Autoren die berühmten Amazonen zu erkennen glaubten, schickten Gesandte und boten Alexander ihre Freundschaft an. Als sich Alexander wieder nach dem Osten wandte und über die Steppe nach Areia und Margiane zog, unterwarf sich ihm der Satrap Satibarzanes und wurde darauf in seiner Stellung belassen. Das war eine Falle: kaum hatte sich Alexander in Richtung Baktrien in Bewegung gesetzt, als Satibarzanes hinterrücks eine Erhebung anzettelte; er rechnete damit, daß gleichzeitig auch Bessos und die Baktrer Alexander angreifen würden. Aber Bessos kam zu spät. Alexander teilte seine Streitkräfte, ließ Krateros zur Abwehr des Bessos zurück und kehrte sich mit der üblichen beweglichen Angriffstruppe (den Regimentern von Koinos und Amyntas, den Reitergefährten, Bogenschützen, Speerwerfern und Agrianern) eilends gegen Satibarzanes, der mit einer Reitereskorte fliehen mußte. Um Ruhe zu haben, gründete Alexander in der Nähe von Merv eine neue Garnisonstadt; dann wechselte er die Richtung und marschierte südlich in die Drangiane, wo als Besatzungsstützpunkt noch ein Alexandreia ins Leben gerufen wurde; spätere Ereignisse sollten dieser Stadt den Beinamen *Prophthasia* (Vorausahnung) verleihen. Satibarzanes wurde, als er sich in Areia von neuem zu behaupten suchte, von dem Griechen Erigyios, einem Jugendfreund Alexanders, in einem heroischen Zweikampf getötet.

In Alexandreia Prophthasia wurde ein Anschlag auf Alexanders Leben »vorausgeahnt«, der Parmenion und Philotas das Leben kostete und der, da Parmenions ältester Sohn, Nikanor, sechs Monate früher gestorben war, die »Parmenion-Dynastie« auslöschte; nur Parmenions Schwiegersohn Koinos blieb am Leben. Wahrscheinlich hatte sich Alexander über Parmenion ausgiebig beklagt: zu viele Geschichten wurden erzählt, in denen es immer wieder hieß, Parmenion habe den König schlecht beraten und dafür Tadel einstecken müssen. Als aufrechter Makedone und Freund Philipps muß Parmenion Alexanders Arroganz schmerzlich empfunden, vielleicht auch seinen Unmut geäußert haben, und Kritik vertrug Alexander nicht. Da Nikanor tot und Parmenion in Ekbatana war, blieb Philotas in der Umgebung des Königs isoliert. Nun war eine Verschwörung aufgedeckt worden, in die etliche Makedonen verwickelt waren; keiner von ihnen war prominent – außer dem Leibwächter Demetrios, der auch nicht weiter bekannt war. Von dieser Verschwörung sei Philotas, so lautete später die Anklage, unterrichtet worden, habe ihr aber kein Gewicht beigemessen und sie Alexander nicht gemeldet. Über einen Pagen kam der Vorfall Alexander zu Ohren. Sofort befahl er seine Freunde zu sich und erhob bittere Vorwürfe gegen Philotas und dessen Vater. Bekräftigt wurden die Beschuldigungen bezeichnenderweise von Philotas' engsten Freunden Koinos, Hephaistion und Amyntas, Sohn des Andromenes; für sie war das ein willkommenes Mittel, jeden Verdacht von sich abzuwälzen. Dabei blieb es nicht: sie verlangten die Folterung des Philotas, leiteten sie persönlich, verhöhnten Philotas in seiner Qual und preßten ihm ein Teilgeständnis ab. Das genügte: er wurde von der Armee abgeurteilt und hingerichtet. Und Polydamas, ein Freund Parmenions, wurde mit der grausigen Mission betraut, Parmenion ermorden zu lassen. Das alles wurde in großer Eile besorgt. Nun war Alexander Parmenion und dessen Söhne los. Viele aber erschütterte und empörte die barbarische Verhöhnung von Recht und Gerechtigkeit, die mit der bald folgenden grundlosen Hinrichtung Alexanders von Lynkestis vollbracht wurde. Jedenfalls war sie ein Mahnmal: nun mußte jedem klar sein, wie gründlich sich Alexander des Terrors zu bedienen wußte.

Im Herbst 330 zog das Heer über Arachosien ins Paropamisosgebirge, in die winterlichen Schrecken des vereisten Hindukush hinein; den Winter über blieb es in unterirdischen Behausungen unter der dicken Schneedecke. Im Frühjahr, als der Boden aufzutauen begann und Erdarbeiten möglich wurden, ging man an den Bau eines neuen Alexandreia, in dem einige Makedonen und Griechen, die nicht weitermarschieren konnten, und viele Einheimische angesiedelt wurden. Für die Sicherheit hatte ein kleiner Heeresverband zu sorgen, dessen makedonischer Befehlshaber wie gewöhnlich auf den iranischen Satrapen aufpassen sollte. Sobald die Bergpässe schneefrei waren, zog das Heer nördlich nach Baktrien und besetzte kampflos die baktrischen Städte. Da sich Bessos immer weiter zurückzog, ging Alexander über den Oxos und rückte in die Sogdiane ein. Der Kyprosfürst Stasanor aus Soloi, der sich Alexander in Tyros angeschlossen hatte, wurde nach Areia zurückgeschickt, wo er die Satrapie übernehmen und die wichtigen Verkehrsverbindungen nach dem Westen sichern sollte.

In der Sogdiane stand Alexander schwierigen Problemen gegenüber. Es war ein Land der Ebene zwischen Wüste und Gebirge. Die Bevölkerung war teils nomadisch, teils in befestigten Städten in den Flußtälern konzentriert. Beherrscht wurde das Land von stolzen, unabhängigen Stammesfürsten; ihre Stärke waren ihre Reitertruppen und uneinnehmbaren Felsenburgen. Jenseits des Iaxartes im Norden hausten die von den Persern nie unterworfenen Skythenstämme, denen auf der Suche nach Raubgelegenheiten jeder Vorwand recht war, in das Gebiet der seßhaften Sogder einzufallen. Diese Gegend zu befrieden und sich ihre Naturschätze und sonstigen Hilfsquellen zu sichern war nicht einfach. Alexander hatte Verstärkungen bekommen und verfügte über starke Reiterverbände, aber die Hauptmasse seines Heeres bildete immer noch das Fußvolk. Der Feldzug, der an seine Klugheit und Geschicklichkeit hohe Ansprüche stellte, dauerte vom Frühjahr 329 bis zum Frühjahr 327.

Anfänglich hatte sich der Feldzug trügerisch gut angelassen. Bessos, der sich den Königstitel zugelegt hatte, hatte sich so anmaßend und herrschsüchtig gezeigt, daß die sogdischen Stammesfürsten Spitamenes und Oxyartes ihn festnahmen und als Mörder des Dareios zur Bestrafung an Alexander auslieferten. (Später freilich nahm Ptolemaios das Verdienst, Bessos dingfest gemacht zu haben, für sich in Anspruch.) Die Sogderhäuptlinge hofften, mit ihren Ergebenheitsbezeigungen einen Dauerfrieden erkauft zu haben, Alexander aber stellte ihre Friedfertigkeit auf eine harte Probe, indem er immer wieder neue kriegerische Aktionen unternahm. So zog er weiter nach dem Norden, besetzte Marakanda, rückte zum Iaxartes vor, erstürmte die am Flußlauf gelegenen Städte, setzte schließlich über den Strom und fügte den Skythen eine schwere Niederlage zu; das mag seine glanzvollste militärische Leistung gewesen sein, deren Generalprobe viele Jahre vorher der große Angriff auf die Geten nördlich der Donau gewesen sein mochte. Nach dem Sieg über die Skythen wurde am Iaxartes die Stadt Alexandreia *Escháte*, »Äußerstes Alexandreia«, errichtet.

Die gehobene Stimmung fand ihr jähes Ende mit der Nachricht, daß Spitamenes mit Hilfe der Skythen Marakanda angreife. Hier beging Alexander seinen einzigen großen Fehler. Unverständlicherweise entsandte er zum Entsatz von Marakanda eine viel zu schwache Truppe, und dazu noch unter geteiltem Befehl; sie ging dem Feind in die Falle und wurde aufgerieben. Damit wurde der bis dahin kaum angetastete Glaube an die Unbesiegbarkeit der Makedonen schwer erschüttert, und es half Alexander wenig, daß er anschließend das Polytimetostal verwüstete. Als er im Herbst 329 nach Baktra-Zariaspa ins Winterquartier zog, hinterließ er die Sogdiane in hellem Aufruhr.

Im ganzen muß der Winter unerfreulich gewesen sein. Aus Makedonien und Westasien trafen allerdings zahlreiche neue Truppen ein, die zum Teil von den einstigen Satrapen von Ionien und Lykien, Asander und Nearchos, rekrutiert worden waren. (Von Asander, einem Vetter Parmenions, war später nichts mehr zu hören; dagegen sollte Nearchos, ein Gespiele Alexanders, noch eine bedeutende Rolle übernehmen.) Mehrere Satrapen wurden zur Berichterstattung und Rechnungslegung vorgeladen und einige bestraft. Auf barbarische Weise wurde Bessos hingerichtet. Sowohl Iranier als auch Makedonen waren unruhig und gereizt, und es ist nicht verwunderlich, daß bei einem Gelage wütender Streit zwischen Alexander und Kleitos dem Schwarzen ausbrach, dem Kommandeur der »Edelschar der

Gefährten«, der berittenen Garde, der Alexander am Granikos das Leben gerettet und dessen Schwester ihn großgezogen hatte. Alexander durchbohrte ihn mit einem Speer; Kleitos war tot – und der König tat Buße. Den Makedonen mochte das als weitere Warnung dienen: einer der anspruchslosen alten Gefährten war der König längst nicht mehr.

Gerade um diese Zeit stand Alexander vor einer lebenswichtigen Entscheidung. Daß er seine Machtposition als König von Makedonien und erst recht als König von Asien nur seinem Feldherrnruhm verdankte, war ihm wohl bewußt. Weder Zuneigung der Beherrschten noch verfassungsmäßiges Recht bedeutete viel. Unter den führenden Männern gab es keinen, auf den er sich hätte verlassen können – außer vielleicht Krateros. Und Krateros war, obschon er bei der Beseitigung des Philotas mitgewirkt hatte, doch viel zu sehr Makedone, als daß er Alexanders Asiatisierungspolitik hätte goutieren mögen. Aus all diesen Gründen hatte Alexander die militärische Befehlsgewalt niemals aus der Hand gegeben. Jeden Sieg hatte er selbst erfochten, und wahrscheinlich hatte ihn gerade die Angst vor möglichen Rivalen dazu verleitet, mit dem Kampf gegen Spitamenes eine Gruppe unfähiger Truppenführer zu betrauen. Jetzt mußte er aber das Risiko eingehen, das Heer einer tüchtigen militärischen Führung zu unterstellen. Die Reiterei der Nomaden ließ sich nicht einfach überrollen. Ihr mußte mit starken beweglichen, von festen Stützpunkten aus operierenden und von befähigten Befehlshabern geleiteten Angriffstruppen begegnet werden. Die Zusammensetzung dieser Truppen mochte variieren, den Kern jeder Formation mußte aber in jedem Fall ein Regiment der Fußgefährten bilden. Statt der ursprünglichen sechs Fußgefährtenregimenter wurden jetzt acht oder neun aufgestellt, und die größere Zahl der Kommandeure schien die Verfügbarkeit bewährter Truppenführer zu garantieren.

Als Alexander im Frühjahr 328 in die Sogdiane einmarschierte, ließ er in Baktrien fünf bewegliche Kampfverbände zurück. Das System bewährte sich im Sommer, als Spitamenes mit Hilfe der skythischen Massageten einen Überfall auf Baktra versuchte: er wurde von Krateros in die Flucht geschlagen. Alexander marschierte mit fünf Marschkolonnen, von denen drei, aus Perdikkas' Regiment ausgewählt, seiner unmittelbaren operativen Leitung unterstanden. Die Marschtruppe besetzte das ganze Land und räumte mit lokalen Widerstandszentren auf; Hephaistion baute unterdes Festungen und befestigte Städte und sorgte für Ordnung. Im Norden blieben dann Koinos und Meleager, der mit seinen Truppen aus Baktrien gekommen war; sie sollten, während sich Alexander nach Nautaka in der Südsogdiane zurückzog, auf die Skythen in den Wintermonaten aufpassen. Zu Beginn des Frühjahrs 327 rückten Spitamenes und die Skythen gegen sie vor, wurden aber so entscheidend geschlagen, daß Spitamenes' Verbündete es vorzogen, ihn umzubringen und auf Nimmerwiedersehen zu verschwinden. Ungefähr um dieselbe Zeit wurde die Gebirgsfeste des Oxyartes von Alexanders leichtbewaffneten Stoßtruppen eingenommen und von Krateros ein großer Sieg über die Bergstämme im Pamirgebirge erfochten. Damit war die ganze Gegend bezwungen, und Alexander hatte alle Veranlassung, voller Zuversicht in die Zukunft zu blicken.

In seinem Winterquartier zu Nautaka beschäftigte er sich inzwischen mit anderen Dingen. Von einigen Freunden, namentlich Hephaistion, dazu angeregt, versuchte er, den Makedonen die persische Hofsitte der kniefälligen Verehrung des Königs aufzuzwingen;

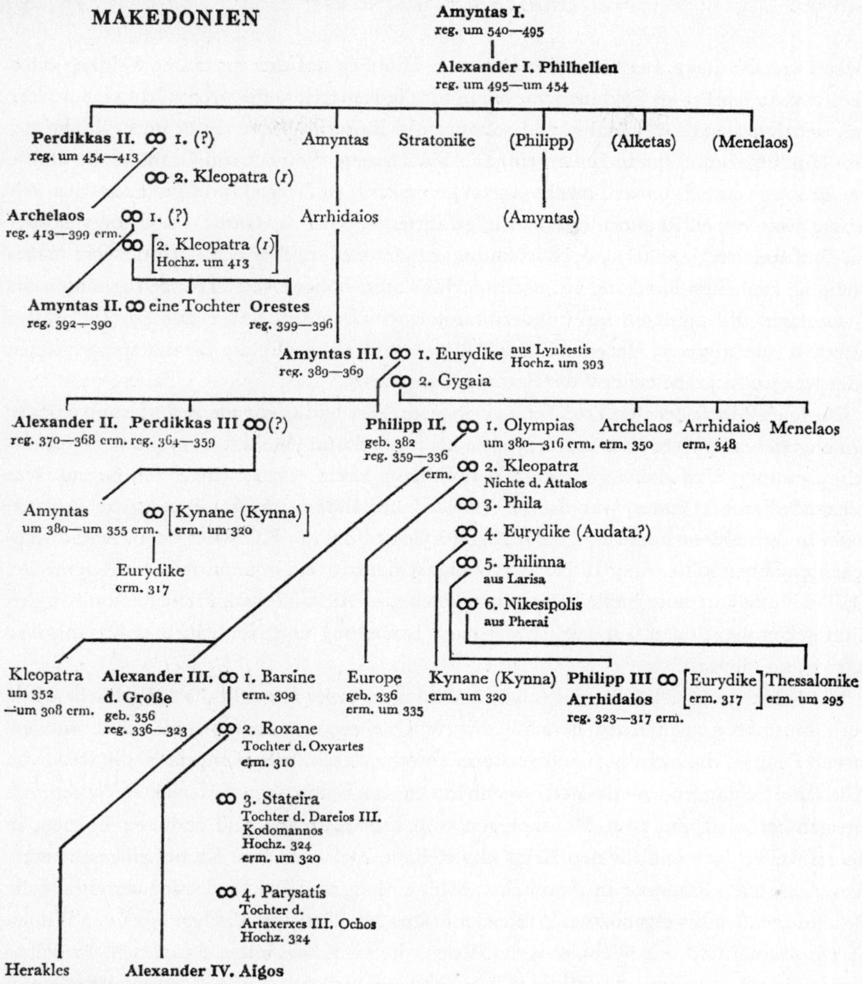

er bestand allerdings nicht darauf, als er auf ernsten Widerstand stieß. Polyperchon, der sich über den Plan lustig gemacht hatte, wurde vorübergehend in Haft genommen, durfte indes seinen Regimentsbefehl behalten. Eine wirkliche oder vermeintliche Verschwörung unter den Königspagen diente als Vorwand für die Verhaftung des Historikers Kallisthenes, eines Neffen des Aristoteles; er wurde jedoch nicht hingerichtet, sondern kam erst zwei Jahre später in Indien ums Leben. Die Gefangennahme der Oxyartes-Familie verschaffte Alexander eine bequeme Gelegenheit, seine Beziehungen zum sogdischen Adel zu festigen: er heiratete Oxyartes' Tochter Roxane, die damals wohl noch ein Kind war; von ihrer Schwangerschaft sollte erst vier Jahre später die Rede sein.

Indien und das Ende

Schon von Nautaka aus hatte Alexander im Hinblick auf den geplanten Feldzug nach Indien viele Iranier als Soldaten, vor allem für die Reiterei, angeworben. Mit einem Heer von siebzigtausend Fußsoldaten und zehntausend Reitern überschritt er im Frühjahr 327 den Hindukush und fiel in Indien ein. Die Makedonen, die noch am Granikos die Hälfte der Truppen gestellt hatten, machten jetzt kaum noch ein Viertel ihres Bestandes aus. Wir wissen zwar von elf Regimentern der Fußgefährten – außer der Garde – und von vier oder gar fünf Reiterregimentern; doch ist kaum anzunehmen, daß es sich noch um rein makedonische Einheiten handelte. Im nächsten Jahr ausgehobene Verstärkungen erhöhten die Gesamtzahl der Soldaten auf hundertfünfundzwanzigtausend, aber nur ein Teil davon waren Kampftruppen; ein erheblicher Teil der Soldaten stellte die Besatzungsgarnisonen oder war im Sicherheitsdienst der Satrapien eingesetzt.

Obgleich Alexander den Troß radikal eingeschränkt hatte, war die Beförderung eines so umfangreichen Heeres über die Bergpässe bis ins Industal eine außergewöhnliche technische Leistung. Und dabei gab es für den Feldzug kaum einen zwingenden Grund. Was Alexander erobert hatte, war das Perserreich, und Indien war keine persische Provinz, sondern verbündetes oder völlig unabhängiges Gebiet, das nur Kyros der Große einst durchschritten haben sollte. Aber Indien war reich, fremdartig und in unmittelbarer Reichweite. Daß er einmal an einer Stelle haltmachen könnte, ist Alexander wahrscheinlich nie in den Sinn gekommen: dazu war sein Drang nach Eroberung und Neuheit, den Arrian *póthos* nannte, zu unersättlich.

Der Feldzug zog sich über drei Jahre hin und ist in vieler Hinsicht dunkel geblieben. Die verhältnismäßig nüchternen Berichte unserer Quellen erzählen von allerhand wundersamen Dingen, die nicht notwendigerweise unwahr zu sein brauchen; da ist die Rede von Affen und Schlangen, von riesigen Feigenbäumen, von Brähmanen und nackten Weisen, von riesigen Strömen und vom Monsunregen, von Ozeangezeiten und endlosen Ebenen, in denen Reiterheere und für den Krieg abgerichtete Elefanten zum Kampf eingesetzt werden. Alexanders Rückweg am Arabischen Meer entlang und über Gedrosien vermittelte die Bekanntschaft mit ausgedörrten Wüsten, mit ausschließlich von Fischen lebenden Wilden *(ichthyophágoi)* und mit »Schulen« von Walen, die an Kriegsflotten erinnerten. Es wurde viel gekämpft, zunehmend blutiger und zunehmend zielloser, zumeist gegen Stämme und Städte, von denen kein Grieche je etwas gehört hatte und deren Sprachen niemand kannte.

Die Verluste waren groß. Einmal wurde Alexander, der auch früher schon oft genug verwundet worden war, fast tödlich getroffen; nur dem Schild des Achilleus von Ilion, den ein junger Freund namens Peukestes trug, verdankte er die Rettung. Ebenso unübersehbar wie die Schlachten war die Beute. Die Verbindung mit dem übrigen Teil des Reiches war spärlich und unregelmäßig; viele der Satrapen konnten sich dem Glauben hingeben, Alexander würde niemals zurückkehren. Anderseits muß eine Flut von wissenschaftlichen Berichten und Spezimensendungen an Aristoteles in Athen gegangen sein. Schriftsteller wie Onesikritos, Kleitarchos und Nearchos schrieben Geschichten nieder, die den Grundstock der späteren Indien-Kenntnisse der Griechen bilden sollten.

Reste einer hellenistischen Festung auf Ikaros (Failaka) im Persischen Golf
Stützpunkt der Flotte unter Nearchos

Alexander der Große
Abguß einer Tonform mit dem Bildnis des Herrschers als Helios
Aus den Funden auf Ikaros (Failaka). Kuwait, Archäologisches Museum

Es waren märchenhafte und phantastische Jahre, von Bedeutung vor allem für das Werden der späteren Nachfolger Alexanders, für die Entstehung einer Gruppe von Menschen, der die Macht nach seinem Tod zufallen sollte. Dazu gehörten die Kommandeure: Perdikkas, Krateros und Meleager, die von Anfang an dabei waren, und Polyperchon, Antigenes, Perdikkas' Bruder Alketas und Perdikkas' Schwager Attalos, die später hinzugekommen waren. Dazu gehörten ebenso Alexanders Freunde aus der Kindheit und den Jugendjahren, die jetzt militärische Erfahrungen sammelten: Hephaistion, Leonnatos, Ptolemaios, Nearchos. Soweit es allerdings um die Tätigkeit Ptolemaios' und Nearchos' in Indien geht, sind Vorbehalte am Platze, denn was wir über ihren Aufgabenbereich und ihre Leistungen wissen, stammt fast ausschließlich aus ihren eigenen späteren Geschichts- und Memoirenwerken. Möglich ist, daß in der großen Schlacht gegen Poros Seleukos den Kommandoposten innehatte, der sonst Leonnatos zugeschrieben wird. Ohne Befehlsgewalt nahmen aus der näheren Umgebung des Königs auch noch die Leibwächter Lysimachos, Aristonous und Peithon, Sohn des Krateuas, am Feldzug teil.

Immer noch experimentierte Alexander überaus vorsichtig mit seinen Generalen. Nachdem Krateros und Koinos Siege in der Sogdiane erfochten hatten, wurden sie nie wieder mit einem selbständigen Feldkommando betraut. Für den Marsch durch das Kabultal hatte Alexander an ihrer Stelle Perdikkas und Hephaistion mit der Führung der Haupttruppen beauftragt; sie sollten die gewählte Route offenhalten und mit Festungen absichern. Sich selbst hatte Alexander wie üblich die Aufgabe vorbehalten, mit den makedonischen Leichtbewaffneten den linken Flügel durch Kampfhandlungen gegen die Bergstämme abzuschirmen. Krateros mußte sich mit dem wenig ruhmreichen Oberbefehl über den Troß bescheiden. Marschiert wurde den Rest des Jahres 327 und die ersten Monate des Jahres 326; die Spitzenleistung des Feldzuges war die Eroberung der schier uneinnehmbaren Zitadelle von Aornos, an der einst Herakles gescheitert war. Als Alexander den Indus erreichte, konnte er über eine von Perdikkas und Hephaistion gebaute Brücke gehen. Die gesamte Streitmacht betrat nun das Gebiet des Königs von Taxila, der Alexander freundlich gesinnt war. Als es aber weiter östlich über den Hydaspes gehen sollte, stießen die Truppen auf den nächsten König, Poros, der die Flußübergänge mit einem großen Heer verteidigte.

Es war Mitte des Sommers, und der Fluß führte noch kein Hochwasser. Koinos wurde zurückgeschickt, um Boote vom Indus zu holen, und Alexander begann mit täglichen Manövern und Reiterbewegungen, die den Gegner über den eigentlichen Angriff, wenn es endlich soweit war, täuschen sollten. Nachdem alle Vorbereitungen getroffen waren, ließ Alexander Krateros mit dem Lager zurück, stellte drei Stoßtrupps in gleichen Abständen am Ufer entlang auf und marschierte in der Nacht stromaufwärts. Der Sinn des Manövers war, Poros dazu zu bringen, seine Verteidigungslinie möglichst lang zu strecken; sobald Alexander einen Brückenkopf gebildet hatte, sollten die zurückgelassenen Truppen nachfolgen. Die Schlacht, die sich entspann, zeichnete sich durch komplizierte Reiterbewegungen aus, in denen Koinos eine wichtige, wenn auch nicht ganz geklärte Rolle spielte. Er befehligte die Reiterei ebenso wie seine eigenen Fußsoldaten, und es ist möglich, daß er Poros' Reiter in einen Hinterhalt gelockt hat. Gegen dessen Elefanten setzte Alexander erst leichte, dann schwere Infanterie ein. Der Sieg war nicht schwer zu erkämpfen, obgleich Poros selbst, eine riesige Gestalt auf einem riesigen Elefanten, große Heldentaten vollbrachte. Nach der Schlacht blieb Krateros wieder zurück, um zwei Städte zu bauen, von denen eine nach Alexanders Roß Bukephalos, einem Opfer der Schlacht gegen Poros, benannt wurde. Alexander selbst marschierte weiter über den Akesines zum Hyphasis; sein Vormarsch wurde von Perdikkas und Hephaistion mit kleineren Gefechten abgeschirmt: zum erstenmal führten beide ein selbständiges Gefechtskommando. Eine Stadt am Akesines wurde von Hephaistion erbaut. Nach Alexanders weiterem Plan sollte der Hyphasis überquert und der Marsch nach dem Osten am Ganges entlang fortgesetzt werden.

Das war für die Soldaten zuviel. Sie weigerten sich weiterzuziehen. Einen Fürsprecher fanden sie in Koinos, der sich ein gewisses Recht erkämpft hatte, im Namen des Heeres zu sprechen. Was blieb Alexander übrig, als nach Bukephala und Nikaia am Hydaspes zurückzukehren und dort das Winterquartier aufzuschlagen. Aber Alexander schätzte keinen Widerspruch. Sehr bald starb Koinos: ob eines natürlichen Todes oder nicht, ist unbekannt; ihren Ungehorsam mußten die Makedonen mit Gefahren und Entbehrungen des folgenden Jahres in reichlichem Maße bezahlen.

Nun wurde eine Flotte zusammengestellt, wobei Alexanders Freunde als Trierarchen amtierten. Im Frühjahr 325 zog das Heer zu Wasser stromabwärts gen Süden. Krateros folgte mit dem Troß auf dem rechten Ufer, Hephaistion mit einem Stoßtruppverband auf dem linken; Nearchos war, wie er später berichten sollte, Flottenchef. Es wurde heftig gekämpft, vor allem gegen die Malloi, in der Gegend, in der sich der Hydaspes mit dem Akesines vereinigt. Hier entging Alexander bei der Erstürmung einer Festung mit knapper Mühe dem Tod. Weiter stromabwärts wurden achtzigtausend Untertanen des Königs Sambos nach erbittertem Widerstand niedergemetzelt. Perdikkas, Hephaistion und Ptolemaios taten sich als selbständige Befehlshaber hervor. Irgendwo unterhalb der Stelle, wo der Akesines in den Indus mündet, wurde der Troß unter Krateros entlassen und auf der nördlichen Route über Arachosien und die Drangiane nach Karmanien im Westen geschickt. Das Heer setzte seinen südlichen Weg fort. Das Reich des Musikanos wurde unterworfen, Pattala besetzt und das Indusdelta durchforscht. Alexander segelte sogar auf den Ozean hinaus, um dem Poseidon zu opfern. Auch den von Amun benannten Göttern brachte er Opfer dar, um kundzutun, daß er seine Mission vollbracht habe.

Nearchos wartete mit der Flotte, bis der Südwestmonsun vorbei war, und segelte erst im September. Alexander war indes schon im Sommer von Pattala nach dem Westen aufgebrochen. Sein erstes Angriffsobjekt war der wohlhabende Stamm der Oreiten. Die Oreiten wurden geschlagen und von Marschkolonnen unter Alexander, Ptolemaios und Leonnatos gründlich ausgeplündert: das ganze Gebiet, berichtet Diodoros, war Feuer, Verwüstung und Gemetzel. Dennoch mußte Leonnatus mit dem Auftrag dableiben, eine Stadt und einen Versorgungsstützpunkt für Nearchos zu bauen. Die Oreiten besaßen aber noch so viel Kampfgeist, daß sie sich prompt gegen ihn erhoben.

Alexander zog inzwischen mit einer kleinen, hauptsächlich makedonischen Truppe weiter westlich, schwer geplagt von der Hitze, der Wasserknappheit und dem Lebensmittelmangel. In dieser Gegend siedelten nur kleinere Stämme primitiver Wilder, besonders in der Nähe der Küste, und der Marsch hatte keinen anderen Sinn, als nur zu zeigen, daß auch die Natur mit ihren schlimmsten Plagen Alexander keinen Einhalt zu gebieten vermochte; aber vielleicht war Alexander über den tatsächlichen Zustand gar nicht im Bilde. Die Lagergefolgschaft hatte schwere Verluste zu verzeichnen, und was an Troß noch mitgeführt wurde, mußte, nachdem die Lasttiere aufgegessen worden waren, unterwegs liegenbleiben. Schließlich schlugen sich die Truppen doch noch bis nach Karmanien durch, wo Krateros zu ihnen stieß, der zwar einige Kämpfe, aber keine wesentlichen Schwierigkeiten zu bestehen gehabt hatte; dorthin gelangte auch die Flotte, die wie die Truppen hauptsächlich unter dem Mangel an Trinkwasser und Nahrung gelitten hatte. Die Vereinigung der Truppenteile wurde ganz nach dem Herzen der Makedonen in einem gigantischen *Komo* zu Dionysos' Ehren gefeiert.

Anfang 324 wandte sich Alexander von neuem politischen und Verwaltungsproblemen zu. Satrapen und andere höhere Beamte mußten über ihre Tätigkeit Rechenschaft ablegen, und wer eine zu große Militärmacht aufgebaut hatte, mußte sie auflösen. Wie immer, wurde jeder Art Anschuldigung Glauben geschenkt. Die beiden Offiziere, die an der Spitze der Besatzungstruppen in Medien standen und den Mordbefehl gegen Parmenion hatten ausführen müssen, der Thrakier Sitalkes und Koinos' Bruder Kleander, wurden ihrerseits beseitigt. Alexanders Schatzmeister Harpalos entfloh aus Babylon mit sechstausend Söldnern und fünftausend Talenten; weswegen, ist unklar: gegen bloße Großspurigkeit und Verschwendungssucht hätte Alexander kaum etwas einzuwenden gehabt. Offenbar hatte Alexander kein großes Interesse daran, seiner habhaft zu werden, denn er erreichte Griechenland ungeschoren und brachte seine Truppen auf den Söldnermarkt von Tainaron und sein Gold nach Athen; beides sollte in der griechischen Erhebung des folgenden Jahres eine Rolle spielen. Harpalos selbst wurde auf Kreta von seinem Adjutanten Thibron unter schimpflichen Umständen umgebracht.

Wieder setzten sich Heer und Flotte in Bewegung: Hephaistion führte den Troß die Küste entlang, während Alexander mit einer kleinen Truppe den Weg übers Gebirge nach Persepolis und Pasargadai nahm. Dort wurde der amtierende Satrap hingerichtet; außerdem wurden angebliche Schänder des Kyros-Grabmals ermittelt und bestraft. Die Satrapie fiel an Peukestes, der Sprache und Gebräuche der Iranier erlernt hatte. Alexander begab sich dann nach Susa, wo Flotte und Heer zusammentrafen, ließ den iranischen Satrapen hinrichten und setzte an seine Stelle einen Makedonen. Anläßlich einer großen Siegesfeier wurden den acht Leibwächtern, von denen sich Peukestes, Leonnatos und Hephaistion besonders ausgezeichnet hatten, goldene Kronen verliehen; die gleiche Auszeichnung erhielten Nearchos und Onesikritos, der eine als Admiral, der andere als Hauptsteuermann der Flotte (vielleicht aber auch beide als gleichrangige Admirale). Ansehnliche Gaben gingen auch an andere Offiziere. An die makedonischen Soldaten wurden beträchtliche Geldbeträge, zehn- oder zwanzigtausend Talente, also etwa ein Talent pro Kopf, ausgezahlt, und vermutlich nicht, wie es hieß, nur zur Begleichung ihrer Schulden, was eine Sonderprämie für die Leichtsinnigsten bedeutet hätte, und – warum sollten Soldaten mit ihrem hohen Sold und ihrer häufigen Beteiligung an umfangreicher Beute überhaupt schwer verschuldet gewesen sein?

Die Verbindungen, die die Soldaten mit eingeborenen Frauen eingegangen waren, wurden als legale Ehen anerkannt. Ein Sonderfonds stellte die Aufbringung der Mittel für die Erziehung der Lagerkinder sicher. Zum Zeichen der unverbrüchlichen Verbindung des makedonischen Volkes mit dem iranischen wurde in persischem Stil eine feierliche Massenhochzeit abgehalten: Alexander heiratete zwei königliche Prinzessinnen, und achtzig seiner Freunde heirateten Töchter des iranischen Adels. Unter den Jungvermählten waren Hephaistion, Krateros, Perdikkas, Ptolemaios, Nearchos, Seleukos und der königliche Sekretär Eumenes. Alexander hatte vorher bereits zwei Ehen geschlossen: zuerst nach der Schlacht von Issos mit der Halbgriechin Barsine, Tochter des Artabazos, dann mit der Sogderin Roxane; aber einen anerkannten Erben hatte er noch immer nicht.

Von Susa aus müssen zwei wichtige Botschaften an die griechische Welt gerichtet worden sein; wenigstens eine von ihnen wurde bei den olympischen Spielen 324 verlesen. Das war die Verordnung über die Verbannten, die die Griechen anwies, alle aus der Heimat vertriebenen Bürger, sofern sie nicht religiöser Vergehen schuldig waren, zurückzuholen. Der Satzung des Hellenischen Bundes brauchte das nicht zu widersprechen, sofern es sich nur um eine Empfehlung handelte – etwa nach der Formel: »Wir halten es für das beste, daß Ihr Eure Verbannten zurückholt...« Wahrscheinlich glaubte Alexander etwas sehr Populäres zu tun, zumal er sich erbot, für die entstehenden Kosten teilweise oder sogar ganz aufzukommen. Er irrte sich gründlich: es ging um die aus politischen Gründen Verbannten, denen man Einfluß und Eigentum genommen hatte und deren Heimkehr Rückgabe des geraubten Vermögens und Wiedereinsetzung der Vertriebenen in bestimmte Machtpositionen nach sich ziehen mußte. Einer solchen Regelung widersetzten sich vor allem die Athener und die Aitoler, und wahrscheinlich ist bis zu Alexanders Tod auch nichts in dieser Richtung geschehen.

In den zuverlässigsten unserer Quellen ist diese Verordnung merkwürdigerweise nicht erwähnt, und nicht ein einziger Alexander-Historiker spricht von der zweiten Botschaft aus Susa, dem Ersuchen Alexanders um die Einführung eines Alexander-Kults in den griechischen Städten. Was Alexander im einzelnen wollte, ist nicht ganz klar. Denkbar ist, daß ihm – wie Philipp – daran lag, als Dreizehnter unter die Zwölf Götter aufgenommen zu werden, und eine solche Ehrung wäre, mit den Maßstäben der Alten gemessen, nicht unverdient gewesen. Von griechischen Einwänden wird denn auch, obgleich Alexander in Griechenland nicht übermäßig populär war, kaum etwas berichtet.

Mut und Standhaftigkeit führte dem Heer – ebenfalls in Susa – der indische Büßer-Asket Kalanos vor. Er war alt, und um körperlichem und geistigem Verfall zu entgehen, beschloß er, seinem Leben aus eigenem ein Ende zu bereiten. Auf einem riesigen Scheiterhaufen steckte er sich selbst in Brand.

Von Susa zogen Heer und Flotte den Tigris aufwärts nach Opis; dort wählte Alexander unter den Makedonen zehntausend der ältesten und kampfuntüchtigsten aus und schickte sie nach Hause. Ihre eingeborenen Frauen und Mischlingskinder sollten in Asien bleiben. Die Durchführung der Aktion lag in den Händen von Krateros und Polyperchon; Krateros sollte Antipater als Vizekönig in Europa ablösen und ihn veranlassen, mit einem Ersatzheer von derselben Größe nach Asien zu kommen. Bis dahin sollte das Heer aus zehntausend

Makedonen und dreißigtausend nach makedonischem Vorbild ausgebildeten Iraniern bestehen; die vier Regimenter der Gefährten sollten mit iranischen Mannschaften bis zur vollen Stärke aufgefüllt, ein fünftes Regiment, ausschließlich aus Iraniern, sollte hinzugefügt werden. Auch Stab und Offiziere sollten eine starke iranische Beimischung erhalten. Die Kunde von dieser Reorganisation löste Empörung unter den Truppen aus. Indes gelang es Alexander auch diesmal, die offene Meuterei beizulegen. Ohne sich zu beeilen, traten Krateros und Polyperchon eine gemächliche Reise an: ein Jahr später waren sie erst bis Kilikien gekommen.

Zu ihrer Abreise wurde ein großes Fest veranstaltet, bei dem um ewiges Einvernehmen zwischen Makedonen und Persern gebetet wurde. Jetzt, nachdem die Entbehrungen des Feldzugs vorbei waren, wollte jeder möglichst viel vom Leben haben und alle Lebensgenüsse auskosten. Das erste Opfer war Hephaistion: er starb in Ekbatana an den Folgen eines ausgedehnten Trinkgelages. Alexander verfiel in tiefe, verzweifelte Trauer. Hephaistion war sein liebster Freund gewesen, wohl der einzige, zu dem er wirklich Vertrauen gehabt hatte, nicht zuletzt deswegen, weil er nicht eben mit großem Feldherrntalent gesegnet und bei den Makedonen nicht sehr beliebt war. Der Arzt, der das Pech hatte, Hephaistion behandelt zu haben, wurde gehenkt. Zu Amun sandte Alexander einen Boten, um zu erforschen, wie der tote Hephaistion angebetet werden sollte; für das Heer wurde offizielle Trauer verfügt, in ganz Persien erloschen die heiligen Flammen, und in Babylon sollte die größte Beisetzung der Geschichte stattfinden. Gegen Ende des Jahres wurde in einem Winterfeldzug das Land der Kossäer im Medischen Gebirge besetzt: die Kossäer waren die letzten Feinde, die noch übriggeblieben waren; dabei führte Ptolemaios eine der beiden makedonischen Einheiten; Perdikkas war bereits in Babylon.

Im Frühjahr 323 kam Alexander nach Mesopotamien und machte sich dann langsam auf den Weg nach Babylon. Er wollte der Trauerfeier für Hephaistion beiwohnen und anschließend einen Feldzug ins Innere Arabiens unternehmen, für den vorbereitende Erkundungen bereits durchgeführt worden waren. Alexander lebte nur dem Kampf und dem Abenteuer. Er konnte nicht stillstehen. Eine Expedition sandte er zum Kaspischen Meer, eine andere nach Armenien; vielleicht – verwunderlich wäre es nicht – hatte er auch schon auf Afrika und Westeuropa ein Auge geworfen. Hatte ihm Amun nicht die Eroberung der ganzen Welt verheißen? Nicht daß Alexander an anderen Dingen uninteressiert gewesen wäre: er war kein Zerstörer, sondern wie Herakles und Dionysos ein Zivilisationsbringer. Er förderte Literatur und Kunst, Wissenschaft und Bildung. Er baute Städte, Kanäle, Straßen, Häfen. Er sorgte für gute Verwaltung und förderte Ansätze, die sich durchaus zu einem Weltbürgerdasein hätten entfalten können. Vermutlich stammen die »Letzten Pläne« mit ihren grandiosen Projekten, die nach seinem Tod zum Vorschein kamen, tatsächlich von ihm. Aber seine große Leidenschaft waren Krieg und Durchforschung von Neuland, und er mußte, solange es nur ging, immer weiter vorstoßen.

Chaldäer hatten ihn vor der Reise nach Babylon gewarnt; er reiste trotzdem. Die Beisetzung Hephaistions wurde mit großem Aufwand zelebriert. Auf Weisung Amuns wurde ein Heroenkult für Hephaistion eingeführt, der das ganze Reich umfassen, aber seinen Mittelpunkt in Alexandreia haben sollte; dort sollte Kleomenes ein majestätisches Grabmal errichten. Aus allen Ecken der bekannten Welt kamen Gesandtschaften und wurden in geordneter Folge empfangen. Die Feldzugsvorbereitungen nahmen ihren Fortgang. Die Festlichkeiten dehnten sich immer weiter aus, nahmen überhaupt kein Ende. Dann passierte das Unerwartete: bei einem Essen, das sein thessalischer Freund Medios gab, trank Alexander zu Ehren von Herakles einen gewaltigen Pokal Wein aus (nach anderen Berichten befiel ihn einfach heftiges Fieber) und konnte sich plötzlich nicht mehr auf den Beinen halten. Freunde geleiteten ihn zurück zum Palast, und nach elftägiger Krankheit starb er dort am frühen Abend des 10. Juni; die Dauer der Krankheit schien eine Vergiftung auszuschließen. Seinen Siegelring, das Emblem der Herrschaft, reichte er bezeichnenderweise erst im letzten Augenblick dem Perdikkas, seinem rangältesten und wohl auch tüchtigsten General. Er wußte, daß es keinen Sinn hatte, einen Nachfolger einsetzen zu wollen.

Die Erben Alexanders des Großen

Alexander hatte eine einzigartige Stellung eingenommen, die kein anderer hätte antreten können. Sie beruhte in der Hauptsache auf seinen ununterbrochenen überwältigenden Kriegserfolgen, daneben aber auch auf seinem Talent der Menschenbehandlung, seinem Mißtrauen, seiner Rücksichtslosigkeit und der Faszination, die von ihm ausging. Das Instrument seines Erfolges war das makedonische Heer zu Fuß und zu Pferde mitsamt den aus Thrakien stammenden Hilfstruppen, die er fast immer persönlich anführte: den Agrianern, den Bogenschützen und den Speerwerfern. Nur in drei Fällen erlaubte er anderen, den Befehl über diese Truppen auszuüben: davon ist Ptolemaios' angebliches Kommando an der Persischen Pforte wahrscheinlich dessen eigene Erfindung; kurze Zeit unterstanden diese Truppen 327 Krateros und 325 Leonnatos, und dabei muß es sich um außergewöhnliche Situationen gehandelt haben. Die Thraker hingen persönlich an Alexander und waren auch besonders tüchtige Kämpfer. Die Makedonen waren Alexander weniger ergeben, aber er sicherte ihnen Siege und Beute und verwöhnte sie in jeder Beziehung (außer in militärischer). Sie trugen immer den Sieg davon und erlitten nur geringe Verluste. Es waren ihrer vierzehntausend am Granikos, zwanzigtausend bei Issos und etwa fünfundzwanzigtausend in Baktrien. Daraus, daß Antipater 323 nur vierzehntausend neue Rekruten stellen konnte, kann man schließen, daß die meisten Makedonen im wehrfähigen Alter in Asien waren. Zahlreich waren sie nicht. Von ihnen befanden sich, als Alexander starb, rund zehntausend in Kilikien; es waren die ältesten, niemals besiegten Veteranen aus Philipps Zeiten, Fünfzig- bis Sechzigjährige. Die Truppen in Babylon müssen zumeist jünger gewesen sein.

Von diesen jüngeren makedonischen Kriegern hing die Zukunft des Makedonenreiches ab. Das übrige Heer zählte nicht eigentlich, weder politisch noch militärisch. Es gab vielleicht sechzigtausend Söldner, Griechen, Anatoler, Asiaten, deren Treue dem Zahlmeister galt und von denen die meisten Garnisonsdienst taten. Größer war vermutlich die Zahl der iranischen Soldaten, zum größten Teil in Babylon, zum kleineren in den Satrapenheeren, wahrscheinlich dem König von Asien treu, aber von jedem Einfluß auf seine Wahl ausgeschlossen; am Kampf um die Macht, der nach Alexanders Tod ausgefochten wurde, nahmen sie nicht teil.

Die Entscheidung darüber, wie das Reich regiert werden sollte, lag bei den Makedonen, und die Makedonen waren uneinig. Die Fußgefährten, alte Veteranen nicht anders als jüngere Soldaten, wollten einen makedonischen König wählen, die Beute aufteilen und nach Hause ziehen. Normalerweise wäre ihr Wortführer Krateros gewesen, aber er war in Kilikien. In ihrem Namen traten die Kommandeure Meleager und Attalos auf, und in ihrem Sinne wurde Alexanders Halbbruder Arrhidaios unter dem Namen Philipp als König ausgerufen. Aber die Leibwächter und Freunde Alexanders, deren Ansichten von den Reitergefährten geteilt wurden, waren keineswegs bereit, Asien aufzugeben. Einen eigenen Thronanwärter hatten sie nicht; sie konnten höchstens darauf hoffen, daß Roxane, die schwanger war, einen Sohn zur Welt bringen würde; Nearchos schlug Barsines Sohn Herakles vor, fand aber damit keinen Anklang. Ptolemaios wollte die königliche Gewalt zunächst stellvertretend wahrnehmen lassen; das hieß, die Entscheidung so lange hinauszuzögern, bis nichts mehr getan werden konnte. Im Endergebnis geschah das tatsächlich. Meleager und seine Anhänger wurden von Alketas und Attalos, Bruder und Schwager des Perdikkas, verraten und ermordet. Philipp III. Arrhidaios blieb zwar dem Namen nach König, und auch das Knäblein, das Roxane inzwischen geboren hatte, wurde als König Alexander IV. anerkannt, aber Regent wurde Perdikkas.

In Perdikkas' Umgebung blieb von den Leibwächtern nur Aristonous; die anderen erhielten mit dem Satrapentitel eigene Provinzen, die sie fortan als ihnen von den Makedonen verliehene Erbdomänen behandelten. Diese Provinzen waren die fünf wichtigsten Teile des Reiches, die auch am leichtesten zu verteidigen waren. Peukestes behielt die Persis, Peithon übernahm Medien, Ptolemaios Ägypten und Lysimachos Thrakien. Sie alle verschanzten sich in ihren Domänen und taten ihr möglichstes, um ihre Macht zu vermehren und Popularität zu erwerben; Ptolemaios und Lysimachos lebten lange genug, um sich sogar zu Königen zu machen. Nur Leonnatos, dem das hellespontische Phrygien zugefallen war, kam nicht mehr dazu, seine Provinz zu regieren. Alexanders Kindheitsfreund Laomedon, Bruder des Erigyios, erhielt Syrien und der königliche Sekretär Eumenes Kappadokien. Die übrigen Satrapien verblieben den früheren Satrapen; vier von ihnen – Stasanor in Baktrien, Philotas in Phönikien, Asander in Lykien und Menander in Lydien – waren Freunde Alexanders und hatten sich, als er starb, in Babylon aufgehalten. Antigonos blieb, distanziert und unbelästigt, auf seiner Burg in Kelainai in Phrygien. Der einstige Admiral Nearchos wurde bei der Erbteilung übergangen und später kaum noch erwähnt; vielleicht ist er auf irgendeinen Marineposten berufen worden, so wie Seleukos zum Befehlshaber der Reitergefährten ernannt wurde. Ein vorher nicht erwähnter, aber offenbar prominenter Mann namens Arrhidaios sollte, so hatte es Alexander verfügt, die Beisetzung des Königs im Ammonion organisieren und ausrichten; Arrhidaios gab diesen Auftrag nicht aus der Hand.

Alle diese Ereignisse und Entscheidungen beanspruchten eine Woche, vielleicht auch nur einige Tage. Schleunigst machten sich dann die Satrapen auf den Weg; in ihre Provinzhauptstädte nahmen sie so viele Freunde, so viel Geld und so viele Soldaten – vor allem

Makedonien – mit, wie sie nur zusammenbekommen konnten. Perdikkas durfte die königliche Familie, wesentlich eingeschränktes Regierungspersonal und ein verkleinertes Heer behalten. Er hatte die Regentschaft gewonnen, lief aber Gefahr, das Reich zu verlieren. Vordringlich war für ihn, die Unterstützung von Krateros und Antipater zu gewinnen. Zunächst aber mußte er Peithon in die Oberen Satrapien beordern, damit eine Meuterei unter den griechischen Garnisonen niedergeschlagen werden konnte.

Unklar ist die Position des Krateros, gleichviel, ob er Perdikkas in Asien oder Antipater in Europa beistehen sollte. In beiden Fällen hatte er nicht viel Grund, sich in Bewegung zu setzen, den Rest des Jahres 323 verbrachte er denn auch weiterhin in aller Ruhe in Kilikien. Antipater wiederum sah sich einer Erhebung der griechischen Welt unter der Führung der Athener, Aitoler und Thessaler gegenüber, und als er mit einer kleinen Truppe nach dem Süden marschierte, wurde er prompt vom Athenergeneral Leosthenes in Lamia eingeschlossen. Die Griechen waren zwar uneins und in Belagerungsoperationen nicht sehr bewandert, wozu auch noch sehr bald der Tod ihres Generals kam, aber die Situation war dennoch schwierig. Kleitos der Weiße, der frühere Kommandeur, der mit Krateros auf dem Heimweg war, wurde beauftragt, das Kommando der Hellespont-Flotte zu übernehmen, und im Frühjahr 322 führte Leonnatos sein Satrapienheer nach Europa. Indes erhielt er von Lysimachos in Thrakien keine Verstärkung, weil sich der thrakische Vasallenkönig Seuthes erhoben hatte; Leonnatos blieb so ohne Hilfe und wurde besiegt und getötet.

Dafür dezimierte Kleitos die athenische Flotte bei Amorgos, und Krateros, der Antigenes mit dem Gardefußvolk zur Bewachung seiner Schatzkammer in Kyinda zurückgelassen hatte, brachte sein Heer noch zur rechten Zeit nach Griechenland, so daß es an der entscheidenden Schlacht von Krannon im Juli teilnehmen konnte. Die griechische Koalition zerfiel; Athen kapitulierte und ließ sich eine Oligarchenregierung aufzwingen. Unter den Nachfolgern (Diadochen) Alexanders hob sich die Stimmung. Krateros und Perdikkas heirateten Töchter Antipaters. Der Regent Perdikkas schien am Ziel seiner Wünsche angelangt zu sein. Ptolemaios, sein einziger Feind, war schwer in Anspruch genommen: in Kyrene hatte der Harpalos-Mörder Thibron Konflikte ausgelöst, und Ptolemaios, dessen Hilfe angerufen worden war, versuchte nun, Kyrene in seine Hand zu bekommen.

Die äußere Harmonie zerflatterte im Herbst 322. Olympias, die Mutter Alexanders, die von Antipater und Krateros bedrängt wurde, knüpfte Beziehungen zu den Aitolern an und entsandte ihre Tochter Kleopatra, die Witwe Alexanders von Epirus, nach Kleinasien. Perdikkas hatte in Kappadokien und Pisidien Siege errungen und wurde von Eumenes animiert, Kleopatra zu heiraten und den Thron für sich zu beanspruchen. Von Kleopatra ließ sich Perdikkas sogar dazu anstiften, Alexanders Halbschwester Kyane zu ermorden; aber nun meuterten die Makedonen, und es blieb Perdikkas nichts anderes übrig, als zuzulassen, daß Kyanes Tochter Eurydike, eine Nichte Alexanders also, dessen Halbbruder König Philipp heiratete. Gleichzeitig mußte jedoch Antigonos, der ein Freund Antipaters war, seine phrygische Satrapie aufgeben und nach Europa fliehen, so daß Perdikkas keine Rivalen mehr in Asien hatte. Doch ehe er König werden konnte, mußte er nach makedonischem Brauch den Leichnam Alexanders zum Bestattungsort schaffen und für die Beisetzung sorgen.

In diesem Augenblick, Anfang 321, begannen sich die Widerstände zu häufen. Der mit der zeremoniellen Beisetzung betraute Arrhidaios entschlüpfte, vielleicht von Ptolemaios bestochen, Perdikkas' Zugriff und gelangte mit dem Leichenzug nach Ägypten. Perdikkas sah sich nun genötigt, südwärts gegen Ptolemaios zu ziehen, aber den mit ihm verbündeten Aitolern gelang es nicht, Antipater in Griechenland festzuhalten. Mit Hilfe des Kleitos und seiner Flotte überquerte Antipater den Hellespont. Zwar wurde Krateros von Eumenes besiegt und getötet, aber Antipater mit seinen Makedonen kam unerbittlich näher und näher. Nun wurde Perdikkas, der am Nil auf ein Hindernis gestoßen war, von seinen eigenen Offizieren umgebracht. Das Heer versammelte sich in Triparadeisos in Nordsyrien und erklärte Eumenes und Perdikkas' übrige Anhänger für vogelfrei. Die von Eurydike aufgestachelten Soldaten verlangten Geld, aber irgendwie gelang es Antipater, sie zur Ruhe zu bringen, und er selbst wurde als Regent ausgerufen. Perdikkas' Gegner wurden belohnt: Arrhidaios erhielt als Satrapie das hellespontische Phrygien und Antigenes die Susiane – und dazu den Auftrag, Silber für die Soldaten von Susa zur Küste zu bringen; Antigonos bekam die Hälfte des makedonischen Königsheeres, wobei ihm Antipaters Sohn Kassander als Reiterbefehlshaber zugeteilt wurde, und wurde zum Feldzug gegen Eumenes, Alketas und Attalos abkommandiert. Nun kehrte Antipater mit den Königen nach Makedonien zurück, wo Polyperchon in seiner Abwesenheit einen Angriff der Aitoler zurückgeschlagen hatte. Aber selbst die Autorität Antipaters konnte den Tatendrang der ehrgeizigen makedonischen Generale nicht zähmen.

Antigonos führte lediglich seinen Auftrag durch, als er 320 Eumenes in Kappadokien angriff. Eumenes, der ein größeres Heer hatte und der bessere Feldherr war, wurde von seinen Truppen im Stich gelassen und mußte in die uneinnehmbare Festung Nora fliehen. Seine Soldaten traten nun, wie das später allgemeiner Brauch werden sollte, in Antigonos' Dienste; die Kriege betrafen fortan nur die Generale, die Treue der Heere galt ausschließlich den eigenen Interessen, die Soldaten folgten ihren militärischen Führern nur so lange, wie diese Führer Erfolge erzielten. Der leichte Sieg über Eumenes, dem sich im nächsten Frühjahr ähnliche Operationen gegen Alketas und Attalos anschlossen, stattete Antigonos mit der größten militärischen Macht aus, die es zu dieser Zeit gab, und ließ ihn von weiterem Aufstieg träumen. Im Vergleich dazu war Ptolemaios weitsichtiger: mit seinem Einfall in Syrien, dem Laomedon zum Opfer fiel, und mit der Annexion des eroberten Gebietes verfolgte er in erster Linie den Zweck, Ägypten vor einer Invasion zu schützen.

Die günstige Gelegenheit bot sich Antigonos 319, als Antipater in Makedonien starb und Polyperchon als Regenten und Kassander als Chiliarchen zurückließ. Die beiden waren einander wenig gewogen. Kassander begab sich alsbald zu Antigonos nach Asien und vereinbarte mit ihm eine Aufteilung des Reiches in Einflußsphären. Er selbst erhielt die Möglichkeit, mit Billigung der anderen nach Makedonien zurückzukehren; dafür sollten Ptolemaios und Lysimachos ihre Herrschaftsbereiche behalten und Antigonos freie Hand in Asien haben. Jetzt fiel es Antigonos nicht schwer, Arrhidaios aus dem hellespontischen Phrygien und Kleitos aus Lydien zu vertreiben; ihm kam es darauf an, alle Satrapen auszuschalten, die unter Alexander Ruhm und Ansehen erworben hatten und nie bereit gewesen wären, sich Männern zu unterwerfen, mit denen sie sich gleichrangig wähnten.

DAS HAUS DES LYSIMACHOS

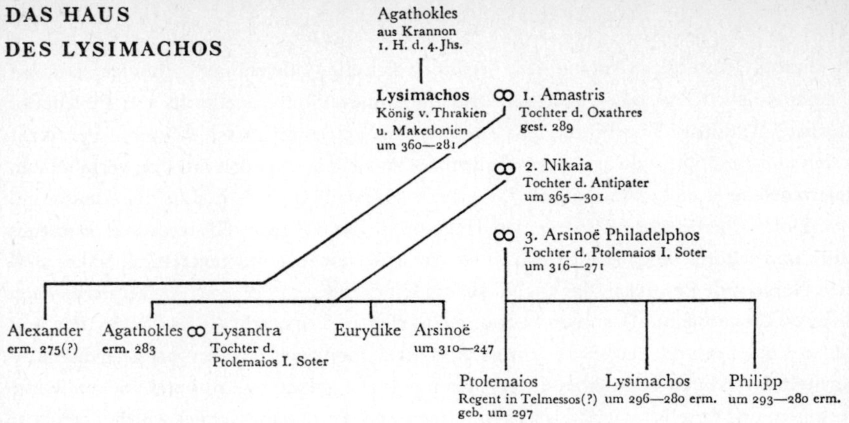

DIE ANTIGONIDEN

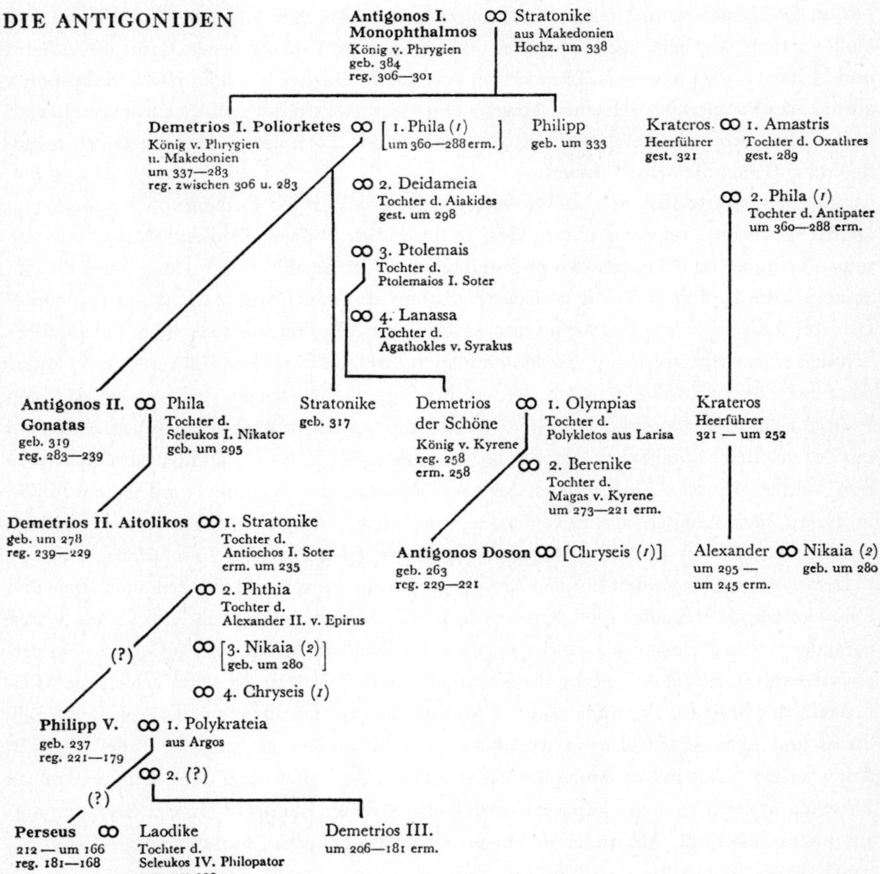

PONTOS

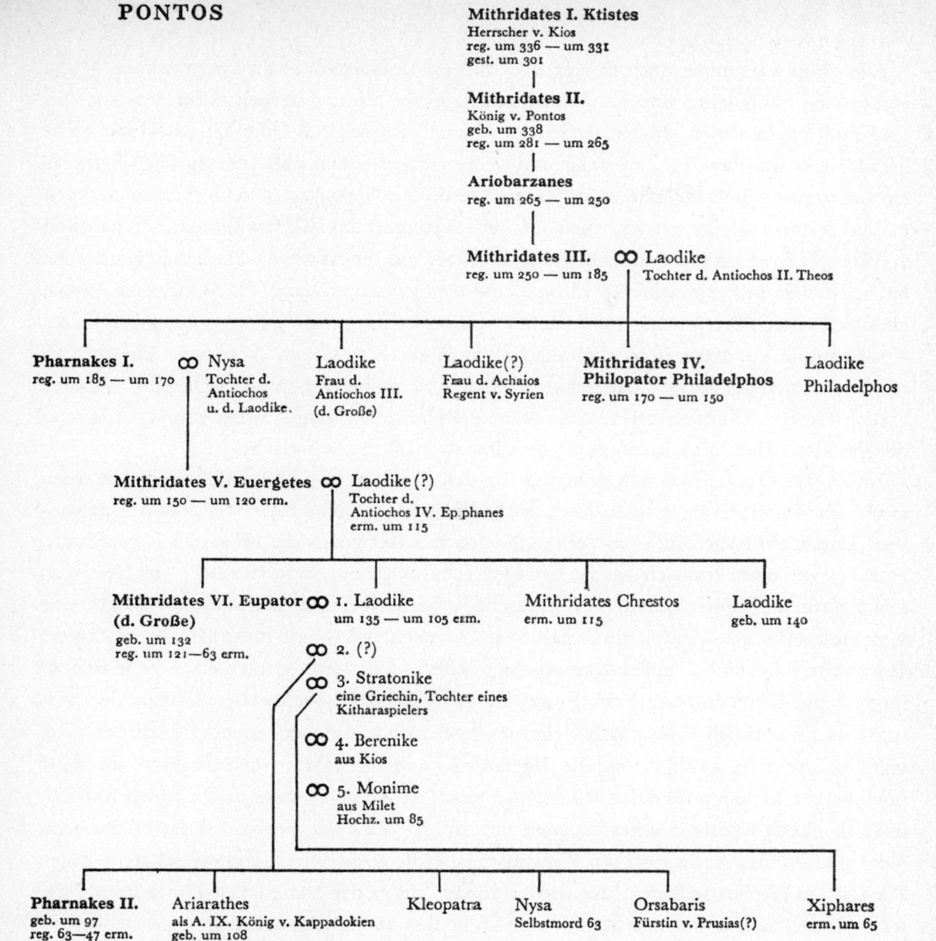

DAS HAUS DES ANTIPATER

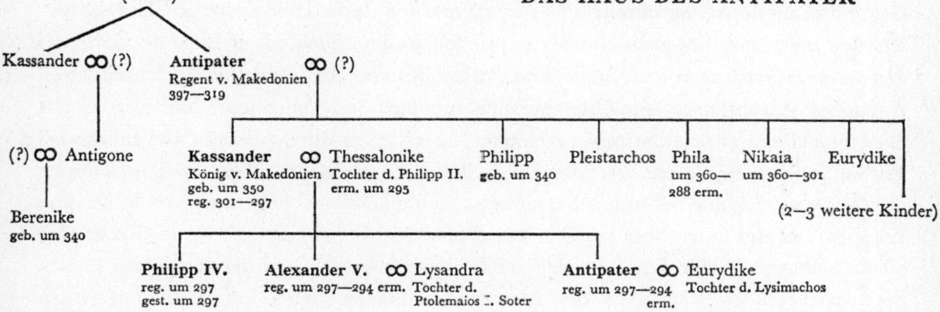

Allerdings war immer noch Eumenes da, fast ein Gefangener zwar, aber doch ein Mann von großen Fähigkeiten und beträchtlichem Ansehen. Antigonos hielt es für geraten, ihm eine Position in seinem Machtbereich anzubieten. Eumenes fiel die Entscheidung nicht leicht, denn um dieselbe Zeit unterbreitete ihm Polyperchon auf Anraten der Olympias ein anderes Angebot: im Namen der Könige wurde er aufgefordert, den Oberbefehl in Asien zu übernehmen. In der geschichtlichen Überlieferung ist das Bild des Eumenes romantisch verklärt; aber schon die Tatsache, daß er sich 322 auf die Seite von Perdikkas geschlagen hatte, bewies, daß er mächtigen Ehrgeiz und wenig Skrupel hatte. Nach einigem Zögern entschied er sich für den höchsten Einsatz: gelang es ihm, die Belastung der griechischen Abstammung zu überspielen und die Satrapen im Kampf um Antigonos um sich zu scharen, so mochte er die Chance haben, Antigonos auszustechen und sich selbst an seine Stelle zu setzen. Es entbrannte also ein wütender Kampf zwischen Eumenes und Antigonos, der das Geschehen in Asien in den folgenden zwei Jahren beherrschte.

Im Winter 319/318 ließ sich Eumenes von den Königen zum Oberbefehlshaber in Asien ernennen. Damit hatte er einen Titel, aber nicht mehr als eine Handvoll Soldaten gewonnen. Immerhin hatten ihm die Verhandlungen mit Antigonos die Möglichkeit verschafft, Nora zu verlassen und sich frei zu bewegen. Und obschon Antigonos über ein Heer von sechzigtausend Fußsoldaten und zehntausend Reitern nebst einigen Elefanten verfügte, war seine Aufmerksamkeit durch die Ereignisse in Griechenland vollauf in Anspruch genommen. Dort hatte Polyperchon einen dramatischen Aufruf an die Stadtstaaten erlassen, in dem er ihnen seine Unterstützung beim Sturz der von Antipater eingesetzten Oligarchien versprach; und wirklich vollzog sich vielerorts, namentlich in Athen, eine demokratische Revolution. Aber im Frühjahr segelte Kassander nach dem Piräus und brachte, als Polyperchon vor Megalopolis einen Rückschlag erlitt, Athen von neuem unter seinen Einfluß: in Wirklichkeit wollten die Stadtstaaten nur auf der Seite der siegreichen Bataillone sein. Nun mußte indes Antigonos, um Kassander zu Hilfe zu kommen, eine Seeschlacht gegen Kleitos den Weißen schlagen, der wieder an der Spitze der königlichen Flotte stand; das war nicht einfach und erbrachte nur mit Mühe den gewünschten Erfolg.

Da Antigonos abgelenkt war, benutzte Eumenes die günstige Gelegenheit, übers Gebirge nach Kilikien zu gelangen. Dort wurde seine königliche Bestallung von Antigenes und den Veteranen des Gardefußvolks (den »Silberschilden«) honoriert: Eumenes bekam Geldmittel aus der Schatzkammer von Kyinda und konnte Soldaten anwerben. Die »Silberschilde« zogen mit ihm nach Nordsyrien; sie folgten ihm auch, als er Ende des Sommers den weiteren Weg nach dem Süden von Ptolemaios versperrt fand und, gleichzeitig von Antigonos bedroht, nach dem Osten auswich und nach Babylonien marschierte, wo er mit der Unterstützung treuer Satrapen rechnete. Indes fand er durchaus keine Gegenliebe bei Peithon in Medien, wurde von Seleukos in Babylon entschieden abgewiesen und mußte in Antigenes' Susiane-Satrapie überwintern. Antigonos folgte ihm auf dem Fuße, hob Truppen aus und unternahm verschiedene diplomatische Schachzüge, vermied aber eine offene Schlacht, in der sich Eumenes' militärisches Geschick und der Ruhm des letzten noch existierenden Regiments der Alexander-Veteranen gegen ihn hätten auswirken müssen.

Opportunität siegte aber über Legitimität sowohl in Europa als auch in Asien: von dem Griechen Eumenes ließen sich die Makedonen nicht viel sagen, das Königshaus war zerrissen und zum Regieren untauglich. Anders ausgedrückt: Eumenes konnte seine Generale in Alexanders Zelt vor Alexanders leerem Thron nur zu überreden versuchen, ihnen aber nicht wirklich Befehle erteilen, und in Makedonien endete der Zwist zwischen Olympias und Eurydike 317 damit, daß beide Frauen und auch König Philipp III. Arrhidaios ums Leben kamen. Es blieb zwar noch der kleine Alexander IV., der Sohn Roxanes, aber König von Makedonien war in Wirklichkeit, wenn auch nicht dem Namen nach, Antipaters Sohn Kassander, der die Prinzessin Thessalonike, eine Halbschwester Alexanders, zur Frau hatte.

Endgültig kam die Sache der makedonischen Dynastie noch im selben Jahr in den Ebenen östlich des Zagrosgebirges zu Fall. Solange ihn Peukestes und die östlichen Satrapen unterstützten, blieb Eumenes im Felde unbesiegt. Dafür gelang es Antigonos mit der überlegenen Reitertruppe, die ihm Peithon zur Verfügung gestellt hatte, Eumenes' Heerlager mit den Familien der »Silberschilde« und ihrer Habe in die Hand zu bekommen. Nun war es mit der Eumenes-Treue der Alexander-Veteranen vorbei: was ihnen wirklich am Herzen lag, waren ihre Angehörigen und ihr Besitztum, und sie zögerten nicht, Eumenes auszuliefern, um beides wiederzuerlangen. (Zur Strafe wurden sie allerdings als Einheit aufgelöst und auf verschiedene Grenzgarnisonen verteilt.) Wenn auch offenbar mit einigen Beklemmungen, entschloß sich Antigonos, Eumenes umzubringen; Antigenes erlag der Folter. Antigonos war unumschränkter Herr über Asien geworden; die Inhaber der entlegeneren Satrapien beließ er im Amte, ermordete aber Peithon, entließ Peukestes und ersetzte beide durch eigene Vertraute. Sein einziger Fehler war, daß er einen von Mißtrauen erfüllten Seleukos aus Babylon entkommen und zu Ptolemaios nach Ägypten gelangen ließ.

Sechs Jahre zuvor hatte die Ermordung des Meleager die Generale gegen Perdikkas aufgebracht, und der Tod des Krateros vier Jahre zuvor war dem Heer Veranlassung genug, Eumenes in Acht zu tun. So führte jetzt Antigonos' Wüten gegen Antigenes, Peithon, Peukestes und Seleukos dazu, daß sich seine drei Verbündeten gegen ihn zusammentaten. Alle diese Freunde Alexanders verdankten ihre Positionen den makedonischen Soldaten, und im Grunde unterschied sich auch ihre Haltung kaum von der Haltung der Soldatenmasse: sie hatten die Beute untereinander aufgeteilt und mußten sich gegen jeden zur Wehr setzen, der sie daran hindern wollte, das Erworbene in Ruhe zu genießen. Im Winter 316/315 gab es viel diplomatische Betriebsamkeit, und im darauffolgenden Frühjahr wurde Antigonos in Nordsyrien ein ganzes Bukett von Forderungen präsentiert. Er sollte, wenn er auf Frieden Wert legte, Babylonien an Seleukos zurückgeben und Ptolemaios die Herrschaft über ganz Syrien einräumen; er sollte außerdem das gesamte Eumenes und den Anhängern Polyperchons abgenommene kleinasiatische Gebiet, Kappadokien und Lydien an Kassander und das hellespontische Phrygien an Lysimachos abtreten und schließlich auf den größeren Teil der fünfunddreißigtausend Talente verzichten, die er den Schatzkammern des Reiches entnommen hatte. Das alles war nicht ganz ungerecht. Dennoch lehnte Antigonos – was die anderen wohl auch erwartet hatten – jede Verhandlung ab.

Von Seleukos hatte er nichts zu befürchten, und den übrigen Konkurrenten konnte er die von Alexander in der Verordnung über die Verbannten und die 319 von Philipp und

Polyperchon ausgegebene Propagandaparole entgegenhalten. Die griechischen Städte in Asien waren bereits frei, mit anderen Worten: demokratisch verwaltet und von keinerlei Garnisonen besetzt; dagegen beherrschten Ptolemaios, Lysimachos und Kassander mit Hilfe von Oligarchien und Besatzungstruppen eine nicht geringe Zahl griechischer Städte in Griechenland, in der Ägäis und in Afrika. Mit der Proklamation, daß alle Griechen in Zukunft frei sein sollten, erzielte Antigonos einen propagandistischen Erfolg, dem er sogleich die Verkündung seiner eigenen politischen Absichten folgen ließ: nicht um zusätzliches Gebiet für sich wollte er kämpfen, erklärte er, sondern lediglich versuchen, die griechischen Untertanen seiner Widersacher gegen deren Tyrannis aufzubringen.

Der Krieg, der darauf folgte, zog sich über fünf Feldzugsperioden hin und endete mit einem allgemeinen Frieden im Herbst 311. Gekämpft wurde in Kleinasien, wo es Antigonos nicht sehr schwer fiel, den Nordwesten zu halten, wo ihm aber das von Asander, einem unabhängigen Satrapen, regierte Karien und das im Aktionsbereich der Ptolemaios-Flotte gelegene Lykien Ungelegenheiten bereiteten. Gekämpft wurde in Thrakien, wo Antigonos 313 den thrakischen König Seuthes in eine Koalition mit den griechischen Schwarzmeerstädten hineinbrachte, die er dann aber selbst nicht wirksam unterstützte. Gekämpft wurde in Kyrene, das 313 mit Unterstützung des Antigonos rebellierte, aber von neuem bezwungen wurde. Am meisten gekämpft wurde in Griechenland, wo die Generale des Antigonos viele große Erfolge erzielten und wo die Situation so ungeklärt blieb, daß Kassander nicht in Ruhe auf den Ausgang warten konnte.

Kurze Zeit focht Antigonos im Jahre 315 im Bunde mit Polyperchon und dessen Sohn Alexander, was wiederum Ptolemaios die Gelegenheit gab, sich zum Verteidiger der vielberufenen Freiheit der Griechen aufzuwerfen. Anderseits fühlte sich Kassander in die Enge getrieben und bat 313 um Frieden; nur waren seine Verbündeten noch nicht soweit, und Antigonos wollte keinerlei Zugeständnisse machen. Aber im Frühsommer 312 erfocht Ptolemaios einen entscheidenden Sieg bei Gaza in Palästina. Antigonos hatte ihn 315 nach Ägypten zurückgetrieben, 314 nach einjähriger Belagerung Tyros erobert und sich sicher genug gefühlt, seinem Sohn Demetrios den Befehl zu übergeben und nach dem Norden abzuziehen. Mit dem Sieg des Ptolemaios über den jungen Demetrios war für Seleukos eine Atempause gesichert: er konnte nach Babylon zurückkehren und sich dort gründlich festsetzen.

Das brachte Antigonos in Eile wieder nach Syrien zurück. Jedoch gelang es ihm nicht, die Nabatäer zu unterwerfen und damit seine Südgrenze zu sichern, und da sich Seleukos in die Oberen Satrapien zurückgezogen hatte, war auch die Hoffnung, ihn gefangenzunehmen, hinfällig geworden. Endlich war nun Antigonos bereit, Frieden zu schließen. Er hatte fast alles erreicht, was er angestrebt hatte; nachgeben mußte er nur insofern, als er sich mit Seleukos' Rückkehr nach Babylonien abfand, aber es ist möglich, daß er noch nicht einmal diese Konzession vertraglich bekräftigte. Von den Briefen, die er bei dieser Gelegenheit an die griechischen Städte schrieb, hat sich einer erhalten: darin drückt er seine Befriedigung darüber aus, daß ihre Freiheit nun offiziell anerkannt worden sei.

Antigonos hatte Grund, zufrieden zu sein. Lysimachos war offenbar noch mit inneren Wirren beschäftigt; gegen Seleukos behauptete sich Antigonos' Bezirkskommandant in der

Festung von Babylon; Kassanders Aufmerksamkeit war durch einen Angriff der Autariaten im Norden in Anspruch genommen. Nur Ptolemaios konnte dem Gewinner Antigonos gefährlich werden. Und dennoch brach der Krieg wenige Monate später, im Frühjahr 310, von neuem aus. Ptolemaios beschuldigte Antigonos, die Freiheit der griechischen Städte in den Küstenstrichen Kilikiens unterdrückt zu haben, und entsandte dorthin eine Flottenexpedition, die einiges erreichte: Antigonos' Freiheitsparole war in Ptolemaios' Händen zum *casus belli* geworden. Unterdes hatte Kassander Antigonos' letzten General in Griechenland, seinen eigenen Neffen Ptolemaios, mit Erfolg bestochen und in seinen Dienst genommen. Antigonos revanchierte sich, indem er Alexanders letzten überlebenden Sohn, Herakles, zu Polyperchon schickte; Alexander IV. und dessen Mutter waren bereits ein Jahr vorher von Kassander umgebracht worden. Aber Polyperchon benutzte Herakles nur als Tauschobjekt; dafür, daß Kassander seine unabhängige Stellung auf der Peloponnes anerkannte, zahlte er gern den vereinbarten Preis: er ließ Herakles umbringen.

Im Jahre 309 besetzten Ptolemaios' Generale die Küste von Pamphylien und Lykien, und im folgenden Jahr segelte Ptolemaios selbst nach Griechenland, befreite die zu Polyperchons Einflußsphäre gehörenden Städte Korinth und Sikyon; daß er auch weiterhin die Freiheit der Griechen verkündete, hinderte ihn natürlich nicht, in den »befreiten« Städten Besatzungsgarnisonen zu stationieren. Das geschah zwar unter dem Aushängeschild seines Bündnisses mit Kassander, aber auch Kassander muß diese Operation mit gemischten Gefühlen betrachtet haben. Im selben Jahr 308 eroberte Seleukos endgültig Babylonien, und diesmal mußte Antigonos die Eroberung anerkennen. Ptolemaios konnte Kyrene, wo sich sein General Ophellas selbständig gemacht hatte, wiedergewinnen; allerdings bekam Ophellas Angst vor Ptolemaios' zunehmender Macht und stellte sich an die Spitze einer Expedition, mit der er vor Karthago zu Agathokles stieß, wurde jedoch von seinem Bundesgenossen ins Jenseits befördert.

Auf all diese Vorstöße mußte Antigonos mit Entschiedenheit reagieren. Im Frühjahr 307 sandte er Demetrios mit einer Flotte nach Athen; die Athener dachten, die Schiffe gehörten Ptolemaios, und übergaben den Eroberern ohne weitere Umstände den Hafen von Piräus. In einer Schnellkampagne sicherte sich Demetrios Munichia und Megara und zog im Triumph in Athen ein, wo er die Demokratie wiederherstellte und sich als Gott feiern ließ. Zu den traditionellen zehn Phylen wurden zwei neue hinzugefügt, die nach Antigonos und Demetrios benannt wurden; Athen galt nun als verläßlicher Bundesgenosse und konnte für künftige Operationen als Stützpunkt dienen. Damit wollte sich Demetrios nicht begnügen: nach seiner Rückkehr nach Karien im Herbst rüstete er seine Flotte neu aus und konnte schon im Frühjahr 306 auf Kypros landen, wo er sich wieder als Befreier feiern ließ. Das konnte Ptolemaios nicht unbeantwortet lassen. Er segelte mit seiner gesamten Flotte nach Salamis, wurde aber entscheidend geschlagen, worauf ganz Kypros zum freien Verbündeten des Antigonos wurde. Nun entschloß sich Antigonos zu dem gewichtigen Schritt, auf den er lange gewartet hatte. Eine Stadt, die seinen Namen trug, Antigoneia, hatte er bereits gegründet; jetzt, da die Siegesnachricht von Salamis vorlag, nahm er den Königstitel an, den er zugleich auch Demetrios verlieh. Das war ein kühner Schritt: mit dem Königstitel war der Anspruch auf den makedonischen Thron verbunden, und Antigonos hatte nur wenige Makedonen bei sich, die den Griff nach dem Erbe Philipps und Alexanders hätten sanktionieren können.

Nun war die Invasion in Ägypten fällig. Es war nur natürlich, daß Antigonos das Eisen schmieden wollte, solange es heiß war. Seit Alexanders Tod hatte sich Ptolemaios als der standhafteste Feind aller Zentralisierungstendenzen betätigt. Gelang es Antigonos, Ptolemaios zu beseitigen und die reichen Schätze Ägyptens an sich zu reißen, so konnte er mit ziemlicher Gewißheit auf die Unterwerfung der anderen Rivalen hoffen. Er hatte aber insofern Pech, als die Invasion eine äußerst schwierige militärische Operation war. Seine Flotte wurde von Stürmen beschädigt; sein Heer stieß auf gewaltige Befestigungsanlagen und breite Ströme; es gab nicht genug Proviant für die Soldaten, die der Feind mit Bestechungen zum Desertieren verleitete. Einige Monate versuchte Antigonos durchzuhalten, als aber auch noch das Frühlingshochwasser hinzukam, blieb ihm nur der Rückzug. Die Eroberung Ägyptens war mißglückt. Nun schmückte sich auch Ptolemaios mit dem Titel eines Königs, und seinem Beispiel folgten Kassander, Lysimachos und Seleukos. Jetzt gab es fünf mögliche Nachfolgedynastien, den Ausschließlichkeitsanspruch auf den Thron Makedoniens hatte Antigonos verloren.

Ehen und Dynastien

War nun die Zeit für eine allgemeine Friedensregelung gekommen? Es mochte so aussehen. Aber noch hatte Antigonos seinen Ehrgeiz, und Demetrios war stets von Unruhe besessen. Ein ganzes Jahr wurde mit einer spektakulären, sinnlosen, aber auch erfolglosen Belagerung von Rhodos verbracht, dessen einziges Vergehen Neutralität war. Mit allen Königen hatte Rhodos in Freundschaft leben und Handel treiben wollen und hatte infolgedessen Antigonos, obgleich mit ihm verbündet, jede Hilfe beim Angriff auf Ägypten verweigert. Gewiß wäre es für die Wirtschaft des Ptolemäerreichs ein schwerer Schlag gewesen, wenn sich die Häfen von Rhodos und Kypros dem ägyptischen Handel verschlossen hätten; aber die Belagerung brachte Antigonos um die Sympathien der Griechen, und ihr Mißerfolg fügte seinem Prestige heftigen Schaden zu.

Dadurch nicht abgeschreckt, kehrte Demetrios 303 nach Griechenland zurück. Er erzielte manchen Erfolg auf der Peloponnes und wurde vom neu ins Leben gerufenen Staatenbund von Korinth zum bevollmächtigten Feldherrn gewählt; im folgenden Jahr zog er nach dem Norden und bedrohte Makedonien. Verzweifelt machte Kassander ein Friedensangebot. Als er aber abgewiesen wurde, glückte ihm wider Erwarten die Wiederherstellung der großen Allianz. Jetzt war Lysimachos stark genug, in Kleinasien einzufallen, und Seleukos konnte mit einem gewaltigen Heer und vielen neuen indischen Elefanten in Kappadokien einrücken. In aller Eile wurde Demetrios nach Asien zurückgerufen. Die Streitkräfte waren auf beiden Seiten ziemlich gleich, zumal sich Ptolemaios mit einem kurzen Einfall in Palästina begnügte und sich sofort wieder in seine uneinnehmbare Bastion zurückzog. Die Entscheidung fiel 301 in der Ebene von Ipsos in Phrygien. Demetrios mit seiner Reiterei schlug sich großartig, aber Antigonos wurde besiegt und fiel auf dem Schlachtfeld. Demetrios verblieben klägliche Überreste eines Königreichs. Seleukos und Lysimachos teilten Asien untereinander auf und räumten Ptolemaios nur einen bedingten Anspruch auf Syrien ein.

So entscheidend der Sieg der Verbündeten war, eine Ära des Friedens läutete er nicht ein. Es blieben genug ungelöste Fragen übrig, die die Verbündeten auseinanderbrachten; anderseits war aber auch Demetrios nicht entmachtet und sein Ehrgeiz ungebrochen. Nach der Schlacht von Ipsos gelangte er mit fünftausend Fußsoldaten und viertausend Reitern wohlbehalten nach Ephesos und fand es verlockend, die Rolle eines Seekönigs zu spielen. Er hatte eine große Flotte, eine volle Schatzkammer und als Operationsbasis die phönikische Küste, Kypros und die westlichen Seehäfen Kleinasiens. Bis auf Rhodos waren die wichtigsten Inseln des Ägäischen Meeres in seiner Hand, und in Griechenland beherrschten seine Garnisonen einen erheblichen Teil der Peloponnes; Athen hatte sich allerdings für neutral erklärt und weigerte sich, ihn zu empfangen. Sein ständiger Begleiter war der junge Pyrrhos, Anwärter auf den Thron von Epirus, dessen Schwester Deidameia Demetrios' dritte Frau geworden war. Phila, seine erste Frau, von der er nicht geschieden war und die ihm treu ergeben blieb, war die Schwester König Kassanders und der Frauen des Lysimachos und des Ptolemaios. Von seinen Rivalen war nur Seleukos mit ihm weder verwandt noch verschwägert. Aber gerade Seleukos gab ihm seine erste Chance.

Im Frühjahr 300 setzte Demetrios Pyrrhos als Vizekönig in Griechenland ein, stach wieder in See, um den Krieg gegen Lysimachos – vermutlich in Thrakien – wiederaufzunehmen, und erzielte einige Erfolge. Mittlerweile hatten sich die Beziehungen zwischen Seleukos und Ptolemaios abgekühlt, da beide die syrische Ebene beanspruchten, die vor der Schlacht von Ipsos in Ptolemaios' Händen gewesen war. Ptolemaios fand es daher opportun, seine Freundschaft mit Kassander und Lysimachos durch dynastische Ehen zu konsolidieren. Seine Tochter Arsinoë verheiratete er mit Lysimachos und seine Tochter Lysandra mit ihrem Vetter, Kassanders jüngstem Sohn Alexander. Das verschob die prekäre Gleichgewichtslage. Seleukos sah sich eingekreist. Zum Sieg in Ipsos hatte er wohl am meisten beigetragen und aus dem Sieg am wenigsten gewonnen. Der Hauptgewinn, ganz Kleinasien bis zum Tauros, war an Lysimachos gefallen, und Kleinasiens Südküste von Karien bis Kilikien hatte Kassanders Bruder Pleistarchos, wohl eher als Dynast denn als Vizekönig, eingeheimst. Außer an der Nordküste Syriens war Seleukos vom Meer und von der griechischen Welt abgeschnitten; das aber waren die Quellen der Mittel, die er am meisten benötigte: griechische Soldaten, Techniker und Geschäftsleute. Da ihm außerdem auch noch Demetrios' militärische Gaben imponierten, ließ er Demetrios wissen, daß er einem Bündnis nicht abgeneigt sei.

Demetrios war begeistert. Im Frühjahr 299 segelte er nach Kilikien und bemächtigte sich gleich nach der Landung der Reste der Schatzkammer von Kyinda. Mit lauten, nicht unberechtigten Klagen floh sein Schwager Pleistarchos zu Seleukos, stieß aber auf eisige Ablehnung. Er kehrte nach Karien zurück, mußte sich jedoch in erster Linie darum kümmern, sich in Sicherheit zu bringen; vielleicht hat er dabei auch über die Treulosigkeit vorgeblicher Freunde nachgedacht. Seleukos aber empfing Demetrios in Rhossos und heiratete mit extravaganter Festlichkeit Demetrios' siebzehnjährige Tochter Stratonike. Ihre Mutter Phila wurde mit dem Auftrag, Kassander freundlich zu stimmen, nach Makedonien entsandt. Das war eitel Schaumschlägerei: die schlimmsten Befürchtungen der großen Verbündeten bewahrheiteten sich im folgenden Jahr, als Demetrios und Seleukos gemeinsam den gesamten einstigen Herrschaftsbereich Pleistarchos' besetzten. Nun versuchte es Ptolemaios wieder einmal mit der Diplomatie: er gab Demetrios, da die Epirotin Deidameia gestorben war, eine seiner Töchter zur Frau, ein Mädchen in noch nicht heiratsfähigem Alter. Als Gesandter des Demetrios ging Pyrrhos nach Alexandreia; er blieb dort ein Jahr, avancierte zum Günstling der Königin Berenike und heiratete ihre (aber nicht Ptolemaios') Tochter Antigone. Für Demetrios war das eine gute Zeit, auch wenn sein Verhältnis zu Seleukos darunter litt, daß Seleukos von der gemeinsam eroberten Beute unbedingt Kilikien, Tyros und Sidon haben wollte.

Ereignisse jenseits des Ägäischen Meeres schufen eine neue Situation im Jahre 297. Einerseits war es einem gewissen Lachares gelungen, sich in Athen als Tyrannen zu etablieren, und die verbannten Demokraten forderten Demetrios auf, ihnen zur Wiederherstellung einer demokratischen Ordnung zu verhelfen. Anderseits hatte Ptolemaios Pyrrhos in Epirus an die Macht gebracht, wo sich der legitime König, sein Vetter Neoptolemos, Sohn der Alexander-Schwester Kleopatra, mit ihm in die Macht teilen mußte. Und schließlich starb im Frühjahr Kassander nach einer schleichenden Krankheit, und nach einer Viermonatsherrschaft seines ältesten Sohnes Philipp wurde Makedonien unter der Regentschaft der Königinwitwe Thessalonike auf die beiden jüngeren Söhne Antipater und Alexander aufgeteilt. Das alles war für Demetrios Versuchung genug. Er segelte nach der Peloponnes und verbrachte das folgende Jahr damit, seine Position auszubauen. Unterdes hatte Pyrrhos seinen Vetter Neoptolemos ermordet und war zum alleinigen König von Epirus geworden. Im Herbst 295 war Demetrios so weit, daß er Athen belagern konnte; die Belagerung dauerte den ganzen Winter, Athen wurde ausgehungert und mußte sich ergeben. Vergebens versuchte Ptolemaios' Flotte, die Blockade zu durchbrechen; vergebens bemühten sich Ptolemaios und Lysimachos, Demetrios durch Angriffe auf seine asiatischen Besitzungen abzulenken. Lysimachos eroberte die Küstenstädte, darunter Ephesos; Ptolemaios bemächtigte sich sowohl Kypros' als auch der phönikischen Hafenstädte Tyros und Sidon; Seleukos besetzte – vielleicht in freundlicher Absicht – Kilikien, um es nicht in die Hände der beiden anderen fallen zu lassen. Möglich ist allerdings, daß diese Eroberungen eher durch Bestechung als durch militärische Gewalt zustande gekommen waren, und es gibt keinen Hinweis darauf, daß sich Demetrios Mühe gegeben habe, sie zu verhindern.

Nachdem Demetrios Athen in seiner Hand hatte, gab er den Athenern, wie 307, Freiheit und demokratische Verfassung wieder; konsequent verfolgte er Athen gegenüber die Politik, die sein Vater 315 verkündet hatte. Nichtsdestoweniger legte er freilich Besatzungsgarnisonen in den Piräus und in andere Orte; das Ziel war unverkennbar ein griechisches Imperium. Im Sommer 294 fiel Demetrios in Lakonien ein und hätte beinahe Sparta genommen, wäre ihm nicht gleichsam in letzter Minute eine viel reizvollere Gelegenheit entgegengekommen. Wie nicht anders zu erwarten war, befehdeten einander in Makedonien die beiden Söhne des Kassander. Antipater, der ältere, hatte die Mutter, Thessalonike,

EPIRUS

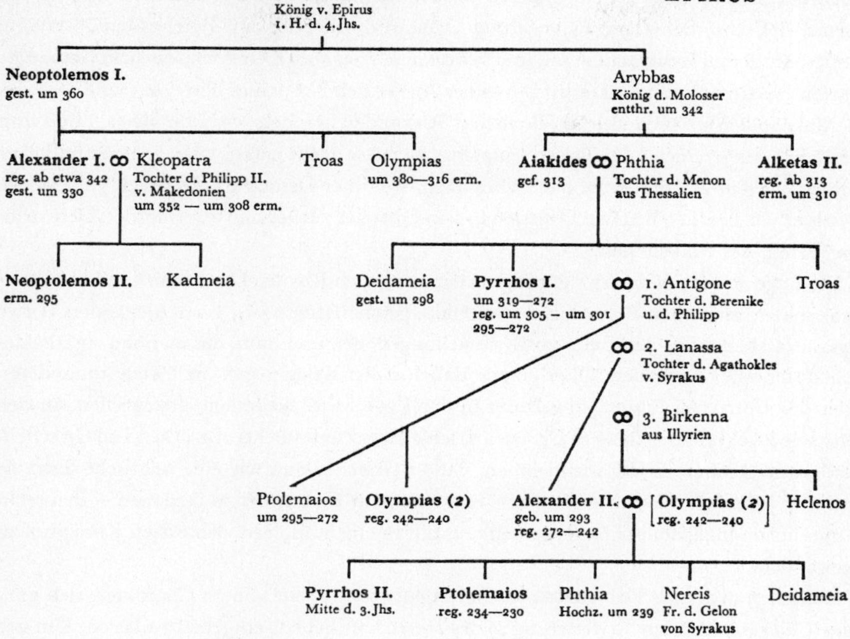

DIE ATTALIDEN

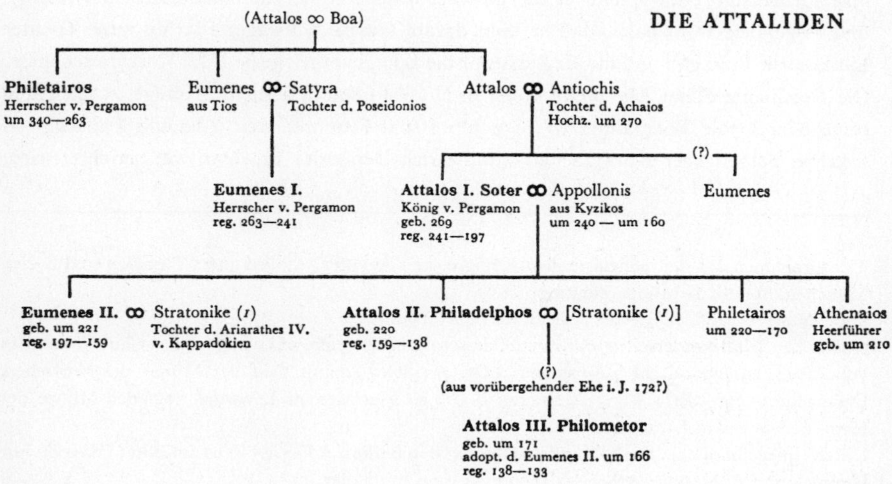

ermordet und versuchte, den jüngeren Bruder Alexander zu vertreiben. Alexander wiederum rief seine Schwäger Pyrrhos und Demetrios um Hilfe an. Pyrrhos kam, verjagte Antipater, der zu Lysimachos floh, und kehrte in sein eigenes Königreich zurück. Demetrios wartete, setzte sich erst im Herbst mit seiner Armee gen Norden in Bewegung und erschien in Makedonien als freundlicher Besucher. Alexander bereitete dem Besucher, ohne ihm recht zu trauen, einen königlichen Empfang. Er hätte recht getan, wäre er noch mißtrauischer gewesen: auf der Reise nach Thessalien, wohin er Demetrios das Geleit gab, wurde er, als er von einem offiziellen Festessen in sein Quartier zurückkehrte, ermordet. Demetrios war König der Makedonen.

Die Lage war für Demetrios günstig. Die mächtigsten Rivalen hatte er sich mit der Preisgabe seiner asiatischen Besitzungen vom Halse geschafft; nun war zwar Alexanders Witwe Lysandra ebenso wie Antipater zu Lysimachos geflohen und hatte dessen Sohn Agathokles geheiratet, aber Lysimachos war gerade dabei, einen Krieg gegen die Geten am anderen Ufer der Donau zu führen, und kaum in der Lage, in Makedonien einzugreifen. In den nächsten zwei Jahren gelang es Demetrios, seine Herrschaft über den größten Teil Griechenlands auszudehnen. Es ist anzunehmen, daß er Griechenland wie eine asiatische Satrapie regierte; jedenfalls versuchte er eifrig – und kaum zur Freude der Makedonen –, den recht bürgerlichen makedonischen Regentenhaushalt in einen üppigen asiatischen Königshof zu verwandeln.

Zufrieden aber war Demetrios nie, und es entsprach nicht seinem Charakter, sich günstige Gelegenheiten zur Erweiterung seines Herrschaftsgebiets entgehen zu lassen. Um 292 bot ihm Lanassa, Tochter des Agathokles von Syrakus und Fürstin von Korkyra, ihre Hand und ihre Besitzungen. Die Gründe dafür sind dunkel. Nach der sensationellen, wenn auch erfolglosen Invasion in Afrika in den Jahren 310 bis 307 und dem Friedensschluß mit Karthago (306 oder 305) hatte Agathokles gleich den Nachfolgern Alexanders im Osten den Titel eines Königs angenommen und um etwa 300 Theoxene, eine Tochter der Berenike, geheiratet. Nun spielte er die gesellschaftliche Rolle eines hellenistischen Königs, und es gehörte wohl dazu, daß er bald darauf seinem Schwager Pyrrhos seine Tochter Lanassa zur Frau gab und ihr als Aussteuer die Epirus vorgelagerte Insel Korkyra schenkte. Die Geschichte dieser Ehe bleibt völlig in Dunkel gehüllt, aber die Könige waren selten treue oder loyale Ehemänner. Wenige Jahre später trennte sich jedenfalls Lanassa von Pyrrhos, behielt aber Korkyra und wandte sich Demetrios zu, dem, wie berichtet wird,

---

Tetradrachmen aus den hellenistischen Königreichen Ägypten, Makedonien, Thrakien und Syrien
München, Staatliche Münzsammlung
und Tübingen, Archäologisches Institut der Universität
Oben: Die Münzvorderseiten mit den Bildnissen von Ptolemaios I., 285–283 v. Chr.; Demetrios Poliorketes, 291/290 v. Chr.; Alexander d. Gr. als Sohn Amuns (auf der Münze des Herrschers Lysimachos), 297–281 v. Chr.; Alexander d. Gr. als Herakles im Löwenfell (auf der Münze des Herrschers Seleukos I.), um 282 v. Chr.
Unten (spiegelbildlich): Die Münzrückseiten mit den Bildern Adler des Zeus auf Blitz; Poseidon mit Dreizack und Aphlaston; Athene Nikephoros; Zeus mit Adler

Bewaffneter makedonischer Offizier in Begleitung seines Dieners
Grabstele aus Alexandreia, um 300 v. Chr. Alexandria, Griechisch-Römisches Museum

schönsten Mann der Zeit. Demetrios akzeptierte die Offerte, obgleich sie ihm keine wirklichen Vorteile brachte und ihn in einen bisher wenig geklärten Krieg mit Pyrrhos und dessen Verbündeten, den Aitolern, verwickelte; offensichtlich konnte Pyrrhos nicht dulden, daß sich sein Rivale eine Operationsbasis in seiner nächsten Nähe und damit eine Einflußsphäre in Westgriechenland verschaffte. Es gab unentschiedene, aber blutige Kämpfe in Epirus, Thessalien, Makedonien und sogar in Boiotien, das von Demetrios abzufallen suchte und wiedererobert werden mußte. Gegen 289 war der Krieg mit einem Remis ausgegangen, und der ewig machtlüsterne Demetrios begann Pläne für die Loslösung Ioniens vom Machtbereich des Lysimachos zu schmieden.

Er kam zu spät. Lysimachos war lange Zeit mit wechselndem Erfolg mit dem Krieg gegen die Geten beschäftigt gewesen. Er selbst oder sein Sohn Agathokles oder auch beide zusammen waren irgendwann gefangengenommen worden, und obgleich diese Geschichte in der Überlieferung romantisch verbrämt worden ist, kann man unterstellen, daß Lysimachos seine oder des Sohnes Freilassung mit dem Abbruch des Krieges erkaufen mußte. Er wurde aber auch in Asien bedroht und schloß aus diesem Grunde ein Bündnis mit Pyrrhos; im Jahre 288 fielen beide von zwei Seiten in Makedonien ein. Das von Demetrios ausgepowerte und unzufriedene Land erhob sich, Demetrios mußte fliehen, und Lysimachos und Pyrrhos teilten Makedonien untereinander auf. Dann nahmen die Dinge eine für Demetrios noch schlimmere Wendung: mit Unterstützung von Ptolemaios revoltierte Athen. Als Demetrios im Frühjahr 287 nach Milet segelte und seinen Sohn Antigonos (später Gonatas genannt) mit der Verteidigung der Reste seines griechischen Reiches betraute, konnte er nur elftausend Soldaten mitnehmen.

Diplomatisch war allerdings die neue Kampagne gut vorbereitet. Milet erklärte sich für Demetrios, und er konnte ungehindert an Land gehen. Die Stadt hatte, wie eine Inschrift berichtet, von Seleukos 288/287 reiche Gaben erhalten; es war ein wahrhaft fürstliches Geschenk: fünfundsechzig Talente Gold, nahezu zweihundert Talente Silber und fast zwölf Talente Weihrauch, Myrrhe, Kassia, Zimt und Kostos. Offiziell war das alles für den Apollon von Branchidai, den Schirmherrn des Seleukos, bestimmt, aber in Wirklichkeit kann die Gabe nur der Preis oder die Belohnung für Milets Abfall von Lysimachos gewesen sein. Mit Leichtigkeit gelang es Demetrios, andere Städte, vor allem Sardes, auf seine Seite zu ziehen, und guter Dinge konnte er mit seiner neuen Frau Ptolemais den Winter über in Milet bleiben. Auch diese Ehe war ein Winkelzug: Ptolemaios hatte seine Frau Berenike (Mutter der Arsinoë und der Antigone) zur Hauptfrau gemacht und ihrem Sohn (später Ptolemaios II.) die Thronfolge versprochen, was von der ersten Frau, Eurydike, Tochter des Antipater und Mutter der Lysandra, als schwere Kränkung und Zurücksetzung empfunden wurde. Sie verließ Alexandreia mit ihrer jüngeren Tochter Ptolemais, und Demetrios fand es strategisch vorteilhaft, sie als Verbündete zu gewinnen. Möglicherweise war auch Eurydikes Sohn Ptolemaios *Keraunós* (Donnerkeil), der enterbte Thronfolger, mit nach Milet gekommen. Lange kann jedoch seine Freundschaft mit Demetrios, wenn sie je bestanden hat, nicht gedauert haben: im folgenden Jahr gehörte Keraunos bereits zum Hofstaat des Lysimachos, wo seine Schwester Lysandra die Frau des Thronfolgers und seine Halbschwester Arsinoë Königin war.

In diesem folgenden Jahr schlug aber Lysimachos sowohl gegen seinen Bundesgenossen als auch gegen seinen Feind los. Gegen Demetrios schickte er seinen Sohn Agathokles vor, während er selbst Pyrrhos in Westmakedonien angriff, ihn ganz aus Makedonien vertrieb und nach Epirus zurückdrängte. Gleichzeitig besetzte Ptolemaios' Flotte die Inseln des Ägäischen Meeres. Damit waren die Seeverbindungen des Demetrios abgeschnitten. Seine weiteren Aussichten waren miserabel. Er mußte sich entschließen, die Küste aufzugeben und den Rückzug nach dem Osten anzutreten. Seine Armee blieb ihm zwar erstaunlich treu, erlebte aber ein Ungemach nach dem andern. Als der Winter hereinbrach, sah Demetrios keinen Ausweg mehr und ergab sich Seleukos auf Gnade und Ungnade. Er wurde in Syrien in Ehren interniert und starb dort zwei Jahre später, im Jahre 283, im Alter von vierundfünfzig Jahren. An seiner Stelle regierte sein Sohn Antigonos, der sich wenigstens auf den schmalen, aber sicheren Streifen der »Fesseln Griechenlands«, das von den befestigten Städten Demetrias, Chalkis und Korinth mit ihren ergebenen Garnisonen abgesteckte ostgriechische Gebiet, stützen konnte.

Brillant, wenn auch wenig stabil und von abenteuerlicher Unrast besessen, erscheint Demetrios, in den Quellen *Poliorketés* (Städtebelagerer) genannt, als der interessanteste Mensch seiner Zeit. Daß er im historischen Rampenlicht so funkelnd leuchtet, verdankt er freilich nicht zuletzt seiner Freundschaft mit dem begabten Historiker Hieronymos von Kardia, auf dessen Berichten Diodoros' »Bücherei der Geschichte« und Plutarchs Demetrios- und Pyrrhos-Biographien fußen. Im Vergleich zu Demetrios verblassen die anderen führenden Gestalten der Periode (Pyrrhos vielleicht ausgenommen) schon deswegen, weil wir über sie zuwenig Konkretes erfahren. Dunkel bleibt vor allem die Rolle des Seleukos, den die Quellen bald als Demetrios' Verbündeten, bald als seinen Feind schildern. Als wahrscheinlich drängt sich dabei die Vermutung auf, daß das Grundgefüge der Bündnisse, das 299 zustande gekommen war, in den folgenden Jahrzehnten beibehalten wurde. Wenn es hin und wieder anders aussieht, mag das auf Lücken im Quellenmaterial zurückgehen, das sich keineswegs vollständig erhalten hat. Gegen die Annahme, daß Lysimachos und Ptolemaios entschiedene und konsequente Gegner ihrer Nachbarn und natürlichen Rivalen Seleukos und Demetrios gewesen seien, ließe sich nur die schon erwähnte Einzeltatsache anführen, daß Ptolemaios im Jahre 298 eine seiner Töchter dem Demetrios anvermählte, und wahrscheinlich ist das nur ein taktischer Schachzug gewesen. Dem steht auf jeden Fall eine viel wichtigere dynastische Ehe gegenüber: als Ptolemaios im Jahre 285 den Sohn Berenikes zu seinem Mitregenten machte, sorgte er auch dafür, daß der junge Mann, sein späterer Nachfolger, die Tochter des Lysimachos und seiner Hauptgemahlin Nikaia zur Frau bekam. Sie hieß Arsinoë – nicht zu verwechseln mit ihrer gleichnamigen Schwägerin und Stiefmutter, die als ihre Nachfolgerin in die Geschichte eingehen sollte.

Dieselben Quellen, die Demetrios in einem günstigen Licht erscheinen lassen, haben von Lysimachos ein höchst unfreundliches Bild hinterlassen. Alles, was konkret über ihn bekannt ist, spricht jedoch eher für als gegen ihn. Vierzig Jahre lang war es ihm gelungen, die ägäische Welt vor den wandernden Donau-Stämmen zu behüten, aber schon drei Jahre nach seinem Tod hatten die Galater Makedonien und Griechenland überrannt und waren in Kleinasien gelandet. Aus Inschriften ist bekannt, daß Lysimachos den Küstenstädten Ilion,

Smyrna, Ephesos und Priene half, sie vergrößerte und ihnen ein gewisses Maß an Freiheit gewährte, wenn er auch eher Oligarchien begünstigt haben mag als Demokratien, die zumeist Demetrios unterstützten. Seine Regierungspraxis scheint ordentlich und nicht allzu kostspielig gewesen zu sein. Trotz alledem wurde er im Todesjahr von Demetrios, in das auch der Tod des Ptolemaios und des Agathokles von Syrakus fiel, in einen Krieg mit Seleukos verwickelt. Er wurde geschlagen und fiel im Gefecht.

Die Vorgeschichte dieses Krieges war wirr und undurchsichtig. Nach überlieferten Berichten hatte Lysimachos' Frau Arsinoë, Tochter Berenikes und Schwester Ptolemaios' II., um die Interessen ihrer Kinder zu fördern, ein Komplott gegen den Thronfolger, Lysimachos' ältesten Sohn Agathokles, organisiert. Agathokles wurde ermordet, und seine Witwe Lysandra, Tochter Ptolemaios' I. und Eurydikes, eine Halbschwester Arsinoës also, entfloh mit anderen Angehörigen des Königshauses – es muß 284 oder 283 gewesen sein – zu Seleukos; auch Lysandras Bruder Ptolemaios Keraunos war vermutlich unter den Flüchtlingen. Zu gleicher Zeit verließen den Hof andere prominente Persönlichkeiten; wichtig war vor allem der Abfall des Philetairos, der der Schatzkammer des Lysimachos in Pergamon vorstand; es hieß, Abscheu und Furcht hätten ihn zur Flucht bewogen. Man darf vermuten, daß bei all diesen Vorgängen Agenten des Seleukos ihre Hand im Spiel hatten. Jedenfalls war es Seleukos, der den Krieg anfing.

Kleinere Gefechte, an denen beide Könige beteiligt waren, begannen 282 in Kleinasien. Zur entscheidenden Schlacht kam es dann bei Korupedion im Hermostal nördlich von Smyrna; hier fand Lysimachos den Tod. Seleukos nahm sich noch die Zeit, das neue Regierungssystem für Kleinasien auf die Beine zu stellen und diplomatische Verhandlungen mit den iranischen Dynastien in Bithynien und Pontos und einer Gruppe griechischer Städte um Herakleia Pontika anzuknüpfen; dann begab er sich im August 281 nach Thrakien. Schon wenige Tage später wurde er von seinem Schützling Ptolemaios Keraunos, der auf den Thron Makedoniens spekulierte (und vielleicht entsprechende Zusicherungen erhalten hatte), ermordet. Mit Seleukos' Tod erlosch die Generation der Diadochen.

Der Mörder wurde in Europa als König gefeiert. In Asien übernahm Antiochos, der Sohn Seleukos' und der iranischen Prinzessin Apama, der bereits als Mitregent fungiert hatte, die Nachfolge des Vaters. Er war seit 294 mit Demetrios' Tochter Stratonike, der früheren Frau seines Vaters, verheiratet. Diese Übertragung einer Frau vom Vater auf den Sohn nahmen sogar die Makedonen mit Befremden auf, und dem Publikum wurde sie als pathologische Abirrung, gegen die sich nichts machen ließ, präsentiert; sie hatte aber insofern einen durchaus einsehbaren Sinn, als sie die Verbindung der Seleukiden mit dem Haus der Antigoniden auf eine dauerhafte Basis stellte. Außerdem scheint Stratonike, die Enkelin Antigonos' und Antipaters, eine ungewöhnlich tüchtige und fähige Person gewesen zu sein.

Die Entfaltung des hellenistischen Staatensystems

In die folgenden sechs Jahrzehnte fiel die Konsolidierung und Entfaltung des Systems der hellenistischen Staaten, in dessen Rahmen die Hellenisierung des Orients rapid vor sich gehen und dem später die Aufgabe zufallen sollte, die griechische und hellenisierte Welt gegen Rom zu verteidigen. Historisch kommt diesen sechs Jahrzehnten gewaltige Bedeutung zu. Was wir über sie wissen, setzt sich allerdings aus sehr ungleichen Elementen zusammen. So lebhaft und reich das geistige und literarische Leben dieser Periode war, so wenig wurde in ihr – wenn man von der Darstellung der eigentlichen Diadochenzeit absieht – Geschichte getrieben.

In der Lebensspanne der Diadochengeneration und unmittelbar danach schrieben die großen Historiker der Alexander-Zeit: Kleitarchos aus Alexandreia, Aristobulos aus Kassandreia und König Ptolemaios von Ägypten, ja auch Diyllos aus Athen, der die Ereignisse bis zum Tode Kassanders im Jahre 298 festgehalten hat. Demosthenes' Neffe Demochares schilderte als Zeitgenosse die Geschichte Athens bis zum Jahr 280, und der Athener Duris, der einst als Tyrann auf Samos geherrscht hatte, schloß mit demselben Jahr seine mit 370 – dem Jahr nach der Schlacht von Leuktra – einsetzende historische Darstellung ab. Der begabteste und einflußreichste Schilderer der Zeit nach Alexander, Hieronymos von Kardia, der ein Freund und Landsmann des Alexander-Sekretärs Eumenes war und am Antigonidenhof lebte, brachte seine Geschichte nur bis zum Tod des Pyrrhos im Jahre 272, und über diese Zeit unterrichten auch noch die Memoiren, die Pyrrhos selbst hinterlassen hat. Bis 262 reicht die Geschichte der Westgriechen von Timaios aus Tauromenion, der in Athen schrieb, aber sie befaßt sich nicht mit dem Osten. Verloren sind die von Nymphis aus Herakleia Pontika stammende Geschichte seiner Heimatstadt, aus der einiges in das Werk des viel späteren Autors Memnon eingegangen ist, und eine Beschreibung der Keltenwanderungen und der Regierungszeit von Ptolemaios II. und von Antiochos I. aus der Feder eines fast völlig unbekannten Demetrios aus Byzantion; aber selbst wenn uns diese beiden Werke erhalten geblieben wären, hätten sie uns kaum über das Jahrzehnt 270 bis 260 hinausgeführt.

Bis zu dieser Zeit ist das vorliegende Material zwar nicht erschöpfend, aber immerhin halbwegs aufschlußreich; es bezieht sich jedoch fast ausschließlich auf Griechenland und Makedonien. Dasselbe gilt von der Zeit nach 250, für die Polybios und Plutarch, weil sie sich für diese Dinge besonders interessierten, einiges Material gerettet haben; dazu gehören vor allem verschiedene Schilderungen aus den Memoiren Aratos' von Sikyon, des Initiators des Achaiischen Bundes, und aus dem Werk des Atheners Phylarchos, der als einziger die Geschichte des Duris bis zum Jahr 219 fortgeführt hat; freilich ist auch von dem, was er über die Jahre 270 bis 250 aufgezeichnet hatte, das meiste verlorengegangen. Dies Material war zwar von späteren weltgeschichtlichen Darstellungen übernommen worden, aber auch davon ist außer Justins kurzem Bericht über Pompeius Trogus nichts bewahrt geblieben.

Gerade für die Werdezeit des Hellenismus sind wir infolgedessen zu einem erheblichen Teil auf Inschriften und die Papyri aus Ägypten angewiesen, die auf die Ereignisse der Zeit häufig ein grelles und durchdringendes Licht werfen, bisweilen aber dunkel und in der

Regel ortsgebunden oder in anderer Hinsicht begrenzt sind. An allen Ecken und Enden bleiben unbeantwortete Fragen; sogar ein so grundlegendes chronologisches Hilfsmittel wie die Liste der attischen Archonten enthält noch nach der Forschungsarbeit von Generationen von Gelehrten Elemente des Ungewissen. Aus all diesen Gründen kann für die Zeit, auf die es hier ankommt, nur eine bis zu einem gewissen Grade hypothetische Darstellung geboten werden, und viele Geschehnisse können nicht die Behandlung finden, die ihnen zukäme.

Bei aller Konsolidierung, die die Periode bringen sollte, konnte unmittelbar nach der Ermordung des Königs Seleukos von stabilen Verhältnissen noch nicht die Rede sein. Eindeutig war nur der hellenisch-makedonische Charakter der hellenistischen Welt, der immer deutlicher hervortrat. Die makedonischen Dynastien in Ägypten und Asien wären ohne ständigen lebendigen Kontakt mit den Ländern der Ägäis nicht lebensfähig gewesen. Antiochos konnte auch als Sohn einer iranischen Mutter nur in geringem Maße auf wirksame Unterstützung aus den iranischen Teilen Asiens hoffen, und die semitischen und anatolischen Völker waren nur mehr oder minder fügsame Untertanen. Anderseits hatten ihn zwar die Makedonen und Griechen, die in seinem Dienst standen, als König anerkannt, aber ihre Treue war noch nicht auf die Probe gestellt worden, und ihre Zahl war unzureichend. Griechische Rekrutierungsgebiete waren Seleukos größtenteils verschlossen gewesen; in der Armee, mit der er Lysimachos besiegte, dürften außer Überläufern aus dem Lysimachos-Lager und einigen Veteranen der Demetrios-Heere nur wenige Griechen Dienst getan haben. Es ist dagegen nicht unwahrscheinlich, daß sich viele Soldaten des Demetrios ebenso wie die Überreste von Lysimachos' Streitkräften zu Ptolemaios Keraunos geschlagen hatten. Für Antiochos war es aber lebenswichtig, Kleinasien zu behaupten.

Er handelte auch mit der gebotenen Eile. Die Nachricht von dem Tode des Vaters erreichte ihn vermutlich in Babylon, wohl nicht vor Oktober 281; dieselbe Nachricht löste in Nordsyrien, dem eigentlichen Herzstück des Seleukidenreiches, einen wahrscheinlich von Ptolemaios-Anhängern angestifteten Aufstand aus. Natürlich mußte Antiochos zuallererst seine Herrschaft in Nordsyrien sichern; dennoch brachte er es auch in Kleinasien fertig, aus Teilen der Streitkräfte seines Vaters, die nicht nach Thrakien mitgenommen worden waren und die der Dynastie noch die Treue wahrten, ein Heer zusammenzustellen. Zwar wurde eine Division von den Bithyniern zusammengeschlagen, trotzdem konnte Antiochos schon um die Mitte des Sommers 280 den Marsch nach dem Norden antreten. Eine Inschrift in Milet berichtet, daß er dort im Herbst 280 das Amt des »Kranzträgers« *(stephaneóphros)* übernahm.

Ähnlich galt auch für Ptolemaios II. das Gebot der Eile. Sein Vater hatte eine konsequent philhellenische Politik getrieben und sich in der Behandlung der in seinen Diensten stehenden Makedonen und Griechen sehr geschickt erwiesen. Überaus wichtig waren Griechen und Makedonen für die Verteidigung und Verwaltung des Königreichs; nicht minder war Ptolemaios indes auch auf Kriegsmaterial, das Ägypten nicht liefern konnte, auf Eisen, auf Holz und andere forstwirtschaftliche Erzeugnisse für den Schiffbau, auf Silber und Kupfer für die Staatskasse angewiesen. Da er Weizen, Papyrus und andere ägyptische Produkte zum Verkauf anzubieten hatte, konnte er es sich leisten, großzügig zu sein:

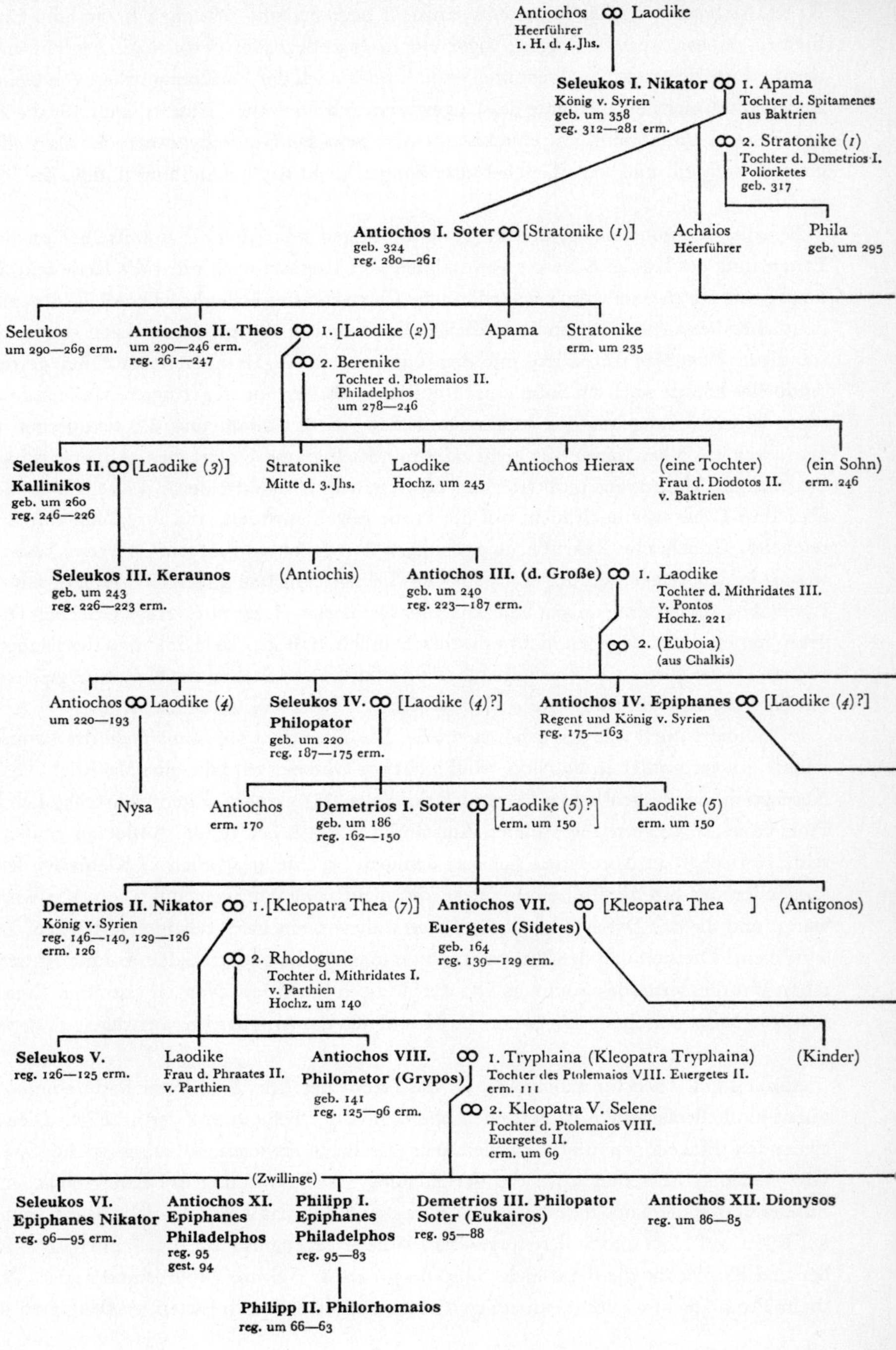
Antiochos ∞ Laodike
Heerführer
1. H. d. 4. Jhs.
Seleukos I. Nikator ∞ 1. Apama
König v. Syrien
geb. um 358
reg. 312—281 erm.
Tochter d. Spitamenes
aus Baktrien
∞ 2. Stratonike (1)
Tochter d. Demetrios I.
Poliorketes
geb. 317
Antiochos I. Soter ∞ [Stratonike (1)]
geb. 324
reg. 280—261
Achaios
Heerführer
Phila
geb. um 295
Seleukos
um 290—269 erm.
Antiochos II. Theos ∞ 1. [Laodike (2)]
um 290—246 erm.
reg. 261—247
∞ 2. Berenike
Tochter d. Ptolemaios II.
Philadelphos
um 278—246
Apama
Stratonike
erm. um 235
Seleukos II. ∞ [Laodike (3)]
Kallinikos
geb. um 260
reg. 246—226
Stratonike
Mitte d. 3. Jhs.
Laodike
Hochz. um 245
Antiochos Hierax
(eine Tochter)
Frau d. Diodotos II.
v. Baktrien
(ein Sohn)
erm. 246
Seleukos III. Keraunos
geb. um 243
reg. 226—223 erm.
(Antiochis)
Antiochos III. (d. Große) ∞ 1. Laodike
geb. um 240
reg. 223—187 erm.
Tochter d. Mithridates III.
v. Pontos
Hochz. 221
∞ 2. (Euboia)
(aus Chalkis)
Antiochos ∞ Laodike (4)
um 220—193
Seleukos IV. ∞ [Laodike (4)?]
Philopator
geb. um 220
reg. 187—175 erm.
Antiochos IV. Epiphanes ∞ [Laodike (4)?]
Regent und König v. Syrien
reg. 175—163
Nysa
Antiochos
erm. 170
Demetrios I. Soter ∞ [Laodike (5)?
erm. um 150]
geb. um 186
reg. 162—150
Laodike (5)
erm. um 150
Demetrios II. Nikator ∞ 1. [Kleopatra Thea (7)]
König v. Syrien
reg. 146—140, 129—126
erm. 126
∞ 2. Rhodogune
Tochter d. Mithridates I.
v. Parthien
Hochz. um 140
Antiochos VII. ∞ [Kleopatra Thea]
Euergetes (Sidetes)
geb. 164
reg. 139—129 erm.
(Antigonos)
Seleukos V.
reg. 126—125 erm.
Laodike
Frau d. Phraates II.
v. Parthien
Antiochos VIII. ∞ 1. Tryphaina (Kleopatra Tryphaina)
Philometor (Grypos)
geb. 141
reg. 125—96 erm.
Tochter des Ptolemaios VIII. Euergetes II.
erm. 111
∞ 2. Kleopatra V. Selene
Tochter d. Ptolemaios VIII.
Euergetes II.
erm. um 69
(Kinder)
(Zwillinge)
Seleukos VI.
Epiphanes Nikator
reg. 96—95 erm.
Antiochos XI.
Epiphanes
Philadelphos
reg. 95
gest. 94
Philipp I.
Epiphanes
Philadelphos
reg. 95—83
Demetrios III. Philopator
Soter (Eukairos)
reg. 95—88
Antiochos XII. Dionysos
reg. um 86—85
Philipp II. Philorhomaios
reg. um 66—63

DIE SELEUKIDEN

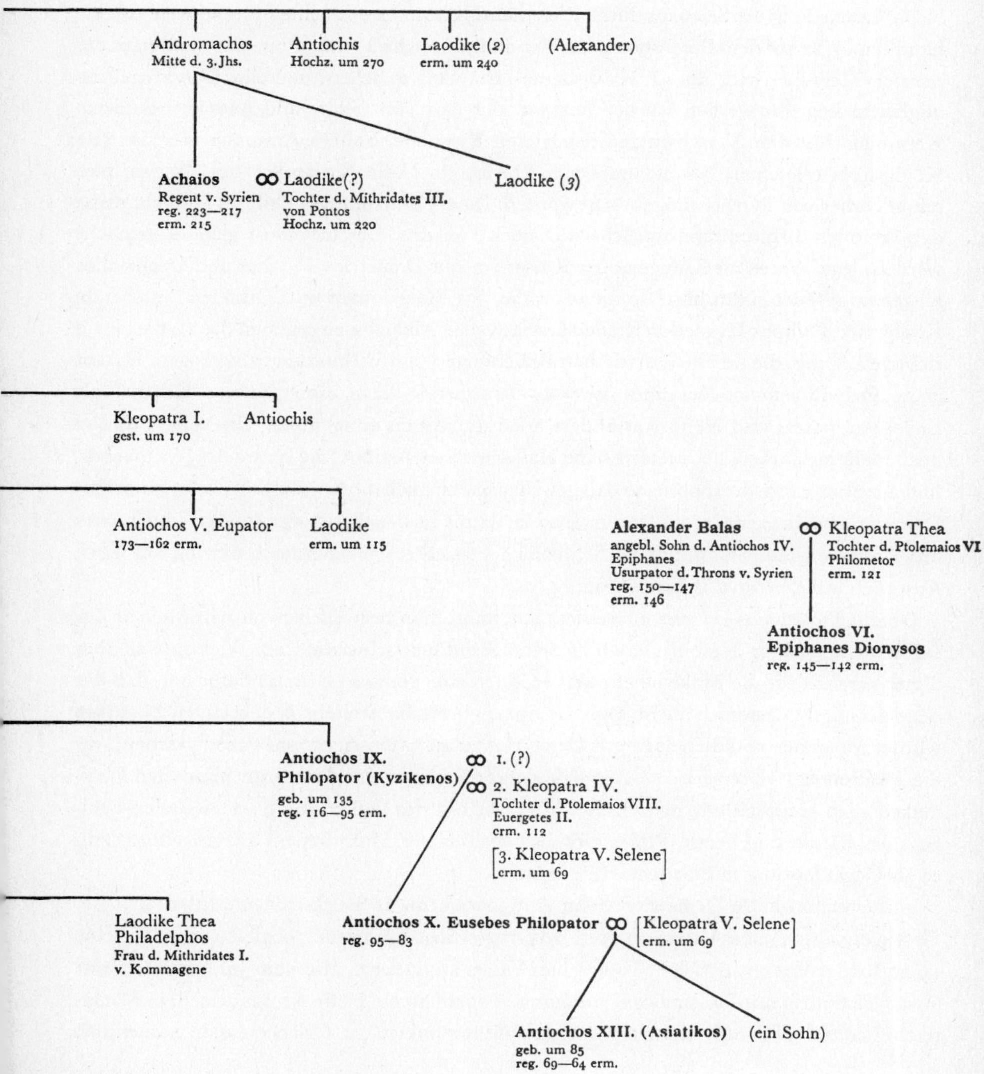

er brauchte – im Gegensatz zu den anderen Königen – seine griechischen Verbündeten oder Untertanen nicht mit Steuern zu belegen; aber ohne Stützpunkte für die Flotte konnte auch er nicht auskommen. Kypros und Phönikien lieferten viele der von ihm benötigten Waren. Unzufrieden war er dagegen mit dem sich um Delos gruppierenden Bund der Inselstaaten. Delos war 285 Demetrios abgenommen worden. Nach Korupedion wurde Samos aus Lysimachos' Herrschaftsbereich übernommen. Antiochos wurde 279 Milet entzogen; dafür, daß es die Schirmherrschaft wechselte, belohnte es Ptolemaios mit zusätzlichem Gebiet: das war weder das erste noch das letzte Mal, daß eine Stadt aus den Nöten eines Königs Nutzen zog.

Die Ermordung des Seleukos durch Ptolemaios Keraunos war keine improvisierte Affekthandlung. Was auf dem Spiel stand, war der makedonische Thron, allmählich hatten es die meisten Menschen satt, ihn als Kriegsbeute behandelt zu sehen; daß eine Dauerregelung allgemein begrüßt werden würde, verstand sich fast von selbst, und darauf spekulierte Keraunos. Mit dem Verschwinden des letzten Kassander-Sohnes Antipater war das alte Königshaus erloschen; Neoptolemos von Epirus, ein Neffe Alexanders des Großen, war schon vorher von Pyrrhos umgebracht worden. Da es Nachkommen Philipps II. nicht mehr gab, konnten Legitimitätsansprüche nur noch von drei Geschlechtern geltend gemacht werden: legal waren als Könige außer Kassander nur Demetrios, Pyrrhos und Lysimachos eingesetzt worden. Nun hatte Lysimachos das aus Makedonien und Thrakien bestehende Königreich Philipps II. wiedererstehen lassen; vielen Makedonen erschien das als die einzig richtige Lösung, die sie allen asiatischen Beziehungen und Verbindungen vorzogen. Darauf zielte auch Ptolemaios Keraunos. Er war, etwa vierzigjährig, ein erfahrener General, als Enkel Antipaters und Neffe Kassanders auch dynastisch annehmbar. Um seine Position noch mehr zu stärken, heiratete er seine Halbschwester Arsinoë, die Witwe des Lysimachos, und adoptierte ihre drei Söhne, so daß gewissermaßen auch die Kontinuität der Lysimachos-Dynastie gewahrt wurde; außerdem kam er damit in den Besitz der starken und relativ unabhängigen Stadt Kassandreia. Schließlich verzichtete er auch noch offiziell auf jeden Anspruch auf den ägyptischen Thron.

Ob das Ptolemaios II. sehr interessiert hat, kann man bezweifeln: von schriftlichen Zusagen des enterbten Halbbruders hing seine Sicherheit schwerlich ab. Wichtig war aber dieser Verzicht für die Makedonen, weil er ihnen eine gewisse Garantie dafür bot, daß der neue König Makedonien nicht bloß als Sprungbrett für weitere Eroberungen benutzen würde, wie es der »Städtebelagerer« Demetrios getan hatte. Auch von außen gesehen, war die Position des »Donnerkeils« ziemlich sicher: Pyrrhos, der doch zum mindesten Westmakedonien eine Zeitlang beherrscht hatte, war mit der Vorbereitung seines Italien-Feldzugs beschäftigt und bereit, Ptolemaios als den Gebieter Makedoniens anzuerkennen, falls er als Gegenleistung militärische Hilfe bekam.

Vorher schon hatte Demetrios' Sohn Antigonos schwere Rückschläge erlitten. Seit der Gefangennahme seines Vaters im Jahre 285 trug er den Königstitel, obgleich er später seine lange Regierungszeit erst vom Tode seines Vaters an datierte, also vom Jahre 283; er war etwa gleichaltrig mit Ptolemaios Keraunos und ebenfalls ein Neffe Kassanders. Sein Königreich bestand 281 nur aus einigen festen Stützpunkten in Griechenland, namentlich

Korinth, dem Piräus, Chalkis und Demetrias; neben einer kleinen Flotte hatte er ein bescheidenes Söldnerheer. Er hatte sich, als er von Seleukos' Tod erfuhr, sofort nach Makedonien aufgemacht, um Anspruch auf den Thron zu erheben, war aber von Ptolemaios Keraunos abgefangen und in einer Seeschlacht besiegt worden, vermutlich – da er sich anschließend nach Boiotien zurückzog – in der Pagasaibucht. Er unternahm weiterhin vergebliche Versuche, sich Athens zu bemächtigen, störte aber den Vetter Keraunos nicht beim Ausbau seiner Machtposition.

Der »Donnerkeil« hatte seine Mutter unter dem Schutz eines gewissen Apollodoros, den er als Garnisonskommandanten eingesetzt hatte, in Kassandreia gelassen und war mit Arsinoë und ihren Söhnen nach Pella gezogen. Hier begannen die schweren Störungen. Ptolemaios, der älteste der Arsinoë-Söhne, entkam zu Monunios, dem König der illyrischen Dardaner, und kehrte mit einem Heer zurück, um das Königreich seines Vaters Lysimachos zurückzuerobern. Der Anschlag mißglückte, aber Keraunos begriff, was ihm drohte, und brachte, ohne zu zögern, die beiden Brüder des Rebellen um. Das war für Arsinoë Grund genug, ihn zu verlassen; sie suchte Zuflucht auf Samothrake, von wo sie sich bald in die ägyptische Heimat begab. Einige Jahre später heiratete sie ihren vollbürtigen Bruder Ptolemaios II., was ihr den Beinamen *Philádelphos* (Bruderliebende) und eine gewisse geschichtliche Berühmtheit eintrug. Den Keraunos hat die wahrscheinlich unausweichliche Ausrottung von Rivalen in der Überlieferung als einen Menschen von abgründiger Grausamkeit erscheinen lassen. Daß er sich gegen die sittlichen Empfindungen seiner makedonischen Zeitgenossen schwer vergangen habe, ist jedoch kaum anzunehmen: dynastische Mordtaten waren sie seit eh und je gewöhnt.

Wie dem auch sei: eine lange Lebenszeit war Ptolemaios Keraunos nicht mehr beschieden. Im Frühjahr 279 wurde Makedonien von einer Wanderwelle der Kelten unter der Führung eines Häuptlings namens Belgios überflutet. Es ist möglich, daß ihrer sehr viele waren, aber jedenfalls waren sie schlecht bewaffnet und bar jeder militärischen Disziplin, der makedonischen Phalanx also im Grunde in keiner Weise gewachsen. Die Dardaner boten den Makedonen Hilfe an, aber Ptolemaios hatte kein Zutrauen zu denen, die ihn ein Jahr zuvor bekriegt hatten, und lehnte ab. Er zog gegen Belgios zu Felde, wurde besiegt und kam nicht mehr mit dem Leben davon. Die nächsten anderthalb Jahre blieb Makedonien ohne feste Regierung; während sich mehrere Fürsten um den Thron stritten, hielt ein Truppenführer namens Sosthenes das Heer beisammen und schob einige Riegel gegen die Raubzüge der Kelten vor.

Eine bessere Lösung sollte auf gewundenen Umwegen aus Kleinasien mit Demetrios' Sohn Antigonos kommen, der in der Geschichte – man weiß nicht recht, warum – den Beinamen Gonatas trägt. In Kleinasien führte Antiochos einen einigermaßen ziel- und richtungslosen Unterstützungskrieg für eine von König Zipoëtes geführte bithynische Partei, die gegen eine andere bithynische Partei unter Zipoëtes' älterem Bruder Nikomedes kämpfte und dabei auch noch Nikomedes' Verbündete, Herakleia Pontika, Byzantion, Chalkedon und andere Städte des sogenannten Nordbundes, zu Gegnern hatte. Es ist anzunehmen, daß Philetairos in Pergamon ungeachtet seiner verwandtschaftlichen Beziehungen zu der Nordbund-Stadt Tieion getreulich zu Antiochos hielt; dafür wurde aber die

Küste, von der aus Antiochos operieren mußte, immer wieder von Ptolemaios' II. ägyptischer Flotte überfallen, was Antiochos nicht geringe Schwierigkeiten bereitete. Dennoch kam Antiochos Schritt für Schritt weiter, und gegen Ende 279 bekam es Nikomedes mit der Angst zu tun: er sah die Freiheit, die seine Ahnen erfolgreich gegen die Perser, gegen Alexander und gegen die Diadochen verteidigt hatten, akut gefährdet und hielt Ausschau nach neuen Bundesgenossen. Auf welche Weise er mit Antigonos in Berührung kam, wissen wir nicht – vielleicht durch Vermittlung eines Mitgliedstaates des Nordbundes; wir wissen aber, daß Antigonos im Frühjahr 278 nach Kleinasien segelte und »eine Zeitlang«, sagt Memnon, gegen seinen Schwager Antiochos Krieg führte.

Die Motive, die ihn dazu gebracht haben, sind unklar. Erst im Herbst davor hatten Antiochos und er, offenbar in gegenseitigem Einvernehmen, je fünfhundert Söldner nach Thermopylai geschickt, um eine zweite Welle der Kelten unter Brennos, der Delphi brandschatzen wollte, abzuwehren. Zum erstenmal waren hier Griechen auf Kelten gestoßen und durch deren wildes Aussehen und rasendes Umsichschlagen in Angst und Bangen versetzt worden. Die Zahl der Kelten war beträchtlich und ist in späteren Berichten noch zusätzlich übertrieben worden; es waren ihrer jedenfalls so viele, daß sie ein kombiniertes Heer von rund fünfundzwanzigtausend Griechen in die Defensive drängen konnten. Die meisten Staaten nördlich des Isthmos von Korinth hatten Truppen beigesteuert, und der Befehl war dem Athener Kallippos übertragen worden. Die Thessaler scheinen neutral geblieben zu sein und blieben jedenfalls hinter ihren Festungsmauern ungeschoren; außer der kleinen aitolischen Stadt Kallion hatten die Kelten keinen befestigten Platz überfallen. Es gab einen kurzen, aber ziemlich verheerenden Einfall in Aitolien, der vielleicht nur als Ablenkungsmanöver gedacht war, wonach die Hauptmasse der Kelten einen Bogen um den Engpaß machte und hinunter nach Phokis zog.

Auf ihrem Marsch wurden die Kelten ständig angefallen, und als sie zum Parnassos kamen, kehrte sich sogar das Wetter gegen sie. Es tobte ein Schneesturm, auf den heftiger Schneefall folgte. Das hob die Stimmung der Griechen, die nun fanden, Apollon selbst verteidige seinen Tempel. Die Kelten waren gegen das Unwetter nicht gewappnet und gaben auf. Unter schweren Verlusten schlugen sie sich wieder bis Thermopylai durch und verließen dann Griechenland, während sich die Griechen angesichts ihres ersten nachhaltigen Sieges in achtzig Jahren vor Freude kaum zu fassen wußten. Erhalten hat sich ein Erlaß der Inselstadt Kos, in dem »die Griechen« zu ihrem Sieg beglückwünscht werden und dem Gott für sein Erscheinen gedankt wird. Der Erlaß beantwortete eine Siegesmeldung von nicht genannter Seite, die aber nur von den Aitolern ausgegangen sein konnte: jetzt hatten sie gute Gründe dafür anzuführen, daß sie sich Delphis bemächtigt hatten und es in der Hand behielten; um diese Zeit scheinen sie auch das jährliche »Erlösungsfest« *(sotéria)* eingeführt zu haben, das drei Jahrzehnte später in eine alle fünf Jahre stattfindende Veranstaltung umgewandelt und allgemein als mit den Pythischen und Nemeischen Spielen gleichwertig anerkannt wurde. Welche Rolle die kleinen von Antigonos und Antiochos gestellten Kontingente bei der Abwehr der Kelten gespielt haben, ist nicht bekannt. Keinem der beiden Könige wurde für die Hilfeleistung gedankt; ihre Truppen waren offenbar 278 in ihre regulären Standorte zurückgekehrt.

Daß Antigonos, der nicht stark genug war, ein zerrüttetes und chaotisches Makedonien an sich zu reißen, ein Heer nach Asien führen konnte, ist recht merkwürdig. Vielleicht rechnete er damit, nach Abschluß des Feldzugs von den Verbündeten für seine Sache Hilfe zu erhalten. Tatsächlich ist es so gekommen, wenn auch in einer Form, die schwerlich hätte vorausgesehen werden können. Nachdem er an einigen Gefechten teilgenommen hatte, wechselte Antigonos überraschend zur Gegenseite hinüber. Vermutlich hatte seine kluge Schwester Stratonike die Vereinbarung zustande gebracht, in der er sich bereit erklärte, ihre und Antiochos' Tochter Phila zu heiraten und mit dem Schwager und Schwiegervater ein Bündnis zu schließen. Es ist auch möglich, daß er in Asien noch Soldaten angeworben hat; im Sommer jedenfalls segelte er über den Hellespont nach Lysimacheia. Er wurde von Kelten angegriffen, führte sie in einem Nachtgefecht in die Irre und errang einen entscheidenden Sieg. Als er dann in Makedonien einmarschierte, war er den Makedonen als König recht. Um die Scharte auszuwetzen, holte der betrogene Nikomedes mit Byzantions Hilfe die Reste der Keltenhorden nach Asien herüber, bewaffnete sie und setzte sie als Verbündete gegen Antiochos ein. Die Kelten, die in Europa blieben, schufen ein neues Königreich, Tylis. In den nächsten hundert Jahren haben Tylis und das erneuerte Odrysenreich die griechischen Küstenstädte in Thrakien und am Schwarzen Meer ständig geplagt.

Nachdem Antigonos Gonatas knapp vier Jahre nach Korupedion und wenig mehr als drei Jahre nach Seleukos' Tod König von Makedonien geworden war, zeigte die hellenistische Welt ein politisches Gefüge, das sie bis zum Einbruch der Römer behalten sollte. Die Dynastien der Antigoniden, der Seleukiden und der Ptolemäer behaupteten sich in Makedonien, Asien und Ägypten. Makedonien übte einen starken, wenn auch nicht ausschlaggebenden Einfluß in Griechenland aus, wo Athen und Sparta, die Aitoler und später die Achaier politisch eine wichtige Rolle spielten und gelegentlich sogar kleinere Mächte – Epirus und Akarnanien, Elis, Argolis und Messenien – in die Waagschale fielen. Die kleineren Inseln des Ägäischen Meeres schlossen sich jeweils als Bundesgenossen der Macht an, die gerade das Meer beherrschte, erst Ägypten, später Makedonien; den größeren Inseln, namentlich Kreta mit seinen bedeutenden Hafenstädten und dem Handelsstaat Rhodos mit seiner Flotte, war es bisweilen möglich, auch eine eigene Politik zu treiben. Ägypten beherrschte Kypros und die Küsten im Südwesten Kleinasiens; seine einzelnen Besitzungen zogen sich bis nach Thrakien und bis zum Hellespont hin. Von den Küstenstädten abgesehen, unterstand Thrakien nicht der griechisch-makedonischen Herrschaft, ebensowenig wie die nördlichen Staatsgebilde Kleinasiens: Bithynien, Pontos, Kappadokien und Galatien. (Galatien war das ostphrygische Gebiet, in dem sich 277 die drei Galaterstämme der Trokmer, Tolistoager und Tektosagen ansiedelten.) Reich und mit seiner mächtigen Festung relativ ungefährdet, konnte sich das kleine Fürstentum Pergamon, das später zum Königreich wurde, unter den größeren Nachbarn ein unabhängiges Dasein erhalten; sein Staatsgebiet wurde bald größer, bald kleiner – je nach den wechselnden Schicksalen vor allem der Seleukidendynastie. Trotz vielen Plackereien dynastischer Konflikte, die mitunter sogar zu Bürgerkriegen ausarteten, behaupteten die Seleukiden ihre Herrschaft in Asien vom Ägäischen Meer bis zum Hindukush, obschon die großen Räume

Mittelasiens von der Mitte des Jahrhunderts an den Aufstieg separatistischer Kräfte in Baktrien und Parthien begünstigten. In dieser relativ stabilen Situation gab es viele konstruktive Leistungen, aber auch viele kleine Kriege, die meistens von Berufsheeren ausgefochten wurden, jedoch – außer hin und wieder in Griechenland – keine allzu großen Zerstörungen anrichteten. Es war eher eine Zeit kulturellen Wachstums als eine Zeit politischen Wandels.

Die Außenpolitik der größeren Mächte richtete sich nach dem um diese Zeit verkündeten Grundsatz des indischen politischen Denkers Kautilya: »Dein Nachbar ist dein Feind, aber der Nachbar deines Nachbars ist dein Verbündeter.« Zwischen den Ptolemäern und den Seleukiden gab es weiterhin Streit um die Grenzgebiete in der Levante und in Kleinasien, und Ägypten und Makedonien rauften sich um die Vorherrschaft im Ägäischen und die Zufahrtstraße zum Schwarzen Meer. Diese Konstellation machte Antigoniden und Seleukiden zu Bundesgenossen, zumal sie in Thrakien und im nördlichen Kleinasien durch Pufferstaaten voneinander getrennt waren und die Seleukiden keinerlei aggressive Pläne in Griechenland oder in der Ägäis verfolgten. Jede Partei unterstützte die Gegner oder revoltierenden Untertanen der anderen. So wurde im Ersten Syrischen Krieg (um 275–272) der aufsässige Magas in Kyrene (im ägyptischen Einflußbereich) von seinem Schwiegervater Antiochos I. unterstützt, und nach Magas' Tod (258) setzte Antigonos den eigenen Halbbruder Demetrios den Schönen als Herrscher in Kyrene ein. Umgekehrt hat wohl Ptolemaios II. in Kleinasien den kleineren Staaten und den freien griechischen Städten gegen die Seleukiden den Rücken gestärkt oder vielleicht auch aktiv geholfen und in Griechenland Pyrrhos von Epirus, Athen, Boiotien, Sparta und Achaia mit Subventionen und manchmal mit Flottenhilfe versehen und sich, wenn sie untereinander Streit hatten, in Ungelegenheiten verwickeln lassen; als Antigonos' Neffe Alexander, Statthalter in Korinth, 253 revoltierte und sich als König selbständig machte, wurde seine Unabhängigkeit von Ptolemaios anerkannt. Von der diplomatischen Geschichte der Epoche ließe sich, wenn mehr Detailmaterial vorläge, ein farbiges und spannungsreiches Bild entwerfen.

Staaten und Staatenbünde in Griechenland

In Griechenland kämpften traditionsgemäß weiterhin alle gegen alle. Wie üblich, verschoben sich die Bündnisse; wie üblich, gab es interne Parteizwistigkeiten, die sich auch nach außen hin auswirkten. Aber die Schrecken der Kriege wurden weitgehend dadurch gemildert, daß sie von größeren und weniger zahlreichen Staaten ausgefochten wurden. Die einzelnen Städte wurden entweder von anderen Mächten – wie Athen und Korinth von Makedonien – direkt beherrscht, oder sie bewahrten – wie Elis, Sikyon, Argos und Megalopolis – ihre Unabhängigkeit unter einem Tyrannenregiment, das in der Regel zu Makedonien hielt und von Makedonien gestützt wurde. Nur in der Regierungszeit Kleomenes' III. (237–222) versuchte Sparta eine Wiederbelebung der besonderen Art imperialistischer Politik, wie sie Sparta, Athen und Theben im früheren Griechenland getrieben hatten.

Sonst hielt sich Sparta an seine nun schon traditionelle Politik der Tyrannen- und Makedonien-Gegnerschaft. Daraus erwuchsen zwei Kriege: ein Krieg in Aitolien im Jahre 280, der seinen Grund im Bündnis der Aitoler mit Antigonos Gonatas hatte, und der Chremonideische Krieg von 267 bis 262, in dem König Areus seine peloponnesischen Verbündeten (Elis und einige Städte Arkadiens) gegen Mächte ins Feld führte, die, wie eine große in Athen gefundene Inschrift sagt, die Griechen zu Sklaven machen wollten. In dem Freiheitskrieg zugunsten der aufständischen Athener fand Sparta diesmal die Unterstützung Ptolemaios' II., der grundsätzlich an der von seinem Vater und seiner Schwester Arsinoë befolgten Politik der aktiven Parteinahme für die griechische Freiheit festhielt. Der Erhebung der Athener blieb der Erfolg versagt: Areus wurde südlich von Korinth geschlagen und kam nicht durch die makedonische Isthmos-Sperre, und die von Patroklos kommandierte ägyptische Flotte konnte nichts dazu tun, den Gang der Ereignisse zu Lande zu beeinflussen; so konnte Antigonos einen überraschenden Angriff König Alexanders II. von Epirus abwehren und Athen durch Aushungerung in die Knie zwingen. Sparta erfuhr eine vorübergehende Schwächung, während Athen keinen wesentlichen Schaden davontrug; das Gesamtergebnis dieses Krieges, der von allen griechischen Kriegen in der ersten Hälfte der erörterten Periode den größten Aktionsradius hatte, war gering.

Im ganzen war die Periode für Griechenland positiv. Allerdings wurde 275 bis 272 mit der Rückkehr Pyrrhos' aus Italien Unruhe ins Land gebracht, denn Pyrrhos, der als Feldherr brillieren konnte, war ein miserabler Staatsmann und fand im Grunde nur am Krieg Gefallen. Seine Feldzüge in Süditalien und Sizilien hatten viele sensationelle Siege erbracht, aber es waren regelrechte »Pyrrhos-Siege«: sie wurden so teuer erkauft, daß der Sieger hinterher schwächer dastand als der Besiegte. Nach fünfjährigem Krieg mußte sich Pyrrhos aus Tarent heimlich herausstehlen, so daß er nur ganz wenige Soldaten nach Epirus zurückbrachte; aber schon im Frühjahr 274 konnte er in Makedonien einfallen und die Königsgewalt wieder an sich bringen, und Antigonos Gonatas mußte in den Küstenstädten Zuflucht suchen. Die Herrlichkeit dauerte nicht lange: die Plünderung der Königsgräber in Aigai durch Pyrrhos' keltische Söldner brachte einen so gewaltigen Prestigeverlust, daß Pyrrhos es vorzog, nach Epirus heimzukehren.

Dafür fing er im folgenden Jahr ein neues Kriegsabenteuer an, diesmal gegen Sparta, wo er einen Thronanwärter namens Kleonymos unterstützte. Fast gelang ihm die Einnahme Spartas 272, doch hatten sich inzwischen all seine Feinde gegen ihn verbündet. Antigonos hatte Makedonien zurückerobert und erschien mit einem Heer auf der Peloponnes. Um die Stadt Argos entbrannte ein heftiger Kampf, dabei wurde Pyrrhos von einem Ziegelstein, den eine Frau von einem Dach nach ihm geschleudert hatte, tödlich getroffen. Sein Sohn Alexander schloß Frieden und zog nach Epirus ab; später beteiligte er sich kurz am Chremonideischen Krieg, hielt sich aber sonst von allen martialischen Abenteuern fern. Alles in allem hat Pyrrhos den Gang der griechischen Geschichte nicht grundlegend beeinflussen können.

Das wichtigste und neuartigste Kennzeichen der Epoche, in der Makedonien eine zwar noch bedeutende, aber nicht mehr wie früher überragende Rolle spielte, war das Erstarken der beiden großen Staatenbünde. Antigonos Gonatas hatte Glück mit seiner Politik im

Norden. Er unterhielt freundschaftliche Beziehungen zu den Illyrern und Thrakern; Paionien war ihm untertan; in Griechenland war er das Oberhaupt des Thessalischen Bundes und hielt die Schlüsselfestungen der Ostküste, Demetrias, Chalkis, Piräus und Korinth, fest in seiner Hand. Bei Aufständen oder Erhebungen – wie in Athen im Chremonideischen Krieg oder in Korinth unter seinem Neffen Alexander (253–246) – begnügte er sich mit der bloßen Wiederherstellung des Status quo. So konnte er mit Epirus und den Aitolern in Frieden leben und Makedonien dazu verhelfen, nach den Strapazen der Kriege Alexanders und der Diadochen Atem zu schöpfen und Kräfte zu sammeln.

In der früheren griechischen Geschichte hatte von den beiden Staatenbünden nur der Aitolische eine größere Bedeutung gehabt; die zwölf kleinen achaiischen Städte waren belanglos. Die Aitoler waren Dorf- und Bergbewohner; jährlich kamen sie in Waffen zur allgemeinen Bürgerversammlung und wählten einen militärischen Befehlshaber, der auch das Haupt ihrer Zivilverwaltung war. Ihm zur Seite standen die Apokletoi, der Vollzugsausschuß des von den aitolischen Gemeinden im Verhältnis zu ihrem militärischen Beitrag gewählten Rates der Tausend. Ursprünglich nur als verwegene Kämpfer in ihrem eigenen Gebietsbereich bekannt, traten die Aitoler erstmalig 323 mit ihrer maßgeblichen Beteiligung am Lamischen Krieg ins Rampenlicht der Geschichte; später kämpften sie auf seiten Perdikkas' und Antigonos' gegen Antipater und Kassander, und um das Jahr 300 begann ihre Expansion nach dem Osten, nach Zentralgriechenland; den Städten oder Stämmen, die sich ihnen anschlossen, gewährten sie volle Mitgliedsrechte in ihrem Staatenbund.

Zu Anfang des 3. Jahrhunderts errangen die Aitoler die Vorherrschaft über Delphi. Von da an fiel ihnen eine gewichtige Rolle bei der Verteidigung des Heiligtums gegen die Kelten zu. An ihren Sieg erinnerten dann die Soteria-Festspiele, die nach 250 im gesamthellenischen Maßstab abgehalten wurden. Aus ihrer patriotischen Haltung heraus förderten die Aitoler – sei es über Delphi, sei es direkt – die Veranstaltung nationaler Feste (so in Magnesia am Mäander); besonders aktiv setzten sie sich für die Anerkennung von Städten und Heiligtümern als vor Angriff und Plünderung geschützten Asylstätten *(asylia)* ein. Dies Raubverbot mußte natürlich – die Aitoler waren als Seeräuber wohlbekannt – auch ihre eigenen Piratenschiffe treffen, bedeutete also für sie ein empfindliches Opfer. In dieselbe Zeit fiel die Freilassung zahlreicher Sklaven, von der Inschriften auf Gebäudemauern in Delphi berichten, eine Leistung, der ebenfalls Anerkennung – wenn auch mit Vorbehalten – gebührt. Bis in die zwanziger Jahre des 3. Jahrhunderts setzte sich die Expansion des Aitolischen Bundes fort. Um diese Zeit war er der größte Territorialstaat Griechenlands: zu ihm gehörten Elis, Messenien, das östliche Arkadien und ganz Zentralgriechenland vom Golf von Ambrakia bis zum Euripos.

Die Gebietsausweitung des Aitolischen Bundes und seine zunehmende Zentralisierung lassen sich an Hand der in Stein gemeißelten Protokolle des Rates der Amphiktyonie von Delphi verfolgen. Nach 318 erschienen zu den Sitzungen keine Thessaler mehr, die Untertanen Makedoniens waren; später kamen Delegierte *(hieromnémones)* nur aus Aitolien befreundeten Staaten, wobei unklar bleibt, wie Aitolien selbst, das vorher nie zur Amphiktyonie gehört hatte, zu einer Vertretung gelangt ist. Im Jahre 277 stellte Aitolien drei

Delegierte, dreizehn weitere Delegierte kamen aus sieben verschiedenen Regionen. Im Jahre 226 stellte Aitolien bereits fünfzehn Delegierte, und außer ihm waren nur noch zwei Staaten vertreten: Delphi, der Sitz der Amphiktyonie, und Chios, dem die Aitoler um 258 eine Vertretung zugestanden hatten. (Chios und die Aitoler hatten darüber hinaus in dem als *isopoliteia* bekannten Verfahren eine gemeinsame Staatsangehörigkeit eingeführt.) Die übrigen Mitglieder der Amphiktyonie waren entweder – wie Athen oder Argos – zu Feinden geworden oder – wie Phokis und die Lokrer – in anderen Staatsgebilden aufgegangen.

Das alles war weniger durch Krieg als durch Diplomatie oder militärischen Druck zuwege gebracht worden. Der Eckstein der aitolischen Politik war Frieden mit Makedonien; nur zweimal gab es Störungen: einmal 292 und das nächste Mal zwanzig Jahre später, als die Aitoler in Feindseligkeiten zwischen Makedonien und Epirus verwickelt und zu Bundesgenossen des Pyrrhos wurden. Aber 239 heiratete der neue makedonische König Demetrios II. die epirotische Prinzessin Phthia, und die Aitoler mußten angesichts des entstehenden nachbarlichen Machtblocks Anschluß an die Achaier suchen, die sich erst sechs Jahre früher der aitolischen Eroberung Boiotiens mit Gewalt widersetzt und zwei Jahre früher die Aitoler bei Pellene geschlagen hatten. Demetrios wiederum verbündete sich mit Agron, dem König der Illyrer, und erhielt von ihm Unterstützung nicht nur gegen die Aitoler, sondern auch gegen die sich auf der Wanderung befindenden Bastarner im Norden. Die Machtverhältnisse verschoben sich, als kurz darauf das epirotische Königshaus erlosch, und im Jahre 235 annektierten die Aitoler das Königreich Epirus. In der Folgezeit weitete sich ihre Aktivität so sehr aus, daß sie sogar Sparta angriffen. Diese halbkriegerischen Vorstöße änderten jedoch nichts daran, daß die Aitoler nicht eigentlich Eroberer, sondern Träger eines werdenden Nationalstaats waren. So etwas hatte es in Griechenland auf dieser Stufe noch nicht gegeben.

Im Gegensatz zum Aitolischen war der Achaiische Bund erst in einem späten Geschichtsstadium aufgetreten; er war auch von Anfang an eher ein Bund unabhängiger Städte als ein Staat. Eine gemeinsame Staatsangehörigkeit bestand nur bei den ursprünglich achaiischen Städten; es gab aber eine Bundesversammlung, in der die Städte nicht nach ihrer verschiedenen Stärke vertreten waren, sondern alle die gleiche Stimmenzahl hatten; sie wählte einen Bundesfeldherrn und andere gemeinsame Amtsträger. Auch Bundessteuern wurden erhoben. Das eigentliche Gemeinschaftsanliegen des Bundes war jedoch die Außenpolitik, das heißt Krieg; eine einheitliche und folgerichtige Politik zu betreiben war indes schwierig, weil der Bundesfeldherr zwar beträchtliche Machtbefugnisse hatte, aber niemand zwei Jahre hintereinander zum Bundesfeldherrn gewählt werden durfte.

Im Jahre 280 gegründet oder wiedergegründet, blieb der Bund bis 251 ziemlich bedeutungslos. Die Wendung brachte ein Umsturz in der Stadt Sikyon; dort hatte ein zwanzigjähriger Jüngling namens Aratos, Sohn eines prominenten, mit Antigonos Gonatas befreundeten Bürgers, den Tyrannen Nikokles ermordet und die Macht an sich gerissen. Seine Position war schwierig: sowohl Antigonos als auch sein rebellischer Neffe Alexander von Korinth hatten es auf Sikyon abgesehen. Um sich halten zu können, wandte sich Aratos schutzsuchend an die Achaier und erwirkte den Anschluß Sikyons an den Achaiischen Bund. Schon 245 wurde er zum erstenmal zum Bundesfeldherrn gewählt, und von da an übte er einen entscheidenden Einfluß auf die Politik des Bundes aus. Die Ausweitung des Bundes war in der Hauptsache sein Werk. Ein mäßiger Frontoffizier, aber ein begabter Stratege und gewandter Politiker, brachte es der tüchtige, ehrgeizige und von Skrupeln kaum belastete Staatsmann fertig, sich bis 222 fast regelmäßig jedes zweite Jahr zum Bundesfeldherrn wählen zu lassen, so daß er einen mehr oder minder kontinuierlichen und konsequenten Kurs steuern konnte.

Aratos' Politik richtete sich vornehmlich gegen Makedonien und das makedonische System der Beherrschung der Stadtstaaten durch Tyrannen. Das setzte ihn in Gegensatz zu den Aitolern, garantierte aber ein friedliches Verhältnis zu Sparta, das ähnliche Ziele verfolgte; zugleich brachte ihm diese Politik regelmäßige Subventionen von den ägyptischen Ptolemäern ein. Nach dem Tode des Rebellen Alexander hatte Antigonos 246 Korinth zurückerobert; Aratos nahm es ihm 243 wieder weg. Diesen Erfolg verdankte er dem Verrat syrischer Soldaten des Antigonos, deren Treue durch die Siege der Ptolemäer über Seleukos II. im Dritten Syrischen Krieg (246–241) erschüttert worden sein mochte. Damit war für Aratos der Weg über den Isthmos nach Megara und Athen offen und Antigonos von den ihm ergebenen peloponnesischen Tyrannen abgeschnitten. Ein Einfall der Aitoler im Jahre 241 erreichte gar nichts: sie kamen zwar bis Pellene, wurden aber dann von Aratos überfallen und vernichtend geschlagen.

Eine Wendung in der Politik des Achaiischen Bundes kam im Gefolge eines Regierungswechsels in Sparta. Dort war 237 der sehr energische König Kleomenes III. ans Ruder gekommen. Die ersten Anzeichen einer aktiveren Politik Spartas führten dazu, daß die bedeutende spartafeindliche Stadt Megalopolis, die von dem tatkräftigen Tyrannen Lydiades regiert wurde, 235 dem Achaiischen Bund beitrat, und 229 kam Argos dazu. Im selben Jahr verwirklichte Aratos seinen lange gehegten Plan, die makedonischen Besatzungstruppen aus Athen zu vertreiben, und unter seiner neuen, demokratischen Regierung, an deren Spitze die Brüder Eurykleides und Mikion standen, bekannte sich Athen zu einer Politik der Neutralität, bei der es auch blieb. Das alles brachte Aratos einen beträchtlichen Machtzuwachs, ließ aber auch seine Gegner enger zusammenrücken: Makedonien, die Aitoler und Sparta schlossen ein Bündnis ab; ja die Aitoler halfen Sparta sogar noch unterderhand, die ihnen befreundeten oder ihrem Bündnis angehörenden arkadischen Städte Tegea, Mantineia und Orchomenos einzustecken.

Lange hielt diese Allianz nicht. In Sparta ging Kleomenes 225 daran, ein höchst revolutionäres Programm in die Praxis umzusetzen: Schuldenstreichung, Neuverteilung des Grund und Bodens, Verleihung des Bürgerrechts an viele Angehörige der unteren Schichten. Überall bekamen es die konservativen Elemente mit der Angst zu tun. Die Aitoler, die auf der östlichen Peloponnes keine unmittelbaren Interessen hatten, kehrten zu ihrer ursprünglichen Neutralität zurück, und der Makedonenkönig Antigonos Doson ließ sich sogar – ob durch Überredung, ob durch Bestechung – zu einem Bündnis mit den Achaiern bewegen. Aratos überließ ihm die strategisch entscheidende Festung Akro-Korinth, und dazu nahm sich Antigonos – dank dem Verrat der dortigen Konservativen – auch noch Argos. Im Jahre 223 wurde er zum Bundesfeldherrn des Achaiischen Bundes gewählt und brachte anschließend die arkadischen Städte auf seine Seite. Daß Kleomenes im folgenden Winter

Liste der Amphiktyonen von Delphi aus dem Herbst des Jahres 266 v. Chr.
Oberteil einer Marmorstele mit den Namen der Delegierten aus Aitolien, Boiotien, Phokis, Athen, Euboia und Delphi
Delphi, Archäologisches Museum

Griechische Bundesprägungen des 3. Jahrhunderts v. Chr.
München, Staatliche Münzsammlung

Rückseite eines Triobols mit dem Monogramm des Achaiischen Bundes, Gepräge aus Kaphyai in Arkadien, nach 227 v. Chr. – Unten: Rückseite einer Tetradrachme mit dem Wahrzeichen des Aitolischen Bundes. Gepräge aus Lysimacheia in Aitolien (?), um 250 v. Chr. (Stark vergrößerte Wiedergaben)

Megalopolis besetzte und brandschatzte, war nur ein Intermezzo: nicht einmal die Zivilbevölkerung ließ sich einschüchtern, die standhaften Megalopolitaner rückten geschlossen nach Messenien aus. Und im Sommer 222 wurde die spartanische Armee in der Schlacht von Sellasia aufs Haupt geschlagen. Kleomenes floh nach Ägypten; Sparta wurde besetzt und zur Republik erklärt. Plötzlich wurde jedoch Antigonos Doson nach Makedonien zurückgerufen, weil die Illyrer ins Land eingefallen waren, und fiel im Kampf gegen die Eindringlinge.

Der Achaiische Bund war nun Herr über die Peloponnes, aber makedonische Truppen beherrschten den Isthmos von Korinth; der neue makedonische König Philipp V. fand sich in ungefähr der gleichen Situation wie Antigonos Gonatas ein halbes Jahrhundert früher. Nachdem Sparta eine schwere Macht- und Prestigeminderung erlitten hatte und Athen neutralisiert war, blieben in Griechenland gerade noch drei bedeutende politische Mächte übrig. Da die aitolische Politik nicht makedonenfeindlich und die Achaier mit den Makedonen verbündet waren, konnte das Land eigentlich einer Zeit des Friedens entgegensehen. Die Aitoler hatten in Zentralgriechenland so etwas wie einen Nationalstaat geschaffen, und wenn der Achaiische Bund auch weniger fest gefügt war, wirkte auch er in der Richtung der Ausschaltung lokaler Zwistigkeiten und Konflikte. Drei Menschenalter später konnte der Historiker Polybios sogar die Behauptung aufstellen, die Hauptziele des Achaiischen Bundes seien Freiheit und Einheit der Peloponnes gewesen. Er war selbst ein Achaier aus Megalopolis, und für ihn ließ sich damit die Tatsache erklären, daß ganz Südgriechenland allmählich als Achaia, als das Land der Achaier, zu gelten begann. Auf ihn – und auf Aratos, dessen Memoiren ebenfalls viele Leser hatten – geht das im ganzen günstige, vielleicht zu günstige Bild zurück, das sich vom Achaiischen Bund in der geschichtlichen Überlieferung erhalten hat.

Ptolemäer und Seleukiden

Von den neuen Monarchien hatte das ptolemäische Ägypten die engsten Beziehungen zur griechischen Welt. Ptolemaios II. Philadelphos (285–246) und Ptolemaios III. Euergetes (246–221) führten die philhellenische Politik des Stifters der Dynastie fort; sie war, so opportunistisch sie sein mochte, populär und hatte Erfolg. Mit großem Nachdruck setzten sich die Ptolemäer für die Freiheit der Griechen ein; in der politischen Praxis brauchte das nicht mehr zu bedeuten, als daß sie in Griechenland makedonenfeindliche Staaten unterstützten, aber über die Tagespolitik hinaus hatte diese Haltung sichtbare kulturelle Auswirkungen. Die griechischen Heiligtümer füllten sich mit Gaben der Ptolemäer, die nicht nur dem Alltag verhaftet waren. Auf einem Altar in Theben ist ein Pindar zugeschriebener Hymnus an den Amun von Libyen eingemeißelt, den offenbar Ptolemaios Philadelphos dort hat anbringen lassen. Ob echt oder nicht, war er – wie auch die idealisierte Geschichte der Pharaonen, die Hekataios von Abdera um diese Zeit verfaßte – dazu bestimmt, den Griechen das Bewußtsein einzupflanzen, daß Ägypten ein bewundernswertes und ihnen

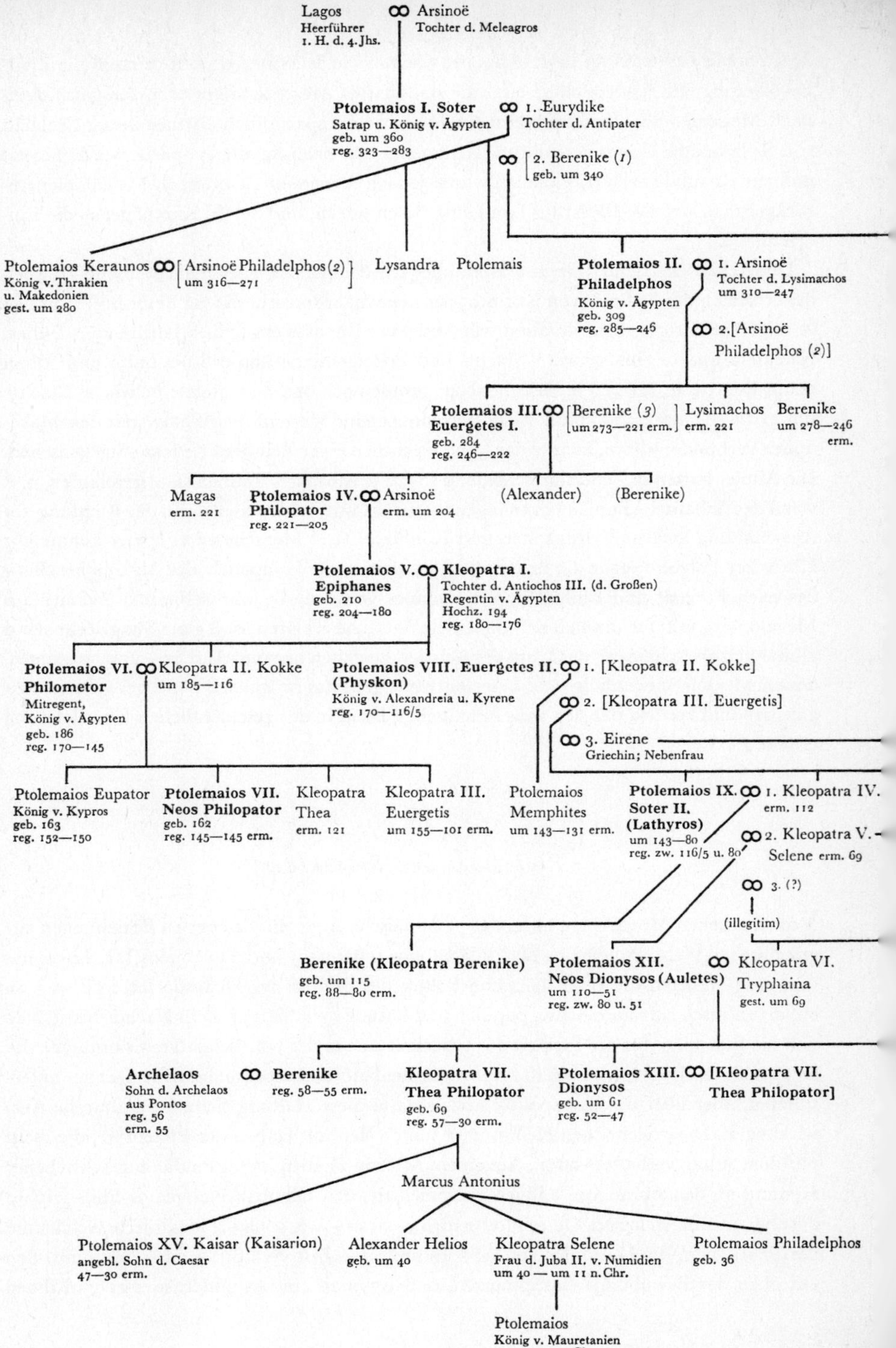
Lagos
Heerführer
1. H. d. 4. Jhs.
∞ Arsinoë
Tochter d. Meleagros
Ptolemaios I. Soter
Satrap u. König v. Ägypten
geb. um 360
reg. 323—283
∞ 1. Eurydike
Tochter d. Antipater
∞ [2. Berenike (1)
geb. um 340
Ptolemaios Keraunos ∞ [Arsinoë Philadelphos (2)
um 316—271]
König v. Thrakien
u. Makedonien
gest. um 280
Lysandra
Ptolemais
Ptolemaios II. Philadelphos
König v. Ägypten
geb. 309
reg. 285—246
∞ 1. Arsinoë
Tochter d. Lysimachos
um 310—247
∞ 2. [Arsinoë Philadelphos (2)]
Ptolemaios III. Euergetes I.
geb. 284
reg. 246—222
∞ [Berenike (3)
um 273—221 erm.]
Lysimachos
erm. 221
Berenike
um 278—246 erm.
Magas
erm. 221
Ptolemaios IV. Philopator
reg. 221—205
∞ Arsinoë
erm. um 204
(Alexander)
(Berenike)
Ptolemaios V. Epiphanes
geb. 210
reg. 204—180
∞ Kleopatra I.
Tochter d. Antiochos III. (d. Großen)
Regentin v. Ägypten
Hochz. 194
reg. 180—176
Ptolemaios VI. Philometor
Mitregent,
König v. Ägypten
geb. 186
reg. 170—145
∞ Kleopatra II. Kokke
um 185—116
Ptolemaios VIII. Euergetes II. (Physkon)
König v. Alexandreia u. Kyrene
reg. 170—116/5
∞ 1. [Kleopatra II. Kokke]
∞ 2. [Kleopatra III. Euergetis]
∞ 3. Eirene
Griechin; Nebenfrau
Ptolemaios Eupator
König v. Kypros
geb. 163
reg. 152—150
Ptolemaios VII. Neos Philopator
geb. 162
reg. 145—145 erm.
Kleopatra Thea
erm. 121
Kleopatra III. Euergetis
um 155—101 erm.
Ptolemaios Memphites
um 143—131 erm.
Ptolemaios IX. Soter II. (Lathyros)
um 143—80
reg. zw. 116/5 u. 80
∞ 1. Kleopatra IV.
erm. 112
∞ 2. Kleopatra V. Selene erm. 69
∞ 3. (?)
(illegitim)
Berenike (Kleopatra Berenike)
geb. um 115
reg. 88—80 erm.
Ptolemaios XII. Neos Dionysos (Auletes)
um 110—51
reg. zw. 80 u. 51
∞ Kleopatra VI. Tryphaina
gest. um 69
Archelaos
Sohn d. Archelaos
aus Pontos
reg. 56
erm. 55
∞ Berenike
reg. 58—55 erm.
Kleopatra VII. Thea Philopator
geb. 69
reg. 57—30 erm.
Ptolemaios XIII. Dionysos
geb. um 61
reg. 52—47
∞ [Kleopatra VII. Thea Philopator]
Marcus Antonius
Ptolemaios XV. Kaisar (Kaisarion)
angebl. Sohn d. Caesar
47—30 erm.
Alexander Helios
geb. um 40
Kleopatra Selene
Frau d. Juba II. v. Numidien
um 40 — um 11 n. Chr.
Ptolemaios Philadelphos
geb. 36
Ptolemaios
König v. Mauretanien
um 15—40 n. Chr. erm.

DIE PTOLEMÄER

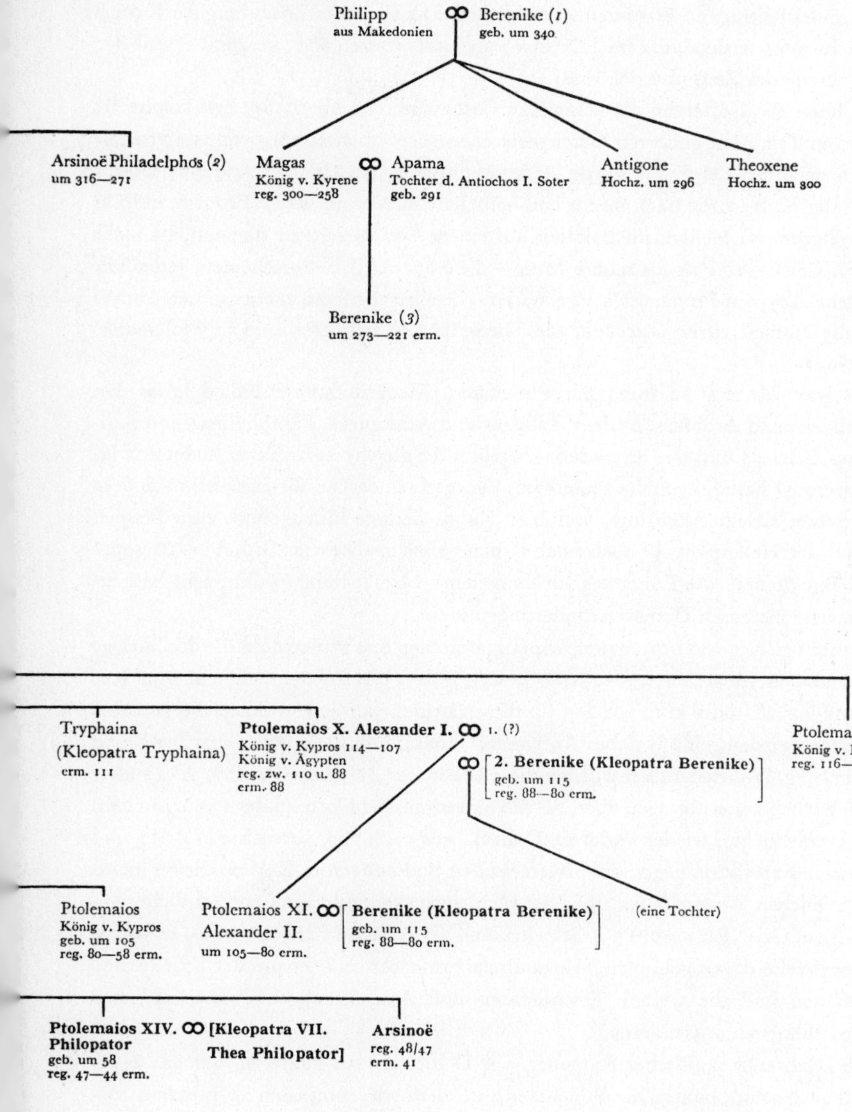

geistig verwandtes Land sei. In dem um 273 verfaßten Panegyrikos besang Theokrit den Philadelphos ob seiner Macht, seines Reichtums und seiner Großzügigkeit und das Land Ägypten ob seines Beitrags zu Frieden und Wohlstand. Die eheliche Verbindung des Königs mit seiner Schwester Arsinoë, die im Jahr zuvor gefeiert worden war, verglich er mit der heiligen Götterehe des Zeus und der Hera.

Vielleicht hatte die Götterehe die königliche Geschwisterehe überhaupt erst inspiriert; zur ägyptischen Tradition gehörten Geschwisterehen sonst ebensowenig wie zur griechischen. Schon zu ihren Lebzeiten wurde Arsinoë ausgiebig gefeiert und wie eine Göttin verehrt, und der Kult wurde nach ihrem Tod beibehalten. Warum sie ein Bronzestandbild im Musenheiligtum zu Helikon in Boiotien auf einem Strauß reitend darstellt, ist nicht überliefert. Vielleicht sollte sie als zehnte Muse – die Muse Afrikas – erscheinen. Jedenfalls verfehlte solche Ägypten-Propaganda ihre Wirkung in Griechenland nicht: in den Papyri finden wir die Namen vieler Griechen, die Theokrits Rat befolgten und in Ptolemaios' Dienste traten.

Zweifellos war das eine Leistung der Ptolemäer. Theokrit nannte Philadelphos den Herrn Phönikiens und Arabiens, Syriens, Libyens und Äthiopiens, Pamphyliens und Kilikiens, Lykiens, Kariens und der Kykladen. Ungefähr die gleiche Aufzählung findet sich im Verzeichnis fremder Besitzungen des Ptolemaios Euergetes in der Adulis-Inschrift nach dem Dritten Syrischen Krieg. Allerdings sind hier einige Gebiete hinzugefügt, zum Beispiel Thrakien und der Hellespont, ja auch noch – ohne allzu realistische Gründe – Mesopotamien und Babylonien, die Euergetes vorübergehend besetzt haben sollte; sehr wesentlich waren solche kleineren Gebietsveränderungen nicht.

Gewinne und Verluste von begrenztem Umfang brachten den Ptolemäern die drei Kriege mit den Seleukiden (ungefähr 275–271, 259–253, 246–241). In der Schlacht von Kos entweder kurz vor 261 oder kurz vor 255 (in diesen beiden Jahren erwähnen die Annalen von Delos einen Friedensschluß) nahm Antigonos Gonatas den Ptolemäern den Inselbund der Kykladen weg. Wahrscheinlich wurden diese Inseln zur Zeit der Rebellion Alexanders von Korinth zurückerobert, gingen aber, als die makedonische Flotte später (wohl um 244) bei Andros erneut siegte, wieder verloren. Danach, etwa um 227, versuchte es Antigonos Doson mit einer Expedition gegen die ptolemäischen Besitzungen in Karien, die zu nichts führte. Trotz solchen Wechselfällen übte Ägypten auch weiterhin eine beträchtliche Anziehungskraft auf Griechen sowohl aus Griechenland als auch aus Kleinasien aus. Es wurde auch in keiner Weise daran gehindert, Alexandreia zum zweiten Zentrum der hellenischen Welt auszubauen und die weitere Erschließung und Ausbeutung der wirtschaftlichen Potenzen des Niltals zu organisieren.

Mit Hilfe erfahrener politischer Ratgeber, wie Demetrios aus Phaleron, der das ägyptische Gesetzbuch schuf, bauten die Ptolemäer nach dem vorgefundenen ägyptischen Modell einen zentralisierten bürokratischen Staat auf. An der Spitze des Staates stand der »Sachwalter« *(dioiketés)*, etwa dem Großwesir der Pharaonen vergleichbar; sein Amtssitz war Alexandreia, das auch die großen Ministerien mit ihren Tausenden von Beamten und ihren gewaltigen Archiven beherbergte. Ihnen unterstand die gesamte Wirtschaft des Landes. Angebaut wurde nach einem vorher genehmigten Plan; die gewerbliche Wirtschaft

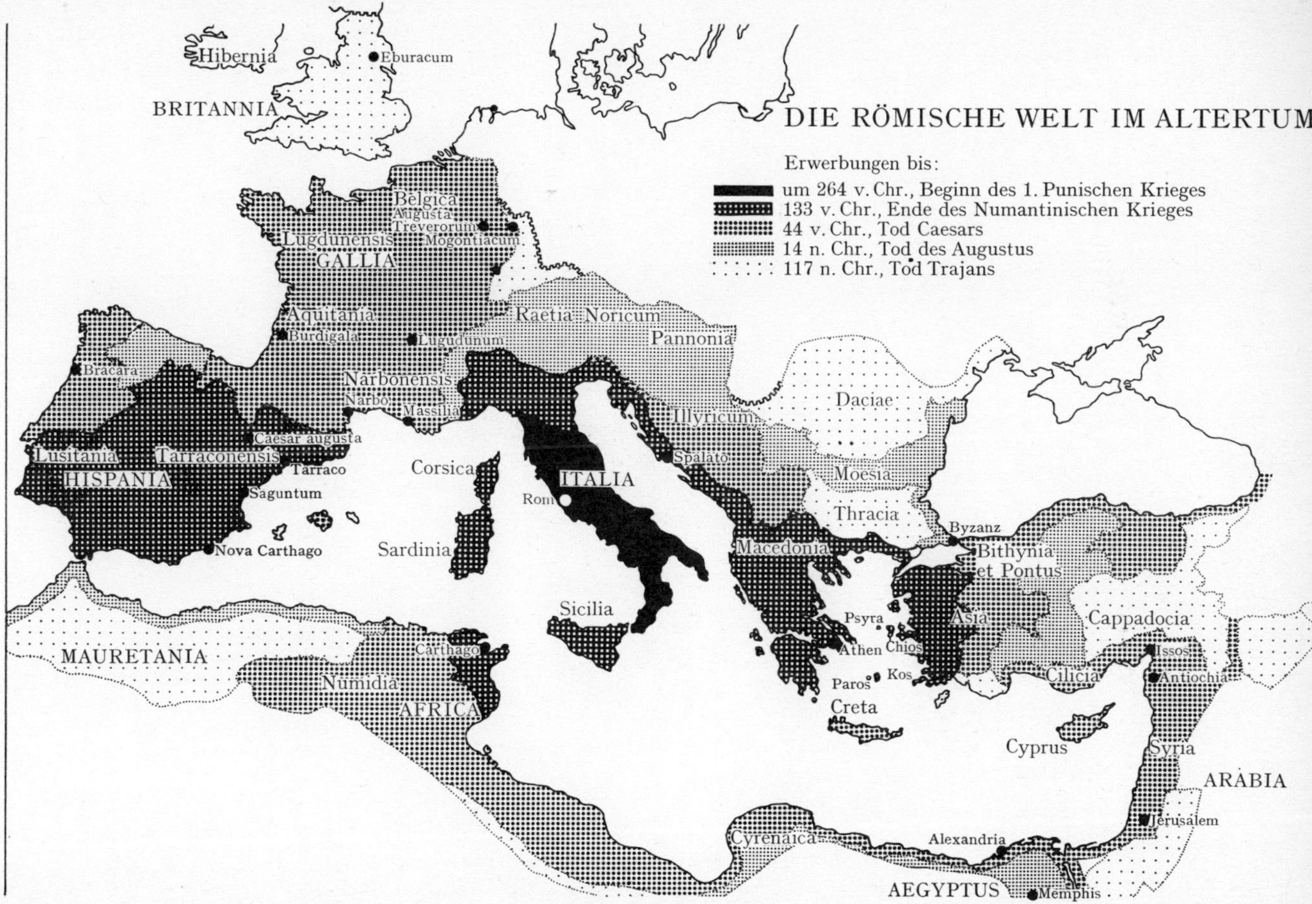
DIE RÖMISCHE WELT IM ALTERTUM
Erwerbungen bis:
um 264 v. Chr., Beginn des 1. Punischen Krieges
133 v. Chr., Ende des Numantinischen Krieges
44 v. Chr., Tod Caesars
14 n. Chr., Tod des Augustus
117 n. Chr., Tod Trajans
Hibernia
Eburacum
BRITANNIA
Belgica
Augusta Treverorum
Mogontiacum
Lugdunensis
GALLIA
Aquitania
Burdigala
Lugdunum
Raetia
Noricum
Pannonia
Bracara
Narbonensis
Narbo
Massilia
Caesar augusta
Lusitania
Tarraconensis
HISPANIA
Tarraco
Saguntum
Nova Carthago
Corsica
Sardinia
ITALIA
Rom
Sicilia
Illyricum
Spalato
Daciae
Moesia
Thracia
Macedonia
Byzanz
Bithynia et Pontus
Asia
Cappadocia
Psyra
Athen
Chios
Kos
Paros
Creta
Issos
Cilicia
Antiochia
Cyprus
Syria
ARABIA
Jerusalem
MAURETANIA
Carthago
Numidia
AFRICA
Cyrenaica
Alexandria
AEGYPTUS
Memphis

arbeitete im Rahmen eines Systems königlicher Konzessionen und Monopole unter der Aufsicht von Steuerpächtern und Staatsbeamten. Sicherheitswesen und Justiz waren Sache der Gouverneure *(strategoí)* der Nomen oder Distrikte, denen Militärsiedler *(klerúchoi)*, Polizei und Richter zur Seite standen.

Die höheren Posten waren in den Händen von Griechen oder Makedonen, sofern solche verfügbar waren, sonst aber, namentlich wo die Kenntnis der Landessprache unerläßlich war, in den Händen von Ägyptern, vorzugsweise aus den Reihen der alten herrschenden Klasse. Andere Fremde, vor allem Juden, dienten als Beamte und Soldaten. Der Wahrung der königlichen Interessen galten strenge Gesetze, aber ihr Vollzug stieß auf Schwierigkeiten, und es gab viele Gelegenheiten, sich – legitim oder auch nicht – zu bereichern. Griechen kamen in großer Zahl, besonders in der Regierungszeit Ptolemaios' II., als die große Fayûm-Oase südwestlich von Memphis für Anbau und Siedlung erschlossen wurde, und viele von ihnen prosperierten. Viele heirateten ägyptische Frauen; das waren die Anfänge der im folgenden Jahrhundert fühlbar ins Gewicht fallenden Mischbevölkerung.

Das Schmuckstück Ägyptens war Alexandreia mit seinen Palästen und öffentlichen Gebäuden, den heiligen Stätten des Königskults und des Serapis-Kults, dem Museum und der Bibliothek, den ausgedehnten Hafen- und Werftanlagen und der Insel Pharos mit dem großen Leuchtturm und der kilometerlangen Mole. Für Feindesangriffe fast unerreichbar, war Alexandreia mit seinem Seehafen, seiner Kanalverbindung zum Nil und seinem fast das ganze Jahr hindurch unveränderlich guten Klima geradezu von der Natur dazu bestimmt, ein Zentrum des Handels, des Verkehrs und der Vergnügungen zu sein; mit der besten Bibliothek der Welt und der großzügigen Förderung von Gelehrten und Schriftstellern machten es die Ptolemäer auch zum Zentrum der Kultur. Athen behielt seinen Vorrang in der Philosophie und Rhetorik und blieb auch weiterhin die Stadt des abstrakten Denkens, aber nach Alexandreia kamen Wissenschaft, Studium und Literatur, vielleicht auch die Künste (Alexandreias eigener künstlerischer Beitrag ist noch nicht genügend aufgehellt).

Als königliche Residenzstadt hatte Alexandreia keine volle Selbstverwaltung. Es gab eine griechische Bürgerschaft mit den üblichen kulturellen Einrichtungen und Bildungsinstitutionen, mit Ephebenausbildung und Pflege der körperlichen Ertüchtigung (und vertraglich garantierten kulturellen und kultischen Betätigungsmöglichkeiten für Ägypter, Juden und sonstige Einwohner, die nicht als Bürger galten), aber keinen Stadtrat *(boulé)* und keine gewählte oder ernannte städtische Exekutive. Dagegen hatte die von Ptolemaios I. gegründete Stadt Ptolemais in Oberägypten eine normale griechische Bürgerschaftsverfassung; allgemein scheinen die Ptolemäer die von ihnen beherrschten Städte großzügig und ohne vorgefaßte Herrschaftsideen behandelt zu haben.

Die Inselstädte des Ägäischen Meeres und die Küstenstädte Westanatoliens behielten ihr eigenes Regierungssystem, manchmal unter einem ptolemäischen Statthalter (wie zum Beispiel dem Königssohn Ptolemaios in Milet um 260), manchmal mit einer ägyptischen Garnison, manchmal unter der Oberaufsicht eines königlichen Admirals. Anderseits wurde Telmessos in Lykien einem königlichen Anverwandten, Ptolemaios, Sohn des Lysimachos (wohl kaum identisch mit dem Sohn des Königs Lysimachos und der Arsinoë, der sich 280 gegen Ptolemaios Keraunos erhoben hatte), als Geschenkdomäne *(doreá)* überlassen; in Kyrene hatte sich Ptolemaios I. selbst zu einem der Stadtväter gemacht, um die Stadt verfassungsmäßig beherrschen zu können, und möglicherweise blieb dies System unter Magas und auch noch später bestehen, nachdem Ptolemaios III. Magas' Tochter Berenike geheiratet und Kyrene an Ägypten angegliedert hatte. Ein Teil der Städte Palästinas und Syriens genoß volle Autonomie, ein anderer wurde von Besatzungsgarnisonen beaufsichtigt. Königliche Beamte verwalteten weite Teile des palästinensisch-syrischen Gebietes direkt, fast wie in Ägypten; in Grenzbezirken regierten befreundete einheimische Stammesfürsten – wie das Geschlecht der Tobiaden im Land der Ammoniter. Auf Kypros waren die alten Könige beseitigt worden, und die kypriotischen Städte galten im Prinzip als freie Bundesgenossen, aber es gab eine ägyptische Besatzungstruppe und eine Zentralregierung unter einem Strategos.

Die andere große hellenistische Monarchie, das Seleukidenreich, war von der griechischen Welt durch den Küstensaum ptolemäischer Besitzungen in Asien getrennt; als eigene Domäne konnten die Seleukiden in Kleinasien eigentlich nur die Landschaft Troas und den ionischen Hafen Smyrna ansehen, und auch diese Domäne ging nach 240 an Attalos I. von Pergamon. Nur kurze Zeit, zwischen 259 und etwa 244, lösten Milet und Ephesos ihre Bindungen an das Ptolemäerreich; dafür mußten die Seleukiden einen hohen Preis zahlen: sie gaben den beiden Städten Freiheit und Autonomie, ein Entgegenkommen, das Antiochos II. den Beinamen *Theós* (Gott) eintrug, das ihnen aber die Möglichkeit beließ, sich nach Belieben wieder mit den Ptolemäern zu verbünden. Für diese Hafenstädte boten die Häfen der nordsyrischen Küste keinen vollgültigen Ersatz. In Kilikien war nur der Binnen- und Flußhafen Tarsos von einigem Wert; in Syrien war Laodikeia am Meer – ebenso wie Alexandretta – kaum mehr als eine ungeschützte Anlegestelle, und Seleukeia in Pieria wurde schon zu Beginn des Dritten Syrischen Krieges von den Ptolemäern erobert und in eine ägyptische Festung verwandelt. Da Hellespont und Bosporos im Kontrollbereich Bithyniens und der Städte des Nordbundes lagen und die Aiolis vom unabhängigen Reich Pergamon beherrscht wurde, muß das Seleukidenreich den Griechen sehr fern vorgekommen sein. Von Griechen, die ins Seleukidenreich auswandern, ist in den Quellen bezeichnenderweise nur selten die Rede, sofern nicht Griechen aus Städten des westlichen Kleinasiens gemeint sind, die wie Magnesia am Mäander zum unmittelbaren Herrschaftsbereich der Seleukiden gehörten.

Wahrscheinlich empfanden die Griechen die Seleukidenkönige auch als fremdartiger und ihnen weniger wesensverwandt als die Ptolemäer. Als einziger der Diadochen hatte Seleukos I. seine iranische Frau behalten. Das half ihm zweifellos, das Wohlwollen seiner iranischen Untertanen zu erhalten, aber damit waren seine Nachfahren, die, wie Pausanias von Ptolemaios I. schrieb, »Makedonen gerufen werden wollten, was sie ja auch seien«, ihrer Abstammung nach halbe Iranier, und die späteren Seleukiden verschwägerten sich auch noch mit den iranischen Königshäusern von Pontos und Kappadokien. Wenn eindeutiges Material auch nur spärlich vorliegt, so ist kaum zu bezweifeln, daß es in den Heeren, der Beamtenschaft und dem Freundeskreis der Seleukiden viel mehr Iranier und andere Asiaten als Makedonen oder Griechen gab.

Ebensowenig wie die Ptolemäer haben die Seleukiden das Interesse bedeutender und sachkundiger zeitgenössischer Historiker erweckt. Zwar soll Phylarchos den Krieg zwischen Antiochos I. und Eumenes von Pergamon ausführlich beschrieben haben, aber von seinem Bericht hat sich nicht ein einziges Bruchstück erhalten. Im Gegensatz zu den Ptolemäern verschwendeten die Seleukiden einen großen Teil ihrer Energie in dynastischen Streitigkeiten. Um 269 ließ Antiochos I. seinen ältesten Sohn und Mitregenten Seleukos unter der Beschuldigung des Verrats umbringen. Im Jahre 246 wurde Antiochos II. von seiner ersten Frau, Laodike, der Tochter seines Onkels Achaios, vergiftet, weil er sie sechs Jahre früher durch Ptolemaios' II. Tochter Berenike ersetzt hatte und nun beabsichtigte, Berenikes Sohn als Thronfolger einzusetzen. Und nachdem Seleukos II. die Einheit des Reiches 241 wiederhergestellt und das ptolemäische Besatzungsheer vertrieben hatte, machte dieselbe Laodike seinen Bruder Antiochos mit dem Beinamen *Hiérax* (Falke) zum Gegenkönig in Kleinasien, und der »Krieg der Brüder«, der daraus entstand, führte zur Zweiteilung des Reiches.

Das kam nur Attalos I. von Pergamon zugute, der diese Gelegenheit benutzte, einen Krieg gegen Hierax (230/229) zu führen und von Troas und Ionien Besitz zu ergreifen. Wenngleich der größte Teil dieses Gebietes später (226–223) von Seleukos III. und seinem Bruder Antiochos III. zurückgeholt werden konnte, war die Dynastie dadurch doch beträchtlich geschwächt worden, zumal der häufige Regentenwechsel eine kontinuierliche Politik verhinderte. Die Könige kamen sehr jung zur Königswürde und starben eines gewaltsamen Todes. Antiochos II. mag, als er auf den Thron kam, an die Dreißig gewesen sein; Seleukos II. war bei seiner Thronbesteigung kaum zwanzig Jahre alt, Antiochos III. fünfzehn und Hierax erst vierzehn. Infolgedessen lagen die Entscheidungen größtenteils in den Händen der königlichen Minister; übermäßige Macht fiel mancher Königinwitwe – wie etwa Laodike – zu, was angesichts des absoluten und unteilbaren Herrschaftsanspruchs der makedonischen Monarchien äußerst bedenkliche Situationen schuf.

Die dynastischen Fehden gefährdeten die Herrschaft der Seleukiden in höherem Maße als die große Ausdehnung und heterogene Zusammensetzung ihres Herrschaftsbereichs. Aber auch diese Faktoren trugen nicht unwesentlich zum allmählichen Zerfall ihres Besitztums bei. Schon Seleukos I. hatte Indien an Candragupta abgetreten und als Gegenleistung ein Bündnis und Lieferungen von indischen Kriegselefanten eingeheimst; die freundschaftlichen Beziehungen erhielten sich noch unter Candraguptas Enkel Ashoka, der zum Buddhismus übertrat und dessen großer Glaubenseifer aus einer griechischen und aramäischen Inschrift hervorgeht, die kürzlich in Afghanistan aufgefunden worden ist. Zu unabhängigen Königreichen wurden in den letzten Regierungsjahren Antiochos' II. Parthien unter einer iranischen und Baktrien unter einer griechischen Dynastie. Die Zeitrechnung, die mit der Gründung des Partherreichs im Jahre 248/247 begann, wurde im Osten – wie auch die mit dem Jahr 312/311 einsetzende Seleukiden-Zeitrechnung – jahrhundertelang beibehalten.

Die Wesensschwäche des Seleukidenreichs (die an ähnliche Gebrechen des Perserreichs ein Jahrhundert früher erinnert) ermöglichte es kleineren Staatsgebilden auch in Kleinasien, sich zu behaupten und auszudehnen. Pontos-Kappadokien und Süd-Kappadokien wurden als unabhängige Königreiche anerkannt und halfen den Seleukiden als Bundesgenossen im Kampf gegen Bithynien und gegen die Galater. Ihre der Abstammung nach iranischen Könige Mithridates und Ariarathes heirateten Töchter Antiochos' II.; eine dritte Tochter heiratete Diodotos von Baktrien, der vielleicht als Bundesgenosse gegen die Parther in Frage kam; später nahm Antiochos III. eine Mithridates-Tochter zur Frau. Nach und nach gerieten alle diese Staaten unter hellenistischen Einfluß, wenn auch vielleicht nicht in so raschem Tempo wie Bithynien. Zu besonderer Blüte kam Bithynien unter Nikomedes; der von ihm gegründeten und nach ihm benannten Stadt Nikomedeia am Golf von Astakos war eine lange und ruhmreiche Geschichte beschieden.

Nach dem Tod Nikomedes', der um die Mitte des 3. Jahrhunderts gestorben sein muß, riß sein älterer Sohn Ziaëlas, den er enterbt hatte, mit Unterstützung Armeniens und der galatischen Tolistoager die Herrschaft an sich. Ptolemaios, Antigonos und der Nordbund waren von Nikomedes mit der gemeinsamen Wahrung der Interessen des von ihm benannten Thronerben gegen Ziaëlas betraut worden; sobald aber Ziaëlas nach wenigen Gefechten fest auf dem Thron saß, kam das alte Bündnissystem wieder zur Geltung. In einem Schreiben an Kos nannte Ziaëlas den König von Ägypten seinen Freund und Verbündeten, und der Historiker Memnon berichtet, ohne ein Datum dafür anzugeben, von einem Seekrieg Byzantions und Herakleias gegen einen nicht näher bezeichneten Antiochos (vermutlich handelte es sich um Antiochos II. in seinen letzten Regierungsjahren).

Am meisten profitierte von der Schwäche der Seleukiden Pergamon. Auf seiner Felsspitze im Kaikostal vor Angriffen sicher, hatte der Eunuch Philetairos, ein hellenisierter Paphlagonier aus Tieion, eine der Schatzkammern des Lysimachos gehütet, bis er sich um 283 auf Seleukos' Seite schlug; nach Seleukos' Tod wurde er zu einem praktisch unabhängigen »Dynasten«. Seine Machtposition beruhte auf seinem Reichtum: sein vorgebliches Vasallenverhältnis zu Antiochos I. hatte ihn nicht dazu bewegen können, die Schätze des Lysimachos den Seleukiden auszuhändigen. Die Münzen, die er aus Lysimachos' Silber prägte, trugen das Bildnis des Seleukos, aber seinen, Philetairos', Namen. Im übrigen diente ihm der Schatz nicht nur zur Finanzierung eines Söldnerheeres, sondern auch als Werkzeug der auswärtigen Politik. Von Antiochos verlangte er Lösegeld, bevor er Seleukos' Leichnam herausgab, aber die Nachbarstädte Pitane, Aigai und vor allem Kyzikos beschenkte er reichlich; in Kyzikos zählt eine Inschrift die Gaben auf, die im Laufe von fünf Jahren (281–276) von Philetairos eingegangen waren. Bei der griechischen Welt draußen machte er sich beliebt, indem er dem Apollon in Delphi und Delos und den Musen in Thespiai Geschenke darbrachte. Während seiner Herrschaft wurde Pergamon zu einer griechischen Stadt, und unter seinem Nachfolger Eumenes (263–241) erscheint die Stadt als autonomes politisches Gebilde, gewissermaßen vom Hof separiert, eine königliche Residenz, aber keine Königsstadt. Jedes Jahr wurden fünf Zivilbeamte, die Generale *(strategoi)* hießen, und eine Kommission von Schatzmeistern gewählt; auf die Wahl mag die Dynastie Einfluß genommen haben, formal war die städtische Exekutive unabhängig. Mit seinen Freunden und Soldaten hauste der Dynast auf seiner Burg, von der Stadt als Wohltäter *(euergétes)* verehrt und mit Anbetungsopfern bedacht.

Als Eumenes 263 nach dem Tod seines Onkels Philetairos die Regierung antrat, begann eine kühnere Politik. Eumenes besiegte Antiochos I. in einer Schlacht bei Sardes. Wenn es,

Ruinen der Arsenale auf der Nordspitze des Burgberges von Pergamon in Mysien, 3. Jahrhundert v. Chr.

Verzweiflungstod eines gallischen Ehepaares
Römische Kopie der Figurengruppe vom Siegesmonument Attalos' I. in Pergamon, 230–220 v. Chr.
Rom, Thermenmuseum

was wahrscheinlich ist, stimmt, daß der Seleukidenkönig in dieser Schlacht ums Leben gekommen ist, muß es 261 gewesen sein. Als Sieger konnte Eumenes seine Herrschaft über das gesamte Kaikostal ausdehnen; er gründete die Garnisonsstädte Philetaireia und Attaleia, wo er Truppen stationierte. Unter unaufgeklärten Umständen gab es eine Truppenmeuterei; auf beiden Seiten wurden, wie eine Inschrift berichtet, Eide abgelegt, worauf sich die Soldaten fügten.

Den rechten Platz unter den hellenistischen Königreichen erwarb sich die Dynastie unter Attalos I., einem Neffen und Adoptivsohn des Eumenes. Attalos konnte sich auf königliche Abstammung berufen: seine Mutter war die Seleukidenprinzessin Antiochis, Enkelin Seleukos' I. und Schwester der Laodike (derselben, die ihren Gemahl Antiochos II. umgebracht hatte). Attalos nahm denn auch, nachdem er seine Herrschaft mit einem Sieg über die Galater begonnen hatte, den Königstitel an. Die Galater waren schon früher, 275, von Antiochos I. mit Hilfe seiner Kriegselefanten geschlagen worden, hatten aber seitdem nicht aufgehört, Kleinasien derart zu beunruhigen und zu drangsalieren, daß nicht nur einzelne Städte, sondern auch die Seleukidenkönige ihnen regelmäßig Subventionen zahlen mußten, um von Raubzügen und Überfällen verschont zu bleiben. Attalos erfocht seinen Sieg, wie aus Inschriften in Pergamon zu ersehen ist, an den Quellen des Kaikos, offenbar in einer Defensivschlacht, die der Abwehr eines Galaterüberfalls galt. Dennoch brachte er Attalos viel Ruhm, und an ihn erinnert das erste große Denkmal der pergamenischen Skulptur: das Siegesmonument zu Pergamon, das später in Athen nachgebildet wurde und auf dem Gestalten verwundeter oder sterbender Galater dargestellt sind.

Zehn Jahre später unterstützte Attalos seinen Vetter Seleukos II. gegen dessen Bruder Antiochos Hierax; mehrmals besiegte er Hierax und dessen galatische Bundesgenossen und konnte ihn schließlich aus Kleinasien vertreiben. Attalos eroberte dabei Ionien und anderen Seleukidenbesitz, konnte aber das Eroberte nicht lange halten. Der Krieg hatte indes eine nachhaltige Wirkung: entweder weil er mit den Galatern verbündet war oder weil er die wachsende Macht Pergamons fürchtete, war Ziaëlas von Bithynien zum Freund des Antiochos Hierax geworden, und fortan sollte die Rivalität zwischen Bithynien und Pergamon ein ständiger Faktor der anatolischen Politik sein. Ziaëlas selbst wurde von galatischen Söldnern ermordet; der Rückschlag, den Bithynien dadurch erlitt, ließ Pergamon gegen Ende der Periode zum mächtigsten Staat Kleinasiens werden.

Welche Fortschritte der Hellenismus in dieser Zeit in Asien machte, ist schwer abzuschätzen. Einiges historische Material findet sich in Inschriften; so erfährt man über den Ablauf der Kriege des Attalos mancherlei aus den Ruinen seines Siegesmonuments zu Pergamon. Recht viele Nachrichten liegen über die Beziehungen der Seleukiden und der Attaliden zu den alten hellenischen Städten an den Küsten Anatoliens vor. Eine Inschrift aus Samos belehrt uns über die Technik politischer Verhandlungen: Antiochos II. hatte kontinentalen Grundbesitz samischer Bürger in Anspruch genommen, und Samos sandte einen gewissen Bulagoras nach Kleinasien, um die Rückgabe zu erwirken. Er begab sich zunächst nach Ephesos und folgte dann dem König nach Sardes, wo er, da der König ihn anscheinend nicht empfing, Geschenke an den Hofstaat verteilte; das tat die gewünschte Wirkung, und Bulagoras konnte Schreiben des Königs an die Regierung von Samos, an den lokalen Kommandeur der seleukidischen Truppen und an den Verwalter der königlichen Domänen mitnehmen, in denen die Ansprüche der Samier bestätigt wurden. Derselbe Bulagoras wurde später zur Teilnahme an den Ptolemäischen Festspielen nach Alexandreia entsandt: offenbar wußte Samos zwischen den beiden dynastischen Machtbereichen die richtige Balance zu halten.

In der Regel gelang es auch den Städten des Festlands, sich die Autonomie zu bewahren, und oft konnten sie sogar die Unabhängigkeit durchsetzen. Unter Antiochos I. wurden einem gewissen Aristodikides aus Assos, einem Freund des Königshauses, aus königlichem Besitz beträchtliche Ländereien in Troas geschenkt; er wurde zugleich ermächtigt, dies Land der Hoheit »einer beliebigen Stadt, mit der wir befreundet und verbündet sind« (eigens genannt waren Ilion und Skepsis), zu unterstellen; augenscheinlich hatte das zu bedeuten, daß in die Stadthoheit einbezogenes Land weder vom König noch von seinen Nachfolgern zurückgenommen werden konnte, während außerhalb der Stadthoheit gelegener Grundbesitz jederzeit dem Zugriff des Königs unterlag. Sogar der Verkauf verschiedener Besitzungen Antiochos' II. an seine geschiedene Frau Laodike wurde in mehreren Städten registriert, obgleich diese Güter überhaupt nicht im Bereich städtischer Zuständigkeiten lagen. Gewöhnlich bekundeten die Städte ihre Treue zur Dynastie, indem sie die Befolgung eines besonderen Kults der Königsfamilie verfügten. Mit großem Pomp wurde in Smyrna der Kult der Stratonike, Schwester des Antigonos Gonatas und Ehefrau zweier Könige, Seleukos I. und Antiochos I., eingeführt; dafür erwirkte Antiochos II. in weitem Umkreis die Anerkennung der Unantastbarkeit der Stadt (Recht der *asylía*).

Wie die Perser vor ihnen, hielten die hellenistischen Könige die Souveränität der Städte für vereinbar mit ihrer Unterstellung unter die königliche Oberhoheit. Das übliche Verfahren war die offizielle Anerkennung der königlichen Herrschaft durch die Stadt, die häufig oder möglicherweise immer mit der Errichtung eines lokalen Königskults einherging. Verbunden waren damit das Recht des Königs, von der Stadt Treue und Unterstützung zu verlangen, und seine Pflicht, sie zu beschützen und zu fördern. Von Rechts wegen galt der König als Erlöser (*sotér*) und Wohltäter (*euergétes*) der Vasallenstädte, die in Notzeiten an ihn appellieren durften.

Im allgemeinen behielten die hellenistischen Könige die vor ihnen geltende Einteilung ihrer Gebiete in Provinzen oder Satrapien bei; diese regionalen Einheiten wurden von Militärgouverneuren (*strategoí*) regiert, denen Finanz- und Wirtschaftsverwalter (*oikonómoi* oder *dioikétai*) und königliche Richter zur Seite standen. Die eigentlichen Königsdomänen, auf denen Hörige angesiedelt waren, unterstanden unmittelbar der Verwaltung des Königs; außerhalb solchen königlichen Besitztums bedienten sich die Beauftragten des Königs des institutionellen Apparats organisierter Stammesverbände (*éthne*) oder lokaler Machthaber (*dynásteis*). Nach Möglichkeit sollten die Aufrechterhaltung der Sicherheit und Ordnung und die Handhabung der Verwaltungsgeschäfte lokal eben an solche Stammesgebilde oder Ortspotentaten delegiert oder – im Bereich autonomer Städte – den Stadtverwaltungen anvertraut werden.

Wenn die Könige, vor allem die frühen Seleukiden, neue Städte mit dynastischen Namen oder sonstigen griechischen Benennungen gründeten, verfolgten sie zum Teil denselben

Zweck. Zum Beispiel läßt eine Inschrift aus der Regierungszeit Antiochos' III. erkennen, daß die Stadt Apollonia im Oberen Mäandertal für die Verwaltung einer Anzahl von Dörfern, die ihren Tempeln gehörten, verantwortlich war. Es gab verschiedene Typen der neuen Stadt: einige Neugründungen wurden auf völlig neuem Gelände gleichsam aus dem Boden gestampft – wie die vier Seleukidenhauptstädte in Nordsyrien (Antiocheia, Apameia, Laodikeia und Seleukeia); andere entstanden durch Reorganisation älterer Städte (Pergamon, Sardes, Tarsos), die zum Teil umbenannt wurden; wieder andere hatten ihren Ursprung in Militärsiedlungen. Viele der neuen Städte hatten zu Anfang keine nennenswerten Selbstverwaltungsrechte und nur wenige griechische oder makedonische Einwohner und wurden von Garnisonskommandeuren oder königlichen Vögten *(epistátai)* verwaltet. Mit der Zeit wurde die Bevölkerung homogener und nahm die griechische Sprache an, dann kamen auch die charakteristischen Merkmale einer griechischen Polis zum Vorschein: die Volksversammlung, der gewählte Rat der Stadt und gewählte Organe der Vollzugsgewalt.

So sahen die Fundamente des Hellenismus in Asien aus. Sie wurden in dem Maße ausgebaut, wie Griechen in größerer Zahl herangeholt werden konnten, aus denen sich für die Städte eine gleichsam vorgeformte Bürgerschaft zusammenstellen ließ. Als die Stadt Magnesia am Mäander in einem Rundbrief Ende des 3. Jahrhunderts um allgemeine Anerkennung ihres der Artemis Leukophryene geweihten Heiligtums und der zu Ehren der Göttin periodisch veranstalteten Festspiele bat, kamen, in die übliche diplomatische Form gekleidet, Antworterlasse auch von manchen Städten aus dem östlichen Teil des Seleukidenreichs, und eine dieser Städte, das ferne Antiocheia in der Persis, erinnerte bei dieser Gelegenheit daran, daß sie zu einem früheren Zeitpunkt auf eigenen Wunsch ein bedeutendes Kontingent von Siedlern aus Magnesia habe aufnehmen dürfen.

Erste Intervention Roms

Daß expansionistische Mächte aufeinanderprallen und daß Expansion stets gesteigerte Ansprüche und Verpflichtungen mit sich bringt, die ihren weiteren Verlauf der bewußten Lenkung oder Begrenzung entziehen, ist eine Fibelweisheit der Geschichte. In mancher Hinsicht schien sich in der hellenistischen Welt des 3. vorchristlichen Jahrhunderts eine dauerhafte Verständigung von Staaten anzubahnen, die den Eindruck erweckten, als ob sie sich mit ihrem Staatsgebiet begnügen und mit ihren Nachbarn in Frieden leben wollten. Dennoch gab es um 220 bis 210 noch genug unüberbrückte Gegensätze und unbefriedigte Machtaspirationen, aus denen neue Konflikte zu entstehen drohten. Unter Ptolemaios III. hatte Ägypten Kyrenaika wiedererobert und die fremden Besitzungen behauptet, die für seine Sicherheit wesentlich waren: Syrien-Palästina, Kypros und die Küsten Lykiens und Kariens mit ihren entlegeneren Küstenstützpunkten, die bis zum Hellespont reichten. Daheim gab es schwelende ethnische und organisatorische Probleme, die aber noch nicht akut geworden waren. Der Außenhandel mit Griechenland, dem Schwarzen Meer und dem westlichen Mittelmeer florierte. Ptolemaios IV. (221–205) sah sich keinen allzu drängenden Fragen gegenüber, die einer sofortigen radikalen Lösung bedurft hätten.

Anders sah es im Seleukidenreich unter dem jungen König Antiochos III. (223–187) aus. Schwerlich konnte sich das Reich mit der faktischen, wenn auch vielleicht noch nicht formalen Unabhängigkeit Baktriens und Parthiens abfinden; vordringlich war die Wiederherstellung der unterbrochenen Verbindung zu den Griechen, die westlich über Kleinasien geführt hatte. Daraus ergaben sich Konflikte: zuallererst mit Pergamon, etwas weniger akut mit Ägypten und in weiterer Ferne mit den kleineren anatolischen Staaten, die zunächst noch als Bundesgenossen von erheblichem Nutzen waren. Seit den Tagen Seleukos' I. hatte die Dynastie ihren Anspruch auf Syrien und Palästina aufrechterhalten; daß die Ptolemäer Palästina besetzt hielten, war für die Seleukiden um so schimpflicher, als damit auch eine ihrer Hauptstädte und dynastischen Namensstädte, Seleukeia in Pieria, in ptolemäischem Besitz war.

In Kleinasien hatte Attalos I. das frühere Seleukidengebiet an sich gerissen und damit den größten Staat der Halbinsel aufgebaut. An weitere Expansion war für den Augenblick nicht zu denken, es gab ohnedies genug schwierige innere und äußere Probleme zu lösen. Im Gegensatz zu den Seleukiden und den Ptolemäern hatten die Attaliden nicht das Prestige der von den großen makedonischen Feldherren abstammenden Dynastien geerbt, und trotz all ihrer Großzügigkeit und trotz dem zunehmenden Glanz ihrer Hauptstädte waren sie nie beliebt. Ihre Herrschaft beruhte auf ihrem Reichtum und ihren Soldaten. Mochte Attalos ob seiner Siege über die Galater noch so viel Dank und Anerkennung ernten, in seinen purpurnen Gewändern sah nicht nur ein Dichter aus Telmessos nichts als blutige Striemen auf dem Rücken seiner Untertanen. Die auswärtigen Beziehungen gestalteten sich schwierig. Bithynien war Attalos' Feind, und da es mit den Ptolemäern befreundet war, konnte Pergamon schwerlich auf viel Beistand bei den Ptolemäern rechnen. Pontos und Kappadokien standen Bithynien nicht unbedingt freundlich gegenüber, aber sie waren die traditionellen Feinde der Seleukiden, mit denen die Attaliden mehrfach verschwägert waren. Blieben nur noch die Galater, und sie waren nicht nur vor kurzem erst geschlagen worden, sondern auch allgemein unberechenbar, obschon oft als Söldnerreservoir nützlich.

Die zunächst endgültig anmutende Regelung, die sich in Griechenland aus der Schlacht von Sellasia ergeben hatte, war fraglich geworden, als Antigonos Doson starb und der siebzehnjährige Philipp V. auf den makedonischen Thron (221–179) kam. Hatte er vom Vater die weise Mäßigung des Antigonos Gonatas und das traditionelle Bündnis mit den Seleukiden geerbt, so war ihm anderseits von der Mutter her, der epirotischen Prinzessin Phthia, einiges vom Charakter und von den Traditionen Pyrrhos' und Alexanders des Großen als Erbteil zugefallen. Sparta war von Antigonos und den Achaiern besiegt, aber nicht zerschmettert worden; daß es seine einst so stolze Position ohne Kampf aufgeben werde, war nicht zu erwarten. Die Achaier mochten, nachdem sie genug erreicht hatten, zufrieden sein, und daß sie ohne makedonische Hilfe nicht hatten siegen können, hatte sie vorsichtig gemacht. Aber die Aitoler, die in den Konflikt mit Sparta nicht hineingezogen wurden und deren Kräfte unverbraucht waren, hatten vordem der Gewalt weichen und ihre Besitzungen auf der westlichen Peloponnes preisgeben müssen; nur Phigaleia und Elis hatten sie als

Sprungbrett für die Zukunft behalten. Das ganze Jahrhundert hindurch hatten sie mit Makedonien Frieden gehalten und sich eine dominierende Position um die Bucht von Malia gesichert; sie beherrschten damit die beiden Amphiktyonien von Pylos und Delphi, ließen jedoch die Vormachtstellung der Makedonen in Thessalien unangefochten.

Gestört wurde dieser Frieden nur, wenn Makedonien, wie das 292 unter Demetrios I. und 239 unter Demetrios II. geschah, Anstalten zu einer aktiveren Politik im Westen traf; darin mußten die Aitoler eine Bedrohung ihrer Position an der adriatischen Küste sehen. Das Königreich von Epirus bestand nicht mehr. In den machtpolitischen Auseinandersetzungen waren indes die Illyrer an seine Stelle getreten; als Bundesgenosse Makedoniens hatte der Illyrerkönig Agron den Aitolern 231 bei Medeon in Akarnanien eine Niederlage zugefügt. Inzwischen waren die Illyrer selbst in Nöten; ihre Schwäche und Aktionsunfähigkeit forderte Makedonien geradezu unabweisbar zu einer Intervention heraus. Darin lag eine Gefahr für den Frieden ganz Griechenlands.

In Illyrien erhielt die griechische Welt den ersten Vorgeschmack von der expandierenden Macht Roms. Freilich war das nicht die erste Begegnung Roms mit dem Osten. Die Legenden von dem Arkader Euander und dem Troianer Aeneas sind erwiesenermaßen recht alten Datums; sie sind ebenso unbeweisbar wie die These vom Einfluß Athens auf die römische Gesetzgebung der Zwölf Tafeln, aber auch ebenso plausibel: ungefähr so könnten sich die Dinge zugetragen haben. Und man darf annehmen, daß der Aufstieg Roms zur führenden Macht Italiens im 4. Jahrhundert, obwohl er in den zeitgenössischen griechischen Annalen keine Spuren hinterlassen hat, in Griechenland nicht wenig Aufmerksamkeit erregte. Daß die Römer 323 Gesandte zu Alexander dem Großen abgeordnet hätten, wurde und wird nur von wenigen geglaubt; indes will Polybios wissen, daß Rhodos im Jahre 166 – nach einer rhodischen Darstellung – bereits auf hundertvierzig Jahre Zusammenarbeit mit Rom zurückblickte. Da ist zwar nicht von Bündnis, sondern nur von Freundschaft die Rede, aber in der politischen Theorie Roms kam dieser Unterscheidung geringere Bedeutung zu als bei den Griechen; jedenfalls wären demnach die Anfänge dieser Verbindung, was immer ihr Rechtscharakter gewesen sein mochte, in den Ausgang des 4. Jahrhunderts zu verlegen.

Bestimmt machte Pyrrhos' Italienkrieg den Namen Roms im gesamten Osten bekannt. Hieronymos von Kardia schrieb eine Geschichte dieses Krieges und fügte ihr eine »Archäologie«, einen Bericht über Roms Altertümer, bei. Kurz danach nahm Timaios in seine Geschichte Siziliens einen Abriß der Geschichte Roms auf, als dessen Fortsetzer sich Polybios bekannte. Gleichzeitig tauchte Rom auch in anderen Sparten der griechischen Literatur auf: Rom war das Thema mancher Dichtungen Kallimachos' und Lykophrons. Politische und wirtschaftliche Kontakte wurden aufrechterhalten und intensiviert. Der Westhandel der Ptolemäer brachte Berührungen mit Rom, zum mindesten auf süditalienischem Boden; die Gesandten von Kos, die um 240 die Anerkennung der Asylia-Unantastbarkeit für ihre Stadt zu erlangen suchten, brachten aus dem Reich Roms Antworten einer sizilianischen und mehrerer italischer Städte nach Hause.

Mit der Zeit mußten über die Adria politische Brücken geschlagen werden. Der erste Fall, über den berichtet wird, ist bezeichnenderweise – um 230 – ein Ersuchen der Akarnanen um Beistand gegen die Aitoler. Der Bericht ist zweifelhaft; auf keinen Fall wurde von

Rom Hilfe gestellt. Polybios wiederum nannte die Delegierten, die 228 die Aitoler aufsuchten, die erste römische Gesandtschaft in Griechenland. Wie dem auch sei: Roms Einmischung in die Angelegenheiten Illyriens ging auf die Beschwerden italischer Bundesgenossen zurück, deren Schiffahrt von Piraten der illyrischen Königin Teuta behelligt wurde.

Bei Polybios erscheint die Episode als ein Fall ruchloser Seeräuberei – von der Art der Piratenexzesse, die er später dem Illyrer Skerdilaidas, Demetrios von Pharos und den Aitolern ankreidete. Dabei ist zu bedenken, daß der Krieg im Altertum normalerweise die Plünderung feindlicher Besitzungen einschloß, wenn er nicht gar ausschließlich darin bestand. Als Achaier war Polybios von vornherein geneigt, die Aitoler und Philipp wie auch Philipps illyrische Verbündete in möglichst ungünstigem Licht erscheinen zu lassen. Es kann sein, daß Teuta lediglich ihre Souveränität zu wahren und Schiffe, die die Untere Adria passierten, zur Entrichtung von Zöllen zu zwingen suchte. Jedenfalls entsandte Rom 230 Vertreter nach Illyrien, die die Unterbindung der Schiffsüberfälle verlangten. Da diese Forderung ignoriert wurde, erschienen im folgenden Jahr, um ihr Nachdruck zu verleihen, eine römische Flotte und ein römisches Heer. Die Übermacht Roms war gewaltig; es brauchte kaum zur Waffe zu greifen. In einem 228 unterzeichneten Abkommen verzichtete Illyrien auf alle Eroberungen in der Nähe der griechischen Westküste und verpflichtete sich im übrigen, sich in jeder Beziehung friedlich zu verhalten; zugleich stellte Rom einige Inseln, darunter Korkyra, und einen Gebietsstreifen auf dem Festland um Atintania herum offiziell unter seinen Schutz; anders ausgedrückt: es nahm das »Schutzgebiet« für sich selbst in Anspruch.

Anschließend wurden römische Gesandte zu den Achaiern und den Aitolern abgeordnet, wohl weniger, wie Polybios es darstellt, um die Griechen mit der Kunde zu erfreuen, daß ihnen von Illyrien her keine Gefahr mehr drohe, als um die Inbesitznahme griechischen Gebiets durch die Römer zu motivieren und zu rechtfertigen. Was Rom genommen hatte, war in Wirklichkeit weder ein Teil Illyriens noch illyrischer Besitz, sondern griechisches Gebiet, das die Illyrer zu erobern versucht hatten. Nach Makedonien wurden, obgleich Rom jetzt mit Makedonien im Westen zusammenging, keine Gesandten geschickt. Dafür wurden diplomatische Beziehungen sowohl mit Athen als auch mit Korinth angeknüpft; Korinth, das dem Achaiischen Bund angehörte, erkannte die Römer sogar als Hellenen an und erlaubte ihnen die Teilnahme an den Isthmos-Festspielen. Auf diese Weise wurde Rom 228 zu einem griechischen Staat, ganz gleich, wie sich die Rechtslage nach römischen Begriffen darstellen mochte. Faktisch betrachtete Rom das Verhältnis zu den neuen Untertanen, Bundesgenossen und Freunden als eine Dauerverbindung mit eindeutigen Verpflichtungen für beide Seiten. Dahinter stand seine militärische Macht, die weitaus größer war als die aller griechischen Staaten zusammen und die sich auf reiche Bevölkerungsreserven, strikte Disziplin, entwickelte Kriegstaktik und die modernsten Waffen stützte. Und die in Rom herrschende Oligarchie war geduldig, zäh und unbeugsam. In dem Wettstreit, der nun begann, waren die Kräfte von vornherein ungleich verteilt.

Während der nächsten acht Jahre waren die Römer mit den Galliern in Norditalien und mit Karthagos Vordringen in Spanien beschäftigt und kümmerten sich wenig um ihre Interessen und Verpflichtungen in Griechenland. Inzwischen konnte Illyrien sein gutes Verhältnis zu Makedonien nicht nur erhalten, sondern weiter ausbauen. König Agrons Nachfolger, Skerdilaidas und Demetrios von Pharos, die über die auseinandergerissenen Hälften des gespaltenen Königreichs herrschten, schafften es, gemeinsame Sache zu machen, und Demetrios unterstützte Antigonos Doson bei seinem karischen Feldzug zur See und auf der Peloponnes zu Lande; es war daher natürlich, daß die erste Angriffshandlung nach dem Regierungsantritt Philipps auch wieder von Demetrios ausging: im Jahre 220 versuchte er, sich des messenischen Hafens Pylos zu bemächtigen. Dieser expansionistische Vorstoß nach dem Süden verletzte eindeutig den Vertrag mit Rom; möglicherweise hatte Demetrios angenommen, daß das Verbot der Ausfahrt aus dem Adriatischen Meer für ihn als ehemaligen Verbündeten der Römer aus dem Ersten Illyrischen Krieg nicht galt. Den Messenern kam der aitolische Befehlshaber in Phigaleia zu Hilfe, und Demetrios' Angriff wurde zurückgeschlagen. Die Achaier aber sahen im Vorgehen der Aitoler eine feindliche Handlung und griffen die aitolische Armee an, wurden jedoch bei Kaphyai in Arkadien besiegt. Nun appellierten sie an Philipp, und auf Philipps Antrag erklärte der Hellenische Bund den Krieg und ordnete die Auflösung des Aitolischen Bundes an.

Daß die Aitoler es unterlassen haben sollten, das alles nach Rom zu melden, ist schwer vorstellbar. Schon im folgenden Jahr trieb ein römisches Expeditionskorps Demetrios aus dem Lande (Zweiter Illyrischer Krieg) und zerstörte seine Festungen Dimale und Pharos; gleichzeitig marschierten die Aitoler in Makedonien ein und setzten Dion in Brand. Philipp, zu dem nun auch Demetrios gestoßen war, konnte sich nicht wehren, weil er seine Kräfte auf einen drohenden Einfall der Dardaner konzentrieren mußte. Allerdings dauerte die Atempause, die die Aitoler ihren Verbündeten viel mehr als den eigenen Waffen verdankten, nicht lange. Mit Hilfe der Illyrer setzte sich Philipp 218 auf der Insel Kephallenia fest, die die Seewege der Aitoler beherrschte, brach vom Westen her in Aitolien ein und brandschatzte die aitolische Hauptstadt Thermos; dann zog er auf die Peloponnes und zwang Sparta, eine ihm freundliche Regierung einzusetzen. Schließlich führte er 217 einen erfolgreichen Feldzug gegen die Dardaner, kehrte nach Abschluß der Kampagne nach Griechenland zurück und vertrieb die Aitoler aus Theben in der Phthiotis.

Philipp hatte genug erreicht und akzeptierte den Frieden, um den sich die Aitoler durch Vermittlung von Freunden und Neutralen – Chios, Rhodos, Byzantion und Ägypten – bemühten. Auf dem Kongreß von Naupaktos, auf dem es auf Grund des von den Kampfparteien errungenen Besitzstandes zu einer Regelung kam, wies der Aitoler Agelaos den König auf die römische Gefahr hin. Aus dem Munde derer, die erst zwei Jahre vorher die Hilfe Roms in Anspruch genommen hatten, mochte sich diese Mahnung zwar merkwürdig anhören, aber sie war von Philipps eigenen Überlegungen nicht weit entfernt. Er hatte von Hannibals Sieg am Trasimenischen See gehört und sah nun eine Chance, entweder seinem Verbündeten Demetrios wieder zur Macht in Illyrien zu verhelfen oder sich selbst in den Besitz Illyriens zu setzen; mit Skerdilaidas stand er nicht mehr auf freundlichem Fuße.

Im Herbst 217 brach Philipp in Illyrien ein. In den nächsten vier Jahren wurde in Illyrien ständig gekämpft. Zunächst vermied es Philipp, die Römer in die Auseinandersetzung hineinzuziehen, aber nach der Schlacht von Cannae verhandelte er mit Hannibal und schloß mit ihm 215 ein Bündnis. Mit den Römern stieß Philipp bei Orikos und Apollonia zusammen und eroberte Atintania. Seine achaiischen Verbündeten beteiligten sich nicht an diesem Krieg und zerstritten sich sogar mit Philipp über Messenien, wo er festen Fuß fassen zu können glaubte. Als Aratos 213 starb, waren die Beziehungen zwischen Philipp und den Achaiern recht kühl geworden. Philipp erreichte nicht sehr viel, weder für sich noch für die Sache der Befreiung Griechenlands vom Einfluß Roms. Was herauskam, war das Gegenteil von dem, was Agelaos vorgeschwebt hatte. Zwar waren die Römer in Italien, Sizilien und Spanien vollauf beschäftigt, aber 212 gelang es ihnen dennoch, die recht unwilligen Aitoler dazu anzuhalten, ihre Bündnisverpflichtungen wahrzunehmen und Rom zu Hilfe zu kommen; im folgenden Winter wurden dann Sparta, Pergamon und König Pleuratos in Illyrien in das Bündnis einbezogen; das wiederum brachte die Achaier auf Philipps Seite. Als auch noch Prusias von Bithynien aus Feindschaft gegen Attalos zu Philipp hinüberschwenkte, hatte der Krieg ungewöhnliche Proportionen angenommen, und es war auch ein ungewöhnlich zerstörerischer Krieg.

Über den Inhalt der Vereinbarungen zwischen Rom und Aitolien hat Livius berichtet, und dieser Bericht findet seine Bestätigung in einem Bruchstück des ursprünglichen Wortlauts, das sich in einer Inschrift in Akarnanien angefunden hat. Danach sollten von den gemeinsam eingenommenen Städten die Grundstücke und Gebäude den Aitolern und alle beweglichen Güter den Römern zufallen. In dieses Abkommen wurden auch die anderen Verbündeten eingeschlossen. Als die Flotten Roms und Pergamons 210 Aigina eroberten, fiel die Insel an Attalos, der den Aitolern als ihren Anteil dreißig Talente auszahlte; die Insel selbst blieb ein pergamenischer Stützpunkt in griechischen Gewässern bis zum Ende der Attalidendynastie. Die Römer nahmen alle bewegliche Habe ebenso wie die Gefangenen an sich, und ihr Befehlshaber ließ sich nur widerstrebend dazu bewegen, den Bürgern Aiginas zu erlauben, sich mit einem Lösegeld loszukaufen, statt als Sklaven verkauft zu werden.

Glücklicherweise nahm Rom nur einen geringen Anteil am Krieg. Philipp entfaltete große Energie und zog aus dem Krieg, obgleich er 208 von Illyrern und Dardanern angegriffen wurde, den größten Vorteil. Akarnanien wurde von Aitolien losgerissen, Attalos mußte heim nach Kleinasien eilen, um einen Einfall des Prusias abzuwehren. Als auch noch Sparta 207 von den Achaiern unter ihrem tüchtigen General Philopoimen entscheidend geschlagen wurde, hatten Roms Verbündete genug und schlossen Frieden (206). Aber dann waren plötzlich die Römer, über die Sonderfriedensidee ihrer Verbündeten entrüstet, mit einer starken Truppenmacht zur Stelle, und eine neue Friedenskonferenz wurde 205 in Phoinike abgehalten. Ein Friedensvertrag wurde ausgehandelt, der im wesentlichen auf dem Status quo beruhte und den fast alle griechischen Staaten unterzeichneten. Auf seiten Philipps unterschrieben Thessaler, Boioter, Akarnanen, Epiroten, Achaier und Bithynien, auf seiten Roms Spartaner, Elier, Messener, Athener, Ilioten, Pergamon und Illyrien. Aus irgendeinem Grund erwähnt Livius die Aitoler nicht; sie waren aber sicherlich in den Vertrag eingeschlossen, ebenso wie der Athamanenkönig Amynander, der persönlich an der Konferenz teilnahm. Der Vertrag wurde in Rom ordnungsgemäß ratifiziert. Rom hatte nun ganz Griechenland und Teile Kleinasiens in seine Einflußsphäre gebracht, wenn das auch wahrscheinlich keinem Griechen bewußt war. Alle Konflikte, die fortan in diesem Teil der Welt ausbrechen sollten, waren damit Roms Sache geworden. Nachträglich besehen, kann man einen tieferen Sinn darin entdecken, daß Attalos zum Zeichen seiner Ergebenheit den Schwarzen Stein der Magna Mater von Pessinos, den die Römer angefordert hatten, von den Galatern beschaffte und nach Rom sandte.

Erschüttertes Mächtegleichgewicht

Im östlichen Teil der hellenistischen Welt vermehrte sich unterdes die Macht der Seleukiden und verringerte sich die Macht der Ptolemäer. Das Gleichgewicht der Kräfte, das im Verhältnis der beiden Monarchien auf Frieden hingewirkt hatte, war erschüttert. Für Roms spätere Eingriffe in dieser Konfliktszone sollte das von weitreichender Bedeutung sein.

Anfänglich waren allerdings die Aussichten der Seleukiden recht düster. Als Seleukos III. 223 von zwei Offizieren ermordet wurde, war Antiochos III. erst siebzehn Jahre alt. Er hatte den älteren Bruder nicht in den Krieg begleitet, sondern war nach altem persischem Brauch, der sich auch im Seleukidenreich verschiedentlich bewährt hatte, als Regent und Thronfolger in Syrien geblieben. Die Armee in Kleinasien entschied sich für einen Vetter seines Vaters, Achaios, Sohn des Andromachos. (Andromachos war ein Bruder der Laodike, also Vetter und Schwager Antiochos' II.) Der seriöse und tüchtige Offizier Achaios behielt loyal den Armeebefehl an der Front und zeigte sich zunächst gewillt, dem jungen Antiochos den Thron offenzuhalten. Er betrieb den Krieg gegen Attalos mit vermehrter Energie, und in den zwei oder drei Jahren, in denen Antiochos damit beschäftigt war, den Aufstand Molons, des Befehlshabers der Oberen Satrapien, zu unterdrücken, gelang es ihm, den Pergamenen fast alles, was sie erobert hatten, wieder abzunehmen.

Er verbündete sich mit Byzantion, das die Zölle im Hellespont erhöht hatte, um seinen Tributverpflichtungen gegenüber den Tylis-Kelten nachzukommen, und das deswegen von Rhodos und Bithynien bekriegt wurde; dieser Streitfall wurde indes doch noch durch Verhandlungen beigelegt. Und obgleich eine neue pergamenische Offensive den Seleukiden den größeren Teil Nordwestanatoliens entwand, war Achaios, der seinen Sitz in der Festung Sardes aufgeschlagen hatte, im Jahre 217 in einer gesicherten Position. Antiochos aber war eben, nachdem er Ägypten den Krieg erklärt hatte und mit seiner Armee bis nach Raphia in Südpalästina vorgedrungen war, von Ptolemaios IV. aufs Haupt geschlagen worden. Auf diese Kunde hin fiel Achaios von Antiochos ab und erklärte sich selbst zum König. Es wiederholte sich, was sich nicht viel mehr als zwei Jahrzehnte früher zwischen Seleukos II. und Hierax zugetragen hatte.

Indes war Antiochos III. tüchtiger und hatte mehr Glück als Seleukos II. Im Bunde mit Attalos, der Achaios für gefährlicher hielt, fiel er in Kleinasien ein, riegelte Achaios in Sardes ab, nahm ihn schließlich 215 gefangen, als er bei dem Versuch, nach Ägypten zu entkommen, verraten wurde, und brachte ihn nach orientalischer Mode um. Er einigte sich mit Attalos, indem er ihm Mysien und die Aiolis abtrat und dafür Lydien und Phrygien behalten durfte. Im Jahre 212 begann der siebenjährige Feldzug im Osten, der die Souveränität der Seleukiden bis nach Indien tragen und dem König den Beinamen »der Große« eintragen sollte: allgemein setzte sich die Ansicht durch, Antiochos habe als Eroberer Alexander fast den Rang abgelaufen. In Wirklichkeit behielten Arsakes III. von Parthien und Euthydemos von Baktrien ihre Unabhängigkeit und wurden unter der Oberhoheit des Großkönigs Antiochos als Könige anerkannt; Sophagasenos in Indien wurde dafür, daß er Kriegselefanten lieferte, als freier Bundesgenosse akzeptiert. Mochte nun das Seleukidenreich wirklich oder nur scheinbar an Macht gewonnen haben, im Ansehen stand es, als Antiochos 205 nach Syrien heimkehrte, sehr hoch. Um diese Zeit starb Ptolemaios IV. und hinterließ den ägyptischen Thron einem fünfjährigen Kind.

In den hellenistischen Staaten war jeder Regierungswechsel eine riskante Sache. Besondere Gefahren lagen im Regierungsantritt eines jungen und unerfahrenen Königs, und die Thronbesteigung eines kleinen Kindes mußte Katastrophen heraufbeschwören, sofern nicht ein energischer und zielbewußter Verwandter des Königshauses – wie 359 oder 229 in Makedonien – die Verantwortung auf sich nahm und allen Machtgierigen Respekt beibrachte. Brüder oder andere männliche Verwandte hatte aber Ptolemaios IV. nicht hinterlassen und die Betreuung des kleinen Thronerben zwei Freunden, Agathokles und Sosibios, anvertraut, die beim Volk – wenigstens nach der Darstellung der Geschichtsschreiber – keinen Anklang fanden. Das war Verhängnis genug. Überdies war aber Ägypten in den voraufgegangenen sechzehn – vielleicht auch nur zehn – Jahren wesentlich geschwächt worden.

In den Quellen erscheint Ptolemaios IV. Philopator als schwächlicher Herrscher, als Lüstling und Dilettant. Wahrscheinlich trifft das nicht zu, obgleich er zweifellos ein Verehrer des nicht ganz respektablen Gottes Dionysos war und seine Abbildungen ihn als etwas korpulent und schwammig zeigen, ein Familienzug, den schon sein Großvater Philadelphos aufwies. Die griechische öffentliche Meinung nahm einigen Anstoß daran, daß er seine vollbürtige Schwester Arsinoë geheiratet hatte; dieser Ehe war nach zehn Jahren der einzige Sohn entsprossen, den er als Thronerben hinterließ. Möglicherweise war Arsinoë viel jünger als ihr Bruder-Gemahl; geschildert wird sie als armselige Königin ohne jeden wirklichen Einfluß. Zu Beginn seiner Regierungszeit soll Philopator manchen Mord aus dynastischen und sonstigen Gründen verübt und auch die eigene Mutter, Königin Berenike, umgebracht haben. Unmöglich oder unwahrscheinlich war das bei den Sitten der hellenistischen Höfe nicht. Allerdings ist das, was über Philopator an unbestreitbaren Tatsachen bekannt ist, keineswegs ungünstig.

Als er im Jahre 218 von Antiochos III. militärisch schwer bedroht wurde, stellte er eine schlagkräftige Truppe mit dreiundsiebzig afrikanischen Elefanten und zwanzigtausend, nach makedonischen Grundsätzen eingeteilten und ausgerüsteten Ägyptern auf; vielleicht durften sich diese Soldaten auch offiziell als Makedonen bezeichnen und entsprechende Rechte in Anspruch nehmen. Das war für Ägypten etwas völlig Neues: afrikanische Elefanten waren vorher nie für den Krieg dressiert worden, und auch eine ägyptische Phalanx hatte es nie gegeben. Das mögen Verzweiflungsmaßnahmen gewesen sein, und beides wird in der Philopator durchweg unfreundlichen geschichtlichen Überlieferung auch so dargestellt;

aber diese Reorganisation des Heeres bezeugte zum mindesten auch des Königs Denk- und Planungsvermögen und sein zielsicheres Handeln und erwies sich als überaus erfolgreich: Philopators Streitkräfte, zu denen außerdem noch ein griechisch-makedonisches Korps und libysche, galatische und thrakische Söldner gehörten, erfochten einen entscheidenden Sieg; Palästina und Syrien wurden zurückerobert.

Viel ist sonst über Philopators Regierungszeit nicht überliefert. Von martialischen Taten, die für den Staat nicht unbedingt die nützlichsten waren, am meisten eingenommen, dürften die Historiker die Herrschaft Philopators zuwenig aufregend und zu ereignislos gefunden haben. Aber Philopator war nicht ganz so langweilig. Er war ein großer Bauherr: er baute das große Serapeion und das Sema mit den Königsgräbern; und er ließ auch in ganz Ägypten, namentlich aber in Edfu, Tempel bauen oder umbauen. Er reorganisierte den Königskult und nahm Ptolemaios I. und Berenike, die Erlösergötter, die vorher nicht verehrt worden waren, unter die Anbetungswürdigen auf.

Gleichwohl war sein Regiment durch zwei unglückselige Ereignisse gekennzeichnet, für die er durchaus nicht die Hauptverantwortung trug. In den Quellen ist von Aufständen in Oberägypten die Rede, die darauf zurückgeführt werden, daß Einheimische in Philopators Armee zum erstenmal Waffen tragen durften; aber natürlich hatte es auch schon unter den früheren Ptolemäern Aufstände gegeben, nur daß wir über sie nicht näher unterrichtet worden sind. Bei den Unruhen in Philopators Zeit mag es sich um bloße Protestaktionen gegen allzu rigorose Steuereintreibung oder um vereinzelte Ausbrüche des Räuberunwesens mit vorübergehender Unterbrechung des Verkehrs zwischen einzelnen Teilen des Reiches *(ameixia)* gehandelt haben. Die zweite Plage der Philopator-Zeit war eine akute Preisinflation, die in den Papyri mit der schlagartigen Verknappung der Silberwährung in Zusammenhang gebracht wird. Da fast nur noch Kupferscheidemünzen von geringem Metallwert im Umlauf waren, verlangten die Erzeuger höhere Preise für ihre Produkte, und wahrscheinlich wurden die Dinge noch dadurch verschärft, daß der Staat seinerseits nicht geneigt war, Kupfermünzen in Zahlung zu nehmen. Das muß beträchtliche Wirtschaftsstörungen ausgelöst und das Anwerben von Söldnern, namentlich Griechen, die normalerweise einen erheblichen Teil der Truppen stellten, erschwert haben. Verantwortlich dafür war aber nicht Philopator, sondern die Tatsache, daß in Spanien, Italien und Sizilien Krieg geführt wurde (der Zweite Punische Krieg, 218–201).

So sahen die Dinge um 205 v. Chr. aus. Antiochos III., der nach seinem Ostfeldzug Triumphe feierte, war dabei, den Anspruch seiner Dynastie auf das südliche Kleinasien und die Levante anzumelden, und Philipp V., der nach einem nicht ganz erfolglosen Krieg gegen die Aitoler Ruhe hatte, schaute nach gewinnbringenden Abenteuern in Richtungen aus, die nicht unter die Verbotsklauseln des Vertrags mit Rom fielen. Seleukiden und Antigoniden waren traditionsgemäß verbündet und traditionsgemäß ptolemäerfeindlich, und man kann Polybios glauben, daß die Vorstöße, die sie im Anschluß an Philopators Tod gegen das Ptolemäerreich unternahmen, nicht ohne eine ausdrückliche Verständigung in Gang gekommen waren.

Nur wenig wissen wir über den Krieg, der dann geführt wurde. Für Antiochos war er höchst einträglich, für Philipp nur teilweise. Anfang 201 hielt Antiochos bereits die

Grenzfestung Gaza in seiner Hand, und im Laufe des Jahres erfocht er einen entscheidenden Sieg bei Paneion (Banias) in Nordpalästina. Die Vormunde des kleinen Ptolemaios V. baten um Frieden. Nachdem Sidon 199 kapituliert hatte, erhielt Antiochos Syrien und Palästina; vereinbart wurde ferner, daß Ptolemaios nach Erreichung des ehefähigen Alters Antiochos' Tochter Kleopatra heiraten sollte. Als die Hochzeit 196 gefeiert wurde, wurde Ägypten eine Art seleukidisches Protektorat.

Weniger eindeutig waren die Ergebnisse für Philipp. Im Norden hatte ihm der Feldzug die Freundschaft der Odrysen eingebracht; er zog dann östlich die thrakische Küste entlang und hatte 202 die meisten Städte im Norden des Ägäischen und des Marmarameers in seinem Besitz; da aber einige dieser Städte mit den Aitolern verbündet waren, hatte Philipp seine alten Widersacher wieder gegen sich, die vergeblich in Rom Klage führten. Im Jahr darauf wandte er sich nach dem Süden und nahm den Ptolemäern ihren Flottenstützpunkt auf Samos weg, geriet aber mit den Rhodiern, die gegen seine Bundesgenossen unter den Seeräubern von Kreta kämpften, und mit Attalos aneinander. Er siegte über ihre vereinte Flotte bei Chios, ohne sie zu vernichten, und fand freundliche Aufnahme in Milet, aber nicht den erforderlichen Beistand bei Zeuxis, dem Seleukidenstatthalter von Sardes, dem offenbar seine Kleinasien-Streifzüge – bis nach Pergamon und Thyateira – schwere Sorgen machten. Er durchzog nichtsdestoweniger ganz Karien von Knidos bis Iasos, entdeckte aber zum Schluß, daß ihm inzwischen die Seeherrschaft entglitten war und daß er zum Winter nicht nach Makedonien gelangen konnte. Als er im Frühjahr endlich wagte, über das Ägäische Meer nach Hause zu segeln, war seine Position im Vergleich zum Vorjahr nicht wesentlich verbessert. Er behielt zwar einige der anatolischen und hellespontischen Besitzungen, brauchte jedoch zu ihrem Schutz Truppen an Ort und Stelle, so daß dieser Gewinn unmittelbar keinen großen Wert hatte. Und mittlerweile hatte Rom den Krieg gegen Karthago hinter sich gebracht und konnte sich von neuem um seine Verpflichtungen im Osten kümmern.

Die Folge war einer der entscheidenden Kriege der Weltgeschichte, der ein ganzes Jahrzehnt dauern sollte. Die Römer kämpften erfolgreich nacheinander gegen Philipp, Nabis von Sparta und die Koalition der Aitoler und Seleukiden; sie nahmen es mit jedem Gegner einzeln auf und fanden Unterstützung gegen Philipp bei den Aitolern und gegen all ihre Widersacher bei ihren übrigen Verbündeten, erst Attalos, dann Eumenes II. (197–160) von Pergamon, Amynander von Athamanien, den Achaiern und Rhodos. Zu einem erheblichen Teil verdankten sie ihre Siege griechischen Streitkräften, namentlich in der Schlacht von Magnesia (190), in die ihre Legionen kaum einzugreifen brauchten. Umgekehrt waren Roms Gegner unfähig, gemeinsam zu handeln. Im Anfang verhielten sich beide Städtebünde den Römern gegenüber freundlich, und die Achaier, Philipps frühere Bundesgenossen, blieben auch später auf ihrer Seite: als Gegengewicht gegen Sparta war ihnen Rom jetzt lieber als Makedonien; die Aitoler jedoch wechselten ins gegnerische Lager über, sobald ihr direktester Feind, der Makedonenkönig Philipp, besiegt war.

Das alles ließ die Römer ihren Sieg leichter erkämpfen, als bei der objektiven Kräfteverteilung zu erwarten gewesen wäre. Sicher war ihnen der Sieg, nachdem sich die Gegenseite auf den Krieg eingelassen hatte, auf jeden Fall kraft der Überlegenheit ihres Menschenpotentials, der unbeugsamen Zielsicherheit ihrer Politik, der Disziplin und Kampftüchtigkeit ihrer Streitkräfte und der größeren Wirksamkeit ihrer Waffen. Dank den vielen Kriegen, die sie geführt hatten, waren die Römer, wie Polybios sagt, zu vollendeten Meistern *(athleteis)* des Krieges geworden; ihre Konsuln machten vom Notstandsrecht des Krieges, dem *ius gladii*, Gebrauch und bestraften jede Pflichtverletzung unverzüglich und schonungslos, so daß »die Soldaten oft sicherem Tod ins Gesicht schauten, weil sie sich aus Angst vor der Strafe, die sie befallen würde, auch dann weigerten, aus der Front auszubrechen, wenn ihnen Gegner in gewaltiger Überzahl gegenüberstanden«; und die Hauptwaffe ihrer Infanterie vom Typus des spanischen Schwerts war aus dem feinsten Stahl und als Stichwaffe ebenso wirksam wie als Hiebwaffe. Livius hat den Eindruck festgehalten, den die ersten Toten dieses Krieges auf Philipps Armee machten: »Nachdem sie die in Stücke gehackten Leiber, die Arme mit Schultern und allem abgerissen, den Kopf vom Leibe getrennt, den Hals völlig durchschnitten oder die Eingeweide bloßgelegt, und all die anderen furchtbaren Wunden gesehen hatten, erkannten sie voller Entsetzen, gegen welche Waffen und welche Menschen sie anzukämpfen hatten. Auch der Könige bemächtigte sich die Angst.« Aus dieser Gefühlshaltung läßt sich der Respekt erklären, mit dem Philipp nach Polybios' Bericht römischen Offizieren und Gesandten gegenübertrat.

Da der Krieg für die in Rom herrschende Aristokratie sowohl materiell als auch im Hinblick auf Prestigegewinn ein überaus vorteilhaftes Geschäft war, muß man sich fragen, ob nicht dem Zweiten Makedonischen Krieg abgründige machiavellistische Absichten zugrunde lagen. Brachten es die römischen Vornehmen mit List und Tücke zuwege, äußerlich gerechte Kriege, *bella iusta*, zu führen, um den Osten zum eigenen Vorteil zu erobern? Wenn es sich so verhielt, muß das diabolische Komplott vorzüglich geheimgehalten und vertuscht worden sein. Philipps Kriegshandlungen gegen die aitolischen Verbündeten am Hellespont und dann gegen Attalos verstießen eindeutig gegen die Bestimmungen des Vertrages von Phoinike, und Philipp ließ es an weiteren Vertragsbrüchen nicht fehlen. In Athen waren wegen Entweihung der Eleusinischen Mysterien zwei Akarnanen hingerichtet worden; als die Akarnanen im Jahre 200 einen Vergeltungsfeldzug gegen Athen unternahmen, wurden sie von Philipp, der gerade nach Makedonien zurückgekommen war, mit Truppen unterstützt. Im selben Jahr zog er erneut nach Kleinasien, besetzte noch eine Anzahl Ptolemäerstädte und belagerte Abydos, das vermutlich mit den Ptolemäern oder mit Pergamon verbündet war.

Da erst stellte ihn Roms Beauftragter Marcus Aemilius Lepidus, »der schönste Mann seiner Zeit«, und verlangte ultimativ zur Wiederherstellung des Vertragszustandes *(rerum repetitio)*, daß Philipp sich verpflichte, keine Kriege gegen Griechen zu führen, keine ptolemäischen Besitzungen an sich zu reißen und wegen des Attalos und den Rhodiern zugefügten Schadens vor Gericht zu erscheinen (vermutlich vor einer Senatskommission, vielleicht aber auch vor einem Ausschuß neutraler griechischer Staaten). War Philipp bereit, diese Forderungen zu erfüllen, so konnte er Frieden haben. Das hätte die Wiederherstellung des Zustands von 205 und Philipps Verzicht auf die seit 205 schwer erkämpfte und nicht unbeträchtliche Beute bedeutet. Natürlich berief sich Philipp darauf, daß nicht er der Angreifer gewesen sei. Da er es ganz offensichtlich war, wäre es reizvoll gewesen, seine

Begründung zu erfahren. Dazu kam es nicht, da ihm Lepidus ins Wort fiel und einiges mehr vorhielt: »Und wie war es mit den Athenern? Und wie war es mit den Leuten von Chios, und wie ist es heute mit denen von Abydos? Hat einer von ihnen dich auch zuerst angegriffen?« An Philipps Erwiderung ließ sich ermessen, wie sehr die griechischen Vorstellungen vom Vertrag von Phoinike von den römischen abwichen: als hätte es sich um einen bilateralen Nichtangriffspakt gehandelt, forderte er von den Römern den Verzicht auf jedes Vorgehen gegen ihn, weil ein solches Vorgehen Vertragsbruch sei. Für die Römer aber war der Vertrag eine Dauerregelung der Verhältnisse in einer genau bezeichneten Zone. Da Philipp das nicht zu akzeptieren gedachte, mußte es den Krieg geben, den Rom nicht verlieren konnte.

Von Kynoskephalai bis Apameia

Zwei Jahre lang wogte der Krieg unentschieden hin und her: Philipp war vorsichtig und im Verteidigungskampf geschickt. Eine Wendung trat ein, als die Römer an die Spitze ihrer Truppen den Konsul Titus Quinctius Flamininus stellten, einen hellenisierten Römer, der die Griechen verstand und außerdem ein tüchtiger Heerführer war. Zunächst wurde noch einmal verhandelt. Jetzt bemühte sich Philipp um einen Kompromißfrieden: er wollte nur noch die Hälfte seiner Eroberungen behalten und die andere Hälfte herausgeben. Indes hatten die Römer keinen Grund, sich auf einen Kompromiß einzulassen; das persönliche Verhältnis zwischen Philipp und Flamininus wird allerdings als herzlich dargestellt, und in der Tat mochte sich ein römischer Konsul im Umgang mit einem makedonischen König eher zu Hause fühlen als inmitten eines lauthalsigen Haufens griechischer Politiker. Sachlich aber verschärften die Römer ihre Forderungen: Philipp sollte sich künftighin nicht nur jeder Kampfhandlung enthalten, sondern auch ganz und gar aus Griechenland abziehen und die drei »Fesseln«, Korinth, Chalkis und Demetrias, ausliefern. Das bedeutete eine Rückkehr zu dem Zustand, der vor Philipp II. bestanden hatte, und das konnte Philipp V. nicht akzeptieren. Immerhin versuchte er nach wie vor, einem Kampf auszuweichen, an dessen siegreichem Ausgang er zweifeln mußte.

Gegen Ende des Frühjahrs 197 rückte Flamininus vom Süden her in Thessalien ein. Er hatte eine Armee von achtundzwanzigtausend Mann bei sich, von denen ein Drittel die Aitoler und Amynander gestellt hatten. Philipp marschierte ihm mit einer etwas kleineren, fast rein makedonischen Truppe entgegen, die zum größten Teil aus neuausgehobenen Rekruten bestand. Die beiden Armeen rückten zunächst auf beiden Seiten des Berggrats Kynoskephalai (»Hundeköpfe«) gegeneinander vor, und an einem nebligen Morgen stießen ihre Patrouillen zusammen. Eine Teilschlacht entspann sich auf einem Gelände, das sich keiner der beiden Armeeführer ausgesucht hatte, das aber für die makedonische Phalanx besonders ungünstig war. Philipp hatte, wie wir aus Inschriften wissen, die römischen Institutionen und vor allem das römische Heerwesen studiert und die makedonische Schlachtordnung entsprechend geändert. Was jedoch die Schulung und Bewaffnung der

Truppe betraf, war er den Römern nicht gewachsen; deswegen hatte er die von Philipp II. und Alexander bevorzugte offene, bewegliche Abteilungsformation zugunsten einer tiefen, geschlossenen Phalanx nach dem Vorbild des Epameinondas aufgegeben. Der Sinn der neuen Kampftaktik war, den Gegner nicht mehr bis zum entscheidenden Angriff der Reiterei an einer Stelle festzuhalten, sondern sofort anzugreifen, um die feindlichen Linien zu durchstoßen: das Fußvolk war als Igelformation gedacht, die sich mit unzähligen Stacheln in den Feind hineinbohrte und in der auch ungeschulte Krieger zur Geltung kommen konnten. Ein Teil dieser neuen Phalanx hatte gerade noch Zeit, Stellung zu beziehen, und brach tatsächlich die ihm gegenüberstehende Legion auseinander. Dagegen wurden die übrigen makedonischen Verbände, bevor sie kampfbereit waren, von der Flanke her angegriffen, und da die aitolische Reiterei die makedonische aus dem Felde geschlagen hatte, war es für die beweglichen und gutausgebildeten römischen Manipel ein leichtes, um die makedonischen Fußsoldaten einen Bogen zu schlagen, ihnen in den Rücken zu fallen und sie buchstäblich zu zersäbeln. Philipp konnte nur noch um Frieden bitten. Dieser Krieg war vorbei.

Die Römer diktierten ungefähr dieselben Friedensbedingungen, die Philipp im Vorjahr verworfen hatte. Er mußte seine griechischen Besitzungen und seine Eroberungen in der Fremde aufgeben, seine Flotte auflösen und tausend Talente Entschädigung zahlen, durfte aber sein Heer und sein Königreich behalten und hatte nunmehr als Freund und Bundesgenosse Anspruch auf die Hilfe Roms, falls er ihrer bedurfte. Und Rom war, nachdem die Makedonen geschlagen waren, fest entschlossen, den Wünschen der Aitoler keineswegs in vollem Umfang zu entsprechen. Von ihren früheren thessalischen Besitzungen erhielten sie nur Theben in der Phthiotis zurück. Die Achaier bekamen Korinth, Athen durfte Delos und einige weitere Inseln einstecken, und Rhodos erhielt die Peraia wieder.

Vor einer griechischen Volksmenge, die ihm stürmisch zujubelte, gab Flamininus bei den Isthmischen Festspielen von 196 bekannt, daß die Römer nichts von dem, was in ihre Hände gefallen war, behalten wollten. Als er zwei Jahre später nach Italien heimkehrte, wurden tatsächlich die letzten römischen Garnisonen zurückgezogen. Was Flamininus vorschwebte, war die Wiedererrichtung kleinerer Stammesbünde nach der Art der Bünde der Boioter und Thessaler, wahrscheinlich mit dem Ziel, keinen dieser Bünde so mächtig werden zu lassen, daß er zur Gefahr werden könnte. Gewiß sollte Griechenland geteilt und schwach bleiben. Da aber der allgemeine Frieden von Rom garantiert wurde und von Rom aufrechterhalten werden sollte, war die Lösung nicht unbedingt verwerflich. Man kann Flamininus nicht absprechen, daß er ein Hellenenfreund war; ganz unverdient waren die Ehrungen nicht, mit denen die Griechen ihn überhäuften.

Makedonien war geschlagen, die Aitoler schmollten enttäuscht in ihrer Ecke, und die Achaier warteten ab. Eine potentiell gefährliche Macht war in Griechenland nur noch Sparta. Die revolutionäre und nationalistische Bewegung, die Kleomenes angeführt hatte, war auch nach seiner Niederlage und Verbannung im Jahre 222 nicht zum Stillstand gekommen, und vielen erschien auch König Nabis (207–192) mit seiner sozialistischen Politik als Tyrann. Er hatte von Argos Besitz ergriffen und dort ein ähnliches Linksregime errichtet; mit den konservativen Schichten der Besitzenden, die den Achaiischen Bund beherrschten, mußte es unvermeidlich in Widerstreit geraten. Rom zog es vor, die konservativeren

Gruppen zu unterstützen. Im Krieg gegen Philipp hatte zwar Nabis die Römer loyal unterstützt und nur die Achaier abgewehrt, als sie aus nicht ganz klaren Gründen Argos einzunehmen versuchten, aber nun fand Flamininus – vielleicht noch nicht einmal aus purem Zynismus –, daß es um Griechenlands Sicherheit besser bestellt wäre, wenn dem Treiben des Nabis ein Riegel vorgeschoben würde.

Der Bund von Korinth war wieder ins Leben gerufen worden, und Flamininus als Oberhaupt des Bundes warf 195 die Frage auf, was mit Argos geschehen solle. Außer den Aitolern, die auch für die Zukunft auf die Unterstützung hofften, die ihnen Sparta in der Vergangenheit geliehen hatte, stimmten alle Mitglieder des Bundes für die Befreiung der Stadt. Ein Heer wurde aufgestellt, das sich in Richtung Argos und Sparta in Bewegung setzte. Besetzt wurde weder Argos noch Sparta, aber eine Flottenkampagne gegen Nabis' kretische Verbündete und seine Küstenstädte war erfolgreich, so daß Nabis sich zu Friedensverhandlungen genötigt sah. Er verzichtete auf Argos, das an die Achaier fiel, gab seine Flotte auf und zahlte die übliche Kriegsentschädigung. So sah das Arrangement aus, als Flamininus Griechenland verließ. Aber schon zwei Jahre später benutzte der achaiische Feldherr Philopoimen die durch den Antiochos-Krieg ausgelöste Verwirrung dazu, Nabis ermorden zu lassen und Spartas Anschluß an den Achaiischen Bund zu erzwingen.

Als Flamininus nach Rom zurückkehrte, führte er in seinem Triumphzug die makedonische Kriegsbeute mit und zwölfhundert Römer, die von Hannibal gefangengenommen und als Sklaven nach Griechenland verkauft worden waren. Er teilte durchaus die Haltung des Senats gegenüber römischen Soldaten, die sich gefangennehmen ließen: es kam ihm gar nicht in den Sinn, sie aus der Sklaverei zu befreien, aber da die Achaier für sie Lösegeld gezahlt hatten, brachte er sie als Kriegsbeute nach Rom. Daneben bestand die Beute aus nahezu zwei Tonnen Gold, zweiundzwanzig Tonnen Silber und fast fünfzehntausend Goldstatuetten und Goldgefäßen. Wie immer war Rom der Meinung, daß sich Kriege bezahlt machen müßten. Nun war zwar Griechenland geschwächt und gelähmt, aber manche Griechen sahen in den fortgesetzten Erfolgen Antiochos' III. die Aussicht winken, daß sich die Gewichte eines Tages auch wieder anders würden verteilen lassen. Auch die Römer waren sich der verborgenen Gefahr bewußt – oder vielleicht witterten sie auch nur eine neue Gelegenheit: wenn Krieg schon im kleinen und armen Griechenland so sehr lukrativ war, was würde sich erst aus einem Krieg in Asien herausholen lassen?

Zum erstenmal hatte eine römische Gesandtschaft Antiochos gegen Ende seines Ägypten-Krieges unter dem legitimen Vorwand einer Intervention zum Schutze der Besitzungen Ptolemaios', eines Freundes Roms, aufgesucht. (Vielleicht ist das der Grund, warum einer der Gesandten, Aemilius Lepidus, in den Annalen seiner Familie *tutor regis* genannt wird.) Übermäßig ernst kann Antiochos diese Intervention nicht genommen haben. Jedenfalls zog er, als die Römer mit Philipp beschäftigt waren, nach Kleinasien und »befreite« oder unterwarf die Küstengebiete bis zum Hellespont, ohne sich darum zu kümmern, ob sie Ptolemaios, Philipp oder Eumenes gehörten oder vorher gehört hatten. Er versöhnte sich mit Rhodos, indem er ihm die Peraia in Karien zurückgab, und behandelte die Städte überhaupt recht großzügig: Iasos zum Beispiel wurde seine Autonomie und seine demokratische Verfassung garantiert. Nur Smyrna und Lampsakos wahrten Pergamon die Treue. Sonst wurde Antiochos überall mit offenen Armen aufgenommen. Ohne Widerstand konnte er den Hellespont überqueren und den Wiederaufbau von Lysimacheia in Angriff nehmen.

Zu seinem Pech war aber inzwischen der Zweite Makedonische Krieg zu Ende gegangen; Eumenes war nun Bundesgenosse Roms, dem Beistand zugesichert war, und Lampsakos, Phokaierkolonie und Mitglied des Staatenbundes von Ilion, schickte Gesandte nach Massilia und dann nach Rom, um unter Berufung auf alte Blutsbande Hilfe zu erbitten. Darauf versteifte sich die Haltung Roms Antiochos gegenüber. Polybios' Meinung, daß die Römer vor Antiochos Angst gehabt hätten oder daß er in Griechenland habe intervenieren wollen, läßt sich schwerlich halten. Was Antiochos wollte, war die Wiedereroberung der Besitzungen seiner Vorfahren in Kleinasien und auf der Thrakischen Chersones; in der Nähe von Lysimacheia war Seleukos I. ermordet worden.

Aus irgendeinem Grund schickte Antiochos Gesandte zu Flamininus, die unmittelbar nach den Isthmischen Spielen von 196, also gleich nach der öffentlichen Zusicherung, daß Griechenland geräumt werden würde, empfangen wurden. Da waren, sagt Polybios, »mit einer einzigen Erklärung alle Asien und Europa bewohnenden Griechen frei, unbesetzt, tributentlastet und nur ihren eigenen Gesetzen untertan« geworden. Das stimmte natürlich nicht. Auf Asien ging Flamininus' Erklärung überhaupt nicht ein. Aber dem Antiochos, der den Römern vielleicht nur Siegesglückwünsche darbringen wollte, ließ Flamininus sagen, er müsse, »was die asiatischen Städte betrifft, diejenigen, die autonom sind, in Frieden lassen und gegen keine von ihnen Krieg führen und sich aus denen zurückziehen, die vorher im Besitz von Ptolemaios und Philipp gewesen waren«, und er dürfe auch »nicht mit einem Heer nach Europa übersetzen«. Vom römischen Standpunkt aus war das logisch: Ptolemaios war ein Freund, Philipp ein besiegter Gegner, dessen Besitzungen verfallen waren, Europa ein römisches Protektorat und Rom die Macht, die die Griechen beschützte. Es war zwar, wie Antiochos' Gesandte später betonen sollten, ebenso richtig, daß sich diese Gesichtspunkte nicht miteinander vertrugen, aber durch logische Argumente war der Streit nicht aus der Welt zu schaffen.

Ausgelöst wurde der Krieg von den Aitolern. Sofern Rom einen Krieg wollte, konnte es auf eine passende Gelegenheit warten; Antiochos aber hatte nicht den geringsten Grund, Krieg zu führen. Der Zustand des »kalten Krieges« hätte unbestimmte Zeit anhalten können, wären nicht die Aitoler eifrig damit beschäftigt gewesen, ein Bündnissystem aufzubauen, mit dem sich die Regelung des Flamininus zunichte machen ließe. Bei Philipp und Nabis wurde sondiert, und zum mindesten Nabis verhielt sich nicht ablehnend. Im Winter 193/192 wurde Antiochos überredet, sich dem Bündnis anzuschließen und Truppen nach Griechenland zu senden: vielleicht war er der endlosen Verhandlungen mit Rom überdrüssig, vielleicht versuchte er, Rom mit einer Kraftprobe dazu zu bringen, ihn in Ruhe zu lassen.

Im Jahre 192 wurde der Krieg erklärt, und nachdem die Aitoler Demetrias genommen hatten, kam Antiochos mit wenigen Truppen nach Griechenland. Während der Herbst- und Wintermonate gelang es ihm mit Diplomatie und Gewalt, sich einige Unterstützung in Zentralgriechenland zu sichern; Philipp jedoch blieb reserviert, und Nabis wurde, wie schon erwähnt, von den Achaiern liquidiert. Im Frühjahr schloß sich Philipp den Römern an. Antiochos, der immer noch kein größeres Heer hatte und von den Aitolern kaum Hilfe bekam, konnte den Engpaß von Thermopylai nicht halten und mußte sich in Schmach und Schande nach Kleinasien zurückziehen. Ohne daß sich die Römer hätten besonders anstrengen müssen, fiel die Entscheidung im Winter 190/189. Die Aitoler waren mit einem Waffenstillstand zufrieden, Philipp griff aktiv auf seiten der Römer ein, und auch die Rhodier, die Antiochos' früheres Entgegenkommen vergessen zu haben schienen, schlossen sich mit ihrer Flotte den Römern an. Damit war es mit Antiochos' Seeherrschaft vorbei, und bei Magnesia im Hermostal wurde er auch zu Lande entscheidend geschlagen.

An Truppenstärke war Antiochos den Gegnern überlegen, und auch die Waffen Asiens hatte er für sich: Elefanten, mit Sensen ausgerüstete Streitwagen und gepanzerte Reiter. Richtig eingesetzt, hätte ihm die Reiterei einen mühelosen Sieg verschaffen müssen, aber wie so oft, erwies sie sich als kaum lenkbar. Sie überwältigte den linken Flügel der Römer und Pergamenen, konnte dann aber weder zum Halten noch zum Wenden gebracht werden. Am anderen Ende der Schlachtlinie zerschlug die pergamenische Reiterei jede Dekkung, hinter der sich Antiochos' Phalanx hätte in Sicherheit bringen können, und Wurfgeschosse zerschmetterten sie. Antiochos hätte noch nach dem Osten abziehen und den Krieg auf unabsehbare Zeit weiterführen können, aber er zog es vor, die Friedensbedingungen der Römer zu schlucken. Das Ganze mag die Römer ebenso haben staunen lassen, wie es die Historiker staunen ließ. Unbegreiflich bleibt, warum Antiochos, ein erfahrener Diplomat und Krieger, der auf eine dreißigjährige erfolgreiche Herrschaft zurückblicken konnte, so leichtsinnig in einen Krieg hineingeschlittert war, den er nicht wollte, und diesen Krieg so stümperhaft geführt hat. Besiegt wurde er zu guter Letzt von Eumenes; zum römischen Sieg hatte Publius Scipio Africanus, der im Lager der Römer seinem Bruder, dem Konsul Lucius Cornelius Scipio, als Legat zur Seite stand, ebensowenig beigetragen, wie auf der anderen Seite sein alter Widersacher Hannibal, Antiochos' Freund und Berater, dazu beigetragen hatte, diesen Sieg zu verhindern.

Ihre bezeichnenderweise drückenden Friedensbedingungen hielten die Römer parat. Antiochos sollte auf Kleinasien bis zum Tauros verzichten, seine Flotte und seine Elefanten an die Sieger ausliefern und in zwölf Jahresraten die enorme Kriegsentschädigung von zwölftausend Talenten Silber und fast hundertfünfzigtausend Scheffel Weizen zahlen. Zwölftausend Talente Silber mögen sich im Vergleich zu den Schätzen, die Alexander in Persien vorgefunden hatte, bescheiden ausgenommen haben, aber sie waren immerhin das Vierzigfache dessen, was Philipp hatte zahlen müssen, und das Doppelte der Silbermenge, die Rom (Livius zufolge) aus den spanischen Bergwerken in vier Jahrzehnten (206–168) herauszuholen wußte. Darüber hinaus sollte Antiochos an fünfhundert Talente an Eumenes zahlen. Er durfte im Westen gegen keinen Staat mehr Krieg führen und mußte als Garantie für sein Wohlverhalten Geiseln stellen. Daß Antiochos dies Friedensdiktat von Apameia ohne Widerrede annahm (188), zeugt von der panischen Angst, die Roms Waffen allenthalben verbreiteten. Antiochos hat sich an die einmal akzeptierten Bedingungen ebenso getreulich gehalten wie später sein Nachfolger auf dem Seleukidenthron.

Im Lichte der römischen Deklamationen über die Unantastbarkeit ptolemäischen Besitztums, über die Unverletzlichkeit Europas und die Freiheit der griechischen Städte verdient auch die allgemeine Neuordnung Beachtung, die mit dem Friedensschluß von Apameia einherging. Einige Städte wurden für autonom erklärt und brauchten fortan weder an Rom noch an irgendeinen anderen Oberherrn Tribut zu zahlen. Auf der anderen Seite erhielt Rhodos fast alle Städte Lykiens und Kariens ohne Rücksicht auf deren frühere Bindungen (einige hatten Ptolemaios und einige Philipp gehört); Eumenes bekam alle übrigen seleukidischen Gebiete und Städte einschließlich der Thrakischen Chersones mit Lysimacheia, dessen Besetzung durch Antiochos den ersten Anstoß zum Konflikt gegeben hatte. Selten hatte Rom so deutlich demonstriert, wie hohl und brüchig seine offiziell proklamierten politischen und rechtlichen Grundsätze waren.

Besonders klar trat die Habgier der römischen Befehlshaber zutage. Die abschließenden Feldzüge von 189 – Konsul Marcus Fulvius Nobilior gegen die Aitoler und Konsul Gnaeus Manlius Volso gegen die Galater – waren blutig und endeten damit, daß die beiden Völker in die Knie gezwungen wurden; ihren besonderen Anstrich aber verlieh diesen Expeditionen die Unmenge der erbeuteten oder erpreßten Schätze. Die Stadt Ambrakia mag die erste gewesen sein, die Roms Vorliebe für griechische Kunst planmäßig und systematisch um all ihre Schätze brachte; die letzte war sie bestimmt nicht.

Das römische Makedonien

Der letzte römische Soldat verließ Griechenland um 187 v. Chr. Rechtlich und praktisch waren die Staaten der Halbinsel autonom und frei geworden. Das galt allerdings nicht für die Aitoler, die die Verpflichtung übernommen hatten, die Macht und Souveränität des römischen Volkes zu verteidigen, also auf Verlangen jede Art Hilfe und Unterstützung stellen mußten. Aber für alle Völker der Halbinsel galt vom römischen Standpunkt aus das unverrückbare Gebot, sich an die Bedingungen der vereinbarten Regelung zu halten. Das bezog sich nicht nur auf die Griechen, Makedonen und Illyrer, sondern auch auf die Stämme des Nordens, die Dardaner, die Bastarner, die Thraker, die Kelten. Dem Makedonenkönig Perseus, der 178 die Nachfolge seines Vaters Philipp V. angetreten hatte, warfen die Römer zum Beispiel als Vertragsbruch vor, daß er zur Strafe für einen früheren Angriff einen thrakischen Fürsten namens Abrupolis aus dessen Gebiet vertrieben hatte. Stolz und mißtrauisch, betrachtete der Senat von Rom jede Veränderung der politischen oder wirtschaftlichen Lage im Osten als etwas, was ihn unmittelbar anging.

Veränderungen aber waren unvermeidlich. Niemand wollte Rom herausfordern. Alle fürchteten Rom. Alle hofften jedoch zugleich, ihre Lage im Rahmen der geltenden Verträge verbessern zu können, ohne den Zorn Roms heraufzubeschwören. Alle wollten loyale Bundesgenossen sein, aber niemand konnte genau wissen, was erlaubt und was verboten war. Gesandte kamen und gingen. Oft sandte Rom Kommissionen aus, die Vernehmungen durchzuführen hatten; indes erbrachten auch Vernehmungen nicht immer die richtige Auskunft, und die Angelegenheiten mußten wieder dem Senat vorgelegt werden. Das war eine mühselige und langwierige Prozedur. Seinerseits verstand der Senat die Probleme nicht in ihrer Tragweite und wurde durch die Beredsamkeit der gegeneinander polemisierenden griechischen Oratoren verwirrt; er zog es daher vor, sich auf Einzelpersonen zu verlassen, die – wie Eumenes von Pergamon oder Philipps jüngerer Sohn Demetrios – sein Vertrauen besaßen. Es zeigte sich im übrigen oft genug, daß, wenn der Senat etwas stillschweigend duldete, er damit noch keineswegs seine Zustimmung erteilt hatte. Als Rom 171 den Krieg gegen Perseus beschloß, zählte es die gegen Makedonien erhobenen Beschuldigungen in einem Dokument auf, wovon sich Teile in einer Inschrift in Delphi erhalten haben; darin sind aus einem Zeitraum von fünfzehn Jahren Verstöße Philipps und Perseus' angeführt, die der Senat – sei es aus Bequemlichkeit, sei es aus Arglist – toleriert hatte.

Die Kriegserklärung erschreckte die Griechen um so mehr, als sie sie nicht verstanden. Der Beschluß darüber war wahrscheinlich im Jahr zuvor, als sich Eumenes von Pergamon in Rom aufhielt, gefaßt worden, und das war wohl auch der Grund, weshalb er auf seiner Rückreise nach Pergamon bei einem Bergrutsch in Delphi fast ums Leben gekommen wäre. Der Bergrutsch hätte natürlich auch ein Zufall gewesen sein können. Aber Polybios, der als Apologet Roms schreibt, zweifelt nicht daran, daß es sich um einen von Perseus organisierten Anschlag handelte; das war auch, wie sich aus der Delphi-Abschrift des römischen »Weißbuchs« ergibt, die offizielle römische Version. Indes fühlte sich Polybios – vielleicht in bewußter Nachahmung des Thukydides – verpflichtet, wenigstens zwischen den unmittelbaren Kriegsanlässen und den tieferen Ursachen des Krieges zu unterscheiden, und die tiefere Ursache sah er im stetigen Anwachsen der Macht Makedoniens oder, wie er es ausdrückte, in der wachsenden Entschlossenheit Philipps und später Perseus', Rom anzugreifen.

Eumenes, der als Veranlasser erscheint, konnte in der dynastischen Ehepolitik des jungen makedonischen Königs eine Gefahr sehen: Perseus hatte seine Tochter Prusias II. von Bithynien zur Frau gegeben und selbst Laodike, eine Tochter Seleukos' IV., geheiratet. Da Makedonien und das Seleukidenreich keine Flotte mehr haben durften, war die Braut von der rhodischen Flotte nach Makedonien geleitet worden, woraus man schließen kann, daß auch Rhodos mit Pergamon nicht mehr befreundet war. Makedonien war offensichtlich stärker und in seiner Politik unabhängiger geworden und beschäftigte sich auch wieder mehr mit griechischen Angelegenheiten. Das alles kann die römischen Staatsväter bewogen haben, die Antigonidendynastie zu schwächen oder zu vernichten, obgleich Perseus auch nach der Darstellung Polybios', der den Makedonen bestimmt nicht freundlich gesinnt war, Reibungen mit Rom nach Möglichkeit aus dem Wege ging. Als sich einige kleinere boiotische Gemeinwesen mit der Bitte um Hilfe an ihn wandten, »antwortete er«, sagt Polybios, »daß es ihm angesichts seiner Vertragsbindung mit Rom völlig unmöglich sei, irgend jemandem bewaffnete Hilfe zu leisten, und er gab ihnen allgemein den Rat, sich so gut, wie es ginge, gegen die Thebaner zu verteidigen, aber lieber Ruhe zu halten, als gegen die Römer zu kämpfen«.

Der wirkliche Sachverhalt ist ziemlich eindeutig. Gegen Perseus konnten die Römer nur geringfügige Zwischenfälle und vage Verdachtsmomente vorbringen, aber sie waren zum Krieg schon während der Verhandlungen entschlossen, die dem Schlußultimatum vorausgingen; die Schlußaufrechnung, die im Fetialengesetz vorgesehene *rerum repetitio,* brauchte nur noch klarzustellen, daß der in Aussicht genommene Konflikt ein *bellum iustum* sei und

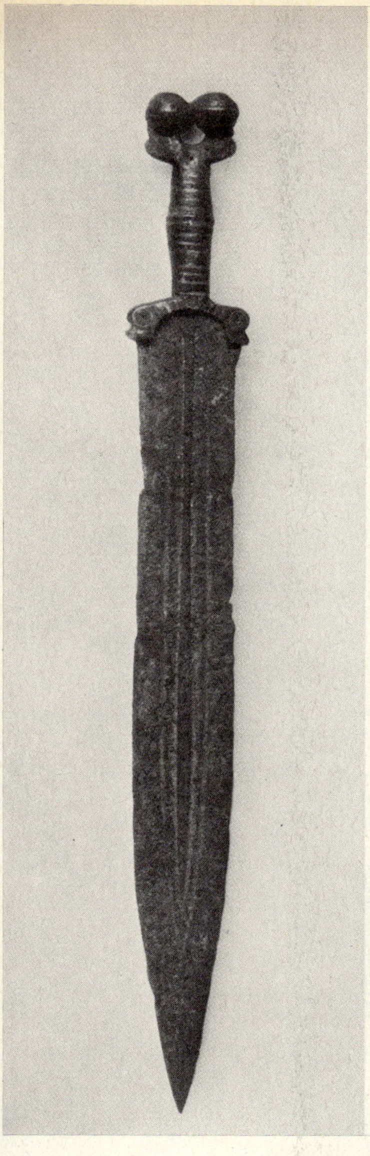

Hispanisches Kurzschwert und Griff der Waffe
Vorbild für den römischen Schwerttyp aus der Zeit der Kämpfe gegen Philipp V. von Makedonien
Fund aus Alt-Kastilien (?), um 400 v. Chr. Madrid, Museo Cerralbo

Die Via Egnatia bei Philippoi in Makedonien

daher die Billigung der Götter finde. Quintus Marcius Philippus, ein häufiger Gast im Hause der Antigoniden, brüstete sich sogar damit, durch inhaltslose Verhandlungen mit Perseus zu einer Zeit, da Rom bereits die Mobilmachung durchführte, sechs Monate Zeit gewonnen zu haben. Sowohl der Verlauf des Krieges als auch die Regelung, die ihm folgte, zeigen, daß die Römer oder wenigstens die römischen Generale in erster Linie an Beute interessiert waren: jedes Jahr zog nur ein Konsul mit einem kleinen Heer nach Griechenland, als habe es die herrschende Aristokratie mit Vorbedacht darauf angelegt, den Krieg möglichst lange dauern zu lassen; in vier Jahren waren vier verschiedene Befehlshaber an der Front.

Perseus führte seinen Krieg sehr umsichtig und hatte manchen kleineren Sieg zu verzeichnen, bat aber durch Emissäre immer wieder um Mitteilung von Friedensbedingungen; die Antwort lautete jedesmal, er habe bedingungslos zu kapitulieren. Im Jahre 169 setzte sich Marcius Philippus mit einem Heer in Südmakedonien fest, und am 22. Juni 168 stieß Perseus voller Verzweiflung in die Legionen des Lucius Aemilius Paullus in der Ebene von Pydna hinein, wobei seine Phalanx in Stücke geschlagen und sein Heer vernichtet wurde. Er mußte damit gerechnet und auch gewußt haben, was ihm bevorstand. Eine Generation früher hatte König Philipp nach der Schlacht von Kynoskephalai noch als Gleichberechtigter Friedensverhandlungen führen dürfen; sein Sohn, der den Krieg nicht gewollt und im Gegenteil sein möglichstes dazu getan hatte, ihn zu vermeiden, wurde als Staatsfeind behandelt. Er machte noch einen halben Fluchtversuch, ergab sich dann aber und wurde nach Italien gebracht, wo Aemilius ihn und seine Söhne im Triumphzug führte. Kurz darauf starb er als Gefangener. Sein Königreich wurde in vier schwache Republiken zerlegt. Makedonien existierte nicht mehr. Die Beute gehörte nur noch Rom und den Römern, die noch nicht einmal ihren treuen pergamenischen Verbündeten einen Anteil einräumten.

Die Friedensregelung war allgemein sehr hart. Nur Athen, das 171 gewaltige Getreidemengen für die Kriegführung hatte liefern müssen, wurde belohnt: es erhielt seine alten Besitzungen, die Inseln Lemnos, Imbros und Skyros, wieder, ebenso auch das Haliartos-Gebiet in Boiotien; die Verwaltung des bis dahin freien Delos wurde Athen unter der Bedingung überlassen, daß es, so heißt es bei Strabo, für Importeure und für religiöse Riten Sorge trage. Diese »Importeure« waren italische Kaufleute. Wenn Polybios einen rhodischen Gesandten vor dem Senat darüber klagen läßt, daß die neu eingeführte Abgabenfreiheit *(atéleia)* in Delos die Erträge des Hafens von Rhodos um sieben Achtel vermindert habe, meint er offenbar, daß der Senat entweder Athen oder Delos daran gehindert habe, die üblichen Hafengebühren zu erheben; Athen spielte also in Delos viel eher die Rolle eines Treuhandverwalters als die eines rechtmäßigen Besitzers.

Mit dem Vorschlag, einen Friedensschluß mit Perseus zu vermitteln, hatte Rhodos 168 den Zorn des Senats auf sich gezogen und wurde bestraft: das ihm 188 gewährte Gebiet in Karien und Lykien wurde ihm wieder abgenommen, und sein Recht, die Seefahrt zu kontrollieren, wesentlich eingeschränkt. Die Folge war eine ungeheure Zunahme der kretischen und kilikischen Seeräuberei, die hauptsächlich die Funktion hatte, die unersättliche Nachfrage reicher Römer und Italer nach griechischen und anderen östlichen Sklaven über den Markt von Delos zu befriedigen. Sklaven waren auch die Hauptbeute, die Aemilius heimbrachte: er hatte zwar neunzig Tonnen Silber und fast eine Tonne Gold (mehr als ein

Sechstel des Edelmetallwerts, zu dessen Zahlung Antiochos sich 188 verpflichtet hatte) aus dem kleinen und armen Makedonien herausgeholt, aber die Überfälle auf neunzig epirotische Städte im Jahre 167 erbrachten hundertfünfzigtausend als Sklaven verwertbare Gefangene, wozu bestimmt auch noch zahlreiche Gefangene kamen, die im Laufe des Krieges an anderen Stellen erbeutet worden waren. Verelendung und Furcht durchzogen ganz Griechenland. Roms Favorit Eumenes war mittlerweile in den Verdacht geraten, mit Perseus verhandelt zu haben, und sein Einfluß ging auf seinen jüngeren Bruder Attalos über. Die pflichteifrigen Achaier wurden romfeindlichen Verhaltens beschuldigt und mußten tausend führende Männer als Geiseln nach Rom schicken; erst 151 durften die wenigen Überlebenden heimkehren. Der Achaiische Bund wurde von einem gewissen Kallikrates geleitet, in dem die Römer ein gefügiges Werkzeug fanden.

Seine Truppen zog Rom wieder zurück. Das ließ Griechenland praktisch schutzlos, denn nicht nur Makedonien, sondern auch Illyrien war in mehrere Republiken zerlegt worden. Polybios nennt die folgenden Jahre eine Zeit des Friedens und Wohlstandes, in mancher Hinsicht nicht ganz zu Unrecht, aber es waren zugleich auch Jahre der Unsicherheit, Unruhe und Zersetzung. Die Armen, die früheren Demokraten, fühlten sich von den Reichen, die Rom begünstigte, unterdrückt und ausgebeutet, was wohl auch zutraf. Grenzstreitigkeiten zwischen Nachbarstaaten hörten nicht auf, und griechische Abgesandte waren ständig nach Rom unterwegs oder warteten in Rom auf einen Empfang beim Senat, während römische Kommissare ebensohäufig Griechenland bereisten. Ein Streit zwischen Athen und seinem Protektorat Oropos wurde durch einen Schiedsspruch, den Sikyon fällte, zuungunsten Athens geschlichtet; dieser ziemlich unbedeutende Anlaß führte dazu, daß Athen 155 seine bedeutendsten Bürger und die Häupter seiner großen Schulen, den Akademiker Karneades, den Peripatetiker Kritolaos und den Stoiker Diogenes, nach Rom entsandte; während der geistige Eindruck, den diese Philosophen machten, teils günstig, teils ungünstig, aber jedenfalls gewichtig war, waren die politischen Ergebnisse der Mission minimal.

Die Griechen konnten ihre Angelegenheiten weder selbst erledigen noch sich darauf verlassen, daß Rom sie erledigen werde. Das hatte Desorientierung und Verwirrung zur Folge, und daraus erwuchsen, ehe sich Rom endlich dazu entschließen konnte, den logischen Schluß aus seiner Politik zu ziehen und Griechenland in eine Provinz unter einem römischen Statthalter zu verwandeln, die letzten beiden Akte eines verzweifelten und hoffnungslosen Existenzkampfes. Zuerst wurde das Banner des Aufstands von einem gewissen Andriskos, der ein Sohn des Perseus zu sein vorgab, in Makedonien entrollt. Er trat für die Sache der Nation und für die Rechte der Armen ein und erweckte große Begeisterung. Da er einige militärische Fähigkeiten hatte, besiegte er eine römische Heeresabteilung, wurde aber 148 von dem Prätor Quintus Caecilius Metellus geschlagen und gefangengenommen. Danach schickten die Römer regelmäßig einen Statthalter ins Land, der sowohl die vier makedonischen Distrikte als auch Illyrien und Epirus zu regieren hatte, und bauten eine Straße, die Via Egnatia, die zur Erleichterung der militärischen und zivilen Kontrolle die beiden Gebiete verbinden sollte.

Im folgenden Jahr führten die Achaier, wenn auch unter ganz anderen Umständen, einen überraschenden Krieg gegen Rom. Diesmal hatte es Rom nicht mit Revolutionären, sondern mit allzu erfolgreichen Konservativen zu tun. Der Achaiische Bund war zu mächtig geworden, auch wenn seine Politik und seine Interessen mit denen Roms weitgehend übereinstimmten; der Senat hatte deshalb Mitglieder des Bundes aufgefordert, aus dem Bund auszuscheiden. Die Achaier nahmen das zum Anlaß, einen Kampf auszufechten, und fanden Widerhall bei einer ähnlichen Bewegung in Boiotien, wo sich Theben gleichfalls darum bemühte, einen zerfallenden Städtebund zusammenzuhalten. In beiden Bezirken wurde in einem raschen Unterdrückungsfeldzug unter Lucius Mummius jeglicher Widerstand gebrochen.

Daß die Römer Theben wegen seiner feindseligen Haltung brandschatzten, war nicht ganz unlogisch; als böses Ärgernis dagegen erschien später sogar weniger feinfühligen Römern die barbarische Behandlung Korinths. Nach der Niederlage der Truppen des Thebanischen Bundes hatte sich Korinth ergeben, wurde aber nichtsdestoweniger gebrandschatzt und zerstört; ein Exempel, so hieß es, sollte statuiert werden; in Wirklichkeit ging es nur um die Befriedigung römischer Habgier. Von diesem Zeitpunkt an war kein Staat in Griechenland mehr frei – außer vielleicht in dem besonderen Sinne, in dem Rom von Freiheit sprach, wenn es seine abhängigen Schutzgebiete meinte.

Antiochos IV., der Erscheinende Gott

Nach dem Frieden von Apameia hatte Antiochos III. den Status eines »Freundes des römischen Volkes«. Das hieß: er mußte sich im allgemeinen Rom gegenüber freundlich verhalten und im besonderen die Klauseln des Friedensvertrages erfüllen. Das weitete die Einflußsphäre Roms bis zu den abgelegensten Besitzungen der Seleukiden aus, gab aber theoretisch Antiochos das Recht, Rom um Beistand gegen seine parthischen und baktrischen Vasallen anzurufen. Die Römer beschränkten sich auf das, was ihnen praktisch zweckmäßig erschien, und befaßten sich mit den Angelegenheiten des Königs nur wenig, solange er jenseits des Tauros blieb, seine Flotte nicht wieder aufbaute und jährlich seine tausend Talente Reparationszahlungen entrichtete.

Antiochos' Reich war immer noch sehr groß. Trotz aller Besorgnis um ihren Freund Ptolemaios hatten die Römer die Herausgabe Palästinas und Südsyriens von Antiochos nicht verlangt, und Babylonien blieb seine reichste Domäne. Armenien war unabhängig geworden; es hatte aber auch vorher den Seleukiden keinen großen Nutzen eingetragen. Medien, die Susiane und die Persis, die wichtigsten iranischen Ländereien, waren nach wie vor in Antiochos' Hand, auch wenn die Persis nicht ganz verläßlich war. Sie war im 3. Jahrhundert unter einer einheimischen Dynastie unabhängig geworden und sollte im 2. Jahrhundert vor dem Beginn der Partherexpansion wieder unabhängig werden, aber zwischendurch hatte Antiochos sie bei seinem Ostfeldzug (212–205) in eine Satrapie verwandelt. Weiter östlich unterstand kein Gebiet nördlich des Elburs und des Hindukush der direkten Seleukidenverwaltung; immerhin hatte Antiochos in der Schlacht von Magnesia turkestanische Panzerreiter bei sich, woraus sich schließen läßt, daß ihm Euthydemos von Baktrien wenigstens militärische Hilfe stellte; die südlichen Distrikte Karmanien, Drangiane, Gedrosien und Arachosien waren vermutlich reine Satrapien (darüber liegen nur spärliche Nachrichten vor).

Obgleich Kleinasien verlorengegangen war, dienten die vielen griechischen oder hellenistischen Städte, die Antiochos I., Antiochos II. und Antiochos III. in diesem riesigen Bereich gegründet hatten, dem Seleukidenreich als Rekrutierungszentren, in denen Soldaten und Beamte aus dem griechisch-makedonischen Kulturkreis angeworben werden konnten; so konnte Antiochos IV. bei seinem Triumph in Daphne zwanzig Jahre später ein griechisch-makedonisches Heer von fünfundzwanzigtausend Mann, mehr als irgendeiner seiner Vorgänger, aufmarschieren lassen, auch wenn zweifellos viele dieser Soldaten gemischter Abstammung waren. Das Seleukidenreich war immer noch mächtig, obschon die großen Entfernungen, die Gebirge und Wüsten und eine heterogene und zum Teil fanatisch unabhängige Bevölkerung eine zentralisierte Herrschaftsausübung erschwerten. Auch fehlte es dem Reich an Metallen, vor allem an Silber und Eisen. Karmanien gewann zwar Silber und Kupfer, ja sogar Gold, und einiges davon mag in die Tempel Südirans gelangt sein, aber zum größten Teil wurde die Seleukidenwährung in Kleinasien geprägt und von dort ausgeführt. Aus der Metallknappheit erklärt sich teilweise die Freundschaft zwischen den Seleukiden und den Attaliden nach 188, nachdem also die Römer die Grenze zwischen ihnen gezogen und garantiert hatten; anderseits erschwerte die Metallknappheit die Entrichtung der Reparationszahlungen an die Römer. Antiochos III. wurde im Juli 187, als er in einem Tempel in der Susiane Abgaben einzutreiben suchte, ermordet.

In den nächsten siebenunddreißig Jahren hatte die Dynastie insofern Glück, als tüchtige und solide Könige einander folgten, die allerdings alle einen frühzeitigen Tod erlitten. Nach Antiochos III. regierte (187–175) sein Sohn Seleukos IV., über den wenig bekannt ist, außer daß er das Reich zusammenhielt und die Entschädigungen an die Römer abzahlte. Sein Schwager Ptolemaios V. war schon 180 gestorben, aber bis 176 amtierte seine Witwe Kleopatra, Seleukos' Schwester, als Regentin für ihre Kinder; so entstanden keine außenpolitischen Komplikationen. In einer Inschrift wird gezeigt, wie sich Seleukos um die Pensionierung eines der Veteranen seines Vaters als Bürger von Seleukeia in Pieria persönlich kümmert; der Mann mochte ein Makedone gewesen sein, dem sein Bürgerrecht einen sicheren und angenehmen Wohnort für den Lebensabend garantierte: auch in dieser Beziehung waren die neuen Städte für die Könige von erheblichem Wert. Als Seleukos starb, trat an seine Stelle sein minderjähriger Sohn Antiochos; aber Seleukos' Bruder, der zehn Jahre als Geisel in Rom verbracht hatte und um diese Zeit in Athen lebte, kehrte mit Genehmigung Roms und mit Unterstützung Attalos' II. zurück und übernahm die Regentschaft für den Neffen. Aus unbekannten Gründen wurde der Thronfolger im Sommer 170, als die Gefahr eines Krieges mit Ägypten drohte, ermordet; vielleicht war er in eine Verschwörung gegen den Onkel verwickelt. Der Onkel und Regent wurde nun König als Antiochos IV.

Die Aktion gegen Ägypten hatte ihre Gründe. Nach dem Tode Kleopatras war der junge König Ptolemaios VI. Philometor unter seleukidenfeindlichen Einfluß geraten. Die beiden Regenten Eulaios und Lenaios, die wie fast alle Ptolemäerminister von den Historikern schlechtgemacht worden sind, waren bezeichnenderweise orientalischer Abstammung, wenigstens Lenaios war Syrer. Die Ptolemäerverwaltung hatte sich in der Levante ziemlicher Popularität erfreut, während die Seleukidenherrschaft noch verhältnismäßig neu war. Wahrscheinlich waren die beiden Regenten Flüchtlinge aus dem Seleukidenbereich, und vielleicht haben sie Pläne geschmiedet, um den Sturz der Seleukiden als Schirmherren Ägyptens herbeizuführen. In Ägyptens wesentlich geschwächter Lage reichten für eine solche Erhebung weder die Mittel noch die Qualität der Führung, obgleich der letzte innerägyptische Aufstand, von dem wir Kunde haben, schon 184/183 niedergeschlagen und die Einheit des Landes danach zementiert worden war. Der Verlust der kleinasiatischen Städte hatte Ägypten von seinen Rekrutierungsquellen abgeschnitten, und die Anwerbung von Söldnern in anderen Regionen – etwa in Aitolien – muß durch die ägyptische Silberknappheit und den allmählichen Aufstieg einheimischer Elemente zu Macht und Einfluß behindert gewesen sein.

Wenige Monate nach Kleopatras Tod vollzogen die Regenten die feierliche Vermählung Ptolemaios' VI. mit seiner Schwester Kleopatra, obgleich beide noch fast Kinder waren, und fünf Jahre später erklärten sie den König für volljährig und erhoben ihn mit seiner Gemahlin-Schwester und einem jüngeren Bruder auf den Thron; sodann setzten sie eine militärische Expedition nach Palästina in Bewegung. Sowohl sie als auch Antiochos entsandten Botschafter nach Rom, um die beiderseitigen Ansprüche anzumelden, aber Rom hatte für sie keine Zeit, weil es mit Perseus beschäftigt war. Antiochos schlug die ägyptische Armee und verfolgte sie bis nach Pelusion und sogar bis nach Memphis. Seit dem Einfall Dareios' III. vor hundertdreiundsiebzig Jahren war das die erste Invasion in Ägypten, die Erfolg hatte; Alexander war in Ägypten nicht eingefallen, sondern hatte es einfach besetzt.

Daß Antiochos etwas anderes wollte als Eroberung, kann man schwerlich annehmen. Um diese Zeit oder vielleicht etwas später entsandte er eine Expedition nach Kypros, die das ptolemäische Auslandsheer besiegte und die befestigten Städte systematisch abzutragen begann. Wäre Rom endlos in Griechenland gebunden geblieben oder hätte es jegliches Interesse am Orient verloren, so hätte Antiochos eine Chance gehabt, das Königreich seiner Geschwisterkinder zu annektieren oder wenigstens unter seine feste Kontrolle zu bringen. Er hatte sich nicht als Pharao krönen lassen; ja, als griechische Gesandtschaften zur Feier der Volljährigkeit *(anakleteria)* des Ptolemaios nach Alexandreia kamen und ihre Vermittlung anboten, erklärte er recht eindeutig, daß er sich nur für die Levante interessiere. Das hinderte ihn nicht, in seinem eigenen Namen Verfügungen zu erlassen, die sich mit der ägyptischen Lokalverwaltung befaßten; und seine Soldaten hielten das Land besetzt und stifteten einigen Schaden. Auf irgendeine Weise hatte er sich des jungen Ptolemaios VI. bemächtigt, den er bei sich behielt; aber bei einsetzendem Hochwasser kehrte er 169 nach Syrien zurück und ließ den Neffen unter Bewachung in Memphis.

Der junge König entkam und schloß sich wieder Bruder und Schwester an. Antiochos sah sich veranlaßt, von neuem mit dem Heer in Ägypten zu erscheinen. Zu Beginn des Sommers 168 hatte er sein Lager vor Alexandreia aufgeschlagen; nun entsandte der Senat Gaius Popillius Laenas als Sonderbotschafter nach Ägypten, und sobald die Nachricht von der Schlacht von Pydna eingetroffen war, eilte Laenas zu Antiochos, zog um ihn dramatisch einen Kreis im Sande und verlangte eine sofortige Antwort: Unterwerfung oder Krieg. Antiochos wußte genau, daß die Römer keinen Spaß vertrugen, und zog seine Kräfte prompt sowohl aus Ägypten wie aus Kypros zurück. Er behielt aber Syrien und Palästina, und es sieht nicht so aus, als habe er durch diesen Zwischenfall viel verloren. Als er kurz darauf nach römischer Art einen Triumph in Daphne bei Antiocheia feierte, können unter der vorgeführten Beute sehr wohl auch Schätze aus Ägypten gewesen sein.

Antiochos' Charakterbild war im Altertum ein Rätsel und bleibt es auch in der Neuzeit. Unverkennbar war er durch seinen langen Aufenthalt in Rom gezeichnet, es wird berichtet, er habe in Antiocheia und auch andernorts versucht, römische Verfassungseinrichtungen einzuführen. Bald benahm er sich wie ein römischer Adliger, bald wie ein athenischer Demokrat; nicht wenige Geschichten wurden über seine Streiche und Eskapaden erzählt. Man meinte, er sei nicht, wie sein offizieller Beiname lautete, *Epiphánes*, »der Erscheinende Gott«, sondern *Epimánes*, »der Wahnsinnige«. Was von alledem stimmt, ist kaum festzustellen.

Um Ägypten erobern zu können, muß Antiochos IV. ein tüchtiger Feldherr gewesen sein, und wahrscheinlich hatte er einiges Genialische an sich, was seinen Zeitgenossen nicht immer verständlich oder sympathisch war. Jedenfalls geriet er jetzt in Schwierigkeiten, auf denen sein eigentlicher historischer Ruhm beruht. Ohne es im geringsten zu beabsichtigen oder sich dessen auch nur bewußt zu sein, wurde er zum Urheber des ersten unabhängigen jüdischen Staates in mehr als vierhundert Jahren, und zweifellos war die Schaffung dieses Staates ein für die Weltgeschichte folgenreiches Ereignis. Das einzigartige geistige Klima, das in Juda nach der Staatsgründung entstand, wurde zum Nährboden des christlichen Glaubens; anderseits hat die Inspiration, von der damals die Makkabäer lebten, dem modernen Zionismus und der Neugründung des Staates Israel im 20. Jahrhundert entscheidende Impulse gegeben.

Die Juden hatten unter dem Perserreich und dann auch noch im 3. Jahrhundert unter der Ptolemäerherrschaft prosperiert. Sie bildeten einen friedlichen Tempelstaat, der unter der Hohenpriesterfamilie der Oniaden eine autonome Verwaltung, aber kein geschichtliches Dasein hatte: nichts Bewegendes, nichts Ereignisreiches geschah in Juda. Anderswo jedoch, vor allem in Ägypten, gewannen die Juden zunehmend an Bedeutung. Im Dienste der Könige, in der Hauptsache im Söldnerdienst, wanderte ihre anschwellende Bevölkerung aus Palästina aus. Die in der Diaspora lebenden Juden waren in enger Berührung mit fremden Einflüssen, blieben aber auch in Verbindung mit dem Gemeinwesen, das sich um den Tempel von Jerusalem scharte. Angehörige des Geschlechts der Tobiaden, das im Ammoniterland beheimatet war, stiegen zu hohem Rang im Dienste der Ptolemäer auf und bildeten den Kern einer reichen hellenisierten Gruppe in der Heimat; wie die Auswanderer, hatte sich auch diese Gruppe den konservativen einheimischen Bauern und Handwerkern entfremdet, deren tägliches Dasein den Weisungen der Thora und der mündlichen Auslegung der Schriftgelehrten (Chassidim, später als Pharisäer bekannt) folgte.

Zu dieser wachsenden Spannung gesellten sich die Konflikte aus Bindungen an verschiedene fremde Mächte. Wahrscheinlich war Jerusalem von Antiochos III. besetzt und von Ptolemaios IV. zurückerobert worden, ehe die Schlacht von Paneion Juda endgültig unter die Herrschaft der Seleukiden brachte, und es gab einander befehdende Gruppen von Anhängern der Seleukiden und der Ptolemäer. Danach genossen die Juden unter den Hohenpriestern Simon dem Gerechten und Onias III. eine Autonomie, die ihnen erlaubte, nach ihren eigenen Gesetzen zu leben. Aber die inneren Kämpfe gingen weiter; zunächst handelte es sich dabei im wesentlichen nur um die Verwendung der erheblichen Mittel, die sich im Tempel ansammelten. Seleukos IV. war in bitterer Geldnot, da er die Reparationszahlungen an Rom aufbringen mußte, und es war leicht, seine Gunst durch Geldgaben zu gewinnen; nach seinem Tode wurde Antiochos IV. im Jahre 175 überredet, Onias durch dessen Bruder Iason zu ersetzen und die Verwandlung Jerusalems in ein neues Antiocheia zu genehmigen; auf die alte Religion sollten die Institutionen einer hellenistischen Stadt mit Stadtrat und städtischen Vollzugsbeamten, mit Gymnasium und Ephebenbildung und beschränktem Bürgerrecht für die Wohlhabenden aufgepfropft werden. Ungestört blieb Iason im Amt des Hohenpriesters nur bis 172; dann gab es schwere Parteienkämpfe, und er wurde durch einen gewissen Menelaos ersetzt, der keiner Priesterfamilie entstammte.

Das war die Lage zu Beginn des Ägypten-Feldzugs des Antiochos Epiphanes. Als Antiochos im Sommer oder Herbst 169 zurückkehrte, besuchte er Jerusalem und kassierte Steuern ein. Kaum hatte er aber die Stadt verlassen, als auch schon wieder heftige Kämpfe ausbrachen; diesmal gingen sie von einer orthodoxen religiösen Gruppe aus. Bei seiner endgültigen Wiederkehr aus Ägypten im Jahre 168 sah sich Antiochos genötigt, Jerusalem im Sturmangriff zu nehmen; der Stadt widerfuhren manche Grausamkeiten, viele ihrer Einwohner wurden gefangengenommen und in die Sklaverei verkauft. Die Partei der Aktivisten entfloh in die Berge. In Jerusalem wurde eine Militärsiedlung der Syrer errichtet, die im Tempel den Kult ihres Baal Shamin (»Greuel der Verwüstung«) einführten. Zum erstenmal nahm der Kampf den religiösen Charakter an, der ihn in der geschichtlichen Überlieferung kennzeichnet. Antiochos, der die ganze Angelegenheit zweifellos als zweitrangig ansah und um viel wichtigerer Dinge willen mit seinem Heer entweder schon nach dem Osten abgezogen war oder abzuziehen sich anschickte, hinterließ den Befehl, die Rebellen in ihren Verstecken aufzustöbern und die Ausübung ihrer Religion zu verbieten; in ihrem religiösen Fanatismus sah er die eigentliche Antriebskraft ihres Widerstandes.

Als sich die Dinge auf diese Weise zuzuspitzen begannen, fanden die Chassidim einen tüchtigen Vorkämpfer in einem Mann namens Judas aus dem Geschlecht der Hasmonäer, der ein eigenes Heer aufstellte und sogar so weit ging, seine Anhänger von der Befolgung religiöser Vorschriften – zum Beispiel der Heiligung des Sabbats – zu entbinden, sofern sie mit militärischen Notwendigkeiten kollidierte. Er erfocht einige Siege über die Seleukidengenerale und ließ sich von weiterem Kampf auch durch eine im Frühjahr 164 erlassene Teilamnestie nicht abbringen, die von einer römischen Abordnung bekräftigt worden sein soll. Bis zum Dezember 164 – etwa um diese Zeit starb Antiochos – hatte er sich Jerusalems bemächtigt und den Tempel von allen Greueln der Entweihung gereinigt; zur Erinnerung an dies Ereignis wird auch heute noch das Chanukka-Fest gefeiert. Zwei Jahre später kam es zu einem Friedensschluß zwischen Judas und Antiochos V., und von diesem Zeitpunkt an spielten die Hasmonäer Judas Makkabaeus (»Mann des Hammers«) und seine Brüder, erst Jonathan, dann Simon, später Makkabäer genannt, eine aktive Rolle in der Politik des Seleukidenstaates. Im Jahre 142 zog der Bezirkskommandeur Tryphon seine Garnison aus der Jerusalemer Burg zurück: die Makkabäer waren auf ihrem Gebiet unumstrittene Herrscher.

Zerbröckelnde Dynastien

Welche Krise Antiochos Epiphanes nach dem Osten getrieben hatte, ist nicht ganz klar. Unsere Quellen sprechen nur von Kampfhandlungen in Armenien, Babylonien und der Susiane, die nicht mehr als eine Kampfsaison beansprucht zu haben brauchen. Nach einer babylonischen Königsliste muß Antiochos im November oder Dezember 164 gestorben sein. Offenbar starb er an einer Krankheit; Fromme sahen allerdings in seinem Tod die Strafe dafür, daß er ein Heiligtum der Nanaia erfolglos auszuplündern oder zu besteuern gesucht hatte. Konkrete Hinweise darauf, daß ihn Entwicklungen jenseits des Zagrosgebirges beschäftigt oder angezogen hätten, gibt es nicht. Gerade dort spielten sich Ereignisse von großer Tragweite ab, von denen wir noch immer nicht genug wissen und die wir nicht mit Jahreszahlen versehen können.

In Mittelasien drängten die großen Stammeshorden der Hunnen und der Tocharer (Yüe-chih) nach dem Westen. Im iranischen Nordwesten hatte das Partherreich an Kraft gewonnen; unter König Mithridates I. (171–137) begann seine Expansion nach dem Osten und nach dem Süden, die bis ins Innere Areias und Mediens führte. Um dieselbe Zeit überschritten die Baktrer unter Euthydemos' Nachfolger Demetrios den Hindukush und brachen, von dem Erlöschen der großen Maurya-Dynastie profitierend, in Indien ein. Demetrios fiel bald im Kampf gegen einen Rivalen namens Eukratides, in dem man einen Schützling oder Verwandten der Seleukidendynastie vermuten könnte und der Baktrien in Demetrios' Abwesenheit in seinen Besitz gebracht hatte. Das alles ist allerdings mehr oder weniger hypothetisch. Sicher ist nur, daß ein Nachfolger des Demetrios, der Menander oder Milinda hieß, seinen Herrschaftsbereich bis ins Tal des mittleren Ganges ausgedehnt und sich zum Buddhismus bekehrt hatte (weswegen es im indischen *Milindapañha* einen Bericht über sein wirkliches oder legendäres Leben gibt) und daß in der Folgezeit zahlreiche Könige und Fürsten mit griechischen Namen in Indien florierten und viele Münzen prägen ließen, die sich oft durch bemerkenswerte Porträts auszeichnen. Mit den Ereignissen im Westen lassen sich all diese Vorgänge, da es eine zuverlässige Chronologie nicht gibt, schwerlich in Verbindung bringen.

In die zwei Jahrzehnte, die auf den Tod Antiochos' IV. folgten, fiel eine wesentliche Schwächung des Seleukidenreiches: ohne einen starken und überlegenen König konnte sich die hellenistische Monarchie mit ihrem zentralisierten Aufbau schlecht behaupten. Antiochos IV. starb etwa fünfundvierzigjährig. Er hinterließ einen Sohn, der als König Antiochos V. Eupator hieß. Da Eupator noch sehr jung war, ist anzunehmen, daß er der nach 175 geschlossenen Ehe des Antiochos Epiphanes mit seiner Schwester Laodike entstammte; er war der erste Seleukidenkönig aus einer Geschwisterehe. Zwei Jahre lang lag die Staatsgewalt in den Händen des Hauptministers Lysias und des Statthalters der Oberen Satrapien, Timarchos aus Milet. Aber im Jahre 163 entkam Demetrios, bis dahin Geisel in Rom, nach Syrien; er war ein Sohn der Laodike aus ihrer vorherigen Ehe mit dem älteren Bruder Seleukos IV. Dieser Halbbruder des bereits als König eingesetzten Thronerben fand genug Anhang und zögerte nicht, den Hauptminister Lysias und auch Antiochos Eupator selbst umbringen zu lassen, und machte sich selbst zum König. Als Timarchos, um Eupator unter seinen Schutz zu stellen, aus den Oberen Satrapien nach dem Westen marschierte, lief sein Heer zu Demetrios über. Das einzige Resultat dieses mißglückten Unternehmens war, daß Iran, von Truppen entblößt, die Parther geradezu zum Einfall einlud.

Demetrios I. blieb auf dem Thron bis zum Jahr 150. Seine Außenpolitik führte aber zu ernsten Konflikten mit seinen Nachbarn, den Königen von Pergamon, Kappadokien und Ägypten. Sie taten sich zusammen, um einem anderen Thronanwärter, einem gewissen Alexander, den Weg zu ebnen. Dieser Alexander galt als jüngerer Sohn Antiochos' IV., trug aber auch den syrischen Namen *Balas*, »Von Baal Begünstigter«. Zunächst setzte er sich in Ptolemais an der Küste Palästinas fest; es folgte ein etwas irrlichternder Bürgerkrieg, in dessen Verlauf beide Parteien ihre Schwäche offenbarten, indem sie an die Hilfe des Makkabäers Jonathan appellierten. Schließlich fiel Demetrios auf dem Schlachtfeld, und Alexander wurde zum unumstrittenen König; zur Sicherheit heiratete er eine Tochter Ptolemaios' VI., Kleopatra mit dem Beinamen *Thea*, »Göttin«, die später unseren Quellen zufolge eine sensationelle und nicht ausgesprochen positive Rolle in der dynastischen Politik spielen sollte.

Gegen Alexander Balas erhob sich jedoch bald der ältere Sohn des Demetrios. Er fiel vom Norden her mit kretischen Söldnern in Syrien ein und setzte sich als Demetrios II. das Königsdiadem aufs Haupt. Diesmal intervenierte mit starker Truppenmacht Ptolemaios: mit seiner Armee marschierte er die Küste entlang nach Norden und hinterließ Besatzungstruppen in allen Städten, die er passierte. Er vermied es geflissentlich, sich auf einen Kampf mit dem Makkabäerfürsten Jonathan einzulassen, der gegen dieselben Städte – offiziell im Namen Alexanders, in Wirklichkeit im eigenen Interesse – mit Gewalt und Blutvergießen operiert hatte. Im Laufe des Feldzugs warf Ptolemaios plötzlich das Steuer herum: er brach mit Alexander und schlug sich auf Demetrios' Seite, dem er auch kurzerhand dieselbe Kleopatra Thea als Unterpfand des Bündnisses übereignete, die eben erst die Frau Alexander Balas' gewesen. Ptolemaios hatte die besten Aussichten, Syrien zu beherrschen, wenn nicht gar selbst König von Syrien zu werden, aber er wurde in einer der Schlachten tödlich verwundet, und kurz danach starb auch Alexander Balas. Die wirkliche Macht war auf die kretischen Söldnerführer übergegangen, die das junge Königspaar, Demetrios II. und Kleopatra Thea, faktisch in der Hand hatten. Gerade in dem Augenblick, da die Ereignisse im Osten eine starke Hand auf dem Seleukidenthron unerläßlich machten, hatte die Dynastie einen schweren Schlag erlitten. Nicht anders erging es dem ägyptischen Königshaus: im Alter von kaum mehr als fünfundvierzig Jahren starb Ptolemaios VI. Philometor, ein tüchtiger und großzügiger, wenn auch nicht immer sehr populärer König.

Die Regierungszeit des Philometor (170–145) hatten fast ständige Konflikte mit seinem jüngeren Bruder Ptolemaios VIII. getrübt und problemreich gemacht. (Ptolemaios VII. war ein Sohn Philometors und seiner Schwester Kleopatra und kam 145 nur für ganz kurze Zeit auf den Thron.) Der Disput mit Ptolemaios VIII., offiziell als Euergetes II. und weniger offiziell und weniger schmeichelhaft als *Phýskon*, »Schmerbauch«, bekannt, hatte die Dynastie nur deswegen nicht schwer erschüttert, weil sie sich des Schutzes der Römer erfreute und vielleicht auch weil Philometor geschickt und taktvoll war. Die beiden Brüder waren mit ihrer Schwester Kleopatra zum ägyptischen Neujahrsfest im Herbst 170 auf den Thron gekommen, gerade als die Regenten den Krieg gegen Antiochos IV. planten, und dies Arrangement, das auch in der Zeit galt, da Philometor der Gefangene Antiochos' IV. war, hielt bis zum Herbst 164 vor. Um diese Zeit gab es eine Verschwörung in Alexandreia, die Philometor zur Flucht zwang. Er entkam nach Italien, wanderte in Begleitung von nur vier Höflingen zu Fuß nach Rom und appellierte demütigst an den Senat. Da er aber schon im Frühjahr 163 wieder in Alexandreia war, kann der Zwischenfall nicht so lange gedauert haben, wie die Geschichtenerzähler am Hofe uns haben glauben machen.

Gerade Polybios, der für die wichtigsten Vorkommnisse aus der Geschichte dieser Zeit unsere Hauptquelle ist, zeichnete sich durch besondere Vorliebe für dramatische oder romantische Geschichtchen mit moralischem Beigeschmack aus und ist nicht immer wörtlich zu nehmen. Wie dem auch sei: Philometor kam mit einer Lösung des Problems nach Hause, die den Römern ausgezeichnet gefallen haben muß. Das Königreich wurde geteilt, und Euergetes verlegte seinen Sitz nach der Kyrenaika, wo er bis zum Tode des älteren Bruders im Jahre 145 regieren sollte. Die Konflikte zwischen den Brüdern hatten mit seinem Abzug nicht aufgehört. Euergetes hatte sich Kypros aneignen wollen und mit seinen Truppen eine Invasion auf der Insel versucht und war dabei von seinem Bruder gefangengenommen worden. Er wurde jedoch freigelassen. Das mag zu der Zeit gewesen sein, als Demetrios von Syrien seinerseits Komplotte auf Kypros schmiedete; er mag mit Euergetes gegen Philometor zusammengearbeitet haben.

Im folgenden Jahr (154) begab sich Euergetes nach Rom, um gegen den Bruder Beschwerde zu führen. Vor seiner Abreise gab er ein Testament bekannt, das sich in einer in Kyrene gefundenen Inschrift erhalten hat. Das Dokument wurde mit dem Ersuchen an die Götter eingeleitet, sie möchten den Schreiber länger leben lassen, damit er seine Feinde bezwinge. Für den Fall, daß er kinderlos sterben sollte, setzte Euergetes die Römer als Erben des Königreichs ein und sprach zugleich den Wunsch aus, sie möchten ihm inzwischen, falls er angegriffen werden sollte, militärisch beistehen. Eine Abschrift des Testaments wurde nach Rom mitgenommen, gleichzeitig wurde Philometor mit dem Kommentar benachrichtigt, daß es ihm nichts nutzen werde, den Bruder umbringen zu lassen. Das Testament ist zwar, da Euergetes danach noch Kinder in die Welt setzte, nie in Kraft getreten, aber es hat späteren Vermächtnissen östlicher Herrscher, die ihre Habe Rom hinterließen, als Modell gedient. Es illustriert die von Kränkungen, Neid, Verärgerung und Haß erfüllte Atmosphäre, in der solche Ideen entstanden.

Nachrichten über die innere Entwicklung Ägyptens in dieser Zeit liegen nur unvollständig und in ungleicher Dosierung vor. Wir erfahren von einer Revolte der Einheimischen unter der Führung eines hellenisierten Ägypters namens Dionysios-Petosiris, der wohl ein verärgerter General und Höfling gewesen ist, und von Zeit zu Zeit enthalten die Papyri Berichte über Unruhen und Kämpfe zwischen den einzelnen nationalen Gruppen. In einem solchen Zusammenhang war Philometor im Sommer 163 gezwungen, die erste überhaupt bekannte allgemeine Amnestie zu erlassen, ein Gesetzesdokument *(philanthrópa)*, das in der späteren ptolemäischen Geschichte mehr oder minder regelmäßig wiederkehrt: entweder nach dem Regierungsantritt eines neuen Königs oder als Zeichen besserer Zeiten nach einer Periode von Nöten und Schwierigkeiten. Auf der anderen Seite wurde die Politik der Verschmelzung der Nationalitäten, die ein stärkeres und einheitlicheres Ägypten hervorbringen sollte, konsequent fortgeführt.

In dieser Zeit trugen das Aufhören der Einwanderung und die Vermehrung der Zahl gemischtnationaler Familien zur Vereinfachung und Standardisierung der Bezeichnungen nationaler Zugehörigkeit bei. Für beide Sprachgruppen wurde ein einheitliches Gerichts- und Archivsystem geschaffen. Viele traditionelle Scheidewände zwischen den einzelnen Bevölkerungsgruppen zerbröckelten, wenn auch die Schranken zwischen der Landbevölkerung und den Bürgern von Ptolemais und Alexandreia nicht minder starr aufgerichtet blieben als zuvor. Man kann sich fragen, ob diese Entwicklungen auf die Schwäche der Königsgewalt oder umgekehrt auf ihre Stärke und ihr weises Verhalten zurückgingen. Im großen und ganzen war das Resultat gut; es erbrachte beachtliche Neuerungen – wie den Einsatz der ägyptischen Phalanx bei Raphia oder die »Ägyptisierung« Ptolemaios' V. durch einen Erlaß der Priestersynode (196), der sich auf dem Rosetta-Stein erhalten hat. Dieser Prozeß der nationalen Verschmelzung, der gleichzeitigen Hellenisierung und Ägyptisierung gab die Basis dafür ab, daß sich das Ptolemäerkönigreich in Ägypten länger halten konnte als alle hellenistischen Staatsgebilde in anderen Ländern.

Abschied der Attaliden

Bezeichnenderweise war der Attalidenstaat Pergamon der erste asiatische Staat, der seine selbständige Existenz aufgab. Beim Tode Attalos' III. im Jahre 133 ging er durch testamentarische Verfügung auf Rom über. Dabei hatte gerade Pergamon fünfundfünfzig Jahre früher, zur Zeit des Friedens von Apameia, den Eindruck kraftvoller Stärke erweckt, und es war auch später den landläufigen Gefahren der dynastischen Konflikte und der Regentschaften für unmündige Kinder entgangen. Attalos II. war 159 im Alter von einundsechzig Jahren König geworden und hatte schon vorher mit seinem Vorgänger und Bruder Eumenes II. auf allen Gebieten des staatlichen Lebens viele Jahre eng zusammengearbeitet. Was das Ende der Dynastie heraufbeschworen hatte, war also weder Mangel an Erfahrung noch Mangel an Umsicht. In einem Brief über geplante militärische Unternehmungen, der sich in einer Inschrift in Pessinos erhalten hat, schrieb Attalos II. zu Beginn seiner Regierungszeit an den Priester Attis, ohne Zustimmung Roms könne und dürfe er nichts unternehmen, denn hätte er Erfolg, so würde er nur auf Neid und Eifersucht stoßen, und wenn er scheiterte, würde ihm nicht nur keiner helfen, sondern es würde allenthalben ob seines Ungemachs Freude herrschen.

In einer solchen Atmosphäre erzogen, konnte der junge Attalos III. keinen Zweifel über die Mittel haben, mit denen der Bestand des Staates zu behaupten sei. Unangefochten blieb er denn auch bis zu seinem Tod auf dem Thron; allerdings starb er schon nach fünfjähriger Regierungszeit. Er war als Vierundzwanzigjähriger König geworden, aber weithin bekannt war er schon vorher als Gelehrter, als Kenner der Gifte und des Kräuteranbaus, als Experimentator auf physiologisch-pharmakologischem Gebiet und als Autor einer Abhandlung über die Landwirtschaft; daneben hatte er sich intensiv für Bildhauerei und Bronzeguß interessiert. Man kann sich kaum vorstellen, daß er nicht älter an Jahren war, als in der Überlieferung berichtet wird. Er starb nach einer kurzen Krankheit, und er hatte keinen Sohn. Vielleicht hatte ihn gerade das – als unmittelbarer Anlaß – dazu bewogen, die Römer als Erben einzusetzen. Zweifellos gab es aber noch ganz andere Umstände, die die Fortführung der Dynastie unmöglich machten, auch wenn Attalos auf Nebenzweige des königlichen Hauses zurückgegriffen hätte, um einen Thronerben zu finden.

Die Dynastie hatte bei den Griechen – ob in Griechenland oder in Kleinasien – selten Sympathien oder Zuneigung gefunden. Die iranischen Staaten Bithynien, Pontos und Kappadokien ebenso wie das Seleukidenreich ermöglichten die gleichen nutzbringenden Kontakte mit dem Innern Asiens, die schon die Perser vermittelt hatten, und die Beherrschung der Küste durch die Ptolemäer wurde viel häufiger als wohltätig denn als bedrückend empfunden. Nur der Attalidenstaat schien – vom griechischen Standpunkt aus – keinem nützlichen Zweck zu dienen. Er garantierte einen gewissen Schutz gegen die Galater, und dies Verdienst, das Attalos I. um 230 den Königstitel eingetragen hatte, konnten auch Eumenes und der spätere König Attalos II. um 168 bis 166 für sich in Anspruch nehmen. Die Attaliden waren großzügig, ihre Hauptstadt war reich und prachtvoll, und sie wurden nicht müde, ihre philhellenische Sendung zu betonen. Die Einführung der nationalen Festspiele zu Ehren der Athena *Niképhoros*, der Siegesbringerin, und die Erbauung des großen Zeus-Altars, der als eins der Weltwunder galt, waren der Ausklang der siegreichen Kriege gegen Prusias I. von Bithynien (186–184), in dessen Diensten Hannibal starb, und Pharnakes von

---

Beutestücke aus den Kämpfen der Attaliden gegen galatische, persische, griechische und makedonische Streitkräfte
Reliefs vom Nordflügel des Athene-Heiligtums aus Pergamon, um 183 v. Chr.
Berlin, Staatliche Museen, Antiken-Sammlung
Oben: Makedonische Fürstenmütze aus Leder; Speere; makedonische Beinschienen aus Leder; griechischer und (darüber) galatischer Schild; schwere Pfeilschleuder mit Pfeilen; Trompete; persisches Schwert mit Adlergriff und Binde; Brustpanzer aus Bronze
Mitte: Rangzeichen eines Flottenbefehlshabers; makedonischer Helm; Rammsporn, Bug- und Heckzier von Schiffen; galatischer Kettenpanzer; Schwert; makedonischer Zierhelm; Speere mit doppelten Widerhaken; makedonische Schilde; Schwert
Unten: Makedonischer Helm; makedonischer Lederpanzer; Wagenrad; Roßstirn und Brustschutz von einer Streitwagenausrüstung; Langschwert; Gesichtshelm; Armschienen von der Rüstung eines Wagenlenkers; galatische Schilde; Wagenrad

Mithridates VI. Eupator von Pontos
Marmorbildnis des Herrschers als Herakles, 88–85 v. Chr. Paris, Louvre

Pontos (183–179). Aber die ganze Welt wußte, daß die Größe Pergamons auf der Unterstützung Roms beruhte, ihre Besitzungen hatten die Attaliden von Rom gewährt bekommen und nicht durch eigene Waffentaten erworben.

Griechenland hatte Eumenes mit Ehren überhäuft, aber als sich 172 eine günstige Gelegenheit ergab, wurden alle seine Denkmäler und Standbilder zerstört; das war, als Eumenes von seiner Reise nach Rom zurück war und jedermann wußte, daß er Rom bestürmt hatte, den Krieg gegen Perseus aufzunehmen. Daß sich Eumenes in dem darauffolgenden Krieg galatischer Söldner bediente, wird kaum dazu beigetragen haben, einen Stimmungsumschwung herbeizuführen. Charakteristisch war, daß Eumenes für kurze Zeit Popularität und Zustimmung erntete, als er vor dem Ende seines Krieges gegen die Galater stand. Im Winter 167/166 wollte er sich persönlich an den Senat wenden, doch bei seiner Landung in Brundisium wurde ihm der Befehl überbracht, nicht nach Rom zu reisen, sondern Italien sofort zu verlassen. Gedemütigt kehrte er nach dem Osten zurück. Aber in Delos überraschte ihn eine Abordnung des Ionischen Bundes, die ihn feierlich begrüßte und mit Ehrenbezeigungen nicht sparte, und gleichzeitig wurden viele seiner Denkmäler in Griechenland von neuem aufgebaut. Das half der Dynastie freilich nur wenig, denn die allgemeine Mißgunst übertrug sich lediglich auf Eumenes' Bruder Attalos II., den besonderen Protegé Roms, der 159 sein Erbe antrat.

In Wirklichkeit wollte Rom gar kein starkes Pergamon, und alle Vergünstigungen, die Attalos erwiesen wurden, einschließlich des Vorschlags, ihn zum König einer abgetrennten Hälfte des Königreichs zu machen, waren nur darauf berechnet, die Dynastie zu schwächen. Den Galatern wurde, nachdem Eumenes sie 166 besiegt hatte, von Rom Autonomie gewährt; zwei Jahre später entsandte der Senat auf Beschwerden Prusias' II. hin den früheren Konsul Gaius Sulpicius Galus mit dem Auftrag nach Kleinasien, die Verhältnisse zu untersuchen, und er verbrachte auch einige Tage in Sardes, wobei er jedem den Rücken stärkte, der bereit war, über Eumenes Klage zu führen.

Rom war voller Mißtrauen gegenüber der Ostpolitik Pergamons. So nahm es beispielsweise Anstoß daran, daß sich Pergamon 160 für Ariarathes gegen Orophernes in Kappadokien einsetzte. Orophernes war der älteste Sohn Ariarathes' IV. und wurde von Demetrios I. von Syrien unterstützt; aber sein Bruder (später Ariarathes V.) hatte mit dem pergamenischen Thronfolger (später Attalos II.) in Athen studiert, und sie waren Freunde geworden. Als Attalos den Thron bestiegen und Ariarathes V. in Kappadokien mit Gewalt eingesetzt hatte, brach Prusias mit dem Segen Roms in das Königreich Pergamon ein, besetzte Teile des pergamenischen Gebietes und verbrannte den Tempel der Athena Nikephoros vor den Toren der Hauptstadt; erst 154 wurde er von Rom dazu angehalten, sich auf sein eigenes Gebiet zurückzuziehen und mit Pergamon Frieden zu schließen.

Später erzielte Attalos insofern beträchtliche Erfolge, als es ihm gelang, Alexander Balas in Syrien und Nikomedes (149–128) in Bithynien zu Königen zu machen; doch mögen beide Rom willkommen gewesen sein, da sie die Position ihrer eigenen Staaten schwächten. Auch Attalos bekundete seine Rom-Hörigkeit, als er die Römer in Griechenland gegen Andriskos und bei der Einnahme von Korinth unterstützte. Unter solchen Umständen vermochte das Reich Pergamon keine wirkliche Kraft und Stärke aufzubringen. Im Jahre

145 überrannte der Thrakerkönig Diegylis die Chersones und setzte Lysimacheia in Brand; und Attalos konnte kaum etwas tun, um ihn daran zu hindern.

Das war die Vorgeschichte des Entschlusses Attalos' III., die eigene Dynastie auszulöschen und seine Besitzungen Rom zu übereignen. Irgendwelche besonderen innen- oder außenpolitischen Leistungen billigt ihm die Überlieferung nicht zu. Es ist möglich, daß seine intensive Beschäftigung mit wissenschaftlichen Studien lediglich seine Ohnmacht auf anderen Gebieten widerspiegelte. Vielleicht hat er sogar im Verlauf irgendeines Experiments seinen Tod – mit oder ohne Absicht – eigenhändig herbeigeführt. Der Druck Roms auf die griechische Welt wuchs ständig. Die Spannungen, denen ein Pufferstaat ausgesetzt war, müssen schier unerträglich gewesen sein.

Wie dem auch sei: das Vermächtnis Attalos' III. und dessen Annahme durch Rom erwiesen sich für Kleinasien als verhängnisvoll. Es tauchte ein Thronanwärter auf, ein gewisser Aristonikos, der behauptete, ein Angehöriger des Attalidenstammes zu sein, und wurde in Pergamon, nicht aber im gesamten Attalidenbereich, anerkannt. Er führte soziale Reformen ein, die an die Reformen Kleomenes' III. von Sparta erinnerten; vor allem befreite er die Sklaven und gab ihnen das Bürgerrecht. Das kann mehr aus Verzweiflung als aus politischer Überzeugung geschehen sein, auch wenn er seine Anhänger *Heliopolitai*, »Sonnenbürger«, nannte. Er beherrschte einen Teil des Flachlandes bis nach Karien hinein, erhielt die Hilfe thrakischer Truppen, die Bundesgenossen oder Söldner gewesen sein mögen, und konnte die römischen Heere drei Jahre lang (132–129) abwehren. Unendlich viel Schaden wurde angerichtet, das reiche Land litt gleichermaßen unter Aristonikos wie unter römischen Beschlagnahmeaktionen.

Rom hatte die volle Unterstützung seines Verbündeten Mithridates V. Euergetes (etwa 150–125), der merkwürdigerweise auch als Hauptgewinner aus diesem Wettstreit hervorging. Er war der Sohn Pharnakes' I. und der Seleukidenprinzessin Nysa. Pharnakes hatte das Pontos-Reich erheblich ausgedehnt und die bedeutende Stadt Sinope besetzt und zu seiner Hauptstadt erhoben. Nun machte Mithridates von den pergamenischen Wirren Gebrauch, ergriff von Mittelanatolien Besitz und setzte sich dort – in westlicher Richtung bis nach Phrygien – fest.

Mithridates VI. Eupator kämpft gegen Rom

Noch einmal sollte Rom Anschauungsmaterial zu der These liefern, daß keine expansionistische Macht den Problemen der Sicherung ihrer Grenzen durch weitere Expansion entgehen kann. Mit der Beseitigung des Königreichs Pergamon und der Schaffung der Provinz Asia (der eine Generation später die Provinz Cilicia folgte, in erster Linie für die Überwachung der kilikischen Seeräuber zuständig) sah sich Rom einer neuen Gruppe von Staaten unmittelbar gegenüber, und aus der neuen Konstellation erwuchsen ihm neue Belastungen und Verpflichtungen. Zwar mußte Mithridates V. Euergetes von seinen Maximalansprüchen mancherlei abstreichen, aber Pontos blieb der stärkste der anatolischen

Staaten, und als zweitstärkster kam unter Nikomedes II. Bithynien hinzu. An der Nordküste lag außerdem – zwischen Pontos und Bithynien – Paphlagonien, in der Krim jenseits des Schwarzen Meeres das Bosporus-Königreich unter seinem letzten König Pairisades, dahinter ein Staat der Skythen unter einem gewissen Palakos. Alle diese Staaten wie auch die griechischen Küstenstädte lagen unter dem Druck der Sarmatenstämme aus der Steppe.

Im mittleren Kleinasien war das Land der Galater schwach, Kappadokien unter Ariarathes VI. dagegen ein recht bedeutendes Staatsgebilde. Im Südosten gab es eine weitere Absplitterung vom Seleukidenreich, das seit 160 unabhängige Kommagene. Weiter östlich lagen Kolchis und die anderen Kaukasus-Staaten, Klein-Armenien und Groß-Armenien, schließlich in Medien und Mesopotamien das Reich der Parther. Einige dieser Staaten gehörten noch nicht zur Einflußsphäre Roms; der größte östliche Widersacher Roms, der einzige, der Rom aus freien Stücken bekämpfte, der Pontos-König Mithridates VI. Eupator (121–63), sollte es mit seinem lang währenden vergeblichen Kampf dazu bringen, daß sie alle unwiderruflich in den römischen Machtbereich gerieten.

Mithridates' Mutter Laodike war – wahrscheinlich – eine Halbschwester seiner Großmutter Nysa; beide waren den politisch folgenreichen Geschwisterehen unter den Kindern Antiochos' des Großen entsprossen, die auch schon mithridatischer Abstammung waren: seit Antiochos II. waren eheliche Verbindungen zwischen Mithridatiden und Seleukiden gang und gäbe, und in beiden Dynastien verflochten sich fast unentwirrbar iranische und makedonische Stränge. Man kann, wenn man will, ausrechnen, daß Antiochos IV. zu etwa einem Drittel Iranier und Mithridates VI. Eupator mehr als zur Hälfte (genau: zu 73/128) Makedone war; er war also »mehr makedonisch« als sein seleukidischer Vorfahr Antiochos I., Sohn eines Makedonen und einer Iranierin. Vielleicht verdankte Mithridates gerade diesem günstigen Mischerbe seine großen kulturellen und militärischen Gaben, die an Alexander den Großen erinnerten; vielleicht hatte ihn gerade diese Verschmelzung kultureller Einflüsse zu dem einzigen hellenistischen Herrscher gemacht, der es bewußt auf einen Krieg mit Rom anlegte. In einem Konflikt, der nahezu dreißig Jahre dauerte, erlebte er gewiß viele Rückschläge, aber er erfocht auch viele Siege, geriet niemals in Gefangenschaft und kam nie in eine Zwangslage, in der er sich hätte unterwerfen müssen. Hätte er einen anderen Gegner vor sich gehabt, so wäre er als großer Eroberer in die Geschichte eingegangen; aber auch gegenüber dem Gegner Rom vollbrachte er Leistungen, die sein Leben zur letzten ruhmvollen Episode in der Geschichte des politischen Hellenismus machen.

Wie Alexander war er in sehr jungen Jahren auf den Thron gekommen; schon als Elfjähriger war er König. Eine Zeitlang stand er unter der Kuratel der Mutter, er war aber noch nicht sechzehn, als es ihm gelang, sich von ihr und seinem jüngeren Bruder zu lösen. Wiederum wie Alexander bemühte er sich zuallererst, sein Königreich im Norden und im Osten zu stärken und Menschen und Kriegsmaterial für den kommenden Kampf zu sammeln. In den ersten zehn Jahren (etwa 115–105), in denen er ohne mütterliche Aufsicht regieren konnte, gliederte er seinem Staatsgebiet im Osten Klein-Armenien und Kolchis an, vielleicht auch noch andere kaukasische Ländereien; in derselben Zeit besiegte sein tüchtiger General Diophantos, den wir nur aus einer langen Inschrift auf der Chersones kennen, Palakos und die Skythen und annektierte vom alten Bosporus-Königreich ein Gebiet, das bis Olbia reichte. Das brachte einen gewaltigen Zuwachs an Versorgungsquellen und Einkünften und öffnete den Zugang zu den Rekrutierungsgebieten des Skythenlandes, Sarmatiens und Thrakiens; das war das Geheimnis der größten und besten Heere der hellenistischen Spätzeit, mit denen Mithridates später seinen Feinden entgegentreten konnte.

Nach diesen ersten Erfolgen wandte sich Mithridates seinem Hauptziel zu. Im Bunde mit Nikomedes bemächtigte er sich Paphlagoniens und Galatiens, und sie einigten sich friedlich über die Aufteilung der Beute; dann aber versuchte jeder für sich, Kappadokien zu erobern, was zunächst dazu führte, daß auch jeder für kurze Zeit einen Strohmann als König einsetzte. Nikomedes, der den kürzeren gezogen hatte, appellierte an Rom. Der Senat befahl die Räumung alles besetzten Gebietes, und unterdes wählte der Adel Kappadokiens einen eigenen Herrscher. Mithridates unternahm jedoch einen zweiten Versuch, jetzt im Bunde mit Tigranes von Armenien, der seine Tochter Kleopatra geheiratet hatte. Diesmal (92) griff Sulla, Roms Proprätor in Kilikien, mit militärischen Mitteln ein. Mithridates zog daraus die Lehre, daß gegen Rom in viel größerem Maßstab vorgegangen werden müsse. Er traf seine Vorbereitungen; vier Jahre später, als Roms Hände durch den Bürgerkrieg gebunden waren, schlug er los. Alles, was vor ihm lag, fiel ihm in den Schoß.

Der Augenblick war günstig. Um den Thron Kappadokiens stritten sich noch immer schwache Bewerber; der junge Nikomedes III., der kurz zuvor mit Hilfe Roms die Nachfolge seines Vaters in Bithynien angetreten hatte, war kaum von Belang. Mithridates hatte zudem einen gerechten Anlaß, Krieg zu führen: der römische Befehlshaber in Bithynien hatte pontisches Gebiet überfallen und geplündert. Die Römer hatten Mithridates einen *casus belli* geliefert, waren aber, als der Schlag fiel, völlig unvorbereitet. In schnell aufeinanderfolgenden Siegen vernichtete Mithridates die römische Militärmacht auf der Halbinsel; in einer gut geplanten Aktion wurden pontische Truppen in allen Richtungen ausgesandt, die einzelnen Städte zu überreden oder zu zwingen, sich Mithridates anzuschließen. Die meisten ließen sich ohne weiteres gewinnen, nur wenige mußten belagert werden. Sechs Monate später war ganz Kleinasien mit Ausnahme der Südküste und einiger unabhängiger Städte, wie Kyzikos, in Mithridates' Händen.

Nach einem gut koordinierten Aktionsplan wurden sämtliche römischen oder italischen Geldleiher und Steuereinnehmer in der früheren Provinz Asia an einem einzigen Tag abgeschlachtet; es sollen ihrer achtzigtausend gewesen sein. An einigen Stellen erlagen sie sadistischen Folterungen, die als symbolische Strafe für ihre Habsucht gedacht waren: man schüttete ihnen geschmolzenes Gold oder Silber in den Rachen. Darin spiegelte sich der Haß, den die Gracchische *lex provinciae* mit der Auslieferung des Attalidenreichs an römische Plünderer geschürt hatte; bei alledem war das Blutvergießen kein spontaner Ausbruch, sondern eine organisierte Aktion, mit der Mithridates sein politisches Programm bekanntmachte. Er hatte sich vorher Rom gegenüber unterwürfig gezeigt; jetzt war er Roms erklärter Feind. Er griff, wie er in einem Briefe schrieb, den »gemeinsamen Feind des Menschengeschlechts« an, und es konnte kein Zurück mehr geben.

Dieser Haltung entsprang der Einfall in Griechenland. Er begann Anfang 87, nachdem ein Teil des Herbstes und Winters mit einer fruchtlosen Belagerung von Rhodos verstrichen war. Sosehr Griechenland unter der römischen Verwaltung gelitten hatte, es brachte keine organisierte Widerstandsbewegung hervor, die Mithridates hätte ins Land holen können, so wie die Aitoler Antiochos III. geholt hatten. Nur wenig Material liegt über die Zustände in Griechenland in den vorangegangenen sechs Jahrzehnten vor, und was vorliegt, ergibt kein einheitliches Bild. In weitem Umkreis verfielen die kleineren Städte; ihre Stelle wurde von den Gutshäusern und Gutshöfen der großen Grundeigentümer eingenommen, die sich in der Friedensatmosphäre sicher fühlten. Wahrscheinlich verringerte sich die ländliche Bevölkerung insgesamt, aber im allgemeinen war die Wirtschaftslage nicht schlecht, und die Städte erlebten einen gewissen Aufschwung. Offenbar wurden die Armen fest an der Kandare gehalten, die Reichen von Rom protegiert. Bestimmt aber hatte Griechenland nicht an einer *lex provinciae* zu tragen, wie sie die Provinz Asia zu Boden drückte. In Athen war allerdings eine Revolution im Gange: die Macht war an einen gewissen Aristion gefallen, der an der Spitze einer Kampfbewegung gegen die Besitzenden stand. Da nicht zu erwarten war, daß Rom ein solches Regime auf die Dauer tolerieren würde, konnte Aristion schwerlich umhin, Mithridates zu unterstützen; der Piräus wurde zur Operationsbasis für den Feldzug.

Mithridates selbst blieb in Kleinasien. In seiner langen Regierungszeit bewies er stets ein ungewöhnliches Talent in der Auswahl begabter Mitarbeiter, denen er sein Vertrauen schenkte und freie Hand ließ; sein Oberbefehlshaber, der Kappadoker Archelaos, war einer der größten Feldherren seiner Generation. Mithridates' strategischer Plan hatte Hand und Fuß. Während verbündete thrakische Stämme den römischen Statthalter von Makedonien angriffen und es ihm unmöglich machten, sich von der Stelle zu rühren, sollte eine kombinierte See- und Landstreitmacht unter Archelaos in Zentralgriechenland Fuß fassen und die Hauptmasse des Landheeres ihren Weg an der Küste entlang über Thrakien nehmen und bedächtig Schritt für Schritt vorgehen. Die Pontos-Flotte hatte keine Rivalen zur See, und das Heer bestand aus starken Reiterverbänden, vielen mit Sensen ausgerüsteten Streitwagen und hervorragend ausgebildeter leichter und schwerer Infanterie; dazu gehörten mehrere Kompanien von freigelassenen Sklaven und Bürgerkriegsflüchtlingen aus Italien, die mit dem Fanatismus der Verzweiflung kämpften, da sie wußten, daß ihnen als Gefangenen Roms nur ein Schicksal beschieden war: ans Kreuz geschlagen zu werden. Über die Risiken des Feldzugs in Griechenland war sich Mithridates im klaren. Er konnte sich an die Schicksale nicht nur Antiochos' des Großen, sondern auch Dareios' und Xerxes' erinnern. Nur mit der Vertreibung der Römer aus Griechenland war wenigstens ein Mindestmaß an Sicherheit zu erreichen. Nur Mut und Offensivgeist konnten den Erfolg bringen. Und fast hätte er ihn sich geholt.

Daß er dennoch unterlag, beruhte teils auf mangelhafter Koordination, teils auf dem militärischen Genie und der Härte und Skrupellosigkeit des römischen Befehlshabers Sulla. Das pontische Landheer erreichte Griechenland erst, als Sulla nach einer Belagerung, die den ganzen Winter 87/86 dauerte, Athen bereits genommen und Archelaos gezwungen hatte, den Hafen von Piräus zu räumen; nachdem das Heer schließlich gelandet war, gelang es Sulla nach bitterem Kampf, zwei Schlachten in Boiotien zu gewinnen, obgleich Archelaos beide Male großes Geschick an den Tag gelegt und die Entscheidung an einem

Haar gehangen hatte. Schweres mußte Griechenland erleiden. Die Römer plünderten die heiligen Stätten der Griechen, namentlich in Delphi und Olympia, requirierten Getreide, fällten Obst- und Laubbäume, nahmen Menschen und Tiere rücksichtslos für Kriegsdienst und Zwangsarbeit in Anspruch. Da Sullas Zukunft in Rom von einem durchschlagenden Sieg abhing, ließ er sich weder durch Erbarmen noch durch Skrupel von seinem Weg abbringen. Es war Griechenlands Unglück, daß es einem Konflikt von Giganten als Schauplatz dienen mußte.

Die Hauptentscheidung im Krieg war gefallen. Das begriff Sulla, das begriff Archelaos, und das begriff auch Mithridates. Obgleich Sulla ohne Flotte nicht nach Asien gelangen konnte und außerdem die Ankunft des Heeres abwartete, das die Anhänger des Marius nach Griechenland entsandt hatten, um ihn zu verdrängen, trat Mithridates sofort mit Friedensangeboten an ihn heran. Archelaos war als Diplomat ebenso tüchtig wie als General, und die Verhandlungen verliefen in freundschaftlicher Form, aber er konnte nicht mehr herausholen als die Wiederherstellung des Status quo: Mithridates sollte alle seine Eroberungen einschließlich Paphlagoniens herausgeben und seine Flotte den Römern übergeben. Seinerseits offerierte Mithridates seine tatkräftige Unterstützung im Kampf gegen Sullas politische Gegner in Rom, und wahrscheinlich war diese Offerte weder als Beleidigung gemeint noch als eine solche aufgefaßt worden. Umgekehrt weigerte sich Archelaos, in den Dienst Roms zu treten, ließ sich aber von den Siegern einige Güter in Griechenland schenken. Ihre Rachegelüste ließen die Römer bezeichnenderweise an den Griechen aus, die in der ganzen Affäre die wenigste Schuld auf sich geladen hatten.

Das neu nach Griechenland entsandte römische Heer führte ein Schauspiel vor, das eine Farce hätte sein können, wäre es nicht für die Opfer so tragisch gewesen. Der römische Befehlshaber, der Konsul Lucius Valerius Flaccus, hatte nur eine kleine Truppe und vermied vorsichtigerweise ein Zusammentreffen mit Sulla: er zog durch Thrakien, um eine Invasion in Kleinasien zu versuchen. Auf dem Marsch geriet er in Streit mit seinem Legaten Gaius Flavius Fimbria, der sich nicht um Disziplin kümmerte und die Truppen die Zivilbevölkerung nach Herzenslust ausplündern ließ. In Byzantion, das Fimbrias Soldaten fast wie eine besiegte Stadt mißhandelten, wurde der Konflikt auf die Spitze getrieben. Flaccus versuchte Fimbria abzusetzen, wurde aber selbst zur Flucht über die Meerenge gezwungen und bei Nikomedeia eingeholt und erschlagen. Fimbria brachte anschließend das ganze Heer nach Kleinasien, überrumpelte und besiegte ein pontisches Heer und machte sich daran, sich über das ganze Land auszubreiten; es gab viele Plünderungen und Requisitionen.

Für die griechischen Städte Kleinasiens, die Mithridates bereits schwer besteuert und schikaniert hatte, wurde der Zustand allmählich unerträglich. Erst die Ankunft Sullas brachte eine gewisse Entspannung. Fimbria wurde umgebracht und sein Heer von Sulla übernommen. Dann wandte sich Sulla der Provinz Asia zu: sie mußte rückständige Tribute für fünf Jahre nachzahlen und für die Kriegskosten aufkommen. Vor allem litten die wohlhabenden Klassen, die im Winter 85/84 ständig Einquartierungen ertragen mußten. Jeder, bei dem Römer einquartiert waren, mußte seinen »Gästen« außer Verpflegung täglich Geldbeträge auszahlen: einfachen Legionären je sechzehn Drachmen, Offizieren je fünfzig Drachmen pro Tag. Geplündert wurde trotzdem. So wurden Kleinasiens Griechen bestraft, während sich Mithridates – nachdem er im Vertrag von Dardanos Sullas Bedingungen doch noch unterschrieben hatte – relativ ungeschoren in sein Königreich zurückbegeben konnte. Auch Nikomedes und Ariarathes, die vertriebenen Könige von Bithynien und Kappadokien, kehrten in die Heimat zurück, aber nachdem Sullas Heer 84 abgezogen war, gab es nirgends eine Kraft, die die Ordnung hätte aufrechterhalten können. Rhodos' kleine Flotte vermochte nicht, die Seeräuber niederzuhalten, und ihre Raubzüge verschärften die ökonomischen Wirren, die es den Städten unmöglich machten, die ihnen auferlegten Abgaben zu entrichten. Delos war von Mithridates gebrandschatzt und zerstört worden. Der Handel Italiens verlagerte sich in die anatolischen Städte, die aber nicht viel davon hatten, weil sie die italischen Bankiers und Handelsleute nicht besteuern durften. Um ihren Verpflichtungen nachzukommen, mußten sich die Städte von diesen neuen Einwohnern Anleihen gewähren lassen und Wucherzinsen dafür zahlen. Der reichste Teil der griechischen Welt war auf dem Weg zum Bankrott.

Liquidation des Seleukidenreichs

Auch mit dem einst so stolzen Staat der Seleukiden ging es ständig bergab. Demetrios II. – seit 145 König – war jung und unerfahren, und seine kretischen Minister waren weithin unbeliebt. Es dauerte nicht lange, bis ein gewisser Tryphon, ein königlicher Beamter unbekannter Herkunft, einen Aufstand entfachte, um einen wirklichen oder vermeintlichen Sohn des Alexander Balas auf den Thron zu bringen. Tryphon hatte so viel Erfolg, daß er den jungen Mann umbrachte und sich selbst den Königstitel verlieh. Um dieselbe Zeit besetzte der Partherkönig Mithridates ganz Babylonien. Demetrios zog aus, um ihm Einhalt zu gebieten, wurde aber gefangengenommen (139), worauf er die Tochter des Partherkönigs heiratete und sich einen Bart stehen ließ; so erscheint er noch zehn Jahre später auf seinen Münzen: der erste bärtige Seleukide.

An die Stelle des Gefangenen trat sein Bruder, Antiochos VII. Sidetes, der letzte tüchtige König aus dem Seleukidengeschlecht, der auch die Frau des Demetrios, Kleopatra Thea, die einstige Frau Alexander Balas', heiratete. Während seiner zehnjährigen Herrschaft schränkte er die Unabhängigkeit der Juden ein, baute die militärische Macht des Staates wieder auf und begann einen großen Feldzug gegen die Parther. Im Jahre 129 wurde jedoch das Heer in seinem Winterquartier überrascht und Antiochos getötet. Inzwischen war Demetrios freigekommen und nach Syrien zurückgekehrt, wo er bis zu seinem Tode (126) regierte. Seine Nachfolge fiel an Kleopatra Thea, die Münzen in ihrem eigenen Namen prägen ließ. Nachdem sie einen ihrer Söhne vergiftet hatte, wurde sie selbst von einem anderen Sohn vergiftet, der als Antiochos VIII. Grypos König wurde.

Während der nächsten Generation waren die Geschicke der Seleukidendynastie mit denen der Ptolemäer in Ägypten unzertrennlich verflochten. Dort war, nachdem Philometor 145 in Syrien gestorben war, sein jüngerer Bruder Ptolemaios VIII. Euergetes II.

auf den Thron gekommen, der seine Regierungszeit von der schon 170 vorgenommenen Krönung an rechnen ließ. Er ermordete den kleinen Sohn seines Bruders und heiratete dessen Witwe, die Schwester Kleopatra II. Später trennte er sich von ihr und heiratete ihre und Philometors Tochter Kleopatra III., so daß die offizielle Bezeichnung der Throninhaber Ägyptens nunmehr lautete: »König Ptolemaios und Königin Kleopatra, die Schwester, sowie Königin Kleopatra, die Gemahlin.«

Ptolemaios war in Ägypten vorher schon nicht populär gewesen, und dazu hatte er noch das Pech, reichlich beleibt zu sein. Das bezeugt nicht nur sein Spottname Physkon, sondern auch der Bericht des Philosophen und Historikers Poseidonios von Rhodos, der es wiederum von seinem Lehrer Panaitios wußte. (Panaitios hatte Alexandreia im Gefolge des Scipio Aemilianus besucht.) Was die Überlieferung über den achten Ptolemaios sagt, ist übereinstimmend schlecht. Neben anderem wurde ihm vorgeworfen, die Intelligenz von Alexandreia schikaniert und vertrieben zu haben. Dabei war er selbst Schriftsteller und hat Memoiren hinterlassen, denen wir eine interessante Schilderung seines Onkels Antiochos IV. Epiphanes verdanken. Was von den vielen Anklagen stimmt, läßt sich nicht entscheiden. Wir wissen immerhin, daß er viel dazu getan hat, den Handel mit dem Fernen Osten (über das Rote Meer und den Indischen Ozean) und mit dem Westen (über Delos) zu fördern, und daß es ihm nicht an Energie und Fähigkeiten mangelte.

Um 131 zerstritt er sich mit Kleopatra II. und mußte nach Kypros verschwinden, wo er zwei Jahre blieb. Danach war Ägypten etwa zehn Jahre lang zwischen Bruder und Schwester geteilt: ob ständig oder nur zeitweise, läßt sich wiederum nicht sagen. Die Papyri sprechen von *ameixia*, worunter man eine Unterbindung des Verkehrs zwischen den getrennten Teilen des Reiches verstehen muß. Im Jahre 118 waren Bruder und Schwester wieder ausgesöhnt: davon zeugt ein umfassendes gemeinsames Amnestiedekret, von dem eine Abschrift auf einem Papyrus im Dorfe Tebtynis gefunden worden ist. Aus der Ehe mit seiner Nichte hatte Ptolemaios VIII. mehrere Kinder; eine der Töchter, Tryphaina, heiratete ihren Vetter Antiochos VIII. kurz nach dessen Regierungsantritt. Als Ptolemaios 116 starb, hatte er an Lebensjahren und Regierungsdauer die meisten hellenistischen Monarchen weit übertroffen. Er hinterließ ein wenigstens von neuem geeintes Land seinem ältesten Sohn Ptolemaios IX. Soter, aber ein anderer Sohn (Ptolemaios X. Alexander) und zwei weitere Töchter sollten noch verschiedentlich Unfrieden stiften.

In Syrien gab es unterdes miteinander rivalisierende Thronanwärter, Antiochos VIII. Grypos, den Sohn Demetrios' II., und Antiochos IX. Kyzikenos, den Sohn Antiochos' VII. Beide hatten Töchter des Ptolemaios VIII. geheiratet, und beide wiederum heirateten später nacheinander dessen dritte Tochter Kleopatra Selene, die vorher die Frau ihres älteren Bruders Ptolemaios IX. Soter gewesen und die Mutter oder Tante Berenikes, der Gemahlin ihres zweiten Bruders Ptolemaios Alexander, war. All diese syrischen und ägyptischen Throninhaber fanden Anhänger und Getreue nur in beschränktem lokalem Rahmen, und ihre wechselvollen Schicksale machten aus den Staatsgeschäften der beiden Dynastien ein unberechenbares Schaukelspiel. Die Seleukidenherrschaft erstreckte sich nur noch auf Syrien. Die Parther hatten ihre Macht bis zum Euphrat vorgetragen. Der jüdische Staat der Makkabäernachkommen Iohannes Hyrkanos und Alexander Iannaios umfaßte fast ganz Palästina. Im eigentlichen Syrien machte sich eine Stadt nach der anderen selbständig. Die östliche Steppe stand unter der Herrschaft des arabischen Nabatäerreichs unter Aretas II.

In etwas besserer Verfassung befand sich Ägypten. Doch war Kyrene für den dritten (illegitimen) Sohn des Ptolemaios Euergetes, Ptolemaios Apion, als eigenes Fürstentum abgetrennt worden, und als er 96 starb, vermachte er es den Römern; freilich wartete Rom zwanzig Jahre, bis es Kyrene als Provinz zu organisieren begann. Kypros war zur Exilresidenz vertriebener Könige geworden und damit faktisch von Ägypten losgelöst. In Ägypten selbst verdichteten sich schwelende Unruhen zu einem großen Aufstand im Bezirk von Theben (88–85), der von Ptolemaios IX. Soter mit Brutalität und Zerstörungswut unterdrückt wurde. Nachdem Soter zum zweitenmal an die Regierung gekommen war, gelang ihm die Überwindung der Unruhen und Wirren; fast zehn Jahre (89–80) herrschte Ruhe. In dieser Zeit war Soter auch geschickt genug, einer Beteiligung am Mithridatischen Krieg aus dem Wege zu gehen. Im Winter 87/86 kam Sullas Quästor Lucius Licinius Lucullus nach Ägypten, um Hilfe bei der Aufstellung einer Flotte zu erbitten; er wurde freundlich empfangen und nach Kypros weitergeleitet, aber es wurde alles vermieden, was dem Ansehen des Königs bei der Regierung der Marius-Anhänger in Italien hätte schaden können. Nach Soters Tod wurde Kypros unter seinem jüngeren Sohn faktisch unabhängig und behauptete diese Position, bis die Römer die Insel 58 annektierten. Soters älterer Sohn, der in der Geschichte als Ptolemaios XII. *Aulētes* (»Flötenspieler«) bekannt ist, behielt die Herrschaft in Ägypten mit wechselndem Glück fast ein Menschenalter lang (80–51).

In Syrien waren dagegen die noch übrigbleibenden Seleukiden zu zahlreich, zu schwach und zu streitsüchtig, als daß sie den zunehmenden Zerfall der Dynastie hätten aufhalten können. Zwischen 83 und 69 war der Thron in den Händen des Tigranes von Armenien, während die Seleukidenprinzen nur noch einzelne Städte beherrschten oder in der Verbannung vegetierten. Als Pompeius 64 in Syrien einmarschierte, lehnte er es vernünftigerweise ab, Antiochos XIII. als König anzuerkennen; er meinte, das Land würde, falls er das täte, zur Beute der Parther, Araber und Juden werden. Obgleich er bei seinen sonstigen Bemühungen um die Neuordnung der östlichen Grenzgebiete mit vielen Vasallenkönigen arbeitete, schien ihm Syrien nur noch unter der Verwaltung eines römischen Statthalters einen nützlichen Zweck erfüllen zu können.

Es mußte ein Pompeius kommen, um im Osten Ordnung zu schaffen. Sullas Sieg in Griechenland und seine kurzlebige Besetzung Kleinasiens hatten nichts geregelt. Als Sulla 83 nach Italien zurückkehrte, hatte er andere Sorgen, als sich um die Ostgrenzen zu kümmern; der Vertrag von Dardanos, der immerhin einen *modus operandi* ermöglichte, war noch 78, als Sulla starb, nicht ratifiziert worden. Die Folge war, daß Lucius Licinius Murena, der Statthalter der Provinz Asia, ohne jeden Grund in Pontos einfiel und schmachvoll besiegt wurde (83/82); inzwischen hatte Mithridates seine Herrschaft in Kolchis und am Bosporus wiederhergestellt und von neuem gezeigt, daß er, solange Rom keine Generaloffensive gegen ihn eröffnete, mit allem fertig werden konnte. Mit der Niederlage sank das römische Prestige, und 78 besetzte Tigranes von Armenien, der bereits Kilikien und Syrien unterworfen hatte, auch noch Kappadokien, um Einwohner und Schätze für seine neue Hauptstadt Tigranokerta zusammenzuscharren. Rom sah, ohne einzugreifen, zu.

Danach entfalteten die Römer allerdings, da ihre Händler und Bundesgenossen unter den Raubzügen der kilikischen Seeräuber schwer zu leiden hatten, eine ziemlich hektische Aktivität. Publius Servilius Vatia führte einen erfolgreichen Feldzug (78–75) in den Bergen Lykiens und Isauriens. Die positiven Wirkungen, die sich daraus hätten ergeben können, wurden jedoch durch den katastrophalen Krieg des Lucius Antonius gegen Kreta (74–71) weitgehend zunichte gemacht. Unterdes hatten der Tod Nikomedes' III. von Bithynien (74) und der Entschluß Roms, sein Königreich in eine Provinz zu verwandeln, wieder dazu geführt, daß Mithridates in die Kämpfe hineingezogen wurde. Es ist nicht ganz erwiesen, daß er das wollte, wenn er auch bestimmt keinen Gefallen daran finden konnte, daß sich die Römer auf beiden Seiten des Hellesponts auf die Dauer festsetzten. Offiziell griff er zugunsten der wirklichen oder vermeintlichen Erben des Nikomedes ein, die aber angesichts der raschen Abfolge der Ereignisse sehr bald in Vergessenheit geraten sollten.

Mithridates marschierte durch Paphlagonien, sicherte seine Flanken mit Truppen, die in Kappadokien und in Phrygien – hier gegen die Galater – stationiert wurden, und besetzte Bithynien, ohne auf Widerstand zu treffen. Er besiegte den römischen Provinzstatthalter Marcus Aurelius Cotta, schloß ihn in Chalkedon ein, erbeutete seine Flotte und versuchte dann, die mächtige freie Stadt Kyzikos zu nehmen, deren Lage sie fast uneinnehmbar machte und die für ihn ein höchst wertvoller Flottenstützpunkt hätte sein können. Das erwies sich als strategischer Fehler: der Konsul Lucullus, der den Oberbefehl übertragen bekommen hatte, rückte aus der Provinz Asia nach Norden vor und legte einen Belagerungsring um Mithridates' Feldlager. Da Mithridates Kyzikos nicht im Sturm nehmen konnte und seine Versorgung erheblich nachließ, mußte er die Belagerung der Stadt Anfang 73 unter schweren Verlusten aufgeben. Als er dann noch eine Seeschlacht verlor, blieb ihm nichts anderes übrig, als Bithynien zu räumen und den Rückzug nach dem Osten anzutreten.

Cotta und Lucullus verfolgten ihn, wurden aber durch den Widerstand der Küstenstädte aufgehalten. Bis zum Jahre 70 hielten sich Herakleia und Sinope, obgleich der Ausgang des Krieges im Grunde schon 72 durch die römischen Siege bei Kabeira entschieden worden war. Dort hatte sich Mithridates zunächst mit der Reiterei taktische Vorteile verschafft und Lucullus in schwere Gefahr gebracht, aber ein Teilsieg der Römer hatte im pontischen Lager Panik ausgelöst und seine Niederlage besiegelt. Mithridates mußte bei Tigranes in Armenien Zuflucht suchen. Während Lucullus mit seinen Truppen Klein-Armenien überflutete, besiegte und vernichtete sein Bruder Marcus, der Statthalter von Makedonien, Mithridates' thrakische und sarmatische Verbündete; er trieb sie bis ans Schwarze Meer und nahm unterwegs Kallatis, Istros und die anderen nahe gelegenen griechischen Städte, die nun zum erstenmal die Stoßkraft der römischen Waffen und die Raffgier der römischen Heerführer erlebten (72/71).

Im folgenden Jahr mußte sich Lucullus, ob er wollte oder nicht, mit der schweren Notlage der griechischen Städte Asiens befassen. Zwar fand er immer wieder neue Methoden, sie zur Erfüllung ihrer Verpflichtungen zu bringen, zugleich übte er aber heftigen Druck auf die Bankiers aus, setzte ihre Zinsforderungen auf zwölf Prozent herunter und verfügte, daß die Gesamtverzinsung unter keinen Umständen das geliehene Kapital überschreiten dürfe. Auf eine bessere Lösung konnten weder Schuldner noch Gläubiger hoffen: die Regelung war nicht ungerecht, und sie ließ sich auch durchführen, aber weder Schuldner noch Gläubiger waren mit ihr zufrieden; das gleiche berichtete Cicero über eine Schuldenregelung, die er 51 in Kilikien herbeigeführt hatte. Den Städten gaben solche Lösungen wenigstens eine Lebenschance, aber sie waren den Finanzleuten in Rom, dem Ritterstand, ein Dorn im Auge. Die Rache dieser vermögenden und einflußreichen Gegner sollte Lucullus drei Jahre später zu spüren bekommen.

Im Gegensatz zu Sulla hatte Lucullus versucht, die Plünderungen und Räubereien seiner Truppen einzudämmen, hatte von ihnen aber auch strengste Disziplin und untadelige Dienstleistung verlangt. Das machte ihm die Aufgabe nicht leichter, zumal ein Teil seines Heeres aus früheren Soldaten des Fimbria bestand, die für einen General aus dem Sulla-Lager ohnehin nichts übrig hatten. Für Lucullus stand fest, daß der Krieg unentschieden bleiben mußte, solange Mithridates in Freiheit blieb; er rückte daher 69 in Armenien ein, um Tigranes zur Herausgabe Mithridates' zu zwingen. Tigranes war übermütig und unerfahren; da seine neue Hauptstadt Tigranokerta bedroht war, eilte er mit seinem Heer vor die Tore der Hauptstadt; Lucullus fiel es nicht schwer, ihn zu schlagen und Tigranokerta einzunehmen.

Dann begannen aber auch für Lucullus die Schwierigkeiten. Er hatte nach der alten armenischen Hauptstadt Artaxata marschieren wollen, doch der frühe Einbruch des Winters und die schlechte Stimmung unter seinen Soldaten nötigten ihn, den Marsch abzubrechen. Er zog nach dem Süden und verbrachte den Winter 68/67 in Nisibis in Mesopotamien, wo er Pläne für eine Strafexpedition gegen die Parther entwarf: sie waren mit Tigranes verbündet gewesen und für den Augenblick so geschwächt, daß sie als verlockendes Angriffsziel erschienen. Nur hatte sich Lucullus zu früh darauf verlassen, daß Mithridates den Kampf bereits aufgegeben habe. Mit einiger Hilfe von Tigranes kehrte Mithridates, da er Lucullus anderweitig beschäftigt wußte, durch das Lykostal in sein eigenes Königreich zurück und wurde freudig empfangen. Er besiegte den lokalen römischen Befehlshaber und hinderte den ihm nachziehenden Lucullus an weiterem Vorrücken; die römischen Truppen waren aufsässig, viele Römer desertierten. Diese Zersetzungserscheinungen hielten an, bis Anfang 66 der neue Befehlshaber eintraf.

Sozusagen hinter Lucullus' Rücken war mittlerweile die Mittelmeerwelt aus den Fugen geraten. Aus Gründen, die nicht ganz eindeutig sind, war die Seeräuberei zu einem umfassenden und koordinierten Unternehmen von der Levante bis zu den Säulen des Herkules geworden. Die Aushungerung Roms, die Mithridates mit Hilfe eines Bündnisses mit dem mächtigen römischen Rebellen Sertorius in Spanien hatte erreichen wollen, war ohne die Mitwirkung beider weitgehend eingetreten: sofern das vom Tribun Gabinius 67 entworfene Bild nicht wüst übertrieben war, waren Wirtschaftsleben und Lebensmittelversorgung in Rom durch die Seeräuberei schwer getroffen. Die Situation führte dazu, daß Pompeius, der Vorkämpfer der wohlhabenden Geschäftsleute, mit unbeschränkten Befehlsvollmachten wie kein anderer römischer Befehlshaber vor ihm ausgestattet wurde. Er stellte

Heer und Flotte von beachtlichem Umfang auf, teilte das Mittelmeer in einzelne Kampfzonen ein, die er seinen Legaten überantwortete, und säuberte das Meer von Seeräubern vom Westen bis zum Osten in einer verdächtig leichten und schnellen Kampagne. Der Abschluß der Operationen war die Einnahme Korakesions in Kilikien, und damit war der Krieg faktisch zu Ende. Zugleich focht einer der Führer der Optimatenpartei, Quintus Caecilius Metellus (später als Creticus bekannt), einen viel schwierigeren Kampf aus, um die Schmach der Niederlage des Antonius auf Kreta auszulöschen, wobei ihm Pompeius' Legat Octavius ständig ins Handwerk pfuschte; die Friedensregelung wurde später von Pompeius selbst diktiert. Die Seeräuber, die sich ergeben hatten, wurden fürs erste verständig und mild behandelt: sie wurden in den vielen Städten angesiedelt, deren Bevölkerung – auch das war ein Zeichen der Zeit – heftig zusammengeschrumpft war. Im Jahr danach breitete sich das Imperium des Pompeius über den ganzen Osten aus.

Lucullus widersetzte sich seiner Ablösung – man weiß nicht recht, mit welchen Rechtsgründen. Dann reiste er doch nach Italien ab. Pompeius hatte frische Truppen, gewaltiges Prestige und die Unterstützung der Volkspartei; außerdem war er im Gegensatz zu Lucullus ein großer Diplomat. Mit Versprechungen, die er, auch wenn sie im Anfang ernst gemeint gewesen sein sollten, nie eingehalten hat, hatte er den Partherkönig Phraates überredet, mit Tigranes zu brechen und Bundesgenosse Roms zu werden. Während Phraates auf Artaxata marschierte und Tigranes lahmlegte, nahm es Pompeius mit Mithridates auf. Mithridates machte guten Gebrauch von seiner Reiterei und nutzte auch die Gunst des Geländes dazu, östlich ins Lykostal auszuweichen. Aber Pompeius war zu stark. Mithridates' Heer wurde eingeholt und geschlagen. Armenien war Mithridates verschlossen, da Tigranes bereit war, Frieden zu schließen, und ihn nicht mehr aufnehmen wollte; er mußte nach Kolchis fliehen. Nach der Kapitulation Armeniens rückte Pompeius zum Kaukasus vor und verbrachte den Winter mit kleinen Gefechten gegen die benachbarten Albaner im Kuratal. Er bereitete sich darauf vor, Völker zu besiegen, von denen Rom noch nie etwas gehört hatte.

Im Jahre 65 zog er es vor, von Mithridates keine Notiz zu nehmen; so konnte sich Mithridates wieder am Bosporus festsetzen, wo sein Sohn Machares seit 70 als römischer Vasall regiert hatte. Pompeius beschäftigte sich inzwischen mit etwas planlosen Operationen im Kaukasus, die allerdings zu seiner und der Legionäre Bereicherung beitrugen, und paßte auf, daß Phraates nicht nach Westmesopotamien, ins Gebiet von Nisibis und Edessa, gelangte. Im Jahre 64 kam Pompeius nach Syrien, entthronte endgültig die Seleukidendynastie und nahm nach dreimonatiger Belagerung Jerusalem. Ein Feldzug gegen die nabatäischen Araber war ins Auge gefaßt, dann klugerweise aufgegeben worden. Im Jahre 63 kam die für Pompeius erfreuliche Nachricht vom Tode Mithridates'. Er war, als er sich gerade mit dem Plan eines Feldzugs über den Balkan nach Italien beschäftigte, einem Aufstand zum Opfer gefallen, den einer seiner Söhne angezettelt hatte. Bis zum Schluß war er eine überragende Gestalt geblieben, aber seine Angehörigen und Anhänger waren des Kämpfens müde geworden.

Ausklang des politischen Hellenismus

Nach Mithridates' Tod stand der von Pompeius angestrebten allgemeinen Regelung der Machtverteilung im Osten nichts mehr im Wege; die Vollmacht dazu hatte ihm die *Lex Manilia* erteilt. Er erwies sich jetzt als großer Staatsmann: das allgemeine Gefüge seines Planes sollte bis zum Ende des Römischen Reiches bestehenbleiben. Was hier vorgesehen war, war eine Kombination von römischen Provinzen und botmäßigen Pufferstaaten bis zum Hochland Mediens und bis zu den Steppengebieten Mesopotamiens und Südrußlands, die eine Art natürliche Grenze bildeten. Kreta und Syrien wurden zu Provinzen, und die Grenzen Bithyniens und Kilikiens wurden vorgeschoben, so daß der größte Teil Kleinasiens westlich des Halys unter direkte römische Verwaltung kam. Jenseits dieses Bereichs lag eine Kette abhängiger Königreiche oder Fürstentümer, die sich von der von Mithridates' rebellischem Sohn Pharnakes beherrschten Krim über Kolchis, Iberia, Albania, das östliche Pontos (unter dem galatischen Häuptling Deiotaros), Armenien, Galatien, Kappadokien, Kommagene und Osrhoëne hinzog. Syrien war im Osten von kleinen Fürstentümern umsäumt; zur Belohnung für seine Unterwerfung erhielt der Nabatäerfürst Aretas III. Damaskos. Hyrkanos, der ältere Sohn des Alexander Iannaios, bekam Juda – nicht als König, sondern als Hoherpriester, obgleich er nach jüdischem Gesetz die Befähigung zum königlichen, aber nicht zum priesterlichen Amte hatte; er mußte die Küstenstädte freigeben, die sein Vater unter seine Kontrolle gebracht hatte.

Im allgemeinen nahm Pompeius bereits die Politik des Römischen Reiches vorweg, indem er die griechischen oder hellenisierten Städte begünstigte und viele von ihnen als freie Städte *(liberae)*, aber nur wenige als nicht steuerpflichtig *(immunes)* anerkannte. Die Steuerlast blieb weiterhin drückend, vor allem wenn die Steuern von »Zöllnern« *(publicani)* eingetrieben wurden. Immerhin hätten die Griechen unter diesem System existieren können, wenn man sie in Ruhe gelassen hätte. In vieler Beziehung war die von Pompeius herbeigeführte Regelung eine Fortführung oder Wiederherstellung wesentlicher Züge des Seleukidensystems, das seinerseits vieles von den Persern der Achaimenidenzeit übernommen hatte.

Das Unglück des Ostens war, daß er noch lange nicht in Ruhe gelassen werden sollte. Bestenfalls gab es kurze Atempausen – wie etwa in der Zeit von 63 bis 58, einer Friedensära, die der von Lucius Calpurnius Piso unternommene verhängnisvolle Thrakische Krieg unterbrach. Voraufgegangen waren, namentlich in Griechenland, Aushebungen von Rekruten und Beschlagnahmeaktionen, Soldateneinquartierungen und Plünderungen – und dann der Einbruch der Barbaren. Besonderen Schaden erlitt das freie verbündete Byzantion. Ein bleibendes Ergebnis des Krieges war die Schaffung eines geeinten thrakischen Königreichs unter König Byrebista; die Römer kamen, wenn auch widerwillig, zu dem Schluß, daß es möglich war, mit dem neuen Königreich in Frieden zu leben. Später gab es parthische Einfälle in Westmesopotamien und Syrien: mit ihnen mußte sich Cicero als Prokonsul in Kilikien 51 beschäftigen; sie wiederholten sich noch schlimmer unter Pakoros und dem römischen Überläufer Quintus Labienus in den Jahren 41 bis 38; diesmal drangen die Parther bis weit nach Kleinasien hinein.

Viel größeren Schaden brachten aber die Bürgerkriege. Als Caesar gegen die Pompeianer (49–47), Caesars Erben gegen seine Mörder (43/42) und Octavianus gegen Antonius (33–31) kämpften, spielten sich die bewaffneten Auseinandersetzungen hauptsächlich in Griechenland ab, aber alle anderen Teile der hellenistischen Welt, vor allem Kleinasien und Syrien, wurden um all ihre Reichtümer und Lebensmöglichkeiten gebracht: sei es in Zwangsabgaben zur Behebung des jeweiligen Notstandes, sei es zur Strafe dafür, daß sie sich hatten zwingen lassen, die Gegenseite zu unterstützen. Nicht minder als die griechischen und hellenistischen Städte wurden die Vasallenfürsten in Mitleidenschaft gezogen; meistens versuchten sie, den Sturm zu überstehen, ohne sich mehr als nötig zu exponieren oder festzulegen. Daß Pharnakes, der Sohn des Mithridates, die pontischen Besitzungen seines Vaters 47 zurückzuerobern unternahm, war ein Ausnahmefall; er wurde besiegt und in dem »Blitzkrieg« aus dem Lande getrieben, über den Caesar seine berühmte Meldung *veni, vidi, vici* erstattete.

Im übrigen erlebte der Osten die gewöhnliche oder außergewöhnliche Habgier der Provinzstatthalter, die Lasten des römischen Besteuerungssystems und die Erpressungen der Bankiers. In Briefen aus seiner Provinz schildert Cicero, wie ein Beauftragter des Brutus die römische Reiterei eingesetzt hatte, um Schulden der Einwohner der Stadt Salamis auf Kypros einzutreiben, wobei die Mitglieder des Stadtrats in der Ratskammer eingesperrt wurden, bis einige von ihnen Hungers starben. Von seinem Vorgänger Appius Claudius sagt Cicero, er habe »die Provinz ausgehungert, ihr Blut abgezapft, an ihr Abmagerungskuren versucht« und sie ihm »des Lebens beraubt« hinterlassen. Seinem Bruder Quintus, dem Statthalter der Provinz Asia, schrieb er: »Es scheint eine Art göttliche Vollkommenheit vorauszusetzen, wenn man sich so verhalten will, daß man die *publicani* zufriedenstellt, vor allem, wenn sie die Steuereintreibung mit Verlust übernommen haben, zugleich aber den Ruin der Verbündeten nicht zuläßt.«

Wenn Cicero, wie er behauptet, auf Statuen- und Geldgeschenke verzichtete, die Einquartierungskosten seiner Truppen aus den Eingängen bezahlte und Maßnahmen traf, um Zinssätze und sogar Kapitalschuldbeträge zu reduzieren, war er eine seltene und ungewöhnliche Erscheinung. Aber sogar Cicero gab zu, daß er die finanziellen Lasten wenigstens zum Teil auf wohlhabende Griechen abwälzte, die »überredet« wurden, Amtsmißbrauch einzugestehen. Der Frieden war keine leichte Zeit, und es wurde nur schlimmer, der Sache nach aber nicht anders, als Brutus und Cassius verlangten, daß die Provinz Asia Abgaben für zehn Jahre auf einmal entrichte, oder als sich Antonius für maßvoll hielt, weil er in zwei Jahren die Ablieferung von Steuern für »nur« neun Jahre forderte.

Während eines erheblichen Teils dieser Zeit lag Ägypten außerhalb des Zuständigkeitsbereichs der römischen Verwaltung und schien von allen hellenistischen Monarchien die glücklichste und langlebigste zu sein. Das lag aber weniger an Skrupeln oder Interesselosigkeit als daran, daß sich die Römer nicht entschließen konnten, Glorie und Profit aus radikalem Durchgreifen gegen Ägypten einer Einzelperson zuzugestehen. Als Sullas Schützling Ptolemaios XI. Alexander II. (Sohn Ptolemaios' X. Alexander I.) im Jahre 80 nach einer Regierungszeit von nur neunzehn Tagen starb, betrachtete Rom den ägyptischen Thron als verfallen, erlaubte aber den Bürgern von Alexandreia, dessen »illegitimen« Vetter

Ptolemaios XII. Auletes zum König auf Abruf zu machen, während Auletes' jüngerer Bruder als König auf Kypros regierte.

Im Jahre 59 überredete Auletes den als Konsul amtierenden Caesar, ihm die Anerkennung des Königstitels durch Rom zu besorgen; das hinderte die Römer aber nicht, Kypros im folgenden Jahr zu annektieren. Die Beschaffung der Titelbestätigung hatte Auletes so viel gekostet, daß er außer Landes gehen mußte: er verbrachte die Jahre 58 und 57 in Rom und lebte davon, daß er beim Bankier Raberius Postumus Darlehen aufnahm; in Ägypten regierte unterdes als Gemahl der Auletes-Tochter Berenike der pontische Fürstenabkömmling Archelaos. Im Jahre 55 wurde Auletes von Pompeius' Freund Aulus Gabinius, dem Statthalter von Syrien, wieder auf den Thron erhoben, wofür Gabinius im Jahr darauf in Rom vor Gericht gestellt und verurteilt wurde. Dafür kam Raberius nach Ägypten und wurde Finanzminister (*dioikétes*); wahrscheinlich hat er in dieser Eigenschaft weniger die Krone als sich selbst bereichert.

Über die inneren Angelegenheiten Ägyptens in dieser Zeit ist nicht viel bekannt. Üppig dürfte das Leben nicht gewesen sein. Indes wurden viele Tempel gebaut, und es gibt keine Hinweise auf Unzufriedenheit oder Unruhen. Es scheint, daß der Bezirk Theben zu einer besonderen, mehr oder minder autonomen Gebietseinheit im Rahmen des Königreichs gemacht worden war; offenbar handelte der dort eingesetzte Statthalter Kallimachos in weitgehender Unabhängigkeit. Ob das ein Zeichen der Stärke oder der Schwäche der Staatsgewalt war, ist schwer zu sagen.

Ihrer romanhaften Aspekte wegen hat die letzte unabhängige königliche Regierung der Ptolemäerdynastie die größte Berühmtheit erlangt; in vieler Beziehung entzieht sie sich aber auch am meisten unserem Verständnis. Kleopatra VII. war Königin aus vollem eigenem Rechtsanspruch, auch wenn sie den Thron mit jüngeren Brüdern – zuerst mit dem einen, dann mit dem andern – teilte. Von ihrem Vater Auletes glaubte man, daß er ein »Bastard« war: seine Mutter wäre nicht die Schwester-Gemahlin Soters II., sondern – möglicherweise – eine griechische Kurtisane. Falls Kleopatras Mutter, was wahrscheinlich ist, eine Schwester des Auletes war, kann man hypothetisch berechnen, daß Kleopatra zur Hälfte Griechin, zu drei Achteln Makedonin und zu einem Achtel Iranierin war; von der einen Linie mag sie maßlosen Ehrgeiz und politische Begabung, von der anderen Charme und Verwandlungsfähigkeit geerbt haben. Sie soll sich mit unersättlicher Wißbegierde für alle wissenschaftlichen und technischen Dinge interessiert haben und ungewöhnlich sprachbegabt gewesen sein; von allen Ptolemäern war sie die erste, die Ägyptisch sprach. Sie hatte das Talent, zwei der bedeutendsten Römer ihrer Zeit zu unterhalten, zu beraten, ja auch zu beeinflussen und zu lenken. Zweimal wäre sie beinahe zur Königin der gesamten den Römern bekannten Welt geworden; einmal mißlang ihr das, weil Caesar ermordet wurde, das andere Mal, weil sich Antonius im Entscheidenden als unfähig erwies. Von beiden hatte sie Söhne. Caesars Sohn Caesarion machte sie zu ihrem Mitkönig in Ägypten: sie – Königin der Könige, er – König der Könige. Die Söhne des Antonius wurden auch Könige: von Armenien und von Syrien. Aus alledem ist natürlich nichts geworden; nur die Tochter, die sie Antonius gebar, wieder eine Kleopatra, hat den Königstitel noch zwei Menschenalter hindurch in der Familie erhalten – als Frau des Königs Juba von Mauretanien.

In der Regierungszeit Kleopatras (57–30) war es Ägypten zunächst noch möglich, sich durch den ersten Bürgerkrieg in einer mehr oder minder neutralen Haltung hindurchzulavieren. Es half Pompeius aber nicht allzusehr, und nach der Schlacht von Pharsalos sorgte Kleopatras Bruder Ptolemaios Dionysos für Pompeius' Ermordung. Kleopatra selbst war im Sommer 48 nicht in der Nähe: sie war geflohen, hatte arabische Söldnertruppen angeworben und versuchte, mit ihren Soldaten nach Alexandreia zu gelangen. Als Caesar in Ägypten eintraf, ließ sie sich insgeheim zu ihm bringen und gewann seine Unterstützung. Sie teilte mit ihm die Gefahren der Kämpfe um Alexandreia: die wenigen Truppen, über die die beiden verfügten, waren im Königspalast faktisch eingeschlossen und wurden belagert. Die Lage änderte sich erst, als Mithridates von Pergamon mit Verstärkungen eintraf. Dann folgte Kleopatra Caesar nach Rom; bis zu seinem Tod war sie eine wohlbekannte, wenn auch nicht beliebte Persönlichkeit der römischen Gesellschaft.

Nach den Iden des März 44 eilte sie mit Kaisarion nach Ägypten zurück. Den Erben Caesars kam sie bis nach Philippi in keiner Weise zu Hilfe; erst 41 traf sie in Tarsos mit Antonius zusammen und brachte ihn mit nach Ägypten. Zwischen 40 und 36 war Antonius weg, kam dann aber wieder und blieb. Während seiner Ostfeldzüge und bis zur Schlacht von Aktion war sie seine Beraterin, Helferin und Gefährtin.

Ob sie ihm wirklich half oder nicht viel eher im Wege stand, welche ehrgeizigen Pläne sie für ihn oder für sich selbst schmiedete, in welchem Maße sie und er sich von Gefühl oder Leidenschaft leiten ließen und in welchem Maße von Zwecküberlegungen und durchdachten Plänen: all diese Fragen waren schon im Altertum nicht zu beantworten und sind es heute noch weniger; das überlieferte Material ist zwar umfassend, aber auch von romantischer Verklärung und haßerfüllter Feindseligkeit durchtränkt. Zweifellos muß die gekoppelte Dionysos- und Isis-Rolle, die Antonius und Kleopatra und manchen ihrer Mitstreiter und Gefolgsleute lebenswahr oder wünschenswert vorkommen mochte, viele Römer und auch viele Griechen abgestoßen haben. Völlig ungeklärt bleibt Kleopatras Rolle in der Schlacht von Aktion. Sie befehligte persönlich das ägyptische Geschwader, und es heißt, sie habe das Zeichen zur Flucht gegeben. Freilich hatte sich auch Antonius' Flotte nicht allzu eifrig geschlagen, und seine Landtruppen waren kaum eingesetzt worden. Steckte hinter alledem Unfähigkeit oder Verrat?

Nur dies eine steht fest: die Schlacht wurde verloren, und Antonius und Kleopatra kehrten nach Alexandreia zurück. Im Sommer 30 folgte ihnen Octavianus; ohne Schwierigkeiten gelang es ihm, in Ägypten einzudringen und seine Feinde im Palast zu umzingeln. Antonius beging Selbstmord, kurz danach auch Kleopatra: sie ließ sich, so wird berichtet, durch den Biß einer Königsnatter töten, deren Gift dem Opfer die Unsterblichkeit verlieh. Octavianus wartete geduldig bis zum ägyptischen Neujahrstag (1. Thoth oder 29. August), und zur Feier des neuen Jahres erklärte er die Monarchie der Ptolemäer für erloschen.

Erst dann bekam die hellenistische Welt endlich den Frieden, den sie brauchte, um wieder zu Kräften zu kommen. Unter Augustus wurde die von Caesar zwischen 46 und 44 in Angriff genommene Politik verwirklicht. Das Imperium entwickelte eine nach objektiven Gesichtspunkten betriebene und für die eroberten Völker erträgliche Verwaltungspraxis; Handel, Gewerbe und Landwirtschaft konnten sich entfalten; die entvölkerten und zerstörten Städte wurden neu aufgebaut. Mit der ausgiebigen Verleihung des Bürgerrechts und dem Schrumpfen der Privilegien verschwand die Kluft zwischen Griechen und Römern. Während Rom jetzt zur unumstrittenen Hauptstadt wurde, begann für die großen Städte des Ostens eine neue Ära kultureller Blüte und materiellen Wohlstands. Es ist müßig, darüber zu spekulieren, was aus der hellenistischen Welt ohne Rom geworden wäre. Daß sie zwei Jahrhunderte lang gegen Rom hatte kämpfen müssen, wurde nicht nur für das Gepräge ihrer Politik und Wirtschaft bestimmend, sondern auch für ihre geistige, religiöse und künstlerische Entwicklung. Und am Ende war es ihr möglich, auch als Teil des Römischen Reiches ihre Schicksalssendung zu erfüllen. Das unerbittliche Ferment des Hellenismus wirkte weiter. Mit dem Ende des politischen Hellenismus begann eine neue Phase des Hellenismus in der Kultur.

Ethnischer und kultureller Schmelztiegel

Die hellenistische Welt, wie sie die Eroberungen Alexanders des Großen geschaffen hatten, war der Schauplatz des Zusammen- und Aufeinanderwirkens verschiedener Völker und Kulturen. Wenn sich das Endprodukt auch nicht vor dem Römischen Reich herausbildete, ja auch dann noch unvollkommen blieb, so war doch die Richtung, die der Prozeß nahm, schon unverkennbar: er brachte nach und nach eine homogene Bevölkerung hervor, die Griechisch sprach oder wenigstens verstand und an einer gemeinsamen Kultur teilhatte. Diese Kultur sollte nicht nur von Griechenland oder vom Orient ererbte Züge und Institutionen, sondern auch neue Elemente umfassen, die sich in ihrem eigenen Rahmen entwickelten und den Bedürfnissen ihres Wirkungsbereichs und des in ihm lebenden Volkes entsprachen. Tendenzen, die der Uniformität zuwiderliefen, partikularistische oder nationalistische Tendenzen kamen in den drei Jahrhunderten des Hellenismus nur in Juda zur Zeit der Makkabäer und – weniger ausgeprägt – in der iranischen Welt zum Vorschein, wo es Elamiter, Perser und am erfolgreichsten wohl Parther bis zur politischen Unabhängigkeit brachten, die in gewissem Umfang aus einem nationalen Kulturbewußtsein erwachsen war. Dem Einfluß des Hellenismus entgingen indes auch die Juden und die Iranier nicht; ebensowenig entging der Hellenismus dem ihrigen.

Der Prozeß der sozialen und kulturellen Begegnung und Berührung vollzog sich auf verschiedene Weise. Am offensichtlichsten und am weitesten bekannt war der kontinuierliche Auswandererstrom, der hellenisierte Makedonen und Griechen aus dem griechischen Mutterland und aus den Küstenstädten Thrakiens und Kleinasiens in die neuen Königreiche Asiens und Ägyptens und zu einer späteren Zeit auf nicht unähnliche Weise nach Italien brachte. Sie emigrierten in den verschiedensten beruflichen Funktionen: als Soldaten, Beamte, Techniker, Schriftsteller, Künstler, Geschäftsleute. Manche von ihnen gelangten an die Höfe der Könige oder Satrapen, als Protegés der Großen oder selbst schon als Große. Manche wurden zu ständigen Angehörigen der neuen stehenden Heere – sei es im Frontdienst, sei es in besonderen Militärsiedlungen – oder verdingten sich als Söldner auf Zeit. Viele siedelten sich in den neugegründeten Städten der Seleukiden oder in den Dörfern

Ägyptens an. Viele wurden reich, und manche blieben in den bescheidenen Lebensverhältnissen von Tagelöhnern oder Hausbediensteten. Sie alle aber waren in diesem oder jenem Maße Träger der griechischen Sprache und der griechischen Kultur, und sie alle lernten mancherlei von ihrer neuen Umgebung.

Am interessantesten und wichtigsten von diesen Vorgängen war die Gründung neuer Städte oder ländlicher hellenischer Kolonien. Allzu groß dürfte die Gesamtauswanderung der Makedonen nicht gewesen sein. Als Alexander starb, gab es in Asien wahrscheinlich nicht mehr als fünfundzwanzigtausend makedonische Soldaten; einige von ihnen kehrten mit Krateros und Antipater nach Makedonien zurück, und nach 321 kann es nicht mehr viele Neuauswanderer gegeben haben. Höchstens eine Handvoll makedonische Frauen können die Truppen begleitet haben; in der Regel heirateten die Soldaten asiatische Frauen. Die »Makedonen«, von denen im Laufe der drei folgenden Jahrhunderte in den hellenistischen Heeren die Rede ist, waren entweder Abkömmlinge dieser Mischehen oder lediglich nach makedonischem Vorbild ausgebildete, eingeteilte und bewaffnete Einheimische. Bedeutende Persönlichkeiten im Dienste der Könige – wie Aristodikides aus Assos bei Antiochos I., Apollonios und Zenon aus Kaunos bei Ptolemaios II. oder Aristolochos bei Seleukos IV. – waren gering an Zahl, mehr als wohlhabend und für die Bevölkerungsstruktur nicht charakteristisch. Die Söldner, die *milites gloriosi* der zeitgenössischen Bühnenstücke (Plautus!), kehrten gewöhnlich nach Ablauf ihrer Dienstzeit in ihre ursprüngliche Heimat zurück, mit Geld in der Tasche (aus Sold oder Beute) und mit einem Vorrat an Erzählungen und Anekdoten, von dem sie jahrelang zehren konnten. Blieben sie aber in Asien oder Ägypten, so nur aus einem Grund: weil sie in einer bereits gefestigten griechischen Gemeinde Aufnahme gefunden hatten.

Von den verschiedenen Typen dieser Gemeinden war bereits die Rede. Über das Werden von Neugründungen, wie Alexandreia in Ägypten, Antiocheia, Seleukeia, Apameia und Laodikeia in Nordsyrien oder Seleukeia in Babylonien, erfahren wir mancherlei aus Arrians Schilderung der Siedlungen Alexanders im Osten. Es fing an mit dem Bau der Stadtmauern und einiger wichtiger Gebäude und der Zusammenstellung einer griechisch-makedonischen Bürgerschaft aus allen verfügbaren Quellen, zum Teil wenigstens aus Veteranen oder Invaliden der Armee. Dann wurde eine freie einheimische Bevölkerung, die für das Wirtschaftsleben der Stadt zu sorgen hatte, herangezogen und durch Sklaven und landwirtschaftlich beschäftigte Leibeigene ergänzt. Die Einwohnerschaft setzte sich also – wie in früheren Zeiten in Athen und durchaus im Sinne des theoretischen Schemas in Platons Spätwerk »Die Gesetze« – aus drei verschiedenen Grundelementen zusammen. Nur in Ausnahmefällen jedoch hatten die ursprünglichen Bürger der neuen Städte griechische Frauen. Obgleich später zweifellos auch Griechinnen hereingeholt wurden, darf man annehmen, daß die im Hinblick auf die Bevölkerung von Antiocheia geprägte Bezeichnung »Halbbarbaren« *(mixobárbaros)* in diesem oder jenem Maße auf alle Städte dieser Art zutraf. Gelegentlich wurde die hellenische Anfangsbevölkerung mit Siedlern aus älteren Städten aufgefüllt. Zu einem späteren Zeitpunkt bedankte sich, wie schon erwähnt, Antiocheia in der Persis (wahrscheinlich in der Nähe von Buschir am Persischen Golf) bei der Stadt Magnesia am Mäander für die Überlassung »zahlreicher und ausgezeichneter Männer«; sicherlich waren diese Umsiedler mit Familien gekommen und hatten auf diese Weise das hellenische Element in der ethnischen Zusammensetzung der künftigen Bürgerschaft wesentlich gestärkt.

Anders lagen die Dinge, wenn eine kleinere Anzahl von Griechen in einer schon existierenden einheimischen Stadt angesiedelt wurde. Das galt von Orten wie Pergamon, Sardes, Magnesia am Sipylosgebirge und Tarsos. Von diesen Städten waren drei reine Verwaltungszentren von größerer Bedeutung, mit Garnison und Beamtenschaft; Tarsos dagegen muß bereits als dynastische Namensstadt (es wurde in Antiocheia umgetauft) Selbstverwaltungs- und Bürgerschaftseinrichtungen gehabt haben. In Magnesia wiederum waren nur einige Einheiten des regulären Feldheeres der Seleukiden stationiert: in einer Inschrift aus der Zeit Seleukos' II. heißt es, die Stadt Smyrna betrachte die Militärsiedler *(kátoikoi)* in Magnesia, »Reiterei und Fußvolk«, »diejenigen, die außerhalb der Stadt im Lager sind, und andere Bewohner«, als besonders verdienstvoll und zeichne sie durch Verleihung des Bürgerrechts aus. Diese Kátoikoi waren Angehörige der regulären Truppe, nicht etwa – wie die Kleruchen in Athen oder in Ägypten – ausgebildete Reservisten, die auf dem Lande saßen, Ackerparzellen bebauten und davon lebten. Daraus, daß die Kátoikoi in diesem Fall für die Unterstützung des Seleukos belohnt wurden, kann man schließen, daß sie bestimmte politische Funktionen verrichteten und auf die Dauer oder bis auf weiteres in der Stadt verbleiben sollten; mit Sicherheit hatten sie Frauen und Kinder – ob griechischer oder nichtgriechischer Abstammung – bei sich. In all solchen Fällen entwickelten sich die ursprünglich einheimischen Gemeinden im Laufe der hellenistischen Zeit zu griechischen Städten von normalem Aussehen und üblicher Struktur: mit gewählter Stadtexekutive und gewähltem Rat, einer regulären Bürgerversammlung, Gerichten und sonstigen typischen Institutionen der Polis.

Äußerlich unterschiedlich war die Situation in Ägypten: da Ägypten kein Land der Städte war, lebten die Griechen, Soldaten und Zivilisten auf dem flachen Lande in Dorfgemeinden. Der demographische Vorgang war aber der gleiche. Einige dieser Griechen hatten griechische Frauen, die meisten jedoch heirateten Ägypterinnen und bildeten soziale und religiöse Gemeinschaften, deren konstituierendes Merkmal nicht die Dorfgemarkung, sondern die ethnische Zusammensetzung war. Politisch betätigten sie sich nicht, in jeder anderen Beziehung aber lebten sie weitgehend so wie die Griechen in den neuen Städten: mit eigenen Schulen, Festlichkeiten, Klubs und gesellschaftlichen Veranstaltungen. Ebenso wie die Städter, verbreiteten sie die griechische Sprache und Kultur, doch nahmen sie auch Verhaltensweisen der Einheimischen an, vor allem in der Sphäre der Religion. Sie mochten zwar den Kult der griechischen Gottheiten, die sie mitgebracht hatten, aufrechterhalten, aber als Heiden beteten sie auch die lokalen Götter des Landes, in dem sie lebten, an; daneben waren sie – wie auch sonst in der hellenistischen Welt – die Träger des Kults der jeweiligen Dynastie, ob in organisierter und vorgeschriebener Form oder auf freiwilliger, nicht genau festgelegter Grundlage. Mit jeder neuen Mischehengeneration verwässerte sich immer mehr die hellenische Abstammung.

Es gab freilich noch andere Konstellationen. Nicht alle neuen Städte waren hellenisch. Dura-Europos am mittleren Lauf des Euphrats, eine Festungsstadt, die wir fast ausschließlich aus Ausgrabungen der Französischen Akademie und der Yale-Universität (1922–1937) kennen, wurde nicht von Griechen, sondern von Makedonen besiedelt, und wenn der Kern der Bürgerschaft trotz vielen Mischehen mit Aramäerinnen fünfhundert Jahre lang seine charakteristischen Merkmale behielt, so waren die städtischen Institutionen doch nicht die einer griechischen Stadt. An der Spitze der Gemeinde stand ein erblicher oder gewählter General, und es gab keines der normalen griechischen Stadtämter, keinen Rat, kein Gymnasium, kein Theater. Dennoch blieb das Erziehungswesen griechisch, und das griechische oder hellenistische Rechtssystem wurde mit Archivbeamten und Richtern beibehalten.

Hand in Hand mit der Ansiedlung von Griechen in der neuen Welt der Eroberungen Alexanders und mit all ihren Ausstrahlungen nach innen und nach außen ging die Hellenisierung der iranischen, semitischen und ägyptischen Eingeborenen der neuen Länder vor sich. Nach dem Vorbild Alexanders beschäftigten sowohl die Seleukiden als auch die Ptolemäer von Anfang an zahlreiche Einheimische in verantwortlichen Positionen, nicht nur in der unteren Verwaltungsebene, in der die meisten, wenn nicht gar alle früheren Amtsträger wegen ihrer Vertrautheit mit der Sprache und den Landessitten in ihren Ämtern belassen wurden. Im allgemeinen waren die höchsten Positionen der Militär- und Finanzverwaltung Makedonen oder Griechen vorbehalten, und da sie keine Neigung verspürten, neue Sprachen zu erlernen, mußten ihre Untergebenen hellenisiert werden; das bedeutete mehr, als daß sie bloß Griechisch sprechen lernten. Der Autor eines in gutem Griechisch geschriebenen Briefes im Archiv des Zenon von Kaunos beklagt sich über ungerechte Behandlung und Benachteiligung, »weil ich mich nicht zu hellenisieren verstehe«. Dabei war der Briefschreiber offenbar einer der bewährten Vertrauensleute Zenons in Syrien, anscheinend ein Aramäer (ganz genau läßt sich der Name nicht entziffern). Er hatte keine griechische Erziehung genossen und wohl auch nicht die Manieren der Griechen angenommen, und sie akzeptierten ihn nicht als ihresgleichen.

Im großen und ganzen vollzog sich der Hellenisierungsprozeß auch in den kleineren Staaten, in Pergamon und vor allem in Bithynien, Pontos und Kappadokien, wo die herrschenden Familien und ihre adlige Umgebung (die »Freunde und Verwandten«) zunächst zweisprachig wurden und in den späteren Generationen zweifellos nur noch Griechisch sprachen; Attalos II. und Ariarathes V. studierten zusammen in Athen beim Akademiephilosophen Karneades. In der späten Ptolemäerzeit waren viele hohe Posten in den Händen von Trägern ägyptischer Namen, die wohl keineswegs griechischer Abstammung waren; man kann sich schwer vorstellen, daß ein Mann wie Paos, der unter Euergetes II. dem Bezirk von Theben vorstand und viele griechische Militärs und Zivilbeamte unter sich hatte, von Griechen und Makedonen nicht als voll hellenisiert angesehen wurde. In hundert Jahren mußte sich vieles geändert haben.

Der Angleichungsprozeß ging mit der Zeit noch tiefer. Es ist nicht zu bezweifeln, daß ein erheblicher Teil der einheimischen Bevölkerung solcher Städte wie Tarsos nach und nach mit dem Kern der ursprünglichen Bürgerschaft verschmolz und am Ende von ihr nicht mehr zu unterscheiden war. Viele Intellektuelle und viele reiche Leute wurden griechisch erzogen: Schriftsteller wie Manetho in Ägypten und Berossos in Babylonien waren keine Ausnahmen. Liberalismus, Rationalismus, griechischer Frohsinn und griechische Begeisterungsfähigkeit strahlten deswegen eine so große Anziehungskraft aus, weil sie die Kultur der herrschenden Klasse waren. Nicht nur bemächtigten sich neue Ideen des Geisteslebens der Einheimischen; jede fremde Stadt wollte zur Polis werden, wenigstens in den äußeren Erscheinungsformen, vielleicht aber auch in der inneren Haltung. Als unter Antiochos IV. aus Babylon und Jerusalem je ein Antiocheia wurde, kam darin nur die allgemeine Grundtendenz zum Ausdruck. Gewiß schwemmte in Juda eine religiös-nationalistische Bewegung vieles von den Oberflächenzügen der griechischen Kultur hinweg, aber die jüdische Monarchie, die um diese Zeit entstand, war in Form und Inhalt typisch hellenistisch; namentlich Alexander Iannaios führte gegen die Pharisäer den gleichen Kampf, den die Seleukiden gegen deren Vorläufer, die Chassidim, geführt hatten.

Auch waren die Griechen und Makedonen nicht die einzigen, die aus ihrer Heimat auswanderten. Viele Menschen, die von der Peripherie der ägäischen Welt stammten, rückten nun in dieser oder jener Eigenschaft in ihr Zentrum. Die hellenistischen Heere waren mit Fremden durchsetzt. Aus Europa kamen Thraker, Traller, Paioner, Agrianer, Epiroten, Illyrer, Skythen, Sarmaten. Aus Kleinasien rückten näher Bithynier, Mysier, Lyder, Karer, Lyker, Pamphyler, Pisider, Kiliker, Phryger und Menschen aus Paphlagonien, Pontos und Kappadokien. Ihr Militärdienst, ihre Wanderungen im Kriegsdienst und in vielen Fällen auch ihre spätere Heimkehr waren wesentliche Faktoren der Hellenisierung ihrer anatolischen Heimatländer. Kelten kamen sowohl aus Thrakien (aus dem Königreich Tylis) als auch aus dem kleinasiatischen Galatien. Ganz selbstverständlich dienten Phöniker in den Flotten und Syrer in den Heeren; sie gehörten zur hellenistischen Welt. Zu ihr gehörten auch, nicht ganz so eng, die Juden; außerhalb blieben weitgehend Idumäer und Araber. Neben Medern, Persern und Babyloniern, die einen integrierenden Bestandteil des Seleukidenreichs bildeten, standen im Dienst der Seleukiden viele Inder, vor allem als Dresseure und Treiber indischer und afrikanischer Kriegselefanten. Aus dem Süden strömten Libyer, Äthiopier, Blemmyer, Nubier und andere herbei, aus dem Westen neben Griechen aus dem eigentlichen Griechenland Iapygier, Kampaner, Lukaner, Etrusker und in der Spätzeit hin und wieder auch Römer.

Von geringerem Umfang, aber größerem Gewicht war der Zustrom fremder Handelsleute. Das lebendigste Bild vermitteln hier die Inschriften in Delos aus der Zeit, in der es athenische Kolonie und römischer Freihafen war (168–88). Zu der großen Zahl römischer und italischer Kaufleute, die in Delos lebten und Handel trieben, gesellten sich Griechen aus der gesamten hellenistischen Welt, vor allem viele Griechen aus Alexandreia, aber auch Syrer und Phöniker, Nabatäer, Minäer und Gerrhäer, die ihre fernöstlichen Handelsinteressen mitbrachten, in erster Linie den Handel mit Gewürzen und Weihrauch zur Deckung des Haushaltsbedarfs und des besonders großen Bedarfs der Kultstätten. Manche dieser Waren (Pfeffer!) stammten aus Indien und erreichten die hellenistische Welt entweder auf dem Landweg oder auf dem Seeweg bis zum Persischen Golf oder bis Südarabien, von wo sie mit arabischem Weihrauch und arabischer Myrrhe die Karawanenwanderung nach den Absatz- oder Transitpunkten in Palästina oder im Ammoniterland antraten.

In dem Maße, wie sich Italien und namentlich die Stadt Rom im Laufe des 2. Jahrhunderts v. Chr. an der Beute aus dem Osten und dem Westen bereicherten, wurden sie zu den wichtigsten Absatzmärkten für die Waren des hellenistischen und des noch ferneren Ostens, und Handelsleute und Bankiers aus dem Osten begannen sich in Italien und in Rom niederzulassen. Das war bereits eine Gegenbewegung, der ein Zug römischer und italischer Bankiers nach dem Osten vorausgegangen war; sie war weniger umfangreich, trug aber nicht wenig zur Ausbreitung des Hellenismus bei. Schon in früheren Zeiten hatte der Osten, hatte besonders Griechenland einen beträchtlichen Einfluß auf Rom und Italien ausgeübt: teils direkt, teils über die griechischen Städte Siziliens und Süditaliens, teils über die Etrusker. Nun kam das neue Phänomen, der sozusagen hellenistische Hellenismus mit seinen vielfältigen Einwirkungen. Nachweisbar beeinflußten griechische Ideen und Vorbilder die Literatur, die Religion, das Recht Roms. Ununterbrochen kamen Abgesandte der Städte und Könige der hellenistischen Welt und hinterließen einen bleibenden Eindruck; ein charakteristisches Beispiel war der bereits gestreifte sensationelle Besuch der Häupter der attischen philosophischen Schulen Karneades, Kritolaos und Diogenes im Jahre 155. Als Besucher, Lehrer oder Spezialisten strömten nach Rom griechische Gelehrte, Künstler, Gewerbetreibende, Kaufleute, Finanziers.

Freilich war Rom gegenüber Menschen, die nicht römische Bürger waren, nicht immer sehr gastfreundlich. Der freiwillige Zustrom aus dem Osten kann also, so bedeutsam er sein mochte, zahlenmäßig nicht sehr groß gewesen sein – bis zum Anfang des 1. vorchristlichen Jahrhunderts. Ganz anders wurde es mit der Auflösung der Handelskolonie in Delos im Jahre 88. Zu Hauptknotenpunkten des Ost-West-Handels wurden die Häfen Italiens, vor allem Puteoli in der Campania. In diesen Hafenstädten konzentrierten sich zahlreiche phönikische und arabische Händler, die in enger Verbindung mit ihren Heimatländern blieben. Gegen Ende der hellenistischen Periode hatte sich in Italien eine bedeutende jüdische Kolonie gebildet, die auch in Rom selbst stark vertreten war. Nicht zuletzt daraus erklärt sich die rapide Ausbreitung des Christentums in der Stadt der Cäsaren.

Sklaverei als Hellenisierungsmittel

Der Massenandrang der Fremden kam indes nicht nur aus freiwilliger Zuwanderung. Die meisten Griechen, Orientalen und anderen Hellenisierten, die in Rom und Italien blieben, wurden als Sklaven hereingebracht, wie auch ursprünglich große Scharen von Skythen, Thrakern, Kelten, Anatoliern und Semiten in die Zone des Ägäischen Meeres und dann in die hellenistische Welt im weiteren Sinne als Sklaven gekommen waren. Sowohl im Osten als auch im Westen blieben diese Menschen und gegebenenfalls ihre Nachkommen auf die Dauer: sei es als Sklaven, sei es als Freigelassene. Der einzige Unterschied zwischen den beiden Regionen bestand darin, daß freigelassene Sklaven im griechischen Bereich die Rechtsstellung von Metoiken erhielten, während freigelassene Sklaven in Rom römische Bürger wurden und Schritt für Schritt von *liberti* zu *liberi* aufsteigen konnten; nach einigen Generationen konnte ihre Abkunft von Sklaven völlig vergessen sein.

Für keine Periode des Altertums liegen zuverlässige Statistiken über die Sklaverei vor – außer für kleine Einzelbereiche. Zweifellos aber war die Sklaverei in der griechischen und hellenistischen Welt als normale und unumstrittene Daseinssphäre akzeptiert, und die Zahl der Sklaven war sehr hoch. Aufschlußreich in dieser Beziehung ist Plautus' Bühnenstück »Gefangene«, dessen Held, der Sohn des Aitolers Hegio, von einem entlaufenen Sklaven entführt, über den Golf von Korinth nach Elis gebracht und in die Sklaverei verkauft wird; der junge Mann, der von seiner Abstammung nichts weiß, begleitet seinen jungen Herrn auf einem Feldzug gegen die Aitoler. Vielleicht hatte Plautus das Jahr 241 im Auge, in dem Elis Phigaleia an die Aitoler verlor; in jedem Fall muß es sich um die Zeit vor dem Anschluß Elis' an den Aitolischen Bund gehandelt haben. Die jungen Leute, Herr und Sklave, werden gefangengenommen und auf den Sklavenmarkt gebracht. Hegio, der nach seinem verlorenen Sohn fahndet, kauft sie, ohne zu wissen, wer von den beiden vorher frei und wer Sklave war. Um ihn irrezuführen, vertauschen sie die Rollen. Alles geht gut aus: die Gefangenen geben sich zu erkennen und bekommen ihre Freiheit wieder. Interessant und lehrreich ist die Moral, die Hegios Verwalter, selbst Sklave oder Freigelassener, den jungen Leuten serviert: »Wenn es die unsterblichen Götter gewollt haben, daß ihr dies Mißgeschick erleidet, so gehört es sich, daß ihr es mit Gleichmut tragt; tut ihr das, so wird euch eure Arbeit leichter fallen. Daheim seid ihr, dünkt mich, frei gewesen; widerfährt euch jetzt das Sklavendasein, so erfordern es die guten Sitten, daß ihr euch diesem Dasein und der Befehlsgewalt des Herrn anpaßt und so dank eurer eigenen Einsicht die Sklaverei mildert.«

Natürlich entsprach diese Moral dem Interesse des Sklavenbesitzers. Der Sklave, das »lebende Werkzeug« des Aristoteles, war nur von Nutzen, solange er willig blieb. Nach der Lehre der Stoiker war aber die Sklaverei gleichwohl nur etwas Äußerliches, eine für das wirkliche Wesen des Menschen, die Seele, gleichgültige Daseinsbedingung. Wirklich war Sklave, wem es an Weisheit fehlte; nur der Weise, was immer seine Rechtsstellung sein mochte, konnte frei sein. Sieht man von der philosophischen Begründung dieser Haltung ab, so erklärt sich ihre gesellschaftliche Geltung daraus, daß die Sklaverei einerseits etwas Alltägliches, anderseits etwas Unvorhersehbares war, ein Zustand, in den ein jeder jederzeit geraten konnte. Platon und Aristoteles glaubten, mit der Forderung, daß kein Grieche Sklave sein sollte, den Nutzen der Sklaverei erhalten und ihre Anstößigkeit beseitigen zu können; nur »Barbaren« sollten Sklaven sein.

Wer aber war Grieche und wer Barbar? Isokrates wollte nicht mehr die Herkunft, sondern nur noch die Kultur als Unterscheidungsmerkmal gelten lassen. In der hellenistischen Periode, in der die griechische Kultur in gewissem Sinne universal wurde und außerhalb der wenigen alten hellenischen Zentren kaum jemand sich auf Reinheit der Abstammung berufen konnte, kam diese Vorstellung zu voller Entfaltung.

Unter den hellenistischen Reichen nahm Ägypten eine Sonderstellung ein. Gewiß gab es in Alexandreia zahlreiche Sklaven aus allen Himmelsrichtungen. Aber das eigentliche Ägypten kannte sie kaum; die wenigen, die es gab, waren persönliche Bedienstete oder Konkubinen von Angehörigen des griechischen und makedonischen Militär- oder Zivilpersonals. Ägypter durften nicht zu Sklaven gemacht werden; denkbar war allerdings ein Verkauf in die Sklaverei zur Abgeltung von Schulden, aber positiv belegt ist kein einziger Fall dieser Art. Ähnlich hat Ptolemaios II. in einem Edikt, das sich auf einem Wiener Papyrus erhalten hat, verfügt, daß kein Palästinenser versklavt werden durfte; alle palästinensischen Sklaven mußten sofort gemeldet und freigelassen werden; ausgenommen waren nur Frauen, die als Konkubinen von Soldaten galten. Vermutlich trachteten auch die anderen hellenistischen Königreiche danach, ihre Bauern und Arbeiter nicht in die Hände von Sklavenhändlern fallen zu lassen, und wahrscheinlich hatten sie damit vor dem Einbruch der Römer und ihrer Sklavenlieferanten, der Seeräuber, gute Erfolge; als dieser Einbruch begann, führte König Nikomedes von Bithynien in Rom Klage darüber, daß die Hälfte seiner Untertanen entführt und in die Sklaverei verkauft worden sei.

Außerhalb der eigentlichen hellenistischen Königreiche blühte das Geschäft des Menschenentführers oder Sklavenverkäufers wie eh und je: viele Kinder wurden von den eigenen Eltern als Sklaven verkauft, und ebenso verkauften wohl lokale Häuptlinge und Herrscher unbequeme Untertanen oder unwillkommene Besucher. Besonders aktiv war der Sklavenhandel in der Schwarzmeerregion und – etwas weniger – im Süden und im Osten (Babylonier und Neger erbrachten als Sklaven recht hohe Preise). Immer war der Krieg eine ergiebige Quelle von Sklavenlieferungen: gemeinhin war Sklaverei das Schicksal der Kriegsgefangenen; diese Begleiterscheinung des Krieges, die sich im 3. Jahrhundert noch unter der Oberfläche hielt, nahm von dem Augenblick an, da die Heere Roms im Orient erschienen, grausame Ausmaße an.

Seit dem Ersten Makedonischen Krieg legten die Römer schonungslose Erwerbsgier an den Tag, die nicht nur gefangene Soldaten, sondern auch die Bevölkerung der von ihnen besetzten Städte traf. Daß Lucius Aemilius Paullus im Jahre 167 hundertfünfzigtausend Epiroten als Sklaven davonführte, entsprach durchaus normalen römischen Vorstellungen. Auch solche Zahlen reichten aber nicht zur Deckung des wachsenden römischen Luxusbedarfs und der Nachfrage der marktorientierten römischen Landwirtschaft. In der Zeit der Seeräuberüberfälle, da kein Schiff und keine Küstenstadt vor Piraten sicher war, brüstete sich Delos, daß über seine Auktionsstände an einem einzigen Tag zehntausend Sklaven abgesetzt werden konnten.

Wichtiger als die humanitäre und wirtschaftliche ist in unserem Zusammenhang die soziologische und bevölkerungspolitische Seite der Sklaverei. Daß der Massenzustrom fremder Sklaven den Fortgang der Hellenisierung beschleunigen mußte, versteht sich fast von selbst. Mit Ausnahme der Bergwerke, in denen widerspenstige Sklaven Seite an Seite mit Verbrechern unter so harten Bedingungen arbeiten mußten, daß sie kaum wenige Jahre überstanden, gaben alle Betriebe, die Sklaven beschäftigten, den fremden Arbeitskräften nicht nur die beste Gelegenheit zur Hellenisierung, sondern sie verlangten sie auch von ihnen; das galt für die Landwirtschaft ebenso wie für die städtischen Gewerbe und den Privathaushalt. Am meisten wurden unter den Sklaven wohl die Griechen begünstigt, aber auch viele junge, intelligente und anziehende »Barbaren« wurden von ihren Herren so gut ausgebildet und in so nützlichen Funktionen beschäftigt, daß sie am Ende die Möglichkeit erlangten, zu heiraten, bezahlte Stellungen anzunehmen, sich loszukaufen und im Gefolge ihrer früheren Besitzer in die Kategorie eingereiht zu werden, die die Römer »Klienten« nannten; in »Die Gesetze« beschreibt Platon eine ähnliche Institution, und man darf annehmen, daß er sein Bild dem griechischen Alltag entlehnt hatte.

Weinkelter mit Maischstein und Mostgruben
im hellenistischen Teil der griechischen Kolonie Mirmekion auf der Krim, 2. Jahrhundert v. Chr.

Wurfmunition aus den Arsenalen der Burg von Pergamon in Mysien, 3. Jahrhundert v. Chr.

Nicht zu bezweifeln ist die Hellenisierung der einheimischen Frauen, die bei den Soldaten der hellenistischen Armeen die Doppelfunktion von Sklavinnen und Konkubinen verrichteten. Die berühmteste von ihnen, eine Syrerin namens Elaphion, von der zwei oberägyptische Papyri aus dem Jahre 285/284 berichten, scheint ein eigenes Vermittlungsbüro unterhalten zu haben, das die Soldaten zu hohen Preisen mit geeigneten Mädchen versorgte. Von einer streng moralischen Warte aus kann man über ein solches Geschäft gewiß die Nase rümpfen, aber so mancher Griechisch-Ägypter der späteren Zeit führte seinen Ursprung auf eine eheähnliche Verbindung dieser Art zurück.

Erfüllte die Sklaverei in der hellenistischen Welt eine zivilisierende Funktion, so galt das erst recht für Rom und Italien. Die Sklaven, die in hellen Scharen nach dem Westen gebracht wurden, waren entweder Griechen oder Hellenisierte. Wenn auch ihre genaue Zahl nicht feststellbar ist, muß sich die Einwanderung jährlich auf einige Hunderttausend belaufen und in den zweihundert Jahren von 229 bis 30 v. Chr. insgesamt mehrere Millionen, vielleicht sogar einige Dutzend Millionen ausgemacht haben. Die meisten von ihnen landeten nicht in den Latifundien Siziliens und Italiens, sondern wurden in die Städte und vor allem nach Rom gebracht; mit der Zeit bildeten sie – sei es als Sklaven, sei es als Freigelassene – einen beträchtlichen Teil der Stadtbevölkerung. Ohne Zweifel stellten sie einen großen Teil des Auditoriums, das sich an Plautus' und Terenz' hellenisierten Stücken erfreute, und – später – auch der Bürgerversammlung, die die Reformmaßnahmen der Gracchen unterstützte; den Gracchen selbst stand ein griechischer Philosoph aus der italienischen Stadt Cumae als Ratgeber zur Seite.

Das gewaltige Sklavenkontingent setzte sich durchaus nicht nur aus Frauen, Kindern und Männern ohne geistige Kultur zusammen. Viele Sklaven waren überdurchschnittlich gebildet, Ärzte, Wissenschaftler, Literaten, Philosophen; als solche unterhielten sie enge Beziehungen zu wohlhabenden Römern, pflegten mit manchen sogar vertrauten Umgang. Nicht wenige dürften Mitglieder des Kreises der Hellenophilen um den jüngeren Scipio und um Laelius gewesen sein, zu dem auch Polybios gehörte. Es war nur ein glücklicher Zufall, daß Polybios selbst als Geisel, nicht als Sklave nach Rom gebracht worden war; später blieb er als Freund der Römer in der Hauptstadt.

Solcherart waren die Mittel, mit denen sich der Hellenismus verbreitete: im Osten, im Süden und im Westen. Seine Träger waren Masseneinwanderung und ethnische Verschmelzung, Schule und erzieherische Einwirkung des Milieus. Das Resultat zeigte sich in erheblichen Fortschritten in der Richtung der Vereinheitlichung der Bevölkerung und Kultur im Nahen Osten und in der Herausbildung einer weithin verstandenen Sprache, des Umgangsgriechisch *(koiné)*, das sich neben dem Ägyptischen, dem Aramäischen, dem Iranischen und einer Anzahl lokal begrenzter Sprachen durchsetzte. Im Westen behielt Latein, die Sprache des erobernden Stammes, die Vorherrschaft, aber auch hier behauptete sich Griechisch in weitem Umkreis; die Kultur der Römer wurde von griechischen und hellenistischen Elementen so stark durchtränkt, daß man auf vielen Gebieten kaum noch feststellen kann, was an traditionell römischen Charakteristiken übriggeblieben war. Vergil konnte sich gerade noch auf Roms Begabung zum Erobern und Herrschen berufen, kaum aber auf etwas anderes, was sich hätte als charakteristisch römisch ansehen lassen.

Wirtschaft und Technik

Weniger Neuschöpfung und Erschließung neuer Bereiche des Wirtschaftens als Fortführung, Ausweitung und Beschleunigung der bereits funktionierenden überlieferten Verfahren kennzeichnen die Wirtschaft der hellenistischen Welt. Mit Schiffs- und Frachtverpfändung und Handelswechseln finanziert, hatte sich der griechische Handel schon vorher des gesamten Mittelmeergebietes bemächtigt. Die Handelsschiffe waren recht groß, die von ihnen beförderte Last erreichte bis zu tausend Tonnen, sie benutzten Rahsegel und orientierten sich bei der Seefahrt nach den Gestirnen. Der Schiffsverkehr beschränkte sich auf die Sommerzeit, in der die See friedlich und die Winde günstig waren; dafür konnten die Schiffe auch nachts segeln, sich auf festem Kurs halten und ziemliche Geschwindigkeiten erreichen. In den größeren Häfen fanden sie Anschluß an den Binnenverkehr, der sich – wie in Gallien, Südrußland und Ägypten – der Flüsse oder – wie im Osten – der Karawanenstraßen bediente. Große Handels- oder Reedereigesellschaften bildeten sich kaum, aber die Reeder und Kaufleute verfügten über ausgedehnte Handelsbeziehungen, und trotz der geringen Vielfalt der gehandelten Ware war das Geschäft lebhaft und umfangreich. Die Fracht bestand größtenteils aus Nahrungsmitteln und Rohstoffen, Metall, Holz, Steinen einerseits, aus nichtsperrigen Wertgegenständen anderseits: Metallgerät, Feinkeramik, Gold- und Silberwaren, Weihrauch, Elfenbein, Edelsteinen und Halbedelsteinen und vielleicht chinesischer Seide. Diese Zusammensetzung der Handelsumsätze blieb im 3. Jahrhundert bei steigendem Volumen im wesentlichen unverändert.

Die Großreiche Alexanders und der hellenistischen Monarchien hatten die den griechischen Kaufleuten bekannte und zugängliche Welt erheblich erweitert, aber sie nicht mit grundlegend neuen Produktionssphären in Berührung gebracht. Das britische Zinn, der baltische Bernstein, das mittelasiatische Gold, die chinesische Seide, die indischen und südarabischen Gewürze, das äthiopische Elfenbein und Ebenholz blieben weiterhin außer Reichweite, mußten in griechische Hände nach wie vor durch Vermittlung von Fremden gelangen. Der Zugang zu diesen wertvollen Dingen war leichter geworden, und man kam häufiger an sie heran; auch zu anderen Zwecken konnten die Griechen und ihre hellenisierten Partner nun weiter, schneller, bequemer und billiger reisen. In größeren Mengen erschien Weizen auf den ägäischen Märkten, seit Kleinasien, Syrien und vor allem Ägypten zu Getreidelieferanten geworden waren; Getreideknappheit stellte sich nur noch in Perioden politischer Spannung ein. Für Notzeiten speicherte Philipp V. Getreide in Lagerhäusern, und sicher war er nicht der einzige, der das tat.

Die umfangreiche Ausfuhr ägyptischen Papyrus führte unmittelbar zur Errichtung von Staats- und Amtsarchiven und von privaten und öffentlichen Büchereien im weitesten Umkreis. Feine Woll- oder Leinenstoffe und Kleidung, bestickt oder mit Purpur oder auch weniger kostbaren Farben gefärbt, wurden in beachtlichen Mengen aus den Küstenstädten Ägyptens, Anatoliens und Phönikiens auf den Markt gebracht, und bald kamen auch Erzeugnisse einer einheimischen Seidenindustrie in Kos und der Levante hinzu. Gefäße aus Gold und Silber traten den Tongefäßen zur Seite und gaben den Anstoß zu neuen Keramikstilen, dem megarischen und dem samischen, mit Reliefverzierungen und in braunen oder grauen Farben, mit denen die Farbtöne von Bronze, Silber und Gold nachgeahmt wurden. Glaserzeugnisse – Perlen, Krüge, Schüsseln, Vasen – wurden, oft in leuchtenden Farben, in Ägypten und Syrien und zuletzt auch in Italien in großen Mengen hergestellt, vor allem seit sich im 1. vorchristlichen Jahrhundert die Technik der Glasbläserei herausgebildet hatte.

Das Angebot an Sklaven war in der ersten Hälfte der hellenistischen Zeit nicht allzu groß, weil alle Staaten ihre Untertanen vor den Sklavenhändlern zu schützen suchten; erst nach Pydna füllten sich die Sklavenmärkte; Hauptbestimmungsland war Italien. Arbeitslosigkeit wird in den Quellen ebensowenig erwähnt wie Überproduktion, und bisweilen waren – wie im Fayûm in Ägypten um 257 – die Arbeitskräfte knapp. Kinder wurden regelmäßig als Lehrlinge beschäftigt. Arbeitsparende Vorkehrungen waren selten, wenn auch zum Wasserschöpfen die Archimedische Schraube als erstes Schöpfrad eingeführt wurde. Im Gebrauch waren die handbetriebene Drehbank, die Töpferscheibe, der Webstuhl, die Axt. Es gab viel eintönige Mühsal, und die Arbeitszeit war lang, aber wahrscheinlich arbeitete niemand – außer in den Bergwerken, wo die Arbeit unmenschlich war – besonders schwer. Und es wurden viele religiöse Feiertage – ob dynastischen oder sonstigen Ursprungs – streng eingehalten.

Der hellenistische Handel wurde durch Politik mehr beeinflußt als durch Technik in der Produktion. Fortschritte der Physik, der Mathematik und bis zu einem gewissen Grade auch der Chemie führten zu Verbesserungen auf dem Gebiet der Kriegsmaschinen und des Schiffbaus und zur Konstruktion von Phantasiegeräten, mit denen man Könige oder sonstige reiche Kunden unterhalten oder faszinieren konnte; sie fanden aber keine direkte Anwendung auf die gewerbliche Arbeit. Belagerungsmaschinen und mit der Torsionselastizität gewundenen Frauenhaars ihre Geschosse schleudernde Wurfgeräte erreichten einen hohen Grad der Vervollkommnung in den Heeren Alexanders und der hellenistischen Könige. Eine fünfzig Pfund schwere Steinkugel konnte mit solchen Wurfmaschinen hundertfünfzig Meter weit geschleudert werden. Am bemerkenswertesten war die große Helepolis (»Stadtnehmerin«), die für Demetrios Poliorketes bei der Belagerung von Rhodos gebaut wurde: ein dreiunddreißig Meter hoher gepanzerter Holzturm auf acht hölzernen Rädern und einem Drehgestell, das von einer dreitausendvierhundertköpfigen Bedienungsmannschaft in jede gewünschte Richtung gedreht werden konnte. Der Turm hatte neun durch breite Treppen verbundene Stockwerke, von denen jedes mit überdachten Schießständen für Wurfgeschosse oder Widder versehen war. Das Dach des Turmes, hoch über den Mauern der belagerten Stadt, bildete eine quadratische Plattform von hundert Quadratmetern. Für die damalige Zeit war die Helepolis ein Wunderwerk, das Demetrios fast den Sieg sicherte, aber sie war primitiv konstruiert und ein Schulbeispiel dafür, warum ein Maschinenzeitalter noch nicht möglich war.

Die Metallverhüttung war in embryonalem Zustand: nur unregelmäßig und in unzureichender Qualität konnten Gußeisenplatten und nur für bestimmte Zwecke brauchbare Legierungen hergestellt werden. Gezogener Draht war ebenso unbekannt wie Metallbolzen und Metallschrauben; Eisennägel waren primitiv. Die Holzbearbeitungstechnik gestattete Hartholzverwendung nur in geringem Maße, und die Herstellung feiner

Fourniere war unbekannt. Es gab keine Kugellager, keine Sprungfedern, keine guten Klebstoffe, Seile oder Bindfäden, keine echten Schmiermittel. Soda und Öl wurden zwar zur Reinigung von Stoffen benutzt, aber Seife blieb dennoch unentdeckt. Mit dem Zahnradgetriebe, ja sogar mit dem Flaschenzug wußte man nicht viel anzufangen. Unter solchen Umständen blieben die Maschinen, sogar die von Heron aus Alexandreia (der wohl eher in römischer als in hellenistischer Zeit lebte) erfundene Dampfmaschine nur Spielzeug.

Dafür konnten aber größere Schiffe als je zuvor gebaut werden. Bei der Belagerung von Syrakus (213–211) erfand Archimedes viele nützliche Geräte, die sich gegen die Römer verwenden ließen; ob er wirklich Maschinen der Römer mit Hilfe von Brennspiegeln in Brand gesteckt hat, mag dahingestellt bleiben. Längst überholt waren die athenischen Trieren der klassischen Zeit: ihre drei übereinandergeordneten Rudererreihen waren plump und langsam und verlangten von der Mannschaft viel Können und Muskelkraft; sie konnten nur wenig kämpfendes Personal befördern und dienten hauptsächlich zum Rammen gegnerischer Schiffe. Eine wichtige Neuerung stammte von Dionysios I. von Syrakus (405–367): größere Schiffe mit von je vier oder fünf Ruderern bedienten langen Rudern; sie konnten mehr Soldaten transportieren. Davon ließen sich Antigonos I., Demetrios Poliorketes und ihre Nachfolger im 3. Jahrhundert inspirieren: sie bauten immer größere Kampfschiffe mit immer mehr Ruderern und Kampfpersonal, bis schließlich Ptolemaios IV. mit einem kolossalen »Vierzigerschiff« übers Ziel schoß. Sein Schiff war hundertzwanzig Meter lang und fünfzehn Meter breit, Bug und Heck ragten dreiundzwanzig Meter über dem Wasserspiegel auf, und seine Rudermannschaft bestand aus viertausend Mann. Die Größe dieses Ungetüms machte es nutzlos. Für seine privaten Fahrten auf dem Nil hatte derselbe Ptolemaios ein riesiges Hausboot bauen lassen, das eine luxuriöse königliche Villa faßte.

Es ist möglich, daß auch die hellenistische Palastbaukunst gegenüber früheren Zeiten technische Fortschritte aufzuweisen hatte, zum Beispiel von Winkelbalken getragene Balkone, wie man sie in späteren Fresken und Mosaiken sehen kann; Material darüber gibt es kaum. Wesentlich Neues zeigen weder die Attalidenpaläste in Pergamon noch so grandiose, wenn auch vergängliche Bauten wie der Scheiterhaufen des Hephaistion oder der Bestattungswagen des Alexander.

Sogar in der Entwicklung neuer Handelswege hat sich die hellenistische Zeit nicht besonders hervorgetan. Von systematischem Straßenbau wissen wir nichts. Die Verkehrswege und Häfen des Mittelmeers blieben, was sie vorher gewesen; was neu war, stammte von Alexander: die lange Mole, die Alexandreia mit der Insel Pharos verbindet, oder der von Sostratos aus Knidos erbaute, fast hundert Meter hohe Leuchtturm auf Pharos. Vielleicht diente als Leuchtturm auch der Koloß von Rhodos, die große, über der Einfahrt zum Hafen thronende Standsäule des Helios, aber jedenfalls stürzte die Säule beim großen Erdbeben um 228 ein und wurde nie wieder aufgebaut. Auch unter den Königen gab es nur wenige, die für solche Bauten genug Reichtum und Phantasie aufgebracht hätten; den in der Perserzeit gebauten großen Kanal zwischen dem Nil und dem Roten Meer ließen die baufreudigen Ptolemäer versanden.

Neues wurde nur gefunden oder erfunden, wenn die Wirtschaft schwer gefährdet war. Solange die Ptolemäer Palästina in der Hand hatten, also bis zum Ausgang des 3. Jahrhunderts, beherrschten sie die Südstraßen nach dem Osten und die von Nabatäern und Gerrhäern gepflegten Wege nach dem Süden, die einzigen Transportlinien also, über die Gewürze und Weihrauch, Gold, Elfenbein und Sklaven nach dem Mittelmeer gebracht wurden. Nach der Schlacht von Paneion (199) gerieten diese Verkehrswege in den Herrschaftsbereich der Seleukiden. Es war eine sehr beachtliche Leistung des von den griechischen Historikern verachteten und verspotteten »Schmerbauchs« Ptolemaios VIII. Euergetes II., daß er den Schaden reparierte, indem er den Seeweg nach dem Osten über Koptos und den Hafen Berenike am Roten Meer dem Handelsverkehr erschloß. Er ernannte einen Admiral, der über »das Rote und das Indische Meer« zu regieren und die Benutzung des neuen Weges zu fördern hatte. Zwei überaus nutzbringende Reisen des Eudoxos aus Kyzikos schufen die Voraussetzungen, von denen aus Hippalos die Südwestmonsune entdecken und systematisch studieren konnte; erst damit wurde der Handel mit Indien auf einem bequemen und sicheren Weg möglich. Sehr groß ist er offenbar trotzdem nicht gewesen, denn es haben sich in Südarabien und Indien nur wenige ptolemäische Münzen gefunden. Auf ähnliche Weise gab die Besetzung der nordsyrischen Steppe durch die Parther in der hellenistischen Spätzeit den Anstoß zum Ausbau einer südlichen Verkehrsstraße über Palmyra.

Vom Ende des 4. Jahrhunderts an zerfiel die Mittelmeerwelt etwa hundert Jahre lang in zwei durch konkurrierende Währungssysteme getrennte Wirtschaftssphären. Die Seleukiden prägten ihre Münzen mit demselben Feingehalt wie Philipp II., Alexander und Lysimachos, was der alten Norm Attikas entsprach. Dagegen entschloß sich Ptolemaios I. zu dem in Phönikien und im phönikischen Westen üblichen niedrigeren Metallgehalt. Griechenland, das Ägäische und das Schwarze Meer gehörten wirtschaftlich zur Freihandelszone der griechischen Städte, von denen zwar einige zeitweilig von den Seleukiden, den Attaliden, den Ptolemäern oder anderen hellenistischen Dynastien politisch beherrscht wurden, die aber alle frei von jeglicher Wirtschaftskontrolle blieben. Aber das südliche und das westliche Mittelmeer waren im Besitz der Ptolemäer, die ihre Kaufleute mit Hilfe eines engmaschigen Systems von Export- und Importgenehmigungen und Währungsbeschränkungen unter ständiger Aufsicht hielten, wenn sie nicht gar selbst Warenaustausch und Warenbeförderung übernahmen und von ihren Bediensteten besorgen ließen.

Wie das staatliche Außenhandelsmonopol der Ptolemäer funktionierte, wissen wir nur aus wenigen Papyrusbriefen; daß aber der Handel mit dem Westen für die Ptolemäerwirtschaft von entscheidender Bedeutung war, zeigte sich, als der Zweite Punische Krieg ihn unterband und Ägypten in geradezu ruinösem Ausmaß von Inflation und Aufständen heimgesucht wurde. Die günstigen Bedingungen der Anfangsperiode kamen auch niemals wieder, denn vom 2. Jahrhundert an wurde das Wirtschaftsleben der Mittelmeerwelt – mit Ausnahme der kurzen Zeit der Beherrschung des Handels durch Rhodos (bis 168) – zunehmend von den Handelsleuten aus Italien monopolisiert, die sich zuerst in Delos, dann überall in den Städten Griechenlands, der Inseln und Anatoliens niederließen, wo sie oft – wie die Cloatii im lakonischen Gytheion – das Bürgerrecht erwarben, ständigen Aufenthalt nahmen, im Verkehr mit dem römischen Staat als Mittelsleute fungierten und von ihren neuen Mitbürgern als Wohltäter gefeiert wurden. Diese Verlagerung der Handelssuprematie hatte zur Folge, daß die Ptolemäerwährung ihre Funktion als internationale Währung einbüßte und außerhalb Ägyptens nur noch selten als Zahlungsmittel gebraucht wurde.

Ein eigenartiger, nicht auf den ersten Blick einleuchtender Wesenszug der hellenistischen Wirtschaft war die allgemeine Ausbreitung des Warenaustauschs, sogar bei kleineren und billigen vertretbaren Gütern, bei zunehmender Einschränkung der häuslichen Bedarfsdeckungswirtschaft. Lebensmittel, Kleidung, einfache Töpferware wurden nicht mehr im Haushalt hergestellt, sondern gekauft, und dieser Warenverkehr im kleinen setzte einen reichlichen Umlauf an Kupferscheidemünzen voraus und führte seinerseits zu weitgehender Arbeitsteilung. Schon im 4. Jahrhundert höhnte Diogenes, die Athener Gasthäuser seien das Gegenstück zu Spartas Kantinenklubs: die Athener wollten ihr Essen nicht mehr zu Hause zubereiten und verzehren, sondern lieber fertig kaufen und außerhalb des Haushalts einnehmen. Wahrscheinlich waren die guten Köche, die in der Neuen Komödie so ausgiebig vertreten sind, im Alltag sehr viel seltener als auf der Bühne. Die hochgradige Differenzierung der Wirtschaftsfunktionen, die die Papyri für Ägypten belegen, war offenbar die Regel, nicht eine Ausnahme.

Das spricht für eine viel größere Verbreitung der Geldwirtschaft als in den Jahrhunderten zuvor; zum Teil ging das wahrscheinlich auf die stetig wachsende Münzmetallgewinnung zurück. Statistiken kann man darüber nicht aufstellen, weil die Nachrichten zu spärlich sind, aber ohne Zweifel hatten Alexanders Eroberungen gewaltige, von den Perserkönigen gehortete Silbermengen zunächst einmal dadurch in Umlauf gebracht, daß sie für den großen Bedarf von Hof und Heer ausgegeben oder an Günstlinge verteilt wurden. (Das gilt auch für Gold, nur war Gold im Altertum als Münzmetall unwichtig.) Der gesteigerte Silberumlauf mußte zu einer beträchtlichen Vermehrung der Kaufkraft führen und dem Wirtschaftsleben einen gewaltigen Auftrieb geben, auch wenn das meiste Silber zunächst für Luxus, vornehme Kleidung, seltene Genußmittel und elegante attische Kurtisanen ausgegeben wurde; über den exotischen Geschmack der Würdenträger Alexanders, die phantastisch reich waren, aber für ihre Verschwendungssucht nicht genügend Objekte vorfanden, sind viele Anekdoten überliefert.

Solange das Silber zu einem großen Teil in Umlauf blieb, gingen die Geschäfte gut; direkt oder indirekt mußten sich die wohlhabenden Bürger der hellenistischen Städte – der Samier Bulagoras ist ein typisches Beispiel – an diesem Überfluß bereichern. Da Geld immer wieder Geld heckt und die hellenistische Zeit die alten Silberquellen behielt und neue erschloß, waren mindestens bis ins 3. Jahrhundert hinein die Voraussetzungen für eine Hochkonjunktur gegeben; so läßt sich denn auch aus den Büchern der Kaufleute von Delos eine steigende Preistendenz erkennen. Umgekehrt waren in Ägypten, wo Silber knapp war, die Preise recht niedrig. Es ist möglich, daß es Phasen der Geldknappheit und Deflation – und vielleicht nicht nur lokal und nicht nur für kurze Zeit – gegeben hat; sicher nachgewiesen sind sie nicht. Nach dem Einbruch Roms in die orientalische Welt begann das Silber nach dem Westen abzufließen; nach und nach verengte sich der Strahlungsbereich der Überfülle, die im 3. Jahrhundert geherrscht hatte. Nach dem

Mithridatischen Krieg und den Bürgerkriegen des 1. Jahrhunderts war der Osten am Rande des Bankrotts angelangt. Um Roms Steuer- und Sachleistungsforderungen nachzukommen, mußte er Tempelschätze ebenso wie Silbergeräte und Geschmeide aus Privatbesitz in Bargeld verwandeln und auch noch hochverzinsliche Anleihen bei den Bankiers aus Italien aufnehmen.

Besonders schwierig ist die Aufhellung der Rolle, die in der hellenistischen Zeit der freien Unternehmenswirtschaft zufiel. In der kleinen Abhandlung über die Wirtschaft, die sich unter den Werken Aristoteles' erhalten hat, die aber in Wirklichkeit aus dem Anfang des 3. Jahrhunderts stammt, sind dem privaten Individuum drei wirtschaftliche Betätigungssphären zugewiesen: Landwirtschaft, Geldverleih gegen Zinsen und Herstellung, Beförderung und Absatz von Gütern (also wohl Handel und Gewerbe); der öffentlichen Hand – den Satrapen und Städten – sind dagegen das Steuerwesen (Gebühren und Abgaben) und die Ausbeutung der Naturschätze, Bergwerke, Steinbrüche, Forsten, vorbehalten. Aus dem Beispiel Athens im 4. Jahrhundert könnte man schließen, daß die Städte diese beiden Wirtschaftssektoren an private Steuerpächter und Unternehmer als Konzessionen vergaben. Und die Monarchien? In der engverflochtenen Wirtschaft Ägyptens gehörten die Steuerpächter zum Normalzubehör, allerdings unter Bedingungen, die es ihnen kaum ermöglichten, viel Geld auf ehrliche Weise zu verdienen; sie scheinen sogar ein festes Gehalt bezogen zu haben. Im 3. Jahrhundert hatten wendige und mit guten Beziehungen versehene ägyptische Griechen – vom Typ etwa des Zenon aus Kaunos – die Möglichkeit, sich in staatlichem Auftrag oder unter Umgehung des Staates auf vielerlei Wirtschafts- und Verwaltungsgebieten zu betätigen und reich zu werden, aber nicht in einem Maße, das es ihnen gestattet hätte, eigene Gewerbe- oder Handelsimperien aufzubauen.

Zugelassen waren neben den Staatsbanken auch private Banken, die Depositen entgegennahmen und Kredit gewährten. Allzu große unternehmerische Initiative wurde aber nicht einmal in der Landwirtschaft entfaltet: als Zenon die großen Güter des *dioiketés* Apollonios verwaltete, machte er anscheinend keinerlei Anstrengungen, Verbesserungen einzuführen, Experimente in Angriff zu nehmen oder die Domäne zu einem Musterbetrieb auszubauen. In einigen Briefen werden seltene, aus Züchtungsversuchen stammende Tiere erwähnt, die der jüdische Fürst Tobias in Ammon dem König gesandt habe. Ist das mehr als private Liebhaberei gewesen? Bezeichnenderweise gab es im ptolemäischen Ägypten trotz dem großen Ölbedarf der griechischen Bevölkerung keine Ölbaumkultur; zur Römerzeit dagegen wurden Ölbäume in großer Zahl angepflanzt, so daß auf die Einfuhr von Öl verzichtet werden konnte.

Dasselbe konservative Beharrungsvermögen, derselbe Mangel an Unternehmungsgeist scheint auch im Seleukidenreich geherrscht zu haben, von dem allerdings nur wenig Material vorliegt. Iran war das Land der Früchte, vor allem das Land des Pfirsichs. Von einer Übernahme der Obstkulturen durch andere Länder ist aus dieser Zeit nichts überliefert.

Kyniker, Stoiker, Epikureer

In Griechenland hatte im 4. Jahrhundert die Philosophie das geistige Leben beherrscht. Wie sich die Tragödiendichter und Historiker des 5. Jahrhunderts mit der Religion, also mit der Schicksalsbestimmung des Menschen, beschäftigt hatten, so beschäftigten sich Platon und seine Zeitgenossen mit der Lebensführung, dem Verhalten der Menschen im Zusammenleben mit anderen Menschen. Im Grunde stand in beiden Fällen dasselbe Problem im Mittelpunkt: wie kann eine Gesellschaft, wie kann ein Individuum inmitten einer feindlichen Welt in Sicherheit leben?

Die Religion bot Trost und Hilfe, sofern man annehmen konnte, daß die Götter freundlich oder wenigstens gerecht seien oder doch dazu bewogen werden könnten, es zu sein, so daß der Gute nicht in Angst zu leben brauchte. Das genügte jedoch (wenn wir uns auf Platons Mitteilungen in der *Apologia* verlassen dürfen) weder Sokrates noch Platon selbst. Sie meinten, daß es den Guten möglich sein müsse, das Bollwerk ihrer Sicherheit aus eigenem zu errichten. Danach war es, bei Lichte besehen, nicht wichtig, was die Götter oder andere Menschen einem zufügten. Wichtig für die wahre Glückseligkeit war nur das, was im Innern des Menschen, in seiner Seele, vorging, und hier konnte nur der Mensch selbst sich Böses antun, sonst niemand; hier war er der Herr seines Schicksals. So konnte denn Sokrates sagen, einem guten Menschen könne weder im Leben noch im Tod Böses zustoßen.

Diese Grundanschauung und ihre praktische Anwendung behaupteten sich ununterbrochen und ohne wesentliche Veränderung bis in die hellenistische Zeit. Daß die Eroberungen Alexanders das Denken der Menschen wesentlich beeinflußt hätten, läßt sich wohl schwerlich behaupten. Auch von jener zentralen Fragestellung abgesehen, blieben die hellenistischen Philosophen bei den Interessenrichtungen ihrer Vorläufer aus dem 5. und 4. Jahrhundert. Das gilt gleichermaßen für Theologie, Physik, Medizin, Mathematik, Logik, Politik und Rhetorik. Zu beobachten war indes eine gewisse lokale oder regionale Spezialisierung. Nach Isokrates ging die Rhetorik ihren eigenen Weg, meistens in Verbindung mit Grammatik, Prosodie und anderen pädagogischen Disziplinen, bis der enzyklopädische Cicero sie wieder zur Philosophie zurückbrachte. Exakte und experimentierende Wissenschaften zogen ins Museion von Alexandreia ein, das – neben der großen Bibliothek – auch zur Heimstätte der Literatur und Philologie wurde. Weitverbreitet war das Studium der reinen und angewandten Mathematik. Ihre bedeutendste Persönlichkeit war der Syrakusaner Archimedes (der keine eigene Schule hatte). In verschiedenen Abwandlungen wurde die theoretische Physik zur Grundlegung des epikureischen und des stoischen Denkens.

Logik oder Dialektik war das Kampf- und Streitrüstzeug aller Schulen. Die Argumente, Einwände und Geistesblitze, die die verschiedenen Schulen gegeneinander schleuderten, mußten das Leben in Athen besonders anregend und zugleich amüsant machen. Denkendes Bemühen um seiner selbst willen war die Domäne einzelner Denker, wie Pyrrhons von Elis (360–270) und der sogenannten Mittleren und Neuen Akademie unter Arkesilaos (318–242) und Karneades (213–129). Aus Widersprüchen des Gewußten leiteten sie die

Unmöglichkeit der Erkenntnis ab. Sie sprachen vom Scheinenden, nicht vom Seienden, zögerten, positive Aussagen zu machen, und waren bereit, in jeder Frage die Berechtigung gegensätzlicher Standpunkte zu vertreten. Diese »Eristik« brachte ihre Hörer oft gegen sie auf. So erging es namentlich Karneades bei seiner Mission in Rom im Jahre 155: die öffentliche Meinung war über seine virtuosen Argumente und Gegenargumente so entrüstet, daß er mit sofortiger Wirkung ausgewiesen wurde.

Zu den Gebieten, für die sich das 4. Jahrhundert besonders interessierte, gehörten Charakterdarstellung und Charakterstudium; dieses Interesse fand seinen Ausdruck in mehreren Lebensbeschreibungen von Philosophen. Die erste und beachtlichste verfaßte der Schriftsteller und Bildhauer Antigonos aus Karystos (etwa 290–235), der eine Zeitlang in Athen und später in Pergamon lebte. Er war ein Schüler des hervorragenden Philosophen und Staatsmanns Menedemos aus Eretreia, eines Freundes des Antigonos Gonatas, und schrieb auch ein Buch über Porträtbildhauerei. Nach ihm kamen andere: Hermippos aus Smyrna, Sotion aus Alexandreia, Herakleides Lembos, deren Philosophenbiographien dem »Leben der Philosophen« von Diogenes Laërtios (2. Jahrhundert n. Chr.) als Grundlage dienten. Sie befaßten sich vor allem mit dem Problem der Fortführung der Ideen des Lehrers durch den Schüler und haben ein umfassendes Bild der in diesem Sinne von Sokrates stammenden philosophischen Schulen hinterlassen.

Nun gab es zwar unter den prominenten Denkern auch Einzelgänger, wie Stilpon aus Megara, den Lehrer Zenons und Krates', und später Ariston aus Chios, einen abtrünnigen Stoiker, der die stoische Logik und Physik verwarf; aber die meisten führenden Philosophen scharten sich tatsächlich um organisierte Schulen, in denen der leitende Mann jeweils das Erbe seines Vorgängers sowohl als Träger der besonderen Lehrmeinung der Schule wie auch als Eigentümer und Benutzer des Schulgrundstücks in Athen antrat. In diesem Lichte wurden sogar die Kyniker geschildert, obgleich sie gar kein Grundstück besaßen und, da ihnen eine geschlossene Lehrmeinung abging, auch keine organisierte Schule bildeten. In dieser ideengeschichtlichen Konzeption erschienen unter den Schülern Sokrates' Platon als der Begründer der Akademie, von der sich später unter seinem Schüler Aristoteles die Peripatetiker abspalteten, der Athener Antisthenes als Lehrer des ersten eigentlichen Kynikers Diogenes (was allerdings chronologische Schwierigkeiten bereitet) und der Hedoniker Aristippos aus Kyrene als der Inspirator oder mindestens Vorläufer Epikurs; von Diogenes wiederum kam der Thebaner Krates her, dessen abtrünniger Schüler Zenon aus Kition den Stoizismus begründete. Als Platon 348 oder 347 starb, war es für einen Fremden immer noch nicht einfach, Grundeigentum in Athen zu besitzen; später indes wurden die Schulen in jeder Beziehung international, und die Stadt nahm für sich auch offiziell die Rolle der Lehrmeisterin der Griechen in Anspruch, die sie faktisch schon seit den Zeiten Perikles' gespielt hatte.

Der Würde und dem Alter nach gebührte der Vorrang der Schule Platons; nach dem Gelände, auf dem sich ihre Gebäude befanden und das dem attischen Heros Akademos geweiht war, war sie als Akademie bekannt. Nach Platons Tod leitete sie (bis 339) sein Neffe Speusippos, dann (bis 314) Xenokrates aus Chalkedon, der nach dem Lamischen Krieg (322) als hochgeachteter älterer Bürger zu Antipater abgeordnet wurde. Ihm folgte (bis etwa 276) der Athener Polemon, in dessen Amtszeit Krates aus Theben und Krantor aus Soloi unter den Denkern der Akademie hervorragten. Wie lebensoffen und dynamisch das Lehrgebilde der Akademie um diese Zeit war, kann man daraus schließen, daß Krates als Lehrer sowohl Zenons als auch des Arkesilaos und des Kynikers Bion galt. Mit dem Landedelmann Arkesilaos aus Pitane in der Aiolis, der mit den Königen Eumenes, Attalos und Antigonos Gonatas befreundet war, nahm die Akademie, an deren Spitze er bis 242 stand, eine Wendung zu stark mit Witz gewürzter Eristik. Auf die Frage, warum sich viele Denker den Epikureern anschlössen, aber keiner je von ihnen weggehe, soll Arkesilaos das Bonmot geprägt haben: »Weil Männer zu Eunuchen, aber Eunuchen nicht zu Männern werden können.« Nach Arkesilaos hatte die Akademie nur wenige prominente Mitglieder, wenigstens bis zur Zeit des Karneades, der an der wiederholt erwähnten Rom-Delegation von 155 teilnahm und die Könige Attalos II. und Ariarathes V. zu Schülern hatte.

Als Aristoteles 335, kurz vor Beginn des Asienfeldzugs Alexanders, nach Athen zurückkehrte, stellte ihm die Stadt als Wohnung das Lykeion, ein Haus im heiligen Hain des Apollon Lykeios, zur Verfügung; die Wandelgänge *(peripatoi)* des Gebäudes gaben der Schule den Namen Peripatetiker. Nach zwanzigjährigem Studium unter Platon hatte Aristoteles in Atarneus am Hofe des Tyrannen Hermeias, in Mytilene und schließlich als Alexanders Erzieher in Pella gewirkt. Seine umfassende Bildung und seine vielseitige Forschungsarbeit, die sich unter anderem auch auf die Material- und Berichtsendungen Alexanders stützte, machten die peripatetische Schule zu einem großen Forschungsinstitut. Nach Aristoteles' Tod führte sein Schüler Theophrastos aus Eresos die Arbeit auf einer fast ebenso enzyklopädischen Stufe (bis 286) weiter; von seinen eigenen Schriften haben sich allerdings nur wenige erhalten: die große »Geschichte der Pflanzen«, eine Sammlung von Charakterdarstellungen und Bruchstücke einer Abhandlung über Verträge. Sein Schüler Demetrios aus Phaleron, der in Athen von 317 bis 307 regiert hatte, wanderte nach Kassanders Tod (297) nach Ägypten aus und steckte Ptolemaios I. mit seiner Forschungsbegeisterung und seinem Forschungseifer an; er wirkte bei der Gründung des Museions und der Bibliothek aktiv mit und half dem König bei der Ausarbeitung eines Gesetzeskodex. Später büßte die peripatetische Schule einiges von ihrem Glanz ein; immerhin brachte Straton aus Lampsakos (bis 268) Ptolemaios II. Physik bei, Lykon aus Troas war mit Eumenes und Attalos befreundet und schlug einen Ruf an den Seleukidenhof aus, und Kritolaos aus Phaselis gehörte zur Rom-Abordnung von 155.

Farbiger und im allgemeinen wohl auch einflußreicher als diese traditionellen Stätten der Gelehrsamkeit waren die Schulen, die sich in erster Linie mit der menschlichen Lebensführung beschäftigten. Am bedeutendsten unter ihnen war die stoische Schule, ein geistiger Ausläufer der Kynikertradition, die auf Antisthenes als angeblichen Lehrmeister Diogenes' zurückgeführt wurde, obgleich er wahrscheinlich schon tot war, als Diogenes Mitte des 4. Jahrhunderts von Sinope nach Athen kam. Diogenes wollte »die Münze umprägen«, einen entscheidenden Wandel in den menschlichen Gewohnheiten herbeiführen, den Menschen lehren, »im Einklang mit der Natur« zu leben; das hieß: möglichst einfach leben, möglichst wenig Bedürfnisse und Eigentum haben, sich mit ebenso wenigen und ebenso schlichten Genüssen wie ein Hund *(kýon)* begnügen. (Es dauerte nicht lange, bis man die

Anhänger dieser Lehre mit Hunden zu vergleichen anfing; der Name blieb haften.) Zu Erkennungszeichen der Kyniker wurden Wanderstab, Rucksack, verschlissenes Gewand, unverblümte Sprache, beißender Spott. Was die Seele berührte, war wie bei Sokrates gut oder böse, alles andere gleichgültig. Indes waren die Kyniker nicht ungeistig: auch Diogenes verfaßte einen »Staat«, in dem er Platons Ideen weiterführte und vereinfachte. Aber sein Motto war Selbstgenügsamkeit.

Diogenes' Schüler war der Thebaner Krates, Lehrer des Zenon. Mit ihnen wurde die Lehre der Kyniker großzügiger, elastischer, weniger streng. Im 3. Jahrhundert, in dem viele Kyniker verschiedener Abart wirkten, hielt diese Tendenz an. Bion der Borysthener, Wanderprediger aus Olbia am Schwarzen Meer, der erste bewußte Weltbürger *(kosmopolites)*, wollte mit seinen *Diatriben*, die zum Vorbild für die christliche Predigt werden sollten, den Menschen zeigen, wie Verbannung, Armut und Leid zu ertragen seien. Entscheidende Elemente seiner Lehre haben sich in den Schriften Teles', eines Kynikerpredigers einer späteren Generation, erhalten. Zu den bedeutenderen Kynikern des 3. Jahrhunderts gehörten Menippos aus Gadara, der Erfinder der Menippischen Satire, einer ernst-komischen Mischung von Prosa und Poesie, die später Varro, Horaz und Lukian beeinflussen sollte, Menippos' Landsmann Meleager, der die erste Sammlung von Epigrammen unter dem Titel *Stephanos* (Kranz) zusammenstellte, und der Staatsmann, Gesetzgeber und Aratos-Freund Kerkidas aus Megalopolis, von dessen eigenartigen *Meliamben* umfangreiche Fragmente in Papyri zum Vorschein gekommen sind. Eine Neigung zu ungewöhnlichen Versformen zeigt sich auch bei Timon aus Phlios, dessen *Silloi* (Spottgedichte) ebenfalls der kynischen Lehre des 3. Jahrhunderts entstammen. Diese Aktivitätsphase der kynischen Dichtung war nicht von langer Dauer; bedeutende Kyniker sind dann bis zu den Zeiten des Römischen Reiches nicht mehr aufgetreten.

Die stoische Schule, die zwar ihr eigenes Gelände hatte, aber ihren Namen von ihres Stifters Vorliebe für die bemalte Veranda *(stoá poikíle)* herleitete, war ihrerseits ein intellektualisierter Sproß des Kynismus; sie zog eine Reihe begabter Denker an, die sie zur bedeutendsten philosophischen Lehre der hellenistischen Zeit machten. Oft wurde Zenon aus Kition auf Kypros ein Phöniker genannt, was nicht notwendigerweise auf eine bestimmte ethnische Herkunft hindeutet; so wurde der Olbier Bion zum »Borysthener«, und den Stoiker Diogenes aus Seleukeia am Tigris hieß man »Babylonier«. Darüber, ob Zenons System wesentliche semitische, phönikische oder jüdische Elemente enthält, gehen die Meinungen scharf auseinander. Genau wissen wir nur, daß er, als er in der Regierungszeit Demetrios' aus Phaleron nach Athen kam, nicht nur bei dem Kyniker Krates, sondern auch bei den Akademikern Xenokrates und Polemon und dem Megarer Stilpon in die Schule ging; er hat sogar Stilpos Logik übernommen. Zenon war sehr gelehrt, ein bißchen scheu, ein Idol für viele Athener und ein Freund des Antigonos Gonatas. Er hatte mit einem noch sehr kynisch klingenden Buch über den Staat angefangen und dann ausgiebig über eine Vielzahl von Gegenständen geschrieben.

Von den Kynikern übernahm Zenon die Lehre vom naturgerechten Leben, aber für ihn bedeutete »Natur« etwas anderes: in der stoischen Physik war die Natur ein Ausdruck der göttlichen Vernunft oder Vorsehung und die Pflicht des Menschen, in Übereinstimmung mit der Natur zu leben, gleichbedeutend mit der Verpflichtung zu tugendhaftem Leben. Im Vordergrund stand die Vernunft, die neben anderem das kynische Ideal der Empfindungslosigkeit *(apátheia)* in sich barg; aber während das äußere Dasein im Prinzip auch weiterhin »gleichgültig« blieb, hatten doch manche seiner Elemente in verschiedenem Maße auch Wünschenswertes an sich, so daß die Stoiker nicht wie die Kyniker weltabgewandt waren, sondern sich für alle Daseinsbereiche interessierten. Weder waren sie wie die Kyniker intellektfeindlich, noch waren sie antireligiös; im Gegenteil: sie verteidigten mit Nachdruck die überlieferte Religion und glaubten fest an die Unsterblichkeit. Der Freitod erschien daher als normal und vernünftig, sofern man gute Gründe hatte, den Wert des weiteren Verbleibens im Leben zu bezweifeln. Die Stoiker waren keine Naturwissenschaftler, aber sie akzeptierten und verwerteten das Erbe der griechischen Naturwissenschaft, auch wenn sie das zu abstrusen Vorstellungen, wie etwa zu der Heraklit entlehnten Idee vom periodischen Weltbrand *(ekpýrosis)*, verleitete. Vernünftigkeit, Weite des Horizonts und umfassende Humanität führten der stoischen Lehre viele der denkeifrigsten und edelsten Köpfe der griechischen und römischen Welt zu. Sogar Cicero, der sich unmißverständlich zur Akademie bekannte, zeigte sich der Lehre der Stoa, namentlich auf den Gebieten der Religion, der Politik und der Ethik, sehr zugetan.

Zenon starb 264 und wurde mit Staatsbegräbnis im Kerameikos beigesetzt. Als Oberhaupt der Stoa löste ihn sein Schüler Kleanthes aus Assos ab, der über viele Themen, vor allem aber über Physik schrieb und einen bemerkenswerten, in seiner Diktion stark monotheistischen Hymnus an Zeus verfaßte, den der Apostel Paulus vor dem Areopag zitieren sollte. Kleanthes' Schüler Chrysippos aus Soloi, wie Zenon ein Kypriote, war der bedeutendste Gelehrte und Schriftsteller der frühen Stoa; er entwickelte die stoische Ethik über Zenon hinaus und gab der Logik ihre endgültige stoische Gestalt. Auf ihm fußte der orthodoxe Stoizismus, und späteren Autoren fiel es nicht leicht, seine Weiterbildung der Lehre von den ursprünglichen Beiträgen seiner beiden Vorgänger zu scheiden, denn er verarbeitete, entwickelte und vertiefte alles, was in der anfänglichen Lehre enthalten war.

Mit Chrysippos endete die stoische Frühperiode. Die Bedeutung der namhaftesten Vertreter der mittleren Stoa, Diogenes' aus Seleukeia und Panaitios' aus Rhodos, lag weniger in einer Weiterbildung des Lehrgebäudes als in ihrer Lehrtätigkeit. Beide waren hervorragende Persönlichkeiten. Diogenes gehörte der athenischen Mission in Rom im Jahre 155 an und machte auf die Senatoren einen weit besseren Eindruck als seine relativistischen Kollegen Karneades und Kritolaos. Auch Panaitios ging nach Rom und wurde zu einem prominenten Mitglied des Kreises um den jüngeren Scipio. Der Stoiker Blossios aus Cumae, der Freund des Tiberius Gracchus und des Aristonikos, hatte mit Panaitios als Studierender zu Füßen Antipaters aus Tarsos, des Schülers des Diogenes, gesessen.

Daß so viele Stoiker aus dem Osten kamen, ist zum mindesten beachtlich. Die bedeutendste Persönlichkeit der Stoa im 1. Jahrhundert war Poseidonios aus Apameia, der als Schüler des Panaitios galt. Wegen der politischen und wirtschaftlichen Zustände nach dem Mithridatischen Krieg lebte er nicht in Athen, sondern auf Rhodos. Er war ein Mann von gewaltigem Wissen und Fleiß, Philosoph, Geograph, Naturwissenschaftler, Historiker. Er verfaßte einen Nachtrag zum Geschichtswerk des Polybios, in dem die Ereignisse wenigstens bis zur Machtergreifung Sullas in Rom geschildert wurden; leider ist diese Darstellung, die von großem Wert gewesen sein muß, restlos untergegangen. Panaitios war ein Freund des Pompeius, der ihn zweimal besuchte, und stand auch Cicero nahe.

Die traditionelle Rivalin der Stoiker war die Schule Epikurs. Sie konnte, weil sie sich viel zu sklavisch an die Worte des Meisters klammerte, nicht mit allzu vielen großen Namen aufwarten, hatte aber zahlreiche Anhänger und manche Nachahmer. Epikur war Athener, der als Kleruche auf Samos gelebt hatte, aber nach Athen zurückgekehrt war, nachdem die Samier 323 ihre Freiheit wiedererlangt hatten. In seinem ummauerten Garten in Athen gründete er seine Schule, die den fernen Einfluß der hedonistischen Lehren Aristippos' verriet, sich jedoch in der Hauptsache auf Demokrits Lehre von den Atomen stützte. In diesem Weltbild, das Epikur anscheinend unverändert übernommen hatte, setzt sich das Weltall aus *átoma sómata* (unteilbaren Körpern) und aus Leere zusammen, und der Zufall (aber keineswegs eine Schicksals- oder Glücksgottheit) bestimmt die verschiedenen Varianten ihres Nebeneinanders. Die Lehre Epikurs schaltete die Götter nicht grundsätzlich aus, hielt es aber für vernunftwidrig, zu unterstellen, daß sich die Götter um die Menschen kümmerten oder in ihr Dasein eingriffen. Damit entfiel für die Menschen der Zwang, ihr Handeln auf Ehre, Gerechtigkeit oder innere Verpflichtungen, wie sie den Stoikern vorschwebten, zu gründen; nur das eigene Interesse blieb als Beweggrund menschlichen Tuns.

Der Konsequenz chaotischer Verwirrung und verzweifelter Hoffnungslosigkeit entzog sich diese existentialistische Lehre nur dadurch, daß sie zum einzigen wirklichen Genuß die Freiheit von gefühlsmäßiger Unruhe und Spannung *(ataraxia)* erklärte und dementsprechend den größtmöglichen Genuß in der von Emotionen freien Freundschaft sah. Frugal und mäßig lebten Epikurs Anhänger als Freunde hinter ihren Gartenmauern, nicht nur weil sie der Meinung waren, daß Luxus und Unmäßigkeit zu körperlichen Beschwerden führten, sondern vor allem auch weil sie glaubten, daß das Angewiesensein auf Luxus Begierden hervorbringen müsse, die das innere Gleichgewicht störten. Epikur selbst hatte es zu einer fast unirdischen Gemütsruhe und Gefaßtheit gebracht. In einem Brief, den er unmittelbar vor seinem Tode schrieb, heißt es: »An diesem gesegneten Tag, der auch mein letzter ist, schreibe ich dies an Dich. Ich leide ständig so sehr an Harndrang und Ruhr, daß mein Leiden durch nichts vermehrt werden könnte, aber alledem steht die Freude entgegen, die ich erlebe, wenn ich mich an die Gespräche erinnere, die wir miteinander geführt haben.« In der furchtbaren Notlage, die Athen durchmachte, als es von Demetrios belagert wurde, teilten die Anhänger Epikurs miteinander in heiterer Ausgeglichenheit, was an Eßbarem als schäbiger Rest übriggeblieben war.

Kritiker fanden an den epikureischen Lehren viel Angreifbares. Vor allem ließ sich die Lehre vom Primat des Genusses, da sie von einer Gruppe praktiziert wurde, die sich dem Einblick der Öffentlichkeit entzog, leicht entstellen und verzerren. Einen triftigeren Einwand brachte ein Zeitgenosse Epikurs, der wie die Epikureer zum Atheisten gestempelte Theodoros von Kyrene, vor: der Genuß, meinte er, sei als Ziel zu prekär und unberechenbar; als erstrebenswert stellte er dem die sich gegen Leid abhebende Freude gegenüber, die durch die rechte geistige Haltung *(phrónesis)* zu erzielen sei.

Indes behauptete sich die Schule Epikurs in Athen; sie fand Anhänger auch andernorts; sie konnte aktiver geistiger Anteilnahme auf mancherlei Gebieten, die Epikur fernlagen, gar nicht entgehen. In Herculaneum haben sich in halbverbrannten Papyri die Reste der Bibliothek eines Epikureers Philodemos gefunden, der selbst eine große Anzahl von Bänden über die in allen Schulen beliebten Themen verfaßt hatte: Zorn, Tod, Redefreiheit, Frömmigkeit, Musik, poetische Ästhetik; ja auch über das Königtum und über die Irrtümer und Schwächen des Stoizismus hatte er geschrieben. Sehr tiefgründig ist Philodemos' Denken nicht, aber es vermittelt einen Einblick in die Fragestellungen und die Art der Themenbehandlung, über die man sonst, da so vieles verlorengegangen ist, nur wenig erfährt. Es ist möglich, daß die Campania ein Zentrum des Epikureertums war. Jedenfalls steht fest, daß die Lucretii Cari in Pompeii lebten, und da das Epikureertum in Rom kaum als respektabel galt, läßt sich sinnvollerweise vermuten, daß das wichtigste epikureische Dokument, das Lehrgedicht *De rerum natura* von Lukrez (Titus Lucretius Carus), seine Entstehung der Verwandtschaft des Autors mit der pompeianischen Familie verdankt.

Die Wissenschaften im Aufschwung

Wie in der Philosophie waren auch in der Naturwissenschaft die spezifisch hellenistischen Entwicklungstendenzen eine Fortführung der Forschungsarbeit und der Spekulation des 4. Jahrhunderts. Sie fanden ihren wichtigsten Niederschlag, bevor das 3. Jahrhundert zu Ende gegangen war, und stellten auf diesem Gebiet die größten Leistungen dar, zu denen es bei den Griechen je gekommen ist. Männer wie Eukleides und Archimedes, Apollonios und Philon, Aristarchos und Hipparchos, Eratosthenes und Seleukos, Herophilos und Erasistratos erklommen Höhen intellektuellen Schaffens, wie sie vordem nur Platon und Aristoteles erreicht hatten, jeder allerdings in einem engeren, spezialisierten Fachgebiet.

Von einigen Sonderfällen abgesehen, war der Mittelpunkt dieser wissenschaftlichen Tätigkeit Alexandreia, wo das Museion und die Bibliothek, vom ersten Ptolemäerkönig unter dem Einfluß Demetrios' von Phaleron gegründet und von seinen beiden Nachfolgern ausgebaut und erweitert, den Gelehrten eine Existenzgrundlage, eine Stätte geistigen Austauschs und Materialsammlungen mannigfacher Art boten. Widmeten sich die Philosophenschulen in Athen vornehmlich der philosophischen Bildung und theoretischen Grundlegung, so galt das Bemühen der Gelehrten in Alexandreia der Ausweitung der Grenzen der Erkenntnis. Da sich neuzeitliche Fachbegriffe, wie Mathematik, Physik und dergleichen, noch nicht in ihrer Sonderung herausgebildet hatten, läßt sich das Werk dieser Gelehrten summarisch nur unter zwei Gesichtspunkten beschreiben: einmal geht es um auf Mathematik und Mechanik basierende Studien, zum andern um solche, die sich um Botanik und Biologie gruppieren.

Wahrscheinlich war die Förderung, die Herrscher wie Dionysios von Syrakus und Philipp II. von Makedonien der Erfindung und Verbesserung von Maschinen zu militärischen Zwecken im 4. Jahrhundert angedeihen ließen, der eigentliche Ausgangspunkt der gewaltigen Ausweitung der Kenntnisse der Mechanik, wie sie in Alexandreia dank den als Alexandriner geltenden Gelehrten Ktesibios und Heron und dem Byzantiner Philon erreicht wurde. Schon Aristoteles war mit Hebel, Gleichgewicht und Flaschenzug vertraut, und zweifellos beruhten die Belagerungsmaschinen aus der Zeit der Diadochen auf der Kenntnis des Zahnrads und der Schraube ohne Ende; kurz darauf wurde die auf Torsion (wie im Katapult) beruhende Antriebskraft durch Wasserkraft (Hydrostatik) und komprimierte Gase, Dampf und Luft, ergänzt. Die Geschichte solcher Fortschritte läßt sich kaum in ihren einzelnen Phasen verfolgen. Aus dem Material, das sich erhalten hat, wissen wir, daß Ktesibios, Philon und Heron die Erfindung nicht nur verschiedenartiger Kriegsmaschinen, sondern auch anderer mechanischer Geräte, Experimentierartikel und Spielsachen zugeschrieben wurde; erwähnt werden eine mit Preßluft betriebene Wasserpumpe zum Feuerlöschen, eine Wasseruhr, eine Wasserorgel (der Luftdruck in den Röhren wurde wahrscheinlich dadurch erzielt, daß sie in einen mit Wasser gefüllten Behälter gestoßen wurden und das Wasser die Luft verdrängte), ein automatisches Theater, belebte Puppen, Warenautomaten und manches andere, was Subventionsgelder aus den Schatzämtern der reichen Ptolemäer beansprucht haben mag.

Von praktisch größerer Bedeutung waren geodätische Instrumente mit mikrometrischer Einstellung, die zu beachtlichen Fortschritten in der Geographie und der Astronomie beigetragen haben; erst mit solchen Instrumenten wurden wissenschaftliche Apparaturen, wie das Planetarium des Archimedes in Syrakus, möglich, der sich zwar vorwiegend für theoretische Probleme interessierte, aber die gewonnenen Erkenntnisse auch dazu benutzte, praktisch verwendbare Geräte zu entwickeln. Dem König Hieron leistete er gute Dienste, indem er die Technik für den Stapellauf eines großen Schiffes erarbeitete und Kriegsmaschinen zur Abwehr der Belagerung von Syrakus, die ihn selbst das Leben kosten sollte, konstruierte; in Ägypten ist mit seinem Namen das Schöpfrad (»Archimedische Schraube«) verbunden, das auch heute noch zum Wasserheben dient.

Hand in Hand mit der praktischen Nutzbarmachung der neuen Techniken ging ihre wissenschaftliche Durchleuchtung. Aristoteles' Schüler Straton aus Lampsakos erklärte die Komprimierbarkeit der Gase mit dem wiederbelebten Begriff des Vakuums; Archimedes fand das Prinzip des spezifischen Gewichts, als er das praktische Problem der Bestimmung der Anteile des Goldes und anderer Metalle in Hierons Krone zu lösen hatte; Heron soll das physikalische Prinzip der Gleichheit von Druck und Gegendruck entdeckt und sich für die Übertragung von Wärme interessiert haben, weil beides für seine Dampfdrehmaschine wichtig war. Aristoxenos aus Tarent, auch ein Schüler Aristoteles', studierte sowohl die ästhetischen als auch die physikalischen Aspekte der Harmonielehre. Das Studium der geometrischen Optik und der Lichtbrechung, namentlich bei Archimedes, führte zur Erfindung der Zerstreuungs- und Sammellinsen, wenn auch die mindere Qualität der verfügbaren Glassorten den Fortgang zum Fernrohr und zum Mikroskop unmöglich machte. Größere Genauigkeit der Messungen ergab sich im Gefolge der dem alten babylonischen System entsprechenden Einteilung des Tages in vierundzwanzig Stunden und des Kreises in dreihundertsechzig Grad, mit der weiteren Unterteilung beider Einheiten in sechzig Minuten zu sechzig Sekunden. Die Astronomie ging nicht über die pythagoreische

Vorstellung von der kreisförmigen Bewegung der Planeten hinaus, die der Platon-Schüler Eudoxos aus Knidos mit einem umständlichen System homozentrischer Sphären erklärt hatte.

Aber derselbe Eudoxos hatte bereits den ersten Fixsternkatalog aufgestellt und den Erdumfang berechnet, auch wenn die von ihm errechnete Zahl noch viel zu hoch war. Sie wurde später von Dikaiarchos aus Alexandreia verbessert, und Eratosthenes aus Kyrene kam der richtigen Zahl schon recht nahe. Eratosthenes entwarf auch eine in Parallelen und Meridiane eingeteilte Karte der bewohnten Erdoberfläche. Die von den Pythagoreern entwickelte Vorstellung von der Drehung der Erde, der sich Aristoteles widersetzt hatte, wurde von neuem aufgenommen und allgemein akzeptiert. Sie führte Aristarchos von Samos zur Hypothese eines heliozentrischen Universums; Seleukos aus Babylonien übernahm die Hypothese und entwickelte eine Theorie der Gezeiten. Der exakteste Beobachter, den die damalige Wissenschaft hervorgebracht hatte, Hipparchos aus Nikaia, verwarf jedoch mit Entschiedenheit die Vorstellungen von Aristarchos und Seleukos. Er selbst nahm bereits mit einem Vorsprung von fast dreihundert Jahren die Ergebnisse des Claudius Ptolemaeus vorweg, indem er den Standort von Städten und anderen Geländemerkmalen durch Länge und Breite bestimmte; darüber hinaus verdankt ihm die Astronomie die richtunggebende Erkenntnis der Präzession der Tagundnachtgleiche. Da Hipparchos' achtunggebietende Lehre von dem großen Popularisator Poseidonios verbreitet wurde und weithin Anerkennung fand, kam Aristarchos' Vorstellung von einem Weltsystem, das die Sonne zum Mittelpunkt hat, sehr schnell aus der Mode und entschwand damit auf sehr lange Zeit aus dem Blickfeld der Menschen.

Die Mathematik erlebte in der hellenistischen Zeit eine schwungvolle Entfaltung in vielen Richtungen. Die Aufmerksamkeit konzentrierte sich vor allem auf die Anwendungsmöglichkeiten der Exhaustionsmethode, der Methode des unendlich Kleinen, die Eudoxos entweder erfunden oder zuerst popularisiert hatte. Sie diente sowohl zu Beweiszwecken in der Geometrie der festen Körper (Kugel, Zylinder, Kegel) als auch zu Berechnungszwecken und verhalf Archimedes zu einem System, das in vielem der modernen Differentialrechnung nahekam. Unter Benutzung der Methoden Euklids, dessen epochemachendes Lehrbuch in Alexandreia veröffentlicht wurde und sofort große Popularität erlangte, wurden Probleme der gewöhnlichen und der analytischen Geometrie in weitem Umkreis studiert und immer wieder verbesserte Beweise und Projektionen erarbeitet. Die Prinzipien des Unendlichen und des Irrationalen wurden akzeptiert und ausgewertet. Eine umfassende Theorie des Kegelschnitts wurde von Apollonios aus Perge aufgestellt. Heron entwickelte eine Trigonometrie und verbesserte die Methoden des Ziehens kubischer Wurzeln. Nur oberflächlich läßt sich in dieser Kürze andeuten, daß die Mathematik auf all diesen Gebieten in den zwei ersten Jahrhunderten der hellenistischen Zeit in der Tat Fortschritte erzielte, die bedeutender waren als alles, was danach bis zum Beginn der Neuzeit hervorgebracht worden ist.

Auf dem Gebiet der Biologie und der Medizin war die Lage nicht unähnlich, doch ging der Fortschritt hier nicht so weit und war auch nicht so allgemein, und in der Botanik und Zoologie war nach den gewaltigen Leistungen des Aristoteles und seines Schülers

Hellenistische Weihegaben
Funde aus dem Heraion bei Poseidonia. Paestum, Archäologisches Museum

Isis mit der Geierhaube
Bemaltes Kalksteinrelief aus Herakleopolis, 3./2. Jahrhundert v. Chr.
Hannover, Kestner-Museum

Theophrastos überhaupt keine oder nur eine geringfügige Weiterentwicklung zu verzeichnen. Die vielen Schriften des Aristoteles über diverse Aspekte des Tierreichs (Körperbau, Bewegung, Fortpflanzung) und die verschiedenen Gattungen der Tiere offenbarten ein außergewöhnliches analytisches und Klassifizierungsvermögen, das später kaum übertroffen wurde. Aristoteles und seine Schüler sammelten Wissenselemente von überallher, sezierten tote und lebende Lebewesen und entdeckten sehr vieles aus der Anatomie und Physiologie der Wirbeltiere; sie interessierten sich aber auch für Wirbellose, untersuchten einige Kategorien niederer Tiere und spekulierten über die gegenseitige Abgrenzung des Tierreichs und des Pflanzenreichs; in manchen niederen Ordnungen — wie marinen Nesseltieren — glaubten sie etwas zu sehen, was zu beiden Reichen gehörte. Daß Aristoteles Aufzeichnungen und Tier- und Pflanzensendungen von Alexander bekommen habe, wird seit eh und je berichtet, obwohl Aristoteles selbst davon nicht spricht; nicht zu bezweifeln ist aber der Einfluß der neuentdeckten Regionen auf Theophrastos' große »Geschichte der Pflanzen«, die beste Darstellung der Botanik vor der neueren Zeit.

Doch weder in der Zoologie noch in der Botanik wurden die Fragestellungen der Schule Aristoteles' von den Gelehrten der folgenden zwei Jahrhunderte weiterverfolgt. Sie suchten in der Zoologie nur nach Hinweisen auf die Beschaffenheit des menschlichen Körpers, in der Botanik nach medizinisch und pharmakologisch Verwertbarem; vor allem richtete sich ihr Interesse auf brauchbare Daten für die Toxikologie, die (neben anderen) Attalos III. und Krateuas, der Arzt des Mithridates Eupator, zu einer hervorragenden Gebrauchstechnik entwickelten. Indes erfahren wir so gut wie gar nichts über Errungenschaften auf diesem Gebiet, in denen man etwa eine Vorwegnahme der organischen Chemie sehen könnte.

In der Medizin hielten sich weiterhin die hippokratischen Vorstellungen von der Erhaltung der Gesundheit durch strenge Befolgung von Ernährungs- und Leibesübungsvorschriften, obgleich die größten Ärzte und zweifellos auch die Tausende der kleinen Heilpraktiker daneben auch Arzneimittel verschrieben und die beliebten Hausmittel, Saugnäpfe und Aderlaß, zur Herstellung des Gleichgewichts der traditionellen »vier Grundsäfte« des Körpers anwandten. Wenngleich grundlegende Fortschritte in der Pathologie ohne Mikroskop und Chemie nicht gut möglich waren, gab es doch unbestreitbare Verbesserungen in der Behandlung von Krankheiten und Verletzungen.

Wirklich bemerkenswerte Erfolge erzielte die Anatomie - vor allem dank der Sektion, teilweise aber wohl auch auf Grund von Lebendversuchen an Verbrechern und Gefangenen, die der Ptolemäerstaat ohne viel Skrupel zur Verfügung stellte. Auch frühere Generationen waren nicht ganz ohne anatomisches Wissen, da sie aus der Untersuchung und Behandlung verwundeter Krieger lernten. Schon im 5. Jahrhundert hatte Alkmaion aus Kroton das Gehirn als den Sitz der Empfindungen identifiziert. (Erst später wurde das Herz als Träger der Gefühlsqualitäten angesehen, die ihm Literatur und Sprachgebrauch zuschreiben.) Die alexandrinischen Gelehrten Herophilos aus Chalkedon und Erasistratos aus Kos, möglicherweise ein Schüler des Herophilos, beschrieben nun aber Anatomie und Funktionsweise des Nervensystems und unterschieden auch schon zwischen sensorischen und motorischen Nerven. Ähnlich entdeckten sie Rolle und diagnostische Bedeutung des Pulsschlags und die Herz-, Venen- und Arterienfunktionen, obschon die Unkenntnis der Kapillargefäße und irrige Ansichten über die Lungen zu mancher seltsamen Vorstellung Anlaß gaben. So wurde angenommen, daß die Arterien den Körper mit Luft versorgten; das kann freilich auch ein unbeholfener erster Versuch gewesen sein, die Funktion des Blutkreislaufs in der Sauerstoffversorgung der Körpergewebe zu begreifen.

Die Lehrsysteme dieser Forscher sind uns nur aus späteren Angriffen auf sie bekannt. Es ist also denkbar, daß sie uns entstellt übermittelt worden sind. Spätere Kopien und Nachahmungen vermitteln uns auch eine gewisse Vorstellung von einem wichtigen Kuriosum aus der späthellenistischen Zeit: einer Kräuterkunde von Krateuas, die mit Zeichnungen illustriert war.

Göttliche Könige – universalere Götter

Auch in Religion und Kult brachte die hellenistische Zeit nur eine Fortführung und Ausweitung der Prozesse, die schon in den allerfrühesten griechischen Annalen erkennbar sind. Seit langem hatte sich die griechische Religion als komplexes Phänomen entwickelt, und schon immer hatten sich in ihr fremde Einflüsse geltend gemacht. Unter Homers Olympiern erscheint bereits die orientalische Fruchtbarkeitsgöttin Aphrodite mit feststehenden Attributen, und vielleicht ist sie noch früher die von Tauben umschwirrte nackte weibliche Gestalt, die auf einer Grabtafel aus einem mykenischen Schachtgrab dargestellt ist. Fast universale Kräfte, die im Himmel, auf Erden und zur See gleichermaßen wirksam sind, werden in Hesiods *Theogonia* der karischen Hekate zugeschrieben. Sie belohnt und beschützt den, der sie anbetet, sie spendet ihm Sieg, Reichtum, Ehre. Sie ist aber auch um Gerechtigkeit bemüht und lenkt, auf daß Recht geschehe, die Urteilssprüche der Könige. Von der anatolischen »Mutter« *(Meter)* stammt der Name des Metroons zu Athen, das im 4. Jahrhundert das Stadtarchiv beherbergte. Offiziell wurde gegen Ende des 5. Jahrhunderts die thrakische Bendis verehrt: Platons *Politeia*-Dialog mußte in Piräus geführt werden, denn dorthin war Sokrates aus Athen gekommen, um der ersten Feier ihres nächtlichen Festes beizuwohnen. Der Athener Alkibiades suchte Rat bei dem Orakel des Amun in der Oase Siwa in der Libyschen Wüste, und Aristophanes kannte den phrygischen Gott Sabazios. Daß sich die hellenistische Religion mit nichtgriechischen Göttern abgab, war weder eine Neuerung noch eine Abkehr von der Tradition.

Vielleicht erschöpfte sich die früheste Schicht der griechischen Religion in dem wesenhaft heidnischen Vorstellungskomplex des *do ut des*. Der Gott, der in einem bestimmten Gegenstand, Ort oder Naturphänomen seinen Sitz hatte und mit ihm identifiziert wurde, verfügte über eine konkrete Kraft *(dýnamis* oder *enérgeia)*, die der Anbetende durch bestimmte Verfahrensweisen zu seinem Vorteil aktivieren oder wenigstens davon abbringen konnte, ihm Schaden zuzufügen. Es gibt kaum eine Religion – ob aus dem Altertum, ob aus der Neuzeit –, die von solchen Vorstellungen frei ist, jedenfalls nicht auf der Ebene des Volksglaubens; in ihrer gröbsten Form sind sie fast schon Magie: der Anbetende beherrscht den

Gott, zwingt den Gott, ihm seinen Willen zu tun. Sarkastisch fragte Platon im *Euthyphron*, ob Religion eine Sache des Schacherns mit den Göttern sei, eine Sache des Gebens (Opfer) und Forderns (Gebet); und in den »Gesetzen« betonte er nachdrücklich, daß es zwar Götter gebe und daß sie sich um die Menschen kümmerten, daß sie aber von ihrem rechten Weg nicht durch Geschenke abgebracht werden könnten.

Von den einzelnen Göttern, über deren Identität, Namen und Kultanforderungen bei Apollo in Delphi Auskunft eingeholt werden konnte, befaßte sich jeder mit einer anderen Seite menschlicher Angelegenheiten; kollektiv galt ihr Interesse der Rechtschaffenheit, derselben oder fast derselben Rechtschaffenheit, die der Mensch mit seiner eigenen Vernunft zu erfassen imstande war. Auf diese Weise erhielt die menschliche Ethik eine Stütze in der Religion. Wenn dem sichtlich guten Menschen nicht immer ein gutes Geschick widerfuhr, so lag das entweder daran, daß ihm Fehler anhafteten, die für Menschen unsichtbar, aber für den Gott sichtbar waren, oder daran, daß der Gott vom menschlich Guten eine andere, höhere Vorstellung hatte als die Menschen, oder schließlich daran, daß Unbilden auf Erden den Charakter oder die Einsicht des Menschen vervollkommneten, was in einer kommenden Welt anerkannt und belohnt werden würde, wenn die Anerkennung im irdischen Dasein ausblieb. Daß Einsicht aus Erfahrung komme, war, wie Aischylos im *Agamemnon* bemerkte, ein altes griechisches Sprichwort.

So hatten die Griechen in einer zwingenden logischen Entwicklung schon vor der hellenistischen Zeit aus einem Chaos blinder und unpersönlicher, wenn auch vermutlich bis zu einem gewissen Grade beeinflußbarer Kräfte ein geordnetes Universum verantwortlicher und bewundernswürdiger Götter gestaltet, die sich um das materielle und moralische Wohlergehen der Menschen kümmerten, so daß der Gute zwar nicht unbedingt Wohlstand und Überfluß in dieser Welt, jedenfalls aber Glückseligkeit in der kommenden Welt erwarten konnte. Mit der Annahme aber, daß der Mensch unsterblich sei und daß sich die Götter, mit denen er zu tun hatte, auf organisierte Weise an bestimmte Anstandsregeln hielten, kam die Idee, daß sich hinter dem Ganzen ein höherer, einheitlicher Zweck verbergen müsse. Nun waren jedoch die lebendig wirkenden Götter laut Mythos und geltendem Glauben zu irgendeinem Zeitpunkt in der Vergangenheit ins Dasein getreten und bildeten, obschon unsterblich und viel mächtiger als der Mensch, genau wie er einen Teil des Weltalls. Der verborgene einheitliche Zweck mußte also von einer Gottheit außerhalb des Weltalls herrühren, von der großen bewegenden Ursache, dem Vorbild und dem Erschaffer alles Seienden. Das ging über Henotheismus und Pantheismus hinaus und kam wohl dem Monotheismus, wie er sich im Islam manifestiert, am nächsten. Den Griechen der hellenistischen Zeit fiel diese Errungenschaft als geistiges Erbe zu, und auf verschiedene Art wandten sie die mannigfaltigen Elemente dieser Konzeption auf die größere Welt mit den größeren Perspektiven an, die Alexander ihnen erschlossen hatte.

Die religiöse Spekulation der Philosophenschulen, von der bereits die Rede war, erscheint am faßlichsten in Ciceros *De natura deorum*, wo er einen Epikureer, einen Stoiker und einen Akademiker die gegensätzlichen Standpunkte vortragen läßt. In seiner praktischen Auswirkung läßt sich das religiöse Erlebnis der hellenistischen Griechen an Alexander dem Großen beobachten, dem ersten, größten und typischen Einzelrepräsentanten des

Hellenismus. Seine Sorge galt nicht den Problemen des Weltalls, des göttlichen Zweckes und der menschlichen Willensfreiheit; sie galt auch nicht den Göttern als Hütern des Sittengesetzes. Die Götter beschäftigten ihn nur, soweit sie ihn betrafen, soweit sie ihm halfen oder seinen Absichten entgegenstanden, und das waren in erster Linie die Götter Makedoniens und des königlichen Hauses. Bevor er Pella verließ, feierte Alexander mit großem Pomp das Fest des Zeus und der Musen, und die Krankheit, an der er starb, fing damit an, daß er zur Feier des Herakles-Festes in Thessalien den weingefüllten riesigen Herakles-Pokal leerte. In Ilion brachte er Athena, der Schutzpatronin Achilleus', ein Opfer dar, und Dionysos wurde nicht nur mit häufigen Trinkgelagen, sondern auch mit Bühnenveranstaltungen geehrt.

Aber auch den fremden Gottheiten, denen er in ihrer heimischen Umgebung begegnete, widmete Alexander nicht geringe Aufmerksamkeit. Melkart in Tyros galt als Erscheinungsform von Herakles, und die sechsmonatige Belagerung der Inselstadt unternahm Alexander wenigstens zum Teil in der Absicht, dem Melkart auf seiner Insel zu opfern. Indem er sich in Ägypten als Pharao krönen ließ, wurde er zum Sohn Res und zur Verkörperung Horus', und sein Bildnis als Anbetender und als Mit-Gott wurde in allen ägyptischen Tempeln aufgestellt. In Babylon respektierte und verehrte er Bel und Marduk, wenn er auch nie Gelegenheit hatte, zur Zeit des Frühlingsäquinoktiums in der Stadt zu sein und beim traditionellen Neujahrsfest Marduk die Hand zu reichen. In den iranischen Ländern ließ er zumindest die Feuertempel stehen; mehr ist über seine Haltung gegenüber iranischen Glaubensvorstellungen – ob zarathustraischer, ob vorzarathustraischer Prägung – nicht überliefert; doch hätte er die Unterstützung, die ihm der iranische Adel lieh, nicht finden können, hätte er nicht die herrschenden religiösen Ideen und Bräuche mit der größten Hochachtung behandelt. Anderes war allerdings von einem griechisch erzogenen Menschen auch nicht zu erwarten: nur die wenigsten Griechen wären bestehenden religiösen Institutionen, mochten sie ihnen noch so fremdartig oder bizarr vorkommen, herausfordernd oder aggressiv entgegengetreten.

Der Amun von Siwa war fast ebenso griechisch wie ägyptisch. Die Griechen nannten ihn Zeus, und sein Orakel wurde, so fern und unzugänglich es war, außerordentlich hoch geachtet. Daß Alexander bei ihm Rat suchte, war ebenso natürlich, wie daß er vor dem Marsch nach Asien das Orakel von Delphi konsultierte. Beide erklärten ihn für unbesiegbar, und das Orakel von Siwa nannte ihn auch noch Amuns Sohn. Es waren zwar keine Zeugen dabei, aber Alexander hätte in diesem Fall schwerlich lügen können. Die Kunde von Siwa verbreitete sich rasch in der gesamten Armee Alexanders, die eigenen Makedonen nahmen sie feindselig auf, die Griechen dagegen gelassen und eher zustimmend. Da für sie das Göttliche seine Verkörperung in jedem materiellen Gegenstand, in einer beliebigen Statue oder in einem Talisman finden konnte, störte es sie auch nicht, daß es in einem Einzelmenschen Gestalt annahm. Eben darum waren die Griechen später auch so schnell bereit, Jesus als Gott und Gottessohn zu akzeptieren.

Allerdings mußte sich das Göttliche in Taten erweisen. Als aber Alexanders Eroberungen über die Heldentaten eines Herakles oder Dionysos hinauszuwachsen begannen, wurde Amuns Wort von vielen – und auch von Alexander selbst – ernst genommen. So läßt sich auch verstehen, warum Alexander in seinem letzten Lebensjahr die griechischen Städte ersuchen oder sogar gebieterisch auffordern konnte, einen Alexander-Kult einzuführen. Viel ist in dieser Beziehung nicht geschehen, die Zeit war zu kurz. Dafür wurde Alexander nach seinem Tode allgemein als Gott verehrt, auch von den Makedonen; Eumenes konnte die Heiligkeit des Zeltes, Thrones und Zepters Alexanders anrufen, um seine widerspenstigen und mißtrauischen Generale bei der Stange zu halten. An der Spitze aller dynastischen Kulte, die später in den hellenistischen Königreichen als symbolischer Ausdruck dynastischer Treue im Schwange waren, stand der Kult Alexanders, des göttlichen Ahnherrn der Könige.

Mit entsprechenden Abwandlungen wurde Alexanders Beispiel von seinen Freunden und Soldaten, ja auch von den Tausenden von Griechen befolgt, die in den nächsten hundert Jahren in die neuen Gebiete auswanderten. Sie brachten ihre eigenen Götter mit. Sie akzeptierten aber auch die Götter der neuen Heimat, die sie manchmal, aber nicht notwendigerweise mit griechischen Namen belegten. Und sie akzeptierten die dynastischen Kulte der Königreiche, in denen sie lebten, Kulte, die auch als Anbetung einzelner Könige nicht auf das jeweilige Staatsgebiet beschränkt blieben. Es gab zahlreiche königliche Kulte in Delos, und auf Rhodos wurde der Antigonos- und Demetrios-Kult auch zu der Zeit, da Demetrios die Stadt Rhodos belagerte, ebenso streng befolgt wie der Kult des Ptolemaios, der Rhodos' Verbündeter war.

Dieselbe Vermengung der Kulte herrschte in den hellenistischen Städten. In der großen Hauptstadt Alexandreia wurden nicht nur alle Götter des griechischen Olymps angebetet, sondern auch Alexander, Hephaistion und die Ptolemäerkönige und dazu die ägyptischen Gottheiten Isis, Anubis, Bastet, Horus, Apis, Amun und viele andere, schließlich auch noch Adonis und die Große Mutter, Astarte von Babylonien und Atargatis von Syrien. Die kleine makedonische Stadt Dura-Europos am mittleren Euphrat verehrte ihren Gründer Seleukos Nikator und bestimmt auch die übrigen Könige der Seleukidendynastie, Apollon und Artemis, eine Anzahl von Göttern, die Zeus genannt wurden, aber meistens lokale syrische Baalim waren, Hadad und Atargatis aus Syrien, Bel und andere Götter aus Palmyra, Adonis und viele andere. Die in Delos im 2. Jahrhundert gefeierten Kulte müssen sämtliche Gottheiten umfaßt haben, die dem Hellenismus bekannt waren.

Im allgemeinen waren all diese Kulte typisch heidnisch und dienten im lokalen Rahmen der materiellen Wohlfahrt der Anbetenden, ob es ihrer viele oder wenige gab. Aber die Neigung zum Universalismus war nicht erstorben, und die beachtlichste Entwicklung vollzog sich im Hellenismus gerade in dieser Richtung. Ihrem Ursprung nach war diese Tendenz griechisch, nicht orientalisch, auch wenn sich der Universalismus vorzugsweise an orientalische Gottheiten heftete, deren Kult und Charakter, mit griechischen Augen gesehen, fremdartig und wandelbar war. Früher hatte der Universalismus Zeus zum Mittelpunkt gehabt, aber die anerkannten offiziellen Zeus-Kulte und Zeus-Mythen behinderten jede wirkliche Neuerung. Das traf nicht auf den jüdischen Jehova (Jahve oder Jao) zu; indes sind wir noch lange nicht so weit, daß wir die hellenistischen Einflüsse in der Gesamtheit der jüdischen Literatur und des jüdischen Denkens in den letzten drei Jahrhunderten vor Christus aufweisen könnten. Die Gelehrten sind sich weitgehend darüber einig, daß der hellenistische Einfluß beträchtlich war; darüber hinaus herrscht Uneinigkeit.

Besser sind wir über die zwei ägyptischen Gottheiten unterrichtet, die in der hellenistischen Zeit Universalgeltung erlangten und sie vor allem in der Zeit des Römischen Reiches behalten sollten: Isis und Serapis. Isis war eine alte ägyptische Gottheit, Serapis gewissermaßen eine hellenistische Schöpfung.

Die Hellenisierung der Isis war schon früher vor sich gegangen. Es bedurfte nur des Prestiges der Ptolemäerdynastie, damit sie, die Trägerin aller uralten Weisheiten und aller ewigen Mysterien des Pharaonenlandes, der Wiege der Zivilisation, weithin volkstümlich wurde. Zahlreiche Isis-Hymnen haben sich bis auf den heutigen Tag erhalten, einige von ihnen gehen auf die frühe hellenistische Zeit zurück. Besonders charakteristisch sind vier Hymnen aus der Eingangshalle zum Isis-Tempel in Medinet Madi am südlichen Rand der Fayûm-Oase, um etwa 100 v. Chr. von einem gewissen Isidoros, der Thraker gewesen sein kann, verfaßt. Unter verschiedenen Aspekten wird da die Göttin besungen. Am deutlichsten tritt ihre Weltgeltung im ersten Hymnus des Zyklus hervor. Ihr Name ist nicht nur groß, sondern auch vielgestaltig: »Die Syrer heißen sie Astarte, Artemis und Anaia; die lykischen Völker rufen sie die Herrin Leto; die Thraker die Mutter der Götter; die Griechen Hera vom allmächtigen Thron, Aphrodite, die gute Hestia, Rhea und Demeter; und die Ägypter Thiouis. Du allein bist all die anderen Göttinnen, die die Völker nennen.«

Der Zuständigkeitsbereich der Isis war ebenso umfassend wie der, den Hesiod der Hekate zuschrieb. Sie brachte Reichtum, sie war Quelle und Stütze der Gerechtigkeit, die Beschützerin der Gefährdeten, sie gab die Früchte der Erde, sie brachte Tieren und Menschen Fruchtbarkeit, und sie war die Hüterin des Königs Ptolemaios. Sie selbst läßt sich in einer älteren Inschrift vernehmen, die in Kyme in der Aiolis gefunden worden ist: »Ich bin Isis, Herrscherin über die ganze Erde. Hermes hat mich erzogen, und mit Hermes entdeckte ich die Schrift ... Ich gab den Menschen Gesetze ... Ich schied die Erde vom Himmel. Ich wies den Sternen ihre Bahnen und befahl die Wanderung der Sonne und des Mondes. Ich fand die Zweckbestimmung des Meeres ... Ich brachte Mann und Weib zusammen. Ich hieß die Frauen ein Zehnmonatskind ans Licht bringen... Ich ließ das Wahre als gut gelten... Ich ließ nichts so sehr fürchten wie den Eid.«

Der Isis diente ein großes Aufgebot an Berufspriestern. Sie hatte ihre heiligen Schriften. Ihr zu Ehren wurden wohl auch besondere Zeremonien veranstaltet, die mit den Mysterien der Griechen manches gemeinsam hatten. Aus den zur Zeit des Römischen Reiches geschriebenen »Metamorphosen« des Apuleius wissen wir, daß diese geheimen Riten – wie die griechischen Mysterien von Eleusis und Samothrake – den Eingeweihten die Geheimnisse des Weltalls offenbarten und gesegnete Unsterblichkeit verhießen. Indem Isis dem ihr Ergebenen das Heil zusicherte und im Weltenwandel einen Weg wies, ließ sie die hellenistische Welt an vielem teilhaben, was später das Christentum bieten sollte.

Serapis war in mancher Hinsicht das männliche Gegenstück zu Isis, galt aber niemals als ihr Gemahl. Die beiden Kulte waren voneinander getrennt, müssen wohl auch in dem oder jenem Maße miteinander konkurriert haben. Der Ursprung des Serapis ist nicht ganz klar; offenbar ist er aus dem Osiris-Apis von Memphis hervorgegangen, dessen Heiligtum der Aufenthaltsort des lebenden Stiers Apis und das Grabmal jedes toten und mumifizierten Stiers Osiris war; in der hellenistischen Zeit führte dies Heiligtum den Namen Serapeion.

Es war eine umfangreiche Kultstätte von hohem Rang und nahm auch – unter Bedingungen, die nicht mehr zu rekonstruieren sind – Eremiten für längere Zeit oder gar auf Lebenszeit auf. Erhalten hat sich das Privatarchiv eines dieser halben Mönche, eines Makedonen namens Ptolemaios; daraus ist allerdings mehr über Ptolemaios' persönliche Angelegenheiten zu ersehen als über den Lebensablauf im Serapeion. Wir wissen nicht einmal genau, ob im Serapeion kultische Veranstaltungen im eigentlichen Sinne stattfanden. Das Zentrum des Serapis-Kults befand sich jedenfalls in Alexandreia: in einem damals weltberühmten Tempel mit eigenem Tempelbezirk; dort war auch das kultische Standbild des Serapis aufgestellt, das der Bildhauer Bryaxis zu Beginn des 3. Jahrhunderts geschaffen haben soll und das den Gott mit den traditionellen Attributen der Fruchtbarkeit und der Unterwelt – in vielem dem griechischen Pluton ähnlich – darstellte. Als Orakeltempel wurde das Serapis-Heiligtum in Alexandreia von denen aufgesucht, die von Reisen heimgekehrt waren, Reisen vorhatten oder für reisende Freunde beten wollten.

Über Inhalt und Form des Serapis-Kults ist nicht viel bekannt. Unzweifelhaft war Serapis neben anderem auch eine universale Gottheit. In einem seiner Orakelsprüche heißt es, die Himmel seien sein Kopf, die Erde seine Füße, die Gewässer sein Leib und die Sonne sein allsehendes Auge. Sein Kult verbreitete sich sehr schnell innerhalb und außerhalb der Ptolemäergebiete. Es wurde angenommen, er sei vom ersten Ptolemaios unter Mitwirkung des Ägypters Manetho und des Atheners Timotheos entdeckt oder erfunden worden. Indes erwähnte das Tagebuch Alexanders des Großen schon 323 ein Serapeion in Babylon, und die frühe Einführung der Serapis-Anbetung in Alexandreia (um 320 oder kurz danach) scheint dafür zu sprechen, daß der Gott bereits einige Zeit vor der Ägypten-Satrapie des Ptolemaios existiert hatte. Eine kürzlich veröffentlichte Inschrift aus Hyrkania im Südosten des Kaspischen Meeres bezeugt den Serapis-Kult für die Zeit des Antiochos III. Ausgeschlossen ist nicht, daß Alexander der Verbreiter des Kults war. Vielleicht war Serapis einer der Götter, die ihm das Amun-Orakel in Siwa genannt hatte. Kann man sich überhaupt vorstellen, daß Ptolemaios, der sich als Satrap von Ägypten zunächst überaus vorsichtig bewegte und am liebsten an ausgetretene Pfade hielt, gleich in den ersten wirren Jahren der Diadochenkriege eine neue Gottheit eingeführt hätte? Wie dem auch sei: der Kult griff rasch um sich und fand in der Zeit der Römerherrschaft mit dem Schlachtruf »Es gibt nur einen Zeus – Serapis« immer größeren Widerhall. In diesem Schlachtruf lag der Anspruch auf Oberhoheit und Universalität, ja vielleicht schon ein monotheistischer Anspruch.

Vom Orientalischen blieb in den dem Namen nach orientalischen Kulten der Isis und des Serapis nur wenig übrig, obschon die Priesterschaft und die Grundlegung der Lehre, die in den auf göttlicher Offenbarung beruhenden heiligen Schriften geboten wurde, zweifellos nicht griechisch waren. Ein viel stärkerer orientalischer Einfluß machte sich im Aufstieg der Astrologie geltend. Gewiß hatten auch schon die Pythagoreer und Platon an eine mystische Beziehung zwischen den Himmelskörpern und den Menschen geglaubt. Es war aber mehr und anderes, was in Ägypten um die Mitte des 2. Jahrhunderts die ersten astrologischen Handbücher hervorbrachte, die hernach mit Hermes Trismegistos (dem »dreimal Größten«), dem griechischen Gegenstück des Thot, zusammengekoppelt wurden. Hier verband sich das durch die Schriften des Berossos zur Zeit Antiochos' I. vermittelte astronomische Wissen Babylons einerseits mit der im Gott Thot verkörperten ägyptischen Vorstellung von der göttlichen Weisheit, anderseits mit dem griechischen Rationalismus, wie ihn etwa exakte Astronomen von der Statur und Bedeutung eines Hipparchos vertraten. Natürlich stieß die Idee, daß das Schicksal des Individuums durch den Stand der Planeten und Sternbilder bei seiner Geburt bestimmt sei und daß zukünftige Ereignisse auf Grund des Studiums des Sternenhimmels vorausgesagt werden könnten, häufig auf Widerspruch, aber sie bürgerte sich in der griechisch-römischen Welt, namentlich bei den Stoikern, dennoch immer mehr ein und wurde schnell sehr populär. Ihre weite Verbreitung bezeugen nicht nur die erwähnten Handbücher für den Hausgebrauch, sondern auch zahlreiche Einzelhoroskope, die sich in Papyrusrollen oder eingeritzt auf Mauern erhalten haben.

Ob wissenschaftlich oder halbwissenschaftlich, diente die Astrologie zum Teil eher als Religionsersatz denn als Religion. Nichtsdestoweniger galten wenigstens die sieben Planeten als Götter, und von diesen Göttern stammt unsere Siebentagewoche, die von der Mittelmeerwelt in der hellenistischen Spätzeit eingeführt wurde. Mehr noch: das ganze kosmische System wurde als Produkt der göttlichen Weisheit und als von ihr gelenkt gedeutet; in dieser Konzeption kam die Weisheit der Götter der Astrologie der göttlichen Vorsehung der Stoiker sehr nahe. Überhaupt wirkten sich die großen wissenschaftlichen Errungenschaften des Hellenismus in der Richtung einer Zurückdrängung der für Griechen und Orientalen gleichermaßen charakteristischen tiefen Religiosität gar nicht oder nur sehr wenig aus. Auch dem Kult des lebenden Herrschers, der gewiß auch Treue und Dank gegenüber einem leibhaftigen Wohltäter zum Ausdruck brachte, läßt sich ein starkes religiöses Element nicht absprechen. In den Bruchstücken einer Inschrift, die vor kurzem in Paphos auf Cypern gefunden worden sind, findet sich der Teil eines Bittgesuchs von Soldaten an einen König – wahrscheinlich Ptolemaios VI. –, in dem die Bittsteller die zuversichtliche Hoffnung aussprechen, der König werde ihnen helfen, »da du ein Gott bist«.

Prosa und Dichtung: zufriedene Vielfalt

Große Literatur entsteht immer nur dann, wenn besondere Umstände auf besondere Art zusammentreffen. Form und Ausdruck lassen sich nur beherrschen, wenn viele Schriftsteller in gegenseitigem Kontakt und in ständigem Wettstreit leben. Dies formale Können muß aber mit einer Intensität des Empfindens und einer Innigkeit des Verständnisses einhergehen, die nur aus banger, sorgenvoller Vertiefung in wesentliche Probleme des menschlichen Daseins erwachsen können. Nur wenn diese Qualitäten in Autoren zusammentreffen, die aus weiser Einsicht und vielleicht auch gelassener Heiterkeit schöpfen, können wir uns so unvergängliche Meisterwerke erhoffen wie die Epen, die sich an den Namen Homer knüpfen, die attischen Tragödien des 5. Jahrhunderts oder die Schriften Platons und Demosthenes'. Nichts, was sich mit solchen Leistungen vergleichen ließe, ist in der hellenistischen Periode hervorgebracht worden, obgleich immer mehr und mehr Menschen lesen lernten, ein gemeinsamer Dialekt (die *Koiné*, der ein vereinfachtes attisches Griechisch zugrunde lag) sich entwickelte, jede gewünschte Menge Papyrus für die Herstellung von Büchern zu haben war, das lesende und auch das zuhörende Publikum mithin gewaltig zunahm und die finanzielle Unterstützung, die Könige und Städte den Schriftstellern gewährten, alle zum Schreiben ermutigte, die schreiben konnten oder schreiben wollten.

Der Menge nach war die literarische Produktion dieser drei Jahrhunderte zweifellos enorm. Das meiste davon ist unwiederbringlich verloren: die hellenistischen Schriften gingen in spätere Werke ein oder wurden von ihnen verdrängt, wie das mit einem großen Teil der technischen, philosophischen, philologischen und naturwissenschaftlichen Abhandlungen geschehen ist; oder sie fanden im Zeitalter des Römischen Reiches keine Bewunderer mehr und gerieten so oder anders in Vergessenheit. So viel ist aber immerhin übriggeblieben, daß sich das Wesen dieses literarischen Schaffens noch erkennen läßt. Sichtbar wird sofort, daß da Form und Empfinden – aus welchen Gründen auch immer – auseinandergefallen waren.

Ernste schriftstellerische Leistung gab es fast nur in Prosawerken. Viel schrieben die Philosophen, aber sie kümmerten sich wenig um Stil, und aus dem Umfang ihrer gegenseitigen Entlehnungen wie auch aus der Endlosigkeit ihrer polemischen Auseinandersetzungen kann man schließen, daß es ihnen an echten eigenen Ideen gemangelt hat; das dürfte auch für so überragende Persönlichkeiten wie die Stoiker Zenon und Chrysippos gegolten haben. Was die Naturwissenschaftler schrieben, handelte zwar vom Menschen und seinem Schicksal oder seiner Bestimmung auf Erden, aber es fehlte hier an Intensität des Empfindens ebensosehr wie an Ausdrucksfähigkeit.

Reichlich war die Redekunst vertreten, nicht nur die epideiktische – Reden um des Redens willen wie in Isokrates' minderwertigsten Produktionen –, sondern auch die politische und wohl auch die forensische. Jedenfalls bewies Cicero, daß sich große Beredsamkeit vor einem Einzelrichter oder vor einem kleinen Juristenkollegium ebenso kundtun konnte wie vor dem großen Volksgericht, dem die Plädoyers Lysias' oder Demosthenes' gegolten hatten. Und politische Rhetorik muß an Königshöfen nicht minder vernehmbar gewesen sein als in den Bürgerversammlungen der Städte; so mancher Stadt waren politische Freiheiten in weitem Umfang eingeräumt, so daß fast ebenso ausgiebig debattiert wurde wie im Athen der klassischen Zeit.

Zu einer anerkannten Ausdrucksform war im 4. Jahrhundert der literarische Brief geworden. Aus der hellenistischen Zeit hat sich eine Anzahl solcher Briefe, hauptsächlich von Philosophen geschrieben, erhalten; sie bezeugen allerdings kein feineres Stilgefühl und keine tieferen Einsichten als die Proben des diplomatischen Briefwechsels, die wir aus Inschriften kennen.

Auch die Geschichtsschreibung erreichte in der hellenistischen Zeit weder den Höhenschwung eines Herodot oder Thukydides noch auch die Kraft, Spannung und Eleganz eines Xenophon. Sofern unsere flüchtigen Eindrücke von Hieronymos aus Kardia und Phylarchos aus Athen ein zutreffendes Bild vermitteln, müssen sich die Historiker zwischen der faden Eintönigkeit der Faktenaufzählung und der Sinnleere einer pomphaften Rhetorik bewegt haben. Daß uns ihre Berichte nicht mehr vorliegen, hinterläßt gewiß eine schmerzliche Lücke; als literarischen Dokumenten brauchen wir ihnen kaum nachzutrauern. Zur

Zeit der Cäsaren kannte und benutzte man sie noch, aber zum Vergnügen wird sie schwerlich jemand zu Ende gelesen haben. Nur das Werk des Arkadiers Polybios, den das dramatische Schauspiel der Expansion Roms und der römischen Eroberung griechischer und hellenistischer Staaten beflügelte, ist zu einem wesentlichen Teil vor dem Untergang bewahrt worden. Eine jenseits aller Literatur bedeutende Persönlichkeit war Polybios mit all seinen Vorurteilen, seiner parteiischen, vor Entstellungen nicht zurückschreckenden Voreingenommenheit, seiner spitzfindig kleinlichen, ungerechten und langatmigen Kritik an anderen Historikern auch als Autor interessant; aber seine Geschichtsauffassung erhob sich nicht über das Niveau einer naiven Vorstellung vom Schicksal, das das menschliche Geschehen in unerwartete oder verblüffende Konsequenzen einmünden läßt, und sein Stil war schlechteste Koine, weitschweifig, nörglerisch, salopp. Soweit Livius dieselben Dinge mit eigenen Worten nacherzählt hat, ist der Kontrast schlagend. In der Darstellung des tatsächlichen Ablaufs des Geschehens reicht Livius an Polybios nicht heran, aber sein Stil und seine Geschichtsphilosophie machen sein Werk zur Literatur. Polybios' Geschichte ist nicht mehr als ein wertvolles Dokument.

Daß die Inhalte des hellenistischen Schrifttums auf diesen Gebieten keinen formvollendeten Ausdruck gefunden haben, besagt nicht, daß der hellenistischen Zeit Formgefühl überhaupt abging. Im Gegenteil: in den zwei Zentren, aus denen damals bedeutende, eigenständige und einflußreiche literarische Werke hervorgingen, Athen und Alexandreia, wurde der Form überragende Bedeutung beigemessen.

Athen war die Heimat des Schauspiels: zuerst der Tragödie, dann der Komödie. Im 5. Jahrhundert unterschieden sich beide in Form und Aufbau so sehr, daß jede für sich einen eigenen literarischen Typ bildete. Aber das Schrumpfen des Chorelements in beiden hatte die Formunterschiede gegen Ende des Jahrhunderts weitgehend beseitigt. Bei Euripides wurden die tragischen Themen des griechischen Mythos bereits so naturalistisch behandelt, daß seine Stücke eine höchst irdische Wesensart erhielten, Aristophanes beschwerte sich darüber, daß Euripides' Götter und Heroen wie gewöhnliche Durchschnittsathener sprächen und sich benähmen. Aber auch in Aristophanes' letzten Stücken hatte sich das Phantasiereiche seiner früheren Werke größtenteils verflüchtigt; auch seine Charaktere wurden zu Alltagsmenschen. Der Unterschied zwischen Tragödie und Komödie bestand nur noch im Thema: in dem einen Fall war es traurig, in dem andern fröhlich; schon Platon machte sich Gedanken darüber, ob nicht derselbe Autor Trauerspiel und Lustspiel schreiben könne. Im Laufe des 4. Jahrhunderts wurden viele Tragödien und Komödien geschrieben und aufgeführt; das tragische Theater griff allerdings immer mehr auf die alten Stücke der großen Meister zurück, und von den neuen Tragödien, die in dieser Zeit entstanden, wissen wir sehr wenig.

Das Lustspiel, das sich ab 403 nicht mehr der politischen Satire zuwenden durfte, entwickelte sich unterdes zur Sittenkomödie, die die Sorgen und Freuden der athenischen Bourgeoisie verulkte. Üblicherweise wird zwischen der Mittleren Komödie, von der sich zahlreiche Zitate, aber keine vollständigen Stücke erhalten haben, und der hauptsächlich von Philemon, Menander und Diphilos vertretenen Neuen Komödie unterschieden. Indes greifen die Phasen ineinander über: Autoren, die als Vertreter der Alten Komödie gelten, schrieben noch im Jahre 362 und Autoren, die der Mittleren Komödie zugeordnet werden, noch in den ersten Jahrzehnten des 3. Jahrhunderts; für die Abgrenzung der Mittleren Komödie von der Neuen, deren Beginn mit der Aufführung des ersten Stücks von Philemon im Jahre 326 angesetzt wird, läßt sich schwerlich ein sinnvolles Kriterium finden.

In beiden Phasen behandelte jedes einzelne Stück die Lebensumstände athenischer Bürger aus dem oberen Mittelstand; es ging um Menschen, die im Wohlstand lebten, sich aber weder politisch noch in sonstiger Beziehung hervortaten, und die im Grunde außer Familie und Besitz nichts anging. Die humoristischen Einlagen mit schlagfertiger Widerrede, oft zu Sinnsprüchen verdichtet, blieben den Sklaven, Schmeichlern (Parasiten), Prostituierten (Hetären) und vor allem den Köchen vorbehalten. Aus Stücken der Mittleren und der Neuen Komödie stammten viele geflügelte Worte, die sich gut einprägten, und wir kennen sie auch in der Hauptsache aus Zitaten, die sich bei späteren Autoren finden. Die Helden sind junge Leute aus guter Familie, die Handlung dreht sich um ihre Liebesabenteuer. Ein typischer Vorwurf: der Held verliebt sich in eine noch (oder sonst) tugendhafte Hetäre, die sich am Ende als die vermißte Tochter eines reichen Nachbarn entpuppt, worauf geheiratet wird und ewiges Glück gesichert ist. Manchmal treten Soldaten auf, rohe Gesellen, laute und prahlerische Söldner, wie sie die Zeit hervorbringt. Die Charaktere sind stark klischeehaft, denen ähnlich, die der Zeitgenosse Theophrastos in seinen Charakterdarstellungen skizziert. Setzt sich der Schauspieler die Maske des alten Mannes oder des Sklaven, des Jünglings, des Parasiten oder der Hetäre auf, so kann man den Charakter im voraus beschreiben, den er darstellen wird.

Bei alledem zeigten sich die Komödienschreiber einfallsreich und erfinderisch. Am ausgiebigsten kennen wir ihr Werk aus den lateinischen Bearbeitungen von Plautus und Terenz, aus einigen Fragmenten von Menander, die ein 1905 entdeckter Papyrus bewahrt hat, und neuerdings aus einem vollständig erhaltenen Stück desselben Menander, *Dýskolos* (»Der Menschenfeind«), nach einem Genfer Papyrus 1958 veröffentlicht. Mit *Dýskolos* hatte Menander 317/316 seinen ersten Bühnenerfolg; interessanterweise fehlt hier die für Menander später charakteristische Erkennungsszene. Die Handlung ist konstruiert: ein reicher junger Mann aus guter Familie bemüht sich um die Tochter des ebenfalls begüterten Dyskolos, der allerdings ein arbeitsames und einsames Leben auf dem Lande führt und keine Besucher duldet; dem Dialog fehlt der Humor, jedenfalls nach heutigen Begriffen, und die Entwirrung des Konflikts ist wiederum reine Konstruktion: Dyskolos fällt ohne jeden ersichtlichen Grund in einen Brunnen, wird vom jungen Helden gerettet und beginnt aufzutauen. Danach erobert der Held die Tochter des Geretteten, dessen Stiefsohn verlobt sich mit des Helden Schwester, und schließlich bekommt man auch den trotz Errettung aus äußerster Gefahr immer noch nörgelnden Griesgram dazu, an den Hochzeitsfeierlichkeiten teilzunehmen. Vielleicht hatte das Stück politische Beiklänge, die uns entgehen: in Athen hatte Demetrios von Phaleron gerade erst seine Diktatur errichtet, und es ist denkbar, daß in der Gestalt des Dyskolos das Volk von Athen abkonterfeit war, das sich griesgrämig nörgelnd in eine Zwangslage fügte.

Schaltet man eine solche Deutung aus, so ist dem Stück gar zuviel Kurzweil nicht abzugewinnen; spannungsreich sind auch die banalen Liebeshändel nicht. Mit Bestimmtheit darf man vermuten, daß die Neue Komödie manch besseres, gescheiteres und amüsanteres Stück hervorgebracht hatte. Beachtlich ist aber dieser Lustspieltyp als Produkt einer Gesellschaft, der es gut geht und die in ihrer indolenten Selbstzufriedenheit keine echten Probleme kennt – oder zum mindesten keine, an die sie erinnert werden will. Nachdem er sich einmal durchgesetzt hatte, fand dieser Typ der Komödie lebhaften Anklang und wurde fast richtungweisend für unser Theater – im Altertum wie in neuerer Zeit. Er hat seine historische Bedeutung.

Als geschichtlich ebenso bedeutsam – und modernem Verständnis eher zugänglich – erscheint ein Kreis von Dichtern, der in Alexandreia seinen Mittelpunkt hatte, obgleich die meisten dieser Dichter weder aus Alexandreia stammten noch ständig in Alexandreia lebten. Ihr Kristallisationspunkt war die Bibliothek von Alexandreia (wie der Brennpunkt der wissenschaftlichen Arbeit das Museion war), und manche dieser Dichter waren zugleich Philologen und Literaturhistoriker. Diesen Kreis hatte der alexandrinische Historiker Andron im Auge, als er für seine Landsleute den Ehrentitel »Lehrmeister aller Griechen und Barbaren« in der frühen Ptolemäerzeit in Anspruch nahm. In diesen Dichtern, die Gelehrsamkeit und verfeinerten Geschmack an den Tag legten, flossen zwei nichtattische Traditionen der griechischen Literatur zusammen: die dorische Bühnenkunst Siziliens und die erotische Dichtung der Aiolis und Ioniens. Witz und Feinfühligkeit verschmolzen im Epigramm, das sich schnell Sympathien erwarb. Angst vor der Langeweile erzeugte eine heftige Abneigung gegen lange Dichtungen und gegen Offensichtliches und Einfaches: statt direkter Aussagen wurden ungewöhnliche Ausdrücke und tiefsinnige Anspielungen, indirekte Hinweise und Andeutungen bevorzugt. Das Interesse der Autoren galt dem Morbiden und Ungewöhnlichen, dem Verzerrten und Verdorbenen. Außer im Epigramm wurde Eleganz höher geschätzt als fühlendes Mitempfinden. Was dabei entstand, waren Formen und Manieren einer höfischen Poesie, wie sie dann wieder am Hofe des Augustus in Rom gedeihen sollte – oder an Höfen späterer Zeiten, an denen Witz und Gelehrsamkeit mit einem Anflug amüsierter Arroganz hoch im Kurs standen. Der literarisch trefflichste und vielseitigste der alexandrinischen Autoren war Kallimachos aus Kyrene, aber größerer, nachhaltiger Einfluß ging von seinem etwas älteren Zeitgenossen Theokrit von Syrakus aus.

Als Syrakusaner erbte Theokrit den Mantel Epicharmos' und Sophrons, von denen der eine um 500, der andere um 400 gewirkt hatte, so daß sie kaum als »Schule« zu zählen sind, deren »Mimen« aber, Possen im dorischen Dialekt, die den kleinen Mann oder die groteske Figur umrankten, gleich volkstümlich waren. Theokrit hatte Syrakus zur Zeit des Agathokles verlassen und schrieb in Kos Hymnen, Epigramme und »Mimen« eigener Art. Als *eidýllia*, »kleine Bildchen«, sind diese theokritischen Mimen zum Ursprung des Begriffs »Idyll« geworden. Gewöhnlich waren ihre Motive erotische Sujets aus dem Mythos oder der Malerei, Volkslieder, Liebesklagen, Hochzeitsgesänge, Lobpreisung anmutiger Mädchen oder Knaben. Manchmal sang der Dichter in der Ich-Form, manchmal ließ er als Sänger Helden des Mythos oder erdachte menschliche Gestalten auftreten, meistens Schaf- oder Rinderhirten, die ihren Wechsel- oder Streitgesang in der sizilianischen Landschaft erklingen ließen; ihre Namen, ihre Haltung und die Probleme, um die es ihnen ging, lassen indes vermuten, daß sie nur Masken waren, hinter denen der Dichter die Gesichter und Charaktere seiner eigenen Freunde und Bekannten verbarg.

Bald zog Theokrit die Aufmerksamkeit Ptolemaios' II. auf sich, den er bereits besungen hatte oder sich zu besingen anschickte. Er ging nach Alexandreia und blieb dort längere Zeit; wahrscheinlich ist er erst nach Ptolemaios' Tod nach Syrakus, an den Hof Hierons II., zurückgekehrt. Die Anmut und Grazie seiner Idyllen fanden im Altertum und in der Neuzeit viele Bewunderer. Die Vorliebe für eine imaginäre »idyllische« Landschaft als Schauplatz der besungenen Geschehnisse ließ bei seinen Nachfolgern Bion und Moschos eine eigene »bukolische« Dichtung (»Rinderhirtenpoesie«) entstehen, die später von Vergil entwickelt und dank ihm weithin bekannt werden sollte (nur daß an die Stelle Siziliens das griechische Arkadien trat). Der eigentliche Mimus fand seinen Fortsetzer in einem gewissen Herodas oder Herondas, von dem wenig bekannt ist; aus seiner Feder stammen ganz oder teilweise neun kleine Werke dieser Art, die sich in einem 1891 veröffentlichten Papyrusmanuskript erhalten haben. Hier tummeln sich Kupplerinnen und Bordellwirte, Sklaven, Schulmeister und elegante Frauen; die Tonart ist durchgängig ordinär, das Ganze offenbar dazu bestimmt, die bessere Gesellschaft mit Einblicken in das Dasein der niederen Klassen und in ihre eigenen Gebrechen zu unterhalten. Am ionischen Dialekt und am choliambischen Versmaß erkennt man in Herodas einen Nachahmer des ionischen Dichters Hipponax aus dem 6. Jahrhundert; man darf dennoch annehmen, daß Herodas in Alexandreia lebte.

Neuentdeckte Papyri sind auch unserer Kenntnis des Werkes von Kallimachos zugute gekommen, von dem vorher nur Hymnen an Zeus, Apollon, Artemis, Athena und Demeter, eine Epigrammsammlung und vereinzelte Zitate bekannt waren. Sie zeigten seine dichterischen Qualitäten, aber nicht seine Vielseitigkeit und Produktivität; das meiste, was man bis dahin von Kallimachos wußte, bezog sich auf den Streit mit seinem Freund, Schüler und Bibliothekskollegen Apollonios aus Alexandreia (auch »Rhodier« genannt, weil er sich in hohem Alter nach Rhodos zurückzog). Apollonios hatte in vier Büchern und sechstausend Zeilen (halb so lang wie die Odyssee) die Abenteuer Iasons und der Argonauten episch besungen und damit Kallimachos' Mißfallen erregt (Kallimachos selbst hat das angedeutet, und einige Grammatiker erörtern gelegentlich den Streitgegenstand); daher stammt das Studenten und Bibliothekaren vertraute bissige Wort, daß dicke Bücher dicke Ungehörigkeiten seien. Zu allem Überfluß höhnt Kallimachos in seinem Hymnus an Apollon über den »großen Strom des assyrischen Flusses, der viel Schmutz und Abfall mit sich führt«, und proklamiert in einem Epigramm: »Ich hasse die Dichtung, die zum Zyklus wird.« Kallimachos selbst wird daher die Erfindung des kurzen Epos zugeschrieben, das in der neueren Zeit *Epyllion* heißt und wahrscheinlich auch im Altertum so hieß. Ein Beispiel dafür wäre sein Gedicht über Hekale, eine Greisin aus Attika und die Gastgeberin des Theseus, oder auch das über die Haarlocke, die Königin Berenike der Aphrodite zum Dank für die Heimkehr Ptolemaios' III., ihres Gemahls, weihte und die dann zum Sternbild wurde. Aus Papyrusfragmenten kennen wir andere Kostproben kurzer Epen, namentlich aus der Feder des Euphorion aus Chalkis; diese Gedichtform übernahmen am Ende der Republikzeit auch römische Autoren, nicht zuletzt Catull und seine Freunde.

Dank den Papyrusfunden wissen wir heute über Kallimachos sehr viel mehr. Angefunden hat sich ein Verzeichnis von Inhaltsangaben *(diegéseis)* seiner Gedichte, aus dem man den Umfang seiner vielgestaltigen Produktion ersehen kann. Umfangreiche Überreste seiner Iamben (oder genauer Choliamben) zeigen, daß auch er in der Tradition des Hipponax blieb, wie auch noch die ebenfalls aus Papyrusfunden bekannten späteren und moralischeren Dichter Phoenix aus Kolophon und Kerkidas aus Megalopolis. Aus Kallimachos' wissenschaftlicher Arbeit stammen nicht nur viele Bücher zur Philologie und Literaturgeschichte und ein Katalog der Bibliothek *(pinakes)*, sondern auch vier Bücher *Aitia* (Ursprünge), worin er die Mythen, Kulte und geographischen Bezeichnungen der griechischen Welt auf seine Art »historisch« zu erklären suchte, eine so umfangreiche Arbeit, daß sie gerechterweise sein eigenes Verdammungsurteil verdient hätte. Das Werk des Kallimachos läßt sich nun nicht mehr auf eine einfache Formel bringen. Wenn er schon der Erfinder des Epyllion war, so hat er auch fast ausnahmslos sämtliche Zweige der Literatur und Philologie mit Beiträgen versehen. Fast als einziger seiner Zeitgenossen scheint er keinen Hang zur erotischen Dichtung verspürt zu haben. Auch Apollonios war nicht frei davon: viel Erotisches enthalten die *Argonautika* zwar nicht, aber ihre Hauptfigur ist die liebesbesessene Medeia, die für Vergils Dido Modell gestanden hat. Das warme menschliche Mitgefühl, das schon für den Epigrammatiker Leonidas aus Tarent charakteristisch war und das in Meleagers Epigrammsammlung im 3. Jahrhundert so deutlich mitschwang, erfüllt Kallimachos' Epigramme in unübertroffener Aufrichtigkeit und schlichter Zurückhaltung. Ein Beispiel: »Mit dem zwölfjährigen Sohn Nikoteles hat hier der Vater, Philipp, seine Hoffnung auf Größe bestattet.«

Spätere Autoren des Altertums wie auch die stets ergiebigen Papyri aus Ägypten haben uns die Namen vieler anderer Autoren der hellenistischen Zeit genannt und manche Auszüge aus ihren Werken mitgeteilt. Ein Schüler Menedemos' und Zenons, Aratos aus Soloi in Kilikien, der am Hof des Antigonos Gonatas lebte, schrieb eine astronomische Dichtung *Phainómena*, die sich auf ein Werk des Eudoxos stützte und so bedeutend war, daß der große Astronom Hipparchos einen dreibändigen Kommentar dazu verfaßte. Etwa um dieselbe Zeit schrieb in Alexandreia Lykophron aus Chalkis auf Euboia seine *Alexandra*, ein ungewöhnlich obskures und gelehrtes Werk, als Weissagung der Priamos-Tochter Kassandra präsentiert, wonach der Fall Troias durch den Aufstieg Roms, des neuen Troias im Westen, aufgewogen werden sollte; das war eins der frühesten Dokumente, in denen ein Grieche für die werdende Größe Roms Verständnis bekundete, und wohl auch das bedeutendste Dokument dieser Art. Daß die Zukunft Rom gehörte, entging freilich auch Lykophrons Zeitgenossen Kallimachos nicht.

Ebenfalls in Alexandreia dichtete der betont obszöne thrakische Dichter Sotades, den schlüpfrige Witze über die Geschwisterehe Philadelphos-Arsinoë das Leben kosteten. Am entgegengesetzten Pol steht das edelste Werk der religiösen Dichtung der hellenistischen Zeit, der bei all seiner pantheistischen Tendenz von tiefem religiösem Gefühl getragene Zeus-Hymnus des Stoikers Kleanthes.

In ihrer Breite, Vielfalt und Wirkung zeigt sich die literarische Produktion der hellenistischen Zeit, wenn man das Fazit zieht, als recht bedeutend. Wie die meisten anderen Emanationen des griechischen Geistes in dieser Epoche fällt sie hauptsächlich in die erste Hälfte des 3. Jahrhunderts. In dieselbe Zeit fallen auch die größten philologischen Leistungen der Schule von Alexandreia; ihre Grammatikforschungen wurden allerdings, wie man im 2. Jahrhundert an Dionysios dem Thraker sehen kann, auch später noch fortgeführt. Der Schule von Alexandreia verdanken wir zu einem sehr großen Teil unsere Kenntnis der griechischen Literatur, aber auch die Form, in der diese Literatur auf uns gekommen ist. Den äußeren Anlaß zu literaturwissenschaftlich-philologischen Arbeiten boten die neuen Möglichkeiten und Erfordernisse der großen Bibliothek und das weise Mäzenatentum Ptolemaios' II. Zehntausende, Hunderttausende von Manuskriptrollen mußten katalogisiert und geordnet, miteinander verglichen, analysiert, in ein System gebracht und mit Erklärungen versehen werden.

Diese Aufgabe wurde von einer Gruppe von Bibliothekaren erfüllt, unter denen Zenodotos aus Ephesos, Kallimachos, Apollonios, Eratosthenes, Aristophanes aus Byzantion und Aristarchos aus Samothrake, die alle ungefähr zur selben Zeit lebten, besondere Bedeutung erlangten. Ob es da einen oder mehrere Bibliotheksleiter gegeben hat und ob die genannten Gelehrten einen solchen Posten innegehabt haben, ist nicht klar, aber angesichts ihrer Gesamtleistung auch nicht wesentlich. Von diesen sechs Gelehrten war nur Eratosthenes mehr Naturwissenschaftler als Philologe; den anderen fünf verdanken wir unseren Homer-Text, die Verzeichnisse der attischen Bühnenschriftsteller und Oratoren, die für die Lektüre dieser Autoren unentbehrliche lexikographische Information und manche Vorworte und Kommentare, die nicht nur schwierige Abschnitte erklären, sondern auch historisches Material vermitteln, die für die kritische Analyse unerläßlichen Daten angeben und Vorgänge darstellen, über die man ohne sie nichts wüßte. Besonders erwähnenswert, weil auch nur dank einem Alexandreia-Papyrus für uns zugänglich, ist der Demosthenes-Kommentar des Didymos aus Alexandreia, des produktivsten Philologen aller Zeiten, ob seines Fleißes »Kupferherz« *(Chalkénteros)* genannt. Wer die Klassiker studiert, weiß den Gelehrten von Alexandreia aufrichtigen Dank.

Vom Mythos zum Alltag in der Skulptur

Kunst ist bis zu einem gewissen Grade ein subjektiver Begriff. Er bezieht sich auf das Schaffen nützlicher oder nicht nützlicher Dinge, eine Tätigkeit, die die Griechen *téchne* nannten, und zielt auf die menschlichen Fertigkeiten, die diesem Schaffen gelten oder darin ihren Niederschlag finden. Jeder geformte Gegenstand, jedes Artefakt aus alten Zeiten ist ein Kunsterzeugnis, aber nicht jedes Artefakt ist von Interesse für den Kunsthistoriker; Notwendigkeit und Konvention lassen ihn sein Augenmerk nur auf Gegenstände richten, die ihm, dem erfahrenen Kunstliebhaber oder dem gemeinsamen Kunstempfinden der Menschheit überhaupt oder der Menschen eines bestimmten Zeitalters, einen ästhetischen Sinn oder ein ästhetisches Vergnügen vermitteln. Nur in diesem begrenzten Sinn wird hier von Kunst geredet. Nicht von jedem Erzeugnis der *téchne* nehmen wir an, daß es Kunst verkörpere:

auch wenn wir das Planetarium des Archimedes rekonstruieren könnten, brauchten wir es nicht als Kunst zu sehen.

Da uns Abhandlungen über Kunst in diesem Sinne aus keinem Zeitabschnitt des Altertums vorliegen, ist es keineswegs sicher, daß wir nicht Maßstäbe anlegen, die ein Grieche nicht akzeptieren könnte. Schön nennt man Personen und Dinge, ob natürliche, ob künstlich gemachte, aber Schönheit und Kunst sind nicht gleichbedeutend, und wiederum ist auch Schönheit subjektiv. Wir wissen, daß Praxiteles eine Eros-Statue als sein schönstes Werk betrachtete. Hätte sie sich erhalten, so wäre sie auch für uns ein Kunstwerk, aber angesichts der Gepflogenheit des Altertums, Marmorstatuen in Naturfarben zu kolorieren, müßten wir erheblich umlernen und umdenken, um die Eros-Statue in ihrem ursprünglichen Zustand schön finden zu können. Anderseits liegen uns aus dem Altertum zahlreiche Beschreibungen von Werken der Skulptur und Malerei vor, die eine anerkannte Form literarischen Schaffens, als *ékphrasis* bekannt, darstellten und die zweifellos selbst Kunstwerke waren; diese Beschreibungen loben aber nicht die Schönheit oder die künstlerischen Qualitäten der behandelten Werke – Form, Linienführung, Raumgestaltung, Farben und was sonst dazu gehört –, sondern nur ihr gegenständliches Sujet und ihre naturalistische Wahrheit.

Solche Beschreibungen beginnen schon mit dem Schild des Achilleus in der *Ilias*; wie sehr sie in der hellenistischen Zeit beliebt waren, bezeugt neben anderem die Hingabe, mit der Theokrit in seinem ersten *Idyll* die auf einem ländlichen Trinkbecher dargestellte Szene schildert: die Liebeständelei, den alten Fischer, den Jungen, der, statt auf die Weinstöcke aufzupassen, ein Fangnetz für Heuschrecken flicht, und die zwei Füchse mit ihren Attentaten auf die Weinreben und des Jungen Mittagsmahl. Was Theokrit da ausmalt, beruht auf lauter subjektiven Deutungen der dargestellten Gestalten und ihrer Gedanken und Gefühle; wahrscheinlich erwiese sich der Trinkbecher, wenn wir ihn sähen, als mäßiges Exemplar pergamenischer Töpferware mit Reliefschmuck und keineswegs als Kunstwerk: all seine Vorzüge hätte der Dichter in ihn hineinphantasiert. Angesichts dieses fundamentalen Unterschiedes in der Einstellung zum Kunstwerk haftet jedem Versuch, die Kunst der hellenistischen Zeit zu beschreiben, etwas Zeitwidriges an: was wir für Kunst halten, sehen wir mit unseren Augen, nicht mit den Augen des Altertums.

Aus den Jahrhunderten, die nach Alexander kamen, haben sich viele verschiedene Arten von Artefakten erhalten, aber nicht alle sind für unsere Fragestellung relevant: für den Kunsthistoriker ist die bemalte attische Töpferware aus dem 6. und – in geringerem Maße – auch aus dem 5. und 4. Jahrhundert von erheblichem Interesse, und manches davon ist von hoher Qualität; von der hellenistischen Töpferware läßt sich dasselbe nicht sagen. Da gab es immer noch attische Töpferei oder Nachahmungen dieser Töpferei, aber die Gefäße waren nicht mehr mit gegenständlichen Darstellungen bemalt, sondern zeigten – in Nachahmung von Metall – eine einheitliche schwarze Glasur. Von etwas größerem Interesse ist die Relieftöpferei in roter Farbe, die in drei Typen, megarische, samische und pergamenische, eingeteilt wird, obgleich die Schmuckreliefs in besonderen Gußformen hergestellt wurden und die Gefäße selbst weder aus Megara noch aus Samos noch aus Pergamon zu stammen brauchten. Von geringem Wert sind für den Kunsthistoriker die vielfältigen bemalten und unbemalten Hausgeräte; die zahlreichen Tonlampen aus hellenistischen Zeiten, ebenfalls mit Reliefschmuck, sind nicht von hoher künstlerischer Qualität. Lampen und Tongefäße waren gleichermaßen für arme Leute bestimmt, die sich Silber- und Goldgefäße nicht leisten konnten; vielleicht ließen sich bei Silber- und Golderzeugnissen höhere künstlerische Qualitäten entdecken, aber da sich auch in Bruchstücken nur ganz wenige erhalten haben, müssen sie außer Betracht bleiben. Nicht anders ist es mit Geschmeide aus Gold und Silber, Glas und Edelsteinen, auch wenn wir wissen, daß alle drei Kategorien zum Glanz des eleganten und verfeinerten Lebens der Wohlhabenden gehörten und es unzählige Gegenstände dieser Art gegeben haben muß, die in den damaligen Zeiten als besonders schön galten.

Ein eigenes Problem sind die Figurinen. In beschädigtem oder unbeschädigtem Zustand haben sich Zehntausende aus verschiedenen Epochen des Altertums erhalten, viele davon unsicheren Ursprungs, die meisten primitiv oder häßlich, aber manche müssen, gewissermaßen unter Miniaturaspekten gesehen, in den ursprünglichen Farben anmutig, ja sogar schön gewesen sein. Hergestellt wurden sie an vielen Orten, unter anderem in Tanagra in Boiotien, in Myrina in der Aiolis, in Alexandreia; sie sind angesichts dieser geographischen Streuung insofern von großem historischem Wert, als sie die Verschiedenheit der Kleidung, des Zubehörs und der Menschentypen zeigen. Aber sie wurden nicht individuell geschnitzt oder gemeißelt, sondern als Produkte einer Massenbedarfsindustrie in Formen gepreßt; in den Rahmen einer Kunstübersicht gehören sie kaum. Ähnlich brauchen die Silbermünzen der Periode nur gestreift zu werden: die hohe Kunst, mit der Prägestempel schon in der klassischen Zeit geschnitten wurden, fiel als Erbe auch an die hellenistische Zeit, und einige der Königsporträts auf hellenistischen Münzen sind von außergewöhnlicher Schönheit und Lebendigkeit, namentlich die Köpfe auf den Münzen des baktrischen Königs Euthydemos und seiner Nachfolger. Darin kommt bereits zum Ausdruck, daß die Kunst des Porträts eine der höchstentwickelten Kunstsparten der Epoche war.

In der Hauptsache gilt unser Interesse der Malerei, der Bildhauerei und der Architektur. Da von der hellenistischen Malerei nur sehr wenig übriggeblieben ist, kann sie nur beiläufig in anderen Zusammenhängen behandelt werden. Die meisten Funde haben mit Bestattungsriten zu tun: Proben der hellenistischen Malerei gibt es auf Grabstelen aus Alexandreia, Pagasai und Sidon, und zur hellenistischen Periode gehören wohl auch die frühesten der wunderbaren Fayûm-Porträts auf Mumienbehältnissen. Mit Ausnahme dieser Porträts zeichnen sich die Werke nicht durch hohe Qualität aus. Für die Stilgeschichte sind allerdings die Auswahl der Sujets und die Art ihrer Behandlung von erheblichem Interesse.

Wie die Bildhauerei profitierte die Baukunst vom großen Reichtum, der die erste Hälfte der hellenistischen Epoche, die Zeit vor den schlimmsten Exzessen der römischen Plünderungen, kennzeichnete. Während aber bei Werken der Baukunst die Zeitbestimmung relativ einfach ist, läßt sich bei Skulpturen oft nur schwer sagen, was aus der hellenistischen Zeit und was aus späteren Zeiten stammt; das Problem ist besonders schwierig, weil viele der Statuen, die sich erhalten haben, römische Kopien sind, die das hellenistische Original möglicherweise unzulänglich wiedergeben. Von Nutzen sind manche Hinweise bei

Schriftstellern wie Plinius und Pausanias; zum mindesten erleichtern sie die Identifizierung bestimmter charakteristischer Typen. Mit Sicherheit lassen sich sonst nur Reliefskulpturen an Gebäuden datieren, deren Entstehungszeit feststeht; das berühmteste Beispiel ist der große Altar von Pergamon.

An besonders prominenter Stelle steht unter den bildenden Künsten in der hellenistischen Zeit die Porträtkunst. Die Kunst des Bildnisses oder wenigstens die realistische Darstellung lebender Personen beginnt im 4. Jahrhundert; wahrscheinlich war ihre erste Heimat Kleinasien, und sie ließ auch von Anfang an die Nähe orientalischer Einflüsse erkennen. Die Münzbildnisse des Pharnabazos und des Tissaphernes aus der Zeit um 400 mögen zwar Karikaturen sein, aber jedenfalls sind sie unzweifelhaft Darstellungen bestimmter Personen; dasselbe gilt von den etwas späteren Standbildtypen, die als Sokrates- und Mausolosbildnisse bekannt sind. In zeitgenössischen Skulpturen wurden Philosophen und Staatsmänner des 4. Jahrhunderts abgebildet, und in der Folgezeit wurde die Bildniskunst zu einer verbreiteten Praxis. Man sollte indes nicht verkennen, daß das eine revolutionäre Wendung war, die ihre komplexen Hintergründe hatte.

Bildnisse von Göttern wurden in Griechenland zu kultischen Zwecken geschaffen; dann erschienen sie auf den Münzen der Städte, die von diesen Göttern beschützt wurden, und diese Praxis setzte sich im Altertum ziemlich allgemein durch. Wiederum wurden Bildnisse von Einzelpersonen, besonders von Siegern in Wettspielen, in Heiligtümern als Weihegeschenke aufgestellt, die bleibende Verehrung und Hingabe symbolisieren sollten; möglicherweise gilt das auch von Myrons Diskuswerfer *(Diskobólos)* und Polyklets Speerträger *(Doryphóros)*. Aber von solchen Siegern wurde eben angenommen, daß sie bestimmter göttlicher Qualitäten teilhaftig geworden seien. Auch für Grabsteine wurden Bildnisse, meistens Reliefplastiken, angefertigt: die Toten nahmen ja ebenfalls am Wesen des Göttlichen teil und hatten ihrerseits Anspruch auf kultische Verehrung, auf einen eigenen, wenn auch noch so bescheidenen Kult. In diesem Sinne sind die herrlich lebensnahen Fayûm-Porträts und auch andere, weniger individualisierte, stärker idealisierende hellenistische Grabstelen die logische Fortführung der attischen Grabmalreliefs aus dem 5. und 4. Jahrhundert, die ihrerseits schon auf ältere Vorläufer – zum Beispiel die Aristion-Stele aus den Zeiten des Peisistratos – zurückblicken konnten.

Etwas anderes aber war die Darstellung Sterblicher auf Münzen. Den persischen Satrapenmünzen mit den Abbildungen von Pharnabazos und Tissaphernes waren Königsmünzen voraufgegangen, auf denen der Großkönig in höchst schematisierter Form, keineswegs im Porträt dargestellt war: eher als Symbol des Königtums denn als königliche Person. Sogar die Satrapendynastie des Mausolos brachte auf ihren Münzen keine Porträts, wie es auch kein anderer Herrscher der griechischen Welt vor Alexander, genauer: vor der letzten Periode der Herrschaft Alexanders, getan hat. Die Münzdarstellung Alexanders – wie auch aller Könige nach ihm – hing offenbar mit dem Königskult zusammen: das Porträt bildete den König als Gott, nicht als Herrscher ab; das gilt sogar von den seltenen Porträts des Antigonos Gonatas. Realismus oder Schönheit war der Tribut, der der Gottheit dargebracht wurde, nicht eine vermenschlichende oder individualisierende Schmälerung der göttlichen Qualität.

Komplizierter stellt sich das Problem der freistehenden Bildnisstatue dar. Logischerweise muß man annehmen, daß sie denselben Ursprung und dieselbe Geschichte hatte, daß also die Porträtskulptur – Statue, Herme, Büste, Relief –, aber auch die Gemälde- oder Mosaikdarstellung sinngemäß für Bestattungs- oder Kultzwecke bestimmt war und im Altertum niemals – oder erst sehr spät – der bloßen Ehrung einer Person diente und noch weniger »Kunst um der Kunst willen« war. Die Auszeichnung eines Menschen durch ein Standbild oder ein anderes Bildnis behielt noch lange Zeit religiöse Untertöne. Philipp II. erscheint im Standbild zwischen den Zwölf Göttern sitzend. Die fünfundzwanzig Bronzestatuen der Gefährten Alexanders, die bei Granikos gefallen waren, waren Grabmalstatuen. Die aus dem 4. Jahrhundert stammenden Porträtskulpturen von Sokrates, Platon und anderen bedeutenden Gestalten hatten denselben Grabmal- oder Kultcharakter wie die Bildnisse von Alexander, Jesus und Apollonios von Tyana im Larenschrein des römischen Kaisers Severus Alexander. Die zahlreichen zeitgenössischen Porträts Alexanders des Großen von Lysippos, Polygnotos und anderen Künstlern waren Votivskulpturen, die für öffentliche oder private Heiligtümer vorgesehen waren.

Gewiß gab es auch andere Quellen der Bildniskunst, die in die künstlerische Koine der hellenistischen Zeit einmündeten: eine aus Ägypten stammende Strömung, die schon zur Zeit der Saïten-Dynastie erstaunlich lebensechte Bildnisse hervorbrachte, und eine in Etrurien beheimatete, die die römische Porträtkunst der späthellenistischen Periode beeinflußte. Es ist möglich, daß diese Strömungen anderen Sphären entsprungen waren. Das ist ein Problem für sich. Aber auch hier ist eine religiöse Entstehung des Porträts wahrscheinlicher als eine weltliche. Jedenfalls liegt kein Grund vor, die Bildniskunst der griechischen Welt wenigstens in der frühen hellenistischen Zeit als nicht religiös zweckbestimmt anzusehen. Diese Grundhaltung kann sich später gewandelt haben und hat sich wahrscheinlich gewandelt. Obgleich sich weder ein positiver noch ein negativer Beweis führen läßt, ist es möglich, daß die dem Ende des 2. Jahrhunderts angehörenden Statuen des Dioskorides und seiner Frau Kleopatra, die in einem Privathaus in Delos gefunden worden sind, keinen tieferen Sinn hatten, als ihn Statuen heute haben.

Der vermutete Haltungswandel kann sich auf Grund zunehmender Gewöhnung vollzogen haben: vielleicht wurden Statuen und andere Bildnisse so alltäglich, daß sie keine besondere Aufmerksamkeit mehr auf sich lenkten. Für eine Abkehr vom religiösen Bestimmungszweck des Bildnisses spräche aber auch noch ein anderes Wesensmerkmal der hellenistischen Kunst. Wie Wissenschaft und Literatur interessierte sich auch die bildende Kunst charakteristischer- und sichtbarermaßen für »Wahrheit«. Quintilian spricht in diesem Sinne von Lysippos und Praxiteles, den Bildhauern des 4. Jahrhunderts, und fügt hinzu, sie seien in dieser Beziehung die »besten« gewesen. Umgekehrt kritisierte er den etwas früheren Demetrios aus Alopeke, den vermutlich ersten griechischen Künstler, der bewußt porträtieren wollte, und die Kritik besagt, Demetrios habe auf Ähnlichkeit größeren Wert gelegt als auf Schönheit. Nun kennen wir zwar keine Werke, von denen man bestimmt sagen könnte, sie stammten von Demetrios, aber was Lysippos und Praxiteles betrifft, ist es nicht schwer, Quintilian recht zu geben: ihr Werk ist unbestreitbar schön, und es erzielt seine naturwahre Wirkung einmal durch das Weiche, Hingegossene, anmutig Gerundete, zum andern dadurch, daß es tätige Bewegung, krankhafte Zustände, wie Trunkenheit, oder so subtile Gefühlshaltungen wie Alexanders sehnendes Verlangen *(póthos)* wiederzugeben sucht.

Lysippos und Praxiteles stellten beide die Gestalten von Göttern und Menschen in verhaltener oder tätiger Bewegung dar; beide gestalteten mythische, aber groteske Figuren wie Satyrn. Wenigstens Lysippos zeigte Gruppen im handgreiflichen Konflikt. Natürlich war das auch schon früher geschehen, zum mindesten in der Malerei und in der Reliefskulptur, aber die Art der Darstellung war jetzt anders: jetzt war der Weg frei für die Fülle realistischer und wissenschaftlich interessanter, aber oft häßlicher und sogar abstoßender Gestalten, die in der späteren Kunst erscheinen. Viele dieser Gestalten kennen wir nur in Kopien aus der Zeit des Römischen Reiches, und es steht nicht fest, daß ihre Entstehungszeit in die hellenistische Periode fällt; es gibt aber genug sichere Zeugnisse, die das wenigstens in der Hauptsache als wahrscheinlich erscheinen lassen. Die stets beliebte Gruppe mit dem rundlichen Knaben, der mit einer Gans kämpft, stammt nach Plinius' Aussagen von Boethos aus Chalkedon, der in der Ära Antiochos' IV. arbeitete; eine andere populäre Figur, eine abstoßend betrunkene alte Frau, wird Myron aus Theben zugeschrieben, also ungefähr in dieselbe Zeit verlegt.

Dazu passen die Zwerge, Pygmäen, Neger, Schauspieler, Akrobaten, Sklaven, Fischer, Handwerker, modischen jungen Männer und Frauen, Soldaten, Knabenerzieher und jede andere vorstellbare Art männlicher oder weiblicher, junger oder alter Personen, die in großer Menge und Vielfalt in den hellenistischen Figurinen und auch in Marmor und Bronze, in Miniatur- oder Lebensgröße erscheinen. Man kann sich schwer vorstellen, daß diese Darstellungen, die sich von der eigentlichen Porträtkunst nur dem Grad nach unterscheiden, ausschließlich für religiöse Zwecke bestimmt waren. Freilich dürfen wir nicht vergessen, daß sich die Religionen des Altertums auch mit Aspekten des menschlichen Daseins, die uns weniger attraktiv anmuten, befaßten und daß zum Beispiel der Vorgang der Zeugung bei ihnen eine große Rolle spielte; es ist nicht ausgeschlossen, daß die recht häufigen obszönen Figuren oder Gruppen eine kultische Bedeutung hatten. Vielleicht aber dienten diese Alltagsgestalten – wie Herodas' Mimen oder die wissenschaftlichen Studien der Peripatetiker und des Museions – gar keinem anderen Zweck als der Befriedigung wissenschaftlicher oder auch einfach müßiger Neugier. Insofern ließe sich ihnen entnehmen, wie lebhaft sich der hellenistische Mensch für seine Umwelt interessierte.

Auch im 4. Jahrhundert und danach wurden weiterhin viele Abbildungen der Götter geschaffen, auf daß man sie verehre oder bewundere; alle Bildhauer und Maler, deren Namen nicht untergegangen sind, haben Göttergestalten hervorgebracht. Während sonst die Kunstwerke dieser Zeit in der Regel durch einen barocken Stil gekennzeichnet sind, überwog in der Darstellung der Götter – vielleicht nur aus einer konservativen religiösen Haltung heraus – das klassische Vorbild. Zeus, Apollon, Artemis und andere Hauptgötter wurden nach wie vor in der Stilart eines Praxiteles oder Skopas gestaltet. Nur in der Wiedergabe der etwas bizarreren Gestalten Herakles' und Dionysos' waren in größerem Maße Neuerungen gestattet; darin spiegelt sich die größere Volkstümlichkeit dieser wohltätigen Götter wider, denen eine größere Schwäche für die Menschen zugeschrieben wurde. Vielleicht war Aphrodite mit dem Söhnchen Eros aus demselben Grunde besonders populär; die Aphrodite des Praxiteles, die lange Zeit das Ruhmesblatt der Stadt Knidos gewesen und gemeinhin als die schönste Statue der griechischen Welt galt, eröffnete nur die lange hellenistische Prozession der meist als Aphrodite gedachten unbekleideten oder halbbekleideten weiblichen Gestalten – bis zur Aphrodite von Kyrene, der zartesten, und Aphrodite von Melos, der berühmtesten von allen, beide von unbekannter Hand geschaffen. Eine Neuerung war hier die Nacktheit, keine Neuerung die Behandlung im Geiste der Klassik.

Dasselbe trifft auf die wenigen (oder wenigen uns bekannten) Fälle zu, in denen neue Typen von Göttern geschaffen wurden. Es ist möglich, daß in Grenzgebieten wie der syrischen Steppe neue, einigermaßen ungriechische Typen hervortraten, wie wir sie dort in der Römerzeit finden; für die hellenistische Zeit liegen dafür keine zureichenden Belege vor. In der bildnerischen Gestaltung der Kultstatue des Serapis, die Ptolemaios II. dem zweiten Bryaxis (einem Enkel des Bryaxis aus dem 4. Jahrhundert) übertragen hatte, kamen indes nur klassische, Zeus und Pluton entlehnte Konzeptionen zur Geltung; in noch höherem Maße gilt das vom Apollon von Daphne, den derselbe Bryaxis für Antiochos I. schuf. Ebenso ist die Tyche von Antiocheia, das Werk des Lysippos-Sohnes Eutychides, eine typische Göttin in der althergebrachten Konvention nur mit zusätzlichen Attributen: der Türmchenkrone und dem Fluß Orontes; nicht anders ist es mit der Tyche von Alexandreia, die wir aus einem von dem sonst unbekannten Sophilos signierten Mosaik aus dem 2. Jahrhundert kennen.

Besondere Bedeutung kam in der hellenistischen Zeit – in der Malerei ebenso wie in Reliefs und Rundskulpturen – der Darstellung von Gruppen zu. Auch das ist natürlich ein Erbe früherer Epochen der griechischen Kunst, aber immerhin zeigten sich hier die verschiedenen hellenistischen Stilströmungen, die in einigen der bedeutendsten und bekanntesten Denkmäler hellenistischer Kunst ihren Niederschlag gefunden haben. Die von Lysippos und Apelles geschaffenen Gruppenskulpturen Alexanders und seiner Generale sind spurlos dahingegangen; aber das Gemälde der Schlacht von Issos, das Philoxenos aus Eretreia geschaffen hat, kann dem großen Mosaik im Hause des Fauns in Pompeii als Inspiration gedient haben, auch wenn die auffallende Verwendung des Perspektivischen dies Mosaik als Produkt einer späteren Zeit erkennen läßt; und der sogenannte Alexander-Sarkophag aus dem Königsfriedhof von Sidon, das Werk eines unbekannten attischen Bildhauers aus der Diadochenzeit und eine der wenigen Marmorskulpturen des Altertums, die ihre ursprünglichen Farbtöne behalten haben, gilt mit Recht als das Schmuckstück des Museums von Istanbul. Beides vermittelt uns eine Vorstellung vom leuchtenden Glanz der Kunst dieser Frühperiode, in der große Künstler lebten und Geld keine Rolle spielte.

Was an Originalen der Meisterwerke dieser Zeit verloren ist, hinterläßt eine gewaltige Lücke. Indes hat sich aus den Tagen Eumenes' II. und Attalos' II. das größte und wahrscheinlich bedeutendste Werk der hellenistischen Skulptur erhalten: der Fries des großen Altars von Pergamon mit der Darstellung der Gigantomachie. Hier haben wir die typischen Züge der hellenistischen Bildhauerei vor uns: bewegte Handlung, geballte Affekte in Gesichtsausdruck und Haltung, schwere Leiber mit schwellender Muskulatur, verkrampfte

Posen, lebhafter Faltenwurf der Gewänder, alles in einem präzis ineinandergefügten Bewegungsvorgang in einer Ebene zusammengeknotet. Im Gegensatz dazu zerfällt der kleinere und schlecht erhaltene Telephos-Fries desselben Denkmals in einzelne Szenen; wahrscheinlich ist er das früheste uns verbliebene Beispiel erzählender Kunst in der griechischen Bildhauerei. Er enthält schon Elemente eines Landschaftshintergrundes, verwendet aber noch nicht die Linearperspektive. Die Friese sind heute die großen Attraktionen des Pergamon-Museums in Berlin.

Große technische Fortschritte zeigte die Periode in der Gruppenbehandlung bei freistehenden Skulpturen. Hier war nicht nur eine künstlerische, sondern vor allem auch eine konstruktionstechnische Aufgabe zu lösen; allein schon das künstlerische Problem einer Darstellung, die von allen Seiten, nicht nur von vorn gesehen wird, wäre schwierig genug gewesen. Was sich – vermutlich im Hinblick auf beide Probleme – weitgehend behauptete, war die Tendenz zum Pyramideneffekt; die Verwendung von Stützen – Baumstümpfen, Schilden, Drapierungen und dergleichen – war seit den frühesten Zeiten bekannt und wurde – man denke an Praxiteles' Hermes in Olympia – mit großem Können gehandhabt. Als die ersten hellenistischen Beispiele, die wir allerdings nur aus späteren Kopien kennen, drängen sich auf: die Niobiden, von Apollons Pfeilen getroffen; Attalos' I. Galaterdenkmäler in Athen und Pergamon; Menelaos mit dem Leichnam des Patroklos, dem Antigonos aus Karystos zugeschrieben; Artemis mit Iphigenie und dem Hirsch. Architektonisch einfacher und mehr ins Allegorische verlegt ist die Darstellung des steigenden Nils mit seinen Tieren und den Putten, von denen jeder den Anstieg des Wasserstands um eine Elle symbolisiert; erwähnenswert scheint auch die Nike, die zum Bug eines Schiffes hinuntergleitet, ein Fund von Samothrake, heute im Louvre. Technisch aber wird dies alles übertroffen von den Gruppen der Fesselung der Dirke an den »Farnesischen Stier«, ursprünglich in Rom, heute in Neapel, und von Laokoon, dem Priester von Troia, mit seinen Söhnen, in Rom aufgestellt und heute noch dort; es mag sein, daß beide eher die Virtuosität der späthellenistischen Periode bezeugen als ihren guten Geschmack.

Plinius hat beide Kolossalgruppen als Werke rhodischer Bildhauer identifiziert. Es wäre indes wenig angebracht, sich innerhalb der hellenistischen Skulptur besondere ortsgebundene Schulen vorzustellen: die großen Bildhauer, deren Werke uns dank glücklichen Funden oder späteren Kopien zugänglich sind, wurden gut entlohnt, reisten umher und ließen sich dort nieder, wo sie Kunden hatten oder leicht finden konnten. Sicher war die hellenistische Kunst weder einheitlich noch einförmig; ein solcher Eindruck hätte auch nicht entstehen können, wenn sich mehr Werke erhalten hätten und wenn wir mehr über sie wüßten. Dennoch gab es zweifellos auch in der Bildhauerei – wie in allen anderen Kulturbereichen – einen gemeinsamen Geschmack und einen gemeinsamen Stil: komplex vielleicht, aber deutlich erkennbar. Mehr als andere Ausdrucksformen der Kultur profitierte die bildende Kunst von dem Reichtum und der gesellschaftlichen Freiheit, die auf die Eroberungen Alexanders zurückgingen. Von den orientalischen Einflüssen, denen sie ausgesetzt war, wurde sie jedoch – wenigstens in dem Bereich, über den sich unser Material erstreckt – überhaupt nicht oder nur in geringem Maße geformt.

Besseres Wohnen für Götter und Menschen

Mit denselben Vorbehalten, mit denen die hellenistische Bildhauerei gewertet werden will, muß auch an die Baukunst der Periode herangegangen werden. Mit großer Sorgfalt wurden Grabungen in mehreren hellenistischen Städten, vor allem in Milet, Delos und Priene, vorgenommen, und es wurde nicht wenig Material zutage gefördert. Indes wurzelten diese Städte so tief in der hellenischen Ausgangskultur, daß hier unvermeidlich Bauformen ans Tageslicht kommen, die dieser Kultur entstammen; nur die bedeutende italienische Bevölkerungsgruppe, die auf Delos zwischen 168 und 88 v. Chr. lebte, hatte in ihre Häuser westliche Elemente hineingebracht, vor allem gemalte Laren auf ihren Altären. Nicht anders ist es mit so gründlich durchforschten Städten wie Athen und Kyrene: auch dort gehören die meisten Gebäude, die zum Vorschein kamen, einer früheren oder einer späteren – der römischen – Phase an. In Pergamon gab es umfangreiche römische Bau- und Umbautätigkeit, und in Dura-Europos am Euphrat, der von Seleukos I. gegründeten kleinen makedonischen Grenzstadt, hat sich aus hellenistischen Zeiten nur sehr wenig, und auch nur das Allereinfachste, gefunden.

In den Seleukidenhauptstädten Antiocheia am Orontes und Seleukeia am Tigris hat sich feststellen lassen, daß sie nach den Grundsätzen des Städtebauers Hippodamos aus Milet (5. Jahrhundert) erbaut worden waren. Dieselben Grundsätze hatten der Stadtplanung von Alexandreia zugrunde gelegen: durch die ganze Stadt zogen sich ostwestlich zwei Hauptalleen mit vielen engeren Parallelstraßen, und mit ihnen schnitten sich rechtwinklig die Transversalen, so daß das Ganze ein viereckiges Netz aus zahllosen kleineren Vierecken bildete. Nach Strabo entfiel ein Drittel der Stadtfläche auf das Königsviertel mit seinen weitgestreckten Palästen, denen alle Könige nacheinander einiges hinzufügten, mit dem Museion und dem Sema. Zum Museion gehörten Säulengänge, ein Auditorium *(éxedra)* und ein großer Speisesaal. Das Sema war ein abgeschlossener Bezirk, der die Königsgräber beherbergte, eine Art *Heróon* für die Ptolemäerdynastie. Außerhalb des Königsviertels gab es Heiligtümer und Parks, ein Theater, ein Gymnasium und eine Gerichtshalle, einen Markt *(empórion)*, Lagerhäuser, Schiffsschuppen am Küstensaum und natürlich den leuchtendweißen marmornen Pharos-Turm auf der gleichnamigen Insel. Draußen lagen im Westen die Nekropolis und im östlichen Vorort Nikopolis das Amphitheater und die Rennbahn.

Strabos Aufzählung läßt sich aus anderen Quellen vervollständigen. Während er nur einen Poseidon-Tempel in der Nähe des Marktes erwähnt, hatte Alexandreia eine ganze Anzahl Tempel, darunter vor allem das große Serapeion im südwestlichen Teil der Stadt. Im Zentrum lag ein großer offener Platz für Volksversammlungen und sonstige öffentliche Veranstaltungen. Es gab nicht wenige öffentliche Gebäude, darunter ein Stadthaus *(prytaneíon)* und ein Ratsgebäude *(bouleutérion)*. Es gab von Säulengängen umsäumte Straßen, Geschäfte, Werkstätten und unzählige Privathäuser, die sich je nach Vermögenslage und Nationalität der Bewohner in Größe und Stil unterschieden. Viele nationale Gruppen, namentlich Ägypter und Juden, nahmen aktiv am Leben der Stadt teil, auch wenn das volle Bürgerrecht nur Griechen vorbehalten war. Makedonen konnten vermutlich Bürger werden, wurden es aber nicht automatisch.

Die meisten öffentlichen Gebäude waren ohne Zweifel im üblichen griechischen Stil gehalten: behauenes Gestein mit Säulen und Kapitellen in einer der drei Säulenordnungen – dorisch, ionisch, korinthisch – oder in kombinierten Formen, mit ziegelgedeckten Giebeldächern. Im ganzen muß die Stadt sehr hellenisch ausgesehen haben, denn Kallixeinos hob als ungewöhnlich hervor, Ptolemaios IV. habe sein großes Nil-Wohnschiff mit ägyptischen Säulen ausgestattet. Privathäuser und die weniger ansehnlichen Teile der öffentlichen Gebäude wurden wahrscheinlich aus an der Sonne getrockneten Lehmziegeln auf Schuttfundamenten gebaut, und hier überwog sicher das Flachdach des Orients. Balken, Streben, Verschalung und Türen waren aus Holz. Ziegel und Mörtel waren knapp, aber Stuckverputz war die Regel, und Stuck konnte natürlich bemalt sein. Für Gewölbe wird es außer bei der Unterkellerung nicht viel Verwendung gegeben haben, auch nicht für den Bogen (außer bei Monumentalportalen der Befestigungsanlagen und ummauerten Bezirken), denn die griechische Architektur mochte Gewölbe und Bogen ebensowenig wie die Verwendung von Ziegelsteinen und Zementmörtel als Baumaterial, und die Kuppel war noch nicht erfunden.

Es ist wahrscheinlich, daß eine ähnlich hellenische Bauweise in der gesamten hellenistischen Welt vorherrschte: sie erscheint in einer selbstverständlich kümmerlichen und vereinfachten Form in den frühen Gebäuden von Dura-Europos – den Marktbauten der Agora und dem Tempel des Zeus Megistos – und überwiegt auch in den Bauwerken der Stadt in späteren Zeiten. Die Dächer sind flach nach orientalischer Manier, aber die Baulinien sind horizontal, und private wie öffentliche Gebäude bestehen aus einem Gewirr von Höfen mit oder ohne Säulenhallen, die den Zugang zu Zimmern und Wohnungen eröffnen. Diese um Höfe gruppierten Bauten waren ein gemeinsames Merkmal der griechischen und der orientalischen Architektur. In späteren Zeiten setzten sich spezifischer orientalische Züge durch: vom Hof aus zu betretende »Liwan«-Bogeneingänge und mit Bänken ausgestattete Räume mit Eingängen in der Mitte der Längsseite (»Diwane«); man darf solche Charakteristiken in den hellenistischen Städten des Ostens, namentlich in den kleineren, und in Privathäusern vermuten; in öffentlichen Bauten der königlichen Hauptstädte würde man sie nicht antreffen.

In der Innenausstattung der großen Gebäude der hellenistischen Monarchien, der Paläste und Tempel, wurde allgemein der größte Aufwand mit dem kostspieligsten Material getrieben. Folgendermaßen beschreibt Kallixeinos das Luxuswohnschiff Ptolemaios' IV.: »Wenn man vom Heck aus an Bord kam, war da zuerst eine Vorhalle, vorn offen, aber mit Reihen von Säulen an den Seiten. In dem Teil, der zum Bug führte, war eine Vorderpforte, die aus Elfenbein und dem kostbarsten Holz gezimmert war... Mit diesen Eingängen war die größte Kabine verbunden. Sie hatte eine einzelne Reihe von Säulen ringsherum und faßte bis zu zwanzig Ruhebetten. Zum größten Teil war sie aus Zedernplatten und milesischem Zypressenholz. Die Türen ringsum, deren es zwanzig gab, hatten Füllungen aus hübsch zusammengefügtem aromatischem Zedernholz mit Elfenbeinverzierungen. Die Ornamentknöpfe, die die Oberfläche bedeckten, und ebenso auch die Klinken waren aus rotem, über der Flamme vergoldetem Kupfer. Was die Säulen betrifft, waren ihre Schäfte aus Zypressenholz, ihre korinthischen Kapitelle ganz mit Elfenbein und Gold überzogen.

Ruinen römischer Wohnhäuser auf Delos, 2./1. Jahrhundert v. Chr.

Reste des unvollendeten Apollon-Tempels im Didymaion bei Milet, 2. Jahrhundert v. Chr.

Das ganze Säulengebälk war von Gold, worauf ein Fries mit prachtvollen Elfenbeinfiguren angebracht war ... Den Speiseraum überspannte eine herrliche Kassettendecke aus Zypressenholz. Die erhabenen Verzierungen darauf waren mit Gold überzogen.« Zu den weiteren Attraktionen der Königsbarke gehörten Säulen aus indischem Marmor und ein mit Gold- und Edelsteinmosaik ausgelegter Schrein mit Porträtstatuen der königlichen Familie aus parischem Marmor. Der Raum war – wie auch der ebenfalls von Kallixeinos beschriebene Speisepavillon Ptolemaios' II. – mit einer Unmenge von Vorhängen und Wandbehängen in Purpur- und Scharlachrot und anderen leuchtenden Farben ausgestattet. Der Gesamteffekt mag für unseren Geschmack etwas barbarisch gewesen sein, aber es gibt keine Hinweise darauf, daß Griechen ihn als unangenehm empfunden hätten.

Gemäß den strengeren Traditionen der griechischen Architektur, vor allem was den Tempelbau anging, wurden die klassischen Normen mit nur leichten Abwandlungen und Verbesserungen beibehalten; noch zwei Jahrhunderte später berief sich Vitruvius zustimmend auf Hermogenes aus Alabanda, den Erbauer des Artemis-Tempels in Magnesia. Wie viele ungenannte Baumeister von Tempeln, die aus dem 3. und 2. Jahrhundert bekannt sind, verwischte Hermogenes die Unterschiede zwischen den Säulenordnungen. Sogar dorische Säulen wurden hoch und schlank mit kleinen Kapitellen gebaut und die Deckplatten über den Kapitellen verkleinert, damit das ganze Gebilde leicht und in die Höhe strebend wirken sollte. In gewissem Umfang wurden eher ionische als dorische Säulen bevorzugt, aber beide Säulenordnungen wurden im selben Gebäude benutzt, ionische außen und dorische innen; mit der Zeit wurden auch korinthische Säulen an der Außenfront der Gebäude verwendet. Viele dieser hellenistischen Tempel waren von erlesener Schönheit, nicht zuletzt der von Alexander gestiftete Athena-Tempel in Priene oder – anderthalb Jahrhunderte später – der Tempel der Athena Nikephoros in Pergamon, von dem ein Teil im Berliner Pergamon-Museum wiederaufgebaut worden ist.

Mit wachsendem Wohlstand wurden mehr Prunkbauten errichtet. In Athen unternahm Antiochos IV. den Bau des großen Zeus-Tempels. In der Nähe von Milet wurde das imposante Didymaion gebaut, als dessen Orakelschrein ein kleiner Tempel in einem offenen versenkten Hof innerhalb des eigentlichen Tempels diente. Ein sehr anspruchsvoller Bau muß das Serapeion in Alexandreia gewesen sein; es haben sich aber nur Teile der Hofmauern erhalten, die ihn einst umschlossen hatten. Die Tempel von Pergamon, die an sich schon groß und prächtig waren, hatten den großen Vorteil einer unvergleichlichen Szenerie: sie waren auf den Abhängen der Attalidenburg errichtet, und ihr Begleitstück war eins der sieben Weltwunder der hellenistischen Zeit, der große Zeus-Altar, ein hoher Unterbau mit einer Grundfläche von rund zwölfhundertfünfzig Quadratmetern, in den auf der Westseite eine vierundzwanzigstufige Freitreppe eingeschnitten war; auf den drei anderen Seiten war der Unterbau gekrönt von Mauern mit vorgelegter Kolonnade, so daß sich ein geschlossener Innenbezirk ergab, in den oberhalb der Freitreppe eine Vorhalle hineinführte und worin der eigentliche Altar aufgebaut war. Der Fries mit dem Kampf der Giganten gegen die Götter, dem der Altar seine Berühmtheit verdankt, lief um den oberen Teil des Unterbaus, nur dort unterbrochen, wo die

Freitreppe in die Vorhalle mündete. Der Bau stand weithin sichtbar am Westabhang des Berges. Er war so berühmt, daß er den Christen später seiner Form wegen als der »Thron Satans« bekannt wurde.

Verschiedene andere Typen öffentlicher Gebäude der Periode lassen sich an einzelnen Bauten erkennen, die sich erhalten haben oder rekonstruiert werden können. Weitverbreitet waren die Säulengänge, die entweder Hauptstraßen und Marktplätze umsäumten oder frei standen – wie die zweistöckige Stoa, die Attalos II. Athen gestiftet hatte und die vor kurzem in der Agora von Athen wiedererrichtet worden ist. Andere Stätten öffentlicher Versammlungen hatten neue Formen wie die »Hypostylenhalle« von Delos. Die früheste erhaltene Bibliothek ist in Pergamon entdeckt worden; ihr Bücherbestand wurde nur von dem der Bibliothek von Alexandreia übertroffen. Überdachte Ratssäle mit Sitzreihen wie im Theater haben sich in Milet und Priene erhalten. Die hellenistische Zeit kannte auch schon architektonisch gestaltete Brunnenanlagen *(nymphaia)*, wenn auch noch nicht in so prunkvoller Form wie im Römischen Reich. Sowohl in Priene als auch in Pergamon gibt es guterhaltene Gymnasien, offene Höfe für Leibesübungen, um die sich Kolonnaden und Ankleide- und Baderäume ziehen. Sogar die typisch römische Einrichtung des öffentlichen Bades mit Heizgewölben *(Hypokausten)* für Dampfbäder ist auf Kreta zum Vorschein gekommen; sie stammt offenbar aus dem 2. Jahrhundert. Das Ende der hellenistischen Periode bezeichnet der von Julius Caesar in Athen errichtete Uhrenturm, der immer noch dort steht; dies *Horológion* ist ein achteckiger Turm mit Sonnenuhren und Wetterfahnen, die die Richtung der Winde anzeigen.

Theater der hellenistischen Zeit sind keine Seltenheit. Wir kennen Beispiele aus Pergamon, Priene und vielen anderen Orten. Sie alle zeigen aber keinen Wandel im Laufe der hellenistischen Zeit. Sie sind nach dem Vorbild des Theaters von Epidauros aus der Mitte des 4. Jahrhunderts oder des Lykurgos-Theaters in Athen gebaut: eine kreisrunde *Orchestra*, über der die Sitzreihen etwa hufeisenförmig ansteigen; aber wie schon in der Neuen Komödie traten hier die Schauspieler nicht mehr in der Orchestra, sondern auf dem *Proskenion* vor der Wand des Bühnengebäudes auf; das bedeutete freilich eine Raumverteilung, die es nicht allen Zuschauern gleichzeitig erlaubte, die Vorgänge auf der Bühne zu sehen. Das war ein Mangel, den erst die Römer beseitigen sollten.

Für die Heeresbaumeister boten Stadtmauern mit Wachttürmen, Laufgängen und Brustwehren ein reiches Betätigungsfeld. Einige Musterbeispiele hellenistischer Befestigungsanlagen – beispielsweise in Priene oder in Lagina bei Milet – sind noch vorhanden oder lassen sich rekonstruieren. Mit glattbehauenen und ineinandergefügten Steinen in geraden Linien, mit wohlproportionierten runden oder viereckigen Türen und schöngeformten Toren müssen diese Festungsbauten auch ästhetisch anziehend gewesen sein; aber natürlich hatten sie ihren praktischen Bestimmungszweck: ihre Konstruktion zielte darauf ab, die neueste Geschoß-, Minier- und Sturmbocktechnik der Belagerer abzuwehren, nicht Mauern und Bollwerke schön aussehen zu lassen. Die Mauern der Spätperiode sind keineswegs mehr schlank und grazil, sondern dick, klobig, untersetzt. Eine aufschlußreiche Beschreibung aller Typen von Befestigungsmauern hat sich in den Schriften eines hellenistischen Militärfachmanns namens Philon erhalten.

Bequemlichkeit ist eher Sache der Architekten als der Architektur. Die hellenistische Bauweise – sowohl bei Wohnhäusern als auch bei öffentlichen Gebäuden – zeigt, daß sich die Baumeister in lobenswerter Weise um den Komfort und die sanitären Bedürfnisse ihrer Kunden kümmerten. Straßen wurden teilweise bereits gepflastert, umrahmende Säulengänge schützten vor Sonne und Regen. Verbesserte und vermehrte Wasserversorgung ermöglichte nicht nur Brunnenanlagen an öffentlichen Plätzen, sondern auch Bau und Unterhaltung von öffentlichen Latrinen und Badeanstalten, Abflußvorrichtungen in den Straßen erlaubten das Hinwegspülen von festem und flüssigem Unrat. Wasser wurde sogar in private Häuser geleitet, zum mindesten in die Häuser der Reichen; die Wasserleitungen dienten sowohl der Trinkwasserversorgung als auch der Familienhygiene. Mit ihren verputzten und künstlerisch bemalten Wänden – der aus Pompeii bekannte Inkrustationsstil (der »erste Stil«) war eine hellenistische Erfindung –, mit ihren Fenstern und Höfen, mit ihrem glatten oder mosaikbelegten Fußboden, mit ihren Möbeln, Wandbehängen, Kunstgegenständen und Lampen und mit ihrer ansehnlichen Garten- und Landschaftsplanung müssen die besseren Häuser der hellenistischen Zeit Wohnstätten gewesen sein, in denen es sich angenehm leben ließ.

Olof Gigon

DAS HELLENISCHE ERBE

Das Erbe der Griechen

Das Wirken des griechischen Geistes in der Weltgeschichte zu verfolgen ist nicht möglich, ohne zuvor vom Wesen dieses Geistes zu sprechen. Denn geschichtliches Wirken und Wesen sind aneinander gebunden, wenn auch nicht mit der Unbedingtheit eines Naturgesetzes, wie es Platon gelegentlich gemeint hat. Von geschichtlichen Wesenheiten zu reden ist freilich eine heikle Sache. Jeder Historiker macht die Erfahrung, daß Wesenheiten, wie »die Griechen«, »die Römer«, »die Renaissance«, nur dann sichtbar hervortreten, wenn der Betrachter sich in einer ganz bestimmten Distanz hält. Wird eine zu große oder zu geringe Distanz gewählt, verflüchtigen sich alle Konturen. Es ergeht dann dem Historiker wie demjenigen, der die Eigenart einer Landschaft nicht wahrzunehmen vermag, weil er entweder allzu hoch über sie hinwegfliegt oder sie von der Straße aus betrachtet. Daß es so etwas wie den griechischen Geist als eine unverwechselbare, einmalige und in ihrer Einmaligkeit weiterwirkende Wesenheit gegeben habe, kann immer bestritten werden: hier von denjenigen, die nur in Jahrzehntausenden zu rechnen lieben, dort von anderen, denen es nicht schwerfällt, an jeder Einzelheit nachzuweisen, daß dergleichen Erscheinungen auch anderswo zu finden seien. Wer aber als Betrachter den richtigen Standort wählt, für den wird das Eigentümliche einer geschichtlichen Wesenheit zur wahrnehmbaren Realität – wie immer man im übrigen diese Realität ontologisch deuten mag.

Das Wesen und damit zugleich das Wirken des griechischen Geistes soll im Nachfolgenden in drei verschiedenen Richtungen dargestellt werden.

Fürs erste werden wir fragen, wie die Griechen sich selbst und ihre Stellung im Kosmos verstanden haben. Wie sahen sie sich selbst im Angesicht der höheren Mächte, wie im Verhältnis zu den anderen Menschen und wie endlich der Natur, den Tieren, Pflanzen und leblosen Dingen gegenüber?

Dann wird zu fragen sein, welches die Werte waren, die die Griechen in ihrem geschichtlichen Dasein zu erwerben oder zu verwirklichen trachteten. Auf welche Dinge kam es ihnen an? Welches waren, um ein ursprünglich griechisches, heute bis zur äußersten Banalität abgenutztes Wort zu gebrauchen, ihre Ideale?

Schließlich werden wir auf ihre Leistungen zu blicken haben. Was haben sie für die Nachwelt zustande gebracht? Wir werden uns, schon der Kürze wegen, an die Leistungen halten, die im Bereich des geschriebenen Wortes zu Hause sind; wir werden also ihre politischen Leistungen im engsten Sinne des Begriffs ebenso beiseite lassen wie die stummen Werke der bildenden Kunst. Von der Dichtung, der Geschichtsschreibung und der politischen Literatur, von Philosophie und Wissenschaft wird die Rede sein.

Das Problem, wie der griechische Geist in diesen verschiedenen Aspekten bis auf den heutigen Tag weiterwirkt, ist nahezu unübersehbar. Selbst die Situation der gegenwärtigen Jahre, das erstaunliche und bestürzende Zusammentreffen einer ungebrochenen Attraktionskraft des okzidentalen Denkens und Lebens auf die fremden Völker mit der tiefsten innern Unsicherheit, ja Selbstpreisgabe des Okzidents selbst, beruht zum größten Teil auf Voraussetzungen, die uns von den Griechen überkommen sind.

In unserm Zusammenhang kann indessen nur weniges herausgegriffen werden. Vereinfachend werden wir vier wesentliche Stufen in der Rezeption des griechischen Geistes unterscheiden. Eine erste Umsetzung erfährt er bei seinem Eintritt in die Welt des römischen Imperiums und der lateinischen Sprache. Eine zweite ergibt sich aus seiner Begegnung mit dem Christentum, in der es zu dem einzigartigen Vorgang kommt, daß zwei von Grund auf verschiedene, um nicht zu sagen, entgegengesetzte Mächte des Geistes zusammentreffen, ohne einander gegenseitig zu zerstören. Eine dritte Stufe werden wir in dem Rückgriff auf die Antike erkennen, den die Renaissance proklamiert und dem wir auch noch den Klassizismus der Goethezeit zurechnen dürfen. Die vierte und bis heute letzte Stufe der Aneignung des griechischen Geistes beginnt mit den Schlagworten der Französischen Revolution und ist (wenn auch wir uns vorübergehend eines Schlagwortes bedienen dürfen) sichtbar im missionarisch egalitären Materialismus, der die Mitte des 20. Jahrhunderts beherrscht. Weitere Stufen lassen sich denken. Ob und wie sie jedoch in irgendeiner Zukunft in Erscheinung treten werden, wer kann das heute wissen?

Schon die erste Frage nach dem Selbstverständnis der Griechen führt geradewegs zu einem Grundzug ihres Wesens. Es gehört eminent zur Eigenart der Griechen, daß sie über ihre Stellung in der Welt gründlich nachgedacht haben. Und zwar haben sie dies getan gerade nicht als Griechen, nicht als Erben bestimmter geschichtlicher Traditionen und nicht im Rahmen einer bestimmten Religion oder eines von vornherein feststehenden sozialen Gefüges, sondern in der erklärten Absicht, nicht den Griechen, sondern den Menschen überhaupt ins Auge zu fassen, wer immer er nach Stand und Herkunft sei. Sie suchen im Besonderen das Allgemeine, im Griechen den Menschen und im Geschichtlichen die Natur. Damit haben wir schon auf den Begriff aufmerksam gemacht, der vielleicht wie kein anderer für den griechischen Geist charakteristisch ist, den Begriff der »Natur«.

Die Griechen suchen die Natur als denjenigen Zustand des Menschen, der jenseits aller geschichtlichen Differenzierung, Ausgestaltung oder Verkümmerung angesetzt werden muß. Was der Mensch als die unverrückbare Basis all seines Tuns in sich selbst vorfindet und bei allen übrigen Menschen voraussetzen darf, die gleich ihm zwischen Tier und Gott eingeordnet sind, das ist seine Natur. Wo also der Grieche sich über seinen Standort in der Welt klarzuwerden sucht (und dies tut er schon in der Zeit Homers), sieht er sich nicht als Griechen, sondern als Menschen schlechthin und bemüht sich, Einsichten zu gewinnen, die für alle Menschen gültig zu sein beanspruchen dürfen. Dabei ignoriert er keineswegs seine

Zeus Olympios
Kalksteinfigur an einem Giebel der Akropolis von Athen, 560–550 v. Chr.
Athen, Akropolis-Museum

Olympia, eine der ältesten Kultstätten des Zeus und d

era im Tal des Alpheios auf der westlichen Peloponnes

Hera
Kalksteinkopf vom Kultbild aus dem olympischen Heraion, um 600 v. Chr.
Olympia, Archäologisches Museum

griechische Eigenart; sie ist ihm aber nicht mehr als eine partikulare Ausformung der Natur neben zahllosen anderen.

Die Griechen waren fähig, sich auf solche Weise von all den geschichtlichen Bedingtheiten geistig zu distanzieren, unter denen sie doch wie alle andern Völker faktisch lebten, sie waren fähig zu unterscheiden zwischen dem, was sie als Griechen, und dem, was sie als Menschen darstellten. Diese Eigentümlichkeit ihres Wesens hat eine fortwirkende Bedeutung erlangt, die nicht hoch genug eingeschätzt werden kann.

Auf dem Zug des griechischen Geistes zum Allgemeinen, das jenseits der geschichtlichen Differenzierungen immer und überall als Natur vorgefunden werden kann, beruht unmittelbar die einzigartige Übertragbarkeit und Attraktionskraft der griechischen Kultur. Sie hat sich zuerst in Rom bewährt, dann durch Rom an den keltischen und germanischen Völkern und wiederum heute durch diese an allen Völkern der Erde. Denn daß heute alle Kontinente die okzidentale Kultur zu rezipieren sich bemühen, liegt geschichtlich an nichts anderem als an dem griechischen Kern eben dieser Kultur.

Religion, Kult, Mythos, Theologie

Wie sahen sich die Griechen selbst im Angesicht der höheren Mächte, wie war das Verhältnis zur Gottheit? Wir dürfen vermuten, daß die Griechen in ihren ältesten Überlieferungen ähnliche Elemente der Religiosität und des Kultbrauches vorgefunden haben, wie sie uns bei den meisten anderen Völkern begegnen. Am Ursprung steht das Ereignis, daß dem Menschen die Gottheit begegnet, sei es, daß sie ihn aus einer Gefahr errettet, in der er sich selbst nicht mehr zu helfen vermag, oder sei es, daß sie seinen Unternehmungen Segen spendet über das hinaus, was er als Mensch erwarten darf; oder endlich, daß sie ihn für Missetaten bestraft, die im menschlichen Bereich ungesühnt oder gar unsühnbar bleiben. Der Mensch braucht von der Gottheit zunächst nicht mehr zu wissen, als daß sie gegenwärtig ist und dies alles vermag, wenn sie will. Er muß allerdings auch wissen, durch welches Verhalten er sich des Beistands, des Segens oder der Strafe der höheren Mächte wert macht. Gebete, Opfer und Begehungen in der richtigen Form erwerben dem Menschen die Gunst der Gottheit, während bestimmte Vergehen solcher Art sind, daß sie nur durch die Gottheit zureichend bestraft werden können.

Die Begegnungen mit der Gottheit bleiben in der Erinnerung als Erzählungen, die von ihrem erstaunlichen und übermächtigen Eingreifen, von Wundern und Krafterweisen handeln. Die richtige Form der Begehungen gestaltet sich zum Kultus, für den zwei Eigenheiten konstitutiv sind. Fürs erste ist es diejenige Art Begehung, die sich an einem bestimmten Ort und für eine bestimmte Gemeinde schon in früherer Zeit in bestimmten Ereignissen als gottgefällig bewährt hat. Zum anderen liegt im Wesen des Kultes die regelmäßige und genaue Wiederholung. Es ist, als wenn die unwandelbare Dauerhaftigkeit der höheren Mächte durch die unaufhörliche Wiederholung nachgebildet werden sollte. Darum hat der Kult bei allen Völkern den Charakter einer Rechtsordnung. Der Form nach ist sie der politischen Ordnung nahe verwandt, freilich auch wieder dadurch von ihr geschieden, daß sie durchweg die politische Ordnung an Beständigkeit weit übertrifft und daß sie auf kultische Korrektheit und nicht auf bürgerliche Sittlichkeit abzielt; gewiß darf man diese Distinktion nicht übertreiben: es gibt bestimmte Vergehen, die von Göttern und Menschen bestraft werden, und die Frömmigkeit, mit der der Kult verrichtet werden soll, ist von bürgerlicher Wohlanständigkeit nicht reinlich zu scheiden. Dennoch ist der Unterschied vorhanden und wichtig. Es ist nicht Sache des Kultes, zu bürgerlicher Sittlichkeit zu erziehen, sondern durch gewissenhafte Begehung sich desjenigen Beistands der Gottheit zu versichern, von dem die Erzählungen aus früherer Zeit Beispiele liefern.

Ohne allzu große Gewaltsamkeit läßt sich nun die Entwicklung der Religion als eine doppelte dialektische Bewegung beschreiben. Zunächst muß auffallen, wie konsequent die Griechen schon von Homer an aus ihren Erzählungen vom Wirken und Erscheinen der Götter alles Unheimliche, Mirakulöse und Phantastische eliminiert haben. Wo die Götter eingreifen, tun sie es auf die nächstliegende, sinnvollste und gewissermaßen diskreteste Weise. Ein Gott entrückt unversehens einen Menschen, den er liebt, aus der Gefahr der Schlacht hinter die schützenden Mauern; er tritt neben einen unruhevoll Überlegenden und gibt ihm einen guten Rat; er läßt den Frevler, der den Frieden des Kultbereichs geschändet hat, in dem Augenblick untergehen, da dieser es am wenigsten erwartet. Wo die Gottheit erscheint, tut sie es fast immer in der Gestalt eines Menschen. Von dem wirbelnden Zauber, in dem die Götter anderer Völker sich offenbaren, und von den absonderlichen Gestalten, die sie annehmen können, Riesen, Zwergen, Tieren und Kombinationen von Tieren, findet sich bei den Griechen kaum eine Spur. Die Gottheit ist bei ihnen nicht viel mehr als ein höherer Mensch, dauerhafter, klüger, glücklicher und mächtiger als der Mensch und darum aufs beste in der Lage, angemessen nachzuhelfen und zu vollenden, wo der Mensch in seiner Schwäche nicht weiterkommt.

Dieses Bild der Gottheit wirkt sich vorzugsweise auf zwei Ebenen aus. Auf der »höheren« Ebene, wie wir sie nennen mögen, treten Gott und Mensch in wesentlichem Sinne einander ganz nahe. Die Gottheit wird zum Vorbild des Menschen, und der Mensch darf sich der Gottheit im innersten verwandt fühlen. Die Lebensform, nach der der Mensch strebt, ohne sie je ganz erreichen zu können, ist an der Gottheit verwirklicht. Kommt einmal ein Mensch ihr ungewöhnlich nahe, so ist es verstattet, ihn göttlich zu nennen. Gemessen am streng unterscheidenden Sprachgebrauch anderer Völker hat das Griechentum schon seit früher Zeit die Beiworte göttlich und gottähnlich mit erstaunlicher Großzügigkeit verwendet. Einen Menschen schön, weise, schrecklich oder gütig wie einen Gott zu nennen ist den Griechen zu allen Zeiten leichtgefallen. Allerdings steckt hinter solchen Lobpreisungen zuweilen auch der tiefere Gedanke, daß der Mensch in seinem innersten Wesen ein Stück Substanz der Gottheit tatsächlich besitze. Die Philosophie platonischer, aristotelischer und stoischer Observanz hat diesem Gedanken gern nachgehangen und hat ihn in verschiedenen Richtungen weitergebildet. Aber er ist älter als die Philosophie.

Auf der »niederen« Ebene wird eine derart vermenschlichte Gottheit widerstandslos dem Spiel der Dichtung ausgeliefert. Seltsam zeigt sich schon bei Homer die Überwucherung der Religion durch den Mythos. Mythos und Religion unterscheiden sich zunächst nicht in den Aussagen über die Gottheit, sondern im Verhalten des Menschen. In den mannigfachen Erzählungen von Machterweisen der Götter verehrt die Haltung der Religion das Übermächtige und schöpft daraus Zuversicht oder Warnung für die eigenen Pläne. Wo aber ein quasihistorisches Interesse am Leben der Götter, ihren Taten und ihren Beziehungen untereinander und zu den Menschen früherer Zeit sich vorschiebt, wo also die Erzählungen von den Machterweisen von der Fundamentaltatsache der Begegnung von Gott und Mensch abgelöst und zu einer Art von biographischem Porträt der Götter zusammengestellt werden, da beginnt der Mythos. Die Welt der Götter wird verfügbar für das Spiel der Dichter, das zwar selbst in seinen buntesten oder hausbackensten Erfindungen selten ganz unverbindlich wird, aber doch das genuin religiöse Verhalten zur Gottheit unaufhaltsam zersetzt.

Der Mythos der Griechen hat immer wieder einen ungeheuren Einfluß ausgeübt. In der hellenistischen Zeit hat er zuerst die orientalischen Götter, dann die Götter Roms in seine Welt hineingezogen. Den Religionen Ägyptens und Vorderasiens konnte er damit nicht viel anhaben, aber die römische Religion hat er auf weite Strecken bis zur Unkenntlichkeit denaturiert. Für das frühe Christentum wurde er ein Todfeind, der Inbegriff dämonisch verführerischen Irrglaubens. Die Renaissance jedoch begrüßte in ihm gerade die heitere Buntheit und urbane Unverbindlichkeit, die sie am Christentum vermißte. Es ist keine Frage, daß der griechische Mythos noch heute überaus stark wirkt, obschon er in seinem Kern ein uns nicht mehr recht begreifbares Phänomen darstellt.

Was sich nämlich die Griechen selbst dachten, als sie bei ihren großen Dichtern lächerliche oder peinliche Geschichten von eben den Göttern lasen, denen sie Tempel bauten, Opfer darbrachten und Feste feierten, wissen wir nicht. Die Philosophen protestieren schon im 6. Jahrhundert v. Chr. gegen die Unsittlichkeit der Dichtererfindungen. Man gibt ihnen recht, aber der Beliebtheit und dem Weiterwuchern des Mythos tut dies keinen Abbruch. Die alte griechische Religion ist durch den Mythos mehr oder weniger zugrunde gerichtet worden. Umgekehrt sei nicht übersehen, daß der Mythos, der die Götter zu Menschen machte und nicht zu Kobolden, Hexen und Gespenstern, eine überaus starke Stütze dessen gewesen ist, was wir griechische Humanität nennen können, die Herausarbeitung des Menschlichen am Menschen.

Das Übermächtige bleibt jedoch bestehen. An der Hilfsbedürftigkeit des Menschen und an der Tatsache, daß er nie weiß, ob auch gelingt, was er plant, ändert der Mythos nichts. Daß man sich auf den Bestand der menschlichen Dinge niemals verlassen könne, ist geradezu eine Grundüberzeugung des Griechen. Aber das Übermächtige, das sich da anzeigt, hat mit den allzumenschlichen Göttern des Mythos immer weniger gemein. In den klassischen Jahrhunderten ist es nur noch selten Zeus, dem man sich in gläubigem Vertrauen naht. Man spricht von den Göttern, dem Göttlichen, dem *daimónion*. Was an der Gottheit übermenschlich ist, zieht sich gewissermaßen in die Anonymität zurück. Wer am Übermenschlichen vor allem die blinde Willkür empfindet, die mit dem Leben der Menschen spielt, nennt es Zufall (*týche, fortuna*). Wer in ihm die unerbittliche Notwendigkeit sieht, der sich nichts entziehen kann, spricht von *anânke, necessitas*; wer in solcher Notwendigkeit immerhin ein Gesetz vermuten möchte, das hart, aber nicht völlig sinnlos ist, zieht das Wort Schicksal (*heimarméne, fatum)* vor; wer noch weiter geht und glaubt, daß das Leben und die Dinge den Lauf nehmen, den sie ihrem Wesen nach nehmen müssen, hält sich an den Begriff der Natur; und wer schließlich, wie unbestimmt auch immer, die Möglichkeit berücksichtigt, daß das Übermenschliche eine sinnvoll planende Macht darstelle, wählt den Begriff des *daimónion* oder gar, wenn er philosophisch gebildet ist, den der Vorsehung *(prónoia, providentia)*.

Um all diese Begriffe hat sich die Philosophie schon früh bemüht. Vor allem die Peripatetiker und Stoiker haben es sich angelegen sein lassen, sie mit aller Sorgfalt auszudifferenzieren. Doch im Bereich der durchschnittlichen Weltanschauung kommt es auf diese Unterscheidungen wenig an. Ziemlich wahllos kann von Zufall, Schicksal, Natur und Göttern gesprochen werden, wenn man andeuten will, daß es Faktoren im Dasein gibt, auf die der Mensch keinen Einfluß hat.

In jenen Begriffen sammelt sich das, was man die Religiosität der Gebildeten vom 4. Jahrhundert v. Chr. an nennen mag. Am deutlichsten ist dieser Tatbestand abzulesen an den Texten der Redner, der nacharistophanischen Komödie und der Historiker. Natürlich gibt es immer wieder Einzelne, deren Frömmigkeit an den alten Göttern hängt, und andere, denen die Religion auch in ihrer verdünntesten Form gleichgültig ist. Der erklärte Atheismus ist zwar in der Antike ausgesprochen selten, und umgekehrt haben etwa im 3. und 2. Jahrhundert v. Chr. die Stoa, im 3. bis 5. Jahrhundert n. Chr. der Neuplatonismus redlich danach gestrebt, den alten Göttern Zeus, Apollon, Athene und den übrigen zu neuem Ansehen zu verhelfen. Der Erfolg hielt sich aber in engen Grenzen. Der Gebildete ließ es bei einem vagen Glauben an das Schicksal und das göttliche Walten bewenden. Den Griechen machten es die Römer nach, und von den Römern ist diese Haltung auf den Gebildeten von der Renaissance an bis zum 20. Jahrhundert übergesprungen und hat da noch einmal die kräftigste Wirkung entfaltet. Jene im 4. Jahrhundert v. Chr. ans Licht tretende Weltanschauung, die Höheres anerkennt, den überlieferten Formen des Kultes aber ebenso gleichgültig gegenübersteht wie den Aussagen einer philosophischen Theologie, ist seit der Renaissance eine der schärfsten Waffen gegen das Christentum geworden. Doch wenden wir uns der zweiten Polarität von Erscheinungen zu.

Jeder nachdenkliche Leser Homers wird bemerken, welche bescheidene Rolle letzten Endes den Begehungen der Kultreligion zugewiesen ist. Gewiß wird fleißig gebetet und geopfert, und in Ilion stehen prächtige Tempel, zu denen die Prozessionen der Hilfesuchenden ziehen. Dies alles bleibt indessen irgendwie an der Oberfläche. Es ist bezeichnend, daß die verschiedenen Kultvorgänge meist recht summarisch geschildert werden, ohne daß wir uns ein wirkliches Bild davon machen können, was im einzelnen geschieht. Es ist erst recht bezeichnend, daß Priester und Seher kein sonderliches Ansehen genießen; gleich am Anfang der Ilias etwa muß sich Kalchas heftige Vorwürfe Agamemnons gefallen lassen. Allgemein werden wir feststellen, daß die griechischen Kultinstitutionen im weitesten Sinne, verglichen mit denjenigen des alten Orients oder Roms, erstaunlich arm an Rang und geistiger Bedeutung gewesen sind.

Es ist tief charakteristisch, daß wir, von den Daten der Archäologie abgesehen, die meisten Mitteilungen über die Kultformen der klassischen Zeit in den Überbleibseln der gelehrten Literatur des 3. Jahrhunderts v. Chr. finden, bei den Kulturhistorikern, die in ihren Sammlungen sakraler und profaner Bräuche das Leben früherer Zeiten sozusagen folkloristisch festzuhalten suchten. Es versteht sich, daß in jeder Gemeinde jedem der Götter, die einen öffentlich anerkannten Kult besaßen, Priester zugeordnet waren, die über die vorgeschriebenen Arten und Zeiten der Opfer Bescheid wußten, die Feste organisierten und überhaupt die Tempel und den Tempelbesitz verwalteten. Doch ist nicht zu übersehen, wie gering gegenüber Rom und dem alten Orient die Bedeutung und der Einfluß des Priestertums im realen Leben waren. Priester (und Seher) stellten eine Berufsgruppe dar, neben allen anderen. Wirkliche Macht hatten die Priester nirgends, als Warner vor Götterzorn und als Mahner zu gottgefälligem Lebenswandel betätigten sie sich nur selten; nirgendwo ist das Priestertum ein Amt, auf das sich der Ehrgeiz junger Menschen richten würde.

Feste werden natürlich gern und reichlich gefeiert. An ihnen kann man sich's beim Opferschmaus wohl sein lassen, und reiche Staaten finden Gelegenheit, sich durch großzügigen Aufwand in Szene zu setzen. An den großen Panathenäen wird, um das großartigste und uns bekannteste Beispiel zu nennen, die Herrlichkeit des Attischen Reiches zur Schau gestellt. Aber dies ist auch alles. Nirgends vernehmen wir, daß (wie in Rom) die vorschriftsmäßige Abwicklung des Festzeremoniells unerläßlich sei, um der Gemeinde die Gunst der Götter zu bewahren. Von den in Rom so zahlreichen eigens beschlossenen Dank- und Sühnefesten ist (jedenfalls für Athen) kaum etwas überliefert.

Vergegenwärtigen wir uns die Gesamtheit der Mitteilungen über die griechischen Kulte, so ist es, als wenn sich schon vom 6. Jahrhundert v. Chr. an das Gesellschaftliche, Künstlerische und folkloristisch Gelehrte wie ein Nebel vor den Bereich des genuin Religiösen legte.

Allerdings hat die Philosophie versucht, als Gegengewicht zu wirken; aber nicht in dem Sinne, daß sie etwa den Kult von innen her neu belebt hätte. Weitaus die meisten Philosophen haben die alten Kultbräuche nur so weit mitgemacht, als es nötig war, um nicht als Eigenbrötler unangenehm aufzufallen; über den Kult philosophisch nachgedacht hat niemand, wenn wir darunter verstehen, dem Sinn der einzelnen Kultvorgänge nachzufragen. Die Philosophie hat vielmehr eine philosophische Theologie von Grund auf neu entworfen.

Ziel dieser Theologie ist zunächst, die herkömmlichen Gottesvorstellungen dadurch zu korrigieren, daß bestimmte ihrer Aussagen zu Ende gedacht werden. Den homerischen Göttern ist es eigen, daß sie den Tod nicht kennen. Daraus wird für die Philosophie die Ewigkeit. Aus dem Vorauswissen, das die Götter der Dichtung recht unvollkommen besitzen, wird ein Allwissen. Allmacht und Allgegenwart kommen dazu, woraus sich schließlich ergibt, daß der Gottheit auch nicht die Gestalt des Menschen zugeschrieben werden kann. Mit dem Begriff der Allmacht wird die Vielheit der Götter in Frage gestellt. Es können nicht viele Götter gleichzeitig allmächtig sein. Die Philosophie, sichtbar bestrebt, den Gegebenheiten des Kultes wie der Dichtung nach Kräften Rechnung zu tragen, sucht die Lösung in der Regel darin, daß zwischen einem einzigen höchsten und in vollem Sinne allmächtigen Gott und einer grundsätzlich beliebigen Vielzahl nachgeordneter Götter unterschieden wird. Allmacht bedeutet Verwaltung der Welt, wie schon Zeus bei Homer und Hesiod König der Götter und Menschen heißt. Verwaltung ist hier im strengen Sinne zu verstehen als Herstellen und Überwachen der Ordnung im Kosmos und unter den Menschen, Schutz von Recht und Gesetz. Darin muß weiterhin liegen, daß Gott seinem eigenen

Wesen nach das Urbild von Ordnung und Gerechtigkeit ist, das Urbild vor allem auch der herrscherlichen Tugend der Wohltaten spendenden Güte. Negativ gesagt ist Gott frei von allen Anfechtungen von Vorliebe und Mißgunst, von Zorn und Kleinlichkeit. Neben seine Ewigkeit tritt seine unverwirrbare Glückseligkeit als dasjenige Merkmal, das ihn am tiefsten von den leidgeprüften Sterblichen trennt.

Daß eine solche philosophische Theologie der hergebrachten Kultreligion gewissermaßen den Boden unter den Füßen wegzieht, ergibt sich dem Nachdenken leicht, ließe sich auch im einzelnen nachweisen, wozu freilich hier der Raum fehlt. Die Kultreligion wird zur leeren Geste, die sich nur noch damit rechtfertigt, daß sie von alters her durch Sitte und Anstand geboten ist.

Anders ist die Wirkung dieser Theologie auf das Christentum gewesen. Hier kann man in einem gewissen Sinne von einem organischen Zusammenwachsen sprechen. Entscheidende Züge im Gottesbegriff der philosophischen Theologie der Griechen sind vom Christentum rezipiert worden und haben geholfen zu erläutern, was im Neuen Testament nur implizite zu finden war. Dies gilt vor allem für die Lehren von der Ewigkeit, von der Glückseligkeit, Allmacht, Allgegenwart, Allwissenheit und von der gütigen Verwaltung des Kosmos.

Scharf heben sich freilich die Dinge heraus, die das Christentum nicht assimiliert hat. Das eine ist das Problem der Einheit oder Vielheit des Göttlichen. Dem Leser, der von den antiken zu den frühchristlichen Texten übergeht, fällt sofort auf, daß das Christentum die Lehre von dem Einen Gott ausgiebig diskutiert, während die Theologie der griechischen Philosophen ihr augenscheinlich kein besonderes Interesse entgegenbringt. Die Philosophen lassen es bei der Distinktion zwischen dem einen obersten Gott und den unbegrenzt vielen Göttern zweiten Ranges bewenden, ohne näher zu untersuchen, ob der Gottesbegriff hier und dort derselbe sei.

Dann die Frage der Weltschöpfung: für die griechische Theologie tritt die Gottheit fast ausnahmslos als Ordner der Welt gegenüber. Wie schon in der frühen Dichtung die Wunder, die die Götter vollbringen, sich in einer bestimmten Zone der Vernünftigkeit halten, zögert die philosophische Theologie, aus dem Begriff der Allmacht die letzten Konsequenzen zu ziehen. Daß Gott durch einen bloßen Machtspruch die Materie des Alls aus dem Nichtsein ins Sein rufen könnte, ist ein Gedanke, der dem Griechen unvollziehbar bleibt. Gott bewirkt und schützt die Ordnung, dies genügt ihm. Das Christentum dagegen schreitet weiter zur Schöpfung aus dem Nichts.

Und schließlich die Relation des Menschen zur Gottheit. Natürlich kennt auch der Grieche fromme und unfromme Gesinnungen und Handlungen. Dennoch besteht ein spezifischer Unterschied zur Haltung des Christentums. Literarisch gesprochen ist es die vertrauende Gläubigkeit der Psalmen und Propheten des Alten Testaments, die sich nicht auf den griechischen Begriff der Frömmigkeit reduzieren läßt. Das Verhältnis des Menschen zu Gott, zu dem er ruft in seiner Not und vor dessen Angesicht er Buße tut, hat einen Charakter der Intimität, der bei den Griechen vollständig fehlt. Die Griechen bleiben der Gottheit gegenüber Partner in einer Rechtsordnung, Sterbliche, die hinnehmen, was das Schicksal und das übermächtig Göttliche zu tun belieben.

Im ganzen hat diese im Bilde der Götter und in den Begehungen des Kultes sich spiegelnde Religion einen erstaunlich brüchigen und vieldeutigen Charakter. Ihr gegenüber steht eine reichentwickelte philosophische Theologie; und nicht nur dies. Die Problematik des Gottesbegriffs und des Kultes, die Dürftigkeit der Religion überhaupt, haben auch den Raum freigegeben für jene Blüte der Dichtung und jene Intensität des philosophischen Bemühens im weitesten Sinne, die beide in der Geschichte einzig dastehen. Natürlich geht es nicht an, nun etwa in der Richtung des bekannten Vierzeilers Goethes (wie immer ihn sein Verfasser selbst verstanden haben mag) ein Wechselverhältnis zwischen Kunst und Wissenschaft auf der einen, Religion auf der anderen Seite zu statuieren. So einfach sind die Dinge nicht. Aber richtig ist, daß die tiefe Schwäche des religiösen Moments dem griechischen Dichter und Philosophen eine Freiheit ließ, die von diesen denn auch (was keineswegs selbstverständlich war) auf das großartigste genutzt worden ist: eine vielleicht sehr teuer erkaufte Freiheit, aber immerhin eine Freiheit.

Der Grieche und der Andere

Wir beginnen mit dem Ursprünglichsten, dem Familienverband, der sich für den Griechen in drei Relationen aufgliedert: Ehemann-Ehefrau, Eltern-Kinder, Herrschaft-Dienerschaft. Alle drei Relationen sind durch das Herkommen in mannigfacher Weise belastet. In der sakralen wie in der profanen Rechtsordnung gilt weitgehend eine schroffe Unterordnung der Frau, des Kindes und des Sklaven. Wer aber die für die realen Zustände aufschlußreichsten Dokumente (Redner, Historiker, Komödie) unbefangen auf sich wirken läßt, wird konstatieren, daß mindestens im klassischen Athen zwischen Theorie und Praxis ein erheblicher Spielraum besteht. Faktisch sind Mann und Frau ebenbürtig, nur werden ihre Aufgaben auseinandergehalten. Die Frau verwaltet das Haus, der Mann den Staat, und wir werden nicht vergessen, daß im Wissenschaftsaufbau vom 4. Jahrhundert v. Chr. an die Individualethik, Ökonomik und Politik grundsätzlich gleichgeordnet nebeneinanderstehen. Die Philosophie hat mehrfach den Gedanken durchexperimentiert, die Aufgabenkreise von Mann und Frau auf Grund gleicher Erziehung vollständig zusammenfallen zu lassen. Platon ist zu nennen und vor ihm schon Aischines, sein Mitschüler bei Sokrates. Die Historiker haben nicht ohne Hintergedanken die Porträts einer Reihe großer Herrscherinnen des Orients gezeichnet: Semiramis ist die berühmteste unter ihnen. Auf den griechischen Alltag des 5. und 4. Jahrhunderts hat dies nicht unmittelbar eingewirkt. Aber die Tatsache jener Spekulationen und Porträts zeigt doch, daß der Gedanke der vollständigen Gleichstellung von Mann und Frau den Griechen nicht fremd war.

Wenn wir die beiden bemerkenswertesten Beschreibungen der vollkommenen Ehe aus der klassischen Zeit lesen, den *Oikonomikós* Xenophons und die Reste der Schrift des Aristoteles über die Ehe, so ergibt sich als wesentlicher Gegensatz zur bürgerlichen Ehe des uns noch vertrauten Typus nicht viel mehr als dies, daß ein relativ großer Altersunterschied zwischen Mann und Frau angesetzt wird, rund zwanzig Jahre, was natürlich auf das gegenseitige Verhältnis einen gewissen Einfluß ausübt. Im übrigen sind die Pflichten der liebevollen Fürsorge füreinander, der Treue, der gemeinsamen Verantwortung für das Gedeihen der Kinder und des Haushaltes dieselben. Die sakrale Komponente der Eheschließung ist bis auf verschwindende Reste untergegangen. Ehebruch wird streng bestraft, sonstige außereheliche Verhältnisse des Mannes lassen sich nicht verhindern, werden aber entschieden mißbilligt.

Ähnliches ist von der Relation Eltern-Kinder zu sagen. Die Pädagogik ist, zum mindesten in der Theorie, reich entwickelt; berühmt vor allem ist die Trias: Natur, Einübung, Belehrung. Seine Natur bringt das Kind mit: sie kann durch Gewöhnung und Belehrung entwickelt und korrigiert, aber nicht umgeschaffen werden. Einübung und Gewöhnung beherrschen die Erziehung des jungen Menschen. Da er noch nicht einsehen kann, muß er durch Gewöhnung dazu gebracht werden, zur rechten Zeit an den rechten Dingen Lust zu empfinden. Die Belehrung, die über Wesen, Grund und Ziel Auskunft gibt, ist das letzte. Wiewohl von Natur und gegebenen Naturanlagen viel die Rede ist, ist die Pädagogik nicht etwa biologisch orientiert, sondern ethisch. Sie zielt nicht darauf ab, den Menschen zu entschuldigen, sondern ihn zu verantwortlichem Handeln heranzubilden.

Die Relation Herrschaft-Dienerschaft, also das Problem der Sklaverei bei den Griechen, näher zu untersuchen, verbietet der knapp zur Verfügung stehende Raum. Hervorzuheben ist nur die Humanität des klassischen Griechentums. Der Sklave ist zwar völlig fremder Verfügung unterworfen, doch wird nie vergessen, daß er ein Mensch ist und bleibt. Eine Verhärtung tritt erst seit dem 2. Jahrhundert v. Chr. ein; das hängt mit politischen Entwicklungen zusammen, die hier nicht zu verfolgen sind.

Die wichtigste Relation, die den Griechen mit dem andern Menschen verknüpft, noch diesseits der Differenzierungen nach Berufsständen, in Mitbürger und Ausländer, ist die Freundschaft. Freundschaft als die aus freiem Entschluß geschaffene Beziehung zwischen Mensch und Mensch spielt schon seit frühester Zeit eine außerordentlich große Rolle. Das alte Epos liefert die großen Vorbilder mythischer Freundschaften: Achilleus und Patroklos, Orestes und Pylades, Herakles und Iolaos, Theseus und Peirithoos. Die Dichtung des 7. und 6. Jahrhunderts v. Chr. ist voll des Lobes getreuer, voll der Klage über treulose Freunde und diskutiert darüber, wie man Freunde wählen und sich erhalten solle und woran der wahre vom scheinbaren Freund zu unterscheiden sei. Nehmen wir dazu die Reihe der philosophischen Zeugnisse von Platons Dialog *Lysis* an über die *Nikomachische Ethik* des Aristoteles, die Fragmente der Kyrenaiker und Epikureer zu Cicero und Seneca, so wird evident, wie intensiv sich die Griechen mit allen Problemen befaßt haben, die das Phänomen der Freundschaft betreffen.

Grundlegend ist die Frage nach dem Motiv der Freundschaft. Ist es der Nutzen, das Vergnügen oder schließlich die Gleichgesinntheit? Für griechisches Wesen bezeichnend ist der Konflikt, in den das Denken hier immer wieder gerät. Ein typisch griechisches Ideal ist die vollkommene Unabhängigkeit des Einzelnen: es ist das beste, sich selbst genug (autark) und auf niemanden angewiesen zu sein. Eine Freundschaft, die auf gegenseitiger Hilfeleistung beruht, entspringt der Mangelhaftigkeit des Menschen, eine solche, die nur dem Vergnügen dient, ist kindlich oder ordinär. Wie aber läßt sich dann überhaupt die

Freundschaft begründen? Gleichgesinntheit in allem Guten und Edlen mag man nennen, aber man darf sich nicht darüber täuschen, daß dann die Freundschaft zu einer bloßen, wenn auch noch so erfreulichen Zugabe zum vollkommenen Leben zu werden droht; es fehlt jene feste Bindung, die doch mit dem Begriff gemeint ist.

Eine weitere Frage ist: Was ist besser, Freundschaft zu einem einzigen oder Freundschaft mit möglichst vielen? Dann: Wie weit geht die Freundespflicht, etwa wenn sie mit der Loyalität der politischen Gemeinschaft gegenüber oder mit dem Willen zur Erhaltung des eigenen Lebens zusammenstößt? Wie kann man der Gefahr der Entfremdung begegnen? Diese Reihe von Fragen, die leicht verlängert werden könnte, zeigt besonders schön, welche Fähigkeiten die Griechen besaßen, ein seiner Natur nach mit den verschiedensten sozialen und politischen Voraussetzungen belastetes Phänomen auf seine allgemeinmenschliche Struktur zu reduzieren. Die Darlegungen eines Aristoteles und Cicero wirken zeitlos gültig, und es hat seinen guten Grund, wenn vor allem Ciceros Büchlein über die Freundschaft von der Renaissance an bis ins 19. Jahrhundert immer wieder gelesen und zu Rate gezogen worden ist. Die Tradition ist erst seit dem späten 19. Jahrhundert im Zuge des fast allgemeinen Absterbens der philosophischen Ethik langsam erloschen.

Von Unterschieden in der gesellschaftlichen und politischen Position, überhaupt von hierarchischen Relationen, ist in der griechischen Freundschaftsdiskussion sehr wenig die Rede. Hervorgehoben wird, daß die Freundschaft unter Angehörigen verschiedener Generationen einen andern Charakter hat als die unter Altersgenossen. Vorausgesetzt wird, daß Freundschaften, ebenso wie Ehen, am besten unter Partnern geschlossen werden, die an gesellschaftlichem Ansehen und Vermögen ungefähr gleich stehen. Impliziert ist, daß auch die Angehörigen derselben Berufsgruppen miteinander am nächsten befreundet sein werden. Immerhin muß einkalkuliert werden, daß schon die klassische und erst recht die nachklassische Zeit das Prinzip durchbrochen hat, wonach der Sohn nahezu verpflichtet ist, dem Vater im Beruf nachzufolgen. Das Bemühen, in angesehenere Berufe überzuwechseln, findet sich häufig. Die Komödie liebt es, über die geringe Herkunft bekannter Persönlichkeiten zu spotten, und aus dem Hellenismus haben wir merkwürdige Betrachtungen darüber, wie klug im Gegensatz zu den Griechen die alten Ägypter gewesen seien, die den Berufswechsel strikt verboten hätten, so daß jeder Handwerker über eine unvergleichliche Summe von Erfahrungen seiner Väter und Vorväter hätte verfügen können.

Eine Stufenleiter der Berufe nach ihrem sozialen Rang hat es wie überall natürlich auch bei den Griechen gegeben. Die Theoretiker haben sie schematisiert, doch wird man nicht vergessen, daß gerade die bedeutendsten unter ihnen, Platon und Aristoteles, auch mit der Sokratik verbunden waren: und der Kreis des Sokrates empfand sich als das lebendige Beispiel dafür, wie Menschen der verschiedensten Herkunft in einer geistigen Gemeinschaft ebenbürtig miteinander verkehren können. Schon darum darf man die mit dem Tagelöhner und Hirten anhebenden und in dem Staatsmann und dem Philosophen gipfelnden Schemata nicht gar zu wörtlich nehmen.

Schon früh wird dem Fremden zum mindesten derjenige Schutz gewährt, der im Interesse des eigenen Staates liegt. Dem Ausländer gilt als Gast besondere Aufmerksamkeit, die eine gegenseitige Gastfreundschaft begründet. Derartige Bindungen dauern oft durch

Generationen an. Da nun die Griechen ein ausgesprochen reisefreudiges Volk gewesen sind, darf man vermuten, daß viele von ihnen im weiten Umkreis über ein ganzes Netz von Gastfreunden verfügten, bei denen sie nach Bedarf einkehren konnten.

Seit der Renaissance neigen die Betrachter immer wieder dazu, dem Gegensatz zwischen Griechen und Barbaren eine außerordentliche Bedeutung beizumessen. Ein solcher Gegensatz besteht. Er leistet aber von Haus aus nichts anderes, als daß er die Griechen, die sich (trotz zuweilen extremen Dialektunterschieden) untereinander verständigen können und in Homer den Dichter ihrer gemeinsamen Vorzeit bewundern, den »Anderen« gegenüberstellt, mit denen eine derartige Verständigung eben nicht möglich ist. Darüber hinaus lassen sich diese »Anderen« in keiner Weise auf einen gemeinsamen Nenner bringen. Gegen die Perser haben die Griechen viele Generationen hindurch gekämpft, doch hat sie dies keineswegs gehindert, in dem alten Kyros einen vorbildlichen König zu sehen und die altpersische Zucht und Frömmigkeit zu rühmen. Den ägyptischen Tierkult fanden sie lächerlich, anerkannten aber neidlos, daß die Überlieferungen der Ägypter unvergleichlich viel älter waren als ihre eigenen. Die Völker des Balkans waren in ihrer Sicht ohne höhere Bildung, aber von reinem Gemüt.

Im frühen 4. Jahrhundert v. Chr. muß es eine dialogartige, farbenprächtige und kräftig moralisierende Erzählung gegeben haben, die die Reise des Skythen Anacharsis nach Griechenland und insbesondere nach Athen schilderte; dort habe er Solon aufgesucht und sich im Gespräch über die absonderlichen Lebensgewohnheiten der Griechen, ihre Symposien, ihre Gymnasien und ihre geschäftliche Betriebsamkeit verwundert. Das Buch ist uns nicht erhalten, wohl aber in so vielen Brechungen faßbar, daß die Gestalt des braven Barbaren Anacharsis in der späteren Antike und von der Renaissance an immer wieder als Beispiel dafür hat angeführt werden können, daß es nicht die äußere Kultur sei, die den Menschen gut und zufrieden mache.

Gewiß sind wir berechtigt, griechische Texte, etwa Verse der attischen Tragiker, die Programmschriften des Isokrates und gelegentliche Ausfälle der Historiker heranzuziehen, wenn es sich darum handelt, die Vorstufen des Nationalismus des 19. und 20. Jahrhunderts aufzuspüren. Es handelt sich aber wirklich nur um Vorstufen und Ansätze. Der Nationalismus der Völker der Gegenwart ist nicht zu verstehen ohne ein spezifisches Sendungsbewußtsein, dessen Ursprünge nicht bei den Griechen, sondern bei den Römern gesucht werden müssen. Er ist auch kaum zu verstehen ohne Berücksichtigung der Tatsache, daß seit der Französischen Revolution die Politik prinzipiell eine Angelegenheit der Masse des Volkes ist und sich im Umkreis jener Maximen zu bewegen hat, die der Einsicht der Masse des Volkes zugänglich sind. Faktisch gibt es dies schon in der athenischen Demokratie des späten 5. und des 4. Jahrhunderts v. Chr. Aber in diesem Fall macht es einen wesentlichen Unterschied aus, ob wir es mit einem bloßen Faktum zu tun haben, dem die Theorie nur mit allen Vorbehalten Rechnung trägt, oder ob es sich um einen allgemein anerkannten und unantastbaren Grundsatz handelt.

Politik und Staat

Der Humanismus des 19. Jahrhunderts hat sich gern vorgestellt, daß der antike Mensch, Grieche wie Römer, ein durch und durch politischer Mensch gewesen sei; sein Leben sei aufgegangen im Leben der Gemeinschaft, in die er hineingeboren war, und sein höchster Ehrgeiz sei es gewesen, Lob und Anerkennung durch die Gemeinschaft zu erringen; ein Leben außerhalb der *pólis*, der *res publica*, habe er sich im Grunde gar nicht vorstellen können. Wie es mit Rom steht, lassen wir hier auf sich beruhen; daß das imperiale Sendungsbewußtsein, das sich im Laufe der Punischen Kriege entwickelte, den Einzelnen außerordentlich stark an den Staat band, wird anzunehmen sein. Aber die Griechen besitzen kein vergleichbares Sendungsbewußtsein, und der vielzitierte Satz, der Mensch sei ein *zóon politikón*, spricht eine persönliche These des Aristoteles aus und ist keineswegs die Meinung der Griechen schlechthin. Für die Griechen ist vielmehr charakteristisch, wie früh sie schon verstanden haben, sich die Ansprüche von Staat und Gemeinschaft vom Leibe zu halten.

Schon die Lyrik des 7. Jahrhunderts v. Chr. breitet Bereiche des Lebens vor uns aus, die mit dem politischen Wesen nicht das geringste zu schaffen haben. Von Leidenschaften der Liebe und des Hasses ist die Rede, in denen ausschließlich der Einzelne mit dem Einzelnen konfrontiert wird. Das 6. Jahrhundert schafft die Philosophie und die philosophische Lebensform; Genaueres darüber wird später zu sagen sein. Diese Lebensform gibt den Menschen ein Ziel, das seinem Wesen nach außer und über allem steht, was die politische Gemeinschaft zu verfolgen vermag. Endlich darf die Wirkung nicht unterschätzt werden, die im 5. Jahrhundert v. Chr. von der Labilität der politischen und sozialen Ordnung in den meisten griechischen Staaten ausging. Die Politik wird mehr und mehr zu einem ebenso gefahrvollen wie schmutzigen und undankbaren Geschäft, mit dem der anständige Mensch nichts zu tun zu haben wünscht. Natürlich haben einschneidende Ereignisse, wie die Peripetien der Perserkriege oder des Peloponnesischen Krieges, die Bürger geeinigt und sie zu den höchsten Opfern für die Polis angespornt. Doch von solchen dramatischen Momenten abgesehen, wird im 5. und 4. Jahrhundert v. Chr. die Zahl derer, die dem Staatsleben gleichgültig gegenüberstanden oder sich sogar ausdrücklich distanzierten, vermutlich ständig angewachsen sein.

Lehrreich sind die Verhältnisse in der Sokratik. Überblicken wir die Texte und Textfragmente, die uns von den verschiedenen Schülern des Sokrates erhalten geblieben sind, so darf man sagen, daß sie sich alle in einem einzigen zentralen Gedanken begegnen. Es ist der Appell an jeden Einzelnen, die Fürsorge für seine Seele für wichtiger zu halten als alle die äußeren Güter von Ansehen, Reichtum und Macht. Das impliziert aber den Rückzug aus dem politischen Leben. Die Politik ist nach einer griechischen Formel das Zusammenwirken von Regierenden und Regierten, wobei der Regierende zu Ruhm, der Regierte zu Nutzen zu gelangen trachtet. Wenn nun in einem Dialog Xenophons der Sokratiker Aristippos erklärt, er wünsche weder zu regieren noch regiert zu werden, sondern bloß, daß man ihn in Ruhe lasse, so spricht er einfach kraß aus, welche Haltung der Sokratik überhaupt nahelag.

Zusätzlich wird man Folgendes bedenken. Sokrates ist im Jahre 399 v. Chr. durch den Staat von Athen hingerichtet worden. Es war von seinen Schülern nicht zu erwarten, daß sie dieses Ereignis als einen bedauerlichen Unglücksfall kurzerhand beiseite legten. Der Tod des Sokrates hatte vielmehr seinen Sinn und seine Notwendigkeit. Sie konnten darin gesehen werden, daß der Weise den Tod zu fürchten keinen Anlaß hat. Sie konnten aber auch darin bestehen, daß Philosophie und politische Wirklichkeit zwei Mächte sind, die einander von Natur aus fremd und feindlich gegenüberstehen. Der Tod des Sokrates mußte also in den Sokratikern die Überzeugung festigen, daß der Philosoph, der um die geistigen Dinge sich bekümmernde Mensch die Politik zu meiden habe, wenn er nicht an ihr untergehen wolle.

Bei Platon schließlich vertieft sich diese Entwertung des politischen Lebens durch Gedanken, die er von den Vorsokratikern ererbt hat. Er sucht das, was man später *vita contemplativa* genannt hat. Ihre Aufgabe ist, das geschichtlich Wandelbare entschlossen fahrenzulassen und mit ganzer Seele bei der Erforschung des Kosmos und des unwandelbaren Seins zu verweilen. Daß diese Lebensform zu jeder politischen Tätigkeit untauglich macht, davon wissen manche Anekdoten schon des 5. Jahrhunderts zu erzählen. Eine andere Angelegenheit ist es freilich, daß Platon trotzdem darauf gehofft hat, daß es einmal – paradoxerweise – einen Menschen geben würde, der Philosoph und Staatsmann in einem wäre.

Neben der Sokratik steht eine zweite Strömung, die mehr oder weniger deutlich ihre Distanz von den politischen Händeln unterstreicht. Es ist die Tradition mondäner ionischer Dichtung und ionischer Lebensweisheit des 6. und 5. Jahrhunderts v. Chr. Im Hellenismus ist die Schule Epikurs die eigentliche und anerkannte Vertreterin einer grundsätzlich unpolitischen Lebensform. Die übrigen Schulen verkünden zwar prinzipiell die politische Verpflichtung des Weisen, unterscheiden sich aber in der Praxis nur unwesentlich von den Epikureern. Und was die politische Gleichgültigkeit der ionischen Dichtung angeht, so lebt sie über die Jahrhunderte hinweg wieder auf in der römischen Elegie eines Properz, Tibull und Ovid, deren Indifferenz dem politischen Bereich gegenüber um so erstaunlicher ist, als es Römer sind, die da sprechen. Vorbereitet ist diese Indifferenz durch eine lange griechische Tradition.

In dieser Weise ist ein Griechenbild zu korrigieren, das allzu einfach den Griechen auf den verantwortungsstolzen Bürger inmitten seiner Gemeinde festlegen wollte. Nicht nur politische Schlagworte der Gegenwart haben ihre Wurzeln bei den Griechen, sondern auch der Widerwille des Gebildeten, sich mit der Politik zu beschmutzen.

Aus dem umfangreichen Material der Staatstheorien sind hier nur zwei Momente herauszugreifen, die in sich selbst und in ihrer Wirkung auf die Nachwelt besonders gewichtig sind.

Gefragt wird nach dem Zweck des Staates. Berichte aus Barbarenländern, aber auch Homers berühmte Schilderung der Kyklopen zeigen, daß es staatliche Gemeinschaft keineswegs immer und überall gegeben hat. Man kann sich eine Urzeit vorstellen, in der Menschen einzeln oder in kleinen Gruppen durch die Wildnis streiften. Zur Gemeinschaft drängt zunächst die Not. Organisiert vermag man den wilden Tieren besser zu widerstehen, und eine zweckmäßige Arbeitsteilung schafft ein behaglicheres Leben. Überdies liegt es im Interesse der Menschen, daß nicht alle gegen alle kämpfen und der Stärkere nicht einfach den Schwächeren überwältigt.

Wo dann begonnen wird, theoretisch nach dem Zweck der politischen Ordnung zu fragen, ergeben sich zwei Dinge: Eintracht im Innern der Gemeinschaft und Kriegstüchtigkeit nach außen. Eintracht *(homónoia, concordia)* durch Ausgleich der Rechte und Interessen hat der athenische Gesetzgeber Solon in seinen Gedichten als das Ziel seines Strebens bezeichnet. Man darf ihn den Archegeten griechischer Staatstheorie überhaupt nennen. Die Konzentration des Staates auf ein Maximum an Kriegstüchtigkeit hat als Leistung des spartanischen Gesetzgebers Lykurgos gegolten. Wenn Sparta in den klassischen Jahrhunderten die übrigen Griechen zuweilen geradezu faszinierte, so lag dies nicht nur an dem archaisch männlichen Kriegertum, das es zu repräsentieren beanspruchte, sondern auch an der (wie es schien) überwältigenden Konsequenz, mit der alle Einrichtungen bis in die letzten Kleinigkeiten hinein auf das Heranzüchten eben jenes Kriegertums hin orientiert waren. Die Faszination sprang über auf das republikanische Rom, ist in der Renaissance erneut lebendig geworden und bis auf den heutigen Tag nicht völlig abgestorben, wenngleich die Forschung sich redliche Mühe gegeben hat nachzuweisen, daß die Realität Spartas von dem Idealbild recht weit entfernt gewesen ist.

Gegen Sparta setzte Athen vom späten 5. Jahrhundert v. Chr. an seine eigene Auffassung vom Staatszweck. Sie konzentriert sich zunächst in dem Schlagwort, es müsse dem Bürger die Freiheit gegeben werden, »zu leben, wie er wolle«. Wichtiger wird indessen das Bemühen, die spartanische Ordnung nicht so sehr abzubauen als vielmehr durch eine umfassendere, auf ein höheres Ziel hin angelegte Ordnung zu überwinden. Bei Platon und Aristoteles hat die staatliche Gemeinschaft nicht mehr nur für Friede und Sicherheit zu sorgen, sondern wird verantwortlich für die Erziehung des Bürgers zum vollkommenen und durch die Tugend glückseligen Menschen.

Die Konsequenzen dieser Zielsetzung liegen auf der Hand. Wird dem Staate die Glückseligkeit des Menschen anvertraut, so kann es nicht ausbleiben, daß die Gesetzgebung keinen einzigen Bereich des Lebens dem willkürlichen Belieben des Einzelnen oder dem Zufall überläßt, sondern alles auf den höchsten Zweck hin durchorganisiert. Daraus resultieren – bei Platon wie bei andern Theoretikern – alle jene Vorschriften, die man von außen betrachtet heute unzweifelhaft wird totalitär nennen müssen. Gesetzlich wird etwa festgelegt, welche Männer mit welchen Frauen sich zur Ehe verbinden dürfen, in welchem Alter sie dies tun sollen und bis zu welchem Alter sie Kinder zeugen dürfen. Vorgeschrieben wird, wie der Säugling, das Kind, der junge Mensch zu behandeln und zu erziehen sei. Auch den Erwachsenen begleitet das überwachende Gesetz auf Schritt und Tritt. Denn wenn der Staat den Einzelnen zu seiner Vollkommenheit führen soll, läßt sich vernünftigerweise keine Grenze angeben, an der dieses Bemühen aufzuhören hätte. Vorausgesetzt wird dabei, daß der politischen Gemeinschaft die höchste mögliche Aufgabe zukommt, sodann, daß der Mensch ein Ganzes ist, an welchem jede Einzelheit dem Zweck des Ganzen zu dienen hat, und schließlich, daß die Mehrzahl der Menschen gar nicht über die genügende Einsicht verfügt, um selbständig ihre Vollkommenheit und Glückseligkeit zu verwirklichen: in ihrem eigenen Interesse muß ihnen vorgeschrieben werden, was sie zu tun und zu lassen haben.

Im Rahmen dieser großartigen, aber auch unerbittlichen und in dieser Unerbittlichkeit beunruhigenden Gesamtkonzeption wirkt dasjenige Stück platonischer Staatstheorie vergleichsweise harmlos, das schon in der Antike, dann bei den Christen und später wieder in der Renaissance die Gemüter am meisten erhitzt hat, obwohl es in der Tat nicht mehr ist als ein paradoxes Experiment. Es ist die berühmte »Gemeinschaft der Frauen, Kinder und des Eigentums«. In ihr soll nach Platons Hoffnung am reinsten jene Eintracht verwirklicht werden, die schon Solons Ziel gewesen war. Das Postulat selbst ist älter als Platon. Daß es in der Realität das Gegenteil von dem erreichen würde, was es anstrebt, hat schon Aristoteles hervorgehoben. Es ist aber immer wieder diskutiert worden. Es gab sogar vereinzelte frühchristliche Sekten, denen die hochfliegende Phantastik der platonischen Konstruktion willkommen war. Mit dem Kommunismus des 19. und 20. Jahrhunderts haben diese Dinge jedoch nicht mehr als den Namen gemein.

Weiterhin gehen die Staatstheorien durchweg vom Kleinstaat und seiner Übersichtlichkeit aus. Sie tun das nicht mit Rücksicht auf die faktischen Gegebenheiten des griechischen Staatensystems der klassischen Zeit, sondern in der Meinung, daß der Staat wie ein lebendiger Organismus nicht die maximale, sondern die optimale Größe im Auge haben müsse. Diese Größe ist dort erreicht, wo die verschiedenen Teile der Gemeinschaft ihren angemessenen Umfang haben und zugleich in einem unmittelbaren Kontakt zueinander zu stehen vermögen. Die Existenz von Weltreichen wird von den Griechen mit staunender Bewunderung zur Kenntnis genommen; aber ein Gebilde wie das Reich der Achaimeniden und die griechische Polis sind einfach inkommensurabel, und über diese Konstatierung sind die Griechen nie ernstlich hinausgeschritten.

Das einflußreichste Stück Staatstheorie ist die Lehre von den Staatsformen. Sie läßt sich bis in den Anfang des 5. Jahrhunderts v. Chr. zurückverfolgen. Berühmt ist ein Abschnitt Herodots, in dem er zu berichten behauptet, wie im Jahre 521 v. Chr. drei persische Fürsten über die beste Staatsform diskutiert hätten. Drei Typen werden genannt und mit ihren Vorzügen und Nachteilen beschrieben. An der Demokratie werden gerühmt die Rechtsgleichheit, die Wahl der Magistrate durch das Los, die Verantwortlichkeit der Magistrate und daß letztlich alle Entscheidung bei der Volksgemeinde liege. Für die Herrschaft der Besten (Aristokratie) spricht, daß immer nur wenige Menschen Verstand, Charakter und Wissen besitzen, um richtig regieren zu können; es gehe nicht an, den Staat den unberechenbaren Launen einer Volksmasse auszuliefern. Die Monarchie endlich empfiehlt sich dadurch, daß es nichts Wünschbareres geben kann, als wenn einer, der von allen als der Beste anerkannt wird, frei regiert. Denn wo viele regieren, sind Rivalität, Bürgerkrieg und Mord das unvermeidliche Ende. Herodot muß diese Überlegungen schon bei einem älteren Autor des 5. Jahrhunderts v. Chr. vorgefunden haben. Ihre Grundzüge sind in allen späteren Staatstheorien erhalten geblieben.

Platons vollkommener Staat zeichnet sich durch die strikte Aufteilung der Gemeinde in drei Stände aus: die Regenten, die die philosophische Vernunft walten lassen, die Wächter, denen der kriegerische Mut eigen ist, und die übrigen, die nicht über das Streben nach den materiellen Gütern hinausgelangen und deshalb auch den Gesamtstaat mit eben diesen Gütern zu versorgen haben. Wo Gleichgewicht zwischen diesen Ständen besteht und die beiden oberen Stände der allumfassenden Erziehung durch das Gesetz teilhaftig werden, haben wir den besten Staat.

Doch in der Geschichte existiert er nicht oder nicht mehr. Irgendeinmal wurde die Ordnung gestört, und der Verfall setzte ein. Die erste Stufe nach dem vollkommenen Staat besteht darin, daß die Wächter sich an die Stelle der Regenten drängen. Es regiert nicht mehr die Vernunft, sondern der ehrgeizige Mut. Es entsteht der ruhmsüchtige Staat, die Timokratie. Auf der nächsten Stufe wird der Ehrgeiz überspielt durch die Gier nach Besitz. In der Oligarchie wird der Reichtum zum einzigen Wert. Doch der unvermeidliche Konflikt zwischen den Reichen, die im Genuß verfaulen, und den Armen, die arbeiten, führt zur dritten Stufe, der Demokratie, deren Ziel die Rechtsgleichheit und allgemeine Freiheit ist. Diese schlägt jedoch bald in völlige Anarchie um. Jeder tut, was ihm beliebt, und das Ende ist der Kampf aller gegen alle. So entwickelt sich mit Notwendigkeit aus der äußersten Freiheit die äußerste Knechtschaft. Die Demokratie schlägt um in die vierte und unterste Stufe, die Tyrannis. Der Tyrann ist in Platons Sicht das radikale Gegenteil des philosophischen Regenten. Sein Staat ist der Staat der hoffnungslosen Unseligkeit.

Diese platonische Reihe hat ungeheuer stark gewirkt. Sie hat bis auf den heutigen Tag den Begriff des Tyrannen fixiert, obschon das Wort ursprünglich nichts anderes war als einer der vielen Namen für Fürst, die die Griechen bei ihren Nachbarvölkern vorfanden und übernahmen.

Bei Aristoteles ist die reine Schematik mindestens dort viel auffallender, wo er prinzipiell von den Staatstypen handelt; seine politischen Einzeluntersuchungen bemühen sich umgekehrt, der Kompliziertheit der realen Verhältnisse soweit wie möglich Rechnung zu tragen. Im Schema gibt es drei Hauptformen und drei Verfallsformen. Neben dem Königtum steht die Tyrannis, mit dem Unterschied, daß der König für das Wohl der Untertanen, der Tyrann nur für sein eigenes sorgt. Wie das Königtum die beste, so ist die Tyrannis die absolut schlechteste Staatsform. Neben der Aristokratie steht die Oligarchie. In jener regieren die Würdigsten, in dieser die Reichsten. Schließlich steht neben der Timokratie die Demokratie. Unter Timokratie versteht Aristoteles anders als Platon die Waffengemeinde aller derjenigen Bürger, die materiell in der Lage sind, Kriegsdienst zu leisten. Die Demokratie ist die Herrschaft aller Bürger ohne Einschränkung. Betrachtet man die Hauptformen für sich allein, so ist das Königtum am besten, die Timokratie am schlechtesten. Auf der andern Seite ist nach Aristoteles der Abstand zwischen der Hauptform und der Verfallsform bei Königtum und Tyrannis am größten, bei Timokratie und Demokratie am geringsten. Unter den Verfallsformen ist demnach die Demokratie die verhältnismäßig erträglichste.

Schließlich mag die Theorie des Historikers Polybios erwähnt werden. In ihr sind zwei Thesen kombiniert. Einmal wird der an sich naheliegende Gedanke herausgearbeitet, daß der vollkommene Staat überhaupt nicht einer der drei Grundtypen sei, sondern eine Mischung aus allen dreien, also aus monarchischen, aristokratischen und demokratischen Elementen. Daneben steht die Lehre vom Kreislauf der Verfassungen. Die wißbare Geschichte beginnt mit einer Urmonarchie. Wie die Tierherden, so folgen auch die Menschen zunächst einfach dem Stärksten und Kühnsten. Tritt aber an die Stelle des Stärksten der

Klügste und Gerechteste, so wandelt sich die tierhafte Urmonarchie in das Königtum. Dieses verdirbt in dem Augenblick, da der König meint, sich in seiner Lebensführung von den Untertanen isolieren zu müssen. Da wird er zum ausschweifenden und verhaßten Tyrannen. Gegen einen solchen erheben sich gerade die edelsten Bürger, die sich nicht demütigen lassen wollen. Der Tyrann fällt, und es beginnt die Herrschaft der Besten, die Aristokratie. Doch auch sie zerfällt, wenn die Söhne und Enkel der Gründer emporkommen und ihre Stellung zu Übermut und Zuchtlosigkeit mißbrauchen. Sie konstituieren die Oligarchie, die indessen dem Haß des Volkes nicht lange zu widerstehen vermag. In der Demokratie nimmt das Volk die Regierung selbst in die Hand. Aber in der Generation der Enkel wird auch sie korrumpiert. Jeder sucht bloß seinen Gewinn, schikaniert den Nachbarn, besticht die Menge und läßt sich von ihr bestechen. Es entsteht die Herrschaft der Schlechtesten (Cheirokratie), das Abgleiten in einen tierähnlichen Zustand, der zum Ausgangspunkt des ganzen Zyklus zurückführt. Denn in der Not des Kampfes aller gegen alle bleibt als einzige Rettung die Herrschaft des Stärksten und Tapfersten, der das Volk unter seine Gewalt zu bringen vermag. Es erhebt sich die Urmonarchie, und mit ihr fängt alles wieder von vorn an.

Daß an dergleichen Theorien nicht nur das Bedürfnis nach doktrinärer Übersichtlichkeit, sondern auch ein stattliches Stück realer politischer Erfahrung mitgearbeitet hat, läßt sich nachweisen und darf betont werden. Die jeder Staatsform inhärenten Gefahren sind gut beobachtet. Die Abfolge der Typen, der Zyklus als solcher hat sich zwar, wie die Antike selbst wohl wußte, in der Geschichte nirgends rein verifizieren lassen. Aber die Einzelzüge sind fast ausnahmslos realen Situationen der griechischen Geschichte der Zeit von etwa 600 bis 330 v. Chr. entlehnt.

Diese Tatsache macht auch besser verständlich, weshalb diese Schemata auf die späteren Zeiten einen so großen Einfluß ausgeübt haben. Rom hat sich ihnen sogleich bereitwillig gefügt und wenn die Zeugnisse nicht trügen, so hat bereits der alte Cato in seinem um 150 v. Chr. abgeschlossenen Geschichtswerk die alte römische Geschichte an den drei klassischen Staatsformen der griechischen Theorie orientiert. Cicero hat dies weitergeführt, obschon die Gleichung in keiner Weise aufgeht. Aber das Tyrannenbild der griechischen Theorie war in Rom eine wirkliche Macht, und Brutus hat zweifellos geglaubt, im Sinne Platons zu handeln, als er den Tyrannen Caesar erschlug.

Ob das von Cicero mit Wärme gezeichnete Porträt des guten Königs auf das Selbstverständnis des römischen Kaisertums eingewirkt hat, wissen wir nicht, werden aber die Möglichkeit nicht ausschließen. Etwas ganz anderes ist freilich die Kaiseridee des abendländischen Mittelalters. Weder der germanische Heer- und Stammesfrüst noch der vom Papst gekrönte und damit des göttlichen Gnadenschutzes teilhaftig gewordene Herrscher über die Christenheit kann auf das griechische Schema reduziert werden. Es geht auch kaum an, den Ritteradel des Hochmittelalters mit jenen »Besten« zusammenzurücken, die die griechische Aristokratie bilden.

Die Renaissance hat sich auf dem Felde der Staatstheorie zunächst eher zögernd ausgewirkt. Um so stärker wurde der Einbruch der griechischen Begriffe und Schlagworte seit der Aufklärung, und man darf behaupten, daß mindestens in den Schlagworten der griechi-

Die Freunde Pylades und Orestes mit Elektra am Grab des Agamemnon
Terrakottarelief, nach 440 v. Chr. Berlin, Staatliche Museen, Antiken-Sammlung

Blendung des Kyklopen Polyphemos durch Odysseus und seine Gefährten
Hydria aus Caere/Etrurien, um 520 (?) v. Chr.
Rom, Villa Giulia

sche Einfluß noch heute ungebrochen weiterwirkt. Die alte Trias Monarchie-Aristokratie-Demokratie ist nicht nur zu neuem Leben erwacht, sondern in einer Weise radikalisiert worden, wie es bisher noch nie geschehen war. Aristokratie und Monarchie werden nun ebenso zu den schlechthin verwerflichen Formen, wie umgekehrt die Demokratie zur schlechthin vollkommenen emporsteigt. Es erscheint heute undenkbar, daß irgendein Staat sich nicht als Demokratie bezeichnet. Die Folge ist freilich eine völlige Aushöhlung der drei Begriffe. Nehmen wir weitere Begriffe hinzu, wie Freiheit und Gleichheit, aber auch Autarkie, Autonomie und verwandtes, so wird deutlich, wie noch das moderne politische Vokabular fast vollständig von den griechischen Theorien hergeleitet ist, seine definitorische Gestaltetheit jedoch gänzlich eingebüßt hat. Heute stehen wir vor einer recht beträchtlichen Vielfalt von Staatstypen, die aber gerade darum nicht geordnet werden können, weil das einzig verfügbare Schema nach wie vor das griechische ist, das aber durch den Gebrauch als politische Waffe wertlos geworden ist.

Die lebende Natur

Die Griechen haben den Gegensatz von zahmen und wilden Tieren, von Nutzpflanzen und nutzlosen oder gar schädlichen als einen elementaren aufgefaßt. Nutzpflanzen, wie Rebe, Korn, Olive, gelten schon in frühester Zeit als Geschenke wohltätiger Gottheiten; später wird die zwar aufgeklärtere, in unserm Zusammenhang aber äquivalente Theorie aufgestellt, die Urzeit habe aus dem Vorhandensein jener lebensnotwendigen Gewächse auf die Existenz von Göttern geschlossen, die sie gebracht hätten. An den Haustieren wird hervorgehoben, daß sie mit ihrem ganzen Dasein dem Menschen zur Verfügung stünden, damit allerdings auchauf eine angemessene Fürsorge Anspruch hätten. In der Teleologie stoischen Typs, nach der die Totalität der untergeordneten Welt von der göttlichen Vorsehung für den Menschen hergerichtet ist, bilden Haustiere und Nutzpflanzen immer wieder ein hervorragendes Beweisstück. Allerdings ergeben sich auch Schwierigkeiten. Welchen Nutzen bringen die Raubtiere, Giftschlangen und Unkräuter, zu welchem Zweck sind sie überhaupt vorhanden? Dieser Einwand gegen das teleologische Prinzip, der schon den alten Stoikern schwer zu schaffen machte und auch in späteren Jahrhunderten immer wieder auftauchte, verstummte erst in dem Augenblick, da das teleologische Denken überhaupt zerfiel.

Ein uralter Gedanke ist es weiterhin, daß dem Tier gegenüber der Mensch in seiner physischen Ausstattung benachteiligt sei. Das Tier besitzt Federn, Felle, Krallen und Reißzähne und vermag sich schon kurz nach seiner Geburt selbständig zu behaupten, während das Menschenkind jahrelang auf den Beistand der Erwachsenen angewiesen ist; auch als Erwachsener ist der Mensch nur lebensfähig, wenn er sich mit einem Arsenal künstlicher Waffen, Bekleidungsstücke und Werkzeuge umgibt. Schon Hesiod trägt den Gedanken vor, daß der Mensch ohne den Besitz des Feuers als der Grundlage allen Handwerks nicht zu bestehen vermöchte: und dieses Feuer erhält er nur durch einen Diebstahl. Da wirkt denn unterirdisch der Begriff der Natur und Naturgemäßheit, den wir eingangs als den

Leitbegriff des griechischen Denkens bezeichnet haben. Beschränkt auf seine bloße Natur, scheint der Mensch nicht existieren zu können; die Technik muß als etwas Naturfremdes, ja Naturwidriges hinzukommen.

Folgerungen gegensätzlicher Art werden aus diesen Erwägungen gezogen. Es gibt eine beachtliche und bezeichnend griechische Gedankenrichtung, die das Tier als die reine Natur dem Menschen zum Vorbild gibt. In der extravaganten kynischen Fassung eines Diogenes von Sinope wird der Mensch geradezu aufgefordert, der Natur gemäß wie das Tier zu leben, Kleidung, Behausung und den Gebrauch des Feuers zu verschmähen und ohne falsche Scham sich in allem wie das Tier zu benehmen. Daß dies nicht durchführbar war, zeigte sich bald, aber die Idee hat weitergewirkt, erst in einzelnen frühchristlichen Gemeinschaften, dann sporadisch von der Renaissance bis ins 20. Jahrhundert. Epikurs Lehre ist wesentlich zurückhaltender, aber in seiner Ethik nimmt auch er ausdrücklich das Verhalten des Tieres und des menschlichen Säuglings als das einzig naturgemäße und von der Kultur noch nicht depravierte zum Vorbild. Wenn er die Lust als den allem übergeordneten Wert bezeichnet, so geht er davon aus, daß die ursprünglichsten Regungen von Tier und Kind auf Lust und Schmerz bezogen sind.

In entgegengesetzter Richtung wird gefolgert, daß es gerade der Natur des Menschen entspricht, die Ausstattung der Tiere zu übertreffen durch höheren Besitz, durch den Geist, der in der technischen Handfertigkeit, in der Sprache, in der Einsicht in sittliche Normen und in der Gotteserkenntnis zum Ausdruck kommt. Die Technik ist mehr als ein bloßer Ersatz für naturgegebene Bekleidung und Bewaffnung, und in Sprache, Sittlichkeit und Gotteserkenntnis erweist sich der Mensch als ein dem Tier grundsätzlich übergeordnetes Wesen. Nun hebt sich das Tier vom Menschen ab als das Wesen, das nur der Lust und dem physischen Behagen des Augenblicks lebt, das keine Vergangenheit und keine Zukunft kennt und darum auch kein anderes Ziel seines Daseins hat, als bestenfalls dem Menschen nützlich zu sein. Daß die Glückseligkeit des Menschen geradezu darin besteht, anders zu sein als Tier und Pflanze, ist ein Gedanke, den schon Heraklit zu Anfang des 5. Jahrhunderts v. Chr. andeutet, den Platon und vor allem Aristoteles mit Energie aufnehmen und der seit dem späten Hellenismus (mit zweifelhaftem Recht) vielfach gegen Epikur ins Feld geführt worden ist.

Im ganzen wird der Eindruck zutreffen, daß die Griechen tierliebend gewesen sind. Berühmt geblieben ist der treue Hund des Odysseus, der seinen Herrn nach zwanzigjähriger Abwesenheit wiedererkennt, freudig begrüßt und dann stirbt. Platon rühmt die Wachsamkeit des Hundes in einer Weise, die persönliche Sympathien zu verraten scheint. Aus sehr alter Zeit haben wir zwei eigentümliche Gedichte, die die verschiedenen Typen der Frauen mit verschiedenen Arten von Tieren vergleichen; wichtig ist uns hier nicht der Vergleich, sondern die Lebendigkeit des Charakterbildes der Tiere. Auf Grabmälern der klassischen Zeit sehen wir neben dem Toten zuweilen auch sein Lieblingstier abgebildet. Mit dem 3. Jahrhundert beginnt die stattliche Reihe der Gedichte auf Tiere: Klage- und Grabepigramme auf die toten Lieblinge oder einfache Liebeserklärungen. Die Jagd haben die Griechen natürlich geliebt, auch von Hahnenkämpfen hören wir, doch die römische Tierhetze war ihnen fremd und abstoßend.

An einzelnen Orten der griechischen Welt sind auch seltene Tiere in Gärten und Käfigen gehalten worden. Wir besitzen einen Bericht, der höchst unterhaltend schildert, wie für den König Ptolemaios II. im Grenzland Ägyptens und des Sudans unter unendlichen Mühen eine Riesenschlange lebendig gefangen und dann nach Alexandreia transportiert wurde; der König sei überaus erfreut gewesen und habe die Schlange während langer Zeit gehalten und seinen Gästen gezeigt.

Eine andere Frage ist, ob etwa die Schule des Aristoteles in Athen so etwas wie einen zoologischen Garten zu wissenschaftlichen Zwecken eingerichtet habe. Aristoteles und seine Schüler sind die Schöpfer und zugleich Vollender der antiken wissenschaftlichen Zoologie. So sehr sich die Beobachtungen dieser Gelehrten auf bestimmte Phänomenbereiche beschränken und andere ganz vernachlässigen, so bewundernswert ist die Intensität der Beobachtung; in manchen Fällen erscheint sie kaum denkbar ohne langen gründlichen Umgang mit den Tieren. Beschreibungen und Klassifikationen entstehen, die bis auf den heutigen Tag ihren Wert nicht verloren haben.

Von den Pflanzen gilt ähnliches. Bestimmte Schmuckpflanzen sind uralt und werden seit homerischer Zeit zur Verschönerung der Feste verwendet worden sein. Charakteristisch griechisch ist die reichliche Verwendung von Kränzen aller Art. Die wissenschaftliche Botanik, die der Zoologie zur Seite steht, ist nur eben mit einem Worte zu erwähnen.

Beiseite zu lassen ist auch die vielberufene Lehre der Pythagoreer von der Verkörperung des Menschen in verschiedenen Tieren und Pflanzen, woraus sich dann die entsprechenden Speiseverbote ergaben. Diese seltsamen Spekulationen wurden teilweise unterstützt durch eine vom pythagoreischen Wesen an sich unabhängige und in vielen Jahrhunderten zu belegende Auffassung, daß nicht bloß blutige Opfer, sondern überhaupt die Fleischnahrung verwerflich sei, Symptom einer inneren Verrohung des Menschen, die die frömmere Urzeit nicht gekannt habe. So gibt es denn immer wieder Tendenzen, die wir vegetarisch nennen mögen.

Was freilich die pythagoreische Doktrin angeht, so kann man sich fragen, ob sie jemals einen nennenswerten Einfluß auf das konkrete Leben ausgeübt hat. Wo wir sie fassen, wirkt sie als eine tiefsinnige Absonderlichkeit, die streng gefaßt eine völlige Umwälzung des Lebens bedeutet hätte. Mehr als eine zuweilen verlachte und oftmals bewunderte Theorie ist sie vielleicht nie gewesen.

Naturbeherrschung und Seinserkenntnis

Probleme von grundsätzlicher Bedeutung erheben sich, wenn wir nun nach dem Verhältnis der Griechen zur Totalität der unbelebten Natur der Dinge fragen.

Das Verhältnis zur Natur in dem hier gemeinten Sinn, zur Umwelt der Länder und Meere, der Gesteine und Gewässer und der Dinge »über und unter der Erde«, wie eine beliebte griechische Formel lautet, ist auf drei Stufen sichtbar.

Zu beginnen ist mit dem betrachtenden, wissenschaftlichen Verhältnis. Es spielt eine hervorragende Rolle, weit über die Kreise der »Spezialisten« hinaus. Denn wenn die Griechen die Naturphilosophie und Naturwissenschaft gewissermaßen aus dem Nichts geschaffen haben (die Anregungen, die der alte Orient bieten konnte, sind minimal gewesen), so war dies nur möglich, weil der griechische Geist von vornherein in der entsprechenden Richtung interessiert war. Es liegt ihm daran, die Struktur des Kosmos im Ganzen zu begreifen, wie auch die zahllosen Merkwürdigkeiten kennenzulernen, von denen die Welt voll ist. In großzügigen Schemata werden die Teile der Welt aufgegliedert, werden Modelle des Himmelsglobus konstruiert und wird eine Karte der bekannten Erde mit den drei vom Weltmeer umflossenen Kontinenten entworfen.

Noch bezeichnender ist die während der ganzen Antike unermüdlich wache Freude der Griechen an naturwissenschaftlichen Kuriositäten, gewiß zunächst vielfach im Bereiche der Zoologie und Botanik, aber nicht minder in der Meteorologie, der Hydrologie, bei Metallen und Erdarten und in vulkanischen Erscheinungen. In der klassischen Zeit erwachsen daraus die umfassenden Werke der Peripatetiker und daneben als besonders charakteristisches Dokument griechischen wissenschaftlichen Stiles die Sammlungen der *Problemata*. Partikulare Erscheinungen der verschiedensten Art – wie etwa: warum ist Salzwasser durchsichtiger als Süßwasser, warum herrscht um Mitternacht und Mittag meist Windstille, warum entsteht aus Weißwein kein Essig? – werden herausgegriffen und auf ihre Gründe hin analysiert. Schon in der spätklassischen Zeit beginnen sodann Bücher zu erscheinen, die einfach naturwissenschaftliche Seltsamkeiten zusammenstellen *(Mirabilia)* und die dem Leser einen Vorgeschmack der Wissenschaft, einen Eindruck von der Buntheit der Welt und zu guter Letzt einfach gebildete Unterhaltung vermitteln sollen. Die populärwissenschaftliche Literatur der Spätantike besteht zu einem guten Teil aus solchen Mirabilia-Sammlungen, die für uns sehr wertvoll sind, weil sie meist Auszüge aus wissenschaftlichen Werken älterer Zeit darstellen.

Die historische Wirkung dieser Dinge ist nicht unbeträchtlich gewesen. Über das Mittelalter hinaus hat man sie immer wieder gern gelesen. Sie haben eine der entscheidenden Anregungen geliefert für die Kuriositätenkabinette, die sich die Gelehrten und Fürsten seit dem späten Mittelalter anlegten und die die direkten Vorläufer unserer Museen sind. Sammlungen seltsamer Naturgegenstände hat es übrigens da und dort schon in der Antike gegeben.

Das empfindsame Verhältnis der Griechen zur »Natur« war zwiespältig. Spaziergänge haben sie zwar gern unternommen, gewiß auch, um die Natur zu genießen, aber häufiger aus hygienischen Gründen. Die Berge hingegen haben sie nie geliebt, das Meer ebensowenig. Das waren Bereiche, die ihnen unheimlich waren. Auf den Bergeshöhen waren Götter zu Hause; auf einzelnen Gipfeln Griechenlands sind noch heute Spuren von Altären sichtbar. Später bestieg man Berge bestenfalls, um meteorologische und andere Beobachtungen zu machen. So soll Platon seine erste Reise nach Sizilien unternommen haben eigens, um den Ätna zu besteigen und sich Klarheit über das einzigartige Naturphänomen dieses Vulkans zu verschaffen. Das Meer befuhr man nur, um als Exporteur und Importeur Geschäfte zu treiben oder um als Forscher zu fremden Völkern und in unbekannte Länder zu gelangen, aber an der Seereise als solcher hat niemand Freude gehabt. Das Meer war das Urbild aller Unberechenbarkeit; der Tod durch Ertrinken galt als besonders traurig.

In alledem zeigt sich eine überaus große Distanz zum modernen Naturgefühl. Nur der ausgemachte Menschenfeind kann an einer menschenleeren Einsamkeit Gefallen finden; und daß jenseits des besiedelten und bebauten Landes das Reich der unbekannten, stets lauernden Gefahren beginnt, haben die Griechen nie vergessen. Satyrn, Silene, Nymphen, Pan und Artemis sind göttliche Wesen, die in jenem Reich zu Hause sind. Sie können freundlich sein, sind aber ebensooft unheimlich und erschreckend.

Das technische Verhältnis der Griechen zur Natur schließlich ist weitgehend durch zwei Vorentscheidungen determiniert. Fürs erste haben wir soeben bemerkt, wie ein Naturgefühl im modernen Sinne darum nicht entstehen konnte, weil für den Griechen jenseits des besiedelten Landes sogleich die Welt der unbekannten, unvorhersehbaren Gefahren begann. Diese Feststellung dürfen wir hier gewissermaßen transponieren. Die irdische Welt, genauer: die Welt unter dem wechselnden Mond, die »sublunare« Welt ist ihrem innersten Wesen nach unberechenbar, stetem Wandel und endlosen Zufälligkeiten unterworfen. Jede Aussage gilt nur ungefähr, und zu jeder Regel gibt es Ausnahmen. Gewiß können Praxis und Wissenschaft die Erscheinungen im Groben klassifizieren und bestimmte Gruppen meteorologischer Phänomene, Pflanzengattungen oder Tierfamilien unterscheiden. Aber im mathematischen Sinne stringent wird die Ordnung niemals.

Für Aristoteles ist die sublunare Welt dadurch gekennzeichnet, daß in ihr alles immer wieder »anders werden kann, als es gerade ist«. Platon spricht mit unverhohlener Verachtung von dem Bezirk der Sinnesobjekte, in dem nichts feststeht, alles unaufhörlich fließt, wie es schon der alte Heraklit gesagt haben soll. Wenn der Grieche die Oikumene bereist, um deren vielfältige Buntheit kennenzulernen, so vergißt er doch nie, daß diese faszinierende Fülle und Buntheit zugleich ein Mangel an Ordnung ist, der eben den irdischen Dingen als solchen anhaftet. Die Ordnung beginnt oben bei den Planeten und steigt auf zu den Fixsternen, an denen alles ein für allemal ist, wie es ist. Die Gestirnwelt ist ebenso grundsätzlich berechenbar, wie die irdische Welt grundsätzlich unberechenbar ist.

Die Folgen dieser Haltung sind evident. Der Grieche fühlte sich nicht veranlaßt, energisch nach einer festen und meßbaren Ordnung und Gesetzlichkeit in der sublunaren Welt zu forschen, weil er von vornherein überzeugt war, daß es sie an diesem Orte nicht gibt.

Und selbst wenn er diese Überzeugung nicht besessen hätte und einer solchen Ordnung tatsächlich nachgegangen wäre, hätte er höchstwahrscheinlich – und dies ist das zweite Moment – nicht daran gedacht, die Ergebnisse des Forschens nun auch technisch auszuwerten.

Schon in einem sehr frühen Entwicklungsstadium ihrer Philosophie und Wissenschaft haben die Griechen Theorie und Praxis scharf voneinander getrennt. Die Praxis des Lebens haben sie trotz all ihrer unleugbaren Betriebsamkeit nie besonders hoch eingeschätzt. Der Mensch muß zwar tätig sein, um in der Tätigkeit seine Tugend zu bewähren; Tapferkeit, Zucht und Gerechtigkeit werden erst in der konkreten Situation sichtbar. Dies hindert indessen nicht die Feststellung, daß jede Tätigkeit auf das flüchtige Hier und Jetzt gerichtet ist und sich nur mit vergänglichem Stoff befaßt. Darum ist das Erkennen von höherem Rang. Es wendet sich seinem Wesen nach dem Allgemeinen und Dauerhaften und schließlich dem Ewigen zu. Wissenschaftlich erkennbar ist eben nicht das Einzelne, an dem man handelt, sondern das Allgemeine, das als solches nicht der Geschichtlichkeit angehört.

Während der Mensch von der Renaissance an mehr und mehr dazu neigt, den Gegensatz seiner Natur zu der des Tieres darin zu sehen, daß er aus freier Entscheidung verantwortlich zu handeln vermag, das Tier jedoch dem Trieb gehorcht, sieht der Grieche den Gegensatz ganz woanders. Die moderne Formel ist ihm zwar nicht völlig fremd, spielt aber keine nennenswerte Rolle. Grundlegend ist für ihn, daß das Tier, den Kopf dem Boden zugekehrt, nur an die Bedürfnisse des Augenblicks denkt, während der Mensch zur Ordnung der Gestirne aufblickt und der Erkenntnis Gottes und der ewigen Dinge fähig ist. Im erkennenden Geist und nicht im faustischen Willen zur Tat liegt für den Griechen die Würde des Menschen.

Daraus ergibt sich unmittelbar, daß das philosophische und wissenschaftliche Erkennen als Wert in sich selbst betrachtet wird. Der Rang des Erkennens wird daran manifest, daß es keinen anderweitigen Zwecken dient. Die einzige Instanz, die Forderungen an das philosophische Erkennen anmelden darf, ist die Ethik. Aristoteles repräsentiert das gesamte geistige Griechentum, wenn er sich spöttisch über die Banausen ausläßt, die bei jeder Sache nach ihrem Nutzen fragen.

Die Naturphilosophie in ihren drei Zweigen, der Theologie, der Mathematik und der Naturwissenschaft, ist das eigentliche und vornehmste Objekt des menschlichen Erkennens. Alle drei Zweige führen, recht verstanden, zu dauerhaften und ewigen Wesenheiten. Daß der Umgang mit solchen Wesenheiten auf technischen Nutzen hinauslaufen müsse, ist ein Gedanke, der dem Griechen verächtlich und fremd ist. Die scheinbaren Ausnahmen bestätigen dies, denn natürlich sind Astronomie und Meteorologie für den Seemann ebenso wertvoll wie die Botanik für den Gärtner. Doch dieser Nutzen ist ein orientierender: der Seemann lernt, am Himmel das Wetter für den nächsten Tag abzulesen, der Gärtner und Bauer erfahren, welche Pflanzen an welchen Orten besonders gut oder schlecht gedeihen. Der technische Nutzen, der systematisch die Kräfte der Natur ausbeutet und systematisch in die Naturgegebenheiten organisierend eingreift, ist davon spezifisch verschieden. Und selbst der orientierende Nutzen ist immer nur ein Nebenprodukt des Forschens, gewiß nicht unwillkommen, aber durchaus unwichtig.

Eine interessante Einzelheit mag am Rande angemerkt werden. Die Technik des 19. und 20. Jahrhunderts steht und fällt mit der Annahme von Naturgesetzen. Die technische Verwertung der Natur beruht darauf, daß bestimmte natürliche Vorgänge sich regelmäßig wiederholen und daß diese Wiederholung künstlich hervorgerufen werden kann. Das Wesen des Naturgesetzes ist gerade die Wiederholung. Der Begriff des Naturgesetzes nun wirkt als solcher durchaus antik. Das Naturgesetz kann als das Allgemeine an einem Vorgang bestimmt werden wie die Wesenheit *(eidos* und *morphé)* als das Allgemeine an einer Gestalt. Letzten Endes stammt denn auch in der Tat der eine wie der andere Begriff aus der Antike. Während aber die Geschichte des Begriffs der Wesenheit vom platonischen Eidos angefangen mit hinlänglicher Klarheit verfolgt werden kann, ist der Begriff des Naturgesetzes so schlecht bezeugt, daß es bis heute eine offene Frage ist, ob er eher auf die aristotelische Naturforschung oder auf die Atomistik Epikurs zurückgeht. Daran läßt sich ablesen, wieviel bedeutsamer die Gestalten als die Vorgänge für die Antike waren – weil eben von der sichtbaren Gestalt aus der Weg zum Allgemeinen und Ewigen kürzer schien als vom geschichtlichen Vorgang.

Wieder anders gesagt, haben die Griechen der Verbesserung ihrer materiellen Lebensbedingungen durch die systematische Unterwerfung der Natur keinen sonderlichen Wert beigemessen. Es ist ihnen klar, daß es Reiche und Arme immer gegeben hat und immer geben wird. Die Armen leben dürftig, verfügen aber über die Macht der Mehrzahl. Der Reichtum verschafft Einfluß und Annehmlichkeiten, obschon man sich den Luxus selbst der reichsten Griechen in klassischer Zeit recht bescheiden vorzustellen hat. Nur in äußerst seltenen Fällen begegnet eine herrenmäßig verschwenderische Lebenshaltung. Aber auch da ist kaum ein Vergleich möglich mit der Maßlosigkeit, von der wir aus dem alten Orient, dem spätrepublikanischen und frühkaiserzeitlichen Rom und aus unserem *Ancien régime* hören.

Der Reiche hat etwas mehr Land, Vieh und Dienerschaft, kann sich feiner kleiden und verfügt über ein Haus, das geräumig genug ist, um jederzeit Gäste zu empfangen; man erwartet von ihm, daß er die Kosten eines öffentlichen Kultfestes oder der Ausstattung eines Kriegsschiffes übernimmt. Dies ist alles. Daß der Lebensstil des Armen wie des Reichen verbesserungsfähig wäre und verbessert werden müßte, daran wird nicht gedacht. Die Gesamtheit der Probleme der Lebenshaltung und des wirtschaftlichen Fortschrittes, all das, was wir heute »Entwicklung« nennen, spielt bei den Griechen eine sehr geringe Rolle.

Natürlich gibt es Spannungen und zuweilen tödliche Kämpfe zwischen arm und reich. Gelangen die Armen zur Macht, so enteignen, vertreiben oder töten sie die Reichen. Sie setzen sich einfach an die Stelle der Reichen, mehr nicht. Sozialreformen im strengen Sinne gibt es natürlich, aber keine Bestrebungen, das Lebensniveau der breiten Massen generell durch technische Maßnahmen zu heben. Der Gedanke, daß es möglich und wünschbar wäre, das Leben im ganzen reicher und bequemer zu gestalten, existiert nicht.

Wie immer die Griechen als Philosophen oder Nichtphilosophen gedacht haben: daß die geistige Kultur autonom und vom Stand der materiellen Kultur – von Grenzsituationen abgesehen – grundsätzlich unabhängig sei, haben sie niemals bezweifelt. Der Gedanke, daß es genüge, die Verbesserung der materiellen Lebensbedingungen maximal voranzutreiben, damit dann von selbst auch der Geist sich entfalte, wäre ihnen als abenteuerliche Verkehrung der naturgemäßen Ordnung der Werte erschienen. So fand ein spontanes und aktionsbereites Interesse am Ausbau der technischen Naturbeherrschung einfach keinen Raum.

Die Ideale

Für die Anschaulichkeit des griechischen Denkens ist es bezeichnend, daß sich frühzeitig bestimmte Lebenstypen herauskristallisiert haben, unter denen der Einzelne zu wählen hatte. Es gab nicht bloß isolierte Vorschriften und Gebräuche, sondern Lebensformen, die ein geschlossenes Ganzes bildeten und von einem zentralen Wert beherrscht waren. Ansätze zu dieser Vorstellung lassen sich schon im homerischen Mythos finden. Da ist Herakles zu nennen, den eine berühmte Stelle Xenophons, von älterer Tradition angeregt, schildert, wie er zwischen zwei Lebensweisen zu wählen hat: der mühevollen Arbeit, die in ewigem

Ruhm ihren Lohn findet, und dem ruhmlosen, flüchtigen Behagen. Herakles wählt jenes, wie er schon im Epos der Held ist, der unermüdlich gegen wilde Tiere und Bösewichte angeht. Eine andere Gestalt ist Odysseus, der Unansehnliche, aber Kluge, der Erfahrene und Vielgewandte, der die Lumpen des Bettlers mit gleichem Anstand zu tragen weiß wie den Mantel des Fürsten. Die Geschichte des Parisurteils konnte gedeutet werden als die Wahl zwischen drei Werten, die in den Göttinnen gegenwärtig sind: Heras Herrschermacht, Athenas Klugheit und Aphrodites verführerische Schönheit.

Markanter freilich sind Stellen der Lyrik des 6. Jahrhunderts v. Chr., in denen sich ein Schema der Lebensformen andeutet, das dann im 4. Jahrhundert v. Chr. von der philosophischen Ethik übernommen wird. Vier Grundformen gibt es. Das eine Leben sucht den Ruhm, das zweite den Reichtum, das dritte die Lust und das vierte die Weisheit: *Philotimia*, *Philoplutia*, *Philhedonia* und *Philosophia* sind die griechischen Begriffe, die an dieser Stelle anzuführen sich lohnt. Unter Philosophia subsummiert die frühe Zeit das Leben des Dichters, dessen Leistung das Kunstwerk ist. Im 5. und 4. Jahrhundert v. Chr. tritt mehr und mehr an seine Stelle der Kosmologe und Naturforscher, der den Namen Philosoph für sich allein beansprucht. Vielfach werden die vier Formen reduziert, etwa auf drei, indem der Reichtum als selbständiger Wert eliminiert wird, da er immer nur Mittel zum Zweck sein kann, oder gar auf zwei, sofern Ruhm und Weisheit, Praxis und Theoria als die einzig legitimen Ziele menschlichen Lebens bezeichnet werden.

In einflußreichen Kapiteln Platons und Aristoteles' ist dieses Schema entwickelt. Daß es in seiner knappsten Form vom Christentum übernommen wird, ist nur anzudeuten. Von alttestamentlichen Gestalten werden Rachel und Lea, von neutestamentlichen Martha und Maria zu Vertreterinnen der *vita activa* und *vita contemplativa* stilisiert. Die Bedeutung verschiebt sich dann freilich zum Gegensatz von weltlich-ritterlichem und geistlich-mönchischem Leben. Doch ist das Begriffspaar als solches teilweise bis in die Gegenwart hinein in Erinnerung geblieben. Daß das von der Renaissance an sich bildende Gelehrtenideal zwar nicht ausschließlich, aber doch weitgehend von einer der antiken Lebensformen abgeleitet ist, dürfte sich nachweisen lassen, auch wenn allerdings das Gelehrtentum des 19. und 20. Jahrhunderts die philosophische Basis, die das 4. Jahrhundert v. Chr. geschaffen hatte, fast vollständig preisgegeben hat.

Ruhm und Unsterblichkeit

Es liegt auf der Hand, daß der Ruhm derjenige Wert ist, den die Literatur zu allererst zu preisen unternimmt. Die älteste Literatur, die epische Dichtung, hat in gewissem Sinne gar keine andere Absicht, als den Ruhm der Männer zu verkünden, die Großes geleistet haben. Die Leistungen werden zunächst in Kampf und Krieg vollbracht. Als Kämpfer sich durch Taten auszuzeichnen, die von allen bewundert werden und von denen noch spätere Geschlechter erzählen, ist ein hohes Ziel – und ein um so höheres, als der Nachruhm angesichts der eigentümlichen Dürftigkeit, in der alle Dinge der Religion bei den Griechen auftreten, sehr wohl einen gültigen Ersatz für die Unsterblichkeit darzustellen vermag. Von Generation zu Generation und über den ganzen Erdkreis hin gerühmt zu werden, ist der einzige Weg zur Unsterblichkeit, der dem Griechen der Frühzeit gangbar zu sein scheint.

Zunächst sind es Krieger und Sänger, die gemeinsam den Ruhm schaffen. Mit der Zeit wechseln die Partner. An die Stelle des Sängers tritt in den klassischen Jahrhunderten der Historiker. Noch in der hausbackenen Programmatik später Historiker, die sich zur Aufgabe setzen, den Tugendhaften das verdiente Lob und den Schlechten den verdienten Tadel zu spenden, schimmert der alte Gedanke durch, daß die große Tat ihren Sänger verdient, freilich auch des Sängers bedarf, um des Nachruhmes teilhaftig zu werden. Der Krieger wiederum wandelt sich zum Gesetzgeber, Staatsmann, Politiker. Schon bei Homer schlägt zuweilen der Gedanke durch, daß es mit dem reinen Kämpfertum nicht getan sei. Der blutgierige Landsknecht Ares ist ein schlimmer und verächtlicher Gott. Oft ist es besser, sich an die Klugheit eines Odysseus, an die Weisheit eines Nestor zu halten.

Seit dem 5. Jahrhundert v. Chr. ist es Athen, das seinen Ruhm ganz bewußt in kulturellen Leistungen der Kunst und Wissenschaft und in der Humanität seiner Gesinnung sucht und nicht in arrogant lärmender Trutzigkeit, die man gern den Spartanern überläßt. Mit Vorliebe verweisen die Athener auf die milde Großzügigkeit ihres alten Königs Theseus und auf die größte, die ureigene Leistung ihrer klassischen Zeit, die Tragödie. So erhalten denn Politiker, dann Dichter, wie Sophokles, Bildhauer, wie Pheidias, Essayisten, wie Gorgias, Historiker und Philosophen ihren eigenen Ruhm. Durch einige Generationen heftete sich hoher Ruhm an die Namen der Sieger in den panhellenischen Spielen. Pindar und andere waren ihre Sänger. Doch dieser Glanz war verdorben von dem Augenblick an, da die Leistung nicht mehr die Frucht einer heroenmäßigen Lebensart war, sondern nur noch das Resultat systematischen physischen Trainings.

Seit der Mitte des 4. Jahrhunderts v. Chr. nimmt das Rühmen, mindestens im politischen Bereich, immer massivere Formen an. Wer immer, Bürger oder Ausländer, sich um eine politische Gemeinde verdient gemacht hat, darf damit rechnen, daß für ihn ein Ehrendekret beschlossen und in einer Inschrift verewigt wird. Es kann allerdings vorkommen, daß beim Wechsel der politischen Konstellation dergleichen Dekrete auch wieder annulliert werden; wechselt die Konstellation ein zweites Mal, werden sie eben erneuert.

In einer fremden Gemeinde kann man das Bürgerrecht ehrenhalber erhalten. Dem Gründer der Stoa, Zenon, wurde es als Beweis echten Philosophenstolzes hoch angerechnet, daß er, wiewohl durch die große Stadt Athen mit einem Ehrendekret, einem goldenen Kranze und einer ehernen Statue ausgezeichnet, sich niemals gescheut habe, sich als Bürger der kleinen Provinzstadt Kition auf Cypern zu bekennen.

Zu den Ehrendekreten kommen Ehrenstatuen. Die literarischen wie die archäologischen Zeugnisse zwingen zur Schlußfolgerung, daß vom späten 4. Jahrhundert v. Chr. an die großen Städte Griechenlands von Statuen verdienter Männer geradezu überfüllt gewesen sein müssen. Demetrios von Phaleron, Regent Athens von 318 bis 308 v. Chr. im Auftrage Makedoniens, soll ebenso viele Statuen erhalten haben, wie das Jahr Tage zählt. Wir haben keinen hinreichenden Grund, diese Nachricht anzuzweifeln. Nach seinem Sturz sollen sämtliche Statuen bis auf eine wieder eingeschmolzen worden sein.

Seit der Zeit Philipps und Alexanders wird es Sitte, daß Fürsten dadurch für ihren Ruhm sorgen, daß sie neu gegründeten Städten ihren Namen geben. Einige Städte haben einen solchen Namen in mehr oder weniger verstümmelter Form bis auf den heutigen Tag bewahrt: Alexandreia, Antiocheia, Laodikeia, Nikomedeia und andere. Diese Sitte konnte sich allerdings auf den sehr viel älteren Brauch stützen, daß ein Stadt- und Koloniegründer durch seine schaffende Tat das Recht erwarb, nach seinem Tode heroische Ehren zu empfangen.

Diese zuweilen ausschweifende Sorge für den Nachruhm (daß philosophische Schulen sich vielfach nach dem Namen ihres Gründers nannten, gehört in gewissem Umfang auch dazu) stellt aber nur die eine Seite der griechischen Haltung dar. Die Frage fehlte keineswegs, ob der Ruhm wirklich sei, was er zu sein vorgebe, nämlich die fortdauernde gerechte Ehrung des großen Verdienstes. Der Zweifel setzte an zwei Stellen an. Einmal konnte es bei der ständigen politischen Unruhe und der Leidenschaft, mit der Parteienkämpfe geführt wurden, nicht ausbleiben, daß die Bindung des Ruhms an das Verdienst immer problematischer wurde: geehrt wird, wer der Menge schmeichelt oder sie besticht; das wahre Verdienst bleibt verborgen. Der Gedanke kann auch grundsätzlicher gefaßt werden. Ruhm ist Anerkennung durch die vielen oder die Mächtigen. Wer Ruhm sucht, begibt sich in Abhängigkeit. Ihm genügt es nicht, selbst zu wissen, was er wert ist, er verlangt danach, sich dies auch von den andern bescheinigen zu lassen. Auf Anerkennung durch denjenigen, dessen Urteil kompetent ist, darf man stolz sein. Doch unter den vielen und Mächtigen sind immer nur wenige Einzelne kompetent. Sich durch die unwissende, beliebig beeinflußbare Menge loben zu lassen kann, recht verstanden, schwerlich als besonders begehrenswert gelten. Der Weise wird sich also damit begnügen, selbst zu wissen, was er taugt, und wird das preisende Gerede der Leute verachten.

Dazu kommt aber noch das zweite. Die Frühzeit hofft frohgemut darauf, daß großer Ruhm wirklich eine Art von Unsterblichkeit bringe, die Zeiten überdaure und zu allen Völkern der Erde dringe. Daß dies eine Illusion ist, hat das Griechentum jedenfalls schon vom 5. Jahrhundert v. Chr. an begriffen. Den homerischen Helden mochte vielleicht zugebilligt werden, daß der größte aller Dichter ihnen tatsächlich zu unzerstörbarem Ruhm verholfen habe. Doch dies war ein einmaliger Fall. Schon vor dem Troianischen Krieg muß es Helden gegeben haben, von denen kein Mensch mehr weiß. Und was die späteren Ereignisse angeht, so waren sich die Griechen der klassischen Zeit klar darüber, daß außer in seltenen Ausnahmen die Erinnerung nicht über vier oder fünf Generationen zurückreichte. Am radikalsten sind Formulierungen, die wir an einer berühmten Stelle Ciceros lesen und die letzten Endes auf Aristoteles und Platon beruhen dürften. Gemessen an den riesigen Zeiträumen, in denen das Leben des Kosmos sich bewegt, sind die paar hundert Jahre, über die sich menschlicher Ruhm erstreckt, eine lächerliche Kleinigkeit; und selbst von den gewaltigsten Ereignissen, die unsere Länder erschüttern, dringt zu den Barbaren am Rande des Okeanos nicht die leiseste Kunde.

Freilich, so skeptisch die Griechen durch dergleichen Überlegungen geworden sind, so ist doch nicht zu leugnen, daß ihre Haltung im ganzen von derjenigen des christlichen Mittelalters wie auch von der des 19. und 20. Jahrhunderts entschieden abweicht. Der

Grieche hat ein spezifisches Selbstbewußtsein. Wenn der Großgesinnte – in dem prächtigen Porträt, das Aristoteles gezeichnet hat – seinen Wert durchaus kennt und weiß, was er auf Grund seines Wertes von den andern an Respekt fordern darf, so ist dies eminent griechisch. Prahlerei mit Leistungen und Fähigkeiten, die man nicht besitzt, wird verachtet. Aber als peinlich unfein gilt es auch, sich geringer zu machen, als man ist. Für Platon ist die sokratische Selbstironie nur als Waffe im Kampf gegen die Anmaßung der Sophisten erträglich. Nicht bloß Aristoteles dürfte offen ausgesprochen haben, daß, für sich betrachtet, diese Selbstironie ordinär und des rechten Mannes unwürdig sei.

Zum unerschrockenen Bewußtsein des eigenen Wertes gehört es auch, daß – vor allem in Kunst und Literatur – die eigene Leistung immer auf die Vorgänger und Rivalen blickt und sie zu übertrumpfen sucht. Man hat dies früher den »agonalen« Charakter der griechischen Kultur genannt. Der Ausdruck ist insofern nicht glücklich, als er das Phänomen zu einseitig an die Wettkämpfe der pindarischen Welt oder an die Rededuelle in den Gerichtshöfen Athens anschließt. Die Dinge müssen weiter gefaßt werden. Der Grieche will niemals sein Werk in den leeren Raum stellen. Immer gehört es einer bestimmten Tradition und Gattung an und findet sich umgeben von gattungsverwandten Werken, über die es hinausgelangen will. Der tragische Dichter denkt gleichermaßen an die Sache, das Publikum und die Konkurrenten, wie man es vielleicht, leicht überspitzt, formulieren könnte. Aristoteles will mit seinen Dialogen sowohl dem Leser seine Philosophie nahebringen wie auch die Dialoge Platons aus dem Felde schlagen. Jeder Historiker will besser, wahrheitsgetreuer und lebendiger berichten als seine Vorgänger und hofft dadurch, zu Ruhm zu gelangen. So ist jedes Werk griechischer Literatur erst dann verstanden, wenn man nicht bloß erkannt hat, was und für wen der Verfasser geschrieben hat, sondern auch, wen er hat übertrumpfen wollen.

Die Dinge gehören zusammen. Der Grieche weiß ohne Ängstlichkeit, was er wert ist; und wenn er etwas unternimmt, so will er sich gegen seinesgleichen durchsetzen.

Mit dem Christentum werden die Verhältnisse anders. Ein neues Moment tritt auf, das Bewußtsein des Menschen, vor Gott schuldig zu sein und vor seiner Gerechtigkeit nicht bestehen zu können. Es entsteht die dem Griechen fremde Tugend der Demut, die sich klein macht und nicht selbstironisch ist, weil der Mensch in seiner Sündhaftigkeit immer noch kleiner ist, als er sich selbst zu sehen vermag. Obwohl die Demut schon in der christlichen Antike, dann im Mittelalter vielfach in bloße Rhetorik absinkt, bleibt die Tatsache bestehen, daß die dem klassischen Griechentum eigene Form des Selbstbewußtseins untergegangen ist. In der Renaissance kehrt sie wohl teilweise wieder, doch ein zweites Mal wird sie im 19. und 20. Jahrhundert vernichtet. Da setzt sich das Zurücktreten in die Menge, das betonte Ableugnen jeden persönlichen Ehrgeizes als allgemeine Regel der Wohlanständigkeit durch. Die Griechen haben sich als ein Volk unter vielen Völkern empfunden, dagegen den Anspruch des Einzelnen auf Ruhm vollauf respektiert. Im 19. und 20. Jahrhundert ist es gewissermaßen umgekehrt. In der Form des Nationalismus kennt der Anspruch des zum Staat organisierten Volkes keine Grenzen, wogegen vom Einzelnen erwartet wird, daß er sich als Bürger bekenne, der auch nicht mehr sei oder zu erwarten habe als alle übrigen. Wer Ruhm sucht, mag es in der Stille tun; es öffentlich einzugestehen wäre anstößig.

Macht und Recht

Ruhm scheint sich in einem gewissen Grade mit der Macht zu berühren, obschon der Ruhm ohne jede Macht zu bestehen vermag und der Wille zur Macht nicht selten ausdrücklich auf jede Anerkennung durch die Gemeinde verzichtet.

Fast könnte man sagen, daß der Wille zur Macht dort am reinsten hervortritt, wo er nichts als die Macht erstrebt und dem Lob wie dem Haß der Beherrschten gegenüber gleich unempfindlich bleibt. Am prägnantesten ist dies ausgedrückt in dem Vers einer römischen Tragödie, den ein Zitat in Suetons Biographie des Caligula bis auf den heutigen Tag berühmt gemacht hat: »Oderint dum metuant«. Es ist ein Tyrann, der so spricht, und das vom griechischen 5. und 4. Jahrhundert v. Chr. ausgearbeitete Porträt des vollkommenen Tyrannen soll denn auch diejenige Lebensform repräsentieren, für die die mit allen Mitteln erkämpfte und behauptete Macht den höchsten und einzigen Wert bildet.

Die Theorie dazu liefert ein Text, der kaum weniger berühmt ist als der lateinische Vers. Es ist das Gespräch des Sokrates mit Kallikles in Platons Dialog Gorgias. Hier verfolgen wir das Bemühen, eine Ethik zu entwickeln, die von allen geschichtlichen Zufälligkeiten absieht und ganz auf der Natur des Menschen aufgebaut ist. Zu fassen ist diese Natur nach der Meinung des Kallikles beim Kind, beim Tier und in der Totalität des geschichtlichen Lebens. Es entstehen zwei Typen von Ethik, die beiden ältesten Formen philosophischer Ethik im strengen Sinne, die wir besitzen. Die eine ist die Ethik der Lust, von der später einiges zu sagen sein wird, die andere die Ethik des Willens zur Macht. Denn die Herdentiere werden von den stärksten männlichen Tieren regiert, und in der Geschichte war es unzweifelhaft immer der stärkere Staat, der den schwächeren unterwarf und ihm sein Gesetz aufzwang. Recht ist, was der Stärkere setzt, und der Stärkere zu sein ist der einzige Weg, sich sein Recht zu verschaffen und leben zu können, wie man will.

Platon hat bewußt kraß formuliert und den zynisch desillusionierenden Charakter der Doktrin scharf herausgearbeitet. Aber sie ist mehr als der kurzlebige Einfall eines aufklärungssüchtigen Sophisten. Die Darlegungen des Kallikles lassen sich vielmehr in zwei größere Bereiche eingliedern.

Fürs erste wird man sich nicht verhehlen, wie sehr die Macht als solche die Griechen fasziniert hat. Das Phänomen ist so paradox wie unbestreitbar. Gerade der Grieche, der über die Grenzen des menschlichen Wirkens und über die Ungewißheit alles Zukünftigen so gut Bescheid wußte, hat die Macht geliebt. Großkönig zu sein war ein Gipfel menschlicher Glückseligkeit. Solon läßt in einem seiner Gedichte einen beliebigen Athener auftreten und bekennen: »Könnte ich nur einen einzigen Tag lang Tyrannos von Athen sein, dann wäre es mir gleich, nachher geschunden und mit meiner ganzen Familie ruiniert zu werden.«

Schon zu Anfang des 6. Jahrhunderts v. Chr. haben also Griechen so gedacht. Natürlich versteht man unter dem Tyrannos nicht einen zähnefletschenden Wüterich, sondern einfach einen Mann, der die Macht ergreift, weil das Volk sie ihm bietet und weil er sie selber liebt, und der dann das Nötige zu tun weiß, um die selbsterkämpfte Macht auch zu behaupten. Denn, wie Aristoteles, vermutlich zitierend, einmal bemerkt: man wird nicht Tyrannos, um nicht mehr frieren zu müssen. Wir kennen eine Reihe griechischer Tyrannen. Doch die Überlieferungsreste erlauben uns anzunehmen, daß die Zahl der Tyrannen, die es vom 6. bis zum 3. Jahrhundert v. Chr. gegeben hat, weit über die der bekannten Namen hinausgeht und letzten Endes erstaunlich hoch gewesen sein wird. Kleine und kleinste Gemeinden sind im Laufe der Jahrhunderte zwei- oder dreimal von Tyrannen beherrscht worden. Die Breite der Erscheinung zwingt förmlich zur Folgerung, daß es sich bei den Tyrannen keineswegs um vereinzelte Abenteurer oder Sozialreformer gehandelt hat, sondern um die Verkörperung eines Ideals, das dem griechischen Geiste überhaupt nahestand.

Beinahe wäre man versucht, noch einen Schritt weiter zu gehen. Man könnte gerade unter dem Stichwort Macht von einer Polarität sprechen. Der mißtrauischen Vorsicht und klugen Selbstbescheidung tritt gegenüber der tollkühne Wille, um eines einzigen Augenblicks göttergleicher Herrlichkeit willen alles zu wagen, eben das, was die Vorsichtigen Hybris genannt haben. Auch dies steckt in den Griechen, selten sichtbar zwar, aber darum nicht weniger eindrucksvoll. Manche der eigenartigsten Gestalten der griechischen Geschichte sind ohne diese Komponente nicht erklärbar: Alkibiades im 5. Jahrhundert v. Chr., Alexander im 4., aber auch der sizilische Tyrann Agathokles im 3. Jahrhundert v. Chr. Wenn Epikureer und Stoiker ihrem idealen Weisen eine Glückseligkeit zuschreiben, die der des Götterkönigs Zeus ebenbürtig sei, so haben wir eine – vielleicht etwas bläßliche – Variante desselben durchbrechenden Willens zum Höchsten, das es überhaupt geben kann, eines Willens, der die Schranken der Besonnenheit bewußt verachtet.

Blicken wir indessen noch in eine andere Richtung. Das Problem, welchen Ranges die Macht sei, wird immer wieder wachgerufen durch die Frage nach den Quellen des positiven Rechts. Daß in jedem Staat andere Gesetze gelten, haben die Griechen schon früh beachtet. Dem wandelbaren Recht stellten sie das unwandelbare Recht gegenüber, das auf der Natur der Menschen und Götter beruht. Damit ist jedoch das positive Recht, dem jeder Bürger zu gehorchen hat, nicht beiseite geschafft. Woher kommt es aber? Die geschichtliche Erfahrung gab die Antwort. Recht und Gesetz ist das, was die jeweiligen Regenten des Staates zum Recht erklären, weil es ihren Interessen oder den Interessen der von ihnen vertretenen Staatsform dienlich ist. Wenn bei Platon der Gegner des Sokrates feststellt, Recht sei, was dem Mächtigeren nütze, so wird damit nur grob formuliert, was sich etwa an der Geschichte der athenischen Staatsverfassung ohne sonderliche Mühe demonstrieren ließe. Dann aber ist der Schritt nicht mehr weit zu einer völligen Absorption des Rechts in die Macht. Der Mächtige setzt das Recht und hat immer recht, und wer Recht bekommen will, muß zusehen, daß er mächtig werde.

Die Konsequenzen dieser Auffassung sind in einer Diskussion durchexerziert, die wohl auf griechische Anregungen hin Cicero in seinem Werk »Über den Staat« führen ließ. Da wird auf der einen Seite das Recht der Macht auf allen Ebenen durchgefochten. Auf der anderen Seite allerdings behauptet der Platoniker die Eigenständigkeit der Gerechtigkeit, die ihren Rang in sich selbst besitzt, unabhängig von Macht und Ohnmacht. Was dieser Diskussion ihr besonderes Gewicht verleiht, ist, daß sie mit äußerster Schärfe das Problem der Machtpolitik im weitesten Sinne aufwirft. Worin unterscheidet sich König Alexander von irgendeinem kleinen Seeräuber? Nur darin, daß der Seeräuber zuweilen ein Handelsschiff plündert, der König aber Länder und Reiche zusammenstiehlt. Recht hat der eine wie der andere nur insofern, als er die Macht hat zu tun, was ihn gelüstet.

Da zeigt sich denn die geistige Problematik der reinen Macht, die sich auf nichts verläßt als auf sich selbst. Es ist nicht zu bezweifeln, daß manche Griechen und auch einige Römer sich von einem solchen Begriff der Macht bezaubern ließen. Es wird allerdings auch deutlich, daß er weder in der Theorie noch in der Praxis auf die Dauer durchzuhalten war. Ohne die Annahme einer autonomen Gerechtigkeit ließ sich nicht leben, auch wenn es weder Platon noch Aristoteles gelang, die Relation der Gerechtigkeit zum positiven Recht des jeweiligen Staates in eine stichhaltige Formel zu bringen.

Es bedarf keines Wortes, daß hier Probleme vorliegen, die, von Platon und Aristoteles zum ersten Male herausgearbeitet, bis auf den heutigen Tag ihre Aktualität unverändert bewahrt haben.

Mehr am Rande mag noch das Folgende angemerkt werden. Das griechische Mißtrauen den Dingen gegenüber zeigt sich charakteristisch darin, daß sie schon längst vor Platon zwischen Werten unterscheiden, die immer und überall erstrebenswert sind, und solchen, die es nicht sind. Zur zweiten Gruppe gehören vorzugsweise Macht und Reichtum. Denn es sind Güter, die Gefahren anziehen, den Neid der Menschen und die Mißbilligung der höheren Mächte; der Mächtige ist dem Sturz nahe, und auf den Reichen wartet der Räuber. Darum ist es das beste, mit dem einen wie mit dem andern Gut nur äußerst behutsam umzugehen und sich nicht allzusehr an ihm zu freuen.

Es ist eine Frage für sich, welchen Einfluß die Bildung großer politischer Machtzentren auf die geistige Entwicklung der Griechen gehabt hat. Durch die Machtstellung Athens in der Mitte des 5. Jahrhunderts v. Chr. werden Dichter und Schriftsteller aus den verschiedensten Gegenden Griechenlands angezogen. Gegen Ende des Jahrhunderts sammelt sich eine Gruppe am Königshof von Makedonien. Im 5. und 4. Jahrhundert v. Chr. haben in mehreren Perioden Philosophen und Dichter die Tyrannen von Syrakus aufgesucht; Platon ist nur einer unter vielen. Hundert Jahre später bildet Alexandreia, die Hauptstadt der einzigen politisch gefestigten hellenistischen Monarchie, einen übermächtigen Anziehungspunkt für Künstler und Gelehrte. Schließlich beginnt seit der Mitte des 2. Jahrhunderts v. Chr. das siegreiche Rom die gleiche Rolle zu spielen; keineswegs suchte nur Rom den Anschluß an die griechische Kultur; auch die griechischen Philosophen und Künstler begannen ihre Blicke auf Rom zu richten. Das Phänomen ist bemerkenswert. Die nicht ganz einfache Frage aber, wie es konkret geschichtlich zu deuten ist, lassen wir hier auf sich beruhen.

Reichtum und Natur

Reiche und Arme hat es immer gegeben. Mit der ihnen eigenen Sachlichkeit haben die Griechen das konstatiert und empfanden es zugleich als ganz natürlich, daß der Arme danach trachtet, sich des Reichtums des Reichen zu bemächtigen, der Reiche dagegen bemüht ist, seinen Reichtum zu verteidigen. Noch einmal: die Spanne zwischen Reichtum und Armut darf man sich bei den Griechen nicht allzugroß vorstellen. Wir haben keine Indizien, daß es außer in Kriegszeiten nacktes, hoffnungsloses Elend gegeben hätte, und der Reichtum der Reichen war vom zügellosen Luxus altorientalischer oder späterer Epochen weit entfernt.

Das Handeln des Griechen zielt auf die Herstellung optimaler und nicht maximaler Verhältnisse. Daß Bequemlichkeit und Reichtum einer Gesellschaft wie des Einzelnen unbegrenzt gesteigert werden können und darum auch unbegrenzt gesteigert werden müssen, klingt dem Griechen letzten Endes genauso absurd wie die Meinung, es sei wünschenswert, den Umfang eines Staates oder die Größe eines organischen Körpers oder schließlich die Proportionen eines Kunstwerks unbegrenzt auszudehnen. Wie der Körper des Menschen auf eine bestimmte angemessene Größe hin angelegt ist, so auch der Staat, so endlich auch der Besitz. Hat man zuwenig, gefährdet man die Gesundheit des Leibes und die freie Entfaltung des Geistes; hat man zuviel, zieht man nicht nur die Mißgunst der andern auf sich, sondern wird auch selbst verführt, sein Streben nur auf die Mehrung des Reichtums zu richten und dabei geistig zugrunde zu gehen. Es gibt also für den Griechen eine bestimmte optimale Bequemlichkeit des Lebens, und sie zu ermöglichen ist der Zweck des Besitzes. Er hat Werkzeugcharakter und muß wie jedes Werkzeug zu seiner Aufgabe tauglich sein.

Dieselben Gedanken lassen sich auch anders fassen. Im allgemeinen liebt der Grieche Extreme und Paradoxe nicht; mit dem Ideal vollkommener Besitzlosigkeit wird zwar gelegentlich im Blick auf die Tiere gespielt, die auch kein Eigentum hätten; zuweilen wird die Theorie vertreten, daß es im gerechten Staat kein Privateigentum geben dürfe, und die Ethnologie behauptet zuweilen, Beispiele von Völkern beibringen zu können, die tatsächlich nur Gemeinbesitz kennten. Doch im ganzen spielen dergleichen Spekulationen keine Rolle. Es bleibt bei der Polarität der Armen und Reichen. Die Ethik zeigt, daß Zucht, Abhärtung und Selbstgenügsamkeit Tugenden sind, die vorzugsweise den Armen zukommen. Die Tugend der Reichen dagegen ist die Liberalität. Dazu ist bemerkenswert, daß von den Lastern, denen der übermäßig Reiche zu verfallen pflegt, Geiz und Verschwendung, das Laster des Geizes durchweg als das schlimmere empfunden wird. Gewiß ist der Geiz die Verfallsform der Sparsamkeit, wie die Verschwendung die Verfallsform der Liberalität ist. Aber die weltoffene Liberalität steht höher als die Sparsamkeit. Nach einem vielzitierten Spruch ist das Erweisen von Wohltaten Göttern und Menschen gemeinsam. Dementsprechend ist die großzügige und leichtsinnige Verschwendung weit weniger verwerflich als der Geiz, in dem der Mensch sich verhärtet. Außerdem hat Aristoteles ganz kühl errechnet, daß Verschwendungssucht immer heilbar sei: irgendwann einmal ist auch der größte Reichtum aufgebraucht, wen aber der Geiz gepackt hat, der ist unheilbar.

Ein angemessener Reichtum ist immer wünschenswert. Er gestattet es, Gutes zu tun, sich dem Staat zur Verfügung zu stellen und auch die Götter in würdiger Weise zu ehren. Mag auch die Vernunft sagen, daß das Opfer des Armen den Göttern ebenso gefällig sei wie das des Reichen, da es nur auf die Gesinnung ankomme: so bleibt doch bestehen, daß ein besonders schönes und festliches Opfer den Opfernden erhebt und den Göttern gewiß nicht unlieb ist. Endlich verschafft der angemessene Reichtum einen letzten Gewinn. Er befreit von der Sorge um den täglichen Gelderdienst und gibt die Muße, die zwar nicht für das Philosophieren schlechthin, wohl aber für die philosophische Forschung unentbehrlich ist.

Lust, die Ethik der Genügsamen

Dem politischen Leben gegenüber nicht bloß indifferent, sondern geradezu feindlich ist die Lebensform des Genießens. Ihr oberster Wert ist die Lust. Freilich ist sofort anzumerken, daß sowohl »Genießen« als auch »Lust« den im Griechischen gemeinten Begriff höchst unzulänglich und vor allem um einige Nuancen zu grob wiedergeben.

Die gleichen theoretischen Erwägungen, die gegen Ende des 5. Jahrhunderts v. Chr. zum Entwurf einer Ethik des Machtstrebens geführt haben, mündeten in einer anderen Richtung in eine Ethik der Lust aus. Die Wurzeln der Lustethik reichen allerdings sehr viel tiefer. Diese Ethik hätte ja auch nicht eine solche Verbreitung gefunden, wenn sie sich lediglich auf eine philosophische Theorie und nicht vielmehr auf einen Grundzug des griechischen Geistes hätte stützen können.

Dieser Grundzug ist das unüberwindbare Mißtrauen allem Planen gegenüber, das weiträumig und zuversichtlich in die Zukunft greift. Sicher ist nur der gegenwärtige Augenblick. Die Entschlossenheit, ihn zu nutzen, aber auch mit ihm sich zufriedenzugeben, ist der eigentliche Quell der Lustethik.

Die Jugend vergeht im Fluge, das Leben ist ein Schatten, und keiner weiß, was der nächste Tag bringt; was bleibt uns anderes, als uns des heutigen Tages zu freuen? Auf diesen Ton sind die ältesten, sozusagen impliziten Zeugnisse der Lustethik gestimmt, Werke der ionischen Lyrik des 7. und 6. Jahrhunderts v. Chr. Ihnen schon ist der gegenwärtige Augenblick alles, das Planen nichts. Sie genießen ihn mit den Mitteln, die er gerade bietet. Denn verworfen wird nicht nur das politische Handeln auf weite Sicht, das nur Unruhe schafft und fast niemals das Erhoffte erfüllt, verworfen wird auch aller mühsam herantransportierte und organisierte Luxus. Das Leben ist zu kurz, als daß man sich leisten könnte, es unnötig zu erschweren.

Diese Gestimmtheit der alten Ioner ist in das Philosophieren dessen eingegangen, der wahrscheinlich neben Platon die überlegenste und eindrucksvollste Gestalt unter den Schülern des Sokrates gewesen ist, Aristippos aus Kyrene. Was bei Sokrates Fürsorge für die eigene Seele war, konkretisiert sich bei ihm zur gelassenen Anpassung an alle äußeren Umstände (Platon soll anerkennend über ihn gesagt haben: »Er allein versteht es, mit gleicher Würde einen Fürstenmantel und ein Bettlerhemd zu tragen«) und zu heiter souveränem Genuß aller Freuden, die der Tag bringt.

Von Aristippos hat Epikur vieles übernommen. Er gilt weltgeschichtlich als der Schöpfer des Hedonismus schlechthin, was insofern zutrifft, als er den Gedanken Aristipps systematisch ausbaute, ihn teilweise auch unter dem Einfluß aristotelischer Theorien modifizierte. Doch gilt von Epikur im Prinzip das gleiche, was von den ionischen Dichtern und von Aristippos zu sagen war. Mit einer philosophisch sanktionierten Freigabe aller Triebregungen hat seine Lustlehre nicht das mindeste zu tun. Auch sie geht davon aus, daß die zufriedene Beschränkung auf das Erreichbare und Nächste die einzige verläßliche Seligkeit darstellt. Darin entspricht der Mensch den Absichten der Natur und hält sich frei von Mühen und Ängsten. Daß Epikur selbst ein Leben bescheidenster Zurückgezogenheit geführt hat, mußten auch seine bösartigsten Gegner anerkennen.

Das Parisurteil
Aphrodite, Hera und Athene mit dem Götterboten Hermes vor dem Kithara spielenden Paris
Vasenbild auf der Außenseite der Makron-Schale aus Vulci/Etrurien, 490–480 v. Chr.
Berlin, Ehem. Staatliche Museen, Antikenabteilung

Demeter und Persephone, die Hauptgöttinnen der Mysterien von Eleusis,
beim Entsenden des Triptolemos auf die Erde
Marmorrelief aus dem Mysterienheiligtum, um 430 v. Chr. Athen, Nationalmuseum

Ihre geistig vollkommenste Gestaltung haben die Intentionen der Ioner und Aristipps allerdings anderswo erreicht, seltsamerweise im Werk eines Römers. Es ist Horaz, in dessen Gedichten sich Kunst und ionisch-aristippische Lebensweisheit so durchdringen, daß man ihn den einzigen unter den uns bekannten Dichtern der Antike nennen darf, bei dem Dichten und Philosophieren zu harmonischem Gleichgewicht gelangt sind. Und in seinen *Carmina* muß man nachlesen, was antike Lustethik im reinsten Sinne bedeutet hat.

Selbstverständlich gab es dazu auch Karikaturen. Die Griechen haben sich gern vorgestellt, daß an den altorientalischen Fürstenhöfen ein Leben ununterbrochener üppigster Schwelgerei herrsche. Es kann uns hier gleichgültig sein, ob diese Vorstellung, zusammengefaßt etwa im Porträt des Königs Sardanapal, der geschichtlichen Realität entsprach. Wichtig ist, daß sie die Griechen stark beschäftigte. Ein auf seine kernige Sittlichkeit stolzes Griechentum wies die asiatische Verderbtheit weit von sich (die Meinung, daß Asien überhaupt die Heimat aller Ausschweifung sei, hat die gesamte griechisch-römische Antike beherrscht), andere Griechen dagegen vertraten recht bezeichnenderweise die Ansicht, daß zum wahren Herrschertum auch eine selbstbewußte Entfaltung von Prunk und Luxus gehöre. Unverkennbar ist der Lebensstil der hellenistischen Fürsten von dieser Ansicht beeinflußt. Freilich waren die Fürsten damit keineswegs notwendigerweise Wüstlinge; man erwartete nur von ihnen eine großzügige, ihrem Rang entsprechende Hofhaltung. Schon an den alten Großkönigen Mediens und Persiens haben die Griechen konstatiert, daß eine heilsame psychologische Wirkung auf die Ordnung im Staat ausgehen kann, wenn der Herrscher sich in die Unnahbarkeit zurückzieht und sich in seiner Lebensweise deutlich vom gemeinen Volk unterscheidet. Alexander dem Großen ist es zwar sehr verübelt worden, daß er in seinen späten Jahren jenen Großkönigen nacheiferte; doch aus dem 2. und 1. Jahrhundert v. Chr. vernehmen wir Stimmen von Historikern, die es umgekehrt im höchsten Grade mißbilligen, wenn ein König sich würdelos unter die Menge mischt.

Die Lebensform der Theoria

Eine Reihe von Faktoren ist an der Ausgestaltung dieses Wertes, der Lebensform der *theoria*, beteiligt. Fürs erste ist der in die Erforschung des Ewigen versunkene Weise zu einem guten Teil der Erbe des Dichters. Schon dieser steht in gewissem Sinne außerhalb der politischen Gemeinschaft, da er nicht handelt, sondern das Handeln besingt. Waffenlos findet er sich in der Mitte der Krieger und breitet das Wissen aus, das ihm die Muse geschenkt hat. Den Göttern steht er nahe und darf um so eher auf ihren besondern Schutz rechnen, als er der menschlichen Wehrhaftigkeit ermangelt.

Eine zweite Komponente ist ein Ideal edler Muße, das wir mit allem Vorbehalt aristokratisch nennen dürfen. Der Grieche hat die schwere körperliche Arbeit nie geliebt. Er hat sie verrichtet, weil es eben sein mußte; wenn jedoch der Sokratiker Antisthenes in eben solcher Arbeit den Sinn des Lebens sah, so war dies als provozierendes Paradoxon gemeint und wurde auch so aufgefaßt. Menschenwürdig war allein die freie Muße, in der man sich

Zeit zu den Dingen lassen konnte, die gerade nicht der bloßen Lebenserhaltung dienten. Der Reiche hatte es da gewiß leichter; daß aber auch der Arme sich Muße verschaffen konnte, wenn er wollte, lehrte das Beispiel des Sokrates. Damit befinden wir uns freilich schon in der Philosophie. Doch weit darüber hinaus ist der Rang jener Lebensform anerkannt, die sich für Bildung, Kunst, Spiel und Unterhaltung Zeit läßt.

Drittens endlich darf eine ins Religiöse hinüberreichende Komponente nicht übersehen werden. Aus der Terminologie der hier gemeinten Lebensform ist uns der Begriff der Theorie bis auf den heutigen Tag geläufig und unentbehrlich. Dabei liebt es gerade der Sprachgebrauch der jüngsten Zeit, zuweilen die vornehmere Wortform »Theoria« zu verwenden und damit auf den vorphilosophischen Sinn des Wortes anzuspielen. Er ist in der Tat nicht unwichtig. Er bezeichnet einmal die Assistenz bei den großen panhellenischen Festspielen. Die Festgesandtschaften etwa, die die griechischen Staaten alle vier Jahre an die Olympischen Spiele abordneten, heißen *theoriai*, und ihr Zweck ist das betrachtende und bewundernde Dabeisein bei diesen Spielen. Zu demselben Wortstamm wie Theoria gehören aber auch einige Begriffe, die auf den zentralen Vorgang bei den Mysterien, vor allem denen von Eleusis, zielen. Was immer im einzelnen geschah – der in der Einweihung Zugelassene »schaute« etwas, er wurde zum Betrachter von etwas Heiligem und erwarb in der Schau frohe Zuversicht für das Leben nach dem Tode.

Wir kommen mit dieser dritten Komponente in die unmittelbare Nähe des eigentlichen Gehalts des *bíos theoretikós*, wie diese Lebensform auf griechisch heißt. Denn sie steht und fällt mit der fundamentalen Voraussetzung, daß es die Bestimmung des menschlichen Geistes sei, die Wahrheit als die Erkenntnis der ewigen Dinge zu erwerben. Ewige Dinge sind für die Frühzeit des Denkens der gestirnte Himmel, dann das unkörperliche Sein, schließlich die ewige Ordnung des Kosmos, in der das reine Sein faßbar wird; der menschliche Geist wiederum vermag sich diesem Ewigen zuzuwenden, weil er seinem eigenen Wesen nach Anteil an diesem Ewigen hat. In der Welt der Gestirne oder des unbewegten Seins ist er im wahrsten Sinne zu Hause. Voraussetzung ist also, um es anders zu sagen, daß ein ewiges Sein existiert, an dem alle sichtbaren Dinge bis herab zu den geringsten und unscheinbarsten teilhaben, daß es der Mühe wert ist, dieses Ganze so gründlich wie möglich kennenzulernen, und schließlich, daß die Möglichkeit einer solchen Erkenntnis auf einer wesenhaften Verwandtschaft zwischen dem erkennenden Geist und dem zu erkennenden Sein beruht. Im Vollzug der Erkenntnis sichert sich also der menschliche Geist zugleich die Rückkehr in jene Sphäre, der er seiner Natur nach angehört.

Diese Anschauungen sind es, die für das Abendland die Dignität der wissenschaftlichen Forschung begründet haben. Aus der griechischen *vita contemplativa* erwächst der Typus des Gelehrten, der sein Leben der Erforschung der Wahrheit weiht.

Es gibt also Grund genug, sich die Eigenart der forschenden Lebensform, wie sie im 5. und 4. Jahrhundert v. Chr. verstanden wurde, an einigen besonders bedeutsamen Texten klarzumachen. Philosophische und wissenschaftliche Forschung als Sinn des menschlichen Daseins begegnet zuerst bei einigen Vorsokratikern des 5. Jahrhunderts v. Chr. Die erhaltenen Reste ihrer Werke bieten freilich so gut wie ausschließlich sachliche Mitteilungen und verraten kaum, wie die Verfasser ihre Tätigkeit aufgefaßt haben. Immerhin zeigen zeitgenössische Anekdoten, wie man ihr Forschen verstand, und wir haben keinen Anlaß, an der Verläßlichkeit dieser Hinweise zu zweifeln. Anaxagoras vernachlässigt eine knappe Generation vor Sokrates um der Wissenschaft willen gänzlich seine Bürgerpflichten; auf den Vorwurf, sein Vaterland scheine ihm gleichgültig zu sein, erwidert er: »Im Gegenteil, ich kümmere mich gar sehr um mein Vaterland«, und weist zum gestirnten Himmel empor, dessen Phänomene er zu ergründen sucht. In einer Schrift des Aristoteles findet sich folgender Abschnitt mit zwei weiteren Anekdoten: »Welches ist nun der Zweck, um dessentwillen die Natur und die Gottheit uns hervorgebracht haben? Dies ist es, wonach Pythagoras gefragt wurde und zur Antwort gab: Um den Himmel zu betrachten; und er nannte sich selbst Betrachter der Natur und erklärte, er sei um dessentwillen ins Leben eingetreten. Von Anaxagoras wiederum wird erzählt, er habe, als er gefragt wurde, um welchen Zweckes willen der Mensch wünschen könnte, geboren zu werden und zu leben, erwidert: Um den Himmel zu betrachten und die Sterne an ihm und den Mond und die Sonne, da nämlich alles übrige nicht der Mühe wert sei.«

Beachtung verdient die Tatsache, daß Cicero eben diese Stelle des Aristoteles in einen seiner berühmtesten philosophischen Dialoge übernommen hat. Es ist der *Hortensius*, den wir zwar nur in Resten besitzen, der aber auf den Kirchenlehrer Augustin einen entscheidenden Einfluß ausgeübt hat.

Selbst im Gefängnis soll Anaxagoras sich mit wissenschaftlichen Studien beschäftigt haben. Von Demokrit, dem Begründer der antiken Atomistik, hören wir, die Wissenschaft habe ihn derart in Anspruch genommen, daß er darüber sein Besitztum in Abdera vollständig habe verkommen lassen. Nach andern Erzählungen verkaufte er es, um Geldmittel für seine Forschungsreisen flüssig zu machen, die ihn nach Süden und Osten bis an die Grenzen der bekannten Welt geführt haben sollen. In einer seiner Schriften scheint er geradewegs erklärt zu haben, er würde lieber die Ursache eines Naturphänomens entdecken, als das Königreich der Perser geschenkt erhalten.

Einen unvergleichlichen Eindruck auf Jahrhunderte hat das Porträt gemacht, das Platon in seinem Dialog *Theaitetos* vom wahren Philosophen entworfen hat. Er wird als Forscher dem politischen Praktiker gegenübergestellt, und manche Züge finden sich noch an dem Gelehrten des 19. und 20. Jahrhunderts. Der wichtigste Abschnitt sei im Wortlaut mitgeteilt; Sokrates spricht, nachdem er eben die Philosophen erwähnt hat:

> Diese also kennen erstens von Jugend an nicht einmal den Weg zum Marktplatz, wissen auch nicht, wo das Gericht ist oder das Rathaus oder sonst ein städtisches Versammlungslokal. Von den Gesetzen und den mündlichen oder schriftlichen Beschlüssen sehen sie nichts und hören sie nichts. Und die Umtriebe der Klubs um die Regierungsämter und die Sitzungen und gemeinsamen Bankette und die Feste mit Flötenspielerinnen – das alles fällt ihnen nicht einmal im Traume ein. Ob jemand in der Stadt von guter oder gemeiner Herkunft ist und ob er von seinen Vorfahren, von Vater- oder Mutterseite, bei seiner Erzeugung etwas Übles mitbekommen hat, das ist ihm noch weniger bekannt als die sprichwörtliche Zahl der Tropfen im Meere. Und bei alledem weiß er nicht einmal, daß er es nicht weiß. Denn nicht deshalb hält er sich davon fern, um sich in ein gutes Licht zu setzen, sondern es ist wirklich so, daß allein sein Leib in der Stadt wohnt und dort zu Hause ist; der Geist aber, der dies alles für gering und nichtig hält, verachtet es und fliegt dahin und durchmißt, wie Pindar sagt, die Tiefen der Erde und ihre Flächen und untersucht die Sterne oben am Himmel und erforscht nach jeder Seite die ganze

Natur des Seienden, eines jeden in seiner Ganzheit. Zum Naheliegenden aber läßt er sich nicht herab. So beobachtete auch Thales die Sterne, und als er nach oben blickte, fiel er in einen Brunnen. Da soll ihn eine Thrakerin, eine witzige und liebenswürdige Dienstmagd, verspottet haben, weil er sich anstrenge, die Dinge am Himmel zu erfahren, und nicht bemerke, was gerade vor seinen Füßen liege. Dieser Spott gilt aber für alle, die in der Philosophie leben. Denn in der Tat: wer philosophiert, der sieht nicht seinen Nächsten und seinen Nachbarn. Er weiß nicht, was dieser tut, ja kaum, ob er ein Mensch ist oder sonst ein Lebewesen. Was jedoch der Mensch überhaupt, seinem Wesen nach, ist und was seiner besonderen Natur – im Gegensatz zu den anderen Wesen – zu tun und zu leiden zukommt, das zu erforschen bemüht er sich mit großer Anstrengung.

Darum wirkt so ein Philosoph auf jeden, mit dem er privat oder in der Öffentlichkeit zusammenkommt, wie ich zu Beginn gesagt habe: Wenn er vor Gericht oder sonstwo über etwas reden soll, was ihm vor den Füßen oder vor den Augen liegt, erregt er nur Gelächter, nicht bloß bei den Thrakerinnen, sondern auch bei der übrigen Menge, wenn er aus Unbeholfenheit in die Brunnen und in alle möglichen Verlegenheiten fällt. Seine Ungeschicklichkeit ist so arg, daß sie den Anschein der Einfältigkeit erweckt. Wenn man am Schmähen ist, kann er nichts Eigenes beitragen, womit er über irgend jemanden schmähen könnte; er weiß über niemanden etwas Schlechtes, weil er sich nie darum gekümmert hat, und in seiner Verlegenheit macht er einen lächerlichen Eindruck. Wenn man aber am Loben ist und wenn die andern den Mund voll nehmen, dann tut nun er nicht nur so, als ob er lachte, sondern er lacht wirklich, und zwar so offen, daß er kindisch wirkt. Wird ein Tyrann oder König gepriesen, so kommt es ihm vor, als höre er einen Hirten preisen, etwa einen Schweinehirten oder einen Schaf- oder Kuhhirten, der viel melken kann... Hört er von zehntausend Morgen Land reden oder von noch mehr, daß ihr Besitzer wunder wie viel sein eigen nenne, so glaubt er von etwas Winzigem zu hören, weil er gewohnt ist, die ganze Erde zu überblicken. Und wenn sie gar von Abstammungen schwärmen, wie hochvornehm einer sei, der sieben reiche Vorfahren aufzählen könne, so hält er dies für ein blödes und kurzsichtiges Lob, das von Leuten stamme, die nur auf Kleinigkeiten schauen und aus Mangel an Bildung nicht imstande sind, allezeit auf das Ganze zu blicken und zu berechnen, daß ja ein jeder unzählige Scharen von Ahnen und Vorfahren besitzt, unter denen es Reiche und Bettler, Könige und Sklaven, Barbaren und Hellenen gegeben hat, für jeden viele Tausende... Und da lacht er, weil sie sich das nicht selbst ausrechnen und damit die Aufgeblasenheit aus ihrer unvernünftigen Seele vertreiben können. Deswegen aber wird so ein Mensch von der Menge verlacht, weil er hier einen überheblichen Eindruck macht, dort jedoch nicht einmal das Nächstliegende kennt und in allen Dingen ratlos ist... Dies ist also die Verhaltensweise dessen, der wahrhaft in Freiheit und in Muße erzogen ist, eben des Philosophen, und der es nicht übelnimmt, wenn man ihn für einen Einfaltspinsel ansieht, und der zu nichts nutze ist, wenn er Sklavenarbeit verrichten soll, da er nicht einmal fähig ist, etwa seine Decken in einen Sack zu packen oder das Essen schmackhaft zu machen oder Schmeichelworte zu sagen.

Soweit Platon. Trotz der lockeren Gesprächsform, in der sich Sokrates äußert, treten die Hauptgedanken klar hervor. Der Geist des forschenden Philosophen schweift durch den Kosmos. Er mißt die Dimensionen der Erde und die Bahnen der Gestirne, womit zwei Fundamentaldisziplinen im griechischen Wissenschaftssystem bezeichnet sind: Geometrie und Astronomie. Der Wirklichkeit des Alltags und der Politik bleibt er doppelt fremd; einmal interessiert sie ihn einfach nicht, und dann entdeckt er ihre lächerliche Nichtigkeit, wenn er ihr die ungeheuren Räume und Zeiten des Kosmos entgegenhält. Nur eines vermag ihn am Menschen zu fesseln: nicht die Zufälligkeit dieses oder jenes Nachbarn, sondern die Frage nach dem Wesen des Menschen und seiner Einordnung in den Bau des Kosmos. Und wieder gilt das gleiche. Der Forscher ist nicht hier und jetzt zur Stelle, sondern in der weiten Ferne des Kosmos und der wahren Wesenheiten. So entwickelt sich das Paradoxon, daß er gleichzeitig ausgelacht wird und auslacht. Für die Leute ist er ein Dummkopf, während er die Dummheit der Leute durchschaut.

Weniger farbenreich, aber von gleicher geschichtlicher Wirkung sind schließlich die Texte des Aristoteles. Er scheut sich nicht, zur Begründung der These, daß das Leben der Erkenntnis die oberste Bestimmung des Menschen sei, ganz banale Tatsachen anzuführen: etwa die, daß das Sehen uns als das kostbarste aller Sinneswerkzeuge gilt, eben weil es dem Erkennen seiner Art nach am nächsten steht; oder die, daß kein Mensch ein Leben wählen möchte, das zwar über allen Reichtum und alle Macht verfügte, während er selbst der Denkfähigkeit beraubt und wahnsinnig wäre; oder schließlich, daß der natürliche Entwicklungsprozeß des Menschen so verläuft, daß das Bessere sich später vollendet als das Geringere: daß sich die Seele nach dem Körper und in der Seele die erkennende Vernunft später als alles übrige entwickelt. »Also ist die erkennende Vernunft unser Ziel, um dessentwillen wir entstanden sind.« Und zwar hat die Erkenntnis ihren Zweck in sich selbst. »Wer sich nämlich angelegen sein läßt, von jeder Wissenschaft einen Nutzen zu fordern, dem ist es völlig unbekannt, wie groß von Anfang an der Unterschied zwischen dem Guten und dem Notwendigen ist. Jene Dinge, die wir um eines anderweitigen Zwecks willen schätzen und ohne die zu leben nicht möglich ist, nennen wir notwendig. Was wir aber um seiner selbst willen lieben, auch wenn sich nichts Weiteres daraus ergibt, das nennen wir Gutes im eigentlichen Sinne.« Und weiterhin, platonischer Stilisierung sich annähernd: »Daß wir vollkommen richtig sprechen, mag man erkennen, wenn wir uns etwa im Geiste auf die Inseln der Seligen versetzen. Dort nämlich hätten wir keine Bedürfnisse, und keines der andern Dinge würde uns irgendeinen Nutzen gewähren, sondern als einziges bliebe das Denken und das Betrachten, also das, was wir schon jetzt das edle Leben nennen.« Klassisch geworden aber sind die Ausführungen am Ende der Nikomachischen Ethik.

> Die Glückseligkeit ist eine Tätigkeit, und zwar die Tätigkeit des Besten in uns. Dieses Beste mag man die Vernunft nennen – jedenfalls ist es dasjenige, was das Gute und das Göttliche zu erkennen vermag und selbst göttlich oder doch das Göttlichste in uns ist. Seine Tätigkeit kann nur die erkennende sein. Denn zunächst ist diese Tätigkeit die vornehmste. Die Vernunft nämlich ist das Edelste in uns, und die Objekte der Vernunft sind wiederum die edelsten im ganzen Bereich der Erkenntnis. Sodann ist sie die anhaltendste. Anhaltend denken können wir leichter als irgend etwas anderes anhaltend tun. Ferner muß doch die Glückseligkeit mit Lust verbunden sein. Nun aber ist unter allen Tätigkeiten die der Weisheit zugewandte anerkanntermaßen die genußreichste. Was die Philosophie zu bieten hat, sind Genüsse von wunderbarer Reinheit und Beständigkeit... Auch was man Autarkie nennt, findet sich am meisten beim Erkennen. Was zum Leben erforderlich ist, dessen bedürfen alle Menschen gleichmäßig. Sind sie aber mit dergleichen ausreichend versehen, so bedarf der Gerechte noch solcher, gegen die und mit denen er gerecht handeln kann, und das gleiche gilt vom Mäßigen, vom Tapfern und so fort. Der Weise dagegen vermag auch, wenn er für sich allein ist, zu erkennen, und je weiser er ist, desto mehr. Mag sein, daß es besser ist, wenn er Mitarbeiter hat; immerhin ist er sich selbst am meisten genug. Weiterhin läßt sich von der Betrachtung allein behaupten, daß sie um ihrer selbst willen geliebt werde. Sie bietet uns außer dem Betrachten nichts. Vom praktischen Handeln dagegen haben wir noch einen kleineren oder größeren Gewinn außer der Handlung.

Damit mögen die Umrisse dessen deutlich geworden sein, was die klassische griechische Philosophie als die betrachtende, wissenschaftliche Lebensform verstanden hat. Es ist nun allerdings nicht so, daß diese Anschauungen die spätere Antike vollständig beherrscht hätten. Schon die alte Sokratik kennt Strömungen, die man entschieden wissenschaftsfeindlich nennen muß. Da wird geltend gemacht, daß die Erforschung der allzu fernen, allzu großen oder auch allzu kleinen Dinge in der Natur erstens zwecklos sei, da der Mensch doch zu keinem verläßlichen Wissen gelangen könne, und zweitens verwerflich, da Geometrie und Astronomie, Zoologie und Botanik den Menschen keinesfalls sittlich zu bessern vermöchten. Diese Einwände haben im Hellenismus einen beträchtlichen Einfluß ausgeübt. Doch die späteste Antike kehrt zu Platon und Aristoteles zurück, und dem Hochmittelalter werden in lateinischer Übersetzung vor allem die aristotelischen Texte wieder zugänglich. Die Renaissance bekämpft zwar vielfach den Logiker Aristoteles, läßt aber sein Bild des wissenschaftlichen Menschen im ganzen unangetastet.

Welches sind die Elemente dieses Bildes? Einzelnes ist uns sofort vertraut, etwa, daß die Erforschung der Natur ihren Zweck in sich selbst habe und daß man es sich nicht verdrießen lassen solle, den umfassendsten Problemen näherzutreten, auch wenn es klar ist, daß die menschliche Erkenntnis da immer nur mühsam voranschreitet und fragmentarisch bleibt, oder sich mit den bescheidensten Phänomenen und Lebewesen zu befassen (Aristoteles denkt an Insekten und Würmer), auch wenn der Laie dergleichen Forschungen für lächerlich und unappetitlich hält. Vertraut ist uns weiterhin die Feststellung, daß die wissenschaftliche Arbeit wie keine andere autark ist. Worauf es bei ihr ankommt, leistet der Forscher in der Stille seiner vier Wände und erlebt dabei geistige Freuden, von denen der Außenstehende keine Ahnung hat. Vertraut ist uns schließlich das Porträt des Gelehrten, den die Praxis des Lebens nicht nur nicht interessiert, sondern der sich im Leben so ungeschickt benimmt wie ein Kind. Vom Philosophen des platonischen Theaitetos führt eine Linie bis hin zum vielbesungenen zerstreuten Professor des 19. und 20. Jahrhunderts.

Es finden sich indessen auch Elemente, die uns völlig fremd geworden sind. Der Biologe und Physiker des 20. Jahrhunderts unterscheidet sich gründlich vom Biologen und Physiker der Zeit Alexanders des Großen. Als Grund für diesen Unterschied mag man in knapper Formel sagen, daß die antike Naturwissenschaft, denn um sie handelt es sich in erster Linie, von einer Naturphilosophie getragen ist, die ihr Sinn und Richtung gibt. Dagegen ist die Naturwissenschaft des 20. Jahrhunderts autonom. Das bedeutet, daß alle Richtungen offenstehen und daß der Sinn sich auf die Überzeugung reduziert, es gebe nichts, was nicht wissenswert wäre. Dabei will es eine gewisse Paradoxie, daß die Naturwissenschaft des 19. und 20. Jahrhunderts die Abhängigkeit von der Naturphilosophie, wie sie in der Antike bestand, vertauscht hat mit einer spezifischen Abhängigkeit von der Praxis des Lebens, die der Antike fast völlig fremd war.

Es ist freilich nicht leicht, diesen Unterschied im einzelnen auszuführen. Allzu rasch können sich falsche Nuancen einstellen. Vielleicht dürfen wir formulieren, daß die antike Wissenschaft das Einzelne immer als einen Teil im Blick auf ein Ganzes und schließlich im Blick auf das Ganze der sichtbaren Welt untersucht, ebenso, daß sie das Bewegte im Blick auf das Unbewegte, das Unumgrenzte im Blick auf das Umgrenzte interpretiert. Worauf es der Antike ankommt, ist, im Felde des Veränderlichen die umgrenzten Ordnungen der Gattungen und Arten, der Bewegungsabläufe und Entwicklungsprozesse zu erkennen, die ihrerseits auf das reine Sein hinweisen, von dem sie ausgegangen sind. Denn das Erkennen des menschlichen Geistes richtet sich auf das, was »so und nicht anders« ist. Da es aber unmöglich ist, anzunehmen, daß dieses Erkennen sinnlos ins Nichtige greift, müssen dem Erkennen in der Welt der Gegenstände erkennbare Wesenheiten entsprechen, die ihrerseits »so und nicht anders« sind, oder doch Ordnungen sind, deren Regelmäßigkeit eine Teilhabe am »So und nicht anders« des Seins selbst anzeigt.

Doch hier trennen sich die Wege. Das Denken der modernen Wissenschaft stimmt mit der Antike zwar darin überein, daß der Gegenstand der Erkenntnis unweigerlich ein Allgemeines, Dauerndes oder sich Wiederholendes sein müsse – jedenfalls der Gegenstand derjenigen Erkenntnis, die in der sprachlichen Kommunikation ihren adäquaten Ausdruck findet. Während nun aber für die Antike dieser Gegenstand zugleich das wahre Wesen der Dinge selbst ausmacht, derart, daß im Vollzug der Erkenntnis das Dauerhafte am Menschen und das Dauerhafte in den Dingen einander begegnen, eröffnet diese Art der Erkenntnis für die Moderne den Weg nicht zum wahren Wesen, sondern zur praktischen Beherrschung der Dinge. Auf der Tatsache, daß die Erkenntnis aus dem Fluß des Geschehens sich wiederholende Vorgänge herauszupräparieren vermag, beruht die Möglichkeit der Technik, die dergleichen Wiederholungen beliebig oft künstlich hervorruft. Die wahre Wirklichkeit jedoch steht jenseits der Zone des Allgemeinen, Dauerhaften und sich Wiederholenden, im Unerkennbaren. Es ist hier nicht auszuführen, was die Wissenschaft auf diese Weise gegenüber der griechischen Antike an Dignität einbüßt und an Brauchbarkeit gewinnt.

Hinzu kommt, daß die Relation von Teil und Ganzheit für die Wissenschaft des 19. und 20. Jahrhunderts auf weite Strecken sinnlos geworden ist. Der Tatbestand, daß Teile auf ein Ganzes bezogen sind und von ihm her ihren Zweck haben, wird nur noch in den biologischen Wissenschaften im engsten Sinne mehr oder weniger anerkannt. Der Gedanke jedoch, daß sich diese Relation geschichtet wiederholen könnte derart, daß jedes Ganze als solches wiederum Teil eines umfassenderen Ganzen wäre bis hinauf zum letzten Ganzen der Welt, ist vollständig preisgegeben. Die Konsequenz ist eine Wissenschaft, die nicht allein faktisch unfertig ist, sondern darüber hinaus ein Fertigsein sich gar nicht mehr vorzustellen vermag.

Die Selbstzweckhaftigkeit der Wissenschaft verschiebt sich. Für die Griechen bedeutete sie, daß die Einsicht in die Ordnung der Wesenheiten die unmittelbarste Berührung mit dem Vollkommenen darstellt, deren der Mensch fähig ist. Für die Moderne bedeutet sie, daß das Feststellen, Nachweisen und Überprüfen von Tatsachen als solches wertvoll ist, ohne daß dieses einer näheren Begründung bedürfte. Das Pathos der modernen Wissenschaft ist das des ernüchternden Umgangs mit den einzelnen zu beobachtenden und zu analysierenden Tatsachen, nicht das eines Eindringens in Zusammenhänge, die über die Geschichtlichkeit des Geschehens in ein dauerhaftes Sein hinausweisen. Solche Zusammenhänge gibt es für die Wissenschaft des 19. und 20. Jahrhunderts nicht.

Die Lebensform, die wir damit überblickten, hat von der Spätantike an den Namen *vita contemplativa* getragen. Diesen Begriff hat auch das Christentum übernommen, und im Hochmittelalter haben ihn bestimmte geistliche Orden für sich mit Beschlag belegt. Soweit heute noch der Begriff der Kontemplation verwendet wird, ist er meist im Sprachgebrauch der katholischen Kirche zu Hause. Ganz zufällig ist dies nun freilich nicht. Allein schon aus den zitierten griechischen Texten kann gefolgert werden, daß der Lebensform der Betrachtung eine religiöse Komponente eigen ist, oder, vorsichtiger ausgedrückt: daß ihr Sinn und ihre Aufgabe nicht ohne Grund vielfach mit Wendungen aus der Sprache der Religion umschrieben werden. Die Erforschung des Dauerhaften und Seienden kann sich wandeln zur Vertiefung in das Göttliche, das als das eigentlich Seiende der sichtbaren Welt ihre Schönheit und Ordnung verleiht; oder es stellt sich der Vergleich mit den Mysterien ein, wo der Erkenntnisvorgang Zug um Zug dem Vorgang der Einweihung parallel verläuft.

Homer und der griechische Roman

Am Anfang der griechischen Literatur steht weder ein Gesetzbuch noch eine Sammlung von Hymnen und Gebeten, sondern eine Dichtung, das Werk Homers. Und dieses Werk ist nicht etwa ein Dokument unbeholfener rührender Urwüchsigkeit, die eben erst die Sprache gefunden hätte und mühselig große Gedanken zu formen suchte. Homer ist der Anfang und zugleich schon vollkommen.

Fragen wir, worauf die unvergleichliche Wirkung von Ilias und Odyssee auf die Nachwelt beruht, so werden wir zunächst auf die Tatsache verwiesen, daß diese beiden Epen auf eine sehr eigentümliche Weise sowohl Dichtung als auch Historie zu bieten scheinen.

Fürs erste kann kein Zweifel bestehen, daß der Verfasser von Ilias und Odyssee ein schaffender Dichter *(poietés)* und kein Gelehrter *(sophistés)* gewesen ist. Die Werke geben Zeugnis von einer hochentwickelten und mit aller Planmäßigkeit angewandten dichterischen Technik, die sich von der Wortwahl und Metrik über die Gestaltung und Motivierung der einzelnen Szenen bis zur Komposition großer Stoffmassen erstreckt. Einzelne Elemente sind als »typisch homerisch« empfunden und eben deshalb immer wieder nachgeahmt worden: der Gebrauch hochtönender schmückender Beiworte, die Markierung bestimmter Ruhepunkte der Handlung durch gleichbleibende Formelverse, endlich und vor allem die homerischen Gleichnisse, in denen der Hörer plötzlich aus der Größe und Ferne des erzählten Geschehens in eine ganz andere, nähere und intimere Sphäre versetzt wird.

Doch dies ist nur die eine Seite. Jeder Leser Homers weiß, daß in den ersten Versen der beiden Dichtungen die Muse angerufen wird. Der Dichter als der Sprechende fordert sie auf zu erzählen, und es ist, wenn wir es genau nehmen, in der Tat sie, die erzählt. Dies hat seinen guten Grund.

Es wird von Menschen und Ereignissen längst vergangener Vorzeit berichtet. Was damals geschah, wie könnte sich der Erzähler späterer Zeit daran erinnern? Seine Erinnerung, nur eine menschliche Erinnerung, reicht weder hinauf zu den Göttern noch zurück in die ferne Vergangenheit. Doch die Muse ist selbst eine Göttin. Sie weiß alles und erinnert sich an alles. Wenn sie erzählt, wird es wohl glaubwürdig sein. Der Anruf an die Muse geht also bei Homer (wie dann bei Hesiod) von der Voraussetzung aus, daß der Dichter nicht einfach spielerisch erzählt, was ihm in den Sinn kommt – dazu bedürfte er keiner helfenden Muse –, sondern daß er über Ereignisse berichtet, die irgendwann in der Vergangenheit wirklich

Delos, nach ältestem griechischem Glauben die Geburtsstätte Apollons
Blick vom Kynthos über die Reste einer frühkykladischen Siedlung auf einen Teil des Kultbezirks (links)

Die Apotheose Homers am Musenberg
Marmorrelief aus Latium, 2. Jahrhundert v. Chr. London, British Museum

stattgefunden haben; weil dies seine Absicht ist, bedarf er einer Legitimation, die ihn vor dem Vorwurf schützt, er behaupte Tatsachen, von denen er als Mensch vernünftigerweise nichts wissen könne. Seine Legitimation ist die wissende Göttin, die er zu Wort kommen läßt.

Wir dürfen indessen noch allgemeiner formulieren. Die homerische Dichtung als Ganzes ist unzweifelhaft so gestaltet, daß die erzählten Ereignisse, wenn sie sich nicht tatsächlich so abgespielt haben, sich doch so, wie sie erzählt werden, hätten abspielen können. Der Umkreis dessen, was dem Hörer als menschliches Streben, als Leistung und Leiden in der bekannten Welt vertraut ist, wird aufs Ganze gesehen nur selten wirklich überschritten. Die Helden bleiben inmitten ihrer Taten durchaus Menschen, die in Ilias und Odyssee genannten Länder und Lokalitäten hat es zum größten Teil wirklich gegeben, und selbst die Götter greifen im allgemeinen kaum kräftiger und wunderbarer ein, als es für ein frommes Gemüt auch in späteren, geschichtlich hellen Zeiten zuweilen vorkommen mag.

Kein Wunder also, daß die ganze Antike, von seltenen und wirkungslosen Ausnahmen abgesehen, die Auffassung vertreten hat, Homer habe zwar nach den Regeln der Kunst gedichtet, doch was er erzähle, sei keineswegs Erfindung, sondern in den Grundzügen echte Geschichte. Man suchte auf der Landkarte alle von Homer genannten Orte festzustellen, nicht bloß Mykene und Troia, sondern auch die Inseln der Kyklopen, der Phaiaken und der Kalypso. Von der Mitte des 2. Jahrhunderts v. Chr. an wird das Datum der Eroberung Troias, nach unserer Zählung das Jahr 1184 v. Chr., als ein Angelpunkt der Chronologie errechnet und festgehalten. Mit diesem Jahr beginnt nach der Überzeugung der hellenistischen Gelehrten die datierbare griechische Geschichte.

Diese Überzeugung ist natürlich nicht völlig verkehrt. Wir wissen heute, daß es tatsächlich ein Troia gegeben hat, um das gegen Ende des zweiten Jahrtausends v. Chr. gekämpft worden sein kann. Doch in unserem Zusammenhang ist nicht das das Wesentliche. Worauf es ankommt, ist vielmehr, daß Ilias und Odyssee nicht allein als unerreichbare Kunstwerke ihren Einfluß auf die gesamte griechische und römische Literatur ausgeübt haben, sondern daß sie auch als Dokumente ältester griechischer Geschichte galten. Damit erhielten sie einen repräsentativen Rang, den eine bloße Dichtung nie errungen hätte. Es genügt, daran zu erinnern, daß Alexander der Große zu Beginn seines weltgeschichtlich entscheidenden Feldzuges gegen Persien bewußt an den Zug der Griechen gegen Troia angeknüpft hat.

Wir können es jedoch keineswegs mit der einfachen Formel bewenden lassen, daß die homerischen Gedichte die hellenische Urgeschichte, also gewissermaßen den Keim, schildern, aus dem sich die Geschichte des klassischen Griechentums organisch entwickelt hätte. Dies trifft weder auf der Ebene der modernen noch auf derjenigen der antiken Homerexegese zu. Wir bemerken es am deutlichsten, wenn wir Homer vergleichen mit dem größten unter den vielen Dichtern, die auf seinen Spuren gewandelt sind, dem Römer Vergil.

Vergils Aeneis ist wirklich das Epos vom Ursprung des weltbeherrschenden Rom. Die Fahrten und Kämpfe des Troers Aeneas sind nicht nur in sich selbst die Erfüllung eines göttlichen Auftrages, sie weisen auch dauernd über sich selbst und über das Leben des Aeneas hinaus auf die künftige Größe Roms. Und umgekehrt empfängt die Gegenwart Vergils und des Augustus ihren Glanz von der heroischen Vorgeschichte. Nichts dergleichen bei Homer. Die Ilias ist mit der Zerstörung Troias unzweifelhaft zu Ende, und die Handlung der Odyssee kommt zur Ruhe in der Wiedervereinigung der getrennten Gatten Odysseus und Penelope; darüber hinaus brauchen wir nicht zu fragen und sollen wir, nach der ursprünglichen Intention des Dichters, auch nicht fragen. Die Helden vor Troia sind nicht die Ahnen historischer Geschlechter (und wenn sie in einzelnen Fällen als solche in Anspruch genommen werden, so spielt dies für Homer selbst keine Rolle), und als Ereignis besitzt die Zerstörung Troias für die griechische Geschichte des 6. und 5. Jahrhunderts v. Chr. nicht die mindeste Bedeutung. Noch mehr: zwischen der angenommenen Zeit des troianischen Krieges mit dem Ende 1184 v. Chr. und dem Beginn kontinuierlicher historischer Tradition um 650 v. Chr. liegen, wie die Griechen selbst konstatiert haben, fünfhundert Jahre fast völliger Dunkelheit, aus der nur vereinzelt isolierte Fakten heraustreten, die vieldiskutierte Dorische Wanderung, die Gründung bestimmter Städte, Tempel, panhellenischer Spiele. Die Zeit der Geschichten, von denen das Epos erzählt, ist von der historischen Zeit durch einen Abgrund getrennt, über den keine Brücke führt. Achilleus, Hektor, Odysseus, aber auch Herakles, Perseus, Oidipus und Iason leben wie in einer anderen Welt, einer griechischen zwar, aber wie abgeschnitten von den spätern Jahrhunderten.

Der Eindruck verstärkt sich, wenn wir bedenken, daß – wiederum im Unterschied zu Vergil – der Standort des Dichters völlig unbestimmt bleibt. Der schon zweieinhalbtausend Jahre alte Streit darüber, wer Homer eigentlich war, ob, wann und wo er gelebt hat, wäre gar nicht möglich geworden, wenn die Dichtung selbst ein eindeutiges Koordinatensystem geliefert hätte. So aber ist es über einige allgemeinste, indirekt erschließbare Tatsachen hinaus unmöglich zu erkennen, wo und wann der Dichter geschrieben und wen er als Hörer und Leser seiner Werke vorausgesetzt hat.

So weit sind indessen die homerischen Geschichten Wirklichkeit, daß sie das Griechentum auf einer höheren Ebene paradigmatisch zu repräsentieren imstande sind. In den homerischen Helden haben die Griechen keine Märchengestalten gesehen, sondern Vorbilder für ihr eigenes Leben und Leiden. Der Einfluß Homers auf dieser Ebene menschlicher Vorbildlichkeit kann kaum hoch genug eingeschätzt werden. Vor allem anderen ist ein Moment zu erwähnen, das durch Homer in die Geschichte des menschlichen Geistes überhaupt eingeführt worden ist. Wir nennen es behelfsmäßig die tragische Situation.

Der Begriff des Tragischen ist durch den allgemeinen Verbrauch der Sprache im 20. Jahrhundert besonders stark mitgenommen worden. Was immer in Spiel und Ernst peinlich, bedauerlich oder traurig ist, pflegt tragisch genannt zu werden. Dieser Mißbrauch kann nun allerdings dadurch entschuldigt werden, daß bereits der Hellenismus häufig darin vorangegangen war; und weiterhin dadurch, daß das Wort selbst der Kunstsprache des frühen 5. Jahrhunderts angehört und in seiner eigentlichen und ursprünglichen Bedeutung weder von der antiken noch von der modernen Sprachwissenschaft zuverlässig hat aufgeklärt werden können. Was das Tragische als Situation und als Gestimmtheit ist, ist dennoch klar, auch wenn wir uns hüten müssen, ihm mit einer pedantischen Definition zu nahe zu treten.

Die erste Gestalt der Weltliteratur, die tragisch genannt zu werden verdient, ist der edelste unter den homerischen Helden, der Troer Hektor. Er weiß, daß die Sache, für die er kämpft, letzten Endes keine gerechte ist. Er kämpft für sie, weil es die Sache seines Vaterlandes ist. Er weiß, daß er in diesem Kampfe fallen und daß sein Fall nutzlos sein wird. Troia wird untergehen, Andromache und der Sohn werden der Grausamkeit der Griechen ausgeliefert sein. Dennoch kämpft er, hoffnungslos, aber ohne Zaudern.

Daß ein griechischer Dichter des 8. Jahrhunderts v. Chr. diese Gestalt hat schaffen können, die uns heute noch unmittelbar ergreift, ohne daß wir auf weitläufige kulturgeschichtliche Erläuterungen angewiesen wären, das ist vielleicht die größte Leistung des Griechentums. Kein Volk der Erde hat Vergleichbares aufzuweisen, und die Leistung wird um so erstaunlicher, wenn man bedenkt, wie dürftig die Umwelt dieses Dichters war, wie überaus altertümlich und fremdartig die bildende Kunst seiner Zeit.

Gedämpfter tragisch ist auch Achilleus, Hektors Gegner, da auch er von Anfang an weiß, daß er dereinst selbst fallen wird und mit jedem siegreich bestandenen Kampf seinem eigenen Untergang sich nähert. Noch gedämpfter ist Agamemnon, der im Augenblick der höchsten Erfüllung, bei der Rückkehr in seinen Königspalast aus dem langen, endlich siegreichen Krieg, von der eigenen Gattin und ihrem Liebhaber erschlagen wird. Man mag sagen, daß die unauflösbare Verknüpfung von Glück und Untergang eine erste Stufe des Tragischen darstellt; eine zweite ist erreicht, wenn der Held das Glück im vollen Bewußtsein, damit auch seinen Untergang zu wählen, ergreift. Und eine dritte Stufe, wo das Glück selbst schon umschattet ist von der Ahnung einer Schuld und wo der Untergang keine Hoffnung mehr läßt.

Wir wissen nicht, wieweit die Dichtungen neben Ilias und Odyssee solche Situationen zu gestalten fähig waren. Was wir erkennen, ist, daß die attische Tragödie des 5. Jahrhunderts die echte Erbin Homers gewesen ist. Sie hat das Tragische, wie es Homer präfiguriert hat, in immer wechselnden Formen auf die Bühne gebracht, bis zu jenem Drama, dessen episches Substrat uns nahezu unbekannt ist, das aber für die Folgezeit als die reinste Verkörperung des Tragischen gegolten hat: »König Oidipus« des Sophokles. Doch davon später.

Vorbildlich an Homer sind indes nicht allein die Situationen, sondern auch die Gestalten selbst. In ihren Helden porträtiert die Ilias eine ganze Reihe von Menschentypen, die die späteren Jahrhunderte als repräsentativ empfunden haben. Da ist der jugendlich tapfere, aber übermäßig empfindliche und in seinem Zorn rücksichtslose und brutale Achilleus, daneben Agamemnon, nicht frei von Eitelkeit und Egoismus, dennoch aber ein fürsorglicher und unablässig bemühter Hirte seiner Scharen, dann Nestor, voller Klugheit und Redseligkeit des Alters. Aias hat schon etwas vom Landsknecht an sich, während Odysseus unansehnlich an Gestalt, aber von überragender Beweglichkeit des Geistes ist. In der Ilias ist er derjenige, der nie um Rat verlegen ist, in der Odyssee der, der die schwierigsten und schrecklichsten Lagen zu meistern weiß; ebenbürtig seiner Gewandtheit ist freilich seine unbeirrbare Treue zu seinem Weibe Penelope. Auf der troianischen Seite haben wir vor allem das ungleiche Paar Hektor und Paris, den reinsten Helden und den peinlichsten Weichling, der keineswegs unsympathisch, aber doch viel zu sehr Liebling Aphrodites ist, um ein rechter Mann zu sein. Dazu tritt das alte Königspaar Priamos und Hekabe, beide ehrwürdig, aber schon müde und in geheimer Verzweiflung dem fürchterlichen Untergang entgegenlebend.

Diese Figuren Homers sind allesamt dem Griechen der klassischen Zeit von Jugend auf vertraut gewesen. Schon in der Schule werden sie ihm als warnende oder anfeuernde Beispiele vor Augen gehalten. Im höheren Unterricht wird über die einzelnen Charaktere debattiert. An Agamemnon wird gezeigt, wie der wahre Fürst und Feldherr zu handeln habe, an Odysseus der Typus des überlegenen, unbegrenzt anpassungsfähigen Weltmannes – zuweilen auch des unersättlich wißbegierigen Weltreisenden. Man stellt sich das ethische Problem, ob Achilleus mit seinem Zorn, Aias mit seinem Selbstmord aus verletztem Stolz recht taten und bei wem die Schuld lag, als Helena sich durch den troischen Königssohn Paris entführen ließ und Orestes seine eigene Mutter erschlug, um seinen Vater zu rächen.

Der Einfluß Homers, sowohl in der Pädagogik, wo er Vorbilder schuf, als auch in der Ethik, wo er Probleme zur Diskussion stellte, ist ungeheuer gewesen. Mit Recht hat man sagen können, daß die in zahllose Stämme mit verschiedenen Dialekten und Lebensformen zersplitterten Griechen vor allem dadurch ein Volk geworden sind, daß sie alle Homer lasen. Von ihm nährte sich ihre Phantasie, und an ihm bildeten sie sich künstlerisch und menschlich.

Wir können freilich von Homer nicht Abschied nehmen, ohne eines eigentümlichen Widerspruchs zu gedenken. Homer war in der Gestaltung menschlicher Schicksale und Charaktere zu allen Zeiten das überragende Vorbild. Daneben steht aber die Tatsache, daß seine Beschreibung der Götter bereits vom Beginn des 5. Jahrhunderts an leidenschaftlich umstritten war. Der Philosophie und dem frommen Glauben mochte am homerischen Menschen dieses oder jenes nicht recht gefallen; doch das konnte hingehen. Was aber unter keinen Umständen hingenommen wurde, war die homerische Gottheit, deren launisches, schwächliches, skrupelloses Benehmen eines wirklichen Gottes schlechterdings unwürdig war. Es ist hier nicht der Ort, den Eigentümlichkeiten des homerischen Gottesbegriffs nachzugehen, in dem Lächerlichkeit und Erhabenheit dicht nebeneinanderliegen. Von den Griechen selbst ist die homerische Theologie als eine der beunruhigendsten Komponenten ihrer geistigen Tradition empfunden worden. Das Problem, was sie eigentlich bedeuten will, blieb allen Erklärungsversuchen zum Trotz bestehen und ist im wesentlichen bis zum heutigen Tage nicht wirklich gelöst worden.

Die hellenistischen Umdeutungen Homers führen auf ein Stück Tradition, das nicht Homer selbst angeht, mit ihm aber doch so eng verbunden ist, daß es an dieser Stelle erwähnt werden muß. Es ist die schulmäßige und gelehrte Klassiker-Exegese, die sich an Ilias und Odyssee entwickelte.

Soweit wir die Geschichte des griechischen Schulunterrichts zurückverfolgen können, ist Homer immer Schulbuch gewesen. Längst verschollene Ereignisse erzählt der Dichter und bedient sich dabei einer Sprache, die im geschichtlichen Griechenland niemand gesprochen hat. Es ist eine Kunstsprache mit nicht wenigen Ausdrücken, deren Sinn schon dem 6. und 5. Jahrhundert v. Chr. völlig unbekannt geworden war. Da mußte also die Erklärung einsetzen, und zwar gleich auf verschiedenen Ebenen. Die Basis bildete die Erläuterung schwieriger Wörter und Satzfügungen sowie auffallender metrischer Erscheinungen. Es folgte die Erklärung von Orts- und Personennamen, die je nach Wunsch und Bedürfnis beliebig ausgedehnt werden konnte. Ein gelehrter Kommentar stellte, wohlausgerüstet mit Literaturnachweisen, alles zusammen, was etwa über die Geschichte der Stadt Mykene oder über die Biographie des Königs Menelaos bekannt war. Endlich wurde die Handlung selbst diskutiert, die Eigentümlichkeit der Charaktere und die Absicht der einzelnen Szenen herausgearbeitet. Da setzten auch die Umdeutungen ein. Ethisch, psychologisch oder theologisch bedenklichen Szenen wird ein Sinn unterlegt, der sie rechtfertigt oder doch tragbar erscheinen läßt. Vom 4. Jahrhundert v. Chr. an wird man schließlich auch auf die Tatsache aufmerksam, daß die vorhandenen Exemplare des Textes von Ilias und Odyssee durchaus nicht immer den gleichen Wortlaut haben. Es gibt Exemplare, die einen wesentlich größeren Textbestand aufweisen als andere. Da wird es also notwendig, Beobachtungen an Stil und Wortschatz heranzuziehen, um sich für die eine oder die andere Fassung entscheiden zu können.

Aus alledem entsteht eine Kunst des Interpretierens, die zunächst für die Antike, dann für die späteren Jahrhunderte bis auf unsere Zeit Vorbild geblieben ist. Sie ist die Wurzel der Philologie, die darum mit guten Gründen den Anspruch erheben darf, zu den ältesten Disziplinen der Geisteswissenschaft zu zählen. Die an Homer gewonnenen Methoden wurden schon von den Griechen auf andere Texte übertragen, auf Tragödie und Komödie und auf die Werke der Redner und Philosophen. Die Römer machten es ihnen nach, und dann die Christen an ihren heiligen Schriften. Und soweit es heute noch Klassiker im Sinne der Antike gibt, Klassiker, die ihre Stellung im Aufbau der Bildung zu behaupten vermögen, Dante, Racine oder Goethe, geht ihre Auslegung prinzipiell die gleichen Wege, die das Griechentum bei der Exegese Homers zum ersten Male beschritten hat.

Der Einfluß Homers auf die Römer steht demjenigen auf die Griechen nur wenig nach. Die römische Literatur beginnt buchstäblich mit einer in der Mitte des 3. Jahrhunderts v. Chr. angefertigten Übersetzung der Odyssee, die mehrere Generationen lang ein Schulbuch für die Römer gewesen ist, bis sie durch eine modernere Fassung des lateinischen Textes ersetzt wurde. Die Odyssee wurde wohl gewählt, weil die griechischen Philologen mehrere Stationen der Fahrten des Odysseus auf Sizilien und Süditalien fixiert hatten, so daß also hier eine Art von lokalpatriotischem Interesse der Römer ins Spiel kam. Der erste Übersetzer war von Haus aus ein Grieche. Daß er bei seinem Unternehmen griechische Homerkommentare zu Rate zog, ist von vornherein anzunehmen.

Es folgen die römischen Epiker, die sich zum Ziel setzen, Werke zu schaffen, die in der Literatur ihres Volkes die gleiche Rolle zu spielen vermöchten wie Homer bei den Griechen. Zu nennen sind in diesem Zusammenhang nur Ennius und Vergil. Ennius hat in achtzehn Büchern die römische Geschichte von den Anfängen bis auf seine Zeit, die Mitte des 2. Jahrhunderts v. Chr., in den Formen eines homerischen Epos besungen: die Punischen Kriege etwa müssen zu lesen gewesen sein wie eine Folge von Kampfszenen aus der Ilias. Und nicht nur dies: in einer Einleitung zum Gesamtwerk erzählt er, es habe ihm geträumt, die Seele Homers sei in ihn eingegangen. Dies bedeutet also, daß er mit dem Anspruch auftrat, der römische Homer zu sein.

Für hundert Jahre ist er dies in der Tat auch gewesen. Dann aber verdrängt ihn Vergil, der mit unvergleichlich viel größerer Souveränität das Homerische neu gestaltet. Mit noch kühnerer Entschlossenheit als das streckenweise zur Chronik verdünnte Epos des Ennius tritt die Aeneis mit Homer in Wettbewerb. Die ersten sechs Bücher wollen an die Odyssee, die zweiten an die Ilias erinnern, und wenn nahezu zwei Jahrtausende darüber debattiert haben, wer der größere Künstler sei, Homer oder Vergil, so entspricht diese Diskussion der innersten Absicht Vergils selbst. Was er an homerischem Stoff und homerischen Kunstmitteln sich angeeignet hat, ist nicht schwer zu erkennen. Schwieriger ist es zu verfolgen, wie er die Dinge transformiert und sich eine schon jahrhundertealte Tradition der Homererklärung zunutze gemacht hat.

Wer nach Vergil in Rom sich an epischer Dichtung versuchte, stand vor dem gleichen Dilemma wie der Grieche, den nach Homer die Versuchung überkam, Epen zu dichten. Entweder ließ man sich durch das große Vorbild erdrücken, oder man bemühte sich angestrengt, neue Wege zu gehen, auch auf die Gefahr hin, sich ins Künstliche und Abseitige zu verlieren. Bei den Griechen haben vor allem Antimachos von Kolophon und Apollonios von Rhodos mit diesem Problem zu ringen gehabt, bei den Römern Lucan, dessen in früheren Jahrhunderten nicht zu Unrecht berühmtes Epos *Pharsalia* letztlich ein einziger verzweifelter Versuch ist, sich neben Vergil mit einer eigenen, ursprünglichen Leistung durchzusetzen.

Vergil und Homer gehören zu den nicht sehr zahlreichen Autoren, die in keinem Jahrhundert nach der Antike vollständig vergessen worden sind. Selbst in den dunkelsten Zeiten der byzantinischen Geschichte wird Homer gelesen, und im Westen gilt dasselbe für Vergil in der Epoche der Merowinger und Langobarden. Aber Epen im Stil dieser Klassiker werden nicht mehr gedichtet. Das abendländische Mittelalter hat zwar Epen in außerordentlich großer Zahl hervorgebracht. Aber der Einfluß der Antike auf das altfranzösische oder das mittelhochdeutsche Epos ist gering geblieben. Zur Erklärung mag vor allem angeführt werden, daß diese Epen nicht lateinisch, sondern in der Volkssprache geschrieben sind. Dies schaffte eine Distanz zu der poetischen Technik der Antike, die sich mit Notwendigkeit auch auf die gesamte antike Anschauungswelt ausdehnte. Das mittelalterliche Epos ist gewissermaßen frei, in seinen Begriffen und Anschauungen beliebig nahe an die eigene Gegenwart heranzukommen.

Im 18. und frühen 19. Jahrhundert stirbt das Epos als Gattung überhaupt ab und ist im 20. Jahrhundert tot. Unter den großen Gattungen, die die antike Poetik unterschieden hat, ist es diese eine, die in der Gegenwart keinen Raum mehr findet, während Drama und Lyrik in den verschiedensten Formen weiterblühen.

Für unsere Zeit tritt der Roman an die Stelle des Epos. Es scheint daher erlaubt, der Betrachtung des homerischen Epos einen Überblick über den Roman anzufügen. Denn auch ihn darf man seiner Herkunft nach eine antike Gattung nennen. Ein Werk wie »Manon Lescaut« steht an den Ursprüngen des modernen Romans und ist zugleich seinem Bau und seiner Herkunft nach mit bestimmten Werken der griechischen Antike verwandt, den Erzählungen des Chariton, Xenophon von Ephesos, Longus, Heliodoros und Achilleus Tatios. Überall haben wir es mit der Geschichte eines Liebespaares zu tun, das in einer langen Reihe seltsamer Verwicklungen und Abenteuer sich immer wieder verliert, findet und wieder verliert; die antiken Erzählungen enden allerdings alle mit der endlichen glücklichen Vereinigung der Liebenden, die sich innerlich und äußerlich ungebrochen durch alle Widrigkeiten durchgeschlagen haben.

Für sich betrachtet, ist der antike Roman eine höchst eigentümliche Gattung. An kulturellem Rang steht er dem Epos so fern, daß man ihn beinahe einen Gegenpol nennen könnte. Bildet das Epos mit der aus ihm erwachsenden Tragödie die unbestritten vornehmste Gattung der Poesie, so befindet sich der Roman an der untersten Grenze der Werke, die von einer ernsthaften Literaturgeschichte zur Kenntnis genommen werden. Die moderne Forschung hat sich alle Mühe gegeben, seine Ursprünge aufzuhellen. Man wird jedoch eingestehen müssen, daß ihr bis heute kein rechter Erfolg beschieden war. Zuweilen erinnert der griechische Roman an Reiseberichte, wo denn Räuber zur See und zu Lande die schwersten Komplikationen herbeiführen, die allerdings auch der Anlaß sein können, daß der Leser mit den Liebenden recht exotische Landschaften kennenlernt. Zuweilen erinnert er an orientalisierende Liebesgeschichten, wie sie in die Werke des Atheners Xenophon und des Ioners Ktesias eingebaut sind. Endlich ist nicht zu verkennen, daß er aufs stärkste durch die harmlos bürgerliche Komödie Menanders und seiner Genossen (von der wir später noch reden werden) beeinflußt ist. Hier wie dort finden wir die verdrießlichen Verwicklungen, die ein Liebesglück zu stören geeignet sind, hier wie dort auch den unbestimmten Ausblick bald auf eine blinde Tyche, die mit den Menschen spielt, bald auf eine brave Vorsehung, die schließlich alles zum Guten wendet.

Aufs Ganze gesehen, wird man vermuten dürfen, daß es zu allen Zeiten kunstlos erzählte, beliebig weit zerdehnbare Liebesgeschichten mit allerlei Aufregungen, einer Spur Frivolität und einem rührenden *happy end* gegeben hat. Es ist ein Stück Literatur im Urzustand, nicht anders als bestimmte Typen von Wundergeschichten – die Romane selbst, die wir hier meinen, sind von Wundern fast völlig frei –, von Gebeten, von Zauber-, Segens- oder Fluchformeln. Diese Dinge hat es auch bei den Griechen immer gegeben. Aber die hohe Literatur ignorierte sie bewußt und drängte sie in ein sozusagen unterirdisches Vegetieren ab. Erst im Hellenismus beginnen sie wie etwas Neues an die Oberfläche zu kommen. Auf der einen Seite fangen die Gebildeten an, sich folkloristisch für abgelegene und urtümlich seltsame Dinge zu interessieren, auf der andern Seite werden neue Schichten der Bevölkerung literaturfähig und melden ihre Ansprüche an.

In dieser Zeit taucht aus dem Nebel der Prähistorie der Roman auf. Wir können dieses Auftauchen vom 2. Jahrhundert v. Chr. an verfolgen. Es ist eine neue Gattung, eine Gattung, die im klassischen Schema der Literatur eigentlich nicht vorgesehen war und auch bis zum Ende der Antike niemals ernsthaft berücksichtigt wird. Der Roman bleibt Unterhaltungsliteratur für schlichte Gemüter, für die schon Menander und Euripides zu hoch sind. Aber dergleichen schlichte Gemüter gibt es seit dem 2. Jahrhundert n. Chr. immer mehr; die byzantinische Zeit hat die Romane Heliodors und der übrigen geradezu geliebt.

Daß sie einen gewissen halb mondänen, halb einfältigen Charme haben, ist nicht zu bestreiten. So sind sie denn auch vom 15. bis zum 19. Jahrhundert viel und gern gelesen worden, womit sie, oder doch einige von ihnen, zum Ausgangspunkt des modernen Romans wurden. Die Möglichkeiten, die sie boten, liegen auf der Hand. Eine Prosaerzählung mehr oder weniger biographischen Charakters gestattet der Gestaltung und der Akzentsetzung Freiheiten, die weit über alles hinausgehen, was das Epos erträgt. Nur in dieser Form konnte der Weg vom Äußeren ins Innere, vom Ungewöhnlichen bis zum qualvoll

Alltäglichen zu Ende gegangen werden, wie ihn dann der moderne Roman beschritten hat. Den Endpunkt bildet schließlich das Stillstehen aller äußeren Handlung, während mit unausweichlicher Notwendigkeit die Innerlichkeit des Helden (den nichts mehr vom Leser unterscheidet) sich selbst zerstört. Diese Form des Romans ist allerdings in jeder Hinsicht die Negation dessen, was die hohe Literatur des klassischen Griechentums gewollt hat.

Hesiod und das Lehrgedicht

Wenden wir uns nun einem Dichter zu, der sich selbst als Gegenspieler Homers empfunden hat und dessen Einfluß demjenigen Homers zwar nicht ebenbürtig gewesen, ihm aber immerhin nahegekommen ist: Hesiod von Askra in Boiotien. Seine Werke sind nach Sprache und Verskunst homerisch, der Absicht nach freilich von den homerischen Epen so verschieden wie nur möglich. Einmal ist das Ziel dieses Dichters nicht, zu erfreuen und zu unterhalten, sondern zu belehren. Die zwei Gedichte, die er geschrieben hat, sind so aufeinander abgestimmt, daß das erste über die Geschichte und den inneren Zusammenhang der Götterwelt belehrt, das zweite über die Aufgaben, die der Mensch in seinem Leben zu erfüllen hat. Während weiterhin beim homerischen Epos die Person des Dichters hinter dem Werke vollständig verschwindet und unfaßbar bleibt, ist Hesiod der erste griechische Dichter, der nicht nur selbst seinen Namen nennt und über seine Herkunft und seine Lebensumstände berichtet, sondern auch seine Dichtungen unmittelbar aus persönlichen Erlebnissen herauswachsen läßt.

Er dichtet über die Götter, weil ihm die Musen dies befohlen haben. Sie sind ihm einmal begegnet, als er an den Hängen des Berges Helikon seine Schafe weidete. »Und sie sprachen zu mir und gaben mir als Stab einen Lorbeerzweig und trugen mir auf, das Geschlecht der seligen Unsterblichen zu preisen.« So tut er denn auch, und die Göttinnen geben ihm ein, was er zu sagen hat. Das Gedicht über die Arbeit der Menschen knüpft in grellem, aber sinnvollem Gegensatz dazu an einem üblen Streit an, den er mit seinem Bruder Perses um das väterliche Erbe hat führen müssen. Der Bruder, der auf unredliche Weise sich zu bereichern sucht, wird eindringlich ermahnt, sich an ehrbare Arbeit zu halten, als deren vornehmste die Arbeit des Bauern gerühmt und eingehend beschrieben wird; in zweiter Linie wird für den, der Lust dazu hat, der Überseehandel empfohlen.

Beide Gedichte Hesiods sind bei weitem nicht so umfangreich wie die Epen Homers. Jedes entspricht nur einem Gesang des Epos; allerdings haben beide Überarbeitungen erfahren. Das Gedicht von den Göttern wurde um einen umfangreichen Katalog von Helden der Vorzeit verlängert, die Söhne von Göttinnen oder Göttern waren. Auch das Gedicht von der Arbeit scheint in einer erweiterten Fassung existiert zu haben. Doch in beiden Fällen griff im entscheidenden Augenblick das Stilurteil der klassischen Jahrhunderte ein und eliminierte das Unzulängliche, wie das auch bei Homer geschah. Die große Fassung des Gedichts von der Arbeit ging vollständig unter, die Heldenkataloge wurden zwar noch lange von Dichtern und Gelehrten als Fundgrube für alle möglichen Sagen ausgebeutet.

Aber als echte Gedichte des alten Hesiod aus dem späten 8. Jahrhundert v. Chr. gelten nur die zweimal rund achthundert Verse, die uns erhalten sind.

Die Wirkung des Gedichts von den Göttern, der *Theogonie*, verläuft in zwei einander entgegengesetzten Richtungen. Seiner tiefsten Absicht nach ist das Gedicht das Vorspiel zur ionischen Naturphilosophie und damit zur griechischen Philosophie überhaupt. Diese Absicht läßt sich in drei Begriffen umschreiben. Erstens will es die Wahrheit berichten und nicht erfundene Geschichten erzählen. Die Wahrheit zu sagen gehört zum Auftrag, den die Musen dem Dichter erteilt haben. Sie können, wenn sie wollen, auch erfinden, und dies tun sie bei Homer. Doch Hesiod will ausdrücklich die Wahrheit verkünden. Es wäre nicht schwer zu zeigen, daß derselbe Anspruch die ganze ionische Naturphilosophie beherrscht und immer wieder als offene oder stillschweigende Polemik gegen den homerischen Mythos zu verstehen ist. Erst recht bei Platon und Aristoteles wird das Forschen nach der Wahrheit zur zentralen Aufgabe aller Philosophie.

Zweitens will Hesiod vom Anfang der Götter und aller Dinge reden, vom Ersten, das da war. »Als Erstes war das Chaos da und dann die Erde und dann Eros« und dann alles übrige. So beginnt keine echte Dichtung. Ilias und Odyssee bewegen sich in einer unbestimmbaren Vergangenheit, in der Beliebigkeit des »Es war einmal«, das ohne eine artikulierte Beziehung auf die Gegenwart gilt. Demgegenüber ist die Frage: »Was war zuerst?« wesentlich auf die Gegenwart bezogen, sofern sie den Anfang eines Prozesses meint, der in die Gegenwart des Fragenden einmündet. Es ist die Frage der Geschichte, die – sofern der Anfang von allem gemeint ist – in ihrem Grenzpunkt in Philosophie umschlägt. Es kann auch gefragt werden: »Woher kommt alles?«, und dies führt schließlich zu dem Ursprung jenseits aller Geschichte, der nicht nur am Anfang war und die zählbare Reihe eröffnete, sondern gleichzeitig dauernd das Eigentliche und Wirklichste ist. Er kann freilich auch das Urtümlichste, Formloseste und Roheste sein. In seinem Wesen als Ursprung liegt die Polarität, daß er sowohl über als auch unter allem Späteren steht.

Bei Hesiod ist all das schon angedeutet. Der Anfang, nach dem er fragt, ist die Wurzel, aus der alles Nachfolgende entspringt, und ebenso das Dauerhafte, auf dem als Fundament und Hintergrund alles andere wird. Wenn Hesiod den Ursprung mit dem vieldiskutierten Namen *Chaos* bezeichnet, so begreift er darunter (was wir hier nicht nachzuweisen haben) ganz sinnfällig den Raum, in dem der gesamte Ablauf des Geschehens sich vollzieht. Der Raum begrenzt sich sofort nach unten mit der Erde, etwas später nach oben mit der Schale des Himmels, und dazwischen waltet Eros, ohne den das Werden der Götter (und Menschen) nicht zustande kommen könnte.

Es ist also deutlich, daß Hesiod am Anfang der Theogonie durchaus nicht nur nach dem geschichtlich Vergangenen fragt, sondern zugleich auch nach dem von Anfang an Bestehenden. Er stellt eben die Frage, die Thales und Anaximander aufgenommen haben und die seitdem in der Philosophie nicht mehr verlorengegangen ist. Der Ursprung ist auch das Ungeformteste. Dies liegt wiederum im Begriff des Chaos selber, und zwar so entschieden, daß spätere Zeiten bis auf unsere Gegenwart unter einem Chaos nichts anderes verstanden haben als ein wüstes Durcheinander. So hat es Hesiod zwar nicht ganz gemeint (allem Anschein nach ist das Wort von ihm als Kunstwort geprägt), diese Bedeutung konnte aber von späteren Interpreten ohne größere Mühe in seine Verse hineingelegt werden. Hesiod wollte mit dem Chaos vor allem die gähnende Leere des Luftraumes umschreiben, die Leere, in der noch keine Gestalten sichtbar sind. Daß aber die spätere, uns noch vertraute Auffassung nicht ganz danebengeht, lehrt Hesiods Darstellung des Ganges der Göttergeschlechter. Er hebt an mit wilder, ruchloser Urzeit und steigt auf zum olympischen Reich des Rechts, in dem Zeus regiert.

Und eben dies führt uns zum dritten und letzten Programmpunkt der Theogonie. Sie redet von den Göttern. Von den zahlreichen Göttern aber, die sie anführt, gehören nur wenige zu denjenigen, die im Kultus der Gemeinden und im Gebet des Einzelnen angerufen werden. Offensichtlich kommt es Hesiod nicht darauf an, von den Göttern seines Glaubens zu berichten, sondern in der Form von weitverzweigten Götterfamilien eine Gesamtheit der Welt darzustellen. Hesiod will vom »Ganzen« sprechen und sucht es im System der Götter zu umgreifen. Auch darin ist er Vorläufer der Naturphilosophen, die später ausdrücklich das Ganze der Welt zum Gegenstand ihres Philosophierens machen.

Aber die Theogonie hat auch noch ein ganz anderes Gesicht. Das »Ganze« ist für Hesiod sowohl die Vollständigkeit im Raum als auch der geordnete Zusammenhang in der Zeit. Die Götter sind insgesamt eingespannt in eine riesige Genealogie, in der alle mit allen verwandt sind. Doch die Erbfolge von den Eltern auf die Kinder vollzieht sich nicht immer in geschichtsloser Ruhe. In die entscheidenden Abläufe bricht eine wilde Dramatik ein. Der Urvater Uranos vergeht sich an seinen Kindern, wird von seinem Sohne Kronos, dem jüngsten und klügsten unter zwölfen, gestürzt, doch der Sohn mißgönnt wiederum seinen Kindern das Leben. Zur Strafe für das, was Kronos an Uranos getan hat, erhebt sich Zeus gegen seinen Vater Kronos. Es kommt zum Kampf zwischen Olympiern und Titanen. Die Titanen mit Kronos an der Spitze werden besiegt und in die tiefsten Tiefen des Tartaros verbannt. Damit beginnt das gegenwärtige Reich des Zeus, ein Reich der Ordnung und Gerechtigkeit.

Gewiß wollte Hesiod den Aufstieg aus ruchloser Urzeit zur klaren Gesetzlichkeit der Gegenwart schildern. Zugleich hat er aber das tragische Motiv des fortwirkenden Geschlechterfluchs ebenso präfiguriert wie vor ihm Homer in Hektor den tragischen Helden. Die Kette des Unrechts von Uranos über Kronos zu Zeus ist nicht verschieden von der Kette des Unrechts, die mit Tantalos anhebt und über Pelops, Atreus und Agamemnon zur Gestalt des Orestes verläuft.

Wenden wir uns nun Hesiods zweitem Werk, dem Gedicht von der menschlichen Arbeit, zu. Wiewohl es feststeht, daß es in den klassischen Jahrhunderten Schullektüre gewesen ist, ist doch seine geistige Wirkung mit derjenigen der Theogonie nicht zu vergleichen. Der Grund liegt auf der Hand. Das Bild des menschlichen Lebens, das da entworfen wird: der prozessierende Kleinstädter, der gewissenhaft arbeitende Bauer und der verwegene Seemann, war etwas zu sehr auf die altertümlich beschränkten Verhältnisse des 8. Jahrhunderts zugeschnitten, um als Ganzes für spätere Jahrhunderte noch gültig zu sein.

Seinem Inhalt nach weist es drei unterscheidbare Schwerpunkte auf. Der erste ist der persönliche Anlaß des Gedichts, von dem wir schon gesprochen haben, der Prozeß zwischen Hesiod und seinem Bruder Perses. Der zweite ist die lange Reihe der Lebensregeln und der

Erzählungen, die diese Regeln erläutern und begründen sollen; darunter befinden sich solche, die bis heute berühmt geblieben sind: der Feuerdiebstahl des Prometheus, die Folge der fünf Zeitalter vom goldenen bis herab zum eisernen. Der Form nach besitzen wir damit das älteste Stück ethischer Unterweisung, das uns aus dem Griechentum erhalten ist. Es ist Ethik im vorphilosophischen Zustand.

Regeln der Sittlichkeit und Regeln gesellschaftlicher Korrektheit sind noch nicht voneinander geschieden. Das Ganze ist eine lockere Aufzählung und noch keine systematische Ableitung. Es fehlt noch der Mittelpunkt; noch ist kein zentraler Wert herausgearbeitet, um den sich alles übrige gruppieren ließe. Das bedeutet indessen nicht, daß die Aufzählung beliebige Vorschriften zusammenrafft. Die Umrisse eines bestimmten Menschenbildes sind durchaus sichtbar. Doch es bleibt bei den Umrissen. Von einem geschlossenen und begründeten System des Sollens ist noch keine Rede; dies gibt es erst seit der Sophistik und der Sokratik.

Zwei Gedanken treten besonders hervor: der Mensch hat nach dem Willen der Götter sein Leben in Kummer, Mühsal und schwerer Arbeit zu verbringen, und: der Mensch ist zur Gerechtigkeit verpflichtet. Die Gerechtigkeit des Zeus hat sich in der Theogonie in dem Sieg über die gewalttätigen Titanen manifestiert, und auf die souveräne Gerechtigkeit des Zeus vertraut Hesiod unbedingt. Dem Gerechten wird in Gedeihen und Reichtum sein Lohn, dem Ungerechten früher oder später seine Strafe.

Der dritte Schwerpunkt des Gedichts sind schließlich die Anweisungen, wann und wie der Bauer sein Feld bestellen und der Kaufmann zur See gehen soll. Es sind vor allem diese Abschnitte, die Hesiod zum Archegeten der in der Antike sehr beliebten Gattung des Lehrgedichtes gemacht haben.

Das Lehrgedicht hat eine seltsame Geschichte. Zunächst ist es für archaische Zeiten ein naheliegender Gedanke, wichtigen Vorschriften praktischer Natur Versform zu geben, einfach weil man sie sich auf diese Weise am besten einprägen konnte. Lebensweisheiten, Wetterregeln und dergleichen werden bei vielen, wenn nicht bei allen Völkern in Versen formuliert und überliefert. Solche »Merkverse« wiederum lassen sich natürlich zu ganzen Versreihen und Dichtungen erweitern. Daß Hesiods Ausführungen über die bäuerliche Arbeit für den praktischen Gebrauch des Landwirts bestimmt sind und ihm helfen sollten, sich in seinem Aufgabenkreis zurechtzufinden, werden wir annehmen dürfen.

Indessen hat das Lehrgedicht in diesem ganz konkreten Sinne nur begrenzte Möglichkeiten. Je differenzierter und komplizierter das Leben, die Gesellschaft und das Handwerk werden, desto mühevoller wird es, die einschlägigen Regeln in der Form von Gedichten vorzutragen. Prosasätze kann man sich zwar weniger leicht merken, dafür gestatten sie eine viel größere Exaktheit in der Sache. Es kommt der Augenblick, in dem all das, was der Bauer, der Seemann, aber auch der Arzt und der Feldherr beruflich wissen müssen, nicht mehr im Lehrgedicht, sondern im wissenschaftlichen und technischen Handbuch niedergelegt wird. Bei den Griechen ist dieser Augenblick am Ende des 6. Jahrhunderts v. Chr. erreicht. Zwischen dem 8. und dem 6. Jahrhundert v. Chr. dürfte eine ganze Reihe von Lehrgedichten hesiodischer Art entstanden sein. Dann hört dies auf. Die wissenschaftliche Abhandlung beginnt ihren Siegeszug, und schon im 5. Jahrhundert v. Chr. gab es von

Kochkunst und Gärtnerei bis zu Bühnenbildnerei und Poetik kaum eine Disziplin, die nicht mit spezialisierter Fachliteratur in Prosa hervorgetreten ist.

Doch im 3. Jahrhundert v. Chr. erblüht das Lehrgedicht aufs neue. Allerdings will es nun nicht mehr als Arbeitsinstrument für den Praktiker, sondern als dichterisches Experiment verstanden werden. Diese neuen Lehrdichter haben keineswegs die Absicht, nützliches Wissen in einprägsamer Form unter das Volk zu bringen, obschon ihre Werke zweifellos nebenher auch der Verbreitung wissenschaftlicher Allgemeinbildung gedient haben, sondern sie erproben, wieweit sich ein von Haus aus undichterisch spröder Stoff dichterisch bändigen läßt. Es reizt sie die paradoxe Aufgabe, einen möglichst unpoetischen Gegenstand zu poetisieren. Astronomische und meteorologische Lehrgedichte mögen noch hingehen; da liegt noch im Stoff selbst eine gewisse Großartigkeit. Wo wir aber Lehrgedichten über Arzneimittelkunde, Jagd und Fischfang begegnen, bleibt nur noch das Staunen über die Leistung, derart kompakte Alltäglichkeiten in wohlklingende Hexameter umzusetzen.

Diese Dinge haben einen außerordentlichen Erfolg gehabt. Das astronomische Lehrgedicht des Aratos gehört zu den meistgelesenen und meistkommentierten Werken des 3. Jahrhunderts v. Chr. Cicero hat es in seiner Jugend ins Lateinische übersetzt und bei dieser Arbeit ein Interesse an griechischer Astronomie gefunden, das er sich bis zum Ende seines Lebens bewahrt hat. Drei Generationen später hat Germanicus, der Neffe des Kaisers Tiberius, eine weitere lateinische Bearbeitung desselben Gedichtes geliefert. Und ein Zitat aus dem griechischen Texte des Aratos findet sich sogar in der neutestamentlichen Apostelgeschichte.

Auch andere Lehrgedichte verwandter Art, paradoxen und weniger paradoxen Inhalts, sind uns in respektabler Anzahl erhalten. Zu erinnern ist vor allem an die großen lateinischen Lehrgedichte der Augusteischen Zeit. Angeregt sind sie durch griechische Vorbilder, doch haben wir gute Gründe anzunehmen, daß auf diesem Felde die Schüler sich den Meistern als überlegen erwiesen haben. Ich nenne Horazens mit Recht hochberühmten Lehrbrief über die Dichtkunst, Vergils Lehrgedicht über den Landbau in vier Büchern, das in einzelnen Zügen über siebenhundert Jahre hinweg bis auf Hesiod zurückgreift, dann die Lehrgedichte Ovids: drei Bücher über Liebeskunst, sechs Bücher über den römischen Festkalender, endlich fünfzehn Bücher Metamorphosen, eine riesige Sammlung bekannter und unbekannter Sagen, vom Dichter mit unerschöpflicher Virtuosität in einen Zusammenhang gebracht, der von weitem an Hesiods Theogonie erinnert.

Dies lenkt uns zurück zu einer Entwicklungslinie, die wir noch nicht hinreichend gewürdigt haben. An Hesiods Theogonie haben sich nicht nur eine ganze Reihe phantastischer Theogonien angeschlossen, die mit den Namen von Orpheus und Musaios zu prunken liebten. Von ihr wesentlich angeregt sind auch einige der ehrwürdigsten Dokumente des griechischen Denkens, die naturphilosophischen Lehrgedichte des Xenophanes, Parmenides und Empedokles. In ihnen wirken sich jene Intentionen des hesiodischen Werkes, die wir als Vorspiel zur Philosophie charakterisierten, mit aller Klarheit aus. Sie wollen alle drei die Wahrheit verkünden und mit der Wahrheit die Erfindungen der Dichter und das »Meinen« der Leute überwinden. Vom Ganzen der Welt wollen sie reden und seinen Ursprung und Zusammenhang aufweisen.

Das Gedicht des Xenophanes war im Philosophischen freilich grob und scheint früh untergegangen zu sein. Die Dichtung des Parmenides war im Gegenteil philosophisch außerordentlich anspruchsvoll und schwer verständlich; daß sich ansehnliche Teile von ihr erhalten haben, ist nur dem Umstand zu verdanken, daß ihn Platon als einen der großen Wegbereiter seiner eigenen Ontologie aufgefaßt und verehrt hat. So wurde denn ein Exemplar des parmenideischen Gedichts in der Bibliothek der platonischen Akademie aufbewahrt, weshalb noch späthellenistische und kaiserzeitliche Gelehrte daraus zitieren konnten.

Das Gedicht des Empedokles schließlich hat in kurzer Zeit einen sehr großen Erfolg errungen und ist bis in die Kaiserzeit hinein das meistgelesene Werk der vorsokratischen Philosophie geblieben. Diese Stellung verdankte es teils der Großzügigkeit seiner philosophischen Konzeption – so der Lehre von den vier Elementen in der Form, wie sie Gemeingut der antiken und mittelalterlichen Bildung geworden ist –, teils einer dichterischen Kraft, die auf ihre Weise einzigartig ist. Noch heute lesen wir Verse des Empedokles von hinreißender Pracht. Der Eindruck hat auch zurückgewirkt auf die Biographie des Verfassers, und beides, Gedichtfragmente und antike Biographie, haben in den ersten Jahren des 19. Jahrhunderts Hölderlin zu seiner Empedoklesdichtung angeregt.

Das philosophische Lehrgedicht stirbt freilich nach Empedokles ebenso ab wie die übrigen Arten des Lehrgedichts. Es ist auch in hellenistischer Zeit nicht wieder aufgelebt. Man mag annehmen, daß der Einspruch der Philosophen, die zwischen wissenschaftlicher Wahrheitserkenntnis und dichterischem Spiel einen unüberbrückbaren Gegensatz statuierten, so entschieden wirkte, daß für ein unbefangenes Experimentieren mit naturphilosophischer Lehrdichtung kein Raum mehr blieb. Erst die Römer haben sich über diesen Einspruch hinweggesetzt. Zwei große Lehrgedichte sind zu nennen, beide vielfach angeregt durch das Werk des Empedokles. Das eine sind die sechs Bücher des Epikureers Lukrez, das andere ein höchst eigentümliches, kosmologisch-astrologisches Lehrgedicht in fünf Büchern, als dessen Verfasser in einer freilich sehr unzuverlässigen Überlieferung ein M. Manilius genannt wird. Das antike Christentum wiederum hat sowohl in lateinischer als auch in griechischer Sprache mehrfach Lehrgedichte hervorgebracht. Die christliche Weltschöpfungslehre regte dazu an, aber auch anderes aus der christlichen Theologie. Die Tradition hat sich bis ins Mittelalter und noch darüber hinaus erhalten: Werke hohen Ranges sind freilich nicht mehr zu verzeichnen.

Die griechische Lyrik: Lied, Epigramm und Elegie

Hesiod hat seine beiden Dichtungen aus Geschehnissen in seinem eigenen Leben herauswachsen lassen. Dies trennt ihn von Homer und bringt ihn in die Nähe einer anderen Art der Dichtung. Wir nennen sie mit einem griechischen, aber in der Antike nur selten verwendeten Sammelbegriff die Lyrik. Ihre ältesten Vertreter sind nur wenig jünger als jene beiden Dichter. Ihrem Wesen nach darf die Lyrik gewissermaßen als die polare Ergänzung zum Epos verstanden werden. So ist es kaum ein Zufall, daß dem 19. und 20. Jahrhundert das Epos wie das Lehrgedicht völlig fremd geworden sind, während ihm die Lyrik als die edelste und aller Aufmerksamkeit würdigste Form der Dichtung gilt.

Wir können von der Tatsache ausgehen, daß das lyrische Gedicht im strengen Sinne bei den Griechen wie im 20. Jahrhundert weder episch erzählen noch in schöner Form belehren will. Seine Bestimmung ist es, den geschichtlichen Augenblick dichterisch festzuhalten. Fast immer spricht ein einzelner Mensch aus besonderem Anlaß zu einem Einzelnen oder zu einem besondern Kreis von Menschen, und er gibt keine sachlichen Mitteilungen, sondern läßt den Leser an einer Empfindung, einer Leidenschaft teilhaben. Die Anlässe sind sehr verschiedener Natur: ein Götterfest, dessen Glanz und Heiterkeit sich im Gedicht äußert, eine Hochzeit, deren Gast von mannigfachen Gefühlen bewegt wird, eine Totenfeier, der Abschied von einem Freunde, die Freude über die glückliche Heimkehr des Freundes, endlich die vielen Stationen der Liebe und des Hasses. Auch wo erzählt wird, geschieht es nicht um der Erzählung willen, sondern um dem gegenwärtigen Augenblick reichere Bedeutsamkeit zu verleihen, und wo belehrt wird, soll nur die Situation des Redenden wie des Angeredeten anschaulicher werden.

Die Lyrik ist um so vollkommener, je entschiedener sie sich an das Einmalige und Besondere hält. Es ist zunächst ihre Rolle, für den Augenblick zu entstehen und mit dem Augenblick wieder zu vergehen. Soweit sie auch von späteren Generationen mit Freude gelesen wird, muß sie Qualitäten enthalten, die wesentlich subtiler sind als die des Epos, des Lehrgedichts oder des Dramas. Die Behauptung ist nicht allzu gewagt, daß gerade für diese Qualitäten das 19. und 20. Jahrhundert hellhöriger waren als die Antike. Der Rang der großen Lyriker der griechischen Frühzeit, Archilochos, Sappho, Alkaios, ist uns heute deutlicher als den Griechen der klassischen Jahrhunderte. Es läßt sich nicht leugnen, daß dem griechischen Denken die Lyrik einige Verlegenheit bereitet hat. Epos und Drama entnehmen ihren Stoff den großen panhellenischen Sagen; Absicht und Struktur der Werke liegen klar zutage. Die Formen der Lyrik sind dagegen von außerordentlicher Vielfältigkeit, und die Situationen, von denen sie sprechen, können keinerlei Allgemeingültigkeit beanspruchen. Die Sprache, vor allem bei Sappho und Alkaios, ist ein lokaler Dialekt, der zwar zur Hochsprache stilisiert, aber dennoch kein Gemeingriechisch ist, der Versbau ist beherrscht von einer Fülle eigentümlicher und komplizierter Regeln, und was den Inhalt angeht, so muß man sich in den politischen, kulturellen und gesellschaftlichen Verhältnissen der griechischen Inseln im 8. und 7. Jahrhundert v. Chr. ziemlich gründlich auskennen, um die Gedichte zu verstehen.

Als Lektüre für die Schule und den durchschnittlich Gebildeten kamen sie also kaum in Frage; auch deshalb nicht, da von den Liebesliedern Sapphos, den polternden Trink- und Revolutionsliedern des Alkaios und gar den Haßgesängen des Archilochos keinerlei erzieherische Wirkung ausgehen konnte. So ist denn das literarische Schicksal dieser Dichter recht bezeichnend gewesen. Im Athen des 6. und 5. Jahrhunderts sind sie wohl nur in Kreisen gelesen worden, die sich an der erlesenen Verskunst und dem ebenso leidenschaftlichen wie weltmännischen Leben erfreuten, das sich da unbekümmert ausbreitete. Seit dem 4. Jahrhundert v. Chr. beginnt sich die Gelehrsamkeit dieser Dichter zu bemächtigen. Einmal bereicherten ihre Verse die Theorie der Metrik, sodann vermögen die lyrischen Gedichte mehr über die Lebensumstände ihrer Verfasser auszusagen als irgendeine andere Gattung, was die im 3. Jahrhundert v. Chr. blühende Literatur- und Kulturgeschichte wohl zu schätzen weiß. Während es unendliche Mühe bereitet, von Hesiod oder gar von Homer eine auch nur einigermaßen verläßliche Biographie zu kombinieren, bedurfte es bei Archilochos, Sappho und Alkaios lediglich einer aufmerksamen Lektüre ihres Oeuvres, um ein erstaunlich vollständiges Lebensbild zu gewinnen. Diese drei Dichter sind die ersten Griechen, von denen sich eine Biographie schreiben läßt. Darüber hinaus vermitteln ihre Werke eine Menge rein kulturgeschichtlicher Data, die die Hellenisten mit Sorgfalt notiert haben.

Überhaupt hat der Hellenismus die Lyrik erst zu Ehren gebracht. Hier fand seine vielfältige Gelehrsamkeit ein treffliches Betätigungsfeld. Außerdem kam sie einem Wandel des dichterischen Geschmacks entgegen, einer Reaktion des ionischen Geistes auf Athen, das während mehr als zweihundert Jahren die griechische Kultur fast vollständig beherrscht hatte. Die Schöpfung Athens ist das Drama, vor allem die Tragödie, in der mit großer Gebärde urbildliche Schicksale gestaltet werden. Das Große ist aber zugleich die Gefahr der Tragödie. Es kann leicht in die Banalität edlen Geschwätzes abgleiten. Die Möglichkeit muß offenbleiben, daß die attischen Tragiker, die außerordentlich viel produziert haben (ein Vielfaches von dem, was wir heute besitzen), dann und wann dieser Gefahr erlegen sind. Jedenfalls ist der Hellenismus in diesen Dingen empfindlich. Er mißtraut den allzu fruchtbaren Dichtern, und »tragisches Gerede« verwendet er öfters als Spottwort. Was er liebt, ist das Diskrete und Intime, das kurze, bis in letzte Feinheiten ausgearbeitete Werk, schließlich auch das Weltmännische und gleichmütig Überlegene. Diese Werte findet er in der alten Lyrik, und so entsteht, vor allem für Sappho und Alkaios, ein neues Publikum.

Die in den letzten hundert Jahren entdeckten ägyptischen Papyri aus dem Hellenismus und der frühen Kaiserzeit haben gerade den Textbestand dieser beiden Dichter ungewöhnlich bereichert. Was man vorher besaß, waren nicht besonders zahlreiche, verstreute Zitate, zur Hauptsache aus gelehrter Literatur. Nun haben wir Reste von Gesamtausgaben, die in den Bibliotheken der gebildeten Griechen jener Zeit standen. Der Hellenismus hat auch eine eigene lyrische Dichtung aufzuweisen. Wir wissen freilich wenig von ihr, und was wir wissen, zeigt, daß sie mit der altionischen Lyrik nur in bestimmten Einzelheiten zusammenhing. Ihr geschichtlicher Einfluß war gering, und so dürfen wir sie hier auf sich beruhen lassen.

Um so wichtiger aber ist derjenige römische Dichter, der durch den Hellenismus den Zugang zu den Ionern fand und ihr ebenbürtiger Nachfahre geworden ist: Horaz. Schon vor ihm hatte Catull sich da und dort von Sappho und den anderen anregen lassen. Doch erst Horaz hat eine Lyrik geschaffen, die, aus römischen, hellenistischen und ionischen Elementen genährt, sich zu weltgeschichtlichem Rang erhob. Im Metrischen und in zahllosen Einzelmotiven schließt er sich bewußt an Archilochos, Sappho und Alkaios an. Dennoch sind seine *Epoden* und *Carmina* etwas völlig Neues und Ursprüngliches. Die Sprache wird einfacher, und die Situationen werden bedeutender. Horaz ist gebunden an den römischen Staat und zugleich durch die griechische Philosophie hindurchgegangen. Für seine Gedanken und Ausblicke gab es bei den alten Ionern keine Vorbilder, eigentlich auch nicht bei den Hellenisten. Diese Dinge sind Horazens Eigentum.

Die Lyrik hat allerdings auch in Rom ein prekäres Dasein geführt. Horaz wird zwar kommentiert und in der Schule gelesen, vermag sich aber neben Vergil und Ovid nur mit einiger Schwierigkeit zu behaupten. Wer Sappho und Archilochos waren, weiß man, ohne je ihre Gedichte in die Hand genommen zu haben. Die Byzantiner halten sich an Anakreon, einen der jüngsten unter den vorklassischen Lyrikern, und arbeiten dessen mondän elegante und verhältnismäßig einfach gebaute Gedichte zu einem volkstümlichen Liederbuch für gesellige Anlässe um.

Die christliche Liederdichtung beider Sprachen entwickelte sich natürlich nicht ohne Beziehung zur antiken Tradition. Doch sind an ihrer Entstehung von vornherein auch ganz andere Komponenten beteiligt gewesen, die altorientalische Hymnendichtung im allgemeinen, die des Judentums im besonderen.

Für die mittelalterliche volkssprachliche Lyrik gilt, was schon vom mittelalterlichen Epos zu sagen war. Die Preisgabe des Lateins bedeutete auch hier einen Bruch. An dem Werk der romanischen Troubadours und des deutschen Minnesangs ist die Antike nur in geringen Spuren wahrzunehmen. Keltisch-germanische Traditionen stehen wohl im Vordergrund, ergänzt durch starken Einfluß der arabischen Lyrik Spaniens.

Die Renaissance kehrte zu Catull und Horaz zurück, das 18. Jahrhundert nahm den byzantinischen Anakreon dazu. Von den Dichtungen der ältesten und größten Lyriker Archilochos, Sappho und Alkaios waren bis gegen Ende des 19. Jahrhunderts nur geringe Reste vorhanden. Über Leben und Persönlichkeit der drei, vor allem Sapphos, besaß man allerdings eine stattliche Anzahl von Berichten späterer Schriftsteller, alle letzten Endes auf dem Oeuvre der Dichter fußend, wenn auch keineswegs frei von argen Entstellungen und Mißverständnissen.

Erst als in den Papyri Ägyptens Originaldichtungen zum Vorschein kamen und seit dem Beginn des 20. Jahrhunderts auch auf geistige Bereitschaft der Leser trafen, begann ein neuer, wesentlicher Abschnitt in der Wirkungsgeschichte der griechischen Lyrik.

Ausdrücklich erwähnt und behandelt zu werden verdienen zwei Sonderformen, die einen starken Einfluß auf spätere Zeiten ausgeübt haben: das Epigramm und die Elegie.

Das Epigramm ist seinem Ursprung nach auf das stärkste an konkrete Anlässe und Aufgaben gebunden. In seinen Formen als Grabepigramm, Weiheepigramm oder auch nur als Besitzerepigramm hat es nahezu dokumentarischen Charakter. Es erwächst aus dem Wunsche der Griechen, auch Inschriften, die zunächst bloß der Mitteilung dienen, eine schöne Form zu geben, und seine Entstehung wird erleichtert durch die nicht zu übersehende Tatsache, daß die Griechen bei der Beschriftung von Grabmälern oder Weihegeschenken an Götter weniger als andere Völker zu bestimmten rituellen Formeln verpflichtet waren.

So hat das 5. Jahrhundert eine Reihe berühmter Epigramme geschaffen, die uns teils noch auf dem Stein, für den sie bestimmt waren, teils in späteren Sammlungen handschriftlich erhalten sind. Allen voran steht das Grabepigramm auf die bei den Thermopylen 480 v. Chr. im Kampf gegen Xerxes gefallenen Spartaner, von Cicero in lateinische, von Schiller in deutsche Verse übersetzt. Im 4. Jahrhundert begann sich das Epigramm von seiner ursprünglichen Bestimmung zu lösen. Inschriftliche und insofern echte Epigramme – das Wort bedeutet ja »Aufschrift« – hat es zwar bis zum Ende des Altertums massenhaft gegeben; es vergeht kaum ein Jahr, ohne daß neue aufgefunden werden. Daneben entstanden aber rein literarische Epigramme. Es lockte die Dichter, in knappster Form möglichst viel auszusagen, in wenigen Versen ein Porträt, eine Szenerie zu zeichnen. So wurde im Hellenismus das Epigramm eine der beliebtesten Gattungen, und was für uns besonders wichtig ist: dank den zahlreichen Inschriften, dank einigen handschriftlichen Sammlungen, die uns erhalten sind, und dank manchen Zitaten bei antiken Autoren die einzige Gattung griechischer Dichtung, die wir vom 5. Jahrhundert v. Chr. an bis in die byzantinische Zeit lückenlos verfolgen können. Wir überblicken nicht nur den Wandel des Geschmacks im Laufe der Jahrhunderte, wir erkennen auch, was nicht weniger wichtig ist, wie sich die Epigramme großer und schöpferischer Dichter von der Dutzendware unterscheiden, die sich ein reicher Bürger beim Poeten seines Quartiers für sein Familiengrab bestellt.

Beliebt ist vor allem die Porträtierung im Epigramm. Epigramme, die der Fiktion nach zu Grabmälern, Statuen und Büsten, schließlich auch unter ein Porträt in eine Gesamtausgabe, überhaupt an den Anfang einer Gesamtausgabe literarischer Werke gehören, bemühen sich, die Biographie, Eigenart, Leistung und Bedeutung eines berühmten Mannes kurz und präzis zu charakterisieren. Epigramme, die zu einem als Weihegeschenk gedachten Fischernetz, Steuerruder, Arbeitskittel oder Schmuckstück gehören, lassen sich umgekehrt zum Porträt eines einfachen Lebens ausbauen. Schließlich gibt es Epigramme, die wir ohne Umschweife der Lyrik im strengen Sinne zuordnen müssen. Es ist die Masse der Liebesepigramme mit ihren zahllosen Varianten: verlangende Huldigung, verstohlene Erfüllung, Enttäuschung, Bitte, Spott, Haß. Meisterwerke der Virtuosität muß man einzelne Stücke nennen, die ein ganzes Gespräch zwischen Liebhaber und Mädchen elegant in wenige Verse zusammenzudrängen vermögen.

Auf geringstem Raum ist möglichst viel mit größter dichterischer Intensität auszusagen. Dieses Ziel ist immer wieder als solches verstanden und bewundert worden, und so hat das Epigramm auch immer wieder Nacheiferer gefunden. Grabepigramme nach hellenistischem Geschmack haben für sich selbst schon die großen Dichter der römischen Republik verfaßt. Von würdigen Senatoren aus dem Freundeskreis Ciceros hören wir, daß sie recht verwegene Liebesepigramme gedichtet hätten. Die Produktion nicht bloß griechischer, sondern auch lateinischer Epigramme setzt sich durch die ganze Kaiserzeit hindurch fort, und die Christen nehmen unbefangen, wenn auch natürlich mit veränderter Thematik, diese Übung auf. Berühmt geblieben und teilweise noch an Ort und Stelle erhalten sind die Epigramme, die der Papst Damasus (366–384 n. Chr.) für die Märtyrergräber in den römischen Katakomben verfaßt hat. Dies sind nun also wieder echte Epigramme.

Auch aus dem Mittelalter fehlen Epigramme nicht. Erst recht wendet sich die Renaissance wieder dieser reizvollen Gattung zu. Unübersehbar ist die Menge der von den Humanisten und ihren Nachfahren gedichteten lateinischen Epigramme. Dazu gesellen sich solche in den Nationalsprachen, und man darf sagen, daß diese Gattung bis ins 20. Jahrhundert hinein lebendig geblieben ist. Die in ihr gestellte poetische Aufgabe hat sich vom 4. Jahrhundert v. Chr. bis auf unsere Gegenwart als verlockend bewährt.

Einflußreich war auch eine weitere Sonderart lyrischer Dichtung, die Elegie. Nach Sprache und Versform hängt sie mit dem Epigramm auf das engste zusammen, unterscheidet sich aber von jenem in zwei Dingen. Der äußere Umfang kann sich über beliebig viele Distichen ausdehnen, und dem Gehalt nach ist die Elegie keineswegs auf das lyrische Herausgreifen einer Empfindung oder Begegnung beschränkt. Sie ist es gerade bei den Griechen so wenig, daß sie in gewisser Weise dem Lehrgedicht näher steht als dem Lied. Die Elegie ist, soweit wir sie kennen, das natürliche Gefäß für die poetische Diskussion. Probleme der Politik, der Ethik, des gesellschaftlichen Benehmens werden in Elegien abgehandelt. Aus beiden Gründen, dem formalen wie dem inhaltlichen, ist die Elegie diejenige Gattung griechischer Dichtung, die noch über das Epigramm hinaus am leichtesten zu handhaben ist und in der sich der Laie ohne Gefahr versuchen kann. Kein Wunder also, daß sich die frühen Dichter dieser Gattung in vorzüglichem Maße als geeignet erwiesen haben, Schulautoren zu werden.

Die einander eigenartig ergänzenden Gedichtsammlungen des Spartaners Tyrtaios und des Atheners Solon haben weiteste Verbreitung gewonnen. Die Elegien des Tyrtaios werden zum Paradigma heroisch kriegsfrohen Spartanertums, diejenigen Solons bilden den Ausgangspunkt der athenischen und damit überhaupt der europäischen Staatsphilosophie. Reminiszenzen an seine Verse sind bei Platon wie bei Aristoteles immer wieder greifbar. Das Elegienbuch des Theognis von Megara wird zu einer Art von Handbuch der Ethik und des Anstands für die feine Gesellschaft an der Wende zum 5. Jahrhundert v. Chr., allerdings auch zu einem Textbuch für muntere Rezitationen bei der symposiastischen Unterhaltung. Solon wie Theognis haben ihre im Lauf der Jahre gedichteten Elegien selbst zu Büchern zusammengestellt. Das Einleitungsgedicht ist uns bei Solon ganz, bei Theognis teilweise erhalten. Während das Gedichtbuch Solons durch den großen Namen und die politische Problematik, die es mit aller Energie herausarbeitete, geschützt blieb, ist das Werk des Theognis sehr bald nach seinem Erscheinen zum bequemen Rahmen für alles mögliche geworden. Die bescheidenen Produkte unbekannter Liebhaberdichter drangen ebenso ein wie die mehr oder weniger verstümmelten Verse anderer großer Elegiker. Das Buch, wie wir es heute besitzen, ist von unschätzbarem Wert, weil es einen Querschnitt durch die elegische Dichtung von anderthalb Jahrhunderten gibt, angefangen von Solon bis über die Mitte des 5. Jahrhunderts v. Chr. hinaus.

Tyrtaios, Solon, Theognis sind Dichter vom griechischen Mutterland. Ihnen gesellen sich einige Ioner zu, zunächst der älteste der ganzen Gruppe, Kallinos, der noch in die Zeit hinaufreicht, in der sich die kleinasiatischen Königreiche wie die ionischen Städte mühselig der Einfälle von Barbarenstämmen aus dem Balkan zu erwehren hatten. Weit einflußreicher ist Mimnermos gewesen, für die spätere Zeit der Inbegriff ionischer Lebensart. Politischer Kampf und Ehrgeiz gehören bei ihm der Vergangenheit an. Sein Dasein geht auf in heiterer Geselligkeit, nicht selten freilich durchkreuzt von Liebeskummer und dem bedrückenden Gedanken an die Kürze des Lebens und der Jugend. Aus verwandter Gestimmtheit hat der Hellenismus gerade seine Elegien wieder zu Ehren gebracht, während diejenigen des Tyrtaios und des Solon der Schule und den Historikern überlassen blieben.

In der poetischen Doktrin hat allerdings die ganze Gattung kein Ansehen erringen können. Ihre Form war zu locker, ihr Anspruch an dichterischer Durchdringung des Stoffes zu gering. Wir werden uns indessen nicht wundern, daß sie, gerade um ihrer Zugänglichkeit willen, sich den Römern empfahl. Allerdings hat sie bei ihrer Aneignung durch die Römer eine Umgestaltung erfahren, deren Hintergründe wir bis heute noch nicht recht durchschauen. Wir sprechen heute noch von Elegie und elegischem Charakter und meinen damit einen auf empfindsame Klage gestimmten Ton. In der Tat herrscht in der römischen Elegie, deren größte Vertreter Catull, Tibull, Properz und Ovid in die Weltliteratur eingegangen sind, eben dieser Ton vor. Und wo in den europäischen Literaturen seit dem 16. Jahrhundert Elegien gedichtet werden, da halten sie sich an das Vorbild der Römer und sprechen in elegischer Form von sehnsüchtiger Klage über verlorene Liebe und entschwindendes Glück.

Von einer solchen Fixierung des Begriffs Elegie ist jedoch in der uns erhaltenen Elegiendichtung der Griechen keine Rede. Mimnermos, der ihr am nächsten kommt, ist nur ein Dichter unter vielen. Die unter dem Namen des Theognis erhaltene Sammlung weist nur ganz wenige Stücke auf, die sich einigermaßen mit Römischem vergleichen lassen. Während bei Epos und Drama der Anschluß der Römer an die großen griechischen Vorbilder klar zutage liegt, ist er bei der Elegie eigenartigerweise nicht befriedigend nachweisbar.

Unter den zahlreichen Versuchen, diesen Tatbestand zu erklären, greifen wir nur zwei heraus. Der eine macht darauf aufmerksam, daß den Römern nicht allein die Texte der griechischen Dichter zur Verfügung standen, sondern auch die griechischen Theorien über die verschiedenen Gattungen der Dichtung und deren Eigentümlichkeiten. Die in Frage stehende Gattung trägt den Namen *Elegeia*, der wie manche verwandte Namen in geschichtlicher Zeit nicht mehr recht verständlich war. Man wußte nicht mehr, was er eigentlich bedeutete, und konstruierte sich eine Bedeutung, die, ohne Rücksicht auf den faktischen Bestand an elegischen Dichtungen des 7. bis 4. Jahrhunderts v. Chr., auf den Begriff des Klagelieds hinauslief. Diese Konstruktion mag es gewesen sein, die die Römer maßgebend beeinflußt hat. Hinzu kommt zweitens, daß die Form der Elegie sich als nächste anbieten mußte, wenn der römische Dichter den Bereich der Lyrik betreten wollte. Die lateinische Sprache, der Abstraktion wie der Wortfülle zugeneigt, war dem frühgriechischen Lied denkbar unangemessen; es bedurfte eines Genies wie Horaz, um in einmaliger Leistung die Werke Sapphos und des Alkaios nachzuschaffen. Die Elegie dagegen bot jenen Spielraum und jene Möglichkeit, Empfindung, Erzählung und Reflexion souverän zu mischen, wie es dem Römer wichtig war.

Davon abgesehen nahm sich der Römer eine viel größere Freiheit als der Grieche, gleichzeitig von den Werken der verschiedensten Gattungen Anregungen aufzugreifen. In der römischen Elegie stecken außer bestimmten Traditionen der griechischen Elegie auch Elemente des frühgriechischen Liedes, des hellenistischen Epigramms und schließlich sogar der bürgerlichen Komödie Menanders und seiner Zeitgenossen.

Genug, die römische Liebeselegie ist bei aller Bindung an griechische Vorbilder eine Leistung eigener Art und hat geistesgeschichtlich eine Wirkung ausgestrahlt, die diejenige der griechischen Elegie zweifellos übertrifft.

Es lohnt sich, noch kurz von einer Literaturgattung zu sprechen, die wie die Liebeselegie bei den Römern zu universaler Bedeutung gelangt ist, ohne daß es uns möglich wäre, griechische Urbilder nachzuweisen. Es ist die meist in hexametrischer Form gestaltete Satire, die ihre ersten großen Dichter schon im philhellenischen Rom des 2. Jahrhunderts v. Chr. besessen hat und für die späteren Jahrhunderte durch Horaz, Persius und Juvenal berühmt geblieben ist. Überspitzt könnte man behaupten, daß die römische Satire ebenso von ferne mit der griechischen Elegie verbunden ist wie die römische Liebeselegie, nur in genau entgegengesetzter Richtung. Wo die Liebeselegie zarte Stimmungen beschreibt, diskutiert die Satire handfeste Probleme. Ihre Qualitäten sind kunstvolle Lässigkeit im Gesamtaufbau der Gedichte, die wie das Spiel einer Debatte wirken sollen, kräftige Anschaulichkeit im einzelnen und witziges Herausarbeiten eines zentralen Gedankens. Das »Satirische« in dem Sinne, in dem wir heute das Wort verstehen, ist weder von Anfang an noch notwendig an die Gattung gebunden, auch wenn bei ihren klassischen Vertretern die Debatte meist umschlägt in eleganten oder, wie bei Juvenal, auch weniger eleganten Spott. Die Gegenstände selbst liefert die Gesellschaft, gelegentlich werden in früherer wie in späterer Zeit aber auch Probleme der Sprache, der Poetik, der Literaturgeschichte behandelt.

Die Satire des 2. Jahrhunderts v. Chr. liebt es, die zeitgenössischen Politiker Roms mit ihren Programmen und Lebensgewohnheiten aufs Korn zu nehmen; seit Horaz tritt die ironische, später grimmige Schilderung der verschiedensten Unsitten in den Vordergrund. Juvenal gibt sich als schneidend höhnender Eiferer und hat mit seinen Beschreibungen der abgrundtiefen Korruption in der römischen Gesellschaft des späteren 1. Jahrhunderts n. Chr. einen weitreichenden, nicht unbedingt verdienten Einfluß ausgeübt. Er ist einer der ersten Literaten Europas, bei dem die heilige Entrüstung über den Skandal in ein fatales Vergnügen am Skandalösen übergeht.

Griechische Diskussionsdichtungen, die den römischen Satiren unmittelbar zum Vorbild hätten dienen können, kennen wir nicht. Mehr noch als bei der Liebeselegie haben wir bei der Satire den Eindruck, daß die Römer aus einer ganzen Reihe griechischer Elemente verschiedener Herkunft etwas Neues und Eigenes geschaffen haben. Die Griechen besitzen eine iambische Dichtung, in früher Zeit in Spott- und Haßgedichten sich ergehend, während bei Kallimachos, dem größten der hellenistischen Dichter, die Polemik zurücktritt und die Iamben vorzugsweise weltmännisch und läßlich vorgetragene Erzählungen bringen. Der rücksichtslose Angriff auf Torheiten und Sittenlosigkeit der Zeitgenossen ist im Hellenismus die Domäne der – nicht ganz zutreffend so genannten – Popularphilosophie; und den Witz und die Fähigkeit, in wenigen Zeilen eine komisch-groteske Situation zu zeichnen, hat die Satire bei der attischen Komödie des 5. Jahrhunderts v. Chr. entlehnt, wie Horaz ausdrücklich hervorhob. Nehmen wir dazu das starke Interesse des Hellenismus an der Diskussion literaturgeschichtlicher und poetischer Probleme, so erkennen wir, daß jeder Einzelzug der römischen Satire irgendwo im griechischen Bereich seine Wurzeln hat. Das Ganze ist aber doch etwas Neues und hat sich als römische Leistung erstaunlich lebenskräftig gezeigt.

Die Tragödie

Unter allen Formen der griechischen Dichtung steht in seiner weltgeschichtlichen Wirkung das attische Drama des 5. und 4. Jahrhunderts v. Chr. bis auf den heutigen Tag unbestritten an der Spitze. Es kann natürlich nicht unsere Aufgabe sein, dem geschichtlichen Ursprung von Komödie und Tragödie nachzugehen. Dies kommt um so weniger in Betracht, als die griechischen Berichte darüber weit mehr zur Verdunkelung als zur Aufhellung der Tatbestände beitragen. Die Berichte sind entweder von kulturphilosophischen Theoremen oder von kulturpolitischen Ansprüchen gewisser griechischer Staaten beherrscht. Im ersten Falle liebte man es, sich vorzustellen, daß die Tragödie aus urwüchsig derben Gesangs-, Tanz- und Maskendarbietungen zu Ehren des Bauerngottes Dionysos erwachsen sei, im zweiten stritt man darüber, ob eigentlich den zum ionischen Stamm gehörenden Athenern oder den dorischen Peloponnesiern der Ruhm gebühre, Schöpfer des Dramas zu sein. Der Streit begann damit, daß im späten 5. Jahrhundert v. Chr. die Athener den anmaßenden Kriegern Spartas gegenüber immer energischer auf ihre kulturellen Leistungen pochten, unter denen das Drama, die Tragödie, die erste Stelle einnahm. Die Peloponnesier replizierten damit, daß sie in verschiedenen dorischen Landschaften dramenartige Aufführungen nachwiesen, die sehr viel älter wären als die Tragödie und Komödie Athens. Diese Nachweise sind entweder glatte Fälschungen oder völlig unkontrollierbar; nur in einigen Fällen sind sie ernsthafter Beachtung wert. Den Anspruch Athens konnten sie freilich nicht erschüttern.

Ärgerlich ist, daß der ursprüngliche Sinn der beiden Wörter Tragödie und Komödie untergegangen ist. Die erhaltenen Zeugnisse zeigen, daß schon das späte 5. Jahrhundert v. Chr. nicht mehr sicher wußte, was sie eigentlich bedeuteten, und daß gerade diese Unsicherheit den Spielraum für alle möglichen, oft die absurdesten Hypothesen freigab. Wir lassen hier diese Dinge auf sich beruhen und halten nur fest, daß die Tragödie ihrem innersten Wesen nach ein Kind des homerischen Epos ist, während die Komödie zweifellos auf volkstümliche Lustbarkeiten zurückgeht, in der Mitte des 5. Jahrhunderts v. Chr. aber ganz bewußt zu einem Gegenstück der Tragödie stilisiert wurde.

Noch eindrucksvoller als am Epos ist am Drama zu beobachten, wie rücksichtslos streng die Griechen bei der Auswahl des Vollkommenen und Gültigen vorgegangen sind. Der moderne Leser macht sich selten klar, daß die athenischen Dichter des 5. und 4. Jahrhunderts v. Chr. eine außerordentlich reiche Produktivität entfaltet haben. Es hat Jahrzehnte gegeben, in denen Jahr für Jahr Dutzende von Tragödien und Komödien geschrieben und den Leitern der Festspiele, an denen sie aufgeführt werden sollten, eingereicht worden sind. Aber schon in der Mitte des 4. Jahrhunderts v. Chr. steht es fest, daß nur drei Tragiker Klassisches geleistet haben, Aischylos, Sophokles und Euripides. Aus dem Oeuvre dieser drei wurde wiederum eine Auswahl des Geglücktesten und Repräsentativen getroffen, eine Auswahl für den eiligen Leser wie für die Schule. Die umfänglichen Gesamtausgaben traten zurück und fanden sich wohl schon in ciceronischer Zeit nur noch in besonders reichbestückten Gelehrten- und Liebhaberbibliotheken. Lediglich Euripides, der als der tragischste der Tragiker galt und sprachlich keine besonderen Schwierigkeiten bot, wurde bis gegen Ende des Altertums noch in ziemlicher Vollständigkeit gelesen.

Der Wille zur Auswahl des Besten wirkte sich aber auch in anderer Weise aus. Aristoteles spricht in kühl konstatierender Weise aus, was keineswegs bloß sein eigener Gedanke war: »Die ältesten Tragiker haben die beliebigsten Stoffe abgehandelt, jetzt dagegen sind die vollkommensten Tragödien auf wenige Mythen konzentriert.« Es werden also auch die Stoffe einem Prozeß dauernder Elimination des nicht hinlänglich Tragischen unterworfen. Das unvermeidliche Ende ist eine Erschöpfung der gesamten Gattung. Aus den Geschichten von Oidipus, von Orestes ließen sich nicht immer wieder neue tragische Situationen entwickeln, wenn man nicht ins Abseitige, Künstliche und Unwahrscheinliche abgleiten wollte.

Schon Euripides ist zuweilen der begreiflichen Versuchung erlegen, einem traditionellen Stoff durch Benutzung entlegener Sagenvarianten oder durch kühne psychologische Akzentuierung neue Effekte abzugewinnen, die dann aber doch nicht zu überzeugen vermochten.

So also wird es zu erklären sein, daß die Tragödie im Laufe des 4. Jahrhunderts v. Chr. erstaunlich rasch innerlich abgestorben ist. Von den Tragikern, die Aristoteles als seine Zeitgenossen anführt, hat sich kein einziger mehr durchsetzen können; einige sind fast völlig verschollen. Der Hellenismus hat noch da und dort Tragödien geschaffen. Doch das wenige, was wir wissen, geht bezeichnenderweise fast ausschließlich auf die römische Tragödie zurück. Als die Römer in der zweiten Hälfte des 3. Jahrhunderts v. Chr. begannen, sich eine eigene Tragödiendichtung und eigene Tragödienaufführungen in griechischem Stil zuzulegen, da griffen sie ganz natürlich zum nächsten Vorbild: den Aufführungen, die sie als Gäste in den Griechenstädten Süditaliens und Siziliens miterlebten. In diesen Theatern wurden neben vielem von Euripides und Sophokles auch allerlei Novitäten dargeboten. Die römischen Dichter, deren Wunsch, auf der Höhe der Zeit zu stehen und das Neueste auf die Bühne zu bringen, gelegentlich größer gewesen sein dürfte als ihr guter Geschmack, haben sich gern an diese Novitäten gehalten. So sind uns Tragödientitel und Tragödienfragmente erhalten, die auf die Produktion des griechischen Hellenismus zurückgehen. Noch die Tragödien Senecas – die einzigen römischen Tragödien, die wir ganz besitzen – verraten da und dort den Einfluß dieser Epoche. Die großen, auf dem Mythos homerischer Zeit beruhenden Stoffe sind da auf eine Weise umgebogen und weitergesponnen worden, die zuweilen das Abstruse streift. Man versteht, daß solchen Werken nur ein vorübergehender Erfolg beschieden war und daß für das allgemeine Bewußtsein der Gebildeten die Epoche der großen klassischen Tragödie mit dem Tode des Euripides und des Sophokles ihr Ende gefunden hatte. Was nachfolgte, waren nur noch Epigonen.

Bei der Komödie liegen, um diesen Punkt vorwegzunehmen, die Verhältnisse anders. Zwar endet auch bei ihr eine erste Blütezeit ungefähr in demselben Augenblick, in dem die klassische Tragödie abstirbt. Und sie steht nicht bloß darin im Schatten der Tragödie, daß sie diese – trotz völliger Verschiedenheit nach Ursprung und Stoff – in Umfang und Bau der Stücke nachzubilden sich bemüht. Als Gegenbild zu den drei Tragikern sind auch aus der Masse der Komödiendichter des 5. Jahrhunderts drei Klassiker ausgewählt worden: Aristophanes, Eupolis und Kratinos; endgültig durchgesetzt hat sich freilich nur der erste. Die Komödie nach Aristophanes ist jedoch nicht ebenso schnell untergegangen wie die Tragödie nach Sophokles und Euripides. Ihr Gegenstand, das Leben und Meinen des athenischen Bürgers, war nicht so leicht zu erschöpfen wie der hohe Mythos.

Es folgt also eine zweite Epoche kräftigen Gedeihens, die vom Beginn des 4. Jahrhunderts v. Chr. an über hundert Jahre dauerte. Sie ist allerdings nicht einfach die Fortsetzung der Komödie des 5. Jahrhunderts v. Chr. Hatte diese munter, grotesk und hintergründig mit den politischen und kulturellen Größen Athens ihr Spiel getrieben, so wandte sich das 4. Jahrhundert v. Chr. der reinen Gesellschaftskomödie zu. Die Figuren des verschwenderischen jungen Herrn, des schlauen Sklaven, des geizigen und verliebten Alten, die im 5. Jahrhundert nur ein Ingrediens in einer genialisch bunten Fülle gewesen waren, treten nun in den Mittelpunkt und schaffen jenen Typus der Komödie, der über Plautus und Terenz auf Molière und die moderne Komödie eingewirkt hat. Doch darüber sei später noch einiges bemerkt. In der ersten Hälfte des 3. Jahrhunderts v. Chr. fand auch die Entwicklung der Komödie ihr Ende.

Diese zweite Blütezeit der Komödie wurde von der antiken Literaturgeschichte weiter aufgeteilt in die Periode der Mittleren und die der Neuen Komödie. Was diese Teilung bedeuten sollte, ist uns nicht mehr ganz klar. Aus der Neuen Komödie wurde abermals eine Trias von Klassikern nach dem Vorbild der Tragödie herausgehoben. An der Spitze steht Menander, dessen liebenswürdige, geistig anspruchslose Werke bis über das Ende der Antike hinaus eine ähnliche Rolle gespielt haben wie die Tragödien des Euripides. Sie wurden eine Lieblingslektüre der Schule und des durchschnittlich Gebildeten.

Nun zurück zur Tragödie; unsere Aufgabe kann hier nur sein, das Gebilde als solches ins Auge zu fassen und entschlossen von den wahrhaft zahllosen Problemen abzusehen, die sich auf den Ursprung der Gattung, auf das Verhältnis der drei großen Tragiker zueinander und auf die künstlerische Entwicklung jedes Einzelnen beziehen.

Das grundlegende Moment wurde schon hervorgehoben. Es ist die Bindung an das homerische Epos, dem die Tragödie nicht nur die Mehrzahl ihrer Stoffe, sondern vor allem das Tragische als Idee entnimmt. Tragisch ist die Gestalt des hoffnungslos kämpfenden Hektor, in anderer Weise sind es Achilleus und Agamemnon, sodann, wenn wir über Ilias und Odyssee hinausblicken, der thebanische Oidipus und manche Züge im weit ausholenden Herakles-Mythos.

Wenn das Tragische dort entsteht, wo die Zukunft ohne Hoffnung ist und die Vergangenheit keine Sicherheit schafft, weil ihr immer irgendwo eine unfaßbare Schuld beigemischt ist, so werden wir folgern, daß es geschichtlich nur in dem besonderen Raum des griechischen Denkens hat entstehen können. Wesenhaft gläubige Epochen bringen keine Tragödien hervor. Der vor Gott Gerechte handelt nie ohne Hoffnung, und alle Schuld wandelt sich zur Sünde vor Gott, der die Macht hat, zu strafen und zu vergeben. Für das Tragische bleibt kein Platz. Aber auch völlig profane Epochen kennen keine Tragödien, und der ebenso reichliche wie flüchtige Gebrauch des Begriffs des Tragischen im 19. und 20. Jahrhundert beweist dies gerade. Wo das Ziel des Lebens darin besteht, sich ein Maximum an materiellem Behagen zu erkämpfen, und wo jede Schuld sich wandelt in ein aus den Verhältnissen erklärbares Versagen, verlieren Gestalten wie Hektor oder Oidipus ihren Sinn.

Das Tragische in dem für uns wesentlichen Sinn kommt rein nur in verhältnismäßig wenigen Dramen zum Vorschein, so vor allem im König Oidipus des Sophokles und in der Orestie des Aischylos; bei Euripides werden wir schon unsicher. Allerdings hat schon die

Antike den König Oidipus des Sophokles zu den schlechthin vollkommenen Tragödien gezählt. Und wenn wir uns nun kurz der von Aristoteles in der Poetik unternommenen Analyse der Tragödie zuwenden, weil sie manchem äußern Anschein zum Trotz als repräsentativ für die griechische Auffassung der Tragödie überhaupt gelten darf, so ist unschwer zu erkennen, daß die »Modelltragödie« in weitem Umfang eben dieses Stück gewesen ist. Das Wesen des Tragischen bestimmt Aristoteles folgendermaßen:

> Klar ist zunächst, daß nicht edle Menschen beim Umschlag von Glück in Unglück gezeigt werden sollen (denn dies erzeugt bloß Widerwillen) noch auch der Übergang schlechter Menschen von Unglück in Glück (denn dies läuft dem Geist der Tragödie völlig zuwider); noch darf der gar zu Schlechte aus Glück in Unglück stürzen (eine solche Erfindung ist zwar menschenfreundlich, verfehlt aber auch den Zweck der Tragödie). Es bleibt also nur der Fall, daß ein Mensch, der an Tugend und Gerechtigkeit nicht ganz vollkommen ist, ins Unglück gerät, aber nicht durch Schlechtigkeit und Gemeinheit, sondern durch irgendeinen Fehler. Und zwar muß er zu denjenigen zählen, die großen Ruhm und großes Glück besessen haben, wie Oidipus oder Thyestes.

Der moderne Leser wird sich zunächst von der prosaischen Nüchternheit dieses Schemas (das in der Übersetzung nur wenig vereinfacht wurde) abgestoßen fühlen. Unleugbar hat aber Aristoteles klar herausgearbeitet, was er sagen will. Träger der dramatischen Handlung ist der Mensch, sofern er sittlich gut oder schlecht ist. Die Handlung selbst schwingt zwischen Glück und Unglück. Die Definition steuert unverkennbar auf die Formel hin, tragisch sei der Absturz des sittlich guten Menschen aus dem Glück ins Unglück. In der Tat führt dieses Paradoxon, das Unglück des Gerechten, zum Zentrum der tragischen Handlung hin; umgekehrt erweist sich auch, daß die Haltung des Gläubigen wie des Philosophen, die beide von ihrer Voraussetzung aus das Paradoxon für nichtig erklären, die Entfaltung einer tragischen Handlung ausschließt.

Indessen gilt auch bei Aristoteles das Paradoxon nicht unbedingt. Es erfährt an beiden Gliedern eine Modifikation. Einmal ist nicht vom Gerechten schlechthin die Rede, sondern von einem Täter, der keine Schlechtigkeit, wohl aber einen Fehler begeht. In diesem Begriff des Fehlers verbirgt sich die tragische Schuldhaftigkeit, die zwischen ungewolltem Schicksal und gewollter Verletzung des von Gott oder Menschen gesetzten Rechtes liegt. Sie ist Irrtum, aber nicht im Sinne einer Fehlberechnung; sie ist Schuld, die Vergeltung fordert, aber nicht im Sinne eines Verbrechens, das eine Bestrafung nach sich zieht. Denn auch dies gehört zum Tragischen: der Schuldige weiß nicht, worin seine Schuld besteht oder wer zur Rechenschaft zieht, wer eine Strafe verhängen oder wer von der Schuld reinigen könnte. Die Schuld ist im strengen Sinne unsühnbar: nicht, weil sie so entsetzlich wäre, sondern weil es keine bekannte Instanz gibt, die eine Sühnung zu vollziehen in der Lage wäre.

Allerdings spielt auch die Größe der Schuld eine Rolle. Aristoteles bemerkt ausdrücklich, daß nicht der Sturz aus irgendeinem Glück in irgendein Unglück die Tragödie ausmache, sondern nur der Sturz aus sehr großem Glück in sehr großes Unglück, und wir werden hinzufügen dürfen: durch eine Schuld, die der Größe des einen wie des andern angemessen ist. Damit taucht die nicht leicht faßbare Kategorie der »Dimension« einer Handlung auf. Sie steht der Quantität nahe, ohne doch mit ihr identisch zu sein. Es gibt großes und kleines Planen, Handeln und Scheitern, und das Tragische ist im Großen zu Hause. Der Alltag kennt keine Tragik – falls man unter Tragik etwas anderes verstehen will als die Fehlgriffe und Enttäuschungen, die jedem Einzelnen jeden Tag unterlaufen. Und in der Tat hat Aristoteles im Sinne der drei attischen Tragiker anderes darunter verstanden. Seine Formel klingt naiv, ist es aber, wenn man näher zusieht, keineswegs.

Fragen wir nun weiter, wie Aristoteles die Tragödie den Umschlag von Glück in Unglück vollziehen läßt. Die Kunst besteht darin, die Handlung, unvermerkt für den Handelnden, vorausahnbar für die Zuschauer, an den Punkt heranzuführen, an dem plötzlich alles anders wird, als es geplant und erhofft war: die *Peripetie*, das »Umstürzen« der Handlung »in ihr Gegenteil«, wie es Aristoteles nennt. Und zwar erfolgt der Umschlag durch das »Entdecken« *(anagnóvisis)*, als Umschlag »aus Unwissenheit in Erkenntnis«: bisher unbekannte Tatsachen treten unerwartet ans Licht, die wahre Identität von Personen, über die zuvor Irrtum und Mißverständnis herrschten, wird plötzlich enthüllt. Es ist in der Tat eminent griechisch, wie hier die tiefe Überzeugung, daß jederzeit alles anders herauskommen könne, als der Mensch es geplant hatte, wie das grenzenlose Mißtrauen dem Lauf der menschlichen Dinge gegenüber zum Angelpunkt großer Dichtung wird.

Jene Überzeugung und jenes Mißtrauen sind vor allem in der Lyrik längst schon ausgesprochen worden, ehe es Tragödien gab. Als ein Grundzug griechischen Wesens fließen sie dann in die Tragödie ein und werden im Begriff der Peripetie technisch formulierbar. Und abermals werden wir bedenken, daß geschichtliche Epochen, die das griechische Mißtrauen gegenüber allem Kommenden durch das Vertrauen auf die gnädige Lenkung Gottes oder durch die Zuversicht, daß alles organisierbar sei, überwunden haben, ihrer innersten Natur nach keine Tragödien hervorbringen können.

Was ist schließlich das Ziel der Tragödie? Welche Wirkung erstrebt sie auf Zuschauer und Leser? Die Antwort gibt Aristoteles – vor allem im berühmten sechsten Kapitel seiner Poetik – gewissermaßen in zwei Stufen. In der ersten Stufe schöpft er ohne Zweifel aus Praxis und Theorie der großen Tragiker selbst. Es ist die Erregung von »Furcht und Mitleid«, wie wir wohl oder übel die griechischen Worte übersetzen müssen. Das erschreckte Staunen über den Umschlag aus ungeheurem Besitz und Anspruch in ungeheure Vernichtung ist das eine, das andere das Sich-betroffen-Fühlen durch den Jammer der Vernichtung, an dem ein Stück des allgemeinen Menschenloses sichtbar wird. Was der Tragiker will, ist Erschüttern und Rühren; noch aus späten karikierenden Berichten dürfen wir erahnen, daß den Zuschauern des Sophokles und Euripides wohl nicht selten die heißen Tränen gekommen sind.

Der Tragiker würde also seine Absicht verfehlen, wenn er bloß aus gemessener Distanz erzählen, noch mehr, wenn er belehren wollte. Wohl ist es mit der Vorführung von Greueln und Elend keineswegs getan; was der Tragiker will, ist jene eigentümliche Herrschaft über die Seele des Zuschauers *(psychagogia)*, in der für kühles Räsonnement und nachrechnende Kritik kein Platz mehr bleibt. Daß dies ein legitimes Ziel der Dichtung ist, wird man nicht bestreiten können; – ebensowenig aber, daß eine sich selbst getreue Philosophie eine derartige Zielsetzung mit dem größten Mißtrauen betrachten wird. Denn die Philosophie will gerade, daß der Mensch als Vernunft Herr über sich selbst bleibt; sie glaubt, daß sich von der Entscheidung zwischen Gut und Schlecht nichts abmarkten läßt, und ist überzeugt, daß der wahrhaft Gute niemals wirklich unglücklich werden kann. So hat denn im Namen dieser Gedanken Platon die Tragödie vollständig aus seinem Staat verbannt, und andere Sokratiker dürften es ihm gleichgetan haben. Eine Anekdote aus platonischer Zeit behauptet sogar, schon Solon habe die Aufführung von Tragödien (die es in Wirklichkeit zu Solons Zeit noch gar nicht gab) als unerwünscht verboten.

Aristoteles mochte nicht so weit gehen. Für ihn war die große Tragödie des 5. Jahrhunderts v. Chr. eine schon klassisch gewordene Realität, die sich nicht leichthin beiseite schieben ließ. So ergänzte er denn die traditionelle Bestimmung »Furcht und Mitleid« durch ein neues Moment, das die Tragödie philosophisch einzuordnen erlaubte. Es ist der seit der Renaissance in Hunderten von Abhandlungen kommentierte Nachsatz zu seiner Definition der Tragödie, wonach sie »mit Hilfe von Mitleid und Furcht eine Reinigung von eben derartigen Affekten« bewerkstelligt. Die Abhandlungen wären wohl nicht so zahlreich geworden, wenn uns Aristoteles etwas näher erklärt hätte, was er unter dieser »Reinigung« *(kátharsis)* verstanden wissen wollte. Aber das geschieht nicht. Man muß es beinahe ein unglückliches Versehen des erhaltenen Manuskripts der aristotelischen Poetik nennen, daß ausgerechnet dieser Teil der Definition der Tragödie mit keinem Worte erläutert wird. Die Sachlage ist um so seltsamer, als der einzige Abschnitt im Werk des Aristoteles, der noch von der Reinigung durch die Kunst spricht, an der entscheidenden Stelle bemerkt, es werde, was unter Reinigung zu verstehen sei, in den Untersuchungen über die Dichtkunst genauer erklärt werden – aber der erhaltene Text schweigt darüber.

Immerhin ist im großen und ganzen klar, was gemeint ist. Der in seinem eigenen Leben von Angst und Jammer beschwerte Mensch fühlt sich durch das Anschauen tragischer Geschehnisse auf der Bühne irgendwie erleichtert. Im Betrachter entsteht eine Stimmung heiteren Gefaßtseins und überwindender Beruhigung. Wer für solche Dinge überhaupt empfänglich ist, wird dies heute noch angesichts der aischyleischen Orestie oder der Oidipus-Tragödien des Sophokles zu empfinden vermögen, und eben dies muß auch Aristoteles im Auge gehabt haben, wie immer man im übrigen den Vorgang psychologisch interpretieren und den von Aristoteles herangezogenen Begriff der Reinigung historisch-philologisch ableiten mag.

Auf diese Weise suchte Aristoteles Platon zu widerlegen. Die seelische Erregung ist nicht das Letzte, wie jener gemeint hatte, sondern auf sie folgt die Beruhigung und eine Gestimmtheit, die auch der Philosoph nicht mehr ohne weiteres verurteilen kann.

Peripetie und Entdeckung nannten wir als Mittelpunkte der tragischen Handlung, Furcht und Mitleid als die Absicht des tragischen Dichters. Aber eines wird sich gerade der moderne Leser vergegenwärtigen müssen. Die attische Tragödie beruht von ihren ältesten uns bekannten Vertretern an auf einer reich ausdifferenzierten und ganz bewußt angewandten dichterischen Technik. Streckenweise liest sich die aristotelische Poetik wie ein Auszug aus einem Handbuch solcher Technik, und dieser Eindruck ist gewiß nicht falsch. Aufgeführt werden etwa sechs qualitative Teile der Tragödie; von Mythos und Charakter bis zu Bühnenbild und Musik, dann vier quantitative Hauptteile, von denen das Chorlied der auffallendste ist. Vorschriften werden gegeben, wie eine tragische Handlung aufzubauen ist, ausführlich verbreitet sich Aristoteles über die sprachlichen Mittel, deren sich der tragische Dichter bedienen darf. Überlegungen dieser Art hat sicherlich schon Aischylos angestellt, erst recht Sophokles und Euripides. Was Aristoteles bietet, ist nur die Quintessenz einer Tradition, die schon am Ende des 5. Jahrhunderts v. Chr. recht ansehnlich gewesen sein muß.

Dies ist wichtig, wenn wir nun verfolgen, wie schnell und anscheinend mühelos die Römer in der zweiten Hälfte des 3. Jahrhunderts v. Chr. die Tragödie übernommen haben. Dabei lagen die Verhältnisse da noch komplizierter als im Falle des homerischen Epos. Tragödien wollen aufgeführt sein, und Aufführungen setzen eine weit verzweigte Organisation voraus. Weiterhin stellen die attischen Tragödien an die geistige Aufnahmebereitschaft des Zuschauers und Lesers ganz andere Anforderungen als das Epos.

Man stelle sich einmal vor, was es bedeutet haben muß, wenn inmitten eines altväterisch frommen, an strengste gesellschaftliche Disziplin, an harte Arbeit und peinlich genaue Erfüllung aller religiösen, politischen und militärischen Pflichten gewöhnten Volkes Tragödien etwa der Art des aischyleischen Agamemnon oder der euripideischen Frauendramen (Medea, Danae, Iphigeneia und andere) zur Schau gestellt wurden, Werke voll düsterer Verhängnisse, verwegener Liebschaften und fürchterlicher Verbrechen. Die Schnelligkeit der Rezeption wird nur verständlich, wenn wir zum einen bedenken, daß für die handwerkliche Organisation die großen Griechenstädte Süditaliens und Siziliens ein Vorbild lieferten, das vermutlich generationenlang sklavisch nachgeahmt wurde; wenn wir zweitens auf die soeben berührte Tatsache zurückgehen, daß die griechische Literatur nicht bloß Texte bot, die zur Bearbeitung lockten, sondern auch poetische Theorien und Handbücher, die darüber belehrten, was zu einer perfekten Tragödie gehört und wie eine solche anzufertigen sei; und wenn wir schließlich in Rechnung stellen, daß es seit dem zweiten Punischen Krieg (219–202 v. Chr.) in Rom eine Gesellschaftsschicht gegeben haben muß, die nicht nur entschlossen war, sich die hellenische Kultur gerade in deren repräsentativen Leistungen anzueignen, sondern die auch von den fremdartigen, ja schockierenden Zügen des tragischen Mythos unmittelbar fasziniert wurde.

Schon in der Jugendzeit Ciceros war der Bestand an Tragödien in lateinischer Sprache so beträchtlich, daß man nach dem Vorbild der Griechen drei Klassiker herausheben konnte. Allerdings verlief von da an die Entwicklung anders als bei den Griechen. Noch Cicero hat zwar an den römischen Tragikern mit Liebe festgehalten. Aber die nachfolgende Generation, die Zeit des Augustus, entdeckte, daß die Aneignung doch sehr viel mühseliger und unvollkommener geschehen war, als man bis dahin hatte wahrhaben wollen. Horaz und seine Gesinnungsgenossen müssen vernichtend über die Tragödie der römischen Republik geurteilt haben. Daran ist sie untergegangen. Wir besitzen nur noch dürftige Zitate, bei Cicero und in der gelehrten Literatur.

Versuche, eine neue, modernere und geschmackvollere Tragödie zu schaffen, sind gelegentlich unternommen worden. Geschichtlichen Erfolg hat jedoch nur ein Dichter errungen. Es ist der als Philosoph bekannte L. Annaeus Seneca, dessen Dramen die einzigen ganz erhaltenen Tragödien in lateinischer Sprache sind.

Lehrreich und eindrucksvoll ist es, an ihnen zu beobachten, was der Römer aus seinen griechischen Vorbildern (Medea, Oidipus, Agamemnon) gemacht hat. Für den griechischen

Dichter ist die Stück um Stück zur Peripetie sich verflechtende Handlung das Entscheidende. Für Seneca tritt die Handlung ganz zurück; der Handlungsfortschritt wird zu Beginn und Ende der einzelnen Szenen in wenigen Versen skizziert, mehr nicht. Worauf es allein ankommt, ist das innere Leben der Szenen, das Anschwellen und Verebben der Leidenschaft, das ruhelose Kreisen um einen einzigen Gedanken. Und während bei den Griechen die handelnden Gestalten zwar große Menschen, aber doch Menschen sind, die aus schmerzlicher Leidenschaft immer wieder zurückfinden zu einfachem Gespräch und ruhiger Reflexion, tobt durch die Helden Senecas ein unbarmherziges Fortissimo des Hasses, der Verzweiflung, des Grauens.

Man hat in neuerer Zeit versucht, dem Tragiker Seneca mit dem Schlagwort Rhetorik beizukommen, einem Schlagwort, das nur selten etwas zu klären vermag und meist bloß Verwirrung stiftet und überdies in dem uns vertrauten Sinne mit Seneca überhaupt nichts zu schaffen hat. Was an Seneca überwältigt, ist die Intensität, mit der jede tragische Situation bis zur äußersten Grenze ausgekostet wird. Tyrannen gibt es auch bei Sophokles und Euripides. Doch erst bei den Römern werden sie zu monumentalen Inkarnationen der Ruchlosigkeit; und gerade von den Tyrannengestalten wissen wir, daß sie schon in der Tragödie der Republik wie dann bei Seneca ins Ungeheure gesteigert waren. Auch bei Euripides und Sophokles gibt es Götterzeichen und Unterweltsschilderungen. Aber erst die Römer – und Seneca im besonderen – mischen da hinein ein Element des grauenvoll Gespenstischen. So eng im allgemeinen der Anschluß der Römer an die Griechen war, in der Freude des römischen Tragikers am maßlos Entsetzlichen, am Wirken und Erleiden unmenschlicher Grausamkeit offenbart sich ohne jeden Zweifel ein den Römern eigentümlicher Charakterzug.

Das antike Christentum ebenso wie das christliche Mittelalter kennen keine Tragödien. Mögen in Schilderungen des Leidens Christi oder des gefahrvollen Weges der Heiligen Reminiszenzen an die antike Tragödie einfließen, tragisch ist weder der Tod Christi noch das Martyrium der Heiligen, weil hier wie dort der Wille Gottes geschieht, der jedem gibt, was ihm zukommt.

Renaissance und Barock kehren zu antikischer Gestimmtheit zurück. Sie halten sich zunächst an Seneca, dessen Einfluß im 16. und 17. Jahrhundert überaus groß gewesen ist. Er hat, wenn auch in ganz verschiedener Richtung, auf die französische Tragödie wie auch auf Shakespeare und dessen Umwelt eingewirkt. Gleichzeitig fand man zu Seneca die Theorie in der aristotelischen Poetik, von der lateinische Übersetzungen mit umfangreichen Kommentaren gedruckt wurden. Daneben wurden Sophokles und Euripides natürlich nicht vernachlässigt, aber einen Zugang zu ihnen, der nicht über Seneca und Aristoteles führte, fand doch erst das spätere 18. Jahrhundert.

Das 19. Jahrhundert brachte radikale Umwertungen. Seneca wurde als Geschwätz, Aristoteles als Schulmeisterei beiseite geschoben, unter den Attikern sank Euripides in der Schätzung immer tiefer, Aischylos stieg höher, während Sophokles mit Oidipus und Antigone sich gegen jeden Angriff zu behaupten vermochte. Für die Aneignung des Tragischen durch den Geist des 19. und 20. Jahrhunderts hat Nietzsche im Guten wie im Schlimmen Entscheidendes geleistet. Ein arger Mißgriff war seine Erstlingsschrift, soweit sie roman-

Oidipus vor der Sphinx
Vasenbild auf einer Pelike, 450–440 v. Chr. Berlin, Ehem. Staatliche Museen, Antikenabteilung

Komödianten
Terrakottastatuetten aus Taras, 4. Jahrhundert v. Chr. Tarent, Nationalmuseum

tischen Spekulationen über Apollinisches und Dionysisches nachhing, die der Grieche des 5.Jahrhunderts v. Chr. einfach nicht begriffen hätte, und soweit sie unter dem Einfluß Wagners die Tragödie in einer Weise aus dem Geiste der Musik erklärte, die den Zugang zum Wesen des Tragischen geradezu versperren mußte. Doch gibt es daneben Äußerungen des späten Nietzsche, die nicht wenig dazu beigetragen haben, den Raum für das Verständnis der antiken Tragödie freizuhalten. In den Stammländern der europäischen Kultur finden die Tragödien des Aischylos, Sophokles und Euripides bis in die Mitte des 20.Jahrhunderts ihr Publikum. Es fehlt auch nicht an Nachdichtungen in verschiedenen Sprachen. Ja, das Drama als Gattung bewegt sich noch heute, von einzelnen Experimenten abgesehen, die eindrucksvoll, aber nicht entwicklungsfähig sind, in dem durch die attische Tragödie des 5.Jahrhunderts v. Chr. abgesteckten Bezirk. Die Griechen haben da etwas geschaffen, was nicht nur in einer bestimmten Linie der Tradition ehrwürdig geblieben ist, sondern was eine bestimmte Situation des Menschen ein für allemal gültig und in gültiger Form, also »klassisch«, gestaltet hat.

Die Klassiker der attischen Komödie

Die attische Komödie ist zwar ihrem Ursprung nach von der Tragödie durchaus verschieden, in ihrer klassischen Form aber aufs stärkste durch sie beeinflußt; von Aristophanes bis Menander verrät sie das Streben, sich als ebenbürtiges Gegenstück zur Tragödie zu behaupten. Wichtiger ist aber, sich von vornherein klarzumachen, daß die Komödie geistig und in ihrem Verhältnis zu Zuschauer und Leser von ganz anderen Voraussetzungen ausgeht als die Tragödie. Ihr steht kein Mythos, keine Galerie bedeutender und allbekannter Schicksale der Vorzeit zur Verfügung, der sie wie aus einem Arsenal den Stoff entnehmen könnte; denn diejenigen Komödien, die die Mythen parodieren, spielen, aufs Ganze gesehen, keine entscheidende Rolle. Was sich der Komödie anbietet, sind typische Situationen des Lebens, die sich in den Charakteren des Prahlhans, des Rüpels, des Weichlings, des Abergläubischen wie des Aufgeklärten, des Geizhalses wie des Verschwenders verdichten. Das eigentlich Komische liegt im einzelnen, in der Nuance, die das Lächerliche vom Vernünftigen scheidet. Die intensivste Komik entwickelt der Dichter an der realen Situation; da darf er allerdings nur bei demjenigen Zuschauer auf volles Verständnis rechnen, der über die Situation ebenso genau Bescheid weiß wie er selbst. Die Komödie kann auch ihre Absicht verfehlen. Entweder ist sie unzulänglich oder falsch informiert und trifft mit ihrem Witz daneben, oder sie läßt sich von dem Wunsch nach breiter Wirkung verführen, beim Typischen und Allgemeinen zu bleiben und auf das einzelne zu verzichten; dann ist die Gefahr groß, daß sie flach und langweilig wird. Und Langeweile ist der Tod der Komödie.

Die Komödie ist also sehr viel voraussetzungsreicher als die Tragödie. Gerade weil sie dem konkreten Leben des Jahrhunderts, der Generation und gar des Jahres, in dem sie geschrieben ist, unmittelbar zugehört und aus ihm erwächst, ist sie späteren Generationen nur in dem Maße verständlich, als die Erinnerung an jenes konkrete Leben wach bleibt. Im höchsten Grade gilt dies von Aristophanes. Während der moderne Leser – und schon der Leser der späteren Antike – die Werke des Sophokles und Euripides auf sich wirken lassen kann, ohne daß er sich um ihre historischen und literaturgeschichtlichen Hintergründe zu kümmern braucht, bedarf der genialische Witz des Aristophanes und seiner Genossen umfangreicher Erläuterungen, um überhaupt begriffen zu werden.

Die tragische Situation ist nur denkbar in einer Welt, die zwischen echtem Glauben und platter Aufgeklärtheit die Mitte hält, und dennoch haben wir zu den attischen Tragödien einen unmittelbaren Zugang. Die Situation der Lächerlichkeit dagegen ist im Menschen überhaupt angelegt, und wir können annehmen, daß bestimmte Typen des Lächerlichen in den Literaturen aller Völker auftreten. Der geschichtlichen Wirkung komödienartiger Dichtungen sind aber außerordentlich enge Grenzen gesetzt. Die vollkommensten Komödien des Aristophanes sind in ihrem Witz nur zu verstehen auf Grund breitester Kenntnis der politischen, sozialen und kulturellen Zustände ihrer Zeit; man muß sich die Gestalten der großen Politiker und Literaten anschaulich vor Augen halten, um zu erkennen, wie sie karikiert werden; man muß sich den Tageslauf des athenischen Spießbürgers klarmachen, um die Vorgänge auf der Bühne richtig genießen zu können; auch den Sprachgebrauch der Zeit muß man beherrschen, um herauszufinden, wo der Dichter mit Absicht ein ordinäres Wort verwendet oder wo er den hohen Stil der Tragödie und die pedantische Diktion der Gelehrsamkeit parodiert. So sind die uns erhaltenen Komödien des Aristophanes nur deshalb gerettet worden, weil sie dem wißbegierigen Hellenismus eine Fülle von Informationen über das größte Jahrhundert der athenischen Geschichte zu liefern vermochten. Man lernte an ihnen die reinste attische Sprache und fand eine Menge von Einzelheiten über das Leben von Männern wie Perikles oder Euripides. In der Tat sind auch für uns noch die Angaben der Komödien sowie all das, was antike Gelehrsamkeit in ihren Kommentaren dazu beigebracht hat, von allergrößtem Interesse.

Aristophanes rechnet mit gebildeten Zuschauern, die in der Lage sind, die Anspielung auf eine Tragödie des Euripides oder auf einen naturphilosophischen Traktat sofort zu erkennen; Zentrum seiner Werke ist jedoch ein souveränes Spiel lebendigen Witzes. Nicht zu Unrecht haben die Interpreten des 19. und 20. Jahrhunderts in ihm die glückliche Verschmelzung anspruchsvoller Begabung mit ursprünglicher Vitalität bewundert. In den Einzelheiten erweist er sich erstaunlich gut informiert über alle Probleme der Politik und Kultur, in den auftretenden Figuren bewährt er seine dichterische Gestaltungskraft, und in den Handlungsabläufen entfaltet sich seine Phantasie, die weder vor grotesken Erfindungen noch vor den gewagtesten Realitäten zurückschreckt. Nach Belieben spielen die Szenen im Himmel oder in der Unterwelt, unter Menschen oder unter mehr oder weniger liebenswürdigen Tieren. Erotische Dinge werden mit einer Unbekümmertheit auf die Bühne gebracht, die in der Weltliteratur ihresgleichen sucht. Die Boshaftigkeiten, die über zeitgenössische Politiker, Dichter, aber auch über Philosophen wie Protagoras und Sokrates ausgestreut werden, greifen rücksichtslos und mit Vorliebe intime Einzelheiten aus dem Privatleben auf.

Allerdings hat gerade dies eine Reaktion hervorgerufen. Die aristophanische Komödie ist nicht wie die Tragödie an der Verbrauchtheit ihrer Stoffe untergegangen, sondern am

Wechsel des Geschmacks der Generation, die in ihrer Jugend die Eroberung Athens durch die Spartaner hat miterleben müssen (404 v. Chr.). Sie fand am grotesken Spiel keinen Gefallen mehr, den offenen Spott über stadtbekannte Persönlichkeiten empfand sie als ungehörig; schließlich wurde das 4. Jahrhundert v. Chr. – wohl unter dem bestimmenden Einfluß der sokratischen Literatur – zu einem entschieden moralischen Jahrhundert. Die Hemmungslosigkeit, mit der die aristophanische Komödie erotische Intimitäten behandelte und zuweilen sogar nackte Hetären inmitten interessierter Athener auf die Bühne gebracht hat, galt nun als schlechthin unanständig und verwerflich. Platon freilich tritt Aristophanes noch mit deutlicher Sympathie gegenüber; doch bei Xenophon, Isokrates und Aristoteles spüren wir nichts anderes mehr als reine Entrüstung über so viel Sittenlosigkeit. So sieht sich die Komödie gewaltsam zu einer tiefgreifenden Reform ihres Stils genötigt. Was ihr bleibt, sind die mannigfachen gesellschaftlichen Verwicklungen, die zwar schon in der Komödie des 5. Jahrhunderts v. Chr. als Unterton vorhanden sind, nun aber in den Mittelpunkt treten.

Die Komödie aristophanischen Typs blieb seitdem Historikern, Philologen und gelegentlichen Liebhabern des scharfen attischen Witzes überlassen. Nachfolger hat sie in ihrer Art nicht mehr gefunden, und zur Lektüre in den weiteren Kreisen der Gebildeten war sie zu schwierig. Nur einmal ist an recht unerwarteter Stelle ihr Einfluß zu greifen; die römische Satire hat sich durch sie anregen lassen. Vor allem ihr erster großer Dichter, Lucilius (Ende des 2. Jahrhunderts v. Chr.), hat an ihr die Kunst des treffsicheren, Härte mit Skurrilität verbindenden Spotts über prominente Zeitgenossen gelernt. Auch Einfälle von grotesker Phantastik fehlen nicht, und mit der Alten Komödie schließlich hat die Satire von Lucilius bis Juvenal gemeinsam, daß sie in erotischen Dingen alles andere als zimperlich ist; gewiß spielen auch andere Komponenten eine Rolle. Doch ist nicht zu verkennen, daß vielfach Aristophanes, Kratinos und Eupolis das Modell abgegeben haben.

Nach Breite und Dauer unvergleichlich viel größer ist die Wirkung der Mittleren und vor allem der Neuen Komödie gewesen. Die Trias der Klassiker der Neuen Komödie, Menander, Diphilos und Philemon, gehörte in der späteren Antike neben Homer und Euripides zu den wichtigsten und beliebtesten Bildungsautoren. So wenig selbstverständlich es ist, daß eine ansehnliche Auswahl aus Aristophanes erhalten geblieben ist, so verwunderlich ist es, daß sich von Menander kein einziges Stück in die Renaissance gerettet hat. Was wir heute von ihm besitzen, ist (natürlich mit Ausnahme der verstreuten Zitate) auf spätantiken Papyri zutage getreten, allerdings in solcher Fülle, daß es in absehbarer Zeit gelingen dürfte, eine Reihe von Komödien in einiger Vollständigkeit zu überblicken.

Die Tatsache nun, daß die Komödien Menanders zu den bedeutendsten Neufunden auf dem Feld der griechischen Literatur gehören, mag mit dazu beigetragen haben, daß sie ihrem geistigen Range nach wohl etwas überschätzt worden sind. Gewiß hat Menander seine Handlungsabläufe, soweit wir sehen, überlegen und gewandt gestaltet; deutlich spürbar stand ihm eine schon über hundert Jahre alte dramatische Technik mit Vorbildern und Theorien hilfreich zur Seite. Unbestreitbar sind seine Charaktere sauber und ansprechend gezeichnet, selten bedeutend, aber meist liebenswert. Krasse Effekte werden gemieden, eine heitere Humanität scheint vorzuherrschen. Man darf es für sehr wahrscheinlich halten, daß Menander sich von den ethischen Reflexionen der zeitgenössischen Philosophie mannigfach hat anregen lassen. Dies alles ist sehr sympathisch. Nicht ohne Grund fühlt man sich zuweilen an die Atmosphäre der französischen Gesellschaftskomödie des ersten Drittels des 20. Jahrhunderts erinnert, die auch in der Tat über Molière, Terenz und Plautus hinweg ihre Wurzeln in der Neuen Komödie Athens besitzt.

Aber Größe wird man dieser Kunst schwerlich zubilligen können. Allzusehr ist sie nur Selbstdarstellung eines Bürgertums, das kleine Tugenden mit kleinen Lastern vereint, das natürlich an Götter und an ein Schicksal glaubt, ohne es damit aber besonders genau zu nehmen, dessen Helden leicht verführbar und dessen Bösewichter im Grunde recht gutmütig sind. Von Politik und höheren Ambitionen ist keine Rede mehr. Alles dreht sich um Liebe und Geld. Entweder sie kriegen einander oder nicht; die vermeintliche Hetäre und Sklavin entpuppt sich als ehrbares Mädchen aus bestem Hause, der Reiche wird geprellt, der Arme kommt unverhofft zu Vermögen, und was dergleichen Situationen mehr sind, die von der Komödie elegant und heiter vorgeführt werden.

Der eigentliche Wert der menandrischen Komödie mag darin liegen, daß sie uns ein Bild der athenischen Gesellschaft am Ausgang der klassischen Jahrhunderte vermittelt hat. Es ist die Gesellschaft einer Spätzeit, die es aufgegeben hat, Geschichte zu machen. Über große Taten und große Verbrechen ist sie hinaus. Der Einzelne strebt lediglich danach, ohne allzuviel Lärm sich einen Platz an der Sonne zu sichern. So ist es denn im strengsten Sinn diejenige Gesellschaft, mit der die athenische Geschichte, dreihundert Jahre zuvor so glanzvoll mit Solon begonnen, fast unvermerkt ein Ende nimmt. Wenn Athen seit dem Beginn des 3. Jahrhunderts v. Chr. weltgeschichtlich keine Rolle mehr spielt, so liegt dies, wie in allen solchen Fällen, nur teilweise an den äußeren machtpolitischen Umständen, zum übrigen aber daran, daß es keine Gesellschaft mehr gibt, die eine geschichtliche Rolle zu spielen bereit und entschlossen ist. An Menanders Komödien ist dieser Tatbestand mit paradigmatischer Deutlichkeit abzulesen. Das macht ihre Bedeutung, aber auch ihre Begrenztheit aus. Es ist die Kunst einer urban gebildeten, aber durchschnittlichen Welt.

Ehe die Papyri entdeckt wurden, waren die Römer Plautus und Terenz die Dichter, an die man sich wandte, um eine Vorstellung von der attischen Komödie des späten 4. Jahrhunderts v. Chr. zu erhalten. Für die römische Komödie gilt zunächst das gleiche wie für die römische Tragödie. Auch hier setzen die Aufführungen eine umfangreiche handwerkliche Organisation voraus. Die Römer werden zunächst die Stücke ausgewählt haben, die sie in den Griechenstädten Süditaliens mit Erfolg aufgeführt sahen. Daneben standen ihnen ohne Zweifel auch Handbücher zur Verfügung, die darüber belehrten, wie eine Komödie zu konstruieren sei. Die Tatsache schließlich, daß uns aus der zweiten Hälfte des 3. Jahrhunderts v. Chr. eine beachtliche Anzahl von lateinischen Komödien bezeugt ist, zwingt ebenso wie bei der Tragödie zu der Folgerung, daß es schon damals in Rom ein Publikum gegeben haben muß, das bereit war, sich in die von Menander und seinen Genossen zur Schau gestellte Welt einzuleben. Der Kontrast zwischen dieser Welt und der römischen Realität muß, so möchten wir meinen, noch größer gewesen sein als bei der Tragödie. Denn die Tragödie zeigte in jedem Fall Zustände und Gesinnungen ferner heroischer Vergangenheit. Die Komödie dagegen behandelte die Gegenwart. Es ist eine nachdenkenswerte Frage, was wohl die Römer, die gegen Karthago einen Kampf auf Leben und Tod ausfochten und ihn nur mit eiserner Disziplin und leidenschaftlichem Siegeswillen zu gewinnen vermochten, sich gedacht haben, während sie auf der Bühne den harmlosen Konflikten geiziger Väter mit leichtsinnigen Söhnen, schlauen Sklaven und sentimentalen oder geldgierigen Hetären zuschauten. Man kann sich kaum einen größeren Gegensatz vorstellen als den zwischen der eleganten, aber schon der Dekadenz sich zuneigenden Gesellschaft des menandrischen Athen und dem Römertum der Punischen und Makedonischen Kriege. Doch eben dieser Kontrast wird die Römer fasziniert haben.

Wir müssen allerdings gleich beifügen, daß die Komödien bei der Bearbeitung recht stark romanisiert worden sind, wie es schon bei der Tragödie der Fall war. Paradoxerweise scheint es sich aber dort leichter als bei der Komödie angeben zu lassen, worin vornehmlich die Umgestaltung bestand, obschon wir viel mehr Komödien besitzen. Was bei Plautus, wenn man die nur im Latein möglichen Wortspiele und Stilfiguren abzieht, römisch und was griechisch ist, ist von der Forschung bis heute nicht hinlänglich evident gemacht worden. Denn man darf die römischen Komödien nicht nur an den griechischen Texten messen, wie sie schon damals in Gesamteditionen vorlagen; man muß auch damit rechnen, daß die griechischen Theorien ebenso wie die Praxis der Schauspieler Süditaliens manche Elemente beisteuerten, die äußerst schwer auszusondern sind. Von eindeutig römischer Haltung im Ganzen, wie wir sie an der Tragödie in der Neigung zum Maßlosen, zum Fortissimo des Bösen, Gräßlichen und Bejammernswerten glaubten wahrnehmen zu können, ist an der Komödie eigentlich nichts zu spüren, wenn man nicht eine gewisse Art grob-rustikalen Witzes dazurechnen will.

Plautus stand an Fruchtbarkeit, wohl auch an Publikumserfolg seinen griechischen Meistern kaum nach. Das spätere Schicksal seiner Werke erinnert freilich etwas an das des Aristophanes. Schon auf die ciceronische Zeit machten sie einen unfeinen Eindruck. Sie wären vermutlich untergegangen, wenn nicht der gelehrte Terentius Varro, ein Freund Ciceros, in ihnen eine Fundgrube für den altlateinischen Sprachgebrauch entdeckt hätte; außerdem konnte er an ihnen seine bei den Griechen erworbene philologische Interpretationskunst erproben, und er stellte fest, daß unter der Masse der als plautinisch überlieferten Stücke nur einundzwanzig zuverlässig echt seien. Es sind dieselben einundzwanzig Komödien, die wir heute noch fast vollständig besitzen, gerettet also nicht ihrer dichterischen Qualität wegen, sondern als Dokument der glorreichsten Epoche der römischen Geschichte.

Ganz anders ist es dem rund eine Generation jüngern Terenz ergangen. Dieser ist nächst dem Philosophen Platon der erste antike Schriftsteller, dessen publiziertes Oeuvre uns vollständig erhalten ist. Er ist schon bald nach seinem Tode (159 v. Chr.) Klassiker geworden und ist es dauernd geblieben. Die Kenntnis seiner sechs Dramen gehörte in Rom ebenso zur allgemeinen Bildung wie bei den Griechen die Kenntnis Homers und der wichtigsten Tragödien des Euripides. Umfangreiche gelehrte Kommentare sind bis auf uns gekommen, und es ist im Grunde auch kein Zufall, daß ein Terenz-Codex zu den ältesten erhaltenen lateinischen Handschriften gehört. Der Ruhm ist nicht unbegründet. Terenz ist an Eleganz der Diktion, an Gewandtheit des Handlungsaufbaus und an Dezenz der Gesinnung wirklich der römische Menander.

Sein Ansehen hat sich durch das ganze Mittelalter hindurch behauptet und ist auch in der Renaissance nicht geschmälert worden; die italienische, französische, englische, spanische und deutsche Komödie der Neuzeit ist, wenn nicht ausschließlich, so doch zu einem guten Teil durch Terenz bestimmt.

Historiographie und Biographie

Die griechische Geschichtsschreibung ist ein verhältnismäßig junges Gebilde. Die hellenistische Gelehrsamkeit pflegt als Archegeten einige Historiker des 6. Jahrhunderts v. Chr. zu nennen; sie sind aber so schattenhaft, daß man sich die Frage vorgelegt hat, ob sie überhaupt existiert haben. Den wirklichen Beginn bezeichnet Hekataios von Milet mit zwei um 500 v. Chr. geschriebenen Werken, aus denen uns zahlreiche Zitate erhalten sind. Auf ihn folgte im Abstand von zwei Generationen Herodot und dann eine rasch anwachsende Zahl bedeutender Geschichtsschreiber. Vom 4. Jahrhundert v. Chr. an bis in die Jahrhunderte der Kaiserzeit hinein wird die Zahl der Geschichtswerke fast unübersehbar. Bemerkenswert bleibt aber, daß die Gattung als solche wesentlich jünger ist als Lyrik und Epos.

Vor allem drei Momente werden als Grund dafür geltend zu machen sein. Das erste ist ein ganz äußerliches, die Tatsache nämlich, daß es der wimmelnden Masse der griechischen Staaten bis zum 4. Jahrhundert v. Chr. vollständig an einer einheitlichen Zeitrechnung fehlt. Jeder Staat beginnt das Jahr an einem andern Tag, jeder hat seine eigene Reihe von Monatsnamen, und jeder benennt das Jahr nach einem seiner eigenen höchsten Magistrate. Eine verläßliche Synchronisierung von politischen Ereignissen in einem größeren Rahmen war praktisch ausgeschlossen. Andererseits enthielt die innere Geschichte der meisten, selten mehr als einige zehntausend Seelen umfassenden Einzelstaaten zuwenig Bedeutsames, um einen Historiker zur Darstellung zu verlocken.

Sodann fehlt den meisten Staaten jene innere Kontinuität, ohne die die Geschichtsschreibung nicht recht zu gedeihen vermag. Eine Expansionspolitik großen Stils ist nur da und dort und immer nur während weniger Generationen verfolgt worden. Der Tatbestand wird im Vergleich mit Rom evident; Rom beginnt zunächst auch als ein Einzelstaat von bescheidenen Dimensionen. Aber durch die römische Geschichte zieht sich vom ersten Augenblick an, da wir sie wirklich fassen können, also seit der Mitte des 4. Jahrhunderts v. Chr., ein entschiedenes Bewußtsein von Kontinuität. Die gegenwärtige Leistung wird als Fortsetzung und Steigerung früherer Taten aufgefaßt, und von den künftigen Generationen erwartet man weitere Mehrung von Macht und Ruhm. Den Nachbarvölkern gegenüber erhebt Rom mit erstaunlicher Selbstverständlichkeit einen Führungsanspruch, nicht auf Grund einer höheren Kultur, sondern auf Grund seines imperialen Willens. Bei den Griechen ist alles anders. Sparta hat im 6., Athen im 5. Jahrhundert v. Chr. für kurze Zeit die Errichtung eines Reiches angestrebt. Doch der Plan mißlang bald.

Ein drittes hemmendes Moment werden wir in dem lastenden Einfluß des homerischen Epos sehen müssen. Wir sprachen schon von der Zweigesichtigkeit des Epos, das Erfindung der Dichter ist und zugleich die Geschichte der Vorzeit zu erzählen und den Ruhm der alten Helden zu preisen beansprucht. Soweit Ilias und Odyssee als Geschichtserzählung galten, haben sich ihnen zwischen dem 8. und 6. Jahrhundert v. Chr. eine Unmenge verschiedenster Erzählungen ergänzend angeschlossen. Ein riesiges System von »Sagen« entstand. Und nun verfaßte Hekataios von Milet als erstes Prosawerk der Historiographie vier Bücher »Genealogien«. Er verdichtete die Erzählungen des Epos und was dazu gehörte zu einer Darstellung in Prosa, die den Anspruch erhob, wahrheitsgetreu über die Urgeschichte Griechenlands zu berichten. Aber die Darstellung bleibt vom Geist des Epos durchtränkt. Von Politik, Staatsverfassungen und Staatsaktionen ist keine Rede. Was ausschließlich interessiert, ist der einzelne Held mit seinen erinnernswerten Leistungen und Leiden, mit seinem Schicksal, das so oft vom Glück zur Hybris und von der Hybris in den Untergang führt. Die griechische Historiographie hat von da her eine Anschaulichkeit mitbekommen, die ihre Vorzüge wie ihre Nachteile besitzt. Großartig sind die Porträts der Handelnden und die Art und Weise, mit der der Weg eines Ereignisses nachgezeichnet wird, von der Laune und dem Einfall des Augenblicks zum Planen und zur Tat, die die Völker in Bewegung setzt. Die materiellen Voraussetzungen eines Ereignisses werden dagegen mit äußerster Lässigkeit behandelt.

Dies alles zusammengenommen macht verständlich, weshalb die ältesten griechischen Geschichtswerke nicht die Struktur besitzen, die wir erwarten, sondern auf einem recht eigenartigen Weg, gewissermaßen durch eine Seitentür, sich ihrem Gegenstand nähern.

Die »Genealogien« des Hekataios bieten die Geschichte des Heroenzeitalters. Nur selten blicken sie auf die Gegenwart des Verfassers, wenn sie etwa Gründungen nennen, die Heroen zugeschrieben werden, oder wenn sie anzeigen, daß das Geschlecht des einen oder anderen Heros bis zur Zeit der Niederschrift weiterlebte. Notizen über Völker und ihre Sitten und über historische Stätten sind dagegen verhältnismäßig häufig. Berühmt ist der Eingangssatz des Werkes: »Dies schreibe ich, wie es mir wahr zu sein scheint. Denn die Erzählungen der Griechen sind, wie es mir vorkommt, ebenso zahlreich wie lächerlich.« Weit energischer also als Hesiods Theogonie beansprucht Hekataios, die Wahrheit zu berichten und die Erzählungen über die Urzeit von all den Elementen zu reinigen, die sich dem vernünftigen Nachrechnen als unglaubhaft oder gar als lächerlich erweisen. Selbst was in der fernsten Vergangenheit geschah, muß der hier und jetzt erfahrbaren Wirklichkeit konform sein.

Den »Genealogien« tritt eine *Periegese*, eine Bestandsaufnahme der bekannten Welt, zur Seite. Sie folgt den Reisewegen, ist wohl auch teilweise von Reisehandbüchern abhängig und verzeichnet mit Akribie die Volks-, Orts-, Berg- und Flußnamen, dazu naturkundliche und ethnologische Besonderheiten, schließlich Bauwerke und deren Schöpfer, womit denn der Übergang zu den eigentlich geschichtlichen Notizen vollzogen ist. Die Absicht, die vernünftige Wahrscheinlichkeit zum Maßstab zu nehmen, wird auch da spürbar gewesen sein, ist indes teilweise von dem Bestreben gezügelt, vorzugsweise das Fremdartige und Paradoxe bei fremden Völkern und Ländern zu beachten und die für den Griechen erstaunlichen Einzelheiten zu sammeln.

Eine ausgeprägte Vorliebe hat Hekataios für Etymologien. Die Namen der Menschen wie der Orte sollen, wenn möglich, erklärt werden, und die Erklärungen wiederum sollen geschichtliche Data liefern. Die zugrunde liegende Überlegung ist nicht falsch, doch hat die Methode bei dem Fehlen jeder systematischen Sprachwissenschaft nur in seltensten Fällen zu stichhaltigen Resultaten führen können. Diese Methode ist aber bis ans Ende der Antike immer wieder verwendet worden, vor allem, um Urgeschichte und Barbarengeschichte aufzuhellen. Was etwa die antiken Historiker als die älteste Geschichte Roms bieten, ist zum größten Teil ein Gewebe von Hypothesen, die aus den etymologischen Auslegungen altertümlicher Orts- und Personennamen entwickelt worden sind.

Das erste Geschichtswerk in dem uns vertrauten Sinn stammt von Herodot, der auch schon für die Antike der erste Klassiker der Historiographie war. Geschrieben hat er im dritten Viertel des 5. Jahrhunderts v. Chr. Die Königslisten der Lyder, Meder, Perser und Ägypter geben seiner Darstellung das chronologische Rückgrat. Im Sachlichen weist sie eine innere Spannung auf, die man von weitem mit Hesiods Theogonie vergleichen könnte. Wie in dieser das System der göttlichen Kräfte verknüpft wird mit einem durch drei Generationen sich hinziehenden Drama, das im Kampf der Olympier und Titanen seinen Höhepunkt findet, so haben wir bei Herodot das Bemühen, von den Völkern der Ägäis – ihrer Lebensart und Geschichte – alles zu berichten, was der Erwähnung wert scheint (da sind denn auch starke Einflüsse des Hekataios wahrzunehmen); auf der andern Seite steht jedoch die Absicht, die Auseinandersetzung der Griechen mit den Barbaren zu verfolgen, und zwar von Anbeginn bis hin zu ihrem Höhepunkt, dem von Xerxes entfesselten großen Perserkrieg.

Herodots Völkerbeschreibungen sind mehr oder weniger geordnet nach den großen Bereichen des menschlichen Lebens; sie heben hervor, was an einzelnem befremdlich, was interessant oder anerkennenswert ist. Seine Geschichte der Perserkriege ist die Geschichte der großen Persönlichkeiten, deren Stimmungen und Wünsche, Launen und Pläne letzten Endes alles entscheiden. Mit einzigartiger Sicherheit geht er den Weg vom Kleinsten, das er nie verschmäht, zum Größten, das er nie aus den Augen verliert. Als Ioner teilt er mit Hekataios die Absicht, das schlechthin Unglaubwürdige in den Berichten über frühere Zeiten zu eliminieren. Dazu tritt eine bestimmte Lebensweisheit, deren Verwandtschaft mit der Haltung der attischen Tragödie so deutlich ist, daß man sich fragt, ob er sie sich während seines langen Aufenthaltes in Athen, im Umgang etwa mit dem Tragiker Sophokles, angeeignet hat. Klarheit werden wir darüber nie erlangen. Doch ist sicher, daß ihm die berühmte Geschichte von Solon und Kroisos in Athen bekannt wurde, und zwar zusammen mit den Gedichten Solons, aus denen sie gefolgert wurde. Herodot weiß, daß im Lauf der Geschichte das Kleine groß und das Große klein zu werden pflegt; das Daimonion sorgt dafür, daß das Große nicht übergroß werde. Wunder vollbringt es sehr selten; doch jede Freveltat findet ihren Ausgleich, wenn auch zuweilen erst nach vielen Generationen.

Herodot repräsentiert gerade darin die alte und reife Kultur Ioniens, daß er sich weder als tief gläubig noch als aufgeklärter Zyniker charakterisieren läßt. Weder zu Heldentaten noch zu Verbrechen pflegt er in eigener Person Stellung zu nehmen; die Ereignisse selbst sollen für oder gegen sich sprechen. Obschon er von der ionischen Philosophie manches gewußt haben muß und obschon er in Athen viele Diskussionen über die Organisation des Staates und die beste Staatsform miterlebt haben wird, kann man ihn weder auf eine bestimmte Naturphilosophie noch auf eine bestimmte Staatslehre festlegen. Aber eben diese

Auszeichnung Euphrons, des Gesandten der Athen verbündeten Stadt Sikyon, durch Athene und Zeus
Marmorrelief aus Athen, 323 v. Chr. Athen, Nationalmuseum

Der opfernde König Kroisos auf dem Scheiterhaufen
Vasenbild auf einer Amphora aus Vulci/Etrurien, 500–490 v. Chr.
Paris, Louvre

überlegene Verschwiegenheit macht ihn zur faszinierendsten Gestalt unter den griechischen Historikern.

Schon bald nach seinem Tode ist er zum Klassiker geworden, mit dem sich die Nachfahren auseinanderzusetzen hatten. Wir nennen zunächst zwei Historiker, die in diametral entgegengesetzten Richtungen ihn zu übertreffen suchten. Der eine ist Thukydides von Athen, der Geschichtsschreiber des Peloponnesischen Krieges. Er gehört der Welt der Sophistik an, jener geistigen Bewegung also, die die Probleme des Lebens auf eine wissenschaftliche Basis zu stellen beanspruchte. Es entstehen die Systeme der Ethik mit den vier Kardinaltugenden und der Psychologie mit den vier Affekten. Das Leben wird gedeutet als ein Kampf unter Abstraktionen: Vernunft gegen Leidenschaft, Edelsinn gegen Vorteil, Recht gegen Macht. Von solchen Kräften werden die Völker ebenso regiert wie die Einzelnen, und es ist nicht zu verkennen, daß bei Thukydides die großen Persönlichkeiten, die bei Herodot im Zentrum des Geschehens standen, von zwei Seiten bedroht sind. Sie werden zu Exponenten ihrer Völker, der Athener, der Spartaner, der Korinther; und was sie bewegt, sind die bereits zum System verfestigten ethischen und psychischen Wesenheiten.

Mit Thukydides hebt eine Geschichtsschreibung an, in der nicht mehr Persönlichkeiten mit ihren gefährlichen Launen und schönen Träumen die Dinge gestalten, sondern anonyme Kräfte. Wo Kriege entstehen, spielt die Beleidigung eines Einzelnen bestenfalls die Rolle eines Anlasses; nach tieferen, eigentlichen, wissenschaftlich zu eruierenden Ursachen wird gefragt. Die Historiographie findet sie im Gegensatz der Staatsformen, im Konflikt der politischen und wirtschaftlichen Interessen ganzer Nationen.

Unzweifelhaft hat das Werk des Thukydides seine eigene Größe. Was ihm an Lebensweisheit im Sinne Herodots abgeht, ersetzt es durch beispiellose Beweglichkeit und Intensität der Reflexion. Die Antike hat an ihm vor allem die kühle, zu düsterem Ernst neigende Sachlichkeit bewundert, und unter den Römern scheint sich Sallust geradezu als Erbe thukydideischen Wesens empfunden zu haben – was freilich auf ein arges Mißverständnis hinausläuft. Wer von den beiden, Herodot oder Thukydides, in seinem Geschichtsverständnis letzten Endes der sachlichere war, werden wir hier und heute am besten unbeantwortet lassen. Daß aber Thukydides der großartigste Vertreter der so viel verkannten Sophistik des späten 5. Jahrhunderts v. Chr. genannt werden darf, das immerhin sei festgehalten.

In jedem nur denkbaren Sinne dessen vollkommener Gegensatz ist Ktesias von Knidos. Er war Arzt, und zwar etwa ab 405 v. Chr. während einer Reihe von Jahren Leibarzt des Perserkönigs Artaxerxes II. Mnemon. Da hatte er Gelegenheit, altorientalische Traditionen kennenzulernen, und konnte dieses Wissen in einem umfangreichen Geschichtswerk gegen Herodot zur Geltung bringen. Verschiedene Auszüge sind erhalten, seit kurzem sogar ein Rest seines Originalwerkes auf einem Papyrusfetzen. Stil und Haltung waren rein ionisch. In farbenprächtigen Bildern entrollte sich die Geschichte des alten Orients mit seinen welterobernden oder in wüster Üppigkeit versinkenden Großkönigen, seinen ebenso schönen wie gefährlichen Königinnen, seinen Intrigen und Grausamkeiten, seinen riesigen Bauten und unzählbaren Völkerscharen, überhaupt mit seiner Massenhaftigkeit in allen Dingen, von der sich das kleine Hellas so seltsam abhob. Seine Porträts von Semiramis und Sardanapal vor allem sind durch die Jahrhunderte berühmt geblieben. Was ihn interessiert, sind die Schicksale, die groß und merkwürdig sind, aber immer durchaus menschlich und frei von eigentlicher Phantastik. Von politischer und philosophischer Reflexion ist nichts zu spüren. Die spätere Zeit sah in ihm vorzugsweise den munteren Erzähler, tadelte seine mangelnde Wissenschaftlichkeit, las ihn aber immer wieder gern.

Im 4. Jahrhundert v. Chr. schwillt die Zahl der Historiker mächtig an, und es kann nicht im entferntesten die Rede davon sein, auch nur die wichtigsten unter ihnen charakterisierend aufzuführen. Wir beschränken uns auf einige grundsätzliche Erwägungen. Welches sind die Ziele und Absichten der griechischen Geschichtsschreibung? Jeder Historiker hat sich irgendwann und irgendwo über den Zweck seines Tuns geäußert. Gruppieren wir diese Äußerungen, so werden wir billigerweise diejenigen an die Spitze stellen, die das Geschichtswerk in die Nähe des Epos rücken. Der epische Sänger will »den Ruhm der Männer der Vorzeit« besingen. Große Taten haben das Anrecht, in der Erinnerung weiterzuleben. So spricht denn auch der Historiker von den großen Taten und vermerkt gern, daß das Heldentum nur eine halbe Sache sei, wenn es nicht seinen Künder findet. Nun läßt sich allerdings dieses urtümliche Programm vielfach ausdifferenzieren. Man kann den Begriff der großen Taten ganz weit fassen und jede Art ungewöhnlicher Leistung darunter verstehen, Erfindungen und Entdeckungen, Leistungen der Kunst, Technik und Wissenschaft. Man kann aber auch umgekehrt den Begriff ethisieren und dem Historiker die Rolle des Richters zuschreiben, der die edle Tat mit Ruhm belohnt und die schlechte Tat der dauernden Schande preisgibt. Ein hellenistischer Historiker hat sich nicht gescheut, seine Leistung gegen die alten Sagen von der Unterwelt auszuspielen: »Wenn schon die Erzählungen vom Totengericht, die doch nur erfunden sind, eine so heilsame Wirkung auf die Frömmigkeit und Gerechtigkeit der Menschen ausüben, um wieviel stärker wird die Geschichtsschreibung wirken, die es in der Hand hat, wahrheitsgemäß für alle Zeiten Ehre und Schande zuzuteilen!«

Freilich hatte es seine guten Gründe, wenn die Historiker ihr Richteramt meist mit der größten Zurückhaltung ausgeübt haben. Allzu selbstsicheres Urteil über Gut und Böse erweckt rasch den Verdacht oberflächlicher oder hinterhältiger Voreingenommenheit. Frei von solchem Verdacht ist aber eine andere Zielsetzung. Sie richtet den Blick auf die vielen verschiedenen Situationen, in die sich der handelnde Mensch gestellt sieht und in denen er sich richtig oder falsch entscheidet. Die Situationen wiederholen sich zwar nie, können aber einander doch ähnlich sein. Darum kann die Art, wie ein Mensch oder ein Staat in früherer Zeit eine Situation zu seinem Nutzen oder Schaden bewältigt hat, einen Hinweis auf die Zukunft geben. Die Geschichtsschreibung stellt also Beispiele bereit, wie man es machen oder auch nicht machen soll. Maßstab hierfür ist nicht ein von außen an die Geschichte herangebrachtes Bild des vollkommenen Menschen oder ein Katalog von Tugenden und Lastern, sondern der in der Geschichte selbst aufzeigbare Erfolg der jeweiligen Entscheidung, wobei es das Privileg des Historikers ist, den Erfolg in einem weiteren und tieferen Sinn fassen zu können, als es dem Handelnden selbst und seiner Umwelt möglich ist.

Eine solche Art der Historie kann geradezu reduziert werden auf Sammlungen charakteristischer und instruktiver Situationen. Diese können dann den Unterbau abgeben für eine Phänomenologie des politischen Handelns und haben dies bei Aristoteles und Theophrast auch tatsächlich getan. In der späteren Antike begegnen uns Kollektaneen denkwürdiger politischer und militärischer Entscheidungen, sozusagen als popularisierte Endform dieser Art Historiographie.

Es bleibt schließlich die Zielsetzung, die man die unbestimmteste, aber die dem griechischen Geiste vielleicht gemäßeste nennen mag. Die Geschichte wird zum Schauspiel der Wandelbarkeit aller menschlichen Dinge. In der Welt Herodots zeigt sie, wie durch die Art der Menschen und das verschwiegene Wirken des Daimonion alles Große klein und alles Kleine groß werden kann. Später redet man von der Tyche, die bald einen höheren Sinn, bald die vollendete Sinnlosigkeit im Lauf der Geschichte verkörpert. So betrachtet, ist die Geschichte eine Warnung an den Einzelnen, sich nicht zu überschätzen. Nehmen wir die Philosophie dazu, so wird die Historie zum eindrucksvollsten Beleg für die Tatsache, daß der Kosmos in zwei Bereiche zerfällt. Platonisch wie aristotelisch steht der höheren Welt, die in ewiger Gleichmäßigkeit mit sich selbst identisch ist, die untere Welt gegenüber, in der alles immer wieder anders ist. Von jener allein gibt es eine Wissenschaft, von dieser dagegen, von der geschichtlichen Welt, nur flüchtiges Meinen. Beständig ist hier nichts, nur einzelnes kann konstatiert werden.

Und eben diese Anschauung erklärt es auch, warum die Griechen keine eigentliche Geschichtsphilosophie geschaffen haben, wenn man unter Geschichtsphilosophie das Bestreben versteht, Ursprung und Ziel der Geschichte zu erkennen. Die Griechen haben Kulturentstehungslehren in beträchtlicher Zahl hervorgebracht, spekulative Konstruktionen der verschiedenen Lebensformen, die die Menschheit in der Urzeit durchschritten habe. Sie haben auch die Vorstellung gepflegt, daß die geschichtlichen Staaten nicht nur ihrem innern Aufbau, sondern auch ihrer Geschichte nach mit lebendigen Organismen verglichen werden könnten: man dürfe also an ihnen Jugend, Mannesalter und Greisenalter unterscheiden. Aber von einer Gerichtetheit der gesamten Weltgeschichte ist nirgends die Rede. Dieser Gedanke taucht bezeichnenderweise erst bei den Römern auf. Sie empfinden ihr Reich, das als erstes mindestens dem Anspruch nach die ganze bewohnte Erde umgreift, als ein endgültiges und betrachten die Reiche der Assyrer, Perser und Makedonen als Vorstufen. Römische Elemente übernimmt dann die christliche Geschichtstheologie, die zwar nicht von Augustin geschaffen worden ist, aber in dessen Werk vom Gottesstaat ihre konsequenteste und eindrucksvollste Form erhalten hat. Den Griechen lagen diese Dinge fern.

Ferne ist ihnen auch jenes Pathos, das sich im 19. und 20. Jahrhundert in den Vordergrund gedrängt hat, die Meinung, daß die Geschichte ein unentrinnbarer Entwicklungsprozeß sei, die Drehung eines Rades, in dessen Speichen zu greifen nicht den geringsten Sinn habe, das Dahineilen eines Stromes, in dem der Handelnde mitschwimmen müsse, wenn er nicht rettungslos ertrinken wolle. Gewiß sprechen die Griechen öfters von der Schicksalsnotwendigkeit, der alles gehorcht; vor allem in der stoischen Philosophie ist dieser Gedanke beheimatet und in berühmten Formeln ausgesprochen worden. Doch wo er auftritt, dient er entweder der Erläuterung des kosmischen Geschehens oder der Mahnung an den Einzelnen, sich durch Leid und Mißgeschick nicht anfechten zu lassen; mit dem Ablauf der Geschichte hat er nichts zu schaffen. Die Griechen haben weder dem Glauben an einen gleichmäßigen, unbegrenzt weiterlaufenden Fortschritt angehangen noch vor dem Gespenst unausweichlicher Entwicklung kapituliert. Vor dem einen bewahrte sie ihr Wissen, daß im Bereich des Menschen immer alles anders kommen kann, als man plant; gegen das andere waren sie gewappnet durch die Überzeugung, daß am Ursprung jeden geschichtlichen Ereignisses ein Einzelner stehe, der frei war, richtig oder falsch zu handeln.

Selbstverständlich gibt es keine Historiographie, die nicht den Anspruch erhöbe, die Wahrheit zu berichten. Von diesem Anspruch lebt sie. Die daraus abgeleiteten Konsequenzen sind freilich nicht immer die gleichen. Eigentümlich und bedenkenswert ist die Auffassung des Thukydides. Ihm liegt entschieden daran, zuverlässig zu berichten, was sich zugetragen hat. Um aber die tieferen Gründe des Handelns sichtbar zu machen, trägt er keine Bedenken, Reden einzuflechten, von denen er eingesteht, daß sie so nicht gehalten worden sind, der Sachlage nach aber hätten gehalten werden können. Zum Begriff der Tatsächlichkeit tritt also der verführerische Begriff der »inneren« Wahrheit. Die so erfundenen Reden bringen geschichtliche Kräfte an den Tag, über die das dokumentarische Material schweigt. Es ist kaum notwendig zu bemerken, daß Thukydides mit seinen Reden zum Vorbild zahlloser späterer Historiker geworden ist; der Einsicht in das wirkliche Geschehen ist dies allerdings nicht immer zuträglich gewesen.

Die Forderung nach Wahrheit kann verschieden interpretiert werden. Der Historiker kann sich um Exaktheit im Tatsächlichen bemühen und wird dann Forschungen in Archiven und Reisen an die Stätten großer Ereignisse unternehmen; er wird seine Darstellung mit Belegen aller Art untermauern und auf seine Autopsie von Städten, Häfen und Schlachtfeldern pochen. Er kann aber auch den Leser am Geschehen teilnehmen lassen; die Geschichte besteht dann nicht nur aus Tatsachen, sondern zugleich aus der Atmosphäre von Zuversicht und Unruhe, von Furcht und Hoffnung, Triumph und Verzweiflung, in der die Ereignisse lebten. Die Atmosphäre etwa des langsam wachsenden Hasses zwischen zwei Gegnern oder der unbekümmerten Siegesgewißheit oder der Panik angesichts einer hereinbrechenden Katastrophe soll der Leser miterleben, wenn ihm das Ganze der Geschichte anschaulich werden soll. Es liegt auf der Hand, daß eine solche Zielsetzung Gefahr läuft, sich darstellerischer Mittel zu bedienen, die in der Dichtung legitim, in der Historie aber fragwürdig sind. Wir sehen denn auch, daß in den Polemiken der Historiker gegeneinander immer wieder der Vorwurf auftaucht, die geschichtliche Realität werde zu Tragödien aufgeputzt; wo der Leser einen sachlichen Bericht erwarte, fände er pathetische Greuel- und Jammerszenen. Manchen Historikern vor allem des Hellenismus mag dies mit Recht entgegengehalten werden, obschon das Problem nicht ganz so einfach ist. Den Anspruch auf Wahrheit tragischen Effekten aufzuopfern hat auch der leidenschaftlichste Historiker nicht beabsichtigt, und unter den Möglichkeiten, bestürzende und verzweiflungsvolle Ereignisse (an denen die hellenistische Geschichte nicht arm war) angemessen zu schildern, ist der nüchterne Rapport vielleicht die vornehmste, keineswegs aber die einzige.

Wenden wir uns nun dem Problem der Thematik zu. Immer wieder erweisen sich zwei Epochen als privilegiert. Die eine ist die Gründungs- und Heldenzeit, an der sich erkennen läßt, wie alles angefangen hat, die andere die eigene Gegenwart des Historikers, die den

Vorzug hat, daß der Historiker als Augenzeuge berichten oder doch Berichte von Augenzeugen verwenden kann; Augenzeugenschaft, Autopsie, ist von den griechischen Historikern immer wieder hoch bewertet worden. Sie hat indessen eine Kehrseite. Je näher der Geschichtsschreiber den Ereignissen steht, desto schwerer muß es ihm fallen, gerecht zu bleiben und jener Forderung zu gehorchen, die in der Prägung des Römers Tacitus klassisch geworden ist: *sine ira et studio* zu schreiben. Da ist die Darstellung der Gründungszeiten, der *Archaiologia*, im Vorteil. Dieser wiederum wird aufgewogen durch die ungeheure Schwierigkeit, über weit zurückliegende Ereignisse genaue Informationen zu erhalten. Die Griechen haben seit Herodot dieses Problem sehr ernst genommen. Viele Historiker unterschieden mit Nachdruck zwischen den fernen Zeiten, aus denen nur unbestimmte und unkontrollierbare Nachrichten vorlagen, und der eigentlich historischen Zeit. Andere machten sich anheischig, mit Hilfe der verschiedensten Kombinationen auch die Urgeschichte mit der größten Genauigkeit zu rekonstruieren, sind aber nicht selten dem Spott ihrer vorsichtigeren Rivalen zum Opfer gefallen.

Anders gesehen hat der Historiker die Wahl zwischen drei wesentlichen Umgrenzungen seines Themas. Er kann Weltgeschichte, Zeitgeschichte oder Biographie schreiben. Merkwürdigerweise spielen die erste und die dritte Möglichkeit in der griechischen Historiographie nur eine sehr geringe Rolle. Die meisten der großen Historiker, Herodot, Thukydides und dessen Fortsetzer Xenophon, dann der von der Sokratik stark beeinflußte Theopompos, die Reihe der Alexanderhistoriker, die Historiker des Hellenismus bis hin zu Polybios und dessen Fortsetzer Poseidonios griffen ein besonders bedeutsames Stück des Geschichtsablaufs heraus, fast immer ein solches, das sie selbst miterlebt hatten. Zeitlich umfassender, räumlich begrenzter sind die zahllosen Werke über die Geschichte einzelner Staaten, Landschaften und Völker; erhalten hat sich davon nur ein Trümmerfeld von Fragmenten.

Das erste Werk, das wenigstens dem Anspruch nach eine Weltgeschichte war, ist erst hundert Jahre nach Herodot von einem Zeitgenossen des Aristoteles, Ephoros von Kyme, verfaßt worden. Bezeichnenderweise wurde es mehr benutzt als geschätzt. Es galt als langweilig, als Werk eines Stubengelehrten, der emsig, aber ohne innere Anteilnahme eine Menge Material gesammelt und in einer gefälligen Darbietung verarbeitet hatte. Spätere Generationen stellten ihm gern seinen Zeitgenossen Theopompos gegenüber, dessen Hauptwerk den Aufstieg Makedoniens schildert; als Moralist kynischer Observanz zeichnete er mit grimmigem Vergnügen die Verkommenheit und Brutalität der Politiker und Fürsten seines Jahrhunderts. Bei Ephoros war von einer tragenden Idee nichts zu bemerken; sein Werk hat auch nicht sonderlich zur Nachfolge verlockt.

Heute besitzen wir noch zwei antike Weltgeschichten, die eine griechisch und zum größeren Teil, die andere lateinisch und ganz erhalten. Die auf griechisch verfaßten vierzig Bücher des Diodoros von Sizilien wollen ausdrücklich das alte Werk des Ephoros ersetzen. Bei ihrem Erscheinen in der Zeit Caesars sind sie, soweit wir sehen, unbeachtet geblieben. Diodoros war nicht mehr als ein gewandter Kompilator ohne eigene Persönlichkeit. Erst das 2. Jahrhundert n. Chr. hat das Werk als eine stoffreiche und angenehm lesbare Gesamtdarstellung zu würdigen begonnen. Die Christen benutzten es fleißig und schrieben es ab, in der byzantinischen Zeit wurde Diodoros zum maßgebenden Welthistoriker überhaupt. Beim Lateiner steht es ähnlich. Hier handelt es sich um den Auszug, den ein Literat des 2. Jahrhunderts n. Chr., Iustinus, aus der umfangreichen Weltgeschichte des Trogus Pompeius (Augusteische Zeit) hergestellt hat. Trogus ist uns wenig, Iustinus überhaupt nicht näher bekannt. Aber Iustinus' Werk spielte seit dem 4. Jahrhundert n. Chr. für den lateinischen Westen die gleiche Rolle eines grundlegenden Handbuchs wie Diodoros' Werk für den Osten.

Es bleibt tief charakteristisch, daß die griechische Antike keinen Gedanken hervorgebracht hat, der als Fundament für eine Weltgeschichte großen Stils hätte dienen können. Ebenso eigentümlich sind die Verhältnisse in der Biographie. Angesichts der Tatsache, daß der Grieche der klassischen Zeit in einem ungewöhnlichen Maß als Politiker und Künstler auf sich selbst gestellt war, möchte man erwarten, daß Biographien großer Persönlichkeiten schon in früher Zeit geschrieben worden wären. Dies ist aber keineswegs der Fall. Gewiß vermochte schon Herodot manche Porträts großartig zu gestalten; aber sie sind doch eingebettet in einen größeren Zusammenhang und auf ihn bezogen. Gewiß gibt es im 5. Jahrhundert Nachrufe auf bedeutende Tote, zuweilen auch Schmähschriften auf Tote und Lebende, doch wirkliche Biographien sind dies nicht.

Die Biographie als Form der Geschichtsschreibung ergibt sich dort von selbst, wo die Geschichte des Staates mit der eines Einzelnen zusammenfällt, also in einer Monarchie. In der Demokratie dagegen sind der Einzelne und sein Leben nur so weit für die politische Geschichte interessant, als sie ins Schicksal des Staates eingegliedert sind. Was der Mensch jenseits seiner Funktion als Politiker, Magistrat und Feldherr sein mag, ist zunächst gleichgültig oder doch nicht relevant genug, um zum Thema eines Geschichtswerks zu werden. Die griechische Biographie entsteht denn auch gerade abseits von der Politik. Ihr erster Gegenstand sind Menschen, die aus allen Traditionen heraustreten und bewußt die Gesamtheit ihres Lebens nach persönlicher Entscheidung gestalten: die ältesten Biographien von Griechen, die uns bezeugt sind, sind diejenigen einzelner großer Philosophen: Sokrates, Pythagoras, Platon. Demselben 4. Jahrhundert v. Chr., dem diese Biographien entstammen, gehört allerdings auch eine Figur an, die in ihrer Einmaligkeit wie keine andere zum Gegenstand von Biographien wie geschaffen war: Alexander der Große. Daß dann in ihrem Schatten auch die späteren hellenistischen Könige, Staatslenker und Condottieri ihre Biographen fanden, werden wir vermuten dürfen, auch wenn nur wenig faßbar ist.

Viel wichtiger nächst den Biographien der Philosophen werden seit dem 3. Jahrhundert v. Chr. die Biographien der Dichter; man versuchte, im Kunstwerk Spiegelungen des Lebens zu finden und vom Lebensschicksal her das Kunstwerk zu deuten. Die Blütezeit dieser Gattung dürfte das späte 3. und das 2. Jahrhundert v. Chr. gewesen sein. Da werden alle möglichen Dokumente herangezogen, um das Leben berühmter Männer früherer Jahrhunderte nachzuzeichnen. Porträts entstehen, die oftmals mit vollendeter Kunst auch den belanglosesten Einzelheiten ihren Sinn zu geben wissen: Statur, Gesichtsfarbe und Kleidung, tägliche Gewohnheiten, Lieblingslektüre und Lieblingsspeisen, Familienverhältnisse, Vermögensverhältnisse und Freundeskreis.

Erstaunlich ist der Aufschwung, den diese Gattung in Rom genommen hat. Das hängt durchaus mit der besonderen Rolle des Einzelnen zusammen. In Athen ist der Einzelne radikal auf sich gestellt, so daß er zwar ungeheuer Großes leisten kann, aber dauernd gefährdet bleibt und nicht selten erschreckend rasch der Vergessenheit verfällt. In Rom ist der Einzelne getragen von einem weitverzweigten und ruhmesstolzen Familienverband und Herr über einen Kreis von Klienten; so wirkt er auf griechisches Empfinden wie ein König. Das letzte Jahrhundert der römischen Republik bringt die Übermenschen hervor, die unmittelbar zu Prinzipat und Kaisertum weiterführen. Für diese Gestalten ist die Biographie die angemessene Form. Von den vielen Biographien (und Autobiographien) in lateinischer Sprache ist hier nicht zu reden. Aber es verdient Beachtung, daß der einzige Grieche, dessen Biographien bis auf den heutigen Tag klassisch geblieben sind, Plutarch aus Chaironeia, in einer römisch gewordenen Welt geschrieben hat.

Die Kunst des klugen Arguments

Ein höchst eigenartiges Stück Literatur ist all das, was wir in moderner Terminologie wohl politische Publizistik nennen sollten, was aber in der Antike unter dem Stichwort Rhetorik läuft. Die Ursprünge dieser Literatur, die vom Standpunkt des 19. und 20. Jahrhunderts aus zum Fremdartigsten gehört, was die Griechen hervorgebracht haben, liegen zur Hauptsache noch im dunkeln. Die Gelehrsamkeit des 4. Jahrhunderts v. Chr. wollte wissen, daß hundert Jahre zuvor zuerst in den großen Städten Siziliens das advokatische Argumentieren in ein festes System gebracht worden sei; hier seien zuerst die Regeln aufgestellt worden, nach denen man in einer juristischen Auseinandersetzung privaten oder politischen Charakters vorzugehen habe, um die Sympathie der anhörenden Instanz und schließlich einen günstigen Entscheid zu erlangen. Das Gewicht lag dabei keineswegs auf der geschickten Exegese und Kombination der einschlägigen Rechtssätze oder Rechtsgewohnheiten, sondern auf der psychologischen Beeinflussung des Adressaten, die mehrere Wege gehen konnte; sie konnte entweder die zur Diskussion stehenden Tatsachen in geeigneter Beleuchtung und Abfolge vortragen oder sich darauf beschränken, Stimmung zu machen, dem Adressaten zu schmeicheln und seine Gefühle des Mitleids, der Entrüstung und des Zorns zu mobilisieren.

Faßbar wird uns diese »Redenliteratur« zuerst in Athen gegen Ende des Peloponnesischen Krieges. Geblüht hat sie überhaupt nur in Athen und nur während rund fünf Generationen. In dem Augenblick, da Athen politisch zu einer musealen Provinzstadt wurde, starb sie in ihrer bisherigen Form ab.

Was uns das Verständnis der gesamten, uns in zahlreichen Vertretern erhaltenen Gattung schwierig macht, ist nicht so sehr die Tatsache, daß Plädoyers in privaten oder politischen Kontroversen aufbewahrt und einzeln oder in Sammlungen publiziert wurden, sondern daß angesichts solcher Sammlungen das Interesse des antiken Lesers auf ganz andere Dinge gerichtet war, als wir erwarten würden. Die Kontroversen als solche bleiben ihm meist völlig gleichgültig. Ob und wieweit in einen bestimmten Fall bedeutende Persönlichkeiten verwickelt sind und wie sich in einer Kontroverse die politischen und sozialen Verhältnisse, das Rechtswesen und die Ethik einer Epoche spiegeln, wird im ganzen erstaunlich wenig beachtet. Für die Antike sind solche Reden in erster Linie Kunstwerke. Wenn es einer Rede gelingt, ein beliebiges Ereignis oder Problem anschaulich herauszuarbeiten, für eine agierende Person Sympathie zu erwecken und die Rede als solche geschickt aufzubauen, so daß Prolog und Epilog, Erzählung und Beweisführung zweckmäßig aufeinander abgestimmt sind, dann ist so ziemlich alles erreicht, was der antike Leser verlangt.

In den nachklassischen Jahrhunderten werden kaum mehr Reden gehalten, die geschichtliches Gewicht besessen hätten. Um so energischer wird die Theorie ausgebaut, und in dem Augenblick, in dem die Römer Reden in griechischem Stil zu halten beginnen – der erste große Redner ist Cato der Censor in der ersten Hälfte des 2. Jahrhunderts v. Chr. –, liegt ihnen bereits ein außerordentlich reichverzweigtes und anspruchsvolles System der Rhetorik vor. Dieses System ist zunächst abstrahiert von den großen athenischen Reden des 5. und 4. Jahrhunderts v. Chr. Es wird weiter erprobt im Schulbetrieb; alle möglichen realen und imaginären Kontroversen liefern den Ansatzpunkt für Reden und Gegenreden, in denen es gilt, den jeweiligen Standpunkt so überzeugend wie möglich zu vertreten. Die Kontroversen werden in bestimmte Klassen eingeteilt, ebenso werden die Prozeduren systematisiert, die dem Angreifer oder Verteidiger zur Verfügung stehen, um auf die urteilende Instanz, ein Richterkollegium oder eine Volksversammlung, den gewünschten Eindruck zu machen.

Der Triumph der Rhetorik ist es, eine schwache Sache zur starken zu machen und einen offenkundigen Übeltäter erfolgreich zum Unschuldsengel zu drapieren. Juristische Erwägungen bleiben dabei völlig im Hintergrund. Mit einer uns zuweilen zynisch anmutenden Offenheit wird ausschließlich auf die psychologische und artistische Wirkung hingesteuert. Noch das humanistisch gesinnte 19. Jahrhundert erlebte einen Schock, als sich herausstellte, in welchem Umfang Platon mit seiner Behauptung recht hatte, die Redner kümmerten sich überhaupt nicht um die Wahrheit, sondern nur um die Wirkung auf ihr Publikum. Das gilt selbst für die größten unter ihnen, etwa Demosthenes, der keine Skrupel kannte, Tatsachen frei nach seinen Bedürfnissen zu manipulieren.

Trotzdem werden wir uns hüten, die antike Redenliteratur verächtlich beiseite zu schieben. Wir müssen uns nur darüber im klaren sein, was sie leistete und was nicht. Für uns sind die attischen Reden zunächst wegen der Fülle geschichtlicher Tatsachen wichtig, die sie uns gewissermaßen nebenher liefern. Dabei ist nicht nur an bestimmte Fakten der politischen Geschichte gedacht; will man die Weltanschauung des athenischen Bürgers im späten 5. und im 4. Jahrhundert v. Chr. kennenlernen, so sind die Reden zusammen mit den Texten der Komödie das weitaus verläßlichste Dokument.

Weiterhin verdient die in den Reden wirkende Psychologie Beachtung. Es stecken in ihnen viel Lebensklugheit und Beobachtungen, die sich die philosophische Psychologie und Ethik zunutze machen konnte. Dazu gesellt sich eine ausgebildete Kunst des Argumentierens. Der Grieche hat Diskussionen leidenschaftlich geliebt. Zu jeder beliebigen Behauptung das Für und Wider zu finden war eine Aufgabe, die an sich schon seinen Scharfsinn reizte; und war sie elegant gelöst, so konnten sich auch tiefere Schichten seines Wesens angesprochen finden. Es ist kein Zufall, daß die advokatische Technik des Herausarbeitens von Gründen und Gegengründen sich eng mit dem Diskussionsstil der hellenistischen Akademie berührte, die damit den Satz des Sokrates zu erhärten suchte, daß der Mensch kein Wissen besitze: jede These sei widerlegbar; was übrigbleibt, seien bloße Wahrscheinlichkeiten.

Schließlich werden wir auch die Hochschätzung der Sprache bedenken, die in dieser Literatur zum Ausdruck kommt. In der späten Antike gehörten die klassischen Redner neben einigen großen Dichtern zu den Hauptstücken der allgemeinen Bildung. Die griechische wie die römische Schule hat bestimmte Meisterreden immer wieder gelesen und analysiert und den jungen Leuten an ihnen die Kunst des korrekten Argumentierens und Disponierens und vor allem des gepflegten und sachgemäßen Stils beigebracht. Im 3. Jahrhundert v. Chr. ist eine Gruppe von zehn Rednern als Klassiker dieser Gattung zusammengestellt worden. Eine Auswahl aus ihren Werken ist bis heute erhalten geblieben.

Unter den Römern war es, wie gesagt, Cato der Censor, der als erster die griechische Redekunst in großem Umfang in die lateinische Welt verpflanzte. Scharen von Rednern folgten auf ihn. Diese Gattung lag den Römern. Rühmend hervorgehoben wird von der Antike selbst etwa C. Sempronius Gracchus, der genialisch revolutionäre Volkstribun des Jahres 123 v. Chr.; unbestritten der größte aber war und blieb M. Tullius Cicero.

Der Ruhm seiner Reden etwa gegen Verres, gegen Catilina, gegen Marcus Antonius hielt sich ungebrochen bis in den Beginn des 19. Jahrhunderts. Dann aber folgte der Niedergang um so rascher. Die empfindsame Moralität des Bürgertums stieß sich an der Sorglosigkeit, mit der Lysias, Demosthenes und Cicero die Wahrheit der psychologischen Wirkung unterordneten. Die Romantik verachtete das Streben nach disziplinierter Form als Schulmeisterei, und vor allem begann der Geist der Zeit die Bedeutung des sprachlichen Gestaltens auf das sonderbarste zu unterschätzen.

Man hielt dafür, daß von der Sprache nichts anderes zu fordern sei, als daß sie sachlich und präzise informiere, und verschloß sich damit jeden Zugang zur antiken Redekunst. Und nicht nur dies: man übersah völlig, daß auch die bedeutendste Einsicht und die gerechteste Sache zugrunde gehen, wenn sie nicht überzeugend formuliert sind, und daß selbst im 20. Jahrhundert das Falscheste sich durchsetzt, wenn es die Mittel der Sprache auf die erwünschte Wirkung hin einzusetzen weiß. Angesichts der Leistungen der antiken Redekunst wird man die Feststellung nicht umgehen können, daß eine ganze Zone der Lebenserfahrung und Lebensbewältigung im 19. und 20. Jahrhundert um eines problematischen Ideals der schlichten Sachlichkeit willen verschüttet worden ist. Eine unvoreingenommene Bestandsaufnahme der auch im 20. Jahrhundert wirkenden Kräfte wird unweigerlich auch der griechischen Redekunst ihren Rang zurückgeben.

Die praktischen Wissenschaften

Selbstverständlich hatte bei den Griechen wie überall jeder praktische Beruf seine Regeln, die von den Spezialisten durch Generationen weitergegeben und immer wieder ergänzt und verbessert wurden. Diese Regeln können schriftlich niedergelegt sein, zunächst nur zum praktischen Gebrauch, also ohne die geringsten literarischen Ansprüche. Solche Regelbücher sehen immer wieder anders aus, weil jeder Benutzer auf Grund seiner Erfahrung Dinge gestrichen oder beigefügt hat. Hatte das Buch seinen Dienst getan, warf man es weg. Kein Wunder also, daß nur wenig davon erhalten ist.

Manche Disziplinen beginnen aber seit dem späten 6. Jahrhundert v. Chr. nach Höherem zu streben. Aus den Regelbüchern werden wissenschaftliche Traktate, oft zur Orientierung der Laien, nicht selten aber auch für Spezialisten. Es entstehen Querverbindungen unter den verschiedenen Disziplinen und schließlich ganze Systeme, in denen jede Disziplin mit den Ergebnissen anderer Disziplinen arbeitet und ihre eigenen Ergebnisse anderen zur Verfügung stellt.

Das Ganze erhebt nun den Anspruch, Wissenschaft und Philosophie zu sein. Wir müssen sofort bemerken, daß die Grenze zwischen diesen Begriffen in der Antike fließend war und, wo sie gezogen wurde, anders verlief als im 20. Jahrhundert. Von zwei Kriterien müssen wir ausgehen. Philosophie ist in jedem Falle die Frage nach dem Sein, nach den letzten Gründen des Sollens und nach der Möglichkeit des Erkennens; sie ist außerdem eine Frage, die um ihrer selbst willen gestellt wird, einfach weil die Wahrheit als solche eminent wissenswert ist. Eindeutig aus der Philosophie heraus fallen also die Disziplinen, deren Bestimmung überwiegend oder ausschließlich die praktische Brauchbarkeit ist.

Im ganzen gesehen haben die Griechen die Neigung gehabt, den Bereich der Philosophie möglichst weit auszudehnen. Wir sprachen schon davon, daß sie den Tätigkeiten, die um ihrer selbst willen geübt werden, unter allen Umständen einen höheren Rang zubilligten als den andern, die lediglich der Verbesserung der materiellen Lebensbedingungen dienten. Selbst handfest praktische Künste, wie Elementargrammatik, Gartenbau oder Kochkunst, haben deshalb gern ihre Beziehung zu den umfassenden Problemen der Philosophie betont. Erst recht ist der Gesamtkomplex der biologischen Wissenschaften immer zur Philosophie gezählt worden, da die Frage nach den Manifestationen des Lebens bei Mensch, Tier und Pflanze entschieden eine theoretische war.

Es kann natürlich nicht unsere Aufgabe sein, die lange Liste der Disziplinen aufzuführen, aus denen Publikationen bezeugt oder erhalten sind. Wir greifen lediglich zwei Gruppen von Wissenschaften heraus, die repräsentative Werke hervorgebracht haben und zugleich eine Brücke zwischen Praxis und Theorie darstellen.

Zu nennen sind die mathematischen Wissenschaften, genauer, jene Gruppe von vier Disziplinen, die schon im späten 5. Jahrhundert v. Chr. zu einem System zusammengeschlossen worden sind: Arithmetik, Geometrie, Astronomie und Musiktheorie. Was sie verbindet, ist, daß es bei ihnen um zähl- und meßbare Größen geht, Größen also, denen Eindeutigkeit und Objektivität in besonderer Weise zukommt. Dementsprechend sind diese vier Disziplinen von dem Augenblick an, da sie ihrer Eigenart bewußt wurden, mit dem

Anspruch aufgetreten, die vornehmsten aller Wissenschaften, sozusagen Modellwissenschaften zu sein, an denen sich alle übrigen zu orientieren hätten. Dieser Anspruch hat sich weitgehend durchgesetzt; die Mathematik erfreute sich bis zum Ausgang der Antike eines einzigartigen Ansehens. Davon gibt auch die Tatsache Zeugnis, daß ihre Fachliteratur trotz ihrer Kompliziertheit sich in beachtlichem Umfang erhalten hat; es genüge hier, an die Schriften des Euklid und des Archimedes zu erinnern.

Für die Stellung dieser Disziplinen ist es bezeichnend, daß sie alle der Philosophie methodisch wie sachlich wertvollste Dienste leisten. Geometrie und vor allem Astronomie wollen auf die Erkenntnis hinaus, daß der körperliche Kosmos im ganzen von einer mathematischen Ordnung beherrscht werde; wo aber dies feststeht, ist die Folgerung unausweichlich, daß ein mathematischer Weltgeist diese Ordnung verwaltet. So haben Platon und Aristoteles argumentiert. Epikur, der die Gottheit von der Weltregierung entlasten wollte, hat sich verzweifelt gegen diesen Gedanken gewehrt und die mathematischen Wissenschaften mit unverhüllter Verachtung beiseite geschoben, freilich nur mit dem Erfolg, daß man über seine Unbildung spottete. Das mathematische Quadrivium war und blieb eine der stärksten Stützen des philosophischen Vorsehungsglaubens. Auch die anerkannte Tatsache, daß weder die praktische Geometrie des Handwerkers und Feldmessers noch die praktische, phänomengetreue Astronomie mit reinen Zahlenverhältnissen auskommt, sondern einen Rest an Unexaktheit mitschleppen muß, hat daran nichts zu ändern vermocht.

Andererseits stehen die vier Disziplinen zweifellos auch zur Praxis des Lebens in einem spezifischen Verhältnis. Das praktische Musizieren ist zwar nicht unbedingt auf das Studium der Musiktheorie angewiesen; der Handwerker kommt auch ohne wissenschaftliche Arithmetik und Geometrie aus. Dennoch bleibt eine Zusammengehörigkeit bestehen, die bald stärker, bald schwächer betont wird. Einen Grenzfall stellt die Mechanik dar, die als Wissenschaft das Funktionieren bestimmter Maschinen mathematisch erläutert. Sie kann aber auch zur Erfindung neuer Maschinen führen und hat dies vor allem in einem vieldiskutierten Bereich getan. Die mathematische Wissenschaft hat Archimedes zur Konstruktion von Kriegsmaschinen befähigt, jener Maschinen, gegen die die Römer bei der Belagerung von Syrakus in den Jahren 213/212 v. Chr. monatelang vergebens ankämpften. Und Archimedes ist nicht der einzige Erbauer solcher Maschinen gewesen. Man könnte beinahe sagen, daß die Konstruktion von Kriegsmaschinen der einzige Zweig der wissenschaftlich fundierten Technik ist, der es in der Antike zu einer gewissen Blüte gebracht hat. Bei Plutarch freilich vernehmen wir die bewegende Klage des Platonikers, daß da eine der höchsten Wissenschaften, bestimmt zur Erforschung ewiger Wahrheiten, zu brutal praktischen Zwecken mißbraucht worden sei.

Der Werdegang der Medizin stellt eine besonders bemerkenswerte Leistung der griechischen Kultur dar. Hier hat sich die Tatsache ausgewirkt, daß die Religion schon früh jenen Zustand der Uneigentlichkeit erreicht hat, von dem wir bereits sprachen. So gewann die Medizin die Freiheit, sich unbeschwert von religiösen und abergläubischen Vorstellungen zu entfalten; Heilungen durch Wunder und Zaubermittel spielen bereits bei Homer nur noch eine geringe Rolle. Im 5. Jahrhundert v. Chr. blüht die Medizin als eine hochangesehene, auf dem soliden Fundament empirischer Beobachtung aufgebaute Wissenschaft. Beziehungen zur Naturphilosophie fehlen nicht; doch führen gerade sie bezeichnenderweise zu heftigen Kontroversen. Medizinern, die die naturphilosophische Elementenlehre in die Physiologie des Menschen einzuführen suchen, stehen andere gegenüber, die es strikt ablehnen, sich über die Erfahrungstatsachen hinaus auf allgemeine Spekulationen einzulassen.

Zentrale Zweige der Medizin sind Chirurgie und Diätetik, dazu natürlich Geburtshilfe und die damit unmittelbar zusammenhängende Gebiete der Gynäkologie und Pädiatrie. Die medizinische Diagnostik hält sich freilich in recht engen Grenzen. Obschon verhältnismäßig früh anatomische Untersuchungen am toten Körper vorgenommen werden, bleibt die Kenntnis der Funktionen der inneren Organe mangelhaft. Bemerkenswert exakt haben dagegen die antiken Ärzte die äußeren Symptome verschiedener Krankheiten beobachtet und Regeln ausgearbeitet, an die sich eine gesunde Lebensweise zu halten hätte. Es wird festgestellt, welche Speisen und Getränke bekömmlich und welche schädlich seien, ferner, welche Klima- und Witterungsverhältnisse die Anfälligkeit für Krankheiten erhöhen, auf welche Weise eine geregelte Verdauung zu erzielen sei und ähnliches mehr.

Für die Überlieferung der medizinischen Literatur ist es entscheidend, daß sie gewissermaßen unter den Schutz eines anerkannten Klassikers geriet. Es ist Hippokrates von Kos, von dessen Person wir zwar nur wenig wissen, der aber schon zur Zeit Platons als der berühmteste griechische Arzt galt und dem schließlich der größte Teil der medizinischen Literatur der vorhellenistischen Zeit zugeschrieben wurde. Dieses *Corpus Hippocraticum* besitzen wir noch heute. Es umfaßt vor allem Schriften des 4. Jahrhunderts v. Chr. und ist geschichtlich gesehen schon darum wichtig, weil es uns eine Wissenschaft kennen lehrt, die selbst zur Zeit der größten Blüte Athens im ionischen und teilweise im westgriechischen Kolonialland zu Hause war. Nur bei den spätesten Schriften dieser Gruppe macht sich der Einfluß der attischen Philosophie Platons und des Aristoteles bemerkbar.

Auch aus den späteren Jahrhunderten kennen wir eine stattliche Reihe bedeutender Ärzte und Ärzteschulen. Es gibt kaum eine wissenschaftliche Disziplin, deren Entwicklung sich bis zum Ende des Altertums so genau verfolgen läßt wie eben die der Medizin. Besondere Erwähnung verdient der große Arzt des 2. Jahrhunderts n. Chr., Galenos, der eine ungeheure, bis heute noch kaum gesichtete Fülle von Schriften hinterlassen hat.

Neben Hippokrates ist er sowohl für das griechisch-lateinische Abendland, als auch für den islamischen Osten der zweite Klassiker der Medizin geworden. Seine Werke sind in einem Umfang ins Arabische übersetzt worden wie sonst nur noch diejenigen von Aristoteles, mit dem er im übrigen im östlichen wie im westlichen Mittelalter häufig zusammengestellt worden ist. So darf man ihn zu den einflußreichsten griechischen Schriftstellern rechnen. Dabei ist er nicht nur erstaunlich gut informiert über die klassische griechische Medizin. Er ist auch selbst eine interessante Persönlichkeit, die sich nicht allein mit Fachproblemen befaßte, sondern ebenso mit der Belehrung der Laien über Grundfragen der Medizin und mit der immer wieder aktuellen Frage nach dem Verhältnis der Medizin zur Philosophie. Hübsch ist schließlich die Unbefangenheit, mit der er sich selbst mit seiner vielseitigen, sprachlich durchaus gepflegten Schriftstellerei in Szene setzt.

Reste des Asklepieion im Bezirk der Ärzteschule auf Kos

Ruinen eines Gymnasion im Außenbezirk des einst waldreichen Delphi

Das Christentum hat die griechische Medizin ohne die geringste Schwierigkeit rezipiert. Hier wiederum war es ein Gewinn, daß es sich um eine entschiedene Tatsachenwissenschaft handelte, die zur antiken Religion überhaupt keine, zur Philosophie nur recht lockere Beziehungen besaß.

Immerhin muß die Beziehung zur Philosophie noch mit einem Wort charakterisiert werden. Sie ist doppelter Natur; zunächst eine solche der Analogie. Schon dem 5. Jahrhundert v. Chr. ist der Vergleich der Gesundheit des Leibes mit der der Seele vollkommen geläufig. Wie die Medizin ein System von Vorschriften aufstellt, demgemäß die Gesundheit des Leibes zu bewahren oder herzustellen sei, so muß es im Bereich der Seele ein entsprechendes System geben. Die philosophische Ethik hat sich streckenweise geradezu am Modell der Medizin entwickelt. Die zweite Beziehung knüpft an die Kontroverse zwischen Empirie und Spekulation an. In der Medizin weist der naturphilosophisch orientierte Arzt darauf hin, daß der menschliche Körper nur Teil eines Ganzen sei und nur als Teil (Mikrokosmos) im Verband des Ganzen (Makrokosmos) richtig verstanden werden könne; der Empiriker dagegen verweist auf seinen praktischen Erfolg am Krankenbett. Dieser Gegensatz spielt in der Philosophie selbst eine eminente Rolle. In berühmten Sätzen hat etwa Aristoteles das Wissen vom Allgemeinen der Erfahrung des Einzelnen gegenübergestellt und die These vertreten, daß jenes zwar als Wissen höher stünde, diese dagegen, wie die Medizin beweise, in der Praxis brauchbarer sei. Die Tätigkeit des Arztes wird zum Paradebeispiel dafür, daß im Bereich der geschichtlichen, wandelbaren Körperlichkeit jede Wissenschaft schließlich auf das Einzelne und den immer wieder besonderen Fall hinzusteuern habe. Die Philosophie allerdings hält sich an das, was über die Geschichtlichkeit hinausführt.

Die Philosophie

Philosophie bedeutete ursprünglich nichts anderes als das Streben nach geistiger Bildung im weitesten, Wissenschaft und Dichtung gleichermaßen umfassenden Sinne. Im 5. Jahrhundert v. Chr. wird der Begriff präzisiert. Erzählungen von den Sieben Weisen und angebliche Äußerungen des Pythagoras spielten dabei eine Rolle, doch ist im einzelnen noch vieles unklar. Jedenfalls hat im 4. Jahrhundert der Begriff seine klassische Bedeutung; der Philosoph wird von da an scharf geschieden vom Dichter, vom Redner, vom Politiker.

Der Begriff ist dann in den Sprachgebrauch der nachantiken Jahrhunderte eingegangen. Das Christentum hat ihn sich, wenn auch zögernd, zu eigen gemacht; seit dem 19. Jahrhundert pflegt man auch spekulative Bemühungen von Völkern außerhalb der antiken Tradition als Philosophie zu bezeichnen. Diese Erweiterung des Gebrauchs ist nicht unbedenklich, denn sie ist geeignet, die Tatsache zu verdunkeln, daß die europäische und griechische Tradition der Philosophie auf ganz bestimmten Voraussetzungen beruht, die nur im Griechentum und sonst nirgends vorhanden sind. Es sind vor allem ihrer zwei.

Die eine ist die Uneigentlichkeit der griechischen Religion. Sie spaltet sich früh in einen Kult, der zu keinerlei Nachdenken anregt, und in einen Mythos, der sich im spielerisch

Unverbindlichen verliert. Damit entsteht (vereinfacht ausgedrückt) ein Vakuum, das die Philosophie auszufüllen vermag. Die Frage, wie die Welt entstanden ist und was sie zusammenhält und was es insbesondere mit den fernen Regionen »über und unter der Erde« auf sich habe, kann untersucht werden, ohne Rücksicht auf autoritative Anschauungen des religiösen Glaubens. In der Lehre von der Bestimmung des Menschen und in der Ethik sind die Bindungen an einzelne fromme Überlieferungen stärker, doch niemals so zwingend, daß sie die autonome Entfaltung der philosophischen Reflexion ernstlich beeinträchtigen konnten. Die Philosophie hat nie gezögert, sich ein souveränes Urteil über alle Formen der herkömmlichen Gottesvorstellung und des Gottesdienstes zu bilden, selbst wenn sie es für zweckmäßig hielt, in einzelnen Fällen ihre Meinung nicht allzu laut auszusprechen.

Die andere Voraussetzung ist die Distanz von der staatlichen Gemeinschaft. Es handelt sich dabei nicht um ein vollendetes »Der Welt-Abgestorbensein« wie bei den Asketen Asiens, sondern um ein Spannungsverhältnis, das immer wieder als solches empfunden und damit philosophisch fruchtbar wurde. Die dem Ewigen zugewandte theoretische Lebensform der Griechen erkämpft sich immer wieder ihre Legitimation inmitten einer Welt des politischen Handelns; die philosophische Ethik wiederum besitzt die Freiheit, alle Erscheinungsformen des politischen Daseins – Staatsformen, Rechte und Pflichten des Bürgers – in ihre Diskussion einzubeziehen und in Frage zu stellen.

Ohne diese beiden Voraussetzungen hätte die griechische Philosophie niemals ihre besondere Mächtigkeit erlangt. Wo diese beiden Voraussetzungen nicht bestanden, ist es auch nicht zu einer Philosophie des griechischen Typus gekommen.

Was die geschichtliche Entwicklung der antiken Philosophie angeht, so sind wir schon darum weitgehend auf die antiken Berichte angewiesen, weil die Zahl der Philosophen, die wir aus ihren eigenen Schriften hinlänglich kennen, nicht groß ist. Außerdem hat die griechische Philosophiegeschichtsschreibung hinsichtlich der einzelnen Etappen der Entfaltung des philosophischen Gedankens sehr entschiedene Thesen herausgearbeitet, Thesen, deren sich auch der moderne Historiker nur mit Mühe erwehren kann. Wir müssen annehmen, daß sie in großen Zügen den Tatsachen entsprechen; im einzelnen freilich nehmen sie manche unerlaubte Vereinfachung und manche gewalttätige Interpretation in Kauf.

Als Angelpunkt der Philosophiegeschichte gilt die Person des Sokrates. Er gilt als der Philosoph, der die Philosophie »vom Himmel auf die Erde herabgeholt hat«. Mit ihm endet die Zeit der Naturphilosophie und beginnt die philosophische Ethik. Die älteste uns faßbare Darstellung der Philosophiehistorie läßt die Naturphilosophie mit Thales von Milet (Anfang des 6. Jahrhunderts v. Chr.) anheben und mit Anaxagoras und Demokrit, den Zeitgenossen des Sokrates, enden. Eine jüngere, auch schon bei Aristoteles und Theophrast sich anbahnende These nimmt zwei Ursprünge der Naturphilosophie an, einen ersten mit dem Ioner Thales, der stark aufklärerischen Neigungen nachgibt, und einen zweiten mit Pythagoras, der zwar aus Samos stammte, aber in Süditalien gewirkt hat und so zum Begründer des italischen Zweiges der Naturphilosophie geworden ist. Charakteristisch für diesen sind astronomisch-theologische Spekulationen.

Von Sokrates wird sodann eine Reihe von »sokratischen Schulen« abgeleitet. An innerer und äußerer Bedeutung allen voran steht die Schule Platons, die Akademie. Von ihr trennt sich bald nach Platons Tod (347 v.Chr.) Aristoteles und gründet eine eigene Schule, den Peripatos. Am Ende des 4.Jahrhunderts v.Chr. entstehen zwei weitere Schulen, diejenige Epikurs und diejenige Zenons, die Stoa. Gemeinsam ist beiden, daß sie über Platon und Aristoteles hinweg auf die ionischen Naturphilosophen zurückgreifen, Epikur auf Demokrit, die Stoa auf Heraklit. Davon abgesehen ist Epikur durch eine schroffe Ablehnung der Sokratik gekennzeichnet, besonders in ihrer platonischen Gestalt; damit verträgt sich eigenartigerweise eine reiche Fülle von Beziehungen zur Philosophie des Aristoteles und eine deutliche Affinität zu einem der frühen Sokratiker, Aristippos aus Kyrene. Die Gegner Epikurs liebten es, darüber zu spotten, daß seine Lehre fast vollständig aus Demokrit und Aristippos zusammengestohlen sei. Die stoische Schule hat sich als die Hüterin der reinen sokratischen Tradition gegeben. Ihr Gegner war in früher Zeit vor allem der Peripatos, dem sie Verrat an Sokrates vorwarf, in späterer Zeit die Schule Epikurs.

Im Laufe des 2.Jahrhunderts v.Chr. haben sich diese vier Schulen, diejenige Platons, des Aristoteles, Epikurs und Zenons, durchgesetzt. Was sonst im 4. und frühen 3.Jahrhundert v.Chr. hervorgetreten war, starb ab. Damit ging parallel eine Verschiebung in der Gesamtperspektive. War bis dahin jeder einzelne Philosoph mit dem Anspruch aufgetreten, gegen alle übrigen die allein richtige Theorie zu vertreten, so werden nun die vier großen Schulen mehr und mehr als Ausdruck der vier wesentlichen Möglichkeiten philosophischer Systembildung verstanden. Die philosophiebeflissenen jungen Leute fangen an, der Reihe nach alle vier Schulen zu besuchen. Um die Wende vom 2. zum 1.Jahrhundert v.Chr. dürfte zum ersten Male die These formuliert worden sein, Akademie, Peripatos und Stoa besäßen im Grunde ein und dieselbe Lehre; es gelte nur, auf die ursprünglichen Intentionen Platons, des Aristoteles und Zenons zurückzugehen, um zu erkennen, daß die Unterschiede lediglich in belanglosen Äußerlichkeiten bestünden. Ausgeschlossen von diesem Consensus wird nur die Lehre Epikurs, auf die sich nun die vereinigte Polemik der drei übrigen Schulen stürzt. Das ist die Lage der griechischen Philosophie zur Zeit Ciceros.

Die nachfolgende Entwicklung ist wenig bekannt. Im 2.Jahrhundert n.Chr. treten die Schulen wieder auseinander. Wir hören von heftigen Polemiken zwischen Platonikern und Aristotelikern. Auch die Stoa besinnt sich in der Zeit Epiktets und Mark Aurels wieder auf ihre ursprüngliche Eigenart. Dann aber holt der Platonismus zu einem letzten mächtigen Vorstoß aus. In Plotin, Porphyrios und Iamblichos erstehen ihm drei Philosophen, von denen jeder auf seine Weise und in seiner Zeit einen dominierenden Einfluß ausübt. Platons Dialoge mit einzigartiger Intensität interpretierend, bringt Plotin einige der tiefsten Intentionen der alten Akademie zu ihrer endlichen Erfüllung. Porphyrios, Plotins Schüler, ist Gelehrter und Popularisator zugleich; als Gelehrter hat er die letzte monumentale und auf erstaunlicher Kenntnis der alten Texte beruhende Philosophiegeschichte geschrieben, vielfach benutzt von den Christen, in späterer Zeit noch mehr von den Gelehrten des Islams, die ihre Informationen über griechische Philosophie zu einem beträchtlichen Teil diesem Werke verdanken; als Popularisator hat er eine Reihe von Abhandlungen über Seele und Unsterblichkeit im Sinne Platons verfaßt, die für die Entwicklung der christlichen Theologie von außerordentlicher Bedeutung gewesen sind. Iamblichos endlich erreicht zwar weder die Genialität Plotins noch die gelehrte Sachlichkeit des Porphyrios, aber seine theologischen Spekulationen (die auf uns vielfach abstrus wirken) haben im 4. Jahrhundert n. Chr. einen ansehnlichen Erfolg gehabt.

In neueren Zeiten hat man der durch Plotin inaugurierten Richtung den Namen Neuplatonismus gegeben. Als Neuplatonismus ist seit dem Ende des 4. Jahrhunderts n. Chr. die platonische Akademie die einzige der vier klassischen Schulen gewesen, die noch kräftig weitergelebt hat. Die drei andern Schulen müssen im Laufe des 3. Jahrhunderts n. Chr. allmählich erloschen sein. Unsere Quellen sind da freilich so dürftig, daß wir kaum eine Vorstellung davon gewinnen können, unter welchen Umständen die Gemeinschaften der Epikureer, Stoiker und Peripatetiker untergingen. Der Platonismus hat noch bis ins 6. Jahrhundert einige große Gestalten hervorgebracht. Die Akademie war vor allem in Athen ein Zentrum des Widerstandes der altgriechischen Welt gegen das alles überflutende Christentum. Das hat allerdings nicht verhindert, daß die Schriften der letzten Schulhäupter, des Proklos und des Damaskios vor allem, die christliche Theologie ebenso stark beeinflußt haben wie einige Generationen zuvor diejenigen des Porphyrios.

In Athen ist die philosophische Tradition der Antike im Jahre 529 n. Chr. mit der Schließung der Akademie durch Kaiser Justinian abgebrochen, in Alexandreia lebte sie, dünn genug, weiter bis zur Eroberung Ägyptens durch den Islam. Im Westen endlich wären die christlichen Neuplatoniker zu nennen, die es vom 4. Jahrhundert n. Chr. an bis in die Nähe des Hochmittelalters immer wieder gegeben hat; neben Figuren hohen Ranges wie Boethius stehen andere, bei denen christliche und platonische Dinge sich zu einer absonderlich primitiven Mischung zusammenfinden.

Es kann hier nicht die Rede davon sein, auch nur in knappster Zusammenfassung über die Lehren der griechischen Philosophen von Thales bis hin zu Damaskios zu berichten. Wir beschränken uns auf einige ganz allgemeine Gesichtspunkte.

Vom Beginn des 3. Jahrhunderts v. Chr. an wird das Ganze der Philosophie in drei Hauptgebiete aufgegliedert: Logik, Physik, Ethik. Der Sachbereich der Logik ist im wesentlichen bis auf den heutigen Tag derselbe geblieben. Was die Antike Physik nennt, umfaßt dagegen ein außerordentlich weites Feld. Zu ihr gehört nicht nur die Frage nach dem Sein und dem Ursprung alles Seienden, des körperlichen wie des unkörperlichen; ihr sind zugeordnet auch die Theologie und Astronomie, die Meteorologie, die Erdkunde, die in Anthropologie, Zoologie und Botanik sich verzweigende Biologie, schließlich die Lehre von den Gewässern und Gesteinen. Die Ethik besitzt im Prinzip drei Teile: die Individualethik, die Ökonomik und die Politik.

Diese Einteilung hat sich als zweckmäßig bewährt. Der griechische Sinn für Ordnung spricht aus ihr, und die großen Philosophen haben sich sorgfältig daran gehalten. Dabei waren sie sich durchaus darüber im klaren, daß zahlreiche Probleme mehrere Disziplinen gleichzeitig angingen. Die Frage nach dem Sein begegnete in der Logik ebenso wie in der Naturphilosophie. Die Grundlegung der Ethik konnte auf die Hilfe der Anthropologie und der Theologie nicht verzichten und ähnliches mehr. Gerade bei den größten Philosophen der Antike ist zu beobachten, wie die Forderung nach reinlicher Distinktion der Gegenstände und das Bewußtsein, daß alles mit allem zusammenhängt, einander die Waage halten.

Was den Problemkreis der Kosmologie betrifft, so läßt sich deutlich erkennen, daß von der ionischen Philosophie des 5. Jahrhunderts v. Chr. bis zum Ausgang des Hellenismus in ciceronischer Zeit zwei Konzeptionen einander gegenüberstehen. Wir dürfen die eine zuversichtlich-konstruktiv, die andere skeptisch-resignierend nennen. Die erste Konzeption steht unter dem stärksten Einfluß zweier Spezialdisziplinen, die beide die Überzeugung nahelegen, daß der Gesamtbau des Kosmos einer aufweisbaren Planung folgt.

Die eine Disziplin ist die Astronomie; sie weist nach, daß die Gestirnbahnen einem unabänderlichen mathematisch formulierbaren Gesetz unterworfen sind. Die erhabenste Region des Weltganzen ist also sichtbar gewordene Mathematik. Das kann sie nur sein, weil ein mathematischer Geist sie lenkt und belebt. Die Astronomie gestattete also Platonikern, Aristotelikern und Stoikern den Schluß, daß der Kosmos im Ganzen von einem Lenker verwaltet wird – mochte man im übrigen die Beziehung zwischen Kosmos und Lenker auffassen nach dem Bild von Körper und Seele oder nach dem des Künstlers, der ein vollkommenes Kunstwerk hervorgebracht hat.

Die andere Disziplin ist die Biologie, vor allem die biologische Anthropologie. Sie wird schon im späten 5. Jahrhundert v. Chr. auf die Tatsache aufmerksam, daß die menschlichen Organe augenscheinlich so gestaltet sind, daß sie einen bestimmten Zweck so gut wie möglich zu erfüllen vermögen. Zumal an den Sinnesorganen ließ sich zeigen, daß sie auf das angemessenste gegliedert sind. Außerdem ist alles geschehen, um sie vor Verletzungen zu schützen, ohne daß ihre Funktionen dadurch beeinträchtigt würden. Man wird an das Auge denken, das nicht nur tief in den Knochen eingebettet ist, sondern dem auch Augenbrauen und Augenlider zum Schutz beigegeben sind. Aus solchen Beobachtungen entwickelte sich die Hypothese, daß auch der Kosmos als ganzer im Sinne einer solchen Zweckgerichtetheit zu interpretieren sei.

Drei Folgerungen ergeben sich daraus. Die erste ist, daß der Kosmos selbst in Analogie zum menschlichen Körper als lebendiger Organismus begriffen werden muß. Bei den Griechen haben schon ganz primitive Spekulationen des 5. Jahrhunderts v. Chr. mit diesem Gedanken gespielt: da werden die Gewässer zum Blut und die Erde zum Fleisch des Kosmosleibes. Im 4. Jahrhundert begegnet die gereinigte Fassung dieser Dinge. Der Kosmos wird in allen seinen Teilen teleologisch gedeutet; er ist, wie er ist, weil es so am besten ist. Die zweite Folgerung ist die, daß eine derartige Zweckgerichtetheit einen Geist voraussetzt, der eben diesen Zweck will und verwirklicht. Das teleologische Prinzip führt ebenso wie das mathematische hinüber in den Bereich der Theologie und beweist die Existenz eines Wesens, das nicht nur die Ordnung, sondern auch das Gute im Weltganzen schafft. Damit stehen wir bei der dritten Folgerung. Das Gute, das Gott oder die Weltseele – oder schließlich eine als schöpferisch verstandene Natur – im Ganzen verwirklicht, ist nicht wesentlich verschieden von dem Guten, dem der Mensch in seinem Handeln folgen soll. Von der Kosmologie wird also eine Brücke geschlagen zur Ethik. In die Lehre vom Kosmos gehen ethische Elemente ein, und die Prinzipien der menschlichen Ethik erhalten kosmische Dignität.

Wenden wir uns nun der skeptisch-resignierenden Kosmologie zu. Ihre eigentliche Wurzel ist wohl das charakteristisch griechische Mißtrauen gegenüber den Fähigkeiten des Menschen und der Verläßlichkeit der Dinge. Die alte Atomistik Leukipps und Demokrits ist deutlich beherrscht von dem Gedanken, daß es zwar schön wäre, wenn es eine erkennbare Ordnung der Dinge gäbe; aber es gibt sie nicht. Später tritt der Gedanke hinzu, daß sowohl die mathematische Astronomie als auch die teleologische Biologie auf reiner Selbsttäuschung und auf einer durch die Tatsachen selbst nicht zu begründenden Überschätzung des menschlichen Erkenntnisvermögens beruhen.

Der Kosmos ist nach der Lehre der Atomistik das Produkt einer zufälligen Verflechtung elementarer Seinspartikel, einer Verflechtung, die es im Weltall immer wieder einmal geben kann. Wir haben nicht den geringsten Anlaß anzunehmen, daß unsere Welt eine vollkommene und als vollkommene die einzige wäre. Es kann vielmehr unendlich viele verschiedene Welten geben, jede wieder anders als die andere und jede genauso gut oder so schlecht zusammengefügt wie die andere. Die astronomische Ordnung ist nur Schein, und das Leben des Menschen ist so angefüllt mit Gefahren, Krankheiten und mühevoller Arbeit, daß die Behauptung, der Mensch sei so zweckmäßig wie möglich eingerichtet, einfach lächerlich wirkt. Die Gottheit hat mit einer solchen Welt nichts zu schaffen. Götter gibt es zwar; aber sie leben für sich in stiller, sorgenfreier Abgeschiedenheit, ohne sich um die Welt zu kümmern. Sie mahnen nur durch ihr Dasein den Menschen daran, daß es das klügste ist, »im Verborgenen zu leben« wie sie selbst und sich um nichts zu kümmern.

Der Gegensatz zwischen beiden Grundhaltungen wiederholt sich in der Anthropologie. Für Platon wie für Aristoteles und die Stoiker ist die Seele des Menschen mit der Gottheit und der Weltseele verwandt, darum auch befähigt, ihr erkennend nahezukommen, darum auch beauftragt, in ihrem Sinne zu wirken, und darum schließlich zur Zuversicht berechtigt, daß sie nach dem Tode des Leibes in die Welt der Götter übergehen wird, der sie ihrem innersten Wesen nach angehört. Für Demokrit und Epikur gibt es nichts dergleichen. Die Beziehung zwischen Mensch und Gott bleibt beschränkt auf jene Vorbildlichkeit in der Lebensform, die wir eben erwähnten. Darüber hinaus betonen Demokrit und vor allem Epikur, daß alles Gerede von einem Leben der Seele nach dem Tode nichts als unkontrollierbarer und abergläubischer Unsinn sei. Die Schilderungen von Totengericht und Jenseitsschicksal, in denen sich etwa Platon auf berühmten Seiten seiner Dialoge ergangen hat, gelten für Epikur teils als Spielereien eines Mannes, der den Unterschied zwischen Dichterphantasien und philosophischer Wissenschaft nicht begriffen hat, teils als Vergiftung der Seelen, denen auf diese Weise nichts als Angst und Unruhe eingepflanzt wird; wo es doch die Aufgabe des Philosophen wäre, die in jedem Menschen lauernde Angst vor dem Unheimlichen zu überwinden.

Die philosophische Ethik beginnt in dem Augenblick, da das widerspruchsvolle Gefüge der traditionellen Lebensregeln endgültig zerfällt und die Forderung nach einer innerlich kohärenten und in der Natur des Menschen schlechthin begründeten Ethik erhoben wird. Zwei Typen solcher Ethik melden sich am Ende des 5. Jahrhunderts v. Chr. zu Wort, die Ethik der Lust, ausgehend von der Beobachtung, daß Kind und Tier primär auf Lust und Schmerz reagieren, dann die Ethik des Willens zur Macht, die darauf hinweisen kann, daß in der Tierwelt ebenso wie in der Menschengeschichte stets der Schwächere vom Stärkeren überwältigt und ausgebeutet wird. Die Ethik des Willens zur Macht hat sich als wenig entwicklungsfähig erwiesen; aber die Ethik der Lust (um den nicht ganz glücklichen Ausdruck beizubehalten) hat, wie schon hervorgehoben, eine außerordentlich große Bedeutung erlangt. Die Beobachtungen an Kind und Tier waren schwer zu widerlegen, und andererseits wurde diese Ethik von derselben Komponente der Resignation bestärkt, von der bei der Kosmologie die Rede war. Da alles Planen und Wirken in der Welt unsicher und gefahrvoll ist, ist es das weiseste, sich mit dem zu begnügen und das zu genießen, was der Augenblick bietet.

Platon, Aristoteles und die Stoa bemühten sich, der Lustethik andere Formen philosophischer Ethik entgegenzustellen. Bei Aristoteles tritt die theoretische Lebensform, bei der Stoa das tugendgemäße Handeln in den Vordergrund. Hier haben wir denn auch reich ausdifferenzierte ethische Systeme, die sich zum Ziele setzen, allen Lagen des Lebens gerecht zu werden. Wir gehen darauf nicht näher ein, sondern bemerken nur noch eines. Die philosophische Ethik der Griechen geht durchweg von einer ganz bestimmten Einschätzung des geschichtlichen Menschen aus, die man gut tut, sich klarzumachen. Was sie vor Augen hat, ist der vollkommene Mensch, der sein ganzes Leben souverän in der Hand hat und der jede Entscheidung gemäß dem Prinzip fällt, das er einmal als richtig erkannt hat. Bei Platon ist dieser Mensch Sokrates, Aristoteles nennt ihn den Edlen, den Gebildeten, den Anständigen; Stoiker und Epikureer schließlich reden mehr und mehr vom Weisen. Die Gestalt des Weisen herauszuarbeiten wird im Hellenismus ein Hauptanliegen der philosophischen Ethik.

Aber gibt es diesen Weisen auch in der geschichtlichen Wirklichkeit? Gewiß gab es Sokrates; aber Sokrates ist durch das Volk von Athen getötet worden. Diese Tatsache ist entscheidend. Die Philosophen konstruieren zwar den Weisen, machen sich aber nicht die geringste Illusion darüber, daß die überwältigende Masse der Menschheit völlig unfähig ist, sich die philosophische Weisheit anzueignen.

Die antike Philosophie spricht selten vom Bösen und vom philosophischen Problem des Bösen. Zu dem, was die christliche Theologie mit dem Begriff der Erbsünde umschreibt, findet sich in der Antike nichts unmittelbar Vergleichbares. Dies hat seit dem 18. Jahrhundert zuweilen zu dem absonderlichen Fehlschluß geführt, daß das antike Denken in diesem Punkte durchaus antichristlich sei und der Überzeugung gehuldigt habe, jeder Mensch sei eigentlich gut und besitze alle Anlagen zur Vollkommenheit; es bedürfe nur der geeigneten Erziehung und einer menschenwürdigen Umgebung, um ihn zur Vollkommenheit zu bringen. Fraglos war die Meinung der antiken Philosophie eine ganz andere. Gewiß spricht sie zuweilen vom Weisen, als ob es ihn gäbe und als ob der Hörer sich nur anzustrengen brauchte, um selbst weise zu werden. Dies fällt jedoch gegenüber der überwältigenden Grundüberzeugung nicht ins Gewicht, daß die Mehrzahl der Menschen »schlecht« ist und daß der Philosoph zufrieden sein muß, wenn die von ihm vorgeschlagenen pädagogischen und gesetzlichen Maßnahmen dazu führen, daß sich die Leute wenigstens äußerlich korrekt benehmen. Von der Mehrzahl der Menschen ein Verständnis für ihre Aufgabe zu erwarten, ist hirnverbrannt.

Von der christlichen Position unterscheidet sich die antike letzten Endes nur dadurch, daß jene primär von einer theologischen These ausgeht, diese dagegen von der täglichen geschichtlichen Erfahrung, die unwiderlegbar beweist, daß nur eine verschwindend kleine

Elite zur philosophischen Einsicht zu gelangen vermag. Freilich verpflichtet diese Tatsache den realistisch denkenden Philosophen auch, nicht bloß für die Elite zu sorgen, sondern auch Lebensregeln und Lehrsätze zu formulieren, die der gemeine Mann, sofern er wenigstens gutwillig ist, begreifen kann. In diesem Sinne haben Akademie wie Peripatos, die Stoiker wie die Epikureer neben ihren philosophischen Hauptwerken auch bescheidene Handbüchlein und Katechismen für den anspruchslosen, aber interessierten Mann von der Straße verfaßt. An ihrer gemeinsamen Grundüberzeugung, daß nur die wenigen und Besten wissend zu werden und wahrhaft richtig zu handeln fähig sind, hat diese Einführungsliteratur freilich nichts geändert.

Wir können an diese Bemerkungen unmittelbar das letzte Wort anschließen, das in diesem Zusammenhang verbleibt. Es gilt der Frage nach der Art und nach dem Ausmaß der geschichtlichen Wirkung der griechischen Philosophie in der Antike.

Diese Wirkung vollzog sich zunächst durch Bücher, Lehrvorträge und Schulgründungen. Die philosophischen Bücher weisen ihrer Form nach eine außerordentliche Buntheit auf, je nach der Zeit, in der, und den Adressaten, für die sie geschrieben sind. Die alten Ioner beginnen mit kurzen Prosaabhandlungen. Neben diese treten zuweilen philosophische Lehrgedichte. In unseren Darlegungen über Hesiod sind die Namen des Xenophanes, Parmenides und Empedokles bereits begegnet. Die Sophistik kehrt entschieden zur Prosaabhandlung zurück. Ihr stellt sich polemisch gegenüber der sokratische Dialog als eine Form, die gerade nicht vermeintes Wissen professoral dozieren, sondern die mögliche philosophische Einsicht aus beliebigem Gespräch des Alltags gewissermaßen von selbst herauswachsen lassen will. Innerlich sinnvoll war diese, durch Platon mit einzigartigem Glanz gemeisterte Form freilich nur dort, wo es galt, zur Philosophie überhaupt hinzuführen und das Philosophieren als den Sinn des menschlichen Lebens zu erweisen. Zur Untersuchung subtiler Einzelprobleme, die logische Schulung und ausgedehntes Spezialwissen erforderten, eignete sich der Dialog weit weniger. So hat denn schon Aristoteles zwar noch einzelne Dialoge verfaßt und auch ein Handbuch der Dialogkunst geschrieben, das Schwergewicht seiner philosophischen Arbeit indessen auf die Lehrvorträge gelegt; diese wurden von seinen Schülern publiziert, erlebten dreihundert Jahre später in ciceronischer Zeit eine zweite Publikation und sind in der Gestalt, die sie damals erhielten, im wesentlichen bis heute erhalten, als die Hauptquelle unseres Wissens von der Philosophie des Aristoteles.

Das aristotelische Jahrhundert hat allerdings noch eine andere Art philosophischer Literatur hervorgebracht. An Männern wie Sokrates, Antisthenes, Aristippos und Diogenes war nicht die Lehre das Wichtigste. Sie wirkten vor allem durch ihre Lebensführung und durch ihre Fähigkeit, mit den Problemen jedes einzelnen Tages souverän fertig zu werden. Da empfahl sich die Biographie, nicht im Sinne eines großen Handlungsablaufs, sondern als Aufzeichnung einzelner Augenblicksbilder. Es entstanden Sammlungen von Aussprüchen und Anekdoten: *gnómai* und *apophthégmata*. In knappsten Worten wird berichtet, wie sich der Philosoph in dieser oder jener heiklen, gefährlichen, lächerlichen oder niederschmetternden Situation bewährt hat. Diese Sammlungen, deren es eine Menge gegeben haben muß, bieten kein System und sind geistig nicht übermäßig anspruchsvoll. Aber sie können mahnend, tröstend und erbauend in einem durchaus philosophischen Sinne wirken. Auch Männer wie Cicero, Horaz und Plutarch haben gern in solchen Apophthegmatareihen gelesen.

In den drei Jahrhunderten des Hellenismus tritt die Dialogform völlig zurück. Ersetzt wird sie teilweise durch eine neue Form der Abhandlung, die man in der Moderne »Diatriebe« zu nennen sich gewöhnt hat. Da werden philosophische Probleme in lebhaftem Ton erörtert. Gleichnisse, Dichterzitate, historische und mythologische Beispiele tragen dazu bei, den Text unterhaltend oder erbaulich zu machen.

Die großen Meister der Stoa und der epikureischen Schule halten sich freilich streng an den wissenschaftlichen Stil. Was sie bieten wollen, ist die endgültige Wahrheit, die gar nicht exakt genug formuliert werden kann. Konzessionen an die Dichtkunst, wie sie die platonischen Dialoge darstellen, werden bedingungslos verworfen. Philosophische Fachsprache und philosophische Beweismethoden hat es natürlich schon vor dem Hellenismus gegeben. Aber erst jetzt beherrschen sie das Feld und breiten sich in umfangreichen Werken aus, die als Leistung ebenso imponierend waren wie für den Leser mühselig. Der durchschnittliche Liebhaber der Philosophie konnte gar nicht daran denken, sich in die siebenunddreißig Bücher Epikurs »Über die Natur« oder in die Schriftenmassen eines Chrysippos einzuarbeiten. Er mußte dankbar sein, wenn ihm die Grundzüge des Systems in knappen und verhältnismäßig einfach geschriebenen Handbüchern, Katechismen und Lehrbriefen mitgeteilt wurden.

Das Ende des Hellenismus bedeutete allerdings auch das Absterben der großen Werke der hellenistischen Philosophen. Die Welt wurde klassizistisch und römisch zugleich und forderte vom Philosophen, daß er auch lesbar schriebe. Und nicht nur dies: während die Schulen Zenons und Epikurs allmählich erloschen, kehrten Akademie und Peripatos zu ihren Ursprüngen zurück. Waren die Werke Platons und des Aristoteles bisher der Ausgang, von dem aus philosophiert wurde, so wurden sie nun zu den maßgebenden und endgültigen Dokumenten, die es richtig auszulegen galt.

Als letzte große Form philosophischer Schriftstellerei entsteht der Kommentar. Einzelne Erklärungsschriften etwa zu platonischen Dialogen hatte es schon längst gegeben. Nun aber wurde das Kommentieren der Klassiker die vornehmste Aufgabe des Philosophen. In der Mitte des 2. Jahrhunderts n. Chr. setzt die Reihe der uns erhaltenen Aristoteleskommentare ein, hundert Jahre später lehrt Plotin, dessen Schriften der Form nach zu einem bedeutenden Teil Auslegungen bestimmter Stellen Platons sind. Die letzten Werke, die wir von der antik-griechischen Philosophie besitzen, sind Kommentare zu Platon und Aristoteles.

Neben den Büchern stehen die Philosophenschulen. Was wir verläßlich über sie wissen, ist nicht viel. Daß ein Philosoph eine Gruppe von Schülern als ständige Begleiter um sich sammelte, ist uns schon aus dem 5. Jahrhundert v. Chr. bekannt. Die Schüler bekennen sich zu ihrem Meister und nennen sich nach ihm; wir hören von Pythagoreern, Herakliteern, Parmenideern, Demokriteern und anderen mehr. Eine festgefügte Organisation begegnet aber erst in der platonischen Akademie. Ihr gehört ein Gebäude, in dem Meister und Schüler leben können, in dem es Säle und Hallen für Vorträge und freie Diskussionen gibt. Eine Bibliothek wird auch nicht gefehlt haben. Die Finanzierung des Ganzen erfolgt durch freiwillige Beiträge der Mitglieder und Freunde. Der Schulvorsteher *(scholárchos)* repräsentiert die Schule den Behörden gegenüber. Sein Nachfolger wird entweder von ihm selbst bestimmt oder von der Gemeinschaft der Schulmitglieder gewählt. Über den Schulbetrieb selbst wissen wir noch sehr wenig: etwa, ob und wieweit die philosophische Arbeit über Vorträge und Diskussionen hinaus darin bestand, daß der Schulleiter einzelnen Mitgliedern bestimmte Probleme zur Bearbeitung zuwies, ob der Lehrbetrieb gestuft war in Darbietungen für das Laienpublikum, in Vorträgen für die Anfänger und schließlich in Diskussionen im engeren und engsten Kreise. In ciceronischer Zeit mögen die vier großen Schulen tatsächlich einen mehr oder minder universitätsartigen Aufbau besessen haben.

Wie groß war der Einfluß der Philosophie auf die Griechen überhaupt? Die Antwort ist nicht einfach. Daß die philosophische Theologie an der Aushöhlung der religiösen Traditionen unmittelbar und stark beteiligt war, bemerkten wir schon; zu erkennen ist, daß die Naturphilosophie in weiten Kreisen auf Interesse stieß. Das Publikum der attischen Komödie muß über manche Gebiete beachtlich, oft erstaunlich viel gewußt haben. Die Wirkung der philosophischen Ethik ist schwer abzuschätzen. Die Wohlanständigkeit etwa der Komödie Menanders mag auf sie zurückgehen. Daß Alexander der Große und seine Nachfolger, später die römischen Staatsmänner und Kaiser sich dann und wann von der Staatsethik der griechischen Philosophen lenken ließen, ist keineswegs ausgeschlossen, wenn auch im einzelnen überaus schwer nachweisbar.

Von unvergleichlicher Wichtigkeit bleibt aber eines. Auch wo der faktische Einfluß der Philosophie auf die Meinungen und das Handeln der Menschen gering war, wurden doch ihre Leistung und ihr Rang respektiert. Gewiß haben sich manche Philosophen als Streithähne, Pedanten und Falschmünzer unmöglich gemacht. Dies berührt jedoch nicht die Tatsache, daß die Griechen selbst die Philosophie neben dem homerischen Epos und dem attischen Drama als ihre größte geistige Leistung empfunden haben; und der lebendige Grund dieser Leistung war die Überzeugung, daß es kein vornehmeres Handeln gebe als das Handeln, das um des Edlen und der Wahrheit und schließlich um seiner selbst willen geschieht. Gelebt haben die Griechen gewiß nicht immer danach. Aber die Überzeugung haben sie sich nicht anfechten lassen, und dies ist ein Erbe, das noch in der Mitte des 20. Jahrhunderts überaus bedeutsam bleibt. Das Nützliche haben die Griechen immer mit Mißtrauen betrachtet, schon weil ihnen klar war, daß man als Mensch nie genau wissen kann, was wirklich nützlich ist. Aber auch davon abgesehen, ist das wahrhaft Vornehme immer unnützlich. In dieser Einsicht dürften die Griechen dem 20. Jahrhundert weit voraus gewesen sein.

UNIVERSALGESCHICHTE
IN STICHWORTEN

NAMEN- UND SACHREGISTER

QUELLENVERZEICHNIS
DER ABBILDUNGEN

UNIVERSALGESCHICHTE IN STICHWORTEN

Von den Anfängen bis 1000 v. Chr.

Im Paläolithikum finden sich Fischer- und Jägerkulturen in Thessalien und Boiotien. Im Mesolithikum und im beginnenden Neolithikum bringen Völkerbewegungen aus dem vorderasiatischen Raum neue Kenntnisse (Töpferkunst) nach Griechenland (»Vorderasiatische Kulturtrift«); ägyptische Einflüsse werden vor allem in Kreta sichtbar (»Nordafrikanische Kulturtrift«); etwa 5000–3000. Aus dem Norden und Nordwesten kommen die Bandkeramiker; die thessalische Herrscherburg Dimini geht auf sie zurück (daher »Dimini-Wanderungen«, etwa 2700–2500); erste Vorstöße indoeuropäischer Stämme, die sich bis etwa 1000 wiederholen.

In Anatolien entstehen wie auf Kreta und den Kykladen, in Makedonien und Mittelgriechenland eigene Kulturkreise (Frühbronzezeit, etwa 2500 bis 2000). In der mittleren Bronzezeit (2000–1600) bleibt Kreta zunächst von der indoeuropäischen Eroberung verschont und entwickelt die großartige Minoische Kultur; die Paläste in den Städten sind Zentren des Handels; hier erhält sich eine eher »mutterrechtliche« Gesellschaftsordnung aus der Zeit der Vorderasiatischen Kulturtrift (Verehrung der »Großen Erdmutter«). Das Zeitalter der »Älteren Paläste« endet mit schweren Zerstörungen (Erdbeben oder Eroberungen?) um 1700; auch die Zeit der »Jüngeren Paläste« geht nach schweren Zerstörungen zu Ende (um 1600 v. Chr.).

Auf dem griechischen Festland führt der Einbruch der indoeuropäischen »Protogriechen« um 1950 zu Veränderungen in der Gesellschaft (»vaterrechtliche« Ordnung); ihre Sprache setzt sich allmählich durch. Während jedoch diese Einwanderer im nördlichen Griechenland Viehzüchter bleiben, passen sich in Hellas andere Gruppen den vorgefundenen Verhältnissen an (Ackerbauer, Städtebewohner).

In der späten Bronzezeit (1600–1200) entfaltet sich auf Kreta die letzte und schönste Blüte der »Minoischen Kultur« (bis etwa 1400). Auf dem Festland bildet sich nach der Verbindung der Protogriechen mit der Urbevölkerung das mykenische Griechentum, seine Ritterkultur (Streitwagen) breitet sich (unter Vorherrschaft Mykenes) rasch über ganz Griechenland aus (»Mykenische Kultur«, 1400–1200 v. Chr.). Sie greift auch nach Kreta über, wo allmählich die griechischen Siedler und ihre Sprache sich ebenfalls durchsetzen. Die Epoche der Wanderungen wird mit der großen »Ägäischen Wanderung« abgeschlossen, die wahrscheinlich durch den Vorstoß der Illyrer von Mitteleuropa zum Mittelmeer ausgelöst wird (in ihrem Verlauf stoßen auch die Philister nach Palästina vor). Ein Teil dieser Bewegungen ist die »Dorische Wanderung« (etwa 1200–1000), in deren Verlauf Nordwestgriechen und Dorier nach Süden vorstoßen und die Achaier zum Teil verdrängen.

Von 1000–500 v. Chr.

Das Fehlen einer politischen Tradition und die Bedingungen der Wanderzeit tragen dazu bei, daß eine ausgeprägte politische Ordnung sich erst allmählich bildet. Der im 8. Jahrhundert erstarkende Adel übernimmt die Macht, das Königtum gewinnt nur in den Randzonen (Makedonien, Epirus) dauernde Bedeutung. Die Städte werden zu Zentren des wirtschaftlichen und später auch des politischen Lebens es entsteht der Stadtstaat, die Polis. Das Erbe Mykenes wirkt nur in den Mythen weiter. Die Griechen übernehmen von den Phönikern die Schrift und entwickeln aus ihr das leicht erlernbare griechische Alphabet. Schrift und Sprache (mit landschaftlich nur geringfügigen Unterschieden) und die Epen Homers werden zu ersten gesamtgriechischen Bindungen. An den zunächst örtlich begrenzten Spielen mit kultischem Charakter (Olympia, Delphi, Korinth) beteiligt sich bald ganz Griechenland; das Orakel von Delphi wird von Griechen wie von Nichtgriechen befragt.

Etwa im 8. Jahrhundert treten tiefgreifende wirtschaftliche Änderungen ein: das Handwerk nimmt in einigen Gebieten einen bedeutenden Aufschwung, die Ausweitung des Handels führt aber weithin zu Preisverfall und dadurch zu Schulden und Armut bei den kleinen Bauern, deren Höfe sie nicht mehr zu ernähren vermögen.

Die griechische Kolonisation: Soziale Not und Übervölkerung in Griechenland und Kleinasien leiten um 760 die große Kolonisationsbewegung nach dem Westen ein. Die erste griechische Gründung ist Kyme (757), andere folgen (Naxos 734, Katane 728, Leontinoi 728, Megara Hyblaia 727, Rhegion 730?, Tarent 706, im selben Zeitraum Sybaris, Kroton, Metapont, Ostygia), wenig später Gela (688), Akrai, Selinus (627?) und zu Beginn des 6. Jahrhunderts Neapel, Himera, Massilia. Die Bindungen an die Mutterstädte bleiben erhalten. Auch im Osten kommt es durch die im Verlauf der Dorischen Wanderung nach Kleinasien vorgedrungenen Griechen zu Neugründungen: Olbia, Tyras, Chersonesos, Pantikapaion, nachdem vorher schon Chalkedon, Byzantion u.a. besetzt worden waren (7.Jahrhundert).

Athen: Der Adel Attikas versammelt sich schon früh in Athen (8./7.Jahrhundert), wo sich bald eine ausgeprägte innere Ordnung entwickelt. Zu »außenpolitischer« Aktivität kommt es jedoch nicht, da die innere Konsolidierung alle Kräfte bindet. Das Königtum wird vom Archontat (drei Jahresbeamte) an der Spitze der Stadt abgelöst (683). Der Versuch *Kylons*, in Athen die Tyrannis zu errichten, mißlingt (632), aber die veränderten sozialen Zustände (Verschuldung der Kleinbauern) erzwingen eine Reform. Nach der Gesetzesreform des *Drakon* (um 624) wird *Solon* Archon mit außerordentlichen Vollmachten und erläßt eine Verfassung (594), mit der er zum eigentlichen Begründer des attischen Staates wird. Trotzdem ergibt sich keine Stabilisierung, so daß es *Peisistratos* nach mehreren vergeblichen Versuchen gelingt, die Tyrannis zu bilden (546). Der einsetzende wirtschaftliche Aufschwung gestattet die immer prunkvollere Ausgestaltung der Feste, unter ihnen das von *Peisistratos* (566) gestiftete Fest der Panathenäen und das der Einholung des Dionysos Eleuthereus. Auch unter den Söhnen des *Peisistratos*, *Hippias* und *Hipparch*, bleibt die Tyrannis erhalten (ab 527). Erst mit spartanischer Unterstützung kann *Kleisthenes* nach zwei fehlgeschlagenen Versuchen die Tyrannis beseitigen (510). Nach Überwindung innerer Schwierigkeiten (Gegnerschaft des *Isagoras*, der von Sparta unterstützt wird) reformiert *Kleisthenes* die Verfassung nach den solonischen Grundsätzen (509): neue Phyleneinteilung; Rat der Fünfhundert wird von den Phylen beschickt und leitet die Verwaltung.

Sparta: Zusammenschluß von vier Dörfern zur Gemeinde Sparta (um 900?), die allmählich die Eurotasebene besetzt (bis etwa 800). Streng aristokratische Verfassung (Doppelkönigtum, Gerusia als beratende Versammlung); neben den Vollbürgern, den Spartiaten, stehen die griechischen (vordorischen) Perioiken in Gemeinden minderen Rechts und die gleichfalls vordorischen Heloten, die hörigen Ackerbauern (Ureinwohner). Sparta unterwirft sich Messenien (Erster Messenischer Krieg, 740–720) und schlägt im Zweiten Messenischen Krieg (660–640) einen Aufstand nieder, der von den dorischen Nachbarn unterstützt worden war. Der Landgewinn gibt dem Sieger die Möglichkeit zu großzügiger Neuverteilung des Landes; eine Verfassungsreform gipfelt in der Schaffung des Ephorats. Außenpolitisch führt die innere Erstarkung Spartas zur Errichtung des Peloponnesischen Bundes (um 550), einer Konföderation, die für den Kriegsfall die Heerfolge der anderen Staaten auf der Peloponnes regelt.

Makedonien: König *Perdikkas I.* erobert von Aigai aus Niedermakedonien (7.Jahrhundert); in der Folgezeit dehnt sich die Macht der makedonischen Könige über den Axios bis ins Hinterland der Chalkidike aus (6.Jahrhundert).

Das übrige Griechenland: Im Laufe des 7.Jahrhunderts setzt sich in vielen griechischen Staaten die Tyrannis durch, die jedoch im 6.Jahrhundert meistens wieder beseitigt wird. In einem »Heiligen Krieg« wird die Freiheit Delphis gegen die phokische Hafenstadt Krisa erkämpft, die zerstört wird (594 bis 584); Reform der »Pythischen Spiele« (Vier-Jahres-Zyklus).

Karthago: Die 814 gegründete phönikische Stadt wird zur Vormacht im westlichen Mittelmeer; Gründung von Ebussos (Ibiza) auf den Balearen (654). In der zweiten Hälfte des 6.Jahrhunderts Einrichtung eines Berufsheeres; Malta, Sardinien und West-Sizilien geraten im Laufe des 6.Jahrhunderts unter karthagische Herrschaft. Gemeinsam mit den Etruskern erzwingen sie die Aufgabe der griechischen Siedlung Alalia auf Korsika (Seeschlacht bei Alalia, 535).

KULTUR »Ilias« und »Odyssee« des sagenhaften *Homer* (um 800). *Hesiod* (um 700), dessen »Theogonie« und »Werke und Tage« erhalten sind, der Lyriker *Archilochos* aus Paros (um 650), *Stesichoros* aus Himera (um 600), *Sappho* von Lesbos (um 600). Im 6.Jahrhundert leben die Dichter *Ibykos* aus Rhegion und *Anakreon* und die Philosophen *Thales* aus Milet (um 600), *Heraklit* aus Ephesos (etwa 540–480), *Parmenides* aus Elea (um 500), *Pythagoras* von Samos (etwa 580–500) und *Anaximander* aus Milet (etwa 611–546). In der Kunst des 7.Jahrhunderts setzt sich die Monumentalplastik durch, die Architektur entwickelt den Steinbau (Tempel).

500–400 v. Chr.

Griechen und Perserreich: Den Anstoß zum Kampf zwischen Griechen und Persern gibt der »Ionische Aufstand« (500–494), der im Grunde eine Revolution gegen die Herrschaft der von Persien unterstützten Tyrannen ist. Nach ersten Erfolgen (Eroberung und Einäscherung von Sardes, 498) wird der Aufstand von den Persern niedergeschlagen, die Flotte bei Lade besiegt und Milet zerstört; die Einwohner werden nach Mesopotamien deportiert (494). Die Perser sichern sich in einem Feldzug zunächst den Besitz von Thrakien und Teilen von Makedonien. *Miltiades*, Tyrann von Chersones, dessen Onkel einst diese Herrschaft begründet hat, muß vor den Persern nach Athen fliehen (493). Die persische Flotte zerschellt im Sturm bei der Umschiffung des Athos-Vorgebirges.

Der eigentliche Rachefeldzug der Perser (Athen und Eretria hatten den Ionischen Aufstand unterstützt) führt zur Zerstörung von Eretria und zur Landung der Perser in der Ebene von Marathon, wo sie jedoch von den Athenern geschlagen werden (490). Neue Rüstungen der Perser unter dem neuen König *Xerxes* (seit 485) erzwingen die Stärkung der griechischen Verteidigungskraft; *Themistokles* setzt den Ausbau einer attischen Flotte durch; Begründung eines Hellenischen Kampfbundes (481). In einem neuen Feldzug brechen die Perser den griechischen Widerstand bei Thermopylai und erobern vorübergehend Athen. Aber die persische Flotte wird bei Salamis vernichtend geschlagen (480). Daraufhin muß das Perserheer nach Norden zurückweichen und wird im folgenden Jahr erneut geschlagen (Plataiai). Ermutigt durch die Siege, trägt die griechische Flotte den Krieg nach Kleinasien und befreit die ionischen Städte (479/478). Sparta scheidet aus dem Krieg aus, während sich die ionischen Städte mit Athen zum (ersten) »Attischen Seebund« zusammenschließen (477): Bundesgenossen stellen Schiffe für die Fortführung des Krieges oder zahlen entsprechende Geldbeträge für die Bundeskasse. In den nächsten Jahren treibt Athen eine offensive Politik gegenüber Persien (Unternehmungen in Thrakien, Unterstützung von Aufstandsbewegungen im Perserreich), jedoch ohne nachhaltigen Erfolg; nach einem Sieg der Griechen in der Land- und Seeschlacht bei Salamis auf Kypros (449) vermittelt der Athener Kallias den Frieden (»Kallias-Frieden«): Persien erkennt die Autonomie der kleinasiatischen Griechenstädte an, Athen verzichtet auf weitere Unterstützung revolutionärer Erhebungen im persischen Machtbereich.

Athen: Auseinandersetzungen zwischen einzelnen politischen Gruppen führen zu weiterer Demokratisierung (mit der Bestimmung der Archonten durch das Los wird das Archontat bedeutungslos; Einführung des Scherbengerichts). *Miltiades,* einst bei Marathon erfolgreich, wird nach einem Mißerfolg im Krieg zu hoher Geldstrafe verurteilt und stirbt (488); *Aristeides* als Gegner der Flottenbaupolitik des *Themistokles* ostrakisiert (482), aber 480 zurückgerufen, erwirbt sich bei der Festlegung der Lasten der Bundesgenossen den Beinamen »Der Gerechte«; *Themistokles,* der Schöpfer der attischen Flotte, Sieger von Salamis und Erbauer der Mauer um Athen, wird auf Betreiben *Kimons,* des Sohnes des *Miltiades,* ebenfalls ostrakisiert (471), zum Tode verurteilt und stirbt in persischer Verbannung. *Kimon* wird als Freund der Spartaner durch *Ephialtes* gestürzt (461), der seinerseits ermordet wird. Schließlich übernimmt *Perikles* die Führung des Staates (als Stratege); Vollendung der Demokratie durch Erweiterung des passiven Wahlrechts und Einführung von Diäten für die Amtsträger. Blütezeit der attischen Kultur.

Sparta: Sparta hält an der überlieferten aristokratischen Verfassung fest, Kriegsverluste vermindern jedoch den Anteil der Spartiaten an der Bevölkerung. Durch eine Erdbebenkatastrophe (464) wird die Stadt zerstört, die junge Mannschaft kommt um. Gegen die Aufstände der Arkader ebenso wie gegen die der Heloten in Messenien (Dritter Messenischer Krieg, 464 bis 455) kann es sich noch einmal behaupten.

Athen und Sparta: Der Übertritt Megaras auf die Seite Athens entzündet die schwelende Rivalität, die zunächst zum Kampf Athens gegen Korinth führt. Das den Korinthern zu Hilfe eilende spartanische Heer vermag die Athener bei Tanagra zu schlagen (457), diese besiegen jedoch wenig später Theben bei Oinophyta. Die Expedition des *Tolmides* in den Golf von Korinth bleibt trotz der Zerstörung der spartanischen Schiffswerft in Gytheion ohne wirklichen Erfolg (455). Nach der Unternehmung des *Perikles* gegen Achaia und Akarnanien wird nach der Rückberufung *Kimons* zwischen Athen und Sparta ein Waffenstillstand auf fünf Jahre vereinbart (451). Als sich jedoch Boiotien von Athen unabhängig macht (Niederlage der Athener bei Koroneia, 447), kommt es zu Erhebungen auf Euboia, zum Abfall von Phokis und Megara; ein spartanisches Heer rückt in Mittelgriechenland ein. Ein Friede für dreißig Jahre wird geschlossen (446). Samos fällt vom Attischen Seebund ab und wird von Athen streng bestraft (441–439). Im Streit zwischen Korinth und Korkyra, das sich mit Hilfe eines innenpolitischen Umsturzes Epidamnos angeeignet hat, tritt Athen gegen Korinth auf, das so nachgeben muß (Schlacht bei den Sybota-Inseln, 433). Dafür unterstützt Korinth den Abfall der korinthischen Kolonie Poteidaia vom Attischen Seebund (432). Athen schließt nun Megara vom attischen Markt aus, jetzt fordert Korinth die Einberufung einer Versammlung des Peloponnesischen Bundes und setzt auf dieser den Beschluß zum Krieg gegen Athen durch, obwohl Athen zur Anerkennung eines Schiedsspruches bereit ist. So beginnt der Peloponnesische Krieg (431–404). Der erste Abschnitt ist gekennzeichnet durch fünf Einfälle der Spartaner in Attika und durch attische Unternehmungen zur See (Küsten der Peloponnes, Argolis). Die defensive Kriegführung des *Perikles* führt zu seiner vorübergehenden Ausschaltung kurz vor seinem Tod an der Pest (429). Der versuchte Abfall Mytilenes (Lesbos) wird von Athen hart bestraft (428/427), die Verteidiger Plataiais werden von den siegenden Peloponnesiern und Thebanern hingerichtet; der Bürgerkrieg auf Korkyra endet in einem blutigen Gemetzel, aus dem die demokratische Partei mit Hilfe Athens als Sieger hervorgeht. Nach der Niederlage der Spartaner auf Sphakteria (425) machen diese ein Friedensangebot, das jedoch unter dem Einfluß von *Kleon,* der schon lange auf einer offensiven Kriegführung bestand, abgelehnt wird. Die offensive Kriegführung hat jedoch keinen Erfolg; dagegen gelingt den Spartanern der Marsch nach Thrakien, wo sie die Küstenstädte zum Abfall von Athen veranlassen. *Kleon,* schließlich selbst mit dem Oberbefehl in Thrakien betraut, wird in der Schlacht bei Amphipolis geschlagen und kommt dabei um, aber auch der spartanische Feldherr *Brasidas* stirbt an seinen Wunden (422). *Nikias* schließt Frieden auf fünfzig Jahre (421): der Stand von 431 wird wiederhergestellt, der Attische Seebund bleibt bestehen. Dagegen löst sich der Peloponnesische Bund auf, es bildet sich ein Sonderbund von Korinth, Elis und Mantineia gegen Sparta, der jedoch trotz (allerdings schwacher) Hilfe Athens in der Schlacht bei Mantineia (418) geschlagen wird. Das Verhältnis zwischen Athen und Sparta verschlechtert sich wieder, besonders als Athen mit Waffengewalt den Anschluß der dorischen Insel Melos an den Attischen Seebund erzwingt (416). Athen bricht den Frieden von 421 durch Überfälle auf die Küste Lakoniens. Auf Anraten des *Alkibiades* sagt Athen der sizilischen Stadt Segesta Hilfe gegen Syrakus und Selinus zu und entsendet ein Expeditionsheer nach Sizilien (415). *Alkibiades,* der sich wegen angeblichen Religionsfrevels in Athen verantworten soll, flieht von der Flotte nach Sparta und arbeitet dort gegen Athen. Sparta entsendet den Bevollmächtigten *Gylippos,* der die durch erste attische Erfolge demoralisierten Syrakusaner wieder ermutigt. Trotz Verstärkung gelingt den Athenern die Erstürmung von Syrakus nicht, ihre Flotte wird im Hafen von Syrakus, das Landheer am Asinaros vernichtet (413). Jetzt besetzt Sparta auf Anraten des *Alkibiades* die Feste Dekeleia in Attika, um von hier aus das Land zu verheeren (413). Es kommt zum Abfall der Verbündeten von Athen, zum Niedergang der attischen Seeherrschaft, zu innerpolitischer Degeneration. *Alkibiades* verhandelt mit Persien (Preisgabe der ionischen Städte gegen persische Unterstützung Spartas gegen Athen) und begibt sich ganz zum Satrapen *Tissaphernes* (Lydien). Von dort aus nimmt *Alkibiades* Beziehungen zu Athen auf und wird schließlich zum Strategen gewählt (411). Er kann durch den Sieg bei Kyzikos über die peloponnesische Flotte (410) die Seegeltung Athens wiederherstellen und besetzt Chalkedon und Byzantion; im Triumph kehrt er nach Athen zurück (407). Nach der Niederlage eines seiner Unterfeldherrn in einem Seegefecht wird *Alkibiades* erneut und diesmal endgültig verbannt. Noch einmal gelingt den Athenern ein Erfolg in der Schlacht bei den Arginusen (406); Sparta macht ein Friedensangebot, wird aber abgewiesen. Schließlich gelingt dem spartanischen Feldherrn *Lysander,* der schon längere Zeit von Persien unterstützt wird, die Einnahme der gegnerischen Flotte durch Handstreich und die völlige Einschließung Athens zu Lande und zur See, die schließlich zur Kapitulation führt (404): Athen muß die Festung Piräus schleifen, ebenso die Langen Mauern zwischen der Stadt und dem Hafen; es wird zur Anerkennung der Hegemonie Spartas und zur Einführung der Oligarchie gezwungen (Herrschaft der »Dreißig Tyrannen«).

Die Griechen im Westen: Auf Sizilien wehren die Griechen Angriffe der Karthager ab, die sie bei Himera schlagen (480). Auch gegen die Etrusker sind die italischen Griechen erfolgreich (Seeschlacht bei Kyme, 474). Die Führung in diesem Kampf haben die Tyrannen *Gelon* und *Hieron* von Syrakus.

Italien: Starker Einfluß der griechischen Kultur. Die Herrschaft der Etrusker in Mittelitalien geht allmählich zu Ende, vor allem seit dem Vordringen der Gallier nach Italien und ihrem Festsetzen in der Po-Ebene (Gallia cisalpina).

Kultur Im 5. Jahrhundert v. Chr. Blüte der griechischen Kultur. Als Philosophen treten hervor *Anaxagoras* aus Klazomenai (um 500–428), *Protagoras* aus Abdera (um 485–415), *Empedokles* aus Akragas (geboren 482) sowie *Demokrit* aus Abdera (um 460 bis 371); von größtem Einfluß auf die weitere Entwicklung der abendländischen Philosophie ist *Sokrates* (470–399), der in Athen lebt und stirbt.

In der Dichtkunst erlebt Griechenland seine klassische Zeit: als Lyriker und Chordichter der vergangenen Zeit tritt *Pindar* aus Theben hervor (520–446), als Tragödiendichter zeichnen sich aus *Aischylos* (525 bis 456): »Die Perser« (472), »Sieben gegen Theben« (467), »Oresteia« (458); *Sophokles* (496–406): »Antigone« (442), »Oidipus« (427), »Elektra« (?); *Euripides* (480–406): »Medea« (431), »Hippolytos« (428), »Die Troerinnen« (415), »Orestes« (408), »Iphigenie in Aulis« (406). Glänzende Zeitkritik übt der Komödiendichter *Aristophanes* (um 445–385): »Die Wolken« (423), »Die Wespen« (422), »Die Vögel« (414), »Lysistrata« (411), »Die Frösche« (405).

Begründer der Geschichtsschreibung wird *Herodot* (etwa 485–430), wenig später schildert *Thukydides* (460–420) die Geschichte des Peloponnesischen Krieges, die er als Feldherr aus eigener Mitwirkung kennt.

Die Architektur der Griechen weist sich vor allem in der Ausgestaltung Athens (Akropolis) aus, an der auch Bildhauer mitwirken: *Pheidias,* um 500–430, und seine Schüler *Agorakritos* und *Alkamenes.*

Die medizinische Wissenschaft findet ihren ersten großen Vertreter in *Hippokrates* von Kos (460–377.)

400–336 v. Chr.

Athen, Sparta, Theben: In den ersten Jahren nach dem Peloponnesischen Krieg kontrolliert Sparta mit Hilfe kleiner Garnisonen unter spartanischen Kommandanten (Harmosten) die überall eingesetzten Oligarchien; in Athen kommt allerdings schon 403 die Demokratie wieder an die Macht. Als die Perser sich anschicken, die Unterwerfung der ionischen Städte zu verwirklichen, wenden sich diese erfolgreich an Sparta um Hilfe. Die Perser veranlassen jedoch Athen, Korinth, Theben und Argos zum Krieg gegen Sparta. Im Verlauf der Auseinandersetzung schlägt der Athener *Konon* als persischer Admiral die spartanische Flotte bei Knidos (394), während der Spartaner *Agesilaos* die vereinigte Streitmacht Athens und Thebens bei Koroneia (394) überwindet. Wegen der Gefahr eines neuerlichen Erstarkens der Seemacht Athens verbünden sich Sparta und Persien erneut; sie sperren den Bosporos und blockieren damit die Versorgung Athens (388). So kommt es schließlich zum Königs- oder Antalkidasfrieden (387): die griechischen Städte Kleinasiens werden Persien unterstellt, die Spartaner kontrollieren die Autonomie der Städte Griechenlands. Unter Wahrung dieser Autonomie wird der (zweite) »Attische Seebund« gegründet (377), der sich hauptsächlich gegen spartanische Übergriffe richtet (Besetzung der Burg Kadmeia von Theben, Unterstützung der thebanischen Oligarchen, 382). Nach einigen Niederlagen der Spartaner zur See einigen sich Sparta und Athen über einen Landf ieden (371). Theben schließt sich aber nicht an, sondern schlägt die Spartaner in der Schlacht bei Leuktra (371, *Epameinondas'* schiefe Schlachtordnung) und befreit Arkadien und Messenien von der spartanischen Herrschaft. Gegen die Ausbildung einer thebanischen Hegemonie schließen sich jetzt Athen und Sparta zusammen (369); Athen erobert Samos (365). *Epameinondas* sucht in der Schlacht bei Mantineia (362) eine endgültige Entscheidung zu erzwingen; zwar siegen die Thebaner, aber *Epameinondas* fällt. Damit findet auch der Versuch einer thebanischen Hegemonie sein Ende.

Makedonien: König *Archelaos* (413–399) bemüht sich um den Anschluß seines Landes an die griechische Kultur. Die Einwirkung auswärtiger Mächte (Illyrer, Olynthos) verhindert die politische Stabilität. Auch *Perdikkas III.* (365–359) vermag sie nicht zu erringen, der Krieg gegen die Illyrer endet mit einer vernichtenden Niederlage. Erst *Philipp II.* (359–336) gelingt die Festigung des Landes. *Philipp* dehnt seine Macht zunächst nach Obermakedonien aus (358), dann nach Amphipolis und auf die Halbinsel Chalkidike (357/356); dadurch kommt es zum Abfall von Chios, Kos und anderen vom Attischen Seebund und zu dessen Zerfall (Bundesgenossenkrieg 357–355). In den folgenden Jahren vermag er zunehmend Einfluß zu nehmen in Thessalien (342 *Philipp* lebenslänglicher Archon), Epirus (Einsetzung seines Schwiegersohnes *Alexander* als König) und Thrakien (Vorstoß bis nach Perinth und Byzantion 340). Mit der Eroberung von Olynthos (348) muß sich Athen abfinden, aber die Bedrohung der Schifffahrt ins Schwarze Meer und die Einmischung *Philipps* auf Euboia rufen es erneut auf den Plan; unter maßgeblicher Mitwirkung des *Demosthenes* entsteht ein Hellenenbund gegen *Philipp*. Dieser schlägt jedoch die Griechen bei Chaironeia (338). Athen kommt glimpflich davon, wohl weil sich *Philipp* der Flotte zum Kampf gegen das zum Nachbarn gewordene Persien versichern will. Unter *Philipps* Patronat entsteht der Korinthische Bund (Landfriedensordnung von Korinth, 338), in dem er im folgenden Jahr die Stellung eines *strategós autokrátor* einnimmt. Bei der Hochzeit seines Schwagers *Alexander* wird *Philipp* ermordet (336).

Sizilien: Die Niederlage der Athener (413) ermuntert die Karthager zu neuen Unternehmungen. Sie greifen in die Auseinandersetzung zwischen Selinus/Syrakus und Segesta ein. Der karthagische Feldherr *Hannibal* zerstört Selinus und Himera (409), erobert Akragas (405) und stößt gegen Syrakus vor. Im Kampf gegen Karthago gelingt dem Tyrannen von Syrakus, *Dionysios I.* (seit 405), die Einigung der sizilianischen Griechenstädte unter seiner Führung. Er vermag jedoch im Kampf gegen Karthago keinen wirklichen Erfolg zu erringen. Sein Sohn *Dionysios II.* (seit 367) wird von seinem Vetter *Dion* vertrieben (357), der jedoch bald darauf ermordet wird (354). In den nun folgenden Wirren kehrt *Dionysios II.* noch einmal zurück (347), wird aber dann von dem Korinther *Timoleon* gestürzt (344), der einen neuen Angriff der Karthager abwehren muß. *Timoleon* schafft eine gemäßigte demokratische Verfassung, worauf er sich aus dem politischen Leben zurückzieht (337).

Italien: In Unteritalien dringen in der ersten Hälfte des 4. Jahrhunderts die Osker weiter vor, die stark unter dem kulturellen Einfluß der Griechen stehen. Rom beginnt nach dem Keltensturm (387/386) zur vorherrschenden Macht Mittelitaliens zu werden (Samniter- und Latinerkriege, 343–338).

KULTUR In der Philosophie dominieren die Schüler des *Sokrates: Platon* (427–347) schreibt die Dialoge, die Politeia, die Apologie des Sokrates; Gründung der Akademie (387), Reisen nach Sizilien; *Eukleides* von Megara, *Antisthenes, Aristippos*. An der Platonischen Akademie studiert auch *Aristoteles* (geboren 384 in Stageira).

In der Literatur überwiegen jetzt die Prosaschriften und die Redekunst: *Xenophon* (um 430–354), *Isokrates* (436–338), *Aischines* (389–314), *Demosthenes* (384–322).

Architektur und Plastik stehen weiter in hoher Blüte (*Praxiteles*, 380–330, *Timotheos, Skopas*).

336–146 v. Chr.

Nach der Ermordung *Philipps II.* wird *Alexander* König von Makedonien und übernimmt auch die Stellung des Feldherrn der Hellenen (336). Nach Sicherungsunternehmungen gegen Thraker und Illyrer schlägt er einen Aufstand in Griechenland nieder, der auf das Gerücht von seinem Tode hin ausgebrochen war; dabei wird Theben zerstört (335). Dann eröffnet er den Feldzug gegen Persien (334). Nach dem Übergang über den Hellespont schlägt er die persischen Satrapen am Granikos (334) und befreit anschließend die Griechenstädte. Marsch durch Kleinasien; nun wendet sich *Alexander* gegen *Dareios III.* und schlägt ihn bei Issos (333); dann zieht er die syrische Küste entlang (Eroberung von Tyros, 332) und begibt sich nach Ägypten (Zug zum Amun-Heiligtum in der Oase Siwa). Nach Syrien zurückgekehrt, überschreitet er Euphrat und Tigris und schlägt *Dareios* bei Gaugamela entscheidend (331). In den folgenden Jahren wird ganz Persien erobert. Die Truppen *Alexanders* stoßen bis nach Indien vor (327–325); hier muß *Alexander* jedoch nach einer Meuterei umkehren. Ein Teil des Heeres kehrt auf dem Landweg, ein Teil auf dem Seeweg nach Westen zurück. *Alexander* plant eine Verschmelzung von Griechen und Persern zu einer neuen Herrenschicht (große Hochzeit makedonischer Soldaten mit persischen Frauen, *Alexander* heiratet zwei persische Prinzessinnen, 324). Mitten in Vorbereitungen zu weiteren kriegerischen Unternehmungen stirbt er in Babylon (323).

Nach dem Tode *Alexanders* beginnen die Auseinandersetzungen unter seinen Feldherren (Diadochenkämpfe). Zunächst wird noch versucht, die Reichseinheit wenigstens theoretisch zu erhalten (Reichsverweser wird *Perdikkas*, der jedoch 321 stirbt). Athen macht den Versuch zur Selbständigkeit, sein Heer wird aber bei Krannon von *Antipater* (322) und seine Flotte bei Amorgos (322) geschlagen. In den folgenden Jahren werden die leiblichen Erben *Alexanders* ermordet (310/309), *Antigonos* beginnt sich immer mehr durchzusetzen, da nehmen *Seleukos* (oberes Asien), *Ptolemaios* (Ägypten), *Lysimachos* (Thrakien) und *Kassander* (Makedonien) die Königstitel an. *Antigonos* als der letzte Vertreter der Zentralgewalt wird von *Lysimachos* und *Seleukos* bei Ipsos geschlagen (301) und fällt; sein Sohn *Demetrios* vermag sich nach einigen Jahren der Piraterie noch einmal Athens und Makedoniens zu bemächtigen, muß aber den Versuch einer Erneuerung der Reichseinheit in *Seleukos*' Gefangenschaft aufgeben (er stirbt 283). Noch einmal wird dieser Versuch von *Lysimachos* aufgenommen; *Lysimachos* wird aber von *Seleukos* auf dem Kurupedion geschlagen und fällt (281), und *Seleukos* wird von *Ptolemaios Keraunos* ermordet, der sich nun in den Besitz von Makedonien setzt (280).

Die Dynastie der Ptolemäer behauptet sich auf die Dauer nur in Ägypten; es kommt immer wieder zu Kämpfen mit den Seleukiden, wobei es im wesentlichen um den Besitz von Syrien und Palästina geht. Schwächung der Dynastie durch innere Kämpfe.

Die Dynastie der Seleukiden macht sich zum Herrn von Mesopotamien, Persien und Kleinasien. Sie kann diese Riesengebiete jedoch nicht behaupten: sowohl im nördlichen Kleinasien als auch im östlichen Iran und in Indien entstehen neue, vom Seleukidenreich unabhängige Herrschaften.

In Makedonien und Griechenland setzt sich die Dynastie der Antigoniden durch, als *Ptolemaios Keraunos* bei der Abwehr des Einfalls der Galater fällt (279). Der Sohn des *Demetrios*, Enkel des *Antigonos*, *Antigonos Gonatas*, schlägt die Galater bei Lysimacheia (277) und macht sich zum König von Makedonien. Seine Herrschaft in Griechenland sichert er mit einem System von Garnisonen. In der Folgezeit kommt es zu immer neuen Versuchen, die makedonische Vorherrschaft abzuschütteln; Athen mißlingt die Befreiung im Chremonideischen Krieg (266–261), erst 229 ziehen die Makedonen nach Verhandlungen ab. Athen wird politisch unabhängig, aber bedeutungslos; nur in geistiger Hinsicht behält es seinen Rang als philosophische Hauptstadt des Griechentums. In Mittelgriechenland erstarkt nach der Abwehr der Galater (Schlacht bei Thermopylai und bei Delphi, 279) der Aitolische Bund. Seine Bedeutung geht erst nach dem »Bundesgenossenkrieg« (220–217) zurück, in dem die Makedonen sich vor allem gegen die Piraterie der Aitoler in der Ägäis wenden. Der Friede von Naupaktos (217) wird unter dem Eindruck des römischen Kampfes gegen *Hannibal* geschlossen. Der Achaiische Bund (Sikyon, Korinth, Argos, Aigina und andere) bildet sich zunächst in Abwehr gegen die Spartaner, deren König *Kleomenes III.* eine soziale Reform (Befreiung der Heloten) versucht und seine Macht auf der Peloponnes ausbaut. *Kleomenes* wird vom Achaiischen Bund und von Makedonien geschlagen (Schlacht bei Selasia, 222). Später wendet sich der Bund wieder von Makedonien ab und schließt sich mit den Römern gegen Makedonien zusammen.

König *Pyrrhos* von Epirus (306–272) kämpft im Tarentinischen Krieg gegen Rom, wenn auch ohne nachhaltigen Erfolg. Die Seeräuberei an der illyrischen Küste zwingt Rom zum Eingreifen (229); als *Philipp V.* von Makedonien sich mit Karthago verbündet, führt Rom den Ersten Makedonischen Krieg (215–205), der durch den Frieden von Phoinike beendet wird (Erhaltung des Status quo). Gegen das makedonisch-syrische Bündnis (gegen Ägypten) und auf Bitten Pergamons, Athens und Rhodos' beginnt Rom den Zweiten Makedonischen Krieg (200–197); die Niederlage bei Kynoskephalai (197) zwingt *Philipp V.* zum Frieden: er muß alle außermakedonischen Besitzungen abtreten, die Freiheit der griechischen Städte wird wiederhergestellt (Freiheitserklärung des *Flamininus* bei den Isthmischen Spielen, 196). Nach einer Epoche der inneren Konsolidierung Makedoniens beginnt *Philipps* Nachfolger *Perseus* (179 bis 168) erneut mit dem Ausbau der Macht Makedoniens. Dies führt zum Dritten Makedonischen Krieg (171–168); nach der Schlacht bei Pydna (168) wird Makedonien in vier selbständige Zonen aufgeteilt, nach einem Aufstand wird es römische Provinz (148); da der Achaiische Bund an diesem Krieg beteiligt war, wird Korinth von den Römern zerstört (146), die aufsässigen Städte werden der Aufsicht des Statthalters von Makedonien unterstellt. Die anderen Städte behalten ihre Autonomie: Sparta, das den nach dem Tode des Königs *Nabis* (207–192) erzwungenen Beitritt zum Achaiischen Bund rückgängig gemacht hat (149), Athen, Delphi und andere. Aber in der Praxis herrschen jetzt in Griechenland die Römer.

Sizilien: *Agathokles*, unterstützt von den Karthagern, macht sich zum Tyrannen von Syrakus (317–288), ja zum König des griechischen Siziliens (304) und dehnt seine Macht bis nach Unteritalien aus. Nach seinem Tode droht die Stadt an Karthago zu fallen, wird aber durch das Eingreifen des *Pyrrhos* gerettet, nach dessen Abzug sich *Hieron II.* zum Tyrannen macht (274–215). Auf Unteritalien vermag er jedoch seine Herrschaft nicht auszudehnen, hier setzen sich im Tarentinischen Krieg die Römer durch. Nach dem Zweiten Punischen Krieg wird Sizilien römische Provinz.

KULTUR In der Philosophie bildet sich eine Reihe neuer Schulen: *Diogenes* (412–323) ist der erste Kyniker, *Aristoteles* (384–322) faßt das gesamte Wissen seiner Zeit zusammen und begründet die Schule der Peripatetiker; *Epikur* (341–270) wird zum Begründer einer neuen Richtung; *Zenon* aus Kition (336–264) ist der Vater der Stoa. Das Werk *Platons* findet seine Fortsetzung in der sogenannten Mittleren Akademie unter *Arkesilaos* (318–241) und *Karneades* (213–129). *Antigonos* aus Karystos (um 290–235) verfaßt Biographien von Philosophen. Andere Philosophen der Zeit

sind *Pyrrhon* von Elis (360–270), *Kleanthes* von Assos (331–233), *Theophrastos* (372–287), *Chrysippos* von Soloi (280–205), *Panaitios* von Rhodos (185–110).
In der Dichtung kommt es zu einer neuen Blüte der Komödie: *Philemon* (um 360–264) und *Menander* (342–291); als klassischer Dichter der hellenistischen Zeit gilt *Kallimachos* von Kyrene (um 310–240), dessen Hymnen und Epigramme noch lange Vorbild sind; Vertreter der lehrhaften Dichtung ist *Aratos* von Soloi (um 310–245), Begründer der idyllischen Dichtung *Theokrit* von Syrakus (um 300–260). *Polybios* (um 200–120), der als Geisel nach Rom kommt, verfaßt eine Weltgeschichte.
Große Bedeutung gewinnt die Naturwissenschaft. Der schon genannte *Theophrastos* beschäftigt sich mit Pflanzenkunde; *Aristarchos* (320–250) entwirft ein heliozentrisches Weltbild; *Eukleides* (um 300) findet wichtige Ergebnisse in der Mathematik; *Archimedes* (um 287–212) wendet sich vor allem der Mechanik zu; *Eratosthenes* (280–200) ist Geograph, *Apollonios* von Perge (265–170) ebenfalls Mathematiker, *Hipparchos* (um 190–120) Astronom. *Herophilos* und *Erasistratos* sind berühmte Ärzte.
Lebhafte Bautätigkeit während der ganzen Epoche. (Leuchttürme von Rhodos und Alexandreia, Fries des großen Pergamonaltars), Zentrum der Wissenschaft wird die große Bibliothek in Alexandreia, an der viele bedeutende Gelehrte gearbeitet haben.

NAMEN- UND SACHREGISTER

B

C

D

E

F

G

H

K

L

M

N

O

Ovid, Publius Ovidius Naso, römischer Dichter aus Sulmo (Sulmona)

P

Q

R

S

T

U

V

W

X

Y

Z

QUELLENVERZEICHNIS DER ABBILDUNGEN

Die Aufnahmen stammen von: Erling Albrectsen, Odense (428, 429) – Fratelli Alinari, Florenz (393, 473) – American School of Classical Studies, Athen, Agora Excavations (225 o.) – Pierre Benoit, o. p., Jerusalem/Jordan (493) – Paul Bijtebier, Uccle-Brüssel (449) – Bildarchiv Foto Marburg (57, 140 u., 180, 208, 329, 576) – Paul Boissonnas, Genf (80) – Maurice Chuzeville, Paris (505) – M. B. Cookson, Institute of Archaeology, London, Leeds-London Expedition to Motya (385) – Prof. Georges Daux, Athen (464) – A. H. Detweiler über Prof. George M. A. Hanfmann, Cambridge/Mass. (413) – Deutsches Archäologisches Institut, Athen (101, 125, 216, 225 u., 265, 289, 609, 652) – Deutsches Archäologisches Institut, Berlin (100) – Deutsches Archäologisches Institut, Rom (217) – Alison Frantz, Athen, nach Gisela M. A. Richter »The Archaic Gravestones of Attica«, 1961, Phaidon Press Ltd., London (124) – Dr. Georg Gerster, Zürich (108, 305) – Prof. Walter Hege, Staatliche Kunsthalle, Karlsruhe (576/577 innen) – Konrad Helbig, Frankfurt a. M. (89, 236, 237, 328, 384, 568, 616, 664) – Dr. Hellmut Hell, Reutlingen (229, 472, 529) – Hirmer Verlag München (32, 37, 44, 45, 53, 56 innen, 109, 132, 209, 248, 412, 569, 577, 593, 653, 665) – Kurt Julius, Hannover (88) – Prof. Doro Levi, Athen (36) – Enrico Mariani, Como (133, 288) – Leonard von Matt, Buochs/Schweiz, aus »Großgriechenland«, 1961, Echter-Verlag, Würzburg (116, 117, 181, 189, 544, 645) – Heinz Müller-Brunke, Grassau/Obb. (57 innen, 141, 153, 188, 228) – Dr. Detlef M. Noack, Berlin u. Madrid (492) – Oriental Institute of the University, Chicago (224) – Hans Reger, München (176, 177, 448, 465) – H. Romanowsk, Warschau, über Prof. Dr. K. Michalowski, Warschau (528) – C. L. Schmitt, München-Solln (81) – Jutta Tietz, Berlin (608, 644) – Ullstein Bilderdienst (152) – University of Mississippi (392) – O. Væring, Oslo (249) – Dr. N. Verdelis, Athen (56) – Alle anderen Fotos verdanken wir den in den Bildunterschriften genannten Museen und Archiven.